SCM
ハンドブック
Supply Chain Management

日本ロジスティクスシステム学会　監修

唐澤　豊　編著

共立出版

創立 20 周年を祝して

　一般社団法人日本ロジスティクスシステム学会が創立 20 周年を迎えたことを心からお祝い申し上げますとともに，今般，創立 20 周年記念「SCM ハンドブック」の出版を衷心よりお喜び申し上げます。

　周知のように，EV 化はわが国自動車産業の経営構造変化の引き金となり，自動車産業のサプライヤー構造はもとより生産構造を含め経営全体の構造変化をもたらしております。

　翻って，物流をベースとして，ロジスティクス，SCM と発展してきましたが，今やグローバル SCM 時代へと発展し，従来の国内 SCM の延長線である SCM 構造は大きく変化することは明らかであります。特に，フリートレードを指向する世界経済の動向は，早晩，従来の国内延長型 SCM 構造は崩壊し，新たなスタンダード・プラットホームをベースとするグローバル SCM 構造を構築しなければならない時期をもたらすものと確信致しております。

　このような時期に，学会の総力を結集してわが国最初の刊行をみましたことは，非常に意義深いものと考えますとともに，この SCM ハンドブックを通して，教育界はもとより，広く産業界の関係各位の座右の書として些かなりとも貢献できれば望外の喜びと存じております。

　最後に，一般社団法人日本ロジスティクスシステム学会が，創立 20 周年を契機に更なる飛躍発展をし，微力ながら社会の発展に貢献することを切望する次第であります。

　2018 年 2 月

　　　　　　　　　　　　　　一般社団法人 日本ロジスティクスシステム学会

　　　　　　　　　　　　　　　　会長　若林敬造

序　文

　一般社団法人日本ロジスティクスシステム学会が創立 20 周年を迎えたこと
を心からお祝い申し上げますとともに，今後の更なる飛躍発展を大いに期待し
ている次第です。

　加えて，今般，創立 20 周年の記念事業として学会員の総力を挙げて本書の
発刊の機会を得ましたことに衷心よりお喜び申し上げます。

　周知のように，グローバリゼーションの加速化は，ボーダレス経済とこれを
支えるグローバル SCM をもたらした。今や，グローバル SCM は経済を支え
る血液の役割を果たすような存在であり，SCM の支援なくしては，グローバ
ル経済はもとより，国際社会は立ち行かぬようになっている。換言すれば，現
代社会におけるグローバル SCM は，広く地球環境や天然資源をも含め，経
済，社会，科学技術あるいは生活者に到るすべてに有形，無形の係り合いをも
ち，現代社会の基盤形成の主要素の一つとなっている。経済原則の一つに三面
等価の原則，すなわち，総生産（GDP）を生産，分配（所得），支出は等しい
とする原則があるが，現代は，これにロジスティクス（SCM）を加え，四面
等価の原則の時代となっているものといえる。

　翻って，学会創立以来，国内的には全国大会を毎年開催し，学会員相互の研
鑽の場として，あるいは研究成果の伝播の集いとしての重責を果たしてきた。
さらに，産学交流の場としての産学交流研究，あるいは地域における研鑽の場
としての支部活動を実施してきた。一方，研究成果の発表の場としては，日本
ロジスティクスシステム学会誌も版を重ね，若手研究者の育成ならびに奨励を
含め大きな成果を挙げてきた。また，国際的には，関係諸国の協力の下に，
IFLS（国際ロジスティクス・SCM 連盟：The International Federation of
Logistics and SCM Systems）を設立し，アジアの研究成果や先進事例をアジ
アはもちろんのこと世界に発信すべく活動を開始した。アジアが結束し，アジ
アから世界に対し，学問の積極的な交流を促進することがひとつの目的であ

序　文

る。ICLS（ロジスティクス・SCM システムズ国際会議：The International Congress on Logistics and SCM Systems）はまさにその活動の中核である。ICLS の Proceedings はもとより，IJLS（国際ロジスティクス・SCM システムズ誌：The International Journal of Logistics and SCM Systems）は，今や，内外で，高い評価を得ている。

　一方，国際経済はもとより国際社会生活の中で SCM の重要性がますます増加する中で，欧米では，SCM，倉庫，輸送等に関連するハンドブックは，年々版を重ね，産業界の発展や高等教育の糧として貢献しているが，わが国では，社会的に，SCM の重要度が増すのに対して，SCM の知識に対する注目度は極端に低い状態であり関連図書の発刊は皆無の状態であった。

　今般，一般社団法人日本ロジスティクスシステム学会が共立出版（株）のご協力を得て，わが国初の SCM ハンドブックを刊行できるに至ったが，この出版を通して，学会が日本の社会，産業界あるいは教育にささやかながら貢献できるものと期待している。創立 20 周年が次の発展の礎となり，微力ながらわが国社会の発展のために貢献することを切望する次第である。

　最後に，本書の刊行の実現にお骨折りを頂いた共立出版（株）の寿日出男氏ならびに企画・編集面でお世話頂いた瀬水勝良氏に学会員に代わって謝意を表するとともに，本書の編集に際して多大な努力と貢献を頂いた大島商船高等専門学校教授　石原良晃編集委員会委員長にお礼を申し上げる次第である。さらに，本書の企画，校正等諸事につき献身的な努力をした妻美奈子に心から感謝する次第である。

2018 年 2 月

学会創立 20 周年を祝して

編著者　唐澤　豊

〈監　修〉

一般社団法人 日本ロジスティクスシステム学会

〈編著者〉

唐澤　　豊　神奈川大学名誉教授

〈編集委員会〉

編集委員長	石原	良晃	大島商船高等専門学校
編集委員	今井	正文	豊橋創造大学経営学部
	片岡	隆之	近畿大学工学部
	片山	直登	流通経済大学流通情報学部
	竹野	健夫	岩手県立大学ソフトウェア情報学部
	董	彦文	福島大学共生システム理工学類
	豊谷	純	日本大学生産工学部
	中村	理史	(株)サーベイリサーチセンター
	中村	塁	鈴与(株)
	宿	元明	別府大学国際経営学部
	徐	祝旗	愛媛大学社会共創学部

〈執筆者〉 (執筆順)

唐澤　　豊	神奈川大学名誉教授
鈴木　邦成	日本大学生産工学部
井手吉成佳	福山大学経済学部
中村　理史	(株)サーベイリサーチセンター
生島　義英	京浜急行電鉄(株)
若林　敬造	日本大学生産工学部
サーラーガーム　サリンヤー	マハーサーラカーム大学
上岡　恵子	日本ユニシス(株)
陳　　玉燕	中國科技大学流通管理系
宮澤　　光	サーラ物流(株)
星　　俊臣	トーヨーカネツソリューションズ(株)
董　　彦文	福島大学共生システム理工学類
竹野　健夫	岩手県立大学ソフトウェア情報学部
徐　　祝旗	愛媛大学社会共創学部
早瀬　光浩	豊橋創造大学経営学部
佐藤　勝尚	豊橋創造大学経営学部
北岡　正敏	神奈川大学名誉教授
石原　良晃	大島商船高等専門学校
片岡　隆之	近畿大学工学部
宿　　元明	別府大学国際経営学部
鈴木　　震	物流技術研究所
錦織　昭峰	県立広島大学経営情報学部
今井　正文	豊橋創造大学経営学部
豊谷　　純	日本大学生産工学部
長谷川雅行	(株)日通総合研究所
武田　浩一	(株)ロジクリエイト
田村隆一郎	田村経営コンサルティング事務所
大谷　巌一	イーソーコ(株)

目　　次

第Ⅰ編　総　括　編

第1章　SCM 関連行政と一般的動向

1.1　SCM と行政の関わり ……………………………………………………………3

　　1.1.1　はじめに …………………………………………………………………3

　　1.1.2　行政における SCM 関連の経緯概要 ………………………………………3

　　1.1.3　総合物流施策大綱の概要 …………………………………………………7

　　1.1.4　わが国の課題 ……………………………………………………………11

1.2　SCM 関連行政と一般的動向 ……………………………………………………14

　　1.2.1　循環型社会における環境規制関連の法規体系の大枠 ……………………14

　　1.2.2　SCM 行政における環境法規 ……………………………………………17

　　1.2.3　サプライチェーンセキュリティ …………………………………………23

1.3　リバースチェーンマネジメントの体系 …………………………………………34

　　1.3.1　リバースチェーンマネジメントの領域 …………………………………35

　　1.3.2　フォワードチェーンとリバースチェーンの関係 …………………………36

　　1.3.3　グリーンサプライチェーン ………………………………………………37

　　1.3.4　リバースチェーンマネジメントの体系 …………………………………39

1.4　SCM コスト ………………………………………………………………………42

　　1.4.1　原価の本質 ………………………………………………………………42

　　1.4.2　原価計算の方法 …………………………………………………………44

　　1.4.3　原価計算の目的 …………………………………………………………45

　　1.4.4　原価管理と標準原価 ……………………………………………………46

　　1.4.5　原価管理の範囲 …………………………………………………………47

　　1.4.6　SCM の二面性 ……………………………………………………………48

1.5　モーダル別輸送とモーダルリンケージの展望 …………………………………49

　　1.5.1　日本の物流動向 …………………………………………………………49

目　　次

　　　1.5.2　モーダルシフトについて ………………………………………… 53
　　　1.5.3　モーダルリンケージ ………………………………………………… 55
1.6　グローバル SCM ネットワークシステムの基本 ………………………… 59
　　　1.6.1　はじめに …………………………………………………………… 59
　　　1.6.2　ハブの定義と一般類型 …………………………………………… 60
　　　1.6.3　ハブ関連輸送方法論の考察 ……………………………………… 65
　　　1.6.4　モーダルリンケージとモーダルシフト ………………………… 67
　　　1.6.5　グローバルハブネットワークモデルの基本 …………………… 67
　　　1.6.6　モーダルリンケージ型グローバルハブネットワーク類型 ……… 69
　　　1.6.7　基本グローバルハブネットワークモデル ……………………… 70
　　　1.6.8　おわりに …………………………………………………………… 71

第2章　SCM の歴史的発展

2.1　はじめに …………………………………………………………………… 73
2.2　合理化の推移 ……………………………………………………………… 74
　　　2.2.1　製造合理化の時代 ………………………………………………… 74
　　　2.2.2　マーケティング合理化の時代 …………………………………… 74
　　　2.2.3　事務・情報合理化の時代 ………………………………………… 76
　　　2.2.4　研究・開発合理化の時代 ………………………………………… 77
　　　2.2.5　物流・ロジスティクス・SCM・3PL 合理化時代 ……………… 77
2.3　物流，ロジスティクス，SCM の発展過程 ……………………………… 78
　　　2.3.1　日本における物流の起源 ………………………………………… 78
　　　2.3.2　物流からロジスティクス ………………………………………… 79
　　　2.3.3　米国の変遷 ………………………………………………………… 81
2.4　おわりに …………………………………………………………………… 84

第3章　SCM（供給連鎖管理）の定義

3.1　はじめに …………………………………………………………………… 85
3.2　物流の定義 ………………………………………………………………… 85
3.3　ロジスティクスの定義 …………………………………………………… 87
3.4　3PL の定義 ………………………………………………………………… 99
3.5　SCM の定義 ……………………………………………………………… 103
　　　3.5.1　定義の調査 ……………………………………………………… 103
　　　3.5.2　SCM の定義の混乱要因と結果 ………………………………… 104

x

3.5.3　定義の基本 ··· 113
3.6　おわりに ·· 115

第4章　SCM の目的と使命・範囲・発展段階

4.1　はじめに ·· 117
4.2　SCM の目的 ·· 117
　　4.2.1　目的の定義と発展形態 ······································· 117
　　4.2.2　目的に関する考え方 ·· 119
4.3　SCM のビジョン ·· 122
4.4　SCM の管理 ·· 124
　　4.4.1　SCM の範囲 ·· 125
　　4.4.2　SCM の発展 ·· 131
　　4.4.3　SCM の管理 ·· 134
4.5　おわりに ·· 140

第5章　経営戦略の基本

5.1　はじめに ·· 143
5.2　戦略の定義 ··· 143
5.3　代表的な経営戦略関連理論の引用 ······························· 145
5.4　代表的な意思決定理論の引用 ······································ 150
5.5　代表的な多角化戦略論の引用 ······································ 153
5.6　おわりに ·· 155

第6章　経営戦略の基本展開

6.1　はじめに ·· 157
6.2　経営計画と経営戦略の基本 ·· 157
　　6.2.1　経営計画の種類と特徴 ······································· 157
　　6.2.2　戦略計画の基本類型 ·· 160
　　6.2.3　戦略計画の展開 ·· 160
　　6.2.4　階層構造型戦略の構造と展開 ······························· 166
6.3　おわりに ·· 170

目　　次

第 7 章　SCM チャネルの基本

7.1　はじめに……………………………………………………………………… *173*

7.2　流通チャネルの基本モデル ………………………………………………… *174*

　　7.2.1　既存流通チャネル ……………………………………………………… *175*

　　7.2.2　新（現代）流通チャネル ……………………………………………… *177*

7.3　生産形態別流通チャネルの基本……………………………………………… *178*

　　7.3.1　日本の産業別流通チャネルの基本 …………………………………… *179*

　　7.3.2　日本の生産形態別流通チャネルの基本……………………………… *179*

　　7.3.3　生産形態別総流通チャネルの基本 …………………………………… *182*

　　7.3.4　供給連鎖概要の提案 …………………………………………………… *182*

7.4　おわりに……………………………………………………………………… *184*

第 8 章　SCM と機会損失

8.1　SCM ネットワークにおける機会損失の展望 …………………………… *187*

　　8.1.1　機会損失とは……………………………………………………………… *187*

　　8.1.2　サプライチェーンとは ………………………………………………… *188*

　　8.1.3　SCM の機会損失の展望 ……………………………………………… *189*

　　8.1.4　SCM 戦略の要素 ……………………………………………………… *190*

8.2　流通業における機会損失……………………………………………………… *190*

8.3　製造業における機会損失……………………………………………………… *193*

8.4　機会損失の分析とゼロ化の方法……………………………………………… *194*

　　8.4.1　SCM と情報共有化 …………………………………………………… *194*

　　8.4.2　機会損失のゼロ化の方法 ……………………………………………… *195*

第 9 章　経営における SCM の役割

9.1　経営における 2 つの側面の統合…………………………………………… *199*

9.2　協調指向型 SCM の必要性 ………………………………………………… *201*

　　9.2.1　協調指向型 SCM とは ………………………………………………… *201*

　　9.2.2　SCM 以前の協調取組み ……………………………………………… *201*

　　9.2.3　協調指向型 SCM の必要性 …………………………………………… *203*

9.3　共同指向型 SCM の展望 …………………………………………………… *203*

　　9.3.1　SCM 共同化の基本 …………………………………………………… *203*

　　9.3.2　共同化推進主体………………………………………………………… *204*

9.3.3　共同化基本要素 ……………………………………………………… 204

　　　9.3.4　共同指向型 SCM の展望 ……………………………………………… 205

　9.4　SCM の新しいミッション ……………………………………………………… 205

　　　9.4.1　SCM の新しいミッション …………………………………………… 205

　　　9.4.2　オムニチャネルとは …………………………………………………… 206

　　　9.4.3　オムニチャネルと SCM ……………………………………………… 207

第 10 章　SCM の基本業務機能

　10.1　荷役機能 ………………………………………………………………………… 209

　　　10.1.1　荷役とは ………………………………………………………………… 209

　　　10.1.2　荷役の機械化・自動化 ………………………………………………… 209

　　　10.1.3　荷役合理化の考え方 …………………………………………………… 210

　10.2　包装機能 ………………………………………………………………………… 211

　　　10.2.1　包装とは ………………………………………………………………… 211

　　　10.2.2　包装の機能 ……………………………………………………………… 211

　10.3　保管機能 ………………………………………………………………………… 213

　　　10.3.1　保管とは ………………………………………………………………… 213

　　　10.3.2　保管の意義 ……………………………………………………………… 213

　　　10.3.3　倉庫の種類 ……………………………………………………………… 214

　　　10.3.4　倉庫の体系 ……………………………………………………………… 214

　　　10.3.5　名称による区分 ………………………………………………………… 215

　10.4　輸・配送機能 …………………………………………………………………… 215

　　　10.4.1　輸送とは ………………………………………………………………… 215

　　　10.4.2　輸送の形態・機能 ……………………………………………………… 215

　10.5　流通加工機能 …………………………………………………………………… 218

　　　10.5.1　流通加工とは …………………………………………………………… 218

　　　10.5.2　流通加工の目的 ………………………………………………………… 218

　　　10.5.3　流通加工の必要性 ……………………………………………………… 218

　10.6　情報機能 ………………………………………………………………………… 219

　　　10.6.1　SCM の基本業務機能における情報機能とは ……………………… 219

　　　10.6.2　物流情報の種類 ………………………………………………………… 219

第 11 章　原理・原則論

　11.1　はじめに ………………………………………………………………………… 221

xiii

目　　次

11.2　IE の基本原則･･ 221
　　11.2.1　5W1H の原則 ･････････････････････････････････････ 222
　　11.2.2　5S の原則･･ 222
　　11.2.3　QC の 7 つ道具 ･･････････････････････････････････ 224
11.3　システム設計の基本思考･･････････････････････････････････ 225
11.4　ロジスティクス基本機能の諸原則 ･････････････････････････ 226
　　11.4.1　荷役の原則 ･･････････････････････････････････････ 226
　　11.4.2　包装の原則 ･･････････････････････････････････････ 227
　　11.4.3　保管の基本原則 ･･････････････････････････････････ 228
　　11.4.4　配送システムの原則と原型･･････････････････････ 229
　　11.4.5　3S1L の原則と 7R の原則 ･････････････････････ 230
　　11.4.6　庫内ロケーションの基本･･････････････････････････ 231
　　11.4.7　庫内補充の原則 ･･････････････････････････････････ 233
　　11.4.8　配送センターチェックの基本 ･･･････････････････ 233
11.5　基本管理指標･･ 237
11.6　改善推進の基本 ･･･ 238
11.7　提案書の作成・提案の原則 ･････････････････････････････････ 239
11.8　SCM 戦略展開の基本 ･･････････････････････････････････････ 241
11.9　おわりに･･･ 242

xiv

第II編　SCM マネジメント編

第1章　最適立地ベースのグローバル SCM ネットワークシステム

1.1　はじめに ……………………………………………………………………… *245*
1.2　北米における最適ハブネットワークの提案 ………………………………… *246*
　　1.2.1　提案プロセス概要 …………………………………………………… *247*
　　1.2.2　シミュレーションの諸条件とシミュレーション結果の総括 …… *248*
　　1.2.3　北米における階層構造ハブネットワークの分析と考察 ……… *248*
　　1.2.4　北米圏のハブネットワークの階層構造分析 …………………… *253*
　　1.2.5　階層別最適ハブネットワークの提案 …………………………… *257*
　　1.2.6　おわりに ……………………………………………………………… *259*
1.3　東アジアにおける最適ハブネットワークの提案 ………………………… *261*
　　1.3.1　シミュレーションの条件と結果 ………………………………… *261*
　　1.3.2　東アジアにおける階層構造ハブネットワークの分析と考察 …… *262*
　　1.3.3　階層別最適ハブネットワークの提案 …………………………… *270*
1.4　EU における最適ハブネットワークの提案 ……………………………… *273*
　　1.4.1　はじめに ……………………………………………………………… *273*
　　1.4.2　シミュレーションの条件と結果 ………………………………… *275*
　　1.4.3　EU における階層構造ハブネットワークの分析と考察 ……… *277*
　　1.4.4　階層別最適ハブネットワークの提案 …………………………… *278*
　　1.4.5　小　括 ………………………………………………………………… *285*
1.5　三極経済圏最適ハブネットワークの提案 ………………………………… *285*
　　1.5.1　はじめに ……………………………………………………………… *285*
　　1.5.2　シミュレーションの条件と結果 ………………………………… *288*
　　1.5.3　三極経済圏階層構造ハブネットワークの分析と考察 ………… *289*
　　1.5.4　三極経済圏階層別最適ハブネットワークの提案 ……………… *291*
1.6　おわりに ……………………………………………………………………… *294*

第2章　SCM（供給連鎖管理）戦略の基本

2.1　はじめに ……………………………………………………………………… *299*
2.2　SCM 戦略の文献調査 ……………………………………………………… *300*
2.3　SCM 戦略展開の基礎理論 ………………………………………………… *306*

目　　　次

2.4　経営戦略における SCM 戦略の位置 ……………………………… *308*

2.5　SCM 戦略の基本フレームワーク ………………………………… *311*

　　　2.5.1　SCM 環境分析 …………………………………………… *314*

　　　2.5.2　SCM 目標設定 …………………………………………… *314*

　　　2.5.3　SCM 戦略の策定 ………………………………………… *317*

2.6　おわりに ………………………………………………………… *319*

第 3 章　SCM 戦略の展開

3.1　はじめに ………………………………………………………… *321*

3.2　SCM 戦略展開の方法 …………………………………………… *322*

　　　3.2.1　戦略展開の基本と構造 …………………………………… *322*

　　　3.2.2　戦略の基礎理論 ………………………………………… *322*

3.3　SCM 戦略の基本展開 …………………………………………… *334*

　　　3.3.1　SCM 戦略展開の類型 …………………………………… *334*

　　　3.3.2　チャネル戦略展開の基本モデル ………………………… *326*

　　　3.3.3　チャネル拡大戦略の基本展開 …………………………… *344*

3.4　おわりに ………………………………………………………… *348*

第 4 章　人事・組織管理

4.1　SCM 人事管理 …………………………………………………… *349*

4.2　SCM 組織の基本 ………………………………………………… *351*

　　　4.2.1　サプライチェーンマネジメントの目的とタスク ………… *351*

　　　4.2.2　SCM の組織構造 ………………………………………… *353*

　　　4.2.3　SCM の組織構造の事例 ………………………………… *357*

4.3　SCM 教育の基本 ………………………………………………… *359*

　　　4.3.1　サプライチェーンマネジメントで求められる知識・スキル, 能力… *359*

　　　4.3.2　SCM タスクを遂行する業務知識・スキル, 能力 ………… *361*

　　　4.3.3　サプライチェーンマネジメントの教育方法と教育体系 ……… *363*

4.4　人事・組織管理 ………………………………………………… *370*

第 5 章　コスト管理

5.1　SCM 管理会計 …………………………………………………… *373*

5.2　政府ガイドライン『物流コスト算定活用マニュアル』 ………… *375*

　　　5.2.1　形態別分類 ……………………………………………… *375*

5.2.2	領域別分類	376
5.2.3	機能別分類	376
5.2.4	主体別分類	377
5.2.5	変固別分類	377

5.3 環境管理会計ガイドライン 378
 5.3.1 環境配慮型設備投資 378
 5.3.2 環境配慮型原価管理 379
 5.3.3 環境配慮型業績評価 381
5.4 実践的管理会計 382
5.5 物流 ABC 準拠による物流コスト算定・効率化マニュアル 383
5.6 日日原価管理 385

第6章 業績評価測定と評価基準 (KPI)

6.1 はじめに 389
6.2 評価方法について 390
 6.2.1 財務分析ツール 390
 6.2.2 評価方法の種類 392
6.3 チェックリスト方式 392
6.4 管理指標方式 394
 6.4.1 生産性の発展段階 394
 6.4.2 基本指標 395
 6.4.3 基本構造 396
 6.4.4 輸送管理指標 396
 6.4.5 指標の限界 401
6.5 経営科学指標方式：多変量指標 401
 6.5.1 全体プロセスのフロー 401
 6.5.2 調査結果の要約 402
 6.5.3 重回帰分析の結果 403
 6.5.4 経営科学指標方式の留意点 405

第7章 アウトソーシング管理の空洞化

7.1 はじめに 407
7.2 管理の空洞化について 407
7.3 管理の空洞化の総合対策 414

目　　次

7.3.1	連帯組織の強化	414
7.3.2	コア組織の確立	415
7.3.3	契約の見直し	415
7.3.4	改善教育制度の確立	416
7.3.5	現場作業の対策	416
7.3.6	コラボ体制の確立	416
7.4	おわりに	417

第8章　共同化推進・管理

8.1	はじめに	419
8.2	共同化の定義	419
8.3	共同化の発展経緯	421
	8.3.1 日本における共同化の起源	421
	8.3.2 日本における共同化の変遷	422
8.4	共同化の類型	422
	8.4.1 日本における共同化の発展	422
8.5	共同化の推進と管理	434
8.6	おわりに	436

第9章　SCM作業管理

9.1	管理の基本	437
	9.1.1 5S活動	437
	9.1.2 小集団活動	438
	9.1.3 マニュアル整備と教育	439
9.2	現場監督者管理	439
	9.2.1 スタッフマネジメント	439
	9.2.2 KPIによる現場管理	440
	9.2.3 日々収支管理	441
9.3	非正規作業員管理	442
	9.3.1 非正規作業員の確保	442
	9.3.2 評価制度	443
	9.3.3 キャリアパス制度	444
9.4	SCM作業の管理	444
	9.4.1 保　管	445

9.4.2　荷　役·· 445
9.4.3　輸　送·· 445
9.4.4　包　装·· 446
9.4.5　流通加工·· 446
9.5　今後の方向··· 447

第 10 章　設備・機器管理

10.1　設備・機器管理の基本·· 449
　　10.1.1　スムースな業務の流れ··· 449
　　10.1.2　物と情報の密接な関係作り······································· 450
　　10.1.3　物と情報を運ぶツール機能の確保································· 451
　　10.1.4　より効率の良い方策の模索······································· 458
10.2　設備機器の維持・保全·· 459
　　10.2.1　機器の寿命··· 459
　　10.2.2　機器の維持・保全の体制と運用··································· 459
10.3　設備機器の更新··· 461
　　10.3.1　更新計画··· 461
10.4　設備・機器の管理·· 463
　　10.4.1　設備・機器設置··· 463
　　10.4.2　機器使用での安全管理··· 463
　　10.4.3　作業員教育··· 464

第 11 章　標準管理

11.1　標準の基本―目的·· 465
11.2　標準化の対象·· 466
　　11.2.1　機器の統一化―使用する機器の統一，情報交換ツール··········· 466
　　11.2.2　作業の標準化―取扱品の分類・整理，処理の流れと手順········· 467
　　11.2.3　情報の標準化―運用・帳票，ツール統一，在庫・発注，異常措置··· 469
　　11.2.4　標準規格の採用―物流器具，搬送物，搬送機器··················· 472
　　11.2.5　管理の標準化―人事，諸基準，保守····························· 472
11.3　標準化の推進―作業員の教育，意思疎通と周知，必要機器の設置······· 473
　　11.3.1　標準化の推進と作業員への周知··································· 473
　　11.3.2　必要ツールの設置―管理コンピュータ，指示表示機，管理体制
　　　　　··· 474

xix

目　　次

11.4 標準化の管理—諸基準（運用，保守），定期的見直，安全管理 ············· *475*
　　　11.4.1 運用の周知 ··· *475*
　　　11.4.2 定期的な見直しと修正 ··· *476*
　　　11.4.3 安全管理 ··· *476*

第 12 章　情報管理

12.1 情報管理の対象 ··· *479*
　　　12.1.1 情報共有の必要性 ··· *479*
　　　12.1.2 管理すべき情報 ··· *480*
12.2 情報セキュリティ管理 ··· *481*
　　　12.2.1 情報資産とリスク ··· *481*
　　　12.2.2 情報セキュリティ管理の基本 ··· *482*
　　　12.2.3 情報セキュリティ管理の標準化・国際化 ······························· *483*
12.3 情報のメンテナンス ··· *484*
　　　12.3.1 情報の統合と標準化 ··· *484*
　　　12.3.2 マスター情報のメンテナンス ··· *485*
　　　12.3.3 情報のバックアップと復旧 ·· *487*
12.4 情報の管理 ··· *487*
　　　12.4.1 情報資源の管理 ··· *487*
　　　12.4.2 責任と利益の一致 ··· *489*

第 13 章　リバースチェーン管理

13.1 リバースチェーンマネジメントの領域 ·· *493*
13.2 フォワードチェーンとリバースチェーンの関係 ·································· *494*
13.3 グリーンサプライチェーン ·· *496*
13.4 リバースチェーンマネジメントの体系 ··· *497*

第 14 章　セキュリティ管理

14.1 セキュリティの基本 ··· *501*
　　　14.1.1 情報セキュリティの定義とその 3 要素 ·································· *501*
　　　14.1.2 情報セキュリティのその他の特性 ··· *503*
14.2 情報セキュリティ関連法規（順守規定の基本） ·································· *505*
　　　14.2.1 サイバー犯罪を取り締まるための法律 ·································· *505*
　　　14.2.2 情報の真正性と完全性を向上する法律 ·································· *507*

目　　次

14.2.3　個人情報を保護する法律 ……………………………………… 508
14.2.4　迷惑メールを規制する法律 ……………………………………… 509
14.2.5　著作権などの知的財産を保護するための法律 ………………… 510
14.3　セキュリティの対策 ……………………………………………………… 512
14.3.1　技術的セキュリティ対策 ………………………………………… 512
14.3.2　物理的セキュリティ対策 ………………………………………… 513
14.3.3　人的セキュリティ対策 …………………………………………… 513
14.3.4　組織的セキュリティ対策 ………………………………………… 514
14.4　セキュリティの管理 ……………………………………………………… 514
14.4.1　情報セキュリティガバナンス …………………………………… 514
14.4.2　情報セキュリティマネジメント ………………………………… 516

第 15 章　SCM サステイナビリティ

15.1　持続可能性 ………………………………………………………………… 519
15.2　代替燃料 …………………………………………………………………… 520
15.3　3R …………………………………………………………………………… 522
15.4　低環境負荷を志向した運行計画 ………………………………………… 523

第 16 章　SCM と人間工学

16.1　人間工学の基本 …………………………………………………………… 527
16.1.1　人間工学とは ……………………………………………………… 527
16.1.2　人間工学の分類法 ………………………………………………… 528
16.2　人間工学の原理・原則 …………………………………………………… 530
16.2.1　人間工学の基本的な考え方 ……………………………………… 530
16.2.2　人間工学の方法論 ………………………………………………… 530
16.2.3　SCM における人間工学の活用 ………………………………… 533
16.3　現状と展望 ………………………………………………………………… 533

第 17 章　システム分析と改善手法

17.1　はじめに …………………………………………………………………… 535
17.2　システム分析の基本 ……………………………………………………… 536
17.2.1　システム分析の基本 ……………………………………………… 536
17.2.2　帰納法と演繹法 …………………………………………………… 537
17.3　改善・改革のエンジニアリングの基本 ………………………………… 539

xxi

目　　次

| | 17.3.1 | 基本フレームワークと推進ツール | 539 |

17.3.1　基本フレームワークと推進ツール………………………… 539

17.3.2　基本分析プロセスと階層構造型ネットワーク分析の基本……… 539

17.3.3　分析の基本要因と 10 道具……………………………… 541

17.4　SCM のシステムの基本…………………………………………… 542

17.4.1　目的と対象範囲の明確化………………………………… 542

17.4.2　あるべき姿の設計と確認………………………………… 543

17.5　おわりに…………………………………………………………… 549

第 18 章　SCM とロボット

18.1　SCM とロボットの変遷………………………………………… 551

18.2　ロボットの現状…………………………………………………… 552

18.3　ロボットの展開…………………………………………………… 556

18.4　おわりに…………………………………………………………… 558

第 19 章　基本戦略展開の数値例

19.1　本章の目的………………………………………………………… 561

19.2　予　　測…………………………………………………………… 562

19.2.1　予測の種類とその適用範囲……………………………… 562

19.2.2　予測のケース；回帰モデルの計算の仕方，見方……… 565

19.3　地図情報の応用…………………………………………………… 594

19.3.1　ヒュベニ公式……………………………………………… 594

19.3.2　ヒュベニ公式の応用例…………………………………… 595

19.4　立地選定…………………………………………………………… 597

19.4.1　前提条件の整理…………………………………………… 597

19.4.2　立地選定手法……………………………………………… 598

19.4.3　立地選定シミュレーションの基本およびケーススタディ……… 601

19.5　在庫管理手法と応用……………………………………………… 613

19.5.1　発注方式の決定…………………………………………… 613

19.5.2　在庫管理手法……………………………………………… 615

19.5.3　ハンドシミュレーションの例…………………………… 625

19.6　輸送配送の手法と応用…………………………………………… 632

19.6.1　発着地間の輸送量配分…………………………………… 633

19.6.2　輸送網における輸送量配分……………………………… 646

19.6.3　VSP（Vehicle Scheduling Program）による

目　　次

配送シミュレーションの問題 ……………………………………… *651*

第 20 章　SCM 展開のチェックリスト

20.1　はじめに ……………………………………………………………… *667*

20.2　戦略関係総合チェックリスト …………………………………………… *667*

　　　20.2.1　経営戦略概括（フレームワーク）チェックリスト ……………… *668*

　　　20.2.2　SCM 戦略チェックリスト ………………………………………… *668*

　　　20.2.3　SCM 戦略チェックリスト ………………………………………… *668*

20.3　配送センター総合チェックリスト …………………………………… *675*

　　　20.3.1　契約チェックリスト ………………………………………………… *675*

　　　20.3.2　センター用チェックリスト …………………………………………… *675*

　　　20.3.3　3PL 用自己評価リスト― Randhal …………………………… *694*

20.4　提案書チェックリスト ………………………………………………… *696*

20.5　海外ロジスティクス特性リスト ……………………………………… *701*

xxiii

目　　次

第Ⅲ編　基本科学編

第1章　IE の基本

1.1　科学的管理法の基本 ··· *715*
    1.1.1　IE（Industrial Engineering） ······························· *716*
    1.1.2　IE の手法体系 ··· *718*
1.2　工程分析の基本 ··· *718*
    1.2.1　工程分析とは ··· *718*
1.3　経路分析の基本 ··· *727*
    1.3.1　経路分析の意義 ·· *727*
    1.3.2　経路分析の目的 ·· *728*
    1.3.3　経路分析の方法 ·· *728*
    1.3.4　機械配置の特徴 ·· *728*
1.4　流れ分析の基本 ··· *730*
    1.4.1　流れ分析とは ··· *730*
    1.4.2　流れ線図の作成方法の要点 ··· *730*
    1.4.3　流れ線図による改善の着眼点 ····································· *730*
    1.4.4　レイアウト ··· *731*
1.5　標準時間の基本 ··· *733*
    1.5.1　必要な時間と無駄な時間 ·· *733*
    1.5.2　時間分析手法 ··· *733*
    1.5.3　標準時間の設定 ·· *734*
1.6　稼働分析の基本 ··· *736*
    1.6.1　稼働分析の目的 ·· *736*
    1.6.2　段取り改善 ··· *737*
1.7　IE による改善 ··· *739*
    1.7.1　問題発見 ··· *739*
    1.7.2　現状分析 ··· *741*
    1.7.3　改善立案 ··· *741*
    1.7.4　改善案の実施 ··· *742*
    1.7.5　評　価 ··· *743*

第2章　VE/VAの基本

2.1　VEとは……………………………………………………………… 745
 2.1.1　VEの狙い…………………………………………………… 746
 2.1.2　VEで扱う価値概念………………………………………… 746
 2.1.3　VEの範囲…………………………………………………… 747
 2.1.4　VEを必要とする背景……………………………………… 747
2.2　VEの見方と考え方…………………………………………………… 747
 2.2.1　VEによる改善手法の特色………………………………… 747
 2.2.2　機能とは何か………………………………………………… 748
 2.2.3　機能的な物の見方…………………………………………… 749
 2.2.4　機能の定義…………………………………………………… 749
2.3　VEによる改善………………………………………………………… 749
 2.3.1　VEの7つのJOB PLAN…………………………………… 749
 2.3.2　VEの組織的な進め方……………………………………… 750
 2.3.3　VEの進め方………………………………………………… 751

第3章　TQCの基本

3.1　TQCとは……………………………………………………………… 763
 3.1.1　品質管理（TQC：Total Quality Control）の生まれるまで（歴史）… 763
 3.1.2　わが国の品質管理…………………………………………… 763
 3.1.3　日本的TQC………………………………………………… 764
 3.1.4　品質保証……………………………………………………… 765
3.2　TQCの基本的な考え方……………………………………………… 766
 3.2.1　消費者指向：生産者指向でなく，相手の立場を考える… 766
 3.2.2　次工程はお客様：セクショナリズムを打ち破る………… 767
 3.2.3　すべての仕事に品質がある：仕事の質の管理…………… 767
 3.2.4　「狙いの品質」と「できばえの品質」…………………… 767
 3.2.5　QC的な仕事の進め方……………………………………… 768
3.3　問題解決の基本……………………………………………………… 771
 3.3.1　問題とは何か………………………………………………… 771
 3.3.2　問題のタイプ………………………………………………… 771
 3.3.3　問題解決とは………………………………………………… 772
 3.3.4　問題解決の効果的な進め方………………………………… 775
3.4　QC7つ道具…………………………………………………………… 776

目　　次

3.4.1	QC 7つ道具とは	776
3.4.2	QC 手法の進め方	778
3.4.3	QC 7つ道具	780

3.5　新 QC 7つ道具 ······ 794

3.5.1	親和図法	794
3.5.2	連関図法	797
3.5.3	系統図法	798
3.5.4	マトリックス図法	800
3.5.5	アローダイアグラム法	802
3.5.6	マトリックスデータ解析法	803
3.5.7	PDPC 法	804

3.6　QC サークル ······ 806

3.6.1	QC サークルとは	806
3.6.2	方針管理と QC サークル活動	807
3.6.3	QC サークル活動の推進体制	807
3.6.4	サークル活動の進め方	811

第 4 章　TPM の基本

4.1　TPM とは ······ 813

4.1.1	設備管理とは	813
4.1.2	TPM の狙い	815

4.2　TPM の定義と基本理念 ······ 816

4.2.1	TPM の定義	816
4.2.2	TPM の基本理念	816

4.3　TPM の展開 ······ 817

4.3.1	全社的体質改善活動と TPM の関係	817
4.3.2	設備生産効率の測定と故障ゼロ対策	821
4.3.3	TPM 展開プログラムの概要	824

4.4　21 世紀の工場と TPM 展開 ······ 826

4.5　TPM 活動の成果測定・評価 ······ 827

4.5.1	TPM 成果達成活動の意味	827
4.5.2	TPM 活動の成果測定・評価	829

第 5 章　管理図の基本

5.1　管理図とは ······ 835

目　　次

5.2　管理図の分類‥‥‥‥‥‥‥‥‥‥‥‥‥‥‥‥‥‥‥‥‥‥‥‥‥‥ *836*
　　5.2.1　管理図の分類‥‥‥‥‥‥‥‥‥‥‥‥‥‥‥‥‥‥‥‥‥‥ *836*
5.3　管理図の表し方と使い方‥‥‥‥‥‥‥‥‥‥‥‥‥‥‥‥‥‥‥ *839*
　　5.3.1　管理図の表し方‥‥‥‥‥‥‥‥‥‥‥‥‥‥‥‥‥‥‥‥ *839*
　　5.3.2　管理図の使い方‥‥‥‥‥‥‥‥‥‥‥‥‥‥‥‥‥‥‥‥ *841*
5.4　管理図の種類‥‥‥‥‥‥‥‥‥‥‥‥‥‥‥‥‥‥‥‥‥‥‥‥‥ *844*
　　5.4.1　管理図の決め方‥‥‥‥‥‥‥‥‥‥‥‥‥‥‥‥‥‥‥‥ *844*
　　5.4.2　$\overline{X}$-R 管理図‥‥‥‥‥‥‥‥‥‥‥‥‥‥‥‥‥‥‥‥ *846*
　　5.4.3　Me-R 管理図‥‥‥‥‥‥‥‥‥‥‥‥‥‥‥‥‥‥‥‥ *846*
　　5.4.4　X-R_s 管理図‥‥‥‥‥‥‥‥‥‥‥‥‥‥‥‥‥‥‥‥ *847*
　　5.4.5　np 管理図‥‥‥‥‥‥‥‥‥‥‥‥‥‥‥‥‥‥‥‥‥‥ *849*
　　5.4.6　p 管理図‥‥‥‥‥‥‥‥‥‥‥‥‥‥‥‥‥‥‥‥‥‥‥ *850*
　　5.4.7　c 管理図‥‥‥‥‥‥‥‥‥‥‥‥‥‥‥‥‥‥‥‥‥‥‥ *852*
　　5.4.8　u 管理図‥‥‥‥‥‥‥‥‥‥‥‥‥‥‥‥‥‥‥‥‥‥ *853*
5.5　損益分岐点分析‥‥‥‥‥‥‥‥‥‥‥‥‥‥‥‥‥‥‥‥‥‥‥‥ *854*
　　5.5.1　損益分岐点分析とは‥‥‥‥‥‥‥‥‥‥‥‥‥‥‥‥‥ *854*
　　5.5.2　個別費用法‥‥‥‥‥‥‥‥‥‥‥‥‥‥‥‥‥‥‥‥‥‥ *855*
　　5.5.3　総費用法‥‥‥‥‥‥‥‥‥‥‥‥‥‥‥‥‥‥‥‥‥‥‥ *856*
　　5.5.4　スキャターグラフによる方法‥‥‥‥‥‥‥‥‥‥‥‥ *857*
　　5.5.5　最小二乗法による方法‥‥‥‥‥‥‥‥‥‥‥‥‥‥‥‥ *857*

第 6 章　信頼性管理

6.1　信頼性‥‥‥‥‥‥‥‥‥‥‥‥‥‥‥‥‥‥‥‥‥‥‥‥‥‥‥‥‥ *859*
6.2　信頼性の評価尺度‥‥‥‥‥‥‥‥‥‥‥‥‥‥‥‥‥‥‥‥‥‥‥ *860*
6.3　修理系と非修理系の問題‥‥‥‥‥‥‥‥‥‥‥‥‥‥‥‥‥‥‥ *860*
　　6.3.1　修理系の問題‥‥‥‥‥‥‥‥‥‥‥‥‥‥‥‥‥‥‥‥‥ *861*
　　6.3.2　非修理系アイテムの問題‥‥‥‥‥‥‥‥‥‥‥‥‥‥‥ *863*
　　6.3.3　修理系と非修理系の問題のまとめ‥‥‥‥‥‥‥‥‥ *868*
6.4　故障率関数の理論式からの導入‥‥‥‥‥‥‥‥‥‥‥‥‥‥‥ *869*
　　6.4.1　故障率の定義‥‥‥‥‥‥‥‥‥‥‥‥‥‥‥‥‥‥‥‥‥ *869*
6.5　寿命分布関数‥‥‥‥‥‥‥‥‥‥‥‥‥‥‥‥‥‥‥‥‥‥‥‥‥ *873*
6.6　信頼度予測‥‥‥‥‥‥‥‥‥‥‥‥‥‥‥‥‥‥‥‥‥‥‥‥‥‥ *879*
　　6.6.1　システムの信頼度‥‥‥‥‥‥‥‥‥‥‥‥‥‥‥‥‥‥ *879*
6.7　保全，保守業務‥‥‥‥‥‥‥‥‥‥‥‥‥‥‥‥‥‥‥‥‥‥‥‥ *883*

xxvii

目　　次

6.8　FMEA と FTA ··· 885

　　6.8.1　FMEA（Failure Mode and Effects Analysis）····· 885

　　6.8.2　FTA ·· 888

第7章　プロジェクト管理

7.1　プロジェクト管理の基本·· 893

　　7.1.1　プロジェクトとプロジェクトマネジメント ············· 893

　　7.1.2　フェーズとプロセス ·· 894

　　7.1.3　プロジェクトマネジメントの知識エリア················ 895

7.2　PERT ·· 897

　　7.2.1　アローダイアグラム ·· 897

　　7.2.2　最早時刻と最遅時刻の計算 ···································· 898

　　7.2.3　余裕時間とクリティカルパス ································· 900

　　7.2.4　PERT 手法の応用と三点見積法································ 901

7.3　プロジェクトの評価方法·· 902

　　7.3.1　事前評価，中間評価と事後評価······························ 902

　　7.3.2　プロジェクト評価方法 ··· 904

第8章　SCM と多変量解析

8.1　回帰分析··· 907

　　8.1.1　回帰分析の概要··· 907

　　8.1.2　回帰分析の有効性と信頼性 ···································· 908

　　8.1.3　回帰分析の活用方法·· 910

8.2　主成分分析·· 915

　　8.2.1　主成分分析手法··· 915

　　8.2.2　主成分分析結果の読み方 ······································· 918

　　8.2.3　主成分分析の活用方法と留意点································ 922

8.3　クラスター分析 ·· 923

　　8.3.1　クラスター分析と類似度 ······································· 923

　　8.3.2　階層的クラスター手法 ··· 927

　　8.3.3　非階層的クラスター分析と k-means 法················ 930

　　8.3.4　クラスター分析の活用方法 ···································· 931

8.4　因子分析··· 933

　　8.4.1　因子分析の考え方と手順 ······································· 933

8.4.2 因子の解釈と寄与率 ………………………………………… 939
8.4.3 因子得点と因子分析結果の活用 ……………………………… 943
8.5 判別分析 …………………………………………………………… 946
8.5.1 判別分析手法の概要 …………………………………………… 946
8.5.2 判別関数の導出方法 …………………………………………… 948
8.5.3 判別モデルの評価 ……………………………………………… 950
8.6 数量化理論Ⅰ類，Ⅱ類，Ⅲ類，Ⅳ類 ………………………… 952
8.6.1 数量化理論とダミー変換 ……………………………………… 952
8.6.2 数量化理論Ⅰ類 ………………………………………………… 953
8.6.3 数量化理論活用の注意点 ……………………………………… 955

第9章 予測方法

9.1 指数平滑 …………………………………………………………… 959
9.1.1 予測方法 ………………………………………………………… 959
9.1.2 指数平滑法の基本 ……………………………………………… 961
9.1.3 指数平滑法の活用方法 ………………………………………… 964
9.2 Box-Jenkins 法 …………………………………………………… 970
9.2.1 時系列とその特性 ……………………………………………… 970
9.2.2 時系列の基本モデル …………………………………………… 972
9.2.3 Box-Jenkins の方法 …………………………………………… 977
9.3 その他時系列モデル ……………………………………………… 985
9.3.1 多変量時系列モデル …………………………………………… 985
9.3.2 分散不均一モデル ……………………………………………… 990
9.3.3 時系列の状態空間モデルとカルマンフィルタ …………… 993

第10章 地図のデータ利用

10.1 はじめに …………………………………………………………… 999
10.2 地球楕円体における2点間直線距離の導出 …………………… 999
10.3 2地点間直線距離の導出方法による誤差 ……………………… 1003
10.4 おわりに …………………………………………………………… 1006

第11章 最適立地手法

11.1 最適立地問題とは ………………………………………………… 1009
11.2 最適立地問題の分類 ……………………………………………… 1009

目　　次

11.3 代表的な最適立地モデル………………………………………………………*1011*

  11.3.1 p-median 問題 ……………………………………………………………*1011*

  11.3.2 p-center 問題………………………………………………………………*1012*

  11.3.3 単純施設配置問題……………………………………………………………*1013*

  11.3.4 二次割当問題（quadratic assignment problem）………………………*1014*

  11.3.5 容量制約付き施設配置問題…………………………………………………*1014*

  11.3.6 ハブ施設配置問題（hub location problem）……………………………*1016*

11.4 施設配置問題に対する最適解法…………………………………………………*1017*

第 12 章　在庫管理手法

12.1 在庫管理の基本……………………………………………………………………*1019*

  12.1.1 在庫の機能と役割………………………………………………………………*1019*

  12.1.2 在庫の把握と管理………………………………………………………………*1024*

  12.1.3 現品管理と ABC 分析 …………………………………………………………*1026*

12.2 在庫の基本理論 ……………………………………………………………………*1030*

  12.2.1 サービス率の理論…………………………………………………………………*1030*

  12.2.2 その他の指標と理論 ……………………………………………………………*1032*

12.3 発注システム ………………………………………………………………………*1032*

  12.3.1 定期発注方式………………………………………………………………………*1032*

  12.3.2 定量発注方式………………………………………………………………………*1036*

  12.3.3 ダブルビン方式……………………………………………………………………*1042*

  12.3.4 その他の方式と事例………………………………………………………………*1043*

12.4 多段階在庫管理 ……………………………………………………………………*1044*

12.5 在庫補充方式…………………………………………………………………………*1048*

第 13 章　配送センター設計手法

13.1 配送センターシステム……………………………………………………………*1051*

  13.1.1 配送センター（distribution center）………………………………………*1051*

  13.1.2 配送センター特性…………………………………………………………………*1053*

  13.1.3 配送センター特性のキーファクター …………………………………………*1054*

  13.1.4 生産システムと配送センターシステムの使命の違い………………………*1054*

  13.1.5 生産システムと配送センターシステムの特性の違い………………………*1055*

  13.1.6 入出荷システム …………………………………………………………………*1056*

  13.1.7 オーダピッキング・システム …………………………………………………*1056*

目　　次

13.1.8	配送センターの基本モジュール	1057
13.1.9	通過型の配送センターシステム	1058

13.2　EIQ 配送センターシステム設計法 1058
- 13.2.1　配送センターシステム設計法 1058
- 13.2.2　EIQ 配送センターシステム設計法 1059
- 13.2.3　EIQ 法よる配送センターシステム設計の考え方 1059
- 13.2.4　EIQ 分析 1060
- 13.2.5　EIQ 法の活用 1060
- 13.2.6　配送センターシステム設計の進め方 1060
- 13.2.7　システム設計の理念・考え方 1061
- 13.2.8　システム設計の使命の確認 1061
- 13.2.9　カストマーサービス・レベル 1061
- 13.2.10　配送センターを設計するために必要な条件は大変多い 1061
- 13.2.11　物流システムを認識する 1062
- 13.2.12　配送センター企業の業務内容を把握する 1062
- 13.2.13　配送センターシステムの構成 1064
- 13.2.14　ソフトとハード 1064
- 12.2.15　WMS（Warehousing Manage System） 1064
- 13.2.16　運用ソフト（EIQ-WMS） 1065
- 13.2.17　受注データ（EIQ データ） 1065

13.3　基本物流機器 1066
- 13.3.1　配送センターの基本物流機器 1066
- 13.3.2　物流機器選定の基本 1066
- 13.3.3　数量で脱皮する保管機器 1068
- 13.3.4　物流機器選定基準 1070
- 13.3.5　その他の保管機器 1070
- 13.3.6　荷役運搬機器 1070
- 13.3.7　配送センターの自動化 1071
- 13.3.8　機械的自動化 1071
- 13.3.9　情報的自動化 1071
- 13.3.10　ABC（Activity Based Costing） 1072

13.4　配送センターシステム事例 1072

第 14 章　最適輸・配送手法

14.1　最適輸送 1075

xxxi

目　　次

14.1.1　輸送・配送 ……………………………………………………1075

14.1.2　線形輸送問題 ……………………………………………………1078

14.1.3　線形計画法 ………………………………………………………1081

14.1.4　非線形輸送問題 …………………………………………………1083

14.1.5　分枝限定法のソフトウェア ……………………………………1085

14.1.6　コンピュータによる数値計算 …………………………………1087

14.2　最適配送 …………………………………………………………………1088

14.2.1　配　送 ………………………………………………………………1088

14.2.2　配送巡回路作成のための技法 …………………………………1090

14.3　巡回セールスマン問題 …………………………………………………1092

第 15 章　実験計画法

15.1　実験計画法の基礎理論 …………………………………………………1097

15.1.1　実験計画法とは …………………………………………………1097

15.1.2　1 因子実験（1 元配置）………………………………………1099

15.1.3　2 因子実験（2 元配置）………………………………………1102

15.1.4　分割実験 ……………………………………………………………1109

15.1.5　直交配列実験 ………………………………………………………1110

15.2　SCM への応用 ……………………………………………………………1114

15.3　期待効果 …………………………………………………………………1116

第 16 章　関連手法

16.1　はじめに …………………………………………………………………1117

16.2　遺伝的アルゴリズムの基本 ……………………………………………1117

16.2.1　GA の原理 …………………………………………………………1118

16.2.2　GA の仕組み ………………………………………………………1118

16.2.3　GA の応用例 ………………………………………………………1119

16.3　ファジィの基本 …………………………………………………………1124

16.3.1　ファジィの原理と基礎 …………………………………………1124

16.3.2　ファジィ推論 ………………………………………………………1125

16.3.3　ファジィ制御 ………………………………………………………1127

16.4　階層化意思決定法の基本 ………………………………………………1127

16.4.1　AHP の手順 ………………………………………………………1128

16.4.2　AHP における計算 ………………………………………………1129

	16.4.3	AHP の応用例	…………………………………	*1130*

16.5	ISM の基本	………………………………………………………	*1133*
	16.5.1	ISM 法の手順	……………………………………	*1133*
	16.5.2	ISM 法の応用例	…………………………………	*1133*

16.6	焼きなまし法の基本	…………………………………………………	*1135*
	16.6.1	SA のアルゴリズム	…………………………………	*1135*
	16.6.2	SA の長所および短所	……………………………	*1136*

16.7	タブサーチの基本	……………………………………………………	*1137*
	16.7.1	タブサーチのアルゴリズム	……………………………	*1137*

第 17 章　アプリケーション・ソフトウェア一覧表

17.1	WMS 製品一覧	……………………………………………	*1141*
17.2	BOM 製品一覧	……………………………………………	*1143*
17.3	TMS の製品一覧	…………………………………………	*1144*
17.4	ERP	……………………………………………………………	*1144*
17.5	多変量解析	……………………………………………………	*1150*

目　　次

第Ⅳ編　ケース研究編

第1章　JIT 方式 ………………………………………………………… *1155*

第2章　VMI 方式 ………………………………………………………… *1158*

第3章　家電業界 ………………………………………………………… *1161*

第4章　ネット通販業 …………………………………………………… *1164*

第5章　部品業界 ………………………………………………………… *1167*

第6章　食品加工業界 …………………………………………………… *1170*

第7章　医薬品業界 ……………………………………………………… *1173*

第8章　小売業の SCM …………………………………………………… *1176*

第9章　卸売業の SCM …………………………………………………… *1179*

第10章　百貨店アパレル業界 …………………………………………… *1183*

第11章　物流不動産業界 ………………………………………………… *1189*

第12章　半導体業界 ……………………………………………………… *1192*

第13章　農業流通関係穀物業界 ………………………………………… *1195*

編集後記 ……………………………………………………………………… *1199*

索　引 ……………………………………………………………………… *1201*

xxxiv

第Ⅰ編

総 括 編

1 SCM 関連行政と一般的動向

1.1 SCM と行政の関わり

1.1.1 はじめに

SCM（Supply Chain Management，サプライチェーンマネジメント：供給連鎖管理）と行政の関わりについては，日本における行政の取組みの主だった関連事項について推移を示し，全体の流れを明らかにする。さらに，日本政府の物流行政の指導的な役割を果たしてきた物流総合施策について閣議決定の年度ごとにその概要とこれまでの内容の問題点について指摘している。一方，環境問題については，オゾン層保護対策の経緯―ウィーン条約とモントリオール議定書の経緯，京都議定書を提案した国連気候変動枠組条約締約国会議―COP パリ協定（Conference of the Parties：COP The Paris Agreement）に関してその歴史的変遷を要約して示す。

1.1.2 行政における SCM 関連の経緯概要

日本における行政の取組みは図 1.1 のとおりである。すなわち，1965 年「中期経済計画」経済審議会の答申案を受けて，統計審議会が同年 5 月「流通体系図」を公に発表し，運輸白書においても「物流全般と改善」の重要性が取り上げられた。次いで，1969 年には新全総と新経済社会発展計画で物流近代化が論じられ政府の政策としての立場を強めた。1970 年には経済構造審議会

第Ⅰ編 総括編

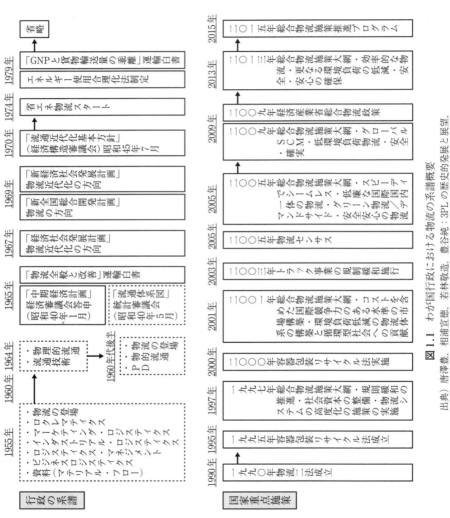

図1.1 わが国行政における物流の系譜概要

(出典) 唐澤豊, 相浦宣徳, 若林敬造, 豊合純：3PLの歴史的発展と展望, 日本ロジスティクスシステム学会誌, Vol. 11, No. 1, p. 69

4

にて流通近代化基本方針が取り上げられ，さらに，第1次オイルショック時に，省エネ問題が取り上げられた。

　一方，国家重点施策の一環として1990年に物流二法の成立，1995年には容器包装リサイクル法の成立をみ，1997年からは，「総合物流施策大綱」が発表され，以降5年おきに発表されて，2015年12月には総合物流施策推進プログラムが発表されていることは周知である。

　1997年（平成9年）9月4日の閣議決定の基本は，第1に規制緩和の推進，第2に社会資本の整備，そして第3に物流システムの高度化の施策の実施，2001年（平成13年）7月6日では，国際競争力のある市場の構築，京都議定書を受けて環境負荷低減可能な物流体系の構築，さらに情報通信技術の飛躍的発展への対応と物流分野への加速化を施策目標とした。2005年（平成17年）11月15日に設定された基本的方向性としては，スピーディでシームレスかつ低廉な国際・国内一体となった物の実現，グリーン物流等効率的で環境に優しい物流の実現，およびデマンドサイドを重視した効率的物流システムの実現，安全・安心を支える物流システムの実現であった。2009年（平成21年）11月14日グローバル・サプライチェーンを支える効率的物流の実現，環境負荷の少ない物流の実現等，および安全・確実な物流の確保等が基本的な方向性として提示された。2013年（平成25年）6月25日には，効率的な物流への取組み，更なる環境負荷の低減，ならびに安全・安心の確保を今後の施策とした。

　他方，1995年（平成7年）政府は「容器包装に係る分別収集及び再商品化の促進等に関する法律」（容器包装リサイクル法）を制定し，1997年（平成18年）に一部施行され，2000年（平成12年）に完全施行となった。さらに，2006年（平成18年）には，容器包装リサイクル制度の課題を解決するために改正容器包装リサイクル法が成立し，2007年（平成19年）4月から本施行，2006年4月には完全施行された。

　環境問題の国際的な取組みは，オゾン層保護対策の経緯から発展したもので日本ではウイーン条約，モントリオール議定書，京都議定書という一連の流れの中で説明することができる。オゾン層保護対策は，1974年に6月カリフォルニア大学ローランド教授およびモリーナ博士が発表したオゾ層破壊に関する論文が契機となり，1985年3月オゾン層の保護のためのウィーン条約の採択，

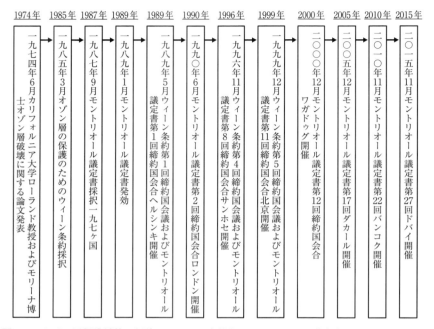

図 1.2 オゾン層保護対策の経緯—ウィーン条約とモントリオール議定書
出典： ① https://www.env.go.jp/earth/report/h13-04/17.pdf
② 外務省オゾン層保護（ウィーン条約/モントリオール議定書）平成 27 年 11 月 12 日 ©Ministry of Foreign Affairs of Japan
③ 主要事項と年代区分を配慮して唐澤豊が作成

1987 年 9 月 197ヶ国がモントリオール議定書を採択，1989 年 1 月モントリオール議定書発効，1989 年 5 月ウィーン条約第 1 回締約国会議およびモントリオール議定書第 1 回締約国会合ヘルシンキ開催を経て今日に至っている（図 1.2）。

国連気候変動枠組条約第 21 回締約国会議— COP21 パリ協定（Conference of the Parties：COP The Paris Agreement）第 1 回会議が 1995 年 3 月 COP1 ベルリンで開催され，1997 年 12 月 COP3 が京都で開催され京都議定書が提案された。以来 2015 年まで 5 年おきに開催されている（図 1.3）。NOx や CO_2 等物流と環境問題との関係が密接なテーマとなり，これらの動向と日本の政策とが同期化している訳である。

以上のように，環境問題は締結国を中心に国際社会全体が対策を講じている

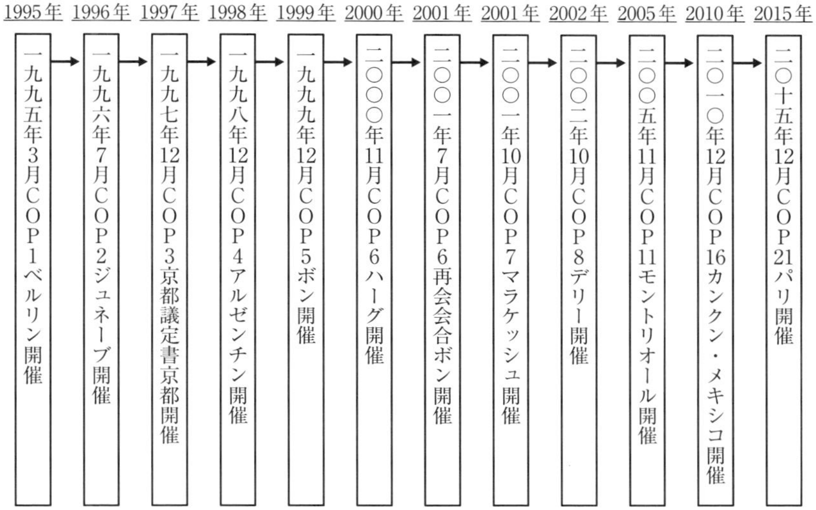

図 1.3 国連気候変動枠組条約締結国際会議― COP パリ協定（Conference of the Parties：COP The Paris Agreement）の変遷

出典：① Copyright ©2016 JCCCA 全国地球温暖化防止活動推進センター
② All Rights Reserved
　　http://www.env.go.jp/earth/ozone/montreal_protocol.html
③ 主要事項と年代区分を配慮して唐澤豊が作成

がわが国でも京都議定書の提案とその実施について努力していることは周知の事実である。

1.1.3　総合物流施策大綱の概要

前項では総合物流施策大綱の特徴と歴史的な流れを明らかにしたので，本項では物流施策大綱の概要について時系列的に整理する。

総合物流施策大綱は基本的には，前回の総合物流施策大綱の評価，今回の施策の基本的方向性と具体的施策から成っている。本項では総合物流施策大綱の基本的方向性の内容に限定し，簡述する。

(1)　総合物流施策大綱 1997 年― 2000 年の基本的方向性と具体的施策

1999 年〜2000 年を目途に下記 3 点の実現を物流施策目標とした。すなわち

- アジア太平洋地域で最も利便性が高く魅力的な物流サービスが提供される

ようにすること

- 上記物流サービスが，産業立地競争力の阻害要因とならない水準のコストで提供されるようにすること
- 物流に係わるエネルギー問題，環境問題及び交通の安全等に対応していくこと

この目標を達成するために規制緩和の推進，社会資本の整備および物流システムの高度化に関する施策を講じるとした。第1は，相互連携による総合的な取組みで，都市内物流，地域間物流および国際物流の各分野にわたる相互関連系の強化であり，第2は多様化するニーズ対応した選択肢の拡大で，通年・フルタイムのサービス，定時性，迅速性，温度帯管理等サービスの多様化に対応し，加えて，輸送モードの適切な選択を可能とする。このような意味から，マルチモーダル施策の推進が重要な役割を占める。第3は競争促進による市場の活性化である。国際一貫輸送，3PLの育成とともに市場への参入促進が容易に実現されるように規制緩和を核として，情報化の促進等により物流分野においても構造改革を図る。

(2) 総合物流施策大綱 2000 年— 2005 年の基本的方向性と具体的施策

2000 年〜2005 年の施策大綱の目標は下記3点としている。すなわち

- グローバル化の進展に対応した国際競争力の更なる強化
- 環境問題の深刻化，循環社会の構築等社会的課題への対応
- 情報通信技術への飛躍的発展への対応

この目標を達成するために下記2項目の構築と施策の方向性を明らかにした。

- 国際競争力のある社会実現のための高度かつ全体効率的な物流システムの構築
- 社会的課題に対応した物流システムの構築
- 国民生活を支える物流活動を確保するための施策

世界経済のグローバル化が急速に進展している中で物流分野も含め日本の経済社会システムを一層国際競争力のあるものとしなければならない。そのためには，物流の共同化・情報化，商慣行の改善，一貫パレチゼーションンを中心としたユニットロード化の推進を中心とした高度かつ全体効率的な物流システ

ムの構築，国際物流拠点の強化をしなければならない。

環境問題の深刻化，循環社会の構築等，社会的課題への対応については，地球温暖化問題への対応を積極的に推進し，「京都議定書」の温室効果ガス排出削減目標の達成に向け，物流分野においても排出抑制策を強化し，さらに，大気汚染等の環境問題への対応，循環型社会実現のための静脈物流システムの構築，さらには事故防止等，物流の安全問題への対応を掲げている。

情報技術については，高度道路交通システム等に資するシステムの導入，輸送モード間のオープンネットワークシステムの推進，SCMの考えの導入，次世代情報通信技術の積極的対応を考えることを提言している。

最後の国民ニーズへの対応と国民生活の調和はライフスタイル，労働市場，購買数量の変化などに対応した物流活動の効率化と調和を推進する。

(3) 総合物流施策大綱2005年―2009年の基本的方向性と具体的施策

2005年~2009年の施策大綱の目標は下記4点としている。すなわち

- スピーディでシームレスかつ低廉な国際・国内一体となった物流の実現
- 「グリーン物流」など効率的で環境にやさしい物流の実現
- デマンドサイドを重視した効率的物流システムの実現
- 国民生活の安全・安心を支える物流システムの実現

従来の大綱は，その時点の物流の在り方とその意義を明確にし，横断的な連携を図りながら中長期的な物流施策や養成を体系的に提示することを目的として策定したが，今後は，これに官民連携，民間の業種を超えた連携，さらには国民の理解と協力を得て推進することを明らかにした。

基本的な方向性としては調達，製造，販売の面で国際・国内の区別なくアジア市場全体を一体的に捉えて，生産や販売を目指し，さらにSCMの徹底をグローバル規模で進める。アジア地域内物流が準国内物流化する中で，スピーディで見える化する物流システムの構築が必要となっている。コスト，リードタイム，ドアツードア配送，の環境の中で低廉かつ一貫した物流システムを構築する。

環境責任は国家にも企業にもある時代である。環境配慮型経営が必要な時代である。企業の社会的責任はサステイナビリティ「持続可能性」を意味する"Sustainability"（広く環境・社会・経済の3つの観点からこの世の中を持続可

第 I 編　総　括　編

能にしていくという考え方）の重要性からしても明らかである。

　デマンドサイドを重視した効率的物流システムの実現については EDI（Electronic Data Exchange：電子データ交換）や電子タグ等，情報技術を駆使し，販売時点の情報を生産・流通計画にフィードバックし，デマンドサイド重視の企業姿勢に対応した効率的な物流システムの構築を目指す。

　さらに，国民生活の安全・安心を支える物流システムの実現のために，物流セキュリティ強化対策を実施し，国際機関と協調しつつ実効性のある対策を構築する。加えて，災害時の早期復旧に向けた体制整備と消費者ニーズを踏まえた流通システムの整備を掲げている。

(4)　総合物流施策大綱 2009 年— 2013 年の基本的方向性と具体的施策

　2009 年~2013 年の施策大綱の基本的な方向性は下記 3 点としている。すなわち

- グローバル・サプライチェーンを支える効率的物流の実現
- 環境負荷の少ない物流の実現等
- 安全・確実な物流の確保等

　さらに，これら方向性実現のために，施策の推進の在り方として連携・共同の必要性と今後の推進体制をあげている。

　グローバル・サプライチェーンを支える効率的物流の実現の手段としてアジアにおける広域的な物流環境の改善，効率的でシームレスな物流網の構築，貿易手続や物流管理の IT 化と国際的情報連携の構築，セキュリティ確保と物流効率化の両立を掲げている。

　環境負荷の少ない物流の実現等については，モーダルシフト等による低炭素型物流の実現，グリーン物流関連の技術・ノウハウの国際的な普及を通じ，グリーン物流の国際的連携の推進をする。これらにより，結果的に，わが国産業の国際競争力強化につながることも期待できる。

　安全・確実な物流の確保等については，安全・確実な輸送の確保，主要海上輸送路の安全確保，災害総合対策などが考えられている。

　最後に，施策の推進体制の在り方として，国民の理解と協力，荷主と物流事業者，インフラとの連携・協働，ならびに地域レベルでの関係者の連携・協働等があげられている。

（5）　総合物流施策大綱2013年―2017年の基本的方向性と具体的施策

2013年~2017年の施策大綱の基本的な方向性は下記3点としている。すなわち

- 産業活動と国民生活を支える効率的な物流の実現に向けた取組み
- 更なる環境負荷の低減に向けた取組み
- 安全・安心の確保に向けた取組み

産業活動と国民生活を支える効率的な物流の実現に向けた取組みとしては，わが国物流システムの国際展開の促進，わが国の立地競争力強化に向けた物流インフラ等の整備，有効活用等，荷主・物流事業者の連携による物流の効率化と事業の構造改善，国民生活の維持・発展を支える物流，物流を支える人材の確保・育成をあげている。更なる環境負荷の低減に向けた取組みとしては，省エネ法の活用，道路ネットワークの整備，モーダルシフトの促進，省エネ・低公害へのエネルギー転換等を中心にしている。最後の安全・安心の確保に向けた取組みについては，物流における災害対策，社会資本の適切な維持管理・利用，セキュリティ確保と物流効率化の両立および輸送の安全，保安の確保を軸に推進する。

1.1.4　わが国の課題

総合物流施策大綱の年度別基本的方向性をまとめると表1.1のとおりである。

事の是非は別にして時代的背景と施策をみると，全般的に基本政策が時代を先行するのではなく，時代の後追いをしていることがわかる。

第1がグローバル港湾戦略展開の極端な遅れである。1980年の世界のコンテナ取扱個数ランキングは，1位ニューヨーク・ニュージャージー港（アメリカ），2位ロッテルダム港（オランダ），3位香港港（香港），4位神戸港（日本），13位横浜，18位東京であった。2006年には23位東京，28位名古屋となった。大きな理由は

- 港湾機能の効率化に向けた大規模な設備投資による規模の拡大や最新設備の導入の遅れ
- 高い日本の港湾利用料。釜山港や高雄港などのアジアの巨大港に比べて約

第 I 編 総 括 編

表 1.1 総合物流施策大綱の年度別基本的方向性総括表

年度	基本的方向性の主題
1997 年〜2000 年	・アジア太平洋地域で最も利便性が高く魅力的な物流サービスが提供されるようにすること ・上記物流サービスが，産業立地競争力の阻害要因とならない水準のコストで提供されるようにすること ・物流に係わるエネルギー問題，環境問題および交通の安全等に対応していくこと
2000 年〜2005 年	・グローバル化の進展に対応した国際競争力のさらなる強化 ・環境問題の深刻化，環境社会の構築等社会的課題への対応 ・情報通信技術への飛躍的発展への対応
2005 年〜2009 年	・スピーディーでシームレスかつ低廉な国際・国内一体となった物流の実現 ・「グリーン物流」など効果的で環境にやさしい物流の実現 ・デマンドサイドを重視した効率的物流システムの実現 ・国民生活の安全・安心を支える物流システムの実現
2009 年〜2013 年	・グローバル・サプライチェーンを支える効率的物流の実現 ・環境負荷の少ない物流の実現等 ・安全・確実な物流の確保等
2013 年〜2017 年	・産業活動と国民生活を支える効率的な物流の実現に向けた取組み ・更なる環境負荷の低減に向けた取組み ・安全・安心の確保に向けた取組み

3 割高いといわれている。

- 短いターミナルのオープン時間，長い入港までの待ち時間，海外港では時間建ての停泊料が日本では日建，長い通関時間等の制約
- 日本の地方港，特に日本海沿岸港への韓国・中国などのコンテナ船が就航し，集配荷の実施

以上のようにハードの生産性のみならず，運用面の生産性も世界の主要港の後塵を拝する結果衰退したものと考えられている。さらに，生産・販売拠点の海外へのシフトによる物量の低下が追い打ちをかけている。

第 2 がグローバル SCM 戦略展開の遅れである。2008 年 9 月 15 日のリーマンショックは世界経済を震撼させたが，日本のグローバル化ないしボーダレス化は高度経済成長とともに始まったといっても過言ではない。同様に SCM の考えは 2000 年前後に多くが排出し，グローバル化が始まっている。施策大綱でグローバル化が基本的方向性として登場したのは 2009 年である。せめて 2000 年の基本的方向性として取り上げるべきであった。

第1章　SCM関連行政と一般的動向

　第3が物流教育体制のガラパゴス化である。縦割行政の欠点を補い，横の連携を強化するというお題目は耳にタコができるほど聞いているが，人的資源の循環は供給側の高等教育ないし専門教育と需要側の産業界の教育システムの確立が必須条件である。しかしながら，人材供給サイドの日本の大学には文系理系を含め物流，ロジスティクス，あるいはSCMの学部学科は皆無である。さらに，2000年以降，工学部では，経営工学科系の学科は私立系でわずか4大学，国立系で数大学にまで減少し，すべて関東に存在している。因みに，経営工学科の名称は国立で経営システム工学科1校，私立で経営システム工学科，経営工学科，管理工学科およびマネジメント工学科で計4校である。したがって，物流教育やIEを含む経営工学の教育は民間に委ね，政府は技術士や中小企業診断士の資格を提供しているのに過ぎない。

　一方，米国，ヨーロッパあるいはアジアの諸国ではロジスティクス，SCMの学部・学科はもちろんのこと修士課程や博士課程を設置している。物流高等教育なしに人材補給ができないことは万人が知るところであるが，国立系は行政機関が無関心のため設置なし，私立は少子化でペイしないため皆無である。つまり，物流，ロジスティクスおよびSCM系学部学科は国公立・私立を含めて皆無であり，経営工学科は既述の有様である。

　第4が共同化戦略展開の遅れである。物流はもちろんのことロジスティクスやSCMを遂行する場合のキーは共同化である。個々の企業の合理化は早晩限界に達し，荷主や物流業者全体が共同化し，コスト，環境，安全を配慮する時代に突入している。自由経済体制のビジネスに行政が直接介入することは大きな問題となるが，産業界全体を誘導し，正しい方向付けし，インフラ整備と充実を図ることは政治や行政が積極的にその役割を果たさなければならない。2016年6月に関西で，宅配企業が共同化するケースが実現したが，このような共同化は，インフラを含め，政府や行政が積極的に政策追及すべきである。個々の実行目標として共同化を位置づけるのではなくて，政府の戦略目標として位置づけるべきであった。

　以上紙面の制約上4点に絞って問題点を指摘したが，他の諸点については別の機会に譲ることとする。

唐澤　豊

第 I 編　総　括　編

1.2　SCM 関連行政と一般的動向

1.2.1　循環型社会における環境規制関連の法規体系の大枠

　SCM 関連の環境関連の法規は，①大気汚染の防止（排ガス規制など），②循環型社会の構築を促すリサイクルなどの促進，③ CO_2 の排出量の抑制の 3 つに大きく分けて考えることができる。

　日本の環境規制は 1970 年代から始まっており，1990 年代に入ってから急速に進展した欧州，2000 年代に入ってから規制強化に本腰を入れ始めた中国などに比べスタートは早かった。しかし，欧州や中国は短期間で日本以上の規制を相次いで導入している。

（1）　排ガス規制の世界的な動向

　米国や欧州では，排ガス規制は 1970 年代から厳しくなり，現在では約 40 年前と比較して排出される有害物質の量は，100 分の 1 以下になっている。

　米国では第 2 次世界大戦後，光化学スモッグが大きな社会問題となり，その解決策として排ガス規制が導入されることとなった。その結果，盆地で大気汚染の影響を受けやすく事態が深刻化していたカリフォルニア州を皮切りに 1966 年以降，相次いで各州に排ガス規制が導入されていった。

　1970 年にはマスキー法（大気清浄法）が成立した。同法は 1975 年の排ガス基準を 1970 年の 10% に抑えるという内容であった。1975 年にはメーカー平均燃費規制が導入された。

　さらに 1990 年には連邦大気清浄法が制定され，排ガス規制がそれまで以上に強められることとなった。また 2003 年にはクリアスカイ法により発電による二酸化硫黄（SO_2），窒素酸化物（NOx），水銀の排出に上限が設けられることとなった。

　他方，EU（欧州連合）でも EU 全体の環境施策として，「EURO 規制」が段階的かつ欧州全土にわたって導入され，燃費規制が重視されている。ちなみに中国などでも欧州の排ガス規制「EURO 規制」が導入されている。2010 年をメドに国際水準の排ガス規制の導入を検討している。

(2)　循環型社会の構築を促すリサイクル，リユースの促進

　循環型社会の構築を促進すべく効率的にリサイクル，リユースを促進するための法規制の強化も各国で進んでいる。

　EU では電気電子製品のリサイクルに関する指令である「WEEE（ウィー）指令」（「廃電気電子機器指令」），RoHS（ローズ）指令（「電気電子機器の有害物質含有禁止令」），REACH（リーチ）指令（「化学物質の総合的な登録，評価，認可，制限に関する指令」）などにより，リサイクルに容易な設計などを行う義務が製造者に課されている。また廃電気電子機器の処理は製造者の責任で行われ，水銀を含む部品など指定の部品を取り外さなければならないとされている。さらには処理施設やユーザーに対する情報開示も義務づけられている。

　米国ではリサイクル法については各州で制定されているが，たとえばハイテク廃棄物のリサイクルについても法律が制定されているカリフォルニア州では，電気電子製品販売の際に EU の RoHS 指令で販売が禁止されている製品はカリフォルニア州でも禁止されている。

　中国でも「中国版 RoHS」として，「電子情報製品汚染防止管理弁法」（電子情報製品の汚染防止，処理に関連する管理法）が施行され，パソコン製品，ラジオ・テレビ製品などを対象としたリサイクル体制が整備されつつある。

　さらにいえば，EU には製品に対して包括的，あるいは特定のエコデザインが要求される「Eup 指令」や「自動車原材料部品と素材のすべてを対象とした重金属規制」で「欧州版自動車リサイクル法」と位置付けられる「ELV 指令」などもある。

　ELV 指令では「新しく自動車を設計，または生産する場合，自動車の廃棄時点でのリサイクル性を考慮しなければならない」という厳しい内容となっている。有害物質の使用規制も厳しく行われる。しかも最終所有者から無償で引き取り，設定された再資源率の目標値をクリアしなければならないとされている。

　同指令では自動車メーカーは 2015 年には廃棄車両の平均重量の最低 95% 以上を回収し，85% 以上を再利用しなければならないとされている。モニタリングシステムも導入されている。わが国でも自動車リサイクル法が施行された

第Ⅰ編　総　括　編

が，残念ながら欧州に比べればまだまだ改善すべき点が多々あるといえよう。

(3)　CO_2 の排出量の抑制

1990 年代前半までは物流環境規制としては，排ガス規制が重視されてきたが，1997 年の京都議定書以降は燃費規制（CO_2 削減）に重きが置かれ始めている。「排ガス規制を強化し，都市部などの密集地域での大気汚染問題を解決する」というスタンスから「燃費規制に重点を置き，省エネ・CO_2 削減を促進し，地球温暖化に歯止めをかける」という方向にシフトしてきたわけである。

こうした流れのなかで EU では，加盟国共通の省エネルギー政策の二本の柱に省エネルギーの強化と再生可能なエネルギーの開発を据えている。欧州議会は省エネ指令を採択し，加盟各国は指令に基づいての国内法の整備を進めている。

EU では CO_2 排出量取引市場が将来的には数億ユーロ規模に膨らむと予測し，その関連技術，ノウハウについて欧州がリーダーシップを握っていくべきと考えている。2004 年には，EU 加盟国に海外での温室効果ガスの排出量取引を認める「京都議定書に基づくプロジェクトメカニズムに関する EU 温室効果ガス排出量取引制度設立指令」（連結指令）が欧州議会で承認されている。

米国でも排出量取引の「自主市場」が誕生している。フォード，デュポンなどのエネルギー関連の大手民間企業などが参加し，「シカゴ気候取引所」（CCX）が創設されている。自治体や NGO の参加も可能となっている。

また，中国でも将来の国際的な CO_2 排出量取引市場の拡大を視野に入れ，2007 年の第 10 期全国人民代表大会で省エネ法の改正が審議され，建築，交通運輸，公共機関などの分野に省エネ管理規定が追加された。

(4)　海外の環境規制の課題

排ガス規制，リサイクル法，CO_2 排出量規制のいずれについても欧州が先行しているが，日本や米国でも環境武装に対する意識は高まりつつあり，今後は先進各国では相次いで本格的に物流環境規制が整備されていくと思われる。また中国などの経済新興国でも今後，法整備が本格的に進んでいくことだろう。

ただし，課題となるのは各国，各地域の規制の基準が微妙に異なるというこ

とである。

　今後は，日米欧などの基準の統一についても議論を深めていく必要があるのではないだろうか。物流環境規制について，国際的に足並みを揃えていくことが，これからの大きな課題ということになるだろう。

(5)　わが国のとるべき方向

　環境の視点からSCMの高度化を語る上でしばしば重要な問題として指摘されることに「環境戦略の充実と物流効率の向上・コスト削減のトレードオフ（二律背反）」の問題がある。地球環境にやさしいSCMを考えれば，リードタイムが長くなったり，輸送効率が悪化したりするという状況を免れず，反対にリードタイムの短縮や多頻度小口配送の充実など，物流の効率化を進めれば，環境に負荷をかけることになるというわけである。電気自動車などの低公害車の導入に現時点ではコストがかかるという問題が指摘されることもある。

　それゆえ，これまでのグリーン物流戦略では「環境負荷を低減させることにより社会的なイメージアップを図る」ということが強調されてきた面がある。多くの企業ではグリーン調達，3R（リデュース，リサイクル，リユース）などはコストメリットよりも社会的な好感度の向上のために推進されてきたのである。

1.2.2　SCM 行政における環境法規

(1)　国際的な枠組み

　気候変動枠組条約締結国会議・地球温暖化防止京都会議（COP3）が1997年に日本の京都で第三回締約国会議が開催された。京都会議では主に以下の4点について議論が進められた。

a．数量目標

　CO_2などの温室効果ガスの排出量抑制目標値の設定についての議論。

b．政策・措置

　炭素税（環境税）の導入など環境対策などでの国際的共同歩調の必要性を議論。

c．途上国の義務

　急速に発達する中国やインドのCO_2排出量をどのように抑制するかを議論。

第Ⅰ編　総　括　編

d.　手続き規定

約束した環境負荷軽減政策の実現に向けて，どのような手続きをとっていくかということが議論された。

京都会議の大きな意義としては 2000 年以降の先進国の温室効果ガスの排出量について数量目標を設定できたことなどがあげられる。反面，米国の離脱など多くの国際政治上の課題も浮き彫りになった。

(2)　国内法の整備

環境関連の主要な国内法は次のようになる。なお，廃棄物処理法およびリサイクル法については後述する。

a.　自動車 NOx・PM 法

2002 年 5 月に施行された「改正自動車 NOx・PM 法」により，PM が新たに規制物質になり，特定地域として首都圏，京阪神圏などの旧規制地域に愛知県，三重県の一部が規制対象地域に加えられた。2003 年 10 月以降，排気ガス基準に適合しない車は対象地域内での車検に通らないこととなった。車種規制や運送事業者の排出抑制対策が強化されている。

b.　省エネルギー法

2006 年の省エネ法の改正では，従来は熱と電気を区別して管理されていた工場・事業場のエネルギー管理が熱と電気を合算した一体管理とされた。また，年間で使用するエネルギー量により第 1 種，第 2 種に区別され，それぞれに省エネルギーのための義務が課せられるようになった。その結果，エネルギー管理指定工場・事業場[1] の指定対象は全業種に対象を拡大された。加えて登録調査機関による確認調査制度も新設された。

また一定規模以上の輸送能力を有する輸送事業者などに対して省エネ計画の作成，エネルギー使用量等の定期報告などを義務づけている。貨物輸送に係る年間の発注量が一定規模以上である荷主に対しても，モーダルシフトやエネル

---

[1]　第 1 種エネルギー管理指定工場とはエネルギー使用量（熱と電気合算した量）が 3000 kL/年以上（原油換算）の工場（全業種）で，中長期計画の義務などを負い，第 2 種エネルギー管理指定工場とは 1500 kL/年以上（原油換算）の工場で，定期の講習受講義務などを負う。なお第 1 種，第 2 種ともにエネルギー使用状況等の定期報告を行わなければならない。なお，指定対象には大規模オフィスビルなども追加された。

18

ギー効率の悪い自家用トラックから営業用トラックへの転換（営自転換）の促進などの観点から省エネ計画の作成，エネルギー使用量などの定期報告などを義務づけている。

c. 地球温暖化対策推進法

1998年10月に制定された法律である。地方公共団体が自らの事務，事業に関連して温室効果ガスの排出抑制について実行計画を策定，その実施状況を公けにすることを義務としている。各地方自治体は地球温暖化に関連する啓蒙，啓発，普及活動，対策などの推進を行い，そのためには「地球温暖化防止推進委員」や「地球温暖化防止活動推進センター」を設置することができるとしている。

d. 循環型社会形成推進基本法

2001年1月完全施行された。同法では循環型社会を「廃棄物の抑制，再生資源の適正な利用の促進，循環利用しない廃棄物の適正処分，天然資源の消費抑制と環境負荷の低減を行う社会」とし，国，地方自治体，メーカー，消費者などがそれぞれ果たすべき責務を定めている。国，自治体の役割としてはリサイクルシステム，経路の整備，循環型ビジネス事業者の育成など，また消費者や事業者など，一般市民には廃棄物の発生抑制，再利用，再生利用，あるいはそのシステムの整備，回収責任などを定めている。

e. 大気汚染防止法

大気環境を保全するため，1968年に制定された。大気汚染に関して，国民の健康を保護するとともに，生活環境を保全することを目的としている。同法では，固定発生源（工場や事業場）から排出される大気汚染物質について，物質の種類ごと，排出施設の種類・規模ごとに排出基準などが定められている。大気汚染物質の排出者はこの基準を守ることが義務となる。ばい煙，粉じん，有害大気汚染物質，自動車排出ガスに対して届出義務，排出規制，許容限度の設置などの規制を定めている。都道府県知事は大気汚染状況の監視，報告義務を負う。また大気汚染による健康被害などについては事業者に対して無過失損害賠償責任を設けている。

f. 資源有効利用促進法

2000年5月に従来のリサイクル法（再生資源の利用の促進に関する法律）

第I編 総 括 編

が改正され，同法となり，リサイクル（再生）に加えてリデュース（発生抑制），リユース（再利用）も促進することになった。リデュースについては省資源，製品の長寿化を推進するために修理体制の充実や包装のさらなる合理化を図ることとしている。またリユースについては部品を再利用しやすい設計，デザイン，部品の標準化などを促進することとしている。

g. グリーン購入法

循環型社会の形成を図るために公共部門が環境に配慮した製品を積極的に利用することを定めた法律である。2001年に施行された。

省庁，独立行政法人などの国や地方自治体の各機関が特定調達品目[*1]において「環境に配慮した調達を進めるべき」と定めている。

h. 悪臭防止法

事業場や日常生活で発生する悪臭について防止対策を推進する法律である。濃度規制，臭気指数などについて定められている。臭気指数については臭気判定士の資格制度を設けている。指定された規制地域について悪臭の原因となる物質について規制基準が設定され，適合しない場合には改善命令，改善勧告が出される。悪臭の原因物質の多様化に伴い，規制対象物質はこれまで状況に応じて追加されてきた。

i. 騒音規制法

工場騒音，建設騒音，自動車騒音を規制する法律で，それぞれについて規制基準が設けられ，それに適合しない工場施設などについては改善命令や改善勧告が出されるとしている。1968年に公布，施行された。当初は工場騒音と建設騒音だけを規制するものだったが騒音問題の深刻化などに対応して改正が行われ，急速な都市の開発，拡大や旅客，貨物輸送，モータリゼーションの進行などによる道路公害の深刻化なども踏まえて自動車騒音も加えられた。

j. 振動規制法

工場や事業場での事業活動，建設工事などで発生する振動について必要な規制を行う法律である。道路交通振動に係る要請限度を定めるなどして，生活環境や国民の健康の保護を行う。機械プレスや圧縮機など，著しい振動を発生す

＊1　特定調達品目とは印刷，情報用紙，文房具，トイレットペーパーや公共事業開発などで使われる資材。

る施設やくい打機など，建設工事として行われる作業のうち，著しい振動を発生する作業を規制する。振動の大きさ，作業時間帯，日数，曜日などの基準を定めている。

(3)　循環型社会の構築

わが国では循環型社会の構築に向けて，リサイクル法の整備が行われた。リサイクル法と対応する形で循環型社会の構築が進み，それに合わせて循環型ロジスティクスの構築も推進されているといえよう。

a．廃棄物処理法

廃棄物の排出抑制を推進し，同時にその適正な分別，保管，収集，運搬，処分などを行うことで生活環境，公衆衛生の向上を図る法律である。1970年に成立し，その後，何度か改正されている。

廃棄物基準に違反した処理が行われた場合や土壌汚染のために生活環境に悪影響が及ぼされる場合には，都道府県知事などが排出事業者などに，浄化の措置命令を発することなどができる。

b．リサイクル法

①　容器包装リサイクル法

家庭，事業所などから出される一般廃棄物に使われるさまざまな容器，包装材に再商品化の義務を課した法律で1997年4月に施行された。

当初はスチール缶，ガラス製容器，飲料用などのペットボトル，牛乳パックなどの飲料用紙パックが対象となっていただけだが，以後，飲料用紙パック以外の紙製容器包装，プラスチック製容器包装も対象に追加されている。

同法では容器，包装について消費者の分別排出，市町村などの費用負担による分別収集，事業者の費用負担などによる再商品化が規定されている。また容器包装の分別収集を容易にするために原材料の識別マーク表示を義務としている。

法律の基本的な考え方は容器・包装廃棄物に関わる消費者，市町村，事業者の3者がそれぞれの立場で容器包装のリサイクルを画策し，ごみの減量化とリサイクルの実現を図ることである。

②　家電リサイクル法

2001年に成立。家庭から廃棄，排出される家電4品目（テレビ，冷蔵庫，

第Ⅰ編　総　括　編

洗濯機，エアコンを）対象に再商品化を目的に設けられた法律である。

　消費者には家電製品を廃棄するまでに可能な限り長期間使用し，排出量を削減させる努力を求めている。廃棄するときの再商品化と回収のための費用負担が義務づけられている。小売業者には使用済み家電の引取とメーカーへの引渡しが義務づけられている。

　そしてメーカーにはその引取と再資源化を求めている。再資源化や部品の再利用などのリサイクル率は 50〜60％とされ，メーカーに義務づけられている。また，適正な処理を行うための管理票制度（マニフェスト制度）が設けられている。管理票には家電リサイクル券システムも併設され，消費者は自分が排出した製品の処理状況をホームページを通して知ることができるようになっている。さまざまな電子機器が順次，追加される方向である。

　またパソコン，携帯電話，デジタルカメラ，電子辞書などの回収を目的に2013 年 4 月より小型家電リサイクル法が施行された。

③　食品リサイクル法

　食品廃棄物の排出抑制，再資源化の促進を目的に 2001 年に施行された。食品加工メーカー，流通，販売店などのほかに外食産業，ホテルなども対象事業者となる。また一般消費者にも食品廃棄物の発生抑制，再生利用などに努めることを求めている。

　さらには同法により食品関連事業者などによる再生利用事業計画の作成・認定制度や食品を循環資源として利活用するための肥料化などを行う事業者の登録制度も設けられている。

④　建設リサイクル法

　産業廃棄物の約 4 割を占めるという建設廃棄物を減らし，資源の有効活用を目的とした法律。建設リサイクル法は，延べ床面積 80 平方メートル以上の建築物の解体工事，床面積 500 平方メートル以上の新築または改築工事などを対象として，コンクリート，アスファルト・コンクリート，木材などの特定建設資材を指定し，分別解体，再資源化を義務づけている。

　また解体工事の発注者などに届出義務を課している。建設会社がリサイクルへの取組みを本格化することを期待している。

⑤　自動車リサイクル法

2002 年 7 月に成立，2005 年に完全施行。自動車と解体くずの不法投棄を防止することなどを目的としている。シュレッダーダスト，フロン類，エアバッグについて自動車メーカー，輸入業者に回収，再資源化を義務付けている。リサイクル料金はユーザー負担となっていて，新車購入時に購入者がリサイクル料金を先払いする仕組みとなっている。

拡大生産者責任の原則のもとで自動車製造業者の役割，責任を明確化すると同時に長期使用，リサイクル使用可能な製品の生産を促進する。カーエアコンについてはフロン類の取扱いを踏まえて一体的に扱っている。

なお，フロン類についてはリサイクルを行わず，フロン類破壊事業者に委託して破壊することとしている。また自動車の設計，デザイン上の工夫などでリサイクルが容易な製品を開発することも促進している。

2006 年（平成 18 年度）には約 2,845 万台のリサイクル料金が預託され，約 357 万台が使用済自動車として引き取られ，適正処理・リサイクルが実施された。

1.2.3　サプライチェーンセキュリティ

保障貿易管理の視点からロジスティクスの問題を整理すると，①ロジスティクスと安全保障，②軍用ロジスティクスに関する問題，③アジア太平洋におけるロジスティクスをめぐる問題，④日本の安全保障貿易管理に直面する問題などが今日的な課題としてあげられることがわかる。

本項では以上の問題を順に解説し，総括することとしたい。

(1)　グローバルサプライチェーンセキュリティ

a．ロジスティクスと安全保障

近年，安全保障貿易管理における焦点は注目に値する変化を遂げている。国，人，技術を対象とし，輸出管理にこれまで以上に力を入れ始めているのである。管理リスト，ライセンス，税関などの強化により，輸出管理を厳しくするようになってきたのである。

冷戦後の輸出管理改革をみると，共産圏諸国を対象とした管理から不拡散輸出管理への移行，通商上の利益の促進（安全保障上の利益との調整），グロー

第Ⅰ編　総　括　編

バリゼーションへの対応，防衛生産や安全保障協力への多国間主義などがその
大きな特徴となっていることがわかる。

　冷戦後の米政権の取組みについてみると，ブッシュ父政権で製品管理と最終
使用を管理する目的からキャッチオール規制が導入され，クリントン政権で暗
号技術などの規制緩和，ライセンス審査過程の改革，武器貿易に関連するライ
センス改革などが行われた。

　なお，安全保障貿易の概略を理解するうえでどのような輸出管理についての
規制が行われているかを理解しておく必要があるが，輸出貿易管理令，外国為
替令では輸出管理に対する規制はリスト規制とキャッチオール規制とに分けら
れている。

　リスト規制とは，武器，あるいは軍事用途にも転用可能な高度汎用技術品の
輸出について，品名をリストアップして行われている規制のことを指す。対象
は全世界向けの輸出となる。用途，需要者に関係なく該当する輸出品について
は経済産業大臣の許可が必要になる。

　これに対してキャッチオール規制（全品目輸出管理制度）とは，食料品，木
材などの一部の輸出品を除いたすべての輸出品について「ホワイト国」を除く
全世界が対象となる。用途，需要者によって許可の要否が決定される。

　安全保障輸出管理の国際的な枠組み（国際管理レジーム）は1974年のイン
ドの原爆実験，1980年代のイラン・イラク戦争におけるイラクの化学兵器使
用などをきっかけに段階的に強化され，リスト規制が導入されることとなっ
た。

　ところが湾岸戦争後にリスト規制品以外の汎用品が大量破壊兵器の開発に使
用されていたことが判明した。これがキャッチオール規制の導入の大きなきっ
かけとなっている。

　キャッチオール規制ではたとえ汎用品であっても，需要者の意図，用途によ
っては大量破壊兵器の生産に結び付く可能がある国への貨物や技術の輸出に規
制がかけられているのである。

　仕向地がホワイト国であること，輸出品の不正転売，転用のリスクがないこ
とを確認したうえで経済産業省に許可申請を行う。さらに出荷過程において
も，輸出管理票，出荷指示書，インボイス，出荷品などに不一致，不具合など

が生じていないかをチェックする必要がある。

キャッチオール規制の対象となる貨物，技術などについては，ホワイト国以外への輸出について，客観要件，インフォーム要件のいずれかに該当する場合は経済産業省の輸出許可を受けなければならない。インフォーム要件とは，輸出者に対して経済産業大臣から輸出するまでに許可申請をすべき旨の通知があった場合を指す。

また，輸出しようとしている貨物が大量破壊兵器の開発などに用いられるリスクのある場合，あるいはすでに行っている場合は客観的要件となる。なお，客観要件は用途要件（大量破壊兵器に使用される場合など）と需要者要件（需要者が大量破壊兵器の開発などを行うか，あるいはすでに行っている場合など）に分けられる。

なお，契約書，注文書，会社案内，ホームページ，経済産業省が作成したユーザーリスト，その他の輸出者が通常の商取引の範囲内で入手できる文書などに記載されているかどうかが判断の基準となる。輸入者から「大量破壊兵器の部品などに使うことが可能か」と問い合わせを受けた場合も該当する。たとえば中近東の非ホワイト国の企業からクレーン車の購入を打診されたとする。その場合，クレーン車をミサイル発射に際して使用される懸念がある。そこでこの場合はキャッチオール規制の許可申請を行う必要が出てくるわけである。また，炭素繊維はミサイルの外装部分などにも使われる。農薬散布用の無人ヘリコプターから化学兵器，生物兵器をばら撒けば大量虐殺が可能になってしまう。

したがって，こうした品目については「誰がどこの国でどのように使用するか」ということを詳細に管轄省庁に報告し，許可申請を得なければならない。ブッシュ子政権ではWMD戦略が推進された。これは真に機微な技術を敵対国家や拡散に係わる団体に渡さない，世界市場に向けた輸出で不必要な障壁をなくすというものである。

さらに2008年にはITの導入や人員の配置などによるライセンス審査の改革が行われた。米国では9・11以降，テロ対策強化の視点からサプライチェーンセキュリティの管理体制の強化が進んだ。

また，物流のグローバル化の進展により，輸出についても国際的な枠組みを

第Ⅰ編 総 括 編

強化する動きも出てきた。ただし防衛関連産業にとってはグローバルサプライチェーンの構築により，安全保障貿易管理はより難易度が高くなることにもなる。

東西冷戦体制が崩壊し，旧共産圏や中国などの資本主義経済へ参入したこともあり，安全保障の観点からの輸出管理，輸出規制は軽視されがちであった。

しかし核兵器の不拡散などを懸念する声が米国などでは高まり，輸出規制品目をリストアップし，「ならず者国家」の核兵器製造や大量破壊兵器の開発を防止しようという動きが強まった。

米国が懸念しているのは，大量破壊兵器などとは無関係に思える工業製品でも「ならず者国家」の手にかかれば，それが大量破壊兵器，核開発のツールなどに悪用されるリスクである。

そこで米国の製品，あるいは米国由来の技術を用いた製品については，日本企業といえども，社内輸出規程を厳格に実施することが求められ始めている。そして米国の製品や技術を用いた製品や技術を日本から再輸出する場合にも米国法を適用し，しっかりした輸出管理（エクスポート・コントロール）を行う動きが強まったのである。

オバマ政権になると輸出管理に対する批判が出てきた。これは輸出管理制度と今日のグローバル経済の不整合に対する疑問に起因するものである。それを受けて，Single Control List，Single License Agency，IT System，Export Control Enforcement の4分野における改革が行われた。

さらに第三国輸出問題については実効的な第三国移転防止措置は輸出先国の能力に依存することになり，国際協力でガバナンス向上を図る必要が出てきた。

b． 軍用ロジスティクスに関する諸問題

米軍の「行動の自由」を制約する要因を排除するために，ブッシュ政権以来の軍事目標として，Air Sea Battle 構想に合わせた兵站の確立が進められてきた。戦闘兵站，聖域の設定などがそれに当たる。また JV2020 における Focused Logistics 構想では平時の調達の効率化を主眼とし，マンパワーの減少，民間のプラットフォームの活用，Web ベースの調達，RFID による兵站管理などに力点が置かれた。

緊急展開航空部隊の創設なども行われた。加えて，戦闘設計の変化もみられる。米軍のアフガニスタンからの撤退以降，短・中期的には大規模な陸上部隊の派遣の可能性は低くなったのである。

戦闘における優越と戦争の勝利の間の関係の希薄化が進み，抑止戦略の重視，インテリジェンスの活用と「聖域」からの航空攻撃が重視されるようになったのである。

武器の共同生産と共同開発については，Performance Based Logistics の実際的な運用が重視され，武器の共同生産や共同管理が国際的なサプライチェーンの一部に組み込む必要性が高まってきている。

c． アジア太平洋におけるロジスティクスをめぐる課題

アジア太平洋におけるロジスティクスをめぐる課題としては，安全保障問題と関連しての法的な問題について指摘する必要がある。

キーワードにあげられるのが，「規範と手続の共有」である。アジア太平洋ですべての不拡散輸出管理レジームに参加している国は日本，オーストラリア，韓国のみである。それ以外の国には法制度の整備に対するインセンティブが少ないといわざるをえない。

たとえば，台湾については法的立場をめぐる問題がある。台湾の国際的な立場は複雑だが，先進国間における安全保障貿易管理の鍵を握る国となっていることを考えると，アジア太平洋におけるすべての不拡散輸出管理レジームに参加していないことは大きな問題ということになる。

また，制度設計の問題として，アセアンとその域内外の物流に関する問題もあげられる。

アセアン域内の関税，非関税障壁を段階的に撤廃する流れがある程度，加速した 2000 年代に，中国，台湾，韓国，日本などの東アジア諸国が，2 国間の自由貿易協定をさまざまな形で組み合わせていくようになり，次第に巨大なアジア貿易・物流フリー圏が形成されていった。

たとえば，シンガポールは，2000 年以降，ニュージーランド，オーストラリア，日本，米国，インド，韓国などと相次いで自由貿易協定を結んだ。

また，アセアン自由貿易地域の主要国間での関税撤廃が行われてきた。まずは，マレーシア，インドネシア，タイ，フィリピン，ブルネイ，シンガポール

第Ⅰ編　総　括　編

の6ヶ国で，ほぼ全品目にわたって輸入関税が撤廃され，カンボジア，ラオス，ミャンマー，ベトナムの4ヶ国もこの流れに合流した。

さらに関税が撤廃されたことで期待されるのが，生産拠点や物流拠点のアセアン規模での集約が行われた。

アセアン域内に散らばっている複数の工場や物流センターで製品を生産し，管理し，検品し，出荷するよりも，巨大な生産拠点，在庫拠点を1ヶ所に設け，そこを起点に生産，物流ネットワークを構築したほうが効果的で低コスト化が図れるというわけである。部品や完成品の品目ごとに生産拠点，物流拠点を集約し，相互補完を徹底させつつ，域内自由化のスケールメリットを享受しようという考えである。

2000年代を通して，日本企業は中国を生産拠点として重視する戦略をとり続けてきたが，ここにきて賃金の上昇に加えて，外資優遇政策の見直しなどにより税制上のメリットが少なくなっている。

ASEAN Single Window構想はアジア太平洋地域の安全保障貿易管理とも密接に関連する。輸出管理を強化すれば物流・ロジスティクスを円滑に進めるうえでの障壁も出てくるかもしれない。

また，国家ごとの安全保障貿易管理の焦点の相違も気になる。シンガポール，香港などの中継貿易国家と，インドネシア，マレーシア，タイなどの製造業拠点では，リスト規制，キャッチオール規制などについての受け止め方にも温度差がある。さらにいえばExport Processing Zone（フィリピン：バギオ，バターン，カビテ，マクタンなど），特別自由貿易地域（沖縄中港湾），台湾などのその他のアジア太平洋地域の自由貿易地域（Free Trade Zone）についても同様である。

d．中国輸出とリスト規制，キャッチオール規制

中国への輸出についてはリスト規制とキャッチオール規制について十分は注意を払う必要がある。

輸出貿易管理令，外国為替令では輸出管理に対する規制はリスト規制とキャッチオール規制とに分けられている。リスト規制とは，武器，あるいは軍事用途にも転用可能な高度汎用技術品の輸出について，品名をリストアップして行われている規制のことを指す。対象は中国，東南アジア諸国を含む全世界向け

の輸出となる。用途，需要者に関係なく該当する輸出品については経済産業大臣の許可が必要になる。

　さらに中国向け輸出において，注意しなければならないのがキャッチオール規制（全品目輸出管理制度）である。キャッチオール規制とは，食料品，木材などの一部の輸出品を除いたすべての輸出品について「ホワイト国」を除く全世界が対象となる。現在のところ中国はホワイト国ではなく，その対象となる。

　安全保障輸出管理の国際的な枠組み（国際管理レジーム）は1974年のインドの原爆実験，1980年代のイラン・イラク戦争におけるイラクの化学兵器使用などをきっかけに段階的に強化され，リスト規制が導入されることとなった。

　ところが湾岸戦争後にリスト規制品以外の汎用品が大量破壊兵器の開発に使用されていたことが判明した。これがキャッチオール規制の導入の大きなきっかけとなっている。

　キャッチオール規制ではたとえ汎用品であっても，需要者の意図，用途によっては大量破壊兵器の生産に結び付く可能がある国への貨物や技術の輸出に規制がかけられている。

　仕向地がホワイト国であること，輸出品の不正転売，転用のリスクがないことを確認したうえで経済産業省に許可申請を行う。

　さらに出荷過程においても，輸出管理票，出荷指示書，インボイス，出荷品などに不一致，不具合などが生じていないかをチェックする必要もある。

　キャッチオール規制の対象となる貨物，技術などについては中国などへの輸出について，客観要件，インフォーム要件のいずれかに該当する場合は経済産業省の輸出許可を受けなければならない。

　インフォーム要件とは，輸出者に対して経済産業大臣から輸出するまでに許可申請をすべき旨の通知があった場合を指す。輸出貨物が大量破壊兵器の開発などに用いられるリスクのある場合，あるいはすでに行っている場合は客観的要件となる。

　なお，客観要件は用途要件（大量破壊兵器に使用される場合など），需要者要件（需要者が大量破壊兵器の開発などを行うか，あるいはすでに行っている

第Ⅰ編　総　括　編

場合など）に分けられる。

　契約書，注文書，会社案内，ホームページ，経済産業省が作成したユーザーリスト，その他の輸出者が通常の商取引の範囲内で入手できる文書などに記載されているかどうかが判断の基準となる。輸入者から「大量破壊兵器の部品などに使うことが可能か」と問い合わせを受けた場合も該当する。

　中国へのキャッチオール規制違反の事例としては，たとえば中国の企業からクレーン車の購入を打診された場合，「軍事関連の製品ではないのだからすぐに輸出の手配をしても構わない」と判断してもよいかと問われれば，答えは否である。実はこの場合，クレーン車をミサイル発射に際して使用される懸念がある。

　したがって，輸出管理部門の担当者には状況を慎重に判断し，キャッチオール規制の許可申請を行う必要が出てくる。

　さらに次にあげる企業事例も汎用品が軍事転用，転売などのリスクがあると判断されたケースである。

　なお，当該企業では社内の輸出管理体制を強化し，キャッチオール規制への十分な認識をもつことで再発を避けるべく努力が行われている。

①　台湾へのラケット輸出

　繊維メーカーA社とその子会社は1980年末から近年まで同社製の炭素繊維を「テニスラケットなどのスポーツ用品の製造」という使用目的で台湾に輸出した。

　しかし炭素繊維はミサイルの製造などの軍事転用が可能ということがわかった。そこで経済産業省による調査が行われた。幸いにも当該ケースでは兵器への転用は確認されなかった。

　ただし，炭素繊維の使用目的が報告書と実際では異なっていたことが判明した。

　「テニスラケットなどスポーツ用品の製造」ではなく医療機器などに使用されたケースがあったとされた。経済産業省は「不実申請」としてA社とその子会社に警告を出した。

②　中国への農薬散布用無人ヘリコプターの輸出

　製造業のB社は中国向けに無人ヘリコプターを輸出した。

これがキャッチオール規制の対象となった。外国為替法及び外国貿易法違反で，輸出禁止9ヶ月の行政処分となった。確かに無人ヘリコプターは広域での農薬散布などの役に立つ有力手段となるが，同時に大量破壊兵器などの運搬手段として軍事転用が可能と考えられた。

したがって経済産業大臣の輸出許可を受ける必要があった。だがB社は輸出許可を受けることなく輸出しようとしたとされた。経済産業省は無人ヘリコプターに関する輸出管理意識・体制の改善などを求めた。経済のグローバル化の流れのなかで，キャッチオール規制に対応した輸出管理体制のさらなる強化が必要になってくる。

もちろん，キャッチオール規制はベトナム，ミャンマーなどの東南アジア諸国についても適用される。しかし，機械製品，ハイテク製品，などが中心となることからアジア貿易という視点から考えると，中国との貿易でトラブルが生じるリスクが最も高いといえる。

なお，ドローンの普及などもあり，今後無人機の輸出に関する規制は一層強化されることになるだろう。

(2)　BCP対応のSCMリスク管理

a.　災害SCMの導入

2011年3月11日に発生した東日本大震災では，東北地方太平洋沿岸地域を中心に甚大な被害が発生し，現在もまだ爪痕は残っている。東日本大震災の発生に際しては，被災地に救援物資が十分に届かず，多くの被災者が日用品，必需品の不足に悩んだ。

加えて，東北地方の沿岸地域を中心に膨大な量の廃棄物が発生した。被災地の復旧・復興も物流インフラの被ったダメージが甚大なために相当な時間がかかることが明らかになっている。

東日本大震災に際しては，被災以降の救援物資輸送などの震災ロジスティクスに大きな課題があることが指摘されている。

また，復興活動においても，沿岸地域には津波の被害による膨大な量の廃棄物が残され，環境共生の視点から見ても，スムーズな処理が行えなかった状況について，多くの課題を残すこととなった。すなわちどこの被災地に重機や作業員などの廃棄物物流に関するスキームをどのように構築し，作業を進捗させ

第Ⅰ編　総　括　編

ていくかを逐次把握し，災害廃棄物を効率的に処理するための仕組みを可視化させておく必要があったのである。

さらにいえば，救援物資のマッチングや廃棄物処理の効率化に対する仕組み作りが，一元管理のもとに産学官一体となって，構築していれば混乱を最小限度に抑えることもできたかもしれない。

東日本大震災以降の復興都市計画においては，災害 SCM の導入を見据えた都市計画や人材育成が多角的，多面的に行われなければならないと考えられる。

b.　災害ロジスティクス/SCM の既存研究

災害対応のサプライチェーン・ロジスティクスネットワークの構築に関しての研究，すなわち災害の発生から避難，救援物資の供給，被災地の復旧・復興という一連のプロセスとネットワークに関する研究は，近年，欧米諸国で盛んに行われるようになってきた。たとえば Henderson は，災害時における SCM 活動の方策について体系的にまとめている[15]。Christopher は，SCM の視点に人道的な見地を加味し，災害からの人々の救援活動についてのベストプラクティスを考察している[16]。

なお，ここでいう災害とは既存研究から戦争・紛争，テロ，ハリケーン，事故，飢饉，疫病，噴火，津波，地震など，さまざまな種類が存在する。

そして大規模な災害においては，その二次災害，三次災害のリスクを常に背負っての復旧・復興作業とサプライチェーンネットワークの迅速な再構築を進める必要もある。

災害復旧計画や危機対応に加え，実行可能な予防方法についての研究も必要である。災害時における混乱や崩壊を最小限に抑え，迅速に救援物資などの供給が行える回復力の高い社会インフラの構築が求められているのである。

災害時における物流の混乱や分断によるダメージを最小限に抑え，緊急時の物流需要に迅速に対処するためのサプライチェーンの司令塔を設け，そこに情報を集積し，重要なサプライチェーンの拠点をモニタリングし，ダメージを受けた流通経路の在庫情報の可視性を高めていくのである。

実際，グローバルな視点から見ても東日本大震災に匹敵するレベルの災害はこの 10 年間に世界各地で多発している。地震・津波のみならず，戦争・紛争

や飢饉，疫病などに対応するサプライチェーンネットワークの再構築について
も，医薬品も含めた救援物資の輸配送，避難所の在庫管理，物流インフラの復
旧など，迅速かつ高度な対応が求められているわけである。

　もちろん，そのうちのいくつかの例では行政サイドの迅速な初動対応によ
り，災害ロジスティクスが円滑に機能したケースもある。

　具体的に例をあげると，インド洋で発生した津波被害（2004年12月）では
タイ政府が救援物資輸送ネットワークの構築の初動対応において重要な役割を
演じた。政府・行政サイドが司令塔となり，被災地への救援物資輸送体制を迅
速に構築した。

　また米国フロリダ州で発生した巨大ハリケーン「カトリーナ」による同州の
復旧・復興について分析，考察を行っているが，災害時においてタイムリーな
救援物資の供給とそれを可能にする倉庫立地の重要性を指摘している研究もあ
る。

　なお，地方自治体，州政府の災害対策を進めるバックボーンとなっているの
が合衆国連邦緊急事態管理庁（Federal Emergency Management Agency of
the United States，略称：FEMA）である。緊急時にSCMネットワークの司
令塔となる官庁組織である。FEMAは，1960～1970年代に，米国各地でハリ
ケーン被害などが相次いだことを受け，その対策本部として設置された。それ
までは災害対策は軍隊や公共道路局などに分散していたが，FEMAの設置で
災害SCMがタイムリーに機能を発揮するようになった。

　無論，わが国においても災害ロジスティクスの中核拠点を設けることは喫緊
の課題となっている。

　すなわち災害対応のSCMネットワークの構築においては，司令本部を設け
て被災者と協力企業やNPO，さらには寄付団体などを体系的かつ有機的に情
報ネットワークで結び，併せて戦略的な救援物資の保管拠点や災害廃棄物の積
み替え保管拠点と地域レベル，地区レベルのさまざまな規模の災害対応の倉庫
などの情報ネットワークを効果的に連動させていくことが望まれるといえよう。

　物流施設の立地は，災害により倉庫，物流センターのみならず，一般道路，
高速道路，港湾，空港，高速道路など，陸海空の物流インフラが大きなダメー
ジを受け，救援物資のサプライチェーンが完全に麻痺する状況を考慮し，津波

第Ⅰ編　総　括　編

リスクのない土地に産業用地を造成，工場，物流センターをあらかじめ緊急時に避難所機能，すなわち避難所として使えるスペース確保，ライフラインなどの活用が図れるように考慮しなければならない。

　実際，東日本大震災では，「物流施設が津波などで流された」，「トラックがなくなった」，「倉庫が水びたしになった」といった被害が数多く報告されている。復旧作業に取り組みたくても，輸送経路が確保できなかったり，資材調達のメドが立たなかったりするために状況の改善は遅々として進まない状況が続いた。

　加えて，東日本大震災のような複合型の災害では原子力発電事故などを踏まえてのロジスティクスも重要になる。放射性汚染物の出荷制限，出荷検査，海外への輸出の際の検査などが必要になるなど，原発事故関連エリアからの出荷には大きなバイアスがかかっている。

　そうしたハードルをいかに低くしていくかということも今後の大きな課題といえる。被災地におけるサプライチェーンの復旧を迅速に行うためには，復旧物流対策の責任者を明確に定める必要がある。すなわち，「災害物流最高責任者」（災害 CLO：Chief Logistics Officer）を行政ポストとして設置する必要性があると考える。災害 CLO は物流施設，物流団地の災害時における被災状況，被災地への救援サプライチェーン，および復旧物流の構築について，民間の倉庫会社，運送会社と行政機関の橋渡し役を務める。災害 CLO が発揮するリーダーシップによって，被災地へのタイムリーな支援物資の供給，港湾，道路，鉄道，架橋などの復旧すべき物流インフラストラクチャーのリストアップ，災害廃棄物処理の入念なプラン策定などが行われることになる。

鈴木　邦成

1.3　リバースチェーンマネジメントの体系

　総合物流施策大綱に適正な処理・輸送を確保した効率的なリバースロジスティクスシステム構築の推進が主要目標の１つにあげられているように，収集運搬，中間処理，最終処分/再生利用に至る廃棄物/有価物のライフサイクルに関わる一連のモノの流れを，CO_2 削減などの環境保護の視点を踏まえ，効率化，

高度化していくことが社会的に強く望まれている。

　廃品・廃材の回収から，そのリユース，リサイクルに向けての再生，あるいは最終的な処分に関する一連の過程を司るリバースロジスティクスの重要性は近年，急速に高まりつつある。

　廃品・廃材の回収から，そのリユース，リサイクルに向けての再生，あるいは最終的な処分に関する一連の過程を司るリバースロジスティクスの重要性は近年，急速に高まりつつある。

1.3.1　リバースチェーンマネジメントの領域

　リバースロジスティクスは純正の完成品などではなく，廃品，廃材などのモノの流れを司るため，フォワードロジスティクスとは異なる特徴をもつ。リバースロジスティクスにおける輸送，保管，荷役，包装，情報についてその特徴をまとめることにする。

　したがって，これまで狭域的な枠組みの中でしか行われていなかったリバースロジスティクスのネットワークを広域化を念頭に拠点整備を行う必要性が出てきているといえる。したがって，これまで狭域的な枠組みの中でしか行われていなかったリバースロジスティクスのネットワークを広域化を念頭に拠点整備を行う必要性が出てきているといえる。

輸　送：

　リバースロジスティクスにおいては輸送の役割は大きく，そのコストも保管，荷役などに比べて高くなっている。

　リバースロジスティクスにおける輸送コストの詳細な実態はこれまで明らかにされてこなかったが，たとえば建設リサイクルにおいては木造建築物の解体（100 m^2 当たり）の場合，輸送コストは約 20％を占めている。また，建設汚泥のリサイクルに際しては輸送距離 50 km の場合，輸送コストは 40％を占めている。

　輸送コストが高くなっている理由として，まずは回収における収集運搬業務の非効率化があげられる。廃品，廃材などの回収においては，フォワードロジスティクスにおける輸配送管理システムなどが活用されることがなく，そのためトラックドライバーの感と経験により回収ルートが決められることになる。

加えて，リサイクル製品の輸送についても拠点整備を行ったうえでの効率的な輸配送網の構築が求められている。リサイクル製品の納入ルートについては地場の小規模業者からのピストン輸送による非効率な多頻度小口輸送となっているケースが少なくない。CO_2排出量の削減について入念に考慮されることも多くはない。

産業全業種の平均フォワードロジスティクスの輸送コストが3％程度いうことを考えると，リバースロジスティクスにおける輸送コスト比率の高さは際立っている。すなわち，コスト面などからリバースロジスティクスの効率化を考える場合，輸送コストの削減を図ることが，まずは優先されると考えてよいだろう。廃品，廃材などの回収とリサイクル製品の納入における輸配送ネットワークを見直し，拠点整備，ルートの最適化などを行うことがリバースロジスティクスのトータルコストの削減を考えるうえでの重要なポイントとなるわけである。

1.3.2　フォワードチェーンとリバースチェーンの関係

リバースロジスティクスシステムでは，回収，積替え保管，中間処理，リサイクル品保管，リサイクル品出荷，最終処分品出荷の各オペレーションについ

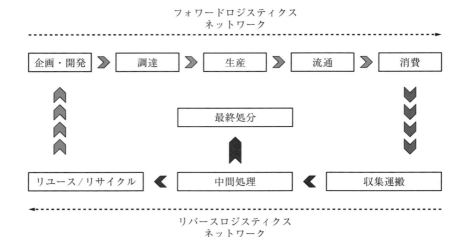

図1.4　ロジスティクストワークの全体

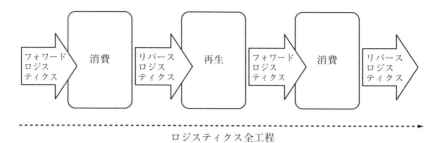

図 1.5 リバースロジスティクスの範囲
出典）Fleischmann, et al: Reverse Logistics Network Design, Reverse Logistics, p. 68, 2003

て，フォワードロジスティクスシステムと連携することになる。動静脈全体のロジスティクスネットワークにおけるリバースロジスティクスの位置づけは図1.4のようになる。

　また，回収した製品がリサイクル，リユースされ再び市場投入されることを想定すると，フォワードロジスティクスとリバースロジスティクスの関係は図1.5のようになるため，フォワードロジスティクスシステムとの連携も不可欠となる。

1.3.3　グリーンサプライチェーン

　地球環境問題の行方が懸念されるなか，サプライチェーン全体のグリーン化を行い，多企業間の情報共有，ビジネスロジスティクス，マテリアルマネジメントについての環境戦略を整備していく流れが強まり，グリーンサプライチェーンマネジメント（グリーン SCM）という概念が提唱されている。

　これは，米国の Bonita M. Beamon（1999）"Designing the Green Supply Chain" などにより提唱された概念で，従来の動脈部分の情報共有，ビジネスプロセスの最適化を推進する SCM に環境マネジメント，リバースロジスティクスの視点などを導入して，静脈部分の情報共有，ビジネスプロセスの最適化を推進するというものである。リデュース，リサイクル，リユース，リマニュファクチャリング，リペアなどを戦略的に展開するのである。

　さらにいえば設計，調達，製造，フォワードロジスティクス，リバースロジスティクスについて全体最適の実現を踏まえたうえでグリーン化の枠組みを構

第Ⅰ編 総 括 編

築することがグリーンサプライチェーンの構築において重要となるといえよう。

　環境保全，環境共生に対する意識はますます高まる傾向にあり，この流れを受けて，供給連鎖の一連の過程を通して環境汚染の諸要因を取り除く動きが大きくなっている。すなわちサプライチェーンマネジメント（SCM）の「グリーン化」により，可能な限り廃棄物や有害物質を減少させる方策が検討されているわけである。環境情報をサプライチェーン全体で共有する必要性が強まってきているのである。

　設計，調達，生産，動脈物流，静脈物流の各部門で環境武装を進めることがグリーンサプライチェーンの構築において必要になる。

　まず調達段階から環境を意識した「グリーン調達」が行われる。グリーン調達はリサイクルしやすい素材やムダな包装・梱包を回避する調達方針のもとに進められる。廃棄物が減れば在庫負担も軽減されるというメリットもある。

　次に生産段階では「ゴミゼロ工場」を実現させる。ゴミゼロ工場では100％の廃棄物のリサイクルを目指す。グリーンマネジメントを徹底して，工場からゴミを発生させないようにするのである。SCM のグリーン化に当たっては司令塔的な役割を担うことにもなる。

　そして環境情報，グリーン情報の共有化を図りつつ，輸配送の段階でもアイドリングストップなどを遵守する「グリーンドライバー」の教育を行う。もちろん，消費者にも商品の回収や廃棄に関する情報を共有してもらう「グリーンコンシューマー」となってもらう。

　さらに消費者を起点とした廃棄，リサイクル，リユースも充実させることによって，グリーン化の徹底を図る。

　環境関連の商品諸データについては RFID（非接触タグ）などを活用し，トレーサビリティ（追跡可能性）を充実させることもしきりに研究されている。

　環境対策の立場から，回収（リサイクル）や再利用（リユース），あるいは修理（リペア）といった循環型システムの重要性がますます高まっている。

　また，これまではサプライチェーンマネジメント（SCM）の情報共有化がフォワードストリームだけで完結しがちで，回収，再使用の情報が調達部門や生産部門には伝わってこなかった，けれども循環型システムを円滑に機能させ

るには，設計，調達の段階で回収，再使用，あるいは廃棄に関する諸情報が必要となる。

たとえば，分解しやすい設計で耐久性の高い部品を組み入れれば，リサイクル，リユースの段階での手間が軽減される。リサイクルに関する需要予測を商品開発に活用することも可能になるわけである。すなわち，環境にやさしい設計コンセプトを導入しての「デザイン・フォー・グリーンサプライチェーン」が求められるわけである。

1.3.4　リバースチェーンマネジメントの体系

グローバル化の進む世界経済においては，生産の社会化が国境を越えて行われているといえる。すなわちヒト，モノ，カネ，サービスの移動が国際的に行われている。

そして企業，経済の国際化が進展するにつれて環境問題も広域化していくことになる。広域化が進展し，企業の活動範囲が広がることに対応して，環境汚染，環境破壊についても広域的に対応していく必要がある。

経済のグローバル化と環境共生は密接な関係にある。ただ，世界は持続可能な発展の達成を目標としつつも，環境保全を前向きに捉え，むしろ環境共生を目指した多くのビジネスモデルが出現し始めている。すなわち，製品政策としてはリサイクル可能な製品の重視，ロジスティクスにおいて環境保全を考慮してのリバースロジスティクスの充実と効率化に対する注目度が高い。

廃品・廃材の回収から，そのリユース，リサイクルに向けての再生，あるいは最終的な処分に関する一連の過程を司るリバースロジスティクスの重要性は近年，急速に高まりつつある。

これまでリバースロジスティクスにおいては都市部で排出される廃棄物が地方に運ばれ，不法投棄されるという事態が懸念されていた。

廃棄物処理法では産業廃棄物処理は都道府県単位で行われることが前提とされ，県境を越えて産業廃棄物を運搬することについては条例において一定のルールを設ける都道府県，政令都市が多かった。これは大都市部の環境汚染が地方にまで伝搬したり，そのための長距離輸送が不法投棄の温床となったりすることを防ぐことが主たる狙いとなっている。リバースロジスティクスネットワ

第Ⅰ編　総　括　編

ークが広域化するにより広範な地域の環境に悪影響が発生することが懸念されてきた。

　しかしながら，環境共生を視野に入れた経済システムの再構築が進む中，リバースロジスティクスの広域化をいかに進め，効率化していくかということは重要かつ喫緊の課題といえよう。なお，リバースロジスティクスの基本機能は運搬，積替え保管，中間処理，リサイクル輸送と考えることができる。加えて情報システムとのリンクも重要である。

　リバースロジスティクスがリサイクルシステムと連動する場合，どこまでがリバースロジスティクスの範囲といえるのかを決めることが難しくなる。すなわち，起点がリバースチェーンにある場合，収集運搬後の再処理，リユース，リサイクルまでをも視野に入れると，リサイクル由来の製品のロジスティクスシステムはリバースロジスティクスのネットワークに組み込んで考えることになる。

　リバースロジスティクスにおいては，収集運搬は回収後の廃品・廃材の再生とそれをリサイクル市場に投入することを前提として行われる。単に廃品が発生したから回収するというのではなく，リサイクル市場の需要量に合わせて回収計画を立てなければならないわけである。収集運搬，中間処理，さらにはリサイクル製品の輸配送に関して，フォワードロジスティクスシステムとの連動のもとに効率化を図らなければならない。

　なお，リバースロジスティクスは環境の視点を踏まえ，その効率化が進められる。ただしその場合，重要な問題として指摘されることに「環境戦略の充実と物流効率の向上・コスト削減のトレードオフ（二律背反）」の問題がある。すなわち環境面を考えればリードタイムが長くなったり，輸送効率が悪化したりするという状況も考えられるが，反対にトラックの台数を増やして輸送リードタイムの短縮などを進めれば，CO_2排出量は増加するケースが出てくる恐れもある。

　それゆえ，リバースロジスティクスの効率化を考える場合，「CO_2排出量の削減などを進め，環境保護の視点を重視しつつ，同時にコストメリットを考え，効率化を進める」という方向性をもって，全体の効率化を行う必要がある。たとえば「拠点整備を行えばそれが効率化のみならずどれくらい環境面で

もメリットを生むか」，「モーダルシフトの導入をコスト面でのデメリットをいかに最小限に抑えつつ促進するか」といった視点からも，定量的なデータを踏まえてリバースロジスティクス戦略を促進する必要があるわけである。

すなわち，リバースロジスティクスシステムの構築に当たって，高い戦略性が求められている。リバースロジスティクスの特性を踏まえてコスト削減が可能な形でモーダルシフトを導入したり，2次輸送ルートが長距離に及ぶというケースで効果的に拠点整備を行い，トラック便から船便への切り替えをスムーズに行い，CO_2 削減をリバースロジスティクスコストの削減の双方を実現したりすることが検討されてきた。

したがって，リバースロジスティクスの効率化を考察する場合，環境の視点も踏まえる必要があるといえる。

たとえば EU（欧州連合）では，指令で定めた環境マネジメント・監視スキーム（EMAS）により，リバースロジスティクスの効率化も進められている。EMAS は，EU 各国の国内法，国際法に優先して企業に対して継続的な環境改善を要請するものである。その要請事項は次の 3 項目である。

① 企業特有の環境方針，環境計画及び環境マネジメントシステムを決定し実行する。

② 環境監査によってこれらの方針，計画，マネジメントシステムが達成した事柄について体系的，客観的，定期的に評価する。

③ 環境に関する企業情報を公衆が利用可能にする。

さらに一歩踏み込んだ形で，法的手法に加え，経済的手法，水平的・支援的手法，資金的支援手法のいずれかの手法を用いるか，あるいはこれらの環境政策手法を総合的に導入することによって，さまざまな産業でリバースロジスティクスシステムの構築を促進している。

法的手法とは環境保全に関する規制強化を行うことであり，たとえば不法投棄に対する罰則の強化などであげられる。リバースロジスティクスの効率化においても大きな効果が期待できる。

経済的手法とは市場の原理に基づいて何らかのインセンティブ，すなわち環境負荷の軽減に対して積極的な姿勢をとらない企業に経済的負担を課したり，消費者が環境に配慮した行動をとることで経済的な利得を得られるようにした

第Ⅰ編　総　括　編

りする手法である。また消費者がリサイクル製品などに関する環境保全についての情報を入手したり，実際に購入したりすることで，より環境に配慮した選択を行えるようにするという誘導的な手法もそうである。賦課金，課税，減税，環境監査，環境負荷責任，それに企業行動や消費行動に与える財政的インセンティブも含まれる。企業や消費者にリバースロジスティクスの構築や効率化に積極的に取り組ませるという点に効果を見い出せる。

　水平的，支援的手法とは，環境データの向上，科学技術の研究開発，環境アセスメント，リバースロジスティクスシステム構築などにおける計画決定や手続き，リバースロジスティクスの専門家の教育・育成などがあげられる。

　資金的支援手法とは，構造的基金，団結基金，投資銀行といった基金や投資銀行などの各種財源を準備し，環境保全の財政的支援を提供するものである。大規模な廃棄物処理施設の建設についてファンドを活用することで，リバースロジスティクスのインフラストラクチャーを整備することなどがあげられる。

　そして，これらの4手法を総合的に導入することによって，リバースロジスティクスの効率化を包括的に支援する基盤ができあがることになる。

鈴木　邦成

1.4　SCM コスト

1.4.1　原価の本質

　原価とは，経営における一定の給付にかかわらせて把握される経済的価値の消費を，貨幣価値的に表したものである。『原価計算基準』（以下，本章では『基準』と表記する）では，原価に関する概念やその計算方法について製造業を中心として詳細に規定されている。SCM コストを SCM のために発生・消費するコストや原価と考えたとしても，原価としての本質は『基準』において規定されたものと同様のものである。

(1)　原価の消費性

　原価が発生する原因と考えられるのは，広く経済的価値の消費である。その消費は形態に応じて「材料費」，「労務費」および「経費」に分類される。

　「材料費」が発生する原因は「材料」という物財が消費されることにある。

42

第1章　SCM関連行政と一般的動向

さまざまな作業を行う際には，一般的に人間の労働が必要とされ，これによって「労務費」という，物財とは異なる経済的価値が消費されることとなる。それに加えて，建物や機械・設備などの経済的価値もその使用を通じて消費されることで，「経費」という原価が発生することとなる。

原価とは，さまざまな形態をもった経済的価値が消費される結果として発生するものと考えられる。

(2)　原価の経営給付関連性

原価とは，無目的に発生するものではなく，むしろ次にみる「経営目的」を達成するために投入されるものであり，その結果として，一般的に「経営給付」が生成される。ここで原価は経営において作り出された一定の給付に転嫁される価値であり，その給付にかかわらせて把握されるものとなる。

ここでいう給付とは，経営の最終給付のみではなく中間的給付も意味するものであり，典型的な例としては，製造企業における「製品」や非製造企業における「サービス」などである。原価とは，これらの給付と関連して認識されるものである。

(3)　原価の経営目的関連性

経営目的とは，広く財貨の生産・販売にかかわる経営過程の実行と捉えることができる。たとえば製造企業における製品の製造が，原価の性質を理解するためには最適の経営目的と考えられる。ここに，経営過程における価値の消費・生成と，経営過程の実行に必要となる資本の調達，変換，利益処分などの財務活動とが区別されることとなる。

『基準』において財務活動は基本的な経営目的とは位置づけられておらず，財務活動に伴う財務費用は原則として原価性をもたないものとされる。

(4)　原価の正常性

原価となりうるのは，「正常」な範囲内における経済的価値の消失である。すべての原価種類について，「正常」な範囲を明確に規定することは事実上不可能であることから，現実には，「正常」の対概念となる「異常」の範囲を定め，これに該当しないものを「正常」とみなす方法がとられている。具体的には，『基準』のなかの「非原価項目」のもとで，原価に算入しないものの一部として，いくつかの事例とともに，「異常な状態を原因とする価値の減少」が

43

第Ⅰ編　総括編

規定されている。

1.4.2　原価計算の方法

(1)　給付単位計算

原価計算は元来，給付単位計算として行われてきた。その計算対象は，最も典型的には，製造企業であれば生産される「製品」であり，サービス業などの非製造業であれば提供される「サービス」や「顧客」である。この給付単位として，製品やサービス，顧客単位当たりの原価を算定することが，原価計算の当初からの計算目的であった。

(2)　原価計算期間

原価計算は通常，1ヶ月を基本的な計算期間として行われる。これは，材料費や労務費，経費といった原価費目が1ヶ月を計算単位として把握されることが多いためである。たとえば材料費は，各月末ごとに当月払出高や月末残高が確定され，労務費も月給制を採用している企業においては，月次に計算を締め切ることが合理的である。このような場合，原価計算も各月末ごとにいったん締め切られることになり，期末仕掛品原価や完成品原価といった数値が算定される。

(3)　原価計算の3段階

原価計算は，原則として原価費目別計算，原価部門別計算，原価製品別計算の3段階を経て行われる。これは，経営給付としての「製品」や「サービス」などを生成するために，経営プロセスの進展に応じて原価が投入されていく過程と見なすこともできる。

第1段階の原価費目別計算においては，形態別に分類されたおのおのの原価費目について，材料費，労務費，経費といったように投入された原価の集計が行われる。第2段階の原価部門別計算においては，原価の発生場所に即した原価記録と集計が行われる。ここでいう原価の発生場所は，同時に原価の管理責任を問う組織単位ともなり，「原価部門」とも呼ばれる。この原価部門から生成される経営給付の単位原価を算定するのが第3段階の原価製品別計算であり，主に製造業を意図して製品別と呼ばれる。

3つの段階それぞれにおいて分類・集計される原価数値は，それぞれ独自の

情報価値を有し，次に見るようなさまざまな原価計算目的に利用可能な原価情報となる。

1.4.3　原価計算の目的

(1)　財務諸表作成目的
「損益計算書」の第1段階の営業損益計算においては，売上高から売上原価を控除することによって売上利益が表示される。これは，費用と収益をその発生源泉によって明瞭に分類し，対応表示することが原則とされているためである。ここでいう売上原価とは商企業であれば商品の仕入価格，製造業であれば製品の製造原価などをもとに計算されるものである。SCM などのサービスを提供することで収益を稼得している場合であれば，SCM 活動の原価やコストが売上原価に相当すると考えられる。

製造業などでは，「貸借対照表」における棚卸資産としての製品や半製品，仕掛品の資産価値も製造原価などをもとに計算されるものである。

(2)　価格計算目的
製品やサービスの原価が販売価格を決定する際に用いられることもある。たとえば，製品やサービスの販売・提供企業と顧客との間で，原価加算契約による取引が行われる場合には，提供企業側が算定した原価数値に契約で認められたマークアップ率が上乗せされた価格が成立する。

原価加算契約のような原価と価格との関係はまれであり，一般的な価格決定では原価以外のさまざまな要因が考慮される。その代表例が市場価格である。

(3)　原価管理目的
原価管理とは，組織（原価部門）の原価能率の増進を目的とした企業活動である。その活動は，目標としての原価標準を設定・指示するところから始まり，その後，原価の実際発生額を算定し，これと標準値との比較と差異分析，管理担当者への報告と続く一連のプロセスを通じて行われる。

実際発生額と比較される標準値としては，一般に標準原価が採用され，この原価概念をもとに設計される標準原価計算システムが原価管理目的のために用いられる代表的な原価計算制度となる。

第Ⅰ編　総　括　編

(4)　予算編成・統制目的

『基準』によれば予算とは，一定の予算期間を前提としたうえで，企業における各業務分野の具体的計画を総合編成したものとされる。予算の編成・統制において，企業の利益目標が指示され，各業務分野の諸活動が調整されることとなり，その過程には個々の選択的事項に関する意思決定も含まれる。製品の製造やサービスの提供に必要となる原価に関する情報は売上原価予算の編成には不可欠であり，そのような原価情報は通常，標準原価や予算原価の形態をとる。

(5)　経営計画目的

『基準』のいう経営計画とは，さまざまな経営計画のうちの「基本計画」に当たるものである。具体的には，製品計画，経営立地計画，生産設備計画など，経営の基本構造にかかわる計画があげられる。これは，経営に関する基本的事項についての意思決定を行い，経営構造を合理的に組成することである。換言するならば，企業が，どのような設備を用いて，どのような活動を行うのかといった基本的なものである。このような意思決定の際に利用される原価情報は，それぞれの計画に関連して発生すると予測される未来原価が中心となる。

1.4.4　原価管理と標準原価

原価は経営過程における給付に対応する資源の消費にして算定されるものであることから，原価管理における原価能率とは，経営給付と投入資源の対応によって算定されるものである。このことから，原価管理における原価能率の増進とは，一定の経営給付の産出を目的として投入される資源の減少，あるいは一定の投入資源から産出される経営給付の増大を意味するものであり，一般的な原価管理の場面では前者を意図するものが多い。つまり，顧客の満足度は少なくとも現状を維持したうえで，原価あるいはコストを削減していくことである。

原価能率の増進を図るに当たって，比較基準あるいは目標として原価標準が設定されるが，多くの場合，標準原価が用いられてきた。標準原価はその適用期間や達成水準としてのレベルなどによって分類される。適用期間として

は，原価要素の消費価格や作業能率，操業度などの諸条件を長期間一定と仮定して算定されるものが基準標準原価であり，諸条件を現在予期しうる状況を想定して算定されるものが当座標準原価である。

達成水準としてのレベルの高低によっては，大きく4つに分類される。技術的に達成可能な最大操業度のもとで，最高の能率によって達成される最も低い原価を理想標準原価という。これは原価財を消費する際に生じる減損や仕損，遊休時間などに対する余裕率が許容されない理想的な水準によるものである。

良好な能率のもとで達成可能であり，通常程度の減損や仕損，遊休時間などの余裕率を含むものは現実的標準原価という。これは比較的短期における予定操業度および予定価格を前提として算定されるものである。

比較的長期にわたる過去の実績数値を統計的に平準化し，これに将来の趨勢を加味した正常能率，正常操業度および正常価格に基づいて算定されたものを正常標準原価という。

将来に予測される資源の予定価格と予定消費量に基づいて算定されるものを予定原価という。『基準』において，標準原価が実務上，予定原価で代用される場合があることを考慮して，これを制度としての標準原価に加えている。

原価の目標や標準を設定し，実際発生額との差異分析を行うことで組織活動をマネジメントしていくということは，原価あるいはコストに関する情報によって組織活動をマネジメントしていくということである。継続的に組織活動のマネジメントを行う限り，原価の目標・標準と実際発生額との差異分析も繰り返されるものである。このような継続的な原価管理によって組織活動の改善が図られていく。

1.4.5 原価管理の範囲

原価管理の多くは原価やコストに責任をもつ部門や組織ごとに行われる。このような原価やコストに責任をもつ部門や組織は責任センターと呼ばれ，その管理者が責任をもつと同時に発生額にかなりの程度影響を与えることのできる原価やコストが管理可能費と呼ばれる。たとえば製造業であれば，製造部門による製造工程における原価管理では主に加工費を中心としたコストの低減が図られることとなる。これは原価管理を有効に行うために，原価の数値を管理者

第 I 編 総 括 編

の権限と責任の範囲に結び付けて管理するためである。

　責任センター内において管理可能費のみを対象として原価管理を行うならば，その効果が限定的になる場合もある。製造業における加工費を中心としたコストの低減に関しても，研究開発や原材料の調達などの支援活動が製造工程に影響を与えることもある。これは，バリューチェーンとしての企業活動の各段階は相互に影響を与えるためである。

　製造業であれば，製品の開発・設計は，生産に使用する原材料や生産手法に影響を与えることから，製造工程で発生する原価にも影響する。そのため，バリューチェーン全体で横断的な原価管理も必要となる。これは，企業の主活動だけでなく，さまざまな支援活動においてもコストマネジメントが必要となることを意味する。その際には，責任センター間の摩擦や対立を解消するような，組織的なマネジメントが必要となる。

　企業活動だけでなく，製品やサービスを中心にバリューチェーンを考えた場合，企業外部を含めたバリューチェーンとしてマネジメントしていく必要もある。原価低減の活動を 1 企業で終結するものではなく，仕入先，協力企業，問屋，小売店，顧客との関係の中で総合的な原価の引き下げを図っていくこともある。

1.4.6　SCM の二面性

　企業の原価管理活動において，SCM は重要な役割を担う。SCM では，効率的な資源調達とスムーズな生産によって在庫を削減し，在庫の削減や納入期間の短縮によって物流や調達コストを削減する。責任センター内のみの原価管理では管理者の権限や責任の範囲内における部分最適化となるのに対し，SCM では企業外部との関係まで含めたバリューチェーンを対象として総合的な原価管理を意図する。

　協力企業やサプライヤーとの良好な関係のもとで，原価管理などの活動の成果として原価の低減を達成したとしても，複雑な流通機構のために最終消費者が製品やサービスを入手する段階では売上原価が高騰していることもある。そのような状況を回避するためにも，製品やサービスの生産・提供といった企業活動の効率化や原価管理を目的とした SCM そのものも効率的に行われる必要

がある。

　原価の低減を SCM 活動の成果として捉えた場合，SCM 活動のコストや原価を対応させることで，SCM 活動の効率性を分析することが可能となる。SCM コストが SCM 活動を管理する指標としての役割ももつことになる。一定の原価低減をもたらす SCM 活動のコストを最小化する，あるいは，一定の SCM コストによって達成される原価の低減を最大化することを目指すことで，SCM 活動の効率化が図られる。

　同程度の効率性を実現する SCM 活動を前提とするならば，SCM 活動のためにどれほどの金額を充てるのかといった，SCM 予算によって将来における SCM 活動の規模を計画することも可能となる。計画段階の予算と，実際に SCM 活動を行うことによって発生する実際発生額とを比較し，差異分析を行うことで，SCM 活動をマネジメントしていくことが可能となる。

　以上のように SCM には，企業活動における原価管理を目的としたマネジメントの手法としての側面と，1 つの企業活動としてマネジメントの対象となる側面との 2 つの側面がある。SCM コストが特に重視されるのは後者の場合となる。

井手吉 成佳

1.5　モーダル別輸送とモーダルリンケージの展望

1.5.1　日本の物流動向

(1)　物流量の変動

　1995 年度からトンキロベースで日本国内の物流量をみると 2001 年には 4,801 億トンキロメートルと増加したが，その後，横ばいから徐々に減少傾向になっており，2013 年度には，4,211 億トンキロメートルとなり，2001 年度と比較すると 12.3％減少している（図 1.6）。

　次に，日本国内の物流量をトンベースでみると，1994 年度以降は，1996 年の 67 億 6,590 トンをピークに減少傾向になっており，2013 年には 48 億 1,228 トンとなり，2001 年の 22.3％減と大きく減少している（図 1.7）。トンベースで物流量の減少に比較してトンキロベースの減少が少ないのは，輸送の長距離

第Ⅰ編 総 括 編

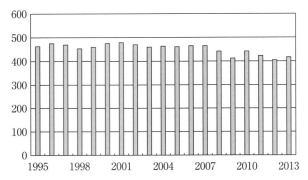

図1.6 国内貨物量（トン・キロベース）の推移（単位：10億トン・キロ）
出典）国土交通省「陸運統計要覧」から作成

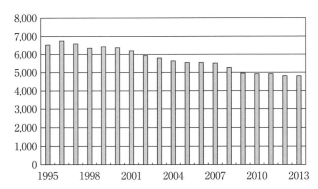

図1.7 国内貨物量（トンベース）の推移（単位：百万トン）
出典）国土交通省「陸運統計要覧」から作成

化が進んでいるためと考えられる。

　これらの物流量減少の要因の1つに，高齢化の進行が考えられる。日本の総人口は2010年に1億2,806万人に達し，現在は減少に向かっていると推計されている。15～64歳までの生産年齢人口については，2010年の8,174万人から2060年には4,418万人まで減少すると推計されており，労働力不足は今後ますます深刻化するものとみられる。国内総人口の減少と生産人口減少は国内経済の低迷につながり，国内物流量に今後も影響を与えていくと考えられる。

　また，産業の空洞化も物流の減少の1つの要因と考えられる。国際協力銀行

第1章 SCM関連行政と一般的動向

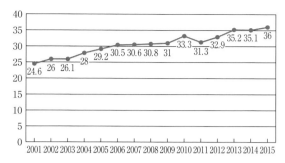

図1.8 製造業の海外生産比率（単位％）
出典）国際協力銀行「わが国製造企業の海外事業展開に関する調査報告」2015年12月

が，2015年に実施した「わが国製造業企業の海外事業展開に関する調査」において，海外生産比率は，この15年で約11.4ポイント増加し36％となっており，製造業の海外生産は右肩上がりに拡大している（図1.8）。このように長期的には，製造業が海外に移転し，輸出関連の国内物流は今後，減少する一方，輸入関連の国内物流は増加する可能性がある。

(2) 輸送モード別シェア

輸送機関別のシェアは，トンキロ数ベースでは，2004年に，鉄道は4.8％，自動車は47.8％，内航海運は47.1％，航空は0.2％であったが，2013年に，鉄道は5％，自動車は50.8％，内航海運は43.9％，航空は0.2％となっている。2004年から2013年の推移を見ると，内航海運が3.2ポイント減少する一方，自動車が3ポイント増加し，鉄道も0.2ポイント増加している（表1.2）。

トン数ベースでは変動は少なく，2004年に，鉄道は0.9％，自動車は

表1.2 輸送機関別国内貨物輸送トンキロ数のシェア（単位％）

	2004年度	2005年度	2006年度	2007年度	2008年度	2009年度	2010年度	2011年度	2012年度	2013年度
航空	0.2	0.2	0.2	0.2	0.2	0.3	0.2	0.2	0.2	0.2
内航海運	47.1	45.8	44.5	43.4	42.1	40.2	40.5	40.9	43.4	43.9
自動車	47.8	49.1	50.3	51.4	52.6	54.6	54.7	54.2	51.3	50.8
鉄道	4.8	4.9	5.0	5.0	4.9	4.6	4.7	4.7	5.0	5.0
合計	100.0	100.0	100.0	100.0	100.0	100.0	100.0	100.0	100.0	100.0

出典）国土交通省「陸運統計要覧」から作成

第Ⅰ編　総　括　編

表 1.3　輸送機関別国内輸送トン数のシェア（単位%）

	2004年度	2005年度	2006年度	2007年度	2008年度	2009年度	2010年度	2011年度	2012年度	2013年度
航空	0.9	0.9	0.9	0.9	0.9	5.0	0.9	0.8	0.9	0.9
内航海運	7.8	7.7	7.5	7.4	7.2	38.1	7.4	7.3	7.6	7.9
自動車	90.4	90.4	90.6	90.7	91.1	520.2	90.8	91.1	90.6	90.3
鉄道	0.9	0.9	0.9	0.9	0.9	5.0	0.9	0.8	0.9	0.9
合計	100.0	100.0	100.0	100.0	100.0	568.2	100.0	100.0	100.0	100.0

出典）国土交通省「陸運統計要覧」から作成

90.4%，内航海運は 7.8%，航空は 0.9%で，2013 年では鉄道は 0.9%，自動車は 90.3%，内航海運は 7.9%，航空は 0.9%となっている（表 1.3）。以上のように，輸送モードシェアの変化は少ない。

(3)　流動ロット

日本は，軽薄短小型製造業が成長し，生産拠点の海外移転などから，国内を流動する物流量は停滞状態となってきている。一方，製造業からの要請により，輸送の小ロット化，多頻度でジャスト・イン・タイムな配送など高レベルの物流サービスが求められている。

さらに，コンビニエンスストアや大手チェーンストアの売れ筋商品をきめ細かく発注する小売業の成長は，配送の小口・多頻度化に拍車をかけている。

国土交通省の貨物純流動調査から見ても流動ロットは，小ロット化の傾向が見られる（表 1.4）。1990 年に平均 2.43 トン/件であったものが，20 年後の2010 年では 0.95 トン/件になってきており半分以下になっている。小ロット化は，必然的に多頻度輸送を増加させ，輸送手配の複雑性を増してきていると考えられる。

配送の小口化が宅配便のトラック輸送増大の大きな要因となってきているこ

表 1.4　流動ロットの推移（3 日間調査　単位：トン/件）

	1990年	1995年	2000年	2005年	2010年
平均	2.43	2.13	1.73	1.27	0.95
製造業	3.16	3.04	2.59	2.06	1.62
卸売業	0.72	0.66	0.49	0.36	0.29
倉庫業	3.93	3.78	3.19	2.19	1.26

出典）国土交通省「全国貨物純流動調査（物流センサス）」から作成

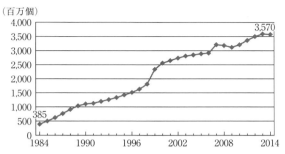

図 1.9 宅配便(トラック)の個数の推移(単位 百万個)
出典)国土交通省「宅配便(トラック)取扱個数(調べ)」から作成

とが考えられる。宅配便のトラック取扱個数1984年には,3億8,500万個であったが,2014年には約9.3倍の35億7,000万個になっている(図1.9)。ITの発展によるインターネット通販の拡大により,今後も宅配便による小口配達が増加していくものと考えられる。

1.5.2 モーダルシフトについて

(1) モーダルシフトとは何か

国土交通省の用語集の定義によれば,モーダルシフトは「物流をめぐる制約要因(労働力不足・交通混雑・環境問題)が深刻化する中で,物流の効率化を図っていくためには,幹線の部分はトラックからより効率のよい鉄道や海運を使っていくことが望ましく,これをモーダルシフトと呼んでいる」とされている。

日本では,1997年の地球温暖化防止京都会議以来,地球温暖化防止のために,物流部門でのCO_2排出量の削減が進められるようになってきた。輸送機関別の輸送量当たりの二酸化炭素の排出量は,営業用貨物車211g-CO_2トンキロに対し,船舶は39g-CO_2/トンキロ,鉄道は25g-CO_2/トンキロとなっている。船舶は営業用貨物車の18.5%,鉄道は営業用貨物車の11.8%であり,物流部門でのモーダルシフトは地球温暖化防止のために重要な施策になっている(図1.10)。

また,近年ではトラックドライバー不足の問題が浮上しており,この問題へ

第Ⅰ編 総 括 編

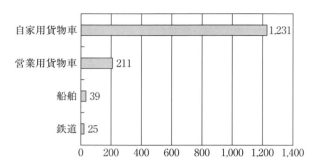

図 1.10 輸送量当たりの二酸化炭素の排出量（貨物）
単位：g-CO$_2$/トンキロ（2014 年度）
出典）国土交通省 HP から作成

の対応にモーダルシフトが必要になってきている。高齢化に伴い、若いトラックドライバーが不足し、体力の必要な遠距離輸送の担い手が減ってきている。

現状では、日本国内のトラック輸送のシェアはトンキロベースで約 50％、トンベースでは約 90％と非常に高くなっており、さらに高齢化が進行した場合には、トラック運転手不足が大きな問題になる可能性が高い。

将来のトラックドライバー需給予測について、国土交通省では 2008 年に公表した報告書の中で、すでに「2015 年度に約 14 万人が不足する」と試算しており、今後もドライバー不足は続いていくものと考えられる。このため、トラックから鉄道や船に輸送モードを転換するモーダルシフトが重視されている。

その一方で、SCM の進展によって、輸送の小口化、リードタイムの向上、物流のスピードアップと効率化が求められており、長距離輸送は鉄道や内航船にモーダルシフトし、短距離区間をトラックが効率的な配達を行うなどの輸送モード間の役割分担を行うことが必要と考えられる。

(2) 政府のモーダルシフトへの取り組み

地球温暖化対策に取り組むため 2009 年 12 月に政府レベルの「地球温暖化・エネルギー関係での経済産業省と国土交通省によるワーキングチーム」が開催された。その検討結果から環境負荷低減に資するモーダルシフトや更なる輸送効率化等を推進する上で不可欠な対策を明らかにするために荷主団体と物流事業者団体と行政機関から構成される「モーダルシフト等推進官民協議会」が設

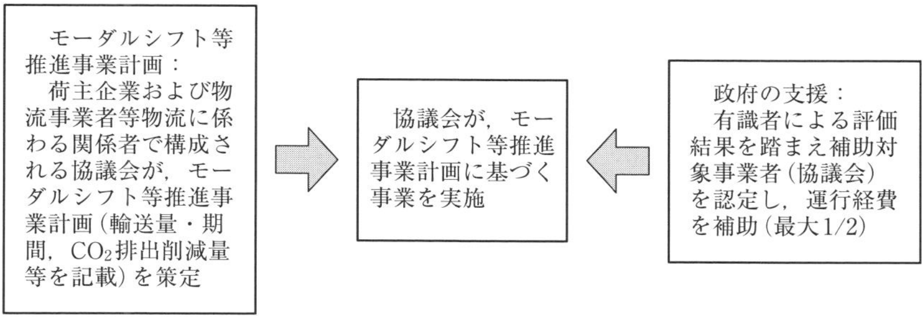

第1章 SCM関連行政と一般的動向

図1.11 モーダルシフト協議会への補助の仕組み

置された。

荷主企業および物流事業者等物流に係る関係者によって構成される協議会が行うモーダルシフト等推進事業計画に基づく事業に要する経費の一部を補助することにより，CO_2 排出原単位の小さい輸送手段への転換を図るモーダルシフト等を推進し，温室効果ガスの削減による地球温暖化の防止および低炭素型の物流体系の構築を図ることになった。

この協議会は継続した仕組みとなり，政府のモーダルシフト等推進事業費補助事業として，モーダルシフト推進が行われている。荷主企業と物流事業者が協議会を構成し，モーダルシフトの計画を作成し，有識者がその計画を評価して政府が認定し，政府が運行費の最大2分の1を補助する仕組みで，多くの計画が政府の支援を受けている（図1.11）。

補助事例では，大型コンテナの利用や船や鉄道の利用による遠隔地への輸送の補助例が多い。環境問題のみならず，輸送の効率化も重視されていると考えられる。

また，最近では，ドライバー不足が深刻になり，荷主企業等がモーダルシフトを進める事例が多くなってきた。たとえば鉄道を利用した場合500 km以上では，トラックとリードタイムやコストがほぼ変わらないことから，荷主企業が物流効率化の観点から積極的にモーダルシフトを進めている。

1.5.3 モーダルリンケージ

今後は，先進国では経済のグローバル化ともに，製造業は空洞化し，輸出貨

第Ⅰ編　総　括　編

物よりも輸入貨物が増加する可能性もある。海外からの大量の輸送品が港湾から輸入されることが予想され，的確に消費者に輸入貨物を輸送するためには港湾から内陸への輸送を効率的に行うための仕組みが必要である。

その仕組みを実現している先進国の事例としては，英国やオランダがある。英国では，港湾から，中部北部への幹線鉄道の線路規格を向上させ，大型コンテナの輸送を可能として輸送効率を高めつつある。

また，オランダのロッテルダム港は，ヨーロッパの輸出入港として重要な役割を果たしているが，港からの専用貨物鉄道を整備する等でヨーロッパの内陸への大量輸送ルート強化に努めている。港湾と鉄道が密接な関係を持って効率的輸送を行うモーダルリンケージの例として，この英国とオランダのロッテルダム港の2つの事例を取り上げる。

(1)　英国の事例

英国では，産業の空洞化に対応して海外からの大量の輸入品が増加してきたが，輸入品が積載されている大型の海上コンテナを効率的に内陸の人口集積地に輸送することが課題となっていた。

トラックによって，大量の輸入貨物を道路輸送した場合は，トラックの渋滞に伴う環境悪化や非効率な輸送による経済への影響が懸念されていたからである。加えて，日本に先行し，高齢化に伴うトラックドライバー不足の課題も生じていた。これらの問題の解決のために，港湾から内陸への鉄道インフラ整備によるモーダルシフトが進められた。

2000年以前には英国の線路規格は大型の海上コンテナ輸送に対応していないルートが多かった。そのため，南部の英国の2大貿易港であるフェリックストウ港とサウサンプトン港からの輸入が増加した場合に輸送の非効率性とトラックによる渋滞，環境問題の発生が予想された。このため英国では港湾にリンケージする貨物鉄道の輸送インフラ整備が進められ，中部の人口集積地への輸送力強化が図られた。

2000年に戦略的貨物鉄道ネットワーク計画（the Strategic Freight Network，以下，SFN）が政府から打ち出された。SFN では，最も優先度が高い路線として，主要貿易港のサウサンプトンからオックスフォードを経て英国中部に北上するルートとイスプウッチ（主要貿易港フェリックストウに近

56

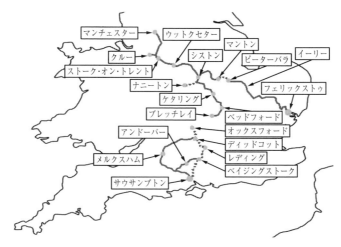

図 1.12 SFN のプロジェクト
出典）英国運輸省「戦略的貨物鉄道ネットワーク（the Strategic Freight Network, SFN）」から作成

い）からピーターバラを経て，英国中部に至る路線の 2 路線の強化が計画され，実際に進められている（図 1.12）。これは，港湾からの輸入された海上コンテナが最も多く通るルートを優先して改良しようと考えたためである。

　以上のように，2000 年頃より英国では海上コンテナ輸送の増加に伴い，主要貿易港を発着する南北の貨物鉄道輸送支援に力点を置き，港と貨物鉄道をリンケージさせることにより，将来さらに増加すると予想される輸入コンテナ輸送への対応を行っている。

(2)　オランダのロッテルダム港の事例

　ロッテルダム港は，ヨーロッパにおける最大の港で，年間 4 億 3,900 万トンの貨物を取り扱っている。ロッテルダム港から内陸への輸送先では，人口集積地であり，工業地帯でもあるドイツ，イタリア方面が多い。

　ロッテルダム港の新規整備計画として，マースフラクテ（Maasviakte）計画があり，ロッテルダム港のマース川の河口部の 1,000 ヘクタールがコンテナ貨物用地として開発されている。ロッテルダム港では，ロッテルダム港の後背圏に港から貨物を迅速に送り出すために 2009 年の鉄道輸送シェア 14％が 2035 年には 20％に高まると予想しており，このために，鉄道の施設建設を強化す

第Ⅰ編　総　括　編

る必要があった。

　2012年10月，マースフラクテ内に新コンテナターミナルが貨物鉄道輸送用に建設され，新コンテナターミナルから貨物専用線路ベテゥベルート（Betuweroute）線がロッテルダム港からドイツ国境まで運行されている。

　ベテゥベルート線は，ドイツ国境（ゼフェナール Zevennar-エーメリヒ Emmerich）への160 kmの貨物専用線（複線）となっており，トンネルはすべて，ダブルスタック列車が通過できる高さになっている。列車は最高速度毎時120 kmでベテゥベルートを経由して，港からヨーロッパの中心地域へ接続できる。（表1.5）

表1.5　ロッテルダム港のモード別輸送シェアの現状と目標（単位%）

輸送モード	2009年	2035年
道路	47	35
内航	39	45
鉄道	14	20

出典）ロッテルダム港「Annual report 2010」

　ロッテルダム港からドイツ向けでは急いでいる場合を除いて，トラックは多くは使われていない。ドイツ向けの鉄道貨物のうち80%がベテゥベルートを利用している。

　オランダ周辺では，鉄道輸送は200 kmを超えればトラックよりも競争力があり，ロッテルダム港からドイツ国境までが，その距離に近く，鉄道や河川輸送が多くなっているからである。（図1.13）

（3）　日本でのモーダルリンケージの必要性

　日本では円高の進行と国内市場の成熟化により，製造業の海外志向が強まり，海外生産比率が高まっており，今後は増大する輸入貨物を効率的に国内輸送する仕組みを構築していく必要がある（図1.14）。

　日本においても，空洞化が進展すれば増加する輸入貨物に対応するためと港

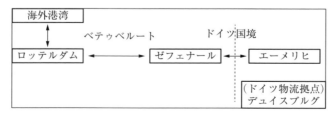

図1.13　ベテゥベルートとドイツとの関係図
出典）各種資料から作成

第1章 SCM関連行政と一般的動向

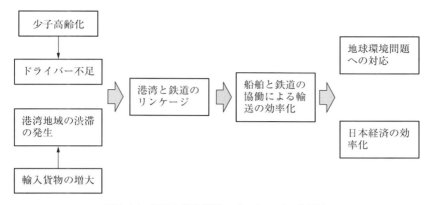

図1.14 港湾と貨物鉄道のリンケージの必要性

湾地域の渋滞が発生を回避するため英国やオランダのように港湾と国内の鉄道をリンケージすることが必要になる。

また，少子高齢化はさらに，ドライバー不足を招くため，トラック輸送の効率化も必要となる。

幹線輸送を大量輸送機関である鉄道で行い，環境問題への対応と物流の効率化を実現し，SCMの発展に必要な小口の迅速な輸送を近距離輸送主体のトラック輸送が行うなどの役割分担が必要である。日本においても，港湾と鉄道とのリンケージは効率な輸送体系の構築のために重要と考えられる。

中村 理史

1.6 グローバルSCMネットワークシステムの基本

1.6.1 はじめに

本節はグローバルハブネットワーク構築の前提となるハブの定義と一般類型を明らかにするとともに，ハブネットワーク構築の基本理論を整理し，ハブネットワーク実現の理論を体系化する。加えて，グローバルハブネットワークモデルの基本要件を整理し，提案し，最適ハブ選定の要件を明らかにしている。最後にモーダルリンケージ型グローバルハブネットワーク類型を提案し，ハブ類型の決定要素を提案するとともにハブとその移動手段である基本モードとの

第 I 編　総　括　編

関係についても明らかにする。

1.6.2　ハブの定義と一般類型

(1)　ハブの定義

ハブシステム（Hub System）は後述する Federal Express 社（現 FedEx 社）の Spur & Spoke システムが有名であるが，代表的な定義を以下に示す。

- Webster's Third New International Dictionary, 1986p, 1098 central によれば

  ハブとは 1a：車輪のシリンダー部分の中心，b：プロペラやモーターの中心部分—刃が付けられている駆動用翼，2b：活動の主な中心：焦点（インディアナポリスは，あらゆる方面に走る線路のある鉄道の中心になった。R. H. Brown）

  であり，中心部を指している。

- 研究社新英和大辞典，1960 年版，p.866　左段によれば

  ハブとは（車輪の）こしき（nave），（活動，興味などの）中心，中枢（center），The HAB（Boston 俗称）であり，やはり中心部を意味している。

広辞苑ではハブの記載はなく，なじみの少ない用語であることがわかる。本書では，「ハブとは，ロジスティクスの中心」であるという定義に止めることとする。

(2)　ハブの一般類型

ハブを機能類型の視点で整理すると図 1.15 のように示すことができる。すなわち，ハブが単なる SCM やロジスティクスの特殊用語としてではなく，芸術や文化の中心としての文化ハブ，金融，証券など経済活動の中心としての経済ハブや情報や通信の中心としての情報ハブとしても使用されている。つまり，ロジスティクスハブはハブ概念の 1 つに過ぎないということである。

第 1 に，文化ハブの代表は，エジプトのピラミッド，ギリシャのパルテノン，中国の万里の長城に代表される古代遺跡を中心とする歴史的ハブやパリに代表されるように文化，芸術あるいはファッションがそれである。

第 2 は経済ハブで，金融・証券市場に代表されるニューヨークやロンドンが

図 1.15 ハブの機能類型

これに該当する。いわば経済取引の中心である。

　第3はロジスティクスハブで、特に港湾貿易面では、中国の上海、北京を初めオランダのロッテルダム、ドイツのハンブルク、シンガポール等がそれである。

　第4は情報類型ハブでニューヨークや情報技術の集積地であるサニーバレー等をあげることができるし、インドのモンバイなども新興国の中では注目されている地域である。

　一般的にハブは、相互に関連がありハブの移転という形で示すことができる。ハブ立地の移転がそれである（図1.16）。立地移転の特徴の一例としては、海外進出を引用すると、需要地の中心に生産地の中心が誘引され、生産技術や新技術開発の移転が生じる。生産量が増加すれば、当然のことながら物量も増加し、ロジスティクスハブの確立が要求される。販売、生産、ロジスティクスのハブ化が促進されると総合技術や情報のハブ化が促進され、人流の加速を促進させる。

　このように物が移り、技術や情報が移り、人が移ると金融活動を中心とする経済の活性化が促される。経済ハブの誕生である。

第Ⅰ編　総　括　編

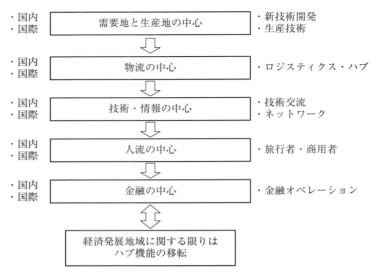

図 1.16　ハブ立地移転の特徴

(3)　ハブの類型

　ロジスティクスハブ類型のベースとして先ず配慮しなければならないことはハブ類型化の基本要素の抽出である（図1.17）。ハブ化の基本を，統合，地域，輸送モード，対象物，機能の何れをベースとするかを明らかにしなければならない。

　つまり，これらの要素を軸に，ハブの基本型を配慮して類型化する必要があるからである。展開するグローバルハブ展開の基本理論を明らかにする。

　ハブの基本型は Hub and Spoke System である。中心ハブに対して地方ハブを設置し，中心を軸に展開する方式である（図1.18）。いわゆる FedEx 方式である。FedEx システムの特徴は空輸主体のハブで，メンフィスに空港ハブを設置し，全米から貨物を集荷し，仕訳し，全米の空港に戻し，主としてバンで配送する方式を採用している。末端での集配荷・航空機の往復輸送によって輸送効率とスピードを実現したシステムである。三大経済圏の輸送手段としては海上輸送が圧倒的な取扱量を占めているので当該システムはほとんど適用できないが，シベリアンランドブリッジや米国向けのミニランドブリッジではす

62

第1章 SCM関連行政と一般的動向

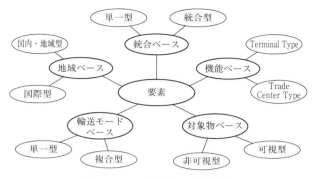

図1.17 ハブ類型化の基本要素

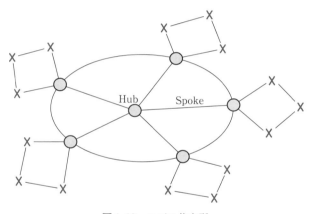

図1.18 ハブの基本型

でに実稼働しているシステムである。

(4) ハブの階層構造類型

グローバルSCMネットワーク構築に当たっては，ネットワークシステム自体が大陸間・エリア・国内というように階層構造になっているため，階層構造型ハブネットワークの構築が必要であることは論をまたない。すなわち，グローバルハブからローカルハブに至るまでをネットワーク化し，高効率，高スピード，高品質，高安全のシステムの構築と実現である。本項では，世界を代表するハブをグローバルハブまたはメガハブとし，大陸を代表するハブをコンチ

第 I 編　総　括　編

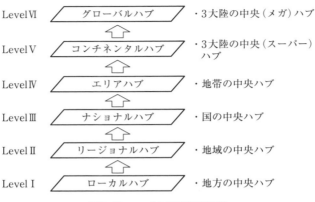

図 1.19　ハブの階層構造類型

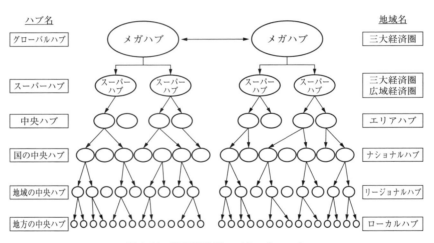

図 1.20　階層構造型ハブネットワーク

ネンタルハブないしスーパーハブと定義付けている．以下同様に，地域の中央ハブをエリアハブ，国の中央ハブをナショナルハブ，地域の中央ハブをリージョナルハブ，そして地方の中央ハブをローカルハブとして定義付けた（図1.19）．階層構造型のハブシステムをさらに詳細に示したものが図1.20である．基本的には階層構造をより詳細に示したものであるが，ハブごとにそれぞれのネットワークをもち経済圏に対応したハブの存在を明らかにしている．

1.6.3 ハブ関連輸送方法論の考察

ハブをベースとする輸送の基本は，海上輸送，航空輸送，鉄道輸送，トラック輸送および河川輸送に大別できる（図1.21）。それぞれの輸送モードがその必要性に応じて，中央ハブとして機能したり，地方ハブとして機能することになる。しかしながら，一般論としては，グローバルハブは海上輸送が主で，航空輸送がこれに次いでいる。しかしながら，1993年9月に開通した中国とヨーロッパを結ぶCLB（China Land Bridge）は，鉄道幅あるいはこれに基づく積み替え作業などの問題もあり，加えて，1990年代後半における港湾設備の整備拡張等，合理化が進み，結果として飛躍発展はできなかったが，2008年以降に中国国内鉄道のインフラ整備が飛躍的に進み，2011年頃からヨーロッパに直接鉄道で輸送する体制が整いつつある。したがって，中国に関係のある東アジア地域のヨーロッパ輸出入の戦略は早晩転換期を迎えるものと思われる。しかしながら，現時点では，鉄道輸送とトラック輸送は大陸内または国内輸送が主であるためローバルハブというよりはエリアハブや国内ハブとして機能している。まさに，「一帯一路」は百年の計である。

河川ハブは，国内輸送モードとしての河川と流域地域の河川とがあるが，前

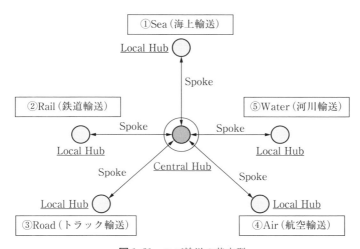

図1.21 ハブ輸送の基本型

第 I 編　総 括 編

者は，アマゾン川，ミシシッピー川，長江，ナイル川などがこれに属し，後者
にはタイのチャオパヤ川等の流域地域のモードとして機能している。

　大陸間輸送ないしはグローバル SCM 輸送の主軸は，物資流通の物量からみ
て海上輸送が主力であり，このような意味からするとグローバル SCM 輸送手
段の主役は Land Bridge 方式である。Land Bridge 方式の本来の意味は，大陸
を橋代わりにして海上輸送と海上輸送を直結する理論で開発されたものであ
り，日本とヨーロッパを直結する American Land Bridge 方式がその代表例で
ある。具体的には，日本・マラッカ海峡・喜望峰周り路線から，日本・マラッ
カ海峡・インド洋・スエズ運河・ヨーロッパ経由での海上輸送を日本・太平
洋・アメリカ大陸・大西洋・北海・ヨーロッパというように大陸で海上と海上
とを直接接続するルートを開発し，輸送期間の短縮というリードタイムの短縮
とコスト削減を実現した。グローバル SCM 輸送ネットワークを開発する場合
には輸送上のボトルネックをいかに克服するかが常に課題となるが，スエズ経
由やパナマ経由はまさにボトルネック解消の大きな事例である。日本から米国
にシッピングする場合にはミニランドブリッジが有効で，海上または航空と鉄
道またはトラックの結合であるモーダルリンケージが有効に機能している。

　東アジア，特に中国，韓国，日本等，中国周辺国では 1993 年より開始され
た CLB（China Land Bridge）に注目すべきである。一帯一路と呼ばれるよう
に，中国のハブ駅から中央アジアを経由してヨーロッパ諸国に鉄道輸送する考
えで，すでに実施されている。

　さらに，マラッカ海峡のように安全性の面から問題となる海域を避け，かつ
距離を短縮する意味で，タイ最南部に約 24 キロメートルの運河を開発し，マ
ラッカ海峡を迂回せず直接インド洋に抜けるルートの開発は，日本，中国，韓
国，台湾，フィリピン，ベトナム，タイ等の関係諸国の国益となるが，その開
発動向が注目されている。これにより，インド，中近東およびヨロッパルート
の安全と効率化が期待できるからである。

　一方，日本とロシヤやロシヤ経由ヨーロッパをリンクする輸送手段として
は，Siberian Land Bridge 方式をあげることができる。季節的な問題はある
が，これも大きな輸送ルートとして考えることができる。近い将来は，北極海
経由の海上ルートの開発が考えられており，環境問題の克服を前提に大きな輸

第1章 SCM 関連行政と一般的動向

送ルートの開発につながるものと考えられる。Siberian Land Bridge に対する North Pole Sea ルートの幕開けである。

1.6.4 モーダルリンケージとモーダルシフト

一般に，モーダルリンケージとは異なった輸送機関の連結を図ることであり，モーダルシフトとは輸送機関の転換を図ることであるとして定義付けられている。ここで，モーダルとは Rail・Road・Sea・Water・Air 等，輸送機関の種類を表す用語である。モーダルリンケージの対象の基本は国内と国際またはグローバルの 2 種類であり，一般に，①国内型，②国際型および③複合型の 3 種類の型式が存在している。

モーダルリンケージの種類としては，Rail・Sea 型，Sea・Road 型，Water・Road 型ならびに Rail・Road 型の 4 型が存在している。すなわち，Rail・Sea 型では Roll on-Roll off 型と呼ばれる方式で具体的には，ハンブルグ港にて使用されている RoRo 船や輸送方法では SPR（Southern Pacific Railways）の Double Deck Style と呼ばれる二段積みコンテナ用貨車等がある。船で荷卸・鉄道貨物に転載・船積みなどのような一貫システムに利用されている。

一方，広く一般に利用されている一貫輸送方法としては，Sea・Road 型で代表例は連絡船型で，たとえば，カーフェリーなどをあげることができる。Water・Road 型では Barge Ship，たとえば，バージ船等があり，河川のカーフェリーの代表であり，他方，Rail・Road 型の代表は Piggy Back（日本の JR や米国等で利用されていたが，日本ではインフラ整備に投資が必要であるため断念された状態であり，かつては，東欧とスペインを結ぶ動脈であったブレンナールート経由東欧諸国の排ガス基準を満たさない車両を規制し，オーストリアを NOx や CO_2 から守るための手段として開発されたザッテル方式も廃止されたシステムである。

1.6.5 グローバルハブネットワークモデルの基本

ハブ類型を単一型ハブ，複数要素から成る複合型ハブ，および総合型ハブ，そしてモーダルリンケージをグローバル（Global）および国内（Domestics な

第 I 編　総　括　編

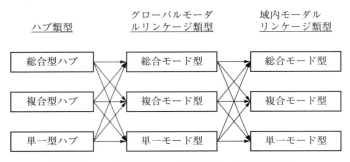

図 1.22　ハブ類型とモーダルリンケージの結合関係

	総合型ハブ		複合型ハブ	単一型ハブ
	総合型ハブ	準総合型ハブ	黒丸を軸とした2以上の組み合わせハブ	黒丸の単独型ハブ
港湾ハブ	●	●●	●○○○○	●××××
空港ハブ	●	●●	○●○○○	×●×××
鉄道ハブ	●	●●	○○●○○	××●××
トラックハブ	●	●×	○○○●○	×××●×
河川ハブ	●	×●	○○○○●	××××●

図 1.23　モードベースハブの特徴

いし Local）の双方を単一モード，複合モード，および総合モードと簡略化して，両者を結び付けると図 1.22 のとおりである。

　モードベースの視点からハブ類型との関係を分析することが最も単純明快であり，論理性が高い。たとえば，グローバルハブを検討し，ハブ類型を決定する際に重要なことは大陸が海によって遮断されており，物流の視点からは輸送手段は海運ないし空輸の 2 手段以外は考えられない。したがって，グローバル一貫輸送の軸は海運にあるといえる。加えて，パーソントリップ（旅客）を除くため物量からしても，港湾物流が圧倒的な数値を示している。

　複合ハブを港湾，および航空を軸としたハブであるとしていることから，総合型ハブないし複合型ハブ成立条件としては第 1 に港湾，第 2 に航空の基地が不可欠となる。CLB（China Land Bridge）のようにヨーロパ諸国と鉄道輸送で直結するような場合には，鉄道が総合ハブあるいはメガハブといわれる大

規模ハブの成立条件とはなるが，現段階では時期尚早であるといっても過言ではない（図1.23）。現行大陸間輸送の主役は海運であり，港湾ロジスティクスだからである。したがって，総合ハブとなる条件は港湾ハブであり，原則として，港湾施設がない場所は，総合ハブないしメガハブには成り得ないということができる。

　河川ハブについては，国内ハブの範疇に属するが，ハンブルグは例外でほとんどの場合には，近隣数ヶ国との貿易取引となり，準総合型ハブないしは単一ハブ類型に属している。

1.6.6　モーダルリンケージ型グローバルハブネットワーク類型

　グローバルハブネットワークの効率的な推進はモーダルリンケージなしでは考えられない。適切なモーダルリンケージと共同化システムの実現こそは効率的グローバルSCMハブネットワーク実現の鍵である（表1.6）。

　大陸間輸送手段として不可欠なLand Bridgeシステムのモードの主役は海運であり，港湾である。日本の家電業界が開発したといわれるLand Bridgeは，日本の港湾・米国西海岸（ロスアンゼルス，オークランド，その他）を経由し，東海岸のニューヨーク，ボストンその他に鉄道にて搬送され，次いで海運でスエズ運河経由でヨーロッパに運ばれる。ヨーロッパ内部については長距離

表1.6　輸送システム基本適応類型

No.	システム名	ハブ類型	利用形態
1	ランドブリッジ (land bridge)	グローバル ハブ (global hub)	大陸間輸送 (inter continental)
2	ハブシステム (hub system)	グローバル or ローカル ハブ (global or local hub)	大陸内輸送 (continental or national)
3	マルガリータ・システム (marguerite system)	ローカル ハブ (local hub)	大陸内輸送 (continental or national)
4	モーダルリンケージ (modal linkage system)	ローカル ハブ (local hub)	大陸内輸送 (continental or national)
5	一貫パレチゼーション (scandinavian system)	ローカル ハブ (local hub)	国内輸送 (national or domestic)
6	クロスドックオペレーション (cross dock operation)	ローカル ハブ (local hub)	国内輸送 (national or domestic)

注）一貫パレチゼーション：スカンジナビアン方式またはスウェーデン方式とも呼ぶ。

輸送は鉄道，たとえば，100 km 未満の場合の短距離輸送はトラックにて輸送されている。

これをマルガリータ方式あるいは，国際マルガリータ方式ともいうべき方式で考えれば，ヨーロッパから逆方向を辿ればよいことになる。いわば，国際往復輸送の実現である。当該システムを実現するためには，荷主の共同化あるいはロジスティクス企業の共同化が不可欠である。

他方，N 自動車会社では，日本国内から横浜の本牧ふ頭，本牧ふ頭からロスアンゼルスまで船舶輸送，ロスアンゼルスからナッシュビルまで鉄道，ナッシュビルからスマーナまでトラック輸送をして，モーダルリンケージを早々と実現している。ミニアメリカンランドブリッジである。

1.6.7　基本グローバルハブネットワークモデル

EU 経済圏，アジア経済圏（特に東アジア経済圏），および北米経済圏を巷間三極経済圏と呼んでいるが，ここでも EU 経済圏，アジア経済圏（特に東アジア経済圏），および北米経済圏を三極経済圏とする。

三極経済圏のグローバルハブネットワークの基本を示すと図 1.24 のとおりである。ここでは，総合型ハブないし経済圏のメガハブ同士を直接結ぶネットワーク，複合型ネットワーク同志あるいは単一ハブ型同誌を直結するハブネットワークを基本としている。ハブ同士を結ぶ手段は当然のことながらモーダ

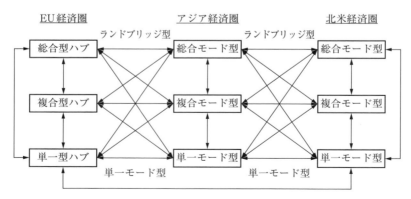

図 1.24　三極経済圏間基本ハブネットワークモデル

リンケージシステムである。グローバルハブネットワークを論じるときはモーダルリンケージシステムなくして論じることはできない。

1.6.8 おわりに

　本項ではハブの定義を明らかにするとともにハブの一般類型を提案することができた。さらに，ロジスティクスハブについての体系化を提案することができた。ここの命題であるグローバル SCM ハブネットワークの動脈的存在である輸送モードについては，モーダルリンケージを主としてその基本理論を整理し，ハブ関連輸送の方法論を提案することができた。さらに，ハブシステムについてもその基本システムの特徴を体系化することができた。

　一方，最適ハブの決定要素としてのグローバルハブネットワークモデル設計の基本要素を提案し，かつ，ハブ類型の決定に影響を与えるモード別貨物取扱実績を明らかにすることができた。最後に，グローバルハブネットワークモデルの基本を前提として，モーダルリンケージ型グローバルハブネットワーク類型と三極経済圏間基本ハブネットワークの試案を提案することができた。当該モデルは最終的なグローバル SCM ハブネットワークモデル構築のパイロットモデルとしての役割を果たすものである。

唐澤　豊

〈参考文献〉

1)　唐澤豊：物流から 3PL までの推移，3PL 管理士講座テキスト，日本 3PL 協会
2)　www.mlit.go.jp/seisakutokatsu/freight/butsuryu03100.html —
　　① 　総合物流施策大綱（1997 年〜2000 年）
　　② 　総合物流施策大綱（2001 年〜2006 年）
　　③ 　総合物流施策大綱（2006 年〜2009 年）
　　④ 　総合物流施策大綱（2009 年〜2013 年）
　　⑤ 　総合物流施策大綱（2013 年〜2017 年）
3)　www.mlit.go.jp/seisakutokatsu/freight/butsuryu03100.html
4)　www.meti.go.jp/policy/recycle/main/admin_info/law/04/
5)　唐澤豊：ロジスティクスと環境，pp. 8-22，成山堂書店，1943

第 I 編　総　括　編

6)　唐澤豊：現代ロジスティクス概論，NTT 出版，2000

7)　唐澤豊：物流概論，pp. 16-19，有斐閣，1989

8)　http://www.forum-fukuoka.com/harbor/22_2025/

9)　国土交通省「陸運統計要覧」

10)　国際協力銀行「わが国製造企業の海外事業展開に関する調査報告」2015 年 12 月

11)　国土交通省「全国貨物純流動調査（物流センサス）」

12)　ロッテルダム港「Annual report 2010」

13)　英国運輸省「戦略的貨物鉄道ネットワーク（the Strategic Freight Network，SFN」

14)　Sarinya Sala-ngam, 唐澤豊，その他：最適立地選定モデルに基づく最適グローバルハブネットワークシステム構築に関する基本的研究，日本ロジスティクスシステム学会誌，Vol. 15, No. 1, pp. 85-120, 2016 年 3 月

15)　Henderson, James H: Logistics In Support Of Disaster Relief, Author House, p, 32, 2007

16)　Christopher, M., and Peter Tatham: Humanitarian Logistics: Meeting the Challenge of Preparing for and Responding to Disasters, Kogan Page, 2011

2 SCM の歴史的発展

2.1 はじめに

　物流は「暗黒大陸であり，宝の宝庫である」といわれてから久しいが，経営合理化における物流の合理化が焦点を浴びるようになってから早や半世紀の時が流れようとしている。その間，ロジスティクス・SCM/3PL 等名称や対象領域の変化はあるが基本姿勢は同じであることは周知の事実である。

　第 2 次世界大戦後の日本の産業がどのように発展し，その中で物流，ロジスティクス，SCM および 3PL の位置付けと今後の可能性について明らかにするとともに，合理化の推移を歴史的に捉え，更なる合理化と飛躍発展を目指す指針の基礎として本章を理解することが望まれる。

　戦後の日本の合理化は，第 1 に生産の合理化から始まり，次いでマーケティングの合理化，事務・情報処理の合理化，研究・開発の合理化，物流・ロジスティクス・SCM/3PL 等ロジスティクスの合理化へと推移している。合理化の発展は，マクロ的には国家戦略の最重要課題から着手されるが，産業レベルでは需要と供給の原理から推進されている。換言すれば，戦後日本経済の復興には，生産施設の壊滅，物不足，人口の増大等から第 1 次産業の農業生産の拡大・増産はもとより，第 2 次産業の復興・強化に官民産学すべてがその努力を傾注した。特に，製造業においては，軍事産業から生活産業，消費財産業へと急速な転換を図り，民事産業の育成拡大と生産体制の確立を最優先課題として取り組んだ。

第Ⅰ編　総　括　編

　本章では日本全体の合理化について歴史的な経緯の中でいかなる変化を遂げながら発展してきたかを考え，その延長線上で物流，ロジスティクス，SCM，3PL の合理化を考えることとする。

2.2　合理化の推移

2.2.1　製造合理化の時代

　1945 年に第 2 次世界大戦が終結し，戦後の復興のために物づくりに専念した時代が終戦直後の時代で，いわゆる，製造最優先の時代である（図 2.1）。「物質不足の補充」を国家の戦略とした時代で，「造れば売れる時代」であった。「粗悪品であろう」が，「劣悪品であろう」が，とにかく，戦火を免れた製造機器で増産一途に走った時代である。しかしながら，1950 年 6 月の朝鮮動乱を契機に日本の製造体制は，量的ならびに質的にその基本を確立し，動乱景気により経済は目覚しい発展を遂げ，国民所得は急速に上昇した。巷間言われた動乱景気がそれである。動乱景気は消費者の購買動機の転換をもたらした。いわゆる，質的転換時代の到来である。つまり，「造れば売れる時代」から，「売れる物を造る時代」への幕開けである。製造技術を支える技法である生産管理技法はテーラーの科学的管理法で，IE（industrial engineering）を主としていた。その後，製鉄・石油化学などの装置工業の自動化は，コンビナートに代表されるように企業間の連続的な自動化を実現し，業務管理と危険管理（management operation & risk tree）等についてもシステムにビルトインされるようになった。さらに，部品加工業では職人主体型の旋盤から NC（数値制御），GT（群管理：グループテクノロジー），MC（マシンニングセンター）へと発展し，さらに組み立て工業形態ではロボットや無人搬送ライン等を主とする製造工場の自動化へと移行した。

2.2.2　マーケティング合理化の時代

　「造れば売れる時代」から「売れる物を造る」時代への変化は，とりもなおさず「マーケティング時代」の到来を告げるものである。1960 年代後半は

74

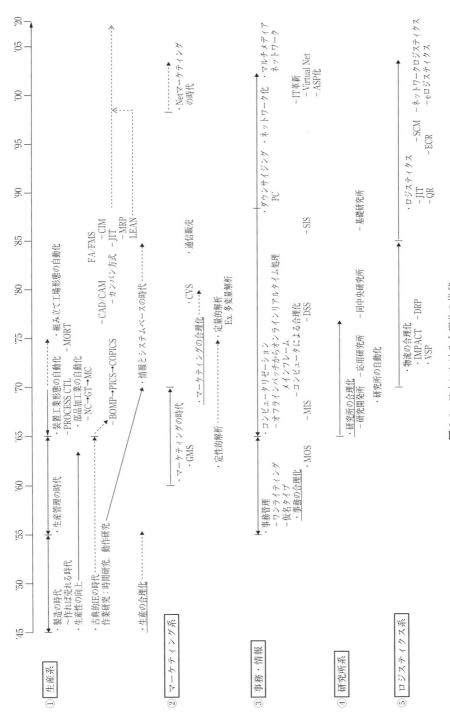

図 2.1 日本における合理化の推移

第I編 総 括 編

「主婦の友ダイエー」に象徴されるように，GMS（general merchandizing store：大規模量販店）の萌芽期である。量販店をはじめ，衣料品，あるは食品などのレギュラーチェーンやボランタリーチェーンが全国展開に乗り出し，通信販売，ネット販売の時代へと急速に移行し，飛躍し，発展を続けた。消費者主権時代の到来である。

新製品開発の分野においては，ニーズ，ウォンツ，ディザイアと消費者の意向を積極的に取り入れなければならない時代となった。換言すれば，製品開発から顧客サービスを含む「トータル・マーケティング時代」の到来である。小売業も商店街とデパートが共存する時代から，量販店の時代，コンビニの時代へと移行し，さらに，メール主体の無店舗販売，e-ネット販売，バーチャル・リアリティ販売の時代へと急速に変化しているのが昨今の実情である。

2.2.3 事務・情報合理化の時代

製造・マーケティングの合理化の後に到来したのは情報の合理化である。情報の合理化は，前半は事務合理化の時代，後半はコンピュータ主体の情報による合理化に大別することができる。事務の合理化は，すでに，生産の合理化の時代とともに始まり，ワンライティングシステムや仮名タイプライターの導入，卓上計算機の利用等，算盤から事務用機器を利用する時代に突入していた。

次いで登場したのが，PCS（punch card system）または PCDPS（punched card data processing system）である。これらの機器の特徴は，外部記憶装置主体の演算処理装置を有していることである。1960 年代後半からは，EDPS（electronic data processing system：電子データ処理システム）の時代に突入し，本格的な情報処理時代を迎えるに至った。その後，ダウンサイジングの時代に移行し，今やネットワーク時代を迎えている。いわゆる，e-mail 主体の情報処理システムによる合理化の時代である。MOS（management operation system），MIS（management information system），DSS（decision support system），SIS（strategic information system）等が代表的なシステム名であるが，現代ではスマホや iPhone などを主体とした個人情報ネットワーク時代へと移行している。

2.2.4　研究・開発合理化の時代

「作れば売れる時代」はある意味では，「物まねの時代」である。世の中が豊かになり，他国との競争を迎える時代になると，「安かろう，悪かろう」ではすぐに限界に来てしまう。そこで独創性が要求され，そのために開発・研究が不可欠となる。研究所には基礎研究所，応用研究所，開発研究所，商品研究所等いろいろな種類の研究所があるが，日本における研究所の発展は，1960年代後半から応用研究所ないしは開発研究所が一般化され，1970年代には中央研究所，基礎研究所へと研究所体制が確立された。産業の力が強くなればなるほど開発研究所から基礎研究所の重要性が増してくる。終戦直後の製造業では，生産工場に研究室が同居して存在していたのが一般的であった。このような意味から，研究所の合理化は質量二面から発展してきたことになる。現代社会の特徴は研究所のグローバル配置であり，研究員のグローバル化である。

2.2.5　物流・ロジスティクス・SCM・3PL合理化時代

1960年代後半から，流通技術，PD，物的流通，物流等の名称の下で企業合理化の領域として脚光を浴び始めた。米国では，ロクレマティクス（rhocrematics：モノの流れ：後述）という物流を科学的ならびに数値解析的なスタンスから捉えようとする考えも存在したが日米ともに浸透しなかった。1980年代になるとより広範なロジスティクスの合理化が合理化の中心となり，企業内ロジスティクスはもとより，企業間ロジスティクスの発展を見るに至った。カンバン方式，JIT方式などSCMのベースとなるシステムが日本の製造業で実践されるに至っている。

1990年代にはSCM（supply chain management）が登場し，企業間システムの合理化が推進，実現され，SCM戦略実施に有効な共同化システムの実現の面で，さらに3PL（third party logistics）時代へと発展し，今日に至っている。共同化はSCM戦略の核となる要素であり，企業同士の協力なしには究極的なSCMの実現は不可能である。「商流は自由競争，物流は共同化」という原点に回帰すべきである。現在では，SCMはファーストリテイリングの強力な手段となっている.

第 I 編 総 括 編

2.3 物流，ロジスティクス，SCM の発展過程

2.3.1 日本における物流の起源

昭和 31 年（1956 年）10 月下旬〜11 月上旬にかけて催行された米国視察団である日本生産性本部の流通技術専門視察団がわが国に初めて物流をもたらしたものといえる。流通技術（physical distribution で PD と略称）は荷造・包装，荷役，貯蔵，輸送より成っていた。荷役管理，資材管理，運搬管理等の用語はすでに当時一般的に広く使用されていた。次いで，昭和 33 年 6 月再度流通技術（PD）視察団が組織され，加えて昭和 35 年（1960 年）に日本能率協会が流通技術研究会を全国規模で主催し，民間企業内部にも流通技術（PD）の考えが広く浸透されることとなった。

昭和 36 年〜38 年前半にかけて，流通技術という言葉が PD という略語で一般化されたが，これは "Physical Distribution" の適訳がなかったためである。一部識者の中で "物理的流通" ないしは "物的流通" と訳し併用していた。昭和 39 年 2 月発行の「日本の輸送革新」（上下 2 巻）では "物理的流通" という言葉が使用されているが，筆者の調査では，日通総合研究所の「輸送展望」（昭和 39 年 6 月号）において "物的流通の新しい傾向"（金谷璋）と題したものが文献ベースの最初の用語ではないかと思われる。昭和 39 年（1964 年）7月 9 日付け日本経済新聞にて，池田内閣の "中期 5 カ年計画策定の流通小分科会" の委員である平原直（当時荷役研究所所長）の "PD というよりは物的流通というべきである" とすることが報じられ，一般大衆に「物的流通」という新しい用語が伝播された。

昭和 40 年には，「中期経済計画」（経済審議会答申）や「統計審議会」の "流通体系図" においても物的流通という用語が使用され，以後昭和 45 年設立の日本物的流通協会および日本物流管理協議会が設立されるまで続き，"物流" へと省略され一般化された。この間，日本生産性本部が設立した "PDM 研究会"（物流管理研究会の意）に代表されるように呼称に統一性がない時代があった。しかしながら，昭和 46 年（1971 年）以降は物的流通という用語は衰退

78

した。物流の重要性は時代とともに認識され，高まり，従来ほとんど顧みられなかった埋没したコスト面に光が当てられ，コストのみならず経営手段の競争力の要素として脚光を浴びるようになった。

2.3.2 物流からロジスティクス

ロジスティクス（兵站）という用語は古代ギリシャ・ローマ時代から存在しているようであるが，第2次世界大戦（1941年〜1945年）後これがビジネス転用されビジネス・ロジスティクスへと発展した。その過程で，流通技術，物的流通，資材管理，供給管理，流通管理，物流，ロクレマティクスという用語が輩出したが，これらの用語は"物の流れの管理"という点で共通していた。

物流の領域は"生産の終わりから最終消費者に至るまでの物の流れ"であり，その対象範囲が狭く，企業全体としての効率的経営に視点が変化している時代にマッチしなくなってきた。一方，ロジスティクスは，フォワードロジスティクスとリバースロジスティクスから成り，フォワードロジスティクスはインバウンド・ロジスティクス（調達），生産ロジスティクス，アウトバウンド・ロジステイクス（物流）とから成っている。物流を含み広範囲をカバーしているので時代の要請に合致している。わが国の場合，"広義の物流は調達物流，販売物流を含む"とし，"ロジスティクスと同意義"にて使用したため混乱を招いたものといえる。海外では，1970年代には，物流は"生産の最終地点から消費者に至るまで"を意味しており，"広義の物流や狭義の物流"は存在しないからである。

物流時代が平成10年（1998年）前後でロジスティクスと物流の分水嶺であるとする考えもあるが，現実的には日本ロジスティクスシステム協会の設立（平成4年・1992年）や日本ロジスティクスシステム学会の設立（平成10年・1998年）に見られるように幅がある。わが国ではバブル崩壊後に急速にロジスティクスが発展したものと思われる。（図2.2）

物流はその活動領域が限定されている部分志向型のために，より広範囲に及ぶトータル志向型経営に対して限界があり，これにマッチする考えとして採用されたのがロジスティクスである。

ロジスティクスはフォワードロジスティクスとリバースロジスティクから構

第Ⅰ編　総　括　編

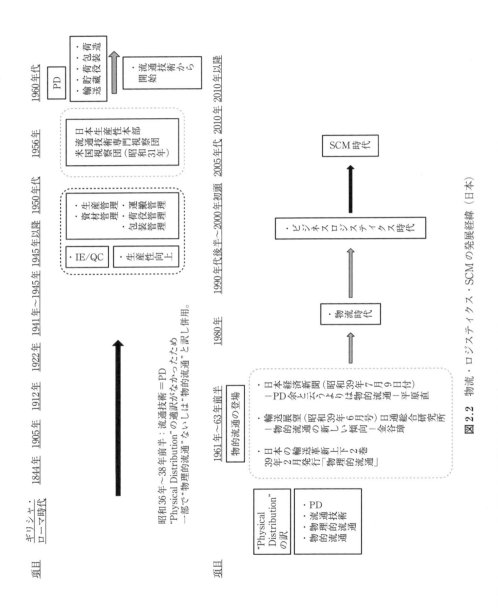

図 2.2　物流・ロジスティクス・SCM の発展経緯（日本）

成されていて，前者は川上から川下に流れる領域を対象とし，後者は一般には廃棄物処理を主体としたもので川下から川上に流れる領域を対象としたものである（図2.3）。

社会的インフラの充実発展，情報ネットワークの個人への浸透，社会制度・価値観の変化，JITを含む関連技術の進歩等ミクロ的な要因の変化とともにマクロ的にはボーダレス経済，企業の海外相互進出および他国籍企業の急増，国際競争，新興国の発展，環境問題等グローバル環境の激変によって部分志向からトータル志向へと急速な転換が迫られた結果，物流からロジスティクスへ，さらにはロジスティクスからSCMへと短期間の内にシステムの変化が要請された。国内システムから国際システムへ，さらには，国内システムと国際システムとの統合等，飛躍的に発展する時代に突入した。

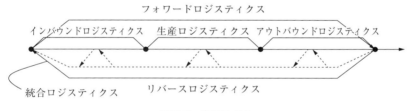

図2.3　唐澤モデル

2.3.3　米国の変遷

米国の起源を瞥見すると（図2.4），1912年にA. W. ショウはハーバード大学の「季刊経済誌」において"市場流通上のある問題"という論文を発表し，経営活動を生産活動，流通活動および助成活動に区分し，さらに，流通活動の構成要素として需要創造活動と物的流通活動の2点をあげている。経営活動の中で，物流の重要性について初めて指摘した先駆者である。次いで，1922年にF. G. クラークはその著書「マーケティング原理」においてマーケティングの機能を交換機能，物的供給機能および補助または助成機能から成り立つとして物流機能の重要性を指摘している。さらに，クラークによれば，物流機能は輸送と保管で，これは場所的効用の創造をもたらすものであるとしている。

第Ⅰ編 総 括 編

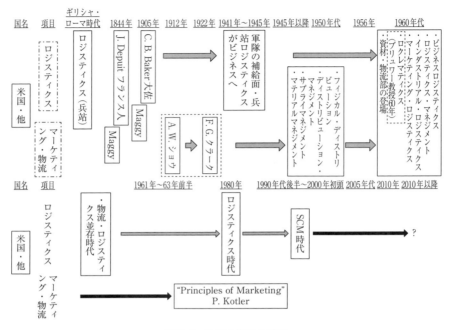

図2.4 米国の物流の発展

　ショウならびにクラークとも物流を流通活動の構成要素の1つとして捉え，その重要性を指摘したため，以来マーケティング関係者は「物流は商流とともに車の両輪のように流通活動を支える機能」との見解を定着させることとなった。物流が流通活動を支える機能と見なされるようになり，今日至っているが，時代の変化とともにモノの流れ全体を対象とする視点に移行し，発展しつつあるのが現代の姿であるものといえよう。

　ロジスティクス（兵站）という用語は古代ギリシャ・ローマ時代から存在しているが，これがビジネスに転用されたのは第2次世界大戦（1941年～1945年）中に，戦争への補給面でロジスティクスが研究され，さらに，戦後，ビジネスに応用され，ビジネス・ロジスティクス（図2.4）へと発展した。その過程で，流通技術，物的流通，資材管理，供給管理，流通管理，物流，ロクレマティクスという用語が輩出したが，これらの用語は"物の流れの管理"という点で共通していた。文献ベースでのロジスティクスは1905年米国のC. B.

Baker 大佐，内容的には 1844 年フランス人 J. Depuit にまで遡れるが，それ以前についての調査はできなかった。

　1940 年代の第 2 次世界大戦では OR（operations research）など数理科学の手法が軍事目的に利用されたことは周知の事実であるが，同様な理由からロジスティクスも軍事目的の手段として積極的に研究され，実行された。いわゆる，兵站の研究と実施である。戦後，経営活動の大きな要素として取り上げられるようになった。マテリアル・マネジメント，サプライ・マネジメント，ディストリビューション・マネジメント，フィジカル・ディストリビューションなどがその呼称であり，供給系（資材系）と流通系（製品系）に区分されていた。

　1960 年代になると，資材部や物流部の整備が行われ，新たに，ビジネス・ロジスティクス，ロジスティクス・マネジメント，インダストリアル・ロジスティクス，あるいはマーケティング・ロジスティクスなどが登場しロジスティクスの時代へと移行した。その中で一際，異彩を放ったのが 1960 年にワシントン大学のブリュワー教授が提唱したロクレマティクス（rhocrematics）である（図 2.4）。Roh は流れ，Crema は製品・資材など物を意味し，併せて，物の流れを研究する学問ということになる。ロクレマチックスの拠所は，既存の定性論的な接近方法ではなくて，数理科学とコンピュータをベースとした，つまり，コンピュータサイエンスをベースとした接近方法を提案したことにある。残念ながら，当時の時代的認識からは，受け入れられず衰退した。

　米国では，大ざっぱに眺めると，米国物流管理協議会（NCPDM：National Council of Physical Distribution Management）の名称変更の年度をみることによって時代の変化を知ることができる。米国物流管理協議会は 1980 年に米国ロジスティクス管理協議会に名称変更し，さらに 2005 年に米国 SCMP（SCM プロフェッショナル管理協議会）に名称変更した。一般論としては，1970 年代までは物流時代，1980 年代はロジスティクス時代，1990 年代から SCM 時代ということができる。

　もっとも，米国には米国ロジスティクスエンジニア学会（Society of Logistics Engineers Professional で現在の ISLE-P）が 1960 年代から存在はしていた。

第 I 編　総　括　編

2.4　おわりに

　物流から，ロジスティクス，さらに SCM へと発展してはいるが，目標や対象領域がより拡大されたのであって物流が棄却されたた訳ではない。物流はロジスティクスの一部として非常に重要であることは間違いない事実である。加えて，実態企業ベースでは"企業間ロジスティクスと SCM の違いは何か"という問いに対しても曖昧である。

　一般に，SCM は戦略を意図する用語で，SCM の実態はロジスティクスであると考えられる。したがって，厳密には SCM はプロジェクト戦略であり，その実体的な機能はロジスティクスである。仮に，総合戦略の中にロジスティクス戦略があるとすれば，両者が同時に実行されても問題はない。ただし，両者の整合性を配慮することを前提に，SCM 戦略は対象範囲，期間，目的，組織，人員，予算等を決定し，個別戦略として機能すればよいことになる。

　倉庫，輸送等運輸産業の動向からロジスティクスの発展を見ると，荷主主導型のロジスティクスからロジスティクス専業者主導型に移行していることがわかる。特に，合理化手段の一側面として共同化が重視されたが 1990 年代を境に，従来の荷主主導型から 3PL 主導型へと転換期を迎えた。いわゆる，3PL 時代の到来である。したがって，SCM 戦略展開の要素として，3PL をベースとした共同化戦略は無視できないほど重要な戦略的位置を占めるようになったことを付言しておく。

〈参考文献〉

1)　唐澤豊：物流から 3PL までの推移，日本 3PL 協会，3PL 管理士講座テキスト，2010 年 10 月
2)　唐澤豊：ロジスティクスと環境，pp.8-22，成山堂書店，2006
3)　唐澤豊：現代ロジスティクス概論，NTT 出版，2000
4)　唐澤豊：物流概論，pp.16-19，有斐閣，1989
5)　陳玉燕，相浦宣徳，鈴木邦成．唐澤豊，佐藤勝尚：日本における共同化発展プロセスに関する基本的研究，日本ロジスティクスシステム学会誌，Vol.13, No.1, pp.5-42, 2013
6)　Sarinya Sala-ngam，唐澤豊，その他：最適立地選定モデルに基づく最適グローバルハブネットワークシステム構築に関する基本的研究，日本ロジスティクスシステム学会誌，Vol. 16，No. 1，pp. 85-120，2016 年 3 月 25 日

唐澤　豊

3 | SCM（供給連鎖管理）の定義

3.1　はじめに

　本章は，物流，ロジスティクス，兵站，3PL，および SCM について定義を明確にすることによって共通認識を図ることを主目的としている。定義については，長年に亘って海外文献調査を行った結果をベースとして物流，ロジスティクス，3PL および SCM に関する定義を明らかにする。第1に，物流の定義に関しては紆余曲折があったが，最終的には物の流れを対象とし，これを管理するのが物流管理であるとして，従来の定義が，機能，範囲，管理水準等を定義に含めたため混乱をもたらしてきた点を明らかにし，単純性，普遍性，一般性を念頭に本章での定義を提案している。次いで，ロジスティクスの定義についても，物流と同様な考えが多数存在し，定義に混乱を来していたが，物流同様に，範囲，機能，管理水準等と定義を分離することによって定義を単純明快にした。

　3PL の定義についても学者の見解や国土交通省の考えを整理し，定義を明らかにし，最後に，SCM については，文献研究の結果をベースとして，問題点を指摘し，SCM の定義付けをし，これを明らかにしている。

3.2　物流の定義

　第1に，米国の代表的な協会および学者の定義を引用する。

第 I 編 総 括 編

　米国マーケティング協会は，「生産地点から使用地点に至る財貨およびサービスの流れに携わる諸々の企業活動に要するマーケティング（1935年）」から「生産から消費者に至る財貨の流れを決定する企業活動の業務遂行（1948年）」を経て「物流とは，生産の段階から消費または利用の段階に至るまでの財貨に移動および取扱を管理することである」としている。さらに，米国の物流系の団体で最大の米国物流管理協議会（1961年よりロジスティクス管理協議会で現在は SCM 管理協議会）は，「物流とは，完成品を生産ラインの完了時点から消費者に至るまで有効に移動することに関する幅広い活動のことであって，原材料の供給源から生産ラインの投入時点まで物を移動させることを含む場合もある」として，物流の拡大解釈のあることを述べている。

　物流学者で著名な J. F. Magee は1967年に「物流システムは，販売者から顧客または消費者に至る製品の移動についてのロジスティクスシステムの該当部分に対応するものである」としてロジスティクスの一部，現代流ではアウトバウンドロジスティクスが物流であると指摘している。

　他方，わが国では通産省物的流通調査委員会で，「物的流通とは，製品を物理的に生産地から最終需要者に移転する活動をいい，具体的には包装，荷役，輸送，保管及び通信の諸活動から成る」（1965年1月）とし，統計審議会答申書は，「物的流通とは物の流れに関する経済活動のことであり，物資流通と情報流通が含まれる」（1965年5月）としている。その他，産業構造審議会では，「物的流通とは，有形，無形の物財の供給者から需要者に至る実物的な流れであって，具体的には，包装，荷役，輸送，保管および通信の諸活動を指している。このような物的流通活動は，商取引と並んで，物財の時間的，空間的な価値の創造に貢献している」としているが，明快ではない。さらに，経済審議会流通研究委員会報告書によると，「物的流通という言葉は，元来，マーケティング用語の physical distribution の訳語として始まったものであるが，原義が生産された財を需要者に引き渡す過程に係わる輸送，保管，荷役，包装及びこれ等を支える情報などの諸活動を指しているのに対して，日本では通常もう少し広い概念として原材料，中間製品の調達に係わる前記の諸活動も物的流通活動に入れて使用している」としている。このように，流通技術，PD，物的流通の名称を経て現在の物流に至っている。

86

第3章　SCM（供給連鎖管理）の定義

　現在では，物流とは「生産完了時点から最終消費者に至るまでの物の流れ」を指しているが，この定義からすると消費者が排出した物をリサイクルしたり，焼却したりする過程が含まれなくなる。したがって，現代の物流の定義は「生産完了時点から消費者に至るまでの物の移動と消費者が排出する物の移動」を対象とすることになる。一方，ロジスティクスの視点からは，物流とはアウトバウンドロジスティクスであるということになる。

3.3　ロジスティクスの定義

　社会科学の定義は社会の変化あるいは環境の変化によって変わることがままある。これは変化というよりはむしろ，進歩発展として捉えるべきものである。つまり，時代や環境にマッチした定義として存在するためには，当然の成り行きである。物流，ロジスティクスの定義も例外ではない。

　ロジスティクスの定義については筆者の海外文献調査の結果を表形式にて要約したのでこれを参考にされたい（表3.1）。本節では主要な定義を概括して触れることとする。

　第1に，ロジスティクスの定義を辞書から引用すると Webster's Seventh New Collegiate Dictionary は1963年版で，ロジスティクスとは，「調達，維持および軍事物資，装置ならびに兵隊の輸送をいう」と定義付けている。これは，ロジスティクスを軍事上の兵站として解釈し，定義付けたものである。「歴史的には，ロジスティクスの概念は，軍事および産業の管理の特別な局面から生じたものである」としている。B. S. Blanchard（バージニア工科大学および州立大学教授）は1981年の著書で上記 Webster の定義を引用している。一方，The Random House College Dictionary（1972年版）によると，ロジスティクスは「装備の調達，供給およびメンテナンス，兵隊の移動，施設の準備およびこれら関連事項を取り扱う軍事科学と作戦の部門」であるとしている。軍事面では，科学（Science）という用語の前には科学あるいは技術を意味する用語として "Art" を使用していた。"Art" は "芸術" という意味の他に "科学や技術" という意味をもっているからである。

　Random House の定義で注目を惹くのは "軍事科学" というように "科学"

第Ⅰ編 総 括 編

表3.1 ロジスティクスの定義一覧表

No	著者名	年度	所 属	定 義 内 容
1	Webster's Seventh New Collegiate Dictionary	1963	―	ロジスティクスとは「調達，維持及び軍事物資，装置並びに兵隊の輸送をいう。」
2	J. F. Magee	1968	アーサ・D・リトル社コンサルタント	ロジスティクスとは「(資源の)源泉から利用者に至る資源や製品の流れを管理する科学（芸術）である。ロジスティクスシステムは「原材料の取得から究極的な利用者への完成品の配達に至るまでの一切の流れを含む。」
3	John L. Gattorna	1998	Anderson Consulting	「一連の供給連鎖の中で原材料供給者，製造者，流通業者及び小売業者を結びつける統合的なメカニズムを知見している。近い将来には，多機能を全て委託する仮想供給連鎖の兆候である。」
4	USAir Force Technical Report	1970	米国空軍技術報告	ロジスティクスとは「本質的には，軍隊の観点からロジスティクスとは，初期には"システム/製品の支援"を指向していたが，メンテナンス計画，試験と支援の装置，供給の支援，輸送と荷役，施設設備，人事と訓練及び技術データの諸要素を含むようになった。」
5	H. C. Bartlett	1972	―	この分野（ビジネス・ロジスティクス）は，「企業の原材料や完成品の流れを支援するために必要な流通システムの開発を取り扱うものであるとし，このように，(原材料の)発生地点から種々の生産段階や最終消費点に至る原材料や完成品の物理的な流れを支えるのに必要な全ての活動がこの主題の基本的な要素である。」
6	The RandomHouse College Dictionary	1972	―	ロジスティクスは「装備の調達，供給及びメンテナンス，兵隊の移動，施設の準備及びこれら関連事項を取り扱う軍事科学と作戦の部門」であるとしている。軍事面では，科学（Science）という用語の前には科学あるいは技術を意する用語として"Art"を使用していた。"Art"は"芸術"という意味の他に"科学や技術"という意味を持っているからである。」
7	R. H. Ballou	1973	ケースウェスタンリザーブ大学教授	ビジネス・ロジスティクスとは，サービスを提供する際にこれに伴う時間と空間を克服するのに必要となる費用に見合う充分な顧客サービス水準をもたらすために，原材料の調達地点から最終消費地点に至る製品の流れを容易にする移動と保管の活動の全てとこれに付随する諸事項を計画し，組織し，統制することである。」
8	D. J. Bowersox	1974	ミシガン州立大学教授	ロジスティクスとは「企業の施設間で仕入れ先から顧客まで，原材料，部品及び完成品を戦略的に移動する為に必要な一切の活動を管理するプロセスある。」

第3章　SCM（供給連鎖管理）の定義

No	著者名	年度	所　属	定　義　内　容
9	Society Of Logistics Engineers（SOLE）	1974	現在 International Society of Logistics Engineers	ロジスティクスとは「目標，計画及び業務を支援するために，要件，設計及び資源の供給と維持に関係した管理，技術及び技能の諸活動の芸術であり，科学である。」
10	B. S. Blanchard	1981	バージニア工科大学及び州立大学教授	「ロジスティクスの分野は初期に定義付けたものより遥かに広くなっている。社会科学の領域では自然科学の領域と異なり，定義全体が変化する可能性がある。従って，定義は単純にし，変化の対象となる領域については異なった視点で対応すべきである。」
11	Graham Buxton	1975	BradFord 大学講師	マーケッティングロジスティクスとは，（製品が）生産ラインの終わりから満足な状態で市場に至るまでの完成品と，企業と企業が選択した市場との間の取り引きを手配し，完成するのに必要とされる関連流通チャネルとの流れに関係する移動と保管の業務を分析，計画，管理することを指す。」現在では，この言葉はロクレマティクス等と同様死語となっている。
12	N. C. P. D. M. National Council of Physical Distribution Management	1977	米国物流管理協議会	「ビジネス・ロジスティクスとは，財の起点から消費の点に至るまで，原材料，仕掛品及び完成品の効率的な流れを計画し，実施し，管理するための一つまたはそれ以上の活動の統合を示す言葉である」とし，更に「これら諸活動は，顧客サービス，需要予測，流通における通信，在庫管理，荷役，受注処理，部品とサービスの支援，工場及び倉庫の立地選定，調達，包装，廃棄物利用，廃棄物処理，交通と輸送，倉庫とのみに制約するわけではない。保管などを含むが，これらのみに制約するわけではない。」1985 年 NCPDM は，「ロジスティクスとは，原材料の探索か最終消費者に至るまで，財を調達し，移動し，保管する過程である。」とし，その過程には「原材料の獲保の意思決定，原材料の輸入に関する輸送，原材料の保管または保存，原材料及び構成部品の管理，製造工場の基本生産管理及び伝統的な出荷関連の物流諸活動を含む。」
13	G. K. Beekman Love & L. Nieger	1978	Eindhoven 大学	「ビジネス・ロジスティクスあるいはロジスティクス管理は，原材料，部品及び完成品を仕入れ先から顧客まで移動するのに必要な全ての活動に対して統合的な接近をすることを意味している：この逆に，ロジスティクスは企業の物理的な流れと情報の流れの双方を意味し，かつ戦略的，技術的及び業務的意思決定を意味するものである。」
14	J. J. Coyle & E-J-Bardi	1980	ペンシルバニア州立大学教	ロジスティクスは「供給地点から顧客への最終販売に至る財の物理的な移動と種々の中間的な保管

第Ⅰ編　総　括　編

No	著者名	年度	所属	定 義 内 容
			授&トレド大学教授	地点で生じる財の移動と保管である。」そして，「組織の明確な目的に資する姿勢で上述を成し遂げることにある。」
15	Benjamin S. Blanchard	1981	バージニア工科大学及び州立大学教授	「システムライフサイクルという意味でのロジスティクスは，消費者の使用期間全てに及んで，計画，分析及び設計，生産，流通及びシステム支援の維持をも含んでいる。ロジスティクスは，相対的に長期間にわたる分野における消費者の使用のために開発された大規模な経済的な支援システムと資材の流れと生産作業の観点から種々の製品の支援の両方を含む。
16	J. F. Magee, W. C. Copachino and D. B. Rosenfield	1985	アーサ. D. リトル社コンサルタント	「ロジスティクスとは，（資源の）源から利用者に至るまでの資材と製品の流れを管理する科学（Art）に関係するものである。ロジスティクスシステムは，原材料の獲得から完成品の究極的な利用者への配達に至るまでの一切の資材の流れとその移動を管理し，記録する関連情報の流れを含む。」とし，更に「伝統的に個人企業は，その製品に関する総合物流システムのみを直接管理しているが，ロジスティクスシステムは全ての資材の流れを含む。」
17	R. H. Ballou	1985	ケースウェスタンリザーブ大学教授	「本書で選んだビジネス・ロジスティクスの定義は次の通りである。（資源の）獲得地点と消費地点の間に生じる（財の）移動・保管の全てとこれに関連する諸活動の管理である。」
18	D. J. Bowersox, D. J. Closs 及び O. K. Helferich	1986	ミシガン州立大学教授	本書は，統合的なロジスティクス管理のプロセスに関するものである。このような統合には，物流，製造支援及び購買が含まれる。広い意味で，ロジスティクスの調整は，在庫の移動と保管の全ゆる商品を含んでいる。ロジスティクスの目標を達成する為に，ロジスティクスシステムの設計と実行に管理の注目を向けなければならない。責務の視点からすると，ロジスティクス管理の責任は，次のように定義される：即ち，完成品の流れを管理するシステムを設計し，これを遂行する管理責任」
19	Defense System Management College	1986	防衛管理大学	総合的なロジスティクス支援とは「「システム並びに設備に関する統合的なロジスティクス支援の種保と管理を以下に必要な管理及び技術活動の専門的統一的並びに反復的なアプローチ」
20	D. Firth et al	1988	－	「ロジスティクス管理は利益貢献を最大にする流通ネットワークと業務規則のユニークな結合を選択することを意味する。」D. Firth 等は，ロジスティクス業務の中核となる要素として，倉庫，在庫管理，受注処理，予測，輸送，荷役と包装をあげている。

第 3 章　SCM（供給連鎖管理）の定義

No	著者名	年度	所　属	定　義　内　容
21	J. J. Coyle, E. J. Bardi 及び C. J. Langley Jr	1988	ペンシルバニア州立大学教授，トレド大学教授，テネシー大学教授	「ロジスティクスとは，顧客の要求に適合する為に原点から消費地点に到るまでの原材料，仕掛在庫，製品及び関連情報の効率的，コスト効率的な流れと在庫を計画し，実施し管理するプロセスである」として CLM の定義を引用している
22	C. F. H. van Rijn	1988	―	「ロジスティクスとは財とサービスを提供できる源からこれらを必要とする川下（末端）に到るまで財及び或はサービス供給する活動である」として，ロジスティクスは財とサービスを供給することを明らかにしている。工場（源）からデポを経由して顧客（末端）までの財の供給を含む。
23	NEVEM Working Group	1989	―	Oxford Dictionary によるとロジスティクスに関する古い軍隊の定義は，財と軍需品を戦闘に対して最も好ましい環境にし乍ら，それらを最も効率的な方法で軍隊に供給するのに必要な全ての準備と行動。現代の定義は「原材料の購入から完成品の顧客への配達に到るまで（物）の取得，輸送及び保管諸活動を組織し，計画し，実施し，管理すること」である。
24	J. C. Johnson & D. F. Wood	1990	―	「統合的なロジスティクスは，物流，製造支援及び購買作業に付随した財務的並びに人的諸資源を計画し，配分し，管理するプロセスを導く一つの論理からなっている」として，CLM の定義と D. J. Bowersox が 1987 年に CLM の予稿集に記述した定義を引用している。ロジスティクスとは，材料及び製品が企業内，企業経由及び企業外に移動する全ての流れを指す。
25	Sten Thore	1991	テキサス大学 IC 研究所フェロー	「経済ロジスティクスという用語は，次の経済の分野を意味する為に本書では用いられている。すなわち，資源，生産，在庫及び流通の分析である。」
26	R. H. Ballou	1992	ケースウェスターンリザーヴ大学教授	ロジスティクスに関する定義は 1985 年出版の第 2 版と同一で「ビジネスロジスティクスは（資源の）獲得地点と消費地点の間に生じる（財）移動・保管の全てとこれに関連する諸活動の管理である」としている。「Webster's New World Dictionary の定義は軍隊の定義であり，企業の定義と異なるし，CLM の定義はロジスティクスを拡大している。生産はロジスティクスに入れない」としている。
27	P. Attwood and N. Attwood	1992	―	「ディストリビューションロジスティクスとは，満足のいく状態で製品を顧客に供給する—即ち，最小費用で，適切な製品を，適切な時間に，適切な場所に供給する—システムの組織である。」「その起源からすると，ロジスティクスはしばしば流通活動，製品の物流，供給連鎖管理，パイプライン管理あるいは供給と輸送と同義語とみなされる。

第Ⅰ編 総 括 編

No	著者名	年度	所 属	定 義 内 容
				如何なる表現を用いてもロジスティクスの基本的な定義は同じである。つまり，定められた時間に，顧客の要求する条件下で適切な製品を，適切な場所に届けることである」としているが，Smaykeyの提唱した物流の基本的な考えを殆ど同一である。
28	C. Gopal and G. Cahill	1992	Ernst & Young 社 コンサルタント	CLM の定義は「ロジスティクスとは，顧客の要件に合致するために，原点から消費地点までの原材料，仕掛品在庫，完成品在庫の能率的でコスト効果のある流れと保管及び関連情報とを計画し，実施し，管理するプロセスである」に対して，「顧客要件を充足し，競争上の有位性を達成出来る，(1) 可能な限り低コストで業務目標を達成する為に在庫関連活動の全てについて統合的な管理をする―(2) 顧客満足の達成を支援するためにロジスティクスの積極的な利用を図ること」を追加することを主張。
29	S. Hoekstra and J. Romme	1992	Philips 社	「最初の供給者から最終購入者に到るまで組織の様々な部分を通じて物理的に移動するという型をもっている」としてロジスティクスを表している。
30	M. Christopher	1992	クランフィールド大学教授	「ロジスティクスとは，注文に対してコスト効果的な履行を通じて，現在及び将来の利益が最大化される方法で，組織やマーケッティングチャネルを通じて調達，資材，部品及び完成品在庫（並びにこれに関連した情報の流れ）の移動や保管を戦略的に管理するプロセスである。」
31	J. C. Johnson & D. F. Wood	1993	St. Cloud 州立大学教授，サンフランシスコ州立大学教授	「ロジスティクスとは，資材と製品が，企業に入り，企業内を経過し，企業から出て行く移動の全てのプロセスを意味する。」更にロジスティクスの構成は，インバウンドロジスティクス，資材管理及び物流から成り立っているとし，1990 年の第 4 段階で"資材管理と物流"がその構成要素であるとする見解を変更している。
32	M. R. Quayle	1993	経営コンサルタント兼 Suffole 経営開発センター研究部長	「ロジスティクスとは，（資源）の探索と獲得から適切な生産を通じ，あるいはまた流通チャネルを通じて顧客に到るまでの供給連鎖内の全ての活動についての管理と調整の準備を求めるプロセスである。」とし，その「目的は高い顧客サービス水準，最適投資及び貨幣価値も同時に達成することを通じて競争の優位性を創造することである。」
33	J. Cooper	1994	クランフィールド大学経営学部教授	「ロジスティクス管理とは，企業組織とその活動領域から顧客までの資材と供給の流れの最適化を求める統合的なプロセスである。ロジスティクスは本質的には計画プロセスと情報ベースの活動である。市場からの要求は，この計画プロセスを通じて生産への需要に転換され，次いで資材の要求へ

No	著者名	年度	所　属	定　義　内　容
				と変換される。」供給連鎖管理は，基本的には企業組織の異なった理念であり，流通チャネル上のパートナーシップの考えとチャネル内に存在する企業実態間の高度な連結に基づいたものである。」
34	J. Cooper, M. Browne, M. Peters	1994	クランフィールド・ロジスティクス＆輸送センター・ディレクター，ウェストミンスター大学教授，クランフィールド・ロジスティクス＆輸送センター・教育フェロー	「ロジスティクスという用語は，今や広く用いられ，企業の世界の至る処で理解されているし，また，商業や工業の供給連鎖管理に本質的に引用されている。ロジスティクスの正確な定義は，著者によって異なるが，共通的な糸は供給連鎖の最初から最後までの，関連情報の流れと共に，財の移動と保管についての関心である。」「ロジスティクス管理を3つの構成要素に区分することは一般的に便利である。すなわち，調達ロジスティクス，生産ロジスティクス及び流通ロジスティクスがそれである。」
35	J. W. Langford	1995	技術コンサルタント	「ロジスティクスとは技術と科学をブレンドしたものである。科学的な視点からは，ロジスティクスは，その配慮すべき点を製品設計，開発，生産及び業務遂行に注ぎ込むために技術と分析の定量的技法を応用することを含んでいる。芸術的な観点からは，理論的な結果を生むために，人間の経験，制度及び創造的判断力を科学的な産出物との統合を要するものである。」
36	D. F. Wood, A.Baron, P. Marphy, D. L. Wardlow	1995	サンフランシスコ州立大学教授，独立コンサルタント，John Caroll 大学準教授，サンフランシスコ州立大学準教授	「ロジスティクスとは，財，用役，及び時には人間の組織的な移動を意味する。」と定義付け，更に，「ロジスティクスはその業務を支援するのに必要な情報を含む。」としている。加えて，「ロジスティクスは企業の最大利益に向かって，資材，部品及び完成品在庫の流れと戦略的保管を管理するシステムを設計し，管理する経営責任を明らかにするのに用いられる傘のような用語。」基本的には，Bowersox 教授の考えを引用している。
37	J. E. Sussams	1995	経営コンサルタント	「ロジスティクスと言う用語は民間の用語では，原材料の調達から完成品の配布に至るまでの財の移動と保管とに関係することである。」
38	J. G. Pepper		空軍工科大学名誉教授	ロジスティクスとは，軍事能力を創造し，維持（支援）するために構築されたシステムである。実際の戦闘にはないものの殆ど全てを定義に入れている。確かに，ロジスティクスはハードウェア及び武器システム，要件の決定，財の確保，流通及び保存などより一般に考えられている要素はもとより，動員数や個人的要因（給食，病院収容などのような）を含めなければならない。そして，それから，飛行場，港湾，墓地及びその他の施設の建設は，ロジスティクスの一部でもある。軍事能

第 I 編　総　括　編

No	著者名	年度	所　属	定　義　内　容
				力を創造し，維持するのに関係があることを受け入れなければならない。お金なしでは今日は何もなし得ないので，ロジスティクスシステムでは，予算，会計及び財務もまた議論しなければならない。要点は，我々が軍事ロジスティクスの歴史を考察するように，我々は軍事サービス活動の多くと関係するということである」
39	J. A. Lynn et al	1993	イリノイ大学教授・歴史文学者	ロジスティクスとは「軍を移動し，供給を維持する実践的な科学」。
40	広辞苑	1964		兵站とは，「作戦軍のために後方にあって馬匹・軍需品の前送・補給，後方連絡線の確保などに任ずる機関。」

を取り扱う部門であるという点である。これは第 2 次世界大戦時に OR などがロジスティクスに利用された結果に他ならない。

　第 2 に，米国の著名な学者の定義を見ると J. F. Magee（アーサ，D，リトル社コンサルタント 1968 年）は「（資源の）源泉から利用者に至る資源や製品の流れを管理する科学（芸術）である。ロジスティクスとは原材料の取得から究極的な利用者への完成品の配達に至るまでの一切の流れを含む」としている。さらに Magee は「企業におけるロジスティクス管理とは，必要なときに，必要な場所に，適切な価格で，必要な製品を需要者に届けることによって，製品の効用と経済的価値を最大限にすることを目指すものである。具体的には，輸送，保管，生産，通信と制御などをいう」として，活動領域を明らかにしている。

　R. H. Ballou（ケースウェスタンリザーブ大学教授）は 1973 年の著書で「ビジネス・ロジスティクスとは，サービスを提供する際にこれに伴う時間と空間を克服するのに必要となる費用に見合う十分な顧客サービス水準をもたらすために，原材料の調達地点から最終消費地点に至る製品の流れを容易にする移動と保管の活動すべてとこれに付随する情報を計画し，組織し，統制することである」と定義付けている。しかし，D. J. Bowersox（ミシガン州立大学教授 1974 年）は「企業の施設間で仕入れ先から顧客まで，原材料，部品および完成品を戦略的に移動するために必要な一切の活動を管理するプロセス」として

第3章　SCM（供給連鎖管理）の定義

定義付けている。"戦略的に移動する"あるいは"管理するプロセス"というように戦略・管理に焦点を当てているのが特徴である。最後に J. J. Coyle（ペンシルバニア州立大学教授），E. J. Bardi（トレド大学教授）は 1980 年のその著書で，ロジスティクスは「供給地点から顧客への最終販売に至る財の物理的な移動と種々の中間的な保管地点で生じる財の移動と保管である」とし，「組織の明確な目的に資する姿勢で上述を成し遂げることにある」としている。Coyle と Bardi は，種々の定義の基本成分のみを抽出し，自己の定義とした。したがって，財の「移動と保管」を基本としてロジスティクスに取り組んだ。

　第 3 に，米国の定義をリードする学会および協会関係の定義を眺めて締めくくることにする。Society Of Logistics Engineers（SOLE）は 1974 年に，ロジスティクスの定義を拡大し，次のようにした。すなわち，ロジスティクスとは「目標計画および業務を支援するために，用件，設計および資源の供給と維持に関係した管理，技術および技能の諸活動の芸術であり，科学である」としている。一方，米国物流管理協議会（NCPDM：National Council of Physical Distribution Management,ロジスティクス管理協議会，SCM 管理協議会と名称変更）は 1977 年に「ビジネス・ロジスティクスとは，財の起点から消費者の点に至るまで，原材料，仕掛品および完成品の効率的な流れを計画し，実施し，管理するための 1 つまたはそれ以上の活動の総合を示す言葉である」とし，さらに「これら諸活動は，顧客サービス，需要予測，流通における通信，在庫管理，荷主，受注処理，部品とサービスの支援，工場および倉庫の立地選定，調達，包装，廃棄物利用，廃棄物処理，交通と輸送，倉庫と管理等を含むが，これらのみに制約するわけではない」としている。さらに，1985 年には，「ロジスティクスとは，原材料の探索から最終消費者に至るまで，財を調達し，移動し，保管する過程である」とし，その過程には「原材料の確保の意思決定，原材料の輸入に関する輸送，原材料の保管または保存，原材料及び構成部品の管理，製造工場の基本生産管理および伝統的な出荷関連の物流諸活動を含む」とするものである。この（NCPDM）の定義の基本は CLM（Council of Logistics Management：ロジスティクス管理協議会）にも受け継がれ，広く利用されている定義となっている。

　第 4 に，軍事関係の定義を引用する。US Air Force Technical Report（1970

第 I 編 総 括 編

年）によれば，（ロジスティクスとは）「兵力の移動と維持を計画し，実行する
科学である。最も包括的な意味では，ロジスティクスは資源の設計と開発，確
保，保管，移動，配布，メンテナンス，撤退および資材の処分，兵隊の移動，
撤退および入院諸施設の確保あるいは建設，メンテナンス，作戦，処分および
サービスの確保あるいは供給を扱う軍事上のそれぞれの局面に関係する」とし
ている。ビジネス・ロジスティクスとは資源の獲得，保管，移動，配達の基本
事項では共通しているが，兵隊および諸施設など軍隊固有の事項も存在してい
る。さらに，Department of Defence（1970 年）によれば「本質的には，軍隊
の観点からロジスティクスとは，初期には "システム製品の支援" を指向して
いたが，メンテナンス計画，試験と支援の装置，供給の推進，輸送と荷役，施
設と設備，人事と訓練および技術データの諸要素を含むようになった」とし
て，国防省のロジスティクスの見解を明らかにしている。この見解はシステム
製品の支援を主たる領域にしている点が従来にない考えで，第 2 次世界大戦後
の見解として捉えるべきである。本来，ロジスティクスは兵站を意味し，軍事
関連物質と兵力の移動と保管が主である。システムという概念が現在ほど確立
されていなかった時代の見解であった。

　日本における兵站の辞書上の経緯について，明治時代後半から昭和末期に至
る 10 冊を対象として検討した（表3.2）。なお，対象の辞書は関係図書館の叢
書に限定した結果，その冊数において十分とはいえない点に留意されたい。

　明治 37 年（1904 年）2 月発行の「言海」には兵站およびその類語の記載は
なかったが，明治 44 年（1911 年）4 月の「辞林」には兵站ならびに類語とし
ての兵站部，兵站線の記載があった。ここで兵站部とは "戦地にある軍隊の後
方にありて，軍需の輸送または取用を取扱う所" となっていた。この見解は大
正，昭和と続くが，昭和 11 年 6 月の「大辞典」は，兵站とは "作戦軍と内地
留守隊との連絡保持のため設くる万般の施設及びこれが運用の総称" とされて
いる。類語としては兵站，兵站監，兵站基地，兵站勤務令，兵站事務，兵站主
地，兵站守備兵，兵站司令官，兵站路線，兵站倉庫，兵站地，兵站病院，兵站
部など多数が掲載され軍事用語としての重要性が増していることがわかる。

　昭和 30 年（1955 年）2 月発行の「広辞苑」（初版行刊）では，兵站とは "作
戦軍のために，後方にたって馬匹・軍需品の前送・補給，後方連絡線の確保な

96

第 3 章　SCM（供給連鎖管理）の定義

表 3.2　辞書における兵站の意味

No.	発行年度	西暦	辞書名	兵站の意味
1	明治 37 年	1904	言海	兵站及びその類語の記載は無し
2	明治 44 年	1911	辞林	兵站部とは "戦地にある軍隊の後方にありて，軍需の輸送または取用を取扱ぶ所"。兵站部，兵站線の記載あり。
3	大正 8 年	1919	大日本国語辞典 （第 4 巻）	兵站部とは "作戦軍の後方にありて，軍需の輸送または取用を取り扱ぶ所"。類語としては兵站部，兵站路の 2 語あり。
4	昭和 11 年	1936	大辞典	兵站とは "作戦軍と内地留守隊との連絡保持のため設くる万般の施設及びこれが運用の総称" とされている。類語としては兵站，兵站監，兵站基地，兵站勤務令，兵站事務，兵站主地，兵站守備兵，兵站司令官，兵站路線，兵站倉庫，兵站地，兵站病院，兵站部など多数が掲載。
5	昭和 16 年	1941	修訂大日本国語辞典（第 5 巻）	兵站部とは "作戦軍の後方にありて，軍需の輸送または取用を取り扱ぶ所"。類語には兵站線，兵站地，兵站病院，兵站部，兵站路など。
6	昭和 27 年	1955	大日本国語 （全）	兵站部とは "作戦軍の後方にありて，軍需の輸送または取用を取り扱ぶ所"。類語として兵站線，兵站病院，兵站部，兵站路。
7	昭和 30 年	1955	広辞苑（初版）	兵站とは "作戦軍のために，後方にたって馬匹・軍需品の前送・補給，後方連絡線の確保などに任ずる機関"。類語として兵站線，兵站部。
8	昭和 31 年	1956	明解国語辞典	兵站とは "後方にあって糧食・馬・軍需品の供給・輸送・補充などを扱うこと"。類語としては兵站部のみ。
9	昭和 63 年	1988	日本大百科辞典（初版）	Logistics は "戦争を遂行するために必要な人的，物的軍闘力を維持，増強して，提供すること"。"現在は普通，後方という。旧日本陸軍では，作戦軍と本国における策源を連絡し，作戦軍の目的を遂行させるための諸施設とその運用を兵站といい，この連絡線を兵站と称した。旧海軍の場合は兵站のことを戦務とよんだ。後方の対象には資材，役務，施設，人員があり，機能的には補給，整備，輸送，建設，衛生，人事，行政管理が含まれる。調達，収容，生産，招集，雇用なども必要となる。このうち人事及び行政管理を除く活動を自衛隊では後方補給という。陸上自衛隊だけがこの後方補給を兵站と称している。兵站のことを後方連絡線と呼ぶことが多い"
10	昭和 63 年	1988	世界大百科事典	兵站とは "アメリカ軍ではロジスティクス Logistics といい，自衛隊（陸上自衛隊除く）では後方と呼ぶ。作戦軍の生存と活動を維持・増進するため必要な軍需品，補充員などを本国から追送し，また死傷者，損傷兵器等を取り除いて本国に後送し，これによって作戦支援する，戦闘地帯から後方の軍の諸活動・機関・諸施設を総称して兵站という" とさせ且つ "陸上兵站：補給業務，整備・回収業務，衛生業務，各種役務などが主" と陸上兵站に言及している。

97

第Ⅰ編　総　括　編

どに任ずる機関"であり，類語として兵站線，兵站部があげられている。さらに，"国家レベルにおいては国家兵站という語を使う。第1次世界大戦以後の総力戦時代においては，経済，政治など国力の全てをもって戦争の遂行を支えることが求められることから，国家兵站が重視され，国家総動員をもってこれにあたる"と付言されている。

　昭和63年（1988年）4月発行の「世界大百科事典」では，兵站とは"アメリカ軍ではロジスティクス Logistics といい，自衛隊（陸上自衛隊除く）では後方と呼ぶ。作戦軍の生存と活動を維持・増進するため必要な軍需品，補充員などを本国から追送し，また死傷者，損傷兵器等を取り除いて本国に後送し，これによって作戦支援する，戦闘地帯から後方の軍の諸活動・機関・諸施設を総称して兵站という"とさせ，かつ"陸上兵站：補給業務，整備・回収業務，衛生業務，各種役務などが主"と陸上兵站に言及している。

　軍隊では当然のことながら人（軍人）を対象としているが，物流やロジスティクスは人間を対象としていない。緊急時に難民を輸送することから旅客に至るまで，物の流れとして捉えないのか，軍事関係では軍隊の移動は当然ロジスティクスの範疇に入っているが，非軍事移動の場合は例外とするか，等疑問に直面する筆者は人の移動もロジスティクスの対象とする視点に立脚している。そこで，上記問題を解決する方法として，抽象論と具体論の分離，スタンスの明確化，人を含めすべてを対象とするか等を配慮して，定義の前にスタンスを次のように明らかにした。

- 抽象論と具体論の唆別
- 定義・活動領域・活動要素の区分
- 生産活動
- 人間を含む
- スタンスの明確化
- インターフェース領域は調整機能に委ねる

　結論的には，ロジスティクスの定義については，抽象論と具体論に区分し，前者は単純にし，後者は，具体的に定義付けることとした。つまり，ロジスティクスの定義については，第1に抽象的な定義付けを行い，第2に所管領域にてその範囲を明確に，第3に機能あるいは活動要素の定義付けを行うことを提

98

案する。具体的には，本書の定義は以下のとおりである。

「ロジスティクスとは物の流れのすべてを対象とする。ここで，物とは有形・無形の物，財と用役，人，物，金，情報，サービスを含む。活動領域はフォワードロジスティクスとリバースロジスティクスから成り，具体的には，インバウンドロジスティクス，生産ロジスティクス，およびアウトバウンドロジスティクスの3領域とする。構造と活動要素は管理レベルをベースに基本機能と支援機能を活動領域と対応付ける」ことによって，従来の混沌とした定義を明瞭にすることができた。

3.4　3PL の定義

3PL の定義で最も一般的であり，関係者の同意を得ている定義は 1989 年にCLM（当時米国物流管理協議会）が提案した定義である（表 3.3）。"サードパーティロジスティクスとはロジスティクスチャネルを他の企業実態と一時的または長期的に関係を結ぶ仲介代理人である"さらに，コントラクトロジスティクスについて"コントラクトロジスティクスとはあるプロセスを対象として荷主とサードパーティとが相互確認した時間の範囲内で，特定コストで，特定サービスの提供を行う協定を結ぶことである"として機能の範囲が複数ではないことを明らかに示している（表 3.4）。

マイアミ大学経営学部教授 J. F. Robeson とアンダーセンコンサルティングのパートナーである W. C. Copacino（The Logistics Handbook, 1994, 編集者）は"サードパーティロジスティクスとはかつて組織内で行われていたロジスティクスの機能を実行するために外部の企業を利用することであり，その機能とはロジスティクス活動のすべての機能もしくは選択した一連の機能のことである"としている。要約すると，社内ロジスティクス機能の一部または全部を外部企業に委ねることである。

3PL の用語が定着するまでの発展過程には種々の用語が使用されている。たとえばコントラクト倉庫，コントラクトロジスティクス（ロジスティクス業務の第三者委託），サードパーティディストリビューション，パートナーシップ，同盟，戦略同盟などがそれである。

第 I 編　総　括　編

表 3.3　3PL の定義

No	著者名	年度	所　属	定　義　内　容
1	CLM	1989	米国ロジスティクス管理協議会	サードパーティロジスティクスとは「ロジスティクスチャネルの他の企業実態と一時的又は長期的関係を結ぶ仲介代理人である。」ロジスティクスチャネルの他の調整者
2	Maida Napolitano and Gross & Associate	1994	Gross & Associate	サードパーティとは「倉庫，輸送，顧客サービス並びに機械の操作及び顧客が欲するその他の要件を含むサービスを顧客に提供する事である。」"顧客が欲するロジスティクスの要件を含むサービスを顧客に提供する事である
3	James A Tompkins, Dale Harmelink	1994	Gross & Associates	湾岸戦争を指揮した退役大将 William が指摘した言葉：「ロジスティクス諸活動の部分最適を阻止する方法で，；与えられた目標，目的或は使命の達成を容認し，強化する方法で輸送，供給，倉庫，メンテナンス，調達，契約業務，及び自動化を一貫した機能領域に注意深く統合する事」に対して，「当該事項を他者を利用して実現する…」を加えれば 3PL の定義となる。全体最適を前提としたロジスティクス機能の第三者への移管
4	James F. Robeson & William C. Copacino	1994	Farmer School of Business, Miami University 教授アーサ. D. リトル社パートナー	「サードパーティ或は委託ロジスティクス企業とはロジスティクス会社への移行の結果を表わしている。サードパーティロジスティクスとは嘗て組織内で行われていたロジスティクスの機能を実行する為に外部の企業を利用する事を含む。当該機能とはロジスティクス活動の全ての機能か若しくは選択した一連の機能の事である。」ロジスティクス活動の全ての機能若しくは一部の機能の委託
5	John L. Gattorna	2003	アンダーソン・コンサルティングパートナー	「3PL とは不特定者に対して，自社資産を用いて，特定の供給連鎖機能（Supply Chain Management 供給連鎖管理）の改善；及び一つのロジスティクス機能（倉庫，貨物仲介業，輸送）を管理する；第三者の業務実施サービスの提供者である。」ロジスティクス機能の業務実施サービスの提供者である
6	John L. Gattorna	2003	アンダーソン・コンサルティングパートナー	「4PL プロバイダとは供給連鎖の包括的な解決をもたらす為に自社組織の資源，能力並びに技術を自社に補完的なサービスプロバイダのそれらと組立てると共に管理する供給連鎖の纏め役である。」供給連鎖の纏め役である。
7	総合物流大綱 7	1997	平成 9 年 9 月 9 日に閣議決定	「サードパーティロジスティクスとは荷主に対して物流改革を提案し，包括して物流業務を受託する業務。」包括して物流業務を受託する業務
8	著者の定義			「3PL とはロジスティクス活動の全ての機能か一部の機能を委託する事である」

第3章　SCM（供給連鎖管理）の定義

表3.4　3PL 類語の定義

No	類語名	著者名	年度	所　属	定　義　内　容
1	委託契約ロジスティクス	CLM	1989	米国ロジスティクス管理協議会	委託契約ロジスティクス「あるプロセスを対象として荷主とサードパーティとが相互確認した時間の範囲内で特定コストで特定サービスの提供を行う協定を結ぶ事である。」ロジスティクスのプロセス，時間，範囲にて業務委託協定
2	パートナーシップ	CLM	1989	米国ロジスティクス管理協議会	「パートナーシップ：ロジスティクスチャネルに於て限定した時間に基き協定した事項に就いてその利害を共有する二つの企業実態間の関係である。」限定した時間に基き協定した事項に就いてその利害を共有する二つの企業
3	同盟	CLM	1989	米国ロジスティクス管理協議会	「特定の目標並びに利益を達成する為にロジスティクスチャネルに於いて独立した二つの企業実態間の関係である。」特定の目標並びに利益を達成する為の二つの企業実態間の関係
4	戦略的パートナーシップ及び戦略的同盟	CLM	1989	米国ロジスティクス管理協議会	「戦略的パートナーシップ及び戦略的同盟とは当該関係の意図が関係に従事する当事者に差別的並びに中期又は長期の利益を与えるべきであるとするロジスティクスチャネルの一類型である。」目的型協力形態
5	Third Party	Maida Napolitano	1994	Gross & Associates	「サードパーティとは倉庫，輸送，顧客サービス並びに機械の操作及び顧客が欲するその他の要件を含むサービスを顧客に提供する事である。」顧客が欲するロジスティクス機能，その他の要件を含むサービスを顧客に提供する事
6	サードパーティディストリビューション	James A Tompkins and Dale Harmelink	1994	–	サードパーティディストリビューションとは現在企業内部で遂行されている流通機能の一部または全てを遂行する為に外部企業を利用する事である。企業が統合的なディストリビューションをより理解し，ディストリビューションのリーダーシップが流通コストをより理解するにつれて，流通機能のアウトソーシング部分が増加する傾向にある
7	アウトソーシング	James A Tompkins and Dale Harmelink	1994	–	「アウトソーシングとは，簡単に言って，貴社が社内で実施している一部または全ての機能を外部の企業に委嘱する事を意味する。」一部または全ての機能を外部の企業に委嘱する事
8	サードパーティロジスティクス企業	James F. Robeson &William C. Copacino	1994	–	当該機能とはロジスティクス活動の全ての機能か若しくは選択した一連の機能の事である。経済と規制の連携が1980年代にサードパーティの成長と受け入れに寄与した。サードパーティ或は委託ロジスティクス企業はロジスティクス会社への移行の結果を表わしている。「サードパーティロジスティクスとは嘗て組織内で行われていたロジスティクスの機能を実行する為に外部

101

第 I 編　総　括　編

No	類語名	著者名	年度	所　属	定　義　内　容
					の企業を利用する事を含む」ロジスティクスの機能を実行する為に外部の企業を利用する
9	コントラクトロジスティクス	H. L. Randall	1994	－	「コントラクトロジスティクスとは企業の物の管理又は製品流通機能の全て又は一部をする為に外部の流通業―運輸業，倉庫業，或は第三者の貨物管理者―を利用する事である。」企業の物の管理又は製品流通機能の全て又は一部をする為に外部の流通業を利用する事
10	コントラクトロジスティクス	CLM	1989	米国ロジスティクス管理協議会	「委託契約ロジスティクスとはあるプロセスを対象として荷主とサードパーティとが相互確認した時間の範囲内で特定コストで特定サービスの提供を行う協定を結ぶ事である。」委託契約ロジスティクスに就いて荷主とサードパーティとが特定コストで特定サービスの提供を行う協定を結ぶ事である。
11	コントラクトロジスティクス	J. F. Robeson	1994	マイアミ大学教授	「企業の資材管理あるいは製品流通機能の全部または一部を実行するために外部の流通会社―輸送会社，倉庫会社あるいはサードパーティの貨物管理者―を使うことである。」
12	サードパーティロジスティクス企業	John L. Gattorna	2003	Partner, Undersen Consulting	「3PL 組織の性格や形は下記属性の組み合わせと云う意味に於いて定義できる。」 ・自社/リースで車両の運用並びに実質的な契約車両での運用 ・自社/リースで倉庫の運用 ・多数のブルーカラー労働者の採用 ・労働力や資本のかかる課題に係る一連の付加価値サービス，例えば梱包；ラベル貼り；及び準組立 ・国際的な移動の管理の可能性 ・単価は基本的に任意価格契約を含む業務中心型価格契約を主とし， ・固定収入と供給連鎖管理者レベル又はそれ以下との利益配分関係を約束するものとの組み合わせを含む。

　CLM では 3PL，委託倉庫，パートナーシップ，アライアンス（同盟），戦略的パートナーシップ/戦略同盟の定義を 1989 年に行っている。

　①　コントラクトロジスティクスとはあるプロセスを対象として荷主とサードパーティとが相互確認した時間の範囲内で，特定コストで特定サービスの提供を行う協定を結ぶことである。

　②　パートナーシップとはロジスティクスチャネルにおいて限定した時間に

基づき協定した事項についてその利害を共有する2つの企業実態間の関係である。

③　同盟とは特定の目標ならびに利益を達成するためにロジスティクスチャネルにおいて独立した2つの企業実態間の関係である。

④　戦略的パートナーシップおよび戦略的同盟とは当該関係の意図が関係に従事する当事者に差別的ならびに中期または長期の利益を与えることを目的としたロジスティクスチャネルの一類型である。

⑤　サードパーティディストリビューションとは現在企業内部で遂行されている流通機の一部またはすべてを遂行するために外部企業を利用することである（J. A. Tompkins）。

このほか，アウトソーシングについては，Tompkins Associates（コンサルタント会社）の社長 J. A. Tompkins および同社エンジニア D. Harmelink は"簡単にいって，アウトソーシングとは，貴社が社内で実施している一部またはすべての機能を外部の企業に委嘱することを意味する"としている。

サードパーティロジスティクス企業は「サードパーティロジスティクスとはかつて組織内で行われていたロジスティクスの機能を実行するために外部の企業を利用すること」で「その機能とはロジスティクス活動のすべての機能もしくは選択した一連の機能」であるという。

類語に共通することは基本的に3PLの定義とほぼ同じであり，かかる意味から3PLの歴史的発展の一端を知見できるものと考える。3PLはアウトソーシングの一種であり，ロジスティクスの機能の一部またはすべてを外部に委ねることであるといえる。

3.5　SCM の定義

3.5.1　定義の調査

学者ならびに研究者と学会・協会の定義について種々述べているが，SCMの代表的な定義は供給連鎖管理協議会（CSCMP：Council of Supply Chain Management Professionals）と APICS（American Production and Inventory

第 I 編　総　括　編

Control Society　1957 年設立）辞書の定義である。CSCMP（1997）の定義によれば，「供給連鎖管理は，資源の探索および調達，転換（生産），ならびにすべてのロジスティクス管理活動を含む計画と管理の全活動を包含するものである。重要なことは，供給者，仲介者，3PL サービス供与者，および顧客から成るチャネルパートナーとの調整と協力を含んでいることである。本質的に，供給連鎖管理は企業内および企業を超えて需給管理を統合することである」といわれている。一方，APICS 辞書では，供給連鎖とは「供給者-使用企業間を超えて結び付け，原材料の調達から最終消費に至るまでのプロセスで，価値連鎖の提供を可能にする企業内外の機能である」とされている。両代表の定義を要約すると下記のとおりである。

- 供給連鎖管理は企業内および企業を超えて需給管理を統合すること
- 供給管理は，需給戦略を連鎖の視点で推進する方法論である

　SCM の定義を年代別に一覧形式にして示すと表 3.5 のとおりである。またこれを要約すると表 3.6 のとおりである。SCM の定義がロジスティクスや 3PL の定義とともにいかに混乱してきたかが一目瞭然である。本来，定義に要請される内容とは明瞭性・単純性・普遍性・一般性である。自然科学の普遍的定義と異なり，社会科学のうちとりわけ新しい学問的領域では，定義が変化する場合が多く見受けられる。特に，学際的分野の範疇に属する定義がそれである。初期の時代には，定義は複雑で，当該分野が広く一般に認識されるにつれて，定義が簡略化される場合がある。経営学における，意志決定，経営情報システムの定義などはその代表例といえよう。まさに定義は進化するである。

3.5.2　SCM の定義の混乱要因と結果

　SCM の定義についての混乱は David Frederick Ross が指摘しているので，その要点を以下に抜粋し，紹介する。

- SCM を取り巻く混乱の理由の多くは，一連の認められた推進ステップを十分もった完全な知識の集合体として，ビジネスの舞台に登場しなかった事実から生じている。
- 1980 年代に，ビジネス世界を嵐のように席捲した JIT や TQM の改革運動のケースと同様に，SCM は多様な利点があることから記述され，ビジ

第3章　SCM（供給連鎖管理）の定義

表3.5　SCM の定義の総括要約

No	Author Name	所　属	定　義　内　容
1	Martin Christopher	Cranfield University (1992)	・供給連鎖を，機能領域別に見ないで，単一実態として見る・最初から直接流れる事である・統合化こそがキー・戦略的な意思決定
2	Kenneth Ackerman	K. B. Ackerman (1997)	SCM は，製造及び生産システム；マーケティング及び販売システム；受注入力および品揃えシステム；伝統的ロジスティクス―倉庫管理システムを含む，情報システム等全データの総合管理を含む。
3	John L. Gattorna	Anderson Consulting (1998)	一連の供給連鎖の中で原材料供給者，製造者，流通業者及び小売業者を結びつける統合的なメカニズムを知見している。近い将来には，多機能を全て委託する仮想供給連鎖の兆候である。
4	Rhonda R. Lummus, Robert J. Vokurka	Central Missouri State University And Texas A&M University (1999)	① Ellram & Cooper（1993）："SCM は供給者から最終消費者に至る流通チャネル全体の流れを管理する為の統合的な思想である" ② APICS 辞書：SCM とは，"供給者‐使用企業間を超えて結び付け，初期の原材料の調達から完成品の終局的消費に至るまでのプロセス；そして価値連鎖が顧客に対して製品の生産とサービスの提供を可能にする企業内外の機能"である。 ③供給連鎖協議会（1997）："ロジスティクスの専門家の使用が増加している用語―供給連鎖は供給者の供給者から顧客の顧客に至る製品或はサービスを生産し配達する各々の努力を包括している。四つの基本的なプロセス―計画，生産，配達―に依って此れ等の努力が広く定義付けられている。即ち，供給と需要の管理，原材料と部品の調達，製造と組み立て，保管と在庫の追跡，受注入力と受注管理，全チャネルに及ぶ流通，及び顧客への配達等の努力を包括する" ④ Quinn（1997）：SCM とは"原材料の段階から最終使用者に至る財の移動に関連した全ての活動：此れは材料の探索と調達，生産計画，受注処理，在庫管理，輸送，保管及び顧客サービスを含む。重要な事は，これら全ての活動を監視するのに必要な情報システムをも含む事である。" ⑤ Monczka & Morgan（1997）："統合的な SCM とは外部顧客から始まり，次いで，顧客に水平的な方向に価値を与えるのに必要な全てのプロセスを管理する事である"。 ⑥ Lummus & Vokurka（1999）："原材料と部品の調達，製造と組み立て，保管と在庫の追跡，受注入力と受注管理，チャネル全体に及ぶ流通，及び顧客への配達及びこれら全ての活動を監視するのに必要な情報システムを含む原材料から顧客に至るまで製品を配達するのに含まれる全ての活動。SCM は，これら諸活動を連続的に調整し，統合する事である。其れは，組織の部門を含む連鎖の全てのパートナーと共に供給者，運輸業，3PL 企業，及び情報システム提供者を含む外部のパートナー全てを結びつける事である。"
5	SCM プロフェッショナル協議会（2010）	Council of Supply Chain Management	① SCM プロ協議会：SCM とは原料の調達，購買，製造，及び全てのロジスティクス管理を含む全活動の計画並びに管理を含む。基本的には，SCM は又供給者，仲介者，3PL 提供者，

第 I 編　総　括　編

No	Author Name	所　属	定　義　内　容
		Professionals	並びに顧客などから成るチャネルパートナーの調整や協調を含む。要するに、SCM は企業を超えて供給管理と需要管理とを統合する事である。
		オハイオ州立大学グローバル供給連鎖フォーラム供給連鎖協議会	② SCM とは顧客や株主に付加価値を与える製品、サービス、並びに情報を提供する最初の供給者から末端の使用者に至る主要なビジネスプロセスを統合する事である。
			③ "供給連鎖—ロジスティクスの専門家の使用が増加している用語—は、供給者の供給者から顧客の顧客に至る製品或はサービスを生産し配達する各々の作業を包括している。四つの基本的なプロセス—計画、探索、生産、配達—に依って、此れ等の作業、即ち、供給と需要の管理、原材料と部品の調達、製造と組み立て、保管と在庫の追跡、受注入力と受注管理、全チャネルに及ぶ流通、及び顧客への配達等を含む作業"が広く定義付けられている。
		テネシー大学供給連鎖研究グループ	④ "個別企業並びに供給連鎖全体としての長期的な業績を改善する為に、特定企業内及び供給連鎖内のビジネスを超えて伝統的なビジネス機能のシステム的、戦略的調整"。
6	David Frederick Ross	Manager of Education for the Interactive Group, Inc. (1997)	① あるロジスティクス学者は "SCM を、一義的には在庫と情報のアウトバンド（訳者注：上流から下流へ）の流れを容易にする事に焦点を当てた経営手法の一つであるとしている"。 ② Lisa M. Ellram は SCM とは、一般的な用語として、供給者から流通チャネル全体を経て最終使用者に至る物の流れを計画し管理する統合的な経営管理の接近方法とし定義する。 ③ J. T. Mentzer, C. J. Langley Jr., M. C. Holcomb は SCM とはチャネル管理の哲学であるとしている。 ④ M. C. Cooper は企業に特定範囲のチャネルに絞って、"特定の顧客グループを満足さる為に原材料の供給から末端利用者への最終配達に至る製品移動の全ステップ"を計画し、管理する事を与える。 ⑤ B. LaLonde は SCM とは "資源の調達から消費に至るまでの物理的な財と関連する情報の流れを同期的に管理する事を通して、顧客の強化と経済的価値を届けるものとして定義付ける。 ⑥ L. W. Walton and L. G. Miller は "ビジネス・パートナーの戦略的な同盟こそが SCM の思想である"と述べている。
		Manager of Education for the Interactive Group, Inc. (1999)	⑦ D. F. Ross に依れば、"（中略）然しながら、SCM は、顧客サービス、資材と情報の入荷並びに出荷の管理、及び原材料の獲得から製造、流通、並びにリサイクルや廃棄処分に至る最終的な戻りに至るまでに生ずるチャネルの非効率性、コスト及び冗長性の除去の様な末端までの業務管理に適用される戦術的なツールであると理解されている"。 ⑧ D. F. Ross に依れば、1996 年 10 月の APICS 会議で開催された SCM の円卓会議で参加者は、SCM を、ロジスティクス資産、JIT 購買理論の拡張、供給者とより緊密に作業する方法、企業がロジスティクスの決定に顧客を含む事を可能にする一つの技法、及び現代の情報や通信技術に依って可能にした新

No	Author Name	所属	定義内容
			しいロジスティクスモデルであると定義付けた。 現代の最善の企業がチャネル・パートナーのネットワーク内に見られる種々のプロセスを発生させる価値を高めさせるべく，新鮮で，戦略的な企業哲学を模索している様に，（略）SCM も，多くの方向から進化し，設計されつつある事実に依って満ちているものと理解すべきである。" ⑨ D. F. Ross の定義：SCM とは，集団的な生産能力と企業機能の諸資源との統一を目指して，絶え間なく進化する経営哲学である
7	SCM プロフェショナル協議会（2011）	The Council of Supply Chain Management Professionals	①供給連鎖管理は，資源の探索及び調達，生産（転換），並びに全てのロジスティクス管理活動を含む計画と管理の全活動を包含するものである。重要な事は，それは又供給者，仲介者，3PL サービス供与者，及び顧客から成るチャネル・パートナとの調整と協力を含む。本質的に，供給連鎖管理は企業内及び企業を超えて需給管理を統合する事である。 ②供給連鎖管理―境界と関連性 供給連鎖管理は，企業内及び企業を超えて，主要ビジネス機能とビジネスプロセスを，結合力と高い実効性のあるビジネスモデルに結び付ける，第一義的な責任のある統合機能である。其れは，製造業務はもとより，上述のロジスティク活動全てを含み，マーケティング，販売，製品設計，財務，及び情報技術やそれらを超えたプロセスと活動の調整を推進するものである。
8	Robert B. Hadfield and Earnest L. Nichols Jr.,	Michigan State University and The University of Memphis (1999)	供給連鎖は原材料の段階から，関連情報は勿論のこと，最終利用者に至るまでの財の流れと変換に関わる全ての活動を含むものである。 資材と情報は供給連鎖の上下を流れるものである。供給連鎖管理（SCM）とは，支援可能な総括的な利益を達成する為に，効率的な供給連鎖に関わる諸活動を統合する事である。
9	Edited by David Taylor	The University of Huddersfield, UK. (1998)	近代的供給連鎖管理は，多数の組織を特徴付ける伝統的な機能的境界と管理思想を超越するビジネスに対して，学際的且つ横断的機能の接近を要求する。結果的に，本書のケースの多くは単にロジスティクスの分野ではなくてマーケティング，組織行動，業務管理並びに経営政策の様な他の色々なビジネス分野の学生や管理者に関連している。
10	David Simchi-Levy, Philip Kaminsky, & Edith Simchi-Levy	Northwestern University, U. C. Berkeley, and Logistics Tool, Inc. (2000)	供給連鎖管理とは，，サービス水準の要求を満足させ，商品が，システム全体の費用を最小化する為に，適切な量で，適切な場所に，適切な時間に生産され且つ配達される様に，供給者，製造者，倉庫，並びに商店を効率的に統合する為に用いられる一連の接近方法である。
11	Charles C. Poirier & Michel J. Bauer	CSC, Partner (2000)	供給連鎖ネットワーク： 原材料から消費及びリサイクルに至る，全供給連鎖システムの相互利益を達成する為に，相互資源を応用する協調的な努力する企業の結び付き。

第Ⅰ編　総　括　編

No	Author Name	所 属	定 義 内 容
12	Lawrence D. Fredendall and Ed Hill	Clemson University, andPrincipal, Chesapeak (2001)	供給連鎖： ・最初の原材料から完成品の最終消費に至るまで供給‐使用企業を超えて結び付けるプロセス ・顧客に製品を作り且つサービスを提供する価値連鎖を可能にする企業内外の諸機能 APICS 辞典，第8版，1995

表3.6　定義の要約

要約	著者	ポイント	コメント
・供給連鎖を，機能領域別に見ないで，単一実態として見る・最初から直接流れる事である・統合化こそがキー・戦略的な意思決定	Martin Christopher (1992)	①統合と戦略的意思決定	①マクロ的視点
・SCM は，伝統的ロジスティクを含む，製造及び生産システム等サブシステムの全データの総合管理を含む。	Kenneth Ackerman（1997）	②機能と総合管理	②セミマクロ的視点
・全体の流れを管理する為の統合的な思想である	Ellram & Cooper (1993)	①全体の流れの統合管理の思想	①マクロ的視点
・供給者‐使用企業間を超えて結び付け，原材料の調達から終局的消費に至るまでのプロセス；価値連鎖の提供を可能にする企業内外の機能	APICS 辞書 (1997)	③機能範囲と価値連鎖提供機能	③ミクロ的視点
・供給連鎖は供給者から顧客に至る製品或はサービスを生産し配達する業務を包括・四つの基本的なプロセス―計画，探索，生産，配達―・供給と需要の管理・全チャネルに及ぶ機能。	供給連鎖協議会 (1997)：	③機能範囲と管理	③ミクロ的視点
・原材料の段階から最終使用者に至る財の移動に関連した全ての活動・材料の探索と調達，生産計画，受注処理，在庫管理，輸送，保管及び顧客サービス，情報を含む	Quinn（1997）	③機能範囲	③ミクロ的視点
・統合的な SCM とは外部顧客から始まり，次いで，顧客に水平的な方向に価値を与えるのに必要な全てのプロセスを管理する事である。	Monczka & Morgan（1997）	①統合とプロセスの管理	①マクロ的視点
・供給者‐使用企業間を超えて結び付け，原材料の調達から終局の消費に至るまでのプロセス；価値連鎖提供を可能にする企業内外の機能（APICS 辞書を引用） ・これら諸活動の連続的な調整と統合。	Lummus & Vokurka（1999）	①機能範囲と調整と統合	①マクロ的視点

第 3 章　SCM（供給連鎖管理）の定義

要約	著者	ポイント	コメント
・供給連鎖管理は，資源の探索及び調達，生産（転換），並びに全てのロジスティクス管理活動を含む計画と管理の全活動を包含するものである。 ・チャネル・パートナとの調整と協力 ・SCM は企業を超えて供給管理と需要管理とを統合 ・特定企業内及び供給連鎖内のビジネスを超えて伝統的なビジネス機能のシステム的，戦略的調整	・Council of SCMP（2001） ・オハイオ州立大学グローバル供給連鎖フォーラム ・供給連鎖協議会 ・テネシー大学供給連鎖研究グループ	①機能範囲と計画・管理 ①調整と統合 ①範囲と需給管理 ①調整と統合	①マクロ的視点 ①マクロ的視点 ①マクロ的視点 ①マクロ的視点
・あるロジスティクス学者は"SCM を，在庫と情報の上流から下流への流れを容易にする事に焦点を当てた経営手法の一つ" ・物の流れを計画し管理する統合的経営管理の接近方法 ・チャネル管理の哲学 ・製品移動の全ステップを計画し，管理する事 ・資源の調達から消費に至るまでの物理的な財と関連する情報の流れを同期的に管理 ・ビジネス・パートナーの戦略的な同盟 ・原材料の獲得から製造，流通，並びにリサイクルや廃棄処分に至る最終的な戻りに至るまのコスト及び冗長性の除去の業務管理に適用される戦術的なツール ・企業がロジスティクの決定に顧客を含む事を可能にする一つの技法或は新しいロジスティクスモデル ・新鮮で，戦略的な企業哲学を模索している様（略）SCM は多くの方向から進化し，設計されつつある事実に依って満ちているものと理解 SCM とは，集団的な生産能力と企業機能の諸資源との統一を目指して，絶え間なく進化する経営哲学である	D. F. Ross（1997） Lisa M. EllramJ. T. Mentzer, C. J. Langley Jr., M.C.Holcomb M .C. Cooper B. LaLonde L. W. Walton and L. G. Miller D. F. Ross APICS 会議 1996年 10 月 D. F. Ross（1997）	①全体の流れの経営手法 ①計画管理の経営管理法 ①移動の計画と管理 ①範囲と管理 ①戦略同盟 ①範囲と業務管理の戦術的なツール ①ロジスティクスの新しい技法・モデル ①企業諸資源の統一を目指すと経営哲学	①マクロ的視点 ①マクロ的視点 ①マクロ的視点 ①マクロ的視点 ①マクロ的視点 ①マクロ的視点 ①マクロ的視点 ①マクロ的視点
・資源の探索及び調達，生産（転換），並びに全てのロジスティクス管理活動を含む計画と管理の全活動を含み，チャネル・パートナと調整と協力し，供給連鎖管理は，本質的に，企業を超えて需給管理を統合する事	Council of SCMP（2001）	①ロジスティクス管理活動の計画と管理並びにチャネルパートナーの調整と協力	①マクロ的視点

第Ⅰ編　総　括　編

要約	著者	ポイント	コメント
・供給連鎖は原材料の段階から，最終利用者に至るまでの財の流れと変換に関わる全ての活動を含むものである。資材と情報は供給連鎖の上下を流れるものである。SCMとは，支援可能な総括的な利益を達成する為に，効率的な供給連鎖に関わる諸活動を統合する事である。	Robert B. Hadfield and Earnest L. Nichols Jr., (1999)	①範囲と供給連鎖の統合	①マクロ的視点
・近代的供給連鎖管理は，学際的且つ横断的機能の接近を要求する。	Edited by David Taylor (1998)	①学際的，横断的接近方法	①マクロ的視点
・供給連鎖管理とは，，サービス水準の要求を満足させ，商品が，システム全体の費用を最小化する為に，供給者，製造者，倉庫，並びに商店を効率的に統合する為に用いられる一連の接近方法である。	David Simchi-Levy, Philip Kaminsky, & Edith Simchi-Levy (2000)	②機能，範囲と統合的な接近方法	②セミマクロ的視点
・供給連鎖ネットワークとは，原材料から消費及びリサイクルに至る，全供給連鎖システムの相互利益を達成する為に，相互資源を応用する協調的な努力する企業の結び付き。	Charles C. Poirier & Michel J. Bauer (2000)	①範囲と企業の協調的結びつき	①マクロ的視点
供給連鎖： ・最初の原材料から完成品の最終消費に至るまで供給-使用企業を超えて結び付けるプロセス ・顧客に製品を作り且つサービスを提供する価値連鎖を可能にする企業内外の諸機能	Lawrence D. Fredendall and Ed Hill APICS 辞書，第8版 (1995)	①範囲と企業を超える結びつき ④範囲と価値連鎖提供機能	①マクロ的視点 ③ミクロ的視点
供給連鎖： ・企業を超えた資材，情報，並びに財務の流れを統合 ・環境の維持を含めて，最終顧客/使用者に対して，地球から地球の製品移動	John A. Woods Edward J. Marien (2001)	②範囲と機能の統合 ④環境を含めた製品の移動	②セミマクロ的視点 ④其の他視点
・供給連鎖の如何なる議論も"定義者"の見方や議論に含まれる人たちの興味によって合法的に広くなったり或は狭くなり得る。具体的には，ロジスティクス管理協議会の会議では，議論は，流通システム，輸送，及び倉庫になる。生産技術学会は供給連鎖を促進する製造システムに焦点を合わせている。	James B. Ayers (2001)	④専門に依り定義は異なる。	④其の他視点

第3章　SCM（供給連鎖管理）の定義

要約	著者	ポイント	コメント
・幾重にも結ばれている供給者から製品とサービスとで最終利用者の要求を満足する目的を持った物理的，情報，財務，知識の流れを包含するライフサイクル全体のプロセスである	James B. Ayers (2001)	①製品ライフサイクル全体のプロセス	①マクロ的視点
・供給連鎖は，一企業に於いて購買，技術，生産，財務，マーケティング，及び関連管理活動の様な他の機能を含む。一伝統的な企業活動の遥か外部を含む。	Joel Sutherland，J. B. Hunt Logistics 社（2001）	①関連機能と関連顧客をを含む広範囲	James B. Ayers (2001) 依り引用 ①マクロ的視点
・資源の探索及び調達，生産（転換），並びに全てのロジスティクス管理活動を含む計画と管理の全活動を含み，チャネル・パートナと調整と協力し，供給連鎖管理は，本質的に，企業を超えて需給管理を統合する事 CSCMP の定義を採用。	Donald J. Bowersox, David J. Closs, M. Bixby Cooper（2002）	③機能，範囲と統合的な接近方法	③ミクロ的視点
・供給連鎖管理とは強調的な組織関係や，効果的なビジネスプロセス，及び構成組織に持続的な競争上の優位性を与える高度な実施価値のあるシステムの創造する高水準の情報を共に使う事を通して供給連鎖組織と活動の統合と管理をする事である。	Robert B. Handfield, Ernest L. Nichols, Jr. (2002)	③範囲と企業の協調的な結びつき	①マクロ的視点
・SCOR-供給連鎖業務参考書（Supply Chain Operation reference）と呼ばれる産業間標準モデル定義を目的とする	Peter F. Bolstorff, Robert Rosenbaum, (2002)	SCORE に準拠。 ③範囲と価値連鎖提供機能	①マクロ的視点 ③ミクロ的視点
・APICS Dictionary Tenth Edition p. 115, 2002) を引用。供給連鎖管理：供給連鎖内の人間の活動を共通目的に方向付ける意思決定の開発と行動するプロセスである。	Kevin P McCormack, William C. Johnson with William T. Walker（2003）	①意思決定と実施プロセス	①マクロ的視点
・供給連鎖の設計：According to the APIC 辞書第 10 版に依れば，設計の面はパートナーの選択，倉庫の場所と能力及び生産施設，製品，輸送のモード，及び支援情報システムを含む。	Kevin P McCormack, William C. Johnson with William T. Walker, (2003)	③機能重視	③ミクロ的視点

第 I 編　総　括　編

ネスプロセスのマトリックスを管理するために用いられた。

- 1996 年 10 月の APICS 会議で開催された SCM の円卓会議で参加者は，SCM を，ロジスティクス資産，JIT 購買理論の拡張，供給者とより緊密に作業する方法，企業がロジスティクの決定に顧客を含むことを可能にする 1 つの技法，および現代の情報や通信技術によって可能にした新しいロジスティクスモデルであると定義付けた。

- SCM は，原理や領域についての基本的な合意形成面で不足している。Martin Christopher は "供給連鎖管理は，比較的新しいが，実際，ロジスティクの論理の拡張以外の何物でもないことを認めねばならない" と述べている。

- SCM のいろいろな要素は，理論が細部において明瞭にされるかなり以前に実行に移されている。

- SCM は，最近の経営のパラダイムを示すのではなくて，現実の企業が現代の非常に厳しい競争と不確実な時代において，いかに克服すべき問題を解決し，成功するかのために生じたものである。

- SCM の総括的な定義の方程式に対する他の障害は，SCM と近代的なロジスティクスおよび供給連鎖管理との間に存在する混乱である。

- Christopher Gopal and Harold Cypress は，"ロジスティクスという用語はしばしば供給連鎖管理と互換的に用いられている" と述べている。

- 定義が明らかであるにもかかわらず，経営チーム，専門コンサルタント，および学者達が，SCM が正確に何を意味するかを判読しようとして混乱したことが SCM，つまり，供給連鎖管理，ならびにロジスティクスの適切な定義に関する混乱の結果をもたらした。つまり，完全な知識の集合体として，ビジネスの舞台に登場しなかった事実から生じていることになる。

ロジスティクスは物の流れ全体を対象とし，その範囲はフォワードロジスティクスとリバースロジスティクスで，これはインバウンドロジスティクス，生産ロジスティクス，アウトバウンドロジスティクス（一般には物流）およびリサイクル・リユース・廃棄物処理を含むリバースロジスティクスから構成されている。その上，機能としては，荷役，包装，保管，輸送，情報および流通加

工から成っている。加えて，経営戦略論や意思決定論の側面からは，個別経営計画と総合経営計画，戦略・計画・管理・業務を提唱した組織階層論，あるいは戦略的意思決定・管理的意思決定・業務的意思決定などが提案されており，SCMの存在以前に，経営学者，情報学者・意思決定論者からも多角的なロジスティクス関連事項への取組みがなされている。さらに，システム論的には，企業内ロジスティクス，企業間ロジスティクス，企業群間ロジスティクス，社会ロジスティクス，国内ロジスティクスへと発展する一方，2国間ロジスティクス，多国間ロジスティクス等国際ロジスティクスないしグローバルロジスティクスに至るとする理論展開が唐澤らから提言されてきた。

したがって，本質的な問題としては下記が存在している。

- SCMの実態はロジスティクスであるとすれば，ロジスティクス戦略とSCM戦略の相違は何か
- 具体的には，企業間ロジスティクス戦略とSCM戦略の相違はあるか
- SCMはプロジェクト戦略か，総合戦略か
- SCMの実態はロジスティクスか
- SCMを戦略的な概念または方法論として捉えるか否か

SCMは経営学の領域ではあるが，学際的知的要求の高い分野である。単なる，流通，ロジスティクスの延長線上で捉えるのではなくて，高次元かつ学際的視点から論じる課題であったものと考える。そこに，論理的な矛盾や欠点を多く内在してしまった原因があるものと考える。

3.5.3　定義の基本

一般に定義の基本は下記のとおりである。

- 抽象論と具体論の分離
- 明瞭性・単純性・普遍性・一般性
- ロジスティクスとの関連性の明確化
- 戦略的方法論と実態論の峻別化

したがって，定義を整理する場合には，下記諸事由を検討すべきである。

① 資源の探索および調達，転換（生産），ならびにすべてのロジスティクス管理活動を含む計画と管理の全活動を包含するものである。

第Ⅰ編　総　括　編

②　重要なことは，供給者，仲介者，3PL サービス供与者，および顧客から成るチャネルパートナーとの調整と協力を含むことである。

③　本質的に，供給連鎖管理は企業内および企業を超えて需給管理を統合することである。

要約すれば，定義が，①範囲と計画・管理，②調整と協力，および③需給管理の統合の3種類から構成されており，結果として，SCM 自体を複雑多岐にし，曖昧不明瞭にしている。

本来，定義に要請される内容とは・明瞭性・単純性・普遍性・一般性である。すでに指摘したように，自然科学の普遍的定義と異なり，社会科学の内とりわけ新しい学問的領域では，定義が変化する場合が多く見受けられる。特に，学際的分野の範疇に属する定義がそれである。初期の時代には，定義は複雑で，当該分野が広く一般に認識されるにつれて，定義が簡略化される場合がある。経営学における，意志決定，経営情報システムの定義などはその代表例といえよう。まさに定義は進化するである。

定義の文献調査結果から問題点，矛盾点を列挙すると次のとおりである。すなわち，①定義・範囲（領域）・機能の混同，②抽象論と具体論の混同，③ミクロとマクロの混同，④管理レベルの混同・業務・管理・計画・戦略の違い，⑤立場による定義の相異である。そのような点を克服する対応策としては，抽象論と具体論の峻別・定義・活動領域・活動要素・管理水準等の区分・スタンスの明確化・明瞭性・単純性・普遍性・一般性を配慮して，新しい定義を提案すべきである。

SCM に関する著者の定義は下記4点を基本にしている。すなわち

• 戦略的な方法論の1つで供給連鎖に関する戦略的な方法論である

• 企業を超えて需給管理を統合することである

• 対象領域は領域川上から川下・川下から川上までの全チャネル

• 主たる機能は企業内および企業間の戦略的調整の推進

よって，筆者の定義は「SCM とは供給連鎖全体の統合管理を志向する戦略的な方法論」（図3.1）である。

SCM とは，1つの経営哲学であり，「供給連鎖全体の統合管理を志向する方法論（または経営哲学）である」と定義付けることができる。特に，ロジステ

114

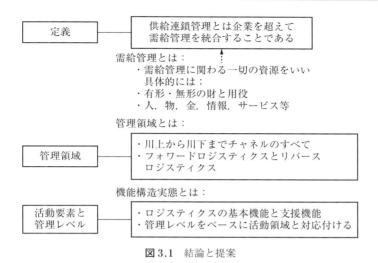

図3.1 結論と提案

ィクとの関連において両者を明確にすべきである。したがって，SCMは経営哲学ないしは戦略的な方法論であり，ロジスティクスが企業間ロジスティクス戦略等，高次元になれば当然のことながらSCMと同一の考えになる。

3.6 おわりに

本章では物流，ロジスティクス，3PL, SCMの定義の歴史的な流れに沿ってその定義について簡述した。定義の主な文献は欧米，特に米国の文献に依存した。日本の場合は，政府刊行物以外には参照できる文献はほとんどないために記載できなかった。

社会科学の定義は，新しい概念が生まれたときは，定義は物々しいが，その内容が広く社会に定着する時点では，簡素化され，単純になる。定義は時代とともに変化し，簡素化されるということである。本章で取り上げた諸種の定義についてもその一端が理解いただければ望外の喜びである。

〈参考文献〉
1) Sarinya Sala-ngam, 唐澤豊 et al.：最適立地選定モデルに基づく最適グローバ

第 I 編　総　括　編

　　　ルハブネットワークシステム構築に関する基本的研究，日本ロジスティクスシ
　　　ステム学会誌，Vol. 16，No. 1，pp. 85-120，平成 28 年 3 月 25 日

2)　唐澤豊，相浦宣徳：ロジスティクスの定義に関する研究，日本ロジスティクス
　　　システム学会誌，Vol. 1，No. 1，pp. 15-24，2000

3)　唐澤豊，若林敬造：3PL の経緯及び定義に関する文献研究，日本ロジスティク
　　　スシステム学会誌，Vol. 9，No. 21，pp. 11-20，2009

4)　唐澤豊，仲摩行弘 et al.：SCM の定義に関する海外文献研究，日本ロジスティ
　　　クスシステム学会誌，Vol. 12，No. 1，pp. 65-96，2013

5)　唐澤豊，相浦宣徳 et al.：SCM 戦略に関する海外文献研究，日本ロジスティク
　　　スシステム学会誌，Vol. 12，No. 1，pp. 65-96，2013

6)　唐澤豊：現代ロジスティクス概論，NTT 出版，2000

7)　唐澤豊：物流概論，pp. 16-19，有斐閣，1989

唐澤　豊

4 SCM の目的と使命・範囲・発展段階

4.1 はじめに

　本章の狙いは，SCM の基本となる目的，使命，範囲，発展段階について論ずるとともに海外文献からも引用し，種々の考え方を明らかにする。

4.2 SCM の目的

4.2.1 目的の定義と発展形態

　目的とは，「①為し遂げようと目指す事柄。めあて。②【哲】意志によってその実現が欲求され，行為の目標として行為を規定し，方向づけるもの（広辞苑第三版，1369 頁，岩波書店，1998 年）」と定義付けられている。したがって，目的とは企業が独自に設定したことを成し遂げようとする目標であるということができる。多国籍企業の中には同じ目標であっても，上部組織から下部組織に提示する目標をターゲット（target）とし，下部組織が上部組織に提示する目標をゴール（goal）として使い分けている企業の存在もある。

　後述する David Simchi-Levy らは，供給連鎖管理の目的は全システムを横切って能率的であり，かつコスト効果的であるべきであると指摘している。つまり，輸送や配送から原材料在庫，仕掛品，および完成品に至る全般的なシステムコストが最小化されるべきである。このように，強調すべきは単に輸送費

第I編 総 括 編

表 4.1 目的・理念・社是の発展形態

フェーズ	発展形態	調査項目
フェーズⅥ	人間志向	・人間性志向型 ・人間尊重志向
フェーズⅤ	社会貢献	・社会生活の向上志向 ・低公害で社会貢献志向
フェーズⅣ	顧客サービスの向上	・顧客満足志向 ・物価上昇抑止志向
フェーズⅢ	企業競争力の向上	・販売および購買支援 ・ロジスティクス競争力による販売競争力支援
フェーズⅡ	サービスの向上	・顧客サービス最大とコスト最小化 ・企業利益向上に貢献
フェーズⅠ	基礎理論志向	・3S1Lの原則の実現 ・7R原則の実現

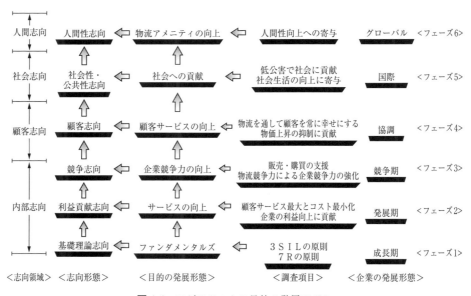

図 4.1 ロジスティクス目的の発展モデル

を最小化し，在庫削減をするだけではなくて，供給連鎖管理にシステム的な接近をすることである。目的，理念，社是は時代とともに進化している。すなわち，7Rや3S1Lの原則等基礎理論思考から社会貢献，人間志向まで6局面の

発展段階を示している（表4.1）。

　物流，ロジスティクス，ならびにSCMの発展はこのようなプロセスを経て大なり小なり発展しているものと考える。さらにその内容を具体化すると，志向領域，志向形態，企業と下部組織の発展形態の角度からその変遷推移を表すことができる（図4.1）。

4.2.2　目的に関する考え方

David Simchi-Levy, Philip Kaminsky, Edith Simchi-Levy は，「Designing and Managing the Supply Chain」（Irwin McGraw-Hill, p.2, 2000）において，「供給連鎖管理の目的は全システムを横断的に眺め，能率的かつコスト効果的であるべきことである：つまり，輸送や配送から原材料在庫，仕掛品，および完成品に至る全般的なシステムコストが最小化されるべきである。このように，強調すべきは単に輸送費を最小化し，在庫削減をするだけではなくて供給連鎖管理にシステム的接近をすることである」と述べている。

表4.2　供給管理目的の管理者用ガイド

基本的な目標	関係の型	批判的な有力者	利益と成果
コスト低減	競争の緊張	能力の信頼 ・評価回避のため仕入先の証明 ・商品管理者と供給先担当 ・回線直接出荷 ・オンライン需要情報	コスト削減 業務コスト削減
	企業の協調性	・問題解決チーム ・計画情報 ・コンサルティングの助言	問題の除去 一貫性 依存性
付加価値利益/ 技術的優位性	戦略同盟	善意の相互信頼 ・適切な情報 ・技術予測 ・技術並びに技能の交換	新製品とプロセス 競争上の優位性

出典：John A. Woods , Edward J. Marien：The Supply Chain Yearbook 2001 Edition,
　　　p.177, McGraw-Hill, 2001

第 I 編　総　括　編

　一方，J. A. Wood と E. J. Marien は，供給管理目的の管理者ガイドと称して，コスト削減と付加価値利益/技術的優位性を基本目標としている（表4.2）。特徴は企業間の協調状態から戦略同盟あるいは競争状態に及ぶ基本目標および利益と期待される成果としていることと競争状態の基本目標が単なるコスト削減であるのに対して，戦略同盟では付加価値と技術的優位性に注目している点である。

　Jeremy F. Shapiro は，「SCM の伝統的な目的は固定および任意の要求を満たすための総 SCM コストを最小化することである。具体的には，原材料およびその他の獲得コスト，入荷用輸送コスト，施設投資コスト，直接および間接製造コスト，直接および間接流通センターコスト，在庫保持費，施設間輸送費，出荷輸送コストである」とし，コスト最小こそが SCM の目的であるとする局部的な目的を強調している。

　Robert B. Handfield, Ernest L. Nichols, Jr. はその著書「Supply Chain Redesign」において，企業同盟の目的についての視点について述べている（表4.4）。要約すると以下のとおりである。

- 製造業と資材供給者の視点については，製造業がコスト削減を目的にしているのに対して，資材供給者は販売増を目的としている。つまり，同盟はするが目的は立場によって違うことを示している。
- 製造業と流通業では前者が販売増を目的としているのに，後者は増益を目的としている。しかしながら，在庫のように目的が一致している場合もあることは当然である。
- 製造業とサービス供給者の関係についても相互サイドのメリットを同盟目標としている。

　以上のように SCM あるいは企業間の同盟は相対的なメリットが主題となり，その結果，共通目的も存在するが視点の相違から異なった目的をもつことになる。SCM の目的を同盟の視点からそれぞれの立場から要約したものを表4.3 で示している。

　ただし，同盟することによって相互利益が確保されることは当然であるが，相互譲歩によるマイナス面も存在する。つまり，同盟者の利点について論じてはいるが，問題や不利益面の言及がされていないことが気になる。

表 4.3　同盟の異なった目的

	製造業の視点	資材供給者の視点	製造業の視点	流通業の視点
同盟締結目的	・調達入荷作業の改善 ・コスト低減 ・在庫低減 ・リードタイム削減 ・供給と価格の安定化 ・供給者の技術と技量の利用の増加 ・製品開発の短期構想	・売り上げの増加 ・顧客忠誠度の増加 ・付加価値サービスの供与 ・切替コストの増加 ・コスト削減	・売り上げの増加 ・供与の増加 ・鮮度の増加 ・破損の低減 ・新製品の革新 ・在庫の一層の低減 ・請求書の正確性 ・価格促進の改善 ・顧客サービスの改善 ・注文条件の改善	・利益性の増加 ・在庫削減 ・回転の増加 ・より新鮮な製品 ・配達コストの低減 ・注文品 ・品揃え ・消費者価値の改善
	製造業の視点	サービス供給者の視点		
同盟締結目的	・輸送作業と製品供給との調整の改善 ・輸送業者ベースの削減・サービスの抜本的改善 ・倉庫・配送センターの労働生産性とスペース利用の改善の維持 ・製品供給の柔軟性の維持 ・集約効果の達成 ・産業ワイドな供給連鎖の先導的行為の支援構築	・主要顧客の市場占有率成長の増加 ・作業の多様性の管理 ・付加価値サービスの供与 ・利益の増大 ・業界指導者との密接な関係の増加 ・製造業顧客の満足化 ・将来の競争上の地位の保証		

出典）J. M. Schmitz, R. Frankel, and D. J. Frayer, "ECR Alliance: A Best Practice Model," Joint industry Project on Efficient consumer Response, 1995
Robert B. Handfield, Ernest L. Nichols, Jr., Supply Chain Redesign, pp.156–157, Prentice Hall, 2002

第Ⅰ編　総　括　編

4.3　SCM のビジョン

　SCM のビジョンとは何かという前に使命，理念および社是について要約する。使命（mission）とは，「①使いとして命じられた用向き。使いの役目。②使者。③自分に課せられた任務。転職。」（広辞苑第三版，1102 頁，岩波書店，1998 年）であるという。

　他方，理念とは「理性から得られた最高の概念で全経験を統制するもの」であり，社是は「会社・結社の経営上の方針・主張」であるとされている。理念および社是についてはロジスティクスの実例を引用する（表 4.4 および表 4.5）。

　第 1 に理念であるが大別して 3 分類することができる。すなわち，社会志向型，顧客志向型，経営志向型，がそれである。さらに，社会志向型は社会貢献志向や環境志向に大別され，顧客志向型は品質・サービス・顧客ニーズ等顧客満足志向であり，最後の経営志向型は，経営効率志向，グループ企業志向，従業員志向に細分化されている。上述の，理念とは「理性から得られた最高の概念で全経験を統制するもの」であるならば，内容的には理念というよりは社是である。SCM の理念を含め，理念は企業の基本であり，文化であり，伝統であり，そして歴史でもある。それぞれのスタンスに基づき，それぞれの理念を構築すればよい。

　第 2 は社是であるが，これも理念と同じように 3 分類することができる。社是はより具体的であり，状況に応じて変更することも考えられる。したがって，より現実の経営に近い表現方法を取るのが普通である。表内に示されている用語は種々雑多であるが，企業全体として一貫性があるのであれば問題はない。実務的には，社是を階層構造型にリンクして上層部から下部まで一貫した思想で展開することが肝要である。

　経営理念や社是の重要性は周知の事実である。肝心なことはこれを末端にまで浸透させ，実行させる組織体制を構築することである。経営理念や社是をSCM 分野に浸透させ，実行させることが重要であることは論を俟たない。

　SCM のビジョンの策定については J. L. Gattorna がその内容を述べている

122

表 4.4 理念の例

No.	理念のケース	No.	理念のケース
1	働き甲斐のある職場にする	15	ローコスト、ハイサービス
2	価値流の創造	16	ロジスティクス事業の遂行を通じて広く社会に貢献
3	迅速性、確実性、安全性、経済性、誠実性	17	ロジスティクス活動を通じて社会的責任・業務を果たす
4	より早く、より正確に、より安く	18	ロジスティクス革新を通じて明るい暮らしやすい社会造りに貢献
5	主体性ある事業展開へ高利益型体質へ変身	19	社会生活の向上に寄与する
6	明日の物流システムを創造する	20	会社と顧客の共存共栄
7	全社的視点からの社内物流の対応と競争力	21	低公害に貢献する
8	親企業の経営戦略の支援体制確立の強化	22	人間性志向：ヒューマン思想に裏打ちされた物流の確立
9	協力会社との活動強化と経営指導	23	ロジスティクス顧客ニーズの把握に基づく顧客サービス
10	商品物流に関する多角的な機能と独自のノウハウを蓄積する	24	ロジスティクスによる顧客の満足を得る
11	グループ企業による総合力の発揮	25	顧客のシステムの進展に対応したグローバルネットワークの確立
12	生産・販売の統合一元化	26	顧客サービスの最大化と最小化
13	情報の一本・ロジスティクスネットワークベースのトータルメリットの追求	27	ロジスティクスサービスの提供
14	量をまとめる	28	顧客支援に最大の努力を払う

表 4.5 社是の例

No.	社是のケース	No.	社是のケース
1	物流/ロジスティクスコストの抑制	17	経営効率の向上に努める
2	コストの低減を図り、利益の拡大を確立する	18	提案型物流/ロジスティクス企業に徹する
3	早く、正確に、丁寧に	19	先進的物流/ロジスティクス情報システムを構築する
4	物流/ロジスティクスマンの一致団結	20	物流/ロジスティクスのプロとして積極的に行動しよう
5	風通しの良い職場作り	21	顧客のニーズに応え、信頼される会社になる
6	チームワークで築こう先端物流	22	日常業務の活性化により顧客からの信頼の向上
7	変化に挑戦する	23	川下の生きた情報を川上に早期の提供・関係者を豊かにする
8	サービス水準の向上	24	誠意をつくし、信頼の輪をひろげる
9	サービス第一	25	お客様の真の満足を考えて行動する
10	品質管理の徹底	26	中立・公平・サイバーロジスティクスの実現
11	高めよう我らの物流/ロジスティクスサービス	27	優良品の提供と社会への貢献、若さと創意をつくし、世界の一流をめざす
12	優れた製品とサービスの提供	28	世界に求められる存在になる
13	ひろめよう全国物流/ロジスティクスの輪	29	統合ロジスティクスの確立
14	顧客サービスの向上で差別化を実現し	30	3PLの推進
15	販売拡大における重要な戦略体制を確立する	31	若さと創意をつくし、世界の一流をめざす
16	お客様へのベストサービスをサポート		

第 I 編 総 括 編

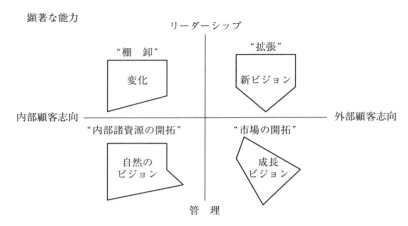

図 4.2 ビジョンの 4 つの異なった風味
出典) Edited by John L. Gattorna : Gower Handbook of Supply Chain Management 5th Edition, p.15, Gower, 2003

(図 4.2)。内部顧客志向と外部顧客志向に大別し，内部指向では内部諸資源の開拓と諸資源の評価と棚卸によりビジョンを作成する。

前者は管理主体で自然のビジョンであり，後者は強いリーダシップに基づくビジョンの変化である。一方，外部顧客志向では外部拡張はリーダシップの下に新ビジョンを策定し遂行するものであり，市場の開拓は成長ビジョン下にて実行される。

ビジョン作成の 4 類型の具体的な特徴は，図 4.3 のとおりである。すなわち，内部指向か外部志向かと指導力と管理との組み合わせによって背景，ビジネスの定義，特記すべき能力，将来のあり方について具体的に示したものである。

4.4 SCM の管理

SCM の管理については，SCM の範囲，発展段階に就いて主な考え方を紹介し，これを前提に管理に関する種々の見解について大要を明らかにする。

第4章　SCMの目的と使命・範囲・発展段階

指導力

	"在庫の取得"		"拡張"
背景	・次の成長局面の再生の準備 ・戦略の変化のための跳躍台の準備	背景	・新市場／先端技術の創造 ・戦略の変化のための跳躍台の準備
ビジネスの 定義	・内部的（チームワーク）および 　外部的（チャネル友好関係）の開拓 ・ビジネスの次期ビジョン／ 　境界領域の探求の開始	ビジネスの 定義	・"免税限度"貢献 ・ビジネス境界線の拡大 ・現在と理想的なビジョンとの 　ギャップ（弱み）
顕著な能力	・人，関係，忠誠心，約束 ・サービス精神	顕著な能力	・技術 ・デザインの創造-新製品開発
将来の指標	・現在の位置と理想的な顕著な能力 　とのギャップのなさ	将来の指標	・現在の位置と理想的な顕著な能力 　とのギャップのなさ

内部顧客志向 ━━━━━━━━━━━━━━━━━━━━━━━━━━━━ 外部顧客志向

	"内部資源の開拓"		"外部資源の開拓"
背景	・利益最大化 ・キャッシュフロー	背景	・大組織の成長推進力の準備 ・該当領域に集中する資源 ・明日の"キャッシュフロー"
ビジネスの 定義	・資源の最適化 ・内部効率の積極的な利用 ・効率改善のプロセスと方法の開拓 ・金銭的価値	ビジネスの 定義	・既知市場の機会の開拓 ・積極的な外部へのビジョン ・セグメント／隙間（レモン絞り）の 　洗練によるマーケットの浸透
顕著な能力	・プロセスの効率 ・ロジスティクス資源（物理的 　ならびに情報）の最適化 ・低価格開発	顕著な能力	・市場／顧客のマーケティング技術 　と知識 ・財務資源
将来の指標	・現在の位置と理想的な顕著な能力 　とのギャップのなさ	将来の指標	・現在の位置と理想的な顕著な能力 　とのギャップのなさ

管理・保護

図 4.3　4 ビジョンの内容

出典）Edited by John L. Gattorna：Gower Handbook of Supply Chain Management 5th Edition, p.18, Gower, 2003

4.4.1　SCM の範囲

(1)　いろいろな考え

　SCM の範囲については，最も単純に示されているのが供給者，製造者，および小売業の 3 種類であるが，その英文名は必ずしも標準化されていない。Buy-Make-Sell として範囲を表現したり，Supply-Manufacturing-Retailer とする表現もある（図 4.4）。

125

第Ⅰ編 総 括 編

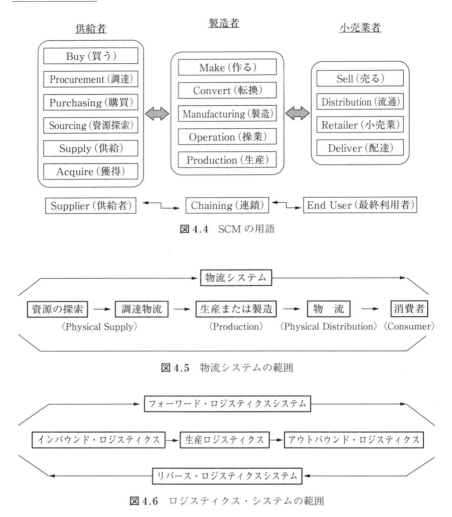

図 4.4 SCM の用語

図 4.5 物流システムの範囲

図 4.6 ロジスティクス・システムの範囲

　他方，1970年代の物流には，調達物流（physical supply）という用語が存在し（図4.5），ロジスティクスでは，インバウンド・ロジスティクス，生産・ロジスティクス，アウトバウンド・ロジスティクス（物流に相当）（図4.6）であった。他面，物流やロジスティクスの発展を，企業間物流またはロジスティクス，企業群間物流またはロジスティクス，産業間物流またはロジス

第4章 SCMの目的と使命・範囲・発展段階

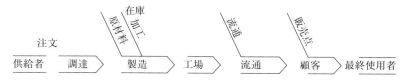

図4.7 供給連鎖

出典) Martin Christopher：Logistics and Supply Chain Management, PITMAN PUBLISHING, p.13, 1992

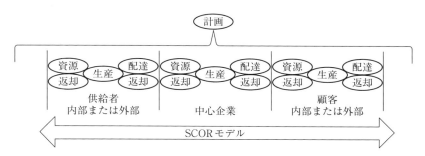

図4.8 SCOR（供給連鎖業務参考）Model の5つのビジネスプロセス

出典) Ronald H. Ballou：Business Logistics/Supply Chain Management, Fifth Edition, p.753, Pearson Prentice Hall, 1999

ティクス，地域間物流またはロジスティクス，社会物流またはロジスティクス，国際物流またはロジスティクス，あるいは国内ないしグローバルネットワーク物流またはロジスティクス等の用語も存在した。

(2) 海外文献から

本の出版年代順に海外の研究者の考えをみると，クランフィールド大学のロジスティクス・輸送センターの教授である Martin Christopher によれば，「供給連鎖管理は供給者から製造および流通を経て最終使用者に至るまでの財の流れをカバーする」という（図4.7）。

Case Western Reserve University 教授のR. H. Ballou（現ケースウェスターン大学）は図4.8でわかるように企業間ロジスティクスとSCMを同一視しているが，両者の区分は曖昧である。著書自体は従来のロジスティクスの内容にSCMを追加したに過ぎない。したがって，内容的には従来の延長線上的な考えで，みるべきものは少ない。

127

第Ⅰ編 総 括 編

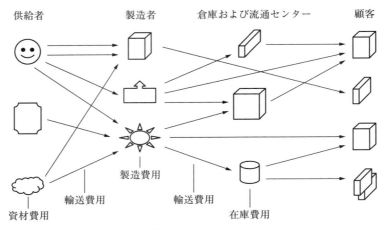

図4.9 ロジスティクス・ネットワーク

出展）David Simchi-Levy, Philip Kaminsky, & Edith Simchi-Levy : Designing and Managing the Supply Chain ,Irwin McGraw-Hill, pp. 1-2 ,2000

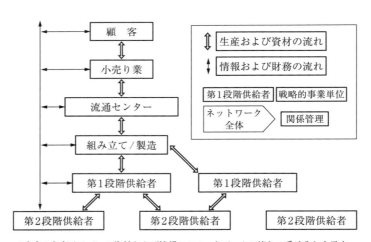

2方向の矢印はリバース資材および情報のフィードバックの流れの受け入れを示す。

図4.10 統合供給連鎖モデル

出典）Robert B. Hadfield and Earnest L. Nichols Jr. : Introduction to Supply Chain Management, p.41, Prentice Hall, 1999

第4章　SCMの目的と使命・範囲・発展段階

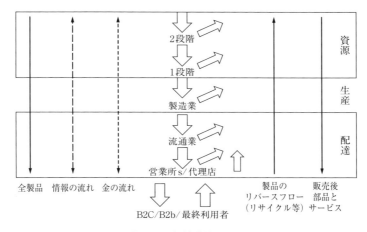

図 4.11　供給連鎖モデル
出典）John A. Woods, Edward J. Marien：The Supply Chain Yearbook 2001 Edition, p. 12, McGraw-Hill, 2001

　David Simchi-Levy, Philip Kaminsky, & Edith Simchi-Levy によると（図4.9），ロジスティクス・ネットワークとしてもまた引用される供給連鎖は，施設間を流れる原材料，仕掛在庫ならびに完成品はもとより，供給者，製造センター，倉庫，流通センター，小売りアウトレットから成っている。

　典型的な供給連鎖においては，原材料が調達され，1ヶ所またはそれ以上の工場で品目が生産され，中間貯蔵倉庫に出荷され，小売りまたは顧客に出荷される。結果的には，コストを縮小しかつサービス水準を改善するために，効果的な供給連鎖戦略は供給連鎖の種々の段階の相互作用を配慮しなければならない。

　Robert B. Hadfield and Earnest L. Nichols Jr は，1999 年 Prentice Hall 出版の「供給連鎖管理入門」で，川上の第2段階供給者から顧客に至る範囲を示している（図4.10）。

　J. A. Woods & E. J. Marien は「供給連鎖年鑑」（McGraw-Hill, 2001 年版）にて，供給連鎖モデルを図示している（図 4.11）。基本的には Robert B. Hadfield and Earnest L. Nichols Jr と同じである。

　J. A. Woods & E. J. Marien は新旧の比較図を簡単に示し，供給連鎖のロジ

129

第Ⅰ編　総　括　編

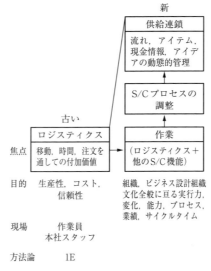

図4.12　供給連鎖モデル
出典）John A. Woods, Edward J. Marien：The Supply Chain Yearbook 2001 Edition, p.12, McGraw-Hill, 2001

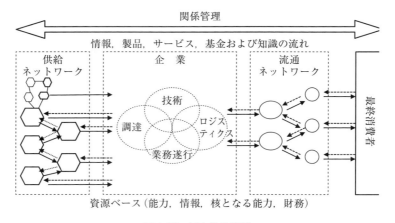

図4.13　統合供給連鎖
出典）Robert B. Handfield, Ernest L. Nichols, Jr.：Supply Chain Redesign, p.9, Prentice Hall, 2002

スティクスとの相違点を示している（図4.12）。しかしながら，新旧の比較という面では短絡的すぎるし，教条的すぎる。方法論，目的，焦点等の比較がそれであり，参考にはならない水準であるという意味であえて引用した。

R. B. Handfield, E. L. Nichols, Jr.は，2002年のPrentice Hall出版の「供給連鎖の再設計」にて，統合供給連鎖について図示している（図4.13）。統合とは称しても内容的には川上，川中，川下の一貫システムであり，真新しい内容はない。加えて，ロジスティクスについてはその範囲を無視している点が理解できない。

4.4.2　SCMの発展

SCMの発展段階は物流やロジスティクスの発展段階の延長線で捉えることができる。つまり，物流やロジスティクスの発展を，企業間物流またはロジスティクス，企業群間物流またはロジスティクス，産業間物流またはロジスティクス，地域間物流またはロジスティクス，社会物流またはロジスティクス，国際物流またはロジスティクス，あるいは国内ないしグローバルネットワーク物流またはロジスティクス等の用語も存在した。一例を示すと図4.14のとおりである。

SCMの発展に関する考えを以下に要約する。

M. Christopherは，その著書「ロジスティクスと供給連鎖管理」で発展段階を4段階に分け提案している（図4.15）。基本線・機能統合・内部統合・外部

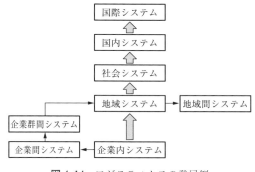

図4.14　ロジスティクスの発展例

第Ⅰ編　総　括　編

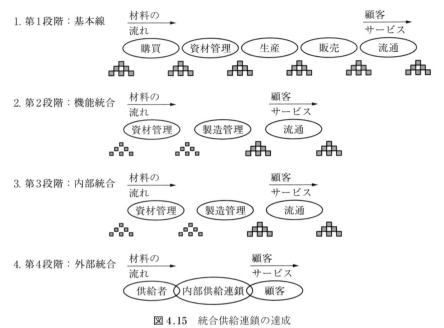

図 4.15　統合供給連鎖の達成

出典）Martin Christopher：Logistics and Supply Chain Management, PITMAN PUBLISHING, p.15, 1992

統合がそれである。外部統合によって統合供給連鎖が実現する。統合主体の視点からの発展モデルであり，一側面からの見方である。

　R. H. Ballou はその著書，「ビジネスロジスティクス/供給連鎖管理」において「供給連鎖に向けてのロジスティクスの進化」について図示している（図4.16）。この特徴はロジスティクスの延長線上に供給連鎖を置いたものといえる。つまり，主題のとおり供給連鎖に向けてのロジスティクスの進化である。

　J. L. Gattorna は，その編著「Gower ハンドブックの供給連鎖管理」で供給連鎖の進化を，機能・プロセス・産業チャネル・産業ネットワーク・4PL へと発展するとしている（図4.17）。機能組織は業務処理主体であり，次いで，プロセス志向および受給の統合化へと移行し，これは情報の共有化によって支援されている。最後の産業ネットワークに対応するのはコラボベースのインターネット時代である。さらに，供給連鎖の進化は製品寿命の短期化，普及製品

第4章 SCMの目的と使命・範囲・発展段階

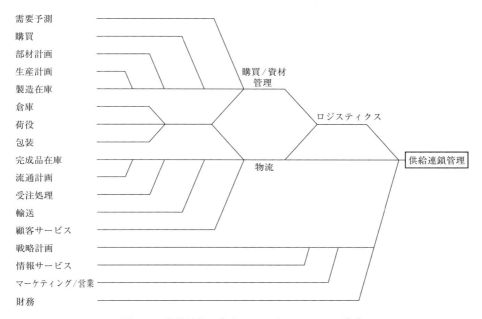

図4.16 供給連鎖に向けてのロジスティクスの進化
出典) Ronald H. Ballou：Business Logistics/Supply Chain Management, Fifth Edition, p.9, Pearson Prentice Hall, 1999

表4.6 購買の進化発展

段　　階	特　　徴
段　階　1 製品中心購買	有形製品の購買に一途に集中しかつこの製品を記述し，伝えられる次元をもたらす5つの"正しい"に関係した製品中心
段　階　2 プロセス中心購買	成果の関心を超え，成果を配達するプロセスを測定し始める製品中心
段　階　3 関係購買	購買者-供給者の関係を含み，かつ供給者の質と性質を管理することまでに拡張したプロセスと相関的な集中
段　階　4 パフォーマンス中心購買	最善の製品管理方法に集中 関係，プロセス，および成果を管理する統合的な技術を採用する。この方法を供給者との共有資源とする

出典) Kenneth Lysons and Michael Gillingham：Purchasing and Supply Chain Management, p.9, six Edition, Prentice Hall, 2003

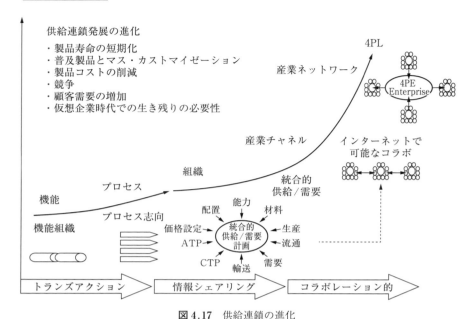

図 4.17　供給連鎖の進化
出典）Edited by John L. Gattorna：Gower Handbook of Supply Chain Management 5th edition, p. 6, Gower, 2003

とマス・カストマイゼーション，製品コストの削減，競争，顧客需要の増加あるいは仮想企業時代での生き残りの必要性を求めるという。

　Kenneth Lysons and Michael Gillingham はその著書「購買と供給連鎖管理」において，購買の進化について言及している（表4.6）。発展段階を4段階に区分し，製品中心購買からパフォーマンス中心購買に向けて発展するとする提案である。

4.4.3　SCM の管理

　一般にコントロールとは計画し，実行し，評価する（Plan-Do-See）ことであるとか，計画し，実行し，チェックし，評価することである（PDCA：Plan-Do-Check-Action）といわれているが，これを含め代表的な辞書から引用すると次のとおりである。

　第1に，広辞苑によれば，「管理とは管轄し処理すること，とりしきること，

第4章　SCMの目的と使命・範囲・発展段階

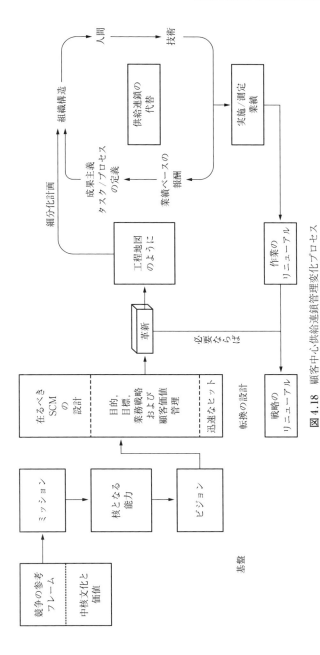

図4.18　顧客中心供給連鎖管理変化プロセス

出典) John A. Woods, Edward J. Marien : The Supply Chain Yearbook 2001 Edition, p.20, McGraw-Hill, 2001

第Ⅰ編　総　括　編

あるいは事務を経営し，物的設備の維持・管轄をなすことである」という。
第2に Webster によれば，"マネジメントとは「管理する行為または技術」，
「産業またはビジネスのプロジェクトまたは行動の結果責任をもって計画し，
組織し，調整し，指導し，管理し，監督する執行機能」"であるという。また，
"コントロールとは「管理する行為ないし事実」，「管理する力ないし権威：支
配を発揮したり，抑制したりする力ないし権威」，「人，会社，国などについ
て，自分の望む行動や働きをさせるよう，力を行使して支配する，管理（統
制）することである」"とされている。

　他面，購買の供給連鎖管理では，K. Lysons と M. Gillingham はその著書
「購買と供給管理」で，"供給管理は次のように定義付けられよう：供給者を選
定，調整，評価し，合理的な実行をし，供給者の潜在力を開発することに関係
する購買および調達の側面"であるという。

　つまり，供給連鎖管理とは，「供給連鎖を計画し，調整し，実行し，評価す
ることである」と定義している。調整機能を加えた理由は，供給連鎖遂行上調
整機能の存在が不可欠であり，したがって重要だからである。

　海外文献の調査から関連する諸見解を明らかにする。

　John A. Woods and Edward J. Marien はその著書「供給連鎖年鑑」にて顧客
中心型の供給連鎖管理プロセスについて示している（図4.18）。在るべき姿の
設計を前提に SCM の推進を図る，いわゆる，演繹法を基本として，変化に対
応する管理を提案しているのが特徴である。

　A. M. Brewer, K. J. Button および D. A. Hensher はその共編著の「ロジステ
ィクスと SCM」で，ロジスティクスを3区分し，台頭するロジスティクスは
管理境界の設定と戦略的管理の定義付けの必要性を提案している（表4.7）。
特にビジネスモデルの項では，管理責任者を担当役員から副社長の所管事項と
していることに注目されたい。組織上ロジスティクスの重要性が高まっている
ことを示しているからである。

　Peter F. Bolstorff and Robert Rosenbaum は，その著書「供給連鎖の卓越性」
において供給連鎖業績改善のための一般的な11テーマのシナリオを提案して
いる（図4.19）。業務改善が主であり，必ずしも SCM 管理ではないが，シナ
リオ7：能力の創造，シナリオ8：資源投資計画の最適化，シナリオ：9既存

第4章 SCMの目的と使命・範囲・発展段階

表4.7 進化するロジスティクス管理の最善の実施事項

旧ロジスティクス	現代ロジスティクス	台頭するロジスティクス
広まる智恵： 早い応答のため分散化	広まる智恵： 規模の経済を得るための集中化	台頭する智恵： 共有，即時，見える化型 企業全般システムの可能性
ビジネスモデル： ビジネス単位のロジスティクス管理 競争のため複数運輸会社/供給者の強制	ビジネスモデル： 本部のロジスティクス担当役員 全ビジネス単位の共有サービスとしてのロジスティクスハブの創設	ビジネスモデル： SCMの副社長 本部，ビジネス単位，供給者，流通業，および顧客の役員から成る複数企業管理チームの創設 戦略的パートナーシップに的を絞り，かつ供給者にオンライン入札を通じて競争と冗長性の注入
モデルのもつ主要課題： 事業部を跨る手段の欠如およびロジスティクスサービスを調達し，供給者を管理する規模の欠如	モデルのもつ主要課題： 価格とサービスにつき運輸業/仕入れ先を中心にする弱み 顧客の要求に適応する融通性の欠如	モデルのもつ主要課題： 供給連鎖を"反射する"多数の問題 管理境界の設定と戦略的管理の定義付けの必要性

出典) Edited by A. M. Brewer, K.J. Button and D.A. Hensher：Handbook of Logistics and Supply-Chain Management, p.49, PERGAMON, 2001

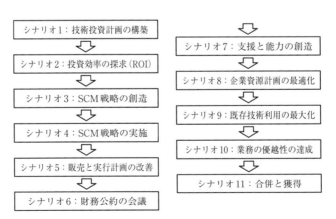

図4.19 供給連鎖業績改善：一般11テーマ

出典) Peter F. Bolstorff, Robert Rosenbaum：Supply Chain Excellence A Handbook Dramatic Improvement Using the SCOR Model XⅧ-XXⅲ，AMACOM, 2003

第 I 編　総　括　編

表 4.8　SCM の将来のための提案

提　　案	記　　述
1. 管理者は顧客の顧客を理解しなければならない	読者が供給連鎖の遥か後方—最終使用者から 1〜2 レベル後方にいるのであれば，最終利用者のニーズがどれだけ顧客や読者の後ろにあるかを理解するに違いない。
2. "すべてが数えられるものではないし，数が数えられるのはすべてではない"	有効な物差しを定義付けることは一見容易そうだが難しい。効率的な SCM にとっては伝統的な財務測定の多くは単純すぎる。
3. 情報技術をうまく用いる将来は緒目的の達成を妨げる	新技術の支援には供給連鎖パイプラインの可能性，例外状態および協調的な情報シェアリングが含まれている。
4. ロジスティクス/SCM はコラボの最適な個所である	この提案は企業のリエンジニアリングの著書である Micael Hammer のものである。組織は成功するために他からのサポートを必要とする。
5. 外部委託は重要になる	3PL 供与者や委託生産者がもたらすようなサービスは年間 20％を超える成長を続けよう。
6. "多国籍" と "グローバル" は世界の一部分である	企業が多くの国で経営するからといってグローバル供給連鎖をするのではない。たとえ同じ製品が国から国へと流れる場合であっても，これは本当である。"世界的に考え，地方的に行動せよ" という助言は孤立した地方の供給連鎖の設計に導こう。
7. 組織はその能力を知る必要がある	これらを定義付けるのには 3 つの基準が助けとなる： 1 必要とされる技能を持っているのか？ 2 その行動は組織の使命と一致しているか？ 3 この可能性に投資する能力を持っているか？ 　上記問いに対していずれも "No" の場合は，能力的にみてその行為は怪しいものとなる。もし能力がないのであれば，それを補うのは供給連鎖のパートナーの役割であるべきだ。
8. 勝者は最善の戦略を見分けて実行する	この提案の最も重要な特徴は勝利者には戦略があるということである。明らかに，それは良いものを持つのに役立つ。戦略は顧客を増進するべきものであり，革新と，差別化と，効率と能率の適正なミックスを作るべきである。

出典）James B. Ayers：SUPPLY CHAIN Project Management, p.11, St. Lucie Press, 2004

技術の最大化，シナリオ 10：優越した業務の実現，シナリオ 11：企業の合併と吸収は管理遂行上重要な事項である。

　James B. Ayers はその著書「供給連鎖プロジェクト管理」において供給連鎖管理の将来に必要な事項を提案している（表 4.8）。特に 3 の「情報技術を

第4章　SCMの目的と使命・範囲・発展段階

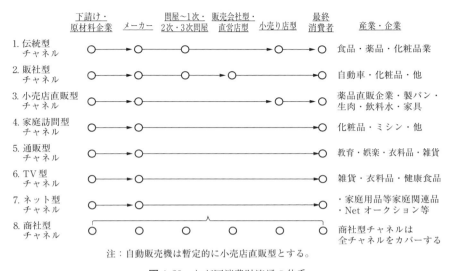

図 4.20　わが国消費財流通の体系

出典）Yutaka Karasawa：Introduction to Lgistics System, pp. 32-33, 1976, Modern Engineering Publishing, 1976

うまく用いる将来は諸目的の達成を妨げる」は情報の進歩と諸目的との乖離や矛盾が生ずる可能性のあることを意味している。管理というよりは将来に対する提案であるが参考資料として引用した。

　供給連鎖管理の対象となる範囲は，物の流通チャネル全体であり，垂直型，水平型，ネットワーク型が含まれることになる（図4.20）。当然のことながら，フォーワードとリバースの双方向の流通が含まれる。

　発展形態については，国内SCMネットワークからグローバルSCMネットワークに発展する一方，モーダル指向型SCMネットワークをベースに両者が統合することが最終的な発展方向を示すことになる。当初は，港湾型グローバルハブネットワーク志向を軸に，エアーターミナル型グローバルハブネットワーク志向，大陸内部ではレイル型グローバルハブネットワーク志向やロード型グローバルハブネットワーク志向が個々に発展し，次いでモーダルリンケージ型グローバルハブネットワーク志向に移行し，統合志向を目指して発展することになる。

第Ⅰ編　総　括　編

　一方，管理形態についてもまた，製品主体，個別企業主体から製品や企業を超えた共同志向型管理形態へと発展することになろう。

$$\boxed{\text{4.5　お わ り に}}$$

　本章では SCM の目的，使命について触れ，さらに発展形態を含む対象範囲や管理形態について簡単に触れた。特に，個々の考えについては海外の文献に負うところがほとんどであった。これは，ひとえにわが国の当該分野に対する研究の無関心さに起因するものであることを指摘しておく。

〈参考文献〉

1) Edited by JOHN L. GATTORNA：THE GOWER HANDBOOK OF LOGISTICS & DISTRIBUTION MANAGEMENT, p.316, Gower Publishing Company, 1990

2) Martin Christopher：Logistics and Supply Chain Management, p.13, PITMAN PUBLISHING, 1992

3) Alan R, Raedels：Value Focused Chain Management Getting the Most of Out of the Supply Function, IRWIN, 1995

4) Kenneth B. Ackerman：Practical Handbook of Warehousing, Materials Management /Logistics Handbook, FOURTH EDITION, CHAPMAN & HALL, 1997

5) Edited by John Gattorna：Strategic Supply Chain Alignment Logistics, Gower, 1998

6) Rhonda R. Lummus & Robert J. Vokurka：Defining Supply Management, A historical perspective and practical guidance, pp.11-17, Industrial Management & Data Systems, 99/1, 1999,

7) Council of Supply Chain Management Professionals （URL, 2010）

8) Practical Handbook of Warehousing, Fourth Edition, Kenneth B. Ackerman, pp. 34-35, CHAPMAN & HALL, 1997

9) Alan R. Raedels：Professor, School of Business Administration, Portland State University, Value-Focused Supply Management, pp.159-160, IRWIN, 1995

10) Edited by John L. Gattorna：Strategic Supply Chain Alignment, p.1, 2, pp.4-7,

Gower, 1998,

11） Genne Tyndall, Christopher Gopal, Wolfgang Partsch, and John Kamauff. John：Supercharging Supply Chains, pp.10-11, Wiley & Sons, 1998

12） David Frederick Ross：Competing Through Supply Chain Management, Kluwer Academic Publishers, 1997

13） Ronald H. Ballou：Business Logistics/Supply Chain Management, Fifth Edition, Pearson Prentice Hall, 1999

14） Robin Cooper & Regine Slagmulder：Supply Chain Development for the Lean Enterprise, p.116,121,The IMA Publication for Applied Research, Inc.,1995.The Council of Supply Chain Management URL 2011

15） Robert B. Hadfield and Earnest L. Nichols Jr.：Introduction to Supply Chain Management, p.2, Prentice Hall,1999

16） Edited by David Taylor：Global Cases in Logistics and Supply Chain Management, International Thomson Business Press, 1998

17） David Simchi-Levy, Philip Kaminsky, Edith Simchi-Levy：Designing and Managing the Supply Chain, Irwin McGraw-Hill, 2000

18） Charles C. Poirier & Michel J. Bauer：E-SUPPLY CHAIN, Berrett-Koehlers Publishers, Inc., 2000

19） Peter Hines, Richard Lamming, Daniel Jones, Paul Cousin, Nick Rich：Value Stream Management, Prentice Hall, 2000

20） Lawrence D. Fredendall and Ed Hill：BASICS of Supply Chain Management, CRC Press LLC, 2001.

21） Bernard J. La Londe, and Martha C. Cooper：PARTNERSHIPS IN PROVIDING CUSTOMER SERVICE：A Third－Party Perspective, Council of Logistics Management, 1989.

22） 広辞苑第三版，p.1102，岩波書店，1998

23） James B. Ayers：SUPPLY CHAIN Project Management, p.11, St. Lucie Press, 2004

24） 仲摩行弘，唐澤豊，相浦宣徳，鈴木邦成：SCM の定義に関する海外文献研究，日本ロジスティクスシステム学会誌，Vol.12, No.1, pp.43-64，2013 年 9 月

25） 唐澤豊 et al.：物流理念・目的の発展モデルの提案とわが国のポジショニングに関する分析，日本物流学会第 9 回全国大会予稿集，pp.33-37, 1992 年 11 月

第 I 編 総 括 編

26) 唐澤豊, 高橋均, 相浦宣徳：物流目的発展に関する基本的研究, 日本物流学会
第 15 回全国大会予稿集, pp.38-41, 1998 年 8 月

27) 唐澤豊, 若林敬造：ロジスティクスの由来・使命・目的に関する基本的研究—
海外文献調査, 日本ロジスティクスシステム学会第 2 回全国大会予稿集,
pp.17-20, 1999 年 9 月

28) 唐澤豊, 相浦宣徳：ロジスティクス目的に関する基本的研究, 日本ロジスティ
クスシステム学会, 第 5 回全国大会予稿集, pp.136-139, 2002 年 9 月

29) 唐澤豊, 佐野良佑：ロジスティクス合理化に関する基本的研究, 日本ロジステ
ィクスシステム学会, 第 5 回全国大会予稿集, pp.144-147, 2002 年 9 月

30) 唐澤豊, 相浦宣徳, 鈴木邦成：SCM とロジスティクスの範囲・発展段階に関
する海外文献研究—中間報告, 日本ロジスティクスシステム学会, 第 15 回全
国大会予稿集, pp.61-68, 2012 年 6 月

31) 唐澤豊, 相浦宣徳, 鈴木邦成, 佐藤勝尚：SCM の戦略・管理に関する海外文
献研究　中間報告Ⅲ, 日本ロジスティクスシステム学会, 第 15 回全国大会予
稿集, pp.69-74, 2012 年 6 月

唐澤　豊

<table>
<tr><td>**5**</td><td># 経営戦略の基本</td></tr>
</table>

5.1 はじめに

　本章では，経営戦略の定義を明らかにするとともに，経営戦略関係の代表的な基本理論を引用し，企業における経営戦略の推進の基本方法の参考とする。他方，経営戦略とは不可分離の関係にある意思決定論についてもその基本的かつ代表的な理論を明らかにする。さらに，経営戦略の中核的な存在である多角化戦略についても代表的な理論を引用し，多角化戦略の基本を明らかにする。

5.2 戦略の定義

　経営戦略およびこれに関連する辞書上の定義を引用し，本章で使用する経営戦略の定義を明らかにする。内外の代表的な辞書上の定義を引用すると下記のとおりである。

(1) 戦略の定義[1]

① いくさのはかりごと。戦いの方略。軍略。戦略。

② 兵団運用の方策。各種の戦闘を，総合，運用する方法。

(2) 戦術の定義[2]

① 戦争の仕方，戦法

② 戦争のための戦闘実行の方術で，その他戦闘実行に伴う諸般の行動・施設・運用などをも含む。一個の戦闘における戦闘力の使用法。

(3) 経営戦略の定義[3]

企業の持続的発展のために経営活動の基本的な方向づけを行うこと

(4) Webster's Third New International Dictionary の戦略の定義[4]

① 平和あるいは戦争において採用された政策を最大限の支援を成し遂げるために1国または多数の国の政治，経済，哲学，ならびに軍事力を用いる科学であり芸術である。

② 有利な条件下で戦闘中の敵と遭遇するために用いる軍事の指揮の科学であり芸術である。

Strategy：p. 2256, Right Colum-Strategia

上記戦略を要約すると，戦略とは，「いくさのはかりごと」であり，「1国または多数の国の政治，経済，哲学，ならびに軍事力を用いる科学であり芸術」であるということができる。

さて，以上を要約し図示すると図5.1のとおりである。広辞苑で代表されるように，経営戦略とは，「企業の持続的発展のために経営活動の基本的な方向付け」である。したがって，本章では，経営戦略とは「経営活動の基本的な方向付けをすることである」と定義付ける。

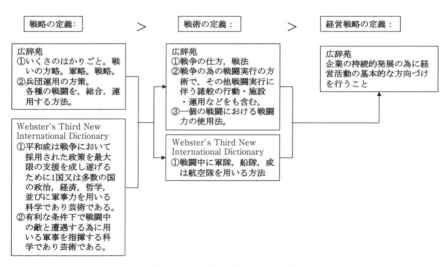

図5.1 戦略等の辞書上の定義

第5章　経営戦略の基本

5.3　代表的な経営戦略関連理論の引用

代表的な4つの理論を引用し，経営戦略論について明らかにする。
- 組織構造は戦略に従う―A. D. Chandler
- 経営システムのプロセス―R. N. Anthony
- 企業における主たる意思決定の種別―H. I. Ansoff
- ポーターの経営戦略策定の5プロセス―M. E. Porter

(1)　A. D. Chandler

チャンドラー（Chandler, A. D.）は，アメリカの大企業であるデュポン，GM，スタンダード・オイル，シアズ・ローバックの経営的な変遷を調べ，経営者は「2種類の経営管理」を扱う必要があると指摘した。

第1は，長期的な企業体質に関することであり，第2は日常業務を円滑に行うことである。後者（日常業務の職能）が通常「管理」と呼ばれるものであるが，前者（長期的な職能）はChandlerがアメリカ企業の事例的分析の中から見出したもので，今日でいう「戦略」という範疇に入る。

経営資源を効率的に活用する内的な管理職能以外に，長期的展望に立って企業全体の方向性を見定める戦略的な管理職能があることを明示したわけである。そして，事業活動の量的拡大や地理的分散，あるいは垂直的統合や多角化に応じて，伝統的な職能部門組織から事業部制のような組織に変わっていくことを事業の中で確認した。

チャンドラーは「組織構造は戦略に従う」，環境変化への適応が内部の組織構造を規定していると主張した。

(2)　R. N. Anthony

Tan Miller（Consultant）2003年の著書「Hierarchical Operations and Supply Chain Planning」で，Robert Anthony（1965）は，階層型生産計画において理論家と実務家の双方が頻繁に引用しかつ採用した計画の枠組みを提案した。この枠組みは，管理的意思決定の階層的な性質を将来の展望に組み込むのに役立つものと考えられている。多くの著者は，第2分類を戦術計画，第3分類を業務計画としているが，Anthonyも同様に，経営システムのプロセス

145

第 I 編　総　括　編

表 5.1　経営システムのプロセス（R. N. Anthony）

経営計画	経営管理	業務管理
・企業目標の選択	・予算編成	・予算の実施
・組織計画	・スタッフ配置計画	・採用の実施
・人事政策の設定	・業務分掌の作成	・政策の実施
・財務政策の設定	・資本計画の実現	・信用期限延長の管理
・マーケティング方針の決定	・広告計画の作成	・広告実施の管理
・研究方針の決定	・研究プロジェクトの決定	
・新製品品種の選択	・製品改良の選択	・情報処理サービス
・会社の拡張，合併	・工場再編成の決定	・生産計画の作成
・経常以外の資本支出の決	・経常資本支出の決定	・物流業務の推進，管理
・拠点製作の決定	・作業管理に関する決定ルー	・在庫管理
・新規事業の選択	ルの制定	
	・マネジメントの業績の測	・作業者能率の測定，評価，
	定，評価，改善	改善

出典）Robert N. Anthony：planning Control Systems；A Framework for Analysis（Boston：Division of Research, Graduate School of Business, Harvard University, 1990), p. 19, 安藤嘉昭 et al 訳，建帛社，p. 21, 1973 年，一部追加
　　　唐澤豊：経営情報システムの分析と設計，オーム社，第 2 版，p. 60, 1991

を「経営計画，経営管理，業務管理」としている（表 5.1）。

　一般に，経営組織構造を計画，管理および業務に区分する三分説と戦略，計画，管理および業務の四分説に立脚する立場がある。

　管理とは，計画し，実施し，評価することであるから，管理には計画が含まれるとして三分説に準拠すべきであるとする考えも存在し，これを否定することはできない。しかし，本章では，研究のスタンスを明確にする意味と戦略論の立場から四分説，つまり，戦略，計画，管理，および業務の四区分に準拠することとする。

(3)　H. I. Ansoff

H. I. Ansoff は，その著書の「企業における主たる意思決定の種別」（表 5.2）で，意思決定レベルを，戦略的意思決定，管理的意思決定，ならびに業務的意思決定の 3 種類に区分し，組織階層に対応した型で意思決定を示している。この意思決定に関するこの考えは，多くの研究者に受け入れられ今日に至っている。本章でも当該考えに準拠している。

146

第5章　経営戦略の基本

表 5.2　企業における主たる意思決定の種別（H. I. Ansoff）

項目 意思決定レベル	問題	問題の性格	主要な決定事項	主たる特性
戦略的意思決定	企業の基本的収益力を最適度に発揮できるような製品・非常ミックスを選択すること	総資源的収益力を製品・市場の諸機会に割り当てること	初目標および最終目標 多角化戦略 拡大化戦略 管理面の戦略 財務戦略 成長方式 成長のタイミング	集権的に行われるもの 部分的無知の状態 日反復的 日自然発生的
管理的意思決定	最適度の業績を上げるために企業の資源を組織化すること	資源の組織化、調達、開発	組織機構：情報、権限及び 職責の組織化 資源転化の組織化：仕事の 流れ、流通システム、諸施 設の立地 資源の調達と開発：資金調 達、施設および設備、人 材、原材料	戦略と業務との間の葛藤 個人目標と組織目標の葛藤 経済的変数と社会的変数と の強い結び付き 戦略的問題や業務的問題に 端を発していること
業務的意思決定	資本収益力を最適度に発揮すること	・主要な機能分野に資源を 予算の形で割り当てること ・資源の適用と転化を日程 的に計画すること ・監督しコントロールする こと	業務上の諸目標と最終目標 販売価格とアウトプットの 量（生産高） 業務上の諸水準：生産の日 程計画、在庫量、格納、マ ーケティングの方針と戦略 コントロール	分権的に行われるもの リスクと不確実性を伴うこ と 反復的 多量的 複雑さのために最適化がこ 義的にならざるをえないこ と 自然発生的

出典）H. I. アンゾフ著、広田寿亮訳：企業戦略論、p. 12、産業能率大学出版部、1981

第Ⅰ編　総　括　編

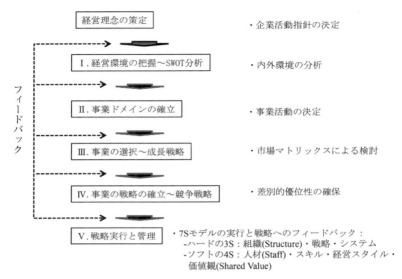

図 5.2　M. E. Porter 経営戦略策定の 5 プロセス
出典）青井倫一監修：通勤大学 MBA 1 新版，総合法令出版，p. 211, 2011

(4)　M. E. Porter の経営戦略策定の 5 プロセス

M. E. Porter（Massachusetts Institute Technology 教授）は，戦略策定に当たって 5 つのプロセス（図 5.2）を提案している。つまり，経営理念の策定に始まり，経営環境の把握，事業ドメインの確立，事業の選択～成長戦略，事業の戦略の確立～競争戦略，および戦略実行と管理を提案している。経営理念の策定に始まり，経営環境の把握，事業ドメインの確立，事業の選択～成長戦略，事業の戦略の確立～競争戦略，および戦略実行と管理がそれである。経営理念の策定，環境の把握，事業ドメインの確立という順序は，マーケティング志向であり，戦略論的には，後述する環境分析，目標設定，戦略策定の順序が一般的である。

Porter の戦略論は 3 つの基本戦略に代表される。すなわち，第 1 はコストリーダーシップ戦略で競合他社に対して低コストを実現することによって競争優位性を確保する戦略であり，第 2 は差別化戦略で，製品とサービスの差別化を図り，市場競争力を他社よりも強くする戦略である。第 3 は集中戦略で，特定市場に，会社の資源を集中的に投入して，競争上の優位性を確保することを

狙った戦略である。

　Porter は業界の魅力度を分析するための手段としてファイブフォース分析を提案している。

　第1に業界内の既存の競合をあげ，・競合が多い場合，・製品の差別化が難しい場合，・撤退する場合の障壁が高い場合等を配慮すべきであるとしている。一般に競争が激しくかつ製品の差別化が難しい場合には価格競争に陥り，利益率を極端に引き下げるからである。

　第2は新規参入業者の脅威で，・投下資本が少なくて参入できる場合，・法的規制が少ない場合，・技術上の障壁が低い場合等をあげている。当然のことながら，市場競争が激化し厳しい経営が要求される。

　第3は代替品の脅威で，・代替品のコストパフォーマンスが高い場合，・新しい供給体制が確立された場合等が考えられている。競争が不利となり，またチャネル等が短くなれば中間レベルで必要なコスト削減が実現し，競争製品の価格競争力を高めることになる。

　第4は売り手の交渉力で，・代替品がない場合，・売り手が少ない場合，・購買対象品が自社のコアとなる製品の場合等が考えられる。当然のことながら売り手市場となり，買い手側の価格交渉力は相対的に減少する。

　第5は買手の交渉力で，・代替品が多数ある，・買手が少ない，・買手の購入量が多い，・買手の情報量が多い等が考えられる。第4の逆の現象であり，買手市場で売り手側の価格交渉力は弱まる。

　Porter は上記のような市場を観察し，評価し，最終的に自社の経営判断を行うことが重要なことであると指摘している。しかしながら，この理論は，抽象的な定性論であるため，現実的に個々の企業の特性を配慮して業界特性を把握し，認識した上で利用すべきである。現実的には，市場構造は複雑であるためこれら5要素が絡み合って1つの市場を形成しているのであるから，個々の市場特性に対応して戦略や意思決定をすべきことは当然のことである。

　Porter については，Kenneth Lysons（Consultant）と Michael Gillingham（Senior Lecturer, Thames Valley University）が，2003 年の著書，『Purchasing and Supply Chain Management（p. 11）』にて，以下のように批判している。

　1)　Porter の「価値流や5力ダイヤモンドのような（ポーターの）モデル

第Ⅰ編　総　括　編

は，戦略管理に長い間影響をもってきた。しかしながら，これらのモデルは，批判の増加にさらされている。…（中略）…5つの力モデルとその他の批判は下記を含んでいる。

2）　経済条件の変化。ポーターの理論は，強力な競争，企業内競争および比較的安定した構造によって特徴付けられる1980年代の経済情勢に関係している。インターネットやe-ビジネスの適用が全産業を変える力をもつ今日のダイナミックな環境にはあまり関係していない。

しかしながら，Porter Modelは依然として健在であり，1つの考えであるものといえよう。

5.4　代表的な意思決定理論の引用

意思決定とは，"一定の目的を達成するために選択する人間の合理的な行動である"といわれているが，経営管理論の立場からしても，意思決定を組織の中枢概念として捉える考えがある。

(1)　H. A. Simon

H. A. Simonによれば，人間の意思決定プロセスは3つの段階から成っている。

第1段階は発見段階（intelligence phase）で，問題の発見と，課題解決のための情報収集段階

第2段階は設計段階（design phase）で，代替案の設計の段階

第3段階は選択段階（choice phase）で，複数の代替案の中から1つを選択する段階

H. A. Simonは，経営管理論を，伝統的管理論，人間関係論，および意思決定論の3つに分類している。そして，さらに意思決定を定型的意思決定（programmable decision）と非定形的意思決定（non programmable decision）に区分している。つまり，意思決定をプログラム可能なものと非可能なものとに分類している点にその特徴があるものといえる。

(2)　G. Katona

心理学の分野ではG. Katonaは，意思決定を習慣的行動（routine behavior）

第5章 経営戦略の基本

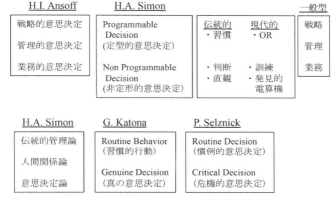

図5.3 心理・社会・経営学者の意思決定論

と真の意思決定（genuine decision）の2つに分けて捉えている（図5.3）。習慣的行動とは日々当然のように行われる行動であり，真の意思決定とは自己の意思で二者択一的な選択をするような場合をいう。

(3) P. Selznick

社会科学の分野では，P. Selznick は，意思決定を慣例的意思決定（routine decision）と危機的意思決定（critical decision）に区分している。G. Katona の考えに近い理論である。

(4) C. I. Bernard

C. I. Bernard は，その著書『経営者の機能（The Function of The Executives)』において意思決定を個人的意思決定（individual decision）と組織的意思決定（organizational decision）の2つに区分している。つまり，個人的意思決定とは，個人のもつ目標を評価尺度として，組織との関わり合いを決定することであり，組織的意思決定とは，組織の一員として組織目標を達成するために行う非個性的な意思決定である。

一方，情報処理分野の意思決定に関する見解は次のとおりである。

(5) P. G. W. Kean

P. G. W. Kean は，次の3つの概念に基づいている。
- コンピュータはマネジメントを支援する。
- 分析過程では人間の洞察力が必要である。

151

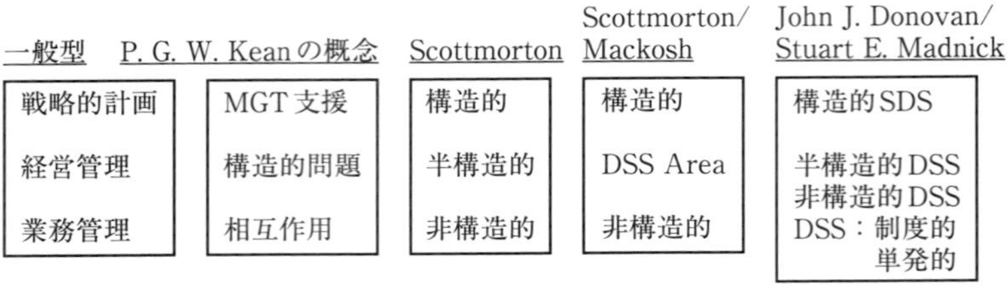

第 I 編　総　括　編

一般型	P. G. W. Kean の概念	Scottmorton	Scottmorton/ Mackosh	John J. Donovan/ Stuart E. Madnick
戦略的計画	MGT 支援	構造的	構造的	構造的 SDS
経営管理	構造的問題	半構造的	DSS Area	半構造的 DSS 非構造的 DSS
業務管理	相互作用	非構造的	非構造的	DSS：制度的 単発的

図 5.4　情報系の意思決定理論

・マン・マシンの相互作用により効果的な問題解決が可能である。

ただし，相互作用にはフィードバックシステムが必要であるとしている（図5.4）。

(6)　Michael S. Scottmorton

Scottmorton は，意思決定を構造的（structured），半構造的（semi structured），非構造的（unstructured）に区分している。構造的とは構造が明らかなシステム，非構造的とは定常的な事象ではなくてアドホック的なシステムであり，半構造的とはその中間を意味している。

(7)　Scottmorton/Mackosh

Scottmorton/Mackosh は構造的意思決定（structured decision system：SDS），半構造的意思決定（semi structured decision system：SSDS）および非構造的意思決定（unstructured decision system：UDS）としている。前述のScottmorton のモデルと同類であるが，半構造的な部分の定義が不明瞭になるという欠点をもっている。

(8)　John J. Donovan/Stuart E. Madnick

John J. Donovan/Stuart E. Madnick は，意思決定を，構造的 SDS，半構造的DSS，非構造的 DSS と区分している。情報系意思決定論の特徴は，構造的か非構造的かを判断基準としていることである。

ここで，上記の各理論を要約すると，戦略的意思決定とは "一定の目的を達成するために選択する企業の合理的な戦略的な行動である" ということができる。

152

第5章 経営戦略の基本

5.5 代表的な多角化戦略論の引用

多角化戦略については下記3点から概述する。
- 旧財閥の多角化
- 戦略展開の基本型（唐澤モデル）
- 多角化展開基本型（唐澤モデル）

(1) 旧財閥の多角化

著者が要約した旧財閥の特徴は核となる本業をベースに時代的特徴とともに発展したことにある（図5.5）。つまり，明治時代における日本の近代化とともに発展した結果に他ならない。小売業を除くとほとんどの財閥がほとんどの産業に進出していることがわかる。

(2) 戦略展開の基本型

亀の子型モデルとは，中核産業に関連のあるビジネスを展開する方法である。たとえば，紡績産業であれば，紡績から織物産業に進出し，次いで衣料産業を設立する型である（図5.6）。

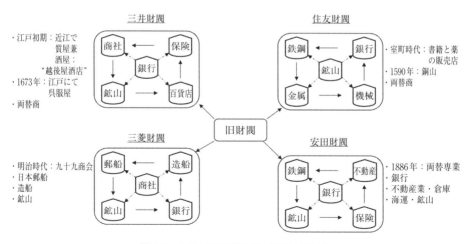

図5.5 旧財閥の中核企業（唐澤モデル）

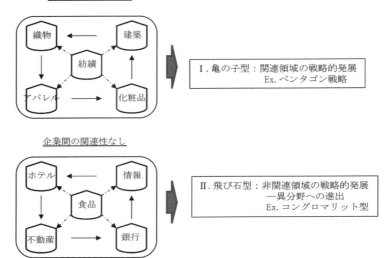

図5.6 戦略展開の基本型（唐澤モデル）

表5.3 多角化展開基本型（唐澤モデル）

進化分類 生成 分類 チャネル分類	Ⅰ亀の甲型		Ⅱ飛び石型	
	A.分社型 子会社	B.M&A型 子会社	A.分社型 子会社	B.M&A型 子会社
①垂直型	ⅠA-①型	ⅠB-①型	ⅡA-①型	ⅡB-①型
②水平型	ⅠA-②型	ⅠB-②型	ⅡA-②型	ⅡB-②型

　他方，飛び石型とは，中核産業とは関係のない産業に進出し，多角化を推進する戦略である。たとえば，食品産業がホテル事業に進出し，さらに不動産や金融業に進出，発展する形態がそれである。

(3) 多角化展開基本型（唐澤モデル）

　亀の子型と飛び石型を細分化し，分社型とM&A型に細分化するとともに垂直型と水平型とのマトリックス表現する考え方である（表5.3）。ここで分社型とは，事業部や子会社を独立させることであり，M&A型とは吸収あるいは合併によって多角化を推進することである。また，垂直型とは流通チャネルの川上，川中，川下を意味し，水平型とは流通チャネルを水平的に多角化を推

進することである．

5.6 おわりに

本章では，戦略の定義，代表的な経営戦略関係の理論の引用，代表的な意思決定理論の引用，ならびに代表的な多角化戦略論の引用等本研究に関わる理論について引用した。本章は第6章 経営戦略論の基本の導入の役割を果たしている。

〈参考文献〉

1) 新村出編：広辞苑，p. 1237 上段，岩波書店，1964
2) 新村出編：広辞苑，p. 1225 下段，岩波書店，1964
3) 青井倫一監修：通勤大学 MBA 1 新版，p. 208，総合法令出版，2011
4) Webster's Third New International Dictionary, p. 2256, 1986
5) Webster's Third New International Dictionary, p. 2327, 1986
6) 唐澤豊，相浦宣徳，鈴木邦成，若林敬造，仲摩行弘：SCM の定義に関する海外文献研究，日本ロジスティクスシステム学会誌，Vol.13, No.1, pp. 43-64, 2013年9月
7) 唐澤豊，相浦宣徳，鈴木邦成：SCM の定義に関する海外文献研究 中間報告，日本ロジスティクスシステム学会第 15 回全国大会予稿集，pp. 55-60, 2012 年 6月
8) 唐澤豊，相浦宣徳，鈴木邦成，佐藤勝尚：SCM の戦略・管理に関する海外文献研究 中間報告Ⅲ，日本ロジスティクスシステム学会第 15 回全国大会予稿集，pp. 69-74, 2012 年 6 月
9) 唐澤豊，相浦宣徳，鈴木邦成，若林敬造：SCM の定義に関する海外文献研究 中間報告Ⅱ，日本ロジスティクスシステム学会第 16 回全国大会予稿集，pp. 43-50, 2013 年 5 月
10) 唐澤豊，相浦宣徳，鈴木邦成：SCM の戦略に関する海外文献研究 中間報告Ⅱ，日本ロジスティクスシステム学会第 16 回全国大会予稿集，pp. 61-68, 2013年 5 月
11) 唐澤豊：経営情報システムの分析と設計，オーム社，第 2 版，1991

唐澤 豊

6 経営戦略の基本展開

6.1 はじめに

　本章は経営戦略の実施の概要について明らかにすることを目的としている。したがって，経営全体の計画についてその要点を捉え，次いで戦略計画の基本類型について触れ，経営戦略のフレームワークについて明らかにする。経営戦略の基本構造は SCM 戦略の基本構造のベースとなるので理解しなければならない項目である。最後に経営戦略の基本フレームワークに従って経営戦略の基本的な展開，進め方について明らかにする。

6.2 経営計画と経営戦略の基本

6.2.1 経営計画の種類と特徴

　経営戦略の対象は国際経営戦略と国内経営戦略がある（図 6.1）。基本的には上部組織から下部組織に戦略の指示があり，下部組織がこれに応えて最終的に両者の調整となる。国際経営戦略のうち特に大規模な企業を多国籍企業と呼び，多国籍企業の経営戦略として分ける場合もある。

第Ⅰ編　総　括　編

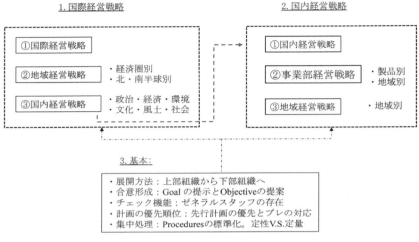

図 6.1　経営戦略の対象

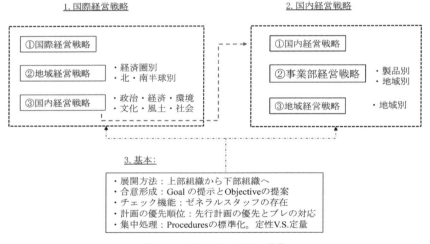

図 6.2　経営戦略・計画の特徴

　基本的な経営計画は超長期計画，長期計画，中期計画，および短期計画の 4 種類があり，その計画期間は大ざっぱには 10 年前後，5 年前後，3 年前後，2 年である（図 6.2）。しかし，現代のように不透明な時代には資源産業のような産業を除き超長期計画を立案するのは難しくなっている。計画には，毎年計

第6章 経営戦略の基本展開

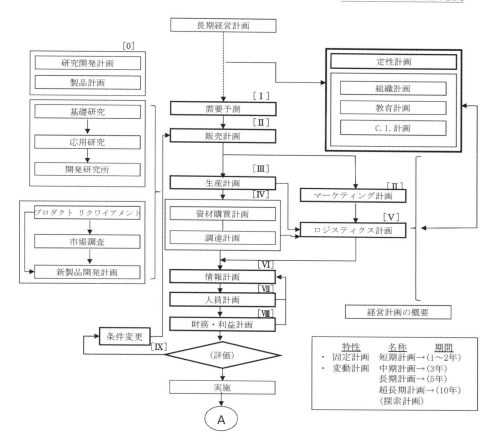

図 6.3　長期経営計画枠組み（唐澤モデル）

画を変えるローリング計画と計画年度に立案した内容は原則として変えない固定計画とがある。

　長期経営計画の枠組みは図 6.3 に示すとおりである。需要予測を前提に販売計画等関連計画を連鎖的に計画立案することになる。長期計画と戦略計画の立案プロセスは基本的には類似していて立案を先行する部門の計画を前提に当該部門の最終計画が決定される。研究開発部門は全体計画の先行計画となるが，短絡的には，基幹計画として需要予測，販売計画，生産計画，資材購買計画，ロジスティクス計画の順に計画が立案される。なお，一般に，長期総合経営計

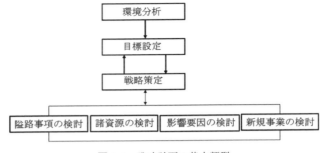

図6.4 戦略計画の基本類型

画と長期戦略計画は本来異なるものであるが，現在ではほぼ同じように使われている。

6.2.2 戦略計画の基本類型

戦略計画立案の基本要素を示すと図6.4のとおりである。戦略展開の項で詳細について述べるので本項ではその手順を簡単に説明するに留める。まず，環境分析に着手して，企業の目標設定をすることから開始する。設定した目標を実現するために戦略が総合的に検討される。戦略策定がそれである。目標実現や戦略策定のために検討しなければならないのが事業部間あるいは部門間に生じている解決すべき問題，すなわち，隘路事項の検討である。同様な理由で配慮しなければならない人材，財務，技術等を含む企業内外の諸資源の検討，企業の将来を託す新規事業あるいは計画に影響を及ぼしそうな影響要因等が総合的に検討される。

6.2.3 戦略計画の展開

戦略計画展開の概要は唐澤モデルにて明らかにする（図6.5）。企業全体の戦略を遂行するプロセスで，このプロセスは，販売，生産，購買等のすべてに共通するプロセスである。

(1) 環境分析

最初に着手すべきことは環境分析で，政治，経済，技術，社会・文化あるいは環境等の分析である。企業が目標に影響を与える環境要因をマクロ環境分析

第6章 経営戦略の基本展開

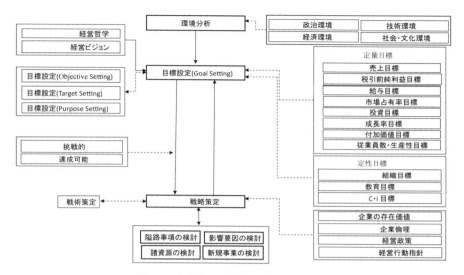

図6.5 戦略計画の枠組み（唐澤モデル）

とミクロ環境分析あるいは外部環境分析と内部環境分析に区分し，分析を行い目標設定や設定された目標の検証を行う。

　政治環境分析とは，至近な例では，政権交代があるのかないのか，あるとすれば次の政権はどのような政策を展開するのか，その結果企業にどのような影響をもたらすのか，また，政権交代がないとしたら現在の政策を実施するのか，たとえば消費税の増税はあるのかないのか，あるとすれば自社にどのような影響をもたらし，結果として最終的に自社の販売や利益目標にどのような影響を与えるのか等についての分析をすることがそれである。

　経済環境分析とは，政府や研究機関の経済予測はどうなっているのか，その数値が企業の販売や利益にどう影響するかというような国内経済から為替変動はどのようになるのか，その結果自社にどのような影響をもたらすかという国際経済のマクロ的な分析のみならず，業界環境，市場環境などを含むミクロ的な環境を分析し，目標数値を検証する。企業によっては，専門のカンパニー・エコノミストを組織化し，マクロ経済分析に専念させている場合ある。

　技術環境分析とは自社が現在保有する技術，現在開発している技術，あるい

161

第Ⅰ編 総 括 編

は将来開発する技術など既存技術のみならず，まったく新しい技術についての検討をして企業目標に関連付ける分析である。その対象は，国内はもとより広く世界の技術動向を含む。たとえば，既存技術のままであると計画期間中のある時点から販売高が減少する可能性があるが，この販売高の落ち込みを新技術によって埋めるとともにより増加させて企業の安定成長を図る等がその例である。流通業の場合には既存製品の改良あるいは新製品開発などが同じ意味をもつ。

社会・文化環境分析は，社会の価値観の変化が消費動向にどのように変化を与え，その結果として自社のビジネスにいかなる影響をもたらすかを分析する等が一例である。最近では，スマホの利用あるいは e-マーケティング等が消費動向にいかなる影響を与えるかについての検討などが卑近な例として考えられる。

経営全体としての環境分析を実施するに当たっては，次の諸点を配慮すべきである。すなわち，

- 現在および将来にわたって，政治，経済，技術，社会，エコ環境など企業に関連するあらゆる環境を分析し，それが企業に及ぼす要因を明確にする。
- 分析した環境における企業体質の健全性を総合的に検討し，当該環境に対する企業の長所，短所を明らかにする。
- 使用すべき仮設あるいは前提がある場合にはこれを明確にし，これを前提とした環境の変化と目標設定の関係を明らかにする。
- 全体としてあるいは個別的に環境分析と目標設定との因果関係を明らかにする。

たとえば，

- GDP 等政府機関の経済予側数値と自社への影響
- 政府の景気政策と自社への影響
- 国際為替市場における円の動向と自社への影響
- ゼロ金利政策の想定期間と自社への影響
- 金融動向，公定歩合の動向と自社への影響
- 国際収支の見通しと自社への影響

第6章　経営戦略の基本展開

等経済面をとっても枚挙に暇がない。

　さらにミクロ分析の1つである市場環境分析の一例をあげると下記のとおりである。特に，現代のようにネットビジネスの急速な増加のように流通市場自体が大きな変革期を迎えている時代には，企業の迅速な市場適応力が要求されている。

　したがって，流通チャネルの分析，顧客動向の分析，競争企業の分析，需給特性の分析，製品開発動向の分析等を総合的なネットワークとして捉え，分析し，新しいシステムを創造しなければならない。後述するが，総合経営戦略あるいは経営レベルでの環境分析で消費動向環境や生産，技術，ロジスティクス，労働市場，給与所得水準等の環境分析をするが，当然のことながら，個々の事業部でもそれぞれに必要な環境分析は行わなければならない。戦略推進の基本構造とプロセスは経営全体もその傘下の個々の組織も同じだからである。

　このように，環境分析は一国の経済あるいは業界における企業の位置を，販売力，供給能力，資金力，組織力，開発能力，サービス力，人材力など企業内部の要因はもちろんのこと，市場動向など外部要因の観点から総合的に評価検討するとともに，政治，経済，社会，技術，エコ，等の諸環境が将来どのように変化し，その変化によって業界あるいは企業がいかなる影響を受けるかを分析し，企業目標を設定に寄与するためには不可欠な要素である。環境分析は目標設定を支援したり，チェックしたりする両面性をもっている分析である。

(2)　目標設定

　先に述べたように，多国籍企業の一部企業では，本国にある親会社が世界各国にある子会社に対して，親会社が設定したそれぞれの子会社に与える目的あるいは目標を「target」とし，親会社から受けた目標をそれぞれの子会社が検討し，親会社に提出する目標を「goal」としている企業もある。すなわち，同意語の「target」と「goal」とを使い分けしている。

　一般に目標には定量目標と定性目標があり，前者は販売高や利益のように数値化し，定量化できる目標であり，後者は組織や教育のように定量化できない目標のことである。一般に，定性目標は定量目標に比べて重要度が低く見られがちであるが，戦略展開に際しては，定性目標は定量目標と同様に重要であるとされている。換言すると，戦略展開においては，定性論は定量論と同様に重

163

第Ⅰ編　総　括　編

要な役割を果たすということである。

　定量目標の代表的なものは，目標販売高，目標利益，目標給与水準，目標生産性，コストダウン目標等がその例である。一方，定性目標の代表としては，組織改革・変更，人材教育・育成，資格制度，モラルの向上等をあげることができる。

　目標設定は常に戦略策定と有機的に結合されることが要求される。目標はあくまで実行可能な目標であって，理想的な目標であってはならない。これを要約すると下記のとおりである。

- 目標は現実的に挑戦可能（challengeable）なものであり，また達成可能（achievable）なものでなければならない。したがって，設定された目標は，政治，経済など企業がコントロールできない外的要因の発生がない限り達成できるものである。
- 定量目標の設定は，収入と費用が中心であり，マクロ的に捉えるべきである。

したがって，ミクロ的な詳細なアプローチは必ずしも必要としない。

- 目標設定に際しては，戦略との関連性を配慮し，設定の妥当性を検証する。
- 「何をなすべきか，それはなぜか」について常に留意すべきである。
- 目標設定は常に上部組織の目標と擦り合わせの上，最終決定されなければならない。
- 全社的な目標は各部門に分解し，各部門の目標と全社の目標との整合性を維持しなければならない。

(3)　戦略策定

　設定された目標を実現するために必要なのが戦略策定である。目標実現の最善の方法を種々の角度から検討し，評価して戦略が生まれる。この意味から，目標と戦略は表裏一体の関係にあり，有機的，総合的，かつ同次元的に吟味しなければならない。したがって，戦略的視点から，目標の実現がきわめて困難な場合には目標自体を修正することも視野に入れることになる。戦略策定を要約すると下記のとおりである。

- 戦略は目標達成のための方策である。したがって，戦略は目標と関連づけ

て考えなければならない。

- 実行不可能な戦略は立案すべきではない。それは仮定の理論であり，もはや戦略とはいえないからである。
- 戦略は具体的に提示すべきであって，抽象的に示すべきではない。実行の伴わない戦略は，企業にとって無意味である。
- 戦略は，単なる既存の思考の延長ではなく，革新的なものであることが望まれる。
- 戦略は，実行計画を明確にする必要がある。必要な場合には，新しい実行責任部門の計画を伴うものとする。
- 戦略は，実施タイムスケジュールの裏付けを必要とする。

(4) 隘路事項の検討

目標達成のために解決しなければならない事項を隘路事項といい，戦略的性質をもった緊急かつ現実的な問題または事業部間の問題で，その解決には経営者の判断を必要とする問題を指している。これは，戦略計画を円滑かつ実効性の高い計画にするのみならず，企業内の禍根あるいは問題を未然に除去し，将来の障害となる芽を摘むという意味からしても大きな意義がある。具体的には，

- 組織上どのレベルで解決すべき問題点を明らかにすることが重要である。
- すでに解決が明らかになっている問題あるいは解決の方向に動いている問題は，それが隘路事項であっても取り上げる必要はない。
- 事業部間の隘路事項であっても経営者の判断を必要としないものは提示する必要はない。
- 緊急問題であっても，戦略計画の実現に関係のない問題は提示しない。

上記から，隘路事項として考えられる事項は

- 将来の成長に必要な新規事業分野進出への対策
- 企業と顧客の関係を大きく変えるもの
- 政策，慣行の変更を要するもの
- 事業部のミッションおよび範囲の変更を要するもの
- 現行の体制，システムの中でもその影響が非常に大きい問題点
- 外部環境で特に経営に大きな影響を及ぼすもの

第 I 編　総　括　編

(5)　新規事業分野の検討

新規事業分野については，既存ビジネスの範疇で未開拓な分野とまったく新しい分野とが存在する。新規事業分野の検討は後者を指し，従来とは関係のないまったく新しい分野を意味する。しかしながら，既存ビジネスと関連した分野で，現在または将来のある時点にその分野に進出しなければ，既存のビジネス分野の需要に影響がある分野のみを指す場合がある。何れにしても，戦略立案の主体者が定義付ければよいものと思われる。提案内容は，定性的な理論展開と定量的な裏付けが必要である。

(6)　影響要因

影響要因は，環境分析，目標設定，戦略策定，あるいは隘路事項等で想定した中で，その変化が設定された目標ないしは目標数値に大きく作用する事項である。たとえば，経済成長あるいは為替変動幅等の見通し等はその典型的な例である。目標の変化に対して数値的に明らかにするようにすることが肝要である。

(7)　諸資源の検討

諸資源の検討とは，企業内部の人的資源，物的資源，財的資源，情報資源を含む経営資源であり，さらに拡大して企業外部の諸資源をも視野に入れる。たとえば，企業の市場環境への適用化が方向づけられると，その方向づけの中で自社の経営資源の強みをどう生かすかを考え，弱みがある場合にはどう補充するかを検討する。経営資源の吟味なくして戦略遂行は不可能だからである。

6.2.4　階層構造型戦略の構造と展開

戦略の基本構造について概述したが戦略は経営組織体全体にて実行される。戦略遂行の構造と展開について明らかにする。

経営戦略の階層構造は総合経営戦略から着手され，販売戦略，生産戦略，調達戦略，ロジスティクス戦略，人事組織戦略へと移行し，研究開発戦略と情報戦略を含み最終的に財務戦略にて締めくくられる（図6.6）。新規事業戦略がある場合にはこれを入れればよい。研究開発戦略は長期戦略と短期戦略が常に遂行され，企業全体の活動に影響を与えている。一方，情報戦略もコストの上では財務戦略に最終的に統合されるのは研究開発戦略と同様であるが，個々の

第6章　経営戦略の基本展開

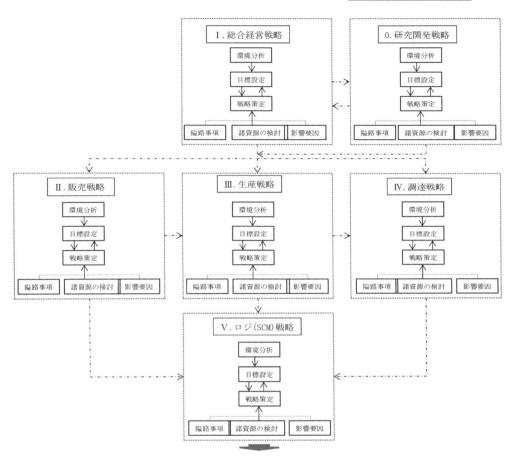

図 6.6 基幹戦略展開フレームワーク
出典）唐澤豊：情報システムの分析と設計，p.37，オーム社，1988
　　　唐澤豊：物流概論，有斐閣，p.287，1989

戦略を要求あるいは要件を総合し，企業全体としての情報戦略を提案しなければならない。この点を配慮した関係プロセスが図6.7である。このように，経営全体の戦略類型とこれを構成する個々の戦略類型は基本的に同一でなければならない。したがって，戦略立案の順位は，経営戦略で主要数値を決定し，販売戦略を先行戦略として相互確認と調整が行われながら経営全体と個々の戦略が実現されることになる。

第Ⅰ編　総　括　編

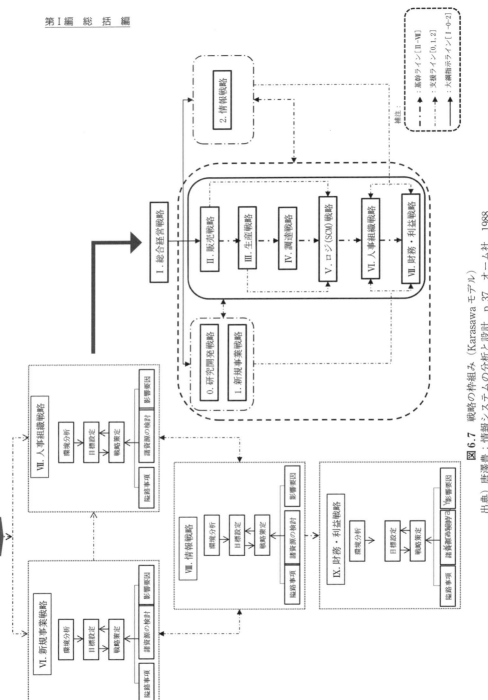

図 6.7　戦略の枠組み (Karasawa モデル)

出典) 唐澤豊：情報システムの分析と設計, p.37, オーム社, 1988
唐澤豊：物流概論, 有斐閣, p.287, 1989

表 6.1　基幹戦略展開フレームワーク（Karasawa モデル）

No	展開項目	I. 総合経営戦略	II. 販売戦略	III. 生産戦略	IV. 調達戦略	V. ロジ(SCM)戦略
1	環境分析	①政治環境 ②経済環境 ③社会環境 ④文化環境 ⑤技術環境 ⑥軍事環境	①市場環境 ②製品環境 ③チャネル環境 ④価格環境 ⑤顧客環境 ⑥技術環境 ⑦業界環境 ⑧競合環境 ⑨人材環境 ⑩取引環境 ⑪購買・購買環境 ⑫消費・動向 ⑬ニーズ・ウォンツ環境 ⑭情報環境	①生産環境 ②設備環境 ③機器環境 ④設計環境 ⑤メンテ環境 ⑥技術環境 ⑦情報・ソフト環境 ⑧外注環境 ⑨組合環境	①資材環境 ②価格環境 ③在庫環境 ④技術環境 ⑤情報・ソフト環境 ⑥新・代資材環境	①ロジ環境 ②エコロジ・環境 ③業界環境 ④価格環境 ⑤輸送環境 ⑥保管環境 ⑦労働環境 ⑧流通加工環境 ⑨情報・ソフト環境 ⑩外注環境 ⑪需要・ソフト環境 ⑫チャネル環境 ⑬支配環境 ⑭友好環境 ⑮統合環境 ⑯収益環境 ⑰推進環境 ⑱共同環境 ⑲ネ小環境 ⑳情報環境
2	目標設定	①売上高・動伸縮率 ②利益額・動伸縮率 ③市場占有率 ④市場占有率目標 ⑤人員目標 ⑥コスト低減 ⑦組織改革	①地域別販売目標 ②製品別販売目標 ③製品別利益目標 ④収益目標 ⑤顧客別収益目標 ⑥地域シェア目標 ⑦製品別シェア目標 ⑧サービス目標 ⑨新規販路拓目標	①原価低減目標 ②生産性向上目標 ③コスト向上目標 ④設備稼働目標 ⑤歩留向上目標 ⑥直間比率向上目標 ⑦能力稼働目標 ⑧無在庫目標	①原価低減目標 ②リードタイム目標 ③無在庫目標 ④生産性率目標 ⑤サー・目標 ⑥内生・外生目標 ⑦内外・ネット調達目標	①サービス向上目標 ②生産性向上目標 ③コスト低減目標 ④無在庫目標 ⑤輸送効率目標 ⑥直間比率向上目標 ⑦能力稼働目標 ⑧品質管理目標 ⑨無事故目標 ⑩リードタイム
3	戦略策定	①多角化戦略 ②製品・市場ミックス戦略 ③市場参入・撤退戦略 ④自動化戦略 ⑤財テク・ネットワーク戦略 ⑥M&A・売却戦略 ⑦業務提携	①優先順位型MKTG ②コアMKTG戦略 ③ピンポイント戦略 ④ポートフォリオ戦略 ⑤PR戦略 ⑥チャネル戦略 ⑦価格戦略 ⑧製品戦略 ⑨顧客戦略 ⑩協調戦略 ⑪情報戦略 ⑫サービス戦略	①工場統合戦略 ②自動化戦略 ③TPM/TQC戦略 ④代替戦略 ⑤スループット戦略 ⑥無在庫戦略 ⑦一貫システム戦略 ⑧リソース効率戦略 ⑨エコ戦略 ⑩無事故戦略 ⑪情報戦略 ⑫ターンアラウンド戦略	①外注戦略 ②複数購買戦略 ③コンカレント戦略 ④アウトソーシング戦略 ⑤無在庫戦略 ⑥サービス戦略 ⑦スケール戦略 ⑧小口発注戦略	①拠点統合戦略 ②コスト低減 ③モーダル戦略 ④アウトソーシング戦略 ⑤納期管理戦略 ⑥品質管理戦略 ⑦共同ロジ戦略 ⑧包装統一戦略 ⑨調整戦略 ⑩能力活用戦略 ⑪情報戦略
4	臨時事項	①SBU・VBU等設立に伴う課題 ②長期借入・社債発行/増資 ③アウトソーシング能力	①製品開発の優先順位 ②共通プロジェクト ③輸出入バランス	①品質の共通利用化 ②生産計画の一元化	①寡占資材の購入 ②国際資材の安定性 ③為替レート	①市場環境 ②為替レート
5	諸資源の検討	①人材 ②財務 ③資金 ④情報 ⑤能力 ⑥管理水準	①人材 ②現有設備 ③資金 ④情報 ⑤関係会社 ⑥管理水準	①人材 ②現有設備 ③資金 ④情報 ⑤関係会社 ⑥管理水準	①人材 ②現有設備 ③資金 ④情報 ⑤関係会社 ⑥管理水準	①人材 ②現有設備 ③資金 ④情報 ⑤関係会社 ⑥管理水準
6	影響要因	①環境条件の変化 ②政策の変更	①関連分野の変化 ②関連分間の変化	①関連分野の変化 ②関連分間の変化	①関連分野の変化 ②関連分間の変化	①市場環境の変化 ②関連分間の変化

出典) 唐澤豊：情報システムの分析と設計，p.37，オーム社，1988／唐澤豊：物流概論，有斐閣，p.287，1989

第 I 編　総　括　編

　階層構造型戦略を要約し，表に示したのが基幹戦略展開フレームワーク（表6.1）である。戦略展開項目と基幹戦略とのマトリックス表現である。マトリックス表現により，常に全体戦略との整合性ならびに専攻戦略との整合性を保ちながら戦略展開が可能となる。具体的には，総合経営戦略の確定を受けて，販売戦略が立案策定される。販売戦略が確定した段階で，生産戦略基本が確定される。販売戦略が確定された段階で，各戦略の前提となる数値が関連各戦略に通達され，これを受けて各戦略が最終確認される。したがって，販売戦略の確定数値は，一番影響を与える生産戦略に伝えられるのみではなくロジスティクスから人事，財務戦略担当部門に伝達される。つまり，各戦略とも先行戦略の数値を前提に自部門の戦略を最終確定する必要があるからである。なぜならば，経営戦略は，先行戦略と後行戦略の戦略連鎖から構築されているからである。主要項目である環境分析，目標設定，ならびに戦略策定について簡単に説明する。ただし，全体の数値目標はすでに経営戦略によって提示されているので，計画は同時に開始され，戦略担当部門が事業部間調整をすることになる。

• 環境分析：総合経営戦略の環境分析の結果を受けてサブ（機能）戦略の独自の環境分析を行う。
• 目標設定：総合経営目標の結果との整合性を維持しつつ，独自の目標設定を行う。
• 戦略策定：各目標に対してそれに見合った独自の戦略を策定し，展開する。

　上記の要諦は総合経営戦略との整合性を維持しながらサブ戦略独自の環境分析，目標設定，戦略策定を行う。

6.3　お わ り に

　経営戦略について，一般的な定義を明らかにし，加えて基本類型を提案した。さらに，経営全体の計画についてその要点をと捉え，次いで戦略計画の基本類型について触れ，経営戦略のフレームワークについて述べた。最後に経営戦略の基本フレームワークに従って経営戦略の基本的な展開，進め方について明らかにし，簡単ではあるが SCM 戦略展開の拠り所とする基本的な戦略のベースを示すことができた。

〈参考文献〉

1) 唐澤豊：現代ロジスティクス概論，NTT 出版，2000

2) 唐澤豊：物流概論，有斐閣，1989

3) 唐澤豊：経営情報システムの分析と設計，オーム社，1988

4) 唐澤豊：物流システム入門，現代工学社，1977

5) 陳玉燕，唐澤豊，若林敬造，井上敬介，生島義英，豊田純：SCM 戦略論の基本的研究と戦略フレームワークの提案，日本ロジスティクスシステム学会誌，Vol. 14，No. 1，pp. 59～99，2014 年 12 月

6) 陳玉燕，相浦宣徳，唐澤豊，若林敬造，鈴木邦成：SCM 戦略に関する研究，日本ロジスティクスシステム学会第 17 回全国大会予稿集，早稲田大学理工学術院，pp. 19～26，2014 年 5 月

7) 陳玉燕，相浦宣徳，鈴木邦成，唐澤豊，佐藤勝尚：日本における共同化発展プロセスに関する基本的研究，日本ロジスティクスシステム学会誌，Vol. 13，No. 1，pp. 5～42，2013 年 9 月

8) 唐澤豊，相浦宣徳，鈴木邦成：SCM の戦略に関する海外文献研究　中間報告Ⅱ，日本ロジスティクスシステム学会第 16 回全国大会予稿集，pp. 61～68，2013 年 5 月

9) 唐澤豊，相浦宣徳，鈴木邦成，佐藤勝尚：SCM の戦略・管理に関する海外文献研究　中間報告Ⅲ，日本ロジスティクスシステム学会誌，Vol. 10，No. 1，pp. 69～74，2011

唐澤　豊

7	# SCM チャネルの基本

7.1 はじめに

　チャネル戦略の展開は SCM 戦略の基本である。したがって，本章では SCM の対象となる日本の流通チャネルの基本と対象を明らかにし，チャネル戦略展開の基本を明らかにする。

　このような意味から，第1に日本の流通チャネルの基本について述べ，次いで，消費財流通チャネルの特徴についてチャネル主体社を基準として明らかにする。さらに，生産形態によって流通チャネルが異なるため，生産形態別に流通チャネルを把握する。加えて，第1次産業，第2次産業，および第3次産業など産業別の視点から流通チャネルを検討する。

　一方，生産形態の特徴は製品主体に考えるとツリー構造型と逆ツリー構造型の2視点から分類することができる。そのため，この2類型に絞って供給連鎖全体の基本について考察する。供給連鎖全体を考えるとき，生産形態の類型は重要である。したがって，製造業の種類と特徴について簡述し，かつ，生産工程で重要なボトルネックをベースとしたボトルネック理論の基本に触れ，生産能力把握の要点を明らかにしている。最後に，供給連鎖全体像の把握をするために供給連鎖全体の鳥瞰図を提案し，SCM チャネルの理解の一助としている。

7.2 流通チャネルの基本モデル

　流通チャネルの選定は，SCM戦略の遂行上大きな意味をもっているが，多くの場合は流通チャネル，ここではSCMチャネルは，与件となっている場合がほとんどである。したがって，SCM戦略は，単一企業では早晩限界に達し，水平共同にしろ，垂直共同にしろ，あるいはネット志向型共同にしろ，最終的には共同化に活路を見出さなければならない。

　ところで，わが国における生産から最終消費者に至る代表的な流通チャネルを体系化すると，在来型の既存方式，カタログ方式，TV方式，ネット方式，および総合商社方式の5方式に要約することができる（図7.1）。総合商社方式は，典型的な既存方式ではあるが，戦前から日本特有の企業として存在して

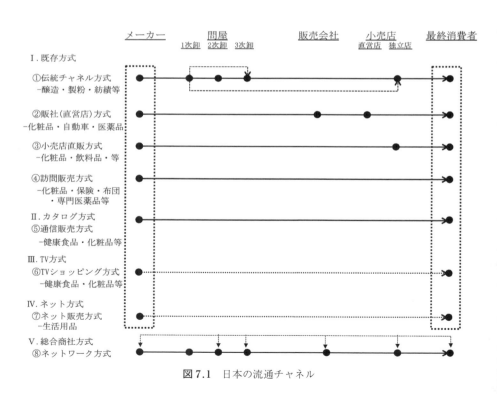

図7.1　日本の流通チャネル

第7章 SCMチャネルの基本

いるためそのビジネス特性から総合商社として独立して取り扱った。第1の既存方式とは，戦前と一部戦後の早い時期を含む伝統的な方式であり，5方式から成っている。さらに，主として戦後から現在までに登場したカタログ方式，TV方式，ネット方式である。

7.2.1 既存流通チャネル

流通チャネルの内容は図7.2のとおりである。

(1) 伝統的販売方式

伝統チャネルとは生産メーカーから最終利用者または最終消費者に流れるチャネルで日本の象徴的な流通チャネルである。明治時代の近代化政策の時代には流通の中核的存在であり，戦後日本の外資系企業に参入障壁となったことで

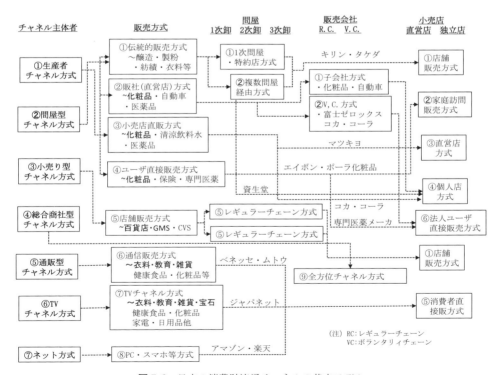

図7.2　日本の消費財流通チャネルの基本モデル

175

第I編　総　括　編

も有名である。一般的な流れはメーカー・大手の1次問屋・地域の2次問屋・地区の3次問屋を経由して最終消費者に届く方式である。問屋経由の流れは，中抜きの流れのように経由しないで直接小売店に流れる方式も存在する。特徴を要約すると下記のとおりである。

- メーカー問屋の関係は原則的に対等である。
- 帳合制度が機能する。帳合とは，メーカーの営業員が小売店に販売した場合でも，売上げは当該小売店担当の問屋に計上され，決済は，小売店と小売店所管の問屋間で決済される仕組みである。つまり，小売店に関する関係は原則的に問屋が責任をもつ仕組みである。
- 物流についても基本的には問屋が在庫を保有し，指導権をもっている。
- モノの流れが複雑で物流については，在庫の重複投資，作業，配送の非効率等さまざまな問題を含んでいるが，他方，小売店の指導，商品開発の促進，物流の効率化等能力の多様性について評価すべき点も多々ある。
- 本来，問屋機能は，経営指導機能，金融機能，在庫や配送を含む総合物流機能，販売機能，商品開発機能等あらゆる機能を保有していたが，流通近代化とともにその機能が変化し，機能の多くが喪失しているのが現状である。

(2)　販社方式

販社方式とは，販売子会社を地域ごとに設立し，メーカー・販社・小売店という流通経路を確立する方式である。問屋の流通支配から脱却し，自社独自のチャネルを構築する方式である。古くは資生堂がこの方式を採り，花王も昭和40年代に問屋方式から販社方式に移行している。自社の戦略，計画，管理が末端にまで一貫して届く利点がある。また，資生堂の花椿会のように小売店についても組織化し，小売店に浸透する戦略をとる企業も存在している。

(3)　小売店直販方式

小売店直販方式は戦前からの歴史をもつ大正製薬などかつての直販5社と呼ばれる会社が有名であるが，日本ハムや山崎製パン等ハムや製パン業が同様なシステムを採用している。さらに，ルートセールスの代表ともいえるコカ・コーラ社も喫茶店や売店などに直接販売している。ATMが普及するにつれて清涼飲料水関係の企業はほとんどの企業でATMの設置拡大を主要戦略とした

176

ことは周知のとおりである。

一般にルートセールスには2種類あり，代表格のコカ・コーラでは，ドライバーは，営業，物流，現金収受のすべてを行うタイプであり，ハムやパンのルートセールスでは現金収受は別途行われていて，システムが異なっている。したがって，一般的な定義におけるルートセールスではない。

(4)　ユーザ直販方式

ユーザ直販方式は，家庭訪問販売方式と法人直接販売方式の2種類より成っている。家庭訪問販売方式は，メーカーから直接家庭に訪問販売する方式で米国化粧品会社のエイボンが有名であるが，日本ではポーラ化粧品がこのシステムを採用している。個々のセールスレディが持ち歩くバッグの在庫管理まで徹底する方式で有名でもある。法人向けビジネスを展開するのは販社型のゼロックスがこれに該当するシステムをとっている。

(5)　店舗販売方式

店舗販売方式は小売業主体で，特にボランタリーチェーン方式で有名なコンビニ系，レギュラーチェーン方式のスーパー系がそれである。小売業の代表格でもある百貨店は店舗販売の代表格である。

7.2.2　新（現代）流通チャネル

(1)　通信販売方式

これまでは順調に成長してきた通信販売方式はすでにネット販売方式に移行しつつあるのが現状であるが，衣料や雑貨の通信販売のムトウ，通信教育のベネッセ等が著名である。ベネッセのような場合には，郵送費のみに限定すれば，教材送付リードタイムが長ければ配送センターの立地選定は厳しくない。郵便料金は全国一律値段であり，輸送リードタイムの制約がなければ，コスト面からの最適立地はなく，郵便局の郵便（通数）処理能力が問題となるからである。

(2)　TVチャネル方式

ジャパネット等TVショッピングの企業は枚挙にいとまがない。まさにTVという新産業から誕生した方式である。もちろん，郵便依存から宅配依存へと物流インフラの転換によってますます加速化された産業方式である。

第Ⅰ編 総 括 編

(3) ネット方式

情報ネットワークに依存した方式で多くの産業でネット受発注と決済，注文者宛直接配送というシステムである。アマゾンや楽天等が代表的な企業であるが，今や，中国のアリババが世界を代表する企業になっている。現在では，カタログ販売形式の企業などはネット販売方式に積極的に移行している。これからはスマホ等の発展とともに時代の中枢となる産業である。

7.3　生産形態別流通チャネルの基本

日本の産業および生産形態別に流通特性の基本を明らかにし，生産形態別を基準に川上流通，川中流通，および川下流通から成る全体の流通を検討する。具体的には，産業特性，製造特性，製品完成プロセス特性から流通の基本を明らかにする。

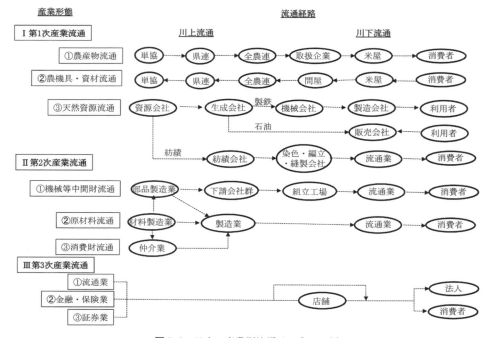

図7.3　日本の産業別流通チャネルの例

7.3.1 日本の産業別流通チャネルの基本

一般に産業別流通経路は1次産業，2次産業，ならびに3次産業の3種類に区分されている（図7.3）。

第1次産業の流通のうち農産物流通を例にとると，基本的には，農産物は生産者である農家から単協・県連・全農経由にて消費流通に流れ，肥料・機械類はその逆の流れになっている。一方，第1次産業の代表でもある鉱山・石油産業については資源会社から精製会社または製鉄会社を経由して前者は第3次産業へ，後者は第2次産業へと流れている。第2次産業では，生産財流通と消費財流通とに二分され，前者は製造企業へ，後者は流通経路へと産出物を移転している。第3次産業は流通，金融・保険，証券，各種サービス会社から成り，流通産業としてエンドユーザーに直結したビジネスを展開している。

7.3.2 日本の生産形態別流通チャネルの基本

産業形態の中で日常生活に最も消費流通と密接な関係にあるのは第2次産業である。したがって，第2次産業の種類と特徴について触れ，次いで生産形態別に流通チャネルの基本を明らかにし，加えて，生産システム設計の要諦となる生産能力を把握するためのボトルネック理論に言及する。

表7.1 製造業の種類と特徴

	工業形態	従業員/設備投資	目標関数	部品数/製品数	部品展開	産業名	自動化
1	組立工業形態	労働集約型	コスト最小	大/小	樹木構造	家電・自動車	ライン・ロボット
2	装置工業形態	資本集約型	利益最大	小/大	逆樹木構造	鉄鋼・石油精製	プラントオートメーション
3	準装置工業形態	準資本集約型	コスト最小/利益最大	中/中	接ぎ木構造	化粧品	プラントオートメーション
4	部品加工工業形態	準労働集約型	コスト最小/利益最大	中/中	単体	ねじ・釘	NC，GT，MC

第 I 編　総　括　編

(1)　製造業の種類と特徴

　製造業は基本的に 4 形態あり，自動車や家電に代表される組立工業形態，製鉄や石油に代表される装置工業形態，化粧品や清涼飲料水に代表される準装置工業形態，最後に部品加工工業形態によって構成されている（表 7.1）。

　組立工業形態の最大の特徴は完成品に対して多くの構成部品が必要とされることであり，裾野産業と呼ばれる所以もここにあるものといえる。キーワードは，労働集約型，樹木構造型（部品展開の形式），コストミニ型目標関数，ライン化・ロボット化でラインバランスが大きなテーマの 1 つになる。

　他方，組立工業に対峙する装置工業は，資本集約型，逆樹木構造型，プロフィットマックス型，プラントオートメーション型がキーワードで，鉄鋼，石油，化学などの産業がこれに該当する。MORT（Management Operation & Risk Tree：大規模工場の安全システム），Feed Back（フィードバック）や Fail Safe（安全対策）等を意識しているシステムである。

　準装置工業の場合，原料は 1 種類か少数で，生産の途中で添加物を加えることによって完成品数を増加する形態であり，化粧品，清涼飲料水，乳製品などの産業がこれに該当する。

　最後の部品加工工業は，旋盤などを主として部品を加工生産する形態で，NC（数値制御），GT（群管理），MC（マシンニングセンター）へと進化している。

(2)　ボトルネック理論による生産能力把握の基本

　本来，ボトルネックとは“壜の首”の部分を意味し，壜の大きさが異なっていても瓶から注ぐ水の量はビンの首の部分で決まることから来ている。この考えを生産ラインに応用したものがボトルネックの理論である。生産工場で重要な課題の 1 つに生産能力の査定問題がある。工場見学時に工場の全体を把握することのみではなくて，設備機器の配置の問題にもきわめて重要なことである。供給連鎖の対象には工場も含まれるので簡単に触れておく（図 7.4）。

　図中◎は生産ラインの流れの中で基本となる設備である。この基本設備の生産能力を 1（100％）にして前後の機械設備の能力を決定し，最終的に工場全体の設備ラインを決めることができる。

　電話帳の場合は印刷（刷版）能力が中心であり，運動靴生産の場合は釣込

第 7 章　SCM チャネルの基本

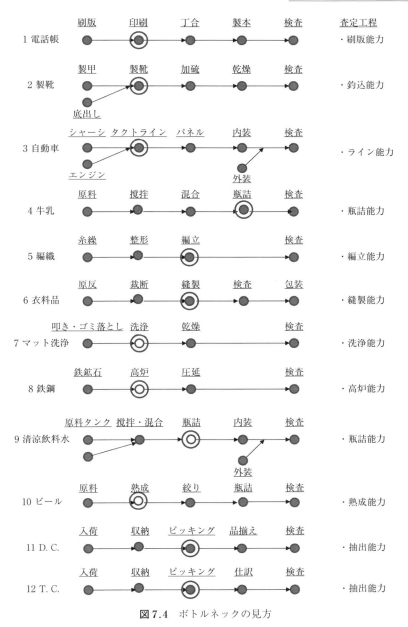

図 7.4　ボトルネックの見方

第Ⅰ編　総　括　編

（ジャックコンベア）等の地点で胛と底を貼り付けるのでこの工程がボトルネックとなる。以下自動車は混合ラインでタクトラインの速度，清涼飲料水等壤物はビン詰め工程，ビールの場合は短期的にはビン詰め工程，長期的には醸造工程の能力，織物工場は編立，縫製工場は縫製，DCやTCではピッキング能力がボトルネックと見なすことができる。

　生産工場には生産形態によって見方が異なってくるが，ボトルネックを把握することによって生産能力査定の軸足が決まることになる。簡便法ではあるが供給連鎖でデマンドチェイン等を検討する場合には工場の生産能力がキーとなるので参考の一助になるものと思う。

7.3.3　生産形態別総流通チャネルの基本

　供給連鎖は大きく捉えると資源・農産物主体の川上，メーカーの川中，流通業主体の川下から成立しているが，メーカー側の供給連鎖もまた原材料・資材・部品等を供給する側の川上，メーカーの工場と配送センターを横一線で捉える川中，流通段階の川下から成り立っている。つまり，大きな連鎖とその中に存在する小さな連鎖の集合体であるということができる。本項では，生産形態別に標準的な供給連鎖の体系を示すことによってその特徴を要約し，締め括りとする（図7.5）。

　大ざっぱに分類すると，テレビ1台を生産するのにどのような部品を何個ずつ使い，コスト最小の生産を実現するかという樹木構造型の代表である組立工業形態と原油の量を前提に市況と生産設備能力とのバランスを考え，重油，軽油，灯油，ハイオク等をどのように配分生産したら利益が最大になるかを検討する逆樹木構造型を代表する装置工業の2形態になる。前者は川上と川下の流通ネットワークが複雑で川中は相対的に複雑度が低い。一方後者は川上と川中が比較的単純であり，川下は前者程ではないが相対的に複雑である。供給連鎖システムの設計には産業特性を理解することが大前提となる。

7.3.4　供給連鎖概要の提案

　前項で述べたように日本の供給連鎖の代表は組立工業形態と装置工業形態の2類型に日本独特の流通チャネルが合体してできている。したがって，このよ

182

第7章 SCMチャネルの基本

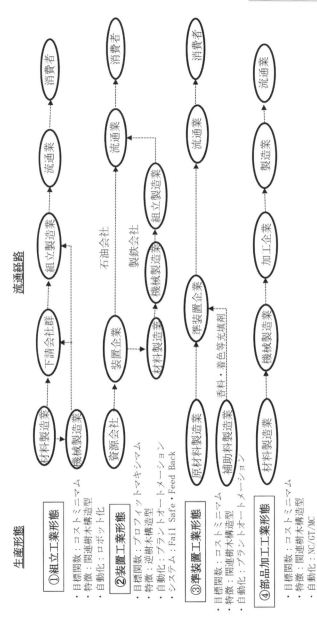

図7.5 日本の生産形態別流通チャネルの例

第Ⅰ編　総　括　編

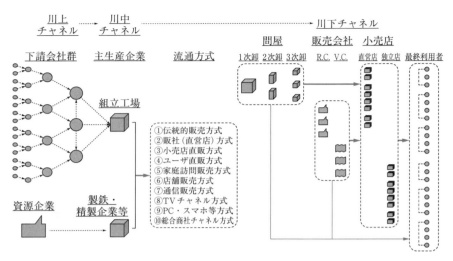

図 7.6　供給連鎖鳥瞰図

うな趣旨から供給連鎖の鳥瞰図を作成したのが図 7.6 である。

　組立工業形態は複雑な川上チャネルと川下チャネルに挟まれて川中チャネルが両者をリンクしていることがわかる。一方，装置工業チャネルは直線的な川上チャネルと組立工業形態と同様に複雑な川下チャネルを抱えて両者の同期を図っている。これはあくまでも供給連鎖の視点からの考えであり，ビジネス全体からの視点ではないことはいうまでもないことである。

7.4　お わ り に

　本章では日本の流通チャネルの基本を明らかにし，次いで，消費財流通チャネルの特徴，さらに，第1次産業，第2次産業，および第3次産業など産業別の視点から流通チャネルを検討し，最終的に生産形態によって流通チャネルが異なるため，生産形態別に特に川上と川下の流通チャネルを明らかにした。供給連鎖戦略展開の基本は供給連鎖チャネルを理解することであることからすれば概要の把握には役立つものと考える。結論的には，多くの場合流通チャネル

第 7 章　SCM チャネルの基本

は与件となっているが，チャネル変更あるいは新設チャネルの設定は供給連鎖
戦略遂行上大きな意味をもっていることを忘れるべきではない。

〈参考文献〉

1)　唐澤豊：SCM 協会新年記念講演，2015 年 1 月 30 日

2)　唐澤豊：現代ロジスティクス概論，pp. 143-145，NTT 出版，2000

3)　唐澤豊：物流概論，有斐閣，p. 394，1989

4)　唐澤豊：物流システム入門，pp. 30-37，現代工学社，1977

5)　陳玉燕，唐澤豊，若林敬造，井上敬介，生島義英，豊田純：SCM 戦略論の基本的研究と戦略フレームワークの提案，日本ロジスティクシステム学会誌，Vol. 14，No. 1，pp. 59-99，2014 年 12 月

6)　陳玉燕，相浦宣徳，唐澤豊，若林敬造，鈴木邦成：SCM 戦略に関する研究，日本ロジスティクスシステム学会第 17 回全国大会予稿集，早稲田大学理工学術院，pp. 19-26，2014 年 5 月

7)　唐澤豊，相浦宣徳，鈴木邦成：SCM の戦略に関する海外文献研究中間報告Ⅱ，日本ロジスティクスシステム学会第 16 回全国大会予稿集，pp. 61-68，2013 年 5 月

8)　唐澤豊，相浦宣徳，鈴木邦成，佐藤勝尚：SCM の戦略・管理に関する海外文献研究　中間報告Ⅲ，日本ロジスティクスシステム学会誌，Vol. 10　No. 1，pp. 69-74，2011

9)　相浦宣徳，唐澤豊，仲摩行弘，鈴木邦成，若林敬造：SCM の戦略に関する海外文献研究，日本ロジスティクスシステム学会誌，Vol. 13，No. 1，pp. 65-96，2013 年 9 月

10)　唐澤豊：SCM 協会新年記念講演，平成 27 年 1 月 30 日

11)　唐澤豊，相浦宣徳，鈴木邦成，佐藤勝尚：SCM 戦略・管理に関する海外文献研究　中間報告Ⅲ，日本ロジスティクスシステム学会誌，Vol. 10，No. 1，pp. 69-74，2011

唐澤　豊

<table>
<tr><td>**8**</td><td># SCM と機会損失</td></tr>
</table>

8.1　SCM ネットワークにおける機会損失の展望

8.1.1　機会損失とは

　ここではまず「機会損失」について定義する。機会損失の定義を文献で調査すると下記のとおりである。

(1)　Merriam-WEBSTER の定義

Definition of OPPORTUNITY COST：

the added cost of using resources（as for production or speculative investment）that is the difference between the actual value resulting from such use and that of an alternative（as another use of the same resources or an investment of equal risk but greater return）

（Merriam-WEBSTER.com）[1]

(2)　日本オペレーションズ・リサーチ学会辞典の定義

　機会損失　読み方：「きかいそんしつ」【英】：opportunity cost

　意思決定にあたって 2 つ以上の案があった場合，そのうちの 1 つを採用し，他を不採用にした場合に，得ることができなかった収益または利益の最大のものをいう。また，より広い意味では，ある事態が発生した場合（例えば機械の故障など），その事態が発生しなければ得られたであろう利益をいうこともある。機会費用ともいう。

第 I 編 総 括 編

(http://www.orsj.or.jp/)[2]

(3) 「大辞泉」の定義

機会ロス　機会損失《(和) chance＋loss》

売り上げを伸ばす機会があったにもかかわらず，商品そのものが不足しているために，本来得られたはずの利益を逃すこと。

(小学館：大辞泉『デジタル大辞泉』)[3]

(4) 統計・OR 活用事典の定義

ひとつの方策を採ると，他の方策の利益（得）を得る機会が失われる。この失う利益（得）のことを機会損失（opportunity loss）という。機会損失は機会費用（opportunity cost）ともいう。

(中村善太郎「統計・OR 活用事典」（森村，牧野，真壁，杉山編）東京書籍)[4]

(5) マネー辞典の定義

機会損失とは，費用概念の一つ。実際に取引を行い発生した費用ではなく，最善の決定をしなかったがために，利益を得る機会を逃した場合の費用概念のこと。

(株式会社ゴーガ編　http://m-words.jp/)

(6) 諸定義の結論

各定義を調査した結論としては，機会損失は次のように要約することができる。機会損失とは，「方策の選択により得ることができなかった利益」であると考える。

8.1.2　サプライチェーンとは

サプライチェーンとは，消費者に商品を供給するためにさまざまな業務・企業のつながりを鎖に例えたものである。これらの業務は 1 社ではなく多数の独立した企業によって分担されている。

たとえばアパレルなどを例としてあげれば，繊維・糸・部材など素材メーカーである繊維素材産業，織物・編み物などのテキスタイル産業，アパレル商品を企画・生産・卸売するアパレル産業，消費者に販売するアパレル小売業とそれらの産業をつなぐ物流サービスを包含する一連の供給連鎖のことである。図

第 8 章　SCM と機会損失

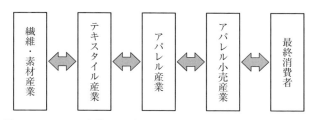

図 8.1　アパレル産業のサプライチェーンイメージ図（供給連鎖）

8.1 に示すとおりである。

このように，最終消費者が商品を手にするためには，さまざまな企業が参画・連鎖し，商品の製造段階から小売段階を経て，最終消費者に渡ることになる。

8.1.3　SCM の機会損失の展望

サプライチェーンマネジメント（SCM）目指す方向性は，サプライチェーン全体の最適化を目指すものであり，企業間の垣根を越えて複数の企業がビジネスネットワークを組んで最適化を目指すことである。

サプライチェーンを構成する各企業の日々の活動は，売上を上げる，利益を伸ばすためにさまざまな努力をしている。基本的には企業内の最適化を図ることで利益を出すことに注力を注いでいる。

SCM とは，個々の企業の業務を接続させることであり，製造段階から販売段階，最終消費者まで，それぞれの業務を繋ぐことでサプライチェーン全体を最適にすることである。すなわち，ある企業で業務改革になる活動を自社のみで捉え，それ以外のことは取引先に押し付けるというのではなく，自社のサプライチェーン前後の取引先・顧客の業務を鑑み，サプライチェーン全体で最適化することが望まれる姿であるといえる。

これらの動きの中において，サプライチェーン内で発生している機会損失を顕在化させ，サプライチェーンを構成する各企業が機会損失を認識し，機会損失を排除することにより，全体最適化目指す是正を行い，全体利益の向上を図ることが重要である。

8.1.4 SCM戦略の要素

SCM戦略の要素は，スピード・コストダウン・品質などを同時にまたは個別に満足することを前提に，チャネル・共同・標準化・開発・人事教育・ネットワーク・システム・最適化などを戦略の核として実現することである。

主要パラメータはコストミニマム・最小在庫・最小リードタイム・アウトソーシング・ジャストインタイム・最大能力・時間待ち最少・ミックスなどをあげることができる。SCMリードタイム最小や生産のリードタイム最小のようにリードタイム最小を目標関数として取り上げ，結果としてコスト最小を期待する方法がポイントである。このコスト最小を実現するために，機会損失の側面からアプローチし，主要パラメータの最適化を戦略の核として位置づける。

8.2 流通業における機会損失

機会損失をサプライチェーンの視点から商品開発，調達市場から流通市場を鳥瞰すると，図8.2に示すようにまとめられる。

流通市場における機会損失は，メーカー・卸・小売のサプライチェーンで発生する多段階の商品在庫・センター運用などに起因する多段階センターの機会

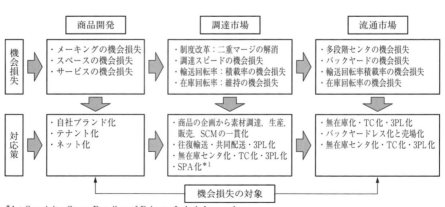

*1：Specialty Store Retailer of Private Label Apparel

図8.2　機会損失の対象概念図

第8章 SCMと機会損失

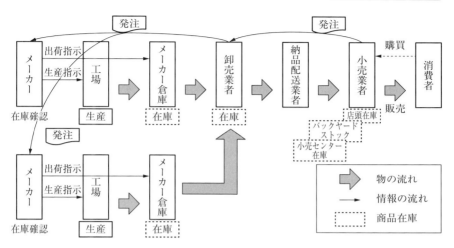

図8.3 従来型メーカー・卸・小売の物の流れ

損失，在庫回転率の機会損失，小売業でのバックヤードの機会損失，サプライチェーンの各段階で発生する輸送回転率・積載率の機会損失が考えられる。

多段階センターの機会損失とは，図8.3に示すとおり，サプライチェーンを構成するメーカー，卸売業，小売業の各段階に商品在庫を有していることに起因する在庫過多である。

小売業は店頭商品欠品による売り逃しを防ぐため，商品を確保し店舗バックヤードや小売業の物流センターに保管する。卸売業は小売業からの発注に欠品することなく迅速に対応するため，DC（ディストリビュートセンター）に商品在庫をもつ。メーカーは卸の発注に対応するため商品在庫をもつ。このようにサプライチェーンを構成する各段階での部分最適を追求することで，サプライチェーン全体の在庫が過多となり，多くの「ムダ・ムラ・ムリ」を発生させることとなり，ここにサプライチェーン全体としての機会損失が発生していると考える。

流通業における在庫回転率の機会損失とは，店頭商品欠品による売り逃しを重視することから，商品確保に重点を置くことにより売上に対し在庫が過多となり，商品回転率が低くなり経営効率が低下することである。また，在庫が増えることは，更なる商品保管場所を確保する必要が発生し，店舗バックヤード

191

第 I 編　総　括　編

商品ストックの拡大，物流センター商品保管庫の確保と多くの経費が発生することとなり，ますます経営効率が低下することとなる。すなわちここに機会損失が発生している。

小売業のバックヤードの機会損失は，商品在庫確保により店舗バックヤードの商品ストックを確保することにより売場面積が縮小されること，もしくは売場として活用できないスペースが増大し，売上を上げるチャンスを失うことにより発生する機会損失である。

在庫過多は商品の値下げや商品廃棄，商品の陳腐化や品質劣化，商品保管スペースの増大，商品整理など付帯作業，保管場所からの輸送経費が発生し，売買差益の減少，売上げの減少，人件費の増大，無駄なコストの増大が生じ，最終的に企業収益の悪化につながる。また，百貨店などの仕入形態である返品条件付き買取仕入（委託仕入）は，販売シーズン終了後売れ残った商品を取引先へ返品することできる。返品により取引先は，返品商品の返品物流経費の負担，返品商品の商品整理など付帯作業，返品商品の値下げ，商品廃棄，次期販売シーズンまでの保管など多大なコストが発生し，卸・メーカーなどの取引先の収益低下につながることとなる。

輸送回転率・積載率の機会損失は，納品の効率に関わる問題である。日本の商慣習として小売業へ納品する取引先は，店舗検品所まで取引先の費用負担で納品することが慣習となっている。したがって，小売業は納品車の積載効率とは関係なく，店頭の売上げに応じた商品を発注している。納品する取引先は，変動する発注に対応するために，過去の発注データに基づき配車計画を立て運用しているのが実態であり，イレギュラーな事態に対応が難しく，多少の増減を意識した余裕のある計画を立てることとなる。そこには，自ずとムダ・ムラ・ムリが発生し，積載率が低下し，ここにも機会損失が発生していると考える。

いままで述べてきたように，流通業においてさまざまなムダ・ムラ・ムリが発生し，機会損失が発生していることが明らかになった。ここで発生している機会損失は，コストとして最終的には最終消費者が負担することとなり，この機会損失をなくすことが消費者に高い価値を提供することにつながると考える。

第8章　SCMと機会損失

しかしながら，サプライチェーンを構成する多くの企業は，企業ごとに部分最適を追求しており，サプライチェーン構成する前後の取引先に自社運用・システムを押し付けるなど最適化とは逆の方向に進んでいる事例も未だに散見される。

8.3　製造業における機会損失

製造業（メーカー）は，メーカー・卸・小売のサプライチェーンにおいて上流に位置し，卸・小売業からの販売実績やサプライチェーン各段階での流通在庫状況をタイムリーにかつ正確に把握し，適切な生産計画に基づいて製品を生産すれば，ムダ・ムラ・ムリを排除し，サプライチェーン全体の在庫を縮小することや納品の積載効率を高めることが可能となる。

しかし，現状では卸・小売とメーカーとの間で情報共有，サプライマネジメントの構築が図られず，店頭の販売情報を川上に伝達し，店頭の販売動向と連動した生産は実現されていない。メーカーは展示会の概算受注や社会情勢などを鑑み，予測で原材料を調達し，商品を製造しているのが実態である。この動きによりサプライチェーンの各段階に在庫が過多や在庫不足・欠品が発生し，在庫回転率・在庫維持の機会損失が発生している。

また，メーカーは卸・小売業からの販売実績・在庫実績が把握できないため，卸・小売からの変動する発注が輸送計画の平準化を妨げ，輸送効率の低下となることとなる。ここに積載効率の機会損失が発生していると考えられる。

一方，メーカーは，原材料を調達して，生産計画を立てロット単位で製品を生産している。小売店頭である商品がヒットし，その商品が欠品しても，補充生産が間に合わないことが多々あり，商品供給ができず売り逃しが発生している。これが調達スピードの機会損失である。

サプライチェーンの上流に位置するメーカーにおいては，調達する原材料などはすでに「ジャストインタイム」や「かんばん方式」などさまざま施策を用いて，生産効率の向上に努力し成果を得ている。更なる生産効率向上のためには，現状発生しているさまざまな機会損失を排除する必要がある。そのためには，小売業や卸売業から販売実績，流通在庫の情報を正確かつタイムリーに入

第Ⅰ編 総 括 編

手し，消費者のニーズを把握し，分析してこれに基づく商品供給の業務設計や
情報活用することにより，適切な生産計画を実行することによりムダ・ムラ・
ムリのない生産を実現すること，すなわちネットワーク型需要充足システム，
ネットワーク連鎖システムが求められている。

　製造業で発生している機会損失は，サプライチェーンにおける川下の情報が
共有できていないことが原因であり，サプライチェーン全体での情報共有化を
推進することが機会損失を解消する大きなカギを握っていると考える。

8.4　機会損失の分析とゼロ化の方法

8.4.1　SCM と情報共有化

　いままで述べてきたように流通業の機会損失および製造業の機会損失は，サ
プライチェーン全体で仕組みが効率的に運用され，消費者に高い価値で提供で
きるようにマネジメントが機能していないため発生していると考えられる。す
なわち，個々の企業の業務を接続させ，製造段階から販売段階，最終消費者ま
で，それぞれの業務を同期化することができていないことと考えられる。

　機会損失をなくすためには，SCM を機能させることである。機能させるた
めには，基本的には取引に連なる各企業がパートナーとして手を握り合い，十
分な情報交換と共有化と小ロット短納期生産・物流を基礎に，売れる商品を，
余さず，切らさず小売店頭に供給することである。

　各企業はサプライチェーン全体の情報共有化を図り，最も効率よくなるよう
に行動することにより，欠品を防ぎ，消費者に的確な商品を供給するととも
に，かつ在庫過多を回避することにより，サプライチェーンが供給する商品の
価値下落を防ぎ，商品の価値を維持することによって，各企業の利益を確保す
ることである。

　結果的には，各企業はサプライチェーンへの関わりを高め，その中での
「統合」はますます強められる。この好循環の成果を継続することによって，
SCM は機能し続けることができると考える。

　このように SCM の導入に当たり，情報共有化をスムーズに進めるかどうか

194

が根本的な要素と考えられる。さらに SCM を維持し，発展させていくために，既存の制度，慣習，組織体制や取引形態を見直し，ビジネスネットワーク化に適切な制度・組織体制づくりを検討する必要がある。

しかし，SCM の現状は，メーカー・卸・小売の業態間，商品分野の違いによる業種間で情報連携が図れていない。消費財流通全体で多くの異種システムが並立して，統一化されていない課題が生じている。この現状を鑑み，経済産業省は 2006 年度から流通システム標準化事業を実施し，データ交換に関する規約を取り決め，標準的な仕組みが着実に実運用に移行されるべき検討を継続し，現在に至っている。この標準 EDI が流通ビジネスメッセージ標準（流通BMS）である。

なお，標準規約とは，① EDI 取引業務手順，② EDI メッセージ，③ 商品コード・事業者コードなど使用コード，④ 通信手順（通信プロトコイル）などである。この標準機約を取り決めることにより，EDI システムの検討・開発・導入に要する時間とコストが削減されるとともに，多くのシステム会社がこの標準規約に則ったパッケージソフトを開発・販売・提供することにより，リーズナブルなコストで EDI システムが導入できることとなり，メーカー・卸・小売の情報共有化が加速されることが期待される。この情報共有化が SCM を機能させる原動力となる。

8.4.2　機会損失のゼロ化の方法

サプライチェーンにおけるビジネスネットワーク化を前提として，発生している機会損失をゼロにするための具体的な方策を以下に検討する。

図 8.2 に示したとおり，機会損失ごとにその対応策を一覧にまとめると表8.1 のとおりとなる。

多段階センターの機会損失，在庫回転率の機会損失の対応策は，サプライチェーンの各段階にある商品在庫を上流側に集約保管し，小売側の販売実績情報に基づき，ジャストインタイムで商品を店頭に供給することである。それにより，小売側の物流センターは TC 化し，在庫をもたないこととなる。また，商品在庫の保管を 3PL 業者に委ね，複数の取引先と複数の小売業者を集約して業務を遂行することにより，保管と輸送の効率向上を図ることが可能となる。

第 I 編　総　括　編

表 8.1　機会損失と対応策

	機会損失	対応策	内容
流通市場	多段階センターの機会損失	無在庫化	サプライチェーンのどこかに在庫を集約して保管する。迅速な店頭への商品供給体制を構築する。
	在庫回転率の機会損失	TC 化	
	バックヤードの機会損失	3PL 化	
		バックヤードレス化	バックヤードの商品ストックを売場へ転用する。販売状況に応じた迅速な店頭への商品供給体制を構築する。
		バックヤードの売場化	
	輸送回転率・積載率の機会損失	往復輸送	共同化，3PL 化を推進し，複数の取引先の納品を集約して配送し，積載効率を高める。店舗への納品の集約化進めるための情報共有化を推進する。
		共同配送	
		3PL 化	
調達市場	制度改革	SCM の一貫化	SPA とは製造小売ともいう。企画から製造，小売までを一貫して行うアパレルのビジネスモデルを指す。消費者の嗜好の移り変わりを迅速に製品に反映させ在庫のコントロールが行いやすい。
	調達スピードの機会損失	SPA 化	
	輸送回転率の機会損失	往復輸送	共同化，3PL 化を推進し，複数の取引先の納品を集約して配送し，積載効率を高める。
		共同配送	
		3PL 化	
	在庫回転率維持の機会損失	無在庫化	共同化，3PL 化を推進し，複数の取引先の納品を集約して配送し，積載効率を高める。
		TC 化	
		3PL 化	店舗への納品の集約化を進めるための情報共有化を推進する。

　バックヤードの機会損失の対応策は，販売実績情報によりジャストインタイムで店頭へ商品補充を共有する体制を構築することにより，店舗バックヤードの商品在庫を排除する。不要となったバックヤードを売場へ転用することにより，売上増を狙うものである。

　輸送回転率・積載率の機会損失および在庫回転率・在庫維持の機会損失の対応策は，サプライチェーンの各段階に存在する商品在庫を 3PL 業者に集約し，小売業への納品業務を委託することにより，複数のメーカーと複数の小売業者を集約して，一括した業務を遂行することにより，保管と輸送の効率向上を図ることが可能となる。

　調達スピードの機会損失の対応策は，SPA 化や SCM の一貫化により，店頭

への商品リードタイムを短くし，販売実績の把握に基づく追加生産や生産調整が可能となる。それにより，商品の欠品や在庫過多によるロスを防ぎことができる。また，シーズン中の販売実績情報に基づき，新商品を投入することにより店頭の品揃えの幅を広げることが可能となる。このように，スピード感がある商品供給体制と販売実績の同期が，機会損失をなくすことが可能となる。

　以上述べてきたとおり，これら対応策は，サプライチェーンにおける情報共有化を前提としたサプライチェーン全体の最適化により，すなわち企業間の垣根を越えて複数の企業がビジネスネットワークを組んで最適化を目指すことにより，サプライチェーンで発生しているさまざまなムダ・ムラ・ムリを排除し，機会損失ゼロ化を実現するものである。

〈参考文献〉

1) merriam-webster.com

2) 日本オペレーションズ・リサーチ学会辞典 http://www.orsj.or.jp/

3) 小学館；大辞泉『デジタル大辞泉』，http://www.daijisen.jp/digital/index.html

4) 森村英典，牧野都治，真壁肇，杉山高一：統計・OR 活用事典，東京書籍，1984

5) 日本百貨店協会：2006 年版百貨店 IT 白書，日本百貨店協会，平成 18 年 1 月

6) 流通システム開発センター：流通 BMS 導入の手引き，流通 BMS 協議会，平成 23 年 9 月

7) 唐澤豊：現代ロジスティクス概論，NTT 出版，2000

8) 陳玉燕，唐澤豊，若林敬造，井上敬介，生島義英，豊谷純：SCM 戦略論の研究と戦略フレームワークの提案，日本ロジスティクスシステム学会誌，Vol.14, No.1, 2014

9) 生島義英，佐藤哲也，唐澤豊，若林敬造：小売業におけるバックヤードの機会損失に関する基本的研究，日本ロジスティクスシステム学会誌，Vol.15, No.1, 2016 年 3 月

10) 菊池康也：SCM の理論と戦略，税務経理協会，平成 18 年 4 月

生島　義英

9 経営における SCM の役割

9.1 経営における2つの側面の統合

　企業経営において，企業発展の原動力として2つの側面があると考えられる。ひとつの側面はビジブル志向型経営であり，もう1つの側面はインビジブル抑止志向型経営である。すなわち，経営の光の部分と影の部分，陰陽である。

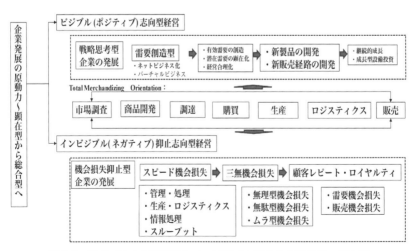

図 9.1　ビジブル志向型経営とインビジブル抑止志向型経営の概念図
　　　　（企業発展の2つの側面：光と影（機会損失））

第I編　総　括　編

　これらの概念をまとめると図9.1に示すとおりである。

　ビジブル志向型経営の定義は、「目に見える」課題に対する経営であり、戦略思考型、需要創造型の経営方針である。マーケティングの技法を活用し、有効需要を創造するとともに、潜在需要を掘り起こし、新製品の開発に取り組む方針である。また、近年のIT技術、インターネットのネットワークの発展に伴い、ネットビジネスやバーチャルビジネスなど新しい販売経路の創造に取り組み、現在ではリアル店舗に匹敵する販売経路として成長しつつある。

　これらのさまざまな「カイゼン」により、新たな需要を創造し、新製品を開発し、新しい販売経路で市場に投入することにより、継続的に企業成長を図る経営に取り組んでいる。多くの日本企業はカイゼンのために積極的な投資を行い、経営合理化に取り組み、「日の当たる、目に見える側」に多くの注意を払ってきた。

　一方、インビジブル抑止志向型経営の定義は、目に見えない課題、潜在化・内在化する課題に対する経営である。機会損失、チャンスロスにより失われている課題を解決し、企業の発展を図る経営方針である。すなわち、既存の枠組みの中で発生している「既存のルール」、「当たりまえ」、「慣習」という思考停止状態に陥っている課題を掘り起こし、顕在化させ、機会損失として捉え、この機会損失を抑止することにより経営改善する取組みである。

　機会損失として捉える内容は、「スピード機会損失」、「ムリ・ムダ・ムラの三無機会損失」、「顧客リピート・ロイヤルティ機会損失」があげられる。

　スピード機会損失は、タイムリーに対応できないため発生する機会損失である。その範囲は、商品開発・生産・ロジスティクス・販売にわたるサプライチェーンのいたるところで発生している。生産ではジャストインタイムやカンバン方式の資材調達がスムーズに機能しない。ロジスティクスでは積載効率や輸送回転率、在庫過多・在庫不足などが発生し、コストアップ、業務効率の低下を引き起こしている。販売では、欠品・不良在庫などが発生し、欠品は小売での販売機会損失を招き、不良在庫は値下げや廃棄などで収益が悪化することとなる。これらは、生産・ロジスティクス・販売に至るサプライチェーンの対応スピードの遅さやサプライチェーンの滞りが原因で発生している。これらのサプライチェーンのスムーズさ、スピードを高めることにより、サプライチェー

第 9 章　経営における SCM の役割

ンで発生しているムリ・ムダ・ムラの機会損失を改善することが可能となる。これらの機会損失の改善により，最終消費者の顧客ロイヤリティ向上につながることとなる。これらサプライチェーンで発生している課題を捉え，それらを改善すること，すなわち SCM を導入し，SCM 戦略を構築していくことが経営に求められている。

　今後更なる企業を発展させるためには，ビジブル志向型経営とインビジブル抑止志向型経営を統合して，日の当たる，目に見える側と目に見えない側の経営改善をどちらかに偏ることなく総合的に推し進めていくことが重要である。

9.2　協調指向型 SCM の必要性

9.2.1　協調指向型 SCM とは

　「大辞林」によると，協調とは「①力を合わせて事をなすこと，②利害の対立するものが，力を合わせて事にあたること」である。

　SCM は，サプライチェーンを構成する個々の企業の業務を接続・統合させることであり，資源の調達購買，製造，流通，販売の諸機能をサプライチェーンの中で単一実態として捉え，統合することを図ったものである。SCM の成果は，①コスト低減，②顧客価値と顧客満足の向上，③競争の優位性の確保である。サプライチェーンを構成する個々の企業が成果を得られなければ SCM が成り立たないのは自明である。よって協調志向型 SCM とは，SCM の成果を得るためにサプライチェーンを構成する個々の企業が力を合わせて，業務を統合させることである。

9.2.2　SCM 以前の協調取組み

　SCM 以前の取組み事例として，食品業界では ECR（効率的な消費者対応），アパレル業界では QR（クイックレスポンス）があり，EDI（電子データ交換）で情報交換を行う情報システムとそれに依拠する標準規格を利用した受発注処理システムと物流を連動させたシステムである。

　QR とは，クイック・レスポンス（Quick Response）の頭文字である。輸入

第 I 編　総　括　編

衣料品に圧されたアメリカ繊維産業が 1984 年に輸入対抗・国内産業生存策として打ち出した業界運動に端を発している。

QR は，取引企業間の対等な「パートナーシップ」の確立を基礎に，「適切な商品を，適切な時期に，適正な価格で，適切な場において供給するシステム」を，「最短のリードタイムと最小のリスクで，しかも最大の競争力をもつように構築する」ことを目指すものある。

QR とは繊維素材や織編物などの原材料段階から縫製段階を経て小売段階に至るまで，取引関係でつながったおのおのの企業がパートナーシップに基づいて協働して信頼・協力関係を築き上げ，情報交換を行って，売れる商品を過不足なく素早く生産し，供給していくものである。アメリカの場合，QR は大きな成功を収めた。

その成功の要因は，以下のとおりである。

① 敵対的な関係にあるとされてきた売り手企業と買い手企業（テキスタイル企業とアパレル企業，アパレル企業と小売企業など）が互いにパートナーとして手を握り合ってともに利益を得る方向で業務改革を行った。

② 当時目覚ましい発展を遂げつつあった情報技術（IT）の成果を十分に活用した。

③ 業界標準を採用し，IT を活用した。

④ メーカー側は小ロット・短納期生産を実現するためのさまざまな工夫を実施した。

⑤ 小売側は売場で発生する販売データ（POS データ）をいち早く的確にメーカー側に伝えることで情報の共有化を推進した。

QR や ECR では，小売業の販売実績，すなわち最終需要発生を起点とする各段階での受注に迅速に対応することによって，欠品を回避し，販売を確保することを目指した。これらのシステムでは，伝票のペーパーレス化や受発注作業の削減が中心であったほか，販売や物流，在庫などのサプライチェーンの一部最適化にとどまるものであり，資源の調達購買，製造，流通，販売の諸機能をサプライチェーンの中で単一実態として捉え，統合するまでには至らなった。よって，QR や ECR によって，サプライチェーンを構成する各企業ならびに顧客に生産性，効率性，在庫の低減，販売増がもたらされたのかは疑問が

残る。

9.2.3 協調指向型 SCM の必要性

SCM は個々の企業の業務を接続・統合させることであり，接続する要素は以下のとおりである。その要素とは，①情報の共有化，②リスクと報酬の共有化，③協働，④目標の共通化，⑤キープロセスの統合，⑥長期的安定的関係の維持，⑦各機能の調整である。これらの要素を同期化していくことが求められる。

また，サプライチェーン間での協働計画，生産・販売・在庫などの戦略的情報を交換することが必要である。この戦略的情報交換が共有されない，または各企業の計画と企業間での協働計画がなされていないと最終消費者が変化するとついていけないこととなる。これは需要と供給の同期が行われていない，サプライチェーン間の協働が行われていないこととなる。

よって，SCM ではサプライチェーン間での同期と協働が求められ，サプライチェーン間の協調が必須の条件となる。協調する具体的な内容は，①サプライチェーンの全体最適志向と責任の明確化，②情報共有化，③コミュニケーションツールの明確化，④ボトルネックの発見と改善，⑤需要管理，⑥協働である。

よって，個々の企業を統合する SCM においては，各企業の協調が必要不可欠な条件となると考える。

9.3 共同指向型 SCM の展望

9.3.1 SCM 共同化の基本

SCM 共同化の基本は，生産供給ネットワークと小売需要ネットワーク共同化の2つに分類されると考える。生産供給ネットワーク共同化は生産者主体型 SCM の共同化であり，小売需要ネットワーク共同化は小売業主体型 SCM の共同化である。ロジスティクスの側面から考えると，3PL 主導型共同化と運輸業主体型共同化が考えられる。このように，戦略主体によって戦略となる軸

足の視点が異なっている。

9.3.2 共同化推進主体

共同化戦略の他の側面として検討しなければならない点は，共同化推進の主体が荷主主体であるか，3PL あるいは 4PL 主体であるかという点であり，アウトソーシングに関わる戦略事項である。

共同化戦略の基本要素は，①チャネル，②推進，③荷主，④業種，⑤システムなどを累計の軸として，ミクロ特性を勘案して事象にマッチした戦略展開要素である。

9.3.3 共同化基本要素

共同化の基本要素は，①機能主体，②チャネル主体，③内容主体，④業種主体を基本として，その戦略的な展開を図ることである。図に示すと図 9.2 に示すとおりとなる。これらの基本要素をベースとして，共同化推進主体が荷主の場合，さらに細分化し戦略展開するための要素は，①委託類型（計画提案型，管理型，業務型），②機能類型（輸送，配送，保管，情報，流通加工），③チャ

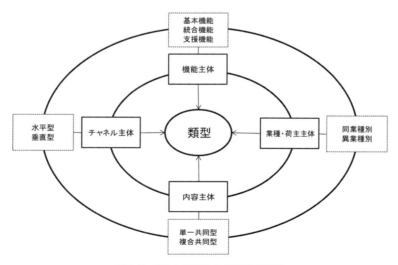

図 9.2　SCM 共同化の主要基本要素

ネル類型（水平型，垂直型，グリット型），④推進類型（単一型，共同型），⑤
産業類型（メーカー型，卸売型，小売業型），⑥業種類型（同業種型，異業種
型）を軸として戦略的な展開を図ることである。

SCM戦略の展開が荷主主体のものであれば，これらの諸要素をいかに組み
合わせるかが望ましいか，あるいは実現可能かにおいて検討することが重要で
ある。一方，3PL主体の場合の要素は，①受託類型（コンサル型，計画提案
型，管理型，業務型），②流通類型（水平型，垂直型），③発展類型（現状拡大
型，共同拡大型），④推進類型（自社単独型，他社共同型），⑤産業類型（メー
カー型，卸売型，小売業型），⑥業態類型（同業種型，異業種型）となり，基
本要素は同一ではあるが，荷主と業者の視点の相違から若干要素が異なること
となる。

9.3.4　共同指向型SCMの展望

単一企業の経営改新への挑戦は限りないものであるが，規模・効率・人材・
ノウハウ・情報・管理あるいは社会性・公共性の制約など早晩限界に突き当た
ると考える。このような単一企業の限界を克服し，ブレークスルーする大きな
手段として，共同化が重要である。これからの共同化の展望は，ネットワーク
をベースとする情報技術（IT）と管理理論の現実的展開をベースとして，共
同指向型SCMを推進する必要があると考える。

9.4　SCMの新しいミッション

9.4.1　SCMの新しいミッション

SCMの新しいミッションを考えるうえで，最近の注目される取組みとして
「オムニチャネル」があげられる。アメリカでオムニチャネルが注目されるよ
うになったのは，全米小売業協会のレポートで取り上げられ，米百貨店メーシ
ーズのCEOがオムニチャネル化宣言をした2011年からである。この背景に
はECやスマートフォンの利用が進んだことがあげられる。2013年のアメリ
カにおけるEC化率（商取引に占めるECの利用率）は5.8％に達し，その後

第 I 編　総　括　編

成長を続け，2018 年には 8.9％にまで達する見込みとされ，実店舗の売上に影響が出てきている。一方，日本国内では，2015 年度の B to C における日本国内の EC 市場規模は 13 兆 7746 億円で，対前年比 7.6％の伸び率であった。また，物販系分野の EC 化率は 4.75％で，対前年比 0.38 ポイント増になった。

　さらにスマートフォンの普及とともに，小売店頭で現物を確認した上で価格の安い EC サイトで購入する「ショールーミング」の利用が広がり，インターネットの影響が小売企業にとって見逃せないものとなっている。この対策として，単に EC サイトに力を入れるマルチチャネルのアプローチではなく，複数のチャネルをもつ強みを活かすオムニチャネルに取り組み始めたのである。日本国内では，セブン＆アイが提供するオムニチャネルサービス「オムニ 7」などが稼働し始めている。

9.4.2　オムニチャネルとは

　経済産業省「平成 26 年度電子商取引に関する市場調査」によると，"オムニ (omni)" とは日本語で "すべて，あまねく" という意味をもつ。消費者が商品の購入に至る過程において，実店舗，PC サイト，モバイルサイト（スマートフォン），ソーシャルメディア，従来型メディア（新聞・雑誌・TV），カタログ，DM 等，あらゆる販売チャネル・情報流通チャネルを経由する時代となっている。

　オムニチャネルとは，消費者がこれらの複数のチャネルを縦横にどのように経由してもスムーズに情報を入手でき購買へと至ることができるための，小売事業者によるチャネル横断型の戦略やその概念，および実現のための仕組みを指す。すなわち，顧客との接点になっているすべてのチャネルを融合させることである。

　具体的には，実店舗，PC サイト，モバイルサイト（スマートフォン），ソーシャルメディア，従来型メディア（新聞・雑誌・TV），カタログ，DM 等など，あらゆる顧客接点から同質の利便性で商品を注文・購入できるという点，および，ウェブ上で注文し，店舗での受取や自宅への配送，また店舗で在庫がなかった商品を即座にオンラインでの問い合わせで商品補充できるようする点，といった要素が含まれる。すなわち，オムニチャネルはサービス内容だ

206

第 9 章　経営における SCM の役割

けでなく裏側のオペレーションやデータ管理までチャネルをまたがって融合している。これは，まさにサプライチェーンであり，発展と業務効率化を図るためには SCM 戦略が求められている。

9.4.3　オムニチャネルと SCM

オムニチャネルというと，お客様との接触点（WEB や店舗）ばかりが注目されるが，オムニチャネルを裏で支えるのはロジスティクスである。オムニチャネルを実現するためには，裏側のオペレーションとして①顧客からの受注処理，②商品在庫およびと在庫場所の確認処理，③配送伝票の発行処理，④商品のピッキングと包装処理，⑤商品の出荷処理，⑥お客様への商品の引き渡し，⑦商品の補充発注処理，⑧商品の仕入れと在庫処理などのプロセスが計画的かつ効率的に実施されている。このプロセスがロジスティクスであり，サプライチェーンである。このロジスティクスのサービスレベルの違い，すなわち承りからお客様にお渡しできるリードタイムを短くすることが，競争優位を確立することとなり，顧客から支持されるオムニチャネルを決める重要な要素となる。スピード・コストダウン・品質などを同時にまたは個別に満足することであり，それに適した SCM 戦略を構築することが求められている。

今後，オムニチャネルを発展させるためには，ビジブル志向型経営とインビジブル抑止志向型経営を統合して，日の当たる，目に見える側であるお客様との接触点と目に見えない側であるロジスティクス・SCM の経営改善をどちらかに偏ることなく総合的に推し進めていくことが求められていると考える。

〈参考文献〉

1)　唐澤豊：現代ロジスティクス概論，NTT 出版，2000
2)　松村明：大辞林　第三版，三省堂，2006
3)　陳玉燕，唐澤豊，若林敬造，井上敬介，生島義英，豊谷純：SCM 戦略論の研究と戦略フレームワークの提案，日本ロジスティクスシステム学会誌，Vol. 14, No. 1, 2014 年 12 月
4)　生島義英，佐藤哲也，唐澤豊，若林敬造：小売業におけるバックヤードの機会損失に関する基本的研究，日本ロジスティクスシステム学会誌，Vol. 15, No.

第 I 編　総　括　編

1, 2016 年 3 月

5)　角井亮一：オムニチャネル戦略，日本経済新聞社出版部，2015

6)　菊池康也：SCM の理論と戦略，税務経理協会，2006

7)　経済産業省商務情報政策局情報経済課：平成 27 年度我が国経済社会の情報化・サービス化に係る基盤整備（電子商取引に関する市場調査），平成 28 年 6 月

8)　総務省：平成 27 年版情報通信白書，平成 27 年 7 月

生島　義英

10	SCM の基本業務機能

10.1 荷役機能

10.1.1 荷役とは

荷役は保管と輸送の両端にある物品の取扱いをいい，物品の積換えを主としたものである。一方，工場内または倉庫内の物品の移動を運搬という。

荷役という言葉は主に運搬業界で使われてきたもので，各種の郵送機関に対する貨物の積卸し，倉庫保管貨物の入出庫，倉庫内での積卸し，またはそれに付随した貨物の取り扱い作業をいう。荷役および運搬を含めてマテリアルハンドリング（materials handling）というが，流通過程における荷役・運搬は立後れが目立ち，開発しなければならない分野である。

10.1.2 荷役の機械化・自動化

物流を構成する要素の中で荷役の占める位置は非常に重要である。物が移動する際，必ず荷役作業が必要だからである。倉庫への入出庫，輸送の前後の工程には必ず荷物を持ち上げたり，前後左右に移動させたり，さらに積卸し作業，品揃え作業には，すべて荷役が必要である。

このような荷役は各種荷役機器が使用され，最近では知能型荷役機器が開発され活躍している。知能型荷役機器とは記憶装置や論理演算装置を内蔵していて，一定の範囲内のことなら自ら判断して業務を行う人工知能をもった機械の

第Ⅰ編 総 括 編

ことである。個々の独立システムではなく，ほかのシステムを有機的に連動したシステムとして導入され始めている。

10.1.3 荷役合理化の考え方

荷役合理化の7つの法則：

① 荷役しない仕組みを考えること

荷役しない仕組みとはムダな荷役作業を省くことに通ずるムダ，つまり荷役回数を減らすことによって労力を少なくするだけでなく，荷物の損傷を小さくすることができる。

荷役の経済上の原則は荷役をできるだけしないことである。また，荷造包装についても同じことがいえる。不必要な包装を止めたり，荷役危機をうまく利用することによって包装を簡素化することが可能である。

② 作業を組み合わせて運搬の活性化を図ること

関連した作業を組み合わせて能率的に運用することがある。たとえば，自動車から荷役を積卸しするとき自動積卸し装置を利用し，庫内に自動的に流すことを考えるとか，庫内から出荷されてくるハンガーラック（洋服などをかけたハンガーを吊るして移動させるラック）をトラックの中に連続して格納するオーバーヘッドコンベヤを利用するなどがこれに相当する。

③ 重力の利用を考えること

物を下から上へ，重力に逆らって動かすよりも重力の法則に従って上から下へ動かす方が容易であり，経済的である。重力の影響をなくすという点では物をもって歩く労力の軽減が考えられる。そのために，物をもって歩かないようにするか，物をもって歩く距離を短くすることである。

④ 人力を機械力に置き換えること

これまでに人力で運んでいたものを機械に置き換えるよう工夫すべきである。この場合，機械に単独で行わせるのと人間と機械の組み合わせで行うのではどちらが有利かを検討する必要がある。

⑤ 荷物の流動化を図ること

荷物が停滞することは経済的に不利である。荷物が渋滞するとそれだけコストがかかるからである。荷物が計画的かつ無駄なく流れていれば管理もしやす

210

く，荷役作業の能率も向上する。

⑥　ある単位に荷物をまとめて扱うこと

荷物はある程度まとまった単位で取り扱うことが，荷役の合理化に役立つ。こうすることによって荷物の損傷，減耗，損失をなくし，数量の確認が容易になる。荷役作業の能率化も図れる。後述する一貫パレチゼーション，コンテナリゼーションはまさにこの原則に基づいている。

⑦　トータルシステムとして考えること

保管，荷役，荷造包装，輸送などの他システムとの連動のなかで，作業全体としての総合能率向上を考えている。初めは，荷役作業全体との関係をとらえ，さらに進めて物流全体との関係を考える。

10.2　包装機能

10.2.1　包装とは

日本工業規格（JIS）では包装の定義を次のようにしている。

「包装とは物品の輸送，保管などにあたって，価値および状態を保護するために適切な材料，容器などを物品に施す技術，および施した状態をいい，これを個装，内装，外装の3種に分ける」

個装とは物品個々の包装をいい，物品の商品価値を高めるため，または物品を保護するために適切な材料・容器などを物品に施す技術，および施した状態をいう。内装とは包装貨物の内部の包装をいい，物品に対する水，湿気，光熱，衝動などを考慮して適切な材料・容器などを物品に施す技術，および施した状態をいう。外装とは包装貨物の外部の包装をいい，物品を箱，袋，樽，缶などの容器に入れ，もしくは無容器のまま結束し，記号，荷印などを施す技術，および施した状態をいう。

10.2.2　包装の機能

包装の機能を理解することは包装設計の基本である。個々の機能について検討してみる。

第Ⅰ編　総　括　編

(1)　保護性

保護性は工業包装の本質であるともいわれている。保護性は品質の維持に不可欠な事柄である。具体的には，次のようなものから物品を保護する。

- 化学変化
- 物理的変化
- 異物の混入，汚染からの保護
- その他，カビ，虫などからの保護

(2)　定量性（単位化）

定量性があってもモジュールを決めて基本的な単位を決定する必要がある。パレット，コンテナ，ラック，貨車，その他輸送機器との関連性を考える必要がある。その基礎になるのがモジュールであり，単位である。さらに単位化に際しては輸送・荷役に都合がよい単位にまとめる，あるいは小売りしやすい消費者や購買者の購入希望量に合っているなどの配慮が必要である。

(3)　標示性

- 印刷，ラベル張りなど，包装によって標示しやすくなる。
- 液体，気体など標示が難しいものでも包装することにより標示しやすくなる。

(4)　商品性

商業包装の本質であり，商品イメージを高めることが商品性である。

(5)　便利性

- 工業包装，商業包装共通のもので説明書，能書，サービス品，パンフレットなどが入れやすいこと
- 陳列しやすいこと
- 再利用（リサイクル）できること
- 利用しやすいこと
- 輸送，荷役がしやすいこと，あるいは保管しやすい形であること
- 消費者が使いやすいこと
- 生産しやすいこと

(6)　効率性

作業効率が良いことをいう。具体的には生産，荷役，販売，輸・配送，保管

212

などの作業が効率的に行われること。

（7）　販売促進性

購買意欲を起こさせるとともに，広告性をもたせること。

10.3　保　管　機　能

10.3.1　保　管　と　は

一般に，「物品を物理的に保存し，管理することである」といわれている。保管施設である倉庫は物流システム全体ではモノの流れの安全弁として，あるいはシステム全体の周期の中での活性剤として機能する。

こうした意味から保管自体は入庫と出庫，仕入れや生産の緩衝器（バッファー）として機能している。それだけでなく，流通戦線の最前線として顧客サービスに大きな貢献をしている。保管システムは荷役システム，輸・配送システム，包装システム，情報システムと連動して初めて有効なサブシステムとして機能する。

10.3.2　保管の意義

保管は顧客サービスを良くするのに貢献していると同時に輸・配送を結ぶ結節点（ノード）としてこれらの円滑化を果たしている。保管なくしては注文品を適時に届けることもできないし，お客の満足を得ることも困難である。輸送と配送（リンクとリンク）の間の潤滑油である。また，かつて保管は貯蔵と同義語的に使われていたがマーケティング志向が強くなり，さらに在庫に対する認識が高まるにつれて考え方も幾分変わってきている。現在では，"時速0km"の輸送といわれるまでになっている。

保管は保管に係わる設備機能と，保管の方法に係わる在庫管理の2つの側面を中心にして，他のシステムとの有機性を保つシステム化の側面を含めて考えるようになってきた。ストック（貯蔵）からフロー（流通）へと保管の機能は変化し，それに対応して貯蔵倉庫から流動保管へ，貯蔵倉庫から活性保管へと焦点が移動している。

213

第 I 編　総　括　編

10.3.3　倉庫の種類

　倉庫の種類は構造，名称，保管，立地，機能，経営，保管品などによって呼び方が異なる（表 10.1）。

10.3.4　倉庫の体系

　倉庫の体系は，大きく分けると①通常倉庫，②機械化倉庫，③自動倉庫に分けられる。

表 10.1　倉庫の種類

基　　準	倉　　庫　　名
構造基準	1．通常倉庫 2．機械化倉庫 3．自動化倉庫
名称基準	1．営業倉庫 2．公共倉庫 3．私設保税上および倉庫 4．農業倉庫 5．保管庫 6．その他の倉庫
保管基準	1．普通倉庫：原材料倉庫，製品倉庫 2．特殊倉庫：冷蔵倉庫，定温倉庫，危険物倉庫，水面倉庫
立地基準	1．沿岸倉庫：埠頭倉庫，接岸倉庫 2．沿線倉庫：駅頭倉庫，ターミナル倉庫 3．内陸倉庫：農業倉庫，工場倉庫，都市倉庫
機能倉庫	1．保管倉庫 2．流通倉庫
経営基準	1．営業倉庫 2．自家倉庫
保管品基準	1．生産工程倉庫：加工工程間倉庫，材料受入倉庫，組立部品供給倉庫， 　個別受注生産加工工程倉庫，個別受注生産組当部品供給倉庫 2．商品倉庫：製品倉庫，個別受注生産の製品倉庫，商品倉庫 3．仕分中心倉庫：預託品倉庫，委託品倉庫 4．検査倉庫

214

第 10 章　SCM の基本業務機能

10.3.5　名称による区分

名称により倉庫を区分すると①営業倉庫，②公共倉庫，③私設保税上屋（うわや）および倉庫，④農業倉庫，⑤保管庫，⑥その他の倉庫に分けられる。

10.4　輸・配送機能

10.4.1　輸　送　と　は

輸送とは自動車，貨車，船舶，航空機その他の輸送手段によって財を場所的に移動させることである。輸送に似た用語に，運搬，運輸，交通，配達などがある。これらを整理すると表 10.2 のようになる。これらを代表して，「輸送」を統一した用語として一般に使っている。

10.4.2　輸送の形態・機能

(1)　トラック輸送

トラック輸送は近距離輸送，中距離輸送，長距離輸送，汚染輸送，集配輸送の 5 種類から成っている。

a.　「貸切」，「地場」，または「区域扱い」

近距離輸送は主として 100 km 以内の輸送をいう。これは，自動車のもつ便

表 10.2　輸送関連用語

種類	定義	使われている分野
運送	物品を運び送ること	法律用語
運搬	人や貨物を運び移すこと	－
運輸	旅客，および貨物を主として鉄道，自動車，汽船，航空機によって運び送ること	官庁行政用語
交通	①ゆきかよい ②隔地間における往復，貨物の輸送，意志の通達の総称	輸送機関
配達	物品を届けること	一般的な用語
輸送	車両，船舶，航空機，鉄道などで人または物を送ること	これらをすべて統一した用語

215

第Ⅰ編　総　括　編

利性，機動性を発揮できる輸送範囲で，輸送全体に占める割合も高くきわめて重要な輸送である。

　中距離輸送は主として 101 km～300 km までの輸送をいい，時間的，経済的にもトラック輸送の優位性が目立っている。

　長距離輸送は 301 km 以上の輸送範囲をいい，301 km～600 km までは約 50%のシェアをトラックがもち，600 km 以上でも 4 分の 1 の占有率をもっている。

b.　路線輸送

　路線を決めて定期的に運行する自動車によって積み合わせ貨物を運送するものをいう。通常「定期便」，「自動車便」，または「荷物扱い」と呼ばれているものがこれに当たる。たとえば，ターミナルに集められた荷物を大型トラックに積み合わせて輸送し，着地でこれを仕分けし，小型車で個々に配達することなどがこれに当たる。少量単位の貨物輸送であり，集荷，荷積み，輸送，荷卸し，配達という一連の作業が行われるためシステム化によるコスト低減が課題である。

c.　集配輸送

　鉄道の駅頭，路線ターミナル，船舶，航空などの発着両端の集配作業に関する移送をいい，近距離輸送が主体になっている。近年，システムの一貫化が叫ばれている。

(2)　鉄道輸送

a.　貨車扱い輸送

　発駅から着駅までの一定区間を専用貨物列車で直行輸送する方式である。通常，使用貨車一車を単位として貨物を貸切の貨車に積んで輸送する。原材料の産地から直行により輸送，工場間の専用列車がこれに当たる。

b.　コンテナ輸送

　コンテナに収納された貨物を鉄道と自動車を結合して戸口から戸口まで一環して輸送するシステムである。コンテナ駅は全国に 102ヶ所あり，その線区はコンテナ専用の貨物列車で直行輸送する。また，鉄道はレール輸送のみで，集配の道路輸送は自動車により通運事業者が行っている。

第 10 章　SCM の基本業務機能

(3)　船舶輸送

船舶輸送には定期船と不定期船，コンテナ輸送とフェリー輸送，外航船と内航船など，さまざまな呼び方がある。これは時間，距離あるいは輸送形態などによって決められている。ここでは前項について取り上げる。

ａ．　定期船と不定期船

定期船はライナーと呼ばれるもので，定期航路を走っている海の列車といわれている。一方，不定期船は航路，期日も一定でなく，必要に応じて配船されるもので，大量貨物で比較的値段の安いものが選ばれる。

ｂ．　コンテナ輸送とフェリー輸送

コンテナ船輸送は貨物を早く，安全に，安く輸送することを目的に開発されたもので，コンテナ輸送の専用船（コンテナ船）で輸送する方式をいう。

一方フェリー輸送は貨物を積んでいるバス，トラックその他をそれごと船に乗せて運ぶ輸送である。この方式によって海陸一貫輸送が可能になり，なかでも中距離カーフェリーが注目されている。

(4)　航空輸送

航空輸送にもコンテナ船輸送が活発に行われている。

ａ．　旅客機輸送（ベリー）

ベリーと呼ばれる客室の下部にある旅客の手荷物や郵便を搭載した残りのスペースに貨物を入れて輸送する方式である。

ｂ．　貨物専用機によってコンテナ化が図られ，荷役の合理化，スペースの有効利用が実現し，大量一括輸送が可能になった。航空輸送にも定期，不定期がある。

(5)　ユニットロードシステム

ユニットロードシステムとは貨物を 1 つのユニットとして輸送する方法である。荷役の合理化，輸送と荷役のシステム化による貨物の効率的な移動を目的としたものである。この輸送方法の対象となる商品は個々の商品の寄せ集めであり（個品雑貨）重量，容量，包装，荷役に統一がない。多品種であり，1 日の取引量が比較的少量で流通機構が複雑なことが特徴である。このような特徴をもった貨物の輸送にはこれまでかなりのコストをかけてきたが，これを節約し，システムを合理化するために考えられたのがユニットロードシステムであ

217

第Ⅰ編　総　括　編

る。具体的には，貨物を一定の荷役にできるだけまとめ，荷役を機械化し，人件費の上昇を避け，これと一緒に包装の合理化を推進することである。

　ユニットロードシステムを具体化したものに，①コンテナを用いるコンテナリゼーション，②パレットを用いるパレチゼーションがある。いずれも，コンテナやパレットで荷役をユニット化し，フォークリフトによって荷役を行い，能率を上げるものである。

　ユニットロードシステムの長所は荷役の効率が良く，また一貫したシステムを可能にすることがあげられる。短所はユニットロード実施のための設備，機器への投資がかさむことにある。ユニットロードは単一の輸送の合理化だけでなく2つ以上の異なった輸送機関のシステム化の発展に大きく貢献している。

10.5　流通加工機能

10.5.1　流通加工とは

　流通加工とは流通段階において質的変化をみないで付加価値を与えることである。しかしながら，流通加工と生産の定義，あるいは境目は非常に難しい。

10.5.2　流通加工の目的

　流通加工の目的は流通段階における保存のための加工（冷凍食品など）と流通効率化のための加工（濃縮牛乳，冷凍食品，鋼板の切断など）を行うことにある。加工自体は生産という言葉で表現されている。生産は加工することによって付加価値をつけ，さらに素材とはまったく異なった機能をもたせることを意味する。たとえば，鉄棒を切断して消費者のニーズに合わせることは，流通加工であり，鉄棒からボルトを作ることは生産である。

10.5.3　流通加工の必要性

　消費者のニーズが多様化すればするほど，流通段階における流通加工の必要性が高まっている。冷蔵庫の普及が冷凍食品を生み，保存と流通効率化をもたらしたのは周知のとおりである。加工することによってその物の付加価値を高

第 10 章　SCM の基本業務機能

めるが，物自体の機能を変えないことが流通加工である。消費者のニーズの多
様化に対処するためには流通段階における加工を強化する必要がある。すなわ
ち，顧客サービスの一環として顧客のニーズに合致させ，これを満足させなけ
ればならない。

10.6　情 報 機 能

10.6.1　SCM の基本業務機能における情報機能とは

SCM における情報は生産から販売に至る一貫した情報の流れの中でとらえ
るものであって，企業内のマーケティング情報，生産情報，マネジメント情報
などと密接に関連している。特に，最近の企業システム設計はますます運営コ
ントロールシステムの統合化が必要になってきており，各情報を有機的にトー
タルシステム的に結び付け，物流情報システムの確立を図る必要がある。

10.6.2　物流情報の種類

物流活動の高度化，効率化のための情報の在り方のポイントは以下のとおり
である。

①　経営活動全体を 1 つのトータルシステムとしてとらえ，このシステムの
　　指向する目的達成に最も貢献する形で，各システムを無駄のないように
　　組み合わせること。

②　トータルシステムを構成しているサブシステムの能率化・効率化を図る
　　こと。

経営は一般にトップ，ミドル，オペレーションの 3 段階に大別され，トップ
では戦略的計画と統制を，ミドルでは管理的計画と統制，オペレーションでは
日々の定常的な作業を分担している。これらの段階で必要される情報は量，
質，緊急度などに相違があり，物流に関する情報についても同じことがいえ
る。

219

第Ⅰ編　総　括　編

〈参考文献〉

1)　唐澤豊：現代ロジスティクス概論，NTT 出版，2000
2)　唐澤豊，若林敬造：物流管理，学校法人産能大学，1977

若林　敬造

11	原理・原則論

11.1　は じ め に

　本章は SCM に関連する原理原則論について概述することを目的としている。原理原則は IE 系，システム系ならびにロジスティクス系から成っているが，IE 系など重複部分については極力簡単に触れることとする。

　IE 系については 5S の要点について触れ，システム・改善系についてはシステム設計の基本スタンスに関する代表的な考えである帰納法と演繹法について概述し，改善系についてはリエンジニアリングとリストラクチュアリングの基本論理について明らかにし，最後に SCM の基本機能であるロジスティクス機能に関連する原理原則論を紹介する。

　SCM 戦略の実施段階の第 1 歩は業務遂行上の原理原則である。これなくしては如何に高邁な戦略であっても机上の空論になりかねない。業務展開の原点ともいうべき原理原則を幅広く理解し，実践のツールとして役立てることを目的としている。

11.2　IE の基本原則

　IE 科学的管理法の父と呼ばれているフレデリック・W・テイラーの提唱した内容を要約すると下記のとおりである。

　基本的には，事実を客観的に把握し，科学的方法により分析，判定，総合化

し，最終的に最適な方法を標準とし，生産をする。生産面では標準と実際の差異をベースに対策をとり，計画（Plan）・実施（Do）・評価（Check）・処置（Act）をベースとして，科学的管理法の下に全員の理解と参画を実現する。テイラー，サーブリック法のギルブレイス（F. B. Gilbreth），ガントチャートのガント（H. L. Gant）へと継承され，IEという生産工学の流れを作る。

具体的には下記のとおりである。
- 課業管理：1日の公正な仕事量である課業の明確化
- 作業研究：時間研究による標準時間の決定と方法研究によるムリ・ムダ・ムラのない効率的な作業方法の決定
- 指図票制度：道具の標準化・時間の標準化・作業の標準化等のマニュアル
- 高率出来高払い賃金制度：標準作業量の設定とそれ以上の作業に対する高賃率の設定
- 職能別職長組織制度：計画機能と執行機能に区分

11.2.1　5W1Hの原則

非常に一般的な原則であるが，本項ではIEの原則に入れて考える。5W1Hの原則は図11.1のとおりである。

5W1Hの原則の内容は下記のとおりである。

何を，どこで，なぜ，誰が，何時

図11.1　5W1Hの原理

（何時から何時まで），いかすかを対象に応じて順不同で問いかける。問いかけに対して答えを上手く出せない場合には問題があるため答えを出してから再度問いかける原則である。

11.2.2　5Sの原則

生産工場で広く実施されているのがこの原則である。現在では事務系を含めあらゆる分野で使われているが，一見やさしそうに見える原則であるが，継続性が重要なこの原則は，やさしそうであるが難しい原則でもある。

第11章　原理・原則論

表 11.1　5S 原則の内容

原則 1.　整理：必要不必要の判断基準にする―在庫数量の多寡の検討
原則 2.　整頓：標準化・類型化・分類化を図る―探す無駄を省く・規則の作成
原則 3.　清掃：細部および問題点がわかるようにする―問題を常に意識する。
原則 4.　清潔：発生した問題をすぐわかるようにする―透明度・公開性の問題で，問題 　　　　　解決のベースである。
原則 5.　　躾　：自主的に解決できるよう指導，訓練する―自己啓発を図る。

表 11.2　5S の補足

補足：目視管理の基礎 　　・順守：標準（規則）の決定・標準の見直し（改善）・標準の順守の循環 　　・順守のためには； 　　　　―なぜ決められたかの理由を全員に周知徹底：整理・整頓 　　　　―決められたとおりに実施：躾 　　　　―種々の面から再検討：整理・整頓（規則）

5S の原則とは表 11.1 のとおりである。なお，補助原則として表 11.2 を追加している。

5S の原則の内容は下記のとおりである。

①　5S の徹底（目視管理の基礎）

- 順守：標準（規則）の決定・標準の見直し（改善）・標準の順守の循環
- 順守のためには

　―なぜ決めたか。その理由を全員に周知徹底：整理・整頓

　―決められたとおりに実施：躾

　―種々の面から再検討：整理・整頓（規則）

②　整理・整頓

　―整理：必要不必要の判断基準　Ex. 在庫数量

　―整頓：積極的な対応と消去的な対応　Ex. 探す無駄を省く・標準化をより高い水準に変える

③　清掃・清潔

　―清掃：細部および問題点がわかるようにする。問題を常に意識する。

　―清潔：発生した問題をすぐわかるようにする。透明度・公開性の問題であり，問題解決のベースである。

④　躾

223

第 I 編　総　括　編

―自主的に解決できるよう指導，訓練する。

11.2.3　QCの7つ道具

QCの7つ道具は問題解決の手段として基本的な道具である。つまり，QC活動を展開し，推進する際に必要な道具である：

- チェックシート：目的・対象・範囲を決め，問題・解決案調査表/票
- ヒストグラム：度数図とヒストグラムを作成し，時間的な傾向，変化，類似性等を検討し対策を立案する。
- パレート図：パレート図を作成し，管理方式を決定する。
- 特性要因図：フィッシュボーン等により問題全体の関係図を明確にする。
- 層別：特徴に狙いを定め，類似特性別に整理し，問題に対処する。グラフ，ヒストグラム，散布図 etc.
- 散布図：特性と要因が連続的な関係がある場合等に X 軸と Y 軸とによってその関係を明らかにする。
- グラフ・管理図：折れ線グラフによる時間的な特性の把握・折れ線グラフに上限と下限を設定し異常値を管理する管理図等による。

なお，QC 7つ道具の補強として新 QC 7つ道具がある。

- 親和図法：
  ―ブレーンストーミングにより問題項目を洗い出す。
  ―類似項目・共通項目の纏め輪取り（KJ 法の A 型）して関連付け図解する。
- 関連付けたものを文章で表現（KJ 法の B 型）して体系化する。
- 連環図法：
  ―問題項目の関係を体系的にチャート化し全体の関係を洗い出す。
  ―1次要因，2次要因と掘り下げる。
  ―高次元から，低次元へ矢印を引き，重要な要因を明らかにする。
- 系統図法：
  ―手段展開型と目的整理型がある。
  ―手段展開型：大項目から中項目，小項目へと細分化し，効果の大小，費用，難易度等を評価し採用手段を少数個に絞り込む。

―目的整理型；
- 最終目的達成手段をランダムに列挙
- 同一目的グループにまとめる。
- 目的実現に抜けている手段の補足。
- 上記2種を繰り返し最終目的に至る。
- 効果の大小，費用，難易度等の評価と選択。手段展開型と同様。

11.3 システム設計の基本思考

システム設計理論の代表としては帰納法，演繹法，折衷法の3方法をあげることができる。本節では帰納法のケースと演繹法のケースについて簡述する。Ⅱ編17章システム分析と改善手法と重複するので詳細については避けることとする。

帰納法とは現状把握に着手し，問題点の把握，改善案の提案という思考過程をとるのに対して，演繹法は理想的な姿を前提にこれを現実の状態に落とし込む方法である。以下両者について簡述する。

帰納法と演繹法の基本は下記のとおりである（図11.2）。

帰納法は，対象範囲を明確にし，調査，仮説，実施のプロセスに沿って分析する。

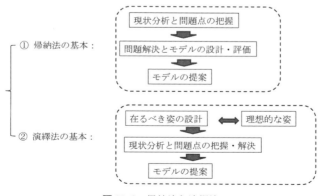

図11.2 帰納法と演繹法

第Ⅰ編　総　括　編

- ステップ1　現状分析：事務分析的手法等に基づいて現状分析をし，モデルを作成する。
- ステップ2　仮説の設定：作成したモデルを検討し，新システムを提案する。
- ステップ3　システムの実施：新システムを試行し，検討評価をし，実行可能な新システムを提案する。

演繹法は帰納法とは異なり，理想システムの設計からスタートし，このシステムを実行可能なシステムに向けて検討する方法である。

- 機能の決定と理想システムの展開
- 情報収集，代替案の作成と実行可能案の選定
- 詳細設計，テスト，実施，評価

現実的には，両者ともに強弱の相違はあるにしろ「あるべき姿」を前提に施行あるいは分析プロセスを展開しているのが実態である。

11.4　ロジスティクス基本機能の諸原則

ロジスティクスの原則は基本機能に焦点を絞って述べる。基本機能は，荷役，包装，保管，輸・配送，情報，流通加工であるが，本節では流通加工は除いている。

11.4.1　荷役の原則

荷役の原則は原則と補助原則とがあるが，下記のとおりである（表11.3および表11.4）。

表11.3　荷役の基本7原則

① 荷役作業をしないシステムを考える
② 作業を組み合わせ，運搬の活性化を図る
③ 重力を利用する
④ 人力を機械力に置き換える
⑤ 荷物の流動化を図る
⑥ 荷物をある単位にまとめる
⑦ 他のシステムとの有機性を考える

226

第11章　原理・原則論

表11.4　荷役の13補助原則

No.	保管の方法と設備	内容
1	移動距離	荷物の移動距離を最小にする
2	床利用の効率化	高積みをして，床面積を有効に利用する
3	一貫作業方式	作業の前後の工程とのシステム化を図る
4	合理的な組合せ	組合せによる人的能力，機械能力の発揮を図る
5	作業量に対応したシステム	作業量に応じて人，機械を配置する
6	現行施設の活用	手持施設の有効利用を図る
7	故障時のバックアップ	故障時に他のシステムに切り換えられるようにする
8	標準品のバックアップ	機械の導入は標準的なものにする
9	使用方法の教育訓練	荷役機器の教育による有効利用を図る
10	安全対策	事故防止対策の確立を図る
11	保全管理	保守・保全対策を確立する
12	機械化	機械化の促進を図る
13	計画的管理	作業の計画化と管理を図る

　荷役の大原則は作業レスシステムの実現である。次いで組み合わせと活性化で，活性化とは円滑裡に流動化を図ることである。重力の利用などはその例である。人力を機械力に代えることは歴史が証明するところである。荷物をある単位にまとめるとは，日本の標準規格のT11型パレットに仕様を統一し，効率化を図ることなどがあげられる。最後の他のシステムとの有機性を保つこととは，流動化，活性化に直結する原則でもある。なお，補助原則として13原則を追加しているが，これらの原則は，移動距離の最小化，移動の円滑化，バックアップ体制等に直結している。

11.4.2　包装の原則

　包装の原則は包装機能と輸送包装の原則から成っている。包装モジュールはロジスティクスの原点であり，標準化の出発点でもある。包装には段ボール，カートン，個装等の種類がある。

　包装の原則は下記のとおりである（表11.5）。
- 保護性：衝撃，耐加重等内容物の保護を目的としている。
- 定量性：包装内容物の重量，容積の標準化を示す。
- 表示性：包装内容の表記をする。
- 販売促進性：広告宣伝機能としての包装の役割。

第Ⅰ編　総　括　編

表 11.5　包装の原則

包装の機能	輸送包装の条件
・保護性	・経済性
・定量性（単位化）	・保護性
・標示性	・製造の容易さ
・商品性	・荷扱いの便利性
・便利性	・使用上の便利性
・効率性	・廃棄物処理の容易性
・販売促進性	

• その他：便利性，効率性等がある。

　包装の大きな役割として輸送包装の条件をあげることができる。保護性と経済性を軸に製造の容易さ，荷扱いや使用上の便利性，廃棄物処理やリサイクル，リユースの容易性も重要な要素である。

11.4.3　保管の基本原則

　保管には平積み，高積み，ラック保管をはじめ，常温，定温，チルド，冷蔵，冷凍あるいは丸太のように河川等いろいろな保管形態がある。本項の原則は基本的には消費財の配送センターや工場の資材センターを対象としている。

　保管の原則は下記のとおりである（表 11.6）。

表 11.6　保管の基本原則

① 通路対面保管の原則	⑥ 類似特性の原則
② 高積みの原則	⑦ 重量特性の原則
③ 先入れ先出しの原則	⑧ 形状特性の原則
④ 回転対応保管の原則	⑨ 住居表示の原則
⑤ 同一性の原則	⑩ 明瞭(表示)性の原則

• 通路対面保管の原則とは通路に面して保管することによって出し入れを容易にする。

• 高積みの原則とは高積みをすることによって保管効率を高める。

• 先入先出ができるようにして保管品の標品寿命ベースの回転を維持する。

• 回転対応保管の原則とは保管品の回転率を配慮して配置を決定する原則で

228

ある。季節対応の原則とは，季節などに応じて保管品の在庫量が変化するので，保管場所を見直し，収納抽出の作業効率を高め，維持する。
- 重量物は最下部に保管し，作業効率と地震などの安全対策を考慮する。
- 類似特性の原則と形状特性の原則とは似たものを同じ場所に保管する原則である。
- 滞留特性の原則のように滞留在庫の対処策に注意を払う原則も重要である。

11.4.4 配送システムの原則と原型

輸送は拠点間等を主とするものであり，配送は利用者に直接配達する形式をとるものである。基本的に前者は直線的であり，後者は巡回（ミルクラン）型である。

輸・配送の9原則は下記のとおりである（図11.3）。
- 配送センターの在庫量は補充回数と在庫量との反比例関係にある。在庫量を減少させるためには，高頻度の補充をすればよい。また，逆も真である。一般的には安全在庫量を軸に補充量を決定するが，マクロ的には補充輸送と在庫量のトレードオフで在庫量を決める。A級製品であれば在庫を多く持っても品切れを防ぎ，回転も高いので安い保管料よりは高い輸送効率を高めた方がよい場合が多い。

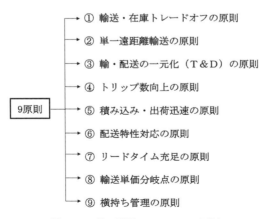

図11.3　輸・配送システムの9原則

- 輸送の場合は1回のトリップ距離を遠距離にし，輸送と輸送先の配送をリンクして往復輸配送効率を高める。
- 積み込み・集荷の作業効率を向上して車両運用効率の向上を図る。当然，車両回転数向上にも寄与する。
- 日時指定，場所指定等配送ニーズに対応する必要性が増加している。ネット販売が一般化すればするほどきめ細やかな配送サービスが要求されている。ロボットやドローンの活用もその先端事例である。配送特性対応の原則への傾斜は今や時代の流れである。
- リードタイムの充足は配送特性対応に含まれてはいるが，ここでいうリードタイムとは単なるスピードだけではなくて顧客指定のリードタイムを指している。
- 輸送単価の分岐点は常に配慮すべき事項である。長距離輸送を例にとると東京から京都，大阪，神戸に荷を降ろすのに対して，姫路を含めようとした場合，傭車条件を考えて単価分岐点を配慮すべきである。距離，日数等により分岐点が存在するからである。
- 生産工場間の横持ち，配送センター間の横持ち，店舗間の横持ちなど種々考えられるが，コスト面でのロスは大きい。横持ち管理の原則が必要といえる。

11.4.5　3S1Lの原則と7Rの原則

初期の物流の基本原則である3S1Lの原則や7Rの原則を充足するための原則あるいは基本として個々の原則が存在していることがわかる（図11.4およ

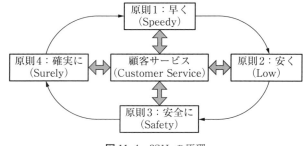

図11.4　3S1Lの原理

第11章　原理・原則論

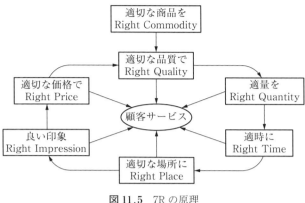

図 11.5　7R の原理

び図 11.5)。すべての原理，原則および基本は顧客サービスに通じている。時代は変化し，方法論の名称も変化する中でも基本は変わらないということである。常に原点回帰を心がけるべきである。

11.4.6　庫内ロケーションの基本

庫内ロケーション管理の基本は固定ロケーション，フリーロケーション，およびゾーンドフリーロケーションの3類型がある。

庫内ロケーションの基本を簡述すると下記のとおりである（表 11.7)。

- 原則1：マニュアルピッキングは固定ロケーション方式とする。固定ロケーションとは棚番と保管品を対応させる方式であり，人間系の管理に適している。
- 原則2：自動ピッキング方式は原則としてゾーンドフリーロケーション方式かフリーロケーション方式を採用する。ただし，基本的には製品回転特性に応じて，固定ゾーンを決め，ゾーン内をフリーロケーション方式とするゾーンドフリーロケーション方式とする。
- 原則3：庫内品目配置は原則として回転率主体のパレート分析に基づいて決定する。
- 原則4：摘取方式と種蒔方式は注文品種数と量によって決定する。
- 原則5：U字型レイアウトの場合は格納抽出効率を上げるため出入口に近

第Ⅰ編　総　括　編

表11.7　ロケーション管理の基本

方式 / 分析手法	項目	ゾーンドフリーロケーション型	フリーロケーション型	固定ロケーション型	出入口同一型 U型	出入口別型 出荷優先型 I型・L型	出入口別型 入荷優先型 I型・L型
I. 摘取方式	(1) I・Q分析型 ・パレート型	自動倉庫 ○	自動倉庫 ○	マニュアル型 ○	・横断配置 A B C	・横断配置 C B A	・横断配置 A B C
	(2) I・O分析型 ・ネットワーク型	自動倉庫 △	自動倉庫 △	マニュアル型 ○	列別配置 ABC クレーン スピード対応	列別配置 ABC 品目配置は 出口優先	列別配置 ABC
II. 種蒔方式	パレート型	同上	同上	同上	同上	同上	同上

表11.8　庫内補充の類型

補充型 (AR型)	逐次補充型 (ASR)	Automatic Sequential Replenishing System	多品種 = 高回転型
	バッチ補充型 (ABR)	Automatic Batch Replenishing System	少品種 = 低回転型
引出型 (AP型)	逐次引出型 (ASP)	Automatic Sequential Pulling System	多品種 = 高回転型
	バッチ引出型 (ABP)	Automatic Batch Pulling System	少品種低回転
折衷型 (AP型)	逐次補充・逐次引出併用型	ASR–ASP System	保管品目の構成によって決まる
	逐次補充・バッチ引出併用型	ASR–ABP System	
	バッチ補充・逐次引出併用型	ABR–ASP System	
	バッチ補充・バッチ引出併用型	ABR–ABP System	

第11章　原理・原則論

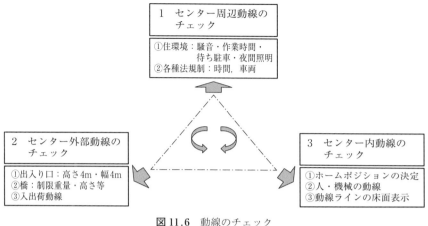

図11.6　動線のチェック

い場所に高回転品を保管する。

11.4.7　庫内補充の原則

倉庫内補充と引出はそれぞれについて逐次型，バッチ型および折衷型の3類型がある。庫内補充の基本は下記のとおりである（表11.8）。
- 多品種高回転商品は逐次補充，逐次抽出とする。
- 少品種低回転商品はバッチ補充，バッチ抽出とする。

これはあくまで一般的な基本原則であり，マニュアル方式や自動化方式，回転スピード，品種の多寡，注文量，軒数，注文先数の大小によって異なるため絶対的な原則ではない。

11.4.8　配送センターチェックの基本

配送センターを見る際，動線，建屋，品目配置，設備機器，人員構成，およびレイアウトを観察し，チェックするとわかりやすい（図11.6）。

(1)　動線のチェック

動線のチェックはセンター周辺，センター外部，センター内の3つの領域から成っている。
- センター周辺動線のチェックはセンター周辺と環境問題が主で，騒音，夜

間・早朝作業，その他で住民環境問題や法規制がテーマとなる。
- センター外部動線のチェックは出入口，橋，入出荷全体の動線のチェックが必要となる。車種車両の制限に注意しなければならないからである。
- センター内動線は作業員や搬送機器の動線の取り方，安全対策などをチェックする。

(2) 建屋のチェック

建屋のチェックは外観から内部に向かってチェックをする。建屋外観，庇，バース，天井高・梁下，庫内通路，事務所・共有スペースと内部に向かってチェックをする。

- 建屋外観のチェックはカラーリング，外壁の材料，拡張性・柔軟性，安全対策などである。カンパニーカラーか否か，メンテナンスフリーの外壁か否か誘導灯の有無等がそれである（図11.7）。
- 庇のチェックは雨天時の作業性，ウイング車の対応（ウイングを上げた場合余裕を考えると高さ5.5mの庇が必要）などのチェック

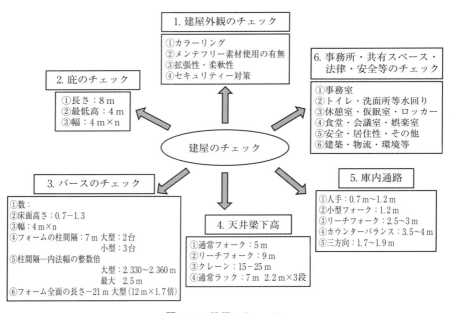

図11.7　建屋のチェック

第 11 章　原理・原則論

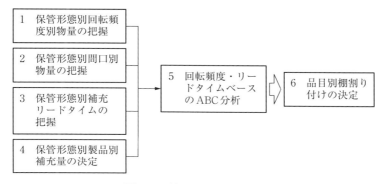

図 11.8　品目配置のチェック

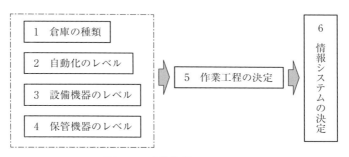

図 11.9　設備機器のチェック

- バースのチェックは荷台とバースの作業性，車両の接岸性，柱間隔，シャッターの有無と種類，プラットフォーム前面のスペース長などのチェック
- 天井高・梁下高のチェック
- 倉庫内通路幅の溶融率と安全のチェック
- 事務所，作業員休憩場，洗面場，トイレのメンテチェック等

(3)　品目配置のチェック

特に保管品の保管形態別回転頻度別物量の把握，保管形態別間口別物量の把握，保管形態別補充リードタイムの把握の把握，保管形態別製品別補充量の決定を軸とした品目配置，品目配置の季節性，あるいは在庫取扱規定と実施状況をチェックする（図 11.8）。

さらに，棚割付けの論理と実践，棚替えの方法，循環棚卸法を含む棚卸の方

法，先入先出の管理，年齢別出荷管理等在庫と棚に関するチェックをする。品目配置は作業効率に関係があり，重要な管理項目の1つである。特に，メンテナンスを十分しているか否かが成否の分岐点となる。

(4) **設備機器のチェック**

倉庫の種類，自動化のレベル，設備機器のレベル，保管機器のレベルによって作業工程の水準が決定される。これを前提に相互のやり取りの中で情報処理システムが決定される（図11.9）。したがって，使用機器全体の個々とともにシステム全体をチェックする。

(5) **レイアウトの基本類型**

レイアウトの基本Ⅰ型，U型，L型の3型である。この型はセンターと工場の双方に共通する形式である。在庫品目配置の基本は庫内作業の移動距離を最小にすることにある。したがって，当基本型は設備機器，品目配置に大きな影響を及ぼすため把握する必要がある。

(6) **人員・社員のチェック**

正社員，パート等の人員構成のチェック，パート管理体制のチェック，波動対応組織体制のチェック，特に作業能力管理のチェック，総合支援組織体制のチェック，日々原価管理による透明経営管理の確立と最適人員配置等についてチェックする（図11.10）。KPIによる生産性，収益性の管理の現場への浸透度のチェックを通して，現場管理の浸透度のチェックをする。作業員の波動対応管理については，パート管理データベースとその適

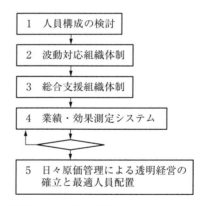

図11.10 人員・社員のチェック
（人員配置と組織体制の決定）

用方法等についてもチェックする。後方支援のあり方は緊急時対応に重要であるのでこの体制のチェックをする。パートを含めた現場教育のチェックも社員一人当たりパート社員管理数の決定に影響するためOJTを含め日々の現場教育のあり方をチェックする。

11.5 基本管理指標

管理指標の基本の詳細についてはⅡ編6章業績評価測定と評価基準 KPI にて述べているので本節では基本指標についてのみ簡述する。

基本管理指標は，生産性指標，達成（業績）指標，利用指標，サービス指標，および一般指標の5指標を基準としている。

基本管理指標は下記のとおりである（図11.11）。

- 生産性指標：労働生産性と資本生産性の2指標から成っている。両者の違いは分子を産出（成果）とし，分母を労働人員または労働（人件費）経費と投下資本とする点にある。
- 達成（業績）指標は実績値対計画値の比率である。達成率などとも呼ばれ業績評価の一般的な指標である。

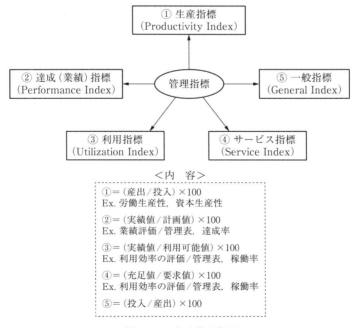

図 11.11 基本管理指標

第 I 編 総 括 編

- 利用指標とは利用可能値に対する実績値の比率を示し，具体的には月間稼働設定時間に対して実績の比率を見る。
- サービス率とは充足値に対する要求値の比率であり，顧客満足度などに利用される。
- 一般指標とは，生産性指標の逆数で投資効率などの測定に使用される比率である。

これらの指標は，マクロ的な指標であってアクションに結び付けるためには多変量解析の利用など方法を別途考える必要がある。KPI（key performance index）等財務分析的な手法の欠点は変数が少ないため，実務では変数が多く対応できないということを使用上の限界として理解すべきである。

11.6　改善推進の基本

改善推進の原則は資源・効果マトリックス，難易度マトリックス，および優先順位決定表から成っている。投資効果表については優先順位を付けて決定すればよいので本節では触れないこととする。

改善推進の基本は下記のとおりである（図 11.12）。
- 基本①：資源効果マトリックスによる投資効果の測定
- 基本②：難易度・効果マトリックスによる実現度・効果の測定
- 基本③：優先順位表の作成による優先順位の決定

この基本は 1 つの考えであって絶対的なものではない。投資効率と評価の方法なども配慮しなければならない。一般的に，経済性工学と呼ばれる分野では複利計算をベースとして，現価法，年価法，終価法で評価している。評価に当たっては，対象範囲，投資回収期間，法定耐用年数・経済耐用年数等耐用年数を前提に定率法・定額法・特別償却等減価償却，物価変動の配慮や変動を固定する Constant Price 等の選択，物量予測の予測手法・条件，現行能力か潜在能力等の機器能力，トランズアクション数推定の根拠，品種構成・荷姿等種々の条件を明らかにしなければならない。与件の整備とその条件下での評価ということになる。

238

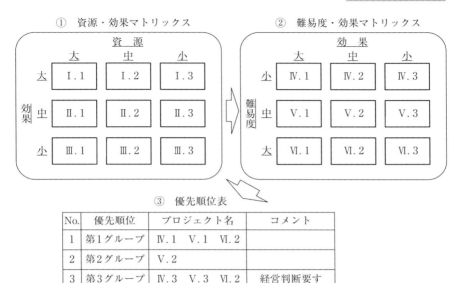

図 11.12 改善推進の基本

11.7 提案書の作成・提案の原則

　提案書作成の基本は提案書作成，プレゼンテーション，および評価から成っている．

　提案書作成と提案の基本は下記のとおりである（図 11.13 および図 11.14）．
　提案シナリオの作成は PR-MAT シナリオに基づいて行う．

- 提案類型：結論型と起承転結型の何れかに決める．前者は結論の提案，理由の説明，条件の説明などから成る提案様式であり，後者は起承転結の順序で説明する様式である．具体的には，問題の提案，解決案の説明，代替案の提案と選択，結論の提案，結論に至る理由説明，および条件の説明である．関連数値等は添付形式をとる．

- 提案の要点：発表は発表目的を明瞭にし，時間配分，説明資料と補足資料の峻別，発表に工夫を凝らし，そして十分なリハーサルを実施する．論理

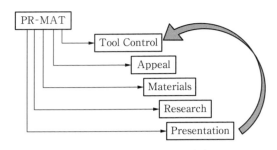

図 11.13 PR-MAT シナリオ

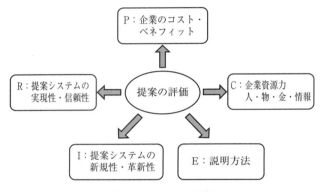

図 11.14 PRIEC 評価

と要点をまとめ，時間配分（重点配分）を考え，説得性の高いプレゼンにする。

- 説明資料：シナリオ・ストーリーをベースに，問題と目的意識を持ち主要内容の検討と訴求力ある資料を作成する。
- 訴求力：提案内容の説得性を高める。目的，解決案，効果，投資効率をはっきりさせる。
- 機器取扱い能力：プレゼン中の機器の利用は目的に応じて複数機器の同時使用も考える。音量，照明，画面等を配慮する。提案の評価を PRIEC に準じて配慮する。
- 明確なコストベネフィットをベースに理論を展開する。
- 提案システムの実行可能性，信頼性を確信させる。

- 提案システムの新規性，革新性を訴え，独自性を強調する。
- 企業資源力の確実性，安定性を示す。

11.8　SCM 戦略展開の基本

　本節については，Ⅱ編 2 章 SCM 戦略の基本にて詳細の記述があるため関係部分を簡述するに留める。

　SCM 戦略展開の基本要素は多岐にわたるが，チャネルを主体にした 10 類型について要約する。

- チャネル類型の基本：川上チャネルについては逆ツリー型かツリー構造型かを確認し，川下チャネルについては伝統型，販売会社型，小売店直販型，ユーザー直販型を絞り込む。
- チャネル支配類型：独占型か，寡占型か，自由競争型か，並存型かを明らかにする。
- 共同化主導類型：荷主主導型か，3PL 主導型か，コラボ型かを確認する。
- 計画・管理類型：企業内統合型か，企業間統合型か，国内統合型か，グローバル統合型かを明らかにする。
- 調整・統合類型：パートナーシップか，戦略同盟か，企業連携か，企業合併か焦点を絞る。
- チャネル発展類型：水平型か，垂直型か，メッシュ型か発展方向を明確にする。
- 発展業種類型：同業種型か，異業種型か，無差別型か共同化あるいは協調化の方向性を明らかにする。
- E ネットワーク類型：B to B ネット型か，B to C ネット型か，C to C ネット型かネットワークの対象を明らかにする。
- ネットワーク類型：垂直ネットワーク型か，水平ネットワーク型か，メッシュネット型かを明らかにする。
- SCM 全体像の綿密かつ総合的なフィージビリティスタディを実施する。

第Ⅰ編　総　括　編

11.9　おわりに

　SCM に関連する原理・原則のみならず基本的な考え方を含めて簡単に説明を加えたが，本文該当章あるいは項目と重複していることが考えられる。この点については，本章はあくまでも要約した内容である点に留意されたい。

　従来の著作物では原理原則論を要約した頁を割いていない。したがって，このような視点から本章の要約は若干の意味はあるものと考えている。

〈参考文献〉

1)　唐澤豊：ケイテクノ（株）管理者教育講義ノート，2012
2)　唐澤豊：物流概論 2 版，pp. 93-224，有斐閣，1993
3)　唐澤豊：物流・倉庫部課長の職務，pp. 76-83，税務経理協会，1990
4)　唐澤豊：在庫活性化の戦略，ぎょうせい，1985
5)　唐澤豊：物流管理指標の総合体系，日本物的流通協会，1987
6)　唐澤豊主査：物流の生産性測定指標，物流部門の生産性指標と評価測定懇談会（日本物的流通協会），1984 年 8 月
7)　NCPDM, National Council of Physical Distribution Management, 1978
8)　Eaton Corporation edited by G. White, Georgia Institute of Technology, Yale Management Guide to Productivity, 1978
9)　唐澤豊，若林敬造：物流管理指標の実態調査分析，物流レビュー，Vol. 9，No. 49，pp. 38-42，1987
10)　唐澤豊，他：物流基礎管理，産業能率大学，1987 年 1 月

唐澤　豊

第Ⅱ編

SCM マネジメント編

1 最適立地ベースのグローバル SCM ネットワークシステム

1.1 は じ め に

　最適立地ベースグローバルネットワークシステムは，各国の人口を基準として北米圏，アジア圏，EU 圏，および三極経済圏の SCM ハブネットワークのモデルを提案することで，将来の SCM グローバルネットワークとともにハブ類型を明らかにすることを主目的としている。人口以外にも GDP，NIP あるいは県または州の総生産額あるいは総所得なども考えられるが，将来所得水準が平準化すれば総生産はまたは総消費は人口に比例するため，あえて人口をパラメータとした。本来は物量ベースで最適立地シミュレーションを実行すべきであるが，データ取得が困難なため人口を基準とし，首都または州・県都に人口を割り付けてシミュレーションを行っている。

　シミュレーションのプロセスは，①対象地域の選定，②人口の割付，③直線近似方式による距離の推定，④距離表の作成，⑤人口・距離表の作成，次いで⑥最適立地1ヶ所～5ヶ所のシミュレーションとなっている。

　対象地域は，一般にいわれている北米，アジア，および EU の三極経済圏を対象に，階層構造型最適グローバル SCM ネットワークシステムの構築と提案を狙ったものである。地域については，地理学的分類，人類学的分類，言語学的分類等が存在するが，本項は北米と東アジアについては，地理学的な分類に準拠し，ヨーロッパについては EU のみとした。しかし，東アジアについては，経済圏を主とした概念であるパンパシフィック的視点から，オーストラリ

第Ⅱ編　SCM マネジメント編

アとニュージーランドを加え拡大東アジアとした。具体的には

- 北米：米国 50 州と特別区，カナダ 10 州と 3 準州
- 拡大東アジア：ニュージーランドおよびオーストラリアを含む 16ヶ国 20 首都/都市。ただし，中国は国土と人口，渤海の北京，黄海の青島，東シナ海の上海，南シナ海の深圳，それに特区的な香港という地理的な条件と世界港湾取扱量ビッグ 10 に入る 5 港を配慮し，5 都市とした。北京・青島間が約 700km と短距離であるが上記理由から統合しないで分離した。
- EU：28ヶ国 28 都市

また，各国の中心地を都市とし，人口距離マトリックスは距離と人口とを積算したものである。距離の測定については，首都間ないし都市間を地図上で実距離および直線近似して算出した値を使用している。

　人口の割付は，国の場合は都市，州の場合は州都，県の場合は県都ないしは県庁所在地とした。人口は，EU 圏，アジア各国の人口は IMF 国際通貨基金の World Economic Outlook Databases （April 14, 2015 版），中国の省別人口は National Bureau of Statistics of China （中国国家統計局） の 2010 年データ，日本の都道府県人口は 2015 年の最新の推計人口 （各都道府県発表のもの），アメリカの州別人口はアメリカ合衆国国勢調査局の 2009 年国勢調査データ，カナダの州別人口は Statistics Canada の 2011 年国勢調査データ，インドネシアの州別人口は 2010 年の国勢調査のデータ，タイの県別人口は Wikipedia のチャンワット （県） ごとの記事を引用したが，詳細については出典を参照されたい。

　距離表は GRS80 地球楕円体としたヒュベニの公式を用いて計算し，作成した。距離の推定方法は，実距離方式と直線近似方式に準拠した。前者は地図上の実際の距離 （道なりの距離） を推定したものであり，後者は地図上で二点間を直線近似したものである。したがって，ダミー地点を利用し迂回距離は配慮しないものとする。本稿では直線近似方式に基づいた結果のみを提示した。

1.2　北米における最適ハブネットワークの提案

北米圏における最適立地ハブネットワークを検証し，明らかにする。次い

第1章　最適立地ベースのグローバル SCM ネットワークシステム

で，コンチネンタルハブ，リージョナルハブ，ナショナルハブとグローバルハ
ブネットワークとの関係を検証し，グローバルハブとリージョナルないしはナ
ショナルハブとの階層構造型ハブネットワーク構築の方法論を提案する。さら
に，北米ハブ立地を構成する米国ならびにカナダについてそれぞれの最適立地
をシミュレーションし，北米全体の最適立地に対してこれを構成する国の最適
立地サイドから全体の最適立地を検証し，全体での最適立地を構成要素の最適
立地によって検証する方式を採った。

　本節は北米の最適立地を主題とし，第1に北米の最適立地ハブネットワーク
を検証し，次いで北米の最適 SCM ハブネットワークを構築するとともに，グ
ローバル SCM ハブネットワークに対してその下位ハブネットワークである北
米 SCM ハブネットワークの位置付けを明確にする。さらに，米国の最適ハブ
立地を選定し，その上位ネットワークである北米 SCM ハブネットワークとの
関係付けを検証する。同様に，カナダにおける SCM 最適立地を推定し，北米
ハブネットワークとの整合性を検証したが省略した。

1.2.1　提案プロセス概要

　ハブネットワークの拠点となるハブ選定のためにはモード別貨物取扱量を第
1義的に明らかにする必要がある。ネットワーク階層によってモードの順位は
異なるが，グローバルハブレベルでは港湾，コンチネンタルレベルでは鉄道ま
たはトラック，国内レベルではトラックまたは鉄道が重要な役割を占めてい
る。大量輸送と海上輸送が必須条件となるグローバルハブネットワークがそれ
である。一方，EU 内多国間長距離輸送は鉄道であり，近距離輸送はトラック
に依存しているからである。したがって，最適立地がハブとして妥当か否かは
モード機能の有無が有力な決定要素となる。このような理由から研究プロセス
のトップはモード別貨物取扱分析から始まり，次いで最適立地シミュレーショ
ン，考察，提案から成る研究プロセスに準拠する。

　具体的な研究のプロセスとしては，最適立地シミュレーションの基本数値を
ΣPD（人口と距離の総和）が最小となることを前提としているため，人口デー
タの収集を第1に行い，次いで国家の首都あるいは州都を代表地点として選
定した。　次いで，都市等に人口割付けをするとともに都市間の距離を直線近

247

第Ⅱ編　SCMマネジメント編

似し，その距離を推定する。このようにして作成した人口・距離マトリックス
を基本数値として重力モデルに基づき最適立地をシミュレートする。最適立地
はさらにハブ類型を決定するために評価され，最適立地ベース型北米ハブが検
証され，考察される。

1.2.2　シミュレーションの諸条件とシミュレーション結果の総括

　地域については，地理学的分類，人類学的分類，言語学的分類等が存在する
が，北米については地理学的な分類に準拠した。北米の人口割付（表1.1）は
先ず州と州都を選択し，次いで州人口の調査結果を距離表のベースとし直線近
似法にて求め，最終的に人口・距離表を作成した。人口割付表をベースに作成
したのが距離表であるが，本節ではシミュレーションの基本数値となる人口・
距離表の一部を示すに留める（表1.2）。

　シミュレーション結果は1ヶ所から5ヶ所までを要約し（表1.3），加えて最
適立地選定回数を示す総括図を作成した（図1.1）。

1.2.3　北米における階層構造ハブネットワークの分析と考察

　北米ハブのポジションは，上位階層にグローバルSCMハブネットワーク，
下位階層ネットワークとし，これは米国とカナダが存在するリージョナルハブ
と同時にコンチネンタルハブでもある。したがって

- コンチネンタルハブは，原則として，最適立地1ヶ所から5ヶ所の国また
  は都市を選択する。
- コンチネンタルハブのネットワークの傘下に属し，かつ国内最適立地と重
  複する地域を選択する。
- 当然のことながら，グローバルハブとしてのモード特性を配慮する。
- リージョナルハブの下層ハブであるナショナルハブの最適立地を同様な論
  理で考察し，最下層の国家ハブを決め，最終的に階層構造型ハブネットワー
  クを生成する。

　最適立地1ヶ所はインディアナ州インディアナポリス，2ヶ所はカリフォル
ニア州サクラメント，オハイオ州コロンバス，3ヶ所はカリフォルニア州サク
ラメント，ニューヨーク州オルバニー，テネシー州ナッシュビル，4ヶ所はカ

248

表 1.1 北米人口の州都への割付

州名	州都	人口(単位：人)	緯度	経度	州名	州都	人口(単位：人)	緯度	経度
アラバマ州	モントゴメリー	4,708,708	32.367	-86.300	ノースカロライナ州	ローリー	9,380,884	35.780	-78.638
アラスカ州	ジュノー	698,473	58.302	-134.420	ノースダコタ州	ビスマーク	646,844	46.808	-100.784
アリゾナ州	フェニックス	6,595,778	33.448	-112.074	オハイオ州	コロンバス	11,542,645	39.961	-82.999
アーカンソー州	リトルロック	2,889,450	34.746	-92.290	オクラホマ州	オクラホマシティ	3,687,050	35.468	-97.516
カリフォルニア州	サクラメント	36,961,664	38.582	-121.494	オレゴン州	セイラム	3,825,657	44.943	-123.035
コロラド州	デンバー	5,024,748	39.739	-104.990	ペンシルベニア州	ハリスバーグ	12,604,767	40.273	-76.887
コネチカット州	ハートフォード	3,518,288	41.764	-72.685	ロードアイランド州	プロビデンス	1,053,209	41.824	-71.413
デラウェア州	ドーバー	885,122	39.158	-75.524	サウスカロライナ州	コロンビア	4,561,242	34.001	-81.035
フロリダ州	タラハシー	18,537,969	30.438	-84.281	サウスダコタ州	ピア	812,383	44.368	-100.351
ジョージア州	アトランタ	9,829,211	33.749	-84.388	テネシー州	ナッシュビル	6,296,254	36.163	-86.782
ハワイ州	ホノルル	1,295,178	21.307	-157.858	テキサス州	オースティン	24,782,302	30.267	-97.743
アイダホ州	ボイシ	1,545,801	43.619	-116.215	ユタ州	ソルトレイクシティ	2,784,572	40.761	-111.891
イリノイ州	スプリングフィールド	12,910,409	39.782	-89.650	バーモント州	モントピリア	621,760	44.260	-72.575
インディアナ州	インディアナポリス	6,423,113	39.768	-86.158	バージニア州	リッチモンド	7,882,590	37.541	-77.436
アイオワ州	デモイン	3,007,856	41.601	-93.609	ワシントン州	オリンピア	6,664,195	47.038	-122.901
カンザス州	トピカ	2,818,747	39.056	-95.689	ウェストバージニア州	チャールストン	1,819,777	38.350	-81.633
ケンタッキー州	フランクフォート	4,314,113	38.201	-84.873	ウィスコンシン州	マディソン	5,654,774	43.073	-89.401
ルイジアナ州	バトンルージュ	4,492,076	30.458	-91.140	ワイオミング州	シャイアン	544,270	41.140	-104.820
メイン州	オーガスタ	1,318,301	44.311	-69.779	ワシントン	コロンビア特別区	601,723	38.907	-77.037
メリーランド州	アナポリス	5,699,478	38.978	-76.492	ブリティッシュコロンビア州	ビクトリア	4,400,057	48.428	-123.366
マサチューセッツ州	ボストン	6,593,587	42.360	-71.059	アルバータ州	エドモントン	3,645,257	53.534	-113.507
ミシガン州	ランシング	9,969,727	42.733	-84.556	サスカチュワン州	レジャイナ	1,033,381	50.445	-104.619
ミネソタ州	セントポール	5,266,214	44.954	-93.090	マニトバ州	ウィニペグ	1,208,268	49.884	-97.147
ミシシッピ州	ジャクソン	2,951,996	32.299	-90.185	オンタリオ州	トロント	12,851,821	43.662	-79.392
ミズーリ州	ジェファーソンシティ	5,987,580	38.577	-92.174	ケベック州	ケベック市	7,903,001	44.279	-73.980
モンタナ州	ヘレナ	974,989	46.588	-112.025	ニューブランズウィック州	フレデリクトン	751,171	46.565	-66.462
ネブラスカ州	リンカーン	1,796,619	40.826	-96.685	ノバスコシア州	ハリファックス	921,727	44.649	-63.575
ネバダ州	カーソンシティ	2,643,085	39.164	-119.767	ニューファンドランド・ラブラドール州	セント・ジョンズ	514,536	47.561	-52.713
ニューハンプシャー州	コンコード	1,324,575	43.208	-71.538	プリンスエドワードアイランド州	シャーロットタウン	140,204	46.238	-63.131
ニュージャージー州	トレントン	8,707,739	40.217	-74.743	ユーコン準州	ホワイトホース	33,897	60.721	-135.057
ニューメキシコ州	サンタフェ	2,009,671	35.687	-105.938	ノースウェスト準州	イエローナイフ	41,462	62.454	-114.372
ニューヨーク州	オルバニー	19,541,453	42.688	-73.871	ヌナブト準州	イカルイト	31,906	63.747	-68.517
					計		340,485,304		

（注）アメリカ合衆国・カナダの各州における全人口を州都に割付配分。

表 1.2 北米州間人口・距離表

国/州都市	モンゴメリー	ジュノー	フェニックス	リトルロック	サクラメント	デンバー	ハートフォード	ドーバー
アラバマ州/モンゴメリー	0.00	2163330705.48	11338580974.80	2898237120.76	15288893799.09	8792007136.24	750785506.82	5793128900.38
アラスカ州/ジュノー	3208826833.36	0.00	2254763365.13	2829574235.68	1664247084.01	2052362491.74	3208298690.98	3238808499.81
アリゾナ州/フェニックス	15882650388.34	21292253019.04	0.00	12059754977.93	6738643375.95	6215154894.14	23512464849.74	21899325524.02
アーカンソー州/リトルロック	1778473254.90	11705790133.77	5283085486.04	0.00	7610889815.02	3623753331.27	5428414748.42	4532575787.39
カリフォルニア州/サクラメント	12001229267.27	88068426818.63	37762257560.18	97358024932.79	0.00	52862557105.10	152156181883.13	145860826510.07
コロラド州/デンバー	9382109151.53	14764608642.09	4734784546.08	6301699921.85	7186392589.75	0.00	13674185541.11	12690830107.17
コネチカット州/ハートフォード	5609792472.97	1616404815.67	12541914115.54	6609814832.35	14483365237.79	9574554386.63	0.00	1324261105.16
デラウェア州/ドーバー	1088966682.64	4104406444.37	2938785644.72	1388458923.19	3492933285.75	2235521647.28	3331542460.71	0.00
フロリダ州/タラハシー	5327657958.30	9046923051.70	48960241258.84	16505427236.23	65044667405.83	39754364454.43	30229525542.89	23261282665.78
ジョージア州/アトランタ	2313123655.51	45017809822.67	25184115700.96	7234524212.92	33009357011.15	19175795256.80	13364380624.77	9779832365.23
ハワイ州/ホノルル	9185522393.67	5854869326.95	6066631120.34	8426511206.77	5131408422.81	6969976073.20	10459841410.80	10239810071.67
アイダホ州/ボイシ	4464531288.37	3185214099.38	1831619801.22	3522573649.87	1103059365.33	1589088153.51	5459854219.07	5262780751.37
イリノイ州/スプリングフィールド	11312017213.73	4861074451.26	27352696098.87	7218385993.11	35377046310.40	16950231895.11	18676448573.20	15702096789.95
インディアナ州/インディアナポリス	5276008121.43	25480256503.81	15495997427.26	4999690448.58	19503637847.53	10347170523.47	7435690081.62	5890529939.94
アイオワ州/デモイン	3647977954.91	10198809732.28	5596396811.20	2314630355.23	7191661959.04	2958145417.75	5227514268.76	4681718756.21
カンザス州/トピカ	3176656681.54	9831374844.76	4497702630.24	1595496721.35	6297627175.46	2267460611.50	5551672001.90	4906275847.42
ケンタッキー州/フランクフォート	2847943630.74	17993642603.50	10803628791.85	3308539041.50	13710783177.87	7541220272.05	4799226520.99	3537734016.02
ルイジアナ州/バトンルージュ	2275299763.99	20224029399.97	8998194907.88	2190500821.66	13087939526.96	7303877882.29	9318426816.86	7727748201.63
メイン州/オーガスタ	2575435940.84	6018501065.91	5029686693.12	2896395674.58	5663214530.10	3871446835.96	486324475.59	982408432.10
メリーランド州/アナポリス	6557466731.60	2618941582.84	18446820967.93	8449836433.20	22055956815.10	13948036945.87	2549674085.99	490730404.36
マサチューセッツ州/ボストン	11489446656.31	30609098998.54	24405618612.88	13366026095.76	27922963391.32	18781564612.72	989144710.36	3416391362.20
ミシガン州/ランシング	11572009999.89	38116249708.46	26017257555.86	11108675739.64	31228433180.81	17352901776.10	9817282943.22	8545831341.31
ミネソタ州/セントポール	7982231141.06	1662641475.35	10899551829.36	5979323080.99	12908797045.89	5988599669.67	8883261887.77	8351548527.52
ミシシッピ州/ジャクソン	1079889030.12	12946740034.59	6047807586.14	987605143.99	8595447770.28	4623296213.31	5527374015.29	4505870824.92
ミズーリ州/ジェファーソンシティ	5213415171.49	22295786442.68	11242472768.57	2548422265.09	15232028140.65	6672044106.36	10139475502.95	8648201505.34
モンタナ州/ヘレナ	2630994409.43	1937767990.46	1422562375.52	2061410225.03	1150034744.05	927339966.65	3078539094.92	2987621440.87
ネブラスカ州/リンカーン	2369718889.00	5897749601.31	2857020218.96	1397231873.88	3835783789.21	1286760973.68	3604744254.15	3255588735.03
ネバダ州/カーソンシティ	8193557190.36	6273842786.78	2477177022.09	6570339333.60	4318328023.16	3362206585.60	10449735327.11	10003411037.61
ニューハンプシャー州/コンコード	2340130254.02	6024447994.67	4856480066.60	2677023381.41	5534425386.22	3711148852.41	246545761.98	742268427.01
ニュージャージー州/トレントン	11782679013.87	40030427050.68	29497708904.20	14479837768.07	34692281102.83	22393769832.93	2123717075.69	1178461721.72
ニューメキシコ州/サンタフェ	3712555804.12	6570380529.31	1236487138.47	2504024169.38	2848137287.01	919349650.19	5927822853.70	5439464677.61
ニューヨーク州/オルバニー	30949707905.69	87006965083.93	67858567169.47	35618854162.73	78186301330.72	51104839249.63	2772973491.33	8128915852.61

(注) 人口・距離表は、その国または州の人口を都市間距離とかけあわせ・作成

第1章 最適立地ベースのグローバル SCM ネットワークシステム

表1.3 北米最適立地シミュレーションの結果総括

立地数	立地内容	ハブ 国名	州名	州都名	ΣPK	所属州数	順位	計算時間 (ms)
1ヶ所	1ヶ所	アメリカ	インディアナ	インディアナポリス	451,736,469,744.64	64	5	0.85
	小計				451,736,469,744.64	64		
2ヶ所	1ヶ所	アメリカ	カリフォルニア	サクラメント	51,937,344,785.78	18	4	4.48
	2ヶ所	アメリカ	オハイオ	コロンバス	214,399,809,467.46	46		
	小計				266,337,154,253.24	64		
3ヶ所	1ヶ所	アメリカ	カリフォルニア	サクラメント	51,937,344,785.78	18	3	21.51
	2ヶ所	アメリカ	ニューヨーク	オルバニー	31,053,359,178.63	20		
	3ヶ所	アメリカ	テネシー	ナッシュビル	116,885,009,536.36	26		
	小計				199,875,713,500.77	64		
4ヶ所	1ヶ所	アメリカ	カリフォルニア	サクラメント	41,112,336,350.89	15	2	213.04
	2ヶ所	アメリカ	ケンタッキー	フランクフォート	73,981,873,136.70	21		
	3ヶ所	アメリカ	ニューヨーク	オルバニー	31,053,359,178.63	20		
	4ヶ所	アメリカ	テキサス	オースティン	18,200,033,471.91	8		
	小計				164,347,602,138.13	64		
5ヶ所	1ヶ所	アメリカ	カリフォルニア	サクラメント	39,177,167,664.68	14	1	3090.00
	2ヶ所	アメリカ	ジョージア	アトランタ	19,584,148,202.41	8		
	3ヶ所	アメリカ	イリノイ	スプリングフィールド	33,830,444,902.61	17		
	4ヶ所	アメリカ	ニューヨーク	オルバニー	31,053,359,178.63	20		
	5ヶ所	アメリカ	テキサス	オースティン	13,170,189,057.77	5		
	小計				136,815,309,006.10	64		
合計					1,219,112,248,642.89	64		3329.88

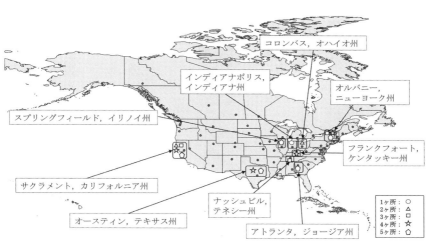

図1.1 北米最適立地総括図

リフォルニア州サクラメント，ケンタッキー州フランクフォート，ニューヨーク州オルバニー，テキサス州オースティン，5ヶ所はカリフォルニア州サクラメント，ジョージア州アトランタ，イリノイ州スプリングフィールド，ニュー

251

第Ⅱ編 SCMマネジメント編

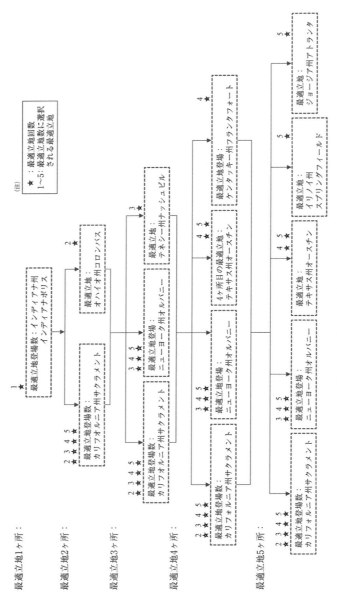

図1.2 北米のハブネット総合分析図

第1章　最適立地ベースのグローバルSCMネットワークシステム

ヨーク州オルバニー，テキサス州オースティンとなっている。さらに，西部の
サクラメント（カリフォルニア州）は2ヶ所〜5ヶ所まで毎回最適立地となっ
ているし，オルバニー（ニューヨーク州）は3ヶ所〜5ヶ所まで3回最適立地
に選ばれている。したがって，太平洋に面している西部ではカリフォルニア
州，大西洋に面している北東部はニューヨーク州が北米のハブである。一方，
南部はメキシコ湾に面しているが，南西部および南部の州では，1ヶ所の場合
はインディアナ州，2ヶ所の場合はカリフォルニア州，オハイオ州，3ヶ所の場
合はカリフォルニア州，ニューヨーク州，テネシー州，4ヶ所の場合はカリフ
ォルニア州，ニューヨーク州，ケンタッキー州，テキサス州，5ヶ所の場合は
カリフォルニア州，ニューヨーク州，ジョージア州，イリノイ州，テキサス州
となっている。これら南部諸州の内港湾機能をもっている州はテキサス州とジ
ョージア州の2州であり，他は内陸部に位置している。テキサス州はメキシコ
湾，ジョージア州は大西洋であり，第1次産業の州でもある。したがって，メ
キシコ湾に面しかつ工業地帯（ヒューストン）を抱えているテキサス州がハブ
候補であるといえる。

　最適立地1ヶ所のインディアナ州インディアナポリスは内陸部にあり，ナシ
ョナルハブとしては鉄道ハブの中心となる地域であるが，地理的ならびに物流
的な観点からするとグローバルハブを兼ねる北米のエリアハブとしての候補に
はなり得ない。結論的には，西部，北東部，南西部に各1ヶ所，計3ヶ所がグ
ローバルハブ候補地として考えられる。

　北米における最適立地を階層構造方式にて示したのが，北米におけるハブネ
ット総合分析図である（図1.2）。最適立地として選択された立地を立地数に
対応した形で示している。たとえば，サクラメントは左端上部に最適立地にな
った立地数が星印の上部にある数字で示されている。したがって，最適立地1
ヶ所を除きすべての2ヶ所〜5ヶ所まで最適立地であることがわかる。

1.2.4　北米圏のハブネットワークの階層構造分析

　北米のハブは，米国中心で，基本的には，東部，中部，西部，南部，中南部
に最適立地が存在している。他方，カナダの13州はバンクーバーのあるブリ
ティッシュコロンビア州等はサクラメントに，ケベック州等はニューヨーク州

表1.4 米国最適立地5ヶ所のケース

1ヶ所の所属州

所属州	州/州都名	人口(人)
	アラスカ州/ジュノー	698473
	アリゾナ州/フェニックス	6595778
	カリフォルニア州/サクラメント	36961664
	ハワイ州/ホノルル	1295178
	アイダホ州/ボイシ	1545801
サクラメント	モンタナ州/ヘレナ	974989
	ネバダ州/カーソンシティ	2643085
	オレゴン州/セイラム	3825657
	ユタ州/ソルトレイクシティ	2784572
	ワシントン州/オリンピア	6664195
小計	10	63,989,392

2ヶ所の所属州

所属州	州/州都名	人口(人)
	アラバマ州/モンゴメリー	4708708
	フロリダ州/タラハシー	18537969
タラハシー	ジョージア州/アトランタ	9829211
	ミシシッピ州/ジャクソン	2951996
	サウスカロライナ州/コロンビア	4561242
小計	5	40,589,126

3ヶ所の所属州

所属州	州/州都名	人口(人)
	アーカンソー州/リトルロック	2889450
	イリノイ州/スプリングフィールド	12910409
	インディアナ州/インディアナポリス	6423113
	アイオワ州/デモイン	3007856
	カンザス州/トピカ	2818747
	ケンタッキー州/フランクフォート	4314113
	ミシガン州/ランシング	9969727
スプリングフィールド	ミネソタ州/セントポール	5266214
	ミズーリ州/ジェファーソンシティ	5987580
	ネブラスカ州/リンカーン	1796619
	ノースダコタ州/ビスマーク	646844
	オハイオ州/コロンバス	11542645
	サウスダコタ州/ピア	812383
	テネシー州/ナッシュビル	6296254
	ウィスコンシン州/マディソン	5654774
	ワイオミング州/シャイアン	544270
小計	16	80,880,998

4ヶ所の所属州

所属州	州/州都名	人口(人)
	コネチカット州/ハートフォード	3518288
	デラウェア州/ドーバー	885122
	メイン州/オーガスタ	1318301
	メリーランド州/アナポリス	5699478
	マサチューセッツ州/ボストン	6593587
	ニューハンプシャー州/コンコード	1324575
	ニュージャージー州/トレントン	8707739
トレントン	ニューヨーク州/オルバニー	19541453
	ノースカロライナ州/ローリー	9380884
	ペンシルベニア州/ハリスバーグ	12604767
	ロードアイランド州/プロビデンス	1053209
	バーモント州/モントピリア	621760
	バージニア州/リッチモンド	7882590
	ウェストバージニア州/チャールストン	1819777
	ワシントン/コロンビア特別区	601723
小計	15	81,553,253

5ヶ所の所属州

所属州	州/州都名	人口(人)
	コロラド州/デンバー	5024748
	ルイジアナ州/バトンルージュ	4492076
オースティン	ニューメキシコ州/サンタフェ	2009671
	オクラホマ州/オクラホマシティ	3687050
	テキサス州/オースティン	24782302
小計	5	39,995,847

- 最適立地：①サクラメント，カリフォルニア州
  - Σpk：27,662,607,271.84人・キロ
  - 所属州：10州
- 最適立地：②タラハシー，フロリダ州
  - Σpk：9,008,211,402.34人・キロ
  - 所属州：5州
- 最適立地：③スプリングフィールド，イリノイ州
  - Σpk：33,563,284,678.52人・キロ
  - 所属州：16州
- 最適立地：④トレントン，ニュージャージー州
  - Σpk：24,474,480,361.91人・キロ
  - 所属州：15州
- 最適立地：⑤オースティン，テキサス州
  - Σpk：13,170,189,057.77人・キロ
  - 所属州：5州

オルバニーのネットワークの傘下に属している（表1.4）。北米の立地は特殊で，グローバルSCMネットワークからすると大西洋側と太平洋側の両サイドにハブ港を設置しなければならない。しかしながら，すでに指摘したように，港湾取扱量からするとメキシコ湾沿岸の南西部を無視できない。基本的にはコンチネンタルハブとしては米国3ヶ所，リージョナルハブとしてカナダ1ヶ所，米国1ヶ所で，前者はバンクーバ，後者はイリノイ州シカゴになる。

　カナダは1ヶ所の場合はバンクーバ，2ヶ所の場合はケベックを加えた形になる。北米圏のハブネットワークの階層構造の特徴は，米国が主体となりカナダは米国の州レベルの位置付けにしかならないということである。これは，北米自体が2ヶ国に過ぎないからであり，人口，物量，GDP等すべての面で米国がカナダを凌駕していることに起因するものである。まさに，北米圏の特徴を端的に示している。結論としては，効率的かつ理論的なSCMハブネットワークからすれば米国中心型になるが，地域特性からして，前述のようにカナダにリージョナルハブを設置すべきであろう。

　北米，米国，およびカナダの最適立地を比較してハブ立地を検証する（表1.5）。カナダは北米の最適立地には入らなかったので，第1に北米と米国の最適立地の違いを検討する。

　最適立地1ヶ所では，北米がインディアナポリスであるのに対して米国はイリノイ州スプリングフィールドである。最適立地2ヶ所では，サクラメントは同じであるが，「北米ではオハイオ州，米国ではケンタッキー州」となっている。最適立地3ヶ所では，北米ではニューヨーク，テネシー，米国ではアーカンソー，ペンシルベニアが違っているがカリフォルニアは同じである。最適立地4ヶ所では，北米のニューヨークとニュージャージは異なるが，カリフォルニア，ケンタッキー，テキサスの3州は同一である。最適立地5ヶ所では，北米がジョージア，ニューヨークであるのに対して米国はニュージャージー，フロリダが異なる他はカリフォルニア，イリノイ，テキサスは同じである。結論的には至極当然のことであるが，北米は北部に位置するカナダに引張られているのに対して，米国の場合はニューヨーク，シカゴ，ロサンゼルスを軸として最適立地が決まっている。アイオワ，ミズリー，アーカンソー，ルイジアナと北からメキシコ湾目がけて南下する州をさらに西部に移動するとロッキー山脈

第Ⅱ編　SCMマネジメント編

表1.5　北米・米・加最適立地比較表

立地数	内容	1 北米最適立地 州名	都市名	所属州	2 米国最適立地 州名	都市名	所属州	3 カナダ最適立地 州名	都市名	所属州
1ヶ所	1ヶ所	インディアナ	インディアナポリス	64	イリノイ	スプリングフィールド	51	オンタリオ	トロント	13
2ヶ所	1ヶ所	カリフォルニア	サクラメント	18	カリフォルニア	サクラメント	13	アルバータ	エドモンド	6
	2ヶ所	オハイオ	コロンバス	46	ケンタッキー	フランクフォート	38	オンタリオ	トロント	7
	小計	-	-	64	-	-	51	-	-	13
3ヶ所	1ヶ所	カリフォルニア	サクラメント	18	カリフォルニア	サクラメント	22	アルバータ	エドモンド	6
	2ヶ所	ニューヨーク	オルバニー	20	アーカンソー	リトルロック	10	オンタリオ	トロント	1
	3ヶ所	テネシー	ナッシュビル	26	ペンシルベニア	ハリスバーグ	19	ケベック	ケベック	6
	小計	-	-	64	-	-	51	-	-	13
4ヶ所	1ヶ所	カリフォルニア	サクラメント	15	カリフォルニア	サクラメント	10	ブリティッシュコロンビア	ヴィクトリア	1
	2ヶ所	ケンタッキー	フランクフォート	21	ケンタッキー	フランクフォート	19	アルバータ	エドモンド	5
	3ヶ所	ニューヨーク	オルバニー	20	ニュージャージー	トレントン	14	オンタリオ	トロント	1
	4ヶ所	テキサス	オースチン	8	テキサス	オースチン	8	ケベック	ケベック	6
	小計	-	-	64	-	-	51	-	-	13
5ヶ所	1ヶ所	カリフォルニア	サクラメント	14	カリフォルニア	サクラメント	10	ブリティッシュコロンビア	ヴィクトリア	1
	2ヶ所	ジョージア	アトランタ	8	フロリダ	タラハシー	5	アルバータ	エドモンド	3
	3ヶ所	イリノイ	スプリングフィールド	17	イリノイ	スプリングフィールド	16	マニトバ	ウィニペグ	2
	4ヶ所	ニューヨーク	オルバニー	20	ニュージャージー	トレントン	15	オンタリオ	トロント	1
	5ヶ所	テキサス	オースチン	5	テキサス	オースチン	5	ケベック	ケベック	6
	小計	-	-	64	-	-	51	-	-	13
合計		-	-	64	-	-	51	-	-	13

第1章　最適立地ベースのグローバルSCMネットワークシステム

に突き当たる。人口密度，歴史，文化，伝統等を配慮しても東部や西部に比べて見劣りがする。したがって，ナショナルハブの対象になってもリージョナルハブやコンチネンタルハブの対象にはなりえない。FedExのハブが航空ハブとしてミシシッピー州メンフィスにあるのはナショナルハブの典型的な例である。

コンチネンタルハブが港湾主体のモーダルネットワークで決定されるため，内陸部の最適立地はリージョナルハブたり得てもコンチネンタルハブにはなれない。結論的には，コンチネンタルハブとしてはカリフォルニア州，ニューヨーク州，テキサス州，リージョナルハブはイリノイ州となる。加えて，カナダはリージョナルハブとしてはバンクーバ1ヶ所である。モントリオール，ケベック等はナショナルハブである。

1.2.5　階層別最適ハブネットワークの提案

上記考察を前提に北米のコンチネンタルハブとその所属州を示すと次のようになる（図1.3）。すなわち

① コンチネンタルハブは3ヶ所でカリフォルニア州，ニューヨーク州，およびテキサス州である。

② カリフォルニア州の所属州は16州と2準州，計18地域である。

③ ニューヨーク州は18州，特別区1,2準州，計20地域である。

④ テキサス州は26州である。

⑤ 準州はすべてカナダに属している。

⑥ カナダの州および準州は，カリフォルニア州で3州，2準州，　計5州，ニューヨーク州は6州，1準州，計7州，テキサス州で2州である。

なお，3ヶ所最適立地はテネシー州ナッシュビルであるが，メキシコ湾地域としてテキサス州とした。

さて，北米の最適立地別ハブの評価を要約すると下記のとおりである（表1.6）。考察を含め上記結果として北米のハブネットを提案する（図1.4）。具体的には，グローバルハブを中心としてその傘下にナショナルハブを配置した。カナダは再三指摘しているように北米レベルでは米国のハブネットワーク傘下にあり，ブリティッシュコロンビア州のみをエリアハブとした。同様に，

257

第Ⅱ編　SCMマネジメント編

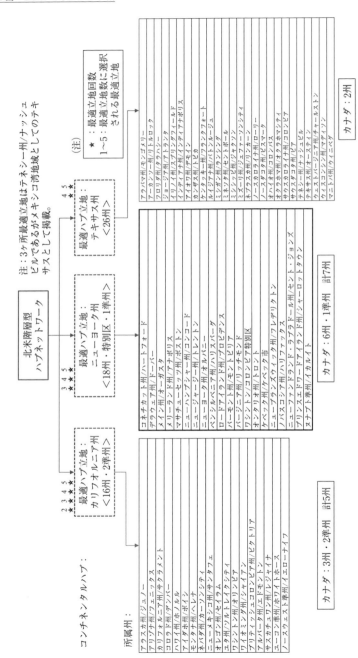

図1.3　北米のコンチネンタルハブ

258

第1章　最適立地ベースのグローバル SCM ネットワークシステム

表 1.6　ハブ類型評価表

立地数	立地国/州	港湾	航空	鉄道	トラック*	人口(千人)	評価
1ヶ所	アメリカ/インディアナ		22	9		3	ナショナルハブ
2ヶ所	アメリカ/カリフォルニア	50	14	22		3	グローバルハブ
	アメリカ/オハイオ			10		3	ナショナルハブ
3ヶ所	アメリカ/カリフォルニア	50	14	22		3	グローバルハブ
	アメリカ/ニューヨーク		19	36		3	グローバルハブ
	アメリカ/テネシー		2	13		3	ナショナルハブ
4ヶ所	アメリカ/カリフォルニア	50	14	22		3	グローバルハブ
	アメリカ/ケンタッキー		7	11		3	コンチネンタルハブ
	アメリカ/ニューヨーク		19	36		3	グローバルハブ
	アメリカ/テキサス	15	39	5		3	グローバルハブ
5ヶ所	アメリカ/カリフォルニア	50	14	22		3	グローバルハブ
	アメリカ/ジョージア		37	16		3	ナショナルハブ
	アメリカ/イリノイ		21	3		3	ナショナルハブ
	アメリカ/ニューヨーク		19	36		3	グローバルハブ
	アメリカ/テキサス	15	39	5		3	グローバルハブ

(注)①　　*：estimated ranking
　　　②　　港湾・航空・鉄道は 2013 年。トラックは 2011 年。
出典）International Transport Forum, ITF outlook 2015, http://www.oecd-ilibrary.org/transport/
　　　itf-transport-outlook-2015/road-freight-transport_9789282107782-table79-en
　　　人口推計(2014)→ United Nations (UN),Department of Economic and Social Affairs

北米の 3 グローバルハブはエリアハブをも兼ねている点にも注意されたい。

1.2.6　お わ り に

　グローバル経済圏を前提としたグローバル最適立地問題に関する研究の一環
としてその下位構造に位置する北米の最適ハブ立地，北米圏における最適立地
ハブネットワークシステムを構築するために北米のモード別貨物取扱量を分析
し，明らかにした。特にグローバルハブネットの輸送の中核となる港湾を最適
立地と関係付けて分析し，さらに，太平洋沿岸，大西洋沿岸，ならびにメキシ
コ湾沿岸の諸州と関係付けを行った。当該分析はハブ類型の決定要素の基準と
して有効だからである。

　米国についてはアラスカ州とハワイ州が問題となったが，前者は北米ゾーン
にカナダとともに入るため問題はなかったが，後者は議論の対象となったが最
終的に大勢に影響はないと判断し除外をしなかった。

　シミュレーションに当たっては，北米の最適立地を推定し，本節では割愛し

259

第II編 SCMマネジメント編

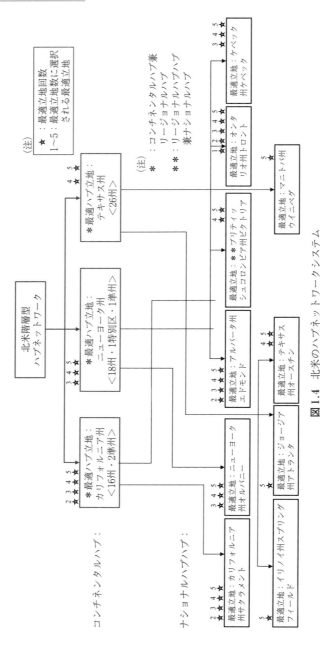

図1.4 北米のハブネットワークシステム

第1章　最適立地ベースのグローバル SCM ネットワークシステム

たが，その下層構造にある米国とカナダの最適立地を算出した。最終的に両者の最適立地を照合し，検証し，北米の最適 SCM ハブネットワークを構築することができた。つまり，コンチネンタルハブ，リージョナルハブ，ナショナルハブの関係を検証し，グローバルハブとリージョナルないしはナショナルハブとの階層構造型ハブネットワークのプロトタイプモデルを提案した。

　北米圏では人口的にも，地理的にも米国中心であり，結果として米国1ヶ国が中核となった。したがって，北米圏については現時点では主権国家を尊重し，米国にエリアハブ，カナダにナショナルハブとエリアハブを設定することとした。再三指摘しているように，現代社会における大陸間物流はモードベースが基本となり，船舶物流なくしては不可能である。したがって，コンチネンタルハブを評価する基準として港湾ランキングを用いたことは当然の帰結である。

1.3　東アジアにおける最適ハブネットワークの提案

　東アジア経済圏の最適立地をベースとする東アジア SCM ハブネットワークとアジア全体の SCM ハブネットワークのパイロットモデルの提案を主たる目的として考察する。

1.3.1　シミュレーションの条件と結果

　東アジアの対象国はモンゴルからオーストラリアまでの16ヶ国である。具体的には日本，モンゴル，中国，韓国，台湾，フィリピン，タイ，カンボジア，ラオス，ベトナム，ミャンマー，シンガポール，マレーシア，インドネシア，ニュージーランド，およびオーストラリアである。ただし，中国については，国土，人口，海域を考えて，渤海の北京，黄海の青島，東シナ海の上海，南シナ海の深圳，および香港の5地域に区分した。したがって，シミュレーション対象地域は16ヶ国＋4地域計20地域となっている。

　シミュレーションの基本データとして20地域の人口・距離表を作成し，表1.7および表1.8を作成した。

261

第Ⅱ編　SCMマネジメント編

表1.7　東アジア都市間人口・距離表の作成（1/2）

国/州都市	北京市	上海市	青島市	深セン市	香港
中華人民共和国/北京市	0.00	397091099302.82	205143573153.70	721920617031.48	732642601915.43
中華人民共和国/上海市	466068094473.36	0.00	238718755228.88	529703071470.63	537992461658.88
中華人民共和国/青島市	80537110767.50	79848260380.48	0.00	236802137568.45	240415274768.16
中華人民共和国/深セン市	486621016922.65	304210832633.50	406582665725.63	0.00	7878486682.76
中華人民共和国/香港	263779258828.27	165030961536.17	220481601249.78	4208136926.67	0.00
日本/東京都	266437405413.70	223795009098.00	221248573717.76	365397198264.30	366685293663.94
韓国/ソウル	48109782020.08	43577870350.03	30778586414.45	104561763694.92	105557214780.10
台湾/台北市	40256936945.61	16094020653.12	28784797588.14	19052350875.82	19113976946.82
モンゴル/ウランバートル	342352201.10	6518939170.81	5035309249.40	8448044308.89	8539371102.11
フィリピン/マニラ市	282344863803.65	183208715745.60	236559312247.86	113651394946.88	110793464834.97
タイ/バンコク都	225050960198.02	197523355496.50	216913591148.56	118142347311.48	117633538742.50
カンボジア/プノンペン	51148481384.54	42381195967.75	47944689105.58	23865660170.68	23612890830.57
ラオス/ヴィエンチャン	19105611176.40	16565905641.00	18346972501.80	8940080744.40	8930174352.30
ベトナム/ハノイ	210428109061.20	174566922297.12	198165350479.41	78551684135.36	78996334600.20
ミャンマー/ネピドー	152151217156.68	146127605007.96	153382785084.00	97253066493.66	97589307786.95
シンガポール/シンガポール	24410421376.42	20781356429.48	23042874503.99	14216015863.76	14093366933.00
マレーシア/クアラルンプール	131151595510.30	113142914353.40	124718129174.90	76507036126.60	75916165023.36
インドネシア/ジャカルタ	1307547218934.66	1113062664462.42	1229474887412.25	823946664369.03	817288414560.60
ニュージーランド/ウェリントン	48613152298.80	43917202240.72	46119168622.80	42666218967.00	42536272641.76
オーストラリア/キャンベラ	211705163015.50	186585892481.38	199117721012.35	174375370719.76	173655486272.45

注）人口・距離表は，その国または州の人口を都市間距離とかけ合わせ，作成。

表1.8　東アジア都市間人口・距離表の作成（2/2）

国/州都市	シンガポール	クアラルンプール	ジャカルタ	ウェリントン	キャンベラ
中華人民共和国/北京市	1662560216938.69	1614714336230.93	1936978565831.37	3990932988735.85	3340958461448.03
中華人民共和国/上海市	1661257931625.25	1634969510265.00	1935306832251.29	4238763337623.13	3457372560213.43
中華人民共和国/青島市	616140744373.35	602827000085.95	715037879793.89	1487985998743.44	1233982000156.49
中華人民共和国/深セン市	652646289805.90	634921376578.03	822745513160.64	2365502224279.48	1855452131442.32
中華人民共和国/香港	345590940803.29	336511472828.32	435901969627.53	1259681326538.39	986969828264.19
日本/東京都	674804128542.64	675393409824.78	733282368299.28	1173347722780.76	1006003954205.18
韓国/ソウル	235115054683.90	232033762383.48	266017148533.72	502605347752.50	422490372131.04
台湾/台北市	76040851654.02	75589798474.74	89185978132.68	214357084252.41	170510377892.91
モンゴル/ウランバートル	15156374754.86	14603387749.26	17558214008.44	34690512768.50	29600934000.50
フィリピン/マニラ市	237833775562.28	245482419562.44	276489665261.30	823952458903.88	623179174145.98
タイ/バンコク都	98537471436.30	81678098312.24	159498277598.76	667650332498.18	512313976374.14
カンボジア/プノンペン	17469548283.74	15228058653.93	30241297749.66	141062439486.61	106614898685.46
ラオス/ヴィエンチャン	12776182416.00	11347124368.20	18731555221.20	68152965163.20	52881718059.00
ベトナム/ハノイ	198959391539.28	183935641304.07	273237019189.20	894889075144.59	699822150115.86
ミャンマー/ネピドー	113795832894.90	99627511486.86	159687632495.22	540405367425.00	424966838815.50
シンガポール/シンガポール	0.00	1731492256.87	4882056503.94	46589908553.27	33926545198.85
マレーシア/クアラルンプール	9578602503.29	0.00	35770260303.68	267264727287.10	197214185355.90
インドネシア/ジャカルタ	224458575973.35	297285627845.88	0.00	1940420149130.46	1354984055934.12
ニュージーランド/ウェリントン	38525702536.84	39956503533.20	34886422642.96	0.00	10536336155.44
オーストラリア/キャンベラ	146340873698.74	153782484607.50	127109032239.77	54989411421.42	0.00

注）人口・距離表は，その国または州の人口を都市間距離とかけ合わせ，作成。

1.3.2　東アジアにおける階層構造ハブネットワークの分析と考察

　最適立地選定シミュレーションの結果を総括したのが表1.9および図1.5である。最適立地として，ベトナム，フィリピンおよびタイが最適立地になっていないのが特徴といえるが，人口数からしてインドネシア（約2億2千万人）

第1章 最適立地ベースのグローバルSCMネットワークシステム

表 1.9 最適立地総括表

立地数	立地内容	ハブ 国名	ハブ 都市	ΣPK	所属都市数	順位	計算時間(ms)
1ヶ所	1ヶ所	中国	上海市	3,474,030,723,254.27	20	5	1.06
	小計			3,474,030,723,254.27	20		
2ヶ所	1ヶ所	中国	上海市	1,756,636,141,822.62	13	4	2.26
	2ヶ所	インドネシア	ジャカルタ	392,387,347,094.17	7		
	小計			2,149,023,488,916.79	20		
3ヶ所	1ヶ所	中国	青島市	700,924,797,764.20	6	3	4.77
	2ヶ所	中国	深セン市	463,664,721,604.95	9		
	3ヶ所	インドネシア	ジャカルタ	202,647,771,745.75	5		
	小計			1,367,237,291,114.90	20		
4ヶ所	1ヶ所	中国	北京市	3,423,521,201.10	2	2	8.96
	2ヶ所	中国	上海市	363,315,160,481.63	5		
	3ヶ所	中国	深セン市	444,612,370,729.13	8		
	4ヶ所	インドネシア	ジャカルタ	202,647,771,745.75	5		
	小計			1,013,998,824,157.61	20		
5ヶ所	1ヶ所	中国	北京市	3,423,521,201.10	2	1	11.26
	2ヶ所	中国	上海市	139,520,151,383.63	4		
	3ヶ所	中国	深セン市	444,612,370,729.13	8		
	4ヶ所	日本	東京都	0.00	1		
	5ヶ所	インドネシア	ジャカルタ	202,647,771,745.75	5		
	小計			790,203,815,059.61	20		
合計				8,794,494,142,503.18	20		28.31

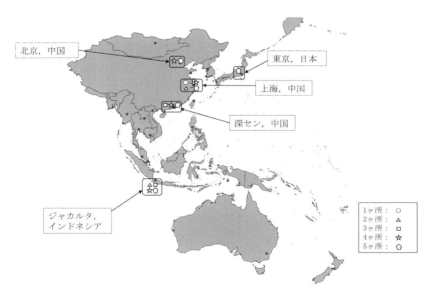

図 1.5 最適立地の総括図

第Ⅱ編　SCMマネジメント編

に引張られた結果といえよう。また，インドネシアの場合後背地がニュージーランド（7,718km），オーストラリア（5,388km）の2国あることもインドネシアを押し戻した要因であるものと考える。

東アジアのハブのポジションは上位階層にグローバルSCMハブネットワーク，下位階層ネットワークとして中国，インドネシア，日本を含む16ヶ国が存在するコンチネンタルハブと同時にリージョナルハブでもある。したがって

- コンチネンタルハブは，原則として，最適立地1ヶ所から5ヶ所の国または都市を選択する。ただし，人口，地域，港湾等を配慮して最終的には決定する。
- コンチネンタルハブのネットワークの傘下に属し，かつ国内最適立地と重複する地域を選択する。
- 当然のことながら，グローバルハブとしてのモード特性を配慮する。
- リージョナルハブの下層ハブであるナショナルハブの最適立地を同様な論理で検討し，最下層のナショナルを決め，最終的に階層構造型ハブネットワークを生成する。ただし，ナショナルハブについては参照の領域に留める。

最適立地1ヶ所は上海であり，16ヶ国，4州で計16地域である。東アジアでは中国，ジャカルタ，および東京の順位で人口が1億人を超えている国家である。しかしながら，日本は極東であるがためにネットワークの中心であるハブ候補にはなりえない。フィリピンの人口約9.9千万人，次いでタイ6.6千万人，ミャンマー5.1千万人，韓国約5千万人と続いているがナショナルハブでリージョナルハブの候補にもならない。（表1.10）

最適立地2ヶ所は上海とジャカルタで，前者は9ヶ国5州計13地域をカバーし，後者は7ヶ国をネットワーク傘下に収めている。東アジア全体からすると，地理的にもネットワーク的にもバランスの採れたフォーメーションである。したがって，東アジアのコンチネンタルハブの有力候補といえる。

最適立地3ヶ所は青島，深圳，ジャカルタで，所属グループは青島が北京，上海，モンゴル，韓国，および日本計4ヶ国2州合計6地域で，深圳が香港，台北，フィリピン，タイ，ベトナム，ラオス，カンボジア，ミャンマー計8ヶ国1省合計9地域である。インドネシアはマレーシア，シンガポール，オース

表1.10　東アジア経済圏最適立地別モード別物量世界順位表

立地数	立地国/都市	人口(人)	ΣPK (人口距離)	港湾(2013年) 取扱量(千トン)	順位	航空(2013年) 取扱量(トン)	順位	鉄道(2013) 輸送トンキロ(100万t·Km)	順位	トラック(2011) 輸送トンキロ(100万t·Km)	順位*
1ヶ所	中国/上海市	437,264,709	3,474,030,723,254.27	696,985.0	1	2,928,527.0	3	15,972.9	21	158,621.2	15
2ヶ所	中国/上海市	437,264,709	1,756,636,141,822.62	696,985.0	1	2,928,527.0	3	15,972.9	21	158,621.2	15
	インドネシア/ジャカルタ	251,490,000	392,387,347,094.17	58,429.0	69	342,473.0	35	-	-	-	-
3ヶ所	中国/青島市	146,259,251	700,924,797,764.20	450,111.0	5	186,196.0	-	1,603,092.2	4	3,703,012.9	3
	中国/深セン市	251,123,085	463,664,721,604.95	201,546.0	16	913,472.0	24	333,750.3	7	1,201,869.8	5
	インドネシア/ジャカルタ	251,490,000	202,647,771,745.75	58,429.0	69	342,473.0	35	-	-	-	-
4ヶ所	中国/北京市	372,550,556	3,423,521,201.10	-	-	1,843,681.0	13	964,573.5	5	73,970.2	20
	中国/上海市	437,264,709	363,315,160,481.63	696,985.0	1	2,928,527.0	3	15,972.9	21	158,621.2	15
	中国/深セン市	251,123,085	444,612,370,729.13	201,546.0	16	913,472.0	24	333,750.3	7	1,201,869.8	5
	インドネシア/ジャカルタ	251,490,000	202,647,771,745.75	58,429.0	69	342,473.0	35	-	-	-	-
5ヶ所	中国/北京市	372,550,556	3,423,521,201.10	-	-	1,843,681.0	13	964,573.5	5	73,970.2	20
	中国/上海市	437,264,709	139,520,151,383.63	696,985.0	1	2,928,527.0	3	15,972.9	21	158,621.2	15
	中国/深セン市	251,123,085	444,612,370,729.13	201,546.0	16	913,472.0	24	333,750.3	7	1,201,869.8	5
	日本/東京	127,060,000	0.00	86,032.0	46	954,446.0	23	20,534.0	17	233,956.0	7
	インドネシア/ジャカルタ	251,490,000	202,647,771,745.75	58,429.0	69	342,473.0	35	-	-	-	-

(注①)　*：estimated ranking

(注②)　鉄道とトラックのランキングデータは国全体のデータ。

(注③)　中国は、北京、上海、青島、深セン、香港の5都市に、各都市の鉄道モード取扱量の比率に応じて中国の鉄道モード取扱量の割合を割付。

第Ⅱ編　SCMマネジメント編

トラリア，ニュージーランドの計4ヶ国である。ジャカルタはコンチネンタルハブとして決定法であるが，中国についてはさらなる検討の余地があり，最適立地の視点からは判定は不可能である。

最適立地4ヶ国は北京，上海，深圳，ジャカルタであり，北京はモンゴルを含む2ヶ国，上海は東京，韓国，台湾，青島の3ヶ国1省，深圳が香港，フィリピン，タイ，ベトナム，ラオス，カンボジア，ミャンマーの6ヶ国1省で，ジャカルタはマレーシア，シンガポール，オーストラリア，ニュージーランドとなっている。北京・青島間は551 km，上海・青島546 km，北京・上海1,066 kmの3省間でコンチネンタルハブは1ヶ所が妥当であるが，港湾施設等地形，伝統，人口，インフラ等の要素を考慮すべきであって，最適立地からは判断は不可能である。北京と天津とは同一領域のため北京を天津と読み替えることも考える。北京は内陸部であり，北京には港湾がないからである。

最適立地5ヶ所は北京，上海，深圳，ジャカルタ，および東京である。このうち東京は立地条件からでさえコンチネンタルハブにはなりえない。問題は北京と上海であるが，すでに4ヶ所の項で述べたとおりである。結論は考察以降の項にて明らかにする。なお，東京のΣpkは最適立地5ヶ所での中の単独の1ヶ所のため人口の数値のみとなっている点に注意されたい。

一方，最適立地別にモーダル別にランキングを見ると，上海は港湾1位，航空3位，鉄道21位とすべてのモードで世界ランキングの上位を占めていることがわかる。青島はそれぞれ5位，ランク外，4位，深圳は16位，3位，21位と上位を占めている。一方，ジャカルタは69位，35位で鉄道はランク外である。最後に東京は46位，23位，17位である。トラックは自国内のランクであるため説明は省略する。

なお，中国のモード別割付は参考の意味で行った。特に単独都市の物量取扱量を基準に，その全体の中での比率に準じて配分している。したがって，都市の物量と正比例関係でない場合にはこの割付は問題となる。ここでは暫定措置として参考程度に留めて算出した点に注意されたい。

最適立地を検証し，考察するために最適立地数別最適立地を明らかにする（図1.6）。星数の多い都市がハブ候補の重要度の高い位置を示すが，上海とジャカルタを筆頭に深圳，北京，青島および東京の順番になっている。　最適立

266

第1章 最適立地ベースのグローバル SCM ネットワークシステム

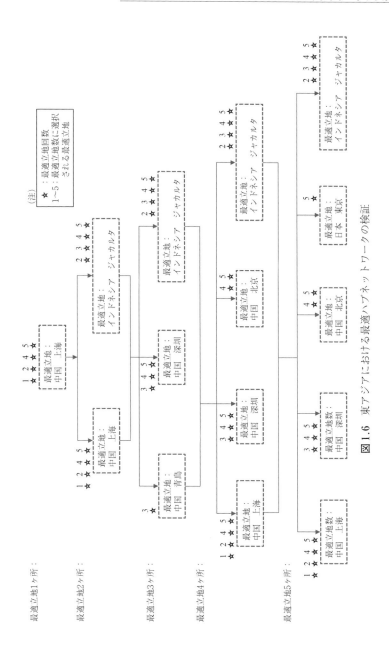

図1.6 東アジアにおける最適ハブネットワークの検証

第Ⅱ編　SCMマネジメント編

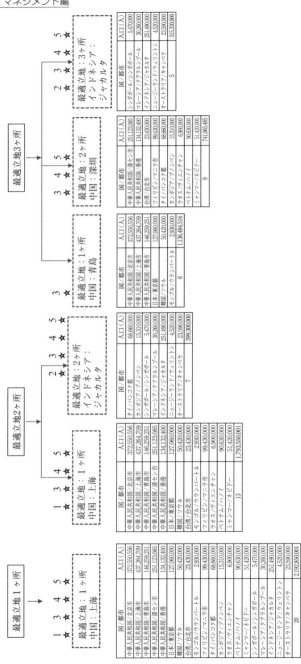

図1.7　東アジアにおける最適ハブネットワークのグループ (1/2)

第1章 最適立地ベースのグローバルSCMネットワークシステム

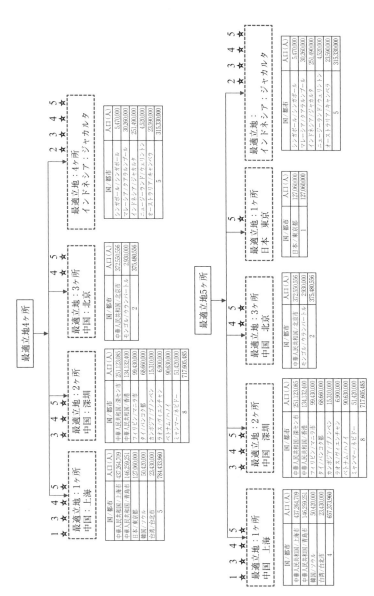

図1.7 東アジアにおける最適ハブネットワークのグループ (2/2)

第Ⅱ編　SCMマネジメント編

地の傘下にある所属国および省を分析すると最適立地1ヶ所の上海で15ヶ国5省，2ヶ所は上海とジャカルタで，傘下にそれぞれ8ヶ国5省と7ヶ国となっている。ジャカルタは旧仏印3国を除き南部諸国すべてを傘下に収めている（図1.7）。ジャカルタ傘下国のこの傾向は3ヶ所から5ヶ所まで同じで，中国の最適立地の傘下国が細分化され，最後の5ヶ所で日本が単独で最適立地に選択されている違いがあるのみである。

　北京の傘下は北京とモンゴルの1市1国のみである。東京傘下国と大差はないが立地条件からすると東京はまさに極東で，後背地もなく孤立無援であることからしてコンチネンタルハブあるいはリージョナルハブにはなり得ない。

1.3.3　階層別最適ハブネットワークの提案

　最適立地についてその概括，モード別順位と評価，最適立地の考察等について考察してきたが，以上をベースにハブ類型を要約し評価する（表1.11）。最適立地別にモード別および人口の評価をし，ハブ特性を決定する。

　港湾については，北京を除きすべて問題はない。北京は内陸部であり港湾施設はないが，北京・青島間約230 kmとともに渤海にも近い。さらに首都でもあるのでコンチネンタルハブとした。上海，ジャカルタ，深圳，青島もハブ機能はすべてもっているのでコンチネンタルハブとした。

　SCMネットワークを海上輸送と地理的条件から考察すると，中国の場合は渤海，黄海，東シナ海，南シナ海が主力であり，ハブ港湾機能としてのバランスが取れている。香港は深圳と隣接しているので，深圳を深圳・香港・広州の港湾都市とすればコンチネンタルハブとして妥当である。

　ハブ類型表に準拠して作成した東アジアコンチネンタルハブネットワークが図1.8である。

　さらに，アジアのディストリクトハブを考察すると，ベトナム，シンガポール，およびオーストラリアをあげることができる（表1.12）。ハブの条件として所属グループをもっているからである。すなわち，ベトナム3ヶ国，シンガポール1ヶ国，およびオーストラリア1ヶ国がそれである（図1.9）。

270

第1章 最適立地ベースのグローバルSCMネットワークシステム

表1.11 ハブ類型評価表

立地数	立地国/州	港湾	航空	鉄道*	トラック*	人口(千人)	評価
1ヶ所	中国/上海市	1	3	21	15	1	グローバルハブ
2ヶ所	中国/上海市	1	3	21	15	1	グローバルハブ
	インドネシア/ジャカルタ	69	35	−	−	4	グローバルハブ
3ヶ所	中国/青島市(北京)	5		4	3	1	グローバルハブ
	中国/深セン市	16	24	7	5	1	グローバルハブ
	インドネシア/ジャカルタ	69	35	−	−	4	グローバルハブ
4ヶ所	中国/北京市(青島)	−	13	5	20	1	グローバルハブ
	中国/上海市	1	3	21	15	1	グローバルハブ
	中国/深セン市	16	24	7	5	1	グローバルハブ
	インドネシア/ジャカルタ	69	35	−	−	4	コンチネンタルハブ
5ヶ所	中国/北京市	−	13	5	20	1	コンチネンタルハブ
	中国/上海市	1	3	21	15	1	グローバルハブ
	中国/深セン市	16	24	7	5	1	グローバルハブ
	日本/東京	46	23	17	7	10	ナショナルハブ
	インドネシア/ジャカルタ	69	35	−	−	4	グローバルハブ

(注)① *：estimated ranking
② 港湾・航空・鉄道は2013年。トラックは2011年。
③ 中国の人口は香港，台湾，マカオを含まない

出典) International Transport Forum, ITF outlook 2015,
http://www.oecd-ilibrary.org/transport/itf-transport-outlook-2015/road-freight-transport_9789282107782-table80-en
港湾別世界ランキング, American Association of Port Authorities (AAPA), World Port Ranking 2013
2014年度人口推進, United Nations (UN),Department of Economic and Social Affairs

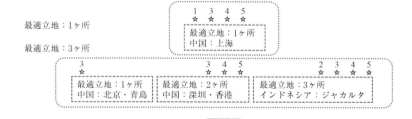

図1.8 東アジアにおける最適ハブネットワークの提案

第Ⅱ編　SCMマネジメント編

表1.12　アジアにおけるハブ類型分析表

No.	地域名	国名	首都	人口(千人)	リージョナルハブ	ナショナルハブ
1	インドシナ半島	ベトナム	ハノイ	90,630	○	○
2	インドシナ半島	カンボジア	プノンペン	15,310	-	○
3	インドシナ半島	ラオス	ビエンチアン	6,900	-	○
小計	-	-	-	112,840	-	-
4	マレー半島	マレーシア	クアラルンプール	30,260	-	-
5	マレー半島	シンガポール	シンガポール	5,470	○	-
小計	-	-	-	35,730	-	-
6	独立	タイ	バンコク	68,660	-	○
7	独立	ミャンマー	ネピドー	51,420	-	○
小計	-	-	-	120,080	-	-
計	-	-	-	268,650	-	-
8	大洋州	オーストラリア	キャンベラ	23,590	○	○
9	大洋州	ニュージーランド	ウェリントン	4,520	-	○
小計	-	-	-	28,110	-	-
計	-	-	-	296,760	-	-
1	独立	日本	東京	127,060	-	○
2	独立	フィリピン	マニラ	99,430	-	○
3	独立	韓国	ソウル	50,420	-	○
4	独立	台湾	台北	23,430	-	○
5	独立	モンゴル	ウランバートル	2,930	-	○
計	-	-	-	303,270	-	-
合計	-	-	-	600,030	-	-

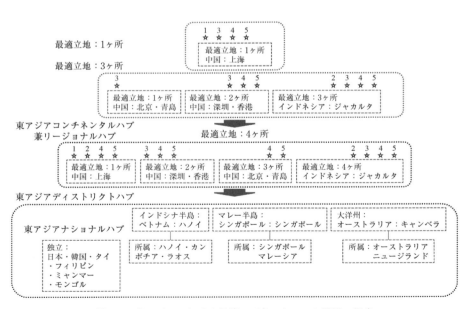

図1.9　東アジアにおける最適ハブネットワーク階層の提案

272

第1章 最適立地ベースのグローバル SCM ネットワークシステム

1.4 EU における最適ハブネットワークの提案

1.4.1 はじめに

第2次世界大戦後ヨーロッパは荒廃から立ち直るべく，紆余曲折を経て 1958 年に欧州経済共同体（ECC）を設立した。次いで，欧州石炭鉄鋼共同体（1952 年設立），欧州経済共同体，および欧州原子力共同体（1958 年設立）の三共同体の主要機関が統一され，欧州共同体（EC）が 1967 年に創設されたことは周知の事実である。当初の加盟国はドイツ，フランス，イタリア，ベネルクス 3ヶ国の 6ヶ国であったが，1986 年までにデンマーク，アイルランド，イギリス，ギリシャ，スペイン，ポルトガルが加盟し，12ヶ国となった。さらに，1991 年 12 月には EU 創設のための「マーストリヒト合意」が形成され，1992 年には，経済通貨統合，共通外交・安全保障政策を目指す政治統合，および司法・内務分野における政府間協力を軸とするマーストリヒト条約が調印された。加えて，1995 年 1 月オーストリア，フィンランド，スウェーデンの新規加盟を得て 15ヶ国となった。

マーストリヒト条約は EU の目的について次のように規定している。

- 域内国境のない地域の創設，および経済通貨統合の設立を通じて経済的・社会的発展を促進すること
- 共通外交・安全保障政策の実施を通じて国際舞台での主体性を確保すること
- 欧州市民権の導入を通じ，加盟国国民の権利・利益を守ること
- 司法・内務協力を発展させること
- 共同体の蓄積された成果の維持と，これに基づく政策や協力形態を見直すこと

つまり，EU は経済統合に加え政治統合の推進を目指すものであり，欧州共同体を基礎とするが，これを包摂するより大きな機構であるといえる。EU の特色は，加盟国の国家主権の一部を超国家機構に委譲し，加盟国の政治的・経済的統合を進めていくことを目標としていることから，機構の権限も従来の国

第Ⅱ編　SCM マネジメント編

際機関とは比較にならないほど強化されている。特に経済分野では，EU が排他的権限をもってあたかも国家であるがごとく，第3国と交渉を行ったり協定を締結したりしている。また，従来の国家機関には国家領域に相当するものが存在しないが，EU に関しては加盟国の国家領域が全体としてある程度 EU の領域的性格を帯びており，単一市場の発足後は特にその性格を強め，国家領域に相当するものに近づきつつある。

　本節では，EU 圏南部と EU 圏北部圏を配慮した EU におけるグローバルハブ，エリアまたはナショナルハブとしての最適ハブ立地ならびにそのハブのネットワークの検討を行って，EU 全体のハブネットワークについての構築と提案を行う。

　EU については，当初，地中海沿岸諸国であるスペイン，フランス，イタリア，ギリシャ，キプロス，マルタ，それにイベリア半島の反対側であるがポルトガルを入れて EU 南部7ヶ国にてシミュレーションを行ったが，立地モデルは数値を主体とするが地理的のみならず歴史的ならびに文化風習的側面をも配慮する必要があり，当初の南部7ヶ国にバルカン諸国とルーマニアならびにブルガリアを加えて南部12ヶ国，北部16ヶ国にてシミュレーションを再度行った。さらに，SCM ハブネットワークの構築という観点から，北海，地中海を中心とした評価を採り入れている。

　EU を南部と北部に区分する際の基本は，歴史的ならびに地形的な視点を基準とした。特に，ハンガリー，チェコ，ルーマニア，ブルガリア，ならびに歴史的に為政者の繰り返しが行われたバルカン諸国である。ハンガリーは第1次世界大戦前まではオーストリア・ハンガリー帝国の支配下にあり，1919年のヴェルサイユ条約までは影響力を直接受けていたため北部に帰属させた。加えて，チェコも同帝国とドイツの支配下にあったため北部に帰属させた。一方，バルカン半島諸国は9ヶ国であり，具体的にはアルバニア，ギリシャ，クロアチア，コソボ，セルビア，トルコ（一部），ブルガリア，ボスニア・ヘルツェゴビナ，およびモンテネグロである。このうち EU 加盟国は，クロアチア，スロバキア，スロベニア，ブルガリアの4ヶ国であるため南部に帰属させた。バルカン半島は歴史的にみると，古くは東ローマ帝国からヴェネツィア，オスマン帝国，オーストリア・ハンガリー帝国，さらについ最近まではユーゴスラヴ

274

ィアが中心となっていた地域である。アドリア海，地中海地域の影響が濃く，歴史的にも同一圏内のため南部とした。

1.4.2　シミュレーションの条件と結果

EU ハブネットの対象は 28ヶ国で，エストニア，アイルランド，ポルトガル，およびキプロスに囲まれた 28ヶ国である。本研究では，EU をさらに南部 12ヶ国と北部 16ヶ国に分けて考察することにしたが詳細については割愛する。

EU の各国人口は便宜的に首都へ割り付け，首都を重心と見なし，距離表や人口・距離表を作成している点は本研究全体の共通的な方法である。割付け結果は表 1.13 のとおりで全人口は約 5 億 481 万人である。なお，EU 都市間人口・距離表は表 1.14 のとおりである。

表 1.13　EU の各国人口の首都への割付表

国名	人口（単位：100 万）	首都	緯度	経度
オーストリア	8.52	ウィーン	48.208	16.374
ベルギー	11.20	ブリュッセル	50.850	4.352
ブルガリア	7.20	ソフィア	42.698	23.322
クロアチア	4.24	ザグレブ	45.815	15.982
キプロス	0.89	ニコシア	35.186	33.382
チェコ	10.51	プラハ	50.076	14.438
デンマーク	5.63	コペンハーゲン	55.676	12.568
エストニア	1.32	タリン	59.437	24.754
フィンランド	5.48	ヘルシンキ	60.173	24.941
フランス	63.92	パリ	48.857	2.352
ドイツ	81.10	ベルリン	52.520	13.405
ギリシャ	10.99	アテネ	37.984	23.729
ハンガリー	9.88	ブダペスト	47.498	19.040
アイルランド	4.61	ダブリン	53.350	-6.260
イタリア	59.96	ローマ	41.903	12.496
ラトビア	2.03	リガ	56.950	24.105
リトアニア	2.94	ヴィリニュス	54.687	25.280
ルクセンブルク	0.56	ルクセンブルク	49.612	6.132
マルタ	0.43	バレッタ	35.899	14.515
オランダ	16.86	アムステルダム	52.370	4.895
ポーランド	38.02	ワルシャワ	52.230	21.012
ポルトガル	10.39	リスボン	38.722	-9.139
ルーマニア	19.93	ブカレスト	44.427	26.103
スロバキア	5.42	ブラチスラバ	48.146	17.107
スロベニア	2.06	リュブリャナ	46.057	14.506
スペイン	46.46	マドリード	40.417	-3.704
スウェーデン	9.75	ストックホルム	59.329	18.069
イギリス	64.51	ロンドン	51.507	-0.128
計	504.81			

（注）　EU 加盟 28 カ国を対象とし，各国の全人口を首都に割付配分。（2014 年時点）

第Ⅱ編　SCMマネジメント編

表1.14　EU都市間人口・距離表の例

国／州都市	ウィーン	ブリュッセル	ソフィア	ザグレブ	ニコシア	プラハ	コペンハーゲン
オーストリア／ウィーン	0.00	7815762471.61	6970624154.15	2280962874.14	17169182259.24	2139765549.88	7419509957.04
ベルギー／ブリュッセル	10274241725.44	0.00	19055845368.00	11495029179.20	32549166899.20	8072445752.00	8585300785.60
ブルガリア／ソフィア	5890668364.80	12250189238.40	0.00	4899316798.80	8676739159.20	7675155460.80	11794793796.00
クロアチア／ザグレブ	1135127064.13	4351689706.88	2885153220.02	0.00	7979545795.52	2067194378.56	4760610341.92
キプロス／ニコシア	1793496103.29	2586508120.11	1072341439.49	1674952733.07	0.00	2008396484.96	2470877310.49
チェコ／プラハ	2639546469.51	7575125434.40	11203594501.68	5124106820.44	23717090104.73	0.00	6682061974.84
デンマーク／コペンハーゲン	4902798225.43	4315646773.04	9222870937.39	6321282089.13	15630303038.80	3579448992.06	0.00
エストニア／タリン	1800087981.12	2116704318.96	2461581472.68	2144708892.48	3654675289.32	1627082117.76	1107914109.85
フィンランド／ヘルシンキ	7900334738.04	9053682521.56	10671702115.56	9336431396.36	15586907208.84	7152377237.44	4853872284.45
フランス／パリ	6625854201.20	16892347443.97	112586586566.08	69188362400.88	188856692748.16	56598509359.05	6574473119.60
ドイツ／ベルリン	4249504579.57	52924375991.65	107026834913.30	62355974754.92	201977718356.50	22816072440.75	28833518943.52
ギリシャ／アテネ	14096204192.56	22989179037.72	5765143921.75	11874485550.15	10082623701.72	16852891381.97	2348506362.50
ハンガリー／ブダペスト	2120161939.27	11181774977.88	6232111484.25	2960271953.91	17918344663.44	4378763569.80	10012664312.56
アイルランド／ダブリン	7777528220.17	3584873982.37	1142835084.10	8312525164.95	16982067437.28	6778931369.08	5728066762.11
イタリア／ローマ	45819168300.14	70389208196.24	53748430273.02	31003401351.28	117589283207.76	55205792867.81	91840723305.80
ラトビア／リガ	2239801330.27	2959468950.34	3219930658.14	2759886380.23	5111603258.86	2022676719.38	1475819499.59
リトアニア／ヴィリニュス	2789321760.41	4319771411.76	3942307384.26	3489117682.68	6632865239.28	2638723337.42	2399154246.93
ルクセンブルク／ルクセンブルク	429056463.02	104940494.74	856245663.28	476110152.90	1529988033.28	335628325.37	449407642.71
マルタ／バレッタ	591595529.51	795524154.82	460012744.40	476482546.35	735357999.69	677238464.39	947379242.63
オランダ／アムステルダム	15821499645.76	2920871797.24	29451801726.30	18333242378.64	49741008313.26	12024437276.13	10496425455.56
ポーランド／ワルシャワ	21148815077.19	44232605214.18	40827538576.58	30499715854.00	81107362515.36	19709896777.95	25602586177.16
ポルトガル／リスボン	23927950615.15	17805896496.08	28686090586.76	22918536462.24	39207280025.66	23349349354.78	25769324609.54
ルーマニア／ブカレスト	17104430601.69	33783391263.11	5890632050.13	16153657140.69	23904928287.10	21555764159.88	31428236882.79
スロバキア／ブラチスラヴァ	297961293.74	5258769157.58	4206701333.11	1479106165.97	10672502618.08	1570993302.38	4843883502.69
スロベニア／リュブリャナ	572643886.35	1894561909.23	1637639528.70	242245149.36	4106681716.84	920554367.53	2222013854.12
スペイン／マドリード	84237803157.02	61187394379.94	104952978505.04	79225928891.54	152972824407.88	82494636640.60	96387106676.88
スウェーデン／ストックホルム	12116608890.75	12507378906.75	18380522959.50	14725481091.75	28347649746.00	10295785168.50	5102669174.85
イギリス／ロンドン	79922250858.35	207462002517.06	130241201845.77	86505690146.39	207897137572.90	66931290342.66	61812328277.36

（注）人口・距離表は、その国または州市の人口を都市間距離とかけあわせ・作成した。単位：人・キロ。

1.4.3 EU における階層構造ハブネットワークの分析と考察

EU 全体のシミュレーション結果は表 1.15，最適立地の回数表示をした最適立地総括図は図 1.10 にて示されている。

最適立地 1ヶ所はルクセンブルクで人口約 85 万人，2ヶ所はチェコとフランスになっている。チェコは，最大人口国の人口第 1 位のドイツ（8,110 万人で EU 全体の約 16.2%）に隣接し，周辺に多数の国が散在しているからである。一方フランスは地中海沿岸国の中心部にあり，しかもドーバー海峡を挟んで対岸に人口第 2 位（約 6,451 万人）のイギリスにも近いからである。

最適立地 3ヶ所はフランス，ドイツ，イタリア（5,960 万人で第 4 位）で，人口大国が地形的な均衡を保った形の立地となっている。

最適立地 4ヶ所は，ドイツ，イタリア，スペイン，イギリスで，スペインは人口 4,646 万人で第 5 位，イギリスはドイツに次いで第 2 位で人口は 6,451 万人である。

表 1.15　EU 重力モデルによる最適立地シミュレーション総括表

立地数	立地内容	ハブ 国名	都市	ΣPK	所属都市数	順位	計算時間 (ms)
1ヶ所	1ヶ所	ルクセンブルク	ルクセンブルク	423,982,229,670.41	28	5	2.36
	小計			423,982,229,670.41	28		
2ヶ所	1ヶ所	チェコ	プラハ	184,894,572,779.21	20	4	2.49
	2ヶ所	フランス	パリ	100,196,039,386.92	8		
	小計			285,090,612,166.13	28		
3ヶ所	1ヶ所	フランス	パリ	100,196,039,386.92	8	3	39.76
	2ヶ所	ドイツ	ベルリン	58,450,495,711.43	12		
	3ヶ所	イタリア	ローマ	45,986,548,948.44	8		
	小計			204,633,084,046.79	28		
4ヶ所	1ヶ所	ドイツ	ベルリン	58,450,495,711.43	12	2	15.96
	2ヶ所	イタリア	ローマ	45,986,548,948.44	8		
	3ヶ所	スペイン	マドリード	5,230,526,764.93	2		
	4ヶ所	イギリス	ロンドン	34,045,361,227.30	6		
	小計			143,712,932,652.11	28		
5ヶ所	1ヶ所	ドイツ	ベルリン	51,644,065,716.65	11	1	30.16
	2ヶ所	イタリア	ローマ	3,495,779,189.69	4		
	3ヶ所	ルーマニア	ブカレスト	17,727,297,643.38	5		
	4ヶ所	スペイン	マドリード	5,230,526,764.93	2		
	5ヶ所	イギリス	ロンドン	34,045,361,227.30	6		
	小計			112,143,030,541.96	28		
	合計			1,169,561,889,077.40	28		90.73

第Ⅱ編　SCMマネジメント編

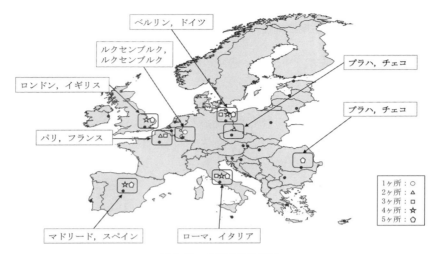

図 1.10　最適立地総括図

　最適立地5ヶ所はドイツ，イタリア，ルーマニア，スペイン，イギリスで，人口1,993万人で第7位のルーマニアが入ったことである。大陸外を代表してイギリス，地中海のイベリア半島を代表してスペイン，EU北部はドイツ，ギリシャとハンガリーからドナウ川下流を含みルーマニアが最適立地である。

　最適立地はネットワーク上のバランスが保たれており，基本的には地域バランスの均衡が維持されながら，人口密度の高い重心となる国が選択されている。地図上のバランスと人口大国（重心地）とのバランスの取れたネットワークである。中には，イギリスのように孤立した島国の場合にはコンチネンタルハブとしての適格性はないが，これはフィルタをかけて最終吟味されるので，現時点では有力な候補地として取り扱えばよい。

1.4.4　階層別最適ハブネットワークの提案

(1)　EU経済圏モード別物量の実態

　EU圏最適立地の港湾取扱量を国別で見ると，1位ドイツ，2位スペイン，3位フランス，4位イギリス，5位イタリア，6位ルーマニアとなっている（表1.16）。 一方，世界の貿易港別に取扱量を見るとTEUベースでは下記のとおりである。11位ロッテルダム（オランダ），15位ハンブルグ（ドイツ），16位

第1章　最適立地ベースのグローバル SCM ネットワークシステム

表 1.16　EU 経済圏モード別物量世界順位表

立地数	立地国/都市	人口(人)	ΣPK (人口距離)	港湾 (2013年) 取扱量(千トン)	順位	航空 (2013年) 取扱量(トン)	順位	鉄道 (2013) 取扱量(100万t·Km)	順位	トラック (2011) トンキロ(100万t·Km)	順位	河川 トンキロ(100万t·Km)	順位
1ヶ所	ルクセンブルク/ルクセンブルク	560,000	423,982,229,670.41	-	-	-	-	218.0	49	8,838.0	43		
2ヶ所	チェコ/プラハ	10,510,000	184,894,572,779.21	-	-	-	-	13,965.0	22	54,830.0	21		
	フランス/パリ	63,920,000	100,196,039,386.92	74,856.0	51	2,069,200.0	9	32,010.0	14	177,993.0	14		
3ヶ所	フランス/パリ	63,920,000	100,196,039,386.92	74,856.0	51	2,069,200.0	9	32,010.0	14	177,993.0	14		
	ドイツ/ベルリン	81,100,000	58,450,495,711.43	139,050.0	25	2,094,453.0	8	112,613.0	10	323,848.0	6		
	イタリア/ローマ	59,960,000	45,986,548,948.44	56,586.0	72	-	-	19,037.0	20	142,843.0	17		
4ヶ所	ドイツ/ベルリン	81,100,000	58,450,495,711.43	139,050.0	25	2,094,453.0	8	112,613.0	10	323,848.0	6		
	イタリア/ローマ	59,960,000	45,986,548,948.44	56,586.0	72	-	-	19,037.0	20	142,843.0	17		
	スペイン/マドリード	46,460,000	5,230,526,764.93	85,622.0	48	367,044.0	-	9,338.0	30	206,840.0	11		
	イギリス/ロンドン	64,510,000	34,045,361,227.30	62,615.0	62	1,515,056.0	17	22,401.0	15	154,370.0	16		
5ヶ所	ドイツ/ベルリン	81,100,000	51,644,065,716.65	139,050.0	25	2,094,453.0	8	112,613.0	10	323,848.0	6		
	イタリア/ローマ	59,960,000	3,495,779,189.69	56,586.0	72	-	-	19,037.0	20	142,843.0	17		
	ルーマニア/ブカレスト	19,930,000	17,727,297,643.38	55,138.0	75	-	-	12,941.0	24	26,347.0	29		
	スペイン/マドリード	46,460,000	5,230,526,764.93	85,622.0	48	367,044.0	-	9,338.0	30	206,840.0	11		
	イギリス/ロンドン	64,510,000	34,045,361,227.30	62,615.0	62	1,515,056.0	17	22,401.0	15	154,370.0	16		

(注①)　*：estimated ranking
(注②)　港湾・航空ランキングはその国の一番小さいランキング
(注③)　鉄道とトラックのランキングデータは国全体のデータ。
出典：Airport Council International. "ACI release 2013 World Airport Traffic Report"
International Transport Forum. ITF outlook 2015. http://www.oecd-ilibrary.org/transport/itf-transport-outlook-2015/road-freight-transport_9789282107782-table79-en

第Ⅱ編　SCMマネジメント編

表1.17　輸送モード別物量取扱ベスト30

Rank	Port/State	Country	TEUs	Rank	Port/State	Country	TEUs
1	Shanghai	China	33,617,000	16	Antwerp	Belgium	8,578,269
2	Singapore	Singapore	32,578,700	17	Xiamen	China	8,007,900
3	Shenzhen	China	23,278,000	18	Los Angeles	United States	7,868,572
4	Hong Kong	China	22,352,000	19	Tanjung Pelepas	Malaysia	7,416,518
5	Busan	South Korea	17,611,882	20	Long Beach	United States	6,730,573
6	Ningbo	China	17,326,800	21	Laem Chabang	Thailand	6,041,476
7	Qingdao	China	15,520,000	22	Bremerhaven/Bremen	Germany	5,830,711
8	Guangzhou	China	15,309,200	23	Lianyungang	China	5,488,000
9	Dubai Ports	UAE	13,600,000	24	New York / NY	United States	5,467,345
10	Tianjin	China	12,996,510	25	Tanjung Priok	Indonesia	5,466,048
11	Rotterdam	Netherlands	11,664,195	26	Yingkou	China	5,301,000
12	Port Kelang	Malasia	10,350,410	27	Saigon Port Co. LTD	Viet Nam	5,112,319
13	Kaohsiung	Taiwan	9,978,857	28	Tokyo	Japan	4,885,271
14	Dalian	China	9,912,000	29	Jeddah	Saudi Arabia	4,561,364
15	Hamburg	Germany	9,257,358	30	Valencia	Spain	4,327,838

出典）　American Association of Port Authorities（AAPA），World Port Ranking 2013

表1.18　貨物取扱量上位30港

Rank	Port/State	Country	Total Cargo (ton)	Rank	Port/State	Country	Total Cargo (ton)
1	Shanghai	China	696,985	16	Shenzhen	China	201,546
2	Singapore	Singapore	560,888	17	Port Kelang	Malaysia	198,928
3	Tianjin	China	477,339	18	Antwerp	Belgium	190,849
4	Guangzhou	China	472,760	19	Dampier	Australia	177,528
5	Qingdao	China	450,111	20	Xiamen	China	171,885
6	Rotterdam	Netherlands	440,464	21	Ulsan	South Korea	167,884
7	Ningbo	China	399,250	22	Dubai Ports	UAE	163,681
8	Port Hedland	Australia	372,301	23	Newcastle	Australia	159,578
9	Dalian	China	320,843	24	Chiba	Japan	153,961
10	Busan	South Korea	313,295	25	Hamburg	Germany	139,050
11	Hong Kong	China	276,055	26	Itaqui	Brazil	135,421
12	Qinhuangdao	China	253,293	27	Metro Vancouver	Canada	135,010
13	South Louisiana/LA	United States	216,445	28	Tubarao	Brazil	131,183
14	Nagoya	Japan	208,241	29	Kwangyang	South Korea	127,642
15	Houston /TX	United States	207,973	30	Tanjung Pelepas	Malaysia	120,047

出典）　American Association of Port Authorities（AAPA），World Port Ranking 2013

アントワープ（ベルギー），30位バレンシア（スペイン）であり，また貨物ベースでは，6位ロッテルダム（オランダ），18位アントワープ（ベルギー），25位ハンブルグ（ドイツ）であり，オランダ，ドイツ，ベルギーおよびスペインが代表的な港湾の所在地であることがわかる（表1.17および表1.18）。因みに，アントワープ港は北海からスケルト川を65km上流に位置している港湾で，ハンブルグ港が北海からエルベ川を100km上った地点にあるのと似ている。

　したがって，港湾ベースで考えると，世界上位30港湾に入るEUの港湾は

280

4港湾であり，北海が3港湾，地中海が1港湾となっている。EUハブをグローバルな視点から考えると，ハブの第1条件としては港湾施設が考えられることから港湾規模の検証は重要な要素となる。

(2) EU最適立地の考察

EUをグローバルSCMネットワークの一環として考える場合，輸送量の80％を占める他大陸からの海上輸送を配慮しなければならない。したがって，北海と地中海が重要な位置を占めることになる。

北海側では，すでに指摘したようにロッテルダム，ハンブルグ，アントワープが代表港であり，地中海側ではバレンシア，フォスシュルメール（Fos-sur-mer），マルセイユ，ジェノバ，ヴェニス，コンスタンツァ（Constanta）等である。コンスタンツァはルーマニア南東部の都市で黒海西岸に位置し，同国最大の港湾を擁している。古代ローマ皇帝コンスタンティヌスの治下，ジェノバ人が移住してコンスタンティアナと呼称し，以降，オスマン帝国時代まで港湾都市として栄えた。

最適立地については1ヶ所から5ヶ所まで図1.11に示している。

EU全体と細分化した南部，北部の最適立地の特徴は，細分化によって基本海上ルートが二分されたことである。当然のことながら南部は地中海，北部は北海が基軸となる。南部は，ルーマニアを除いて地中海沿岸諸国より構成されている。たとえば，イタリアは地中海とアドリア海，バルカン半島諸国はアド

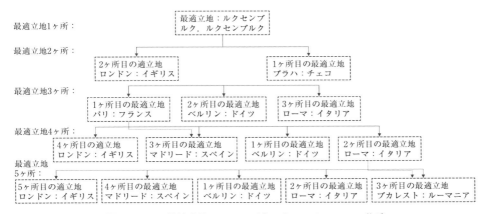

図1.11 EU最適立地ベースハブネットワークシステム体系

281

表 1.19　EU・南部・北部最適立地比較表

立地数	内容	1 EU最適立地 州名	都市名	所属国	2 南部最適立地 州名	都市名	所属国	3 北部最適立地 州名	都市名	所属国
1ヶ所	1ヶ所	ルクセンブルグ	ルクセンブルグ	28	イタリア	ローマ	12	ドイツ	ベルリン	16
2ヶ所	1ヶ所	フランス	パリ	8	イタリア	ローマ	9	ドイツ	ベルリン	11
	2ヶ所	チェコ	プラハ	20	フランス	パリ	3	イギリス	ロンドン	5
	小計	-	-	28	-	-	12	-	-	16
3ヶ所	1ヶ所	フランス	パリ	8	イタリア	ローマ	9	ドイツ	ベルリン	4
	2ヶ所	ドイツ	ベルリン	12	フランス	パリ	1	イギリス	ロンドン	5
	3ヶ所	イタリア	ローマ	8	スペイン	マドリード	2	ポーランド	ワルシャワ	7
	小計	-	-	28	-	-	12	-	-	16
4ヶ所	1ヶ所	ドイツ	ベルリン	12	イタリア	ローマ	5	ドイツ	ベルリン	4
	2ヶ所	イタリア	ローマ	8	フランス	パリ	1	イギリス	ロンドン	5
	3ヶ所	イギリス	ロンドン	6	スペイン	マドリード	4	ポーランド	ワルシャワ	3
	4ヶ所	スペイン	マドリード	2	ルーマニア	ブカレスト	2	スウェーデン	ストックホルム	4
	小計	-	-	28	-	-	12	-	-	16
5ヶ所	1ヶ所	ドイツ	ベルリン	11	フランス	パリ	4	ドイツ	ベルリン	1
	2ヶ所	イタリア	ローマ	2	スペイン	マドリード	1	イギリス	ロンドン	3
	3ヶ所	イギリス	ロンドン	4	ルーマニア	ブカレスト	2	ポーランド	ワルシャワ	2
	4ヶ所	スペイン	マドリード	5	ポルトガル	リスボン	2	スウェーデン	ストックホルム	1
	5ヶ所	ルーマニア	ブカレスト	6	ギリシャ	アテネ	2	オーストリア	ウィーン	6
	小計	-	-	28	-	-	12	-	-	16
合計		-	-	28	-	-	12	-	-	16

リア海とエーゲ海に挟まれており，隣同士である。したがって，最適立地についても EU と EU 南部とはフランス，イタリア，スペインがオーバーラップしているし，その所属国のバランスも地域的バランスを維持している。これに反して，EU 北部と EU 全体とではバランスが崩れ，北部ではドイツ，イギリス，スウェーデン，ポーランド，オーストリアが選択され，港湾をはじめ各種輸送モード，人口，経済，地理的条件等からバランスが保たれていない。短絡的になるが，オーストリアとスウェーデンにはインフラサイドからのハブ機能は困難であり，イギリスは立地と第二次輸送の視点からコンチネンタルハブとして選択するのは難しい。ポーランドには港湾はあるがドイツの隣接国であり，ナショナルハブとしての機能が精一杯である（表 1.19）。

したがって，結論的には，EU については「全体としての最適立地を優先的」に検討し，「南部と北部の最適立地は参照レベルに留める」こととする。

世界港湾貨物取扱量ランキング 100 位（表 1.20）に入っている EU の港湾はコンテナ量（TEUs）ベースで 16 港湾であり，11 位ロッテルダム，15 位ハ

表 1.20 ハブ類型評価表

立地数	立地国/都市	港湾	航空	鉄道	トラック*	人口（千人）	評価
1ヶ所	ルクセンブルク/ルクセンブルク	–	–	49	43	170	ナショナルハブ
2ヶ所	チェコ/プラハ	–	–	22	21	85	ナショナルハブ
	フランス/パリ	51	9	14	14	22	コンチネンタルハブ
3ヶ所	フランス/パリ	51	9	14	14	22	コンチネンタルハブ
	ドイツ/ベルリン	25	8	10	6	16	グローバルハブ
	イタリア/ローマ	72	–	20	17	23	グローバルハブ
4ヶ所	ドイツ/ベルリン	25	8	10	6	16	グローバルハブ
	イタリア/ローマ	72	–	20	17	23	コンチネンタルハブ
	スペイン/マドリード	48		30	11	29**	エリアハブ
	イギリス/ロンドン	62	17	15	16	21	エリアハブ
5ヶ所	ドイツ/ベルリン	25	8	10	6	16	グローバルハブ
	イタリア/ローマ	72	–	20	17	23	コンチネンタルハブ
	ルーマニア/ブカレスト	75	–	24	29	58	エリアハブ
	スペイン/マドリード	48		30	11	29**	エリアハブ
	イギリス/ロンドン	62	17	15	16	21	エリアハブ

（注）① ＊：estimated ranking
② 鉄道・トラックは全国の統計
③ 港湾・航空は 2013 年
④ ＊＊:カナリア諸島，セウタ，メリリャを含む
出典）　Your Key to European Statistics（Eurostat, http://ec.europa.eu/eurostat/web/transport/data/database）
人口推計（2014）→ United Nations（UN）, Department of Economic and Social Affairs

第Ⅱ編　SCMマネジメント編

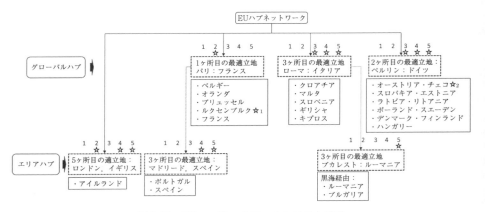

図1.12　EUハブネットワークシステム体系

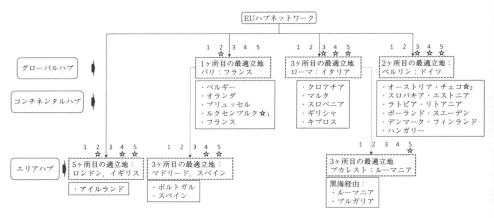

図1.13　EUハブネットワークシステム体系

ンブルグ，16位アントワープで30位および32位がスペインのヴァレンシアとアルゲシラスである。以下100位のマルセイユまで16港湾が顔を出している。最適立地1ヶ所〜5ヶ所のハブ類型を評価し，ナショナルハブとコンチネンタルハブを決定した。

EUハブネットワークを示すと図1.12のとおりである。基本的には，仏，独，伊をコンチネンタルハブとし，リージョナルハブとして，英，スペイン，ルーマニアを選定した。ルーマニアは貨物量ランキングTop 100で75位にあ

第1章　最適立地ベースのグローバル SCM ネットワークシステム

るが，黒海に面しているためギリシャとキプロスは切り離して調整した。

　港湾取扱物量からすると，オランダ（ロッテルダム）とベルギーがコンチネンタルハブとしての有力候補である。この場合には，北海沿岸でドイツ，オランダ，ベルギー，北海側ではイギリスをエリアハブとし，地中海側ではスペイン，フランス，イタリア，およびブルガリアをエリアハブとすべきである（図1.13）。

1.4.5　小　　　括

　EU については，当初，地中海沿岸諸国であるスペイン，フランス，イタリア，ギリシャ，キプロス，マルタ，それにイベリア半島の反対側であるがポルトガルを入れて EU 南部7ヶ国にてシミュレーションを行ったが，立地モデルは数値を主体とするが地理的のみならず歴史的ならびに文化風習的側面をも配慮する必要があり，当初の南部7ヶ国にバルカン諸国とルーマニアならびにブルガリアを加えて南部12ヶ国，北部16ヶ国にてシミュレーションを再度行った。さらに，SCM ハブネットワークの構築という観点からは，北海，地中海を中心とした評価を考えるべきである。

1.5　三極経済圏最適ハブネットワークの提案

1.5.1　は じ め に

　EU 経済圏，アジア経済圏（本節では東アジア経済圏），および北米経済圏を巷間三極経済圏と呼んでいるが，本節では EU 経済圏，アジア経済圏（東アジア経済圏にオーストラリアとニュージーランドを追加），および北米経済圏を三極経済圏とする。三極経済圏のグローバルハブネットワークの基本を示すと図1.14 のとおりである。ここでは，経済圏のメガハブ同士を直接結ぶネットワーク，複合型ネットワーク同士あるいは単一ハブ型同士を直結するハブネットワークを基本としている。ハブ同士を結ぶ手段は当然のことながらモーダルリンケージシステムである。加えて，すでに述べたように，ハブ類型をグローバルハブ，コンチネンタルハブ，リージョナルハブ，ナショナルハブ，ローカ

285

第Ⅱ編　SCMマネジメント編

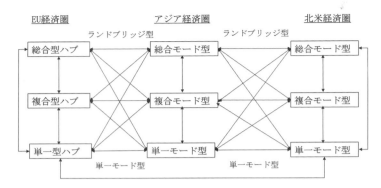

図1.14　三極経済圏基本ハブネットワーク

ルハブ，およびディストリクトハブの6類型とした。

　グローバルハブネットワークを論じるときはモーダルリンケージシステムなくして論じることはできない。したがって，グローバルハブネットワーク生成の検討に際しては上記内容を視点として検討し，評価する。

　ハブの決定要素を要約すると下記のとおりである。すなわち

- グローバルハブとは世界経済全体のネットワークの中で中心となるハブで，基本的にグローバルハブ最適立地より，物量ハブ特性に基づいて決定する。
- コンチネンタルハブとは，アジア大陸，EU加盟国に限定したヨーロッパ大陸，北米大陸のそれぞれのネットワークの中で中心となるハブで，基本的に各大陸の最適立地より，物量ハブ特性に基づいて決定する。
- エリアハブとは，大陸内にて選定された最適立地ネットワークの中心となるハブで，物量ハブ特性に基づいて決定する。北米，EU，東アジアの3地域を対象とした。ただし，エリアハブは基本的に傘下にネットワーク諸国が存在し，かつ港湾物量トップ100位にランクインする港湾をもつことを条件とする。
- ナショナルハブとは，各国の中心となるハブで，最適立地ネットワークの中心となるハブで，物量ハブ特性に基づいて決定する。ここでは，日本，中国，インドネシア，米国，カナダのみを対象としたが記述は割愛した。
- ローカルハブとはナショナルハブの基本ネットワークを形成するハブで，

表1.21　三極経済州都/都市間人口・距離表

国名/都市	人口	緯度	経度	ウィーン	ブリュッセル	ソフィア	ザグレブ	ニコシア	プラハ	コペンハーゲン
		緯度		48.208174	50.85034	42.697708	45.815011	35.185566	50.075538	55.676097
		経度		16.373819	4.3517103	23.321868	15.981919	33.382276	14.437801	12.568337
オーストリア/ウィーン	8520000	48.20817	16.37382	0.000	917.343	818.148	267.719	2015.162	251.146	870.835
ベルギー/ブリュッセル	11200000	50.85034	4.35171	917.343	0.000	1701.415	1026.342	2906.176	720.754	766.545
ブルガリア/ソフィア	7200000	42.69771	23.32187	818.148	1701.415	0.000	680.461	1205.103	1065.994	1638.166
クロアチア/ザグレブ	4240000	45.81501	15.98192	267.719	1026.342	680.461	0.000	1881.968	487.546	1122.785
キプロス/ニコシア	890000	35.18557	33.38228	2015.164	2906.189	1205.103	1881.969	0.000	2256.625	2776.267
チェコ/プラハ	10510000	50.07554	14.4378	251.146	720.754	1065.994	487.546	2256.621	0.000	635.781
デンマーク/コペンハーゲン	5630000	55.6761	12.56834	870.834	766.545	1638.165	1122.785	2776.253	635.781	0.000
エストニア/タリン	1320000	59.43696	24.75357	1363.703	1603.564	1864.834	1624.779	2768.693	1232.638	839.329
フィンランド/ヘルシンキ	5480000	60.17332	24.94102	1441.667	1652.132	1947.391	1703.728	2844.326	1305.178	885.743
フランス/パリ	63920000	48.85661	2.352222	1036.585	264.273	1761.367	1082.421	2954.579	885.459	1028.590
ドイツ/ベルリン	81190000	52.52001	13.40495	523.983	652.582	1319.690	768.878	2490.477	281.333	355.530
ギリシャ/アテネ	10990000	37.98392	23.72936	1282.639	2091.827	524.581	1080.478	917.436	1533.475	2136.989
ハンガリー/ブダペスト	9880000	47.49791	19.04024	214.591	1131.759	630.781	299.623	1813.598	443.195	1013.428
アイルランド/ダブリン	4610000	53.34981	-6.26031	1687.099	777.630	2479.036	1803.151	3683.746	1470.484	1242.531
イタリア/ローマ	59960000	41.90278	12.49637	764.162	1173.936	896.405	517.068	1961.129	920.710	1531.700
ラトビア/リガ	2030000	56.94965	24.10519	1103.350	1457.866	1586.173	1359.550	2518.031	996.392	727.005
リトアニア/ヴィリニュス	2940000	54.68716	25.27965	948.749	1469.310	1340.921	1186.775	2256.077	897.525	816.039
ルクセンブルク/ルクセンブルク	560000	49.61162	6.131935	766.172	187.394	1529.010	850.197	2732.121	599.336	802.514
マルタ/バレッタ	430000	35.89891	14.51455	1375.804	1850.056	1069.797	1108.099	1710.135	1574.973	2203.208
オランダ/アムステルダム	16860000	52.37022	4.895168	938.404	173.243	1746.845	1087.381	2950.238	713.193	622.564
ポーランド/ワルシャワ	38020000	52.22968	21.01223	556.255	1163.404	1073.844	802.202	2133.282	518.409	673.398
ポルトガル/リスボン	10390000	38.72225	-9.13934	2302.979	1713.753	2760.933	2205.826	3773.559	2247.291	2480.204
ルーマニア/ブカレスト	19930000	44.42677	26.10254	858.225	1775.133	295.566	810.520	1199.444	1081.574	1576.931
スロバキア/ブラチスラヴァ	5420000	48.14589	17.10714	54.974	970.253	776.144	272.898	1969.096	289.851	893.705
スロベニア/リュブリャナ	2060000	46.05695	14.50575	277.982	919.690	794.971	117.595	1993.535	446.871	1078.648
スペイン/マドリード	46460000	40.41678	-3.70379	1813.125	1316.991	2258.997	1705.250	3292.570	1775.606	2074.626
スウェーデン/ストックホルム	9750000	59.32932	18.06858	1242.729	1282.729	1885.182	1510.306	2907.451	1055.978	523.351
イギリス/ロンドン	64510000	51.50735	-0.12776	1238.913	321.597	2018.930	1340.966	3222.712	1037.534	958.182
アラバマ州/モンゴメリー	4708708	32.36681	-86.3	8245.892	7338.116	9038.631	8358.837	10245.601	8019.182	7616.304
アラスカ州/ジュノー	698473	58.30194	-134.42	7859.375	7321.420	8545.346	8103.012	9404.102	7628.019	7007.960
アリゾナ州/フェニックス	6595778	33.44838	-112.074	9604.243	8785.432	10424.350	9788.654	11613.146	9354.642	8811.159
アーカンソー州/リトルロック	2889450	34.74648	-92.2896	8417.728	7527.367	9226.228	8553.394	10436.384	8181.665	7731.884
カリフォルニア州/サクラメント	36961664	38.58157	-121.494	9508.626	8772.278	9922.292	9722.292	11417.499	9258.718	8670.857
コロラド州/デンバー	5024748	39.73924	-104.99	8676.420	7849.461	9493.013	8854.888	10672.863	8428.486	7897.553
コネチカット州/ハートフォード	3518288	41.76371	-72.6851	6654.412	5745.027	7444.163	6764.916	8646.303	6429.759	6043.771
デラウェア州/ドーバー	885122	39.15817	-75.5244	7025.328	6114.574	7812.546	7132.793	9014.047	6801.864	6419.331
フロリダ州/タラハシー	18537969	30.43826	-84.2807	8272.717	7359.660	9055.314	8374.236	10257.449	8051.274	7671.950

(注)　距離表はヒュベニの公式を用いGRS80地球楕円体として計算。作成。

第II編　SCM マネジメント編

　中央ハブに対する地方の中央ハブに該当するハブである。

- ディストリクトハブはローカルハブ傘下の有力ハブを意味する。

　以上のように，ハブ類型の決定要素は，最適立地に属するハブで，港湾，航空，鉄道，トラック，河川の物量施設で，これによって評価，検討，決定される。

1.5.2　シミュレーションの条件と結果

　シミュレーション条件としては人口・距離表の最初の頁を引用し，その他は割愛した（表 1.21）。シミュレーションの結果の総括表と図は表 1.22 と図 1.15 のとおりである。

表 1.22　三極経済圏最適立地シミュレーションの総括

立地数	立地内容	ハブ 国名	ハブ 州名	ハブ 州都/都市	ΣPK	所属州/都市数	順位	計算時間 (ms)
1ヶ所	1ヶ所	中国	–	青島市	11,254,030,816,320.80	112	5	0.99
	小計				11,254,030,816,320.80	112		
2ヶ所	1ヶ所	イギリス	–	ロンドン	2,230,168,295,695.27	78	4	11.00
	2ヶ所	中国	–	上海市	3,852,063,635,878.45	34		
	小計				6,082,231,931,573.72	112		
3ヶ所	1ヶ所	ルクセンブルク	–	ルクセンブルク	423,982,229,670.41	28	3	104.07
	2ヶ所	アメリカ	インディアナ	インディアナポリス	439,771,905,311.10	61		
	3ヶ所	中国	–	上海市	3,482,743,673,722.51	23		
	小計				4,346,497,808,704.02	112		
4ヶ所	1ヶ所	ルクセンブルク	–	ルクセンブルク	423,982,229,670.41	28	2	3300.26
	2ヶ所	アメリカ	インディアナ	インディアナポリス	439,771,905,311.12	61		
	3ヶ所	中国	–	上海市	1,765,349,092,290.86	16		
	4ヶ所	インドネシア	–	ジャカルタ	392,387,347,094.17	7		
	小計				3,021,490,574,366.56	112		
5ヶ所	1ヶ所	ルクセンブルク	–	ルクセンブルク	423,982,229,670.41	28	1	78539.52
	2ヶ所	アメリカ	インディアナ	インディアナポリス	439,771,905,311.10	61		
	3ヶ所	中国	–	青島市	702,958,074,734.72	8		
	4ヶ所	中国	–	深セン市	469,991,935,341.58	10		
	5ヶ所	インドネシア	–	ジャカルタ	202,647,771,745.75	5		
	小計				2,239,351,916,803.57	112		
	合計				26,943,603,047,768.70	112		81955.84

288

第1章 最適立地ベースのグローバルSCMネットワークシステム

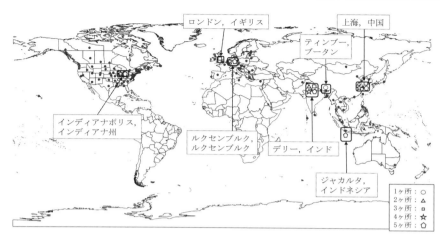

図 1.15 三極経済圏最適立地総括図

1.5.3 三極経済圏階層構造ハブネットワークの分析と考察

シミュレーションの結果からハブ類型の考察条件として下記事項を配慮する。

- 世界経済活動が地域特性に依存しているため，世界で1ヶ所の最適立地は無意味である。
- 三極経済圏の最適立地であるため，コンチネンタルハブは各経済圏に最小限1ヶ所を設定する。
- コンチネンタルハブのネットワークの参加に属し，かつ国内最適立地と重複する地域を選択する。
- 大陸の地形，特に海上輸送に対応したハブフォーメーションを配慮する。
- 大陸間幹線輸送は海上輸送に依存している現況から，コンチネンタルハブはグローバルベースの港湾施設が活動している地域であることを配慮する。
- エリアハブは，上部ハブ階層である三大経済圏のコンチネンタルハブのネットワークに含まれる東アジア圏，EU圏，および北米圏のそれぞれの最適立地を配慮して候補を絞り込む。

289

第Ⅱ編　SCM マネジメント編

- さらに，エリアハブの下層ハブであるナショナルハブの最適立地を同様な論理で斟酌し最下層の国家ハブを決め，最終的に階層構造型ハブネットワークを生成する。

　シミュレーション結果からすると，最適立地 1 ヶ所は中国の青島が最適立地であり，暫定的ではあるが当面世界のメガハブということができる。当然のことながら，当ネットワークには，三極経済圏 112 都市 / 州庁 / 県庁所在地が含まれている。

　最適立地 2 ヶ所はイギリスのロンドンと中国の上海で北米大陸は最適立地としては選択されてはいない。EU ネットワークはイギリスのロンドンが中心で環大西洋ハブネットワークが形成され，アジアネットワークは環太平洋ネットワークが実現していることが明らかになっている。

　最適立地 3 ヶ所は EU，北米，およびアジアの三大拠点となった。EU 28 ヶ国はルクセンブルク，北米は米国のインディアナポリス，アジアは中国の上海であり，そのネットワーク参加国または州は，ルクセンブルクネットワークは EU 28 ヶ国，インディアナポリスは北米 61 州，上海は東アジア 16 ヶ国 20 都と北米 3 州をそれぞれのネットワークの傘下に収めている。中国を除きコンチネンタルハブとして機能するには適していない。ルクセンブルクは人口わずか 50 万程度の小国であり，コンチネンタルハブとして港湾設備はもちろんのことその他の物流施設は不十分であり，インディアナポリスは鉄道の要所であっても内陸部であり，コンチネンタルハブとしては問題である。

　最適立地 4 ヶ所は，EU ルクセンブルク，北米インディアナポリス，アジア上海およびジャカルタである。ルクセンブルクのネットワークは EU 28 ヶ国，インディアナポリスは北米 61 州，上海は東アジア 9 ヶ国 13 都市と北米 3 州，インドネシアのジャカルタは 7 ヶ国 7 都市をそれぞれのネットワークの傘下に収めている。上海およびジャカルタはコンチネンタルハブ立地として十分機能するが，EU ルクセンブルク，北米インディアナポリスはすでに述べたようにハブとしては十分ではない。

　最適立地 5 ヶ所 は，EU はルクセンブルク，北米は米国のインディアナポリス，アジアは中国の青島と深圳，インドネシアのジャカルタであり，そのネットワーク参加国または州は，ルクセンブルクのネットワークは EU 28 ヶ国，

第1章　最適立地ベースのグローバルSCMネットワークシステム

インディアナポリスは北米 61 州，青島は東アジア 4 ヶ国 6 都市と北米 2 州，深圳は 8 ヶ国 9 都市と北米 1 州，インドネシアのジャカルタは 5 ヶ国 5 都市をそれぞれのネットワークの傘下に収める。結果としては，アジア 3 ヶ所，北米 1 ヶ所，EU 1 ヶ所となっているが，アジアを除き他の 2 ヶ所はコンチネンタルハブとしては機能できない。

1.5.4　三極経済圏階層別最適ハブネットワークの提案

三極経済圏最適 SCM ハブネットワークは，その中層ネットワークとして拡大東アジア圏 SCM ハブネットワーク，北米圏 SCM ハブネットワーク，ならびに EU 圏 SCM ハブネットワークが存在し，さらに EU 南部 SCM ハブネットワークおよび EU 北部 SCM ハブネットワークがその下層にある。加えて，拡大東アジア圏 SCM ネットワークの最適立地構成国である中国，日本，およびインドネシアの SCM ネットワークと北米圏 SCM 最適ハブネットワークの傘下にある米国およびカナダについても分析の対象としている。つまり，上層，中層，下層ネットワークのそれぞれについてのネットワークシステムを明らかにするためである。このような意味から，本稿の主題は締めくくりとしてネットワーク全体の相互関係を明らかにすることを含んでいる。

グローバルハブをメガハブ，大陸を代表するハブをコンチネンタルハブ，コンチネンタルを二分するような地域に存在するハブをエリアハブの傘下にあるハブをナショナルハブとする。

すでに指摘したように，チャイナランドブリッジのように将来経済圏間の幹線輸送となり得る可能性はあるが，現時点ではこれを除き，グローバルハブの条件は港湾ハブであり，かつ国内の中央ハブであるとした。つまり，港湾を第 1 条件として，トラック，鉄道，および航空のハブ足り得るところがメガハブないしコンチネンタルハブの条件とした（表 1.23）。

表中のコンチネンタルハブはメガハブやナショナルハブを兼ねることは当然である。経済圏別最適立地別モード別順位表は，各モードで最適立地の順位（ランキング）を示したものである。

北米経済圏では，1 ヶ所の最適立地であるインディアナポリス（米国インディアナ州）や EU 経済圏最適立地 1 ヶ所であるルクセンブルクがナショナルハ

第Ⅱ編　SCMマネジメント編

表1.23　三極経済圏最適立地別モード別物量世界順位表

立地数	立地国/州/首都	港湾	航空	鉄道*	トラック*	人口(千人)	評価
1ヶ所	中国/青島市	5		4	3	1	コンチネンタルハブ
2ヶ所	イギリス/ロンドン	62	17	15	16	21	コンチネンタルハブ
	中国/上海市	1	3	21	15	1	コンチネンタルハブ
3ヶ所	ルクセンブルク/ルクセンブルク	–	–	49	43	170	ナショナルハブ
	アメリカ/インディアナ		22			3	ナショナルハブ
	中国/上海市	1	3	21	15	1	コンチネンタルハブ
4ヶ所	ルクセンブルク/ルクセンブルク	–	–	49	43	170	ナショナルハブ
	アメリカ/インディアナ		22			3	ナショナルハブ
	中国/上海市	1	3	21	15	1	コンチネンタルハブ
	インドネシア/ジャカルタ	69	35	–	–	4	コンチネンタルハブ
5ヶ所	ルクセンブルク/ルクセンブルク	–	–	49	43	170	ナショナルハブ
	アメリカ/インディアナ		22			3	ナショナルハブ
	中国/青島市	5		4	3	1	コンチネンタルハブ
	中国/深セン市	16	24	7	5	1	コンチネンタルハブ
	インドネシア/ジャカルタ	69	35	–	–	4	コンチネンタルハブ

(注)①　* : estimated ranking
　　②　中国は，北京，上海，青島，深セン，香港の5都市に，各都市の鉄道モード取扱量の比率
　　　　に応じて中国の鉄道モードやトラックモード取扱量の割付
　　③　港湾・航空・鉄道は2013年。トラックは2011年
　　④　中国の人口は香港，台湾，マカオを含まない
出典）1.　International Transport Forum, ITF outlook 2015,
　　　　　http://www.oecd-ilibrary.org/transport/itf-transport-outlook-2015/road-freight-trans
　　　　　port_9789282107782-table79-en
　　　2.　人口推計(2014)→ United Nations (UN),Department of Economic and Social Affairs

ブである理由は港湾施設がない点に起因している

　三極経済圏の最適立地を前提とした最適SCMハブネットワークについて検
討してきたが，ハブネットワーク全体を要約すると，大陸をベースとした階層
型SCMハブネットワークで示すことができる（図1.16）。SCMネットワーク
は本来，物の移動主体のネットワークであり，輸送手段に制約されるネットワー
クでもある。加えて，地理的な条件に大きな制約を受ける。

　本稿では拡大東アジア，EU，および北米の経済圏に限定して検討したため，
拡大東アジアのネットワークとEUのネットワークとは階層構造型が明確とな
ったが，北米圏では人口的にも地理的にも米国中心であり，結果として米国1
ヶ国が中核となった。したがって，北米圏については主権国家を尊重し，米国
にコンチネンタルハブ，カナダにナショナルハブと同様で準コンチネンタルハ
ブを設定することとした。この意味からすると，オーストラリアも同様な取扱

292

第1章 最適立地ベースのグローバルSCMネットワークシステム

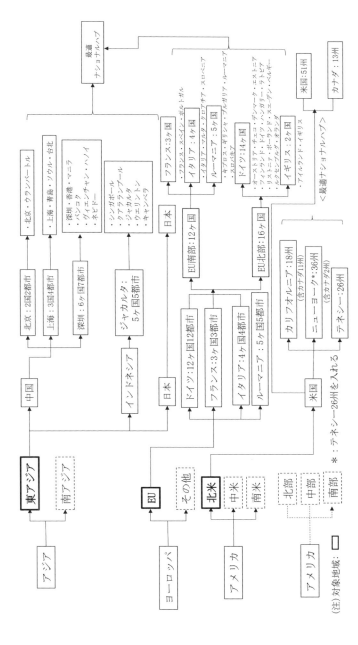

図1.16 三極経済圏最適SCMハブネットワーク鳥瞰図

第Ⅱ編　SCMマネジメント編

いでよいものと考える。三極経済圏の最適SCMハブネットワークのモデルを階層構造にて図示したものが図1.17の三極経済圏SCMハブネットワークシステムである。図中左のC.ハブはコンチネンタルハブ（大陸ハブ），E.ハブはエリアハブ（地域ハブ），N.ハブはナショナルハブ（国家ハブ）で上層，中層，低層を意味している。

　最適立地基準ハブネットについて港湾取扱物量を斟酌し，修正したのが図1.18である。参考のために提示した。再三指摘しているように，現代社会における大陸間物流はモードベースが基本となり，船舶物流なくしては不可能である。したがって，コンチネンタルハブを評価する基準として港湾ランキングを用いたことは当然の帰結である。

1.6　お わ り に

　最適立地シミュレーションをベースに三極経済圏の最適SCMハブネットワークに関して，階層構造型ハブネットワークの視点からハブネットワークモデルについて概説した。すでに指摘したように，グローバルSCM戦略展開を支援する主要課題はグローバルハブネットワークの最適化問題であるが，当該分野の研究論文もまたほとんど散見できないため当該分野の研究に着手した。ΣPD（人口・距離）をベースとした最適立地モデルのSCMハブネットワークへの応用等まったく新しい研究分野の着手に取り組み，初期の目的をほぼ実現した

　特に，最適立地モデルにより三極化経済圏における最適ハブ立地とともに階層構造型ハブネットワークを検証し，提案することができた。しかしながら，新規分野だけに課題も多々存在することを以下に簡述することとする。すなわち

- 最適問題では多段階最適アルゴリズムの利用
- SCMネットワーク間のミクロ物量データの把握，分析およびモデルの提案

　さらに下記標準化問題の研究が必要である：

- 現時点では，パレット規格（単位：mm）の主流は，日本標準1100×1100

294

第1章 最適立地ベースのグローバルSCMネットワークシステム

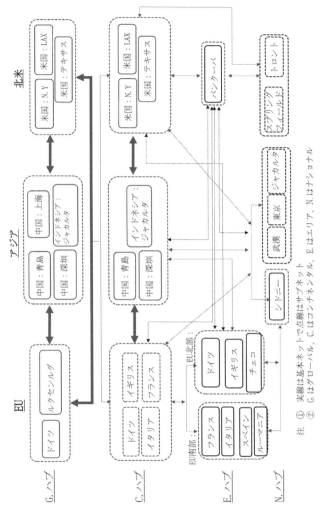

注 ① 実線は基本ネット、点線はサブネット
② G.はグローバル、C.はコンチネンタル、E.はエリア、N.はナショナル

図1.17 三極経済圏SCMハブネットワークシステム最適立地基準

第Ⅱ編　SCM マネジメント編

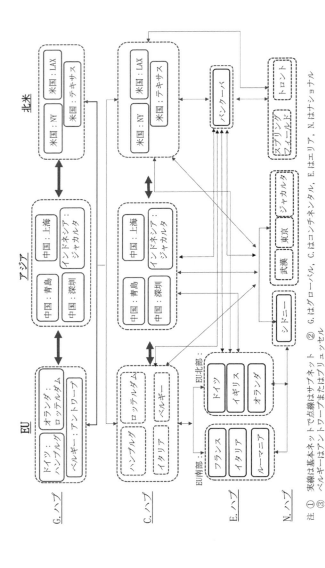

図 1.18　三極経済圏 SCM ハブネットワークシステム物量基準

注① 実線は基本ネットで点線はサブネット　② G.はグローバル, C.はコンチネンタル, E.はエリア, N.はナショナル
　③ ベルギーはアントワープまたはブリュッセル

（T11），米国 1219×1016，ヨーロッパ 1165×1165，ISO 国際輸送用コンテナ 1140×1140,1200×1000,1200×800,1219×1016 等で国際標準規格（ISO）が不徹底である。

- 軌間（線路幅 mm）は，広軌のスペインやポルトガルの 1668，ロシアやヨーロッパ東部は 1524，新幹線等標準軌 1435，日本の在来線等狭軌 1067 である。鉄道の相互乗入にも無駄と問題が存在する。
- 情報の標準化，コードの標準化
- 通関手続の共通化・省略化
- 輸送オペレーションの共同化
- SCM オペレーションの共同化

〈参考文献〉

1) Sarinya Sala-ngam，唐澤豊：最適立地選定モデルに基づく最適グローバルハブネットワークシステム構築に関する基本的研究，日本ロジスティクスシステム学会誌，Vol.15，No.1，pp.85-120，平成 28 年 3 月 25 日

2) Y. Karasawa：A Basic Study on Japanese Industry Hollow and Hub Strategy in Asia, Proceedings of The 36th National Conference, Japan Society of Commerce, pp.138-141, 1996

3) Y, Karasawa, E, Moriya, "A Basic Study on Relationships of Hub Locations Replacement with Industrial Hollow Based on Gravity Model". Technical Proceedings of SOLE, 96 The 31st Annual Conference, Society of Logistics Engineers, pp.403～414

4) Y, Karasawa：A Basic Research on Optimal Locations in EC, JSLS Proceedings of The 1st Natiers al Conference, The Japan Society of Logistics Systems,pp. 49-52, 1998

5) Y. Karasawa：A Basic Study on Japanese Industrial Hollow Based on Gravity Model, Memorial Speech of Chubu Branch, JSLS, April 25, 2003, Nagoya Institute of Technology

6) A. Hanamura, Y. Karasawa：A Research on Optimal Hub Sites among Three Major Economic Region in the World, Proceedings of JSLS the 6th Nations, pp. 90-93, 2003

第Ⅱ編　SCM マネジメント編

7) Yutaka Karasawa : Japanese Industry Overview Based On Hub Strategy In East Asia, Key Note Speech, The First National Conference of Korean Society of SCM, November 19-20, 2003, Seoul, Korea

唐澤　豊・サーラーガーム サリンヤー

2 SCM（供給連鎖管理）戦略の基本

2.1　は じ め に

　本章では，海外文献上の SCM 戦略論についての調査結果を前提にして SCM 戦略の基本について明らかにする。さらに，経営戦略論のフレームワークをベースに SCM 戦略論のフレームワークを提案し，SCM 戦略展開の１つのモデルとその進め方の基本を示す。つまり，経営戦略論における SCM 戦略論の位置付けを明らかにし，SCM 戦略論を理論的に構築するとともに，SCM 戦略とロジスティクス戦略を明確にする。次いで，総合戦略における SCM 戦略と個別戦略としての SCM 戦略について明らかにして，定性論的な SCM 戦略モデルを理解する。具体的には，経営戦略論における SCM 戦略論の位置付け，SCM 戦略とロジスティクス戦略について，総合戦略における SCM 戦略と個別戦略としての SCM 戦略について，さらには個別戦略としての SCM 戦略フレームワークについて考察する。

　したがって，本章では現代の経営戦略論全般についてその概要を理解するとともに経営戦略における SCM 戦略の位置付けを把握するとともに SCM 戦略展開の基本を理解する。特に，総合経営戦略における SCM 戦略の位置付けは個別経営戦略（project strategy）であることを明らかにしている。

第Ⅱ編　SCMマネジメント編

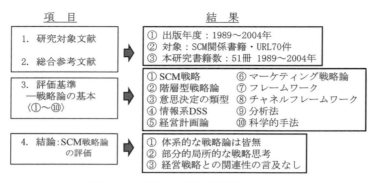

図2.1　文献研究の対象と評価基準の内容

2.2　SCM戦略の文献調査

　海外文献調査対象書籍51著書（図2.1）の内，戦略論に取り組んでいる書籍はわずか12書籍，その中で，やや本格的に戦術論を展開しているのはわずか1冊であり，その内容は調達連鎖であって供給連鎖管理ではない。SCMが巷間いわれているほど学問的な接近方法は行われていないということになる。

　以下に文献調査の一般的な分析結果と評価基準を設定して評価した結果とを明らかにする。

　一般的な分析結果の結果，前述のように12書籍が戦略論に言及していたが，これを概括すると表2.1のとおりである。

　供給連鎖管理策定のフレームワーク，戦略的供給連鎖の4次元，簡略的な戦略同盟モデル，同盟発展の戦略と管理，あるいはプロセス型戦略・管理等タイトルであるとすれば理解に苦しむところであるといわざるをえない。したがって短絡的にまとめると体系的な戦略論は皆無であり，部分的局所的な戦略思考でさらに経営戦略との関連性の言及がない。分析結果を要約すると体系的な戦略論は皆無であり，部分的局所的な戦略思考がすべてを占め，その上経営戦略との関連性の言及は何らない状態であった。少なくとも，調整戦略，統合戦略，管理戦略等の戦略的方法論と技法を示すべきである。つまり，経営戦略論的な論理展開は希薄であったといわざるを得ない実態である。

第2章　SCM（供給連鎖管理）戦略の基本

表2.1　SCM戦略論の要約とコメント

John L. Gattorna	Partner	Anderson Consulting	業務推進論プロセス主体	戦略論的考察は浅い
Ronald H. Ballou	教授	Case Western Reserve University	• 意思決定レベル区分 • ロジスティクス戦略	• ロジスティクス主体 • SCM面の新鮮味なし
Peter Hines, Richard Lamming, Daniel Jones, Paul Cousin, Nick Rich		Portland State University, Cardif Business School, University of Bath, U.K. Cardif Business School, University of Bath, U.K	• リーン価値連鎖流主体 • 戦略・管理・業務ベースの業務推進型	• チャネル・パートナー戦略無し • 戦略展開希薄 • 管理推進型展開
Robert B. Hadfield Earnest L. Nichols Jr.		Michigan State University The University of Memphis	同盟発展の概念モデル • 水準1—同盟の概念化 • 水準2—同盟の履行 • 水準3—同盟の確認 • 水準4—同盟の遂行/継続	• 供給連鎖同盟を確立 • 垂直並びに水平的な構成要素 • SCM戦略展開無し
James B. Ayers	Principal	CGR Consultants, USA.	局面1：概念設計 局面2：詳細設計と予備実験 局面3：実施	• 設計論志向で長所 • 設計・実施中心 • SCM戦略展開無し
Hartmut Stadtler Christoph Kilger		Darmstadt Univ. of Technology J & M Management Consulting AG	• 供給連鎖計画マトリックス • 供給連鎖計画-マトリックスとソフトウェア モジュール	• 供給連鎖計画マトリックス • プロセス主体 • SCM戦略展開無し
Tan Miller		Warner-Lambert Company	• 階層型生産計画システム • 生産・調達主体	• リバースSCの言及なし • SCM戦略展開無し
John L. Gattorna		Former Chairman, Accenture	• 供給連鎖戦略の枠組み • 供給連鎖業務戦略の中枢の役割 • 供給連鎖業務戦略の戦略的応答：供給連鎖区分の構成 • チャネル設計のオプション例	• SCM戦略展開無し • 部分的戦略展開
Donald J. Bowersox, David J. Closs, M. Bixby Cooper		Michigan State University Michigan State University Michigan State University	• 成功例から見る供給連鎖戦略 • 6ケースの事例を引用	• 戦略論は皆無 • SCM戦略展開なし • ロジスティクスの延長線的思考
Kenneth Lysons Michael Gillingham		Thames Valley University Case Western Reserve University	• 戦略計画プロセス 　—戦略プロセスのフレームワーク • PEST分析 • SWOT分析 • 企業と機能/業務レベルの戦略的調達意思決定 • ポーターの5力モデルの批判	• 調達中心 • 戦略的接近 • 生産・調達の戦略展開 • SCM基本機能戦略の欠如 　—チャネル戦略等
Charles C. Poirier	Partner	Computer Sciences Corporations	• 成功への道—利益開発展開 • ネットプレイヤーとビジョンの必要性	• SCM戦略論なし • 問題解決志向

301

第Ⅱ編　SCMマネジメント編

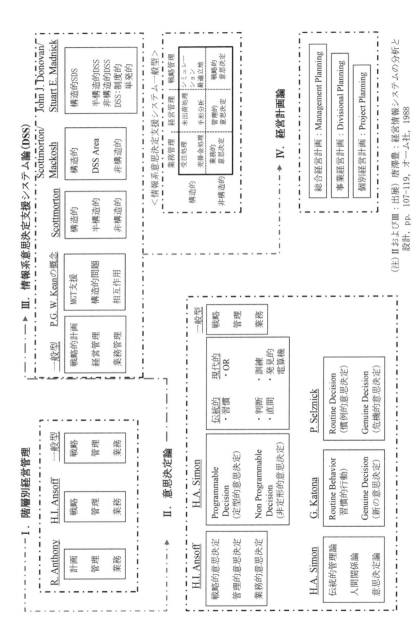

図 2.2　評価基準 (1/3)

第2章 SCM（供給連鎖管理）戦略の基本

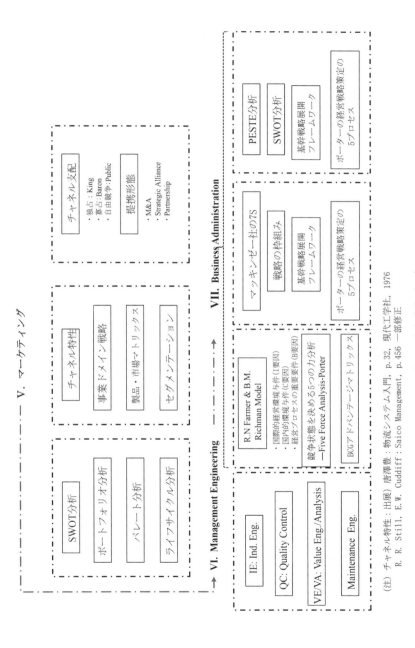

図2.2 評価基準（2/3）

VIII. 手法一例

1. 予 測

- 回帰モデル各種
  ～Step Wise 等を含む
- 指数平滑法
  水平・傾向・季節・適応
- AR モデル
  AR　　VAR
  ARMA　　VARMA
  ARIMA　　VARIMA
  SARIMA
- 計量経済モデル・レオンチェフ モデル

- LP/NLP
- Integer Prog.
- Mixed Integer Prog.

2. 立 地

① S.S：シミュレーション：重力モデル, GA型重力モデル
　最適化手法：線形, 非線形, 混合整数計画法
② S. M型：シミュレーション：重力モデル, GA型重力モデル
　最適化手法：線形, 非線形, 混合整数計画法
③ M. S型：シミュレーション：(GA, SA, TS, 等)
④ M. M型：多段階型最適モデル, シミュレーション等

3. 解析・統計・検定

- 多変量解析
  因子分析・クラスター分析
  主成分分析・数量化各類
- 各種統計・検定分析
- PERT：Time/Cost

4. 配 送

① セービング法：
　VSP (VSP:Vehicle Scheduling Program)
② スウィープ法：
③ 一般化割当法(近似解法)：
　・GA (GA:Genetic Algorithm)
　・SA (SA:Simulated Annealing)
　・タブーサーチ 等
④ 其の他：平面分割法・ダイクストラ等最短
　　問題
　　巡回セールスマン問題
　　(TSP:Traveling Salesman Problem)

5. 輸 送

最適問題：
①線形計画法
②非線形計画法
シミュレーション：
　・GA (GA:Genetic Algorithm)
　・SA (SA:Simulated Annealing)
　・タブーサーチ 等

6. 在 庫

- 業種特性：小売り・卸・製造業
- EOQ：Customize
- 間口割：各種シミュレーション
- 管理特性：Echelon/Network
- 手法：ダイナミック・スタティック

7. レイアウト

- 各種シミュレーション
- シミュレーター

8. スケジューリング

- 各種シミュレーション
- シミュレーター

9. Allocation & Assessment

- JOB Allocation & Assignment
- Work Force Assignment
- Capacity Assessment
- ROI Assessment
- etc

IX. ソフト

図 2.2　評価基準 (3/3)

表 2.2　SCM 戦略論の評価

No.	氏　名	SCM戦略①	階層型戦略論②	意思決定の類型③	情報系DSS④	経営計画論⑤	マーケティング論⑥	戦略展開フレームワーク⑦	チャネルフレームワーク⑧	分析法⑨	手法⑩	備考
1	John L. Gattorna	△	×	×	×	×	×	×	△	×	×	・戦略同盟の提案は非常に良い
2	Ronald H. Ballou	×	×	○	×	×	×	×	×	×	×	・ロジスティクス論の単なる延長
3	Peter Hines, R. Lamming et al	×	○	×	×	×	×	×	×	×	×	・リーンシステム主体
4	John A. Woods, Edward J. Marien	×	×	×	×	×	×	×	×	×	×	・実施ガイドライン中心で,戦略無
5	Robert B. Hadfield and Earnest L. Nichols Jr.	×	×	×	×	×	×	×	○	×	×	・同盟論は参考になる
6	James B. Ayers	×	×	×	×	×	×	×	○	×	×	・設計志向の実務書としては良い
7	Hartmut Stadtler, Christoph Kilger	×	×	×	×	○	×	×	×	×	×	・プロセス主体長中・短期ベース
8	Tan Miller	×	○	○	×	×	×	×	△	×	×	・階層構造型生産主体の調達設計
9	Donald J. Bowersox, D J. Closs, M. Bixby Cooper	×	○	×	×	○	×	×	×	×	×	・ケース研究主体
10	John L. Gattorna	×	○	△	×	×	×	△	×	×	×	・供給連鎖の枠組みでSCMではない
11	Kenneth Lysons and Michael Gillingham	△	○	○	×	×	△	○	×	△	×	・SCM戦略の面で弱いが全体としては良い
12	Charles C. Poirier	×	○	○	×	×	○	○	×	○	×	・調達中心の戦略展開である

　一方, SCM 戦略論の評価基準を提案し (図 2.2), これに基づいて評価を試みた。評価基準としては SCM の戦略論に必要な要素を選択し, 対象書籍が言及している度合いによって評価することとした。評価要素は① SCM 戦略, ②階層型戦略論, ③意思決定の類型, ④情報系 DSS, ⑤経営計画論, ⑥マーケティング論, ⑦戦略展開フレームワーク, ⑧チャネルフレームワーク, ⑨分析法および⑩手法の 10 項目とした。これらの要素は, SCM 戦略論を展開する場合の基本要素である。

　その結果, 評価結果を一覧にすると表 2.2 のとおりである。分析結果を要約

第Ⅱ編　SCM マネジメント編

すると体系的な戦略論は皆無であり，部分的局所的な戦略思考がすべてを占め，その上経営戦略との関連性の言及は皆無に近い状態であった。少なくとも，調整戦略，統合戦略，管理戦略等の戦略的方法論と技法を示すべきである。つまり，経営戦略論的な論理展開は希薄であったといわざるを得ない実態である。

　調査文献のうち，Tan Miller がその著書 "階層型業務遂行と供給連鎖計画"（2003 年）において Robert Anthony の三文説の見解を引用し，戦略計画，戦術計画ならびに業務計画を供給連鎖戦略に応用したこと，Kenneth Lysons and Michael Gillingham がその著書 "調達及び供給連鎖管理"（2003 年）において戦略的フレームワークを提案したこと，ならびに Porter の Five force model を，安定経済を前提としている考えであるとの批判した点を除くと，経営戦略的なスタンスから SCM 戦略を提案している文献はほとんど見当たらない。極言すれば，SCM 戦略を個別戦略として捉え，総合的経営戦略の一環として取り組んでいないということである。

　現時点の調査・分析結果からすると，体系的戦略・管理論はまれであり，SCM 関連研究者にとって学問的興味の対象として扱われてはいない。供給連鎖管理は「企業内及び企業を超えて需給管理を統合する事であり，チャネル・パートナーとの調整と協力を含む」とする供給連鎖管理協議会（CSCMP：Council of Supply Chain Management Professionals）の定義からすれば，供給連鎖を実現する戦略や管理が重要であるはずであるが，理論が浅く不十分であるといわざるを得ない

2.3　SCM 戦略展開の基礎理論

　SCM 戦略の展開についてはすでに述べたが次の基本 3 条件を前提としているので再度理解されたい。SCM の定義，SCM とロジスティクスならびに経営戦略ないしは経営計画における SCM 戦略ないし計画の位置付けの 3 項目である。すでに定義の項目で述べたように，代表的な定義としては下記 3 定義が存在する。

　• CSCMP（Council of Supply Chain Management, Professionals）の供給連

鎖管理の定義 (2011)： 供給連鎖管理は，資源の探索および調達，転換（生産），ならびにすべてのロジスティクス管理活動を含む計画と管理の全活動を包含するものである。重要なことは，それはまた，供給者，仲介者，3PLサービス供与者，および顧客から成るチャネル・パートナーとの調整と協力を含む。本質的に，供給連鎖管理は企業内および企業を超えて需給管理を統合することである。

- APICS（American Production and Information Control Society）辞書 (1997) の定義： 供給者-使用企業間を超えて結び付け，原材料の調達から終局的消費に至るまでのプロセス；価値連鎖の提供を可能にする企業内外の機能
- SCC（Supply Chain Council）供給連鎖協議会 (1997) の定義： 供給連鎖は供給者から顧客に至る製品あるいはサービスを生産し配達する業務を包括・4つの基本的なプロセス—計画，探索，生産，配達—・供給と需要の管理・全チャネルに及ぶ機能。
- 著者の定義： 「供給連鎖に関する戦略的な方法論である」としている。

したがって，ロジスティクスとの関連についても上記定義を前提に論を進めている。なお，図2.3によって補足説明を加える。すなわち，内容としては，

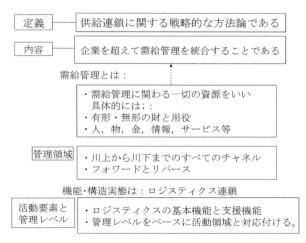

図 2.3 SCMとは

第Ⅱ編　SCMマネジメント編

企業を超えて需給管理を統合することであって，需給管理とは，需給管理に関わるいっさいの資源をいい，具体的には，有形・無形の財と用役ならびに人，物，金，情報，サービス等を指し，管理領域は川上から川下までのすべてのチャネルで，フォワードとリバースから成っている。活動要素と 管理レベルはロジスティクスの基本機能と支援機能，およびその管理レベルをベースに活動領域と対応付ける。上記で触れた SCM とロジスティクスの関係を示すと図2.4 のとおりである。

　SCM の機能ならびに領域はロジスティクスであり，前者は荷役・包装・輸送・保管・情報・流通加工等から構成されており，後者は需給チャネルのすべてを含むものである。さらに，発展形態は，ロジスティクスの発展形態である，企業内・企業間・企業群間・社会・国家・グローバルと同一である。

　一方，階層別管理については，ロジ戦略・ロジ計画・ロジ管理・ロジ業務に対して供給連鎖管理は，戦略部分に対応しているものと考える。ゆえに，SCM とはロジスティクスを需給連鎖の軸とした戦略的思考であるものといえる。したがって，SCM とロジスティクスの関係を具体的に図示したのが図2.5 である。

　つまり，SCM はロジスティクスの戦略部門に焦点を当て，供給連鎖全体のネットワークの革新的な合理化を配慮した方法論であり，供給連鎖の視点か需給連鎖の視点かは，供給者または最終消費者を前提にした考えであれば，何れの立場にても問題はないものと思われる。従来，JIT 方式，カンバン方式，パイプライン方式，リーンロジスティクス方式等種々の考えが輩出しているが，これら諸方式は方法論である。したがって，実態論は既存の方法論ないしは改良型方法論に依存している。SCM もこの範疇に属するものである。結論的には，SCM は戦略的方法論であり，実態はロジスティクスであるものということができる。ここで，SCM の重要性を否定しているものではないことを付言しておく。

2.4　経営戦略における SCM 戦略の位置

SCM 戦略は，経営の中で単独に存在するわけではない。そこで，当然のこ

第2章 SCM（供給連鎖管理）戦略の基本

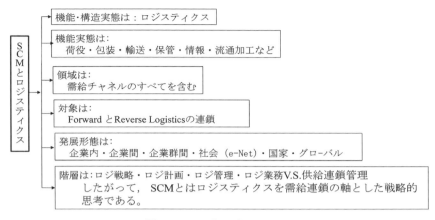

図 2.4 SCM とロジスティクス

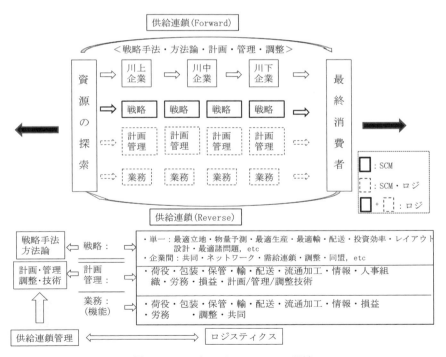

図 2.5 SCM とロジスティクスの関係

となから，経営戦略上の位置付けを明確にし，戦略論を展開する必要がある。本書では，個別戦略としての SCM 戦略と総合戦略における SCM 戦略の展開について論を進める。両者ともに経営戦略との整合性を維持しながら戦略展開を推進しなければならないこと，換言すれば，経営戦略の枠組みの中で戦略遂行をしなければならないことはいうまでもない（図 2.6）。

基本経営戦略は，経営総合戦略を頂点に，事業経営戦略と個別経営戦略から成っている。さらに，事業戦略は経営戦略の小規模バージョンであるが，個別戦略は，別名 Project Strategy と呼ばれ，期間，予算等は通常の経営戦略の枠組みから離れて検討される場合が多い。すなわち，プロジェクトとは，目的，対象，期間および予算を当該プロジェクトに対して与えるものであり，通常の戦略または計画とは異なるケースが多いからである。しかしながら，プロジェクトといえども，緊急の場合を除き，通常は経営戦略の枠組みから派生するものである。

このように，SCM 戦略はその性格上，プロジェクト的な要素が強いが，他

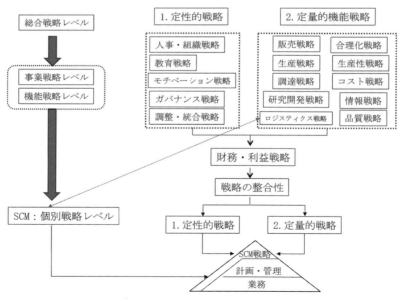

図 2.6　経営戦略における SCM 戦略の位置

第2章　SCM（供給連鎖管理）戦略の基本

方では，定常型の戦略的色彩も濃い。したがって，経営戦略レベルにおいては，一定期間プロジェクト型の戦略でスタートし，定着した段階で，事業部におけるSCM戦略としているケースが一般的である。本研究では，この二面性を配慮し論を進めるが，主体はプロジェクト型で論を展開する。

　結論的には，SCM戦略は経営戦略の個別経営戦略である。SCM戦略はプロジェクト戦略であり，総合戦略における事業部戦略においては，ロジスティクス戦略になっている。ロジスティクス戦略を一般的にSCM戦略と読み替えているが，実態機能がロジスティクスであるため，厳密には呼称を読み替えるべきではない。したがって，著者は，供給連鎖に関する戦略的な方法論であり，その機能・構造実態はロジスティクスであるものとする。

2.5　SCM戦略の基本フレームワーク

　SCM戦略の遂行に際して肝要なことは，上位戦略および関連戦略との関係を時には配慮し，また時には無視するという臨機応変ないしは柔軟な戦略的発想である。具体的には，プロジェクト計画として既存概念に捉われない，自由な発想に基づく戦略的思考こそが期待されているからである。特に，SCM戦略の中核となるチャネル戦略と共同化戦略の遂行に際しては，既存概念に捉われない新機軸かつ大胆な戦略が要請されるからである（図2.7）。

　SCM戦略のフレームワークを示すと図2.8および図2.9のとおりである。既述の戦略フレームワークにて指摘しているので重複を避けるために本節では簡述する。

　すなわち，

- SCMプロジェクト戦略は総合経営戦略を配慮して戦略策定を実施する。ただし，総合経営戦略の制約に縛られずに，独自の戦略を策定し，その後に調整する。
- SCM戦略のフレームワークは経営戦略のフレームワークに準拠する。ただし，手法や発想は制約されない。

　ここで提案する戦略フレームワークはあくまでも1つの提案であって絶対的なものではない。筆者が経営戦略，特に多国籍企業の戦略論を展開しているフ

311

第Ⅱ編　SCM マネジメント編

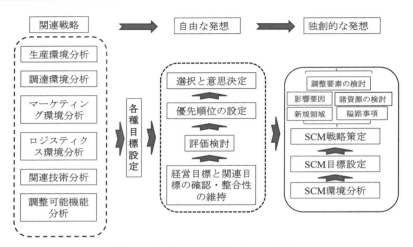

図 2.7　経営重点課題分析と SCM 戦略

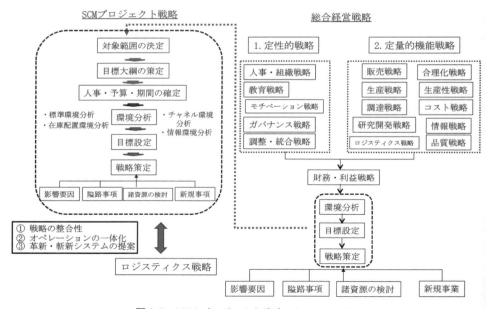

図 2.8　SCM プロジェクト戦略フレームワーク

第2章 SCM（供給連鎖管理）戦略の基本

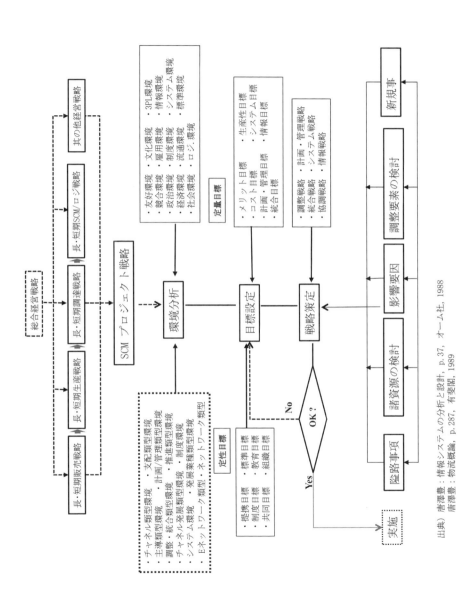

出典：唐澤豊：情報システムの分析と設計, p.37, オーム社, 1988
　　　唐澤豊：物流概論, p.287, 有斐閣, 1989

図 2.9 SCM 戦略の構造

第Ⅱ編　SCM マネジメント編

レームワークをベースに SCM 戦略論に応用し，新しく戦略論として理論を展開したものである。したがって，フレームの中心は，環境分析，目標設定，戦略策定であり，これに内外環境の変化が当該フレームワークに影響を及ぼす因子である影響要因，さらには当該戦略遂行上内部組織内で解決しなければならない隘路事項，戦略遂行上必要となる諸資源の検討，および従来とは異なる分野の業務等についてをフレームワークに取り入れたことである。

2.5.1　SCM 環境分析

環境分析を要約すると表2.3のとおりである。主たる要素としては，チャネル類型，支配類型（流通），推進主体類型，発展類型であるが，推進する中核として，調整機能と共同化機能が特に重要な機能である。一例を示すと，問屋等を経由して商取式が行われる伝統型チャネル，子会社である直販会社を経由して商取引が展開される販売会社型チャネルなどのチャネル特性，共同化等を推進する際に重要となる川上・川中・川下チャネルで指導権を発揮している型を示す支配類型あるいは主導類型等である。

2.5.2　SCM 目標設定

環境分析によって目標設定は明確になる。つまり，目標設定に必要な SCMの目標が洗い出されるからである。一般に，目標は定量目標と定性目標の２つから構成されている。定量目標とはコスト削減や収益目標のように，数値目標を設定できる領域の項目であり，定性目標は定量化できない目標で提携目標，調整目標，組織目標，制度目標等がそれである（表2.4）。目標と戦略の関係は相互作用するものである。つまり，目標が高すぎて戦略の手の打ちようがない場合などは設定された目標を修正するし，設定された目標が戦略から見て低過ぎる場合には目標数値を高めに修正する。

したがって，一般に，「目標数値は挑戦的（challengeable）な数値でなければならないが，達成可能（achievable）な数値でなければならない」といわれている。目標は絶対的なものではなく戦略策定等の観点から達成あるいは実現不可能と見なされた場合には当然のことながら修正されることになる。

第 2 章　SCM（供給連鎖管理）戦略の基本

表 2.3　環境分析要約表

No.	項　目	内　容
1	チャネル類型	・伝統型・販社型・直販型・家庭訪問型・店舗型・通販型 ・T.V.販売型流通システム・e-ネット型
2	支配類型	・独占型・寡占型・自由型
3	主導類型	・荷主型・3PL 主導・行政主導・混合型
4	計画・管理類型	・企業内統合型・企業間統合型・国内統合型・グローバル統合型
5	調整・統合類型	・パートナーシップ・戦略同盟・戦略同盟・企業連携・企業吸収・合併
6	推進主体類型	・荷主主体型協調・3PL 主体型協調・総合型・自由型
7	チャネル発展類型	・水平型・垂直型・メッシュ型
8	発展業種類型	・同業種型・異業種型・無差別型
9	E ネットワーク類型	・B to B ネット型　・B to C ネット型　・C to C ネット型
10	ネットワーク類型	・垂直ネット型・水平ネット型・メッシュネット型
11	規格標準類型	・規格標準・決済標準・情報標準

表 2.4　目標設定

性質	項　目	内　容
定量目標	①コスト削減	・SCM コスト全体の目標で，コスト・製品・年齢パレート分析，ポートフォリオ，SWOT 等によるコスト資源の炙り出しと戦略的優先順位
	②収益目標	・機会利益の増加・機会損失の低減・コストベネフィットトレードオフ・サービス率の増加
	③生産性目標	・SCM 全体・機能別生産性・労働生産性・資本生産性・SCM 指標別生産性
	④戦略パラメータ最小型	・コストミニマム型・在庫最小型・リードタイム・アウトソーシング依存型・JIT 型・能力型 ・待ち時間最小型・公害最小型・ミックス型
定性目標	・提携目標 ・標準目標	・提携効果の推定目標値を設定する ・包装，コード，仕様，規格，帳票，管理・運営方法等の目標設定をする
	・制度目標 ・教育目標 ・共同化目標	・異企業間の制度調整目標を設定する ・関連領域の一定水準確保のための教育内容の目標設定をする ・提携企業の SCM の共同化・アウトソーシングの共同化等の目標を設定する
	・計画・管理目標	・計画・管理の内容・期間・種類・評価サイクル等の目標設定をする
	・システム目標 ・情報目標	・システムの領域・水準等システム関連の目標を設定する ・ソフト・ハード等を含め情報システムの最終的な姿を目標として設定する
	・組織目標 ・統合目標	・SCM 組織目標を設定し，SCM 戦略の支援体制を確立する ・SCM 実現のための各種システム，組織，教育等の統合目標を設定する
	・評価基準の設定	・定量評価基準・定性評価基準等の目標を設定し，評価に客観性をもたせる

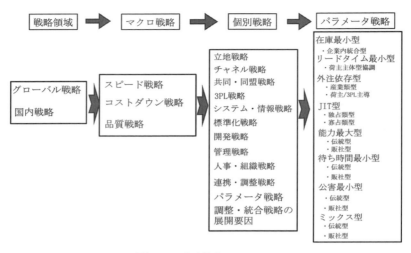

図 2.10 戦略策定のフレーム

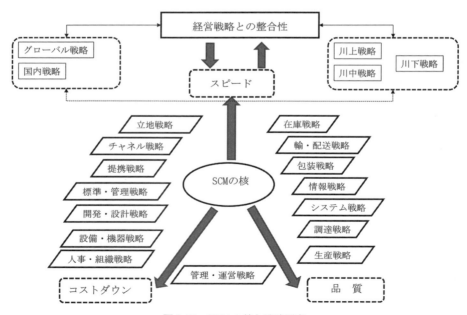

図 2.11 SCM の核と戦略要素

第2章　SCM（供給連鎖管理）戦略の基本

2.5.3　SCM 戦略の策定

　目標設定の実現方法を思考するのが戦略策定である。換言すれば，目標実現のための知恵や叡智の提案である。経営戦略あるいは SCM 戦略では戦略策定とその実現こそが主要課題であることはいうまでもない。

　SCM 戦略のフレームワークを示すと図2.10 のとおりである。すなわち，戦略立案のプロセスは，戦略領域，マクロ戦略，個別戦略，そしてミクロ戦略ともいえるパラメータ戦略へと細分化される。戦略領域としては，大ざっぱに分けて，グローバル戦略か，国内戦略か，あるいは両者を含むかを決定し，次いで，スピード戦略等マクロ戦略に目を向ける。マクロ戦略を確立し，個別戦略に移行する。立地戦略，チャネル戦略等がそれである。当該プロセスは一例であるが，一般的にマクロからミクロへと細分化されればよいのであるから，当プロセスを遵守しなければならないことはない。戦略策定者が戦略展開に際して実現可能プロセスであればいかなるプロセスでも良いはずである。

　SCM 戦略遂行の核となる要素を要約すると図2.11 のとおりである。スピード・コストダウン・品質等を同時に，または個別に満足することを前提に，チャネル・共同・標準化・開発・人事教育・ネットワーク・システム・最適化等を戦略のコアとして推進し，実現することである。また，主要パラメータ（表2.4）としては，コストミニマム・最小在庫・最小リードタイム・アウトソーシング・JIT・最大能力・時間待ち最小・公害最小・ミックス等をあげることができるが，SCM リードタイム最小や生産のリードタイム最小のようにリードタイム最小を目標関数として取り上げ，結果としてコスト最小を期待する方法が注目されよう。

　SCM の核となる戦略要素を詳細に示すと表2.5 のとおりである。在庫最小型のパラメータは単に従来型のサービス率と在庫投資のトレードオフのみではなくて，在庫総費用と輸配送費のトレードオフをも配慮すべきであるし，システム的には在庫レス方式も大きな戦略的な要素になることを配慮すべきである。在庫費用を最小にするということは在庫を前提としたシステムを考えている帰結に他ならない。在庫を零にすれば，トレードオフ理論は不必要になる。

　戦略の基本となるパラメータは主要戦略パラメータとして9種類あげている

317

第Ⅱ編　SCMマネジメント編

表2.5　SCMの核と戦略要素

項　目		内　　　容
主要素	①スピード	リードタイム(L/T)：・供給L/T・生産L/T・受注L/T・輸/配送L/T，補充L/T
	②コストダウン	コスト低減：SCMコスト削減，各種生産性向上・機会損益向上・各種合理化
	③品　質	TQC向上：SCM品質向上・QCサークル・ゼロ化運動
戦略項目	①立地戦略	最適化：・多箇所立地・多段階多箇所立地
	②チャネル戦略	受給チャネル：・川上(供給)チャネル・川中(生産)チャネル・川下(流通)チャネル
	③提携戦略	提携類型：・チャネル類型・支配類型・計画・管理類型・調整・統合類型・推進類型・チャネル発展類型・発展業種類型・Eネットワーク類型・ネットワーク類型
	④標準・管理戦略	標準・管理：・コード・フォーマット，数値基準，標準基準
	⑤開発・調整戦略	汎用・特殊：・固有ハード/ソフト，汎用ハード/ソフト
	⑥設備・機器戦略	汎用・特殊：・特殊設備・機器・汎用設備機器
	⑦人事・組織戦略	共通・独立：・共通化・独立固有化
	⑧在庫戦略	適正化：ゼロ在庫化，・集中化・分散化・集中分散化・共同利用化
	⑨輸・配送戦略	適正化：・共同化・車種車両の適正化・ルートの適正化・輸送標準の適正化
	⑩包装戦略	標準化：・規格の標準化・仕様の標準化・資材の標準化
	⑪情報戦略	標準化：・ハード・ソフト/アプリの標準化・i/oフォーマットの標準化・システムの標準化
	⑫システム戦略	標準化：・SCM・取引・商慣行等関連システムの標準化
	⑬調達戦略	供給チャネル：・規模の利益・チャネル類型・支配類型調整・統合類型・推進類型
	⑭生産戦略	最適立地：・能力調整・仕入れ調整・相殺トレード・受給同期化・共同利用
	⑮管理・運営戦略	標準化：・標準管理方式・標準運営方式・標準更新方式・例外管理・運営

（図2.12）。コストミニマム型からミックス型がそれである。パラメータで特に注目すべきはリードタイム最小型である。リードタイムを最小にしつつ，コスト最小を維持することによってSCM戦略は抜本的に変化するからである。

　最後は隘路事項，影響要因，新規事業，諸資源の検討などである。隘路事項とはSCM戦略遂行に際して関連部門を含め自部門で解決できない問題をリストアップし，その問題解決を図ることを意味している。簡略的には，戦略遂行上自己解決不能な問題を整理し，解決することを意味している。

　他方，影響要因とは，たとえば，設定した環境条件が大幅に狂った際にその影響を予測可能にし，数値的に因果関係を解明できるようにすることや役員交

第2章　SCM（供給連鎖管理）戦略の基本

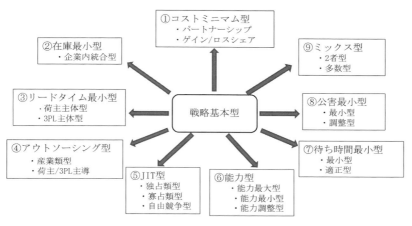

図 2.12　主要戦略パラメータ

代等によって不測の事態が生じるような場合に備えて事前に配慮することを意味するのである。

諸資源の検討とは，目標や戦略が如何に優れたものであっても，これを安全に遂行する資源を事前に吟味しなければならないことは当然である．財的資源，人的資源，技術的資源等経営資源の総括と検討によって戦略実現に万全を期す要素である．

新規ビジネスは，戦略期間中に既存ビジネスに新たに追加されるビジネスで，物の流れの戦略・計画・管理・運営は不可欠の要素である．したがって，新規ビジネスのSCM体制を配慮しなければならないことは当然である．情報，標準，共同化，組織等の配慮がそれである．

2.6　おわりに

本章では，経営戦略論のフレームワークをベースにSCM戦略論のフレームワークを提案し，SCM戦略展開の1つのモデルとその進め方の基本を示した．つまり，経営戦略論におけるSCM戦略論の位置付けを明らかにし，SCM戦略論を理論的に構築するとともに，SCM戦略とロジスティクス戦略を明確にした．

第Ⅱ編　SCMマネジメント編

　次いで，経営戦略論における SCM 戦略論の位置付け，SCM 戦略とロジスティクス戦略について，総合戦略における SCM 戦略と個別戦略としての SCM 戦略について，さらには個別戦略としての SCM 戦略フレームワークについて考察した。

〈参考文献〉

1) 唐澤豊他：SCM 戦略の基本的研究と戦略フレームワークの提案，日本ロジスティクシステム学会誌，Vol.14，No.1，pp.59-99，2014 年 12 月
2) 唐澤豊：現代ロジスティクス概論，NTT 出版，2000
3) 唐澤豊：物流概論，有斐閣，1989
4) 唐澤豊：物流システム入門，現代工学社，1976

唐澤　豊

3 SCM 戦略の展開

3.1 は じ め に

　本章の狙いは，経営戦略論における SCM 戦略論の位置付けを明らかにし，SCM 戦略論を理論的に構築するとともに，SCM 戦略とロジスティクス戦略を明確にする。次いで，総合戦略における SCM 戦略と個別戦略としての SCM 戦略に ついて明らかにして，定性論的な SCM 戦略モデルを理解する。具体的には，経営戦略論における SCM 戦略論の位置付け，SCM 戦略とロジスティクス戦略について，総合戦略における SCM 戦略と個別戦略としての SCM 戦略について，さらには個別戦略としての SCM 戦略フレームワークについて理解する。

　したがって，本章では現代の経営戦略論全般についてその概要を理解する。次いで，経営戦略における SCM 戦略の位置付けを把握するとともに SCM 戦略展開の基本を理解する。特に，総合経営戦略における SCM 戦略の位置付けは個別経営戦略（Project Strategy）であることを明らかにし，チャネル戦略の重要性について明らかにしている。

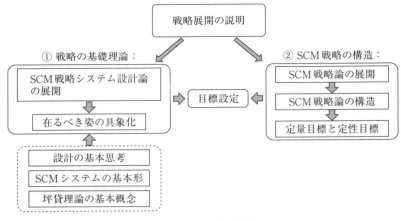

図 3.1 2つの接近方法

3.2 SCM 戦略展開の方法

3.2.1 戦略展開の基本と構造

SCM 戦略の展開に際しては，経営戦略の一環として展開する方法と SCM 戦略システム設計論の立場から接近する方法とがあるが，両者は目標設定の段階で同一になる（図3.1）。戦略の基礎理論とは SCM 戦略論を個々に支える理論であり，システム設計論とこれに関わる理論をベースとしたものであり，SCM 戦略の構造とは，経営戦略の一環としての本源的かつ理論的な戦略論である。

戦略の基礎理論とは SCM 戦略論を個々に支える理論であり，システム設計論とこれに関わる理論をベースとしたものである。SCM 戦略の構造とは，経営戦略論の一環としての本源的かつ理論的な戦略体系を示すものである。

3.2.2 戦略の基礎理論

(1) 設計の基本思考

設計の基本思考を例証すると図3.2のとおりである。これを参照して具体

第3章 SCM戦略の展開

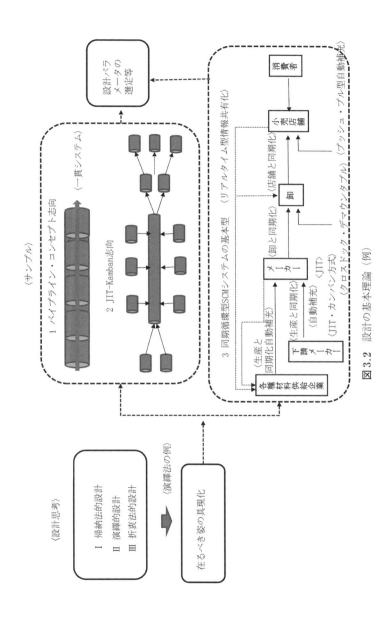

図3.2 設計の基本理論（例）

第Ⅱ編　SCMマネジメント編

に説明することとする。第1はシステム設計の方法論であり，帰納法，演繹法ならびに折衷法の3つの方法が考えられる。

　具体的には，帰納法は，現状分析，問題点の把握，モデルの提案と検証，新システムの提案というプロセスを踏む手法であり，演繹法は，究極的な理想システムを構築し，これを機能的に分解し，最終的に実現可能なシステムを設計し，これを目標としてシステム設計を展開する方法論である。折衷法は，両者の良いところを適宜取り入れてあるべき姿を描き，システムの実現に向けて展開する方法論である。システム論に王道はないので，目的に合致するものであれば，各自が得意な方法であればいかなる方法を採用してもよいとするのが著者の経験論的考えである。

　あるべき姿を，かつてのビッグエイトの1社であるアーサー・アンダーセンが提唱したパイプラインコンセプトに求めたり，一貫パレチゼーション型のスカンジナビアン方式に求めたり，カンバン方式やJIT方式に求めてもよい。まさに温故知新である。あるいはまた，以下に述べるSCMシステムの基本系に求めても一向に差し支えはない。肝心なことは，自社と自社を取り巻く環境下で，実現可能なあるべき姿やあるべきシステムをどう描くかが大きな問題だからである。

(2)　SCMシステムの基本型

　本項では，SCMシステムの基本型として4類型を提示している。すなわち，同期循環型SCMシステムの基本型，生産同期型ディマンドベース型サプライチェーン，ディマンド（サイド）ベース型サプライチェーンの同期化，および小売業鋳型論の方式がそれである。

ⅰ)　同期循環型SCMシステム

　デポやセンター等を経由して川上から川下まで一貫して円滑裡に物を流すための考えとしてノードにおけるカップリング（結合）やデカップリング（引き離し）の考えがあるが，クロスドックやデマウンタブルはこれをシンプルな形式にした最たるものといえよう。当然強力な情報システムの支援が必要となることは論を俟たない。そこで考えられ供給連鎖システムの1つにクロスドックベース型供給連鎖システムがある（図3.3）。

　具体的には，生産と下請けメーカーのシステム上の特徴は生産同期型システ

第3章 SCM戦略の展開

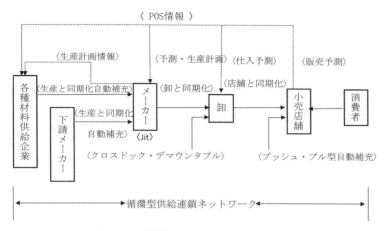

図 3.3　同期循環型 SCM システムの基本型

ムで，これを生産同期型自動補充システムと呼ぶ。他方，卸と小売りについては販売同期型システムで，これを販売同期型自動補充システムと呼ぶ。この両者をメーカーが軸となり，川下の情報と需要とともに川中の生産計画情報等，必要情報を川上に流して生産を同期化させ，連続システムの実現を図る。加えて川下の需要と生産システムを同期化して，川下との同期化システムの実現を図る。つまり，川中のメーカーが川下と川上との同期化ないし連動を図ることによって，川上・川中・川下の連続的な供給連鎖システムを実現する。それによって，全体のシステムの中で効率の良い生産の仕組みを機能させ，柔軟な生産システムを構築する必要があるということである。

ii）　**生産同期型ディマンドベース型サプライチェーン**

生産同期型ディマンドベース型サプライチェーンシステムは，ディマンドベース型 SCM を川中に位置する生産工場が川下と川上との調整を図るシステムである（図 3.4）。計画・調整・供給連鎖のイニシアティブは生産メーカーがとることになる。

第Ⅱ編　SCMマネジメント編

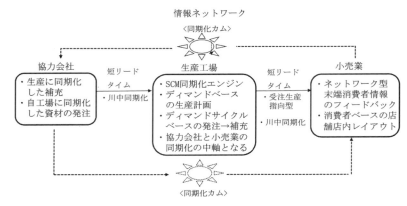

図3.4　生産同期型ディマインドベース型サプライチェーン

iii) ディマンド（サイド）ベース型サプライチェーンの同期化

ディマンド（サイド）ベース型サプライチェーンの同期化とは，SCMシステムの発端が供給サイドであるメーカー主体であったことに対する反対の見方で，需要サイドのスタンスでSCMに取り組む考えである。短絡的には，小売業の需要に卸売業が同期化し，卸売業の需要に生産メーカーが同期化するとともに生産メーカーに下請け企業が同期化すれば，供給全体が小売店の需要に同期化する仕組みになる（図3.5）。

iv) 小売業鋳型論の方式

小売業鋳型論とは（図3.6），小売業の要求に合わせて，小売業の必要な商品を，必要なときに，必要な量で，必要な場所に，必要な荷姿で納入するシステムである。必要な荷姿とは，小売業があらかじめ準備した納入形式に準拠して納入することを意味し，この必要な納入形式を"鋳型"と呼んだものである。

(3) 坪貸理論の基本概念と幹線輸送の基本

① 坪貸理論の基本

SCM戦略展開の基本は種々考えられるが，実務上最初の段階で配慮し，着手しなければならない基本が「坪貸しの理論」である。販売系の企業が仕入先に対して棚卸資産計上を自社側に延長することであり，具体的には，従来，自社センターに納入していたシステムの代わりに，自社センターを仕入先に貸与

第3章 SCM戦略の展開

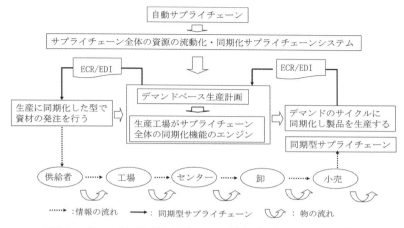

図 3.5 ディマインド（サイド）ベース型サプライチェーンの同期化

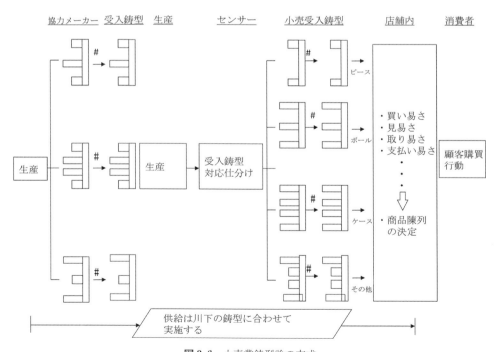

図 3.6 小売業鋳型論の方式

第Ⅱ編　SCM マネジメント編

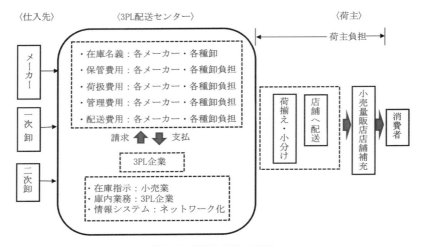

図 3.7　坪貸し理論の概要

（坪貸し）し，かつハンドリング費用等業務代行費ならびに管理費を仕入先に負担させる仕組みに変えることである。結果的に，これまでセンター納入以降は自社責任（センター納入時点で買掛金が発生し，在庫資産は自社に計上）であったものが，センター出荷以降から自社責任，自社費用（センター出荷時点に買掛金が発生し，在庫資産を自社で計上）になる。換言すれば，自社センターを廃止し，仕入先のセンターを直接利用するという，いわば，センター中抜き論である（図 3.7）。この業務を 3PL 企業に任せ，3PL が荷主に代行して荷主専用の配送センターを構築し，荷主の仕入れ先と交渉し，最終的にセンター運営を実施する方式である。

　本来坪貸し理論とは，要求先の配送センターの必要スペースを納入者に貸与し，ハンドリング費用，倉敷料，その他保管費用を納入者に請求する仕組みである。基本型と異なり，システムの"核"となる考えを確立しなければならないが，その 1 つが坪貸しの理論であり，クロスドックとデマウンタブルである。小売業を例にとると，坪貸し理論の要点は，従来小売業の配送センターであったものを「3PL 業者」等に委ね，小売業に必要なメーカーや卸の在庫をそれぞれの費用負担にし，小売業はセンターから店舗に出荷した分または店舗に着便した分のみについて自社負担とする方式である。このシステムによって，小

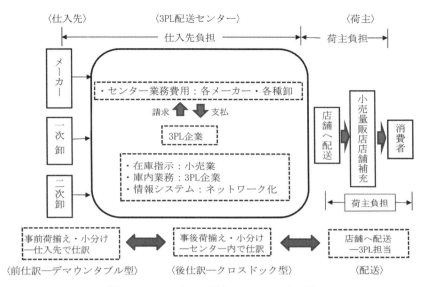

図3.8 クロスドック型とデマウンタブル型

売業はセンター関係の費用を削減できることになる。従来は，供給者はセンター納入のため小売業のセンター付近に自社センターを保有して納入オペレーションをしていたが，この機能を廃止すれば，流通段階の重複投資を削減できることになる。この場合，重要なことは仕入先と得意先とのゲイン・シェアーの確立などを配慮し，強者の理論を極力薄めることである。

② クロスドック型とデマウンタブル型

クロスドックとは積み込み時点であらかじめルート別等に仕訳をしておき，デポ到着時には待機中の複数のトラックに積み替える方式である（図3.8）。デポ到着後に仕分けをするので後仕訳方式とも呼ばれるシステムである。一方，配送センターに到着する前にあらかじめルートあるいは待機車両ごとに仕訳をしておき，デポ到着時点では仕訳をしないで，仕訳けられている荷物を所定の待機車両に積み込む方式をいう。当システムを，応用すればデポには在庫は必要ないことになる。小売業の場合には，コスト負担はデポまでか，デポ費用を含むか，あるいは店舗配達までについてのコスト負担の検討が必要となる。

坪貸し理論を集合し，統合化したのがセンター中抜き論の実際であるが，この場合，多くは3PL企業が荷主である販売会社を代行してセンターを構築し，仕入れ企業の在庫を集め作業を担当し，仕入れ企業に費用を請求する仕組みになっているのが一般的な傾向である。協力会社である仕入れ先企業はその分合理化し，費用負担の軽減を図るか安定利益の確保を実現しなければならない。

中抜きの方法論の準理論としてクロスドックとデマウンタブルがある。双方とも積荷替えの作業によって無在庫デポにする方式である。クロスドックはデポ到着後積み替え作業をする方式であり，デマウンタブル方式はあらかじめ方面別に積荷を仕訳した状態で運び，デポ到着後は待機している配送車両にそのままの状態で積荷をし，配送する方式をいう。このようなシステムを前提として在庫レスデポシステムを実現し，デポのオペレーション費用のみ仕入れ企業に請求する仕組みを構築する。

現在，3PL企業が荷主に推奨し，実施しているシステムは坪貸し理論をベースとしているケースが多い。デマウンタブル方式は在庫レスデポ方式として裏日本や東北地方あるいは四国等で企業内システムとして実施されている。

③ **スカンジナビアン方式**（scandinavian system）

スカンジナビアン方式は，一貫パレチゼーションあるいはスウェーデン方式とも呼ばれ，1980年代後半には行われていた方式である（図3.9）。メーカーから小売店までパレットのまま一貫して運ぶ方式である。後日出現したドイツのボックスストア等は商品をパレットに積載したまま消費者に販売している

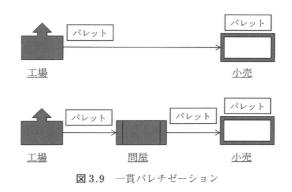

図3.9　一貫パレチゼーション

が，この延長線上のシステムといえよう。現在でも，コストコ等多くの小売店
で利用されている。

④　**マルグェリト・システム**（Marguerite（Margaret）system）

フランスのシステムであるが，集配荷と幹線往復輸送の効率化を狙ったシス
テムで，いろいろな産業で利用されている（図3.10）。SCM戦略においても
このような基本コンセプトは積極的にシステム目標として応用すべきである。
加えて，自社のみで不可能の場合には，他社との共同化を視野に入れることを
考える。さらに，垂直チャネルだけではなく同業他社との水平チャネル展開，
あるいは異業種との提携等戦略の種は尽きない。古くから存在するコンセプト
であっても現代の視点で応用すべきではある。

⑤　**ハブシステム**（hub system）

旧Federal Express社（現FEDEX）の有名なシステムである（図3.11）。
Spoke & Spur or Hub & Spokeシステムとも呼ばれ，航空機による集中分散方
式である。このシステムも自社では不可能ならば他社と共同化を戦略的に狙え
ばいいし，航空機だから参考にならないとしないで，航空機をトラックに変え
たり，JR貨物に代えればよい。つまり，発想の転換が新しい戦略の創造を引
き出すことを否定すべきではないということである。

⑥　**ランドブリッジ**（land bridge）

ランドブリッジとはその名のとおり，大陸（陸地）を橋代わりにして使用す
ることである（図3.12）。日本からヨーロッパに輸送する場合の画期的なシス
テであり，一貫複合輸送を可能にし，輸送期間とマラッカ海峡とスエズ運河経
由での危険性を回避し安全性を高め，加えて大きなコストダウンをもたらした
輸送方式である。SCM戦略上重要な要素である。アメリカ・ランドブリッジ
に始まり，シベリアン・ランドブリッジ，昨今では「一帯一路」と呼ぶチャイ
ナランドブリッジにまで発展している。

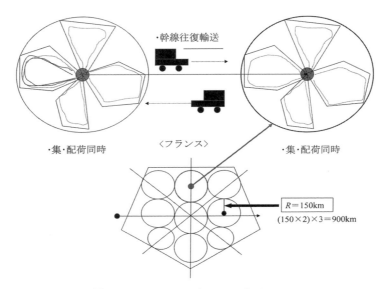

図 3.10 Marguerite (Margaret) System

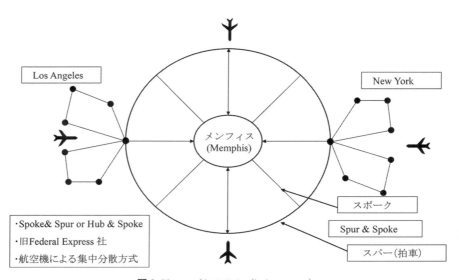

図 3.11 ハブシステム (hub system)

① アメリカンランドブリッジ：Sea-Rail-Sea

② ミニランドブリッジ：Sea/Air-Rail または Road

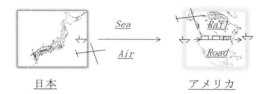

③ シベリアンランドブリッジ：Air-Rail, RoadまたはAir

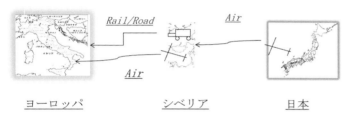

④ China Land Bridge (CLB)：Rail & Road～一帯一路戦略

(注)①白地図：Natural Earth http://www.naturalearthdata.com/ のデータを使用して作成。
②使用ソフト：QGIS 2.10.1-Pisa

図3.12 ランドブリッジ

3.3 SCM戦略の基本展開

3.3.1 SCM戦略展開の類型

SCMプロジェクトの戦略策定プロセスの概要は対象範囲の決定，目標の設

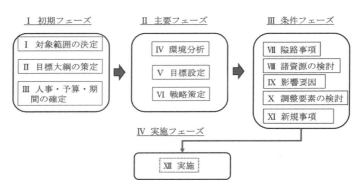

図3.13 戦略策定プロセスの概要

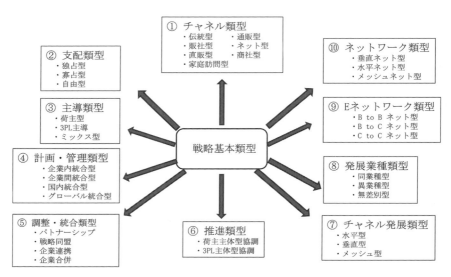

図3.14 調整・統合戦略の展開要図

第 3 章　SCM 戦略の展開

定，予算の確定を含む初期フェーズから実施フェーズまで大雑把に 4 つのフェーズから成っている（図 3.13）。

　SCM 戦略の展開に際しては，戦略展開類型の理解が重要である。戦略展開基本を要約すると図 3.14 のとおりである。展開要因を 10 要因に分類し，その概要を述べている。特に指摘すべき点は調整戦略で戦略策定時も重要であるが，戦略実行時にはそれにもまして重要な事項となる。なぜなら，SCM 戦略の遂行に際しては，強権発動の機会よりは，調整の機会の方が多数を占めるからである。戦略展開の類型を要約すると表 3.1 のとおりである。チャネルにつ

表 3.1　SCM 戦略展開類型

No.	パラメータ	小項目	要素項目
1	チャネル類型	● 川上チャネル	● 直線供給型チャネル・逆樹木構造型チャネル・多段階供給・1 次供給・その他
		● 川中チャネル	● メーカー水平型・メーカー垂直型
		● 川下チャネル	● 伝統型・通販型・販社型・ネット型・直販型・商社型・家庭訪問型
2	チャネル支配類型	● 川上支配類型	● 独占・寡占・自由競争：各チャネル類型に対応
		● 川中支配類型	● 独占・寡占・自由競争：各チャネル類型に対応
		● 川下支配類型	● 独占・寡占・自由競争：各チャネル類型に対応　川下支配類型
3	主導類型	● 川上主導類型	● 荷主主導型・3PL 主導・ミックス型
		● 川中主導類型	● 荷主主導型・3PL 主導・ミックス型
		● 川下主導類型	● 荷主主導型・3PL 主導・ミックス型
4	計画・管理類型	● 企業内統合型	● システム・インテグレーション（統合）・標準方式・例外方式
		● 企業間統合型	● システム・インテグレーション（統合）・標準方式・例外方式
		● 国内統合型	● システム・インテグレーション（統合）・標準方式・例外方式
		● グローバル統合型	● システム・インテグレーション（統合）・標準方式・例外方式
5	調整・統合類型	● パトナーシップ	● 限定した時間に基き協定した事項についてその利害を共有する二つの企業
		● 同盟	● 特定の目標並びに利益を達成するための二つの企業実態間の関係
		● 戦略的同盟	● 当事者に差別的並びに中期又は長期の利益を与えるべきであるとするロジステイクスチャネルの一類型
6	推進類型	● 企業提携・合併	● 提携と合併
		● 荷主主体型協調	● 推進主体が荷主の場合
		● 3PL 主体型協調	● 推進主体が荷主の場合
7	チャネル発展類型	● 水平型	● 同業種型・異業種・無差別の組み合わせ
		● 垂直型	● 同業種型・異業種・無差別の組み合わせ
		● メッシュ型	● 同業種型・異業種・無差別の組み合わせ
8	発展業種類型	● 同業種型	● 水平型，・垂直型との組み合わせ
		● 異業種型	● 水平型，・垂直型との組み合わせ
		● 無差別型	● 水平型，・垂直型との組み合わせ
9	E ネットワーク類型	−	● B to B ネット型・B to C ネット型・C to C ネット型
10	ネットワーク類型	−	● 垂直ネット型・水平ネット型・メッシュネット型

335

いてはチャネルの位置，支配の型，発展，主導等がそれで，これ以外に共同化の推進主体，戦略の調整あるいは統合等の類型が考えられる。

3.3.2 チャネル戦略展開の基本モデル

チャネル戦略モデルはチャネル総合戦略の展開時に最低必要限の基本戦略モデルである（図3.15）。チャネルモデル，チャネル支配モデル，R. Cooper & R. Slagmulder モデル，チャネル調整モデル，および共同モデルの5モデルから成っている。この基本の3モデルについて述べ，他は後述する。

(1) 基本チャネルモデル

チャネル類型は，供給チャネル類型（川上流通チャネル），流通チャネル類型（川下流通チャネル）および生産チャネル類型（川中流通チャネル）が存在するが，本章では生産チャネルは川上・川下流通チャネルと連動しているため割愛した。

チャネル展開の基本は，川上，川下を軸に川中を見直すか，川中を軸に川上と川下を再編するか，川上から川下までの全体の流れを長期・短期に戦略的に考え，是正することが肝要であることはいうまでもない。

[供給チャネル]

チャネルの種類は，直接供給型チャネルおよび逆樹木構造型チャネルから成り，前者は垂直と水平，後者は1段階から多段階チャネル構造から生成されて

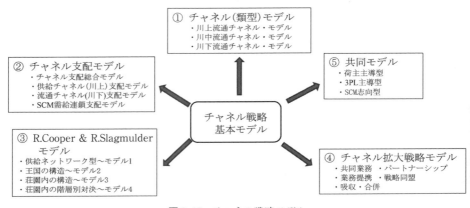

図3.15 チャネル戦略モデル

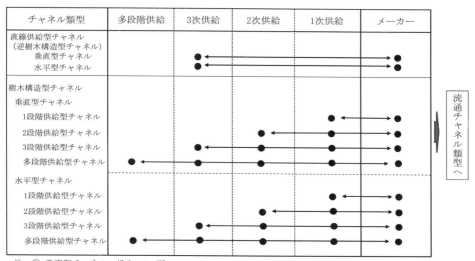

注：① 垂直型チャネル：投入口1ヶ所．
　　② 水平型チャネル：投入口数ヶ所．階層単位
　　③ 樹木構造型：投入口を頂点とした多階層ネットワーク
　　④ 直線供給型：1対1型供給

図 3.16　供給チャネル類型～川上流通チャネル

いる（図 3.16）。ネットワークの生成は川上チャネルの特性を前提に検討する必要がある。円滑な流れを目的に川上流通の再編成あるいは目標リードタイム実現のためのネットワーク構造の抜本的な見直しが必要である。

　川下流通チャネルは，大別して，店舗方式，カタログ（通販）方式，TV方式，およびネット方式から成っている（図 3.17）。店舗チャネルは，戦前から長きにわたって存在してきた問屋経由の伝統チャネル方式，資生堂などに代表される販売子会社を全国に展開する販社型チャネル方式，かつて大正製薬，佐藤製薬，SS製薬など薬品会社の直販5社といわれたように，小売店に直販する小売店直販方式，米国の Avon Product や日本のポーラ化粧品に代表される家庭訪問販売方式から成っている。SCMチャネル戦略策定に際しては，チャネル特性を十分配慮しなければならない。

　文具業界でも問屋型から販社型へ移行し，問屋型に戻った企業や問屋型から販社型に移行した企業などがある。このような選択はまさに企業戦略から端を発した供給連鎖戦略に他ならない。供給連鎖の場合は販売流通チャネルに拘束

第Ⅱ編　SCM マネジメント編

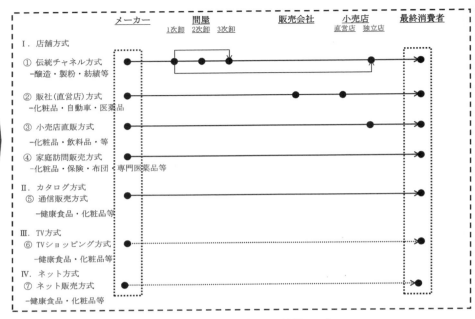

図 3.17　流通チャネル類型～川下流通チャネル.

されずに物の流通を主とした経営判断も必要なため，いわゆる，商流から生じる制約に拘束されるべきではない．その具現化が共同化に他ならない．

(2)　チャネル支配モデル

流通チャネルの戦略を確立した場合最も注意しなければならないことは，流通支配力の検証である．チャネル支配モデルを分析し，供給連鎖の円滑的な組織運営を実現しなければならないからである．

組立工業形態に代表される系列企業ではメーカー主導型で全供給チャネルが決定されるが，チャネル支配が異なる場合には協調的なオペレーションが不可欠である．

製造チャネル支配特性分析とは，川上，川中，川下の全流通チャネルの支配特性を分析し，流通チャネル全体または個別流通チャネルのSCM戦略を実施するための分析である．支配類型は独占（monopoly）型，寡占（oligopoly）型および自由競争型（laissez-faire）の 3 類型に分類し（唐澤理論），SCM 戦略遂行の基本パターンとした（図 3.18）．

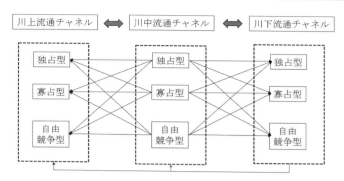

独占型：monopoly, 寡占型：oligopoly, 自由競争型：laissez-faire

図3.18 チャネル支配総合モデル

　ここで独占型とは，チャネル支配権を1社で保持するような類型である。したがって，当該企業の影響力のある範囲では絶対的な強さと実現力をもっているタイプである。調整機能は重要ではあるが最終的な意思決定に対して大きな影響力をもっている。次いで，寡占型とは数社がチャネル支配権をもっている類型であり，システム領域を拡大すればするほど企業間の摩擦は増大する型である。それゆえ，供給連鎖型のシステムのように企業間を超えるあるいは企業間にまたがるシステム戦略の実現を目途としている場合には，調整能力が重要な要素となる。企業間調整戦略の範囲として，パートナーシップあるいは戦略同盟からM＆Aに至る調整手段が重要となる。最後の自由競争は調整する目標の一元化が難しい類型であるが，共同化を武器としてブレークスルーすべきであろう。

　チャネル支配類型とは，チャネル支配の決定権が何れの主体に属し，チャネル支配権にどのような影響力があるかを明らかにし，自社に有利な戦略を立案するための類型である。この分析は，いわばSCM戦略遂行の環境分析に該当するものであり，戦略の核となる事項である。チャネル支配類型については，供給チャネル（川上）支配類型，生産チャネル（川中）支配類型，ならびに流通チャネル（川下）支配類の3支配類型が存在するが，生産チャネル類型は，財の移動に関しての日本型チャネル支配類型の特徴として第2次産業指導型が指摘されているため，本項ではこれを割愛し，上下のチャネル支配権について

第Ⅱ編　SCM マネジメント編

概察する。

①　供給チャネル（川上）支配類型

チャネル類型（図 3.19）としては，供給者から生産者に直接供給する形式である。

直接供給型チャネルと生産者を頂点として，これに多段階供給チャネルを経て財を供給する逆樹木型供給チャネルに二分し，さらに後者を垂直型チャネルと水平型チャネルに区分している。チャネル支配類型の形態は，各供給段階にそれぞれ，独占的支配，寡占的支配，支配権者が存在しない自由競争の 3 種類を用意し，その特性を明らかにしている。将来的に自社の支配類型をどのようにし，いかなる形の供給連鎖システムの構築を実現するかを提示する基本戦略の 1 つである。

②　供給チャネル（川下）支配類型

日本の場合，独占禁止法が存在するが，基本的には寡占はあるが独占企業は存在しない。かつての三公社五現業のような政府指導型の組織は現存してはいない。そこで，本項では，より現実実態に近づけるためにあえて，独占を除去して，寡占と自由競争のみにした。もちろん，独占を否定するものではない。基本的にチャネルは既述の日本的流通チャネルに準拠し，支配権のみを簡素化して表した（図 3.20）。このような流通段階における企業を取り巻く支配権の分析と戦略とが供給連鎖戦略の実施上重要な事項であることは論を俟たない。

③　チャネル支配類型特性の概要

チャネル支配類型の特性を要約すると表 3.2 および表 3.3 のとおりである。すなわち，

- 支配類型は，独占型，寡占型，および自由競争が他の 3 類型とする。
- 特徴として，支配者数，支配力，目標，ブランド力，価格決定権，価格リーダシップをあげ，支配類型の特徴を検討する。
- 当該支配類型を前提に SCM 戦略策定と展開を図る。

他方 SCM 受給連鎖は図 3.21 のように生産ラインを中央にして川上ライン，川下ラインの支配類型の組み合わせを示したものである。これらの組み合わせのバリエーションは広いが最適な組み合わせを検討し，最終決定をする。

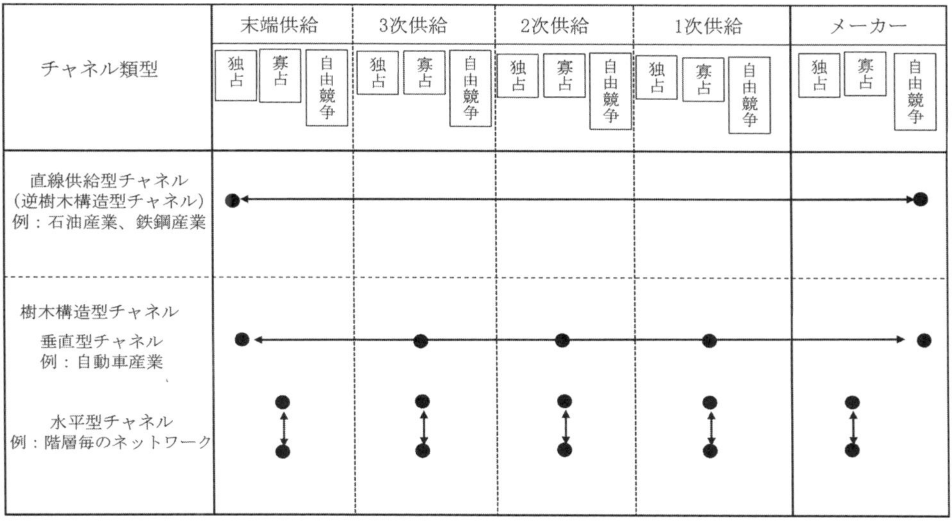

図 3.19 供給チャネル（川上）支配類型

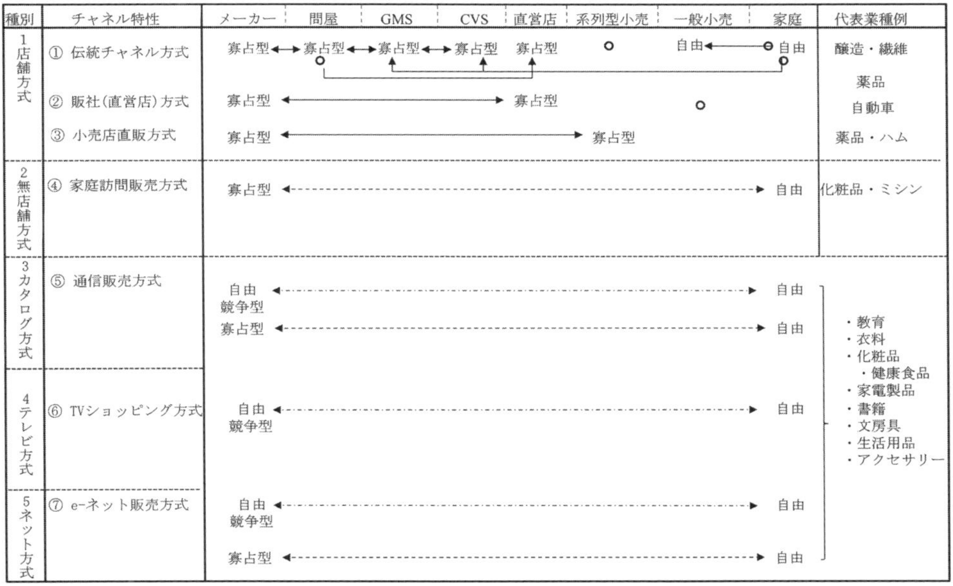

チャネル類型	末端供給			3次供給			2次供給			1次供給			メーカー
	独占	寡占	自由競争	独占	寡占	自由競争	独占	寡占	自由競争	独占	寡占	自由競争	自由競争
直線供給型チャネル（逆樹木構造型チャネル）例：石油産業、鉄鋼産業	●												●
樹木構造型チャネル　垂直型チャネル　例：自動車産業	●			●			●			●			●
水平型チャネル　例：階層毎のネットワーク	●↕●			●↕●			●↕●			●↕●			●↕●

注：① 直線供給型：1対1型供給
　　② 垂直型チャネル：投入口1ヶ所
　　③ 水平型チャネル：投入口数ヶ所．階層単位で水平に展開
　　④ 樹木構造型：投入口を頂点とした多階層ネットワーク

図 3.20 流通チャネル（川下）支配モデル

種別	チャネル特性	メーカー	問屋	GMS	CVS	直営店	系列型小売	一般小売	家庭	代表業種例
1 店舗方式	① 伝統チャネル方式	寡占型 ↔	寡占型 ↔	寡占型 ↔	寡占型	寡占型	○	自由 ↔	自由	醸造・繊維
	② 販社(直営店)方式	寡占型 ←――――→				寡占型	○			薬品　自動車
	③ 小売店直販方式	寡占型 ←――――→				寡占型				薬品・ハム
2 無店舗方式	④ 家庭訪問販売方式	寡占型 ←――――――――――→							自由	化粧品・ミシン
3 カタログ方式	⑤ 通信販売方式	自由競争型 ←―――――――――→							自由	・教育　・衣料　・化粧品　・健康食品　・家電製品　・書籍　・文房具　・生活用品　・アクセサリー
		寡占型 ←―――――――――――→							自由	
4 テレビ方式	⑥ TVショッピング方式	自由競争型 ←――――――――→							自由	
5 ネット方式	⑦ e-ネット販売方式	自由競争型 ←――――――――→							自由	
		寡占型 ←―――――――――→							自由	

第Ⅱ編　SCM マネジメント編

表3.2 供給チャネル支配モデル要約

特徴	独占型	寡占型	自由競争型
支配類型	1社	数社	有力社無し
支配力	極めて強力	強力	弱い
目標	自己中心型	協調的排他型	レセフェール型
ブランド力	極めて強力	強力	弱い
価格決定権	極めて強力	強力	弱い
価格リーダシップ	強力	売り手市場 V.S.買い手市場	弱い／強力
	弱い		

表3.3 製品チャネル支配モデル要約

特徴	独占型	寡占型	自由競争型
支配類型	1社	数社	有力社無し
支配力	極めて強力	強力	弱い
目標	自己中心型	協調的排他型	レセフェール型
ブランド力	極めて強力	強力	弱い
価格決定権	極めて強力	強力	弱い
価格リーダシップ	強力	売り手市場 V.S.買い手市場	弱い／強力
	弱い		

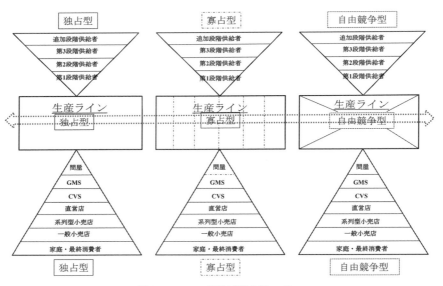

図3.21　SCM 需給連鎖支配モデル

④ Robin Cooper & Regine Slagmulder Model

支配分類パターンの代表例は，Robin Cooper & Regine Slagmulder Model で，表3.4のとおりである。王国，大荘園，および共和国の3つの支配類型に対応した特性を，コア企業数，契約力，ネットワークの目標，およびネットワークのプロトコルの特徴に求め，戦略策定時の配慮すべき要素としている。

王国は専制支配を表し，いわば，独占に対応し，大荘園は寡占を示してい

第3章　SCM戦略の展開

表3.4　供給ネットワーク型～モデル1

項目	ネットワークの型	王国 (Kingdom)	大荘園 (Barony)	共和 (Republic)
1	コア企業数	1	若干	無し
2	契約力	高い	中位	低い
3	ネットワークの目標	規模の経済	規模と領域の経済	領域の経済
4	ネットワークのプロトコル	トップダウン型強制	サプライヤー強制	相互契約

出典）Robin Cooper & Regine Slagmulder：Supply Chain Development for the Lean Enterprise, p. 116,
　　　The IMA Publication for Applied Research, Inc. 1999

る。共和国は自由主義を示し，支配力の強弱を表現している。仮に，王国型で
あればシステム統合も問題はないし供給の一元化も容易に可能であるが，大き
いといっても荘園であれば，荘園間の調整が必要となり，一元的供給連鎖シス
テムを実現することは相対的に困難を要することになる。最後の共和国ともな
れば共通の目的や利益が発散し，まとまることはさらに難しくなる。

　上記のような実態を踏まえ，ネットワークの特性をまとめた内容を示したも
のがコア企業数等の内容である。換言すれば，王国の場合であれば，コア企業
数は1社であり，契約力は高く，ネットワークの目標は規模の経済となり，プ
ロトコルに至ってはトップダウン型に強制すればよいことになる。これに反し
て，共和国の場合には，コア企業は存在せず，契約力は低く，ネットワークの
目標は領域の経済に限定される。

　このように，支配類型のパターンによって戦略的なアプローチは変化するこ
とがわかる。Cooper & Slagmulderモデルは本来供給モデル（supply model）
であるが，チャネル支配についての論理が唯一明確であったために引用した。

343

第Ⅱ編　SCMマネジメント編

3.3.3　チャネル拡大戦略の基本展開

(1)　チャネル調整水準戦略

SCM戦略の最重要課題の1つにチャネル調整水準戦略をあげることができる。チャネル調整水準とは，システムの結合または共同化に際して，その深さを決定づける水準であり，企業間の連携の深度を示すものである（図3.22参照）。具体的には業務コラボレーション水準，パートナーシップ水準，業務提携水準，戦略同盟水準，さらには吸収合併水準がそれである。

代表的な調整水準4種類についてCLMの定義を引用し，要約すると次のとおりである。

- パートナーシップ（partnership）：CLMの定義
  "パートナーシップ：ロジスティクスチャネルにおいて限定した期間に基づき協定した事項についてその利害を共有する2つの企業実態間の関係"である。したがって，限定した時間に基づき協定した事項についてその利害を共有する2つの企業である。

- 同盟（alliance）：CLMの定義
  "特定の目標ならびに利益を達成するためにロジスティクスチャネルにおいて独立した2つの企業実態間の関係"である。したがって，特定の目標ならびに利益を達成するための2つの企業実態間の関係を強めることである。

- 戦略的パートナーシップおよび戦略的同盟の定義
  "戦略的パートナーシップおよび戦略的同盟とは当該関係の意図が関係に従事する当事者に差別的ならびに中期または長期の利益を与えるべきであるとするロジスティクスチャネルの一類型"である。換言すれば目的型協力形態である。

- 吸収（absorption）・合併（merge）の定義
  "吸収とは当該企業がその相手企業を自社に取り込む"ことであり，"合併とは相手企業と対等または特定比率で資本的に合併すること"である。

SCM戦略を広範囲に実施する場合には，システムリンケージの深さのみならず，商取引，慣習，標準化，管理および調整方法等，該当企業間で円滑なオ

344

第3章 SCM 戦略の展開

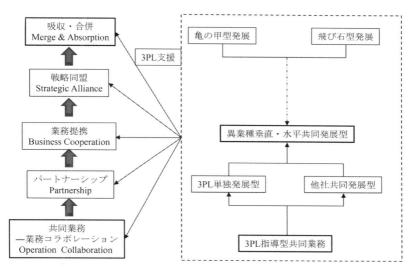

図 3.22 チャネル調整水準――一般型

ペレーション可能な仕組みを構築しなければならない。このような意味から，調整戦略は SCM 戦略実現の要諦ともいうべき事項である。

チャネル拡大戦略はチャネル支配構造モデルとともに SCM 戦略遂行上核となるべき戦略要素である。経済環境が上昇期にあり，成長が見込まれる時代には，企業戦略の大きな要素として吸収合併が戦略の核となることは歴史が示すとおりである。このように，SCM 戦略におけるチャネル戦略は，経営戦略の下位戦略の1つに位置付けて，その整合性の保持に努めなければならない。

(2) SCM 共同化戦略の基本展開

共同化推進の基本は生産供給ネットワーク共同化と小売需要ネットワーク共同化の二大別して考えることができる（図 3.23）。換言すると，前者は生産者主体型 SCM の共同化であり，後者は小売業主体型 SCM の共同化である。さらに，ロジスティクスを配慮すると，3PL 主導型共同化と荷主体型の共同化とが考えられる。このように，戦略主体によって戦略となる軸足の支点が異なってくる。

345

第Ⅱ編　SCMマネジメント編

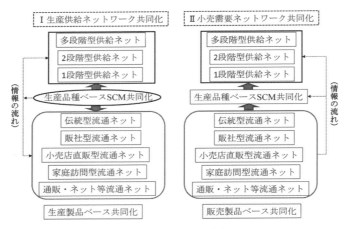

図 3.23　共同化の基本

　3PL型共同戦略展開のプロセスを示すと図3.24のとおりである。すなわち，本項では川下における戦略展開のプロセスに限定しているが，チャネル主体の戦略プロセスと3PLの質的発展プロセスを示している。

　要約すると，3PL型SCM戦略展開を推進する際には，単に流通段階における発展戦略プロセスのみならず，3PL企業の質的発展戦略をも配慮すべきであるということである。特に共同化については3PLと荷主が協調して戦略的に推進すべきである。基本事項は，供給連鎖は世界的なスケールで共同化し，ビジネスは国境を越えて競争することであるともいえる。

(3)　戦略展開の基本要素

　戦略展開の基本要素は大ざっぱに4項目から成っている（図3.25）。つまり，共通目標として考えられる社会的責任の遂行と実現，コラボまたは企業目標としてのスピード，品質，ならびにコストダウンである。基本戦略としてはすでに大ざっぱに述べたが，チャネル戦略，提携戦略，共同戦略であり，触れることができなかったが情報戦略である。さらに，立地，生産，調達，ロジスティクス，開発・設計など直接または間接的に供給連鎖と関わり合いのある関連機能，あるいは供給戦略の遂行または管理に必要な支援戦略等があるが，これについては割愛した。

第 3 章　SCM 戦略の展開

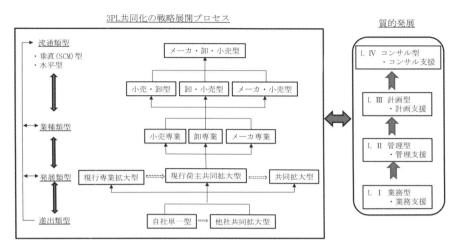

図 3.24　3PL 共同化戦略の基本

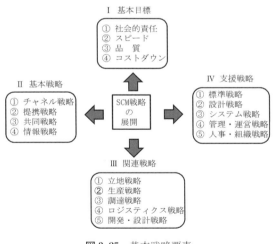

図 3.25　基本戦略要素

第Ⅱ編　SCM マネジメント編

3.4　おわりに

　供給連鎖戦略を展開する上で重要なことは，「あるべき姿」を想定することである。あるべき姿を実現するために核となる理論を基礎として，演繹法や帰納法でこれに接近することである。供給連鎖は，国内はもとより世界的な視野に立脚することが重要である。その意味から，本章では国際供給連鎖の要ともいうべき動線を握る輸送モードの特性にあえて頁を割いた。国際供給連鎖の流通の主役は物流であり，なかんずく，ランドブリッジや一帯一路は無視できないからである。

　戦略展開で実質的に重要な役割を果たす共同化についての詳細は第 8 章と重複するため最小限の記述に留めた。

〈参考文献〉

1)　唐澤豊他：SCM 戦略の基本的研究と戦略フレームワークの提案，日本ロジスティクシステム学会誌，Vol.14，No.1，pp.59-99，2014 年 12 月

唐澤　豊

4 人事・組織管理

4.1　SCM 人事管理

　企業活動を支える資源は，「ヒト，モノ，カネ，情報」といわれる人的資源，物的資源，資金資源，情報資源である。「企業はヒトなり」という言葉があるように，とりわけ人的資源が企業の業績，文化，風土に及ぼす影響は大きく，それを有効に活用するための管理活動は企業経営のなかでも重要な意味をもっている。

　企業や組織における人事管理とは，企業や組織が経営戦略を実現し目標を達成するために従業員の効果的，効率的な活用を図るための諸施策，諸機能である。具体的には，経営戦略の目的を達成するための人的資源戦略があり，これにより企業や組織が求める人材像やスキルセットが示される。この人材像やスキルセットを受けて，企業や組織経営に必要な人材を効率よく確保する募集・採用，能力を最大限に発揮するための人員配置・人事異動，目標の達成度を評価しフィードバックする人事評価制度，企業や組織の目標達成のための能力向上を図る能力開発・教育，労働時間管理，人材の活性化とモチベーションの維持・向上のための昇進昇格制度や賃金制度，福利厚生，退職，時には雇用調整など，一連の施策や制度から成る人事管理業務が遂行される。従業員は業務遂行を行い，評価や処遇を通して，組織の目的意識や組織の一員としての自覚，モチベーション維持・向上，能力の開発，業務の品質の向上，担当職務の拡大と充実を実現する。その結果，組織は，より高度な部門方針・目標設定を行

第Ⅱ編　SCMマネジメント編

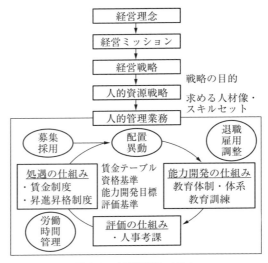

図 4.1　人事管理システム

い，企業としても全社経営戦略のレベルアップが可能となる。このような，人事管理の仕組みを図 4.1 に示す。

　サプライチェーンマネジメントにおける人事管理は，企業や組織の全社的な人事管理の仕組みに基礎を置きながら，サプライチェーンマネジメント戦略の目的を達成するための人的資源戦略があり，これにより求める人材像やスキルセットが示される。この人材像やスキルセットを受けて，企業や組織に必要な人材を確保し，組織への配置や異動，能力の開発を行い，効果的，効率的に活用を図っていく。人事システムの中で，業績評価や人事評価，賃金制度や昇進昇格制度は全社一斉の基準で行われることが多いため，サプライチェーンマネジメントにおける人事管理では，必要となる能力の開発が重要である。また，開発すべき能力は，組織に配置された機能により規定される。

　本章では，サプライチェーンマネジメントにおける人事・組織管理として，全社に共通な人事管理である，募集・採用や配置・異動，評価や処遇の仕組み，福利厚生，退職や雇用調整については他書にゆずり，サプライチェーンマネジメント戦略の目的達成に大きく影響を与える，能力開発，必要な能力を規定する組織について説明する。

第4章 人事・組織管理

4.2 SCM 組織の基本

チェスター・バーナード[1]は「組織とは，2人またはそれ以上の人間の意識的に調整された行動または諸力の体系」と定義し，その特徴の1つとして，共通の目的をあげている。

複数の人間により組織の共通目標の達成のためには，必要となる組織全体の仕事やタスクを明確化し，分業し，調整を行うメカニズムが必要である。分業とは，組織全体で必要な仕事を分割し，個々人に割り当てることであり，調整とは，分割され個々人に割り当てられた仕事を統合し，組織全体の仕事として完成させることである。

サプライチェーンマネジメントの組織を考える場合にも，このタスクの分業と調整の考え方が応用できる。このために，まず，サプライチェーンマネジメント戦略の目的を達成するために必要なタスクを明らかにし，そのタスクをどのように組織に割り当て，どのように調整しているかによりサプライチェーンマネジメントの組織構造を整理する。

4.2.1 サプライチェーンマネジメントの目的とタスク

サプライチェーンマネジメント戦略の目的を達成するためのタスクを明らかにするためには，まず，サプライチェーンマネジメントが何を目的としているかの理解が必要である。

サプライチェーンマネジメントの共通目的は，「企業内および企業横断的な供給と需要の管理の統合」（図4.2）と「企業や組織内外にある資源を効率的に用いて，製品の顧客価値からの利益やキャッシュを最大化すること（資本生産性最大化）」（図4.3）である。

このようなサプライチェーンマネジメント戦略の目的を達成するためには，まず，全社の課題解決のために，どのようなサプライチェーンを構築するかというサプライチェーンマネジメント戦略の立案を行う。次に，立案したサプライチェーンマネジメント戦略に従い，サプライチェーンの各プロセスにおいて必要なタスク（以降 SCM タスクと呼ぶ）を定義し，遂行する。具体的には，

351

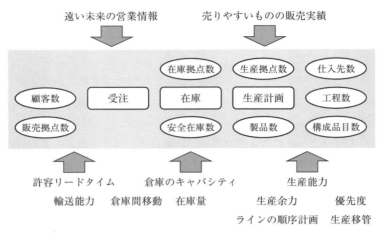

図 4.2　需要と供給の調整

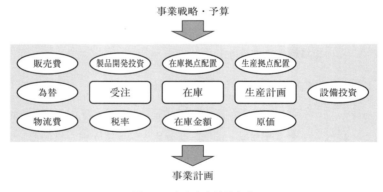

図 4.3　資本生産性最大化

需給調整では，需要予測，需要/供給計画，調達，生産計画とスケジューリング，顧客サービスがある．ロジスティクス管理では，国内外の輸送管理，車両運行管理，倉庫，運搬，物流　ネットワーク設計，在庫管理，3PL（Third Party Logistics）サービスプロバイダーの管理がある．また，生産管理では，生産技術，包装と組立，アセンブリなどの製造プロセスがあり，情報システムとしては，情報システムの企画，運用・保守が考えられる[1]．また，社内外

第4章　人事・組織管理

表 4.1 SCM タスク

カテゴリ	サプライチェーンマネジメントのタスク
戦略立案・管理	サプライチェーンマネジメント戦略の立案・管理
運営	サプライチェーンマネジメントのプロセスごとの機能 • 需給調整（PSI） 　需要予測，需要/供給計画，調達，生産計画とスケジューリング，顧客サービス • ロジスティクス管理 　国内外の輸送管理，車両運行管理，倉庫，運搬，物流ネットワーク設計，在庫管理，3PL（Third Party Logistics）サービスプロバイダの管理 • 生産管理 　生産技術，包装と組立，アセンブリ • 情報システム 　情報システムの企画，運用・保守
調整	プロセス全体をコントロールし，部門間（チャネル・メンバーなど）調整を行い全体最適なサプライチェーンマネジメント運営を図る

で収集し共有される情報に基づき，関連する社内外のプロセス全体をコントロールし，部門間調整を図り，最適な SCM タスクに方向づけることも必要である。以上の SCM タスクを表 4.1 にまとめている。

次項では，これらのタスクをどのように組織に配置するかにより，サプライチェーンマネジメントの組織構造をみていく。

4.2.2　SCM の組織構造

企業や組織内外にある資源を効率的に用いて，製品の顧客価値からの利益やキャッシュを最大化する（資本生産性最大化）ためには，全体的に統括してコントロールできるように，サプライチェーンに関わる業務機能を 1 ヶ所に集約し，統合化して運営することが理想的である。しかし，調達，生産，販売，ロジスティクス，情報システムなど多岐に渡る SCM タスクのオペレーションを一箇所に集約し統合化するのは現実的ではない。そのために，サプライチェーンマネジメントに関する情報を収集，可視化し，これに基づいて，個々の機能がサプライチェーンマネジメントの運営を行うとともに，これらを全体最適に

＊1　企業内 SCM の組織構造の実証研究として Kim（2007）が示す SCM のタスクに戦略立案，管理をタスクに加えた。Kim（2007）が想定する主要な SCM タスクは，国内・海外輸送，受注処理，工場・物流拠点での保管，在庫管理，ロジスティックコントロール，調達，生産計画，顧客サービス，需要予測，生産技術，情報システムの企画，チャネル・メンバーとの調整である。

353

第Ⅱ編　SCM マネジメント編

なるように関連部門を調整する方法が一般的である。

では，どのような組織構造で SCM タスクの分業と調整を行っているのであろうか。

中 野・松 山（2015）[2] は Kim（2007）[3]，ア ビ ー ム コ ン サ ル テ ィ ン グ（2010）[4]，他のサプライチェーンマネジメントの組織構造に関する実証研究の比較分析から，サプライチェーンマネジメントの組織構造を 7 つに分類している。

はじめに，サプライチェーンマネジメントの組織構造は，SCM タスクが集約しているのか，分散しているのかで異なってくる。非 SCM 指向の組織は，主要な SCM タスクがサプライチェーンマネジメントの機能部門（以下，機能部門と略記）に分散しており，全体を調整する機能をもつ部門（以下，SCMスタッフ部門と略記）が存在しない。サプライチェーンマネジメントに関する意思決定や業務が公式的なルールや標準的な方針，手続きによって統治されている程度を示す公式化は低い。また，サプライチェーンに関する意思決定の権限が特定の部門に集中している程度を表す集権化も低い。

SCM タスクが集約している場合には，職位によるのか，委員会や横断的チームといったある目的のために編成された役割（プログラム）に集約しているのか，部門化されているのかに分かれる。サプライチェーン・オフィサー制度は，統合的職位や統合的管理職位という「職位」により調整や連携を行っている。SCM スタッフ部門はなく，公式化の程度は低く，属人的な場合もある。集中度は，統合的職位の場合には低く，統合的管理職位の場合には権限をもつため高くなる。「プログラム」として集約している組織は SCM プログラム組織である。SCM スタッフ組織はなく，公式度は中程度，集中化の程度は低い。「部門化」により，集約している組織には，ロジスティクス・タスク集約組織がある。これは，SCM 部門はロジスティック機能を運営する部門であり，この部門がロジスティクス・タスク[*1]を集約して担う。ここでも，全体を調整

＊1　CSCMP[7] ではロジスティック管理は SCM の一部分であるとしてロジスティック管理のタスクをあげている。ロジスティック管理に関するものは，国内外の輸送管理，車両運行管理，倉庫，運搬，物流ネットワーク設計，在庫管理，需要/供給計画，3PL サービスプロバイダーの管理，調達，生産計画とスケジューリング，包装と組立，アセンブリ，顧客サービスである。

第4章 人事・組織管理

表 4.2 SCM の組織構造の分類

組織構造のタイプ	SCM タスクの集約・分散	部門集約の程度	SCM スタッフ部門の有無（役割，配置）	公式化の程度	集中化の程度	備考
非 SCM 指向の組織	分散	－	なし	低い	低い	－
サプライチェーン・オフィサー制度	集約（職位）	－	なし	低い	低い/高い	－
SCM プログラム組織	集約（プログラム）	－	なし	中程度	低い	－
ロジスティクス・タスク集約組織	集約（部門化）	ロジスティクス・タスクのみ	なし	中程度	高い/中程度	－
SCM プログラム・マトリクス組織	集約（部門化）	SCM タスク（運営のみ）	あり（主に運営レベル）	中程度	中程度	－
プロセス・スタッフ組織	集約（部門化）	SCM タスク（戦略・管理のみ）	あり（主に戦略・管理レベル，コーポレート部門）	高い	低い/中程度	事業部制や持ち株会社制を採用している企業での事例が確認されている
ライン統合組織	集約（部門化）	SCM タスク（運営かつ戦略・管理）	あり（主に戦略・管理レベル，統合部門内）	高い	高い	物流部門が前身となる事例が確認されている

出典：文献 2)　表 5　SCM 組織構造の分類より一部引用

する機能をもつ SCM スタッフ部門は存在しない。公式度は中程度，集中化程度は高い場合も中程度の場合もある。また，SCM プログラム・マトリクス組織も部門化により集約している組織構造である。SCM タスクは機能部門に分散させ，SCM スタッフ部門に運営の調整や連携を集約するものである。公式化，集中化の程度は，いずれも中程度である。プロセス・スタッフ組織はサプライチェーン戦略立案，全社的な在庫レベルの決定，管理はスタッフの SCM スタッフ部門に集約し，プロセスの運営は機能部門に分散するものである。公式化の程度は高く，集中化の程度は低い場合も中程度の場合もある。ライン統合組織は，戦略・管理レベル，主要な運営の SCM タスクは SCM スタッフ部門に集約し，それ以外は機能部門に分散する。公式化，集中化の程度とも高い。これらのサプライチェーンマネジメントの組織構造の分類を表 4.2 に示す。

　以上は，1つまたは類似した製品群や事業から構成されるサプライチェーンマネジメントの組織構造である。では，複数の事業会社をもつ持株会社制を採用する企業や複数の事業から構成される事業部制を採用する企業におけるサプ

355

第Ⅱ編　SCMマネジメント編

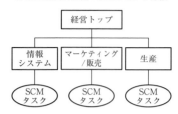
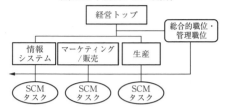
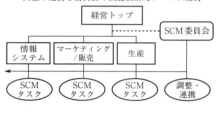

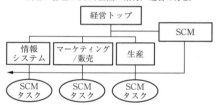
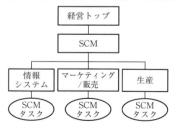

図 4.4　サプライチェーンマネジメントの組織構造のイメージ
　　　　　出典：文献2）の表3，図2，図3から筆者が修正・加筆して作成

ライチェーンマネジメントの組織構造はどのようになっているのだろうか。アビームコンサルティング（2010）[4]が行った調査では，持株会社制を採用している企業におけるサプライチェーンマネジメントの組織構造は，需要計画，生産計画，供給計画のSCM機能を事業会社別に配置することが多く，事業部制を採用している企業にも見られる傾向であると報告している。これは，SCM機能を全社で統合するのか，事業別に分散するのかは，生産プロセスやリードタイム，内製・外製などの生産形態や販売形態の類似性に依存すると考えられる。また，アビームコンサルティング（2010）[4]のSCMの運営は分散，戦略立案や管理は統合化・集約化が多いという報告は，プロセス・スタッフ組織を採用する企業が多いことを示唆している。

これらの7つのサプライチェーンマネジメントの組織構造のイメージを図4.4に示す。

以上が，サプライチェーンマネジメントにおける組織階層の基本形である。

4.2.3 SCMの組織構造の事例

図4.4に示したサプライチェーンマネジメントにおける組織構造の基本形は，実務の場ではどのような組織として採用されているのだろうか。それを事例を用いて確認する。

図4.5に示すのは，国内外に複数工場と市場をもつ事務用品を製造する企業

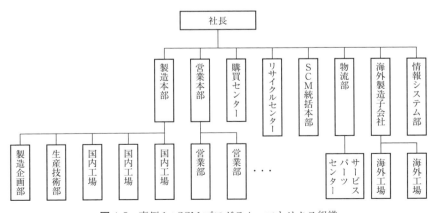

図4.5　事例1：SCMプログラム・マトリクス組織

の組織図のイメージである。SCM統括本部は，需給調整の役割をもち，需要予測と営業が立案する販売計画と在庫量から在庫補充計画の立案を行い，製造本部の製造企画部に生産計画情報を渡す。しかし，SCM統括本部に在庫責任はない。これは，SCM統括本部が，製造本部，営業本部，購買センター，物流部などと同列に位置し，需給調整に関する強い権限をもたず，その結果在庫責任も負わないということが読み取れる。この事例の組織構造は，SCMプログラム・マトリクス組織の一例である。

図4.6に示すのは，国内に工場と市場をもつ化粧品を製造する企業の組織図のイメージである。SCM本部は，生産管理部，購買部，製造部，営業部，業務部を兼務する要員から構成されるバーチャル組織で，需給調整の役割をもち，営業が立案する販売計画と日当たりの出荷量から在庫補充計画の立案を行い，国内工場の生産管理部に生産計画情報を渡す。在庫責任はSCM本部ではなく，製造部がもつ。これは，SCM本部設置以前には販売計画の精度が芳しくないため，過剰在庫を抑制するために製造部が日当たり出荷量から生産計画を立案していた経緯があること，サプライチェーンに関わる部門との兼務によりSCM本部としての権限や評価制度が十分に機能していないことによると考えられる。この事例の組織構造はSCMプログラム組織の一例である。

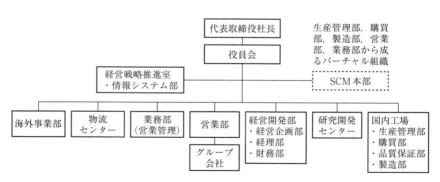

図4.6　事例2：SCMプログラム組織

第 4 章　人事・組織管理

4.3　SCM 教育の基本

　企業や組織の目標達成に向けて，従業員が最大限の仕事ができるようになるためには業務の遂行能力の向上が必要である。そのため，人事管理において能力開発を推し進める教育は重要な施策として位置づけられる。同様に，サプライチェーンマネジメント戦略の目的達成のためにも，効率的，効果的に，最大限の業務を遂行する能力開発のための教育は重要である。

　本節では，サプライチェーンマネジメント戦略の目的達成のために必要な，開発すべき能力と教育方法，教育体系について整理する。

4.3.1　サプライチェーンマネジメントで求められる知識・スキル，能力

　サプライチェーンマネジメントの目的を達成するためには，SCM タスクを遂行する能力が必要である。さらに，これらのタスクは，利益やキャッシュの最大化のために，リードタイムを短縮する，在庫を削減する，原価を下げるといった，効率的に業務プロセス遂行を行う知識やスキルが必要である。また，このような効率的な業務プロセス遂行のためには，情報システムを SCM タスクで使いこなす能力も有効であろう。

　さらに，タスク遂行を部門最適で行ってしまうとトレードオフの関係をもつものがあり，部門最適ではサプライチェーン全体の最適化ははかれない。全体最適を目指すため，プロセス全体をコントロールし，部門間調整を図る能力やコミュニケーション力が求められる。

　このようなサプライチェーンマネジメントで必要な知識・スキル，能力を表4.3にまとめる。

表 4.3 サプライチェーンマネジメントで必要な知識・スキル,能力

■テクニカル・スキル

1. サプライチェーンマネジメント業務の知識
   需給調整,需要予測,販売計画,生産計画,資材・購買管理,在庫管理,輸配送管理,物流管理など

2. 経営課題とサプライチェーンマネジメントの関係

3. 利益やキャッシュ管理
   (1) 体系的なコスト費目と発生タイミング
   (2) 財務会計(P/L,B/S,CF)と管理会計
   (3) SCMキャッシュフロー方程式[6]*1

4. サプライチェーンマネジメント関連の外部情報を収集・調査する能力
   (1) 他社や業界動向,サプライチェーンマネジメント理論
   (2) 情報収集の方法,情報データベースの利用方法

5. 情報システムの仕組み
   (1) 社内の情報システムの仕組み
   (2) 情報システム改善企画・推進

6. 法改正対応や業務改善の推進
   (1) 法改正の対応(業務プロセス,情報システム)
   (2) 情報システムの改修・ITインフラの保守の対応
   (3) 業務改善施策の立案
   (4) 社内関係部門との連携

■ヒューマン・スキル

1. 動機付け理論など
2. 会議運営,ファシリテーション技法
3. ヒアリング・コミュニケーション技法
4. コーチング,カウンセリング

*1 SCMキャッシュフロー方程式は以下のとおり。
SCMキャッシュフロー方程式は,サプライチェーンのビジネス・プロセスを対象として,企業価値の源泉となる営業キャッシュフローと投資キャッシュフローの設備投資までをSCMキャッシュフローと定義している。そのため,設備の売却や財務キャッシュフローを本業としない事業であれば,SCMキャッシュフローはFCFと同義として扱うことができる。
SCMキャッシュフロー方程式は,FCFを構成する各項の改善活動をKPIで束ね,全体最適でのFCF創出を管理する。なお下図の四角の中のKPIは例示である。

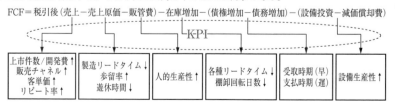

第4章　人事・組織管理

4.3.2　SCM タスクを遂行する業務知識・スキル，能力

　4.3.1項では，サプライチェーンマネジメントで必要な知識・スキル，能力を整理したが，その中でサプライチェーンの機能部門が行う SCM タスクに必要な業務知識・スキル，能力（主に，表4.3のテクニカル・スキル　1．サプライチェーンマネジメント業務の知識の具体的内容に対応する）を整理する。

　調達機能部門では，原材料や部品の供給業者との関係性構築（サプライヤリレーションシップ・マネジメント），調達先の開拓，調達計画，発注，納期督促，受入・検収，取引先の業務改善や業務指導を行う。この中で，より有利な調達を行い，在庫を削減し，発注作業や発注から納品のリードタイム削減を行うこと，納期を遵守してもらうこと，求める品質での納品や納期遵守などの改善指導は，サプライチェーンマネジメントの目的達成に貢献し，これらの業務知識や遂行能力が求められる。

　生産管理機能部門では，販売計画や需要予測により設定した製品の供給量や安全在庫の確保を，品質，原価，納期を確保できるように計画を行う。特に，サプライチェーンマネジメントでは，販売計画，生産計画，在庫の計画のバランスが重要であり，その需給調整業務は全社に渡るさまざまな部門が連携し，情報共有と合意形成しながら進める意思決定のためハードルが高い。このために，情報システムなどの Information Technology（情報技術；以下 IT と略記）を業務で利活用し，PSI（生産（Production）/調達（Procurement），販売（Sales），在庫（Inventory）の頭文字）をタイムリーに把握しながら生産計画を立案すること，需要変動に柔軟に対応できるように生産計画サイクルを短縮することは，サプライチェーンマネジメントの目的達成に貢献し，これらの業務知識や遂行能力が求められる。

　製造機能部門では，求められる品質，原価，納期で，効率的，経済的に顧客価値をもつ製品の製造を行うために，製造指示，包装と組立，アセンブリなどの製造，実績登録・作業報告などの業務を行い，これらの能力や技術が必要である。さらに，この業務における製造リードタイム短縮，滞留の軽減，原価低減，品質確保は，サプライチェーンマネジメントの目的達成に貢献し，これらの業務知識や遂行能力が求められる。

第Ⅱ編　SCMマネジメント編

　営業機能部門では，お客様のほしいものを，ほしいタイミング（許容できる時間内）で提供することが求められ，販売計画立案，販売，契約，回収・請求，顧客サービスなどを行う。しかし，販売計画という「遠い先の将来の予測」と，実際に「売りやすいものを売った実績」の間の溝は埋めがたい。しかし，その乖離を少なくし，欠品による販売機会損失の回避と過剰在庫によるキャッシュフロー損失を軽減することはサプライチェーンマネジメントの目的達成に貢献し，顧客や業界情報の収集や分析の知識やスキルが求められる。倉庫・物流機能部門では，物流戦略や物流計画立案，物流ネットワーク設計，入庫・出庫・出荷・適正在庫維持など在庫管理，国内外の輸送管理，車両運行管理，倉庫，運搬，需要/供給計画，3PL サービスプロバイダーの管理を行うが，需要予測や在庫補充計画の数値の根拠が曖昧，製品数が多く全体に目が届かない，製品担当者ごとに業務品質が異なるといった課題を抱えている。このため，物流戦略や物流計画立案，物流管理，需要予測の手法，適正在庫設定の知識やスキル，業務効率化や業務品質向上のために IT を業務で利活用する能力の開発は，サプライチェーンマネジメントの目的達成に役立つ。

　情報システム機能部門では，サプライチェーンマネジメントの情報活用基盤の構築など，ビジネスニーズと情報技術の整合性をもった情報システムの企画，運用・保守を行うことが求められる。しかし，情報システム構築は時間を要し，一度構築すると経営環境や事業環境の変化に対して柔軟に対応できないことが多い。ビジネスニーズへの理解不足から，ビジネスと情報技術の整合性確保が難しいこともある。さらに，情報システムを用いることで効果を創出するためには，情報システム利用者の利活用能力の向上が必要である。このために，ビジネスニーズを解決する情報システム企画能力，SCM タスクの知識，サプライチェーンを運営する関係者とのコミュニケーション能力の開発，有効な新しい技術の習得はサプライチェーンマネジメントの目的達成に役立つ。

　SCM 統括機能部門では，経営戦略や事業計画で立案した利益やキャッシュフローを実現するようにサプライチェーン戦略を立案し，経営資源の調整を行う。また，需要と供給の調整を行い，販売計画や需要予測を満たす製品在庫数を計画し，製品在庫数を確保できる原材料や部品などの仕入計画・製品や中間品生産計画を立案する。しかし，関連する部門間の情報共有，合意形成が難し

362

第4章　人事・組織管理

い，意思決定が経験，勘，度胸に頼っている，属人性が強い，需要の増減や生産の遅れなどイレギュラー処理の対応が多い，適正在庫の設定が難しいなどの課題を抱えている。そのために，サプライチェーンマネジメント戦略立案，部門間調整のコミュニケーション，需給と「事業計画・予算と実績」の両面から調整，業務効率化やITを業務で利活用するスキルが求められる。

　以上のような，サプライチェーンマネジメントの戦略を立案し，運営し，全体最適となるように調整を行うための，SCMタスク遂行のために開発すべき能力を，表4.4に，SCMに関わる部門ごとの目指す業務の姿，遂行する業務（SCMタスク）例，SCMにおける主な課題とともにまとめる。

4.3.3　サプライチェーンマネジメントの教育方法と教育体系

(1)　教育方法

　サプライチェーンマネジメントに必要な能力開発のための教育も，基本的に以下の3つの方法がある。

a.　OJT（On the Job Training：職場内訓練）

　OJTとは，実際の職務を通じて必要な知識や技術などを身につける教育方法である。上司や先輩，時には顧客により，まさしく今起きているビジネスの現場で，経験からしか得られない知識やスキルなどを教え，学ぶことができるため，実務に最適な教育方法とされる。OJTは，「実際の職務を通じて必要な知識や技術などを身につける」という点に焦点が集まりやすいが，本来，企業や組織にとってのOJTの目的は，OJTを受ける側が組織の一員であることを認識し，組織の中で課された役割を果たす力（知識・経験，スキル）を身につけ，更なる向上を図ること，OJTで教える側や組織の管理職は，個々のメンバーの能力の総和を高め，組織力の向上を目指すことにある。企業や組織が求める能力と本人のやりたいことは必ずしも一致するとは限らず，一方的に押し付けるような能力目標であると，本人のやる気や意欲の維持が難しい。やるべきこととやりたいことの接点となるような能力目標をいかに設定していくかが，OJTで教える側や組織の管理職の大切な役割である。また，OJTは職場の中の上司や先輩から，企業文化や企業風土などの，その企業「らしさ」や組織のDNAを受け継いでいく機会でもある。

363

表 4.4　サプライチェーンに関わる部門の業務と必要な開発能力

SCM機能 部門	目指す業務の姿	遂行する業務（SCMタスク）例	SCMにおける主な業務課題	必要な開発能力
調達	必要なタイミングで、必要なものを、必要なだけを、コストを最小化して、適正に購入する。	調達先の開拓、調達計画、発注・検収、取引先の納期督促、受入、業務改善や業務指導など。	原材料や部品の納期遅れや欠品不良などによる欠品の発生、調達リードタイムが長く、調達コストが高い。	サプライヤリレーションシップ強化スキル、業務効率化やITを業務で利活用するスキル。
生産管理	販売計画や需要予測により算定した製品の供給量や安全在庫を品質、原価、納期を保して、製造できるように計画を立案する。	販売計画や需要予測により設定した製品の供給量や安全在庫を確保する。品質、原価、納期を確保できるように調整など。生産計画とスケジューリング。	過剰在庫、欠品の発生。PSIをタイムリーに把握できない。部門ごとに需要予測や販売計画のフォーメントや精度が異なり情報共有に手間がかかる。	適正在庫を確保するスキル、生産計画サイクルを短縮、業務効率化するスキル、マネや知識やスキル、ITを業務で利活用するスキル。
製造	決められた生産計画の品質、原価、納期を確保できるように、経済的、効率的に製造を行う。	製造指示、包装と組立、アセンブリなど、実績登録・作業報告など。	製造リードタイムが長く、滞留が発生。原価低減、品質確保。	製造リードタイム短縮のための知識やスキル、平準化生産・同期生産の知識やスキル、原価低減スキル、業務効率化やITを業務で利活用するスキル。
営業	お客様のほしいものを、（ほしいタイミングで）（許容できる時間内）で提供する。	販売計画立案、販売、契約、保守。受・請求、顧客サービスなど。	需要予測、販売計画の精度が悪い（速い将来の予測と現場とのギャップが大きいのを売った実績のギャップが大きい）。	顧客や業界情報の収集や分析の知識やスキル。
倉庫・物流	必要なタイミングで、必要なものを、必要な数量出庫・出荷できるように、在庫を最小化して維持・管理を行う。	物流戦略や物流計画立案、入庫・出庫・出荷・設計、適正在庫維持や管理、国内外の輸送管理、運搬、需要供給管理、3PLサービスやプロバイダーの管理。	需要予測や在庫補充計画の数値が全体に根拠が曖昧、製品数が多く目的地が多い。製品担当者ごとに業務品質が異なる。	物流戦略や物流計画立案の知識やスキル、物流管理スキル、需要予測の手法の知識やスキル、庫設定の知識やスキル、業務効率化やITを業務で利活用するスキル。
情報システム	戦略業務の遂行や業務改善を図るビジネスニーズと情報技術を合致させた情報システムの企画。運用・保守を行う。サプライチェーンマネジメントの情報活用基盤を構築する。	情報システムの企画、運用・保守など。	経営環境の変化に対して情報システムが柔軟に対応できない。ビジネスニーズと情報技術の整合性確保が難しい。情報システム利活用能力の向上が必要。	ビジネスニーズを解決する情報システム企画能力。システムを運営する能力、サプライチェーンのコミュニケーション能力、有効な新しい技術の習得。
SCM統括	経営戦略や事業計画で立案した利益やキャッシュフローを実現する生産技術やチャネル、メーカーとの調整を行う。経営資源の調整や供給の調整を行い販売計画や需要予測を満たす製品在庫数を計画し、製品在庫や部品在庫を調整する原材料や部品など中間品含む仕入計画や生産計画を立案する。	サプライチェーン戦略立案、需要予測、生産技術、パートナーとの調整、プロセス全体をコントロール。	需要関連する部門間の情報共有、合意形成ができない。意思決定が経験や属人性が強い、度胸に頼っている。生産の運用にイレギュラー処理の設定が難しい。適正在庫の確保力向上が難しい。	サプライチェーン戦略立案のスキル、部門間調整のコミュニケーションスキル。SCMタスクを運営する需給と予算の両面から調整できるスキル、業務効率化やITを利活用する多くの知識やスキル。

注）PSI：生産 (Production)／調達 (Procurement)、販売 (Sales)、在庫 (Inventory) の頭文字

第4章　人事・組織管理

　サプライチェーンマネジメントは，機能組織ごとのSCM運営タスクの遂行を行うとともに，企業や組織内外の横断的な調整や連携（SCM調整タスクの遂行）が求められる。公式的なルールや標準的な方針，手続きによって統治されている場合であっても，コミュニケーションをとりながら，ある一定の企業内・外の特徴をおさえた進め方や調整・連携は有効であろう。この点，OJTは，サプライチェーンマネジメントの教育方法の1つとして適していると考えられる。

　b．　Off-JT（Off the Job Training：職場外訓練）

　Off-JTは，企業や組織の中で行われる集合教育や企業や組織外で行われる講習会や通信教育などである。新入社員向け，中堅社員向け，管理者・管理職向けなどの階層別研修，職務内容や職種別の業務・職能別研修，特定の課題別研修が行われる。Off-JTは，OJTではできないような新たな知識や技術に関する教育，集合制で教育を行うことが教育内容の均一化やレベル維持に適しているものや同年代の交流などの付加的なメリットの創出可能性があるもの，企業や組織の外からの新たな視点や文化の風を取り入れたい場合などに適している。

　サプライチェーンマネジメントを運営し，目的を達成するためには，所属する部門の業務やSCMタスクに加えて，サプライチェーンの他の機能部門がどのような業務とSCMタスクを行うかの知識や技術の習得が有効である。たとえば，需要予測，販売管理，生産管理，生産計画，生産技術，資材・購買管理，サプライヤリレーションシップ・マネジメントなどが考えられる。また，サプライチェーンマネジメントが製品の顧客価値からの利益やキャッシュを最大化すること（資本生産性最大化）を目的としていることから，管理会計や会計，キャッシュフロー計画，SCMキャッシュフロー方程式[6]，サプライチェーンマネジメントのKPIやKGI，経営管理指標の知識やスキルの習得は必要である。情報システム機能部門では，サプライチェーンマネジメント戦略遂行を支援する情報システムや業務効率化を支援する情報システムなどの開発や獲得において，そのIT投資の有効性・効果の評価を適切に行うためのIT投資評価，新たなIT技術の習得も求められる。

365

第Ⅱ編　SCMマネジメント編

c. 自己啓発

　自己啓発は，企業や組織が用意した教育体系や教育メニューだけでなく，従業員自らの努力によって自身のキャリアを形成するために，能力開発，スキル習得を図ろうとするものである。企業や組織が求める能力，自らが形成したいキャリアに対してどのような能力，知識やスキルが不足しているかを見極め，OJT や Off-JT と組み合わせることで，能力開発がいっそう効果的に進むようになる。サプライチェーンマネジメントにおける能力開発においても自己啓発は有効である。

(2) 教育体系

　サプライチェーンマネジメントに関する Off-JT，自己啓発の教育の体系では，新入社員向け，中堅社員向け，管理者・管理職向けなどの階層別研修，職務内容や職種別の業務・職能別教育，特定の課題別研修がある。このような集合教育や通信教育の研修メニュー体系を表4.5に，求められる能力向上に適した教育例を表4.6に掲載する。

(3) ジョブローテーション（Job Rotation）

　ジョブローテーションは，社員の能力開発のために多くの業務を経験できるように定期的に職務の異動を行うことであり，OJT（On the Job Training）の一環である。多くの職場と業務を経験することで，業務知識や能力の開発に加えて，異動先の部門での人脈拡大も期待できるので，企業や組織横断的な活動が求められるサプライチェーンマネジメントでの能力開発には有効である。しかし，定期的な異動のために，多くの時間や経験を必要とする専門的な能力や知識の開発が難しいという課題がある。このため，キャリアパスなどの人材育成体系の構築と適切な従業員ごとの育成方針を立てることが必要である。

第4章　人事・組織管理

表 4.5　サプライチェーンマネジメントの集合教育や通信教育の研修メニュー体系

研修分類	研修メニュー		
階層別研修	新入社員向け研修 中堅社員向け研修 管理者・管理職向研修		
テクニカル・スキル	業務・職能別研修	（基礎編） 需要予測手法 販売管理 生産管理 生産計画 生産技術 在庫管理 資材・購買管理 物流管理 労務管理 品質管理 原価管理 財務管理 管理会計 会計 SCM 基礎	（実践編） グローバル SCM 利益・キャッシュフロー管理 サプライチェーンの KPI, KGI 経営管理指標 IT コスト管理 IT 投資評価
	特定の課題別研修	原価改善 業務改善 シナリオ形成 BSC 戦略マップ 工程・進捗管理，PERT プロジェクトマネジメント	 IE（Industrial Engineering） VE（Value Engineering） VA（Value Analysis） 業務分析手法 業務フローや作業マニュアル作成 KJ 法，デシジョンテーブル， QC 7 つ道具，新 QC 7 つ道具
ヒューマン・スキル	動機付け理論 会議運営・ファシリテーション技法 ヒアリング・コミュニケーション技法 コーチング カウンセリング		

表 4.6　SCM 機能部門に対応した業務・職務別教育例

SCM 機能部門	目指す業務の姿	遂行する業務（SCM タスク）例	SCM における主な業務課題	必要な開発能力	能力開発のための業務・職能別教育の例
調達	必要なタイミングで、必要なものを、必要な量だけ、コストを最小化して、適正に購入する。	調達先の開拓、調達計画、発注、納期督促、受入・検収、取引先の業務改善や業務指導など。	原材料や部品の納期遅れや品質不良などによる欠品の発生、調達リードタイムが長い、調達コストが高い。	サプライヤリレーションや欠品のツブ強化スキル、業務効率化やITを業務で利活用するスキル。	資材・購買管理　在庫管理　サプライヤリレーションツブ・マネジメント　IT の利活用方法
生産管理	販売計画や需要予測により算定した製品の供給量や安全在庫を確保し、原価・品質・納期を確保できるように計画を立案する。	販売計画や需要予測により算定した製品の供給量や安全在庫の確保、品質、原価、納期を確保できるように計画立案、生産計画とスケジューリング。	過剰在庫、欠品の発生、PSI をタイムリーに把握できない、部門ごとに需要予測や販売計画のフォーキャストや精度が異なり情報共有に手間がかかる。	適正在庫を確保する生産計画立案スキル、生産計画や在庫計画をタイムリーに短縮する知識やスキル、業務効率化やITを業務で利活用するスキル。	需要予測手法　在庫管理　生産計画　生産管理　原価管理　IT の利活用方法
製造	決められた生産計画の品質、原価、納期を確保できるように、経済的、効率的に製造を行う。	製造指示、包装と組立、アセンブリなど、実績登録、作業報告など。	製造リードタイムが長い、滞留が発生、原価低減、品質確保。	製造リードタイム短縮のための知識やスキル、平準化生産・同期生産の知識やスキル、原価低減スキル、品質確保のスキル、業務効率化やITを業務で利活用するスキル。	IE（Industrial Engineering）　生産技術　原価管理　生産管理　品質管理　IT の利活用方法
営業	お客様のほしいものを、ほしいタイミング（許容できる時間内）で提供する。	販売計画立案、販売、契約、回収、請求、顧客サービスなど。	需要予測、販売計画の精度が悪い（遠い将来の予測が売りやすいものを売った実績のギャップが大きい）。	顧客や業界情報の収集や分析の知識やスキル。	販売管理　在庫管理　マーケティング戦略　IT の利活用方法
倉庫・物流	必要なタイミングで、必要なものを、必要な数量を出庫・出荷できるように、コストを最小化して維持・管理を行う。	物流戦略や物流計画立案、物流ネットワーク設計、入庫・出庫・出荷・在庫維持など在庫管理、国内外への輸送管理、車両運行管理、倉庫、運搬、需要・供給計画、3PL サービスプロバイダーの管理。	需要予測や在庫補充計画の数値の精度が曖昧、製品数や数値が全体に目が届かない、製品担当者ごとに品質が異なる。	物流戦略や物流計画立案の知識やスキル、物流管理スキル、需要予測の手法の知識やスキル、適正在庫設定の知識やスキル、業務効率化やITを業務で利活用するスキル。	物流戦略　物流管理　在庫管理　需要予測　IT の利活用方法

情報システム	戦略の遂行、業務改善など情報技術の整合性をもった情報システムの企画、運用・保守を行う。サプライチェーンマネジメントの情報活用基盤を構築する。	情報システムの企画、運用・保守など。	経営環境の変化に対して情報システムが柔軟に対応できない。ビジネスニーズと情報システムの整合性確保が難しい。情報技術の整合性確保する関係者利用者の利活用能力向上が必要。	ビジネスニーズを解決する情報システム企画能力。SCMタスクの知識、サプライチェーンを運営する関係者とのコミュニケーション能力。有効な新しい技術の習得。	IT投資評価 需要予測 販売管理 生産管理 生産計画 生産技術 資材・購買管理 サプライヤリレーション ップ・マネジメント 原価管理 管理会計 品質管理 経営管理指標 キャッシュフロー計画 会計 新たなIT技術
SCM統括	経営戦略や事業計画で立案した利益やキャッシュフローを実現するようにサプライチェーン戦略を立案し、経営資源の調整を行う。需要と供給の調整を行い、販売計画や需要予測を満たす製品在庫数を確保できる原材料や部品などの仕入計画・製品や中間品生産計画を立案する。	サプライチェーン戦略立案、需要予測、生産技術。生産計画。チャネル・メンバーとの調整、プロセス全体をコントロール。	関連する部門間の情報共有、合意形成が難しい。意思決定が経験、樹、度胸に頼っている、属人性が強い。需要の増減、生産の遅れなどレイヤーミラー処理の対応が多い。適正在庫の設定が難しい。	サプライチェーン戦略立案の知識やスキル。部門間調整のコミュニケーションスキル。需給と予算の両面から調整できるスキル。業務程式。効率化やITを業務で利活用するスキル。	管理会計 会計 部門間調整 SCMキャッシュフロー方 業務程式 サプライチェーンのKPI、 KGI 経営管理指標 需要予測 生産計画 在庫管理 マーケティング戦略 コミュニケーション ITの利活用方法

4.4 人事・組織管理

　企業が戦略という共通の目標を達成するためには，組織図とそれに合わせた人の配置だけでは組織は動かない。戦略を実現するスキル，それらをもった人材など組織に関わるすべての経営資源が一丸となり，同じ方向を目指して活動できるように仕向けていくことが必要である。このように組織を構成するために必要な事柄をできるだけ網羅するために使うフレームワークにマッキンゼーの7S[5]がある（図4.7）。このフレームワークでは，組織に必要な経営資源である，戦略（Strategy），組織構造（Structure），組織運営（Systems），人材（Staff），組織風土（Style），スキル（Skills），社員の価値観（Shared Value）をとらえ，全体を有機的かつ整合性をもって動かす気付きを与える。7つの経営資源の頭文字を取って7Sといい，7SはハードのSとソフトのSに分類される。

　ハードのSでは，戦略（Strategy）は，競争優位を獲得・維持するための事業の方向性である。組織（Struture）は，事業部別組織，機能別組織などの組織の形態や組織構造を意味する。システム（Systems）は組織の仕組みであり，意思決定プロセス，人事評価や報酬，育成方針，会計制度，情報の流れなどがある。ソフトのSでは，スキル（Skills）は組織に備わっている能力であり，たとえば，販売力，技術力，マーケティング力などである。人材（Staff）

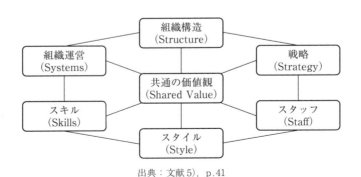

出典：文献5），p.41

図4.7 マッキンゼーの7S

は人がもつ能力を指す。スタイル（Style）は組織文化や組織風土，暗黙の行動規範などがある。共通の価値感（Shared Value）は，従業員で共通認識をもつ価値感を意味し，意思決定の方向性や行動の優先順位に影響を与える。ハードのＳは，どちらかといえば変更が容易なものであり，ソフトのＳは変更を行うのは時間がかかるものといえる。

　組織管理は，どのような組織形態や組織構造を採用するのか，採用した組織にどのような人を配置するのかにとどまらず，組織の戦略目的達成に向けて，組織を形成する経営資源とその相互連携を捉えて，全体として有機的な活動ができるようにするものである。アルフレッド・Ｄ・チャンドラーが「組織は戦略に従う」といったように，戦略（Strategy）が最初に決まり，何をする組織なのかが明確になることで，それ以外の経営資源の方向性も決まるのである。

　サプライチェーンマネジメントにおいても，人事管理における人材や能力，組織管理における組織構造，組織運営と個々に捉えるのではなく，組織体を構成する有機的な経営資源とその相互関連として捉え，サプライチェーンマネジメント戦略の目的達成に向けた全体的，整合性がある人事・組織管理であるべきである。

〈参考文献〉

1) Barnard, C. : The functions of the executive, Cambridge, MA : Harvard University Press, 1938（山本安次郎・田杉競・飯野春樹訳：経営者の役割，ダイヤモンド社，1968）

2) 中野幹久，松山一紀：サプライチェーン管理の組織構造：文献レビュー，京都マネジメント・レビュー，2015-03，第 26 号，pp. 21-40, 2015 年
http://hdl.handle.net/10965/1371
https://ksurep.kyoto-su.ac.jp/dspace/bitstream/10965/1371/1/KMR_26_21.pdf
（2016 年 12 月 3 日確認）

3) Kim, S. W. : Organizational structures and the performance of supply chain management, International Journal of Production Economics, Vol. 106, pp. 323-345, 2007

4) アビームコンサルティング（2010）：CPG メーカーの実態から探る日本型 SCM の将来

第Ⅱ編 SCMマネジメント編

https://jp.abeam.com/collaterals/pdf/RR074.pdf（2016年12月3日確認）

5) Peters, T. J. and R. H. Waterman: In search of excellence:lessons from America's bestrun companies, Harper & Row,1982（大前研一訳：エクセレントカンパニー，講談社，1983）

6) 青柳六郎太・上岡恵子：キャッシュフロー生産管理，同友館，2010

7) CSCMPのホームページ：http://cscmp.org/（2016年12月3日時点確認済み）

上岡 恵子

5 コスト管理

5.1 SCM 管理会計

　会計とは（accounting）とは図 5.1 のように，ある特定の経済主体がその経済活動をある一定のルールに基づき貨幣額等を用いて計数的に測定し，その結果を報告書にまとめて利害関係者の意思決定のために伝達するシステムのことをいう。

　会計は図 5.1 に見られる各要素の内容によってさまざまに分類される。最初の分類は会計システムを適用する経済主体やその経済活動による分類である。代表的なものとして，営利企業を対象とする企業会計と，政府，地方自治体，病院，学校といった非営利組織を対象とする非営利会計とがある。

　SCM 会計とは，SCM に関する経済活動を対象とした会計であるが，これは，経済主体よりも経済活動に焦点を当てた分類である。さまざまな経済主体が行う SCM 活動を測定対象とした会計が SCM 会計となる。

図 5.1　会計のイメージ

第Ⅱ編　SCM マネジメント編

　次に会計の大きな分類としては，意思決定者による分類がある。経済主体を取り巻く利害関係者にはさまざまな種類があるが，経済主体の外部にあるものと内部にあるものとに大別される。

　外部の利害関係者には代表的なものとして，投資者，債権者，従業員，仕入先，得意先，国，自治体，地域住民などがある。さまざまな外部利害関係者はその目的に応じて報告書の情報から意思決定を行う。そのために，一定程度の統一的なルールに基づいて，外部の利害関係者が利用可能な報告書を制度として作成・公開していくことを目的とするのが財務会計である。このときのルールとして，法律や基準が制定されている場合もある。たとえば，会社法や金融証券取引法，会計基準などがこれに当たる。このような制度としての財務会計は常時・継続的に行われることとなる。

　財務会計に対して，経済主体内部の管理者の意思決定に利用することを前提とするのが管理会計である。管理者は管理階層や責任範囲などによって分類されるが，いずれにおいてもその基本的な目的は経営管理である。管理者の目的である経営管理も最終的には，経済主体の目的を達成することを目的としたものである。組織の経営管理を目的とした管理者の意思決定は随時・断片的に行われるものであり，そのために利用される管理会計情報も同様である。

　社会的なルールや制度に強制されることなく，随時・断片的に行われる管理会計の本質を溝口（1987）は Anthony and Welsch（1977）をもとに次のように説明している。

　①　管理会計は，単一の統一的構造を有しない。

　財務会計は基礎的な方程式である，資産＝負債＋所有者持分をめぐって作られているが，管理会計にはそのようなものはない。

　②　管理会計は，必ずしも一般に認められた諸原則によって支配されているものではない。

　財務会計情報は一般に認められた会計原則に従って報告されなければならないが，管理会計では基本的には「その情報は有用か」が問われる。

　③　管理会計は，強制されるものではなく，むしろ任意的なものである。

　財務会計は，経済主体の外部者の要求に応えるために，一定のフォームをもって，またある程度の正確性をもって，処理されなければならない。これに対

374

して，管理会計はまったく任意的なものであることから，マネジメントの目的
に照らして価値があるかどうかが問題となる。

④　管理会計は，非貨幣的な情報も含む。

⑤　管理会計は，より多く将来に重点を置く。

財務会計情報も将来の計画の基礎として用いられるが，その情報自体は，歴
史的なものである。管理会計は，その構造上過去に関する情報と同様に未来に
ついても見積や計画の情報を内包する。

⑥　管理会計は，事業の全体とともに部分についても重視する。

財務会計は，事業を全体としてとらえる。管理会計は，より多く事業の部
分，たとえば製品，個々の活動，事業部や部門，あるいは他の責任センターな
どに重点をおく。

⑦　管理会計は，計算の正確さに比較的に重要性を認めない。

管理会計は，情報の迅速性を第1としているため，財務会計の意味での正確
性を犠牲にすることがある[1][2]。

SCM管理会計とは会計の分類でみれば，SCM活動に関する管理者の意思決
定の一助となることを目的とした管理会計である。換言するならば，SCM管
理会計情報には，管理者によるSCM活動の効率化を目的としたマネジメント
に有用となることが求められる。

5.2　政府ガイドライン『物流コスト算定活用マニュアル』

1992年に通産省が，物流に関して発生するコストを算定・分析することで，
物流コスト効率の測定・向上を図るために公表した。その中で物流コストの分
類と種類は以下のように形態別分類，領域別分類，機能別分類，主体別分類，
変固別分類の順に説明されている（通産省，1992，33-35）。

5.2.1　形態別分類

財務会計においては，コストはすべて形態別に分類・集計されている。ここ
に形態別分類とは，財務会計における費目分類のことで，売上原価，販売費お
よび一般管理費，営業外費用の別に形態別に分類されている。これらの費用の

第Ⅱ編　SCMマネジメント編

うち，先に定義した物流に要するものが物流コストである。なお，次の経費
は，通常の財務会計とは異なり以下のように計算する。また，財務会計とは異
なる計算方式をとるため，以下，特別経費と呼ぶことにする。

(1) 減価償却費

　財務会計においては，定率法が使用されることが多く，また，法人税法によ
り耐用年数は法定耐用年数を使用すること，残存価額は取得価額の1割とする
ことが定められている。しかし，定率法によると毎期の減価償却費が逓減し，
みせかけのコストダウンが計上される。また，実際耐用年数や実際残存価額
と，法定耐用年数や法定残存価額とは異なる場合がある。したがって，物流コ
スト管理のためには定額法により，実際耐用年数および実際残存価額で計算す
る方法をとる。

(2) 社内金利

　財務会計では，支払利息・割引料は営業外費用とされ，その現金支払額だけ
が計上されるが，物流コスト管理においては，負債金利のほか自己資本コスト
も含めた資本コストの形で，社内金利率を把握する。次いで，物流固定資産の
固定資産税評価額に，所定の社内金利率を乗じた額を徴収する方法をとる。

5.2.2　領域別分類

　形態別の物流コストを集計するためには，集計すべき対象領域を明示する必
要がある。このための分類が領域別分類で，物流コストは，領域別には調達物
流費（原材料または仕入商品の調達先から自社までの物流コスト）と販売物流
費に大別する。広義の販売物流費には，調達物流費以外のすべての物流コスト
（社内物流費，狭義の販売物流費，返品物流費，回収物流費，廃棄物流費）を
含める。

5.2.3　機能別分類

　領域別に集計した物流コストを管理するために必要な分類が機能別分類であ
る。物流活動は物流機能ごとに実施されるので，物流コストを管理するために
は，物流機能ごとに把握することが不可欠である。

　物流コストは，機能別には，次のように分類する。

376

第5章　コスト管理

(1)　輸送費

自動車，船舶，航空機，鉄道などの輸送機関によって，ある地点から他の地点まで貨物を移動させるために要するコストで，輸送荷役費を含む。

(2)　保管費

倉庫，物流センターなどの施設内で，貨物を一定期間保有するために要するコストで，保管荷役費を含む。

(3)　包装費

商品を物理的に保護するために要する工業包装費（内装費および外装費）のことで，商業包装費（個装費）は含まないが，包装荷役費は含む。

(4)　流通加工費

流通段階において物流の一環として行われる加工に要するコストで，生産や商流の一部と考えられる加工費は除く。

(5)　情報処理費

貨物に関する情報を処理・伝達するために要するコストであり，生産や販売や本社業務に係る部分は除く。

(6)　物流管理費

本社および現場の物流管理部門における人件費と運営費より成る。

5.2.4　主体別分類

同じ物流コストでも当該物流を誰が実施するかによって自家物流費と，物流専業者に物流を委託する場合の支払物流費に分類する。当マニュアルが主として対象とするのは，このうち自家物流費である。

5.2.5　変固別分類

物流コストに関する計画を設定し統制を行うためには，物流コストが物流操業度（以下，物流量と呼称する）に応じていかに発生するかが問題となる。この点からは，自家物流費は，物流量に比例して増減する変動物流費と，物流量が増減しても一定額に留まる固定物流費に分解する。このように変動費と固定費に分解することを変固分解と称する[3]。

377

第Ⅱ編　SCMマネジメント編

5.3　環境管理会計ガイドライン

　環境会計への取組みを支援するために，環境会計に関する共通の枠組みを構築することを目的としてさまざまな文書やガイドラインが公表されている。その中で特に内部管理を主目的とした環境管理会計手法について『環境管理会計手法ワークブック』が2003年に経済産業省より公表されている。

　『環境管理会計手法ワークブック』では環境管理会計手法としての重要性および具体的手法開発の可能性の観点から，環境配慮型設備投資決定手法，環境配慮型原価管理システム，環境配慮型業績評価システムの3つの領域が取り上げられている。

5.3.1　環境配慮型設備投資

　環境マネジメントの実行において設備投資が重要な役割を果たす局面は多い。このような環境設備投資のマネジメントでは，環境対策の設備投資プロジェクトがどの程度，環境目標の実現に有用であるかという側面と同時に，本来の企業目標である利益の稼得や企業価値の増大に貢献にしているかという観点からも，設備投資プロジェクトの評価が行われなければならない。

　環境設備投資の意思決定においては，設備投資の規模に対して適切な水準の環境負荷削減効果が期待できるかといった効果性に関する評価と，利益の稼得にどの程度の貢献ができるかといった採算性に関する評価が同時に必要となる。利益稼得の採算性に関しては，将来の利益を増大させない場合であっても，将来の利益にどの程度の負担をかけるのか，あるいは費用を発生させるのかといった評価が必要となる。

　新たな環境設備投資の実施には初期投資が必要となることが多い。設備投資案による運用コストなどが従来のものよりも改善する場合は，企業の利益稼得の側面からも，その設備投資案は選択されやすい。それに対して，初期投資が必要となるにもかかわらず，運用コストなどの改善が見られない場合には，環境負荷の改善などの効果を経済負担の増加と比較して意思決定を行う必要がある。

第5章　コスト管理

環境負荷低減といった効果に関しては，多様な環境側面から設定される環境目標をもとに評価することとなるが，これには法規制の遵守や企業の戦略的視点による資源の重点配分など，さまざまな要因が関連する。企業を取り巻く環境や重点目標などによって，重視する指標や目標を選択することとなる。

5.3.2　環境配慮型原価管理

環境配慮型原価管理の目的は，経営資源の有効活用であり，その結果として環境コストの低減を図ることである。このような目的を達成するためには，相応の投資を必要とする場合が多く，環境配慮型設備投資と不可分ともいわれる。環境配慮型原価管理では，長期的な展望のもとで検討される設備投資の意思決定を視野に入れつつ，経常的な環境保全活動をリンクさせた原価管理の手法が検討される。

ここでいう環境コストとは広義には，環境負荷あるいは，環境問題が社会に与える損失を意味し，これらの多くは製品の設計・開発段階でそのコストの発生額の大半が決まる。環境負荷の総量に多大な影響を与える製品の設計・開発段階におけるコストマネジメントが環境負荷の低減において重要であるが，製品の設計・開発プロセスは，製造原価や生産コストの低減を図るプロセスでもある。

環境負荷の低減と生産コストの低減が同時に達成されることが望ましいが，両者の達成にタイムラグがある場合や，トレードオフの関係となる場合もある。環境と利益の双方から目標や企業活動をマネジメントしていく必要がある。

(1)　環境品質原価計算

環境品質原価計算とは，品質原価計算の枠組みの中で環境コストの効率的な管理を検討するものである。そのため，環境品質原価計算の手法は基本的には品質原価計算におけるものと同様のものとなる。

品質原価計算では品質に関連するコストを予防コスト（prevention cost），評価コスト（appraisal cost），内部失敗コスト（internal failure cost），外部失敗コスト（external failure cost）の4つに分類する。予防コストと評価コストは，品質管理や品質保証活動の実践に伴って不可避的に発生する。それに対し

379

第Ⅱ編　SCMマネジメント編

て内部失敗コストと外部失敗コストの発生は，品質管理や品質保証などの活動が万全であれば回避することができる。

　予防コストと評価コストは品質管理や品質保証などの活動のために発生するコストであり，これらの活動による経営資源の消費である品質コストとして認識される。内部失敗コストや外部失敗コストは品質管理や品質保証活動の不備によって企業が被る損失であり，これは失敗コストとして認識される。損失として認識される内部失敗コストや外部失敗コストは特定の目的や活動のために発生するものではなく，本来の意味での原価性をもたない。

　品質原価計算において，品質コストと失敗コストはトレードオフの関係となり，品質改善活動に投下された経営資源の効率的な運用を品質コストと失敗コストの対比によって評価する。具体的には，追加的な品質コストによってもたらされる失敗コストの減少が大きくなるほど，その追加的な品質改善活動の効率性が高いと認識される。

(2)　マテリアルフローコスト会計

　マテリアルフローコスト会計とは，環境負荷を測定・改善することを目的とし，企業（もしくは工場・製造ライン）内における原材料すべての動き（フロー）を物量レベルで個別に記録・把握し，原材料の物質的なフローすべてに対してコスト計算する手法である。一般的な原価計算では，製品原価は価値の集合体としての製品原価を計算するのに対し，マテリアルフローコスト会計では価値ではなく物質（材料）の集合体として製品原価を計算する。

　マテリアルフローコスト会計では，いわゆる完成品（良品）だけを観察するのではなく，製造過程で良品を構成することなく廃棄物となった材料についても場所別に把握し，廃棄物を負の製品として認識したうえでその製品原価も計算する。廃棄物をなくし，負の製品原価を低減することによって，環境負荷の低減と同時に原価の低減による利益向上を達成する。

(3)　ライフサイクル・コスティング

　原価計算システムとしてのライフサイクル・コスティングとは，目的達成のための手段の選択において，1つの制約としてその機能を果たすだけでなく，予算管理における原価計算システムとして，また長期的な経済性評価方法として機能するものである[4]。企業であれば，その目的として利益の獲得などがあ

380

第5章　コスト管理

げられる。利益獲得などの目的達成のために，戦略的なコストマネジメントとして，製品の開発から環境コストも含めたライフサイクルの終点までの期間におけるコストあるいはその回収の計算・分析を中心とするものである[5]。

　製品の収益性に関する分析において，製造原価に基づいた評価では基本的に，製品の販売価格とその製品を製造するために必要となる製造原価との対応関係が対象となる。この分析は，製造活動による収益と費用との対応関係が分析対象となっているものであり，継続した既存の製品製造活動の収益性を分析すること前提としたものである。それに対して，ライフサイクル・コスティングは製品のライフサイクルにおける全コストを対象として分析するものである。

　ライフサイクル・コスティングでは，コストを集計する製品のライフサイクルの設定が重要となる。研究開発から廃棄までの，製品のライフサイクルすべてにわたって発生するライフサイクル・コストを集計した場合には，そのコストが複数の経済主体によって負担されることになり，集計されたライフサイクル・コストが特定の経済主体にとって有用な原価情報にならない可能性がある。たとえば，製品の製造段階までに発生したメーカーが負担する部分と，製品がユーザーに引き渡された後に発生するランニングコストや廃棄コストなど，ユーザーが負担する部分との合計によってライフサイクル・コストが計算されるのであれば，各主体ごとのライフサイクル・コストの計算が必要となる[6]。

　ライフサイクル・コスティングではコストを計算する主体や，対象とする製品・サービスによってライフサイクルが大きく異なり，必ずしも会計期間などと一致するものではない。ライフサイクルの期間によっては，コスト計算が複数年にわたる場合もある。

5.3.3　環境配慮型業績評価

　環境配慮型業績評価とは，企業の業績評価システムに環境パフォーマンス情報を導入する手法である。環境経営を促進するためには，企業経営における重要なシステムに環境の側面を導入することが効果的であり，環境配慮型業績評価はそのための手法である。

381

第Ⅱ編　SCM マネジメント編

　企業による環境保全活動を継続的かつ全社的に推進するためには，企業活動と環境保全活動とを明確に関連づけることが不可欠である。経営システムにおいて重要な役割を果たす業績評価システムと連携することで，環境保全活動が企業の目的とリンクされて全社的かつ継続的な活動として認識されることとなる。このような環境保全活動と関連付けられた業績評価システムは環境配慮型業績評価システムと呼ばれることもある。

　環境会計は，企業の環境保全活動と経済活動とを連携させることを目的とするが，業績評価システムは基本的に財務情報を中心に設計されている。この業績評価システムに環境パフォーマンスに関する情報を導入することは，環境会計においても重要なことと考えられる。

　『環境管理会計手法ワークブック』における検討では，業績評価システムが企業ごとに多様であることから，環境配慮型業績評価の標準的な手法の開発は難しいとされた。

5.4　実践的管理会計

　管理会計では分析やマネジメントの対象に関連が強い数値指標を測定し，目標値と実績値の比較や経年推移の観察などの手法が多くみられる。このようなマネジメント手法において，目標や実績を設定・測定する指標が業績尺度（performance measures）や業績指標（performance indicators）と呼ばれる。厳密に定義されているわけではないが，多くの場合，業績尺度が過去に発生した活動を評価する指標として，業績指標が将来実施する活動を指示する基準として用いられる。マネジメントにおいて特に重要と判断される業績尺度や業績指標は KPI（key performance indicators）とも呼ばれる。

　指標を用いたマネジメント・ツールの代表的なものとしてバランスト・スコアカード（Balanced Scorecard：BSC）があげられる。BSC は発表当初は主として，業績評価のツールとして提案された。その後の実務への導入過程において，戦略を策定し実行させ，経営品質を向上させるためのツールとしての役割が大きいことが認知されるようになった。現在では BSC は，財務業績だけでなく，顧客関係，内部ビジネス・プロセスの改善，学習と成長といった総合的

382

な視点から，戦略マップを用いてビジョンと戦略の効果的な策定と実行を確保するとともに，報酬に連動させた業績評価システムとして，また経営の品質向上に資するなどの経営目的に役立てられる，戦略的マネジメント・システムとして認識されている[7]。

　SCMにおける指標を用いたマネジメント手法にも，SCMロジスティクススコアカード（LSC）と呼ばれるものがある。SCMロジスティクススコアカードとは，SCMに向けての改革を促すための簡便的なベンチマーキング手法である。スコアカードは，SCMの性能とその作用因を構成する①戦略・組織，②計画実行力，③パフォーマンス，④情報技術の4つの大項目を構成する22の項目から成る。各項目には，レベル1からベストプラクティスに相当するレベル5までのレベル表現が与えられる。この手法は，22項目における5段階評価によって，SCMの状況を客観的に認識し，改善の方向性を検討することを目的とするものである。

　その他にも物流やロジスティクスなどに関連する指標やKPIによる分析や評価の手法が提案されている。いずれの手法においても，物流・ロジスティクスのパフォーマンスを数値によって測定することに共通点がみられる。定量的な指標によるマネジメントの強みとしては，その比較可能性があげられる。数値比較では，目標と実績の比較や経年推移といった自社内における比較だけでなく，業界平均などといった基準となるような指標との比較も行われる。

　設定・測定される指標やKPIは分析対象によって多様なものがある。BSCやLSCでは，これらの指標群を手法の枠組みに従って分類し，指標間の因果関係などから関連付けて管理していく。

5.5　物流ABC準拠による物流コスト算定・効率化マニュアル

　活動基準原価計算（Activity-Based Costing：ABC）が発展してきた背景において，製造業の製造間接費の配賦計算を精緻化することを目的として活用する企業が増加してきた。ロジスティクスや物流といった活動へのABCの導入に関する先行研究も存在するが，管理会計分野における調査では，ABCを採用している企業の割合は製造業と比較して運輸業を含めた非製造業が低いもの

であった。しかしながら，少数ながらも ABC を採用している非製造業の企業の ABC に対する満足度は非常に高いものであった。

物流において，ABC を活用することで物流コストを算定することを支援する動きもある。中小企業庁より公表された『物流 ABC 準拠による物流コスト算定・効率化マニュアル』では，ABC の手法によって，企業の物流コストを詳細に分析することを目的としている。これは，ABC による製造間接費の配賦計算の過程で，製造間接費を活動別に集計することに着目したものである。

製造間接費の配賦計算の精緻化を目的とした ABC であるが，その計算過程や概念については，原価（コスト）プールへの集計と活動（アクティビティ）による配賦の 2 段階によるものである。集計と配賦には，経営資源の消費を表す資源ドライバーと，活動の利用度合いを表す活動ドライバーが利用される。この過程は図 5.2 のように示される。

ABC による配賦計算では，第 1 段階として発生した間接費をその発生原因として関連付けられる活動ごとに集計する。このとき集計先として設定された活動がコスト・プールであり，間接費の発生につながる経営資源の消費を可能な限り表す要因を資源ドライバーと呼ぶ。第 2 段階は最終的な原価計算対象への配賦計算であり，原価計算対象が必要とした活動の量あるいは利用度合いを表す活動ドライバーによって配賦計算が行われる。

製造業において製造間接費を集計する活動（コスト・プール）の 1 つとして物流活動を設定するならば，ABC によって製造間接費の配賦計算を精緻化した原価を計算すると同時に物流コストの計算も行うこととなる。ABC 本来の意義においては，製造間接費の配賦計算の精緻化を目的としており，活動別の

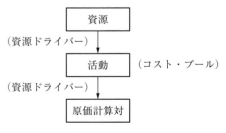

図 5.2　ABC の 2 段階配賦計算

第5章　コスト管理

原価集計はその目的を達成するための計算手法である。物流活動に集計される物流コストを計算する際にも，さらに細分した各種の活動に集計した原価を配賦することで，物流コストの計算が精緻化される。

5.6　日日原価管理

　原価管理とは，目標としての原価標準の設定・指示から始まり，原価の実際発生額の算定，標準と実際発生額との比較による差異分析，管理担当者への報告と続く一連のプロセスを通じて組織（原価部門）の原価能率の増進を図る企業活動を指すものである。実際発生額と比較される標準値としては，一般に標準原価が採用され，この原価概念をもとに設計される標準原価計算システムが，原価管理目的のために用いられる代表的な原価計算精度となる。

　標準原価は，「適用される期間」と「達成水準としてのレベル」によってそれぞれ分類される。適用期間については，原価要素の消費価格や作業能率，操業度などの諸条件を長期間一定として算定される標準原価は基準標準原価と呼ばれる。基準標準原価は一定の測定基準としての意味をもち，これと実際原価とを対比することで実際原価の変動状態が観察される。ただし，機械設備や生産方式などの基本条件が変化した場合には改定する必要がある。

　原価要素の消費価格および作業能率，操業度などの諸条件について，現在予期しうる状況を想定して算定されるのが当座標準原価である。当座標準原価は予期された条件に変化が生じた場合には改定される必要がある。

　標準原価を「達成水準としてのレベル」によって分類する際には，主に作業能率や操業度が分類基準において重要となる。技術的に達成可能な最大操業度のもとで，最高の能率によって達成される最も低い原価を理想標準原価という。これは，原価材を消費する際に生じる減損や仕損，遊休時間などに対する余裕率が許容されない理想的水準における標準原価である。この理想標準原価は制度としての標準原価には含められない。

　良好な能率のもとで達成可能な標準原価を現実的標準原価といい，通常程度の減損や仕損，遊休時間などの余裕率を含める。これは，比較的短期における予定操業度および予定価格を前提として算定され，これらの条件が変化すれば

385

第Ⅱ編　SCMマネジメント編

改定されるので，原価管理に最適であるだけでなく，棚卸資産価額の算定や予算編成のためにも利用される。

　比較的長期にわたる過去の実績数値を統計的に平準化し，これに将来の趨勢を加味した正常能率，正常操業度および正常価格に基づいて算定された標準原価を正常標準原価という。経済状態が安定している場合には，この正常標準原価は，棚卸資産価額算定目的に最も適しているだけでなく，原価管理目的にも利用可能である。

　将来に予測される予定価格と予定消費量に基づいて算定される原価を予定原価という。「原価計算基準」では，標準原価が，実務上は予定原価で代用される場合があることを考慮して，予定原価を制度としての標準原価に加えている。この場合の予定原価は，予算編成目的や原価管理目的および棚卸資産価額算定目的にも代用される。

　原価管理では，以上のような標準原価を原価の標準として設定し，実際に発生した原価と比較することで差異分析を行い，原価の削減を目指すものである。このとき，一定の生産設備・生産条件のもとで，作業能率を高めることで原価発生額を目標水準まで引き下げようとするような原価能率の改善を意味する原価管理は，コスト・コントロール（cost control）と呼ばれ，狭義の原価管理概念とされる。この概念は，原価発生に対して経営全体の観点からよりもむしろ，個々の作業における原価能率の管理を対象としている。このような場合の原価標準は，個々の作業場所や部門の管理者の権限と責任に関連させて，期待される能率や作業状況を表すように設定される。

　個々の作業過程における原価の発生は，経営全体の生産設備・生産条件に依存しており，このような前提条件の改善によって原価の標準自体を引き下げるような考え方はコスト・リダクション（cost reduction）と呼ばれる。現在ではさまざまな企業活動において固定的な設備の必要性も高く，原価に占める固定費の割合も大きいものとなっている。そのような固定費の管理も含めた総合的な原価管理は，コスト・コントロールとコスト・リダクションとを結び付けた，広義の原価管理概念としてコスト・マネジメント（cost management）と呼ばれる[8]。

第5章　コスト管理

〈参考文献〉

1) 溝口一雄：管理会計の基礎，pp. 8-9，中央経済社，1987

2) Anthony, R. N. and Welsch, G. E.：Fundamentals of Management Accounting, rev. ed., pp. 18-20, Homewood, Irwin, 1977

3) 通商産業省：物流コスト算定活用マニュアル，pp. 33-35，1992

4) 岡野憲治：ライフサイクル・コスティング―その特質と展開，pp. 239-240，同文舘，2003

5) 江頭幸代：ライフサイクル・コスティング，p. 3，税務経理協会，2008

6) 伊藤嘉博：製造物責任制度の導入と原価計算の課題― PL コスティングの意義と可能性，成蹊大学経済学部論集，第22巻，第1号，p. 73，1991

7) 櫻井通晴：管理会計第5版，p. 571，同文舘，2012

8) 溝口一雄：管理会計の基礎，pp. 147-148，中央経済社，1987

井手吉 成佳

6 業績評価測定と評価基準（KPI）

6.1 は じ め に

　はじめに KPI の発展過程について若干触れることとする。第 1 に米国の物流管理協議会（Natonal Council of Physical Distribution Management：1960 年ロジスティクス管理協議会（Natinal Council of Logistics Management）を経て現在 SCM 管理協議会（CSCM）P）が 1978 年に「物流における生産性の測定（Measuring Productivity in Physical Distribution）」と題する報告書を発刊し，KPI を含む物流生産性に関する事項を集大成した報告書である。次いで，White ジョージ工科大学教授の協力を得て，米国のイートン社のマテリアルハンドリンググループである産業機械事業部によって作成され，発刊された「生産性の管理」（Yale Productivity Management）が先駆的な役割を果たしている。前者は物流全般を対象としているのに対して，後者は荷役運搬に焦点を絞っている。日本では個々の研究は存在したが，組織としての本格的な研究は昭和 59 年に日本物的流通協会が産能大学唐澤豊教授（当時）を主査とする「物流部門の生産性指標と評価測定研究懇談会」が最初であり，同年末には物流管理指標に関する第 1 回アンケート調査を実施し，約 1,000 有余の管理指標について主要企業 69 社からアンケートの協力を得た。次いで，日本物的流通協会から唐澤豊専修大学教授著「物流管理指標の総合体系」が発刊された。

　ここ数年，経営目標達成度を測るするためにはロジスティクスパフォーマンスや業績評価に評価指標である KPI（Key Performance Indicator）に注目し

第II編　SCM マネジメント編

ているロジスティクスの企業グループが増えている。そこで，本章では業績評価基準および指標についての基本的なこと，簡単な測定方法，および活用方法を理解することを目的とした。本章は次のように構成されている。

第1に，ロジスティクスを管理するまたは改善するための基本的な業績評価の方法について述べる。

第2に，パフォーマンスや業績評価に評価指標を導入し，運用するための基本指数を作成する手法，すなわち評価方法の種類をいくつか紹介する。本章では業績評価測定の手法であるチェックリスト方式やKPIに基づく管理指標方式について説明する。

第3に，KPIで採用した評価指標は使用上の限界があり，そのときに経営科学指標を作成することが必要となる。本章では，この指標方式の基本を理解するために例題を用いて簡単に解説する。

6.2　評価方法について

多くのロジスティクス企業では経営の最終目標が達成されているかどうかを測るために，業務プロセスや活動などを数値化することによって，それが良いか悪いかの評価を行っている。それを実践するためには，キーワードとなるのが業績評価測定および評価基準KPIである。つまり，企業の経営目標いわゆる財務目標に対して，現状の問題を把握し，どのようなプロセスにすればその問題点が改善できるかを，数値で表す評価指標を導入し，業績評価を測定する。評価指標の中で特に重要な指標を表すのがKPIである。

KPI（重要業績評価指標）は，目標達成度を測る指標である[1]。KPIは，経営管理者が設定している財務目標を達成するために必要とされる管理指標である。すなわち，KPIは財務目標を達成する過程で設定される。

そこで，本章では財務分析ツールおよび評価方法の種類について簡述する。

6.2.1　財務分析ツール

財務分析ツールは，次のステップで構成される（図6.1）[2]。

第6章 業績評価測定と評価基準（KPI）

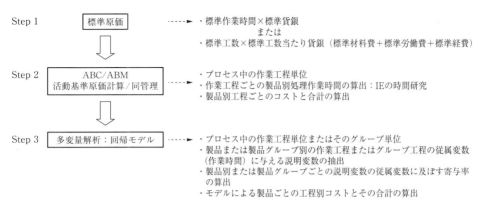

図 6.1　会計分析の段階

ステップ1：標準原価

製造部門のコストを減少させるためには問題点を明確化する評価基準が必要となる。つまり，製造部門のコスト管理には標準原価が必要である。実際原価は標準原価より高かったら，作業の進め方に問題がある。したがって，その問題点を明らかにするためには標準原価の作成が重要である。標準原価は次のように算出される。

$$標準原価＝標準作業時間 \times 標準賃銀 \tag{6.1}$$

または

$$標準原価＝標準工数 \times 標準工数当り賃銀（標準材料費＋標準労働費＋標準経費） \tag{6.2}$$

ステップ2：ABC/ABM

ABC は Activity-Based Costing の略で活動基準原価計算，また ABM は Activity-Based Management の略で，活動基準管理のことである[3]。このステップでは，ABC を用いて活動，資源，原価計算対象の基準原価を算出して業績を測定し，ABC で見つけた問題点などを改善するために ABM を適用する。すなわち，ABC/ABM 技法を用いて，製品別工程ごとの製造間接コスト（製品研究開発コスト，機械の保守コストや物流コストなど）を計算する。

ステップ3：回帰モデルによる多変量解析

ステップ1の標準直接原価算出，またはステップ2の ABC/ABM 技法によ

391

第Ⅱ編　SCMマネジメント編

る活動基準原価計算（製造間接コスト）ができたら，次は回帰モデルを用いて多変量解析を行う。このステップは次のようである。

- 製品別（または製品グループ）の作業工程（またはグループ工程）の従属変数（作業時間）に与える説明変数を抽出する。
- 製品別，または製品グループごとの説明変数の従属変数に及ぼす決定係数を算出する。
- 回帰モデルによる製品ごとの工程別コストとその合計コストを算出する。

6.2.2　評価方法の種類

評価方法は一般的に，3つの種類がある。チェックリスト方式，管理指標方式，および経営科学指標方式である。これらの方式の基本的なこと，活用例などについては以下に述べる。

6.3　チェックリスト方式

チェックリスト方式による評価手法は，評価観点を明確にでき，評価結果をすぐに出すことができる。また，チェックリスト方式は目標を定量化し，目標値として評価する方式である。そのため，まずは目標を目標値で表し，さらに等号，不等号の判定基準も使う。そして，定点観測の対象を決めてチェックリストを作成する。さらに，チェックリストを構成するチェックポイントがあればそれをあらかじめ決める[4]。作成したチェックリストを実施することによって，合計点を計算し，最終的にその計算結果を目標値の判定基準で評価する。

ここで，このチェックリスト方式による評価手法を具体的に理解するため，ロジスティクス自己評価のチェックリストを例としてあげる（表6.1）[5]。このチェックリストは企業のコントラクトロジスティクスの可能性を評価するために，表6.1に示すように質問のチェックリストを作成する。これらの質問に答え（点を付ける方式），最終的に合計点を以下のように設定した目標値で評価して，アウトソーシングを基本的に検討する。

〈評価の判定基準〉

- 50点以下：限定された必要性

表 6.1　ロジスティクス自己評価チェックリスト

I　出荷者のニーズ

項目		評価	
過去5年以内の獲得/剥奪	なし	1 2 3 4 5	多数で大幅
市場と製品の拡大契約	安定	1 2 3 4 5	急激に変化
資本人員の制約	影響なし	1 2 3 4 5	影響大で決定的
顧客・競争要件	安定	1 2 3 4 5	急激な変化要求
ロジスティックMISの強化	問題なし	1 2 3 4 5	緊急か必か重要

II　アウトソーシングからの期待効果

項目		評価	
輸送費の低減	コスト節約なし	1 2 3 4 5	きわめて低い
荷役および保管費	コスト節約なし	1 2 3 4 5	大幅に低減
在庫水準	影響なし	1 2 3 4 5	大幅な低減
チャネル応答の向上	影響なし	1 2 3 4 5	きわめて大
チャネル管理の向上	なし	1 2 3 4 5	きわめて大

III　供給者の信頼性または確実性

項目		評価	
供給されているサービスの範囲（地理的の広さ）	限定	1 2 3 4 5	もっぱらニーズを充足
コントラクトロジスティクス経験・能力（MIS/人間/実施したプロジェクト）	限定	1 2 3 4 5	経験的ロジスティック指向
業界水準	なし	1 2 3 4 5	十分あり
物事の改革能力の証し（実行/サービス配送）	限定	1 2 3 4 5	強力なデモ能力
供給者のコントラクトロジクスに対する財務力と約束	曖昧	1 2 3 4 5	非常に強い
価格・競争	競争なし	1 2 3 4 5	非常に競争的

IV　アウトソーシングの経験

項目		評価	
コントラクトトラック輸送	なし	1 2 3 4 5	完全
コントラクト倉庫	なし	1 2 3 4 5	完全
総合的なコントラクトトラック輸送倉庫	なし	1 2 3 4 5	非常に強い
チャネル管理アウトソーシング	なし	1 2 3 4 5	非常に強い
業績ベースの契約	なし	1 2 3 4 5	非常に強い

V　経営者のコミットメント

項目		評価	
機会を現実の実施へと置き換える信頼できるスポンサー	なし	1 2 3 4 5	高いレベル：積極的なコミットメント：非常に信頼できる
革新と変化に対する企業文化	変更に抵抗	1 2 3 4 5	変更・革新を必然と見なす
報奨勤勉づけ	極端に非弾力性：伝統性	1 2 3 4 5	多機能面の革新への応答
原価コストと推定コストおよび業績コストをベンチマークする能力	なし	1 2 3 4 5	十分確立した能力

合計点	結果の評価	次のステップ
50以下	限定された必要性・機会	なし
50～90	適度の必要性・機会	実行可能性の調査
90以上	大幅な必要性・機会	予備調査：供給者の調査　プロポーザルの評価：供給者の評価：積極的なプロポーザルの要求：積極的ならば、プロジェクト遂行

注：①1～5点を用いて25の基準に点を付け、コントラクトロジスティクスの機会を求めるかどうかの方向性の鍵とする。
②貴社のコントラクトロジスティクスの可能性を評価する鍵に用いる。
出典：文献5)

- 50〜90点：適度の必要性
- 90点以上：大幅な必要性

6.4 管理指標方式

経営者はたとえば営業部門において，経営改善して，経営目標を達成するには，業績評価手法であるKPIが必要となる．ここで，KPIに基づいて物流管理指標を作成する方法および評価する方法について説明する．

6.4.1 生産性の発展段階

図6.2は，ロジスティクスの全体的な生産性の発展段階を示している[6]．生産性尺度の発展段階は一般的に4階段に区分され，次のように簡単に説明できる．

- 第1段階：総物流費を中心としたもので，物流機能全体から生じる費用を明確にして，対売上比率をとる．
- 第2段階：過去のデータから物流管理指標の標準値を求め，それを実際値と比較する．すなわち，予算管理制度を導入するとともに達成度を評価するシステムを作成する．
- 第3段階：時間研究などにより，動作時間を求めたデータから標準値を計算する方法によって，設定した標準値と実際値をチェックする．
- 第4段階：物流管理指標と財務情報システムの統合を図ることによって，管理指標および費用に基づくトレードオフ論理を確立する．

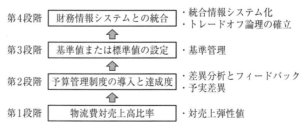

図6.2 全体的な生産性尺度の発展段階
出典：文献6），p.80

6.4.2 基本指標

基本的な物流総合管理指標は図6.3に示すように，生産性指標，達成あるいは業績指標，利用指標，サービス指標，そして一般指標を基準としている。これら5指標について次のように簡述する。

(1) 生産性指標

生産性指標とは，生産のための消費された資源量と生産または産出された製品の価値の割合を示す指標である。つまり，経営資源の有効利用はどの程度であるかをこの指標で評価される。また，生産性指標は労働生産性と資本生産性の2指標から成っている。両者の違いは分子を産出（成果）とし，分母を労働人員または労働（人件費）経費と投下資本とする点にある。生産性指標は次式で算出される。

$$生産性指標 = (産出/投入) \times 100 \qquad (6.3)$$

(2) 達成あるいは業績指標

達成あるいは業績指標とは，実績値対計画値の比率を示す指標である。達成率などとも呼ばれ，業績を評価する一般的な指標である。この指標は次式で算出される。

$$達成/業績指標 = (実績値/計画値) \times 100 \qquad (6.4)$$

(3) 利用指標

利用指標とは，利用可能値に対する実績地の比率を示し，企業の利用性が効率的であるどうかを評価するものである。具体的には月間稼働設定時間に対し

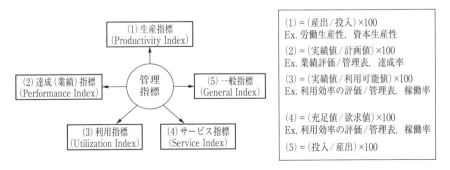

図6.3 基本的な管理指標

第Ⅱ編　SCM マネジメント編

て実績の比率をみる。次式により，利用指標が求められる。

$$利用指標＝（実績値/利用可能値）×100 \tag{6.5}$$

(4)　サービス指標

サービス指標とは，充足値に対する要求値の割合を示すもので，顧客満足度などを評価する。サービス指標は次式によって求められる。

$$サービス指標＝（充足値/要求値）×100 \tag{6.6}$$

(5)　一般指標

一般指標とは，生産性指標の逆数で投資効率などの測定に使用される比率である。したがって，この一般指標は次式で算出される。

$$一般指標＝（投入/産出）×100 \tag{6.7}$$

6.4.3　基 本 構 造

基本的構造物流管理指標はさまざまな角度から考えて，ツリー構造型の指標体系として示し，図6.4のとおりである[7]。このツリー構造型の物流指標体系は，内容は以下のようにまとめられる。

- 基本構造は総合指標，管理指標および運営指標の3つの階層と補助指標から構成される。
- 各指標はそれぞれ，労働，施設，機器・装置，エネルギーおよび総合の領域から眺めて分析する。たとえば，生産性指標については労働（労働生産性），施設（資本生産性），機器・装置（資本生産性），エネルギー（エネルギー生産性），そして総合（生産性）の分野からアプローチして作成する。

6.4.4　輸送管理指標

本項では輸送活動についての指標モデルを紹介する[8)-9)]。

(1)　輸送指標の区分体系

輸送管理指標の策定に当たっては，輸送活動を要素別に区分する必要がある。そのために，輸送の要素を細かく分析する。図6.5の輸送指標の区分体系に示すように，基本的には輸送総合管理指標，管理指標，作業指標から成っている。さらに，作業指標を補助する指標および中間的な管理指標である補充・

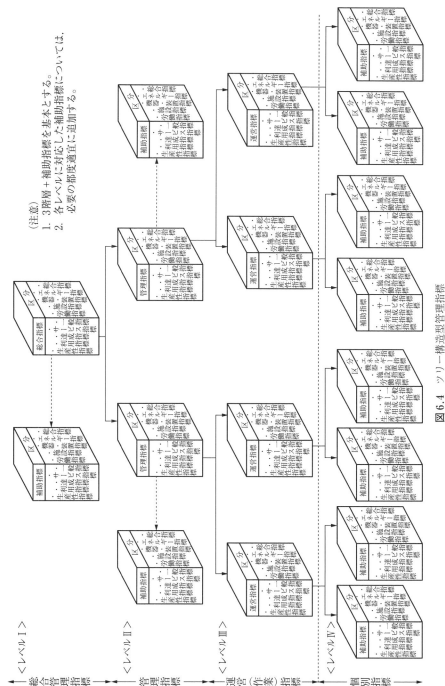

図 6.4 ツリー構造型管理指標
出典:文献 6), p. 75

第Ⅱ編　SCMマネジメント編

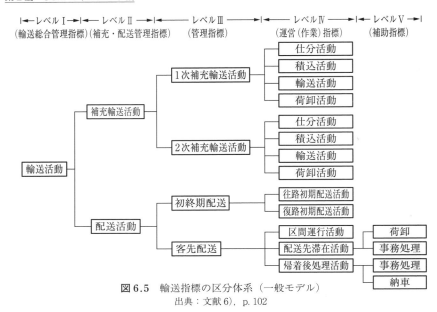

図6.5　輸送指標の区分体系（一般モデル）
出典：文献6），p.102

表6.2　輸送管理指標

レベルⅠ	レベルⅡ	労働	装置	エネルギー	総合（費用）
輸送の生産性指標	（貸切便・路線便）	輸送数量 売上高 / 労働時間 作業人員	走行料 輸送数量 売上高 訪問件数 / 稼働時間 車両台数 車両総数	輸送数量 売上高 / 燃料使用量	輸送数量 売上高 / 貸切便(or路線便)費用
	積込み	積込数量 / 労働時間 作業人員	積込数量 / 稼働時間 車両台数	積込数量 / 燃料使用量	積込数量 / 積込費用
	輸送	輸送数量 / 労働時間 作業人員	輸送数量 / 走行料 稼働時間 車両台数	輸送数量 / 燃料使用量	輸送数量 / 輸送費用
	荷卸し	荷卸数量 / 労働時間 作業人員	荷卸数量 / 稼働時間 車両台数	荷卸数量 / 燃料使用量	荷卸数量 / 荷卸数量
		路　　線　　便　　の　　み				
	仕分	仕分数量 / 稼働時間 作業人員	仕分数量 / 稼働時間	仕分数量 / 燃料使用量	仕分数量 / 仕分費用

出典：文献6），p.103

第6章　業績評価測定と評価基準（KPI）

配送管理指標から成っている。これらの活動要素を細分化し，最終的に指標を作成することは指標の整合成，統一性の観点から重要である。

(2)　輸送管理指標

日本物的流通協会物流部門の生産性指標と評価測定研究懇談会は，輸送管理指標のモデルについて，指標を生産性指標，利用指標，および実績指標に3分類し，さらに各指標を労働，装置，エネルギーおよび総合の4項目の角度から展望している[8]。また，機能分類については原則としてレベルⅠで管理指標，レベルⅡで運営指標を示している。輸送の生産性のみを4項目の角度から眺め，重要な管理指標を要約すると，表6.2となる。

(3)　輸送に関する指標（例）

ここでは，例を通して輸送に関する指標の内容と様式を簡単に説明する。A社の物流のオペレーションは物流子会社に委ね，従価方式を前提とした変動制契約形態をとっている。支払費用の算定の規準はm^3であるが，部品について

表6.3　輸送に関する指標

	指　　標	内　　　　容
基本指標	$m^2 \cdot km$ 当たり運賃	（総運賃）÷（総 $m^2 \cdot km$） 総 $m^2 \cdot km = \sum_n x_i \cdot y_i,\ i=1,2,\cdots,n,\ n$：地域数 x_i；i 地域への輸送量，y_i；i 地域までの平均距離
管理指標	平　均　輸　送　距　離	（総 $m^2 \cdot km$）÷（総物量）
	向　先　ルート別　物量比	全国レベルでの向先ルート別出荷物量ウエイト （営業の場合は担当地区全体）
	特　　殊　　物　　量　　比	特殊な輸送手段を必要とする物量とその伝票件数の割合
	緊　　急　　出　　荷　　率	緊急出荷扱いをした物量と伝票件数の割合
	伝　票　当　た　り　平　均　物　量	（総物量）÷（総伝票件数）
	輸　送　手　段　別　運　賃　指　数	輸送手段別の対前年度契約運賃指数
	輸　送　手　段　別　物　量　比	輸送手段（航空・船・路線トラック等）別の輸送物量
	積　　　載　　　効　　　果	区域トラック・鉄道事故・鉄道コンテナの積載効率
補助指標	向　先　地　域　別　物　量　比	向先地域別の出荷物量ウエイト
	地域別の向先ルート別物量比	地域（営業所の場合は地区）ごとの向先ルート別出荷物量ウエイト
	地域別の輸送手段別物量比	地域（営業所の場合は地区）ごとの輸送手段別出荷物量ウエイト
	返　送　品　物　量　比	返送品の物量と伝票件数の割合
	転　送　品　物　量　比	転送品の物量と伝票件数の割合
	事　故　物　量　比	事故品の物量と伝票件数の割合

出典：文献6），p.51

第Ⅱ編　SCMマネジメント編

は m³ と件数の合算方式をとっている。そこで，A社の今後の課題として，輸送指標など対象範囲の拡大，コンピュータによるデータ処理などが考えられる[10]。表6.3に輸送に関する指標の内容および様式を表した。この表により，A社の今後の課題として，輸送に関する指標の内容は次のようにまとめられる。

- 輸送に関する指標の内容は全体を示す基本指標，仕事を管理する管理指標，そしてその管理指標を補助する指標の3つから構成される。
- 輸送指標は基本指標が1指標であり，管理指標が8指標であり，最後に補助指標が6指標であって，合計で15指標より成っている。

(4) 輸送の関係表

表6.4に輸送管理指標の分子および分母を示した。分子は数量，金額，伝票

表6.4 指標の関係表

レベル	分子／分母	売上高（支払高）	貨物個数	貨物重量容積	伝票枚数	伝票ライン数	訪問件数	走行料	備　　考
Ⅰ	総費用（荷主…支払方／業者…細コスト）	◎	◎	◎	◎	○	○		
	設備費用	◎	◎	◎	◎	◎			
	総労務費	○	○	○	○	○	○		
Ⅱ	作業人員（人数）	◎	◎	◎	◎	○	○	○	
	作業時間	◎	◎	◎	◎	○	○	○	
	車両台数　輸送	○	○	○	○	○	○	○	
	車両台数　荷役	○	○	○	○	○	○	○	リフト・コンベヤ・クレーン等
	車両稼働時間　輸送	○	○	○	○	○		○	
	車両稼働時間　荷役	○	○	○	○	○			
	輸送車両総トン数	○	○	○			○		
	燃料使用量　輸送	○						○	異種燃料の場合は合計金額を利用するのも1つの方法である。
	燃料使用量　荷役		○	○					
	修理費タイヤ費	○						○	
	走行料	○					○		

(注) ◎……積込み，運ぶ，卸す
　　　○……積込み，運ぶ，卸す，仕分け
出典：文献6），p.105

400

第6章　業績評価測定と評価基準（KPI）

件数，伝票枚数，重量，容積などを含む。また，分母は労働時間のみならず労働人員，時間，費用などを含む。

6.4.5　指標の限界

経営の最終目標を達成するための過程を指標で測定するKPIの欠点は次のとおりである。

- KPIで作成した各管理指標は問題の所在が提示できない。
- この指標は問題の解決を直接行う指標ではない。
- 複数の要因が1つの作業に影響する場合は不適切が多いため，KPIがその問題に対応できない。

したがって，これらの指標はマクロ的な指標であって，実務に結び付けるためには

- 多変量解析などという統計的手法を利用する
- 事象の複雑化に対応する

というような経営科学の方法を別途考える必要がある。

6.5　経営科学指標方式：多変量指標

経営科学指標方式とは，多変解析手法である回帰モデルを用いて多変量指標を作成するものである。この分析プロセスについて物流配送センターの例を通して以下に解説する。

6.5.1　全体プロセスのフロー

分析プロセスは次のように行う（図6.6）[2]。

ステップ1：検討対象物流配送センターのデータを収集する。

ステップ2：重回帰モデルを用いて，時間や人員などの予測を行う。

ステップ3：人員と工程多能工スキルにより，人員計画システムまたは工程別モデルによる予測人員に対する適正な配分を行う。

ステップ4：理論値と実際値を比較・検討して，次いで予測モデルの実用性を確認する。

401

第II編　SCMマネジメント編

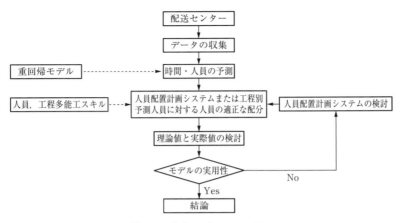

図 6.6　全体のプロセスの流れ

<u>ステップ5</u>：予測モデルの実用性がない場合，ステップ3から繰り返す．

6.5.2　調査結果の要約

A 会社の配送センターのピッキング作業における問題の所在を明らかにするために，重回帰モデルを用いて経営科学指数を作成する．まず，A 社のピッキングデータの収集を行い，結果を表 6.5 に表す．なお，表中に表示した記号は次のようになる．

　　Y：作業時間

〈整体〉　　　　　　　　　　　　　　〈端数〉
X_1：ピッキングリストの枚数　　　　X_5：ピッキングリストの枚数
X_2：使用されたワゴンの台数　　　　X_6：使用されたワゴンの台数
X_3：ピッキングした商品の種類数　　X_7：ピッキング商品の種類数
X_4：ピッキングした回数　　　　　　X_8：ピッキングした商品の総個数

第6章　業績評価測定と評価基準（KPI）

表 6.5　調査結果

	X_1	X_2	X_3	X_4	X_5	X_6	X_7	X_8	Y
1	2	1	33	54	1	0	6	69	41.32
2	3	3	47	143	0	0	0	0	44.74
3	1	1	12	15	1	0	2	24	27.65
4	3	3	56	125	1	1	8	90	59.25
5	2	3	34	94	0	0	0	0	27.9
6	3	4	48	188	1	0	4	101	84.4
7	1	1	19	29	1	0	8	16	26.59
8	1	1	14	15	0	0	0	0	6.28
9	2	2	23	75	1	0	9	281	56.61
10	1	1	12	73	1	0	2	13	16.98
11	1	1	4	12	1	0	1	2	7.89
12	2	1	28	100	1	1	16	68	67.49
13	2	4	40	128	0	0	0	0	48.79
14	1	3	5	56	0	0	0	0	11.42
15	3	6	58	203	2	1	16	46	134.56
16	2	3	38	142	0	0	0	0	32.54
17	1	2	18	89	0	0	0	0	25.31
18	2	1	24	54	0	0	0	0	18.56
19	2	2	22	42	1	1	3	22	31.68
20	2	2	25	30	1	1	14	322	56.97
21	3	2	47	118	1	1	9	48	24.65
22	3	2	41	154	1	0	8	26	76.56
23	0	0	0	0	1	1	6	15	4.42
24	1	1	20	32	1	0	8	0	28.67
25	1	1	1	1	1	1	1	1	6.82
26	1	1	9	15	0	0	0	0	6.72
27	2	3	35	79	1	0	9	29	52.73
28	2	1	28	50	0	0	0	0	15.44
29	1	1	2	2	0	0	0	0	2.28
30	1	2	14	55	1	0	7	25	28.32

6.5.3　重回帰分析の結果

(1)　基本統計量

まずは，表6.5に表示した調査データを基本統計量の分析を行った。結果は表6.6のようになった。

第Ⅱ編　SCM マネジメント編

表 6.6　採集データ基本統計量

	X_1	X_2	X_3	X_4	X_5	X_6	X_7	X_8	Y
平均	1.733	1.967	25.233	72.433	0.667	0.267	4.567	39.933	35.785
分散	0.685	1.62	275.495	3214.32	0.299	0.202	25.426	5888.547	843.618
標準偏差	0.828	1.273	16.598	56.695	0.547	0.45	5.042	76.737	29.045
MAX	3.00	6.00	58.00	203.00	2.00	1.00	16.00	322.00	134.56
MIN	0.00	0.00	0.00	0.00	0.00	0.00	0.00	0.00	2.28

(2)　分散分析表によるモデルの有効性

次いで，重回帰式における各説明変数（今回は 8 個の変数）の有意性決定を
それぞれ行う。ここで，重回帰式における各パラメータの有意性についての検
定を行うためには分散分析表を作成する。作成した分散分析表で求めた分散比
F と比較し，F 表より求めた値より大きければその β（係数）が有意となり，
$\beta=0$ という仮説が棄却される。つまり，重回帰式 $Y=a+\beta_1X_1+\beta_2X_2+\cdots$
$+\beta_8X_8$ におけるその説明変数が予測に役立つと考えられる。なお，有意性検
定の詳細な手順または分散分析表の作り方はⅡ編 20 章の基本戦略展開の数値
例を参照されたい。本章ではこの有意性検定のやり方または分散分析表の作り
方を省略して，結果のみを示すことにする。

(3)　結　論

有意性決定を行うことによって，有効な説明変数が求められた。結果として
は，

X_3：ピッキングした商品の種類数

X_4：ピッキングした回数

X_7：ピッキングした商品の種類数

X_8：ピッキングした商品の総個数

が有効な説明変数である。

さらに，決定係数および相関係数の検定でこの重回帰モデルの実用性が確認
できた。次に，これらの有効な説明変数の係数を最小二乗法によって算出し，
以下のように重回帰分析による予測モデルが最終的に求められた。

$$Y=0.03152X_3+0.33135X_4+2.46878X_7+0.04152X_8-1.94335 \quad (6.8)$$

したがって，ピッキング作業時間 Y は式（6.8）によって推定できる。ま
た，この重回帰の予測モデルから見ると，ピッキングした商品の種類数の説明

404

第6章　業績評価測定と評価基準（KPI）

変数（X_7）は作業時間に影響を一番与えることがわかった。

6.5.4　経営科学指標方式の留意点

　経営科学方式は主要と思われる指標を選択し，個々の指標について数値分析をし，管理モデルを作成し，常にデータを通してモデルを更新しなければならない。WMSで使用される作業指示モデルなどはその典型的な例である。したがって，ソフトを利用することによって現実面での利用が可能となる。個々の企業が対応してもコストパフォーマンスから問題になる可能性がある点に留意すべきである。

〈参考文献〉

1)　堀内智彦：2時間でわかる図解KPIマネジメント入門，p. 3，あさ出版，2016
2)　唐澤豊：KPIの関係についての講義ノート
3)　アーサーアンダーセン（Arthur Andersen）：業績評価マネジメント―ミッションを実現する戦略的手法，p. 157，生産性出版，2001
4)　堀内智彦：2時間でわかる図解KPIマネジメント入門，pp. 55-60，あさ出版，2016
5)　唐澤豊：現代ロジスティクス概論，pp. 242-243，NTT出版，2000
6)　唐澤豊：物流管理指標の総合体系―作り方とその運用，日本能率協会マネジメントセンター，1987
7)　文献6) pp. 73-75
8)　文献6) pp. 51，102-103，116
9)　文献6) pp. 101-105
10)　文献6) pp. 50-51

サーラーガーム　サリンヤー

405

7 アウトソーシング管理の空洞化

7.1 はじめに

本章はアウトソーシング管理の空洞化についてその本質的な問題と応策について明らかにする。アウトソーシング化に傾斜するあまりに，依頼主である荷主と請負元である 3PL 企業との狭間にある現場改善管理の空洞化が顕著である。結果として，現場改善能力の低下と管理の空洞化を招き，わが国の産業競争力の弱体化に直結する問題でもある。本章では問題点の指摘とその対応策について論じる。

7.2 管理の空洞化について

周知のように，"水は高い処から低い処に流れる"の言葉があるが，"技術も高い処から低い処に流れる"し，経営用語もまた然りである。たとえば，"プライス・パフォーマンス（Price Performance）"，"コスト・パフォーマンス（Cost Performance）"，"スループット（Throughput）"，"ターンアラウンド・タイム（Turnaround Time）"，あるいは"ベンチマーク（Benchmark）"等々がその代表である。これらの用語は，コンピュータ業界では 1960 年代には使用されていたが，その後，コンピュータを利用している大手一般企業で使用されるようになり，最終的にロジスティクス業界においても使われるようになった。加えて，卑近な典型例は生産系の用語である。生産系が発信源となり，ロ

第Ⅱ編　SCMマネジメント編

ジスティクス分野で広く使われている用語は非常に多い。カンバン方式に端を発し，JIT，リーン（Lean），小集団活動，PM・EM・AM，プッシュ方式，プル方式，山崩し，IE，QC，等枚挙に暇がない。このように，経営や技術用語の流れには，先端企業または先端技術やシステムをもつ産業あるいは分野が発信源となり，下位の産業または分野に流れるという潮流が存在している。

　かつて高度経済成長時代に大きな問題となったのは，"産業空洞化問題"である。つまり，先進国の積極的な海外進出の結果，国内産業の空洞化をもたらしたことである。他方，発展途上国では，先進企業からの技術移転に伴う製品競争力の強化，低賃金をベースとした強靭な原価および価格競争力ならびにGDPの急激な成長とこれに伴う可処分所得の急速な向上を実現し，その市場規模は劇的に拡大した。この魅力的な市場は更なる企業のグローバル化の加速剤となり，結果的に，国内工場の統廃合と海外移転とをもたらした。歴史の一時点では，"装置産業は資本集約的であり，生産技術が安定すれば競争力をもつ製品の生産は可能であるが，組立産業は，裾野が長い，いわゆる，裾野産業であるから，発展途上国においては，短期間には生産競争力はつかない"と見なされていた。しかしながら，歴史のページが進む中で，自動車や家電に代表される組立て産業でさえも，進出国における"需要の拡大・生産力と生産技術力の充実・研究・開発力の向上・下請け/関連産業の発展"という産業発展の推進サイクルには抗しきれず，今や，わが国では，産業空度化論を超えて，産業衰退論さえささやかれているのが実状である。

　アウトソーシングの推移を振り返ると，旧来の生産の外注化はアウトソーシングであるが，株式業務や情報処理のアウトソーシングや子会社化，派遣会社の代表的な受付・秘書業務等，事務系のアウトソーシング，図面設計，制御，工事等あらゆる分野でアウトソーシングビジネスは基盤を確立している。ロジスティクスの分野では，3N（No Investment, No Asset & No Operation）に象徴されるように，"今やまさに3PL，つまり，アウトソーシングの時代"である。

　アウトソーシングへの傾斜は，自社技術の空洞化はもとより，自社管理技術の空洞化をもたらすものである。昨今の荷主の管理をみると，ロジスティクスコストの削減を業務委託に集中するとともに，本来必要な自社のロジスティクス管理部門さえも縮小し，管理を含め委託業者に丸投げしている傾向にある。

しかしながら，現場管理の側面では，荷主ならびに委託業者双方の真空地帯と化し，"荷主管理の空洞化，業者管理の空洞化，現場管理の空洞化現象"を誘起している。本来，必要な管理，計画および戦略を所管する組織を維持し，業者を管理すべき筈ではあるが，コスト削減策の急激な傾斜の結果として，管理のコア組織の消滅ないし弱体化を招聘した。他方，委託業者の管理水準も不十分である。ロジスティクス管理の空洞化は，ロジスティクス競争力の低下を意味し，企業競争力の弱体化に直結することを意味している。管理の空洞化をなくし本来の管理を回復するためには，月並みではあるが，荷主とロジスティクス企業とが共通目標と認識をもち，現場管理ならびに改善はもとより計画，戦略をともに実現する最小限の組織を確立すべきである。

　現場技術の空洞化や管理の空洞化は単にロジスティクスや SCM だけの問題ではなくて，産業界の至る所に共通現象として生じている問題でもある。具体的には，生産の海外傾斜とアウトソーシングによる空洞化，事務のアウトソーシングによる空洞化，情報処理システム技術の空洞化，マーケティング技術の空洞化，設計技術の空洞化等々専門人材の空洞化については枚挙にいとまがない。

　産業の発展基盤は教育に在りといわれているロジスティクス教育に視点を移すと，ロジスティクスの運輸産業や倉庫産業は国家経済の中で相応の産業的な地位を確保してはいるが，業界でのロジスティクスおよび SCM の人材育成については業界内レベルに固執し，高等養育面における人材育成面での興味を示していないし，危機意識も感じてはいない。極論すれば，このような企業の考えは，潜在的には専門家不要論で，他分野の高等教育出身者を企業内で転用すればよいとする Easy Going あるいは慣習的な経営判断に起因しているものといわざるを得ない。世界の中で，ロジスティクスおよび SCM の人材供給源である高等教育体制が総合大学はもちろんのこと，学部・学科ですら皆無に近いのがわが国の実態である。まさに，SCM およびロジスティクス人材教育のガラパゴス化である。

　国際社会における，産業界の実務面での技術的優位性あるいは指導性に依存し，供給面からの本来の人材教育がなおざりにされている。具体的には，私立大学は学部学科を創設しても受験者数の動員力がなく，かつ将来の増加も期待

第Ⅱ編　SCMマネジメント編

できないため学部・学科として採算が合わないという理由で新設しない。加えて，需要サイドの産業界でも企業内転用で対処するかアウトソーシングによって対応すべきものとして，人材供給サイドの分野にはあまり関心を示してこなかったのが実態である。

　本来，国立大学が将来を見据えて率先してロジスティクスおよびSCM学部ないしは学科を新設すべきであるが，該当官庁は無関心で見向きもしない。結果論で断じれば，人材教育は，産業界に「丸投げ依存」するのみであった。たとえば，ハブ構築は「国家百年の計」であるが，ハブ実現による地域活性化と称して実施したハブへの分散投資がその象徴的な例である。国家のハブ創設戦略は集中投資以外に方法はないことは自明の理である。分散投資では国内競争力はもちろんのこと国際競争力についても有効ではない。まさに，当該分野においては，人材育成を筆頭に長期展望に基づく「国家百年の計」を策定する組織がないのが実態である。

　残念ながら，国際競争力，技術輸出等については個々の企業の能力に依存しているのが現在の姿である。「経営学とは具象的事実を抽象化する学問である」といわれているが，「ロジスティクス論やSCM論は具象的事実を通して抽象化する学問」となるに至っていないのが現在の姿である。つまり，学問的には，産業界の後追い理論の役目すら果たしていないのが実情である。特に，日本におけるロジスティクスの研究者は，ロジスティクスを学際的な領域としてとらえているため研究者自体は自身の本来の研究のための専門領域をもっているのが普通である。その是非を問う積りはないが，ロジスティクスは専門領域であり，国際的にもロジスティクスを専門領域とされている点を再認識すべきであろう。

　武田信玄の言葉に「人は城，人は石垣，人は堀，情けは見方，仇は敵なり」とあるが，現代企業の基礎も人であり，人材であることを再認識すべきである。官民産学協同の人材育成機関の創設こそ好ましいが，現時点では，官の強力な指導の下で高等教育機関，研究機関，あるいは技術養成機関等の設立を推進すべきであるものと考える。

　産業空洞化が叫ばれて久しいが最近ではほとんど耳にしなくなった。危機意識がなくなったのかあるいは関心が薄れたかは定かではないが，コア技術・管

第7章　アウトソーシング管理の空洞化

理の維持という視点からは依然として空洞化現象は進展しているのは事実である。最近の現象からするとスパイラル型循環現象はボトムめがけて悪循環している。産業空洞化現象に次いで，今や，技術の空洞化，人材の空洞化，中小企業を中心とした職人技術の空洞化，学究の空洞化，更には管理の空洞化にまで発展している。

技術の空洞化は，特に現場技術の空洞化が大きな問題となったことがある。さらに，高齢化社会の到来とともに高度経済成長を支えてきた現場技術者や熟練工あるいは研究者の定年でその数が減少の一途を辿った。しかも，業績悪化と相俟って理工離れ現象による補充数の減少とともにリーマンショック以降の経済の長期的な停滞の結果，中途採用数も極端に少なくなり，結果的には熟練工，技術者，開発者および研究者の企業内総人員は激減した状態を維持してきた。この中で，特にリストラ，早期退職制度，あるいは定年者の中で優秀な人材が海外企業に流出したことは周知の事実である。まさに，人材の空洞化現象あるいは人材ストックの恒常的減少の表れといえよう。

他方，合理化の一貫としてのアウトソーシングへの急傾斜は，コア技術の空洞化を招き競争力の質的低下をもたらしている。管理の空洞化および管理技術の空洞化である。本来企業が蓄積し，育んでいかなければならない企業技術の空洞化であり，喪失である。現況では，依頼企業が依頼先の企業に技術の細部を聞かなければならないというおかしな現象さえ生じている。これでは，外注先等依頼先を指導する能力があるとはいえない。まさに，主客転倒現象そのものであり，管理不在の現象でもある。しかも，アウトソーサーは仕事をこなすのに精一杯で，ことに現場業務ではファンダメンタルIEの実施能力すらない。つまり，改善や管理不在のエアポケット地帯が存在することになる。

基礎的な研究や人材育成をしている大学に目を転じると，かつてはほとんどの工学部で設置されていた経営工学科が，今や，関東に4校存在するのみで他の地域には存在していないものと思う。古典的なIEは産業界では，組立工業形態の工場で一世を風靡したが，ロボットや自動搬送ラインをベースとした組立工場の自動化，情報化，システム化によってその活動領域が狭まれ，一方，生産スケジューリング，各種シミュレーションあるいは最適化問題は実学的なIEほど需要はない。したがって，数値計算をベースとした経営工学も企業で

411

第Ⅱ編　SCM マネジメント編

の需要は多くはない。本来は多いはずなのであるが企業サイドに積極的に採り入れる経営風土ないし経営基盤が培われていないことに原因があるようだ。数値計算が経営者の意思決定を代行するなどということは考えないが，意思決定の幅と精度を高めるのに役立つことは否定できまい。このように，産業界の需要が少ないために人材教育ならびに人材補充の分野の激減，教育経験者の減少，ほんの少しの学生数と卒業生という現況からすれば，わが国の IE はもはや企業を除いては取り返しのつかない状態にあるといっても過言ではあるまい。しかも，産業界での IE 軽視の傾向はますます増加し，産学ともに地盤沈下しているのが現況である。つまり，教育がそこでも産業界がこれをカバーした時代は過去のものとなっているということである。もちろん，企業では小集団活動を含め QC 活動については積極的に展開し，実質的に機能はしているが，かつて世界をリードした時代とは様相を異にしている。

　国際化，多国籍化，グローバル化は重要であることは論をまたないが，ここで肝要なことはコアとなる基礎研究，応用研究，開発研究，基本技術，応用技術，管理技術等をどのようにして維持発展するかを考えることである。海外志向に対してはアンチ空洞化対策が重要であることは歴史が証明しているが，国内外のアウトソーシングもまた然りである。コアマネジメントをいかに確立し，維持するかが大きな問題となる。

　コア技術の空洞化，人財の空洞化，職人技術の空洞化，学究の空洞化，管理の空洞化等空洞化現象については枚挙に暇がないほどであるが，多くの企業では，海外志向が強く，成功している間は空洞化については無関心である。しかしながら，成功の絶頂期の時期があっても，それは永遠の栄華ではなく，長い歴史の上からは瞬間的な繁栄である。歴史上の産業移転がそれである。海外進出，国内産業の空洞化，国内産業の再編成，海外の見直しというサイクルで発展し続けた一方で，GE（米国のジェネラルエレクトリック社）のように伝統的な事業部であっても企業の将来を見据えて，売却処分するという高い戦略性を有する企業もある。結果的には，意図的か否かは別として空洞化現象を招かない経営を実行していることになっている。

　産業のライフサイクルに 30 年説があったように，企業は永遠ではない。だからこそ，企業の目的が，"Going Concern" たる所以があるのではないか。

412

第7章　アウトソーシング管理の空洞化

「技術が成熟段階に達し，革新的な技術が登場しない場合，海外市場にて比較優位の状況下にあった産業ないし企業は，早晩，現地産業の台頭によって市場支配権を失う」という筆者の仮説がある。たとえば，車の場合を例にとると，基本技術であるレシプロエンジンは，T型フォード時代と何ら変化はない。変化があるのは，エンジンの改良に過ぎない。ソーラーカーや水素燃料カーにしてもエンジンは従来のエンジンの延長線上のものであり，基本は変わらない。であるとすれば，「裾野産業であるから発展途上国の技術水準からすると生産水準のキャッチアップは非常に難しい」といわれていた自動車産業ですら，昨今では後発メーカーが台頭しているが，これとて何ら不思議なことではない。今後10年ないし20年には発展途上国の国産車が競争力をつけて外車を駆逐しないとは誰も断言はできまい。鉄鋼，高速列車の例を見るまでもあるまい。中国市場，インド市場あるいはインドネシア市場ではその可能性は大である。現地との合弁会社を設立して，共存共栄を選択するのも選択肢の1つではあるが，それすらも永遠ではない。国際社会の水準が均一化すれば，古典的な国際分業論は異なった次元での蘇生復活の可能性がある。さて，如何に対処すべきか。

　先進国の発展悲観論のみを述べてきたが，それゆえに既存技術のブレークスルーが重要課題となる。産業競争はゴールのないマラソンである。既存技術に安住し，革新的な意欲や脱皮を図らない限りは，やがて老化し，追い付き，追い越される運命にある。もちろん，技術革新を嫌う分野がないというわけではないが，量産品としてのスケールメリットを追求できないアラカルトの分野である。

　このような事態を空洞化論的スタンスから見ると空洞化の連鎖として捉えることができる（図7.1）。すなわち

- 国際化によって海外依存度が高まると国内産業の空洞化が進行する。
- 国内産業の空洞化は国内技術の空洞化をもたらす。
- SCM関連高等教育の学部・学科は皆無であり，教育の空洞化，人財供給の空洞化，研究の空洞化をもたらしている。
- 海外進出の結果，中小企業の伝統技術はもとより大企業の技術蓄積は衰退し，高齢者の定年とともに技術継承者の急減現象が顕著である。

413

第Ⅱ編　SCMマネジメント編

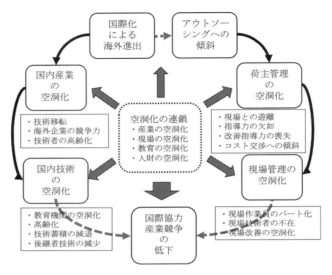

図7.1　空洞化の連鎖

- 一方，アウトソーシングへの傾斜は荷主管理の空洞化をもたらし，結果として，現場と遊離し，現場改善能力の低下を招聘している。
- その結果，国際競争力，技術競争力を弱め，日本経済の低迷と基盤沈下をもたらしている。

現段階で最も大切なことは，空洞化現象を認識し，足下の対応策を一歩一歩着実に検討し，対応することである。つまり，実行できることから着実に対応することであるが，それに応えられるか否かが大きな問題である。

7.3　管理の空洞化の総合対策

管理の空洞化の総合対策の要因を示すと図7.2のとおりである。

7.3.1　連帯組織の強化

管理の空洞化の対策の第1は多段階化された組織に準則な指揮命令系統を確立することである。多くの企業が物流・ロジスティクス子会社を分社化し，さらにその基本業務をアウトソーシングしている。しかもアウトソーサーはその

第 7 章　アウトソーシング管理の空洞化

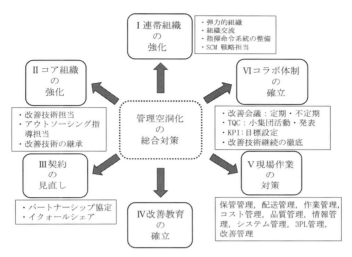

図 7.2　アウトソーシング空洞化

下請けやパート主体の組織体制を編成している。したがって，指揮命令が不徹底になり，かつ相互の意思疎通が希薄になっている。SCM 戦略担当や業務改善担当を置き，現場と荷主との直結オペレーションシステムを実現する。

7.3.2　コア組織の確立

特に，物流専業子会社は現場業務の改善と改革はもとより現場型 SCM 戦略を本部に提言する必要がある。失われつつある改善技術の継承は物流専業子会社がリーダーシップをとり，委託企業を組織的に指導すべきである。

7.3.3　契約の見直し

荷主と物流専業者である委託企業の立場は契約上対等の立場で共通目標実現のためにオペレーションを実施しなければならない。そのためには，ゲインシェアというレベルではなく，損益を平等に分かち合う良きパートナーであるべきである。したがって，本節では投資も利益も平等に分かち合うイコールシェアリングを提唱する。もちろん，配分比率は固定しないで都度決定することを否定するわけではないが，極力，契約文書上に明記し，所管が変更になった場合にもトラブルが生じないようあらかじめ配慮しておく。

第II編　SCM マネジメント編

7.3.4　改善教育制度の確立

　現場改善，現場教育を OJT 方式で定期的に実施すべきである。机上の教育も重要であるが，現場担当者の全員参加の教育が必要である。そのためには，日次目標，週間目標，旬間目標，月次目標，累日目標など現場目標にリンクした体制が必要である。OJT 教育とは現場の管理と直結するような仕組みを作り，実務に教育がリンクするような教育内容にすべきである。つまり，知識の教育ではなく知恵を働かせる教育を実現すべきである。別の面では，パートのリーダーを週替わり，月替わりに交代させ，リーダーの職責を教育することなどもリーダーの職務を，身をもって体験させ，理解させることが重要である。

　一方，小集団活動や提案制度と直結し，報奨制度に結び付けることも個人のモチベーションを高揚させる意味から重要である。

7.3.5　現場作業の対策

　現場作業をプロセスベースでみると，受入れ検品，収納抽出，払出，品揃え，包装，検品，払出，積込み，出荷，配送確認という流れになる。他方，機能別にみると荷役，保管，包装，流通加工，情報，配送の基本 6 機能が主たる内容である。これら作業や機能について関係のある項目を選択し，OJT で実地教育を行い，改善や改革を体得させる。もちろん，自主的にサークル目標を各グループ掲げさせ，これを達成させるような仕組みを作ってもよい。日常業務を通して教育することが重要である。

7.3.6　コラボ体制の確立

　親会社と子会社，子会社と委託会社，親会社と委託会社が一致協力して改善に取り組むことがコラボ体制の確立を意味する。そのためには共通目標を掲げ定期や不定期の会議を開催し，小集団活動の発表会を通して作業の水準の底上げを狙ってもよい。要するに，現場に密着した改善活動を常に行い，現場の障害を除去し，明るい職場環境を作り上げるのもコラボの範疇である。コラボによって共通認識と理解を深め一体感を作ることが重要である。

　一方，親会社の改善担当または物流子会社の改善担当が主催する改善連絡会

議を月ごとに現場・子会社・親会社で順番に開催し，問題点，改善点，要望事項，目標管理等について会議をする。その際，委託会社本社の改善担当，現場の責任者も会議のメンバーとする。常に現場改善を意識した会議にすることが重要である。

7.4 お わ り に

　荷主は現場作業の質とコストのバランスを常に考えるべきであるのに，コスト削減目標を最優先してきた結果，親会社の担当部門の組織コスト削減を第1に掲げ，物流子会社は物流専業者にさらなるコスト削減を要求するというように，表面的なコスト削減連鎖の呈をなしている。改善や改良でコスト低減を図るという本来の活動は消滅しているといっても過言ではない。そのため，関係者全体が現場から遠のき，現場管理の空洞化が生じ，併せて，改善技術の衰退をみた。

　ロジスティクス業務のアウトソーシングが浸透すればするほど，荷主は現場作業に無関心になり，その結果，現場技術が空洞化されてきたことは周知の事実である。一方，物流企業も改善技術者が少なく，顧客全体をカバーできないし，能力も十分ではない。その上，仮にコストダウンを実現しても現在の契約では収入減に直結する可能性が大である。したがって，滞りなく作業をすればよいことになる。これでは，「無改善地帯」が現れるのも当然である。その結果，改善技法は継承されず，改善能力をもつ技術者や現場作業員はいなくなる。

　国際競争力を強化する武器の大きな要素が人材であり，職人であり，技術者である。ものづくり大国日本を自称するのであれば，ものづくりの原点である現場に原点回帰すべきである。職人の技術を生かし，IE技術者の技術を生かし，技術を継承させることが基本である。そのためには，人材教育の原点である高等教育の体制を確立し，人材供給源を確たるものにしなければならない。さらに，受入れ側である企業も積極的に人材受入れの場を創造し，積極的に人材を活用すべきである。

　歴史的にみて産業移転は必ず存在する。最近の自動車産業を見ても，ハード

第Ⅱ編　SCM マネジメント編

志向よりも自動運転ソフト等ソフト志向に戦略の軸足が向かっている。ハード
を自由に購入し，組立は好きなようにできる時代の到来さへ間近に見える現代
である。来る 30 年間で，中国，インド，インドネシアが自動車大国になる可
能性は大である。ものづくりの原点である技術を改めて見直し，当面の国際競
争力の一助とすべきであろう。このような意味から，技術の空洞化は絶対に防
がなければならない。

〈参考文献〉

1) 唐澤豊：空洞化現象のスパイラル型循環について，日本ロジスティクスシステ
ム学会，Vol. 15，No. 1，pp. 1-2，巻頭言，2016 年 3 月

2) 唐澤豊：SCM 関連人材育成について，日本ロジスティクスシステム学会，p.
1，巻頭言，2015 年 11 月

3) 唐澤豊：アウトソーシングと管理の空洞化，日本ロジスティクスシステム学
会，p. 1，巻頭言，2012 年 11 月

唐澤　豊

<table>
<tr><td>**8**</td><td>共同化推進・管理</td></tr>
</table>

8.1 はじめに

　本章では，共同化の定義，日本における共同化発展の歴史について明らかにする。周知のように，ロジスティクスの共同化は時代の変遷とともに質的変化を遂げてきている。短絡的に，1960 年代後半から 1990 年代末期までは，荷主主導権型の共同戦略推進時代，つまり "荷主主導型共同化時代" であったが，これ以降は共同化実施の最終決定権は荷主にあるものの，提案，指導，実施は 3PL 主体の時代，つまり，"3PL 主導型共同化時代" へと移行したものといえる。本章では，日本における共同化の実態を明らかにするとともに日本におけるロジスティクス共同化の発展を，荷主サイドと 3PL サイドの双方の視点から解析し，共同化発展プロセスの実態解明を狙ったものである。

8.2 共同化の定義

　本章で対象とする共同の意味を定義付けるために，内外の代表的な辞書で調査した結果，次のことがわかった。すなわち，共同化の本来の意味は，短絡的には，"共同する行為" であるが，以下に本研究の共同化を定義付けるために先ず共同（協同）についてその意味を明確にする。

　共同化の意味を代表的な辞書を引用すると次のとおりである。

　第 1 に広辞苑（新村出編，広辞苑第三編第六刷，発行 1988 年 10 月 11 日 p.

第Ⅱ編　SCM マネジメント編

626 三段目）である共同とは，

- 二人以上の者が力を合わせて事を行うこと。
- 二人以上の者が同一の資格でかかわること。
- 協同とは，「心を合わせ，助け合ってともに仕事をすること」であるという。

協同は共同の類語であり，意味は同じであるという。

共同（類語・協力，協同：学研国語大辞典，金田一春彦，池田弥三郎著，第二版 3 刷発行 1994 年 4 月 p. 487 第三段目）とは，

- ［ある一つのことをするのに］二人以上の人がいっしょに行うこと。
- 二人以上の人がひとつのものに同じ条件・資格でつながりをもつこと。

つまり，複数の人間が一緒に行う行為である。

一方，類語である協同とは，

- ［二人以上の人や多くの集団が］一つの物事をするために力を合わせること，であるという。

他方，海外の辞書（Webster's International Dictionary を抜粋引用し，Webster's International Dictionary, p. 501, right column, MERRIAM-WEBSTER INC., 1986）を代表するものとして，

共同（Cooperation）とは，

① 共同する行為，共同作業，共同の努力または労働，

② 人々の共通の，多くは経済的な利益のための人間の連携，（企業，信用グループ，消費者グループとしての）ベンチャー企業の連携である。

その他の文献では，

「1 つ以上の企業が共同的にロジスティクスシステムやロジスティクスを実施する如何なる共同作業システムでも，それは共同システムまたは共同作業と呼ばれる」とされている。

ロジスティクス共同化に関する本研究の定義は下記のとおりとする。すなわち，「ロジスティクスの共同とは，① 1 つ以上の企業が共同的にロジスティクスを実施すること，または，②ロジスティクス企業が 1 つ以上の荷主の貨物を一緒に作業することである」。

8.3 共同化の発展経緯

8.3.1 日本における共同化の起源

日本における物流共同化については，倉庫および輸・配送の2側面から検討すべきであるが，倉庫業については共同保管を前提とし，また輸・配送については共同輸・配送をその条件とすると，荷主が戦略的に共同化を推進した時期は，共同配送あるいは協同輸送が登場した時代である1954年に遡れることができる。

日本における同化黎明期は1960年代で導入期1970年代である。1970年代なって，ロジスティクスの共同化が積極的に推進されたことがわかる。他方，ロジスティクス共同化は，流通業主導で推進され，大都市地域における共同化の推進が顕著であった。共同化の対象製品は主として衣料品・繊維および一般雑貨が多数を占めていた。

ロジスティクス共同化は，時代に応じて核となる推進主体がある。共同化推進主体を歴史的に瞥見すると，製品のライフサイクルと同様に黎明（導入）期，導入期，推進（成長）期に区分できる（図8.1）。当初の物流時代には，個々ばらばらかつ必要に応じてロジスティクス共同化が推進されたが，1970

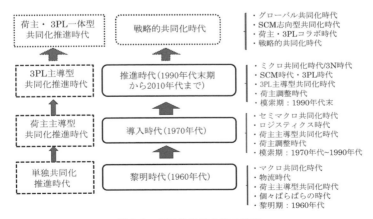

図8.1 共同化推進主体の推移

第Ⅱ編　SCMマネジメント編

年代，つまり，ロジスティクスの時代が到来すると，荷主主導型の共同化が積極的に行われた。

しかしながら，リーマンショック以降経済成長がスローダウンするにつれ，3N（投資なし，資産なし，作業なし）が支配的になり，3PL主導型のロジスティクス共同化の時代を迎えるに至った。殊に，3PLとSCMが結び付きこの傾向強くなった。現代は，まさに3PL主導型共同化時代であるが，荷主側のロジスティクス管理能力の低下が問題である。

8.3.2　日本における共同化の変遷

一方，共同化推進母体の変遷は，グローバル競争にも影響をもたらすことは当然の帰結である。現段階では，国内の共同化にのみに焦点を当てて検討しているが，現実的には，すでに，国際的にもモーダルリンケージを軸に，単一国家の企業同士の共同化のみではなく，多国籍企業による多国間企業の共同化が推進されている（図8.1）。海運会社，航空会社，鉄道，トラック，水運会社等を含むグローバル的な共同化が時代とともに現実のものとなっている。確証はないが，当該分野の共同化についても3PL企業の時代が到来しているものと思われる。共同化が社会全般に浸透し，広く一般に知られるようになったのは1987年頃からである。日曜雑貨とデパートの同業種水平型，日曜雑貨の異業種水平型であり，1991年には通産省の指導が顕著になった。

8.4　共同化の類型

8.4.1　日本における共同化の発展

発展モデルは荷主主体型共同化と3PL主体の共同化に2大別できる。さらに荷主主体の共同化は初期（調査）モデルと後期（調査）モデルに区分する。

(1)　共同化初期発展モデル

初期発展モデルのベースはチャネル特性で水平型，垂直型および統合型の3型とした。水平型とは流通チャネルの水平方向に共同化を発展させるものであり，具体的には，メーカー，問屋，小売業がそれぞれ水平方向に共同化するこ

とを意味している。一方，垂直型とはSCMに代表されるように流通チャネルの垂直的な共同化を推進することを指す。メーカー・問屋・小売，メーカー・問屋，問屋・小売等の垂直的な共同化を指している。当該類型を軸として機能特性および業種特性を加え最終的にレベル1からレベル4に区分し下位から上位へと発展するとするモデルを提案した（図8.2）。

ロジスティクスの荷役，包装，保管，輸配送を基本機能とし，流通加工および情報を支援機能とし，これを単一機能と複合機能に細分化した。さらに，同業主共同，異業種共同を経て統合型共同へと発展するモデルであった。

1990年調査の結果は第1に基本的な発展形態は，基本機能を軸として支援機能に拡大していない，第2に単一共同同業種から単一共同異業種型に移行しており，複合共同同業種を経由はしていない，第3に複合共同同業種型からは複合共同異業種型に直接ステップアップしている，第4に垂直型では支援機能への拡大は皆無であるという結果になり，1990年の発展モデルは再検討され，1995年調査に委ねられた。

1995年の調査も，第1に基本的な発展形態は，基本機能を軸として支援機能が拡大している，第2に単一共同同業種から単一共同異業種型に移行しており，複合共同同業種を経由はしていない，第3に複合共同同業種型からは複合共同異業種型に直接ステップアップしている，第4に垂直型では支援機能への拡大は皆無であるという結果になり，ほぼ1960年調査と同一であった。したがって，上記結果から，1995年の発展モデルは再検討され，2000年調査に委ねられた。

2000年の調査では前回調査と同様な結果となり，共同化の主要類型は，水平型で基本機能単一共同化の同業種型と異業種型が発展の主軸であり，垂直型では，基本機能複合同業種型と基本機能複合異業種型が主流であることが判明した。

結論的には，発展形態は基本機能単一共同同業種型から異業種共同型に発展し，次いで，基本機能複合共同同業種型から基本機能複合共同異業種型へと発展している。

上述のように基本は主要機能である基本機能であり，業種は共同展開が比較的容易な同業種を軸にして異業種に発展することが明らかとなった。主要機能

第Ⅱ編　SCMマネジメント編

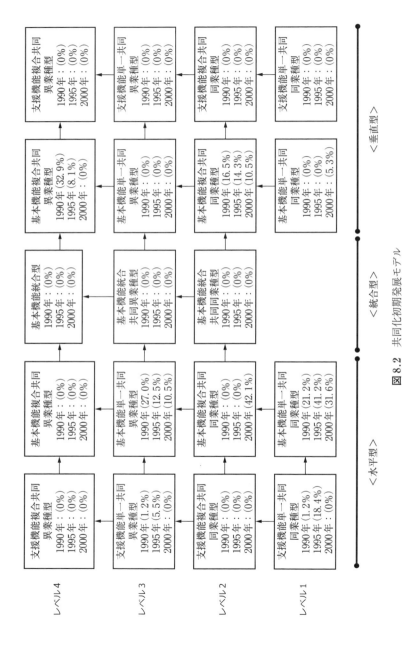

図 8.2　共同化初期発展モデル

第8章　共同化推進・管理

としては，保管または配送を軸として輸送がこれに続く。保管機能には，物理的な機能と管理的な機能があり，前者の代表は保管施設であり，後者のそれは在庫管理である。加えて，一般的には荷役機能は保管機能に含まれる。

3回の調査の結論としては，発展のバラツキならびにバランスからして，本モデルは棄却し，新たなモデルで更なる検証を行った。

(2)　後期共同化発展モデル

後期共同化発展モデルは，基本機能，統合機能，および支援機能を X 軸とし，機能特性，業種特性，チャネル特性を発展内容として Y 軸に設定した単一共同化と複合共同化とに対しどのような発展プロセスを示すか明らかにするものである（図8.3）。

結論的には，2000年の検証結果からするとわが国の共同化発展レベルは，レベルIIであり，機能・業種・チャネル・産業等のキーワードに準拠して発展していることが検証できた。さらに，2005年では，Level II，水平型，基本機能型，同業型で発展していることが明らかになり，チャネル全体の発展は，水平型から垂直（SCM）型へ発展していることが判明した。最終的に，基本機能・水平型・同業種から統合機能・水平型・同業種から垂直型・異業種への発展が日本における共同化発展の一般的なパターンであることが明確となった。

結論としては，発展モデルは機能特性，業種特性をベースに時系列的に高位レベルに移行していることが明らかとなった。したがって，本調査においては，当該モデルは妥当であると見なすことができる。しかしながら，共同化が荷主主体から3PL企業主体に変化したためこれに対応する共同化発展モデルを余儀なくせざるを得なくなった。

(3)　3PL主体型共同化発展モデル

発展モデルの体系の特徴は発展プロセスと3PL企業の業務内容の進展を組み合わせて，一覧表示にしたことである（図8.4）。

このモデルをベースにした調査結果は図8.5のとおりである。メーカーを軸に卸・メーカー，さらに小売り・卸・メーカーへとSCM型へと発展している。つまり，1段階，2段階，3段階型へと時系列的に発展していることがわかる。

425

第Ⅱ編　SCMマネジメント編

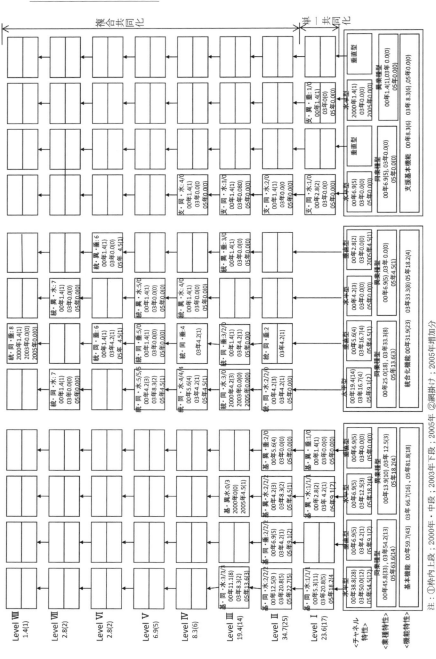

図8.3　00年・03年・05年（推定）発展モデル分析表

第8章 共同化推進・管理

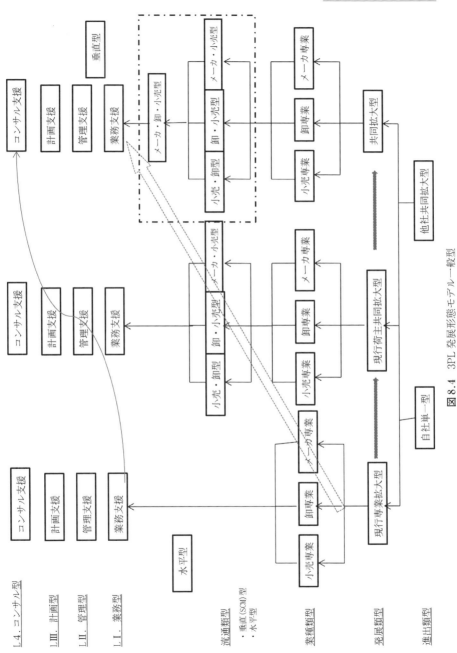

図 8.4 3PL発展形態モデル一般型

第Ⅱ編　SCMマネジメント編

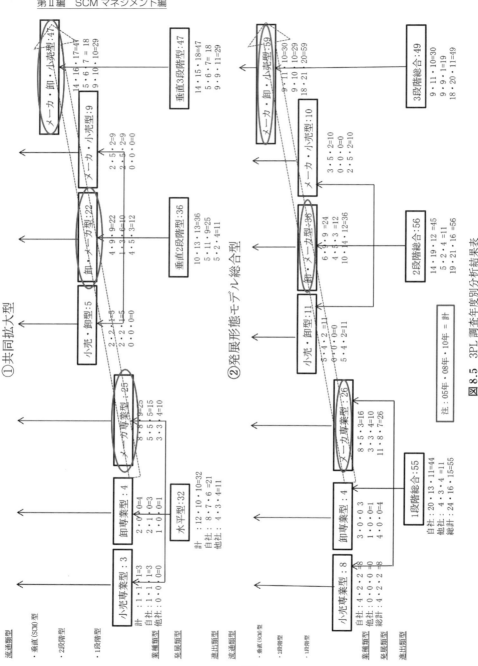

図 8.5　3PL 調査年度別分析結果表

第8章　共同化推進・管理

・**顕著な SCM 志向型時系列的発展：**

　流通類型をみると，小売・卸型 11 件，卸・メーカー型 36 件，メーカー・小売型 10 件，ならびにメーカー・卸・小売業型 59 件で，1 段階から，2 段階，3 段階へとシフトし，SCM 志向の発展プロセスであることが明らかである。

・**高付加価値型多段階志向：**

　1 段階レベルの荷主は，メーカー専業型 26 件，卸専業型 4 件，および小売り専業型 8 件であるが，2 段階では，それぞれ 10 件，36 件，11 件，さらに 3 段階では，59 件と最高数値を示している。現代の 3PL 企業の流通段階での基本戦略は，多段階戦略であり，高付加価値戦略であることがより鮮明となっている。他方，発展形態を主とする共同拡大型（図 8.5 ①）をマクロ的に分析すると，流通類型をみると，小売・卸型 5 件，卸・メーカー型 22 件，メーカー・小売型 9 件，ならびにメーカー・卸・小売業型 47 件で，1 段階から，2 段階，3 段階へとシフトし，SCM 志向の発展プロセスであることが明らかである。

・**メーカー主体型 SCM 志向：**

　SCM はメーカーを中心に動いていることがわかる。すなわち，1 段階レベルの荷主は，メーカー専業型 25，卸専業型 4，および小売り専業型 3 でメーカー主体となっているからである。

・**他社共同化は多段階志向：**

　他社共同ビジネスを展開する場合，全体の風潮として多段階あるいはネットワークベースの高付加価値支援という方向性にあることが明らかとなった。

・**コンサル志向と多段階志向の同時志向：**

　業務支援類型では，コンサルタント型をみると，小売・卸型 11 件，卸・メーカー型 10 件，メーカー・小売 15 件，ならびにで，メーカー・卸・小売業型 84 件という数値を示し，SCM の発展に比例した数値を示している（図 8.6）。

・**SCM 戦略志向：**

　メーカー専業型 33 件，卸・メーカー型 29 件，メーカー・卸・小売り 59 件とメーカー主体の供給連鎖方式が主流であることを示している。

・**高付加価値コンサル志向：**

　コンサル支援型へのシフトも明瞭で 41 件，40 件，97 件へと上方シフトが明

第Ⅱ編　SCMマネジメント編

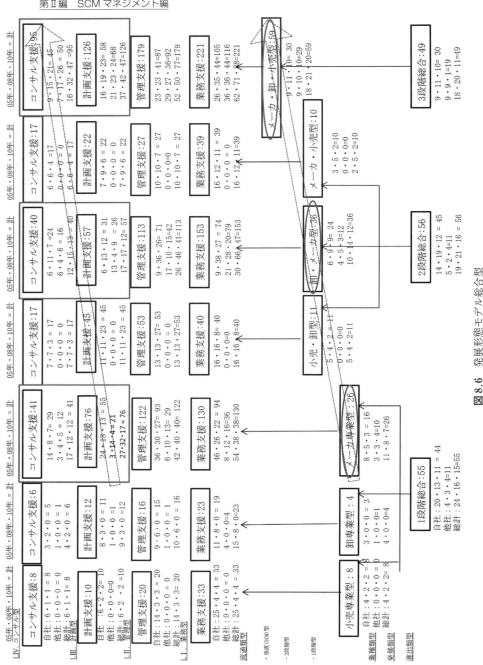

図 8.6　発展形態モデル総合型

らかである。

　・**顕著な計画・管理志向：**

　計画支援型や管理支援型も同様で，それぞれ最初の 10 件と 20 件が 126 件と 179 件と右肩上がりを占めている。

(4)　要　約

　発展諸要素の結論を要約すると表 8.1 のとおりである。すなわち，

- チャネル特性としては水平型が主流であり，漸次，垂直型に移行している。
- 業種特性は，同業種が主流であり，この傾向はこの 15 年間継続している。
- チャネル特性と業種特性をミックスすると結論的には同業種水平型ロジスティクス共同化が主流であるこが明らかとなった。本来，SCM 志向である垂直型に急激にシフトされるものとの見方も存在したが，現状は完全に

表 8.1　共同化発展モデルの総括

No.	特性	結論
1	基本機能共同化優先発展特性	共同配送，共同輸送，共同保管の基本機能共同化が一義的に実施する。基本機能の単一共同化を重視・具体的には輸送と配送がトップ。保管および配送・輸送の共同化から着手する。
2	支援機能の発展	情報の共同化，流通加工の共同化が最初に着手される。
3	複合機能共同化	保管及び配送・輸送の共同化から着手する。
4	チャネル特性	チャネル特性：水平型から垂直型(SCM 型)へと発展する。
5	推進特性	自社単一専業型，自社単一共同型，他社共同拡大型へと発展する。
6	機能特性	基本機能主体で発展する。
7	単複機能特性	初期は単一機能中心に発展し，複合機能へ発展する。
8	業態特性	同業種型の拡大発展を図り異業種型へと発展する。
9	業種類型特性	同業種共同型が主流で拡大発展する。
10	機能・単複特性	基本機能主体の減少・統合機能の急増・基本機能の安定を意味する。
11	チャネル・業種類型特性	水平・同業種型が中軸となって発展する。
12	機能・チャネル特性	基本的に単一機能垂直型から複合機能垂直型へ発展する。
13	機能・チャネル・業態特性	同業種単一機能垂直型から同業種複合機能垂直型へ発展し，さらに異業種単一機能水平型，異業種複合機能水平型へと発展する。
14	発展・進出形態・チャネル・業務特性	共同化・2 段階・3 段階 SCM 型へ発展する。

第Ⅱ編　SCMマネジメント編

異なっている。その大きな理由の1つとしては，調査時点である2004年においてはSCMの理論が実践を先行していたものと推察している。現時点では垂直型の浸透がかなり多くなっているものと推考する。つまり，現在ではSCMが本格的に着手されているからである。

• 機能類型特性としては，基本機能が主流ではあるが，支援機能の内情報機能の共同化の伸びが顕著である。

• 単複類型特性としては，単一共同化が主流であり，複合共同化への移行が遅々として進まないことが明白となった。協同化しやすい要素からこれを実施していることに起因するものと推察する。

• 共同化推進主体はメーカー主体が依然として続行されているが，3PL化の傾向も検出されている。

発展モデルは，発展モデル総合型ならびに共同拡大型ともに，時系列的に右肩上がりであり，モデルの健全性を示している。よって，当該モデルは妥当であるものといえる。

(5)　発展の不規則現象

荷主主体の共同化発展理論は通用せず，マーケットで拡大するビジネスに随時対応するため，規則的な発展というよりは，時代にマッチした発展対応が強い。その結果，規則性のある領域とビジネスの拡大等業界特性として不規則性の領域が混在としている。SCM型のように可能な場合には，一足飛びに高位レベルにジャンプアップする現象が生じる（図8.7）。

一般に，普及ないしは浸透度が一般化すると，規則的に進展は崩れ，進めるところから進むという不規則現象が生起する。理由としては，①共同化が一般化した，②企業の相互信頼とセキュリティーシステムが向上し製品・価格等機密漏洩の心配がなくなった，③共同化に合理化を求めざるを得なくなった，④3PL企業等現場担当企業の共同化推進能力が強まった等の結果，荷主主体の共同化システムの発展的側面に，不規則現象（不規則性的爆発現象）が生じたものと推察している。つまり，一般に，制度的な発展過程においては，初期の段階には発展形態に準拠して発展するが，インフラ，周辺技術の進歩および当該システムの一般化，汎用化に伴い，制度発展の多様性ならびに弾力性が劇的に増加する結果から生ずる当然の帰結であるものと推考できる。

第8章 共同化推進・管理

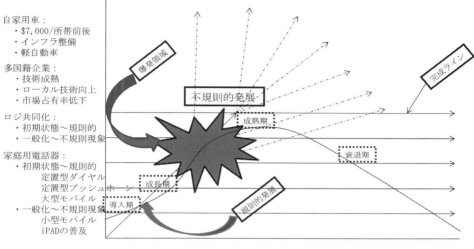

図8.7 システム発展・普及の不規則現象

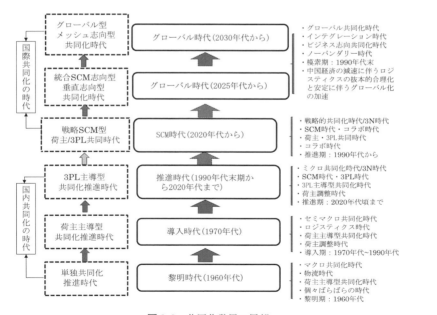

図8.8 共同化発展の展望

第Ⅱ編　SCMマネジメント編

(6)　共同化発展形態の今後の展望

　単独企業のSCM戦略は早晩限界に直面することは明らかである。荷主あるいは3PLを超えた領域でのコラボが必要となる。このようなSCM戦略遂行の限界と共同化によるブレークスルーを考えた場合，仮説あるいは想定ではあるが，共同化の動向を示したのが図8.8である。

　従来の共同化の枠を超えた共同化の推進の発展が期待されている。荷主/3PL共同化の時代であり，統合SCM志向型共同化である。アジア，南アメリカ，アフリカ，インド，あるいは中国等の経済の影響からSCM戦略が再認識され，グローバル化は加速されるものと思われる。これとともに，時空間的距離の短縮化は経済の発展とともに多国間人流を加速化し，この面からもグローバルSCMの加速化は早まるものと思われる。物の流れと人の流れの両面からの加速化を支援する機能としてグローバルSMCはますます重要性を増すものと考える。その際にキーとなるのは共同化であることは論をまたない。

8.5　共同化の推進と管理

　共同化を推進し，管理するために重要なことは多々あるが，本章ではSCM戦略実施上キー要因といえる共同化を管理運営する基本事項に絞って考えることにする（図8.9）。

　第1は提携の基本スタンスである。共同化を推進するに当たって検討しなければならないことは提携の基本的なスタンスである。単なるビジネスパートナーなのか，パートナーシップ協定を結んだビジネスパートナーとして共同化を進めるのかでは信頼度の深さが基本的に異なるからである。戦略同盟を結んだ場合にはより関係の絆が深く，共同化の信頼関係も強いものとなるからである。

　第2は相互の立場の確認である。換言すれば立場の平等性である。一般にゲインシェアということがよくいわれ，利益が生じた場合の配分を事前に決定することが話題になるが，マイナスのシェアについては議論が少ない。したがって損失が生じたり，投資が必要となった場合に相互負担を如何にするかについて決める必要性がある。要約すれば，損益負担に関する事前確認である。共同

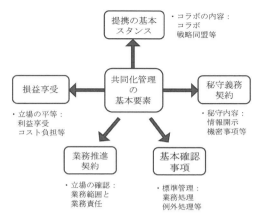

図8.9　共同化運営・管理の基本要素

化は常に利益を前提とするのではなく，損益を前提とするからである。

　第3は業務推進契約である。業務の締結をして相互の業務範囲と業務責任を明確にし，それぞれの立場を明らかにする。すべてについての文書化は当然のことながら不可能であるが目的，期間，コスト，業務内容など基本的な事項である。損益享受，秘守義務，例外処理等も含む。

　第4は基本確認事項である。標準管理はもちろんのこと想定可能な例外処理をも含める。例外のない規則はないというが，事前に考えられる例外処理を整理し，対処することが往々にして後日重要になるからである。

　第5は秘守義務協定である。業務契約の中には必ず入れなければならないのが秘守義務である。供給連鎖のように関係者が多岐にわたる場合には特に重要なことである。

　共同化推進の関係者相互が基本事項を確認し，承認し合えばこれを基本に実行し，管理すればよいことになるが，往々にして，「仏作って魂入れず」になりがちである。損益享受など難しい課題はあるが，今後の共同化には導入すべき事項として重要であるためあえて強調した。

第Ⅱ編　SCMマネジメント編

8.6　おわりに

　供給連鎖管理戦略を推進する手段として共同化は重要な位置を占めている。本章では触れてはいないが，標準化の問題はグローバルSCM展開の大きなネックとなることは間違いない。パレット規格，通関手続やフォーマット，コード，等枚挙に暇がない。さらに，情報システムについても同様である。今回は主として共同化について的を絞って考察した。

〈参考文献〉

1)　陳玉燕，唐澤豊，若林敬造，井上敬介，生島義英，豊田純：SCM戦略論の基本的研究と戦略フレームワークの提案，日本ロジスティクスシステム学会誌，Vol. 14, No. 1, pp. 59-99, 2014年12月

2)　陳玉燕，相浦宣徳，唐澤豊，若林敬造，鈴木邦成：SCM戦略に関する研究，日本ロジスティクスシステム学会第17回全国大会予稿集，早稲田大学理工学術院，pp. 19-26, 2014年5月

3)　陳玉燕，相浦宣徳，鈴木邦成，唐澤豊，佐藤勝尚：日本における共同化発展プロセスに関する基本的研究，日本ロジスティクスシステム学会誌，Vol. 13, No. 1, pp. 5-42, 2013年9月

4)　唐澤豊，若林敬造：物流共同化システムに関する基本的考察，日本商業学会第44回全国大会報告要旨，pp. 53-54, 平成6年5月

5)　唐澤豊他：物流共同化に関する基本的考察，日本商業学会年報1994年度

陳　玉燕

| **9** | SCM 作業管理 |

9.1　管理の基本

9.1.1　5S　活　動

　物流現場における管理の基本は 5S 活動に始まる。とかく「きつい，汚い，危険」というイメージが定着しつつある物流業界では，まず 5S 活動に取り組むことが職場の安全衛生環境の改善につながり，結果として人材の育成や定着率向上をもたらすのである。

　5S 活動の基本は「整理」「整頓」「清掃」「清潔」「躾」であるが，これらの活動を通して「ゴミゼロ化」を継続する仕組みを作ることが肝心である。取組みに当たっては，まず 3S「整理」「整頓」「清掃」を徹底させることから始める。3S を徹底していれば職場は自ずと「清潔」になり，従業員の「躾」にもなるからである。

　整理とは，必要なものと不必要なものを区別し，不必要なものを捨てる作業のことをいうが，社内で実践する際には「〇ヶ月以上使っていないもの」といったルールに則って行うのがよいであろう。次に「整頓」であるが，整頓とは，整理して残った必要なものを使いやすいように，いつでも誰でも，必要なものをすぐに取り出せるように並べ置くことをいうが，肝心なことは取り出したものが再び定位置に戻されることである。ロケーション管理と同様に，置く場所を決め，住所をつけ，定量化し，表示や標識で収まる場所を見やすくする

第Ⅱ編　SCM マネジメント編

ことが重要である。最後に「清掃」であるが，ここで「ゴミゼロ化」が継続できるか否かが決定づけられる。「清掃」の基本は毎日行うことである。短時間でも構わない。要はゴミゼロの状態を毎日維持することが，新たなゴミを発生させない最大の抑止力となるからである。「割れ窓理論」によって人の倫理観の低下を招かないことが継続のためには重要である。

9.1.2　小集団活動

　小集団活動とは，日本品質管理学会規格による「小集団改善活動の指針」[1] によれば，「少人数から成るチームを構成し，維持向上，改善及び革新を行うことで，構成員の知識・技能・意欲を高めるとともに，組織の目的達成に貢献する活動」と定義されている。物流業界は典型的な労働集約型産業であるため，こうした活動を通し，人材を人財に変えることが業務効率化を始めとする業績向上の鍵となる。なお，小集団活動を取り組むに当たり，問題・課題に応じた進め方や手法，組織の単位など方法論は表1[1] のように多岐にわたるが，ここでは物流現場における現場改善活動に適した手法を紹介する。

　まず，代表的な小集団改善活動の形態であるが，表2[1] の4つの形態に分けられる。先に述べたように物流現場では作業に携わる人材を人財に変えることが重要であるため，職場型・継続型の観点で小集団のチーム編成を行う。また，チームのリーダー選出に当たっては，年功や勤務年数といった経験を重視するのではなく，メンバーの声に耳を傾け，さまざまな意見から最適解を導き出すことができるファシリテーション能力をもったリーダーを選出することが重要である。特に現場改善活動は，努力に対する成果が少なく，かつその成果が見えにくいためマンネリ化に陥りやすい。その際に，メンバー間の調整役としての機能を果たすことができるリーダーが存在することが活動継続のためには重要である。

　次に，小集団改善活動を通して，メンバー個々の能力向上と組織の活性化を図るには，1つの取組みで大きな成果を狙うのではなく，複数の取組みの小さな成果を積み上げることが重要である。人は自主的に物事を考えて行動し，成果が確認できれば，喜びや達成感を感じて成長していく。こうした人の本質を理解し，必要なときに必要な支援を提供することも，組織のトップまたは管理

第 9 章　SCM 作業管理

者にとっての重要な役割である。

9.1.3　マニュアル整備と教育

物流現場における教育は，業務マニュアルや作業手順書に基づく OJT が中心となる。業務マニュアルは，一定品質の業務を達成することを目的として，処理手順や判断基準，ルールなどを解説したものであり，また，作業手順書は業務を構成する個々の作業について，一連の動作や手順について解説したものである。OJT を効果的に行うためには，社員育成後のありたい姿（目標設定）を明確にしておくとともに，育成中の進捗管理ができるようにチェックシートを作成し，指導者・訓練者の双方が「何ができて，何ができないか」を可視化することで具体的に評価することが重要である。

また，OJT 以外の教育として，ヒヤリハット事例や危険予知トレーニングなども，物流現場の安全衛生環境の改善には重要である。これらの教育は9.1.2 項であげた小集団活動で実施することにより，問題・課題の共有と改善の水平展開が期待できる。たとえばヒヤリハット事例では，小集団の中に同じ経験をした者が複数存在した場合などは発生頻度が高い証拠であり，改善への優先順位を上げる必要がある。

9.2　現場監督者管理

物流業における現場監督者とは，主に配送センターにおけるセンター長や輸配送部門の事業所長などである。その役割は，安全と品質を担保したうえで物流現場の生産性を上げ，利益貢献できる組織を運営することである。そのための主な役割について以下に述べる。

9.2.1　スタッフマネジメント

配送センターや輸配送の現場における効率化への基本的なアプローチの 1 つが物量の波動対応である。その日の物量，その時間帯の物量に合わせて，現場に投入する作業人員を柔軟に調整することが，売上高人件費率の高い物流業では特に重要である。

第Ⅱ編　SCMマネジメント編

　一般的に，作業人員の調整のためには，事前の物量予測（需要予測）が鍵となる。昨今のサプライチェーンにおけるリードタイムの短縮化は，事前の情報入手から人員調整までの時間が少ないだけに，その分予測精度の高さが要求されるところである。必要なときに必要な人工を投入する，人工が不足する事態に備え，緩衝とする人工をどのように準備するか。サプライチェーン全体を見渡し，ボトルネックを解消していくことが全体最適への近道である。

　また，利益貢献のためには人件費率を意識したいところである。目安としては輸配送部門では売上高人件費率を50%以下に，また，配送センターではトータル物流コストに占める人件費率を50%以下に抑えることである。特に配送センターでは従事する作業人員が多いだけに，現場スタッフに占める非正社員化比率を高めることができれば利益に直結するのである。

9.2.2　KPIによる現場管理

　物流現場やその中の特定の業務プロセスが優れているかどうかを判断することは容易ではない。そのため業務を進める上で用いるさまざまな定量的なデータを指標として可視化し，現場監督者がいつでも適正な状態で運営されているかをチェックできる体制を構築することが重要である[2]。また，物流効率化はサプライチェーン全体の最適化が重要であるため，物流事業者だけではなく，荷主に起因する課題も同時に解決しなければボトルネックの解消とはならない。KPI（Key Performance Indicator）はそうした物流事業者と荷主の双方の共通言語として認識されることが重要である。

　KPIによる管理を導入するポイントとして，まずはすでに定量化されているデータから，目標達成のための効果が高い指標を必要最低限に絞り込んで始めることが重要である。特に新規導入の際には，あれもこれもやりたい一心でデータ取得の範囲を広げ，自ら導入難易度を上げてしまうケースや，あるいは多数のKPIを設定することで管理することが目的化することがあるので注意が必要である。また，定量化されたKPIについては，物流現場で共有できるようグラフ等に置き換えることも必要である。そもそもKPIを導入する目的は，目標の達成度合いを測る指標として活用するためであり，そのためには物流現場で働くすべての関係者に共有されなければ意味が薄いものとなる。現場

第 9 章　SCM 作業管理

監督者は，業務ごとに応じた適切なタイミングで KPI を評価し，必要に応じ速やかに軌道修正を物流現場へ指示することが責務であるが，一方で物流現場で働くスタッフ自らの気づきと改善を助長することも重要な責務であるためである。

9.2.3　日々収支管理

物流業は，一般的に SCM の下流を担う業界であるため，上流側の予算実績差異などを吸収し調整する役割をもっている。そのため，日々の業務波動が大きく，収支変動の影響を受けやすい業界である。一方，労働集約型産業であるため，日当りの労働生産性には自ずと限界があり，それだけに一日一日の積み重ねが非常に重要となる業界である。

日々収支管理とは，文字どおり「毎日，収支を管理すること」であるが，重要なことは上記で示したように「毎日管理する」ことである。以下に導入に際してのポイントをまとめる。

毎日管理するためには，収支が簡単に算出できる必要があるため，管理会計の概念をもって取り組むのが一般的である。原価計算書上の固定費や変動費などをマスターとしてあらかじめセットしておけば，売上を入力するだけで簡単に損益が明確になる。輸配送の場合は，変動費を km 当たり〇〇円とセットしておけば，その日の走行距離に応じた損益判定が可能となる。

しかし，大切なことは，日々収支の結果をいつ，誰が，どのように利用するか，いわゆる 5W1H を明確にして管理することである。現場オペレーションの効率化や生産性の向上が目的であれば現場監督者が最上位者となり，目標と実績のギャップをどのように埋めていくかを，スタッフマネジメントを通して月間目標からの逆算で考えればよい。また，経営戦略の一環としてコスト競争力を謳うのであれば戦略責任者である事業部長クラスが最上位者となり，日々収支を財務 KPI として利用することになる。このように日々収支は，導入する目的別に管理のための 5W1H を設定することがポイントの 1 つとなる。

もう 1 つのポイントは，日々収支を継続することで，現場監督者をはじめとした現場スタッフの経営への参画意識の醸成を図ることである。毎日収支結果を意識することにより，損益が目標に達しないのは何が原因か，売上なのか経

第Ⅱ編　SCM マネジメント編

費なのか，といった思考を幾度となく繰り返すことで必要な経営感覚が養われるのである。そのためにもできる限りリアルタイムで日々収支を把握することが重要である。

9.3　非正規作業員管理

先にも述べたように，物流業界は典型的な労働集約型産業であり，少ない管理者で多くの非正規作業員を管理するのが大きな特徴である。また，現場の生産性を高めるためには，非正規作業員が定着し現場目線での業務改善が継続して行われることが重要である。そのため，物流現場における人材活用のポイントは，これら非正規作業員の有効活用が鍵となってくる[3]。

9.3.1　非正規作業員の確保

業務波動に合わせた柔軟な人員配置を実行するには，まず非正規作業員を確保することが前提である。パートやアルバイト，派遣スタッフなど雇用形態はさまざまであるが，いずれにしても良い人材を安定的に採用するためには，いくばくかの工夫が必要である。

まず，採用媒体については新聞折り込み広告や求人雑誌などが一般的であるが，最近ではスマートフォン向けの求人サイトも充実してきている。価格も紙媒体に比べ安価なものが多いうえに，会社のホームページなどをリンクさせることで提供したい会社情報を余すことなく訴求できるなど，費用対効果という点では今後の主力となり得る媒体である。

次に，履歴書における確認事項として，記入欄は必要十分記載がされているか，応募動機は具体的で積極性が感じられるか，上手い下手ではなく丁寧な文字であるかなどを確認したい。「字は体を表す」というが，選考の基準として押さえておきたい。

最後に面接時の注意点であるが，限られた時間内で双方（応募者と採用者）が理解し合うためには，労働条件通知書はもちろん，わかりやすい企業案内や面談チェックシートなどを活用したい。チェックシートでは，質問項目と判定基準を明確にしたうえで定量的に結果を表現することが大切である。物流現場

では多くの作業スタッフを必要とするため，その面接・選考には一定の時間が費やされる。面接官の感情や主観の偏りに左右されることなく，誰が面接を行っても一定の採用水準が担保される仕組みが重要である。一方，面接は応募者が志望先である会社を判断する機会でもある。事務所や現場スタッフは明るく感じの良い人たちか，職場やトイレ，休憩所は整理整頓され清潔が保たれているかなどである。選ばれる会社として日頃からの職場環境の整備が重要である。

9.3.2 評 価 制 度

物流現場における非正規作業員の労務管理手法の1つとして，評価制度の導入があげられる。導入に当たっては，正社員と非正規作業員の業務における役割分担を明確化するところから始めたい。

まず，業務の棚卸しとして現場作業の項目別洗い出しと分類を行い，項目ごとに正社員と非正規作業員の担当の別を決定する。この役割決定のプロセスは，物流現場の業務が一定の安定水準に達した段階で随時見直しを行い，非正規作業員への役割分担と権限譲渡を徐々に広げていくことが生産性向上のポイントとなる。そして，それらを下支えするのが働き手のやりがいやモチベーションアップのための評価制度の導入なのである。

手順としては，時給を決める人事考課項目を設定するのであるが，評価者と被評価者の見解の相違が大きくならぬよう，できるだけ定量化できる項目を選定するのが基本である。非正規作業員の領域に絞るのであれば，業務項目ごとのKPIなどを目標設定とした簡易なチェックシート形式などがよい。なお，人事考課項目と目標は1年ごとの見直しを図り，少しずつレベルを上げていく必要がある。特に目標設定においては，無理に組織目標のストレッチに合わせず，個人の1年間の実績のハイアベレージとローアベレージの中間程度を目標とすれば，被評価者も納得感をもって取り組むことになる。

評価については，まず被評価者が自己申告を行い，それをもとに評価者との個人面談を実施する。評価者はここで両者の評価のギャップや目標未達成の原因を確認し，次の改善へ向けたフィードバックを実施する仕組みである。職場のコミュニケーションを深める意味でも，目標設定時，中間時，期末評価時の

第Ⅱ編　SCM マネジメント編

年3回は実施したいところである。評価制度は，導入から定着までに相応な時間を要することになるが，非正規作業員の学習と成長の視点で継続して取り組むことが重要である。

9.3.3　キャリアパス制度

非正規作業員の定着率向上やモチベーションアップのために，評価制度と連動してキャリアパス制度の導入も検討に値する。キャリアパスとは，働き手にとっての将来の道標であり，3年先，5年先，10年先にどのような処遇となるかを示す根拠となるものである。

キャリアパスを構築するに当たっては，まず企業理念や経営理念をもとに，求める人材像や教育方針などを体系化していく必要がある。非正規作業員を対象とするのであれば，正社員登用がひとつのゴールとなる。経験年数と能力に応じて職位や職責の段階を明確にし，それを支える研修・教育スケジュールを体系化していく。先の評価制度と連動させるには，キャリアパスの条件へ「〇〇年連続　〇〇評価以上」などを付帯することで，より統合的な人事制度へ発展していくのである。

9.4　SCM 作業の管理

SCM 管理は時代の変遷とともに供給主体型から受入主体型へ移行し変化している[4]。これは供給側であるメーカーの視点もプロダクトアウトの発想からマーケットインへの発想の転換が迫られていることを表す。また，昨今の E コマースの台頭は発注から納品までのリードタイムの短縮化や配送料無料の概念の浸透をもたらし，それら一連の顧客ニーズへ対応するためにロジスティクスの共同化なども活発化してきている。

こうした状況に対応するには，ロジスティクスの諸機能を個別に効率化するのではなく，諸機能を全体最適化することが重要である。以下に SCM 作業の管理における代表的なロジスティクス機能と注意点をあげる。

444

9.4.1 保　　管

　保管は，物流のサブシステムの1つとして，顧客サービスを良くするのに貢献している。と同時に，輸配送を結ぶ結節点（ノード）として，これらの円滑化を促進する。保管なくしては，注文品を適時に届けることもできないし，顧客の満足を得ることも困難である[5]。

　SCM作業における保管に際しての注意点は，倉庫内のリードタイムを短くするためのロケーション管理と在庫管理である。前者は商品特性や保管効率，後工程のへの連結を考慮したうえで保管機器を選択し，適時適切なロケーション管理によって倉庫内の移動ロスを最小にすることが重要である。後者は安全在庫を設定することで，過剰在庫や欠品の発生への注意が必要である。一般的に在庫は資産といわれるように，物流コストやキャッシュフローに与える影響が大きいため，長期在庫への注意が必要である。

9.4.2 荷　　役

　荷役は，保管と輸送の両端にある物品の取扱いをいい，物品の積替えを主としたものである。一方，工場内または倉庫内の物品の移動を運搬という。荷役および運搬を含めてマテリアルハンドリング（materials handling）というが，流通過程における荷役・運搬は，立後れが目立ち，開発しなければならない分野である[6]。いい換えれば，人が主役であるだけにヒューマンエラーによる重大事故が起こりやすい領域でもある。そのため，SCM作業における荷役に際しての注意点は，作業員への安全教育や安全対策を施すことで事故を防ぐことである。

　具体的には，ハインリッヒの法則に従い，ヒヤリハットの発生を抑制する仕組みとして危険予知トレーニングが有効である。前述した小集団活動や業務改善活動と連動して継続させることが重要である。

9.4.3 輸　　送

　輸送とは，自動車，貨車，船舶，航空機その他の輸送手段によって財を場所的に移動させることである[7]。したがって，主な輸送モードとしては先述の4

第Ⅱ編　SCMマネジメント編

つに大別できる。一般に，物流コストにおける物流機能別構成比[8)]では，輸送の構成比率が約6割を占めるため，モードごとの長所・短所を把握したうえで，商品特性やコスト，リードタイムを考慮し，単一的あるいは複合的に選択し決定することが重要である。

また，先述の決定要素以外にも，温室効果ガス排出量の削減やトラックドライバーを主とした労働力不足など，昨今の国家レベルでの問題・課題への対応も視野に入れる必要がある。

9.4.4　包　　装

日本工業規格（JIS）では，包装の定義を次のようにしている。「包装とは物品の輸送，保管などに当たって，価値および状態を保護するために適切な材料，容器などを物品に施す技術，および施した状態をいい，これを個装，内装，外装の3種に分ける[9)]」

包装の機能としては，保護性，定量性，標示性，商品性，便利性，効率性，販売促進性[10)] などがあげられるが，その機能からもわかるとおり，ロジスティクスの重要な一要素であると同時に，販売促進における一要素でもある。したがって包装を設計するときには，商品ごとの目的とコストとのバランスを考慮することが重要である。

9.4.5　流 通 加 工

流通加工とは，流通段階において質的変化をみないで付加価値を与えることであるといわれているが，流通加工と生産の定義あるいは境目は非常に難しい[11)]。ここでは SCM 作業の観点から記述する。

流通加工が発生する範囲は，生産財，消費財，食品と多岐にわたるが，その運営主体は従来の小売業などから物流業へシフトされつつある。主な取組みとしては，物流業者の倉庫にて資材の調達，組み立て，出荷までを一貫して行うことで，横持ち費用の削減やメーカー自体の保管費用を削減するなどの事例があげられる。しかしそのためには，メーカーとの情報共有をシステム化し，受注から出荷までの工程でボトルネックを発生させないことが重要である。また，メーカーによる内製化と物流業者への外注化とのコスト比較の際には，流

446

第9章　SCM作業管理

通加工の工程のみでの試算ではなく，先述した前工程と後工程までを包含した
トータルコストメリットを提供できるか否かがポイントとなるのである。

9.5　今後の方向

9.4.3項でも触れたが，日本におけるマクロ展望の1つとして労働力人口の
減少があげられる。総務省の資料[12]によれば，生産年齢人口は2013年の
7,901万人から2060年予測では4,418万人まで約4割減少する推計である。

併せてトラックドライバーについても，道路貨物運送業就業者のうち，40
代から50代前半の中年層の占める割合が全産業平均に比べて非常に高く，中
長期的に高齢者就業者の割合が急速に高まる一方，若手・中堅層が極端に少な
いといった年齢構成の歪みが顕著になる懸念がある[13]。

こうした背景を鑑みると，昨今のIoT（Internet of Things）への期待は，物
流業界にとっても単にSCM作業における管理精度の向上に寄与するだけでな
く，労働力不足を補完する必要不可欠なものであり，積極的に取組みを進める
べき事項なのである。

現在のSCM作業におけるIoTの考え方は，物流領域よりは生産現場での導
入が進みつつある。工場の生産ラインごとの稼働状況や機械の状態をインター
ネットで共有することでSCMの全体最適を可能にしていく考え方である。物
流領域に限っては，商品の一つひとつやその梱包単位ごとに何らかのデバイス
が取り付けられて自ら情報を発信することで，倉庫内のすべての商品の状態が
リアルタイムで把握できるだけでなく，輸送途中の商品の状態もリアルタイム
に追跡することが可能となる。また，そうした情報の迅速な入手だけでなく，
倉庫や荷卸し現場でのハンディターミナル入力などの人手作業の大幅な軽減も
メリットとして見込まれるのである。

一方で9.2節や9.3節で述べたとおり，SCM作業の現場は典型的な労働集
約型産業であるため，今後も現場で働く作業員を大切に育成していく重要性に
変わりはない。繰り返し述べた人材育成以外にも，雇用管理制度などのハード
面を整備し実装することで，職場の働きやすさや働きがいを高めていくこと
も，IoTと両輪で推進していくことが重要なのである。

447

第Ⅱ編　SCM マネジメント編

〈参考文献〉

1) WeB ページ/小集団改善活動の指針―日本品質管理学会
http://www.jsqc.org/ja/oshirase/jsqc_std31-001_mokuji.pdf
2) 物流事業者における KPI 導入の手引き，国土交通省，2015 年 3 月
3) 物流現場における人材活用の実際，日本ロジスティクスシステム協会，2011 年
6，7 月号
4) 唐澤豊：現代ロジスティクス概論，p. 394，NTT 出版，2000
5) 唐澤豊：現代ロジスティクス概論，p. 332，NTT 出版，2000
6) 唐澤豊：現代ロジスティクス概論，p. 343，NTT 出版，2000
7) 唐澤豊：現代ロジスティクス概論，p. 353，NTT 出版，2000
8) Web ページ/概要版：2015 コスト調査報告書
http://www.logistics.or.jp/jils_news/%E6%A6%82%E8%A6%81%E7%89%88
%EF%BC%9A2015%E3%82%B3%E3%82%B9%E3%83%88%E8%AA%BF%E6%
9F%BB%E5%A0%B1%E5%91%8A%E6%9B%B8rev.pdf
9) 唐澤豊：現代ロジスティクス概論，p. 373，NTT 出版，2000
10) 唐澤豊：現代ロジスティクス概論，p. 374，NTT 出版，2000
11) 唐澤豊：現代ロジスティクス概論，p. 378，NTT 出版，2000
12) Web ページ/我が国の労働力人口における課題
http://www.soumu.go.jp/johotsusintokei/whitepaper/ja/h26/html/nc141210.
html
13) Web ページ/トラックドライバーの人材確保・育成に向けて
http://www.mlit.go.jp/common/001090803.pdf

宮澤　光

10 設備・機器管理

市場分野により SCM に使われる設備・機器は非常に幅広く多種多様なものになる。

たとえば医療関係のように人の生命に関わる病院での救急医療対応の医療機器や薬品等では，単に一般の配送・物流加工センターにおける設備・機器等の問題では済まず基本的に 24 時間 365 日のしかも分単位での確実な物流 SCM が要求される。また特に最近の一般物流でも医療関係のような緊急性はないが，顧客満足と販売機会の喪失防止等の面からは鮮度維持，多品種対応，お届け時間の短縮，等でまったく同じ対応が必要になる。

また最近では生産の連続性から昼夜の別なく稼動して必要製品を供給するシステムとして，生産ラインから配送手段，店頭配置までも一連の SCM として成り立つ業態になってきており，これらの設備・機器としては，その業務の連続性から長時間同じ精度で稼動する自動化機器，ロボット等が使用されるようになってきた。

したがって本来分野ごとに分類して概説されるべきであるが，ここでは主として一般日用品等の "製品を運ぶ＝一般物流設備・機器" を例に説明する。

10.1 設備・機器管理の基本

10.1.1 スムースな業務の流れ

SCM を完全に行うためには，製品の製造から物流加工，配送，販売または

第Ⅱ編　SCMマネジメント編

利用者まで，どの地点においてもそれぞれの作業がスムースに進まなければならない。他章で詳述されているが，これら製品の販売・使用の計画・予測のデータ，その製品の部品構成と各メーカーの安定製造量，その製造工程，製品の配送計画と在庫計画，等の諸データの管理と分析が総合的に行われることがすなわちSCMである。

　どこかのフレームで作業が滞るとサプライチェーンがつながらず，後流に悪影響を及ぼすことになる。そのため"何をいつどのように流通するか"をあらかじめ事業企画の段階で綿密に計画する必要がある。そのために使用する設備・機器はとぎれることなく連携して稼動させる体制とその業務の流れを計画・構築する。

　このとき重要なことは，通常の流れで作業が行われているときは何ら問題にはならないが，こと何らかの異常事態が発生したとき（たとえば製品材料が突然遅れ予定どおり到着しなかったり，メーカーの都合で製造遅れが発生したりした場合）に備え，さまざまな緊急事態に対する危機管理の体制とその場合の体制作りをしておくことである。予備品準備（在庫計画），材料供給・メーカー手当・配送ルート等の二重化等の対策を考えておくこともひとつの対策である。

10.1.2　物と情報の密接な関係作り

　スムースな業務の流れを作るためには，製品の製造・保管・物流加工・配送のみならず，販売上での計画に合わせた対象物個々の状態の情報を把握・登録し，個々の状態を詳述した情報リストを一体として作成する必要がある。

　この場合の情報とは一例をあげると，製品名，製品コード，製造日付（食料品等では賞味期限も），数量，宛先，製造者名，予定も含めた仕入れ日時・出荷日時，包装サイズ，物流加工の種別や表示，配送コード，注意事項，等さまざまである。

　これらを物と一体化して一括管理するために，事業に合わせたその都度の情報システムの構築が不可欠になる。この情報システムの内容としては，予定を含めた受発注計画，生産計画，荷揃え等の物流加工管理，在庫管理，配送計画，欠品対策，等それぞれの要求に合わせたシステムの構築が必要であるが，

450

第 10 章　設備・機器管理

これらの情報システムについては後述するとして，本節では製品の流れに関する設備機器について述べる。

10.1.3　物と情報を運ぶツール機能の確保

製造された製品をニーズ・計画に合わせて物流加工し，配送するための設備・機器等としては以下のものがあげられ，これらを巧みに組み合わせて期待するSCMシステムを構築するのである。

(1)　物流加工に使用される設備・機器—コンベヤ，自動倉庫，ソータ

a．　コンベヤ

一般にコンベヤと総称されるがこの中には，製品個々の搬送，一時保留（後流側で特別な作業のために搬送を一時停止する必要がある場合に，適当な場所で搬送物を一時的に貯留する装置），分岐，合流，インダクション（次の搬送装置にタイミングを合わせて乗せ込む装置），切り離し，幅寄せ（搬送中に搬送物が何かを読み取る場合等に読取り機側に片寄せする装置），反転（行き先表示バーコード等が特定のサイドに来るようにして荷物の表示を読みやすいように搬送物の向きを変える装置），等の機能の装置がある。後述するがこれには搬送物の形状によりローラタイプとベルトタイプがある。

b．　自動倉庫

製品を物流加工するために一時保管する設備で，その使い方によりパレットごと，ケース・ボール・単品ごとに保管するさまざまのタイプ（表10.1）がある。またここでは食品等のように「先入れ先出し方式」が要求されることもある。なお，「先入れ先出し方式」とは入庫した順に出庫することで商品の鮮度管理を行う1つの方式である。

スタッカー式：

上下搬送用荷受台をもつスタッカークレーンが奥行き方向に走行すると同時に所定の棚段に昇降する装置を有し，搬送物を所定の棚に格納し取り出す方式で一般的なものである。通常数日〜数週間分の通過商品の一時保管用として使用され，出荷時の効率アップのために休業中に保管物を搬送距離の近い位置に再配置する等の機能をもたす場合もある。

シャトル式：

451

第Ⅱ編　SCMマネジメント編

表 10.1　自動倉庫の形式と使われ方の例

No.	型式	保管状態	取扱対象	動作形式	特徴
1	スタッカー式（奥行走行クレーンと上下昇降装置が同時に作動）	ケース保管	梱包ケース，単品通い箱	スタッカクレーンが各棚列に移動し取出し昇降装置が上下動して各段から荷を出し入れ	・多種多量の保管 ・使い方によりケースピッキングが可能
		パレット保管	ケースをパレット積	パレット積の状態で上記動作させ荷を出し入れ	・多量の保管 ・大型ゆえ支障時に人手対応が困難
		ピース保管	単品通い皿	上記ケースの代りに開封の通い皿に搭載して出し入れ	・多種多量の保管 ・ピッキング部品合わせ作業が可能
2	シャトル式（各段にレールがありその上を取出し台車が走行）	ケース保管	梱包ケース	各段に昇降装置でケースを供給し台車が取出して来たケースを受取り搬送ラインに排出	・多種少量の保管 ・一時ストック ・ピッキング・荷合わせ作業が可能 ・高能力
		ピース保管	単品通い皿	同上	
3	カルーセル式（棚全体 or 各段を回転し昇降装置で所定ラインに入排出）	横型	梱包ケース	入出荷口に所定のケースが来るまで，棚全体 or 各段を周回所定位置に来たら昇降装置で所定ラインに入排出	・多種少量の保管 ・ピッキング・荷合わせ作業が可能 ・低能力
			単品通い箱	同上	同上
		縦型	梱包ケース	入出荷口に所定の棚が来るまで棚全体を回転し所定の棚が来たらその列を縦移動	同上
			単品通い箱		

　上下搬送用荷受台を有するリフトをもち，棚の段ごとに奥行き方向に走行する台車が搬送物を格納し，取り出す方式の自動倉庫である。最近では使い方により一時保管の棚としてばかりでなく，搬出と同時に荷合わせピッキングの機能を併せ持つ装置として活用する例も多く見られるようになっている。

　この機能を有することによりピッキングと同時に荷合わせ作業が自動化され，非常に効率のよい作業ができるばかりでなく，作業員の削減や周辺コンベヤも省ける等の利点もあり，一時保管倉庫としての一般の自動倉庫とは別にこのタイプを設備することも運用上は有効な設備である。

　また最近ではこの保管棚の規模を拡大し，同時に奥行き方向のみでなく隣のシャトルとのやり取りも自在に行える方式も開発され，この装置を通過するだけですべての商品の荷合わせが一括で終了する等も可能になってきた。

　とはいえ現状では商品宛先ごとのピッキングは，注文に合わせた商品および数量を通い箱に投入し，基本的に単品で一時保管した自動倉庫に所定の通い箱

第 10 章　設備・機器管理

を選択抽出させて注文品すべてをコンベヤに搬出し，最後に並んで出てくる通い箱ごとの荷合わせ作業は，人手あるいは別の自動荷合わせ機が必要である。

　しかしながらこれすらも近い将来にはロボットで単一商品のピッキングを行い，1つの通い箱に詰め合わせする方式も開発されつつある。将来の人手不足に対応する物流対策はすでに始まっているのである。

c.　ソータ

　物流加工センターからトラック配送する場合に，方面別，配送順（積み付けの逆順）ごとに搬送物を出荷口に仕分ける装置で，搬送物の形状や仕分け能力によりさまざまの形式があり，搬送物の形状や必要処理能力等によって最適なものを選定して採用する。

　特に最近では発注形態が大きく変わり，従来のように数種類・数個をまとめて注文されることは少なく，ネット販売に見られるように個人ごとにその日に必要な商品1個を当日または翌日通勤途中の場所で受け取れるような時代となってきており，その需要に合わせた物流システムと配送体制が不可欠になっている。

　そのため前項でも述べたようにピッキングや荷合わせ，配送（経路に合わせたトラックへの荷積み順）も含めた総合機能としての自動倉庫が増えてきている。

　その代表的内容の例を表 10.2 に示す。

d.　ピッキングシステムと設備

　ピッキングの作業は SCM においては重要なシステムで，いかに早く，正確に多くの品物を顧客それぞれのニーズに応じて届けるか，その商品の荷合わせが必要である。特に最近では荷合わせのみならず，配送順やトラックへの積み付けまで配慮して荷合わせを行う等複雑なピッキングシステムが採用されており，その方式にはさまざまな形態がある。代表例を示すと以下にあげるようなものがある（表 10.3）。

人手による集品システム：

　文字どおり人手により指定表示された棚から商品を取り出して，集品箱に投入する方式である。最も単純なものは，作業員が集品リストを集品台車ごとに棚間を回り集品する方式になっている。出荷頻度の高い商品についてはあらか

453

第Ⅱ編　SCM マネジメント編

表 10.2 ソータの種類と使われ方の例

No.	型式	形態	機能	取扱対象	能力(ケース/hr)	特徴
1	シュー式： (無端チェーンに取付けられたスラットあるいはパイプ上に荷を乗せ, 所定位置でシューを分岐させ荷を押して側面のコンベヤに移載するもの)	アルミスラット式	両側分岐	・定型品 ・若干の長物 ・非定型品	～8000	・高能力 ・幅広い搬送物対応 ・荷に優しい ・重量物対応
			片側分岐	・定型品 ・長物 ・非定型品	～12000	・超高能力 ・幅広い搬送物対応 ・能力に比し荷に優しい ・重量物対応
		パイプスラット式	両側分岐	・定型品 ・比較的軽量	～4000	・比較的高能力 ・安価 ・メンテナンスが容易
			片側分岐	同上	～6000	
2	ナローベルト式： (細いベルト 3～5 条で荷を搬送し所定位置に来た時斜行する分岐ホイールを回転あるいは一式を上下するもの)	特殊ホイール式	両側分岐	・定型品	～6000	・低騒音 ・高能力 ・比較的軽量対応 ・シュー式に比し安価
		ポップアップ式	片側分岐	・定型品	～3000	・メンテナンスが容易
		ローラ浮出し式	片側分岐	・定型品	～2000	・構造シンプル ・安価
3	台車式： (荷受台が連続して周回し所定場所で荷を落とすもの)	特殊曲げ板 (パンに荷を乗せパンを傾け荷を排出)	両側分岐	・定型品 ・長物 (2 倍品) ・非定型品	～10000	・高能力 　(荷の大小に無関係) ・安価 ・低騒音(リニアモータ式) ・荷に衝撃がかかる ・設置場所が大
		ベルト駆動 (搬送ベルトが所定位置で作動して荷を受取・排出)	両側分岐	・定型品 ・非定型品	～12000	・高能力 　(荷の大小に無関係) ・比較的高価 ・荷の衝撃緩和 ・設置場所が大
4	その他： (コンベヤの間に分岐機器を設置して分岐するもの)	回転ローラ式 (ベルトコンベヤの途中に複数)	両側分岐	・定型品	～6000	・高能力 ・搬送物が限定される
		ベルトダイバータ (ローラコンベヤのローラ間から浮出し)	両側分岐	・定型品	～2000	・ソータというより分岐装置

第 10 章　設備・機器管理

表 10.3　ピッキングの形式と使われ方の例

No.	型式	作業形態		機能	取扱対象	能力(向先/hr)	特徴
1	シングルライン型	当日処理分を予め指示ランプ付の棚に配置し，集品作業員を各棚間に配備し，コンベヤで集品箱を流して最終端で荷合せ		集品物を棚ランプで指示し済み次第箱が自動的に次のゾーンへ移動	・単品	~2000	・高能力 ・システム変更自在 ・熟練作業者向き ・高頻度品向き ・比較的高価
2	バイパスライン型	在庫形式で棚に中頻度品を配置し，当日集品分のある棚に集品箱を誘導し広い範囲を担う作業員がランプ指示された商品を集品する方式		集品不要の箱はその場所を通過し次に集品箱を流す。未集品なら次箱は待機	・単品	~900	・中能力 ・保管庫兼用可 ・熟練者不要 ・中頻度品向き ・比較的高価
3	総検索ライン型	PC またはリスト搭載の手押し or 自動台車に集品籠を複数載せ在庫保管棚を一周して集品		単純手押し台車等を用い，棚に名称・番号を付けリストで集品	・単品	~300	・超低能力 ・保管庫兼用 ・超低頻度向き ・安価
4	自動倉庫集品型	スタッカクレーン式	ケース保管の自動倉庫で必要ケースを順次排出 パレット保管の時はパレットを出し外で人が必要ケース数を取出しコンベヤに排出	排出ケースは配送コンベヤラインで集品シュートへ搬送し出荷	・ケース ・パレット	~500	・低能力 ・保管庫兼用 ・大量出荷
		台車式	各段毎に設置された台車が個別に所定品を排出 リフター経由で排出ラインへ	単品投入の通い箱を予め事前開封移載して保管	・単品 ・ケース	ライン組合せで自在	・高能力 ・本倉庫は別途必要 ・大量・短時間出荷 ・荷合せ機械兼用

じめ当日集品する商品は情報システムによりデータが作成されており，その情報によって棚にある表示機にランプで指示すると同時に，集品する作業員の前に自動的に流れてくる集品箱に投入指示をするようになっている。棚への商品補充は，あらかじめ販売計画に従って発注され入荷したものを，当日の集品作業終了後に各棚に格納しておく。情報処理上不足が見込まれればやはりランプ指示等により棚の裏側から商品を補充する。

　また集品する商品がピッキング頻度の高い商品（人気商品）であれば上位おおむね 2～3 割程度の頻度の高い商品を選り集めて所定の小型の棚に配置し，

455

第Ⅱ編　SCM マネジメント編

きわめて効率の高い集品方式（高頻度集品システム）を採用する。これ以外の商品で，品種が多くその中から頻度の少ない商品を集品する場合（低頻度集品システム），たまにしか出ない商品を集品する場合（超低頻度集品システム）等により商品の集品方式を変える等をする。いずれも如何に効率よく，早く集品・荷合わせができるかそれぞれに適切なシステム・機器が用意されている。

自動集品システム：

比較的小さい商品，特に包装形態が同じで大量に出荷される医療品やタバコ等では，工場から出荷・受領された商品を所定の機器にケース単位で開封セットすると以降はすべて自動で集品・荷合わせを行い，出てきた商品一組を個別の顧客向けに包装して出荷するシステム・機器もある。

この方式には棚自体が自動切り出し装置になっているものや自動倉庫にピッキング機能の付加価値を持たせたシステム・機器もあるので，各商品を自社物流加工 SCM でどのように扱うか，またはどのような方式で処理するかで適切な形態を選ぶ必要がある。

その他の集品システム：

まだ開発段階ではあるが，最近では AR（Augmented Reality：拡張現実）といわれる方式がピッキング作業に適用される例が出てきている。

これはゲームで知られる VR（Virtual Reality：仮想現実）技術を実際の設備に図形，色，文字，形状，等の指示内容を重ね合わせてピッキングの場所と商品，そこまでの集品ルート等を眼鏡に着用または融合させたツールを用いてピッカーが身に付けて集品作業をするものである。これらの機器も最近では非常に小型化，高性能化し安価になってきている他，コンピュータの能力も格段に上がり作業に対するレスポンスも十分実用に足るものとなっていることが背景にある。

この他に音声により指示するものも開発されており，いずれも現状では未だ一般化されてはいないがこれ等には下記のような利点がある。

① 棚の指示ランプと集品箱を紐付けした普及型のピッキングシステムに比べて表示器や配線数が極端に少なく，コンベヤ等の必要性もなく設備が簡易になる

② 受注のタイミングに合わせて作業員の配置も簡便で即座の対応に便利

第10章　設備・機器管理

したがって小型の物流加工センター等では有利な面がある。今後これらのシステムも含め物流加工での使われ方の開発・研究が進んでいくものと考えられる。

e.　一般的な搬送設備

最も一般的なものとしてはローラコンベヤ，ベルトコンベヤがある。ローラコンベヤは安価で主にダンボールやオリコン等の定型搬送物に使用され，ベルトコンベヤは若干高価になるため，袋等の特殊品や不定形の搬送物の搬送，傾斜箇所での搬送に使用される。

これらにはそれぞれ搬送処理上必要な搬送物の一時的部分停止や速度を変えて搬送物を切り離す装置，分岐，合流，整列，並べ替え，方向変換，片寄せ，等の機能をもたせる機器やシステムが数多くある。当然これらを適宜組み合わせて物流処理センター全体の機能を創造していくのである。

(2)　物流加工機器とともに使われるセンサー・検出器および制御システム

物流機器を有効に活用するために情報システムと搬送物の情報をつなぐ多くのタイプの信号・機器が必要である。これらは情報システムからの機器の動作指令を各機器に伝えると同時に搬送物の情報を読み取って，搬送物のリアルタイムな位置と状態を情報システムに戻し，搬送物の状態や記録が正しく移動していることを監視するために重要で，これらが制御機器・システムである。

a.　制御機器

制御機器としてはモータの速度をコントロールするインバータ，搬送物の位置・行き先等を検出するセンサーがあげられる。

センサーは主として搬送物が通過したときの通光・遮光で搬送物の位置・存在を検出し，またはIDタグのように高周波電波でデータのやり取りをするもの，運動機械部品においては磁力を利用した近接センサー，等多くの機種が利用される。特殊なものとしては空港での危険物検出等にX線が使われる。

一方でこれらのセンサーから得られるデータを組み合わせて，搬送物の動きをコントロールする制御システムソフトを組み込むシーケンサがある。この制御システムソフトはシーケンサにラダー図と呼ばれる作動順を時間で示したプログラムで，配送計画全体を管理する情報システムと常に情報データをやり取りして搬送物を計画的に処理するのである。

457

第Ⅱ編　SCMマネジメント編

b．制御システム

上記の制御機器に情報システム（WMSコンピュータ）からの搬送物処理指示に従って処理データを制御機器に渡し，それを介して搬送機器を動かして搬送物をコントロールするのが制御システムである。

このシステムの基本的な考え方は，搬送物に添付されたバーコードやIDタグ等でその位置を認識し，分岐・合流・一時停止・切り出し・仕分け等の指示を，センサーを経由する都度WMS（Warehouse Management System：倉庫管理システム）に問い合わせ，あらかじめその処理が登録された内容に従って各機器の動作の指示データを受け取り，その都度機器を作動して所定の処理，所定の場所へと搬送・処理するのである。したがってこれらの機器はメーカーごとに異なるものではあるが，その動作・機能は同じであるので使い方を工夫すればどの場合でも同様に取り扱うことができる。搬送物の上下動や左右への移動，回転量，等の数値についてはその都度異なるので調整が必要になるが，システムとしては種々の機器の組合せの違いがある程度で，ほぼ同じ内容で構成することができる。

しかしこの個々の機器の制御と組合せが正しく行われないとスマートな搬送物の動きが得られなくなり，搬送システム自体に支障が発生することもあるので注意が必要である。

10.1.4　より効率の良い方策の模索

リアルタイムで対応できるシステム，設備の組合せを考えることが原則であり，需要予測の精度を如何に上げてコンスタントな製品製造を模索して配送計画を作るか等，総合的に「ものの流れ」を見て如何に企画するかが肝要な対応になる。

またシステムや設備は，設備自体の故障，使い勝手や運用上のミスで突然停止することも多々ある。この故障や作業ミスでの部分的な機器の停止は，全体としての生産性低下に影響するので安易に見過ごされてはならない。どこがなぜそうなるのかを日頃データとして蓄積し，作業員教育とも合わせて効率改善に努めるかが肝要になる。また緊急対応の対策をあらかじめ設定して，非常時には人の手で物流加工・配送も行う企画も盛り込んでおくことも必要である。

458

第 10 章　設備・機器管理

10.2　設備機器の維持・保全

10.2.1　機器の寿命

　正常に働く設備・機器にはおのずと寿命があり，古くなれば部品の誤作動や故障も発生するので，適正な設備・機器の維持保全（メンテナンス）が必要である。このひとつの指針として産業機械工業会の標準（表 10.4）があるので，そのうちの抜粋ではあるが参照されたい。当然ながら部品の寿命は使用年数というよりも実際の稼働時間数によるものであるが，その使い方によって大きく変動する。たとえば運転速度や搬送重量を制限以上で運転する場合，駆動・停止を激しく繰り返すような場合，等では通常運転に比べて寿命は 1/2 以下になる場合もある。特に最近では個々人のニーズに合わせて利便性が優先され，個人別仕分けや配送が極端に増え，さらに昼夜の別なく設備を稼動する必要が大きく，設備の実際稼働率は極端に高くなってきている。上記した標準のベースは 8 時間/日でかなり前に検討されたものである。このベースで通常異常なく使用されている期間は，目安として部品で 3〜5 年，設備・機器としては 5〜7 年である。

　したがって個々の設備・機器はこの寿命に合わせて計画的に部品交換やオーバーホールを適宜に行うことが設備や機器の寿命を延ばすことにもなる。

10.2.2　機器の維持・保全の体制と運用

　すべての設備・機器，システムは，基本的に運用を継続したままで行えるように当初から設計しておくことが肝要である。一般には夜間や休日等があって機械を停止することが多いので，おのずと計画されずともメンテナンスのための時間は相応にあるのが普通である。しかしながら最近では昼夜の区別なく人も需要も動いていることが多く，なかなかこのメンテナンスの時間をつくることが難しくなってきている。それゆえに設備・機器に故障が発生すると事業上重大な事態に陥ることにもなりかねないので，十分に検討した設備・機器のメンテナンス計画が必要なのである。できれば設備・機器は作業の効率，運用の

459

第Ⅱ編　SCMマネジメント編

表10.4　搬送系（ケース系コンベヤ）パーツ交換指標

パーツ名		交換年数			交換指標
		8 hr/日 稼働	16 hr/日 稼働	24 hr/日 稼働	
減速機付モータ（ブレーキ無）		8	5〜7	3〜5	絶縁劣化(10 MΩ 以下)，異音，オイル漏れ，異常発熱
減速機付モータ（ブレーキ付）		7	4〜5	3〜4	絶縁劣化(10 MΩ 以下)，異音，オイル漏れ，異常発熱，ブレーキシューの劣化
駆動用平ベルト		6	3〜4	2〜3	表面の磨耗，劣化，エッジの損傷，レーシング部の亀裂，エンドレス部の剥離
駆動用六角ベルト	直線	4〜6	2〜3	1〜2	表面の磨耗，劣化，エッジの損傷，
	カーブ	2〜3	1〜2	0.5〜1	
駆動用V-ベルト	直線	2〜3	1〜2	0.5〜1	切断，V-芯クラック，側面カバー布クラック側面及び底面磨耗，カバー布合せ目の剥離
	カーブ	1〜2	0.5〜1	—	
駆動用丸ベルト		2〜3	1〜2	0.5〜1	磨耗，亀裂，駆動力低下，接合部破損
駆動用タイミングベルト		6	3〜4	2〜3	歯布の磨耗(ゴム層，芯線の露出)，亀裂ベルト歯元クラックの発生，エッジの損傷
駆動用ゴムライニング付プーリ		6	3〜4	2〜3	ライニング磨耗，異音，磨耗粉(錆)
駆動用チェーン		6	3〜4	2〜3	伸び(伸び率＝1.5%以上)，劣化，錆の発生
駆動用スプロケット		10	6〜8	4〜6	歯厚磨耗20%以上
搬送用平ベルト		6	3〜4	2〜3	表面の磨耗，劣化，エッジの損傷，レーシング部亀裂，エンドレス部剥離
搬送用駆動ローラ		7	4〜5	3〜4	磨耗，異音，回転不良，ベアリングの破損
搬送用モータローラ		3〜5	2〜3	1〜2	異音，回転不良，異常発熱，稼働時間≦8千 hr
搬送用フリーローラ		10	8〜10	6〜8	磨耗，異音，回転不良，ベアリングの破損
軸受けユニット		7	4〜5	3〜4	異音，グリース漏れ，異常発熱，磨耗粉(錆)
スリッププーリ		7	4〜5	3〜4	磨耗，異音，劣化
ナイロンカップリング		3〜5	2〜3	1〜2	異音，劣化，接合部の割れ
ユニバーサルジョイント		3〜5	2〜3	1〜2	磨耗，ガタ，異音
アキューム用クラッチ		3〜5	2〜3	1〜2	磨耗，異音，劣化
エアダイヤフラム		3〜5	2〜3	1〜2	破損，エア漏れ，劣化
エアアクチュエータ		3〜5	2〜3	1〜2	破損，エア漏れ，劣化
エアシリンダ		5	3〜4	2〜3	エア漏れ，動作距離≦1200 km（動作回数≦500 万回）
電磁弁		5	3〜4	2〜3	エア漏れ，マグネットの劣化，（動作回数≦1000 万回）

注記：上記の指標は一般的条件・環境で機器を使用する場合の数値，状態を示したものであり，各パーツの耐久期間を示すものではない。

出典）JILS日本ロジスティクスシステム協会：物流システム機器懇談会，2004 年 4 月〔初版〕サービスパーツガイドラインより抜粋

第 10 章　設備・機器管理

利便性も考えて機能の二重性を取り込んだシステム，設備・機器にしておくことも維持・保全の対策のひとつでもある。つまり機器に異常が起こってもライン機能としては停止しない機器構成にしておくことである。このようになっていれば，比較的作業の少ないときに各機器のメンテナンスを計画的に順次行うことが可能になるのである。この状況になっていれば，自社にてメンテナンス要員を抱えなくても容易に外部にメンテナンスを委託することも可能である。

　一方で専門のメンテナンス要員を抱え，計画的にメンテナンスを実行するのもひとつの設備・機器維持・管理の方策である。この場合は 24 時間 365 日稼動する配送センター等では，要員の昼夜交代勤務の企画も必要である。

　また重要機器の予備部品の保管も設備・機器維持管理の基本的事項である。一般に設備・機器の維持管理費用の目安は，年間でその設備・機器設置時の 3%前後といわれている。これに適合した適切な予備品の保管はしておくべきと考える。

10.3　設備機器の更新

10.3.1　更 新 計 画

　物流加工機器は十分な保守・整備が計画的に実施されていれば，相当長期に亘って問題なく使用されている。機器自体としては 20 年以上も支障なく使われている例もある。

　しかしながら機器自体に問題がなくても社会情勢の変化や需要の変動，新製品の台頭等によって物流加工システム自体を変えざるをえない状態が生まれることも多い。これまでの例では 5～6 年でまったく新しいシステムに変えられた例もある。したがって一概に機器やシステムの寿命を論ずることはできず，取り扱う製品の盛衰により設備機器の更新・更改時期は大きく変わるものである。

　これらの背景はともかく更新の必要が出た時点では，以下のことに留意して計画的に進めることが大事である。

461

第Ⅱ編　SCM マネジメント編

(1)　更新予算の企画

　設備・機器更新の企画では，まず費用見込みを詳細に調べ予算取りの企画を立てる必要がある。予算額の想定に際しては，更新の目的と規模を事業展開の企画に合わせ試算して決めることになるが，より長くまた如何に現実に沿ったものにできるか振れ幅を極力押さえていくために，その折々に取り扱う製品の内容・需要量・変動等も視野に入れた想定が必要である。また設備予算では，計画が進むにつれ詳細がわかってくると追加したい機能・機器が出てくることもあり，それらの処置としての見込み追加予算を見ておくことも賢明な策である。

　使用開始後は，機器修理や消耗部品のデータを取り，これを積み重ねることにより計画的な機器の入替や更新時期の想定に役立つので，機器の障害や部品交換のリストを作成し，定期的にチェックする管理をしておくことも重要である。

(2)　更新の工程計画

　新規の場所に新たな設備として更新する場合は単に稼動開始時期に合わせた設備・機器の導入を計画すればよいことになるが，一般には現在の場所に現存機器を使いながら順次更新していく場合もあって，この場合が最も注意を要し難しい企画となる。また十分な更新期間に物流処理一式を停止または外部に委託することも考えられるが，まずその停止期間が取れるかどうかと外部委託をそのような短期間受けてくれる事業者がいるかどうかである。現実的には非常に困難な案である。

　実際にはまず現設備が機能的に二重化されているか，または代替使用が可能かどうかを検討する。多くの物流機器では処理能力を落とせれば部分的になら他の箇所で代替処理ができることが多い。たとえばピッキングラインを考えれば大概複数系統を有しているので，情報システム部分は変えられないが，一時的に分割使用が可能なことが多い。これらを順次ラインとして組み込んでいくことでスムースな機器更新が行える。

　現設備のラインに同じ機能箇所がない場合は，一時的な処理ラインを仮設で設ける必要があり，その製作と場所の確保，同時に更新機器の製造と工程管理を相互にしっかり計画する必要がある。もしこの仮設機器を用いないことで企

462

第 10 章　設備・機器管理

画するなら最後は人手による処理を考えることになる。

　以上いずれの場合も当然ながら処理量が年間で最少になる時期を慎重に選び，期間的には多少在庫を増やす等で余裕の取れる時期と工程を企画するのが一般的である。

　また更新時に忘れてはならないことは廃却機器の処理である。物品の廃棄に関しては廃棄物処理法によりその内容，方法が規制されており，これに違反すると処罰の対象になる。特にプラスチック類や変圧器，空調機器等に使われている触媒や冷媒等には注意を要する。この詳細は廃棄物処理法に明示されているのでそれを参照する。輸入品を使用している場合でもこの対応に変わりはない。

10.4　設備・機器の管理

　設備・機器の導入に際しては単に必要機能を満たした機器を購入し，それが所定の位置に据え付けられればよいというわけではなく，当然以下ような導入機器に関わる種々の確認・管理・監督も必要である。

10.4.1　設備・機器設置

　設備・機器を導入した場合には，受け取る前に設備・機器の仕様書を実際の仕様内容に合っていることを確認するとともに，その機器ごとに型式・機能・能力のリストを作成し，機器それぞれの取扱い説明書を整理，保管しておく必要がある。

　また機種によっては導入と同時に上記書類を整えて所轄官庁に届け出る必要もある。特に，作業に際して危険を伴う恐れのある場合や環境汚染につながる廃棄物を含む場合等は特にこれを忘らないように留意する。これらは法的に規制されている場合がほとんどである。

10.4.2　機器使用での安全管理

　機器を使用するに際しては，それぞれの機器仕様の内容を十分確認することが肝要である。機器仕様書・取扱い説明書には単に機器の動作説明や性能，形

第Ⅱ編　SCMマネジメント編

態，維持管理の仕方のみならず詳細な使用上での注意点が明記されている。

　たとえば安全性においては基本的にメーカー側で対処されているが，使い勝手上メーカー側で対処できない内容（主に運用・操作）については，残留リスクとして文書で取扱い説明書に明記されることになっており，作業員にこのことを周知徹底して作業させるなどして使用することが法的に義務付けられている。

　また設備・機器を入れ替えたり，廃棄したりする場合には廃棄物処理法に従った廃棄処理が必要になる。たとえば空調機の冷媒，トランスの冷却液，アスベスト等環境・人体への障害となる付属物が思いの他多くある。

　一旦人体への障害が発生すると，その内容が肉体的であれ衛生上からの障害であれ，症状が重くても軽くても事業運営上では重畳な影響が出る。重大な事故であれば法的な規制を受け，小さな事故や傷病でも調査が済むまでの業務停止処分の可能性，長期間に渡る補償や労働災害補償につながるので，安全・衛生には十分配慮が必要である。

10.4.3　作業員教育

　設備・機器は大事にうまく扱えば，効率よくかつ長期に亘って有効に使用することができ作業員教育は大変重要な事項である。

　そのためには使用する設備・機器の特徴・性能・くせ等をよく認識させるとともにその使い方を業務に合わせ周知させることである。通常，機器導入時からしばらくは効率よい運転にならないものであるが，作業者が機械と作業に慣れてくると急速に能率が上がるものである。しかしながらこのときが最も注意を要する時期で，安全に対する認識低下や作業の品質低下が起こりやすく事故につながる恐れも出てくる。特に定型作業の場合は適度な休憩と緊張を与え，作業ルーチンとして継続的に品質を守る訓練を行う必要がある。場合によっては時間帯により作業員の配置替えなど職務を他の職務と入れ替えるなどの管理も有効である。後に詳述するが，この作業を標準化しておくことが肝要である。

星　俊臣

11 標準管理

11.1 標準の基本—目的

　SCMで取り扱われる機器や商品・製品は市場性から自ずと標準化されている。たとえば物流設備や搬送機器はメーカーごとではあるがそれぞれに標準化されており，制御機器等でもバーコードリーダ，情報システム機器，製品コード，等各分野・市場にわたって通用するツールが標準化されており，システム構築においてはこれらをつなぐ作業が必要である。当然これらの機器・ツールを独自で開発することも考えられるが，これはコストも時間も膨大になる恐れが高く推奨できるものではない。できる限り市販の機器を採用するのが最も経済的・合理的である。しかしながら反面，情報システムや制御システム等のソフトについては独自の運用や作業の流れからそれに合わせたシステムや処理方法を選ぶ場合が多く，特に情報と制御のソフトは新たに作り，作業帳票等の一部は作業内容に合わせて自社として標準化することになる。この場合，自社内のすべての機器やシステムに対し統一した基準を作り，それに従って製品企画から製造・運用・製品流通まで構築するのであればさらに効率のよい運用システムになる。

　一般的にはそういった一連の独自の方式構築は困難であり，かつ時代のニーズ，顧客の要望の変遷もあることから製品・取扱商品も変わり長期的・継続的な運営も難しくなるので，独自の機器・システムの構築はしないで済ませられるようにするのが望ましい。

第Ⅱ編　SCM マネジメント編

　機械系では JIS B 9700，作業者の安全に対する対応に関わる法的規制がある
他，電気系においてもそれらの規格の他，電気設備に関する技術基準を定める
省令や内線規定等，海外では ISO や EN，IEC で統一され，メーカー側では市
場で最も普遍的な方式で市販の機器・部品を作り販売しているのであり，これ
が一般的な標準として使われている。このように如何に効率よい運用を行うか
が標準化の基本である。

11.2　標準化の対象

　上記のような背景から標準化の対象として下記の事項があげられる。

11.2.1　機器の統一化—使用する機器の統一，情報交換ツール

(1)　使用する機器の統一

　使用する機器は独立して動くものを除き極力同一メーカー製，同種の機器を
採用するのが望ましい。なかなかすべてを同一にすることは難しいが，これは
作業するにしても保守するにしても効率よく行えるからであり，設置時におい
ても同じものを多量に購入すると安価になると同時に据付，取扱いにおいても
同一作業となり短納期で処置できる特徴がある。またメンテナンスにおいても
どの箇所でも共通に使用することができ，予備部品が少なく場合によっては機
器の入替使用もできて簡単になる。さらに従業員の作業替えにしても，新人の
取込みにしても短期間で置き換えることもできる。

　機器としては搬送設備機器，情報・制御機器，またこれらを情報データとし
てつなぐ各種センサーや表示器等あらゆるものが対象となる。

(2)　情報交換ツール

　上記のように搬送物の位置検出，データ収集，周囲に運用状況や異常を知ら
せる表示器具，等情報交換ツールにおいては特にその効果が大きい。

　これらはシステム構築時のソフト制作，その通信テスト・バグ対応等では格
段に簡便で短時間処理ができ，さらには寿命の短いこれらの電子機器での置き
換え等においても同様である。

　情報自体は内容が異ならなければいくら増えても問題になることは少ない

が，情報量が増えると情報機器やツールはそうはいかなくなることが多い。

　取り扱う商品や形態は時代とともに変化していく。これは避けられないことで，それに合わせてこれまで使ってきた情報内容，すなわちデータ内容が変わり，その対応としての新たな機器やツールの見直しや整備が必要になってくる。また一般には年を経るごとに情報量が増えてくるのも見逃せない実態である。情報量が増えると作業量も増え，伝票形式も変わる等それに応じた設備の見直し，システム変更に伴う機器やツールの整備も欠かせない事象となる。

　最近の情報システム機器では記憶容量も格段に大きくなり，処理スピードも処理容量を気にすることなく対処できるようになってきている。さらに AI の利用もこのシステムに組み込むことができれば，システム構築の複雑さも大幅に解消できる等の活用方法もある。

11.2.2　作業の標準化─取扱品の分類・整理，処理の流れと手順

（1）　取扱品の分類と整理

　標準化を行うに際し最初に対処する必要があるのは取り扱う品物の種類とタイプを極力統一・極少化することが最も大事なことである。こうすることによって異なる作業を減らし，業務の統一化が容易にでき，かつこれらを取り扱う設備も統一化することができて非常に効率のよい仕事にすることができる。

　取り扱う商品自体の種類や数量，梱包副資材，形状・サイズ，等の分類と整理はもちろん，それを取り扱うツールや機器についてもできるだけ少数になるよう分類・整理することである。種類が1つ増えると鼠算的にそれ以降の取扱いが増えてくるので慎重な検討が必要である。

　一例でいえば，分類数が増えると取り扱い方，すなわち運用業務が変わる。少ないときは作業ラインが1本でよかったものが，2本，3本になることもあり，それに従い仕分けや商品の組合せが必要になり，設備のラインだけでなく取り扱う人数まで増える結果になる。これはコストアップにつながり，同時に設備や敷地の増加となって事業運営上大きな問題に発展することになりかねない。

　これを簡便化するポイントは"商品の種類"で分類するのではなく，梱包サイズで分類すると設備系はかなり統一化しやすい等，目先の対象，業務の切り

第Ⅱ編　SCM マネジメント編

口等を変えて検討することが重要である。なお，情報システム構築上では如何に複雑になっても一時的な手間と案外安いコストで済み後日への影響は少ない。たとえばダンボールのサイズや形状・寸法についてはメーカー標準があるが，当初にメーカーと打ち合わせ，調整を行っていれば，まとまった数量なら自社サイズで指定することも可能である。化粧品等のように梱包材自体に付加価値のある場合もあり，取り扱う商品によって適切なサイズ・形状を選択することも考える必要があろう。ただあまりに種類が多くなるとその管理が複雑になり，取扱いや操作機器にも影響するので，極力種類は絞って標準化していく必要がある。

　また物流加工に使われる自動倉庫や搬送機器のサイズを決める場合にも決定的な影響を及ぼす。たとえば自動倉庫では保管棚の間口が決められ，最初に大きめのサイズを選択すると自動倉庫全体がかなり大きな規模になってしまう。

　また搬送機器においてもすべての機器でより大きな機幅や処理能力を必要とする等，密接に関係してくるので相応の配慮が重要になるのである。さらに搬送物の形態・形状が特殊になると，物流処理上で不必要な特別な配慮が必要になることもある。物流機器は一般的に標準的なサイズを基準としており，非常に小さいものから大きなものまでの対応となると特殊機器として設計段階から検討する必要があり，機器コストや納期に大きく影響する。

(2)　処理の流れと手順

　物流処理の流れとその作業手順も最初に決めておく重要な項目である。作業処理の流れとしては如何にスムースに下流工程に順送りできるようにするかがポイントになるので，詳細にわたって明確に作業手順書等で作業員に指示できるようにしておかねばならない。

　物流加工においては，販売計画に沿って発注されたさまざまな商品が物流加工場所（一般に配送センターと呼ばれている）に入荷され，自動倉庫等に一時保管された後，顧客の注文に合わせてピッキング作業や荷合せ等の作業を経て，配送順に荷揃えされて出荷される。大量の注文先に対しては入荷と同時に出荷準備の済んだ他の商品とともに出荷されることもある。ところが予定の商品が予定の期日に届かなかったり，数量が不足していたりすることもあり，その処理対応では，未入荷品や不足数量分の次の予定の確認と顧客への変更通知

468

第11章　標準管理

も含めて柔軟に対応できるようにしておかなければならない。このようにあらゆる場面を想定し，それぞれの場合に応じた作業対応を作業基準や作業手順書として定めておく必要がある。

　また処理の対応とは別に，伝票処理や売上げの記録や処理の変更等管理上での標準処置方式も決めておく必要がある。これらの手順が明確にされ，かつ作業員に徹底して周知されていないと，その都度混乱して作業が滞ることになり，結果として物流加工の効率が低下することになる。

(3) 標準の保守管理

　保守管理では策定した各種の標準や基準を定期的に見直し，改定していくことと，導入している各種の機器・設備のメンテナンスがある。

　標準や基準の改定は，まず顧客や社会の変化・ニーズに応じて作業内容も変化するので，それに合わせて既存の内容を改定・改善していくことと，業務内容の変化・効率 UP および従業員の教育の見直し等のために標準の改定を行う保守管理がある。重要なのは基準等を見直す以前に，担当者はその必要性を認知しなければならない。その時期は社会情勢や事業状況から自ずと明らかなのであるが，一般にその日の仕事に追われ改定の作業に人員を投ずることがもったいない，後でもできる等の考えが強く出てなかなか実行されにくい。だが，気が付いたときに新たな作業効率の向上，従業員の安全・安定の確保の上から定期的な見直しは意識して行うことが肝要である。

　次に機器・設備の保守管理についてであるが，これは表 1.11 の例のように物理的にはほぼ決まっている。しかしこれも使用頻度や過重使用，こまめな手入れ等により大幅に耐用年数も変わってくる。そのためには保守管理の手順書，基準等を明確にし，かつ従業員にその旨を周知させて常に指導していくことが経済的にまた機器使用率の向上，長期的運用等の面で大事である。

11.2.3　情報の標準化―運用・帳票，ツール統一，在庫・発注，異常措置

(1) 情報交換ツールの統一

　すでに上述したことではあるが，情報交換ツールは統一化しておかなければならない。内容としてはホストコンピュータから各機器に操作を指示する情報やデータ，各センサーやデータ収集の制御機器からホストコンピュータに上げ

469

第Ⅱ編　SCMマネジメント編

る情報やデータがそれぞれ統一した方式でまとめられることである。

　たとえば，機器導入時にはできる限り将来の展開も含めた企画の中で，単純にコストや使いやすさだけに縛られず，ソフト構築も含めたメーカーの統一等メンテナンス上での機器の共通化も重要な考慮点である。コストが有利という判断が先行して機器ごとに変わると予備品の管理や保守費の増大になりかねない。特に情報系の機器やツールは，メーカーやソフトハウスが変わるとまったく新規に作り変えしなければならなくなるような場合も生ずるので注意を要する。もっとも情報機器や機能は非常に短い期間で性能が上がり，設置当時最新のものでも数年で使われなくなるものも多く，できる限りその時々の市場状況を調査してより性能の高いものに置き換えていく等の配慮は必要である。

(2)　帳票と運用

　業務の運用と帳票は密接に関係し如何に要領を得た帳票にまとめるかで情報システムの有効性が決まり，これをできれば標準化しておくことが好ましい。

　たとえば，ほとんどのダンボール詰めの商品にはバーコードが付記され，その記号によりダンボール内の商品が何かを表示している。この記号は世界的にほぼ共通で，たとえばJANコードは世界になるとEANやUPCコードで表示される。

　この他に最近では，そのコードに含めることのできる情報量を飛躍的に増大させるため2次元バーコードが開発され，一般に普及され始めている。

　一例をあげるとJEITA（一般社団法人 電子情報技術産業協会）規格がある。これによると標準多品納品書や配送案内書等が発注者と受注者との取り決めで使用する例があり，一品ごとではなく複数商品を1枚の納品書にまとめて電子データ化して処理する方式である。このようにすると，同一顧客に対する納品書や請求書はまとめて処理でき，後工程での作業量が削減できる場合もある。また搭載できるデータ量は限られるが，データ入力機器のひとつとしてパレット積みの商品を若干離れた位置で一括読取する等，離れた位置でかつ大量の商品を同時に識別できるIDタグの利用も情報システムとの組合せで広く普及され始めている。

　これらはどの形式を使うかで用意する読取りや書込みの機器やコストが大幅に異なり共通性がなく，SCMとして活用するには全体システムをどの方式を

470

第11章　標準管理

ベースとしてどう構築するか十分に検討する必要がある。

(3)　在庫と発注のタイミング

　販売量の変動と見込み，ならびに在庫の持ち方と商品発注時期の関係は深く十分に分析して，その方式を標準化しておく配慮が必要である。これが巧くいかないと発注遅れの在庫切れによる商機のロス，反対に適切な販売時期を逸して過大な在庫を抱える等になり事業運営そのものに大きく影響することを認識しなければならない。販売量は時期や景気，気候変動，政治的動向等思いがけない事象の変動で大きく変わるものであるが，これらが変わったときにどの商品がどれだけ出たか，その変動の仕方，等の正確なデータを取り，実態がどう変化したかを分析して一定の法則を見出し標準化するのであり，そのやり方を定期的に複数の者に継続的に見直しさせていくのが望ましい。仕事に慣れてくると，その呼吸を体感で理解し独自の感覚でかなり正確に行える熟練者が出てくる場合もある。が，このような特定の経験者の勘に頼るようではその人が事故や病に倒れた場合等対応ができず，業績に大幅な狂いが生ずることも考えなければならない。この技術の継承には，極力次の世代の継承者を設定して同時作業の中で ON-JOB 教育し，作業標準として残していく等の努力が継続的な事業の発展につながるであろう。

　また日常の平均的な「商品の動き」を基礎データとして用意しておき，これに上記の変動要因が出たときに平均値からどれだけ振れるのかの分析データを持つこと等も適切な在庫と発注するタイミングを知るベースである。これらは通常使用しているパソコンで，自動的にかつ容易に収集・統計処理することもできるソフトも市販されているので有効に活用するとよい。

(4)　特注品とイレギュラー処理

　一通りの取扱商品や使用器具を統一し，事業運用上の事柄は標準化したとしてもどうしても異なる扱いをしなければならない事柄が出てくる。このようなことは案件数的には非常に少ないが，これを無視する訳にはいかないことが多い。したがって運営上での処理ラインには必ずこの異常処理ラインを設け，標準から外れた取扱い方式を準備しておく必要があり，こうすることで全体の処理対応が簡便で効率よくなることの方が多い。いたずらにすべてについて「自動化処理をするために」として複雑な対応や機器を取り揃えるなどは避けるべ

471

第Ⅱ編　SCMマネジメント編

きであって，人手で処理することも重要な効率アップのポイントになる。

　ちなみに自ら作り出す「特注品の扱い」等はこれに相当し，これにこだわるがゆえに処理システムや機器を複雑化することにならないよう注意を要する。

11.2.4　標準規格の採用—物流器具，搬送物，搬送機器

　パレット，トラックの荷台，貨車，コンテナ，段ボール等殆どの流通設備・機器ではそのタイプや寸法が規格で決まっている。

　たとえば，トラックの荷台サイズも決まっており，この形状・寸法によりトラックの積載効率が左右されるので，配送量，トラックの可能積載量，積載順（配送順）等の組合せも重要になる。特殊なサイズにすることも可能ではあるが，極力すべての組合せ（ダンボールサイズ，パレットサイズ，トラック荷台，商品の化粧箱サイズ，配送順，等）を情報システムとして共通化を図ることが大事なポイントである。

　とはいえ段ボールサイズ等は投入される搬送物の重量から継続的に作業する人が適切に扱える重量に設定されることが多く，ほとんどが20kg/箱程度のケースが採用されている。

　一方，搬送処理設備についても各メーカーにより搬送方向の幅が基準化されている。搬送物サイズが大きく社内基準に合わないサイズを使用すると，すべてが特殊設計になりコストも納期もそれに伴って大きくなるばかりでなく，設置面積も増えることから必要スペースも余分に必要になり無駄になることが多くなるので極力搬送物サイズは小さくすることが必要である。

　また幅だけでなく搬送物高さも重要な要素の1つである。自動倉庫の棚高さが高くなり，保管数量が下がる他，搬送設備でのカーブ部や高低差のある搬送設備においては搬送物が転倒することもあり，その対策として搬送速度，すなわち処理能力を下げる必要が出てくる等総合的に判断することが肝要である。

11.2.5　管理の標準化—人事，諸基準，保守

(1)　人事管理

　総務的な事項も含めて人の管理はシステム運用上非常に重要である。最も注意を要するのは能力に合わせた作業員の配置と作業環境の整備であり，その巧

第11章　標準管理

拙により作業の能率が大幅に変わる場合が出る。特にピッキング等の作業ではベテランと不慣れな従業員の組合せとか，作業の分担とか，作業進捗の濃淡で人の配置を見直す等の配慮が必要になる。

さらに管理者の人事についてはいうまでもないが，全体を見て各作業，現状処理状況，機器の作動状況，等の是非を判断できる人材の配置が不可欠である。特に使用機器の管理・運用では，何らかの事情で機器が停止するとその下流側すべての作業が止まる等の影響を受けて当日の処理量が低下する。

すなわち作業処理上の標準体制として，仕事の内容と流れをよく知っており，各作業員の処理状況を見ながら作業員の感情・意識等も理解し，上記のような管理意識をもった管理者をリーダとして組織を作ることが第1なのである。

(2)　諸基準の標準化とその保守管理

そもそも標準や基準の制定は，事業推進を統一化し効率化するために置かれるものであり，諸基準等においても例外ではありえない。統一された思想の基に標準や諸基準も制定されるべきである。そのためにこの思想を根幹として社会情勢や製品へのニーズの変化に合わせて事業の方針や方向が変わるときはこれらの標準や諸基準も当然見直して，それを従業員も含めて周知・実行していく必要がある。標準や基準があるからとそれを守ることに拘り過ぎないよう留意することが大事である。

11.3　標準化の推進─作業員の教育, 意思疎通と周知, 必要機器の設置

「もの」であれ「情報」であれ標準化することは大事なことである。しかし標準化は簡単にできるものではなく，実行する前に準備しなければならない事象は多いし，それを実行推進すること自体も難しいのである。

その主な内容は下記のとおりである。

11.3.1　標準化の推進と作業員への周知

上述したようにさまざまの標準や基準を制定する目的は，それに従ってさまざまの作業を効率よくこなして事業を向上していくことにある。

第Ⅱ編　SCM マネジメント編

　そのため詳細作業の分析の基に標準化や基準書の制定は重要な事項であり，そうして制定した作業標準や作業規則，諸基準書にまとめたことは作業員全員に周知徹底して実行していくことが最も重要なことである。

　一般的傾向として"標準"や"基準書"を策定すれば作業の統一は済んだような錯覚に陥ることが多いが，実際はそれからが本番で，如何にその"標準"，"基準書"に従って作業しているか個人別に管理し，訓練指導していくかが重要である。また作業の改善や変更は常に行われていくものなので，これらの諸基準書は適切に定期的に見直し，業務の実態に合わせた内容に書き直していく体制も忘れてはならないことである。

　当然ながら「作業」について，作業員の安定した仕事ぶりとそのノウハウは細かに動作分析を行って，最も効率よくしかも高度な品質を保つ動作は何なのかを調査し，複数の作業員に重畳した教育と訓練を行うことが必要である。作業内容によっては作業員の定着性の問題もあり，そう簡単に統一化できることではないが，それを継続していくことが生産性アップの重要なポイントである。

　そのため作業員全員への周知徹底を図るのである。

11.3.2　必要ツールの設置─管理コンピュータ，指示表示機，管理体制

(1)　管理体制の設置

　標準化の推進に際してはまず社内に独立した管理体制の設置が必要で，これは日常業務とは切り離して設置することが肝要である。日常業務との兼務で作業者に委任しているところも見かけるが，これでは常に目の前の業務に追われ標準化推進の気持はあってもなかなか実行できるものではない。また標準化することは作業員の行動を制限することでもあり，他の作業員の目もあり，基準を創ることなど自主的に進めることは難しい。反面，作業の実態を反映した基準創りも不可欠で処理作業をよく知っている人の参加が望まれる。さらにこの基準の改定・改善についてもこのことは必要になるので，自ずと適切な人は決まってくるものと考えられる。この人選がまた重要で作業に精通した者だけでなく，経営層の人の参加も不可欠な事項である。

　基準制定と同時に経営層はその推進と実行を社の方針として強い意志で推進

474

第11章　標準管理

しなければ事をなさなくなるので注意が必要である。

　この推進部門が制定以降の見直しや更なる向上に努めていくのである。

(2)　推進に必要な設備・器具

　標準化推進に必要な設備・器具としては，管理コンピュータと従業員に周知を図る器具が必要である。

　管理コンピュータでは，作業の予定と実績，その現況と乖離等のデータ，物流加工の品質の監視，作業改善点のデータ，等を管理し，業務の実態をまとめて作業者に開示する。

　作業者への業務の現状開示のツールとして作業場での表示器具を用意して，標準や基準の改定内容も合わせて周知するためにそのツールを設置することが作業者との意思疎通を図り，参加意欲の向上にも役立つ。

11.4　標準化の管理—諸基準（運用，保守），定期的見直，安全管理

　上述したように作業についても機器についても同様であるが，まず標準ができ上がっても適切に維持・管理されていかないと，時の移り変りとともに実務に適さないものになってしまう。情報そのものは販売環境によって極端にいえば毎日のように変わり，それを処理・対応する人もいつまでも同じではありえない。当然ながらそれらが変化すると少しずつ運用が変わるもので，その変化に対応していかなければ，よりよい運用や効率的な稼動に支障をきたしてくるものである。したがって従業員にはそのことをよく理解させ，時には設備や機器も一部変更等の配慮が必要になる。

11.4.1　運用の周知

　従業員にはまずどのような運用・商品取扱いが最善かを教育し，実際に運用が開始されたらその基本を周知させる必要がある。人はそれが十分身につくと，自然にその後の変化はほとんど自覚せず柔軟に対応していけるものである。ところが自動化機器を使っている場合はそう簡単ではない。まずその変化をデータ化して所定範囲に対応できるよう機器調整をする他，周辺環境をそれに合わせる必要が出てくる。通常運用の中で作業者がこの機器を専任で使用し

475

第Ⅱ編　SCM マネジメント編

ていれば，その変化に柔軟に調整等を進め，何とか間に合わせていけるのであるが，それが長く続くと，いつの日かどこかで調整ややり方の巧さだけでは対応できない時が来る。その時は設備の更新時期となる。

一方でそのような巧い運用・機器の使い方のできる人は，その人の事情や職場環境の変化で他の人と交代していく必要があり，いつまでも同じ状態で設備の運用ができるわけではない。したがって継続した人の教育と訓練が必要なのである。

11.4.2　定期的な見直しと修正

以上のようなことから時代の変遷に伴い，経済環境が変わり，事業運営の形態や方法も変えざるをえず，結果設備や従業員の増減まで変化することになる。これらはいつまでも同じ標準で事業を継続することはできないことを意味し，その都度標準の見直しを定期的に行っていくことが不可欠で，それが柔軟な市場への対応となるのである。当然現存する設備や機器もその変化に応じていけるところまでは部分的な改造や調整で対応し，限界点で機器の入替，ひいてはそれが進んだ段階では設備全体の見直しまで必要になってくる。

11.4.3　安 全 管 理

標準化の管理の1つとして安全管理も重要な項目である。

安全管理には，法で義務付けられている事業場での従業員の安全・衛生の確保と事業継続を含めた危機管理があり，いずれも事業を行う上では対策が取られなければならない事項である。

安全衛生管理：

本項目は労働安全衛生法 労働安全衛生規則とその条例，通達等で詳しく指示されているので，詳細はそれを参照してもらえばよいことであるが，ここではその中で特に機械の製造とその使用者に課された安全対策と措置について概説する。

機械の製造者に対しては，基本的に本質安全の設計の元に機械の製造・販売を行わなければならないことになっている。しかし使用者側の対応によっては安全を付保することが困難な機器・部品については「残留リスク」として取扱

第11章 標準管理

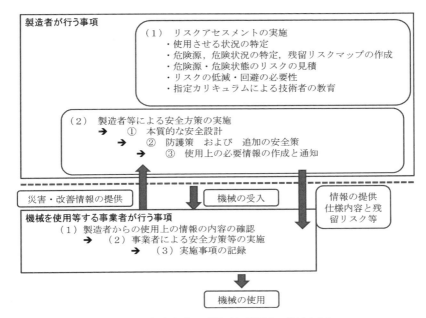

図 11.1 機械安全化の手順（各種通達・指針より）

い説明書にその内容と一覧を図 11.1 のように提示することになっている。

製造者は安全設計を実体化するために所定の内容について所定時間，教育を受ける必要があり，使用者はこの「残留リスク」に対応するための教育・訓練を従業員に対して行わなければならないことになっている。

表 11.1 は製造者が機械部分およびその電気制御部分の設計についての義務として，かつ製造部門の管理者に対しても研修しなければならない事項，およびその受講時間をまとめたものである。

機械の使用者に対しては図 11.1 が義務事項となる。

機械安全教育のカリキュラムについては上記のとおりで，事業の責任者は所定の知識と技能を有する者の元で，表 11.1 中のそれぞれの技術者の項目について，機械の設計技術者は計 30 時間，機械の制御技術者については計 40 時間，また製造部門の管理者については計 15 時間の安全に関する教育を受けさせなければならないことになっている。

第Ⅱ編　SCMマネジメント編

表11.1　機械安全カリキュラム

科目	教育内容	時間	設計者	生産技術管理者
1. 技術者倫理	（1）労働災害，機械災害の現状と災害例	1.0	○	○
	（2）技術者倫理：法令順守（コンプライアンス）		○	○
2. 関係法令	（1）法令の体系と労働安全衛生法の概要	3.0	○	○
	（2）機械の構造規格，規則の概要		○	○
	（3）機械の包括安全指針の概要		○	○
	（4）危険性又は有害性等の調査（リスクアセスメント）等に関する指針の概要		○	○
	（5）機械に関する危険性等の通知の概要		○	○
3. 機械の安全原則	（1）機械安全規格の種類と概要（JIS規格）国際規格（ISO規格，IEC規格）	6.0	○	○
	（2）機械安全一般原則の内容（JIS B9700，ISO 12100）		○	－
	（＊）本質安全・隔離・停止の原則		－	○ 2.0
	（電気・制御技術者のみ）（3）電気安全規格（JIS B9960-1(IEC 80204-1)）	5.0	－	
4. 機械の設計・製造段階のリスクアセスメントとリスク低減	（1）機械の設計・製造段階のリスクアセスメント手順	18.0	○	－
	（2）本質安全設計方策		○	－
	（3）安全防護及び付加保護対策		○	○
	（4）使用上の情報の作成		○	－
	（＊）機械のリスクアセスメントの手順		－	○
	（＊）本質安全設計方策のうち可能なもの		－	○
	（＊）作業手順・労働者教育・個人用保護具		－	○ 9.0
	（電気・制御技術者のみ）（5）制御システムの安全関連部（JIS B9705-1(ISO 1349-1)）	5.0	－	－
5. 機械に関する危険性等の通知	（1）残留リスクマップ，残留リスク一覧の作成	2.0	○	－
	総時間：設計技術者＝制御技術者＝		30.0 40.0	15.0

厚生労働省：機械安全教育カリキュラム一覧140819より

〈参考文献〉

1) ECALGA，SCM新規標準解説と実用化企業支援，SCM委員会

2) 日本ロジスティクスシステム協会，物流システム機器懇談会編：サービスパーツガイドライン，2004年4月

3) 通達：基安発0415第3号，平成26年4月15日
　厚生労働省労働基準局安全衛生部長「設計技術者，生産技術管理者に対する機械安全に係る教育について」

　　　　　　　　　　　　　　　　　　　　　　　　　　　　　　星　　俊臣

12	情 報 管 理

12.1 情報管理の対象

12.1.1 情報共有の必要性

　サプライチェーンを構成する各企業が独立に意思決定を行うため，ブルウィップ効果，企業間の対立などのように，さまざまな問題が発生する。これらの問題を解決するために，各企業が全体最適を目指して正しい意思決定を行うことが必要である。正しい意思決定を行うために，意思決定に必要な情報を，関連する他の企業と共有することが不可欠である。また，サプライチェーン全体の利益最大化とリスク最小化を実現するために，以下の３点が重要である。

(1) スピードの重視

　市場（実需）のタイムラグのない把握。リードタイムの長さに比例した情報伝達の遅延が情報の歪みを増大させることはサプライチェーンマネジメントにおける普遍的な現象である。また，各企業が最適な意思決定を行うとしても情報の歪みとその拡大現象は避けられず，問題を解決するためには市場の実需要情報を即時に供給側に伝わる情報共有が重要である。

(2) 需給調整機能のシフト

　在庫バッファから情報バッファへ。従来，供給側は，市場ニーズの変動に対応するために，さまざまな形で在庫をもち，在庫バッファにより需要と供給のマッチングを行ってきたため，不良在庫および在庫管理コストが発生した。サ

第Ⅱ編　SCMマネジメント編

プライチェーンマネジメントでは，このマッチング機能を「情報」バッファによって実現しようとする。つまり，情報の共有化によって，市場ニーズの変化に対してきわめて小さなタイムラグで供給を追従させるので，不良在庫および在庫管理コストを大幅に低減することができる。

(3)　フローコントロールの重視

　物流，商流，情報流の同期化。情報を共有するだけではサプライチェーンマネジメントを実現できない。サプライチェーン上を流れる情報をもとに，サプライチェーンのメンバーが協働しなければならない。また，共有された情報が正確で信頼できるものでなければ，正しい意思決定と協働を行うことができない。情報が物やキャッシュフローの流れを正確に反映し，また情報に物やキャッシュフローが伴うことが必要である。つまり，情報流・物流・キャッシュフローの同期化・統合化はサプライチェーン全体のパフォーマンスを向上させるのに不可欠である。

12.1.2　管理すべき情報

　サプライチェーンにおいて共有される情報は，単なる受発注情報から顧客情報，各種の経営情報へと深化している。情報共有の内容とレベルは，企業間の信頼関係に依存し，また情報の共有を通して企業間の信頼関係を深める。

　サプライチェーンで共有すべき情報としては，計画と実績の視点から各企業が編成された生産・販売・物流計画などの計画情報と，これらの計画を実行した結果としての実績情報がある[1]。また，需要と供給の視点から，需要情報として購買情報（POS：Point Of Sales：販売時点情報）とそれから予測される需要情報（計画），供給側情報として生産と在庫に関する計画・実績情報がある。

　サプライチェーンにおいて果たされるべき機能は，生産機能，販売機能と，両者を仲介する中間流通機能に大別される。生産機能を遂行する企業が生産コストを削減するために，技術革新などを通してより経済的な方法で製品を製造するだけでなく，製品の販売動向に合わせて欠品と過剰在庫のリスクを最小限に抑えて，かつ最も効率的な生産計画を編成することが必要である。また，顧客満足を実現し，絶えずに製品品質を改良するために，製品に対する顧客の意見・苦情，また競合企業製品の販売動向に関する情報も重要である。さらに，

480

第12章 情報管理

適切な商品を企画しその販売からより多くの利益を得るためには，消費動向に関する情報の収集・解析だけでなく，いかなる関連商品がいかなる条件のもとで取引されているかという供給動向に関する情報も必要とされる。

　販売機能を遂行する企業が最も関心をもつ情報は，商品の存在や購入方法，価格などの取引情報のほかに，消費者に知らせるべき品質情報がある。また，顧客の買物行動を把握し，購買意欲を高めるような販売促進活動を行い，顧客の便宜にかなった品揃えを形成する必要があるため，いかなる商品が入手可能かという供給動向，顧客のニーズを表す販売実績情報およびこれに基づいた需要予測情報を収集すべきである。

　中間流通機能を遂行する企業は，効率的な輸送を用いて製品の生産地点と消費地点が異なるという空間的懸隔，また効果的な在庫を用いて製品の生産時点と消費時点が異なるという時間的懸隔を架橋している。規模の経済性や専門化の利益などのため1つの企業が生産・流通・販売機能をすべて揃えることが困難である。生産企業と販売企業が異なる場合，販売企業は各生産企業がいかなる商品を生産しているかについての完全な情報をもつのがほぼ不可能である。逆に，生産企業はすべての販売企業の品揃えや販売動向についての情報を収集することも非現実的である。中間流通企業は生産と販売企業間の情報懸隔を架橋する仲介機能を果たすべきであり，サプライチェーンマネジメントの普及と進化に伴い中間流通企業の情報仲介機能はますます重要になってきている。

　このほかに，安心安全社会に向けて，牛肉のような食品の生産・流通に必要な安全性追跡情報，また環境への悪影響を防ぐために廃棄物・有害物質の保管，輸送，利用と廃棄などの情報，さらに製品・包装などのリサイクル・再利用を促進するための各種再生資源の回収情報もサプライチェーンにおいて収集・管理する必要がある。

12.2　情報セキュリティ管理

12.2.1　情報資産とリスク

サプライチェーンにおいて，多数の企業が生産状況や需要状況などの情報を

第Ⅱ編　SCM マネジメント編

収集・共有している。物品と同様に，情報も劣化していく性質があり，伝わるほどに劣化の程度も大きくなる傾向がある。情報の正確性（鮮度を含めた）を企業間ネットワーク中で維持するためには，劣化の要因となる要素（盗聴，改ざん，消失，破壊）を除いていく必要がある。これに対して，情報技術の普及に伴い，情報が電子ファイル化されることが多くなっているため，削除，変更とコピーが簡単になり，情報資産に損害を与える危険が増している。さらに，サプライチェーンにおける多数の企業が企業間情報ネットワークまたはインターネットを利用して，情報の相互交換を行うため，ネットワーク経由の不正アクセスという新しい脅威も発生し，危険性がより複雑になっている。

　近年，個人情報漏洩事件，技術情報流出事件，ウェブサイト改ざん事件等，企業における情報セキュリティ上の問題は起こり続けて，マスコミから大きく取り上げられている。企業で発生する情報漏洩などの問題は，企業の社会的信用，特に取引上の信用を大きく損ねるリスクを抱えており，サプライチェーンで相互に結び付きの深まっている産業構造全体に悪影響を与えるだけでなく，社会混乱を引き起こす可能性もある。

　このため，企業は社会からの当然の要請として認知されている経営の透明性，健全性を維持する同時に，顧客情報，社員の個人情報，取引情報，会議記録や規格書などの業務文章，設計書などの機密文書を含めた情報資産をさまざまな脅威から守り，情報セキュリティの確保も企業ガバナンスの重要活動の1つとなっている。

12.2.2　情報セキュリティ管理の基本

　情報セキュリティを効果的に管理するために，まずセキュリティを確保すべき情報資産を明確にし，現状のセキュリティレベルを把握して，次に目標のレベルを設定する。一般的に，セキュリティ対策に利用可能なリソースとセキュリティレベルとの関係から企業などの組織は次の3つに分類する[2]。

　① 乏しいリソースでセキュリティレベルも低い。この場合にはリソースの確保が先決である。

　② リソースに余裕があるにも関わらずセキュリティレベルが低い。この類の組織は大きなリスクを抱えており緊急措置が必要である。

482

第12章　情報管理

③　ある程度のリソースをもつがセキュリティレベルは低い。この場合，組織には適切なセキュリティレベルに達することができない「構造的要因」が存在する可能性がある。

利用可能なリソースとセキュリティレベルを明確にしたあと，企業は情報資産に関わる機密性，完全性，可用性の観点を取り入れて，効果的に情報セキュリティガバナンスを確立することが重要である。つまり，さまざまなリスクのうち，情報資産に関わるリスクの管理を狙いとして，情報セキュリティに関わる意識，取組みおよびそれらに基づく業務活動を組織内に徹底させるための仕組み（経営者が方針を決定し，組織内の状況をモニタリングする仕組みおよび利害関係者に対する開示と利害関係者による評価の仕組み）を構築・運用する。

情報セキュリティ管理を実施するに当たっては，まず計画段階として，情報セキュリティポリシーを策定する。次に PDCA サイクルに従い，以下の手順で情報セキュリティポリシーが実態に沿った内容になっているかを常にチェックし，セキュリティポリシーの見直しと改善を繰り返していく。

- **計画**（Plan）：情報資産の洗い出しを行い，リスクや課題を整理し，組織や企業の状況に合った情報セキュリティ対策の方針を定めた情報セキュリティポリシーを策定する。
- **導入・運用**（Do）：研修・教育などを行い，セキュリティポリシーを全社員・全職員に周知する。社員・職員が情報セキュリティポリシーに則って行動することで，目的とする情報セキュリティレベルの維持を目指す。
- **点検・評価**（Check）：導入後の現場状況や問題点，社会情勢などを踏まえて，定期的に情報セキュリティポリシー自体を評価する。また，遵守されているかどうかの監査も行う。
- **見直し・改善**（Act）：点検・評価の内容を参考にして，情報セキュリティポリシーの見直し・改善を行う。

12.2.3　情報セキュリティ管理の標準化・国際化

サプライチェーン上の情報セキュリティ管理に関しては，サプライチェーンの複雑化・巨大化により，通常の企業より複雑化されている。産業構造の国際化・高度化のため，サプライチェーンの構成企業数は，数千を超えることがあ

第Ⅱ編　SCMマネジメント編

る。その中には，従業員1万人以上の大企業もあれば，個人事業主で専門的で高いスキルをもった個人も含まれる。また，国内の企業のほかに海外の生産工場，取引先およびアウトソーシング先も含まれる。さらに，委託元企業，委託先，再委託先，再々委託先という立場の相違がある。

　企業間のセキュリティ管理レベルの差異，調達企業がセキュリティコントロールを外部委託先に頼らざるを得ないこと，企業間の利害コンフリクトが調達者のコントロールを弱めてしまうこと，などの原因で，サプライチェーン全体の情報セキュリティ管理は非常に困難である。これらの課題を解決するために，まず共通の情報セキュリティ管理基準を定め，サプライチェーンに参加する企業がすべて共通の基準に従い，情報セキュリティ管理を実施することが必要である[3]。共通の基準としては，国際標準化機構（ISO）と国際電気標準会議（IEC）が共同で策定した情報セキュリティ規格群 ISO/IEC 27000 シリーズまたは日本国内規格として JIS Q 27000，JIS Q 27001，JIS Q 27002：2014 を採用すべきである。また，ISO/IEC 27036 はサプライヤ関係の情報セキュリティに関する国際規格であり，参考に値する。

　次に，国際規格または JIS 規格に基づき，サプライチェーンの情報セキュリティ基準の実装・運用状況について，情報を適切に開示し，委託元・委託先間で共有する。また，基準の見直しや基準に関する理解の促進を行える仕組みを作ったうえ，この仕組みを通して，自律的にサプライチェーン全体のセキュリティを向上させることが必要である。さらに，開示された情報の正確性の確保や開示先の特定を行うことで，サプライチェーンの情報セキュリティ対策の実装・運用とその結果をビジネスに結び付ける必要がある。

12.3　情報のメンテナンス

12.3.1　情報の統合と標準化

　サプライチェーンの全体最適化を実現するために，標準化が重要な役割を果たす。異なる企業・組織間において業務処理プロセスを標準化するだけでなく，企業・組織間に共有すべき情報はすべて一貫性のある統一されたフォーマ

第12章 情報管理

ットで提供することが必要である[4]。個々の業務に密接するデータについて，データ項目の名称，形式，桁数，意味などを統一すれば，システムの導入や運用に係るコストを削減できるだけでなく，システムの開発・展開のスピードを加速させ，企業間連携・統合が容易になり，ビジネスプロセスの変化に対する適応能力も高い。また，法制度の改正や規制緩和，国際標準化の動向等の外部環境の変化，あるいは IT 環境の変化等に合わせて，企業間システムの仕様変更を余儀なくされることが予想される。標準化により環境変化に対応したシステム変更のリスクを軽減することできる。

　情報の標準化と共有の理想形は必要な情報を集めて，一元的に管理するデータベースを構築することである。典型的な例は（財）流通システム開発センター運営の JICFS/IFDB（JAN コード統合商品情報データベース）であり，これは業種・業態の枠を超えて JAN コードとこれに付随する商品情報を標準化し，一元的に管理するデータベースサービスである。しかし，サプライチェーンは業種や地域が異なる多数の企業・組織から構成されて，これらの組織に横断して情報の統合・標準化を実現することは容易ではない。このため，企業・組織間における情報交換だけに着目し，データ交換に関する標準規約を取り決めたうえ，メッセージ交換標準に基づいて情報共有を行うアプローチも有効である。

　データ交換規約は，取引の業務手順（ビジネスプロセス），交換する取引データの種類とデータ項目の構成・表現形式，使用するコード（商品コードや事業所コード），通信の手順（通信プロトコル）などを定める標準手順である。消費財流通業界では通商産業省（現・経済産業省）が 1982 年に制定した流通業界の標準通信手順（J 手順）による EDI が現在も広く利用されており，またインターネットの普及に対応して，XML をベースにする Web-EDI などの「次世代 EDI の標準化」も進められている。

12.3.2　マスター情報のメンテナンス

　情報システムで管理される情報は，トランザクション情報とマスター情報に分類される[5]。トランザクション情報は受注情報や購買情報，そして出荷，検品，入庫，出庫といった取引を表す情報であり，日々発生し，内容が毎回異な

る。これに対して，マスター情報は商品，取引先などの実体・組織などに関する基本属性を表し，日々変わらない情報である。商品基本マスターはアイテムごとの基本的な商品情報を管理するもので，商品名称，商品分類，商品規格（容量や重量），発注単位，基本原価・売価などで構成されている。取引先マスターは取引先の名称，住所，連絡先，取引条件などの基本情報を管理する。

受発注，納品・受領，請求・支払などさまざまな業務においてマスター情報を参照しなければいけないため，サプライチェーンに関わるメーカー，卸売業，小売業が商品マスターデータの維持管理にかけている工数は膨大なものである。また，商品マスターデータは手作業により登録されることが多く，データ作成時の記入・登録ミスが，受発注，納品・受領などの段階でエラーの原因になる。このためサプライチェーンにおいては，マスターデータのメンテナンスと同期化が重要である。具体的メンテナンス作業は以下のものがあげられる。

① 新規追加と廃止

新製品の発売または既存製品の販売中止，取引先の新規開拓と変更に合わせて，マスター情報を即時に追加・変更する必要がある。

② 既存マスター情報の更新

商品の安全性がますます重視されるように，社会環境の変化に伴い，原産地や環境負荷などの情報を既存のマスター情報に追加する必要がある。

③ 整合性の維持

企業個別にみた場合に，マスター情報の内容になにも問題がなくても，複数組織のマスターを統合すると，コードの重複やデータ項目の不一致などでマスター情報の不整合が発生する。また，同じマスター情報に関しても，製品仕様・企業組織の変更などで世代間（バージョンアップ前後）の不整合が存在する。これらの不整合を解消する必要がある。

④ 同期化

メッセージ交換規約に基づいて，メーカー，卸売業，小売業の自社システムのマスターファイルをほぼリアルタイムに更新し続け，サプライチェーン全体に通知する。

トランザクション情報に関しても，サプライチェーン全体で共有し，関連企業での意思決定に必要な精度・鮮度を継続的に維持するために，各組織やシス

第12章 情報管理

テムに散在している情報の連携・統合を図る仕組みの整備が重要である。

12.3.3 情報のバックアップと復旧

　管理者や利用者の操作ミスによりデータが削除・上書きされて，またシステムの故障，地震などの自然災害およびウイルス感染などの不正攻撃のため，データの破壊・破損が生じてしまうことがある。これらの事情に備えて，定期的にデータやシステムを複製（バックアップ）し，きちんと管理することが肝心である。

　バックアップ装置として，CD/DVD，ハードディスクと磁気テープなどの外部媒体がよく使われてきたが，最近クラウドサービスの普及につれてクラウドストレージにデータをバックアップするクラウド・バックアップも便利で有効な選択肢となっている。

　データのバックアップ作業は深夜と休日に自動的に行われるので，管理工数があまりかからないが，重要なことはデータの用途と重要度に加え，万が一障害が生じたとき復旧させるための費用，便利さとセキュリティを考慮して，バックアップの対象を選択したうえ，バックアップ頻度，保存期間，保管場所などを決めておく必要がある。

12.4　情報の管理

12.4.1　情報資源の管理

　情報化時代に入って，情報はすでに重要な経営資源として位置づけられ，企業経営にとって最も有効に活用できるように管理する必要がある。厳密に言えば，データと情報の意味が異なる。データは事実や概念をコンピュータで処理できる形で数値化・記号化して記録したものである。情報はある特定目的のために利用できるようにデータを編集したり解釈を付け加えたりしたものである。しかし，実務上データも情報も管理方法や利用方法に違いがそれほどないので，同一のものとしてとらえることが多い。

　情報資源を有効に管理するために，データの生成，収集，利用，保存と廃棄

第Ⅱ編　SCM マネジメント編

というライフサイクルに着目し，このライフサイクルのそれぞれの段階において，データを最も有効に活用できるように効果的な管理方法を採用する。

(1)　データの発生

データの発生とは，サプライチェーンにおける各種の経営活動や外部環境の変化などを数値や記号で表すことである。通常，コンピュータによる情報システムに登録すべき事象が発生することをデータの発生と認識することが多い。たとえば，卸業者が製品メーカーに商品を発注した，メーカーが注文を受けたという取引の発生，受注した商品の生産が終了して出荷数量が確定したという時間や数量の確定がデータの発生である。データの発生に関しては，発生時間と場所を明確に特定する必要がある。

(2)　データの収集

データ収集とは，各種の情報システムに必要なデータを登録・入力することである。データ収集の際，一番重要なのは適時かつ正確にデータを登録・入力しなければいけない。必要な時点で必要なデータが収集されなかったらまったく役立たない。また，間違ったデータを入れてコンピュータで処理しても間違った結果しか得られない。利用目的に合わせて，適切なタイミングで正しいデータを収集することが必要である。

(3)　データの利用

データの利用とは，サプライチェーンの全体最適化または個別企業の経営効率化などを目的として，情報システムに蓄積されたデータの一部を抽出し，集計，解析などの加工を行ったり，グラフなどで理解しやすい形式に変換したりして，データから読み取った情報をビジネス活動に活用することである。

(4)　データの保存

データの保存とは，情報システムで収集・編集・変換されたデータを，ファイルという単位でハードディスク，DVD 等の記録媒体に保存することである。データ保存の目的は後日のデータ利用およびデータバックアップである。データを保存する際，通常次の点を考慮して，保存方法や保存期間を決める。

- データの利用目的あるいは保存目的
- データのセキュリティレベル
- データの保存費用

第12章　情報管理

- データの再収集費用
- 企業内と企業間の規則や法律による規定

(5)　データの廃棄

　情報システムに保存されたデータの中で，利用目的からはずれてしまい，再利用の可能性もないと判断されたデータは通常廃棄する。企業機密や個人情報の漏洩を防ぐために，正しい方法で不要になったデータを廃棄すべきである。ハードディスク，DVD や CD などの記録媒体を廃棄する際，メディア専用のシュレッダーなどで記憶媒体を物理的に破壊するように統一の手順とルールを確立し，徹底することが重要である。

　情報資源は，情報とデータのみで構成されているのではなく，組織とシステムの側面からもとらえるべきである。まず，情報を活用する利用者が企業組織に配置されていることから組織という側面に着目すべきである。組織を効率的に運営するために，データを加工したり，情報を利用したりするプロセスがシステムであり，システムは組織を横断して機能する。システム間のインタフェース機能を果たすのがデータベースである。組織・システム・情報・データの四要素のダイナミックな関係を保ち，経営活動が合理的に行えるようにすることが情報資源管理である。

12.4.2　責任と利益の一致

　サプライチェーンの全体最適化を実現させるために，すべてのメンバー間に必要な情報を共有することが不可欠であるが，情報共有はコストがかかる。このため，情報共有の方法には，メリットを享受する企業がコストを負担する方式と，構成メンバー全員にメリットが出るような緊密な連携方式がある。基本的には，責任と利益の一致を原則として，情報共有にコストのかかる企業にはメリットが出ることが必要である。

　また，共有すべき情報が個別企業のコアビジネスに関わる重要な秘密情報，たとえばコスト構造や新製品開発の技術情報である場合，企業間の情報共有は非常に困難であり，理論的には魅力的でも実践的には不可能に近い。このため，個別企業のもつ情報の量と質，またその企業の意思決定能力と結果が，サプライチェーン全体のパフォーマンスに対する影響度または重要度に応じて，

第Ⅱ編　SCM マネジメント編

意思決定プロセスに関する権限を各メンバー企業に配分し，それに見合ったインセンティブを提供することにより，効果的な情報共有の仕組みを構築する必要がある。

　通常，サプライチェーンの機能を遂行するうえで重要な情報をもち，最も重要な意思決定を行うことのできる企業が主導的な中核企業となる[6]。サプライチェーンの機能を遂行させる際，中核企業が他のパートナー企業のもっている情報を必要とすれば，パートナー企業に対して情報を開示させるインセンティブを提供する必要がある。また，中核企業が他の企業にサプライチェーンにとって望ましい選択をさせるために，各企業の個別的利害をサプライチェーン全体の利害と一致させるようなインセンティブ体系を提供する必要がある。

　自動車や家電製品のサプライチェーンでは，消費者が品質を重視するなどの理由から，商品企画・設計に関する技術的ノウハウが最も重要で，また商品販売に際してメーカーの高い評判に基づく品質保証が重要である。メーカーは独自のブランドを確立し，多様なチャネルにより品質情報を提供して，商品の促販において中心的な役割を果たすため，メーカーはサプライチェーンの中核企業となるのが一般的である。この場合，メーカーは卸売業者や小売業者などのパートナー企業から消費動向に関する情報を入手する同時に，これらのパートナー企業にインセンティブを提供する。

　これに対して，アパレル業界では，衣服などの商品が流行に左右されやすく，商品を製造する技術的ノウハウがあまり重要でないが，消費者が流行に関心をもつなどの理由から，消費者の嗜好動向を正確に把握し，素早くそれに対応することが重要である。この場合，販売動向についての情報をもつ大規模小売業者が商品企画や販売促進の中心となるため，サプライチェーン全体の中核となる。さらに，食品業界のように，技術的ノウハウを用いた商品企画があまり重要ではなく，また生産段階での規模の経済性が小さく，メーカーは総じて中小・中堅規模である。小売業者では商品の品揃えが広く，単一のメーカーがすべて提供することは困難である。メーカーと小売業者が直接取引を行えば，適切な品揃えを形成するために必要な取引の数は膨大なものとなる。この場合，メーカーと小売業者の間での仲介機能が重要であり，関連商品の需給情報をもつ卸売業者がサプライチェーンの中核となる。

第 12 章　情報管理

〈参考文献〉

1) 公益財団法人流通経済研究所：サプライチェーン効率化に関する調査研究報告書，http://www.meti.go.jp/meti_lib/report/2014fy/E004251.pdf，2014

2) 経済産業省：バリューチェーンにおける情報資産管理，http://www.digitalforensic.jp/archives/2008/810.pdf，2018

3) 経済産業省：情報セキュリティガバナンス導入ガイダンス，http://www.meti.go.jp/policy/netsecurity/downloadfiles/securty_gov_guidelines.pdf，2009

4) 神谷渉：サプライチェーン高度化のカギを握る流通システム標準化，日本貿易会月報，2009 年 2 月号（No.667），pp.25-28，2009

5) 財団法人流通システム開発センター：概説流通　SCM〜次世代の流通情報システム標準化，http://www.dsri.jp/ryutsu-bms/info/pdf/scm.pdf，2007

6) 玄野博行：サプライチェーン・マネジメントに関する分析枠組みの提示，国際研究論叢：大阪国際大学紀要，Vol. 25，No. 2，pp. 65-85，2012

董　彦文

13	リバースチェーン管理

　総合物流施策大綱に適正な処理・輸送を確保した効率的なリバースロジスティクスシステム構築の推進が主要目標の１つにあげられたように，収集運搬，中間処理，最終処分/再生利用に至る廃棄物/有価物のライフサイクルに関わる一連のモノの流れを，CO_2削減などの環境保護の視点を踏まえ，効率化，高度化していくことが社会的に強く望まれている。

　廃品・廃材の回収から，そのリユース，リサイクルに向けての再生，あるいは最終的な処分に関する一連の過程を司るリバースロジスティクスの重要性は近年，急速に高まりつつある。

13.1　リバースチェーンマネジメントの領域

　リバースロジスティクスは純正の完成品などではなく，廃品，廃材などのモノの流れを司るため，フォワードロジスティクスとは異なる特徴をもつ。リバースロジスティクスにおける輸送，保管，荷役，包装，情報についてその特徴をまとめることにする。

　したがって，これまで狭域的な枠組みの中でしか行われていなかったリバースロジスティクスのネットワークを広域化を念頭に拠点整備を行う必要性が出てきているといえる。したがって，これまで狭域的な枠組みの中でしか行われていなかったリバースロジスティクスのネットワークを広域化を念頭に拠点整備を行う必要性が出てきているといえる。

第Ⅱ編　SCMマネジメント編

輸　送：

　リバースロジスティクスにおいては輸送の役割は大きく，そのコストも保管，荷役などに比べて高くなっている。

　リバースロジスティクスにおける輸送コストの詳細な実態はこれまで明らかにされてこなかったが，たとえば建設リサイクルにおいては木造建築物の解体（100 m² 当たり）の場合，輸送コストは約20%を占めている。また，建設汚泥のリサイクルに際しては輸送距離50 km の場合，輸送コストは40%を占めている。

　輸送コストが高くなっている理由として，まずは回収における収集運搬業務の非効率化があげられる。廃品，廃材などの回収においては，フォワードロジスティクスにおける輸配送管理システムなどが活用されることがなく，そのためトラックドライバーの感と経験により回収ルートが決められることになる。

　加えて，リサイクル製品の輸送についても拠点整備を行ったうえでの効率的な輸配送網の構築が求められている。リサイクル製品の納入ルートについては地場の小規模業者からのピストン輸送による非効率な多頻度小口輸送となっているケースが少なくない。CO_2排出量の削減について入念に考慮されることも多くはない。

　産業全業種の平均フォワードロジスティクスの輸送コストが3%程度いうことを考えると，リバースロジスティクスにおける輸送コスト比率の高さは際立っている。すなわち，コスト面などからリバースロジスティクスの効率化を考える場合，輸送コストの削減を図ることが，まずは優先されると考えてよいだろう。廃品，廃材などの回収とリサイクル製品の納入における輸配送ネットワークを見直し，拠点整備，ルートの最適化などを行うことがリバースロジスティクスのトータルコストの削減を考えるうえでの重要なポイントとなるわけである。

13.2　フォワードチェーンとリバースチェーンの関係

　リバースロジスティクスシステムでは，回収，積替え保管，中間処理，リサイクル品保管，リサイクル品出荷，最終処分品出荷の各オペレーションについ

て，フォワードロジスティクスシステムと連携することになる。動静脈全体のロジスティクスネットワークにおけるリバースロジスティクスの位置付けは図13.1のようになる。

また，回収した製品がリサイクル，リユースされ再び市場投入されることを想定すると，フォワードロジスティクスとリバースロジスティクスの関係は図13.2のようになるため，フォワードロジスティクスシステムとの連携も不可欠となる。

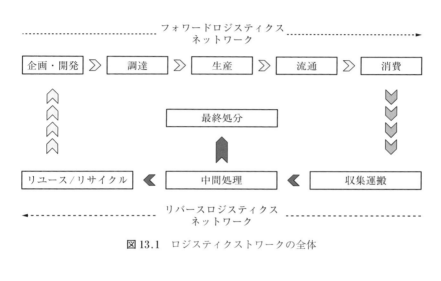

図 13.1 ロジスティクストワークの全体

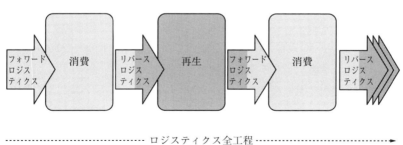

図 13.2 リバースロジスティクスの範囲

第Ⅱ編　SCM マネジメント編

13.3　グリーンサプライチェーン

　地球環境問題の行方が懸念されるなか，サプライチェーン全体のグリーン化を行い，多企業間の情報共有，ビジネスロジスティクス，マテリアルマネジメントについての環境戦略を整備していく流れが強まり，グリーンサプライチェーンマネジメント（グリーン SCM）という概念が提唱されている。

　これは，米国の Bonita M. Beamon（1999）*Designing the Green Supply Chain* などにより提唱された概念で，従来の動脈部分の情報共有，ビジネスプロセスの最適化を推進する SCM に環境マネジメント，リバースロジスティクスの視点などを導入して，静脈部分の情報共有，ビジネスプロセスの最適化を推進するというものである。リデュース，リサイクル，リユース，リマニュファクチャリング，リペアなどを戦略的に展開するのである。

　さらにいえば設計，調達，製造，フォワードロジスティクス，リバースロジスティクスについて全体最適の実現を踏まえたうえでグリーン化の枠組みを構築することがグリーンサプライチェーンの構築において重要となるといえよう。

　環境保全，環境共生に対する意識はますます高まる傾向にあり，この流れを受けて，供給連鎖の一連の過程を通して環境汚染の諸要因を取り除く動きが大きくなっている。すなわち SCM の「グリーン化」により，可能な限り廃棄物や有害物質を減少させる方策が検討されているわけである。環境情報をサプライチェーン全体で共有する必要性が強まってきているのである。

　設計，調達，生産，動脈物流，静脈物流の各部門で環境武装を進めることがグリーンサプライチェーンの構築において必要になる。

　まず調達段階から環境を意識した「グリーン調達」が行われる。グリーン調達はリサイクルしやすい素材やムダな包装・梱包を回避する調達方針のもとに進められる。廃棄物が減れば在庫負担も軽減されるというメリットもある。

　次に生産段階では「ゴミゼロ工場」を実現させる。ゴミゼロ工場では 100%の廃棄物のリサイクルを目指す。グリーンマネジメントを徹底して，工場からゴミを発生させないようにするのである。SCM のグリーン化に当たっては司

第13章　リバースチェーン管理

令塔的な役割を担うことにもなる。

　そして環境情報，グリーン情報の共有化を図りつつ，輸配送の段階でもアイドリングストップなどを遵守する「グリーンドライバー」の教育を行う。もちろん，消費者にも商品の回収や廃棄に関する情報を共有してもらう「グリーンコンシューマー」となってもらう。

　さらに消費者を起点とした廃棄，リサイクル，リユースも充実させることによって，グリーン化の徹底を図る。

　環境関連の商品諸データについては RFID（非接触タグ）などを活用し，トレーサビリティ（追跡可能性）を充実させることもしきりに研究されている。

　環境対策の立場から，回収（リサイクル）や再利用（リユース），あるいは修理（リペア）といった循環型システムの重要性がますます高まっている。

　また，これまでは SCM の情報共有化がフォワードストリームだけで完結しがちで，回収，再使用の情報が調達部門や生産部門には伝わってこなかった。けれども循環型システムを円滑に機能させるには，設計，調達の段階で回収，再使用，あるいは廃棄に関する諸情報が必要となる。

　たとえば，分解しやすい設計で耐久性の高い部品を組み入れれば，リサイクル，リユースの段階での手間が軽減される。リサイクルに関する需要予測を商品開発に活用することも可能になるわけである。すなわち，環境にやさしい設計コンセプトを導入しての「デザイン・フォー・グリーンサプライチェーン」が求められるわけである。

13.4　リバースチェーンマネジメントの体系

　グローバル化の進む世界経済においては，生産の社会化が国境を越えて行われているといえる。すなわちヒト，モノ，カネ，サービスの移動が国際的に行われている。

　そして企業，経済の国際化が進展するにつれて環境問題も広域化していくことになる。広域化が進展し，企業の活動範囲が広がることに対応して，環境汚染，環境破壊についても広域的に対応していく必要がある。

　経済のグローバル化と環境共生は密接な関係にある。ただ，世界は持続可能

497

第Ⅱ編　SCM マネジメント編

な発展の達成を目標としつつも，環境保全を前向きに捉え，むしろ環境共生を目指した多くのビジネスモデルが出現し始めている。すなわち，製品政策としてはリサイクル可能な製品の重視，ロジスティクスにおいて環境保全を考慮してのリバースロジスティクスの充実と効率化に対する注目度が高い。

　廃品・廃材の回収から，そのリユース，リサイクルに向けての再生，あるいは最終的な処分に関する一連の過程を司るリバースロジスティクスの重要性は近年，急速に高まりつつある。

　これまでリバースロジスティクスにおいては都市部で排出される廃棄物が地方に運ばれ不法投棄されるという事態が懸念されていた。

　廃棄物処理法では産業廃棄物処理は都道府県単位で行われることが前提とされ，県境を越えて産業廃棄物を運搬することについては条例において一定のルールを設ける都道府県，政令都市が多かった。これは大都市部の環境汚染が地方にまで伝搬したり，そのための長距離輸送が不法投棄の温床となったりすることを防ぐことが主たる狙いとなっている。リバースロジスティクスネットワークが広域化することにより広範な地域の環境に悪影響が発生することが懸念されてきた。

　リバースロジスティクスがリサイクルシステムと連動する場合，どこまでがリバースロジスティクスの範囲といえるのかを決めることが難しくなる。すなわち，起点がリバースチェーンにある場合，収集運搬後の再処理，リユース，リサイクルまでをも視野に入れると，リサイクル由来の製品のロジスティクスシステムはリバースロジスティクスのネットワークに組み込んで考えることになる。

　リバースロジスティクスにおいては，収集運搬は回収後の廃品・廃材の再生とそれをリサイクル市場に投入することを前提として行われる。単に廃品が発生したから回収するというのではなく，リサイクル市場の需要量に合わせて回収計画を立てなければならないわけである。収集運搬，中間処理，さらにはリサイクル製品の輸配送に関して，フォワードロジスティクスシステムとの連動のもとに効率化を図らなければならない。

　なお，リバースロジスティクスは環境の視点を踏まえ，その効率化が進められる。ただしその場合，重要な問題として指摘されることに「環境戦略の充実

498

と物流効率の向上・コスト削減のトレードオフ（二律背反）」の問題がある。すなわち環境面を考えればリードタイムが長くなったり，輸送効率が悪化したりするという状況も考えられるが，反対にトラックの台数を増やして輸送リードタイムの短縮などを進めれば，CO_2排出量は増加するケースが出てくる恐れもある。

それゆえ，リバースロジスティクスの効率化を考える場合，「CO_2排出量の削減などを進め，環境保護の視点を重視しつつ，同時にコストメリットを考え，効率化を進める」という方向性をもって，全体の効率化を行う必要がある。たとえば「拠点整備を行えばそれが効率化のみならずどれくらい環境面でもメリットを生むか」，「モーダルシフトの導入をコスト面でのデメリットをいかに最小限に抑えつつ促進するか」といった視点からも定量的なデータを踏まえてリバースロジスティクス戦略を促進する必要があるわけである。

すなわち，リバースロジスティクスシステムの構築に当たって，高い戦略性が求められている。リバースロジスティクスの特性を踏まえてコスト削減が可能な形でモーダルシフトを導入したり，2次輸送ルートが長距離に及ぶというケースで効果的に拠点整備を行い，トラック便から船便への切り替えをスムーズに行い，CO_2削減をリバースロジスティクスコストの削減の双方を実現したりすることが検討されてきた。

したがって，リバースロジスティクスの効率化を考察する場合，環境の視点も踏まえる必要があるといえる。

たとえばEU（欧州連合）では，指令で定めた環境マネジメント・監視スキーム（EMAS）により，リバースロジスティクスの効率化も進められている。EMASは，EU各国の国内法，国際法に優先して企業に対して継続的な環境改善を要請するものである。その要請事項は次の3項目である。

① 企業特有の環境方針，環境計画及び環境マネジメントシステムを決定し実行する。

② 環境監査によってこれらの方針，計画，マネジメントシステムが達成した事柄について体系的，客観的，定期的に評価する。

③ 環境に関する企業情報を公衆が利用可能にする。

さらに一歩踏み込んだ形で，法的手法に加え，経済的手法，水平的・支援的

第Ⅱ編　SCMマネジメント編

手法，資金的支援手法のいずれかの手法を用いるか，あるいはこれらの環境政策手法を総合的に導入することによって，さまざまな産業でリバースロジスティクスシステムの構築を促進している。

　法的手法とは環境保全に関する規制強化を行うことであり，たとえば不法投棄に対する罰則の強化などがあげられる。リバースロジスティクスの効率化においても大きな効果が期待できる。

　経済的手法とは市場の原理に基づいて何らかのインセンティブ，すなわち環境負荷の軽減に対して積極的な姿勢をとらない企業に経済的負担を課したり，消費者が環境に配慮した行動をとることで経済的な利得を得られるようにしたりする手法である。また消費者がリサイクル製品などに関する環境保全についての情報を入手したり，実際に購入したりすることで，より環境に配慮した選択を行えるようにするという誘導的な手法もそうである。賦課金，課税，減税，環境監査，環境負荷責任，それに企業行動や消費行動に与える財政的インセンティブも含まれる。企業や消費者にリバースロジスティクスの構築や効率化に積極的に取り組ませるという点に効果を見出せる。

　水平的，支援的手法とは，環境データの向上，科学技術の研究開発，環境アセスメント，リバースロジスティクスシステム構築などにおける計画決定や手続き，エコラベル，リバースロジスティクスの専門家の教育・育成などがあげられる。

　資金的支援手法とは，構造的基金，団結基金，投資銀行といった基金や投資銀行などの各種財源を準備し，環境保全の財政的支援を提供するものである。大規模な廃棄物処理施設の建設についてファンドを活用することで，リバースロジスティクスのインフラストラクチャーを整備することなどがあげられる。

　そして，これらの4手法を総合的に導入することによって，リバースロジスティクスの効率化を包括的に支援する基盤ができ上がることになる。

鈴木　邦成

14 セキュリティ管理

14.1 セキュリティの基本

14.1.1 情報セキュリティの定義とその3要素

　情報セキュリティは，「情報の機密性，完全性および可用性を維持すること。さらに，真正性，責任追跡性，否認防止，信頼性などの特性を維持することを含めることもある」（JIS Q 27000：2014）と定義されている[1]。情報セキュリティの3つの主要な特性：機密性，完全性と可用性の英単語の頭文字を取って「情報セキュリティのC. I. A.」と呼ぶこともある。一般的にいえば，情報セキュリティとは，企業や組織が保有する情報資産の機密性，完全性，可用性を確保し，それをバランスよく維持することである。情報セキュリティで保護される情報資産には，コンピュータ・通信装置などのハードウェア資産，業務用ソフトウェア，システムソフトウェアなどのソフトウェア資産，データベース・ファイルなどの電子化された情報，マニュアル・契約書・同意書などの紙媒体の情報，人が保有する知識と技能，組織の評判とイメージなど，幅広い範囲のものが含まれる。

(1) 機密性（confidentiality）

　JIS Q 27000：2014 では，機密性を「認可されていない個人，エンティティ又はプロセスに対して，情報を使用させず，また，開示しない特性」と定義している。エンティティとは，情報資産にアクセスする人，ほかの情報システ

第Ⅱ編　SCMマネジメント編

ム，装置などの総称である。すなわち，機密性は，アクセス権限をもつ者だけ
が，認められた範囲内で情報資産にアクセスできる状態を確保することである。正当なアクセス権限をもった者でも，決められた条件に従わない場合は不正アクセスとなる。

　機密性の喪失は，組織外部からのアタックと組織内部からの流出による情報資産の漏洩により引き起こされる。機密情報の収集手段から見て，情報資産の漏洩形態は人的情報収集手法（ヒューミント）と技術的・電子的情報収集手法（シギント）に分けられる。人的情報収集手法には，産業スパイ，組織関係者に対する脅迫・恐喝・詐欺・買収，組織への侵入，窃盗などにより情報を不正に取得する方法のほかに，ヘッドハンティングやダミーリクルートメントおよびハニートラップなどのソーシャルエンジニアリング系の詐欺的手口を使って情報を引き出す方法もある。さらに，従業員・退職者からの秘密情報流出，組織内部紛争による秘密情報の漏洩および下請・業務委託企業からの情報流出も機密性の喪失の主要な原因の1つである。

　技術的・電子的情報収集手法には，インターネットなどの情報ネットワークにアタックするハッキングだけでなく，電話，データ通信回線上の通信を盗聴・傍受するタッピング，超小型無線送信装置付きの盗聴器を利用し情報を盗聴するバギングなどの従来型の手口も含まれる。

(2)　完全性（integrity）

JIS Q 27000：2014 では，完全性を「正確さ及び完全さの特性」と定義している。完全性の維持は，情報そのものが正しいことと，情報処理の方法が正しいことの2つを満たすことが必要である。いい換えれば，完全性は，情報が権限を持たない人に改ざん・破壊されず，またデータが処理される過程で，データの欠落や重複などの異常が発生しないようにすることを指す。

　インターネットからの不正アクセスによりデータが改ざん・破壊されることは完全性の喪失につながるが，組織内部関係者の作業ミス，データ処理手順の不備などによる完全性の喪失は最も多く発生する。また，情報処理機器，ネットワークシステムの故障・事故および自然災害などによるデータベースの障害も完全性の喪失をもたらすことがある。

502

第14章　セキュリティ管理

(3)　可用性（availability）

JIS Q 27000：2014 では，可用性を「認可されたエンティティが要求したときに，アクセス及び使用が可能である特性」と定義している。可用性の維持とは，アクセスを認められた者が，必要なときにはいつでも，中断することなく，情報システムなどを利用し情報資産にアクセスできる状態を確保することである。

情報資産の可用性を損なう外部要因としては，メール爆弾や使用不能攻撃（Dos 攻撃），ウイルス感染などのインターネットからのアタックがあげられる。これに対応して，ファイアウォールシステムやウイルス対策ソフトの導入などが必要である。また，コンピュータおよびネットワークシステムの障害と故障が可用性を喪失させる主要な原因の１つである。ネットワークやシステムの二重化，ホットスタンバイ，システムのアップグレード，重要データのバックアップ，定期保守や予防保守の実施などによって，システム障害が発生しないように管理することが重要である。

14.1.2　情報セキュリティのその他の特性

電子商取引および電子政府・電子自治体の急激な進展に合わせて，JIS Q 27000：2014 から，情報セキュリティのその他の特性として，真正性，責任追跡性，否認防止，信頼性を追加した。

(1)　真正性（authenticity）

JIS Q 27000：2014 では，真正性を「エンティティは，それが主張するとおりのものであるという特性」と定義している。真正性の維持とは，利用者または情報システムが本人・本物であると主張したとき，その利用者・システムが主張する身元の正しさを検証する手段を備えており，確実に本人・本物だけを認証できることを指す。

真正性の喪失は第三者によるなりすましを意味する。これを防止するためには，従来の実社会では企業単位の取引や契約が行われるとき法人の登記簿謄本，個人関連の各種手続きが行われるとき戸籍謄本，住民票または免許証などの公的証明書の提出を求めている。これに対して，ネットワークを介したやり取りの中で確実に真正性を確保することは非常に困難である。ユーザー ID と

第Ⅱ編　SCMマネジメント編

パスワードだけでなく，指紋や虹彩による生体認証（バイオメトリクス認証），
ICカードやデジタル署名による本人認証の方法も採用し，場合によっては複
数の認証方法を組み合わせることで，真正性を確保する必要がある。

(2)　**責任追跡性（アカウンタビリティ，** accountability）

JIS Q 13335-1：2006では，責任追跡性を「あるエンティティの動作が，そ
の動作から動作主のエンティティまで一意に追跡できることを確実にする特
性」と定義している[2]。責任追跡性の維持とは，情報システムやネットワー
ク，データベースなどのログを体系的に取得しておき，どの利用者が，いつ，
どの情報資産に，どのような操作を行ったかを追跡できるようにすることを指
す。

経済活動や社会生活におけるITの活用が拡大・高度化する中，情報漏えい
やシステム障害が発生した場合，被害はトラブルの発生した組織だけではな
く，業界や一般社会に波及する可能性が高まってきた。個々の企業・組織に対
して，情報セキュリティリスクの管理・報告・情報公開などに取り組んで，情
報セキュリティガバナンスを強化することにより社会的責任を果たすことが求
められている。このため，JIS Q 27000：2014では，accountabilityの訳語とし
て従来のJIS規格との整合から責任追跡性を使いながら，情報セキュリティリ
スクに関する組織の説明責任という意味でアカウンタビリティを使い分けた。
すなわち，情報漏洩やシステム障害などが発生した場合，顧客，取引先および
社会に対して情報漏洩，障害の発生原因や，企業としてどのような対応を行っ
たのか，被害規模・範囲，二次被害の有無などについて，適時に自社ホームペ
ージやマスコミを通じて社会に公表して，事故対応の透明性を確保すること
で，企業は説明責任（アカウンタビリティ）を果たす必要がある。

(3)　**否認防止**（non-repudiation）

JIS Q 27000：2014では，否認防止を「ある活動又は事象が起きたことを，
後になって否認されないように証明する能力」と定義している。実社会では，
いろいろな活動を文書にまとめたうえ，印鑑の押印やサインをして，事後否認
を防止する。情報システムの利用や操作，データの送信などに関して，事後否
認を防止するために，確かにある特定の人物が行ったことを後から証明できる
ようにする仕組みや技術を必要とする。有効な否認防止手法として，操作や通

504

第14章　セキュリティ管理

信のログ（記録）を消去・改ざんできない方法で残したり，タイムスタンプ技術を用いてある時点における文書などのデータの存在を証明したり，デジタル署名により本人がその行為を行ったことを証明することなどがある。

(4)　信頼性（reliability）

JIS Q 27000：2014 では，信頼性を「意図する行動と結果とが一貫しているという特性」と定義している。信頼性の維持とは定められた条件下で情報システムを稼働させたとき，故障や矛盾の発生が少なく，指定された達成水準を満たしていることを指す。ソフトウェアのバグやハードウェアの欠陥・故障が信頼性の喪失をもたらす主な原因である。システム開発の段階にはテストを強化し，また高信頼性の情報処理機器およびネットワークシステムを利用すれば，信頼性を高めることができる。

14.2　情報セキュリティ関連法規（順守規定の基本）[3]

コンピュータおよびネットワークを利用する犯罪は古くから存在し，また近年の IT 技術の普及につれて，インターネットが犯罪のツールとして悪用され，サイバー攻撃の手口が複雑・巧妙化してきている。これに対応して，各種の犯罪防止技術を開発・活用する技術的対策を導入するだけでは不十分であり，情報セキュリティを確保するための社会基盤として各種の法制度を改正・制定してきた。現時点では情報セキュリティという言葉を用いた法律そのものが存在していないが，情報セキュリティに関する具体的な権利・義務等は，多数の法規定中で部分的に定めている。

14.2.1　サイバー犯罪を取り締まるための法律

(1)　コンピュータ犯罪防止法（刑法の改正）

昭和 62 年刑法が改正され，コンピュータ犯罪に対処するためのいくつかの規定が新設され，次の行為が刑罰化されるようになった。通常，この改正部分をコンピュータ犯罪防止法と呼ぶ。

- 権利義務に関する電磁的記録の改ざん：電磁的記録不正作出罪（161 条の2）等，電磁的記録毀棄罪（259 条）等

505

第Ⅱ編　SCMマネジメント編

- コンピュータシステムに対する加害を手段とする業務妨害行為：電子計算機損壊等による業務妨害（234条の2）
- コンピュータを利用した財産利得行為：電子計算機使用詐欺罪（246条の2）

また，2011年に「情報処理の高度化等に対処するための刑法等の一部を改正する法律」を制定し，次のサイバー犯罪行為が新たに刑罰化されるようになった。

- コンピュータウイルスの作成・提供：不正指令電磁的記録作成罪・提供罪（168条の2第1項）
- コンピュータウイルスの供用：不正指令電磁的記録供用罪（168条の2第2項・第3項）
- コンピュータウイルスの取得・保管：不正指令電磁的記録取得・保管罪（168条の3）
- 電子計算機損壊等業務妨害罪の未遂：電子計算機損壊等業務妨害未遂罪（234条の2第2項）
- 電気通信の送信によりわいせつな電磁的記録その他の記録の頒布（175条），有償頒布目的で前項の物を所持し，又は同項の電磁的記録の保管（同第2項）

(2)　不正アクセス禁止法

不正アクセス禁止法は，インターネット等のネットワーク通信で不正アクセスと助長行為を規制するための法律である。この法律では次の不正アクセス行為を禁止している（罰則：3年以下の懲役又は100万円以下の罰金）。

① 他人のID・パスワードなどの識別符号を無断で利用する行為
② セキュリティ・ホール（セキュリティの問題となりうるコンピュータの欠陥）を攻撃し，ID・パスワードなどを入力しないでコンピュータに侵入する行為

また，次の不正アクセスをするための準備行為も禁止している。

① 不正アクセスを行う目的で，他人のID・パスワードなどの識別符号を不正に取得する行為（罰則：1年以下の懲役又は50万円以下の罰金）
② 不正アクセス行為を助長する行為：業務その他正当な理由による場合を

第 14 章　セキュリティ管理

除いて，他人の ID・パスワードなどの識別符号をアクセス管理者及び
当該識別符号の利用権者以外の第三者に提供する行為をいう。

- 相手方に不正アクセスをする目的があることを知りながら他人の
  ID・パスワードなどの識別符号を提供する（罰則：1 年以下の懲役又
  は 50 万円以下の罰金）
- 相手方に不正アクセスをする目的があることを知り得なかった場合な
  どで，他人の ID・パスワードなどの識別符号を提供する（罰則：30
  万円以下の罰金）

③　不正アクセスをする目的で，他人の ID・パスワードなどの識別符号を
　　不正に保管する行為（罰則：1 年以下の懲役又は 50 万円以下の罰金）

④　フィッシング行為：業務その他正当な理由による場合を除いて，他人の
　　ID・パスワードなどの識別符号の入力を不正に要求する行為をいう
　　（罰則：1 年以下の懲役又は 50 万円以下の罰金）。

- アクセス管理者などになりすまして，ID・パスワードなどの識別符
  号を入力することを求める旨の情報を掲載したフィッシングサイトを
  構築すること
- アクセス管理者などになりすまして，ID・パスワードなどの識別符
  号を入力することを求める旨の情報を電子メールにより利用権者に送
  信する行為

また，アクセス管理者に対して，以下の措置を行うよう努力義務があるとさ
れている。

- ID・パスワードなどの識別符号を適切に管理する。
- セキュリティ・ホールが存在していないかを確認し，存在する場合には対
  策を実施する。
- この他，不正アクセス行為から防御するための必要な措置を講じる。

14.2.2　情報の真正性と完全性を向上する法律

(1)　電子署名認証法

「電子署名及び認証業務に関する法律」の施行により，電子署名が手書きの
署名や押印と同等に通用する法的基盤が整備された。これに基づき，公開鍵暗

第Ⅱ編　SCM マネジメント編

号方式と呼ばれる数学的な暗号技術を用いた電子署名が利用され，また信頼される第三者機関が電子証明書を発行することにより，この電子署名を利用する者の真正性を認証する電子署名・認証システムが構築された。電子署名を利用することで，電子情報の発信主体が本人であること，また，発信されたデータが改ざんされたものでないことが明らかになることで，電子商取引を安心して行うことができる。

(2)　e-文書法

e-文書法は，「民間事業者等が行う書面の保存等における情報通信の技術の利用に関する法律」と「民間事業者等が行う書面の保存等における情報通信の技術の利用に関する法律の施行に伴う関係法律の整備等に関する法律」の2法の総称である。この法律により民間事業者は法令で義務付けられている書面（紙）による保存等に代わり，電磁的記録による保存等が行えることとなった。

従来紙文書で保管された文書の電子化により，紙の物理的な保管スペースが不要になるだけで，企業にとってはコスト削減という効果が期待できる。また，電子文書がネットワークを介してやり取りできるので，業務全体のスピードや効率が改善されるだけではなく，顧客に対するサービスレベルを向上させ，企業競争力の強化を図ることができる。さらに，電子文書のバックアップと分散管理が簡単にできるため，地震や火災といった災害などがあっても被害を被るリスクは紙文書よりはるかに低く，情報資産の完全性の向上にもつながる。

14.2.3　個人情報を保護する法律

個人情報保護制度においては，民間部門の個人情報取扱事業者には「個人情報保護法」，国の行政機関には「行政機関個人情報保護法」，独立行政法人等には「独立行政法人等個人情報保護法」が適用される。また，地方自治体については各自治体の個人情報保護に関する条例が適用される。このため，法令で定める安全管理措置義務の対象となる個人情報の範囲は，組織ごとに異なる。

個人情報保護法は，個人情報の利用目的を本人に通知・公開することや，個人情報が流出しないように従業員や委託業者を監督することを義務付けており，不正な手段で個人情報を取得することを禁じている。また，本人が個人情

508

報の開示を求める権利を認め，情報内容が事実に反する場合には訂正・削除を要求できる。この法律の対象になるのは「個人情報データベースを事業の用に供している者」（個人情報取扱事業者）であり，具体的規制対象は 5000 人以上の個人情報を利用している企業や行政機関である。

個人情報保護法で保護される個人情報は次のものがある。

- 個人を特定するための基本情報：氏名，住所，電話番号，電子メールアドレス，生年月日，性別，国籍など
- センシティブ・データ：人種，民族，出身地，宗教，政治思想，労働組合所属，信条，病歴，性生活，犯罪歴など
- その他の情報：収入，資産，債務，消費行動，住宅事情，身体測定記録，健康状態，家族，親族，友人，経歴

法律に違反した場合，個人情報取扱事業者の所管大臣が「勧告」や「命令」を行い，それでも是正されない場合，従業員や代表者に 6 カ月以下の懲役または 30 万円以下の罰金が課せられる。

14.2.4 迷惑メールを規制する法律

「特定電子メールの送信の適正化等に関する法律」では，表示義務（送信者の氏名又は名称及び住所，送信者の電子メールアドレス），拒否者に対する送信の禁止，架空電子メールアドレスによる送信の禁止，送信者情報を偽った送信の禁止などが定められている。また，2008 年この法律の改正により，広告宣伝メールの送信について，原則としてあらかじめ同意した者に対してのみ送信が認められる「オプトイン方式」が導入された。オプトイン方式を実効的なものとするため，送信者に以下の義務を課す。

- 送信に同意した者から，広告宣伝メールの受信を拒否する旨の通知を受けた場合は，以後の送信をすることはできない。
- 広告宣伝メールを送信する場合は，送信者の氏名・名称や，受信を拒否する場合の通知先など，一定の事項を表示しなければならない。
- 広告宣伝メールの送信をする場合は，同意があったことを証する記録を保存しなければならない。

特定電子メール法の他に，「特定商取引法」でも商品の販売者やサービス提

第Ⅱ編　SCMマネジメント編

供者が行うメールによる広告の方法を規制し，違反行為をした者に対しては懲役刑・罰金刑などの刑事罰が導入され，特定電子メール法より厳しい規制となっている。

14.2.5　著作権などの知的財産を保護するための法律

(1)　著作権法

著作権法は，著作物の創作者である著作者に著作権や著作者人格権という権利を付与することにより，その利益を保護する。著作権とは複製権，上演権及び演奏権，上映権，公衆送信権等，口述権，展示権，頒布権，譲渡権，貸与権，翻訳権等，並びに二次的著作物の利用に関する原著作者の権利をいう。また，著作者人格権とは公表権，氏名表示権，同一性保持権及び名誉声望保持権をいう。

著作権，出版権，著作隣接権の侵害は犯罪行為であり，権利者が告訴を行うことを前提として，10年以下の懲役又は1,000万円以下の罰金（企業などの法人等による侵害の場合には3億円以下の罰金，懲役と罰金の併科も可）という罰則規定が設けられている（第119条第1項）。また，次のような行為についても，それぞれ刑事上の罰則が定められている[4]。

①　著作者人格権又は実演家人格権を侵害すること（第119条第2項第1号）。

②　営利を目的として，公衆向けのダビング機を設置し，音楽CDのコピーなど（著作権の侵害となること）に使用させること（第119条第2項第2号）。

③　著作権等侵害物品を頒布目的で輸入したり，情を知って頒布したり，頒布目的で所持する行為，あるいは，業として輸出したり，輸出目的で所持すること（第119条第2項第3号）。

④　プログラムの違法複製物を電子計算機において使用する行為（第119条第2項第4号）。

⑤　小説などの原作者（著作者）が亡くなった後に，その小説の内容を勝手に変えてしまったり，原作者名を変えてしまうこと（第120条）。

⑥　コピーガードキャンセラーやDVD等に施されている暗号型の保護技術

を解除するプログラムなど，著作物のコピー防止機能を解除することを目的とした機器やプログラムを頒布，製造，輸入，所持すること（第120条の2第1号）。

⑦ コピー防止機能などを解除することを事業として行った者（第120条の2第2号）。

⑧ 著作権の侵害とみなされる行為を行った者（第120条の2第3号，同条第4号）。

⑨ 私的使用の目的をもって，有償著作物等の著作権又は著作隣接権を侵害する自動公衆送信を受信して行うデジタル方式の録音又は録画を，自らその事実を知りながら行って著作権又は著作隣接権を侵害した者（第119条第3項）。

⑩ 著作者名を偽って著作物を頒布すること（第121条）。

⑪ 原盤供給契約による商業用レコードを複製・頒布すること（第121条の2）。

(2) 不正競争防止法

不正競争防止法は，不公正な競業を防止し，取引社会の秩序を守るための法律である。この法律は不正な競業行為を一般に禁止するという形を取るのではなく，2条1項各号に列挙されている次の不正な競業行為について禁止している。

- 周知な商品等表示の混同惹起行為（1号）
- 著名な商品等表示の冒用行為（2号）
- 他人の商品形態を模倣した商品の提供行為（3号）
- 営業秘密の侵害行為（4号〜10号）
- 技術的制限手段を無効化する装置等の提供行為（11号〜12号）
- ドメイン名の不正取得等の行為（13号）
- 商品・サービスの原産地，品質等の誤認惹起表示行為（14号）
- 信用毀損行為（15号）
- 代理人等の商標の冒用行為（16号）

情報セキュリティと関連の深い不正競争行為は営業秘密の侵害である。営業秘密とは，秘密として管理されている（①秘密管理性）生産方法，販売方法そ

第Ⅱ編　SCM マネジメント編

の他の事業活動に有用な技術上又は営業上の情報（②有用性）であって，公然
と知られていないもの（③非公知性）をいう。秘密管理性が認められるために
は，事業者が主観的に秘密として管理しているだけでは不十分であり，客観的
にみて秘密として管理されていると認識できる状態にあることが必要である。
具体的には，当該情報にアクセスできる者を制限するとともに，同情報にアク
セスした者はそれが秘密であることを認識できることが必要とされている。

14.3　セキュリティの対策

　情報セキュリティ対策は，技術的セキュリティ，物理的セキュリティ，人的
セキュリティ，組織的セキュリティに分類される[5]。情報セキュリティを効果
的に確保するする上で重要なことは，この4つの視点から対策を検討し，バラ
ンスがとれた実効性の高い対策を採用して，組織の中に定着させることであ
る。

14.3.1　技術的セキュリティ対策

　技術的セキュリティ対策は，ファイアウォールやアクセス制御などの技術的
な手段でセキュリティを確保する施策である。情報処理システムにはサーバや
クライアントコンピュータ，ネットワークシステム，データベース，各種のア
プリケーションソフトなど，さまざまな要素があるので，数えきれないほどの
セキュリティ技術が存在する。典型的な対策例として，次のものがあげられ
る。

- IDとパスワード，IDカード，指紋などによる利用者認証技術
- 通信データの暗号化（SSL，IPsec など）および電子メールの暗号化
  （S/MIME など）
- ファイアウォール，DMZ（非武装地帯）によるアクセス制御
- デジタル署名，メッセージ認証，タイムスタンプなどによる認証技術
- ウイルスなどの不正プログラム対策ソフトの導入
- ソフトウェアのアップデートなどによるぜい弱性対策
- 侵入検知システム（IDS）の利用

512

第 14 章　セキュリティ管理

- ハードディスクおよび USB メモリの暗号化

14.3.2　物理的セキュリティ対策

　物理的セキュリティ対策は，建物や情報処理機器，記憶媒体および関連設備などに対する不正な立入り・接触，災害，盗難，損傷，物理的破壊などを防止するための対策である。次のような対策があげられる。

- セキュリティワイヤーによるコンピュータ（サーバ，パソコンなど）や通信装置の盗難防止
- ID カード，バイオメトリクス認証，監視カメラなどを用いた入退室管理
- 施錠付きのロッカー等による記録媒体（紙文書も含める）の施錠管理
- セキュリティレベルに応じた建物区画管理およびアクセス区域の制限
- 情報機器の配線，配置，設置（専用ラックへの格納と施錠等）
- 記録媒体の安全な処分または再利用
- 建物や設備の地震・防火対策

14.3.3　人的セキュリティ対策

　人的セキュリティ対策は，人による誤り，盗難，不正行為のリスクなどを軽減するための教育と訓練，人が原因で発生する事件や事故に対して被害を最小限にするための対策である。典型的な対策として次のものがある。

- 情報セキュリティポリシー，各種社内規定，マニュアルなどの制定と周知
- 情報セキュリティ訓練と情報セキュリティ啓蒙による意識向上
- 事件事故への対処マニュアル作成とその遵守
- アカウントの発行とパスワードの設定などのアクセス管理
- 機密保持契約（例：雇用契約書，誓約書，就業規則等で守秘義務条項を明示する）
- 懲戒手続（例：セキュリティ違反時における懲戒手続を就業規則や誓約書に明示する）
- 社員の健康管理とカウンセリング
- 雇用終了後における情報資産の返却，アクセス権の削除

第Ⅱ編　SCM マネジメント編

14.3.4　組織的セキュリティ対策

　組織的セキュリティ対策は，安全管理措置を講じるための組織体制の整備，規程等の整備と規程等に従った運用などを指す。4つの視点からの対策の中で一番ベースとなる部分であり，組織として他の3つの視点による対策を体系的に管理・実施・維持するための施策である。具体的には，次のようなものがあげられる。

- 情報セキュリティやコンプライアンスの推進体制づくり
- 情報資産の分類・アクセス権限と重要な情報（個人情報等）の扱いルールの設定
- 情報資産の持ち出し管理（例：管理者の許可のない情報資産の持ち出しを禁止する）
- 情報セキュリティポリシーの規程制定と情報セキュリティインシデントの管理
- 事業継続管理
- コンプライアンス，内部監査，内部統制

14.4　セキュリティの管理

14.4.1　情報セキュリティガバナンス

　激化する市場競争を勝ち抜くために，企業はグループ企業やパートナー企業との密接な連携関係を構築することがますます重要になっている。今日の産業組織における多種多様な企業間連携の形成と進化につれて，個別企業で発生した情報漏洩やシステムダウンなどの IT 事故によるトラブルが，業界全体および社会に大きな影響を与える可能性がある。企業は，自身の被害の局限化や法令遵守への対応に留まらず，IT 社会を構成する一員としての立場からも情報セキュリティ対策に取り組む責務がある。「情報セキュリティに絶対はなく，事故は起こりうるもの」との前提に立ち，対策をその場しのぎの対症療法的対応で済ませるのではなく，自律的・継続的に改善・向上する仕組みを導入する

ことが必要である。すなわち、社会的責任にも配慮したコーポレートガバナンスと、それを支えるメカニズムである内部統制の仕組みを、情報セキュリティの観点から企業内に構築・運用すること、すなわち「情報セキュリティガバナンス」の確立が求められている。

JIS Q27014：2015では、情報セキュリティガバナンスを「組織の情報セキュリティ活動を指導し、管理するシステム」と定義している[6]。一般的には情報セキュリティガバナンスは、企業がその社会的責任やコンプライアンスなどを果たすために、情報セキュリティ上のさまざまな脅威・脆弱性・リスクに対して適切な統制を実施し、それを評価・検証する体制のことを指す。

JIS Q27014：2015に基づき、企業は情報セキュリティガバナンスの実施に際して、次の6原則に従うべきである。
- 組織全体の情報セキュリティを確立する。
- リスクに基づく取組みを採用する。
- 投資決定の方向性を設定する。

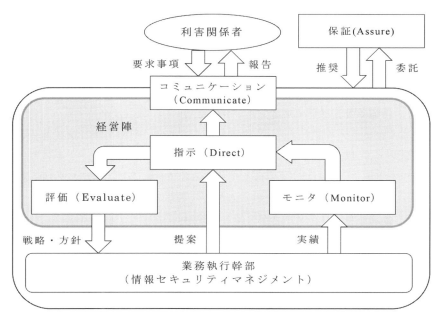

図 14.1 情報セキュリティガバナンスのプロセス（JIS Q 27014：2015）

第II編　SCM マネジメント編

- 内部及び外部の要求事項との適合性を確実にする。
- セキュリティに積極的な環境を醸成する。
- 事業の結果に関するパフォーマンスをレビューする。

また，情報セキュリティガバナンスを確立するために，企業は評価（Evaluate），指示（Direct），モニタ（Monitor），およびコミュニケーション（Communicate）の各プロセスを実行する。さらに，保証（Assure）プロセスによって，情報セキュリティガバナンスおよび達成したレベルについての独立した客観的な意見が得られる。この 5 つのプロセス間の関係は図 14.1 に示す。

14.4.2　情報セキュリティマネジメント

JIS Q 27001：2014 により，情報セキュリティマネジメントとは情報セキュリティについて組織を指揮統制するために調整された活動である[7]。情報セキュリティマネジメントを確立，導入，運用，監視，維持および改善するために，経済産業省は，平成 15 年から情報セキュリティ管理基準を策定し，国際標準と JIS 規格の改訂に合わせて改正してきた。この管理基準（H28 年版）は，マネジメント基準と管理策基準から構成される[8]。マネジメント基準では，情報セキュリティマネジメントの計画，実行，点検，処置に必要な実施事項を定めている。原則として次の 5 つの事項をすべて実施しなければならない。

(1)　情報セキュリティマネジメントの確立

情報セキュリティマネジメントを確立するために，その基盤となる適用範囲を決定し，方針を確立する。これらをもとに，情報セキュリティリスクアセスメントを実施し，その対応を計画し実施する。これにより，組織が有効な情報セキュリティマネジメントを実施するための基盤作りを行う。

(2)　情報セキュリティマネジメントの運用

情報セキュリティマネジメントの確立，実施，維持および継続的改善に必要な人または組織的資源，設備，装置，システムおよび必要な費用を決定・提供する。また，情報セキュリティマネジメントに関係する業務および影響のある業務を特定し，役割を明確にした業務分掌を作成して，教育，訓練などにより担当者に必要な力量を身に付ける。さらに，情報セキュリティマネジメントに

第14章　セキュリティ管理

関連する内部および外部のコミュニケーションを実施したうえ，リスクおよび機会に対処する活動を実施するために必要なプロセスを計画し，実施し，かつ管理する。

(3)　情報セキュリティマネジメントの監視およびレビュー

情報セキュリティマネジメントの適切性，妥当性および有効性を継続的に改善するために，定期的な情報セキュリティリスクアセスメント，定期的な情報セキュリティ内部監査およびトップマネジメントによる定期的なマネジメントレビューを実施する。

(4)　情報セキュリティマネジメントの維持および改善

不適合が発生した場合，不適合の是正のための処置を取る。不適合が再発または他のところで発生しないようにするため，その不適合の原因を除去するための処置をとる必要性を評価する。必要な場合には，情報セキュリティマネジメントの変更を行う。

(5)　文書化した情報の管理

情報セキュリティマネジメントが必要とする情報セキュリティ方針，目的，リスクアセスメントのプロセス，リスク対応のプロセス，リスクアセスメントの結果，リスク対応計画，パフォーマンス測定の結果などの情報を適切な形式で文書化する。これらの文書のレビュー，更新，承認および廃止などを適切に管理する。

以上のマネジメント基準を実装するために，経済産業省の情報セキュリティ管理基準では，リスク対応方針に従って管理策を選択する際の選択肢として，以下の側面から管理策基準を与えている。

- 情報セキュリティのための方針
- 情報セキュリティの組織
- 人的資源のセキュリティ
- 資産の管理
- アクセス制御
- 暗号による管理策
- 物理及び環境的セキュリティ
- 運用のセキュリティ

517

第Ⅱ編　SCM マネジメント編

- 通信のセキュリティ
- システムの取得，開発及び保守
- 供給者関係における情報セキュリティ
- 情報セキュリティインシデント管理
- 事業継続マネジメントにおける情報セキュリティの側面
- 法的及び契約上の要求事項の順守

〈参考文献〉

1) 日本規格協会：JIS Q 27000：2014 情報技術—セキュリティ技術—情報セキュリティマネジメントシステム—用語，http://kikakurui.com/q/Q27000-2014-01.html，2014

2) 日本規格協会：JIS Q 13335-1：2006 情報技術—セキュリティ技術—情報通信技術セキュリティマネジメント—第 1 部：情報通信技術セキュリティマネジメントの概念及びモデル，http://kikakurui.com/q/Q13335-1-2006-01.html，2006

3) 経済産業省：情報セキュリティ関連法令の要求事項集，http://www.meti.go.jp/policy/netsecurity/docs/secgov/2010_JohoSecurityKanrenHoreiRequirements.pdf，2010

4) 文化庁：著作権テキスト～初めて学ぶ人のために（平成 29 年），http://www.bunka.go.jp/seisaku/chosakuken/seidokaisetsu/pdf/h29_text.pdf，2017

5) 那須慎二：小さな会社の IT 担当者のためのセキュリティの常識，ソシム，2016

6) 日本規格協会：JIS Q 27014：2015 情報技術—セキュリティ技術—情報セキュリティガバナンス，http://kikakurui.com/q/Q27014-2015-01.html，2015

7) 日本規格協会：JIS Q 27001：2014 情報技術—セキュリティ技術—情報セキュリティマネジメントシステム—要求事項，http://kikakurui.com/q/Q27001-2014-01.html，2014

8) 経済産業省：情報セキュリティ管理基準（平成 28 年改正版），http://www.meti.go.jp/policy/netsecurity/downloadfiles/IS_Management_Standard_H28.pdf，2016

董　彦文

15 SCM サステイナビリティ

15.1 持続可能性

　CO_2 等の温室効果ガスの排出により地球温暖化が進み，また公害問題や放射能等における環境汚染など現状の地球環境が維持できなくなる恐れが指摘されている。この現状の地球環境の維持が図られることを目標とする社会を持続可能な社会と呼び，持続可能な社会を維持していく能力およびそういった方向性をもつ発展を持続可能性（sustainability）と呼ぶ。また，これらの特性を有する事物に対してサステイナブルと形容して用いる。たとえば，省エネルギーを志向した建築物などをサステイナブル建築と呼んでいる。一方で，現代生活を行っていくうえで，たとえば暖房などのようにエネルギーの消費は避けることができない。また，人々の生活を維持するために必要な宅地の開発や産業の推進のためには森林を切り開くことも必要となる。このような持続可能性に負担がかかる活動を環境負荷といい，この負担をできるだけ減らした開発を持続可能な開発と呼ぶ。持続可能社会を目指す上での主要な取組みは，低炭素社会の実現，生物の多様性，循環型社会，大気水土壌などの汚染問題，これらについての国際的な取組みへのかかわりとなっている。

　ロジスティクス分野においては，船舶，自動車，鉄道，航空機による貨物輸送が行われており，CO_2 排出や大気汚染の問題に直接関係する。また，循環型社会における重要な静脈物流の担い手としての位置づけもある。これらは，持続可能な開発のうち，低炭素社会の実現，循環型社会の実現，大気汚染など

第Ⅱ編　SCM マネジメント編

に関係しているなど，ロジスティクス企業は持続可能性の当事者であり，この問題に対して主体的に取り組むことが今後ますます要求されていく。具体的には，船舶や自動車などの燃料を従来の化石エネルギーから，バイオマスエタノールなどの環境負荷の小さい燃料へ転換を図ること，通い箱や廃棄物の回収のための静脈物流を確立し，リサイクルやリユースを推進しやすい環境を構築すること，トラックなどの運行管理において，低環境負荷の観点を取り入れ，運行経路などを見直していくことが該当する。これらを実現し，ロジスティクス企業が持続可能社会の主役になっていくことが期待される。

15.2　代 替 燃 料

　石油などの化石燃料は，一回消費するとこれを再び燃料の形にすることは大変難しく，大気中に放出された CO_2 はそのまま大気に残されてしまう。一方で，植物由来の燃料から発生した CO_2 は，再びその植物を育てるプロセスにおいて同量が植物内に吸着されるため，全体としての CO_2 の量は変わらない。これから，持続可能社会において，植物由来の燃料の使用が進められており，化石燃料におけるガソリンや軽油から，バイオマスエタノールやバイオディーゼルへの転換が試みられている。

　バイオマスエタノールは，サトウキビやトウモロコシなどの植物から得られる糖に対してアルコール発酵を行い精製して得たエタノールである。このエタノールをガソリンエンジン車の燃料として用いる。ブラジルでは，サトウキビ生産が盛んでバイオマスエタノールを供給しやすい環境にあり，また 1970 年代のオイルショックの以降に国策としてバイオマスエタノールを自動車燃料として用いることが進められた。エタノール自体は同量のガソリンに対して熱量が小さいため，バイオマスエタノール単体をそのままガソリンに置換せず，既存のガソリンに対し混ぜて使うことが一般的である。また，エタノール自体に腐食性があるため，既存のガソリン車にバイオマスエタノールを使用すると，問題が生じることがある。一方で，バイオエタノールの環境負荷が低いことから，今後はバイオエタノールを使用することを前提にした自動車の開発や，バイオマスエタノールの割合の高い燃料の使用が進むことが見込まれる。なお，

バイオマスエタノール自体は 100％植物由来で大気中の炭素量を増やさない
が，精製プロセスにおける熱源に化石燃料が用いられる例もあり，生産プロセ
ス全体での環境負荷をみる必要もある。

　トラックなどのディーゼル車向けの代替燃料は，バイオディーゼル（biodie-
sel fuel）と呼ばれている。これは，パーム油，大豆油などの植物油，魚油や
獣脂などの動物油，これらを一旦使用した後の廃油などから精製される。これ
らの油脂は，脂肪酸とグリセリンのエステルであり，そのままで分子量が大き
く，ディーゼルエンジンに悪影響が発生することが懸念される。よって，一般
にバイオディーゼルとして用いる場合は，原料の油脂からグリセリンを取り除
いた脂肪酸メチルエステルとして利用される。これによって，一般的なディー
ゼルエンジンでの利用が可能となるが，酸素原子が多いなどの性質の問題もあ
って現時点では既存の軽油と比較して完全に同等とはなっていない。そもそも
のディーゼルエンジンはガソリンエンジンと比較して使用できる燃料の範囲の
広さがあり，バイオディーゼルの取組み自体は古くからあったが，産業として
成り立つまでには至らなかった。今後は，環境に対する世間の関心も高まるこ
とから，よりクリーンなエネルギーとして利用できるような技術開発が進めら
れるであろう。

　持続可能な社会では，バイオマスエタノールやバイオマスディーゼルのよう
な化石燃料に頼らない方法が望ましいと考えられているが，一方で化石燃料で
あっても従来のガソリンやディーゼルより低環境負荷の燃料を志向するものも
ある。たとえば，天然ガス車はディーゼルエンジン車より排気ガス中の黒煙，
窒素酸化物（NO_X），硫黄酸化物（SO_X）などの有害物質が少ないことから，
バスなどで利用されている。燃料として圧縮した気体の天然ガス CNG
（Compressed Natural Gas）を使用するものは CNG 車，液化天然ガス LNG
（Liquid Natural Gas）を使用するものは LNG 車と呼ばれる。実用に際しては，
バスなどの業務用であればバスの事業所にガススタンドを併設することで燃料
供給の問題を解決できるが，一般の自家用車等へ普及するためには既存のガソ
リンスタンドに代わるガススタンドを設置しなくてはならず，社会としての初
期投資が多額になる問題点がある。これは，バイオマスエタノールやバイオマ
スディーゼルが既存のガソリンスタンド等でほぼそのまま使用できることとの

第Ⅱ編　SCMマネジメント編

大きな違いになっている。

15.3　3R

　日本各地にある貝塚は，古代の人類が捨てた貝殻が積み重なってできたものとされている。このように，人類は用が済んだものはどこかに捨てるということを行ってきた。一方で，人口が増え，自然に分解されない人工物が増えた結果，廃棄物をどこに捨てるかといった問題が生じ，ついに将来において捨てる場所がなくなることが想定されるようになってきた。これを受け，2011年に日本政府は従来からのリサイクルを拡大し，リデュース（Reduce），リユース（Reuse：再使用），リサイクル（Recycle：再資源）の3R政策を掲げ，循環型経済システムの構築を目指すとした。

　リデュースは，製品やサービスの設計段階や使用段階において省資源化や長寿命化といった取組みを通じて，製造，流通，使用の各段階における資源利用効率を高め，再生できない廃棄物を極力減らしていく取組みである。生産に必要な資源の消費量の削減はもとより，廃棄場などの資源の消費も減らすことができる。たとえば，購買時の梱包を簡易包装にすることやスーパーマーケットなどへエコバックを持参することは省資源につながる。従来の蛍光灯や白熱電球を長寿命のLED照明に交換することはリデュースの取組みとされている。一方で，破砕した蛍光灯が実際に占める容積はごくわずかであり，省資源になったのかどうかの厳密な判断は難しい。リデュースに限っては，社会運動的意味合いも強い。

　リユースは，一度使用された製品を回収し，製品の状態や今後の使用に向けて必要な処置を施し製品として再利用をする取組みである。または，再使用可能な部品の利用を図る。たとえばかつて流行したレンズ付きフィルムのボディやレンズ，一升瓶やビール瓶などがリユースに相当する。現在も，コピー機のトナーカートリッジやインクジェットプリンタのインクカートリッジでは高いリユース率となっている。商品やサービスの設計時点で，リユースを前提にした仕組みとして開発することが，高いリユース率につながると考えられる。

　リサイクルは，一旦使用された製品や製品の製造に伴い発生した副産物を回

収し，新たな原材料としての利用，または焼却熱のエネルギーとしての利用を図る取組みである。原材料としてのリサイクル（マテリアルリサイクル）の例としては，くず鉄や新聞紙，ペットボトルなどの再利用が当たる。

　リサイクルには，解体作業等の費用が発生するため，不法投棄をする例もかつては散見された。これを受け，2002年から自動車リサイクル法が施行され，自動車等は新車購入時にもしくは法律施工後の車検時にリサイクル費用を払うように規定された。自動車自体はボディやエンジンなどの鉄やアルミ素材が多く，約80％がリサイクルされ，残りの20％が廃棄されている。熱源としてのリサイクル（サーマルリサイクル）の例としては，木質バイオマスがあげられる。木質バイオマスとは，木材から成るバイオマスであり，主に樹木の伐採や造材のときに発生した枝，葉などの林地残材，製材工場などから発生する樹皮やのこ屑など固めて，燃料用の木質チップ，木質ペレットを指す。これらは，木質ペレットストーブなどで工場や家庭の熱源として利用される。また，石炭火力発電所において，木質バイオマスを石炭に少量混ぜて利用する取組みも進められている。

15.4　低環境負荷を志向した運行計画

　一般に自動車の燃費は1リッター当たりの走行距離で示されるように，燃料の消費量を抑える方法として，アイドリング中のエンジンを止めるアイドリングストップなどの技術や，そもそもの自動車の走行距離を減らす取組みが行われている。一般にこれらの持続可能な開発に基づく省資源を志向した物流を総称してグリーンロジスティクスと呼んでいる。グリーンロジスティクスのうち，運行計画や全体的な生産販売計画の改善によって燃料の消費量を減らす取組みが行われている。もちろん走行距離（燃料消費量）の削減は，運用コストの削減にもつながり，そもそもはコストカットを目的に行われてきた。

　走行距離削減を志向した運行計画立案のための計画問題および解法アルゴリズムは，大きく2つのシーンに基づいて使い分けられる。1つはいくつかの生産拠点（工場）と配送拠点（倉庫や配送センター）を結ぶ拠点間輸送で，もう1つは，配送センターから各顧客へと配送を行う配送計画である。拠点間輸送

第Ⅱ編　SCM マネジメント編

のモデルとしては線形輸送計画問題（transportation problem）がある。線形
輸送計画問題は，各生産拠点の生産能力の上限と，各配送拠点の需要量，各拠
点間の輸送コストが与えられたとき，コストが最小となる拠点間の割り当てを
求める問題である。ここで，輸送される製品は同一か共用性があり相互に利用
可能とする。線形輸送計画問題は，線形計画問題の一種であり既存の方法で容
易に解くことができる。また，最適化を得る条件として，生産能力の合計と需
要量の合計値が一致していることである。一方で，線形輸送計画問題は拠点間
のコストは考慮するものの拠点間のリードタイムは考慮されていない。このた
め，需要変動が激しい製品や冷凍されていない生鮮品などの時間による品質変
化の大きい商品は対象としてなじまない。

　配送計画問題（vehicle routing problem）は，所与の配送拠点（デポ）から，
K 台の運搬車（トラック等）を用いて，対象エリア内の顧客へ個別配送を行
う際の運搬車と顧客の割当，運搬車の顧客を訪問する順序を決定する問題であ
る。この問題は，運搬車と顧客の割当てを決める部分が集合分割問題（set
partitioning problem），決まった顧客の訪問順序を決定する部分が巡回セール
スマン問題（traveling salesman problem）となっており，個々の問題の最適
解を得るために必要な情報，たとえば集合分割問題における組合せごとの運搬
車の走行距離が互いに必要とする関係上，最適解を得ることが難しい問題とさ
れている。

　1964 年に Clark & Wright によって提唱されたセービング法は，最適解を保
証しないものの有効なアルゴリズムとして認識されている。セービング法で
は，2 つの顧客を同じ運搬車で配送する際にどれだけ走行距離をセーブしたか
を基準にルートを形成する。また，顧客を訪問する時刻を時間幅，たとえば
12 時から 13 時までや午前中など，で制約されている配送計画問題はタイムウ
ィンドウ付き配送計画問題（Vehicle Routing Problem with Time Window）と
呼ばれている。この問題は，宅配便などの現代的な配送サービスにおいて必須
になっている配達時刻を考慮しているが，従前のセービング法などの解法を適
用できないなどの問題がある。1990 年代に列生成（column generation）によ
る解法が提案されているが，あまり普及はしていないようである。

　線形輸送計画問題と配送計画問題，さらに工場における生産計画立案までを

一体化し，最適計画を立案する取組みも研究されている。生産，輸送，配送の各ステージにおいて余裕がないと，何かの事故が発生した際にうまくいかなくなる場合があり，各ステージでの余裕を多めにとると全体の効率化が及ばないなどのジレンマがあり，対象品目や計画範囲をよく検討したうえで適用することが望ましい。

　利用されている運行管理システムパッケージでは，このような解法を用いて運行計画を立案しているものもある。これらの計画問題は，モデル化の際に現実的な要素を排して解いているのため，出てきた結果が必ずしもそのまま有効な運行計画となっていない場合もあり，担当者による中身の確認も重要となっている。また，各運搬車に搭載されたタコグラフには，デジタル化されたもの，GPS（Global Positioning System）と連携したものが開発されており，これらを利用することにより運行指図と実際の走行履歴の違いを確認することができる。また，実際の走行の軌跡がわかることから，燃料消費量と合わせてCO_2の排出量の計算なども自動的に行うことができる。

竹野　健夫

16	SCM と人間工学

16.1 人間工学の基本

16.1.1 人間工学とは

　科学技術の進歩と産業水準の高度化が進むにつれ，近年融合技術が急速に発展し，脚光を浴びている。シーズとニーズの融合によって新たな価値創造が生まれ，産業イノベーションが新しい時代に入った。人間・社会と工学の融合によって，新しい科学技術，産業技術が登場し，大きな役割を果たしている。経営工学，金融工学，生体医工学，安全工学等と同様に，人間工学は人間の生活，経済活動，社会活動で安全・安心・快適な社会の実現につながる実践科学であり，自然科学と社会科学の融合技術である。

　歴史的にみると，人間工学はエルゴノミクス（Ergonomics）とヒューマンファクター（Human Factors）という2つの流れがあった。前者は主に人間の労働，作業，健康，安全，快適さ等を中心とした測定，調査，研究である。後者は主に人間の行動における効率向上，ヒューマンエラーの防止やわかりやすい・使いやすい製品・システム設計に係る調査研究である。

　人間工学は多くの分野でさまざまな技術が研究開発されてきた経緯もあって，定義・概念も研究者や技術者によって表現が異なる。国際人間工学連合（IEA： International Ergonomics Association）によると，人間工学とは，「システムにおける人間と他の要素とのインタラクションを理解するための科学的

第Ⅱ編　SCM マネジメント編

学問であり，人間の安寧とシステムの総合的性能との最適化を図るため，理論・原則・データ・設計方法を有効活用する独立した専門領域」である[1]。

　日本における人間工学の発展は諸外国の科学技術を導入し，さまざまな科学技術を融合し進化している。人間工学は人間の身体的特徴を（たとえば医学および生理学，認知科学，心理学，作業研究等を用いて科学的に分析することで），人間と直接あるいは間接的に関わる生活，作業，機械・道具，生活環境・職場環境，システム，組織・マネジメント，社会制度・法規・習慣等に，有機的に繋げ，合理化・適合性を図る実践科学である。

16.1.2　人間工学の分類法

　人間工学の適応領域にはさまざまな分類法がある。初期の分類法として最も広く活用されたのは 1961 年 Tufts University の分類法である。
分類項目[2]：注釈の順に列挙する。
（1）　人間工学：方法，機材，設備，情報，センサー，ツール等の研究開発
（2）　人間と機械のシステム：人間中心のシステム構築
（3）　視覚的インプットおよびその過程：視覚インプットおよび認知方法
（4）　聴覚的インプットおよびその過程：聴覚インプットおよび認知方法
（5）　その他の知覚的インプットおよびその過程：視覚・聴覚以外の人間の知覚のインプットおよび認知方法
（6）　インプットチャンネル：インプットの選択と補完方法
（7）　身体計測および運動機能：身体機能と特徴の測定と評価方法
（8）　ディスプレイによる統合と管理：情報の受信・発信の統合管理方法
（9）　パネルとコンソールのレイアウト：情報端末やコンソールの配置および管理方法
（10）　仕事の空間，機材の設計：生活・仕事の空間，機械・工具・道具等の設計
（11）　衣服および個人装備：生活・作業の服装および個人・チームの装備
（12）　能力に関する環境因子：人々の生活・仕事の環境（外的因子）が課題遂行能力，心身機能・構造に与えるさまざまな影響
（13-1）　能力に関する個人因子：年齢・性別・職業歴・学歴・価値観等，個人

528

の特徴（内的因子）が課題遂行能力，心身機能・構造に与えるさまざまな影響

(13-2)　作業条件および行動能力に影響を与える作業特徴：作業条件と作業能力・行動能力と作業の特徴との関連性

(14)　訓練機材・措置および応用：訓練機材・措置および訓練方法

(15)　人間工学に関する総合的研究：心理学，生理学，人体計測学，環境工学，労働科学，制御工学，IE，統計学，製品・工業デザイン学，システム設計，情報処理など，広い分野にまたがる総合科学

代表的な人間工学の応用例として以下の分野がよく知られている。

• 運輸・航空産業分野

　ヒューマンエラーに対応し航空機の安全性を高めるよう，計器類の配置・デザインの改良，航空機の操作・確認，パイロットの疲労対策等あらゆる領域で活用されている。近年，高速鉄道，自動車領域での応用が注目を集めている。特に自動車の自動運転技術の向上と普及によって，交通手段以外の自動車の機能性が高まり，人間工学が一層活用されると思われる。

• 生活環境分野

　製品開発におけるインターフェイスデザインとして，長時間でも負担がかかりにくい椅子，ベッド，机・作業台，キーボード・マウス，文房具等がある。高齢化社会が進む中，衣食住環境，公共交通システム，教育環境，高齢者・障害者の福祉機器，看護・介護方法等の領域で人間工学の活用が必要不可欠である。

• 職場・作業場環境分野

　職場・作業場の工具・機械の設置（オフィスの場合はレイアウト等），操作の安全性を高め，作業者の身体的・精神的負担を軽減する取組みが多くの企業・職場ですでに行われている。高齢化や労働人口の減少，働き方の改革等が進むなか，職務設計の適正化，労働時間の適正化が求められる。また職場の温度・騒音・振動対策において人間工学が大いに活用される。

第Ⅱ編　SCMマネジメント編

16.2　人間工学の原理・原則

16.2.1　人間工学の基本的な考え方

　人間工学の基本的な考え方は，理論・データを有効活用し，人間とモノ，環境，システムとの適合性を高めることで，人々の健康，安全，快適な生活環境あるいは職場環境を提供することである。時代の進化とともに，適応分野や目的が多様化しつつある。

(1)　人間工学的視点で身体的負担の軽減策を導入することで，健康増進や能率向上をはかる。

(2)　人間工学的視点で精神的負担，ストレスの軽減策を導入することで，快適さ・楽しさを提供する。

(3)　人間工学的視点でヒューマンエラーを減らし，事故を未然に防止する方策を講じることで，安全・安心の生活環境・作業環境を提供する。

(4)　社会の多様化・働き方の多様化・労働力の多様化に対応し，人間工学的視点から，職務設計，労働時間，ユニバーサルデザインの適正化をはかる。

(5)　高度情報化社会が進むにつれ，地域間，個人間の情報格差が拡大している。情報格差を解消するために，人間工学的視点で，特に情報手段の格差および通信手段の格差を解消できるような情報システム（ハードウェアとソフトウェア）を改善する。

16.2.2　人間工学の方法論

　人間工学は，人間とモノ，環境，システムとの適合性を高めることを目的としている。作業者がモノ（機械・工具等）やシステムに関与する際に生じる生理的，心理的な負担を軽減し，ヒューマンエラーを減らす必要がある。人間工学の主な方法論は以下のとおりである。

(1)　心理学研究法

　心理学研究法は実験法，観察法，面接法，テスト法，量的・質的調査法等が

530

第 16 章　SCM と人間工学

用いられている。ここでは，実験法，観察法，面接法を簡単に紹介する。

①　実験法

効率的に精度の高い情報を得ることを目的に，実験を用いてデータの収集・分析する方法を体系化した方法である。一般的には，原因となる（仮説）要因を変化させることで，その反応・結果がどのように変化するのかを測定・確認する。実験法には，実験室実験とフィールド実験がある。実験室実験は，人工的に実験室において場面や環境を設定できる。実験条件の整合性・連続性が高く，厳密な実験データが短期間で比較的簡単に多く収集できる一方，実験条件の設定，現場の再現性が難しいという課題もある。フィールド実験では，現場でのリアルな結果が得られるが，実験条件に不規則変動の可能性があり，想定外の要因が結果に影響を与えてしまうリスクがある。また被験者への配慮も必要となる。

②　観察法

対象者を客観的に観察し，その行動・言動を記録しデータを収集する方法である。観察法には自然観察法と実験観察法がある。

自然観察法は，主に仮説設定の準備段階で行われ，なるべく外的要素を加えず対象者の行動・言動を正確に観察・記録する。収集されたデータを客観的に分析し，確認を取ったり仮説を立てたり研究調査の準備を進める。

実験観察法は，仮説に基づき因果関係を実験的に確認する方法である。所定の実験条件のもとで，対象者の行動・言動や状態を観察・測定し，因果関係を検証する。

③　面接法

面接者が主に言語的コミュニケーションを用いて対象者の状況を把握する。場合によって，非言語的コミュニケーション（表情，気持ち心情等）も把握できる。

面接法では面接者と対象者の信頼性，相性にも影響を受けやすく，面接者の技量や対象者の個人因子によって差異が生じる可能性がある。

面接法は，あらかじめ決めた項目のみ質問するか，対象者の反応に合わせて臨機応変に自由に質問するかで，構造化面接法，半構造化面接法，非構造化面接法の 3 つに大別される。

531

第Ⅱ編　SCM マネジメント編

(2)　動作研究法

対象者の動作（動き，移動，時間，特徴等）を観察・分析する方法で，20
世紀初頭から科学的管理法（Scientific Management）が登場して以降，世界
中で広く活用されている。作業者のモノ，環境，システムとの関わり方や作業
方法によって，生産能率，ヒューマンエラー，身体的・精神的負担，満足度等
が大きく変化する。人間工学分野においては，動作研究を用いて作業者とモ
ノ，環境，システムとの適合性を高める。

①　直接測定法

目視，ストップウォッチ，写真，映像等を用いて対象者を直接測定する方法
である。

②　ワークサンプリング

あらかじめ設定した回数・方法で瞬間の現場状況を測定し，統計処理を用い
て全体を見積もる方法である。

③　PTS（predetermined time standard system）法

作業に含まれる動作要素にあらかじめ信頼できる「標準時間」を定めたうえ
で，それを組み合わせ合計したものを作業の標準時間とする方法である。PTS
法は動作要素を分析しやすくなり，公平な標準・基準を決めやすくなるが，作
業者の個人因子，作業条件，社会環境が異なるので，作業者間にバラツキが生
じやすく，各作業に余裕時間を加えるのが一般的である。

(3)　人体計測・生理学研究法

対象者の身体的・生理的データを客観的に測定する方法である。主に生理的
疲労，心理的疲労（精神的ストレス），運動機能（呼吸，心拍数，筋力，体力
指数等），生体リズム，休養効果等，人体の生理面・心理面に係るさまざまな
指標を計測し評価を行うことで，人間にやさしい，負担のかかりにくいモノ・
システムを設計する。

(4)　センシング技術・情報技術

近年，センシング技術と情報技術が飛躍的に進歩している。センシング技術
は社会のなかに広く深く浸透し，モノや人間に係る情報がより多面にわたり，
連続的に収集されている。情報技術の普及により，収集された情報がリアルに
集約され，データ分析が行われている。センシング技術・情報技術が人間工学

532

第 16 章　SCM と人間工学

に劇的進化をもたらすであろう。

16.2.3　SCM における人間工学の活用

SCM は生産・物流・販売の一体化によって徹底した情報共有・活用を用いてサプライヤー間の全体最適化をはかる。

グローバル化・情報化あるいは E コマースが進むなか，BtoB，BtoC，CtoC の物流量が急増している。一方，企業間・グローバル間の競争は激化している。SCM の QCD はさらに高い水準が求められている。

日本国内の労働市場を見ると，物流業界ではドライバー・荷役作業員が高齢化している上，恒常的に不足している。多頻度小ロット化ゆえに，膨大な作業量を対処するために，従業員が長時間労働を強いられる問題が表面化し，従業員の離職の急増がさらに人手不足を招くという悪循環を繰り返している。従業員の勤務環境の悪化により，相対的に事故は増加傾向にあり，企業のコンプライアンス遵守に関わる問題が問われている。

SCM においてもさまざまなミス・事故の防止対策を講じ，QCD を高める必要がある。人間工学はその 1 つの方法といえる。

人間工学的視点から，SCM において下記のさまざまな工夫や対策の検討がすでに始まっている。

商品や物品管理作業

ピッキングエラー・作業ミスの防止

商品情報や伝票管理

商品の紛失や盗難防止

作業事故やトラック事故の防止

業務用包材・作業工具のデザイン

物流情報システムの改善

16.3　現状と展望

人間工学が実践科学として社会に定着し普及している。人間工学を用いた研究が多くの分野で成果を挙げているが，今後さらなる成果が期待できる。

第Ⅱ編　SCM マネジメント編

　グローバル社会において日本は産業競争力を高めないといけない。特に市場が成熟している日本の産業では，より高い価値創造が求められる。人と調和のとれる高機能製品・サービスの開発が必要不可欠であり，人間工学的な考え方が重要と考えられる。

　一方，ICT，IoT や AI が社会に急速に浸透し始めており，社会に大きな変革をもたらしている。ICT，IoT や AI 技術とうまく融合すれば，人間工学はさらなる飛躍を遂げるであろう。

〈参考文献〉

1)　日本人間工学会 HP　https://www.ergonomics.jp/outline.html
2)　日本経営工学会：経営工学ハンドブック，pp. 866-867，丸善，1994

徐　祝旗

17 システム分析と改善手法

17.1 は じ め に

　本章の狙いはシステム分析の基本的な方法論とその展開の基本について代表的な理論を通して考え，次いで改善と改革の方法論を著者の理論を例に考える。さらに，SCM システム構築の基本について概括的に明らかにする。

　システム分析の方法論については情報システム分析等で広く一般に使われているウィシコンシン大学ナドラー教授等の提唱する調査・仮説・提案を基本とする帰納法的なアプローチと，ブレイクスルー思考，ゼロベース思考，あるべき姿の構想に代表される演繹法的なアプローチの 2 つに大別できるので，これに IBM 社が提案した SOP（Study Organization Plan）について触れる。

　一方，トヨタ生産方式では，組織のモデルとして Philosophy（哲学），Process（プロセス），People and Partners（従業員とパートナー）Problem Solving（問題解決）の 4P をあげているが，著者が展開するリエンジニアリングの基本について触れる。これは，ネットワーク型の改善を基本とする考えであり，与えられたシステムを構造的なネットワークで表現し，アプローチをする方法論である。最後に SCM 戦略展開との関連を意識して SCM システムの基本について頁を割いている。

第Ⅱ編　SCMマネジメント編

17.2　システム分析の基本

17.2.1　システム分析の基本

　システム分析については多くの文献や研究がなされているがその特徴を大ざっぱに要約する（表17.1）。方法論は一般に広く知られているように帰納法と演繹法があり，帰納法の代表は情報システムや事務分析手法の分野で利用されているオプトナーやキャニングの方式，SOP，BPS，あるいは事務分析手法などがそれである。一方，演繹法の代表はワークデザインの考えである。ワークデザインは米国よりは日本で流行したナドラーが提唱した手法である。次は，分析・分類手法で，ブレーンストーミング，NM法，KJ法などが広く活用されている方法であり，創造法の範疇に属している。分類についてはシソーラスが有名で図書，電話帳などがこれを基本としている。塑像性あるいは分析思考としてはクリティカルシンキング等をあげることができる。何れの手法も行間を埋める能力は実施者に依存するのが特徴である。したがって，理論，分析，

表17.1　分析の理論と手法

区分	方法論名	No.	名　称	理論	分析	提案	評価	内　容
Ⅰ	帰納法	1	オプトナー・キャニング	○	×	△	×	調査・仮説・実施
		2	SOP：Study Organization Plan	○	○	△	×	IBM方式
		3	BPS：Business Planning System	○	○	△	×	同上
		4	事務分析手法	○	○	△	×	日能方式・産能方式・その他 記号ベースのフローチャート分析
Ⅱ	演繹法	1	ワークデザイン(ナドラー)	○	○	△	×	理想システム・機能展開・提案
Ⅲ	分析・分類手法	1	ブレーンストーミング	○	△	△	×	全員参加方式
		2	KJ法	○	△	△	×	川喜田二郎方式
		3	NM法	○	△	△	×	中山正和方式・アイデア発想法
		4	シソーラス	○	△	△	×	図書分類方式
Ⅳ	分析思考	1	水平的思考	○	△	△	×	デボノ方式
		2	ゼロベース	○	△	△	×	新規ゼロ開始方式
		3	クリティカル・シンキング	○	△	△	×	論理的に自分で考え結論を導出
		4	フレームワーク思考	○	△	△	×	問題解決のロジックツリー

　（注）　○：充実，△：個人能力依存，×：方法論なし

提案,評価をカバーしている手法は皆無である。

17.2.2 帰納法と演繹法

帰納法と演繹法について基本的な理論展開について明らかにする。

(1) 帰納法の基本

帰納法では目的と対象範囲を明らかにして,調査・仮説・実施というプロセスで問題に対処する(図17.1)。調査段階では現状分析とモデルの作成,次いでモデルを作成し,あるべき姿の新システムを提案する(仮説)。最終的に新システムを試行し,評価して,最終案を提案する。

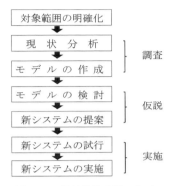

図17.1 帰納法的分析～オプトナーの基本理論

(2) 演繹法の基本

演繹法の分析もまた,目的と範囲を決め,あるべき姿を決定し,情報の収集,実行可能案の提案,システム設計,テスト,実施というプロセスによって実施に移行する方法論である(図17.2)。

(3) SOP の基本

SOP(Study Organization Plan)は情報処理システムの分析と設計のために開発された分析ツールで検討と計画,実施,運営の3段階より構成されている。

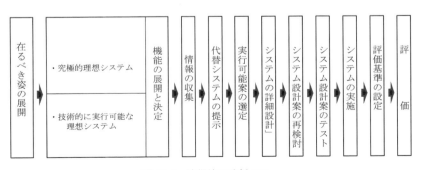

図17.2 演繹法の分析フロー

第Ⅱ編　SCM マネジメント編

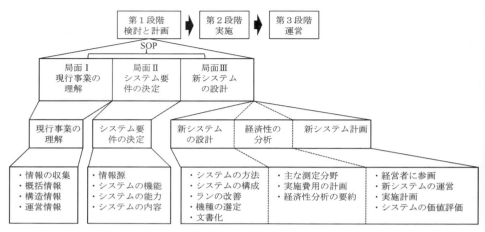

図 17.3　IBM 社 SOP（Study Organization Plan）

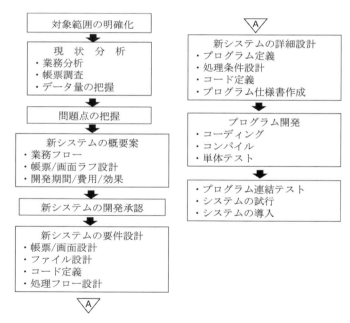

図 17.4　帰納法に基づく情報処理システムの設計概要例
出典）唐澤豊，今野哲平：物流情報処理システムの設計，p. 33, 白桃書房，1992

第17章 システム分析と改善手法

第1段階は3局面から成り，概括情報，構造情報，運営情報の3領域から情報の収集を行う局面Ⅰ，システム要件の決定を行うための局面Ⅱ，新システムの設計，経済性分析，新システムの運営，実施計画，評価から成る新システムの計画を主とする局面Ⅲ，新システムの設計から構成されている（図17.3）。

このようなプロセスで対象領域を分析し，情報処理の設計へと詳細分析へと進む（図17.4）。特に，新システムの概要案，要件設計，詳細設計，プログラム開発の流れで最終的にシステム設計が実現する。

17.3 改善・改革のエンジニアリングの基本

17.3.1 基本フレームワークと推進ツール

リエンジニアリングの基本的なフレームワークを概括する（図17.5）。

理想的なシステムとして極力シンプルなプロセスをあるべき姿とし，最終的に新ビジネスプロセスを提案し，検討，評価を経て実施する。

17.3.2 基本分析プロセスと階層構造型ネットワーク分析の基本

分析プロセスは階層構造型ネットワーク，活動基準原価ベースの資源の分析，資源基準に基づくネットワークの順序付け，そしてポートフォリオによる優先順位付けを行う（図17.6）。

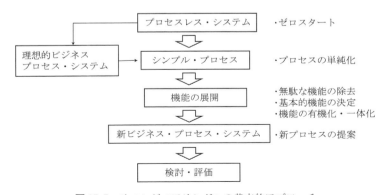

図17.5　リエンジニアリングへの基本的アプローチ

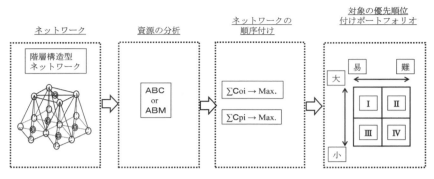

図 17.6　分析プロセス

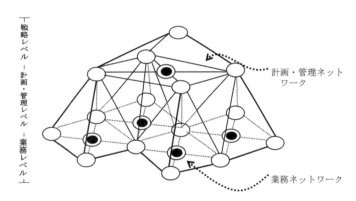

図 17.7　階層構造型ネットワーク

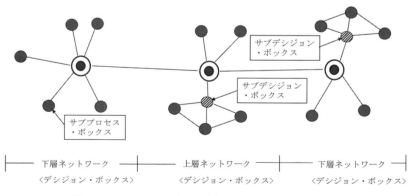

図 17.8　デシジョンボックスとサブデシジョンボックス

第17章 システム分析と改善手法

次いで，平面的ネットワークで表現された平面ネットワークを戦略・計画/管理，業務の階層構造型ネットワークに転換する（図17.7）。つまり，改善する場合，対象そのものを直接改善する，前工程または後工程を配慮して改善する，さらに計画を見直して改善するという改善の連鎖を構造型に表現したものである（図17.8）。ネットワークに見られるデシジョンボックスとは改善対象システム周辺の要素を直接改善するか，当該システムのコア要素を改善するかを判断する。さらに，業務改善が不可能な場合には業務の根幹である計画の見直しを行う。システムの前後，業務，管理，計画等関連する全体システムを対象にコアを軸に検討する。

17.3.3 分析の基本要因と10道具

分析の基本的な要因としては，再配列，除去，ボトムアップ，決定要因の協調，調整不要なシステム，素早い反応の6要素と推進道具としてコンパウンド化（機能の複合化），ハイブリッド（集積）化からスピード化まで10道具をベースとする（図17.9および図17.10）。

基本的要因の第1は再配列であり，従来のプロセスを変更することによって効率を狙う。第2の除去は無駄な工程を除去することでありIEの基本でもある。第3はボトムアップで改善の目線をトップダウンのみならず現場の目線から検証することを意味している。第4は決定要因を明らかにして改善することであり，ボトルネックなどはこの一種である。第5は調整不要のシステムの実現で円滑な流れ，主観や個人的な判断を排した流れを意味している。最後はクイックアクション，つまり，迅速な行動と実行である。

改善推進の道具としては10種類用意している。ビジネスプロセスの除去と重複するが除去を3番目の道具としている。次は，集中化であり分散化である。もちろん分散集中化または集中分散化でもよい。停止してみないで，揺さぶり，動かして観察することが重要であることを意味するものである。統合可否統合化も同様な論理で固定観念に捉われることなく，自由な発想，ゼロベースの発想をもって対処することである。機能化によって対策を不動のものとし，中抜きによって工程を簡素化する。スピード化はアクションのスピード化からSCM戦略目標のスピード化等幅広いスピードを含む。

541

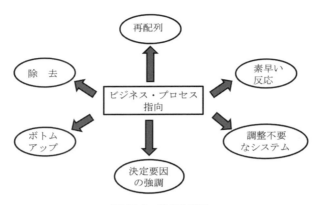

図 17.9　基本的要因

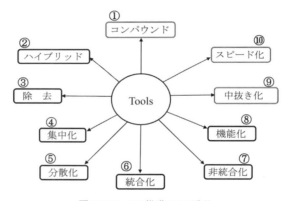

図 17.10　RE 推進の 10 道具

17.4　SCM のシステムの基本

17.4.1　目的と対象範囲の明確化

　すでに指摘しているように，目標と対象範囲を明らかにすることである。対象となるシステムに関連する重要な要素を明確にし，確認する。したがって，目的，範囲，期間，資源等を明らかにして，経営者とのコミットメントを確認する（図 17.11）。

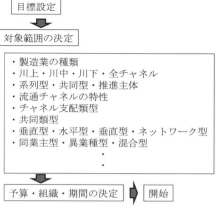

図 17.11　プロジェクトの開始

17.4.2　あるべき姿の設計と確認

あるべき姿を提案し，その実現可能性を検証し，新しい提案を図る。そこで，第 1 にあるべき姿の例を示して展開の仕方を考える。

(1)　一般的なケース：ツリー構造型 SCM システム

ツリー構造型 SCM システムのあるべき姿のサンプルを示すと図 17.12 のとおりである。このサンプルでは共同化を前提に組立生産形態が SCM の推進役として流通全体の SCM システムのあるべき 1 つの姿を提案している。このようなシステムが現実的に実現可能か否かを分析し，提案する。

第Ⅱ編　SCM マネジメント編

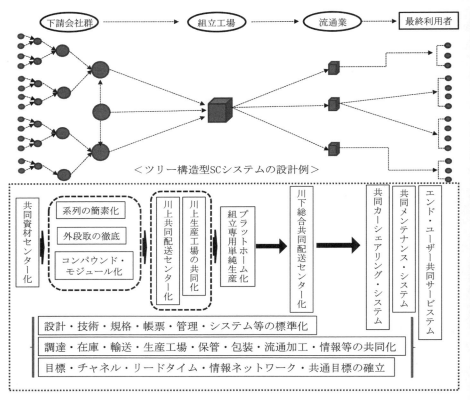

図 17.12　あるべき姿：ツリー構造型 SCM システム

(2) 同期循環型 SCM システムの基本型

一般型システムと同型で，メーカー主体の同期生産方式のあるべき姿の一例として図 17.13 を引用する。

当システムの特徴は，生産メーカーが POS 情報と小売業の予測情報をリアルタイムで受け，メーカーは独自の生産計画を立案し，川上関連系列企業あるいは下請け企業に生産計画を流すとともに資材供給企業に対しても調達情報をリアルタイムに流し，川上から川下までを同期化する SCM 同期化システムのあるべき姿である。

小売業の POS 情報のみではなく，予測数値の情報も連動している点が重要で，これら小売情報に基づいて自社独自の生産・販売計画を立案し，川上関連企業に発注するシステムである。小売業情報は川上企業にも流れるため川上企業は独自の生産・販売計画の立案も可能となる。入力面からすると，シングルインプットシステム指向ともいえる。

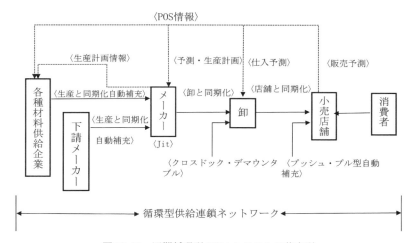

図 17.13　同期循環型 SCM システムの基本型

(3) デマンドベース型生産同期サプライチェーン

消費情報をベースにした川下と川上を生産が同期化を図り、あたかも生産が軸となってカムのような機能をするシステムである（図17.14）。川上の協力会社と川下の小売業の同期化の中軸的な機能を生産メーカーが果たすSCMシステムである。川上の協力会社は川中の生産に同期化した補充川上の生産工場は小売の発注と補充とにSCM全体の同期化を実現するシステムである。

当該システムの類似システムがデマンドサイド型自動サプライチェーンシステムある（図17.15）。全SCMを川中が中心となり同期化するシステムの例である。

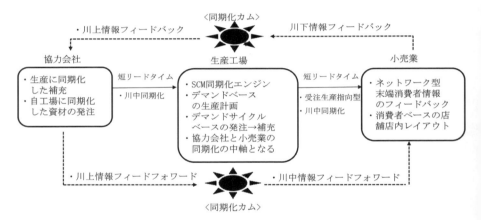

図17.14 デマンドベース型生産同期サプライチェーン

第17章 システム分析と改善手法

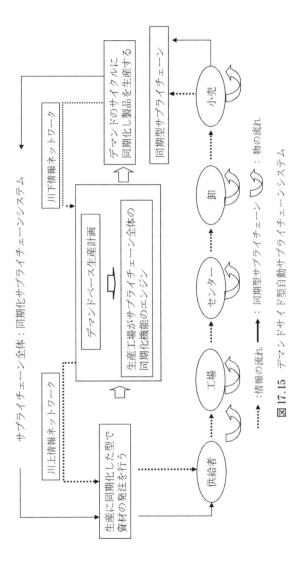

図17.15 デマンドサイド型自動サプライチェーンシステム

(4) 小売業指導型 SCM 方式

小売業が要請した商品を，適正な量で，指定した時刻に，指定した場所に，適正な価格で，適正な品質で，指定した納入スタイルでメーカーまたは問屋が補充する SCM 方式である（図 17.16）。

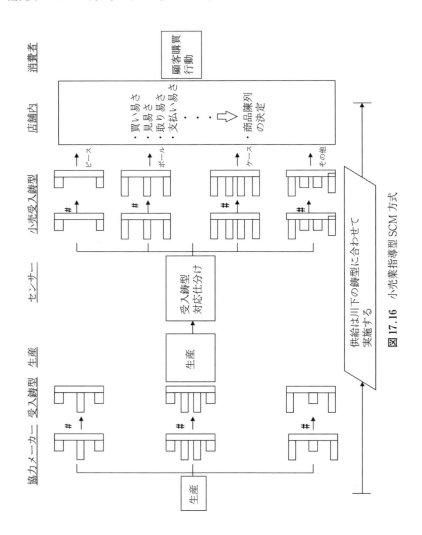

図 17.16　小売業指導型 SCM 方式

第 17 章　システム分析と改善手法

17.5　お わ り に

　システム設計の基本，改善の一手法，ならびにあるべき姿のケースについて
述べたが，特に最後のあるべき姿として提示したシステムの例は参考のために
提示した点に注意されたい。システム設計，改善の基本，およびシステムのあ
るべき姿のイメージの理解に資すればと考えている。

〈参考文献〉

1)　平成 28 年 2 月 22 日，日本 SCM 協会新年記念講演録
2)　平成 27 年 1 月 30 日，日本 SCM 協会新年記念講演録
3)　唐澤豊，今野鉄平共著：物流情報システムの設計，白桃書房，1992

唐澤　豊

18 SCM とロボット

18.1 SCM とロボットの変遷

　人手に頼っている部分をロボットに置き換える動きが古くからある。近年，少子高齢化・人口減少が原因で，労働人口（15歳以上人口のうち，就業者と完全失業者を合わせた人口）は減少傾向にある[1]。図18.1に2001年からの15年間の男女計労働人口を，図18.2に男女別の労働人口を示す。図18.1を見ると右下がりになっているのが読み取れる。2013年〜2015年の3年間でみると微増しているが，これは女性の労働人口が微増しているためだと考えられる。

　このように年々減少する労働人口に対し，IT を導入して，商品発注，在庫・棚入，配送仕分，配送の効率化を図っている企業はいくつかある。しか

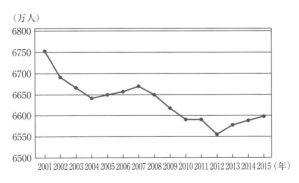

図 18.1　年平均における労働人口の推移（男女計）

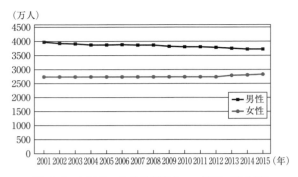

図 18.2 年平均における労働人口の推移（男女別）

し，多くの企業で難航しているのは，ピッキング作業や仕分けの自動化である。ピッキングとは，棚入れされた商品などをピックアップし，指定された場所に間違いなく正確に格納する作業のことである。ピッキングロボットの研究の歴史は古く，カメラとロボットアームを用いて，カメラ入力した画像からロボットアームを制御するハンドアイシステム，ばら積みの部品をピッキングするビンピッキングと現在も研究が盛んである。ピッキングについては，Amazonが主催するロボット開発コンテストについて次節で詳しく述べる。

倉庫管理の変遷として，バーコードとハンディ端末の誕生が大きな影響を与えている。これらを倉庫管理に導入したことにより，IT化が進み，入庫，棚卸，出庫の管理が手元で行うことができ，熟練者でなくても誰にでも行えるようになり，作業効率が向上した。

18.2 ロボットの現状

インターネットが普及し，買いたいときに買いたいものを買える利便性からインターネット通販の市場が拡大している。最近は，PCだけでなくスマートフォンの普及に伴い，いつでも，どこでもインターネットに接続することができ，よりインターネット通販の利用が増加している。顧客が求める商品の種類は多様化し，自宅に届くまでのスピード感がますます求められるようになってきた。商品の発注，在庫・棚入，配送仕分，配送の効率化を図らなくてはなら

第18章　SCMとロボット

なくなってきた。こうしたことから，さまざまな場面が自動化されている。特に自動倉庫を目指して研究・開発が盛んである。その中でも，ピッキングが注目されている。ピッキングは製造業で使われており，アームロボットが使われることが多い。しかし，製造業では，同じ種類のパーツを同じ条件で繰り返し作業を行っていくが，物流では，商品ごとに大きさ，形，色などさまざまな違いがあり，異なる条件で繰り返すため実現が困難である。

　物流センターのラインの中で，棚入れ，ピッキング，梱包，配送といった流れがある。この流れの中で，棚入れやピッキングを除いた部分は自動化がかなり進んでいる。棚入れやピッキングを自動化，つまりロボットで行うには，上述の多種多様な商品や条件でも動作可能であることが必要不可欠である。ピッキングロボットの多くは，カメラで商品を認識し，ロボットハンドの把持位置を決定し，把持を行い移動させるという認識結果に基づいた動作計画を立て実行する。この認識部分が自動化への難しさとなっている。製造業では，同品種，同一条件化のため認識するパーツのモデルデータを用いた認識により成功を収めている。

　実際の動作は，コントローラなどでロボットに教示する手法が一般的である。アスクルでは，システムの効率化により，入荷から最短20分程度で出荷が可能となる仕組みとなっている。それでもピッキングは人海戦術に頼っている部分がある。アスクルはMUJINと提携し，ティーチレスロボットピックングシステムの開発を行っている[2]。ティーチレスロボットピックングシステムとは，新商品が入庫されるとその商品の画像・大きさ・形状などをシステムに登録する。登録されると，商品の画像はビジョンデータベースに蓄積される。商品自体は登録後自動倉庫の中に格納される。顧客から注文が入ると，注文ごとに出庫され，ピッキングロボットのもとへ商品が入った箱が運ばれる。商品の画像をビジョンデータベースから検索し，ロボットは運ばれてきた箱に商品が何個入っており，どのような位置・姿勢かを認識する。認識した結果に基づいて，箱の中の商品を整理し送り出す。このように，コントローラ等でロボットに指示（ティーチ）を与えず自律的に動作計画を立てさせるティーチレスピッキングロボットシステムは環境変化の影響を受けにくい。

　Amazonは発注から配送までの完全な自動倉庫の開発を行っている。

第Ⅱ編　SCM マネジメント編

Amazon も商品が収納されている棚を自動搬送するが，ピッキングは人が行っているのが現状である。Amazon はロボット開発コンテスト「Amazon Picking Challenge（APC）」の開催を行っている[3]。第1回は2015年に開催され，剛体や非剛体，半透明など多品種の商品（25種類）によるピッキングであった。棚の12個の Bin という枠の中から指定された商品を取り出す。2016年に開催された第2回は，実際の問題に近づけるため，Pick task と Stow task の2つの競技タスクが設定された。対象となる商品も39種類と増加した。Pick task は指定された商品をピッキングするタスクで，Stow task は箱に無造作に置かれた商品をピックングし，棚の Bin に収納するタスクである。どちらも人間にとっては容易なタスクであるが，ロボットが行うには困難を極める。これらのタスクは，実際の Amazon での業務を想定していると考えられる。

　このタスクの問題点としては，確実な動作計画，堅牢な認識が主となる。動作計画では，確実に物体を把持し，指定の位置まで移動させる必要がある。そのためには，どのような物体がどのような姿勢で置かれているのかを認識する必要がある。ここ数年，認識技術として，Deep Learning 手法を用いることにより物体識別の性能が格段と上昇した。Deep Learning とはニューラルネットワークを多段で構成したものである。単純に層を積み重ねただけではなく，さまざまな技術が長年の研究で得られたこと，また計算機資源の性能が向上したことがあり，そのことから画像認識分野において注目を集めるものとなった。画像認識における大会（ILSVRC）で，画像中に指定物体がどの位置にあるかを解く問題では，2016年の識別と位置決めのタスクで，識別エラー率が2.99％と高精度であった[4]。人間のエラー率は5.1％といわれている。物流現場でも，この画像認識の技術が研究段階から活用段階へと移行していくと考えられる。

　Amazon Picking Challenge 2016 では，決勝に出場した全チームが，ロボットのハンド部が吸引ハンドまたはグリッパを併用しており，画像認識は Deep Learning を使ったチームが10/15チームであった[5]。Stow と Pick の両タスクの得点合計順位で見ると，1位はオランダの Delft University of Technology と Delft Robotics 社の混成チームであり，RGB カメラから入力した画像を Deep Learning で認識し，ステレオカメラによりアイテムの姿勢を推定している。

554

アイテムの把持は，事前に形状に合わせて定義されており，オフラインでグリッパにより把持をするか吸引ハンドにより吸引をするかの動作計画を立てて実行していた。

現在，台車に荷物を載せ，人が倉庫内を移動することが一般的である。物流現場におけるロボットの現状として，自律型物流ロボットのニーズが高まっている。こうした中，物流支援ロボットが開発されている。代表的な例として，ZMPの物流支援ロボット「CarriRo（キャリロ）」は，先頭の台車にカルガモのようについていき，1人で3台の台車を操作できる。また，人がいなくても自動で荷物を搬送させることを目標に，自律移動モードを研究開発中である[6,7]。図18.3は先頭の人の後をついていく様子を示している。

人が棚まで荷物を取りに行くのではなく，棚自体が自律的に移動することに着目した例もある。Amazonでは，棚の下に入り込める程の小型のロボットを活用し，棚自体が自律的に移動する[8]。図18.4はAmazon倉庫内で棚を移動

図 18.3　カルガモのように台車が追尾する様子[7]

図 18.4　Amazon倉庫内で棚を移動させるロボット[8]

第Ⅱ編　SCMマネジメント編

させている様子を示している。どの棚にどの商品が入っているかをコンピュータで管理し，人が棚入れ/ピッキングする場所まで棚ごと商品を持ってくる。これにより作業効率が大幅に向上している。2016年末頃から，日本でも，アマゾン川崎FCにおいて，このAmazon Roboticsのシステムとロボットが稼働を始めた。

18.3　ロボットの展開

　将来，棚入れやピッキングは人を介さずにロボットが行う自動倉庫の可能性を前節でロボットの現状とともに示した。コンピュータの発展と人工知能技術の研究やロボットに必要な要素技術の研究によりロボットの研究・開発が進み，配送の段階も自動化を図ることができる可能性もある。ロボットの展開として，今後注目を集める配達ロボット，自動運転等について述べる。

(1)　自動運転トラック

　自動車メーカーだけでなく，ベンチャー企業など世界中で自動運転車の研究開発が盛んになってきている。自動運転には，表18.1に示すように自動化のレベルが定められている。日本は，ドライバー不足の対応，安全性の向上の観点から，高速道路におけるトラックの自動走行による隊列走行の実現を目指している[9)10)]。官民ITS構想・ロードマップでは，トラックの隊列走行の市場展開は2026年度からと目標に定めている。

　隊列走行とは，先頭車両は人が運転を行い，2台目以降の後列に無人のトラックが追尾をする仕組みである。先頭車両に追尾する無人のトラックを開発することが目的である。対して，自動運転は1台のみで自動的に目的地まで走行する仕組みである。現在の自動運転レベルは，大半の市販車はレベル1またはレベル2の段階である。レベル3の実用化は2017年からといわれている。

　メルセデス・ベンツでは，安全で効率的な輸送を目的に「Future Truck 2025」というコンセンプトトラックを開発した[11)]。これは，Google，テスラ・モーターズ，日産，トヨタ等が研究を進めている自動運転システムと同様のシステムである。自動運転を普及させることにより，長距離ドライバーの心理的・肉体的ストレスを軽減することが目的である。

第18章 SCMとロボット

表18.1 自動走行システムの定義

自動運転レベル	概要	左記を実現するシステム	
レベル1	加速・操舵・制動のいずれかをシステムが行う状態	安全運転支援システム	
レベル2	加速・操舵・制動のうち複数の操作をシステムが行う状態	準自動走行システム	自動走行システム
レベル3	加速・操舵・制動をすべてシステムが行い，システムが要請したときはドライバーが対応する状態		
レベル4	加速・操舵・制動をすべてドライバー以外が行い，ドライバーがまったく関与しない状態	完全自動走行システム	

(a) 配達中の様子

(b) 目的地に到着した様子

図18.5 Starship Technologies 社の配達ロボット[12]

(2) 配達ロボット

イギリスのStarship Technologies 社は，自律型の商品配達用小型ロボットを開発し，自動走行テストを行っている[12]。デリバリーのような比較的範囲が狭い地域の配達用を想定している。速度は人が歩く程度で，カメラにより障害物の回避や自己位置推定を行っている。まだテスト段階ではあるが，将来的にはこのようなロボットが配達している風景が日常になるかもしれない（図18.5）。

(3) 配送ドローン

陸路での配達ではなく，空を飛んで配送することを考えた会社もある。Amazonは，自社開発したドローン（自律飛行ヘリコプター）を使って商品を

図 18.6 配送センターから飛び立つ様子[13]

図 18.7 商品の収納場所はドローン中央の位置[13]

配送する Amazon Prime Air サービスを始めた[13]。図 18.6 に示すように配送センターから屋外へ移動して飛び立つ。移動時は，建物よりも高い（約 120 m 程度）高度を飛んで行く。目的地に到着し，着陸後に商品を降ろす。商品は，図 18.7 に示す中央の箱に収納されている。

18.4 おわりに

　ロボットの研究・開発が始まったのは，1960 年代からである。コンピュータの発達とともに進化を遂げてきた。当初は，人工知能の研究の一部として，ロボットの視覚やハンドに知能を与えることを目標として行っていた。学術分野では，機構，制御，パターン認識などさまざまな要素において研究され，その成果として産業界では溶接ロボットに代表されるようなファクトリロボットが活躍するようになった。現在もさまざまな研究成果が出ており，製造業だけ

第 18 章　SCM とロボット

でなく非製造業へのロボットの進出が始まっている。サービス分野ではロボットがホテルで接客を行ったり[14]，生活分野では床を自動で掃除するロボット[15]や洗濯物を自動でたたむロボット[16]が発売されたりしている。これから先，多くの分野でロボットが確実に進出していくと考えられる。近年，ロボットに関連する研究はスピードが増し，この記事の執筆段階でも次々に新しいものが発表されている。多角的に情報を収集していくことが大切である。

〈参考文献〉

1) 総務省統計局：平成 27 年労働力調査年報, http://www.stat.go.jp/data/roudou/report/2015/index.htm

2) ロボコンマガジン編集部：特集 1　ロボットが拓く物流の未来　ティーチレスピッキングロボットで物流業の悩みに光を照らす　アスクル×MUJIN，ロボコンマガジン 2016 年 9 月号，No. 107，pp. 8-11, 2016

3) Amazon Robotics LLC：AR Challenge — Amazon Robotics, https://www.amazonrobotics.com/#/roboticschallenge

4) IMAGENET Large Scale Visual Recognition Challenge 2016（ILSVRC2016）：http://image-net.org/challenges/LSVRC/2016/results

5) 長場景子，進藤智則：物流・ピッキング自動化　大特集（1）/Amazon Picking Challenge 2016 詳細報告【前編】　Amazon 主催の物流ピッキング自動化競技会　対象物体の画像認識ではディープラーニングが席巻，日経 Robotics 2016 年 9 月号，pp. 4-13，2016

6) 株式会社 ZMP：ZMP Inc. | 物流支援ロボット「CarriRo（キャリロ）」，https://www.zmp.co.jp/carriro/，accessed 2017/02/21.

7) 株式会社 ZMP：YouTube | 物流支援ロボット Carriro（キャリロ）倉庫内走行デモ，https://www.youtube.com/watch?v=cKGZ6H3SSQw

8) Amazon Robotics LLC：Vision — Amazon Robotics, https://www.amazonrobotics.com/#/vision

9) 内閣府：戦略的イノベーション創造プログラム（SIP）自動走行システム研究開発計画，http://www8.cao.go.jp/cstp/gaiyo/sip/keikaku/6_jidousoukou.pdf

10) 高度情報通信ネットワーク社会推進戦略本部：官民 ITS 構想・ロードマップ 2016-2020 年までの高速道路での自動走行及び限定地域での無人自動走行移動サービスの実現に向けて，http://www.kantei.go.jp/jp/singi/it2/kettei/pdf/

559

20160520/2016_roadmap.pdf

11) Daimler AG.：Mercedes-Benz Future Truck 2025, https://www.daimler.com/innovation/autonomous-driving/mercedes-benz-future-truck.html

12) Starship Technologies, https://www.starship.xyz/

13) Amazon Prime Air, https://www.amazon.com/Amazon-Prime-Air/b?node=8037720011

14) 変なホテル，http://www.h-n-h.jp/

15) ロボット掃除機，https://www.irobot-jp.com/roomba/index.html

16) ランドロイド，https://laundroid.sevendreamers.com/

早瀬　光浩

19 基本戦略展開の計算例

19.1 本章の目的

本章の狙いは SCM 戦略上重要な位置を占める配送センターの最適設計に関して，数値計算をベースに具体的に戦略展開の基本を示すことである（図 19.1）。すなわち，予測，配送センターの最適立地の選定，配送センターの規模と管理の決定要素となる在庫管理手法，センター運営のコア要素である輸配送手法についての数値展開例を示し，その関連性を理解することである。以下，順次その役割について簡述する。

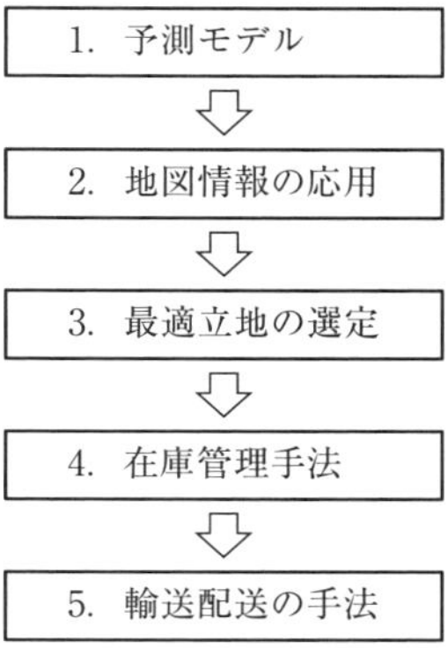

第 1 に，配送センターの設計には将来の需要量を推定し，配送センターの定期性規模を決定しなけれ

1. 予測モデル
⇩
2. 地図情報の応用
⇩
3. 最適立地の選定
⇩
4. 在庫管理手法
⇩
5. 輸送配送の手法

図 19.1 戦略の基本応用フロー

ばならない。そこで，必要となるのは将来における一定期間の需要量を推定することである。そのために，第 1 に着手しなけらばならないことは需要予測である。一般的に需要予測は時系列モデルを主として用いる。したがって，本章では回帰モデルの代表である単純回帰モデルと重回帰モデルを取り扱っている。

第 2 に，最適立地シミュレーションによって，最適立地を選定するためには検討対象 2 地点間の直線距離を算出することである。本章では，立地選定に必

第Ⅱ編　SCMマネジメント編

要となる2地点間の距離を算出するために，例題を通して地図情報システムに応用されるヒュベニの公式（簡略式のみ）について説明する。

第3に，地域区分を前提として最適立地シミュレーションを実行するが，シミュレーションモデルとしては重力モデル（gravity model）をベースとしている。なお，多段階立地モデルの理論については割愛した。

第4は選定された最適立地に配送センターを設計するために，配送センターの規模を決定しなければならない。そこで，在庫管理手法について主としてハンドシミュレーションによって理論を展開した。在庫管理手法については指数平滑法，安全在庫量の計算，最適発注量の計算などを中心としたハンドシミュレーションである。

第5は配送センター運用の要は庫内管理と最適配送問題であるが，本章では最適輸配送シミュレーションについての手法を，例題を通して説明している。最適輸配送問題はセービング論理を主としたVSP（Vehicle Scheduling Program）を取り上げた。

このように，本章では数値計算をベースとしたロジスティクス戦略展開の基本を一連の流れとして捉え，考察を試みた。企業で戦力展開を推進する際のケースとして参照されたい。

19.2　予　　測

19.2.1　予測の種類とその適用範囲

(1)　予測について

- 目的と手法：予測は，その目的により種々の手法がある。
- 環境の把握：予測を行う場合，予測に影響を与える環境をあらかじめ知らなければならない。
- マクロとミクロ：予測には，経済などを予測するマクロ的なものと企業のもつ製品などを予測するミクロ的なモデルがある。
- 長期と短期：予測には，期間によって長期予測（2〜3年以上から5〜7年位）までと短期予測（2〜3年以下）の予測がある。

562

第 19 章　基本戦略展開の計算例

表 19.1　予測モデルと手法および適用対象

予測モデル	手法例	適用対象
理論予測	デルファイル法 関連樹木法 条件列挙法	長期未来予測 技術予測 新製品開発
市場調査	標本調査 市場調査	新製品開発 消費財予測 地域別予測
時系列予測	移動平均法 最小二乗法 指数平滑法 成長曲線 景気動向指数 先行指標法	短期・中期予測 〃 短期予測，在庫管理 長期予測 景気転換点予測 消費財予測
計量モデル予測	回帰モデル 連立方程式モデル 弾性値分析	短期・中期予測 経営計画，シミュレーション 短期・中期・長期予測
その他	産業連関モデル マルコフ過程 多変量解析	業界予測，構造分析 地域分析，波及効果 銘柄転移分析 地域特性 性能分類分析

（出典：文献 1）p.4）

- 特性の把握：物流予測に当たっては予測するものの特性をよく把握して予測の手法を考える。

物流予測の前に以上の事柄を念頭に入れることが必要である。

(2)　予測モデル，手法と対象

予測モデルと手法および適用対象をまとめると，表 19.1 のとおりである。物流予測には

- 時系列予測
- 計量モデル予測

の 2 モデルが中心である。

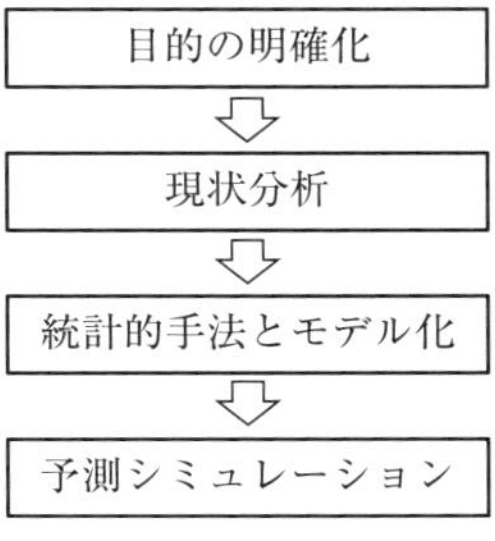

(3)　予測作業のステップ概要

a.　作業ステップのフロー

作業ステップは初めに範囲を明確にし，かつその目的を把握することから始まり，現状分析によって現状に適したモデルを選択し，実行する（図 19.2）。

図 19.2　作業ステップフロー
（出典：文献 1）p.4）

563

第Ⅱ編　SCMマネジメント編

b. フローの説明

- 目的の明確化：予測の対象，予測の期間，予測精度，投入費用などを明らかにする。

- 現状分析：将来の事象は，過去と無関係に起こることはありえない。したがって，目的が明確になったら次に現状と過去に関係する動向を十分調査分析する必要がある。

- 統計的手法とモデル化：次にどのような統計的手法を使ったらいいか，その対象に最も合致したモデルを作成する。

- 予測シミュレーション：外生変数をいろいろ変化させ，それによって生じる予測の結果をシミュレートしてみる。このような状況の変化に対し，次の事態にすぐ対応できるように常にフィードバックを繰り返してよりよいモデルを作り上げる必要がある。

(4)　時系列分析

a. 時系列分析の概要

- 特徴：時間的な推移を基にそれぞれの変動要因を分析して将来を予測する。

- 取り扱うデータ：時系列データと呼ばれ，物流量の働きなど時間の順序に従って配列する。

- 時系列データの変動要因：

① 傾向変動　$T(t)$：長期にわたる全般的な変動傾向

② 循環変動　$C(t)$：一定の周期をもって繰り返される変動

③ 季節変動　$S(t)$：一定を周期として繰り返される変動

④ 不規則変動　$I(t)$：短期間に起こる不規則な小変動

これら変動の合成の基本型としては次の2通りが考えられる。

① 加法型　　　$F(t) = T(t) + C(t) + S(t) + I(t)$　　　　　　　　(19.1)

② 乗法型　　　$F(t) = T(t) \times C(t) \times S(t) \times I(t)$　　　　　　　　(19.2)

b. 時系列変動分析手法

時系列分析の手法としては，表19.2の諸手法が考えられる。これら手法の詳細については「物流管理マニュアル」第Ⅳ編第3章にて述べてあるので参考されたい[2]。

564

第 19 章　基本戦略展開の計算例

表 19.2　時系列変動分析の手法

変動要因	主たる分析法	変動要素
傾向変動	フリーハンド法（目案法） 中間点法 最小二乗法 移動平均法	新規需要 買替需要 買増需要
季節変動	移動平均法 期別平均法 連環比率法	自然的季節指数 社会的季節指数 政策的季節指数
不規則変動	連の理論 自己相関の判別 ダービン・ワトソン検定 フォン・ノイマン比 コレログラム分析	景気変動 社会変動 競争変動
循環変動	フーリエ解析 ペリオドグラム分析	

（出典：文献 1）p.6）

19.2.2　予測のケース：回帰モデルの計算の仕方，見方

(1)　回帰モデル分析の手順

a.　回帰モデル

回帰モデルには

① 単純回帰モデル

$$Y_i＝\alpha＋\beta X_i＋\mu i \tag{19.3}$$

② 多重回帰モデル

$$Y_i＝\alpha＋\beta_1 X_1 i＋\beta_2 X_2 i＋\beta_3 X_3 i＋\cdots＋\beta_k X_k i＋\mu i \tag{19.4}$$

がある。

Y_i の動向はこれに影響を与える他の要因 X_i の動きによって説明されることを表した式である。式からわかるように，単純回帰モデルは X ただ 1 つの要因で説明され，多重回帰はそれぞれ異なる k，この要因から説明される。このとき

X：説明変数

Y：従属変数

α, β：係数パラメータ

μ：誤差項（要因 X のみでは表せない変動部分を表す）

565

である。回帰分析とは,X, Y の標本観測値から α, β を統計的に推定することである。

(2) モデル分析フロー

a. フローの概要

モデルを作成するには下記フローのステップに従う(図19.3)。以下のケースの説明もこの流れに沿って展開している。

b. 内容の説明

① 分析目的の明確化

ⅰ) 構想分析:目的とする変数間の理論的関係を明確化する。

ⅱ) 予測:モデルの適合性に重点をおく。

② 説明変数の選択

ⅰ) 説明変数の数:できるだけ少ない変数を選んでよいモデルを作る。

ⅱ) 説明変数の予測:説明変数は何らかの形で予測する必要がある。したがって,予測が容易なもの,継続して得られるものを選ぶこと。

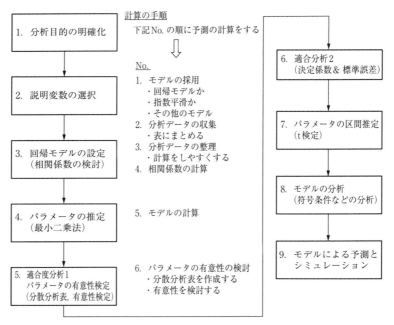

図 19.3 モデル分析フローチャート(出典:文献1)p.7)

iii） 説明変数の適合性：理論的にも説得力のあるものでなくてはならない。

③ 回帰モデルの設定

ⅰ） 選択された説明変数間，および説明変数，従属変数間の相関分析を行う。

ⅱ） 従属変数と最も理論的に関係深いものから取り上げる。

ⅲ） 説明変数同志お互いに独立なものをなるべく選ぶ。

ⅳ） データの期間

データの期間としてはある程度の長さが必要である。しかしあまり長いと構造変化がある場合があり，十分検討する必要がある。また，説明変数の影響が若干ずれを生じて起きる場合は，何期（または何年）かずらしてデータを用いる。

すなわち，t 期の予測式で説明変数 X_1, X_2 がそれぞれ 1 期，2 期遅れて作用する場合は

$$Y_t = a + b_1 X_{1(t-1)} + b_2 X_{2(t-2)} + b_3 X_{3(t-3)} + \cdots \qquad (19.5)$$

として，推定モデル式を作る。

ⅴ） 説明変数の加工

説明変数はあらかじめ修正・加工する場合がある。たとえば，指数として 40 年＝100 のものを採用するなら，すべての金額も 40 年＝100 とした実質化を行い，予測後名目に変換する。

(3) パラメータの推定

回帰モデルを設定したら，それぞれの係数パラメータを最小二乗法によって求める。すなわち，モデル式は次の式（19.6）の $a, b_1, b_2, \cdots, b_k$ を観測値から求める。

$$\widehat{Y_i} = a + b_1 X_1 i + b_2 X_2 i + \cdots + b_k X_k i \qquad (19.6)$$

a. 適合度検定 1 （パラメータの有意性検定）

ここでは，いま計算された推定モデル式の係数パラメータが，意味があるかどうかを検定するために分散分析表を作る。すなわち，$b_1 = b_2 = \cdots = b_k$ という仮説を立て，この仮説がある危険率で棄却されるかどうか F 値を計算し，F 分布表の値と比較して検定する。

567

第Ⅱ編　SCMマネジメント編

b. 適合度検定2（決定係数，標準誤差）

決定係数，回帰まわりの標準誤差，パラメータの標準誤差を算出し，精度分析を行う。

c. パラメータの区間推定

パラメータの真の値が存在する区間を推定する。

d. モデルの分析

以上の検定値から設定されたモデルについて見直しや修正を行う。モデルはいくつか設定し，あらゆる角度から分析しよいものを作り上げていく。

e. モデル予測とシミュレーション

推定されたモデルを検証し，有効であると認められたら，これらのモデルの説明変数にいろいろな値を与え，従属変数に及ぼす影響などを分析し，将来の動きを予測する。

(4)　単純回帰分析手法

a. 分析データ

表19.3に示す観測値を用いて単純回帰分析を行い，販売量を予測する。このデータから分析上必要な計算値を得るため，はじめに表19.4のような計算表を作成する。

b. 単相関係数の求め方

[1]　目　的

従属変数と説明変数の相関係数を分析するためである。

[2]　計算式

相関係数

$$(r) = \frac{\sum\limits_{i=1}^{n}(X_i - \bar{X})(Y_i - \bar{Y})}{\sqrt{\sum\limits_{i=1}^{n}(X_i - \bar{X})^2 \sum\limits_{i=1}^{n}(Y_i - \bar{Y})^2}} = \frac{n\left(\sum\limits_{i=1}^{n}X_iY_i\right) - \sum\limits_{i=1}^{n}X_i\sum\limits_{i=1}^{n}Y_i}{\sqrt{\left[n\sum\limits_{i=1}^{n}X_i^2 - \left(\sum\limits_{i=1}^{n}X_i\right)^2\right]\left[n\sum\limits_{i=1}^{n}Y_i^2 - \left(\sum\limits_{i=1}^{n}Y_i\right)^2\right]}}$$

(19.7)

ただし

$$\sum\limits_{i=1}^{n}(X_i - \bar{X})(Y_i - \bar{Y}) = \sum\limits_{i=1}^{n}X_iY_i - \frac{\sum\limits_{i=1}^{n}X_i\sum\limits_{i=1}^{n}Y_i}{n}$$

(19.8)

第19章 基本戦略展開の計算例

表19.3 観測値表

No.		1	2	3	4	5	6	7	8	9	10	11	12	13
年度	X	4	5	6	7	8	9	10	11	12	13	14	15	16
販売実績	Y	3.85	3.87	3.92	3.93	3.93	3.94	3.95	3.96	3.98	4.00	4.01	4.02	4.02

表19.4 回帰分析の必要な計算値表

i	X_i	Y_i	X_i^2	Y_i^2	X_iY_i
1	4	3.85	16	14.8225	15.40
2	5	3.87	25	14.9769	19.35
3	6	3.92	36	15.3664	23.52
4	7	3.93	49	15.4449	27.51
5	8	3.93	64	15.4449	31.44
6	9	3.94	81	15.5236	35.46
7	10	3.95	100	15.6025	39.50
8	11	3.96	121	15.6816	43.56
9	12	3.98	144	15.8404	47.76
10	13	4.00	169	16.0000	52.00
11	14	4.01	196	16.0801	56.14
12	15	4.02	225	16.1604	60.30
13	16	4.02	256	16.1604	64.32
計	130	51.38	1,482	203.1046	516.26
	$\sum_{i=1}^{13} X_i$	$\sum_{i=1}^{13} Y_i$	$\sum_{i=1}^{13} X_i^2$	$\sum_{i=1}^{13} Y_i^2$	$\sum_{i=1}^{13} X_iY_i$

$$\sum_{i=1}^{n}(X_i-\bar{X})^2=\sum_{i=1}^{n}X_i^2-\frac{\left(\sum_{i=1}^{n}X_i\right)^2}{n} \tag{19.9}$$

$$\sum_{i=1}^{n}(Y_i-\bar{Y})^2=\sum_{i=1}^{n}Y_i^2-\frac{\left(\sum_{i=1}^{n}Y_i\right)^2}{n} \tag{19.10}$$

[3] 相関係数の算出

式（19.7）により

$$r=\frac{n\left(\sum_{i=1}^{n}X_iY_i\right)-\sum_{i=1}^{n}X_i\sum_{i=1}^{n}Y_i}{\sqrt{\left[n\sum_{i=1}^{n}X_i^2-\left(\sum_{i=1}^{n}X_i\right)^2\right]\left[n\sum_{i=1}^{n}Y_i^2-\left(\sum_{i=1}^{n}Y_i\right)^2\right]}}$$

$$r=\frac{13(516.26)-(130\times51.38)}{\sqrt{[13(1482)-(130)^2][13(203.1046)-(51.38)^2]}}\approx0.9743$$

[4] r の意味

第Ⅱ編　SCM マネジメント編

いま計算の結果 $r=0.9743$ となったが，このことは $r^2=0.9493$ すなわち 94.93％だけ説明変数 X は従属変数 Y の動きを説明していると考えることができる。

r は $-1 \leq r \leq 1$ の範囲にあり，± 1 に近い程強い相関を表しているので $|r|$ が 1 に近いものを説明変数として選ぶ。（$|r|$ が 1 と 0 の中間位にある場合は実際の相関について明確にはいえない）

c. 最小二乗法によるパラメータの推定

[1]　目　的

推定式 $Y=a+bX$ のパラメータ a, b を観測値から最小二乗法により推定し，モデル式を作る。

[2]　計算式

$$b=\frac{\sum_{i=1}^{n}(X_i-\bar{X})(Y_i-\bar{Y})}{\sum_{i=1}^{n}(X_i-\bar{X})^2}=\frac{n\left(\sum_{i=1}^{n}X_iY_i\right)-\sum_{i=1}^{n}X_i\sum_{i=1}^{n}Y_i}{n\sum_{i=1}^{n}X_i^2-\left(\sum_{i=1}^{n}X_i\right)^2} \tag{19.11}$$

$$a=\frac{\sum_{i=1}^{n}Y_i-b\left(\sum_{i=1}^{n}X_i\right)}{n}=\bar{Y}-b\bar{X} \tag{19.12}$$

[3]　パラメータの算出

式（19.11）により

$$b=\frac{13(516.26)-(130\times51.38)}{13(1482)-(130)^2}=\frac{31.98}{2,366}\approx0.0135$$

式（19.12）により

$$a=\frac{51.38-(0.0135\times130)}{13}\approx3.8173$$

[4]　推定モデル

したがって，$Y=3.8173+0.0135X$。

d. 適合度分析 1（パラメータの有意性検定）

[1]　目　的

いま算出した係数パラメータ $b=0.0135$ は標本から得られたものである。したがって，母集団においても同じ回帰が存在することができない。このため回帰の有意性について検定する必要がある。

[2] 手　順
ⅰ）分散分析表を作り，分散比 F を求める。
ⅱ）自由度（1, $n-2$）の F 分布表の1％（または5％）の F 値を読む。
ⅲ）分散比が分布表より得た値より大きければパラメータの値は有意となる。

[3] 分散分析表の作り方
ⅰ）分散分析表

表 19.5 には，変動要因によって偏差平方和，自由度，平均平方，および分散比 F の求め方をそれぞれ示す。

• 変動要因

観測値の全変動の偏差平方和を S_Y とすると

$$S_Y = \sum (Y_i - \bar{Y})^2 \tag{19.13}$$

または S_R を回帰で説明される部分，S_E を残りの部分とすると

$$S_Y = S_R + S_E = \sum (\hat{Y}_i - \bar{Y})^2 + \sum (Y_i - \hat{Y})^2 \tag{19.14}$$

で表される。ここに S_R は

$$S_R = \sum (\hat{Y}_i - \bar{Y})^2 = \sum (a + bX_i - \bar{Y})^2 = b \sum (X_i - \bar{X})(Y_i - \bar{Y}) \tag{19.15}$$

である。図 19.4 にこれらの変動要因のグラフを示す。

表 19.5　分散分析表

要因	偏差平方和	自由度	平均平方	分散比 F
回帰	$S_R = b\sum(X_i - \bar{X})(Y_i - \bar{Y})$	1	$A = S_R/1$	$A/B = (n-2)S_R/S_E$
誤差	$S_E = \sum(Y_i - \hat{Y}_i)^2 = S_Y - S_R$	$n-2$	$B = S_E/(n-2)$	
全体	$S_Y = \sum(Y_i - \bar{Y})^2$	$n-1$		

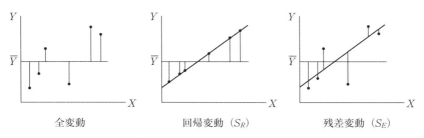

図 19.4　変動要因のグラフ（出典：文献1）p.11）

第Ⅱ編　SCMマネジメント編

・自由度

　自由度とは，選択すべき数が n 個あり，その決定を制限する条件が k 個あるとき，その選択すべき自由度は（$n-k$）によって示される。たとえば合計値がある値ではなくてはならないという条件があると，整数 n 個を選ぶとき自由に選べる数は（$n-1$）個までである。このときの選択の自由度は $n-1$ までという。

　ⅱ）　変動の偏差平方和，平均平方，分散比の算出

・全変動の偏差平方和（S_Y）

　式（19.13）により，S_Y は以下のように求められる（すなわち，S_Y は式（19.10）で求められる）。

$$S_Y = 203.1046 - \frac{(51.38)^2}{13} = 0.035$$

・回帰変動の偏差平方和（S_R）

　S_R は式（19.15）で求められるが，b の値がすでに計算できたように，$b = 0.0135$ となった。次いで，$\sum (X_i - \bar{X})(Y_i - \bar{Y})$ の計算を行う。式（19.8）により

$$\sum_{i=1}^{n} (X_i - \bar{X})(Y_i - \bar{Y}) = 516.26 - \frac{130 \times 51.38}{13} = 2.46$$

したがって，S_R は以下のように求められる。

$$S_R = 0.0135 \times 2.46 = 0.0332$$

・残差変動の偏差平方和（S_E）

$$S_E = S_Y - S_R = 0.0350 - 0.0332 \approx 0.002$$

・回帰要因による平均平方

$$平均平方 = \frac{S_R}{1} = 0.0332$$

・誤差要因による平均平方

$$平均平方 = \frac{S_E}{(n-2)} = \frac{0.002}{13-2} \approx 0.0002$$

・分散比

$$F = \frac{(n-2)S_R}{S_E} = \frac{11(0.0332)}{0.002} = 182.6$$

これらの計算値から表19.6の分散分析表を得る。

表19.6 分散分析値表

要因	偏差平方和	自由度	平均平方	分散比 F
回帰	0.0332	1	0.0332	182.6
誤差	0.0020	11	0.0002	
全体	0.0350	12		

[4] 有意性の検定

ⅰ) 検定方法

母集団の回帰式 $Y=\alpha+\beta X$ において $\beta=0$ であるという仮説,すなわち独立変数 X は従属変数 Y に対して何か影響を与えていないという仮説を検定するために行う。

分散比 F は自由度 $(1, n-2)$ の F 分布に従うことが明らかにされているので,このことから危険率として1%(または5%)を選ぶとして F 分布表(統計表として作られている)から自由度 $(1, n-2)$ の1%(または5%)に当該する値を読み,分散分析表で求めた分散比 F と比較し F 表より求めた値より大きければ $\beta=0$ は却下される。すなわち,1%(または5%)の危険率で却下されたという(つまり1%(または5%)というのは小さい値なので起こりにくいことが起こったと判断され,β は有意となる)。危険率は通常1%(または5%)が用いられる。

ⅱ) F 分布表の引き方(検定基準値の求め方)

図19.5は F 分布図である。また,F 分布表は自由度 (ϕ_1, ϕ_2) から上側確率 P% に対する F の値を求める表である。

そこで1%の危険率で検定すると,自由度 $(1, 11)$ の1%に該当する F 値を求めることとなる。上側確率1%の F 分布表の $\phi_1=1$,$\phi_2=11$ の交点の値を読み9.65を得る(表19.7)。

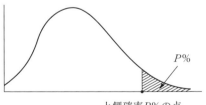

図19.5 F 分布図(出典:文献1)p.12)

ⅲ) 検　定

分散分析表で求めた F 値と F 分布表から求めた値を比較すると明らかに,分散比 $F=182.6>F_{11}^{1}(0.01)=9.65$ となる(図19.6)。したがって,仮説 $\beta=0$ は棄却され,有意となる。

表19.7 F分布表（1%）

ϕ_2 \ ϕ_1	1	2	3	⋯
1	4052.2	4999.5	5403.4	⋯
2	98.5	99.0	99.2	⋯
3	34.1	30.8	29.5	⋯
4	21.2	18.0	16.7	⋯
5	16.3	13.3	12.1	⋯
6	13.7	10.9	9.8	⋯
7	12.2	9.5	8.5	⋯
8	11.3	8.6	7.6	⋯
9	10.6	8.0	7.0	⋯
10	10.0	7.6	6.6	⋯
11	9.65	7.2	6.2	⋯
⋮	⋮	⋮	⋮	

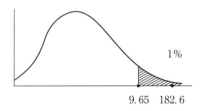

図19.6 分散比F値との上側確率1%のF値比較図

e. 適合度分析2

[1] 決定係数，重相関係数

回帰の適合度の良さを知るために決定係数が用いられる．

ⅰ）計算式

決定係数

$$R^2 = \frac{S_R}{S_Y} = r^2 \tag{19.16}$$

重相関係数

$$R = \sqrt{\frac{S_R}{S_Y}} \tag{19.17}$$

ⅱ）決定係数，重相関係数の算出

式（19.16）および式（19.17）により，決定係数と重相関係数は以下のように求められる．

$$R^2 = \frac{S_R}{S_Y} = \frac{0.0332}{0.0350} \approx 0.9486$$

$$R = \sqrt{\frac{0.0332}{0.0350}} \approx 0.9739$$

ⅲ）　R^2 の意味

$R^2 = 0.9486$ ということは従属変数の平均値のまわりの変動のうち 94.86% 独立変数 X による回帰により，説明されることを示す。また R は $-1 \leq R \leq 1$ の範囲の値をとる。

ⅳ）　自由度修正済み決定係数 $\overline{R}^2$，重相関係数 $\overline{R}$

決定変数，重相関係数は標本数と独立変数の数により変動するので，自由度の異なるいくつかの回帰式を比較する場合に不都合である。このため，自由度修正済み決定変数を計算する[1]。

• 自由度修正済み決定変数（$\overline{R}^2$）の計算式：

$$\overline{R}^2 = \left(1 - \frac{S_E}{S_Y}\right) \times \left(\frac{n-1}{n-2}\right) = [1 - (1 - R^2)] \times \left(\frac{n-1}{n-2}\right) \qquad (19.18)$$

• 自由度修正済み重相関係数（$\overline{R}$）の計算式：

$$\overline{R} = \sqrt{\left(1 - \frac{S_E}{S_Y}\right) \times \left(\frac{n-1}{n-2}\right)} = \sqrt{[1 - (1 - R^2)] \times \left(\frac{n-1}{n-2}\right)} \qquad (19.19)$$

[2]　方程式の標準誤差（回帰まわりの誤差）

実績値と回帰方程式によって推定された値との間にどの程度誤差があるかを測る尺度としては方程式の標準誤差を求める。

ⅰ）　計算式

方程式の標準誤差

$$S_E = \sqrt{\frac{\sum (Y_i - \widehat{Y_i})^2}{(n-2)}} = \sqrt{\frac{S_E}{(n-2)}} \qquad (19.20)$$

ⅱ）　方程式の標準誤差の算出

$S_E = 0.002$ のときに，方程式の標準誤差は式（19.20）により，以下のように求められる。

$$S_E = \sqrt{\frac{0.002}{13-2}} \approx 0.0135$$

---

[1]　単純回帰では自由度修正済みの決定数や重相関係数は特に用いなくてもよい。

第Ⅱ編　SCM マネジメント編

[3]　回帰係数の標準誤差

推定された回帰係数は，推定値を中心としたばらつきをもっている。このばらつきを表すものとして，標準誤差がある。

ⅰ）　計算式

b の標準誤差

$$S_b = \sqrt{\frac{\sum (Y_i - \widehat{Y_i})^2}{(n-2) \times \sum (X_i - \overline{X})^2}} = \frac{S_E}{\sqrt{\sum (X_i - \overline{X})^2}} \tag{19.21}$$

ⅱ）　b の標準誤差の算出

すでに算出した $S_E = 0.0135$ のとき，b の標準誤差は式（19.21）により計算できるが，まずは $\sum\limits_{i=1}^{n} (X_i - \overline{X})^2$ を求める必要がある。式（19.9）により

$$\sum_{i=1}^{n} (X_i - \overline{X})^2 = \sum_{i=1}^{n} X_i^2 - \frac{\left(\sum\limits_{i=1}^{n} X_i\right)^2}{n} = 1482 - \frac{(130)^2}{13} = 182$$

したがって，b の標準誤差は

$$S_b = \frac{0.0135}{\sqrt{182}} = 0.001$$

となる。

f.　パラメータの区間推定

[1]　区間推定

パラメータの推定値からパラメータの真の値が含まれていると信頼し得る区間がある確率をもって推定するのが，区間推定である。

[2]　手　順

母集団の回帰係数の区間推定値は以下の手順で求められる[1]。

ⅰ）　標準誤差 S_b を計算する。

ⅱ）　t 分布表から自由度 $(n-2)$ に対する 1 %（または 5 %）の t 値を読む。

ⅲ）　β の区間推定値として $b - (t \times S_b) < \beta < b + (t \times S_b)$ を得る。

[3]　t 分布表の引き方

t 分布表は自由度 ϕ と両側確率 P とから t を求める表である（表 19.8）。そこで，自由度 11 の 1 %に対する F の値を求めることになる。両側確率 $P =$

＊1　α についての区間推定もあるが，あまり重要ではないので β についてのみ計算する。

表 19.8 t 分布表

ϕ \ P	0.50	0.40	0.30	0.20	0.10	0.05	0.02	0.01	0.001	ϕ \ P
1	1.000	1.356	…	3.078	6.314	12.706	…	63.657	636.619	1
2	0.816	1.061	…	1.886	2.920	4.303	…	9.925	31.599	2
3	0.756	0.978	…	1.638	2.353	3.182	…	5.841	12.924	3
4	0.741	0.941	…	1.533	2.132	2.776	…	4.604	8.610	4
5	0.727	0.920	…	1.476	2.015	2.571	…	4.032	6.869	5
6	0.718	0.906	…	1.440	1.943	2.447	…	3.707	5.959	6
7	0.711	0.896	…	1.415	1.895	2.365	…	3.499	5.408	7
8	0.706	0.889	…	1.397	1.860	2.306	…	3.355	5.041	8
9	0.703	0.883	…	1.383	1.833	2.262	…	3.250	4.781	9
10	0.700	0.879	…	1.372	1.812	2.228	…	3.169	4.587	10
11	0.697	0.876	…	1.363	1.796	2.201	…	3.106	4.437	11
…	…	…	…	…	…	…	…	…	…	

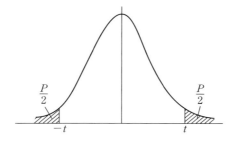

図 19.7 t 分布図(出典:文献 1)p.16)

0.01 と自由度 ϕ との交点の値を読み 3.106 を得る。または,図 19.7 は t 分布図である。

[4] 信頼区間の求め方

ⅰ) 計 算

β の信頼区間:

$$b-(t \times S_b) < \beta < b+(t \times S_b) \tag{19.22}$$

ⅱ) β の信頼区間の算出

自由度 11,1% の t 値=3.106,すでに計算できた $b=0.0135$ または $S_b=0.001$ となることがわかった。したがって,式 (19.22) に必要な値を代入して β の信頼区間は以下のとおりに求められる。

β の信頼区間:

$$0.0135 \pm (3.106 \times 0.001) = 0.0104 < \beta < 0.0166$$

第Ⅱ編　SCMマネジメント編

g.　モデルの分析と予測

[1]　モデル式

いま推定されたモデル式は一般に次のように表す。

$$Y=3.8173+0.0135X$$

$$(b=0.0135)$$

└────── 標準誤差

$$(S=0.0135 \quad r=0.9743)$$

└────── 回帰まわりの標準誤差

相関係数

[2]　モデルの検定

ⅰ）　符号条件

β の係数の符号が一般的経済理論などを満足しているか，相関係数であらかじめ想定されたものと合っているかなどの検討である。

ⅱ）　標準誤差

β の推定値に対してあまり大きい数だと区間推定を行った場合，符号条件が変わることがある。

[3]　予　測

このモデルから 2017 年と 2018 年を予測する場合，$X=17$，$X=18$ をそれ

表 19.9　観測値および推定値

i	① X_i	② Y_i	③ bX_i $0.0135 \times$①	④ $\hat{Y}_i=a+bX_i$ $3.8173 +$③	観測値と推定値の差 ②ー④
1	4	3.85	0.0540	3.8713	−0.0213
2	5	3.87	0.0675	3.8848	−0.0148
3	6	3.92	0.0810	3.8983	0.0217
4	7	3.93	0.0945	3.9118	0.0182
5	8	3.93	0.1080	3.9253	0.0047
6	9	3.94	0.1215	3.9388	0.0012
7	10	3.95	0.1350	3.9523	−0.0023
8	11	3.96	0.1485	3.9658	−0.0058
9	12	3.98	0.1620	3.9793	0.0007
10	13	4.00	0.1755	3.9928	0.0072
11	14	4.01	0.1890	4.0063	0.0037
12	15	4.02	0.2025	4.0198	0.0002
13	16	4.02	0.2160	4.0333	−0.0133
14	17		0.2295	4.0468	
15	18		0.2430	4.0603	

578

第 19 章　基本戦略展開の計算例

それ代入すればよい（表 19.9）。すなわち

$$\widehat{Y}_{17}=3.8173+(0.0135\times17)=4.0468$$

$$\widehat{Y}_{18}=3.8173+(0.0135\times18)=4.0603$$

となり，予測値として 17 年は 4.0468，18 年は 4.0603 を得る。

(5)　多重回帰分析手法

計算式の過程で出てくる計算の仕方または計算値①〜㉞は p.591〜593［参考資料］多重回帰分析の計算手順を参照せよ。

a.　分析データ

単純回帰で用いた観測値にさらに X_2 なる説明変数を加え 3 元の回帰分析を行う（変量の数を増すと計算が著しく複雑となるため，手計算では容易でなくなる。したがって，3 元について分析する）。

このデータから分析上必要な計算値を得るため，はじめに表 19.10 のような計算表を作成する。

b.　単相関係数の求め方

[1]　目　的

従属変数と説明変数の相関係数を分析するためである。

[2]　計算式

X_1 と X_2 の相関係数 (r_{X_1, X_2})

表 19.10　分析上必要な計算値表

i	X_{1i}	X_{2i}	Y_i	X_{1i}^2	X_{2i}^2	Y_i^2	$X_{1i}X_{2i}$	$X_{1i}Y_i$	$X_{2i}Y_i$
1	4	1.24	3.85	16	1.5376	14.8225	4.96	15.40	4.7740
2	5	1.25	3.87	25	1.5625	14.9769	6.25	19.35	4.8375
3	6	1.26	3.92	36	1.5876	15.3664	7.56	23.52	4.9392
4	7	1.26	3.93	49	1.5876	15.4449	8.82	27.51	4.9518
5	8	1.26	3.93	64	1.5876	15.4449	10.08	31.44	4.9518
6	9	1.26	3.94	81	1.5876	15.5236	11.34	35.46	4.9644
7	10	1.26	3.95	100	1.5876	15.6025	12.60	39.50	4.9770
8	11	1.27	3.96	121	1.6129	15.6816	13.97	43.56	5.0292
9	12	1.28	3.98	144	1.6384	15.8404	15.36	47.76	5.0944
10	13	1.29	4.00	169	1.6641	16.0000	16.77	52.00	5.1600
11	14	1.32	4.01	196	1.7424	16.0801	18.48	56.14	5.2932
12	15	1.32	4.02	225	1.7424	16.1604	19.80	60.30	5.3064
13	16	1.31	4.02	256	1.7161	16.1604	20.96	64.32	5.2662
計	130	16.58	51.38	1,482	21.1544	203.1046	166.95	516.26	65.5451
	①	②	③	④	⑤	⑥	⑦	⑧	⑨

579

第Ⅱ編　SCMマネジメント編

$$=\frac{\sum\limits_{i=1}^{n}(X_{1i}-\overline{X}_1)(X_{2i}-\overline{X}_2)}{\sqrt{\sum\limits_{i=1}^{n}(X_{1i}-\overline{X}_1)^2\sum\limits_{i=1}^{n}(X_{2i}-\overline{X}_2)^2}}=\frac{n\left(\sum\limits_{i=1}^{n}X_{1i}X_{2i}\right)-\sum\limits_{i=1}^{n}X_{1i}\sum\limits_{i=1}^{n}X_{2i}}{\sqrt{\left[n\sum\limits_{i=1}^{n}X_{1i}^2-\left(\sum\limits_{i=1}^{n}X_{1i}\right)^2\right]\left[n\sum\limits_{i=1}^{n}X_{2i}^2-\left(\sum\limits_{i=1}^{n}X_{2i}\right)^2\right]}}$$

(19.23)

X_1 と Y の相関係数 $(r_{X_1,Y})$

$$=\frac{\sum\limits_{i=1}^{n}(X_{1i}-\overline{X}_1)(Y_i-\overline{Y})}{\sqrt{\sum\limits_{i=1}^{n}(X_{1i}-\overline{X}_1)^2\sum\limits_{i=1}^{n}(Y_i-\overline{Y})^2}}=\frac{n\left(\sum\limits_{i=1}^{n}X_{1i}Y_i\right)-\sum\limits_{i=1}^{n}X_{1i}\sum\limits_{i=1}^{n}Y_i}{\sqrt{\left[n\sum\limits_{i=1}^{n}X_{1i}^2-\left(\sum\limits_{i=1}^{n}X_{1i}\right)^2\right]\left[n\sum\limits_{i=1}^{n}Y_i^2-\left(\sum\limits_{i=1}^{n}Y_i\right)^2\right]}}$$

(19.24)

X_2 と Y の相関係数 $(r_{X_2,Y})$

$$=\frac{\sum\limits_{i=1}^{n}(X_{2i}-\overline{X}_2)(Y_i-\overline{Y})}{\sqrt{\sum\limits_{i=1}^{n}(X_{2i}-\overline{X}_2)^2\sum\limits_{i=1}^{n}(Y_i-\overline{Y})^2}}=\frac{n\left(\sum\limits_{i=1}^{n}X_{2i}Y_i\right)-\sum\limits_{i=1}^{n}X_{2i}\sum\limits_{i=1}^{n}Y_i}{\sqrt{\left[n\sum\limits_{i=1}^{n}X_{2i}^2-\left(\sum\limits_{i=1}^{n}X_{2i}\right)^2\right]\left[n\sum\limits_{i=1}^{n}Y_i^2-\left(\sum\limits_{i=1}^{n}Y_i\right)^2\right]}}$$

(19.25)

[3]　単相関係数の算出[*1]

式（19.23）により，X_1 と X_2 の相関係数

$$r_{X_1,X_2}=\frac{(13\times⑦)-(①\times②)}{\sqrt{[(13\times④)-①^2][(13\times⑤)-②^2]}}$$

$$=\frac{(13\times166.95)-(130\times16.58)}{\sqrt{[(13\times1482)-130^2][(13\times21.1544)-16.58^2]}}\approx0.9233 \qquad ⑯$$

式（19.24）により，X_1 と Y の相関係数

$$r_{X_1,Y}=\frac{(13\times⑧)-(①\times③)}{\sqrt{[(13\times④)-①^2][(13\times⑥)-③^2]}}$$

$$=\frac{(13\times516.26)-(130\times51.38)}{\sqrt{[(13\times1482)-130^2][(13\times203.1046)-51.38^2]}}\approx0.9743 \qquad ⑰$$

式（19.25）により，X_2 と Y の相関係数

$$r_{X_2,Y}=\frac{(13\times⑨)-(②\times③)}{\sqrt{[(13\times⑤)-②^2][(13\times⑥)-③^2]}}$$

$$=\frac{(13\times65.5451)-(16.58\times51.38)}{\sqrt{[(13\times21.1544)-16.58^2][(13\times203.1046)-51.38^2]}}\approx0.9166 \qquad ⑱$$

*1　①〜⑨の計算値については，表19.10を参照する。

580

第 19 章　基本戦略展開の計算例

表 19.11　単相関係数行列表

	X_1		
X_1	1.0000	X_2	
X_2	0.9233	1.0000	Y
Y	0.9743	0.9166	1.0000

[4]　単相関行列

いま計算で求めた値から単相関係数行列を作る（表 19.11）。

c.　最小二乗法によるパラメータの推定

[1]　目　的

推定式 $Y = a + b_1 X_1 + b_2 X_2$ のパラメータ a, b_1, b_2 を観測値から最小二乗法により推定し，モデル式を作る。

[2]　計算式

$$b_1 = \frac{\left[\sum_{i=1}^{n}\{(X_{1i}-\overline{X}_1)(Y_i-\overline{Y})\} \times \sum_{i=1}^{n}(X_{2i}-\overline{X}_2)^2\right] - \left[\sum_{i=1}^{n}\{(X_{1i}-\overline{X}_1)(X_{2i}-\overline{X}_2)\} \times \sum_{i=1}^{n}\{(X_{2i}-\overline{X}_2)(Y_i-\overline{Y})\}\right]}{\left[\sum_{i=1}^{n}(X_{1i}-\overline{X}_1)^2 \times \sum_{i=1}^{n}(X_{2i}-\overline{X}_2)^2\right] - \left[\sum_{i=1}^{n}\{(X_{1i}-\overline{X}_1)(X_{2i}-\overline{X}_2)\}\right]^2}$$

$$(19.26)$$

$$b_2 = \frac{\left[\sum_{i=1}^{n}\{(X_{2i}-\overline{X}_2)(Y_i-\overline{Y})\} \times \sum_{i=1}^{n}(X_{1i}-\overline{X}_1)^2\right] - \left[\sum_{i=1}^{n}\{(X_{1i}-\overline{X}_1)(X_{2i}-\overline{X}_2)\} \times \sum_{i=1}^{n}\{(X_{1i}-\overline{X}_1)(Y_i-\overline{Y})\}\right]}{\left[\sum_{i=1}^{n}(X_{1i}-\overline{X}_1)^2 \times \sum_{i=1}^{n}(X_{2i}-\overline{X}_2)^2\right] - \left[\sum_{i=1}^{n}\{(X_{1i}-\overline{X}_1)(X_{2i}-\overline{X}_2)\}\right]^2}$$

$$(19.27)$$

$$a = \frac{\sum_{i=1}^{n}Y_i - \left(b_1 \times \sum_{i=1}^{n}X_{1i}\right) - \left(b_2 \times \sum_{i=1}^{n}X_{2i}\right)}{n}$$

$$(19.28)$$

[3]　パラメータの算出[*1]

式（19.26）および式（19.27）により

$$b_1 = \frac{(⑭ \times ⑪) - (⑬ \times ⑮)}{(⑩ \times ⑪) - ⑬^2} = \frac{(2.46 \times 0.0085) - (1.15 \times 0.0158)}{(182 \times 0.0085) - 1.15^2} \approx 0.0122 \quad ⑲$$

＊1　⑩〜⑮の計算については，p. 591〜593 参考資料を参照されたい。

581

第Ⅱ編　SCM マネジメント編

$$b_2 = \frac{(⑮×⑩)-(⑬×⑭)}{(⑩×⑪)-⑬^2} = \frac{(0.0158×182)-(1.15×2.46)}{(182×0.0085)-1.15^2} ≈ 0.2076 \qquad ⑳$$

または式（19.28）により

$$a = \frac{③-(⑲×①)-(⑳×②)}{n} = \frac{51.38-(0.0122×130)-(0.2076×16.58)}{13} ≈ 3.5655$$

$$㉑$$

[4]　推定モデル式
$$Y = 3.5655 + 0.0122X_1 + 0.2076X_2$$

d.　パラメータの有意性検定

[1]　目　的

単純回帰と同じく，母集団回帰式 $Y=\alpha+\beta_1X_1+\beta_2X_2$ において $\beta_1,\beta_2=0$ であるという仮説を立てて，係数パラメータの有意性の検定を行う。

[2]　手　順

ⅰ）　分散分析表を作り分散比 F を求める。

ⅱ）　自由度 $(2,n-3)$ の F 分布表の 1%（または 5%）の F 値を読む。

ⅲ）　分散比 F が F 分布表からの値より大きければパラメータの値は有意となる。

[3]　分散分析表の作り方

ⅰ）　分散分析表

表 19.12 には，変動要因によって偏差平方和，自由度，平均平方，および分散比 F の求め方をそれぞれ表す。

ⅱ）　変動の偏差平方和，平均平方，分散比の算出

表 19.12 の式により

• 全変動の偏差平方和
$$S_Y = ⑫ = 0.035 \qquad ㉒$$

• 回帰変動の偏差平方和
$$S_R = (⑲×⑭)+(⑳×⑮) ≈ 0.0333 \qquad ㉓$$

• 残差変動の偏差平方和
$$S_E = ㉒-㉓ = 0.0350-0.0333 = 0.0017 \qquad ㉔$$

• 平均平方

第 19 章　基本戦略展開の計算例

表 19.12　分散分析表（多重回帰分析のとき）

要因	偏差平方和	自由度	平均平方	分散比 F
回帰	$S_R = b_1 \sum(X_{1i}-\bar{X}_1)(Y_i-\bar{Y}) + b_2 \sum(X_{2i}-\bar{X}_2)(Y_i-\bar{Y})$	2	$A=S_R/2$	$\dfrac{A}{B}=(n-3)S_R/2S_E$
誤差	$S_E = S_Y - S_R$	$n-3$	$B=S_E/(n-3)$	
全体	$S_Y = \sum(Y_i-\bar{Y})^2$	$n-1$		

表 19.13　分散分析表

要因	偏差平方和	自由度	平均平方	分散比 F
回帰	0.0333	2	0.0167	98.24
誤差	0.0017	10	0.00017	
全体	0.0350	11		

- 平均平方

$$A = ㉓/2 = 0.0333/2 \approx 0.0167 \qquad ㉕$$

$$B = ㉔/(n-3) = 0.0017/10 = 0.00017 \qquad ㉖$$

- 分散比

$$\frac{A}{B} = \frac{0.0167}{0.00017} \approx 98.24 \qquad ㉗$$

これらの計算値から表 19.13 の分散分析表を得る。

[4]　有意性の検定

ⅰ）　検定方法

ⅱ）　検定

自由度 (2, 10) に該当する上側確率 5% の F 値を F 分布表より求めると，4.1 である。これと分散分布表で計算した F 値を比較すると明らかに，分散比 $F=98.24 > F^2_{10}(0.05) = 4.10$ となり，仮説 $\beta_1 = \beta_2 = 0$ は危険率 5% で棄却され，有意となる（図 19.8）。

e.　**適合分析 2**

[1]　決定変数，重相関係数

ⅰ）　計算式

- 決定変数

$$R^2 = \frac{S_R}{S_Y} \qquad (19.29)$$

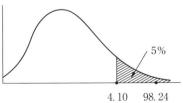

図 19.8　分散比 F 値との上側確率 5% の F 値比較図

第Ⅱ編　SCMマネジメント編

・重相関係数

$$R = \sqrt{\frac{S_R}{S_Y}} \qquad (19.30)$$

ⅱ）　決定係数，重相関係数の算出

式（19.29）および式（19.30）により，決定係数（R^2）と重相関係数（R）の計算を次のとおりに行う。

$$R^2 = \frac{㉓}{㉒} = \frac{0.0333}{0.0350} \approx 0.9514 \qquad ㉘$$

$$R = \sqrt{㉘} = \sqrt{0.9514} \approx 0.9754 \qquad ㉙$$

ⅲ）　R^2 の意味

$R^2 =$ ということは従属変数の変動のうち約 95.14％が独立変数 X_1, X_2 による重回帰により説明されることを示す。さらに観測値 Y と推定値 $\hat{Y}$ との間にどの程度の密接さがあるかの目案として用いられる。

ⅳ）　自由度修正済み決定係数 $\overline{R}^2$，重相関係数 $\overline{R}$

・自由度修正済み決定変数（$\overline{R}^2$）の計算式：

$$\overline{R}^2 = 1 - \left(\frac{S_E}{S_Y} \times \frac{n-1}{n-3} \right) = 1 - \left[(1-R^2) \times \left(\frac{n-1}{n-3} \right) \right] \qquad (19.31)$$

・自由度修正済み重相関係数（$\overline{R}$）の計算式：

$$\overline{R} = \sqrt{1 - \left(\frac{S_E}{S_Y} \times \frac{n-1}{n-3} \right)} = \sqrt{1 - \left[(1-R^2) \times \left(\frac{n-1}{n-3} \right) \right]} \qquad (19.32)$$

［2］　方程式の標準誤差（回帰まわりの誤差）

ⅰ）　計算式

方程式の標準誤差

$$S_E = \sqrt{\frac{S_E}{n-3}} \qquad (19.33)$$

ⅱ）　方程式の標準誤差の算出

式（19.33）により

$$S_E = \sqrt{㉖} = \sqrt{0.00017} \approx 0.0130 \qquad ㉚$$

［3］　回帰係数の標準誤差

ⅰ）　計算式

b_1 の標準誤差

584

第 19 章　基本戦略展開の計算例

$$S_{b_1}=S_E\times\sqrt{\dfrac{\sum\limits_{i=1}^{n}(X_{2i}-\overline{X}_2)^2}{\left[\sum\limits_{i=1}^{n}(X_{1i}-\overline{X}_1)^2\times\sum\limits_{i=1}^{n}(X_{2i}-\overline{X}_2)^2\right]-\left[\sum\limits_{i=1}^{n}\{(X_{1i}-\overline{X}_1)(X_{2i}-\overline{X}_2)\}\right]^2}}$$

(19.34)

b_2 の標準誤差

$$S_{b_2}=S_E\times\sqrt{\dfrac{\sum\limits_{i=1}^{n}(X_{1i}-\overline{X}_1)^2}{[\sum\limits_{i=1}^{n}(X_{1i}-\overline{X}_1)^2\times\sum\limits_{i=1}^{n}(X_{2i}-\overline{X}_2)^2]-[\sum\limits_{i=1}^{n}\{(X_{1i}-\overline{X}_1)(X_{2i}-\overline{X}_2)\}]^2}}$$

(19.35)

ⅰ）　回帰係数の標準誤差の算出

S_{b_1} と S_{b_2} は式（19.34）および式（19.35）により，それぞれ求められる。したがって

$$S_{b_1}=\text{㉚}\times\sqrt{\dfrac{\text{⑪}}{(\text{⑩}\times\text{⑪})-\text{⑬}^2}}=0.0130\times\sqrt{\dfrac{0.0085}{(182\times0.0085)-1.15^2}}\approx0.0025 \quad\text{㉛}$$

$$S_{b_2}=\text{㉚}\times\sqrt{\dfrac{\text{⑩}}{(\text{⑩}\times\text{⑪})-\text{⑬}^2}}=0.0130\times\sqrt{\dfrac{182}{(182\times0.0085)-1.15^2}}\approx0.3701 \quad\text{㉜}$$

f.　パラメータの区間推定

［1］　手　順

母集団の回帰係数 β_1, β_2 の区間推定値の求め方は以下のとおりである。

ⅰ）　標準誤差 S_{b_1}, S_{b_2} を計算する。

ⅱ）　t 分布表から自由度（$n-3$）に対する 1%（または 5%）の t 値を読む。

ⅲ）　β_1, β_2 の区間推定値として

$$b_1-(t\times S_{b_1})<\beta_1<b_1+(t\times S_{b_1}) \tag{19.36}$$

$$b_2-(t\times S_{b_2})<\beta_2<b_2+(t\times S_{b_2}) \tag{19.37}$$

を得る。

［2］　信頼区間の求め方

ⅰ）　計算式

$$\beta_1\text{ の区間推定値}：b_1-(t\times S_{b_1})<\beta_1<b_1+(t\times S_{b_1})$$

$$\beta_2\text{ の区間推定値}：b_2-(t\times S_{b_2})<\beta_2<b_2+(t\times S_{b_2})$$

ⅱ）　信頼区間の算出

第Ⅱ編　SCMマネジメント編

　自由度 10 に対する 5%の t 値＝2.228 であるので真値 β_1, β_2 は 95%の信頼度をもって次の範囲に入れる。

　式（19.36）により，β_1 の区間推定値は

$$⑲-(t×㉛)<\beta_1<⑲+(t×㉛)　＝0.0122±(2.228×0.0025)$$
$$＝0.00663<\beta_1<0.01777　　　　㉝$$

　さらに式（19.37）により，β_2 の区間推定値は

$$⑳-(t×㉜)<\beta_2<⑳+(t×㉜)　＝0.2076±(2.228×0.3701)$$
$$＝-0.61698<\beta_2<1.03218　　　　㉞$$

g.　モデルの分析と予測

[1]　モデル式

いま推定されたモデル式は一般に次のように表す。

$$Y＝3.5655＋0.0122X_1＋0.2076X_2$$

$$(0.0122)　　　(0.2076)$$
　　　　　　└ b_1 標準誤差　　└ b_2 標準誤差

$$(S＝0.0130,　R＝0.9754,　\overline{R}＝0.9704)$$
　　　└ 回帰まわり　　└ 重相関係数　　└ 自由度修正済み
　　　　の標準誤差　　　　　　　　　　　　重相関係数

[2]　モデルの検定

ⅰ）　符号条件

ⅱ）　標準誤差

　β_2 の推定値としての b_2 の係数に比して b_2 の標準誤差が大きすぎる。したがって推定結果が若干不安定となる。他の変数を選択するか，変数を追加してモデルを改善することが望ましい。

[3]　予　測

　このモデル式から 17 年と 18 年を予測する場合は，まず何らかの形で X_1, X_2 を予測する必要がある。

　X_2 は別に時系列予測なり，他のモデル式で予測されたものを用いる。いま，X_2 の 17 年を 1.31，18 年を 1.32 とし，上記のモデル式にそれぞれ代入すると

$$Y_{17}＝3.5655＋(0.0122×17)＋(0.2076×1.31)＝4.0449$$
$$Y_{18}＝3.5655＋(0.0122×18)＋(0.2076×1.32)＝4.0591$$

となる。つまり，予測として 17 年は 4.0449，18 年が 4.0591 となる予測値を

表 19.14 観測値および推定値（3元回帰）

	①	②	③	④	⑤	⑥	
	i	X_{1i}	Y_i	$b_1 X_{1i}$	$b_2 X_{2i}$	$\widehat{Y}_i = a + b_1 X_{1i} + b_2 X_{2i}$	観測値と推定値の差
				$0.0122 \times$①	$0.2076 \times$②	$3.5655 +$④$+$⑤	③$-$⑥
1	4	1.24	3.85	0.0488	0.2574	3.8717	-0.0217
2	5	1.25	3.87	0.0610	0.2595	3.8860	-0.0160
3	6	1.26	3.92	0.0732	0.2616	3.9003	0.0197
4	7	1.26	3.93	0.0854	0.2616	3.9125	0.0175
5	8	1.26	3.93	0.0976	0.2616	3.9247	0.0053
6	9	1.26	3.94	0.1098	0.2616	3.9369	0.0031
7	10	1.26	3.95	0.1220	0.2616	3.9491	0.0009
8	11	1.27	3.96	0.1342	0.2637	3.9634	-0.0034
9	12	1.28	3.98	0.1464	0.2657	3.9776	0.0024
10	13	1.29	4.00	0.1586	0.2678	3.9919	0.0081
11	14	1.32	4.01	0.1708	0.2740	4.0103	-0.0003
12	15	1.32	4.02	0.1830	0.2740	4.0225	-0.0025
13	16	1.31	4.02	0.1952	0.2720	4.0327	-0.0127
14	17	1.31		0.2074	0.2720	4.0449	
15	18	1.32		0.2196	0.2740	4.0591	

得る（表19.14）。

(6) 指数平滑法

指数平滑法は，加重移動平均を用いた予測である．指数平滑法は

- 長期にわたる実績の記録がいらない（前月末の予測値と当月の実績値があればよい）．
- したがってデータ処理に時間がかからない．
- 変化に対する対応が安定しており，その変化の速度を容易に変えることができる．

などの利点がある．

a. 指数平滑法による推定（1次指数平滑法）

$$新推定値＝旧推定値 +\alpha \times（新需要量－旧推定値）$$

または

$$新推定値＝（\alpha \times 新需要量）+(1-\alpha) \times（旧推定値）$$

この場合 $0 < \alpha < 1$ であり，平滑化定数という．荷重の総和は

$$\alpha + \alpha(1-\alpha) + \alpha(1-\alpha)^2 + \cdots = \alpha \times \left(\frac{1}{1-(1-\alpha)} \right) = 1 \tag{19.38}$$

第Ⅱ編　SCMマネジメント編

である。したがって指数平滑法の基本規則は次のように表すことができる。

新平均需要量＝(当月の需要量)＋(1－α)×(前月の平均需要量)　(19.39)

b.　傾向に対する修正

指数平滑法により，計算した平均需要量は系統的な傾向をもち，需要に遅れを生じるので傾向の大きさを推定し，必要な修正を行う必要がある。

- 当月の傾向＝新平均需要量－前月の平均需要量
- 新傾向＝α×(当月の傾向)＋(1－α)×(前月の傾向)

とすると，遅れるの修正は次式で表される。

$$期待需要量＝新平均需要量＋\left(\frac{1-\alpha}{\alpha}\right)×(新傾向)　(19.40)$$

c.　平滑化定数の選び方

①　αを小さくとると，応答は遅くゆるやかなものとなる。

②　αを大きくすると，応答は速くなる。

③　一時的な変化が予想されるときはある期間だけ（たとえば6ヶ月間）平滑化定数を大きくする方が望ましい。

実際には過去のデータをもととしてαをいろいろ変化させて，その推定量を計算し，実測値にどれほど適応するかをみて定めるとよい。

d.　初期化の求め方

①　何らかの正式な予測需要量をあればそれを用いる。

②　過去の需要実績があれば，その平均値を用いる。

一般的に初め3ヶ月位はα＝0.05位の大きな数を用いれば，初期値の影響は自動的に消されていく。

e.　1次指数平滑法の計算手順

表19.15の手順に従って計算表を作成し，次々計算値を記入する。

以上の手順1〜8までを繰り返す（表19.15）。表19.16にはα＝0.1またはα＝0.2とした例をあげて，計算結果を表す[1]（なお，括弧にある数値はα＝0.2とした場合の計算値である）。表19.16の各記入欄の算出方法を次のように説明する（α＝0.1とした場合だけの説明）。

＊1　需要の変化が予知できるのであれば，その期間αの値を大きくして，早く安定させる。

第19章　基本戦略展開の計算例

表 19.15　1次指数平滑法の計算手順

手順	計算表の記入欄	項目	計算値の算出方法
1	第1欄	年・月	年月を記入する。
2	第2欄	需要実績	その月の実績を記入する。
3	第3欄	平均需要量	まず何らかの方法によって求めた初期値を記入する。次に式(20.39)に基づいて計算し結果を記入する。
4	第4欄	変化	次の計算をして結果を記入する。当月の変化＝新平均需要量－前月の平均需要量
5	第5欄	傾向	初期値としてゼロを記入する。次に下の式に基づいて計算し結果を記入する。新傾向＝α(当月の変化)＋(1－α)×(前月の傾向)
6	第6欄	期待需要量	次は式(20.40)で計算し結果を記入する。
7	第7欄	誤差	実績値と期待需要量との差を計算し記入する。
8	第8欄	累積誤差	誤差の累積を計算し記入する。

（出典：文献1）p.33)

1：　19年1月を記入する。

2：　163.0 実績そのまま記入

3：　$(0.1 \times 163.0) + (0.9 \times 170.0) = 169.30$

4：　$169.3 - 170.0 = -0.70$

5：　$\{0.1 \times (-0.70)\} + (0.9 \times 0) = -0.07$

6：　$169.30 + (9 \times -0.07) = 168.67$

7：　19年2月の実績が記入された段階で，$201 - 168.67 = 32.33$

8：　19年2月の誤差が記入された段階で，第7欄と前期の第8欄を加算し 32.33 を記入する（すなわち，誤差の累積を計算する）。

［簡便法による計算方法］

計算を簡単にするために，次のようにデータを変換してから計算する。

$$\begin{cases} x_i = X_i - A \\ y_i = Y_i - B \end{cases}$$

この場合は，A，B は平均に近い値をとるとよい。そこで

$$\begin{cases} x_i = X_i - 10 \\ y_i = Y_i - 3.95 \end{cases}$$

に置き換え，表19.17の計算表を作成する。

　このデータに基づき，回帰分析計算手順に従って，X_i, Y_i をそれぞれ x_i, y_i

589

表 19.16 $\alpha=0.1$ および $\alpha=0.2$ としたときの計算結果表

1	2	3	4	5	6	7	8
年/月	需要実績	平均需要量	変化	傾向	期待需要量	誤差	累積誤差
（初期値）		170.0		0			
19/01	163.0	169.30 (168.60)	−0.70 (−1.40)	−0.07 (−0.28)			
19/02	201.0	172.47 (175.08)	3.17 (6.48)	0.25 (1.07)	168.67 (167.48)	32.33 (33.52)	32.33 (33.52)
19/03	194.5	174.67 (178.96)	2.20 (3.88)	0.45 (1.63)	174.76 (179.37)	19.74 (15.13)	52.07 (48.65)
19/04	165.5	173.76 (176.27)	−0.92 (−2.69)	0.31 (0.77)	178.71 (185.50)	−13.21 (−20.0)	38.86 (28.65)
19/05	175.5	173.93 (176.12)	0.17 (−0.15)	0.30 (0.58)	176.57 (179.35)	−1.07 (−3.85)	37.79 (24.80)
19/06	176.5	174.19 (176.19)	0.26 (0.08)	0.29 (0.48)	176.62 (178.45)	−0.12 (−1.95)	37.68 (22.85)
19/07	180.5	174.82 (177.05)	0.63 (0.86)	0.33 (0.56)	176.84 (178.12)	3.66 (2.38)	41.34 (25.22)
19/08	178.0	175.14 (177.24)	0.32 (0.19)	0.33 (0.48)	177.77 (179.29)	0.23 (−1.29)	41.57 (23.94)
19/09	182.5	175.87 (178.30)	0.74 (1.05)	0.37 (0.60)	178.08 (179.18)	4.42 (3.32)	45.99 (27.25)
19/10	180.0	176.29 (178.64)	0.41 (0.34)	0.37 (0.55)	179.18 (180.69)	0.82 (−0.69)	46.81 (26.57)
19/11	177.5	176.41 (178.41)	0.12 (−0.23)	0.35 (0.39)	179.64 (180.82)	−2.14 (−3.32)	44.67 (23.24)
19/12	172.5	176.02 (177.23)	−0.39 (−1.18)	0.27 (0.08)	179.53 (179.98)	−7.03 (−7.48)	37.64 (15.77)
					178.48		
48/01	⋮	⋮	⋮	⋮	(177.54)	⋮	⋮

に置き換え計算すればよい。ただし，計算式で用いられている以下の式は次のように変換して計算する（多重回帰の場合も同じ）[3]。

$$
\begin{cases}
\dfrac{\sum_{i=1}^{n} X_i}{n}=\dfrac{\sum_{i=1}^{n} x_i}{n}+A=\dfrac{①}{n}+A \\[3mm]
\dfrac{\sum_{i=1}^{n} Y_i}{n}=\dfrac{\sum_{i=1}^{n} y_i}{n}+B=\dfrac{②}{n}+B
\end{cases}
$$

[参考] 多重回帰分析計算手順（数値は多重回帰モデル分析の例を用いた）

No.	項目	計算式（一般式）	計算式	数値の代入	計算値
①	X_1 の合計	$\sum_{i=1}^{n} X_{1i}$			130
②	X_2 の合計	$\sum_{i=1}^{n} X_{2i}$			16.58
③	Y の合計	$\sum_{i=1}^{n} Y_i$			51.38
④	X_1 の平方和	$\sum_{i=1}^{n} X_{1i}^2$			1.482
⑤	X_2 の平方和	$\sum_{i=1}^{n} X_{2i}^2$			21.1544
⑥	Y の平方和	$\sum_{i=1}^{n} Y_i^2$			203.1046
⑦	X_1 と X_2 の積和	$\sum_{i=1}^{n} X_{1i}X_{2i}$			166.95
⑧	X_1 と Y の積和	$\sum_{i=1}^{n} X_{1i}Y_i$			516.26
⑨	X_2 と Y の積和	$\sum_{i=1}^{n} X_{2i}Y_i$			65.5451
⑩	偏差平方和	$\sum_{i=1}^{n}(X_{1i}-\bar{X}_1)^2 = \sum_{i=1}^{n} X_{1i}^2 - \dfrac{\left(\sum_{i=1}^{n} X_{1i}\right)^2}{n}$	$④-\dfrac{①^2}{n}$	$1482 - \dfrac{130^2}{13}$	182
⑪	偏差平方和	$\sum_{i=1}^{n}(X_{2i}-\bar{X}_2)^2 = \sum_{i=1}^{n} X_{2i}^2 - \dfrac{\left(\sum_{i=1}^{n} X_{2i}\right)^2}{n}$	$⑤-\dfrac{②^2}{n}$	$21.1544 - \dfrac{(16.58)^2}{13}$	0.0085
⑫	偏差平方和	$\sum_{i=1}^{n}(Y_i-\bar{Y})^2 = \sum_{i=1}^{n} Y_i^2 - \dfrac{\left(\sum_{i=1}^{n} Y_i\right)^2}{n}$	$⑥-\dfrac{③^2}{n}$	$203.1046 - \dfrac{(51.38)^2}{13}$	0.0350

第Ⅱ編　SCMマネジメント編

No.	名称	計算式	記号計算	数値計算	計算結果
⑬	偏差積和	$\displaystyle\sum_{i=1}^{n}(X_{1i}-\overline{X}_2)(X_{2i}-\overline{X}_2)=\sum_{i=1}^{n}X_{1i}X_{2i}-\frac{\sum_{i=1}^{n}X_{1i}\sum_{i=1}^{n}X_{2i}}{n}$	$\dfrac{⑦-(①×②)}{n}$	$166.95-\dfrac{130×16.58}{13}$	1.15
⑭	偏差積和	$\displaystyle\sum_{i=1}^{n}(X_{1i}-\overline{X}_1)(Y_i-\overline{Y})=\sum_{i=1}^{n}X_{1i}Y_i-\frac{\sum_{i=1}^{n}X_{1i}\sum_{i=1}^{n}Y_i}{n}$	$\dfrac{⑧-(①×③)}{n}$	$516.26-\dfrac{130×51.38}{13}$	2.46
⑮	偏差積和	$\displaystyle\sum_{i=1}^{n}(X_{2i}-\overline{X}_2)(Y_i-\overline{Y})=\sum_{i=1}^{n}X_{2i}Y_i-\frac{\sum_{i=1}^{n}X_{2i}\sum_{i=1}^{n}Y_i}{n}$	$\dfrac{⑨-(②×③)}{n}$	$65.5451-\dfrac{16.58×51.38}{13}$	0.0158
⑯	単相関係数 (X_1 と X_2)	$r_{X_1,X_2}=\dfrac{\sum_{i=1}^{n}(X_{1i}-\overline{X}_1)(X_{2i}-\overline{X}_2)}{\sqrt{\sum_{i=1}^{n}(X_{1i}-\overline{X}_1)^2\sum_{i=1}^{n}(X_{2i}-\overline{X}_2)^2}}$	$\dfrac{⑬}{\sqrt{⑩×⑪}}$	$\dfrac{1.15}{\sqrt{182×0.0085}}$	0.9233
⑰	単相関係数 (X_1 と Y)	$r_{X_1,Y}=\dfrac{\sum_{i=1}^{n}(X_{1i}-\overline{X}_1)(Y_i-\overline{Y})}{\sqrt{\sum_{i=1}^{n}(X_{1i}-\overline{X}_1)^2\sum_{i=1}^{n}(Y_i-\overline{Y})^2}}$	$\dfrac{⑭}{\sqrt{⑩×⑫}}$	$\dfrac{2.46}{\sqrt{182×0.035}}$	0.9743
⑱	単相関係数 (X_2 と Y)	$r_{X_2,Y}=\dfrac{\sum_{i=1}^{n}(X_{2i}-\overline{X}_2)(Y_i-\overline{Y})}{\sqrt{\sum_{i=1}^{n}(X_{2i}-\overline{X}_2)^2\sum_{i=1}^{n}(Y_i-\overline{Y})^2}}$	$\dfrac{⑮}{\sqrt{⑪×⑫}}$	$\dfrac{0.0158}{\sqrt{0.0085×0.035}}$	0.9166
⑲	推定式の パラメータ (X_1 の係数)	$b_1=\dfrac{[\sum_{i=1}^{n}(X_{1i}-\overline{X}_1)(Y_i-\overline{Y})\times\sum_{i=1}^{n}(X_{2i}-\overline{X}_2)^2]-[\sum_{i=1}^{n}(X_{1i}-\overline{X}_1)(X_{2i}-\overline{X}_2)\times\sum_{i=1}^{n}(X_{2i}-\overline{X}_2)(Y_i-\overline{Y})]}{[\sum_{i=1}^{n}(X_{1i}-\overline{X}_1)^2\times\sum_{i=1}^{n}(X_{2i}-\overline{X}_2)^2]-[\sum_{i=1}^{n}(X_{1i}-\overline{X}_1)(X_{2i}-\overline{X}_2)]^2}$	$\dfrac{(⑭×⑪)-(⑬×⑮)}{(⑩×⑪)-⑬^2}$	$\dfrac{(2.46×0.0085)-(1.15×0.0158)}{(182×0.0085)-1.15^2}$	0.0122
⑳	推定式の パラメータ (X_2 の係数)	$b_2=\dfrac{[\sum_{i=1}^{n}(X_{2i}-\overline{X}_2)(Y_i-\overline{Y})\times\sum_{i=1}^{n}(X_{1i}-\overline{X}_1)^2]-[\sum_{i=1}^{n}(X_{1i}-\overline{X}_1)(X_{2i}-\overline{X}_2)\times\sum_{i=1}^{n}(X_{1i}-\overline{X}_1)(Y_i-\overline{Y})]}{[\sum_{i=1}^{n}(X_{1i}-\overline{X}_1)^2\times\sum_{i=1}^{n}(X_{2i}-\overline{X}_2)^2]-[\sum_{i=1}^{n}(X_{1i}-\overline{X}_1)(X_{2i}-\overline{X}_2)]^2}$	$\dfrac{(⑮×⑩)-(⑬×⑭)}{(⑩×⑪)-⑬^2}$	$\dfrac{(0.0158×182)-(1.15×2.46)}{(182×0.0085)-1.15^2}$	0.2076
㉑	推定式の パラメータ (定数項)	$a=\dfrac{\sum_{i=1}^{n}Y_i-(b_1\times\sum_{i=1}^{n}X_{1i})-(b_2\times\sum_{i=1}^{n}X_{2i})}{n}$	$\dfrac{③-(⑲×①)-(⑳×②)}{n}$	$\dfrac{51.38-(0.0122×130)-(0.2076×16.58)}{13}$	3.5655
㉒	全変動の 偏差平方和	$S_Y=\displaystyle\sum_{i=1}^{n}(Y_i-\overline{Y})^2$	⑫		0.0350

第19章　基本戦略展開の計算例

㉓	回帰変動の偏差平方和	$S_R = b_1 \sum_{i=1}^{n}(X_{1i}-\overline{X_1})(Y_i-\overline{Y}) + b_2\sum_{i=1}^{n}(X_{2i}-\overline{X_2})(Y_i-\overline{Y})$	⑲×⑭+⑳×⑮	$(0.0122\times2.46)+(0.2076\times0.0158)$	0.0333
㉔	残差変動の偏差平方和	$S_E = S_Y - S_R$	㉒－㉓	$0.0350-0.0333$	0.0017
㉕	平均平方	$A = \dfrac{S_R}{2}$	$\dfrac{㉓}{2}$	$\dfrac{0.0333}{2}$	0.0167
㉖	平均平方	$B = \dfrac{S_E}{(n-3)}$	$\dfrac{㉔}{(n-3)}$	$\dfrac{0.0017}{10}$	0.00017
㉗	分散比	$\dfrac{A}{B} = \dfrac{(n-3)\times S_R}{2S_E}$	$\dfrac{㉕}{㉖}$	$\dfrac{0.0167}{0.00017}$	98.2353
㉘	決定係数	$R^2 = \dfrac{S_R}{S_Y}$	$\dfrac{㉓}{㉒}$	$\dfrac{0.0333}{0.0350}$	0.9514
㉙	重相関係数	$R = \sqrt{\dfrac{S_R}{S_Y}}$	$\sqrt{㉘}$	$\sqrt{0.9514}$	0.9754
㉚	回帰まわりの誤差	$S_E = \sqrt{\dfrac{S_E}{(n-3)}}$	$\sqrt{㉖}$	$\sqrt{0.00017}$	0.0130
㉛	b_1 の標準誤差	$S_{b_1} = S_E \times \sqrt{\dfrac{\sum\limits_{i=1}^{n}(X_{2i}-\overline{X_2})^2}{\left[\sum\limits_{i=1}^{n}(X_{1i}-\overline{X_1})^2 \times \sum\limits_{i=1}^{n}(X_{2i}-\overline{X_2})^2\right]-\left[\sum\limits_{i=1}^{n}\{(X_{1i}-\overline{X_1})(X_{2i}-\overline{X_2})\}\right]^2}}$	$㉚ \times \sqrt{\dfrac{⑪}{(⑩\times⑪)-⑬^2}}$	$0.0130 \times \sqrt{\dfrac{0.0085}{(182\times0.0085)-1.15^2}}$	0.0025
㉜	b_2 の標準誤差	$S_{b_2} = S_E \times \sqrt{\dfrac{\sum\limits_{i=1}^{n}(X_{1i}-\overline{X_1})^2}{\left[\sum\limits_{i=1}^{n}(X_{1i}-\overline{X_1})^2 \times \sum\limits_{i=1}^{n}(X_{2i}-\overline{X_2})^2\right]-\left[\sum\limits_{i=1}^{n}\{(X_{1i}-\overline{X_1})(X_{2i}-\overline{X_2})\}\right]^2}}$	$㉚ \times \sqrt{\dfrac{⑩}{(⑩\times⑪)-⑬^2}}$	$0.0130 \times \sqrt{\dfrac{182}{(182\times0.0085)-1.15^2}}$	0.3701
㉝	β_1 の信頼区間	$b_1-(t\times S_{b_1}) < \beta_1 < b_1+(t\times S_{b_1})$	⑲±(t×㉛)	（自由度10の5%の t 値＝2.228） $0.0122\pm(2.228\times0.0025)$	0.00603 ~ 0.01777
㉞	β_2 の信頼区間	$b_2-(t\times S_{b_2}) < \beta_2 < b_2+(t\times S_{b_2})$	⑳±(t×㉜)	（自由度10の5%の値＝2.228） $0.2076\pm(2.228\times0.3701)$	−0.61698 ~ 1.03218

第Ⅱ編　SCM マネジメント編

表 19.17　回帰分析のための必要計算値

i	X_i	Y_i	x_i (X_i-10)	y_i $(Y_i-3.95)$	x_i^2	y_i^2	$x_i y_i$
1	4	3.85	-6	-0.10	36	0.0100	0.60
2	5	3.87	-5	-0.08	25	0.0064	0.40
3	6	3.92	-4	-0.03	16	0.0009	0.12
4	7	3.93	-3	-0.02	9	0.0004	0.06
5	8	3.93	-2	-0.02	4	0.0004	0.04
6	9	3.94	-1	-0.01	1	0.0001	0.01
7	10	3.95	0	0.00	0	0.0000	0.00
8	11	3.96	1	0.01	1	0.0001	0.01
9	12	3.98	2	0.03	4	0.0009	0.06
10	13	4.00	3	0.05	9	0.0025	0.15
11	14	4.01	4	0.06	16	0.0036	0.24
12	15	4.02	5	0.07	25	0.0049	0.35
13	16	4.02	6	0.07	36	0.0049	0.42
計	130	51.38	0	0.03	182	0.0351	2.46
	$\sum\limits_{i=1}^{13} X_i$	$\sum\limits_{i=1}^{13} Y_i$	$\sum\limits_{i=1}^{13} x_i$	$\sum\limits_{i=1}^{13} y_i$	$\sum\limits_{i=1}^{13} x_i^2$	$\sum\limits_{i=1}^{13} y_i^2$	$\sum\limits_{i=1}^{13} x_i y_i$
	Ⅰ	Ⅱ	①	②	③	④	⑤

19.3　地図情報の応用

Ⅲ編 10 章では，地図のデータ利用において緯度経度から 2 地点間の直線距離を計算する近似方式の有効性の検証について述べているが，本節ではその検証結果により，地図上で 2 地点間の直線距離を正確に算出するヒュベニ公式（簡略化した式のみ）を応用する方法を説明する。

19.3.1　ヒュベニ公式

地球楕円体における 2 地点間の直線距離導出の公式は複数あるが，緯度経度からの距離計算方法としてヒュベニの公式と呼ばれるガウスの平均緯度式の改良式がよく用いられる。本公式の簡略式は以下の式（19.41）から式（19.45）のとおりである[4)5)]。

$$D=\sqrt{(Dy\times M)^2+(Dx\times N\times \cos P)^2} \tag{19.41}$$

ここで

$$M = \frac{Rx(1-E)^2}{W^3} \tag{19.42}$$

$$N = \frac{Rx}{W} \tag{19.43}$$

$$W = \sqrt{1 - (E^2 \sin^2 P)} \tag{19.44}$$

$$E = \sqrt{\frac{Rx^2 - Ry^2}{Rx^2}} \tag{19.45}$$

〈記号説明〉

D：算出した2地点間の直線距離，　　P：2点の緯度の平均

D_y：2点の緯度（ラジアン）の差，　　R_x：長半径（赤道半径）

D_x：2点の経度（ラジアン）の差，　　R_y：短半径（極半径）

M：子午線曲率半径，　　　　　　　E：離心率

N：卯酉線曲率半径

　なお，長半径（R_x）および短半径（R_y）は世界測地系である GRS80 に基づく値を用いて，このヒュベニ公式の簡略式により，次項で2地点間の直線距離を算出する。

19.3.2　ヒュベニ公式の応用例

　たとえば，東京都と長野県間の距離を，上記のヒュベニ公式の簡略式（式(19.41)）を用いて距離を算出する。まずは，わかっている値を次のようにまとめる[6)7)]。

GRS80 に基づく長半径（R_x）＝6,378,137.000

GRS80 に基づく短半径（R_y）＝6,356,752.31414

東京都の緯度（y_1）＝35.689487，東京都の経度（x_1）＝139.691706

長野県の緯度（y_2）＝36.65139，長野県の経度（x_2）＝138.18111

（1）　対象2地点間の緯度経度の差（D_y および D_x）を求める。

　その前に，調査した10進数である緯度経度をラジアンへ以下のように変換する必要がある。

$$\text{Rad} = (緯度経度 \times \pi) \div 180 \tag{19.46}$$

したがって，式(19.46)により，東京都の緯度と経度からラジアンへ次のよ

595

第Ⅱ編　SCMマネジメント編

うに変換する。

$$\text{Rad}_y^\text{T}=(35.689487\times3.14159)\div180=0.622899056 \qquad ①$$

$$\text{Rad}_x^\text{T}=(139.691706\times3.14159)\div180=2.438080207 \qquad ②$$

長野県も同じように計算すると，次の結果が得られる。

$$\text{Rad}_y^\text{N}=0.639687431 \qquad ③$$

$$\text{Rad}_x^\text{N}=2.411715334 \qquad ④$$

ここで，D_y と D_x が求められる。

$$D_y=①-③=0.622899056-0.639687431=-0.016788375 \qquad ⑤$$

$$D_x=②-④=2.438080207-2.411715334=0.026364873 \qquad ⑥$$

(2)　定数である子午線曲率半径（M），卯酉線曲率半径（N），および離心率（E）を求める。

M と N を求める前には，先に E を求める。式（19.45）により

$$E=\sqrt{\frac{R_x^2-R_y^2}{R_x^2}}=\sqrt{\frac{6{,}378{,}137.000^2-6{,}356{,}752.31414^2}{6{,}378{,}137.000^2}}=0.081819191 \quad ⑦$$

次いで，N を式（19.43）で求める。

$$N=\frac{R_x}{W}=\frac{R_x}{\sqrt{1-(E^2\sin^2P)}}$$

ここで，P が対象とした 2 地点の緯度（ラジアン）の平均で求められる。したがって，$P=0.631293244$ となる。

上記により

$$N=\frac{R_x}{W}=\frac{6{,}378{,}137.000}{\sqrt{1-(⑦^2\times\sin^2(0.631293244))}}\approx6{,}385{,}586.328 \qquad ⑧$$

そして，M を求める。式（19.42）により

$$M=\frac{R_x(1-E)^2}{W^3}=\frac{6{,}378{,}137.000(1-⑦)^2}{\sqrt{1-(⑦^2\times\sin^2(0.631293244))^3}}\approx6{,}357{,}663.643 \qquad ⑨$$

(3)　式（19.41）により，東京都と長野県間の距離（m）を求める。

$$D=\sqrt{(D_y\times M)^2+(D_x\times N\times\cos P)^2}=\sqrt{(⑤\times⑨)^2+(⑥\times⑧\times\cos(0.631293244))^2}$$
$$\approx172{,}809.435$$

上記の結果により，ヒュベニ公式の簡略式を用いて東京都から長野県までの直線近似距離は 172,809.435 m（約 173 km）と求められた。国土地理院に公

596

開されたウェブ上で東京都から長野県間の距離を計算すると，結果が172,805.090 m となった[8]。この結果をここで計算した結果と比較すると，約4 m の差が出た。この差は十分無視でき，精度が出ているといえよう。なお，今回は手で計算したが，実際にこのヒュベニ公式の簡略式による2地点間の距離を計算するには，Excel やプログラムがよく使用される。

19.4 立 地 選 定

19.4.1 前提条件の整理

(1) 機能の明確化

a. 貯蔵型（storage-warehouse）

保管を目的としたもの，たとえば農業倉庫などの米の保管など必要なときまで保管しておく。

b. 流通型（distribution-warehouse）

荷捌，配送などに主眼が置かれる。したがってタイミングなど迅速な処理が要求される。たとえば，配送センターである。

(2) 立地選定の基準

a. 輸送配送の形態

① 比較的大量のものを物流起点から消費起点まで輸送するのに時間的余裕のある場合は，物流起点に倉庫を設ける。

② 小口で多種品のものをタイミングよく輸送しなくてはならない場合は，消費地に輸送拠点をおく。

b. 輸送のタイミング

受注からどの位の時間に配送するか，また商品の特性により，配送をいつまでに完了しなくてはならないかなどにより，配送拠点の配置を決める。

(3) 立地選定に当たっての調査

a. 他の流通関連施設，市場，工場その他消費需要，倉庫需要との関連調査

b. 交通網，交通事情についての調査

c. 公害に対する環境調査

第Ⅱ編　SCMマネジメント編

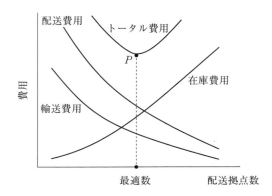

図 19.9　拠点費用と物流費用のトレードオフ
（出典：文献 1）p. 81）

d.　将来の都市計画および建築などに対する調査
e.　倉庫営業などに関する法規
f.　労働力確保についての調査
g.　地価，用地面積の確保の可能性の調査

　配送拠点の適正数は，トータル費用，さらにサービス率を考慮する必要がある（図 19.9）。

19.4.2　立地選定手法

(1)　原　理

図 19.10 により
- A, B 間の距離を l
- B より X 離れた任意の時点に D（配送センター）をとる。
- A 地点での輸送量　m
- B 地点での輸送量　$0 \leq m \leq M$

とすると
$$輸送費 = m(l-X) + (M \times X) = ml + (M-m) \times X \qquad (19.47)$$

したがって，輸送費（式（19.47））を最小とする配送センター D の立地は $M-m>0$ であるので $X=0$ の地点となる。このとき輸送費 ml とあり，A 地点の品物を B 地点に集約する。

図 19.10 ABD 地点間の距離
（出典：文献 1）p. 82）

(2) 集配区域の決め方

- 直送方式（供給地より直接需要地に配送する）
- デポ方式（供給地より一旦配送センターまで輸送し，ここから各集配送区域別に仕分けして，需要地まで配送する）

a. 配送区域の境界

図 19.11 により

$$C_1 = C_2 + C_3 \quad (19.48)$$

ただし

C_1：直送方式のコスト
C_2：デポ方式のコスト
C_3：デポ方式のコスト

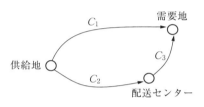

図 19.11 配送区域の境界図
（出典：文献 1）p.82）

b. 輸送基地を作った場合のコストと輸送基地がない場合のコスト比較

① 輸送基地を作った場合のコストを A とすると

$$A = C_0 + T_1 + T_2 - C_A \quad (19.49)$$

ただし

C_0：輸送基地のコスト（倉敷量＋人件費＋諸経費）
T_1：輸送基地までの一次輸送費
T_2：輸送基地までの二次輸送費
C_A：出荷体制容易によるコスト低下

② 輸送基地がない場合のコストを B とすると

$$B = T + C_B \quad (19.50)$$

ただし

T：各客への輸送費
C_B：出荷体制の難易によるコスト高

A と B とを比較すると一般に，$A > B$ となると思われるが，その他の要因，

サービス向上などを考慮し総合的に判断すると
$$A < B + S \tag{19.51}$$
〔注〕 S のコストを換算することは実際には不可能である。

③ 最適配送基地の決め方

物流費用数を C とすると
$$C = F + G + H \tag{19.52}$$
ただし
 F：デポ運営費用
 G：出荷地からデポまでの輸送費用
 H：デポから顧客までの配送費用
ここで
$$F_i = a_i + f_i(w_i) \tag{19.53}$$
ただし
 a_i：デポ i に対する固定費
 $f_i(w_i)$：物流量 w_i に対する変動費
すなわち，$F = \sum F_i$ である。

そこで，図 19.12 の座標上でデポと配送先との関係をとらえる。

(x_0, y_0)：デポのある場所
(x_j, y_j)：配送先 $(j = 1, 2, \cdots, n)$
C_j：デポより配送先 j への配送費
すると
$$H = \sum_{j=1}^{n} C_j \tag{19.54}$$
または
$$C_j = a_j \times w_j \times d_j \tag{19.55}$$

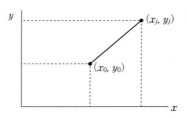

図 19.12 デポと配送先の座標との関係
（出典：文献1）p.83）

ただし
 a_j：デポから顧客への単位配送量当たり，単位距離当たりの配送費
 d_j：デポから顧客までの距離 $\sqrt{(x_0 - x_j)^2 + (y_0 - y_j)^2}$

$$\therefore \quad H = \sum_{j=1}^{n} C_j = \sum_{j=1}^{n} (a_j \times w_j \times d_j) \tag{19.56}$$

これを最小にして，(x_0, y_0) を求めればよい。それには H を x_0, y_0 でそれぞれ偏

微分し，0とおく[9]。

$$\frac{\partial H}{\partial x_0}=\sum_{j=1}^{n}\{a_j w_j (x_0 - x_j)/d_j\}=0$$

$$\frac{\partial H}{\partial y_0}=\sum_{j=1}^{n}\{a_j w_j (y_0 - y_j)/d_j\}=0$$

$$\therefore \quad x_0=\frac{\sum_{j=1}^{n}(a_j w_j x_j/d_j)}{\sum_{j=1}^{n}(a_j w_j/d_j)} \tag{19.57}$$

$$y_0=\frac{\sum_{j=1}^{n}(a_j w_j y_j/d_j)}{\sum_{j=1}^{n}(a_j w_j/d_j)} \tag{19.58}$$

19.4.3　立地選定シミュレーションの基本およびケーススタディ

(1)　立地選定の基本

立地選定の類型は表 19.18 のように示され，一般的には

- 1段階1センター（SS 型）
- 1段階複数センター（SM 型）
- 多段階複数センター（MM 型）

の3型がある（図 19.13）。

各類型のシミュレーションモデルおよび最適化手法は以下のようになる。

- SS 型

シミュレーションモデル：重力モデル，GA 型重力モデル

最適化手法：線形，非線形，混合整数計画法

- SM 型

シミュレーションモデル：重力モデル，GA 型重力モデル

最適化手法：線形，非線形，混合整数計画法

表 19.18　立地の類型

	シングルデポ	マルチデポ
シングルエチェロン	SS 型	SM 型
マルチエチェロン		MM 型

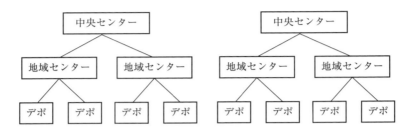

図 19.13　3 型の立地類型の図

- M. M 型

シミュレーションモデル：GA など

最適化手法：多段階型最適モデル

(2) 立地モデルの類型

a. 既存の立地選定問題の解法

① ウェバーの理論

需要地 1 ヶ所,原料供給地 2 ヶ所の場合の輸送費を,立地三角形という図形を用いて最小にする立地の問題を解く。

② Kuhn と Kuenne のモデル

上記のウェバーの理論を一般化したものである。

③ 重力モデル

配送ネットワークの中から総和トン・キロが最小になる拠点を選定するモデルである。

④ 重心法（単一流通センターモデル）

需要地の座標,需要量および配送賃率から重心を求める方法である（重力モデルのこと）。

⑤ 混合整数計画法

立地拠点,需要地および物量を整数変数として整数計画法で解く。

第19章　基本戦略展開の計算例

⑥　ボーモル・ウォルフのモデル

立地拠点における費用を非線形の関数として輸送費に加えるが，定式化が困難である。

⑦　CFLP（Capacitated Facility Location Problem）

立地拠点に容量の制限をつけ，建設費用と輸送費用から総費用を算出するという問題である。

⑧　SFLP（Simple Facility Location Problem）

立地拠点に容量の制限をつけずに，建設費用と輸送費から総費用を算出するという問題である。

すなわち，①から⑥までの解法の目的関数は総輸送費距離および総輸送費を最小にするが，⑦と⑧の解法は建設費用および輸送費を最小にする。

b.　立地類型とモデル

上記に説明したように，表19.18に表した立地の類型によって，モデル，または最適化手法をそれぞれ適用する。その基本モデルの例を以下のように簡単に説明する。

①　重力モデル（gravity model）

このモデルの特性は総トン(t)・キロメートル(k)を最小にする重心を選定するモデルである。本モデルの目的関数（Z）は以下の数式で表すことができる。

$$\text{Minimize } Z = \sum tk \tag{19.59}$$

このモデルはシングルエチェロンの類型（SS型およびSM型）に適用する。なお，最適拠点数を増加すると，計算時間が指数曲線的に増加し，解不能となる。たとえば，都道府県ベースで最適拠点6ヶ所以上を選定する場合，計算時間が極端に長くなる。したがって，GAなどを利用しこれを克服している。または局所解に注意する。

②　多段階モデル

マルチエチェロン（多段階）の類型に適用するモデルは基本的に以下のものである。

・GA型 MMFM

図19.14に本モデルの概略を表す。本モデルは工場立地と生産立地の総費用を最小にする問題である。このモデルは以下のとおりである。

603

第Ⅱ編　SCMマネジメント編

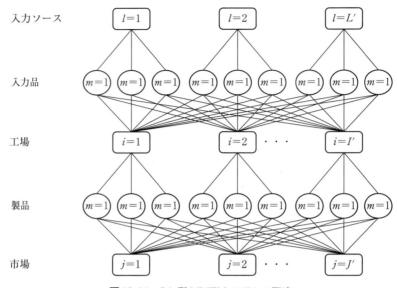

図 19.14　GA 型 MMFM モデルの概略

- 配送段階は入力ソース⇔工場⇔市場の複数立地で配送する方式をとる。
- 製品品目と入力品目は複数品目とする。

または，モデルの条件は以下のとおりである。

- 市場：市場ごとに各製品の需要数を設定する。
- 生産ライン：
① 工場と製品別に生産ラインの最大生産能力を設定する。
② 生産ライン操業度は稼働率が高いものほど低く設定する。
③ 各製品の生産にはすべての入力品目を必要とし，製品別に必要な入力品数を設定する。
- 入力供給：入力ソース別に各入力品の最大供給量を設定する。

GA 型 MMFM モデルの定式化は以下の条件において，目的関数および制約条件を定式化する[10]。

〔素　引〕

i：工場立地数　$(i=1 \sim I)$

j：市場立地数　$(j=1 \sim J)$

l：入力ソース立地数　$(l=1 \sim L)$

p：製品数　$(p=1 \sim P)$

m：入力品数　$(m=1 \sim M)$

〔目的関数〕

$$\text{Minimize } Z = \sum_{i=1}^{I} F_i Y_i + \sum_{i=1}^{I} \sum_{p=1}^{P} W_{ip} R_{ip} + \sum_{i=1}^{I} \sum_{j=1}^{J} \sum_{p=1}^{P} r_{ijp} x_{ijp} + \sum_{i=1}^{I} \sum_{l=1}^{L} \sum_{m=1}^{M} a_{lim} y_{lim}$$

(19.60)

〔制約条件式〕

$$\sum_{i=1}^{I} x_{ijp} \geq D_{jp} \quad \text{（生産需要制約）} \tag{19.61}$$

$$\sum_{j=1}^{J} x_{ijp} \leq A_{ip} R_{ip} \quad \text{（生産ライン能力制約）} \tag{19.62}$$

$$\sum_{j=1}^{J} \sum_{p=1}^{P} Q_{mp} x_{ijp} \leq \sum_{l=1}^{L} y_{lim} \quad \text{（入力需要制約）} \tag{19.63}$$

$$\sum_{i=1}^{I} y_{lim} \leq U_{lm} \quad \text{（入力供給制約）} \tag{19.64}$$

$$Y_i - R_{ip} \geq 0 \tag{19.65}$$

$$0 \leq Y_i \leq 1 \tag{19.66}$$

$$0 \leq R_{ip} \leq 1 \tag{19.67}$$

$$x_{ijp} \geq 0 \tag{19.68}$$

$$y_{lim} \geq 0 \tag{19.69}$$

$$Y_i = \text{整数} \tag{19.70}$$

$$R_{ip} = \text{整数} \tag{19.71}$$

〔記号説明〕

F_i：工場 i の立地にかかる固定費

W_{ip}：工場 i で製品 p の生産ラインを開設する際の固定費

Y_i：工場 i を立地する決定変数

R_{ip}：工場 i での生産ライン p を開設する際の決定変数

c_{ijp}：工場 i から市場 j への製品 p の輸送費

a_{lim}：資源 l から工場 i への入力 m の輸送費

第Ⅱ編　SCMマネジメント編

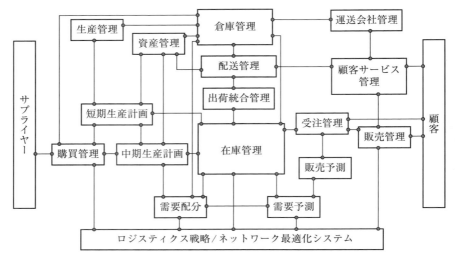

図 19.15 LOMAS モデル
出典：唐澤豊 顧問，米国コンサルティング企業のソフト

x_{ijp}：工場 i から市場 j まで配送される製品 p の量

y_{lim}：資源 l から工場 i まで輸送される入力 m の量

g_{ip}：生産ライン i, p の操業レベル関数

D_{jp}：製品 p の市場 j での推定需要

A_{ip}：工場 i での生産ライン p の最大生産能力

Q_{mp}：製品 p の生産に必要な入力 m の量

U_{lm}：資源 l による入力 m の最大供給量

- LOMAS（Bender MGT Consultants）

図 19.15 は LOMAS モデルの概略である[11]。

(3) ケーススタディ

以下の例題をケーススタディとし，今回は 1 段階複数センター（SM 型），すなわち配送センター 1 ヶ所から 5 ヶ所をシミュレーションして立地選定問題を学習する。まずは解答プロセスをフローチャートで図示する（図 19.16）[12]。

［例　題］　図 19.17 のネットワークが与えられた際，次の問題に答えよ。
1)　距離表を作成せよ。

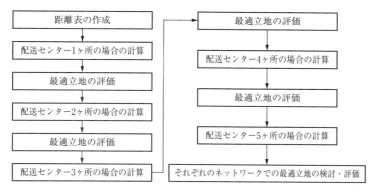

図 19.16 解答プロセスのフローチャート

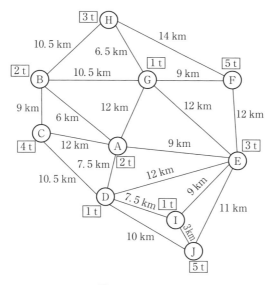

図 19.17 問題図

2) 配送センター1ヶ所から5ヶ所をシミュレーションによって選定せよ。
3) この手法の問題点を箇条書きにせよ。
（解答）
1) 図19.17の問題図により，表19.19のように距離表が作成できる。
2) 配送センター7ヶ所から5ヶ所をシミュレーションによって選定せよ。

第Ⅱ編　SCM マネジメント編

表 19.19　距離表（単位：km）

A：2t

6	B：2t								
12	9	C：4t							
7.5	13.5	10.5	D：1t						
9	15	21	12	E：3t					
21	19.5	28.5	24	12	F：5t				
12	10.5	19.5	19.5	12	9	G：1t			
16.5	10.5	19.5	24	18.5	14	6.5	H：3t		
15	21	18	7.5	9	21	21	27.5	I：1t	
17.5	24	20.5	10	11	23	23	30.5	3	J：5t

表 19.20　配送センターの候補地（縦）から配送先（横）までのトン・キロ計算表

	A (2t)	B (2t)	C (4t)	D (1t)	E (3t)	F (5t)	G (1t)	H (3t)	I (1t)	J (5t)	計 (tkm)
A	0	2×6=12	4×12=48	7.5	27	105	12	49.5	15	87.5	363.5
B	12	0	36	13.5	45	97.5	10.5	31.5	21	120	387.0
C	24	18	0	10.5	63	142.5	19.5	58.5	18	102.5	456.5
D	15	27	42	0	36	120	19.5	72	7.5	50	389.0
E	18	30	84	12	0	60	12	55.5	9	55	335.5
F	42	39	114	24	36	0	9	42	21	115	442.0
G	24	21	78	19.5	36	45	0	19.5	21	115	379.0
H	33	21	78	24	55.5	70	6.5	0	27.5	152.5	468.0
I	30	42	72	7.5	27	105	21	82.5	0	15	402.0
J	35	48	82	10	33	115	23	91.5	3	0	440.5

　ⅰ）　配送センターは1ヶ所の場合の計算

　配送センター1ヶ所を計算する場合は，配送センターの候補地がA～Jのすべてであるので，すべてのケースを計算して，総トン・キロ（t・km）が最も少ない場所を立地として選ぶ。A～Jを候補地とした場合のトン・キロをそれぞれ計算すると，結果は表19.20となる。

　上記の結果により，Eを配送センターとした場合の総トン・キロが最小になるので（335.5 tkm），Eが最適立地となる。

　ⅱ）　配送センターは2ヶ所の場合の計算

　配送センター2ヶ所を計算する場は，まずBとEの2ヶ所を選定し，BとEとの近い距離によってネットワークの範囲を決定する。結果は図19.18のとお

608

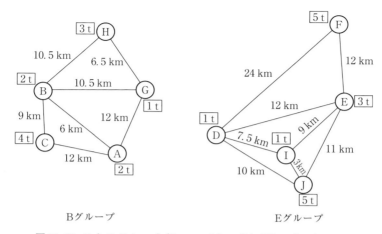

図 19.18 BとEグループ（Group=G.）のそれぞれのネットワーク

表 19.21 最適配送センター2ヶ所の選定するためのトン・キロ計算結果

G.		A (2t)	B (2t)	C (4t)	D (1t)	E (3t)	F (5t)	G (1t)	H (3t)	I (1t)	J (5t)	計 (tkm)
B	A	0	12	48	–	–	–	12	49.5	–	–	121.5
	B	12	0	36	–	–	–	10.5	31.5	–	–	90.0
	C	24	18	0	–	–	–	19.5	58.5	–	–	120.0
	G	24	21	78	–	–	–	0	19.5	–	–	142.5
	H	33	21	78	–	–	–	6.5	0	–	–	138.5
E	D	–	–	–	0	36	120	–	–	7.5	50	213.5
	E	–	–	–	12	0	60	–	–	9	55	136.0
	F	–	–	–	24	36	0	–	–	21	115	196.0
	I	–	–	–	7.5	27	105	–	–	0	15	154.5
	J	–	–	–	10	33	115	–	–	3	0	161.0

りである．次に配送センター1ヶ所を計算するときと同じように，各グループに存在するすべての候補地を配送センターとして，総トン・キロをそれぞれ計算すると，最小となる総トン・キロの候補地が最適立地となる．計算結果は表19.21のとおりである．

上記より指定したBおよびEがそれぞれのネットワークで最小であることからBとEがネットワークの中で最適である．

iii） 配送センターは3ヶ所の場合の計算

配送センター3ヶ所を計算する場合は，2ヶ所の計算の場合と同じで3グル

第Ⅱ編　SCMマネジメント編

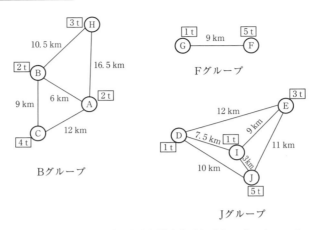

図 19.19　3 グループに分けた場合とそれぞれのネットワーク

表 19.22　最適配送センター 3 ヶ所の選定するためのトン・キロ計算結果

Group		A(2t)	B(2t)	C(4t)	H(3t)	計(tkm)
B	A	0	12	48	49.5	109.5
	B	12	0	36	31.5	79.5
	C	24	18	0	58.5	100.5
	H	33	21	78	0	132.0
Group		F(5t)	G(1t)	-	-	計(tkm)
F	F	0	9	-	-	9.0
	G	45	0	-	-	45.0
Group		D(1t)	E(3t)	I(1t)	J(5t)	計(tkm)
J	D	0	36	7.5	50	93.5
	E	12	0	9	55	76.0
	I	7.5	27	0	15	49.5
	J	10	33	3	0	46.0

ープを決めてから，最小になる総トン・キロを計算することによってそれぞれのグループの最適立地を求める．グループを選定した結果は図 19.19 となる．総トン・キロの計算結果は表 19.22 のとおりである．この結果により，3 ヶ所の最適立地は B, F および J である．

　ⅳ）　配送センターは 4 ヶ所の場合の計算

　図 19.20 はネットワークを 4 つのグループに分けた図である．それぞれのグループの総トン・キロを計算することで，C, F, H, および J からの総トン・

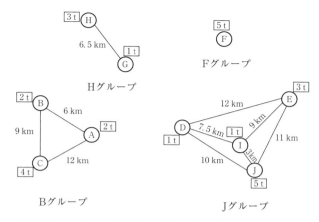

図 19.20 4グループに分けた場合とそれぞれのネットワーク

表 19.23 最適配送センター4ヶ所の選定するためのトン・キロ計算結果

Group		A(2t)	B(2t)	C(4t)	-	計(tkm)
B	A	0	12	48	-	60.0
	B	12	0	36	-	48.0
	C	24	18	0	-	42.0
Group		F(5t)	-	-	-	計(tkm)
F	F	0	-	-	-	0
Group		H(3t)	G(1t)	-	-	計(tkm)
H	H	0	6.5	-	-	6.5
	G	19.5	0	-	-	19.5
Group		D(1t)	E(3t)	I(1t)	J(5t)	計(tkm)
	D	0	36	7.5	50	93.5
J	E	12	0	9	55	76.0
	I	7.5	27	0	15	49.5
	J	10	33	3	0	46.0

キロがそれぞれ最小となる拠点であるため，最適立地である（表19.23）。

iii) 配送センターは5ヶ所の場合の計算

図19.21のとおりに5つのグループを選定し，上記の4ヶ所の求め方とまったく同じで，これらのネットワークの中で最適立地を計算する。結果は表19.24に表すようにC，E，F，HおよびJが配送センター5ヶ所の最適立地となる[*1]。

3) 以下のように諸問題が考えられる。

第Ⅱ編　SCMマネジメント編

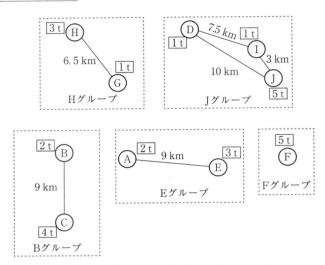

図 19.21 5グループに分けた場合とそれぞれのネットワーク

表 19.24 最適配送センター5ヶ所の選定するためのトン・キロ計算結果

Group		B(2t)	C(4t)	-	計(tkm)
C	B	0	36	-	36.0
	C	18	0	-	18.0
Group		A(2t)	E(3t)	-	計(tkm)
E	A	0	27	-	27.0
	E	18	0	-	18.0
Group		F(5t)	-	-	計(tkm)
F	F	0	-	-	0
Group		H(3t)	G(1t)	-	計(tkm)
H	H	0	6.5	-	6.5
	G	19.5	0	-	19.5
Group		D(1t)	I(1t)	J(5t)	計(tkm)
J	D	0	7.5	50	57.5
	I	7.5	0	15	22.5
	J	10	3	0	13.0

＊1　配送センター2ヶ所から5ヶ所までを計算する場合は，他の組み合わせにおいても最適地（近似解）が存在するケースもある。

- 土地の価格増減を ROI に反映していない。
- 将来の道路ネットワークの見通しが不確かである。
- 最良解であって必ずしも最適解ではない。

19.5　在庫管理手法と応用

在庫管理方式を決定するためには
- いつ発注するのか（発注時点）
- いくら発注するのか（発注量）

その内容を具体的に決定することである。そのためには
- 過去の売上げ実績などの把握（すなわち，予測のことである）
- 商品別のリードタイムの把握
- 在庫関連費用の分析

などを行い，基本的な方針
- サービス率
- 発注方式
- 在庫保有度
- 在庫調査期間

を決定しなくてはならない。

19.5.1　発注方式の決定

(1)　ABC 分析

すべての在庫品目を月間または年間の出庫金額の順序に並べて，各品目ごとに金額累計のそれぞれ総出庫金額および全品目数に対する比率をグラフに示す。これを ABC 曲線（またはパレート曲線）という。そして，出庫金額の大きい品目を A，次のグループを B，金額の小さい品目を C グループとする（図19.22）。さらに，ABC 分析の管理基準は表

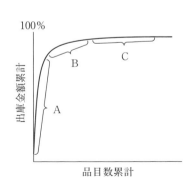

図 19.22　ABC 分析図
　　　　（出典：文献1) p.85）

第Ⅱ編　SCM マネジメント編

19.25 に表す。

(2)　基本的発注方式

基本的発注方式は表 19.26 にまとめた。

表 19.25　ABC 管理基準

分類	割合	管理のポイント	発注方式
A 品目	全品目に対する割合 5～10%（5%） 総払出しに対する割合 70～80%（80%）	在庫金額圧縮のため，手数をかけても小きざみに管理する。 予備ストックを低い目におさえる。	一品ごとの発注量を計算する。 定期発注方式。
B 品目	全品目に対する割合 10～20%（15%） 総払出しに対する割合 10～20%（15%）	ポリシーにより，在庫水準の調節が図れる。たとえば在庫水準を切り下げたいとき，注文量のみならず，予備ストックも縮小する。	クラス全体を一緒に管理する。 定期発注方式。
C 品目	全品目に対する割合 70～80%（80%） 総払出しに対する割合 5～10%（80%）	まとめて大量に注文し，手数をかけない。 予備ストックを増やす。	・二ビン法 ・発注点法

（出典：文献 1）p.86）

表 19.26　基本的発注方式

発注方式	適用商品	管理方法
二ビン法	ABC 分析の C に属するもの。売上金額が少なく，単価が安いもの。	経済発注量に相当するものを 2 ケース用意し一方が空になったら，他方から払出しし発注する。またなくなったら，同じように発注を繰り返す。
定量発注量	ABC 分析の B に属するもの。売上高が比較的安定しているもの。	発注点まで下がったら，一定量（経済発注量）を発注する。
多重定量発注量	需要の比較的変動のあるもの。	発注点まで下がったら，一定量を発注する（多水準の発注点をもうける）。
補充点法	単価が高く，売上は多くなく，たまに売れるもの。	有効在庫高を用いて，補充点を設定する。
補充点‐発注点法		補充点 S，発注点 s を設定し，有効在庫高 X によって管理する $X>s$ なら発注せず，$X≤s$ なら $S-X$ だけ発注する。
サービス点法		在庫調査時点ごとに予測情報によって，サービス率から現在，発注すべきかどうか決定する。
定期発注法	ABC 分析の A に属するもの，需要が大きく変動するもの。	在庫調査時点をあらかじめ定めておく。発注量はその都度予測して決める。

（出典：文献 1）p.86）

614

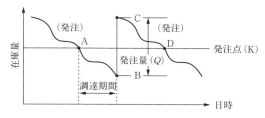

図 19.23 発注点方式
（出典：文献 1）p.87）

19.5.2 在庫管理手法

(1) 発注点法による在庫管理方式

発注点法は在庫が一定の水準まで下がったら一定量の発注を行う在庫管理方式である。在庫量が一定の水準（K）まで下がってきた A の時点で一定量 Q を発注し，B 時点で納入される。すると，在庫量は B 点から C 点まで上昇する（図 19.23）。さらに，同じく D 点で発注点 K まで下がったら Q だけ発注する。このように繰り返す。このとき，発注から納入までの期間を調達期間という。

a. 発注点の求め方

① 需要と調達期間が一定の場合

$$発注量 = (1日の需要量) \times (調達期間)$$

② 需要と調達期間にバラツキのある場合

$$発注点 = (平均の需要量) \times (平均の調達期間) \times (調達期間および需要のバラツキに対する余裕)$$

つまり

$$発注点 = (最大調達期間中の平均需要量) + (安全余裕)$$

式で表すと，次式となる。

$$発注点 \quad K = (T \times D) + \alpha \sqrt{T} \sigma_D \tag{19.72}$$

K：発注点
T：最大調達期間（月単位）
D：1ヶ月の平均需要量
α：安全係数

第Ⅱ編　SCMマネジメント編

表 19.27　$\frac{1}{d_2}$ 計算値表

資料の大きさ n	2	3	4	5	6	7	8	9
係数 $\frac{1}{d_2}$	0.8865	0.5907	0.4857	0.4299	0.3946	0.3698	0.3512	0.3367
資料の大きさ n	10	11	12	13	14	15	16	17
係数 $\frac{1}{d_2}$	0.3249	0.3152	0.3069	0.2998	0.2935	0.2880	0.2831	0.2787
資料の大きさ n	18	19	20	21	22	23	24	25
係数 $\frac{1}{d_2}$	0.2747	0.2711	0.2677	0.2647	0.2618	0.2592	0.2567	0.22

（出典：文献1）p.88)

表 19.28　安全係数

α の値	0.5	0.6	0.7	0.8	0.9	1.0	1.1	1.2	1.3	1.4
不足の確率 (%)	30.9	27.4	24.2	21.2	18.4	15.9	13.6	11.5	9.7	8.1
何回に1回不足するか	3.3	3.7	4.1	4.7	5.4	6.3	7.4	8.7	10.3	12.4
α の値	1.5	1.6	1.7	1.8	1.9	2.0	2.1	2.2	2.4	2.5
不足の確率 (%)	6.7	5.5	5.0	4.5	3.6	2.9	2.3	1.8	1.4	0.8
何回に1回不足するか	15.0	18.3	20.2	22.4	27.8	34.9	43.9	56.0	71.9	122.1

（出典：文献1）p.88)

σ_D：月間需要のバラツキ

ここで

- 最大調達期間＝目標調達期間＋許容期間
- 1月の平均需要量＝月別の需要量を加え月数で割ったもの
- 安全係数 (α)＝通常 1.2〜1.5
- 需要のバラツキ(σ_D)＝(需要量の最大−最小)×係数

この場合の係数は表 19.27 に示す $1/d_2$ 計算値による。

また，安全係数 (α) は表 19.28 のように表す。

表 19.29　過去1年間の需要量

月	需要量		
1月	81.0	7月	85.0
2月	86.5	8月	84.0
3月	83.5	9月	83.5
4月	90.0	10月	87.0
5月	90.5	11月	85.0
6月	86.0	12月	84.0
		計	1026.0

例1：　発注の計算

過去1年間の需要量は表 19.29 のとおりであった。最大調達期間を2ヶ月と

し，安全係数（α）は 1.65 とする。発注点を以下のように求める。

需要量の平均

$$D = \frac{1026.0}{12} = 85.5$$

需要量のバラツキ

$$\sigma_D = (最大値-最小値) \times 0.3069 = (90.5-81) \times 0.3069 \approx 2.92$$

最大調達期間 $T = 2$

安全係数 $\alpha = 1.65$

式（19.72）により，発注点

$$K = (2 \times 85.5) + (1.65\sqrt{2} \times 2.92) \approx 177.81$$

ゆえに発注点は約 178 となる。

③ 需要と調達期間がバラック場合

最大調達期間を求めるのが困難な場合など，最大調達期間を平均調達期間と調達期間のバラツキの和で表す（式（19.73））。

$$発注点 = \overline{D} \times \{T_0 + (\alpha \times \sigma_T)\} + \{\alpha\sqrt{T_0 + (\alpha \times \sigma_T)} \times \sigma_D\} \qquad (19.73)$$

$\overline{D}$：月間の需要量の平均値

T_0：平均調達期間

σ_T：調達期間のバラツキ

σ_D：需要のバラツキ

α：安全係数（不足を生じる確率 5% として 1.65）

または，過去の調達期間の需要実績から発注点を求める。

$$発注点 = (需要の平均値) + (安全係数 \times 調達期間中の需要のバラツキ)$$

例 2： 発注点の計算

調達期間の過去の実績は表 19.30 のようであった。α は 1.65，需要のバラツキ σ_D を 10，平均需要量 $\overline{D}$ を 200 とすると，発注点は次のように求められる。

表 19.30 過去の調達期間実績表

月	調達期間	4 月	2.2
1 月	2.0	5 月	2.4
2 月	2.0	6 月	2.0
3 月	2.6	計	13.2

平均調達期間

$$T_0 = \frac{13.2}{6} = 2.2$$

調達期間のバラツキ

$$\sigma_T = (最大値 - 最小値) \times 0.3946 = (2.6 - 2.0) \times 0.3946 \approx 0.24$$

式（19.73）により，発注点

$$K = 200 \times \{2.2 + (1.65 \times 0.24)\} + \{1.65\sqrt{2.2 + (1.65 \times 0.24) \times 10}\} \approx 545.78$$

b. 発注量と費用について

在庫量が発注点まで下がってきたときにどのくらい発注したらよいのか，その数量である。これを求めるには，まず発注量と費用について分析する。発注量と費用の関係を図示すると，図19.24のようになる。

このように発注量を増すと増大する費用と逆に減少する費用とがある。総費用が最も少なくなるような発注量を最適発注量という。そのためには，発注する諸費用をすべて計算する。

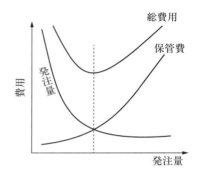

図19.24 発注量と費用の関係図
（出典：文献1）p.89）

① 保管費用

図19.25により，一定期間 x 年の間に1回の購入量を y とした場合と，$y/2$ずつ2回発注した場合を考えると，年間同じ数を取り扱ったのであるが，平均在庫高は上の場合 $y/2$，下の場合 $y/4$ となり，保管費用は2回に分けて発注した方が1/2となり安くなる。

② 発注費

1回の発注費を x 円とすれば，2回発注すれば $2x$ 円となり，逆に2倍となる。

③ 購入費

購入量により割引の度合が異なるときはこの費用も加える。

④ 総費用

総費用＝保管費＋発注費＋購入費

総費用は図19.26のような曲線となり，その最低点が最適発注量となる。

c. 発注量の求め方

① 保管費（図19.27）

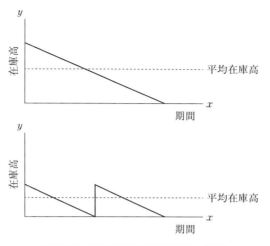

図 19.25 購入回数と保管費用との関係
（出典：文献1）p.90）

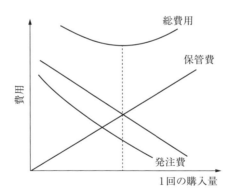

図 19.26 総費用
（出典：文献1）p.90）

$$平均在庫量=\left(\frac{発注量}{2}+安全余裕\right)$$

もし購入価格を P 円，年間における在庫金額に対する保管費用率を i（％）とすると

$$保管費用=\left(\frac{発注量}{2}+安全余裕\right)\times P\times i=\left(\frac{Q}{2}+\alpha\sqrt{T}\sigma_D\right)\times P\times i \quad (19.74)$$

第Ⅱ編　SCMマネジメント編

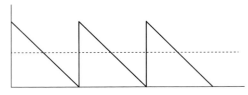

図19.27　保管費
（出典：文献1）p.91）

式（19.74）に出ている i は利益の率，在庫保管費，倉庫経費，保管品の陳腐化，およびその他費用から算出されたものとする。

② 発注量

$$\text{発注費}＝（\text{発注回数}）×（1回の発注費）＝\frac{R}{Q}×C_0 \quad (19.75)$$

ただし

　R：年間需要量（推定量）

　Q：発注量

　C_0：1回の発注費

③ 最適発注量

$$\text{総費用}＝\text{保管費}＋\text{発注費}$$

この総費用（T_C）を最小とする Q を求めればよい。すなわち

$$T_C=\left(\frac{Q}{2}+\alpha\sqrt{T}\sigma_D\right)×P×i+\left(\frac{R}{Q}×C_0\right) \quad (19.76)$$

式（19.76）を Q で偏微分し，0 とおくと

$$\frac{\partial T_C}{\partial Q}=\frac{Pi}{2}-\frac{RC_0}{Q^2} \quad (19.77)$$

$$\frac{Pi}{2}=\frac{RC_0}{Q^2}=0 \quad (19.78)$$

ゆえに，最適発注量 Q は

$$Q=\sqrt{\frac{2RC_0}{Pi}} \quad (19.79)$$

もし購入量により，購入費用が異なる場合は

$$T_C=\left(\frac{Q}{2}+\alpha\sqrt{T}\sigma_D\right)P(Q)×i+\left(\frac{R}{Q}×C_0\right)+P(Q)\cdot R \quad (19.80)$$

$$P(Q) = \frac{a}{Q} + P \quad (19.81)$$

式（19.81）の $P(Q)$ を式（19.80）に代入すれば（a が一定）

$$T_C = \left(\frac{Q}{2} + \alpha\sqrt{T}\sigma_D\right)\left(\frac{a}{Q} + P\right) \times i + \left(\frac{R}{Q} \times C_0\right) + \left(\frac{a}{Q} + P\right) \cdot R \quad (19.82)$$

前と同様に Q について偏微分して 0 とおくと

$$Q = \sqrt{\frac{2R(C_0 + B)}{Pi}} \quad (19.83)$$

$$B = a + \frac{2\sqrt{T}\sigma_D ai}{R} \quad (19.84)$$

(2) 定期発注法による在庫管理方式

定期発注法は発注する期日をあらかじめ定めておいて，発注を行う管理方式である（図19.28）。この方法では発注量がその都度，需要予測を行って決めていく。

定期発注法では，あらかじめ定めた発注間隔を発注サイクル期間という。

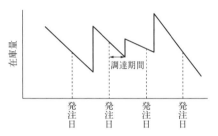

図 19.28 定期発注
（出典：文献 1）p.92）

a. 発注量の決め方

発注量＝{(調達期間＋発注サイクル期間)の需要の推定値}
－(現在の発注残)－(現在の在庫高)＋(安全余裕)

b. 需要の推定

① 需要が推定している場合

需要量の推定＝(調達期間)＋(発注サイクル期間の需要量)

例3： 最適発注量の計算

年間の需要推定量（R） 20,000 円

発注量（C_0） 1,500 円

保管費率（i） 10％

購入単価（P） 150 円

の場合の最適発注量（Q）を式（19.79）で以下のように求める。

第Ⅱ編　SCMマネジメント編

$$Q=\sqrt{\frac{2RC_0}{Pi}}=\sqrt{\frac{2\times20000\times1500}{150\times0.1}}=2,000$$

ゆえに，1回の発注量は2,000個である。

② 需要が不確実の場合

- 月別の平均から算出する。

- 最小二乗法を適用し，直線による推定などを行う。

c. 安全余裕の決め方

需要が確立している場合には，安全余裕は必要ないが一般的に需要は不確定である。したがって，安全余裕をもつ必要がある。しかし，あまり大きくもつことは在庫を増大させることになるので，必要最小限に抑えなくてはならない。

① 過去の推定誤差から求める。

過去の（調達期間）＋（発注サイクル期間）の需要の推定値と実績との差とバラツキから求める[1]。

$$バラツキ（\sigma_D）＝ 係数（需要と推定値の差の最大－最小）\quad (19.85)$$

〔注〕 この場合の係数はσ_Dの推定と同じ表19.27を用いる。

これに安全係数を掛けて

$$安全余裕＝（バラツキ）\times\alpha$$

〔注〕 この場合のαは発注点法の余裕を計算するときに乗じたのと同じものである。

② 過去の推定誤差から求める。

推定値と実績値との差の最大値を安全余裕とする。

③ 月間の需要量から求める。

$$安全余裕＝(安全係数)\times\sqrt{(調達期間＋発注サイクル)}\times(需要のバラツキ)$$
$$=\alpha\sqrt{(T+M)}\times\sigma_D \quad (19.86)$$

d. 発注サイクル期間と平均在庫量

発注サイクル期間中の平均在庫量は次のようになる。

$$平均在庫量 ＝1/2（平均発注量）＋（安全余裕）\quad (19.87)$$

または

$$平均在庫量＝1/2（発注サイクル期間中の平均需要量）＋\{（調達期間）＋$$

＊1　調達期間に変動のある場合：最大調達期間＝（目標調達期間）＋（許容期間）

第19章 基本戦略展開の計算例

（発注サイクル期間）中の需要に対する推定誤差のための余裕}

$$(19.88)$$

例4： 安全余裕の計算

過去6ヶ月の需要は表19.31のとおりであっ
た。調達期間1ヶ月，発注サイクル期間2ヶ月，
安全係数2とした場合の安全余裕を次のように
求める。

式（19.85）により

$$\sigma_D = 0.3946 \times (最大値 - 最小値)$$
$$= 0.3946 \times (195 - 170)$$

$$\sigma_D \approx 9.87$$

式（19.86）により，安全余裕は

$$= 2\sqrt{(1+2)} \times 9.87$$
$$\approx 34.19$$

表 19.31 過去6ヶ月の需要量表

月	需要量
1月	175
2月	190
3月	195
4月	185
5月	180
6月	170

(3) サービス率

サービス率を決定することは，販売政策の重要な点である。すなわち，品切
れが起きれば機会損失が発生するが，また100％のサービスを維持するには膨
大な在庫を必要とする。

一般にはサービス率 α と品切率 β は，次の式で表される。

$$\alpha = 1 - \beta \qquad (19.89)$$

そこで，品切率 β について各種の定義が考えられる。

$$\beta_1 = \frac{総顧客中品切れを起こした顧客数}{総顧客数} ; \alpha_1 = 1 - \beta_1$$

$$\beta_2 = \frac{品切単位数}{総需要数} ; \alpha_2 = 1 - \beta_2$$

$$\beta_3 = \frac{品切金額}{総需要金額} ; \alpha_3 = 1 - \beta_3$$

$$\beta_4 = \frac{(品切単位数) \times (品切状態継続期間)}{(総需要単位数) \times (リードタイムの長さ)} ; \alpha_4 = 1 - \beta_4$$

623

第Ⅱ編　SCMマネジメント編

(4)　在庫管理費用

a.　発注費用

発注回数に比例して発注する費用である。通信運搬費，人件費，運搬費など
を含む。

① 　発注件数1件当たりの発注費用（円/件）

② 　製品1単位人-時（man-hour）当たりの発注費用（円/人-時）

③ 　発注件数1件当たりの人-時（人-時/件）

b.　保管費用

在庫1単位を単位期間保管するために，変動的に発生する費用である。棚卸
減耗費，陳腐化費，品質劣化費，運搬費，物件費，倉庫管理費，税金，金利な
どを含む費用である。

① 　単位期間，単位在庫当たりの保管費用（円/個または量）

② 　保管費率（単位期間内，在庫保管費用を在庫金額で割ったもので％で示
す）

③ 　単位期間，単位保管面積当たりの保管費用（円/面積）

c.　品切損失

品切れが起こったとき生じる損失で，品切損失には必然的に機会損失が含ま
れるので，その評価は一般に困難である。資材関係の品切損失，商品の品切損
失がある。

d.　購入価格

購入価格が変化する場合は，購入価格の割引がある。割引の代表的なものと
して

① 　1回の購入量による割引

② 　ある期間内の累計購入量による割引

(5)　在庫管理システムにおける有効測度[13]

$$在庫比率＝\frac{棚卸資産}{総資産}$$

$$在庫品回転率＝\frac{当該期間中に消費された資材}{同期間中の平均在庫}＝\frac{消費高}{在庫高}$$

$$標準在庫率＝\frac{実際在庫量}{標準在庫量}$$

624

第19章　基本戦略展開の計算例

$$在庫有効度指数 = 1 - \frac{|標準在庫量 - 実績在庫量|}{標準在庫量}$$

$$予算または標準比較 = \frac{購買価格}{予算価格または標準価格}$$

$$期間比較 = \frac{当期購買価格}{前期購買価格}$$

$$場所別比較 = \frac{当該場所の購買価格}{標準価格または場所的平均価格}$$

$$市況比較 = \frac{購買価格}{市場価格}$$

$$契約価格比数 = \frac{購買価格}{最安値価格}$$

$$期間市況比較 = \frac{当期購買価格}{基準時購買価格} \cdot \frac{当期物価指数または市場価格}{基準物価指数または市場価格}$$

$$不良件数率 = \frac{不良件数}{納品件数}$$

$$不良個数率 = \frac{不良個数}{納品個数}$$

$$仕損費率 = \frac{仕損費用}{払出金額}$$

$$デッドストック率 = \frac{デッドストック}{在庫高}$$

19.5.3　ハンドシミュレーションの例

　ここでは，在庫管理に関する総合的演習問題を学習するために，次のように初期条件を与え，問題を計算する方法を簡単に説明しながら解答をハンドシミュレーション用紙に記入する[12),14),15)]。

　初期条件

　発注ロットサイズ（Q）＝120

　手持量　＝166

　α＝0.1

　リードタイム（LT）＝3週間

　レビュータイム（RT）＝1週間

625

第Ⅱ編　SCMマネジメント編

需要：1週間単位

予測：1週間単位

前期の需要予測 ＝61.0

前期の MAD＝11.1

β＝0.7

サービス率（P）＝98％

予測誤差合計 ＝－17.0

今期の需要 ＝92

　まずは上記の与えた初期条件により，わかる値を表19.32のハンドシミュレーション用紙に記入する。表19.32により，まずは第1期における必要な値を以下のように求める。

- 需要予測誤差は旧予測を今週/期の需要量から引くことで求められる。つまり

$$④＝③－①＝92－61＝＋31$$

- α＝0.1のとき（与えた条件），したがって α×需要予測誤差は

$$⑤＝0.1×④＝0.1×31＝＋3.1$$

- 新需要予測値＝旧予測＋（α×需要予測誤差）により

$$⑥＝①＋⑤＝61＋3.1＝64.1$$

- 前期（旧）の MAD を絶対需要予測誤差から引くと MAD（Mean Abso-

表19.32　ハンドシミュレーション用紙―その1

	旧予測	旧MAD	今週需要量	需要予測誤差	α×誤差	新需要予測値	MADの予測誤差	α×誤差	新MAD予測値	Σ誤差	トラッキングシグナル	LT・RT中の需要予測値	安全在庫量	発注点	発注中	手持量	発注中	引当可能量	発注是非（YES／NO）	入庫	発注量
	①	②	③	④	⑤	⑥	⑦	⑧	⑨	⑩	⑪	⑫	⑬	⑭	⑮	⑯	⑰	⑱	⑲	⑳
1	61	11.1	92							－17					166	0		Y		
2			45																	
3 ⋮			64 ⋮																	

626

lute Deviation：平均絶対偏差）の予測誤差となる。したがって

$$⑦=|④|-②=|31|-11.1=19.9$$

$$⑧=\alpha×（MAD の予測誤差）=0.1×19.9=1.99\gg2.00$$

• 新しい MAD の予測値は下式のとおり算出できる。

旧 MAD の予測値＋（α×MAD の予測誤差），つまり

$$⑨=②+⑧=11.1+2.0=13.1$$

• トラッキングシグナル＝誤差合計÷新 MAD の予測値

$$⑪=⑩÷⑨=-17.0÷13.1=-1.3$$

• LT，RT 中の需要予測値は（リードタイム＋レビュータイム；n 週間単位）をその新需要予測値と掛けることで求める。ここで，リードタイムが3 週間，レビュータイムが1 週間であり，リードタイム＋レビュータイム＝4 週間となる。したがって，LT・RT 中の需要予測値は

$$⑫=⑥×4=64.1×4=256.4$$

• 安全在庫量

$$SS＝安全係数(k)×MAD_{(LT+RT)}$$

上記により，まずは安全係数（k）を求める必要がある。サービス関数表（表 19.33）から安全係数が求められるので，ここではサービス関数（$g(k)$）の算出を行う。サービス関数は下の数式により，求められる。

$$g(k)=(Q/MAD_{(LT+RT)})×(1-P)=\left\{Q/\left(旧MAD×\left(\frac{LT+RT}{1}\right)^{\beta}\right)\right\}×(1-P)$$

ここで，$Q=120$，旧 MAD＝11.1，LT+RT＝4，$\beta=0.7$，$P=0.98$ という与えた条件で，すなわち

$$g(k)=\{120/(11.1×4^{0.7})\}×(1-0.98)=0.082$$

表 19.33 から見ると，$g(k)=0.082$ のとき，k が 1.4 である。

$$MAD_{(4週間)}=4^{\beta}×MAD_1 のとき$$

安全在庫量＝$k×MAD_4=k×4^{0.7}×MAD_1=1.4×2.64×⑨=3.7×13.1\approx48.5$

• 発注点は以下のように計算する。

リードタイム・レビュータイムにおける需要予測値＋安全在庫量

したがって

$$⑭=⑫+⑬=256.4+48.5=304.9$$

第II編　SCM マネジメント編

表 19.33　サービス関数表 $(g(k))$

k	$g(k)$	k	$g(k)$
-1.0	1.1510	0.3	0.3640
-0.9	1.0737	0.4	0.3252
-0.8	0.9985	0.5	0.2891
-0.7	0.9260	0.6	0.2561
-0.6	0.8562	0.7	0.2259
-0.5	0.7891	0.8	0.1985
-0.4	0.7251	0.9	0.1737
-0.3	0.6642	1.0	0.1510
-0.2	0.6062	1.1	0.1311
-0.1	0.5514	1.2	0.1131
0.0	0.4998	1.3	0.0971
0.1	0.4515	1.4	0.0829
0.2	0.4062	1.5	0.0707

- 引当可能量＝手持量＋発注中であり，すなわち

$$⑰＝166＋0＝166$$

- 発注点の値が引当可能量より大きければ，発注を行う。上記の計算結果により，発注点が約 305，引当可能量が 166 であるため，139 個を発注する。

- 発注量＝発注量−引当可能量＝305−166＝139，この場合は発注量が発注ロットサイズより大きいため，120 個が足りなくて 139 個を発注することになる。

上記の計算結果をハンドシミュレーション用紙に記入すると，表 19.34 となる。

次は第 2 期において，計算を行う。

- 第 2 期の旧予測は前期の需要予測値であり，すなわち第 1 期の需要予測値を記入する。

$$①＝前期の⑥＝64.1$$

- 旧予測と同じように，第 2 期の旧 MAD は前期の MAD の予測値である。したがって，第 2 期の②の所に第 1 期の MAD 予測値（⑨）を入れる。それは 13.1 値である。

- 需要予測誤差は今期の需要量 − 旧予測値であり，つまり

$$④＝③−①＝45−64.1＝−19.1$$

$$⑤＝\alpha×誤差＝0.1×(−19.1)＝−1.9$$

628

第 19 章　基本戦略展開の計算例

表 19.34　ハンドシミュレーション用紙—その 2

	旧予測	旧MAD	今週需要量	需要予測誤差	α×誤差	新需要予測値	MADの予測誤差	α×誤差	新MAD予測値	Σ誤差	トラッキングシグナル	LT・RT中の需要予測値	安全在庫量	発注点	手持量	発注中	引当可能量	発注是非(YES/NO)	入庫	発注量
	①	②	③	④	⑤	⑥	⑦	⑧	⑨	⑩	⑪	⑫	⑬	⑭	⑮	⑯	⑰	⑱	⑲	⑳
1	61.0	11.1	92	+31	+3.1	64.1	19.9	2.0	13.1	−17	−1.3	256.4	48.5	304.9	166	0	166	Y		139
2			45																	
3 ⋮			64 ⋮																	

- 新需要予測値は旧予測を上記の誤差と足すことにより，求められる。したがって

$$⑥＝①＋⑤＝64.1＋(−1.9)＝62.2$$

- MAD の予測誤差＝|需要予測誤差|−旧 MAD の予測

$$⑦＝|④|−②＝|−19.1|−13.1＝6.0$$

- α×誤差＝α×MAD の予測誤差

$$⑧＝0.1×⑦＝0.6$$

- 新 MAD 予測値＝旧 MAD 予測値＋(α×MAD 予測誤差)

$$⑨＝②＋⑧＝13.1＋0.6＝13.7$$

- 第 2 期までの誤差合計は前期の誤差を今期の需要予測誤差と足すことで計算する。これにより

$$⑩＝前期の⑩＋④＝−17.0＋(−19.1)＝−36.1$$

- トラッキングシグナル＝誤差合計÷MAD 予測値

$$⑪＝⑩÷⑨＝−36.1÷13.7＝−2.6$$

- LT・RT 中の需要予測値＝需要予測値×(LT＋RT)

$$⑫＝⑥×(3＋1)＝62.2×4＝248.8$$

- 安全在庫量＝安全係数 $(k=1.4)$×MAD$_{(LT+RT=4)}$＝$k×(4^{\beta}×MAD_1)$

$$⑬＝1.4×4^{0.7}×⑨＝3.7×13.7＝50.7$$

- 発注点＝LT・RT における需要予測値＋安全在庫量

629

第II編　SCMマネジメント編

$$⑭＝⑫＋⑬＝248.8＋50.7＝299.5$$

- 手持量は今期の需要量を，前期の手持量と入庫量との足した値から引くことで算出する。したがって

$$⑮＝(前期の⑮＋前期の⑲)－③＝(166＋0)－45＝121$$

- 発注中は前期までの発注した量がまだ入庫されていない量である。すなわち，前期までの入庫量累計を前期までの発注量累計から引く。これにより

$$⑯＝前期の⑳－前期の⑲＝139－0＝139$$

- 引当可能量＝手持量＋発注中

$$⑰＝⑮＋⑯＝121＋139＝260$$

- 発注点は引当可能量より大きいので（⑭＞⑰），発注する。

- リードタイムは3週間のため，第1期のときに発注した量が今期にまだ入庫されていない。

- 発注点は引当可能量より約40個多いが，発注ロットサイズが120で発注する。つまり，発注量＝120となる。

計算できた値を第2期の所に記入すると，表19.35のとおりである。

第3期は次のように計算をする（第2期の計算と同じ考え）。

- 前期の需要予測値とMAD予測値は第3期の旧予測，旧MAD予測となる。したがって，①＝第2期の⑥＝62.2，②＝第2期の⑨＝13.7である。

- 需要予測誤差＝需要量－旧予測値

$$④＝③－①＝64－62.2＝＋1.8$$

- $\alpha \times$誤差＝$\alpha \times$需要予測誤差

$$⑤＝0.1×④＝0.1×(＋1.8)＝＋0.18≈＋0.2$$

- 新需要予測値（⑥）＝①＋⑤＝62.2＋0.2＝62.4

- 新MAD予測誤差（⑦）＝|④|－②＝|＋1.8|－13.7＝－11.9

- $\alpha \times$誤差＝$\alpha \times$MAD予測誤差

$$⑧＝\alpha ×MADの予測誤差＝0.1×(－11.9)＝－1.2$$

- 新MAD予測誤差（⑨）＝②＋⑧＝13.7＋(－1.2)＝12.5

- 誤差合計＝前期の⑩＋④＝(－36.1)＋(＋1.8)＝－34.3

- トラッキングシグナル（⑪）＝⑩÷⑨＝(－34.3)÷12.5＝－2.7

- LT・RT（4週間）における需要予測値

第19章　基本戦略展開の計算例

表19.35　ハンドシミュレーション用紙—その3

	旧予測	旧MAD	今週需要量	需要予測誤差	α×誤差	新需要予測値	MADの予測誤差	α×誤差	新MAD予測値	Σ誤差	トラッキングシグナル	LT・RT中の需要予測値	安全在庫量	発注点	手持量	発注中	引当可能量	発注是非（YES／NO）	入庫	発注量
	①	②	③	④	⑤	⑥	⑦	⑧	⑨	⑩	⑪	⑫	⑬	⑭	⑮	⑯	⑰	⑱	⑲	⑳
1	61.0	11.1	92	+31	+3.1	64.1	19.9	2.0	13.1	-17	-1.3	256.4	48.5	304.9	166	0	166	Y		139
2	64.1	13.1	45	-19.1	-1.9	62.2	6.0	0.6	13.7	-36.1	-2.6	248.8	50.7	299.5	121	139	260	Y		120
3 ⋮			64 ⋮																	

表19.36　ハンドシミュレーション用紙—その4

	旧予測	旧MAD	今週需要量	需要予測誤差	α×誤差	新需要予測値	MADの予測誤差	α×誤差	新MAD予測値	Σ誤差	トラッキングシグナル	LT・RT中の需要予測値	安全在庫量	発注点	手持量	発注中	引当可能量	発注是非（YES／NO）	入庫	発注量
	①	②	③	④	⑤	⑥	⑦	⑧	⑨	⑩	⑪	⑫	⑬	⑭	⑮	⑯	⑰	⑱	⑲	⑳
1	61.0	11.1	92	+31	+3.1	64.1	19.9	2.0	13.1	-17	-1.3	256.4	48.5	304.9	166	0	166	Y		139
2	64.1	13.1	45	-19.1	-1.9	62.2	6.0	0.6	13.7	-36.1	-2.6	248.8	50.7	299.5	121	139	260	Y		120
3 ⋮	62.2	13.7	64	+1.8	+0.2	62.4	-11.9 ⋮	-1.2	12.5	-34.3 ⋮	-2.7	249.6	46.2	295.8	57	259	316	N		

$$（⑫）=⑥×4=62.4×4=249.6$$

- 安全在庫量

$$（⑬）=(k×4^{\beta})×\mathrm{MAD}_1=(1.4×2.64)×⑨=1.4×2.64×12.5=46.2$$

- 発注点 $=⑫+⑬=249.6+46.2=295.8$

- 手持量 $=$（前期の手持量＋前期の入庫量）$-$今期の需要量

$$⑮=(121+0)-64=57$$

- 発注中 $=$ 発注量 $-$ 入庫量 $=139+120-0=259$

631

第Ⅱ編　SCMマネジメント編

表19.37　ハンドシミュレーション用紙（第14期まで）

	旧予測	旧MAD	今週需要量	需要予測誤差	α×誤差	新需要予測値	MADの予測誤差	α×誤差	新MAD予測値	Σ誤差	トラッキングシグナル	LT・RT中の需要予測値	安全在庫量	発注点	手持量	発注中	引当可能量	発注是非（YES／NO）	入庫	発注量
	①	②	③	④	⑤	⑥	⑦	⑧	⑨	⑩	⑪	⑫	⑬	⑭	⑮	⑯	⑰	⑱	⑲	⑳
1	61.0	11.1	92	+31	+3.1	64.1	19.9	2.0	13.1	-17	-1.3	256.4	48.5	304.9	166	0	166	Y		139
2	64.1	13.1	45	-19.1	-1.9	62.2	6.0	0.6	13.7	-36.1	-2.6	248.8	50.7	299.5	121	139	260	Y		120
3	62.2	13.7	64	+1.8	+0.2	62.4	-11.9	-1.2	12.5	-34.3	-2.7	249.6	46.2	295.8	57	259	316	N		
4	62.4	12.5	57	-5.4	-0.5	61.9	-7.1	-0.7	11.8	-39.7	-3.4	247.6	43.7	291.3	0	259	259	Y	139	120
5	61.9	11.8	51	-10.9	-1.1	60.8	-0.9	-0.1	11.7	-50.6	-4.3	243.2	43.3	286.5	88	240	328	N	120	
6	60.8	11.7	48	-12.8	-1.3	59.5	1.1	0.1	11.8	-63.4	-5.4	238	43.7	281.7	160	120	280	Y		120
7	59.5	11.8	51	-8.5	-0.8	58.7	-3.3	-0.3	11.5	-71.9	-6.3	234.8	42.6	277.4	109	240	349	N	120	
8	58.7	11.5	56	-2.7	-0.3	58.4	-8.8	-0.9	10.6	-74.6	-7.0	233.6	39.2	272.8	173	120	293	N		
9	58.4	10.6	46	-12.4	-1.2	57.2	1.8	0.2	10.8	-87.0	-8.1	228.8	40	268.8	127	120	247	Y		120
10	57.2	10.8	67	9.8	1	58.2	-1	-0.1	10.7	-77.2	-7.2	232.8	39.6	272.4	180	120	300	Y		
11	58.2	10.7	62	3.8	0.4	58.6	-6.9	-0.7	10	-73.4	-7.3	234.4	37	271.4	118	120	238	Y		
12	58.6	10	80	21.4	2.1	60.7	11.4	1.1	11.1	-52.0	-4.7	242.8	41.1	283.9	38	240	278	Y	120	120
13	60.7	11.1	79	18.3	1.8	62.5	7.2	0.7	11.8	-33.7	-2.9	250	43.7	293.7	79	240	319	N		
14	62.5	11.8	56	-6.5	-0.6	61.9	-5.3	-0.5	11.3	-40.2	-3.6	247.6	41.8	289.4	23	240	263	Y	120	120

- 引当可能量＝⑮＋⑯＝57＋259＝316
- 発注点＜引当可能量であるため，発注をしない。
- リードタイムが4週間であるので，入庫量が0である。

　この結果を第3期（3行目）の所に記入する（表19.36）。第3期と同じように第14期までにして計算を行い，結果は表19.37のとおりである。

19.6　輸送配送の手法と応用

　複数の輸送路があり，最小費用で輸送する場合，どのように配分したらよいかという問題に対しては

- 輸送費が輸送量に比例する場合は，線型（LP）問題

第 19 章　基本戦略展開の計算例

・輸送単価が輸送量によって変わる場合は非線型（NLP）問題

（二次計画，コンペックス・プログラミング）

上記の 2 つの場合における解法については，種々研究されているが，その解法は困難である。一般には LP 問題に変換して取り扱う。その他位置を決める問題としては，いくつかの発送地から目的地への距離の和を最小にするものもある。

19.6.1　発着地間の輸送量配分

ある品物をいくつかの発送地からいくつかの目的地へ輸送するとき，最小の費用にするには各発送地の輸送量をどのように配分すればよいか。

（1）　輸送費用が線形の場合

いまある同一商品を目的地 B_1, B_2, B_3 に発送する。この場合の発送地を $A_1,$ A_2, A_3, A_4 とする。これらの各地点の積出可能量，目的地の要求量および発送地への単位当たりの輸送費用を表 19.38 のとおりとした場合，輸送費を最小にするためには，どこからどこへ，いくつずつ送ればよいか，という問題である。この場合，輸送費は輸送量に比例するとする。

a.　表からの解法

まずは，単位当たりの輸送費最小のものに着目して，そのルートでできる限りのものを送る。

$A_3 \rightarrow B_3$, $A_4 \rightarrow B_3$ が輸送費 8 で最小である。なお，最小輸送費が 2 つあるときは多く送れる方を先にする。したがって，$A_3 \rightarrow B_3$ へ 300 とし，残りは A_4 $\rightarrow B_3$ へ 100 とする。

次は $A_1 \rightarrow B_2$, $A_2 \rightarrow B_1$, $A_2 \rightarrow B_2$, $A_4 \rightarrow B_2$ が輸送費 12 で最小となる。仮に

表 19.38　輸送費（1 単位当たり）

目的地 発送地	B_1	B_2	B_3	供給量
A_1	16	12	10	300
A_2	12	12	16	300
A_3	20	16	8	300
A_4	16	12	8	300
需要量	400	400	400	1200

第Ⅱ編　SCMマネジメント編

表19.39　実行可能解表

発送地＼目的地	B_1	B_2	B_3	計
A_1		300		300
A_2	300			300
A_3			300	300
A_4	100	100	100	300
計	400	400	400	1200

表19.40　発送商品量を X_{ij} とする表

発送地＼目的地	B_1	B_2	B_3	供給量
A_1	X_{11}	X_{12}	X_{13}	300
A_2	X_{21}	X_{22}	X_{23}	300
A_3	X_{31}	X_{32}	X_{33}	300
A_4	X_{41}	X_{42}	X_{43}	300
需要量	400	400	400	1200

$A_2 \rightarrow B_1$ へ 300，$A_1 \rightarrow B_2$ に 300，$A_4 \rightarrow B_2$ へ 100 ずつ送ると，残りは $A_4 \rightarrow B_1$ へ 100 送ることとなる。

すなわち，結果は表19.39のように求められる。

総費用は13,200となる。

$$
\begin{aligned}
&A_1 \rightarrow B_2 &&300 \times 12 = 3600 \\
&A_2 \rightarrow B_1 &&300 \times 12 = 3600 \\
&A_3 \rightarrow B_3 &&300 \times 8 = 2400 \\
&A_4 \rightarrow B_1 &&100 \times 16 = 1600 \\
&A_4 \rightarrow B_2 &&100 \times 12 = 1200 \\
&A_4 \rightarrow B_3 &&100 \times 8 = 800
\end{aligned}
\quad\Biggr\} \text{計} 13,200
$$

この方法はまず，最初の実行可能解を求めたのであるが，この場合のように簡単な問題であるとこれが最適解であることが容易にわかる。さらに以上の問題を式で表す。いま発送地 A_i （$i=1, 2, 3, 4$）から目的地B_j（$j=1, 2, 3$）に送られる商品の量を X_{ij} として表19.40を得る。

これを式で表すと，次のようになる。

$$X_{11} + X_{12} + X_{13} = 300$$
$$X_{21} + X_{22} + X_{23} = 300$$

$$X_{31}+X_{32}+X_{33}=300$$
$$X_{41}+X_{42}+X_{43}=300$$
$$X_{11}+X_{21}+X_{31}+X_{41}=400$$
$$X_{12}+X_{22}+X_{32}+X_{42}=400$$
$$X_{13}+X_{23}+X_{33}+X_{43}=400$$

このような条件の下で

$$Z=16X_{11}+12X_{12}+10X_{13}+12X_{21}+12X_{22}+16X_{23}+20X_{31}+16X_{32}+8X_{33}$$
$$+16X_{41}+12X_{42}+8X_{43}$$

を最小とする問題となる。

b. 輸送問題における一般式

一般に輸送問題は，次のように表すことができる。m 個の発送地と n 個の目的地があり，発送地 $A_1, A_2, \cdots, A_m$ はそれぞれ $a_1, a_2, \cdots, a_m$ だけ積出可能であり，目的地 $B_1, B_2, \cdots, B_n$ は $b_1, b_2, \cdots, b_n$ 必要である。

発送地 A_i から目的地 B_j への単位当たりの輸送費は C_{ij} とする。

発送地 A_i から目的地 B_j への輸送量を X_{ij} とすると

$$\sum_{j=1}^{n} X_{ij}=a_i, \quad (i=1, 2, \cdots, m) \tag{19.90}$$

$$\sum_{i=1}^{m} X_{ij}=b_j, \quad (j=1, 2, \cdots, n) \tag{19.91}$$

$$X_{ij} \geq 0 \tag{19.92}$$

の条件の下で

$$Z=\sum_{i=1}^{m} \sum_{j=1}^{n} C_{ij} X_{ij} \tag{19.93}$$

式（19.93）を最小にする X_{ij} を求める LP 問題である。

(2) LP（線形計画法）について

線形計画問題は 1 次制約式（不等式あるいは等式）によって制約され，変数の 1 次関数（目的関数）の最適値（最大値あるいは最小値）を求める問題である。線形計画法（Linear Programming：LP）はこの問題を解決する手法である。

a. LP 問題と図的解法

ある工場で 2 種類の製品 M_1, M_2 を製造し，利潤を最大にするような生産計

表 19.41　製品製造の生産計画問題

資源＼製品	M₁	M₂	資源制約量
A₁	2	8	64
A₂	2	2	22
A₃	10	2	70
利潤	4	2	

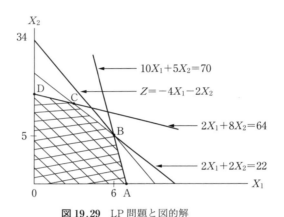

図 19.29　LP 問題と図的解
（出典：文献 1）p.100）

画を立案するとする．この製品は 3 つの原料を使用し，各製品への投入量および原料の制約量，製品 M_1, M_2 の単位当たりの利潤は表 19.41 で与えられる．

いま，M_1, M_2 の製品個数を X_1, X_2 とすると

$$2X_1 + 8X_2 \leq 64$$
$$2X_1 + 2X_2 \leq 22$$
$$10X_1 + 2X_2 \leq 70$$
$$X_1, \quad X_2 \geq 0$$

の 1 次不等式で表される．最大にすべき利潤は

$$Z = 4X_1 + 2X_2 \quad (\text{または } Z = -4X_1 - 2X_2 \text{ を最小})$$

これを図示すると，図 19.29 となる．図 19.29 により，点 (X_1, X_2) は図の斜線部分を囲む 0DCBA の辺上および内部になければならない．このうちで目的関数 Z の最大値は X_2 の切片が最大となるようにすることである．図からわか

るようにその点は B で，その点の X_1, X_2 はそれぞれ，$X_1=6, X_2=5$ である。またこの点を通る Z の最大値は $Z=34$ である。

このように線形計画法の特性として，実行可能解の全体は凸多面体となっており，目的関数の最大または最小は，もしこれが存在するならばその頂点で起こるという性質がある。

b. LP の一般式

線形計画の一般式は，次のように表現される。

$$a_{11}X_1+a_{12}X_2+\cdots+a_{1j}X_j+\cdots+a_{1n}X_n \leq b_1$$
$$a_{21}X_1+a_{22}X_2+\cdots+a_{2j}X_j+\cdots+a_{2n}X_n \leq b_2$$
$$\vdots$$
$$a_{i1}X_1+a_{i2}X_2+\cdots+a_{ij}X_j+\cdots+a_{in}X_n \leq b_i$$
$$\vdots$$
$$a_{m1}X_1+a_{m2}X_2+\cdots+a_{mj}X_j+\cdots+a_{mn}X_n \leq b_m$$
$$X_i \geq 0 \quad (i=1, 2, \cdots, n)$$

という制約のもとで目的関数は次式である。

$$Z=C_1X_1+C_2X_2+\cdots+C_jX_j+\cdots+C_nX_n \tag{19.94}$$

上記の式を最大（または最小）とするような，$X_1, X_2, \cdots, X_j, \cdots, X_n$ の値を求めることである。

c. シンプレックス法による解法

現実の問題は非常に複雑であるため，前の例のように簡単に図表で求めることは不可能である。この解法として，シンプレックス法である。先の問題をシンプレックス法で解いてみる（表 19.41 の問題）。まず制約条件式を不等式から等式に次のように書き改める。

$$2X_1+8X_2+\lambda_1=64 \tag{19.95}$$
$$2X_1+2X_2+\lambda_2=22 \tag{19.96}$$
$$10X_1+2X_2+\lambda_3=70 \tag{19.97}$$
$$X_1, X_2, \lambda_1, \lambda_2, \lambda_3 \geq 0 \tag{19.98}$$

式（19.98）にある $\lambda_1, \lambda_2, \lambda_3$ は各原料の使い残りであると考えられる（これをスラック変数という）。このような制約条件のもとで

$$Z=-4X_1-2X_2 \tag{19.99}$$

第II編　SCMマネジメント編

表 19.42　シンプレックス法による解の求め方

	C_j	4	2	0	0	0	0	
C_i	基底変数	X_1	X_2	λ_1	λ_2	λ_3	b	
0	λ_1	2	8	1	0	0	64	32
0	λ_2	2	2	0	1	0	22	11 (←min)
0	λ_3	10	2	0	0	1	70	7
	Z_j-C_j	-4	-2	0	0	0	0	
0	λ_1	0	38/5	1	0	$-1/5$	50	125/19
0	λ_2	0	8/5	0	1	$-1/5$	8	5 (←min)
4	X_1	1	1/5	0	0	0	7	35
	Z_j-C_j	0	$-6/5$	0	0	2/5	28	
0	λ_1	0	0	1	$-19/4$	3/4	12	
2	X_2	0	1	0	5/8	$-1/8$	5	
4	X_1	1	0	0	$-1/8$	1/8	6	
	Z_j-C_j	0	0	0	3/4	1/4	34	

（左端の列の C_i グループ値は上から順に 0, 1, 2）

すなわち，式（19.99）を最小にする問題となる。

シンプレックス法による解法の手順：

<u>Step 0</u>：まずは $X_1 = X_2 = 0$ とすると $\lambda_1 = 64$，$\lambda_2 = 22$，$\lambda_3 = 70$（これは基底変数という），$Z = 0$ となる。ここから計算を始める。

<u>Step 1</u>：次にこの中で一番利益の上がる製品は X_1 である。その X_1 の可能製造量は $X_1 = 14$ となり，この式以外の X_1 を消去する。基底変数 λ_3 を X_1 に代える。このときの Z は 56 となる。

<u>Step 2</u>：さらに，$(Z_j - C_j)$ の係数でマイナスの係数であるものを見つける。それは X_2 である。そこで X_2 の可能製造量を求めてみる。それには定数を各式の X_2 の係数で割ってみる。すると，第 2 番目の式が $X_2 = 5$ で最小となる。そこで前と同じく第 2 番目以外の X_2 を消去する。すると，$Z_j - C_j$ の欄にマイナスの係数がなくなるので，ここで計算は終了する。λ_2 を X_2 に置き換える。このとき $\lambda_2 = \lambda_3 = 0$ とおけば

$$X_1 = 6, \quad X_2 = 5, \quad \lambda_1 = 12, \quad Z = 34$$

となる。すなわち，最適値は $X_1 = 6, X_2 = 5$，このときの利潤は 34 である（表19.42）。

さらに，シンプレックス解法の流れ図を示すと，図 19.30 のようになる。

先の輸送問題に対するシンプレックス表の最初の部分を示す（表 19.38 およ

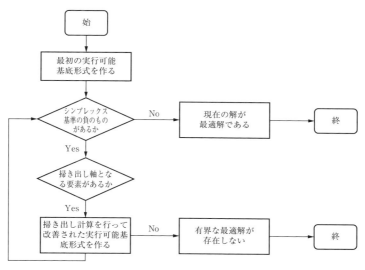

図 19.30 シンプレックス解法の流れ
（出典：文献 1）p.102）

び表 19.40 の参考）。そのためには，制約条件式を次のように改める。

$$X_{11}+X_{12}+X_{13}+\lambda_1=300 \tag{19.100}$$

$$X_{21}+X_{22}+X_{23}+\lambda_2=300 \tag{19.101}$$

$$X_{31}+X_{32}+X_{33}+\lambda_3=300 \tag{19.102}$$

$$X_{41}+X_{42}+X_{43}+\lambda_4=300 \tag{19.103}$$

$$X_{11}+X_{21}+X_{31}+X_{41}+\lambda_5=400 \tag{19.104}$$

$$X_{12}+X_{22}+X_{32}+X_{42}+\lambda_6=400 \tag{19.105}$$

$$X_{13}+X_{23}+X_{33}+X_{43}+\lambda_7=400 \tag{19.106}$$

目的関数は

$$Z=16X_{11}+12X_{12}+10X_{13}+12X_{21}+12X_{22}+16X_{23}+20X_{31}+16X_{32}+8X_{33}$$
$$+16X_{41}+12X_{42}+8X_{43}+M\lambda_1+M\lambda_2+M\lambda_3+M\lambda_4+M\lambda_5+M\lambda_6+M\lambda_7$$
$$\tag{19.107}$$

この場合はすべて等式であるので，$\lambda_i=0$ 以外は許さない。したがって，目的関数の中に M を莫大な輸送費として取り扱い，$M\lambda_i$ はびっくりするような額であるとして計算を進める。輸送問題においては，各式の X_{ij} の係数はすべて

第Ⅱ編　SCMマネジメント編

表19.43　輸送問題におけるシンプレックス表

c_j	基底変数	-16 X_{11}	-12 X_{12}	-10 X_{13}	-12 X_{21}	-16 X_{22}	-16 X_{23}	-20 X_{31}	-16 X_{32}	-8 X_{33}	-16 X_{41}	-12 X_{42}	-8 X_{43}	$-M$ λ_1	$-M$ λ_2	$-M$ λ_3	$-M$ λ_4	$-M$ λ_5	$-M$ λ_6	$-M$ λ_7	b
$-M$	λ_1	1	1	1										1							300
$-M$	λ_2				1	1	1								1						300
$-M$	λ_3							1	1	1						1					300
$-M$	λ_4										1	1	1				1				300
$-M$	λ_5	1			1			1			1							1			400
$-M$	λ_6		1			1			1			1							1		400
$-M$	λ_7			1			1			1			1							1	400
Z_j-C_j	M	-2	-2	-2	-2	-2	-2	-2	-2	-2	-2	-2	-2	0	0	0	0	0	0	0	-2400
	1	16	12	10	12	16	16	20	16	8	16	12	8	0	0	0	0	0	0	0	0

表19.44　輸送計画問題

発送地 ＼ 目的地（需要量）	B_1 160	B_2 140	B_3 40	B_4 60	B_5 80
A_1（60）	28	12	20	12	30
A_2（180）	16	24	10	18	20
A_3（160）	24	20	20	12	26
A_4（120）	14	26	16	20	18

第19章　基本戦略展開の計算例

1 である LP 問題である（表 19.43）。

(3)　ハウザッカーによる解法

前にも述べたが，表による解法としてはハウザッカー法がある。いま，表 19.44 のように輸送量 C_{ij} の行列をもつ，輸送計画問題について考える。

Step 0：基底解を求め，ここからスタートする。

① 表中，最小の輸送量の欄に着目する。$C_{23}=10$ がこれに当たる。これを出発点とし，まずここに需要量 40 を送る。

② すると，A_2 では 140 残るので，この 140 を A_2 行の次に安い輸送費の欄 $C_{21}=16$ に振り当てる。この B_1 の需要量は 160 なので，残りすべてを振り当てる。

③ B_1 の残り 20 を B_1 列の一番輸送費の安い $C_{41}=14$ である。ここに 20 を振り当てる。

④ すると，A_4 欄でまだ需要が残っているので，輸送費の一番安い $C_{45}=18$ の欄に振り当てる。このとき B_5 では 80 しか需要量がないので，80 を振り当て，残り 20 を次に需要量があり，かつ輸送費の安い B_4 に振り当てる。

⑤ B_4 では 60 の需要があるので，残り 40 はまだ供給量があり，かつ輸送費の安い $C_{34}=12$ の欄 A_3 の 160 から振り当てる。

⑥ すると，A_3 では残り 120 があるので，まだ需要量が満たされていない B_2 列に振り当てる。ここでは 140 の需要があるので，残りの 20 をまだ供給量の残っている A_1 行から振り当てる。

⑦ 一応すべての需要量は満たされ，A_1 行では供給量としてまだ 40 が残っている状態となった。これが 1 つの基底解である。ここから解を少しず

表 19.45　初期の基底解

		B_1	B_2	B_3	B_4	B_5	B_0
		160	140	40	60	80	残量
A_1	60		20				40
A_2	180	140		40			
A_3	160		120		40		
A_4	120	20			20	80	

641

第Ⅱ編　SCM マネジメント編

つ改良して，最適解を導く。以上の結果を表 19.45 に表す。

⑧　次に基底に入っていない X_{ij} の判定法の数値を $Z_{ij}-C_{ij}$ によって表す。

次に U_i；A_i の供給量 a_i が現在よりも 1 単位だけ増加すれば総輸送費は U_i だけ低下する。V_j；B_j の需要量 b_j が現在よりも 1 単位だけ減少すれば総輸送量は V_j だけ低下する。すると，X_{ij} が基底解に入っているならば

$$C_{ij}=V_j-U_i \qquad (19.108)$$

また，A_i の供給量 a_i がその基底解に対して余裕があるならば，となる。この最終表から検べる。

$$V_1-U_2=16 \qquad (19.109)$$
$$V_1-U_4=14 \qquad (19.110)$$
$$V_2-U_1=12 \qquad (19.111)$$
$$V_2-U_3=20 \qquad (19.112)$$
$$V_3-U_2=10 \qquad (19.113)$$
$$V_4-U_3=12 \qquad (19.114)$$
$$V_4-U_4=20 \qquad (19.115)$$
$$V_5-U_4=18 \qquad (19.116)$$
$$U_1=0 \qquad (19.117)$$

上記の式（19.109）から式（19.117）までを解くと，$V_1=-2$，$V_2=12$，$V_3=-8$，$V_4=4$，$V_5=2$，$U_1=0$，$U_2=-18$，$U_3=-8$，$U_4=-16$。

ここで

$$Z_{ij}-C_{ij}=U_i-V_j+C_{ij} \qquad (19.118)$$

であるから，これを X_{ij} 欄に当てはめる。

$$X_{11}=0-(-2)+28=30$$
$$X_{13}=0-(-8)+20=28$$
$$X_{14}=0-(4)+12=8$$
$$X_{15}=0-(2)+30=28$$
$$X_{22}=(-18)-(12)+24=-6$$
$$X_{24}=(-18)-(4)+18=-4$$
$$X_{25}=(-18)-(2)+20=0$$

642

第19章　基本戦略展開の計算例

表 19.46　Step 0 による基底解表

		B_1	B_2	B_3	B_4	B_5	B_0
		160	140	40	60	80	
A_1	60	30	20	28	8	28	40
A_2	180	140	−6	40	−4	0	−18
A_3	160	18	120	20	40	16	−8
A_4	120	20	−2	8	20	80	−16
		−2	12	−8	4	2	

表 19.47　Step 1 のループ・コース表

		B_1	B_2	B_3	B_4	B_5	B_0
		160	140	40	60	80	
A_1	60		+1				−1
A_2	180	−1					+1
A_3	160		−1		+1		
A_4	120	+1			−1		

$$X_{31}=(-8)-(-2)+24=18$$
$$X_{33}=(-8)-(-8)+20=20$$
$$X_{35}=(-8)-(-2)+26=16$$
$$X_{42}=(-16)-(12)+26=-2$$
$$X_{43}=(-16)-(-8)+16=8$$

これを空欄に埋めると，表 19.46 のようになる。

Step 1：基底解を改良する。

B_0 の欄のマイナスが最大のものに着目する。A_2 行の −18 である。これを +1 だけ増やすと，全体にどのように影響するかを調べる。表 19.47 のようなループ・コースを辿る。これは X_{20} が 20 となるとき $X_{44}=0$ となり，終わりとなる。したがって，$X_{20}=20$ となるように各 20 ずつ調整して表 19.48 を得る。

ここで再び同じ計算を繰り返す。

表 19.48 により，式は前（Step 0）の式（19.109）〜式（19.114），および式（19.116）と同じく立てられるが，さらに

$$U_1=U_2=0 \tag{19.119}$$

を立てる。ここで，式（19.109）〜式（19.114），式（19.116），そして上記の

643

第Ⅱ編　SCMマネジメント編

表 19.48　各 20 ずつ調整した後解

		B_1	B_2	B_3	B_4	B_5	B_0
		160	140	40	60	80	
A_1	60		40				20
A_2	180	120		40			20
A_3	160		100		60		
A_4	120	40			0	80	

表 19.49　Step 1 による基底解表

		B_1	B_2	B_3	B_4	B_5	B_0
		160	140	40	60	80	
A_1	60		40				0
A_2	180	120		40			0
A_3	160		100		60		-8
A_4	120	40			0	80	2
		16	12	10	4	20	

表 19.50　Step 2 のループ・コース表

		B_1	B_2	B_3	B_4	B_5	B_0
		160	140	40	60	80	
A_1	60		$+1$				-1
A_2	180						
A_3	160		-1				$+1$
A_4	120						

式（19.119）を解くと，$V_1=16$, $V_2=12$, $V_3=10$, $V_4=4$, $V_5=20$, $U_1=0$, $U_3=-8$, $U_4=2$。

これを表 19.48 に埋めると，表 19.49 を得る（X_{ij}の計算省略）。

Step 2：基底解の改良を続ける。

①　同じくB_0欄のマイナスの最大のものに着目する。A_2行のマイナス -8 である。これを $+1$ だけ増やすとき，表 19.50 のようなループを辿る。このように修正すると表 19.51 のようになる。

②　さらに同じく方程式を立てて解く。

表 19.51 を見れば，Step 1 と同じように，すなわち式（19.109）〜式（19.114），および式（19.116）を立て，または

644

第19章　基本戦略展開の計算例

表19.51　修正した後の表

		B_1	B_2	B_3	B_4	B_5	B_0
		160	140	40	60	80	
A_1	60		60				0
A_2	180	120		40			20
A_3	160		80		60		20
A_4	120	40				80	

表19.52　最適解

		B_1	B_2	B_3	B_4	B_5	B_0
		160	140	40	60	80	
A_1	60		60				8
A_2	180	120		40			0
A_3	160		80		60		0
A_4	120	40				80	2
		16	20	10	12	20	

$$U_2 = U_3 = 0 \qquad (19.120)$$

が立てられる。これらの式を解くと，$V_1 = 16$，$V_2 = 20$，$V_3 = 10$，$V_4 = 12$，$V_5 = 20$，$U_1 = 8$，$U_2 = 0$，$U_3 = 0$，$U_4 = 2$。

これを表19.51に埋めて，表19.52を得る。

③　B_0 欄はすべて正であり，したがってこれが最適解である。すなわち

$$A_1 \quad \rightarrow \quad B_2 \quad 60$$
$$A_2 \quad \rightarrow \quad B_1 \quad 120$$
$$A_2 \quad \rightarrow \quad B_3 \quad 40$$
$$A_3 \quad \rightarrow \quad B_2 \quad 80$$
$$A_3 \quad \rightarrow \quad B_4 \quad 60$$
$$A_4 \quad \rightarrow \quad B_1 \quad 40$$
$$A_4 \quad \rightarrow \quad B_5 \quad 80$$

総輸送費 Z は

$$Z = (60 \times 12) + (120 \times 16) + (40 \times 10) + (80 \times 20) + (60 \times 12) + (40 \times 14) + (80 \times 18)$$
$$= 7,360$$

となる。このとき，A_2 と A_3 にはそれぞれ 20 ずつ残ることになる。

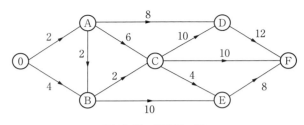

図 19.31 輸送網の図

19.6.2 輸送網における輸送量配分

(1) 最短ルートの求め方

図 19.31 のような輸送網があったとき,出発点から到着地までの最短距離のルートを求める問題である。

求め方の手順

① 出発点 0,到着点 F とすると,まず出発点 0 からの輸送路で結ばれた点 A, B のうち最短距離のものにラベルを付ける。A がこれに当たる (0, 2) のラベルを付ける。

② 次に A から B, C, D 点に 0 からの距離和を求め (A, 4),(A, 8),(A, 10) とする。B 点は 0 よりも行ける (0, 4) である。したがって,0 → A → B と同じ距離なので (A, B, 4) とラベルを付ける。また C 点へは B からも行け (B, 6) となり,(A, 8) よりも小さいので (B, 6) を付ける。

③ D 点へは C 点からも行け (C, 16) である。これは (A, 10) より大なので D 点は (A, 10) とする。

④ E 点へは B, C から行ける。その場合 (B, 14),(C, 10) となり,(C, 10) を付ける。

⑤ F 点へは C, D, E から行ける。その場合 (C, 16),(D, 22),(E, 18) となり,最短距離は (C, 16) となる。

⑥ 以上の点を逆から辿ると,F → C → B → A → 0 または,F → C → B → 0 となる。すなわち最短距離は 16 で,そのときのルートは
0 → A → B → C → F,または 0 → B → C → F

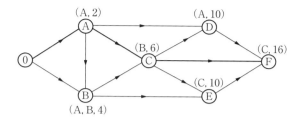

図19.32 最短距離のルート

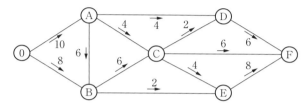

図19.33 最大輸送量計画問題図

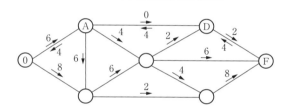

図19.34 0 → A → D → F のルート

であることがわかる（図19.32）。

この問題の距離を費用として扱えば，最小費用問題となる。

(2) 最大輸送量計画

輸送網において各輸送路の最大輸送量が決められるとき，出発点から目的地まで，最大の輸送量を送るには，どうすればよいかの問題である。

求め方の手順

① 図19.33により，出発点0，到着点Fとする。矢印の方向に輸送できるものとして，最大輸送量を記入する。まず出発点0から目的地Fまでの任意の可能なルートをとり，そのルートにおける各輸送路の容量の最小値だけそのルートで輸送する。そこでルート0 → A → D → Fを選

第Ⅱ編　SCM マネジメント編

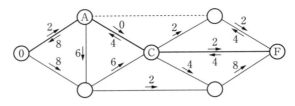

図 19.35　0 → A → C → F のルート

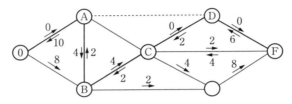

図 19.36　0 → A → B → C → D → F のルート

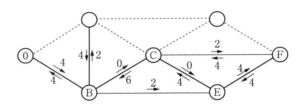

図 19.37　0 → B → C → E → F のルート

び，最大容量 4 をまず送る（図 19.34）。次に，各輸送容量から差し引くと同時に反対方向の容量に加える。

② 以下同様にして，矢印の方向を辿り，目的地に着くルートが選べるだけ続ける。ルート 0 → A → C → F ④（図 19.35）

③ ルート 0 → A → B → C → D → F ②（図 19.36）。

④ ルート 0 → B → C → E → F ④（図 19.37）。

⑤ ルート 0 → B → E → F ②（図 19.38）。

ここで 0 から F への到着するルートがなくなり，最後となる（図 19.39）。求める輸送量は 16 となる。

(3) 最小費用輸送計画

各輸送路の容量と単位輸送量当たりの費用が決められているとき，出発地か

第19章 基本戦略展開の計算例

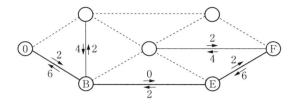

図19.38　0 → B → E → F のルート

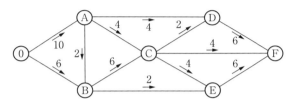

図19.39　結果

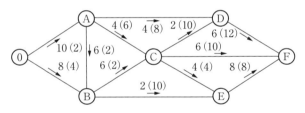

図19.40　最小費用輸送計画問題図

ら目的地まで，ある輸送量を最小の費用で輸送するには，どうすればよいか．

決め方の手順

① 図19.40の各輸送路に記入した矢印と数字は，それぞれ輸送方向と輸送量，単位輸送量当たりの費用とする．

② 最短ルート方法を適用する．そのうちの最小費用ルートの1つを選び，そのルートの容量までそのルートで輸送する．また最大輸送計画と同じく，そのルートの各輸送路についてその輸送量だけ，その方向の容量を減らし逆方向だけ輸送量を増やし，逆方向の費用にマイナスを付ける．

　すなわち，$0 \xrightarrow{2} A \xrightarrow{2} B \xrightarrow{2} C \xrightarrow{10} F$　輸送量が6で，単位輸送量当たり費用が16である（図19.41）．

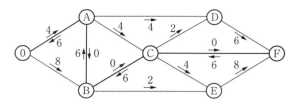

図 19.41　$0 \to A \to B \to C \to F$ のルート

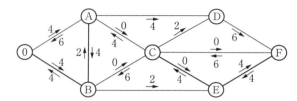

図 19.42　$0 \to B \to A \to C \to E \to F$

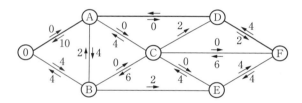

図 19.43　$0 \to A \to D \to F$ のルート

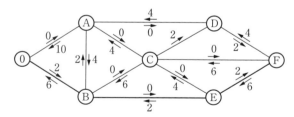

図 19.44　$0 \to B \to E \to F$

③ ルート $0 \xrightarrow{4} B \xrightarrow{-2} A \xrightarrow{6} C \xrightarrow{4} E \xrightarrow{8} F$　輸送量が4で，単位輸送量当たり費用が20である（図19.42）。

④ ルート $0 \xrightarrow{2} A \xrightarrow{8} D \xrightarrow{12} F$　輸送量が4で，単位輸送量当たり費用が22である（図19.43）。

⑤ ルート $0 \xrightarrow{4} B \xrightarrow{10} E \xrightarrow{8} F$　輸送量が2で，単位輸送量当たり費用が22で

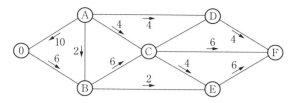

図 19.45 最終ルートの結果

ある（図 19.44）。

ここで 0 → B → A → 0 とループするので終わりとなる（図 19.45）。すなわち，最大輸送量 16 のとき，総費用は 308 である[16]。

19.6.3 VSP（Vehicle Scheduling Program）による配送シミュレーションの問題

図 19.46 には配送システムの基本を図示し，まずはこれについて説明する。

・方面別配送の基本

特　徴

— 一般的に利用されている配送方法である。
— 理論的で配車編成が容易である。
— ドライバーは順路に慣れ，効率が良い。
— 1 デポマルチトリップである。
— ドライバーの硬直性は効率的配車編成が難しい。

配送方法

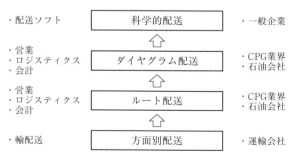

図 19.46 配送システムの基本図

第Ⅱ編　SCMマネジメント編

- あらかじめ定められた方面に当該車両を割り振り，配荷を割り付ける。
- 上記を繰り返し，全配送量を割り付けて完了する。

• ルート配送の基本

特　徴

- ドライバー兼セールスマン兼集金人兼荷役作業員を一人でこなす。
- ルートと配送先が決まっている。
- 日々のルートは曜日および得意先によって基本は決まっている。
- 配達回数は顧客によって異なっているが，ルートの基本は固定ルートである。
- その代表としては，コカコーラやペプシーコーラがあげられる。
- ハムやパンなどは集金あるいは営業マンの機能はないが，基本は同じである。

配送方法

- 配送回数：午前1回・午後1回，1回/日，隔日，1回/1週
- ルート：担当者固定
- 管轄地域：固定

• ダイアグラム配送の基本

特　徴

- 基本的には鉄道スタイルの配送方式である。具体的というと，駅（配送先），着発時間，路線（ルート）は固定している。
- 定期ルート，固定配送先，定時配送方式である。
- 配送物がない場合でも，トリップする。
- セブンイレブンなどがその代表である。

配送方法

ルート	センター	配達先　A			配達先　B				配達先　n			配送センター
	発時間	着時間	処理時間	発時間	着時間	処理時間	発時間	・・・・	着時間	処理時間	発時間	帰着時間
No.1												
No.2	8：30	9：00	9：15	9：15	9：30	9：45	9：45		17：15	17：30	17：30	18：00
No.3	・・・		・・・			・・・				・・・		・・・
・												
・												
・												
No.m												

図 20.47　ダイアグラムの配送方法

上に記したように，ルートや着発時間や配送先などが固定している（図19.47）。

(1)　配送計画の一般

この配送問題を解くには，一般的な方法が以下のとおりである。

a.　セービング法

セービング法は3つの制約を満足しながら配送経路を改善していく方法である。IBM による VSP もこれである。

b.　スウィープ法

スウィープ法は先に地理的な位置関係から積載容量を満足する割当を行い，後に巡回経路を求める方法である。

c.　一般化割当法（近似解法）

先に地理的手法を用いて積載容量を満足する割当を行い，後に巡回経路を求める方法である。GA, SA，タブサーチなどがある。

- GA（Genetic Algorithm）：生物の進化における自然淘汰のメカニズムをコンピュータでシミュレーションすることにより，最適解を導く手法である。
- SA（Simulated Annealing）：まずランダムに初期解を生成する。そして，この解に対して局所探索における近傍内の探索をランダムに行い，しかもそれにより得られた解が改良解でなくても，その解を新しい解にする確率を残すことで局所解に補足されることを防ぐアイデアである。
- タブサーチ（Tabu Search）：局所探索における近傍内の探索を完全に行い，その中で最良の解が現在の解よりも悪いものであっても，それを改めて新たな解として探索を続ける方法である。

また，巡回セールスマン問題（TSP：Travelling Salesman Problem）はセールスマンがある都市を出発して与えられたすべての都市を1回ずつ訪問，セールスして最初の都市に戻ってくるときに，移動距離や費用が最小になるような巡回経路を求める問題である。

この問題は，上記に述べたスウィープ法や一般化割当法などで配送区域や配送車へ店舗を割り当てた後に，各区域ごとに配送経路を求めることが必要になる。

第Ⅱ編　SCMマネジメント編

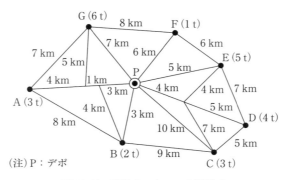

図19.48　配送ネットワーク問題-1

(2)　例題1

図19.48のように配送先がAからGまで7件あり，6 t車/8 t車/10 t車の3種類のトラックで配送を行うとする。この場合，最も効率のよい配送にするにはどうしたらよいか。また，トラックの使用は1回のみとして種々ある条件はすべて無視し，単純にしている点に留意する[12]。

この問題を解くためには，次のように行う。

① セービング値を計算する。
② ①で計算したセービング値を大きい順に並べて分類表を作成する。
③ ネットワークと車両の割付を行う。
④ シミュレーション表を作成する。
⑤ シミュレーションの結果を評価してまとめる。

先に述べた解答プロセスにより，最初にセービング値を計算する。このセービング計算の考え方は，図19.49により配送先Aから配送先Bまでの距離がデポPから配送先A，および配送先Bまでの合計距離より小さければセービングがある。すなわち

$$pa+pb=ab \rightarrow \text{セービングなし}$$
$$pa+pb>ab \rightarrow \text{セービングあり}$$
$$pa+pb<ab \rightarrow \text{セービングなし}$$

という考え方である。たとえば，pa=8 km, pb=8 km, ab=3 kmとするとき，デポPから配送先AとBまでの距離はそれぞれ8 kmであり，したがって

第19章　基本戦略展開の計算例

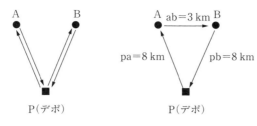

図 19.49 デポPから配送先AとBまでの距離

pa+pb=16 である。これにより、pa+pb>ab（ab=3）であるため、セービングがあることがわかる。セービングした距離はどれくらいかを次のように計算する。

- デポPから配送先AとBにそれぞれ配送する合計距離：
$$2pa+2pb=(2\times 8)+(2\times 8)=32$$
- デポPから配送先AとBの2ヶ所に配送してデポに戻るまでの合計距離：
$$pa+ab+pb=8+3+8=19$$

上記の計算できた値により、セービングした距離は 32−19=13 である。

このような考え方で問題のセービングした距離を実際に計算して、セービング値の大きい順に並べると、表19.53のようになる[1]。

次はネットワークと車両の割付を行う。

ステップ1：初期値を設定する。

すべてを6tの車両で運ぶとし、図19.50により総走行距離は96kmである。

表 19.53 セービングした距離表（例題1）

リンク	セービング
C-D	14
A-G	8
D-E	7
E-F	5
F-G	5
B-C	4
C-E	3
A-B	3
D-F	2
A-C	1

ステップ2：セービング1位のリンクを結ぶ。

表19.53により、セービングした距離1位（14km）はC-Dリンクであり、このC-Dリンクを結ぶと、図19.51のようになる。このときの総走行距離は、$(8+3+5+6+7)\times 2+(10+5+9)=82\,\mathrm{km}$ となる。すなわち、初期値の総走行距離−セービングした距離=96−14=82kmである。また、配送先A, B, E, F, Gへ配送するには6tの車両で5台を使用し、C-Dリンク内の配送量合計が7

---

[1] 最短距離ベースの計算である。

第Ⅱ編　SCM マネジメント編

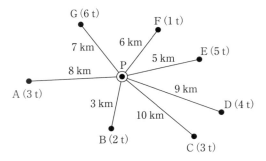

総走行距離＝(8+3+10+9+5+6+7)×2=96

図 19.50　初期値の解答ネットワーク

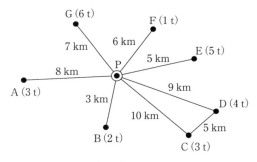

総走行距離＝82 km

図 19.51　C-D リンクを結ぶときの配送ネットワーク

t であるため，8 t の車両 1 台を使用する。

ステップ 3：セービング 2 位のリンクを結ぶ。

セービング 2 位（セービング値＝8 km）は A-G リンクを結ぶと，図 19.52 のようになる。総走行距離は 82−8＝74 km である。トラックは A-G リンク内へ配送するには 9 t の配送量を運ぶため，10 t の車両 1 台を使用する。後は，C-D リンク内へ運ぶトラックはステップ 2 と同じく 8 t の車両 1 台，配送先 B, E, F へそれぞれ運ぶために 6 t の車両で合計 3 台を使用する。

ステップ 4：

このステップでは，セービング 3 位の D-E リンクを結ぶべきであるが，D-E を結ぶと，配送先が C, D, E の 3 軒が一緒になり，配送量合計が 12 t とな

第19章 基本戦略展開の計算例

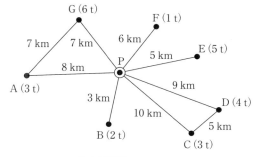

総走行距離＝74 km

図 19.52 A-G リンクを結ぶときの配送ネットワーク

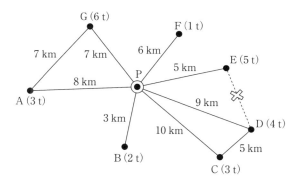

図 19.53 D-E リンクを結ぶ不可能

ってしまう（図19.53）。このケースでは12 t（3 t＋4 t＋5 t）の車両はないので，全量を同時に配送できない。

　ステップ5：セービング4位のリンクを結ぶ。

　セービング4位（5 km）のE-Fリンクを結び，総走行距離は74－5＝69 kmである（図19.54）。また，トラックは6 tの車両が2台（配送先BとE-Fリンク用），8 tの車両（C-Dリンク用）と10 tの車両（A-Gリンク用）がそれぞれの1台を使用する。

　ステップ6：セービング6のリンクを結ぶ。

　セービング5位のF-Gを結ぶと，12 tの車両が必要となるので，これは不可能であるため，このステップではセービング6位，B-Cリンクを結ぶこと

第Ⅱ編　SCMマネジメント編

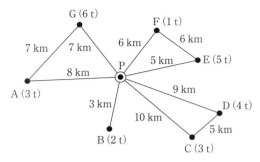

図 19.54　E-F リンクを結ぶときの配送ネットワーク

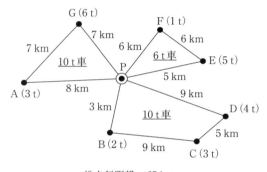

図 19.55　B-C リンクを結ぶときの配送ネットワーク

を行う（図 19.55）。B-C リンクを結んだ後の総走行距離は 69－4＝65 km となる。使用するトラックの種類と数は以下のようにまとめる。

6 t の車両（E-F リンク用）：1 台

8 t の車両：0 台

10 t の車両（A-G リンクと B-C-D リンク用）：2 台

次いで，このシミュレーションの計算結果を表として作成する（表 19.54）。

表 19.54 により，初期値として（ステップ 1）6 t 車 7 台，総走行距離 96 km でスタートしたが，最終的（ステップ 6）には 10 t の車両 2 台，6 t の車両 1 台，総走行距離 65 km となっている。距離的には 31 km 節約できたことになる（表 19.55）。

表 19.54 シミュレーションの計算結果表

No.	項目＼ステップ	1	2	3	4	5	6
1	6 t の車両 8 t の車両 10 t の車両 計	7 0 0 7	5 1 0 6	3 1 1 5	- - - -	2 1 1 4	1 0 2 3
2	総走行距離 (km)	96	82	74	-	69	65
3	積載可能量 (t)	42	38	36		30	26
4	積載量 (t)	24	24	24		24	24
5	積載率[*1] (%)	57	63	67		80	92

[*1] 積載率は積載量を積載可能量で割って，パーセントにすることにより計算する。

表 19.55 評価とまとめ表

項目	結果	節約または向上[*1]
トラック台数	6 t×7 台 → 6 t×1 台, 10 t×2 台	4 台 (4 人) 削減
総走行距離	96 km → 65 km	31 km (32%) 削減
積載可能量	42 t → 26 t	16 t (38%) 削減
積載率 (%)	57% → 92%	35% 向上

[*1] 距離削減量(%)は{(総走行距離－最適距離)÷総走行距離}×100 で算出できる（38%の積載可能量の答えも同じで計算した）。

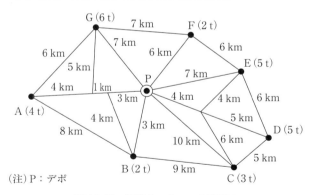

図 19.56　配送ネットワーク問題 2

(3) 例題 2

図 19.56 のように配送先が A から G まで 7 件あり，6 t 車/8 t 車/10 t 車の 3 種類のトラックで配送を行うとする。この例題も例題 1 と同じように，最も効率のよい配送はどうしたらよいか。条件は例題 1 とまったく同じである。

第Ⅱ編　SCMマネジメント編

解答プロセスは例題 1 を解くプロセスと同じである（計算方法も同じである）。

a. セービング値の計算およびセービング分類表の作成

セービングした距離を計算し，大きい順に並べてセービング値の表 19.56 を作成する。

b. 配送ネットワークおよび車両の割付

ステップ 1：

ステップ 1 は初期値を設定するステップである。結果は

$$総走行距離 = (8+3+10+9+7+6+7) \times 2 = 100 \text{ km}$$
$$トラック台数 = 6\text{ t 車の 7 台}$$

となる（図 19.57）。

ステップ 2：セービング 1 位のリンクを結ぶ。

表 19.56 により，セービングした距離 1 位（14 km）は C-D リンクであり，このリンクを結ぶと，図 19.58 のとおりである。また，C-D リンクを結んだ後の総走行距離は 100−14＝86 km であり，リンク内の配送量合計が 8 t となるので，配送するために 8 t のトラックが必要である。つまり，このステップで必要なトラック台数は 6 t 車が 5 台（配送先 A, B, E, F, G 用），8 t 車が 1 台である。

表 19.56 セービングした距離表（例題 2）

リンク	セービング
C-D	14
D-E	10
A-G	9
C-E	7
E-F	7
F-G	6
B-C	4
A-B	3
D-F	3
A-C	1
A-F	1
E-G	1

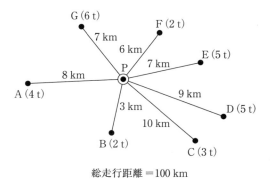

図 19.57 初期値の解答ネットワーク

第19章 基本戦略展開の計算例

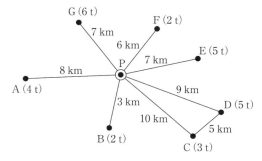

図 19.58 C-D リンクを結ぶときの配送ネットワーク

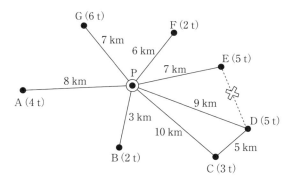

図 19.59 D-E リンクを結ぶ不可能

ステップ3：

ステップ3は，D-E リンク（セービング2位）を結ぶべきであるが，結ぶと配送量が 13t となってしまい，C-D-E リンク内へ配送できるトラックがないため，この場合は不可能である（図 19.59）。

ステップ4：セービング3位のリンクを結ぶ。

セービング3位は A-G リンクであり，このリンクを結ぶ。結果は図 19.60のようになる。ここで，総走行距離は 86－9＝77 km であり，配送先 B, E および F へそれぞれ配送するために，6t 車のトラックを使用して合計3台で，C-D リンク内用のトラックが 8t の車両1台，そして A-G リンク用のトラックが 10t の車両1台を使用する。

661

第Ⅱ編　SCMマネジメント編

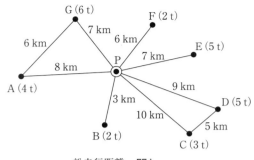

図19.60　A-Gリンクを結ぶときの配送ネットワーク

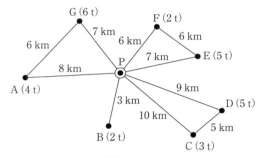

図19.61　E-Fリンクを結ぶときの配送ネットワーク

ステップ5：セービング5位のリンクを結ぶ。

　セービング4位のリンクを結ぶのは不可能であるため（理由はステップ3と同じ），このステップで5位のリンクを結ぶ（図19.61）。総走行距離および使用トラックの結果は以下のとおりである。

　　総走行距離＝77−7＝70 km

　　6tの車両（配送先B用）：1台

　　8tの車両（E-DとE-Fリンク用）：2台

　　10tの車両（A-Gリンク用）：1台

ステップ6：セービング7位のリンクを結ぶ。

　7位のB-Cリンクを結び，結果は図19.62のとおりである。総走行距離と

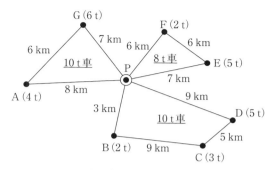

総走行距離 = 66 km

図 19.62 B-C リンクを結ぶときの配送ネットワーク

表 19.57 シミュレーションの計算結果表

No.	項目＼ステップ	1	2	3	4	5	6
1	6 t の車両	7	5	-	3	1	0
	8 t の車両	0	1	-	1	2	1
	10 t の車両	0	0	-	1	1	2
	計	7	6	-	5	4	3
2	総走行距離 (km)	100	86	-	77	70	66
3	積載可能量 (t)	42	38	-	36	32	28
4	積載量 (t)	27	27	-	27	27	27
5	積載率 (%)	64	71	-	75	84	96

必要なトラック台数は以下にまとめる。

　　総走行距離 = 70 - 4 = 66 km

　　8t の車両（E-F リンク用）：1 台

　　10t の車両（A-G と B-C-D リンク用）：2 台

c. シミュレーションの計算結果表の作成

表 19.57 には例題 2 のシミュレーションの計算結果を表す。

d. 評価とまとめ

表 19.58 から見ると，初期値としては 6t 車のトラックが 7 台，総走行距離が 100 km で始めた。しかし，最終的には 10t 車のトラックが 2 台と 8t 車のト

第Ⅱ編　SCMマネジメント編

表19.58　評価とまとめ

項目	結果	節約または向上
トラック台数	6 t×7台 → 8 t×1台，10 t×2台	4台（4人）削減
総走行距離	100 km → 66 km	34 km（34%）削減
積載可能量	42 t → 28 t	14 t（33%）削減
積載率（%）	64% → 96%	32%向上

ラックが1台，総走行距離が66 km となっている。距離的には34 km 削減できた[17]。

〈参考文献〉

1) 唐澤豊監修：物流管理マニュアル，新技術開発センター，1979

2) 唐澤豊監修：物流管理マニュアル，第Ⅳ編第3章，新技術開発センター，1979

3) 文献1)，pp.3-34

4) K. Hubeny：Weiterentwicklung der Gauss'schen Mittelbreitenformeln, Vol. Z. Vermess, No. 84, pp.159-163, 1959

5) Sarinya Sala-ngam，佐藤哲也，唐澤豊，豊谷純，若林敬造：最適立地選定モデルに基づく最適グローバルハブネットワークシステム構築に関する基本研究，日本ロジスティクスシステム学会誌，Vol.15, No.1, pp.95-98, 2016 年3月

6) 国士交通省国士地理院：
http：//www.gsi.go.jp/LAW/G2000-g2000faq-1.htm

7) googleMap, https：//www.google.co.jp/maps

8) 国土地理院 測地部：
http：//vldb.gsi.go.jp/sokuchi/surveycalc/main.html

9) 文献1)，pp.81-84

10) 相浦宣徳，唐澤豊，佐藤馨一：GA による MMFLA モデルの解法，日本物流学会誌，No.6, p.93, 1997 年12月

11) 唐澤豊：米国コンサルティング企業のソフト（顧問）

12) 唐澤豊著：神奈川大学講義ノート，1985-1986 年

13) 文献1)，pp.85-96

14) 日本アイ・ビー・エム株式会社：IMPACT エクゼクティヴセミナーノートブック，1967

15) 日本アイ・ビー・エム株式会社：講習会テキスト IMPACT Concept, 1969

664

第19章　基本戦略展開の計算例

16)　文献 1),　pp.97-113
17)　日本アイ・ビー・エム株式会社：IBM VSP1360,　配送計画プログラム,　N：
　　　GE18-0034-1

サーラーガーム サリンヤー

20 SCM 展開のチェックリスト

20.1 は じ め に

　本章は SCM 関連チェックリストを要約したもので，経営戦略，SCM 戦略および最適配送センター設計から成る戦略関係チェックリスト，配送センターの契約から実施準備，立ち上げ準備，実施および管理から構成されている配送センター関連の総合チェックリスト，さらに，3PL サイドに立脚した配送センターの提案書チェックリスト，最後に執筆者が訪問した欧米の配送センターについて，拠点数，立地特性，在庫サービス特性，労務管理特性ならびに人間工学特性について要約したリストから成っている。

　チェックリストは，本来，膨大なものであるが，筆者が独断と偏見にて焦点を絞って要約したものであり，海外調査による配送センターの特徴は年代が古い嫌いはあるが時代をバックにした特徴を示すことができるという意味から，あえてチェックリストに追加した。

20.2 戦略関係総合チェックリスト

　戦略関係総合チェックリストは経営戦略概括（フレームワーク）チェックリスト，および SCM 戦略チェックリストから成っている。

第Ⅱ編　SCMマネジメント編

20.2.1　経営戦略概括（フレームワーク）チェックリスト

経営戦略チェックリストは，経営戦略のフレームワークをベースに作成したものである（表20.1）。経営戦略を推進する場合のチェックリストとして参照することを意図したものである。

20.2.2　SCM戦略チェックリスト

SCM戦略チェックリストは，SCM戦略のフレームワークをベースに作成したものである（表20.2，表20.3）。SCM戦略を推進する場合のチェックリストとして参照することを意図したものである。

表 20.1　経営戦略チェックリスト

No.	大項目	中項目	小項目	内容
1	環境分析	・政治環境分析 ・経済環境分析 ・社会/文化環境 ・エコ環境 ・その他	・経済政策, 税政策, 輸出入政策, PTT政策, 外交政策, 金融・財政政策, ・為替政策, 公共投資政策 ・価値観の変化, ライフスタイルの変化, ・環境政策, 法規制, 内外エコ行政及びエコ動向,	・産業・企業・研究開発・技術・販売・生産・調達・ロジスティクス, 情報, 財務, 総務 等の関連 ・会計・株式, 規格・基準
2	目標設定	定性目標・定量目標等の設定	・大陸別, 国別, ・事業部別, 部門別, 製品別, 地域別, チャネル別	
	2.1 定性目標	・教育・組織, 人事, 等数値目標の設定が困難な目標	・提携目標, 組織目標, 教育目標, ・目標管理・制度目標・計画・管理・QC目標 ・配当目標, 環境投資目標, 社会貢献目標	・研究開発・技術・販売・生産・調達・購買・仕入れ, ロジスティクス, 情報, 財務, 総務等の関連部門・組織との連動
	2.2 定量目標	・収益目標, 利益目標, 販売目標, コスト削減目標, 生産性目標	・収益目標, 販売目標, 製造コスト削減目標, ・生産性目標, 給与目標, ・配当目標, 環境投資目標, 社会貢献目標	・先行部門・組織との連動
	2.3 戦略策定 2.3.1 総合戦略	・M&A, ・提携, ・戦略同同, ・資本提携, 売却, 撤退, ・海外進出, 撤退, ・投資 ・研究開発投資戦略, マーケティング戦略 ・生産投資戦略, 調達, 購買戦略, ロジスティクス戦略	・総合経営戦略, 関連戦略との整合性	・関連戦略との連動・調整
	2.3.2 事業部戦略			
	2.3.3 部門戦略			
	2.3.4 製品戦略			
	2.3.5 地域戦略			
	2.3.6 グローバルチャネル戦略	・チャネルルローカリゼーション戦略		
	2.3.7 研究開発投資戦略			
	2.3.8 マーケティング戦略	・チャネル統合戦略, 小売店, 特約店統廃合戦略, 新製品開発戦略, 一貫生産販売戦略		

第Ⅱ編　SCM マネジメント編

項目	戦略	備考
2.3.9 生産戦略	・製品見直し戦略・価格戦略 ・工場統廃合戦略・設備拡大・縮小・更新戦略・自動化推進戦略・生産性向上戦略・品質向上戦略 ・規格統一戦略・TQC・TPM戦略	
2.3.10 調達・購買戦略	・ネット調達戦略・在庫戦略・設備機器調達戦略・新規調達開発戦略・代替材料調達戦略	・規格の標準化・資材の標準化、共同化
2.3.11 ロジスティクス戦略	・配送センター統廃合・零在庫戦略・輸・配送戦略・包装戦略・TSCM戦略・共同化戦略 ・共同化戦略・モジュール化戦略・アウトソーシング戦略・内部管理戦略	・ゼロ在庫化・集中化・分散化・集中分散化・共同利用化 ・車種車両の適正化・ルートの適正化 ・共同化・車種車両の適正化・ルートの適正化
2.3.12 人事組織戦略	・採用・教育・評価のローカリゼーション・定年制・雇用延長制等の再検討	・規格の標準化・統一化・共通化・仕様の標準化・資材の標準化、共同化 ・給与制度の検討・終身雇用の検討・資格制度の検討
2.3.13 財務戦略	・資金調達戦略・増資/減資・社債発行/社債入金・投・融資戦略	
2.3.14 情報システム戦略	・グローバルネットワーク戦略・セキュリティ戦略	・ネットワーク化・取引・商慣行等関連システムの標準化
2.3.15 設備機器戦略	・設備機器統合管理戦略	
2.3.16 管理・運営戦略	・標準管理方式・標準運営方式・標準更新方式・例外管理/運営	
3 隘路事項	・国家間・事業部間等組織間に存在する解決すべき問題の明確化と解決案及び日時等の決定	
4 影響要因	・計画或は戦略の拠り所となる諸要素の確認	
5 社内外資源	・人材・財源・土気、精神等社内外の資源の確認と利用の可能性の把握	
6 新規ビジネスの機会	・既存型新規ビジネス或は完全な新規ビジネス領域の投資効率の提案	

表20.2　SCM戦略チェックリスト

No.	大項目	中項目	小項目	内容
1	戦略目標と範囲	・目標の明確化 / ・対象範囲の明確化	・目標を優先順位を付けて箇条書きにする / ・対象範囲を明らかにする	・予算、期間等との関係づけを明瞭にする / ・成果物の明瞭化 / ・対象範囲の明瞭化
2	期間と予算	・個別プロジェクト毎に期間を示す / ・予算、人材、組織等を明らかにする	・プロジェクト毎に期間を示す / ・中間評価会議 ・最終評価会議	・プロジェクト別最終目標の検討 / ・予算と人員。兼任は避ける
3	プロジェクト計画	・プロジェクト計画の立案	・最終・中間レビュー会議	・レビュー会議のチェック項目の作成
4	在るべき姿の立案	・仮説の設定 / ・複数案の立案・検討 / ・在るべきシステム案	・実現すべきあるべき姿の選択と決定 / ・在るべき姿の検討と提案 / ・在るべき姿の案	・メーカー主体型か／卸主体型か・小売り主体型か / ・チャネル領域の決定 / ・同期循環型・生産同期型・デマンドベース型サプライチェーン / ・小売業主導型サプライチェーン方式
5	環境分析			
	5.1 マクロ環境分析	・法律・政治環境 / ・経済環境 / ・社会/文化環境 / ・エコ環境	・独禁法、プライバシー保護法、環境法、包装法、労働法等 / ・経済成長率、消費税、増税、為替レート / ・ステークホルダー・サスティナビリティ・トレーサビリティ / ・価値観の変化 / ・内外エコ行政及びエコ動向の環境分析	
	5.2 ミクロ環境分析			
	5.2.1 チャネル類型	・伝統型・販社型・直販型・家庭訪問販売方式 / ・通販型・TV販売型・eネット型 / ・独占型・寡占型・自由型	・チャネル戦略の決定 / ・チャネル特性の分析と実行可能性の戦略の検討・選択 / ・提携戦略	・チャネルの変更・修正等の詳細検討
	5.2.2 チャネル支配類型	・企業内統合型・企業間統合型 / ・国内統合型・グローバル統合型		・製品別支配類型の分析と検討
	5.2.3 システム統合類型	・パートナーシップ・戦略的同盟 / ・企業連携・企業吸収合併		
	5.2.4 提携類型	・荷主主体型・3PL主体型・両者合同		
	5.2.5 推進類型	・水平統合型・垂直統合型		
	5.2.6 チャネル発展類型	・同業種型・異業種型・無差別型		
	5.2.7 発展業種類型	・同業種型・異業種型・無差別型		
	5.2.8 発展業態類型	・BtoB型・BtoC型・BtoC型・CtoCネット型		
	5.2.9 Eネットワーク類型	・垂直ネット型・水平ネット型・メッシュネット型		
	5.2.10 チャネルネットワーク類型	・垂直ネット型・水平ネット型・メッシュネット型		

第Ⅱ編　SCMマネジメント編

No.	項目			
	5.2.11 規格標準類型	・規格標準・決済標準・情報標準		
6	6.1 定性目標　目標設定	定性目標・定量目標等の設定　教育目標・組織・人事等数値目標の設定が困難な目標	・規模目標・標準目標・制度目標・教育目標・共同化目標・情報目標・管理目標　・システム目標・総合目標	・機械利益の増加・機会損失の低減　・コスト/ベネフィットトレードオフ・サービス率の増加
	6.2 定量目標	・コスト削減目標　・収益目標　・生産性目標　・目標パラメータ	・コスト削減　・機会損失減少　・生産性の向上　・スピード目標　・品質・サステイナビリティ	・SCM全体・機能別生産性　・労働生産性・資本生産性・SCM指標別生産性　・コストミニマム型・在庫最小型・リードタイム　・アウトソーシング依存型・JIT型・能力型　・待ち時間最小型・公害最小型・ミックス型
7	7.1 SCM戦略策定			
	7.1.1 戦略全体	・経営戦略との整合性の有無	・統合経営戦略との整合性・関連戦略との整合性　・シミュレーション・最適問題	・戦略ベクトルのチェック　・GA、線形計画法、混合整数計画法
	7.1.2 立地戦略	・多段階・多ヶ所、水平型・多ヶ所・1ヶ所	・川上・川下・川中チャネルごとに特性分析	・チャネル類型主体に対応する　出来るところから着手
	7.1.3 規模戦略	・吸収・合併・戦略同盟・業務提携・P.S.・コラボ		
	7.1.4 共同化類型	・荷主主体・3PL主体・両者結合主体	・同業種共同・異業種共同・水平型共同、垂直型共同・メッシュ型共同　・情報、管理の共通・標準化の実現に依る企業間の円滑処理の実現	・共同化の可能性を分析し、国内、グローバルの共同化の実現
	7.1.5 標準管理戦略	・規格・コード・帳票		
	7.1.6 開発戦略	・汎用・特殊・ハード・ソフト、共同化		
	7.1.7 設備機器戦略	・汎用・特殊・ハード・ソフト、共同化		
	7.1.8 人事組織戦略	・共通化・独立固有化		
	7.1.9 在庫戦略	・ゼロ在庫化・集中化・集中分散化・共同利用化		
	7.1.10 輸・配送戦略	・共同化・車種車両の適正化・ルートの適正化　・輸送標準の適正化・往復輸送化、共同化		
	7.1.11 包装戦略	・規格の標準化・仕様の標準化・資材の標準化、共同化		
	7.1.12 情報戦略	・ハード・ソフト/アプリの標準化　・フォーマットの標準化・システムの標準化、共同化		
	7.1.13 システム戦略	・取引・商慣行等関連システムの標準化　・SCM取引・商慣行等関連システムの標準化		
	7.1.14 調達戦略			

672

第20章　SCM展開のチェックリスト

項目	類型	詳細
7.1.16 管理・運営戦略	・標準管理方式・標準運営方式・標準更新方式 ・例外管理・運営	
7.1.17 戦略パラメータ	・コストミニマム型・在庫最小型 ・リードタイム最小型・アウトソーシング型・JIT型 ・能力型・待ち時間最小型・公害最小型 ミックス型	
7.2 チャネル展開戦略		
7.2.1 チャネル類型	・受給チャネル：川上（供給）チャネル	・直線供給型チャネル・逆樹木構造型チャネル・多段階供給・1次供給・その他 ・メーカー水平型・メーカー垂直型
	・川中（生産）チャネル・川下（流通）チャネル	・伝統型・直販型・ネット型・通販型・販社型・商店訪問型 ・独占・寡占・自由競争・各チャネル主導型・3PL主導・ミックス型
7.2.2 チャネル支配類型	・川上支配類型・川中支配類型・川下支配類型	・荷主導型・標準方式・例外方式
7.2.3 チャネル主導類型	・川上主導類型・川中主導類型・川下主導類型	・システム・インテグレーション（統合）
7.2.4 計画・管理類型	・企業内統合型・企業間統合型・国内統合型 ・グローバル統合型	
7.2.5 調整・統合類型	・パートナーシップ・同盟・戦略的同盟	・限定した時間に基き協定した事項に就いてその利害を共有する二つの企業
	・企業吸収合併	・特定の目標並びに実行態様を達成する当事二つの企業間の関係 ・当事者に差別的並びに中期又は長期の利益を与えるべきであるとする ・ロジスティクスチャネルの一類型 ・吸収型と合併
7.2.6 推進類型	・荷主体型協調・3PL主体型協調	・推進主体が荷主の場合・推進主体が3PLの場合
7.2.7 チャネル発展類型	・水平型・垂直型・メッシュ型	・水平型・垂直型・垂直型との組み合わせ
7.2.8 発展業種類型	・同業種型・異業種型・無差別型	・同業種のみの発展・異業種のみの発展・両者混合型の発展・無差別発展
7.2.9 E ネットワーク類型	・BtoBネット型・BtoCネット型・CtoCネット型	
7.2.10 ネットワーク類型	・垂直ネット型・水平ネット型・メッシュネット型	

第Ⅱ編　SCMマネジメント編

表 20.3　最適配送センター設計計画チェックリスト

No.	手順	プロセス	方法	具体的な対応	狙い
1	需要予測	(1)地域別製品別 (2)製品別地域別 (3)CGS単位別	<時系列モデル> ①指数平滑法 ②回帰分析 ③ボックスジェンキンス法 ④移動平均法 ⑤その他	①1次・2次・三重・多重指数平滑法 ②単純・多項式回帰分析 ③MA/AR/ARMA/ARIMA/SARIMA/VAR/VARMA/VARIMA各種モデル ④単純・二重＋傾向付移動平均法 ⑤その他	①短期予測～1年未満 ②中期予測～3年前後 ③長期予測～5年前後 ④その他～設定対象期間
2	最適立地選定	(1)1段階　①1ヶ所　②多ヶ所 (2)多段階　①1ヶ所　②多ヶ所	(1)シミュレーションモデル 　①重力モデル 　②GA型重力モデル (2)最適化法 　①線形計画法 　②非線形計画法 　③混合整数計画法	①配送センターの場合 ・総センター費用最小の立地を選定 ・保管費＋配送費 ②生産立地の場合 ・総生産費用最小の立地を選定 ・生産費用＋輸送費	①既存立地の評価 ②新規立地の検討 ③最適追加立地の検討～増減
3	品目配置	(1)配置の形式 　①集中方式 　②分散方式 　③集中分散方式 (2)階層 　①単一段階 　②多段階	①品目配置計画 ②重心配置計画 ③差別配置計画 ④ネットワーク計画	①在庫配置短段階化 ②在庫配置場所最小化 ③A級品川下C級品川上配置 ④等級別品目別配送リードタイムの決定 ⑤中抜き化の進化	①総流通在庫の効率化 ②在庫活性化の促進 ③サービス率の向上 ④SCMの展開
4	センター設計	(1)センター特性 ・倉庫/DC/TC/併用型 (2)センター建築・規模 ・容積・面積 ・平屋/多階/メザニン ・高床式/低床式 (3)センター保管品目特性 ・荷姿特性 ・長尺物・重量物 (4)センター荷役特性 ・倉庫/DC/TC/併用型	①品目配置計画	①品目配置計画	
5	投資計画	(1)操業計画 (2)要員計画 (3)作業計画 (4)経費計画 (5)収入計画 (6)採算計画	(1)採算期間の設定 (2)リース期間の設定 (3)金利の設定 (4)諸条件の設定	(1)評価方法 ①現価 ②年価 ③終価	

第20章　SCM 展開のチェックリスト

20.3　配送センター総合チェックリスト

20.3.1　契約チェックリスト

契約，センター，3PL 評価，3PL 企業の問題チェックリストならびに海外センター特性について以下に要約する。

契約書チェックリストは契約書に記載する事項と覚書に記す事項を含めてリストアップしたものである（表20.4）。契約書を取り交わす際に事前に明白にしなければならない事項である

20.3.2　センター用チェックリスト

(1)　実施準備用チェックリスト

実施準備用チェックリストは倉庫・配送センター設立前に準備する項目で倉庫・配送センター全般に関わる事項と倉庫・配送センターの実施に必要な事前検討事項より成っている（表20.5）。実施準備用，実施用，管理用，ならびに戦略計画用チェックリストから成っている。

表20.4 契約書チェックリスト

No.	大項目	中項目	小項目	内容
1	目的(業務範囲)	・荷主による委託業務の明記 ・荷主による業務範囲の明記	・変更時の対応方法の明記	・覚書にて明記
2	業務の細目と運営方法	・業務範囲・細目・運営方法の明記	・業務変更時の対応方法の明記	
3	機密保持・機密遵守・秘守義務	・機密情報の取り扱いの明記	・情報の第三者への開示・非開示 ・機密情報の定義と見直し方法の明記	
4	事故報告	・事故の定義付け ・業務内事故と業務外事故の基準作成 ・事故の対応方法・事故措置	・業務範囲の確認 ・事故調査委員会の設立 ・連絡組織網の確立	
5	損害賠償	・賠償範囲、賠償算定方法、賠償限度、賠償請求の期限の明記 ・免責事項 ・覚書等にて明記	・事業者責任と荷主責任項目の明記。但し、1事故あたりの限度額を含むグレイゾーンの調整体制を含む ・天災、暴動、法令の改廃・制定、行政等公権力の命令処分など不可抗力の現象の明記	・委託物品の破損、汚損、未配送、誤配送、等のミス原因の調査による責任の確定 ・棚卸際の責任範囲：誤差範囲の数値責任 ・賠償算定基準：原価・売価など
6	損害保険	・事故報告において定めた損害に保険を付保する旨明記	・付保証明の提示、保険契約の変更、解約の報告	
7	料金及び支払い方法(業務委託料の発生、請求、支払い等)	・料金、請求、支払方法の明記 ・既存料金の改定の明記	・受託業務にて発生する料金の支払い方法について明記	
8	契約期間	・契約期間及び自動更新の明記	・期間内投資とその回収期間の配慮 ・更新時の条件見直しの条項に留意	
9	解約	・事前予告 ・本契約の解約方法及び解約後の措置の明記	・補償金の算定方法 ・ソフト・ハードの所有権の明記 ・撤去・解体等処理責任の明記	
10	解除(有事の一方的解除要求)	・本契約の解除について明記 ・解除に伴う相手方の損害措置の明記	・契約履行違反と一定期間の債務後の是正がない時 ・背信行為 ・監督官庁からの営業、取引停止処分 ・財産に関する差し押さえ	

第20章　SCM展開のチェックリスト

No.	項目			
11	委託（物流事業者の再委託事項）	・再委託有無の明記 ・再委託範囲の明記	・再委託の場合にも契約に基く責任と義務の明記	収益 ・合併、解散、減資等の決議とその信用に不安が存在る時 ・その他の不信用 ・災害などにより契約履行が困難と判断された時 ・その他の不信用 ・災害などにより契約履行が困難と判断された時
12	法律の遵守	・地方裁判所の特定明記		
13	価格情報の取扱い	・価格上の取扱いの明記 ・業務必要上知り得た再委託先など第三者物流事業者の価格情報の取扱い		
14	追記必要項目	・荷主の協力 ・業務内事故と業務外事故の基準作成 ・事故の対応方法・事故措置	・荷主の協力を明記	・荷主の方針の提示。目標、施策、拠点閉鎖、移転、縮小・拡大など ・委託物の商品、荷姿、届先情報などの提示
15	改善効果の評価項目及び管理指標	・評価項目と管理指標、管理指標の報告方法、評価の報告、評価指標の見直し、評価開始日、評価機関、評価サイクル、評価結果の是正方法、評価未達の対処等の明記	・管理指標：金額効果、輸送品質、保管品質、物流品質、取引精度	
16	ゲインシェア	・効果の相互配分の明記 ・目標未達・凌駕の配分の明記		
17	投資・ロスシェア	・投資契約 ・ロス分担の明記		
18	契約形態	・一括契約 ・部分契約	・月間固定金額	・覚書にて明記
19	価格交渉	・固定制 ・変動制 　従価制（料率） 　従量制	・価格に対する％ ・量に対する単価	・原価が売価か ・伝票枚数、同行数、ピース、ケース、段

第Ⅱ編　SCMマネジメント編

No.	項目		固定経費　変動経費	ボール、パレット
20	倉庫スペース契約	・固定物量制　従価制　従量制	・固定スペース　固定経費	・物量契約　固定　変動
21	輸送契約	・変動物量制　従価(料率)制　従量制	・変動スペース　変動経費	・契約条件：センター経由
22	配送契約	・変動物量制　従価(料率)制　従量制		・契約条件：センター出荷
23	契約期間	・自社物件　既存自社物件　新設自社物件 ・他社物件（アウトソーシング）	・投資効率に基づく最短・最長期間 ・経済耐用年数に基づく最低保証期間 ・荷主契約期間と賃貸契約期間の調整に基づく投資効率	・設備投資回収方法　・各種保証の検討 設備投資の保証　・各種保証：中途解約時 ・満期解約時・満期後再契約時 ・荷主・アウトソーサーに対する保証のバランス配慮
24	災害・事故	・一括契約　部分契約	・保険等月間固定金額	・覚書にて明記
25	棚卸	・顧客責任　3PL企業責任	・価格に対する％　量に対する対価	・一斉棚卸　循環棚卸
26	環境	・地域社会	・騒音、照明、夜間・早朝作業	・町会、管理組合との事前協議
27	保全	・留置権	・在庫差し押え	・質権の保全
28	受注締め切り時間	・締め切り時間の明確化	・締め切り後の指示にて派生した経費の対策	・覚書記載事項
29	帳票管理費用	・負担金の明確化	・種類と量の明確化	・覚書記載事項
30	引っ越し時の在庫移動費	・負担者の明確化	・特に移転・引っ越しを伴う場合は事前に別途扱いか否かの協議	・覚書記載事項
31	当日入荷当日出荷	・在庫計上のみ出荷	・当日入荷当日出荷のオーバーチャージの負担の明記	・覚書記載事項
32	受注データ受け渡し	・時間設定	・情報処理システムにてビルトイン	・覚書記載事項
33	覚書	・契約書記載事項　細部特記事項	・契約書非記載事項	・覚書記載事項

表20.3 実態準備のチェックリスト

No.	大項目	中項目	小項目	狙い
1	全般	(1) インフラ特性	・交通機関・道路・住民・気候・都市計画・消防・警察・病院・保育施設・学校・住宅	・ロジスティクス・インフラの検討 ・作業員の利便性 ・社会インフラの検討 ・社会福祉環境の検討
		(2) センター特性	・補充先・配送先・ロジ専業者	・輪・配送能力の検討 ・外部の一時保管能力の検討 ・民力度・労働市場の検討
		(3) 一般特性	・人口構成・労働力・賃金水準	・立地の効率的利用 ・労働資源の検討 ・人件費環境の検討
		(4) 立地場所特性	・向き・形状・基盤・環境問題・水道光熱・燃料	
		(5) 地域産業特性	・平均給与・時給・三交代制・労働需給	
		(6) 最適立地の検証	・最適立地場所と数・規模	
2	事前検証	(1) システムの対象	・対象±1工程をシステム範囲	・対象システムの前後の工程との連動を配慮して流動性を高める
		(2) 事前入荷予定情報	・受け入れ作業手順計画	・入荷消し込み方法 ・着荷ベースの指定 ・受払いの段取り
		(3) 緊急入荷情報	・人口構成・労働力・賃金水準	・標準作業への組み込み ・対応策の確立
		(4) 能力の検証	・センター処理能力	・荷姿単位別・増減対策 ・班長・組長等の一人当たり作業員管理人数
		(5) 構内無線通信	・SS無線・PHS無線 ・特定省電力・赤外線	・トランスアクション・通信/回線・メモリー・単位時間 ・処理・時間当たり・メモリー
		(6) マスター登録	・関係先 ・製品・単価 ・荷姿 ・CGS単位 ・コード ・パレット	・原価・売価・上代価格・製品 ・得意先・配送先・入荷先・アウトソーサ ・請求・支払い金額の計算 ・ピース・ケース・段ボール・パレット ・入り数・重量 ・容積 ・JAN・ATF・二次元・プライベート・積 ・積みつけパターンのマスター登録 ・みつけパターン指示 ・パレタイズ、ケース単位の判別自動化

第20章　SCM展開のチェックリスト

第Ⅱ編　SCM マネジメント編

(2)　センター立上げチェックリスト

センター立上げチェックリストは立上げ事前確認チェックリスト，立上げ準備チェックリストおよび運営管理チェックリストより成っている。

a.　立上げ事前確認チェックリスト

表 20.6，表 20.7 を参照

b.　立上げ準備チェックリスト

表 20.8 を参照

c.　立上げ管理チェックリスト

表 20.9 を参照

表20.6 マクロ確認チェックリスト

No.	手順	プロセス	方法	具体的な対応	狙い
1	基本合意書の確認	(1)契約確認	①業務範囲 ②目的 ③守秘義務・機密事項 ④事故報告 ⑤損害賠償 ⑥損害保険 ⑦料金及び支払方法 ⑧契約期間 ⑨解約（解約の事前予告） ⑩解除（有事の一方的解除要求） ⑪再委託（物流事業者の再委託事項） ⑫法律の遵守（関連法） ⑬価格情報の取り扱い	①業務範囲及び相互業務分担の最終確認 ②事故報告体制及び報告ルールの精査 ③各種情報の取り扱いとインターフェースの確認 ④契約履行・解約諸条件の確認	①共通認識の再確認 ②円滑な業務遂行 ③トラブル時の混乱防止
		(2)覚書等の確認	①荷主の協力 ②改善効果の評価項目 ③ゲインシェア	①効果測定方法と配分方法の確立 ②損失額の推定と負担方法の確立	①損益処理の再確認 ②イコール・パートナーシップの確立
2	諸条件の確認	(1)見積基礎数値	①包装形態別物量 ②返品・急出荷等緊急対応物量 ③入出荷データ量 ④その他トランザクションデータ量	①保管形態別物量の分析 ②配送形態別物量分析 ③物量・データ量波動分析～日、週、月、四半期、半期、通期. etc.	①共通認識の再確認 ②円滑な業務遂行 ③トラブル時の混乱防止
		(2)見積・収益計画の確認	①算定諸条件の数値的確認		
3	その他	(1)口頭約束の確認	①覚書への追加又は議事録の作成	①再確認の為の交渉又は会議	①共通認識の再確認 ②円滑な業務遂行 ③トラブル時の混乱防止

第Ⅱ編　SCMマネジメント編

表20.7　ミクロ確認チェックリスト

No.	手順	プロセス	方法	具体的な対応	狙い
1	申請資料	(1)役所届出	①届出書類の確認	①会社登記 ②経営登記 ③労働に関する届出(36協定)等 ④親会社届出書類 ⑤保健所・警察等への届出 ⑥労災・雇用保険は社会保険・車金等の届出	①法手続きの遵守・完了 ②経営規則の遵守・完了
		(2)社内規定	①社内規定の確認 ②業務関連 ③組織・体制 ④報告書 ⑤その他	①就業規則・賃金規定・労働協約・火器取扱規定 ②業務ステージ・ルール・業務フロー・配送ルート足袋依頼書・配車依頼書・シフト表 ③組織一覧・運行指示書・管理指標・勤怠管理表 ④運行日報/運行点検記録・クレーム管理表・資産一覧表 ⑤備品・消耗品一覧表・資産一覧表	①法手続きの遵守・完了 ②管理体制の準備 ③業務遂行の準備
2	建物・設備	(1)賃貸契約の確認	①契約期間 ②退去条件 ③各種保険	①重要事項の整理 ②データベースへの組み入れ	①賃貸契約の確認 ②リスクヘッジの確認
		(2)建築の確認	①建設の進捗 ②建設会社との契約 ③引き渡し時の確認 ④メンテナンス契約の確認 ⑤担当責任者の決定	①重要事項の整理 ②データベースへの組み入れ ③メンテナンス予算の決定 ④管理責任者の決定	①建築確認
		(3)施設確認	①資材・備品・消耗品の過不足確認 ②担当責任者の決定 ③資材マスターの確定 ④購買先担当者リストの確認	①重要事項の整理 ②データベースへの組み入れ ③メンテナンス予算の決定 ④管理責任者の決定	①施設確認
		(4)車両の確認	①自家便と営業便の契約 ②営業便の確保の確認 ③引き渡し時の確認 ④車両手続の確認	①液動管理の確立 ②関係機関への手続の処理	①建物・設備の実施確認
		(5)システムの確認	①開発進捗 ②開発会社との契約 ③システムテスト・導入の確認 ④メンテナンス契約の確認	①進捗管理の確立 ②範囲・成果物・期間・コストの整理と確認	①システム開発進捗・実施確認
3	運用	(1)運用関係書類の確認	①運用関係書類は整備 ②運用シミュレーションの実施 ③不備の改善	①関係書類チェックリストによる確認 ②営業確保の確認 ③引き渡し時の確認 ④車両手続の確認	①運用関係書類・手続の総合確認
		(2)作業員関係手続の確認	①雇用関係契約の締結 ②就労規則の作成		
4	その他	(1)小口現金	①小口現金・切手・印紙等 ②金庫・通帳等は ③印鑑・カードは	①出納管理システムの確立 ②管理責任者の任命 ③内部牽制制度の確立	①内部牽制・防災・安全体制の確立の確認
		(2)防災	①防災マニュアル	①防災管理体制の確立	

682

表 20.8　立ち上げ準備チェックリスト

No.	手順	プロセス	方法	具体的な対応	狙い
1	体制スケジュール	①マスタースケジュールの作成 ②個別スケジュールの作成 ③責任者の決定と明記 ④責任者の業務範囲・目的の明示 ⑤荷主体制の確認・明示 ⑥組織体制の作成 ⑦進捗会議日程等の作成	①ガントチャート又はバーチャート ②評価会議と評価方法の設定 ③責任者と権限の明確化	①プロジェクト定例会議の設定 ②プロジェクト評価会議時の設定 ③召集責任者・評価責任者の決定	①スケジュールの確立と進捗状況のチェック ②組織体制の確立
2	レイアウトの決定	①建屋の確認 ②入出荷車両の動線の設計 ③入出庫バースの決定 ④内部動線の決定 ⑤保管場所・保管方法の決定 ⑥休憩室・事務所等の決定	①低層・多階層と生産性等の確認 ②バースの高さの確認 ③保管品と保管機器のレイアウトの確認 ④搬送特性による通路幅等の適動線等の確認	①製品・保管・配達等の特性とレイアウトの確認	①センターレイアウトの総合確認 ②細部レイアウトの確認
3	設備・システムの決定	①設備の決定 ②機器の決定 ③システムの決定 ④人間工学的設備・機器の決定 ⑤エコロジー的設備・機器の決定	①設備機器の確認 ②システムの確認 ③環境システムの確認 ④アメニティの確認	①製品特性と設備機器の確認 ②システムとセンター特性の確認 ③エコ・アメニティの確認	①センター設備・機器の確認 ②システムの確認
4	業務定義	①業務分析 ②業務フロー ③業務処理手順 ④業務処理手順	①業務の定義 ②業務フローの分析と作成 ③職務分掌の分析	①事務分析手法による業務フロー分析の実施 ②分析フローに対応した帳票の整理	①業務内容の実態把握
5	作業員募集	①他社募集情報の収集・分析 ②募集条件の設定 ③募集媒体の選定 ④勤務特性の把握	①チラシ・張り紙・口コミ・各種広告媒体による求人広告 ②業務定義による求人内容の決定	①インターネットの利用 ②ハローワークの利用 ③送迎バスの検討	①アフローディネーション型作業員採用の実現 ②作業員の安定確保

第Ⅱ編　SCMマネジメント編

表 20.9　立上げ管理チェックリスト

No.	手順	プロセス	方法	具体的な対応	狙い
1	収支日計管理	(1)日々原価の把握 (2)基本原則	①当日と累計管理の同時実施 ①現場と管理層に同時にフィードバック ②センターで作成 ③入力に手間を掛けない ④問題点の発見と改善に直結	①累計管理をベースに日々管理で目標達成 ②現場支援によるモチベーションの高揚 ③センター管理者と後継者の育成 ④フィードバック・マネジメント	①収益管理の徹底 ②後継者の育成
2	作業員管理	(1)シフト管理 (2)人材管理 (3)モチベーションの維持	①アコーディオン型採用 ② OJT タイプ人材開発 ③現場支援システム	①波動対応型人員採用による人件費の調整 ②若手の起用 ③日替わり班長制	①現場支援型管理システムの実現 ②全員経営参画型経営の実現

(3)　実施用チェックリスト

　実施用チェックリストとは実施運用用のチェックリストである（表 20.10）。チェックリストは入荷計画のための事前準備から入荷作業，横持ち・格納というようにプロセスベースに構成されている。

表 20.10 実施用チェックリスト

No.	手順	プロセス	方法	具体的な対応	狙い
1	事前準備	(1) 予定・情報の事前入手	① 発注・納入情報の決定	① 納入時間、入荷バース、出荷時間の決定 ② 適正作業員の手配計画	① 作業事前計画の確立 ② 一貫システム確立による生産性の向上
		(2) 入荷作業準備	② 納品条件の決定：荷姿、時間、検収方法、受払方法 ③ 納入方法の決定：着荷バース、処理時間、検収 ④ 例外・事故処理方法の決定	事前に入荷情報を取り、荷受の準備と、検収に使う荷姿を決定する ③ センターへの納品車両の平準化を図るために入荷予定時間の管理を行う ④ 車両別に入荷予定数量、入荷予定時間、荷卸し時間から作業計画、配員計画	① 計画作業車両の平準化による低コスト・高生産性の実現 ② 作業の平準化と後工程の円滑化 ③ 車両の平準化と入荷バースの効率的使用 ④ 待機車両とウェイティングスペースへの自動フィードバック ⑤ 受付入れ・検品情報の受注処理への自動フィードバック
		(3) 入荷荷姿	① 包装モジュールマスター登録 ② 積付パターンマスター登録	① バラサイズ、段ボール、ケースボール、ピース単位の処理 ② 積付パターンの自動指示	① 荷姿別システム対応の確立 ② 自動積付システムの確立
2	入荷	(1) 入荷検品	① 配置人員と作業スペースの確認 ② 入荷車両の着荷バース指示 ③ 検品方法の確認：入力方法・コードの種類（ITFコード、JANコード）	① 生産月日・賞味期限・社内賞味期限の確認 ② 先入れ先出しの処理 ③ シングル入力方式によるペーパーレス消込作業レス ④ PC・RFID・スキャナー付形態端末の利用	① 検品ミスの撲滅と生産性の向上 ② 検品の自動化・省略化 ③ 貨物の流動化と滞留時間の減少 ④ FIFOによる賞味期限管理の確立
		(2) 鮮度管理	① 入荷時に賞味期間をチェック ② 社内賞味期限基準の設定 ③ 賞味期限別商品管理	① 荷受時点で残賞味期間をモニターし、荷受期別をチェックする ② 一括T/Cの場合、店別仕分けの前に賞味期限をチェックする	① 先入れ先出しの確立 ② 効率的保管システムの確立
		(3) 荷受ラベル	① ケース ② ピース ③ パレット	① 検品後、ケースまたはパレットごとに1枚の荷受ラベルを発行 ② パレットは1パレット1枚の荷受ラベルを発行 ③ ラベルの内容：IDバーコード、メーカー、商品名、商品コード、入り数、ケース数、賞味期限など	① ミス防止 ② シングルインプットシステムの実現
3	格納	(1) ケース又はコンテナ	① 保管ロケーションへの自動搬送	① ITF、荷受ラベルのバーコードスキャン	① ミス防止 ② 生産性の向上 ③ 自動化と自動充電ステーションの確立 ④ 自動化
		(2) パレットの搬送	① 保管ゾーンへの自動搬送	① トラバーサー、AGVでAS/RSに搬送	
		(3) 異型品・高高	② 積付パターンのマスター登録	② AGVによるパレットステーションに搬送	

大項目	中項目	録	内容	効果
4 保管	(1) ロケーション設定 品・重量物設定	①ロケーション分析 ②プロファイリング ③商品回転・出荷頻度 ④I/O/C分析	①荷姿、商品形状、重量、長尺物 ②動線、距離、棚の位置 ③保管機器：ラック、積層棚等 ④荷役機器：フォーク、パレット、カーゴ、テナー等	①荷姿別最適保管機器の選定 ②作業生産性の向上 ③作業効率の実現 ④一貫情報処理の向上 ⑤作業品質の向上
	(2) 格納完了	①リアルタイム情報管理 ②入荷から出荷までの時間短縮 ③ペーパーレス	①格納時スキャン：荷受ラベル用 IDバーコード・格納アドレスバーコード ①フォークリフトによる自動積付	
5 補充	(1) マニュアル	①補充計画と作業指示	①補充計画リストを作成配布	①作業生産性の向上
	(2) 自動補充	①補充要求情報 ②リザーブとピッキングゾーン	②ラック自動倉庫と天上走行搬送機を連動し、フローラックに自動補充 ③始業前、終業後、休息時間に補充	①作業品質の向上
6 ピッキング	(1) ピッキングの分類	①小物のピース・とボール ②ケース ③長尺物・重量物・異型品	①摘取方式 ②種蒔方式	①ピッキング生産性の向上
	(2) マニュアル	①リストピッキング ②シールピッキング	①ピッキングリスト又は納品書 ②スキャン：シールの発行・ラベリング	①省設備投資化 ②誤ピッキングの防止
	(3) CAPS	①DPS&DAS ②カードピッキング	①デジタルピッキング(摘取り) DPS ②デジタルアソート(種蒔) DAS	①ピッキングの自動化 ②効率的マン・マシンシステムの確立
	(4) 自動機械	①Aフレーム ②AS/RS ③オーダーマチック ④自動仕分機	①小物の自動ピッキング ②回転棚・バケット自動倉庫 ③ケース単位の自動積付ピッキング ④JANを使った自動仕分機による種蒔式オーダーピッキング	①省力化
	(5) 検品	①スキャン検品 ②重量検品	①ハンディスキャナーでJANコードをスキャンして検品 ②重量で検品	①検品の合理化 ①作業生産性の向上
	(6) 梱包	①緩衝材 ②シュリンク包装 ③シーリング ④バンディング	①故障、古段ボール、発砲スチロール、バイオ系材料 ②自動と手作業 ③自動テープ貼り ④紐掛け機	①品質保全

第20章　SCM展開のチェックリスト

			⑤ラベリング	⑤荷札の自動発行と貼付	
7	出荷	(1)発送	①SCMラベルとASN ②荷札 ③自動仕分検 ④運賃自動計算 ⑤荷物のパッファリング	①SCMラベルのIDによりASNを検索し、ペーパーレス検品をする顧客サービスシステム ②ピッキングから梱包までの間にミスをなくす、データをみることなく、出荷ミスのない、ビジュアルなマーキング ③荷物をルート別に仕分ける ④その際、レーザースキャナー、体積測定器、重量計を使用し、運賃自動計算、発送明細、送り状の自動発行を行う ⑤パケット自動倉庫を利用し、配送計画に基づいた出荷と出荷業務の省力可 ・保管	①ペーパーレスシステムの実現 ②シングルインプットシステムの実現 ③入力生産性の向上
		(2)配送完了確認	①受領書・受領情報 ②誤配確認 ③返品確認		①配送最終確認作業の確立
8	返品処理	(1)返品検査 (2)等級査定 (3)処理指示	①客先・返品理由 ②品名・数量 ③配送事故 ④品質評価 ⑤仕入先宛返品出荷	①コンテナ等に荷札貼付 ②仕入先別に良品、不良品仕分 ③JANスキャン検品 ④指定荷姿にて返送	①返品管理の徹底 ②返品責任の明確化
9	社内移動	(1)センター間 (2)店舗 (3)工場	①優先順位付在庫配分モデルの利用	①補充の自動化	①社内移動の自動指示
10	返品・移動入力	(1)返品・移動ラベリング/特殊合金 (2)返品移動確認	①RFID等自動読み取り機器	①段ボール・パレットに貼付	①返品・移動管理の実現
11	納入予定情報	(1)納入先・移動先 (2)返品先	①RFID等自動読み取り機器	①事前人員配置計画	①作業生産性の向上 ②事前手配の確立
12	日々収支計算	(1)センター日々収支計算書 (2)行程別・荷姿別収支計算 (3)製品・グループ	①経費・労務費・管理費等の入力 ②本社分担金の入力 ③計画地の立案と入力	①現場へのフィードバック ②管理層への伝達 ③経営実態の早期把握と迅速なアクション	①後継者の育成 ②基本経営管理のOJT ③経営参画の促進 ④利益貢献度の明瞭化

第Ⅱ編　SCM マネジメント編

	項目	内容		
	別収支計算 (4)労働生産性分析 (5)個人・得意先別収支計算			
13 フェイルセーフ	(1)事故対策	①コンピュータ故障 ②機械故障 ③配送事故 ④停電対策 ⑤ソフト誤作動 ⑥災害	①デュアルシステム ②携帯電話・OMNIトラックシステム ③複数送電の確認	①フェールセーフシステムの確立
14 棚卸	(1)定期棚卸	①定期棚卸手順	①棚卸表 ②棚卸計画 ③棚卸と集計	①棚卸システムの確立 ②誤差管理の確立
	(2)巡回棚卸	①マニュアル倉庫 ②機械化倉庫	①スケジューリング ②アイテム・ゾーン等の棚卸バッチの決定 ①常時棚卸	
	(3)棚卸機器		①SS無線 ②PHS無線 ③特定省電力 ④赤外線	
15 マスター登録	(1)関係先	①得意先・配送先・入荷先アウトソーサー		
	(2)製品・単価	①原価・売価・上代価格・製品	①請求・支払い金額の計算	
	(3)荷姿	①ピース・ケース・段ボール・パレット、入り数 ①容積・重量		
	(4)CGS単位			
	(5)コード	①JAN, ITF, 二次元, プライベート		
	(6)パレット	①積付パターンのマスター登録	①積付パターン指示	①パレタイズ、ケース単位の判別自動化

第20章　SCM展開のチェックリスト

(4)　管理用チェックリスト

管理用チェックリストは設計および管理に関係するチェックリストである（表20.11）。加えて，計画とも関係があるチェック項目である。管理とは計画・実施・評価を意味するからである。

表 20.11 管理用チェックリスト

No.	手順	プロセス	方法	具体的な対応	狙い
1	3PL 管理指標	(1) 生産性指標	①産出÷投入	①労働	①生産性指標・効率性指標・業績指標・サービス指標・一般指標 分析による総合分析とフィードバック体制の確立
		(2) 達成指標	①計画÷実績	②施設	②設備機器稼働率・労働生産性・予算実績対比・一般指標÷サービス生産性等
		(3) 利用指標	①利用値÷利用可能値	③機器・装置	③工程別，個人別，業態別，商品別等の分析
		(4) サービス指標	①充足値÷要求値	④エネルギー	④スペース効率（実保管体積/保管庫体積）・保管効率
		(5) 一般指標	①投入÷産出	⑤総合	⑤リードタイム・ロス率・歩留り・チョコ停・故障率
2	顧客サービス	(1) 取引前のサービス	①理念・政策・戦略・計画・サポート	①マーケティング政策，顧客政策，目標	①ロジスティクス政策の公開
		(2) 取引中のサービス	①サービス水準・サービス率・サポート	①在庫・納期・受注等各種顧客サービス水準の設定	①ロジスティクスサービス水準の推進
		(3) 取引後のサービス	①苦情処理・返品処理・保証の実行	①品質サービス・返品サービス・保証サービスの実行	①ロジスティクスサービスの充実
3	品質管理	(1) 荷役・運搬品質管理		①マーケティング政策，顧客政策，目標	①ロジスティクス政策の公開
		(2) 保管品質管理		①在庫・納期・受注等各種顧客サービス水準の設定	①ロジスティクスサービス水準の推進
		(3) 輸・配送品質管理		①品質サービス・返品サービス・保証サービスの実行	①ロジスティクスサービスの充実
4	収支管理	(1) 工程別原価分析	①ソース入力	①工程にフィードバック	①工程分析による総合分析とフィードバック体制の確立
		(2) 製品別原価分析	②活動基準原価	②プロセス別時間・コスト分析	②集中・分散収支管理体制の確立
		(3) センター収支日計表作成	③回帰分析	③労働時間とその要素との定式化	③工程別，個人別，業態別，商品別等の分析
		(4) 地域収支日計表作成		④収入・労務費・経費・センター管理費・本社分担金・本社費用等	④Year to Date 管理の徹底
		(5) 全社収支日計表作成		⑤単計・累計/実績・計画対比管理	
		(6) 各種月次収支作成			

分類	管理項目	小項目	詳細	⑤予算実績管理の徹底
	(7) 各種期・年収支作成			
	(8) 全社収支計画表作成			
5 人事・労務管理	(1) 採用管理	①パート等データベース	①弾力的採用の実施	①作業員の有効利用
	(2) 配置管理	①スキルズ・インベントリー管理	①多能工型配置の実施	①作業時間の平準化
	(3) 作業管理	①作業生産性管理	①個人評価型採用	①波動対応型作業員管理
	(4) 労務管理	①勤怠管理	①波動型対応型採用	①作業生産性の向上
6 情報管理	(1) ソフト・アプリケーション選定	①ソフト・アプリケーションの総合評価・管理	①ヒアリング	①SS無線
	(2) ソフト・アプリケーション応用		②ベンチマークテスト	②PHS無線
	(3) ソフト・アプリケーション評価			③特定省電力
				④赤外線
				⑤システムパフォーマンスの向上
7 環境管理	(1) 廃棄物処理管理	①包装材廃棄物管理	①工程にフィードバック	①工程分析による総合分析とフィードバック体制の確立
	(2) 省エネ管理	②産業廃棄物管理	②プロセス別時間・コスト分析	②集中・分散収支管理体制の確立
	(3) 公害排出管理	③燃料・電気・水道等の管理	③労働時間とその要素との定式化	③工程別、個人別、業態別、商品別等の分析
			④収入・労務費・経費・センター管理費・本社分担金・本社費用等	④Year to Date 管理の徹底
			⑤単計・累計/実績・計画対比管理	⑤予算実績管理の徹底
8 設備・機器管理	(1) 安全管理	①災害時対策	①定期保守契約	①メンテナンスコストの削減
	(2) 維持管理	①メンテナンス契約	②パーコール契約	②安全性の維持
9 危機管理	(1) 物理的対応	①ビルトインタイプ ハード／ソフトウェア	①システム全体としての設計	①危機防止
	(2) システム的対応	②ソフト対応		
	(3) 規則的対応	③苦情処理・返品処理・保証の実行		
10 事故管理	(1) 故障コンピュータ	①デュアルシステム等のバックアップシステムの採用等	①バックアップシステム又はFileの準備	①フェールセーフシステムの確立
	(2) 機械故障	②事故対応セルフフィードバックシステムのビルトイン	②メンテ担当への自動連絡・確認システム	
	(3) 配送車事故	③事故対策自動警告システム	③事故対応体制の確立	
	(4) 停電対策	④自動スイッチングシステム	④自家発電等	

第Ⅱ編　SCMマネジメント編

	列1	列2	列3	列4
11 ロケーション管理	(1)固定ロケーション (2)ゾーン内フリーロケーション (3)フリーロケーション	(1)絶対番地の命名 (2)固定ゾーンの設定 (3)フリーロケーション	①回転・ロット・荷姿によって保管機器と場所を決定 ②入荷・出荷のプライオリティを決定 ③導線・移動時間最小化の配置	①移動・格納・抽出時間の最小化 ②FIFOの確立
12 品目配置管理	(1)センター内品目配置 (2)品目別保管量の推定 (3)棚割り付け	(1)適正在庫量の決定 (2)保管レイアウトの決定 (3)保管スペースの割り付け	①最大在庫量の計算・安全在庫量の計算 ②荷姿等保管特性に応じた機器の決定 ③品目割り付け・調整 ④出荷量と最小補充ロットにて自動補充 ⑤パレート分析 ⑥時間研究・動作研究による動線・作業時間の最小化	①マニュアル第8章山稜 ②定番品の棚割り付け ③最低季節波動を配慮 ④棚割り付け見直しルーチンを入れる
13 補充管理	(1)品目別適正補充量の決定	①逐次補充方式 ②ロット補充方式 ③固定補充時間方式 ④都度補充方式	①アドレス化 ②最適在庫配置 ③動線最小化	①自動補充システムの確立
14 ピッキング管理	(1)マニュアルピッキング (2)マン・マシンピッキング (3)マシンピッキング	①リストピッキング方式 ②ディジピッキング方式 ③自動切り出し方式 ④フローラック方式 ⑤クレーン方式 ⑥スタッキングクレーンエレベータ方式 ⑦フローラック落し方式 ⑧ダルベ落し方式 ⑨フォークリフト方式	①移動ピックアップ方式 ②固定ピックアップ方式 ③歩行方式 ④動力方式 ⑤摘取方式 ⑥種蒔方式	①ピッキング生産性の向上 ②投資効率 ③システム弾力性 ④システムライフサイクル ⑤システムアンシュアランス
15 仕分け管理	(1)マニュアル仕分け (2)マン・マシンピッキング (3)マシンピッキング	①自動仕分け方式 ②ホッパー方式 ③自動仕分け方式	①仕分け装置による ②受け入れスペースにマニュアルによる仕分け・投入	①仕分けの自動化 ②スペース・包装とマニュアルの仕分け
16 作業管理	(1)事前作業情報 (2)事前作業工程情報 (3)事前物量情報	①マニュアル作業員割付 ②人的資源配分方式 ③自動仕分け方式	①単能工から多能工 ②作業別スキルデータベース ③作業未可の平準化	①作業の平準化 ②作業生産性の向上 ③資源の効率的利用

第20章　SCM展開のチェックリスト

No.	項目				
17	在庫管理	(1) 予測モデル (2) 安全在庫の計算 (3) 発注点の計算 (4) 補充優先順位の計算	①定期定量方式 ②定期不定量方式 ③不定期定量方式 ④不定期不定量方式	④作業量山崩し ⑤時間別プロセス管理 ①パッケージソフトの利用 ②自社開発 ③重点管理	④作業員別管理の徹底 ⑤工程別日程計画の確立 ①在庫の最適化 ②在庫投資の適正化 ③在庫活性化 ④財務流動性の活性化 ⑤投資効率の最適化
18	入荷管理	(1) 事前入荷管理 (2) 入荷・検品管理 (3) 配送事故 (4) 停電対策	①入荷情報の事前通達 ②一貫インプットレスシステム ③ベーパーレスシステム ④入荷作業手配 ⑤検品レスシステム ⑥バックアップシステム	①ネットワークシステム ②自動入力システムの開発 ③リスクマネージメント	①フェールセーフシステムの確立 ②一貫システムの確立 ③自動システムの確立
19	出荷管理	(1) 事前出荷管理 (2) 出荷・検品管理 (3) 配送事故 (4) 停電対策	①出荷情報の事前通達 ②一貫インプットレスシステム ③入荷作業手配 ④検品レスシステム ⑤バックアップシステム	①アドレス化 ②最適在庫配置 ③動線最小化 ④配送特性配置 ⑤商品特性配置 ⑥物量特性配置 ⑦包装特性配置 ⑧季節特性配置	①フェールセーフシステムの確立 ②一貫システムの確立 ③自動システムの確立
20	教育管理	(1) 基本理念の確立 (2) 一般教育 (3) 専門教育 (4) 特殊教育	①ＴＲ（Ｒ）定規型人材育成 ②教育ロードマップの作製 ③キャリアプログラムと人員配置	①内外教育機関の利用 ②OJT	①提案型人材の育成 ②管理者育成 ③後継者育成

第Ⅱ編　SCMマネジメント編

20.3.3　3PL用自己評価リスト─Randhal

3PLの必要性の有無について自己評価とともに客観的な評価をする項目として表20.12のリストが提案されている。1つの参考資料とされたい。

第20章　SCM展開のチェックリスト

表20.12　ロジスティクス自己評価チェックリスト(コントラクトロジスティクス遂行の有無について)

I　出荷者のニーズ			
過去5年以内の獲得/剥奪	なし	1 2 3 4 5	多数で大幅
市場と製品の拡大/契約	安定	1 2 3 4 5	急激に変化
資本/人員の制約	影響なし	1 2 3 4 5	影響大で決定的
顧客/競争要件	安定	1 2 3 4 5	急激な変化/要求
ロジスティクスMISの強化	問題なし	1 2 3 4 5	緊急かつ重要
II　アウトソーシングからの期待効果			
輸送費の低減	コスト節約なし	1 2 3 4 5	きわめて低い
荷役および保管費	コスト節約なし	1 2 3 4 5	大幅な低減
在庫水準	影響なし	1 2 3 4 5	大幅な低減
チャネル応答の向上	影響なし	1 2 3 4 5	きわめて大
チャネル管理の向上	なし	1 2 3 4 5	きわめて大
III　供給者の信頼性または確実性			
提供されているサービスの範囲(地理的/広さ)	限定	1 2 3 4 5	もっぱらニーズを充足
コントラロジスティクス/経験/能力(MIS/人間/実施したプロジェクト)	限定	1 2 3 4 5	経験的ロジスティクス指向
業界経験	なし	1 2 3 4 5	十分あり
物事の改善能力の証し(実行可能性の調査/サービス配達)	限定	1 2 3 4 5	強力なデモ能力
供給者のコントラロジスティクスに対する財務力と結束	曖昧	1 2 3 4 5	非常に強い
価格/競争	競争なし	1 2 3 4 5	非常に競争的
IV　アウトソーシング経験			
コントラクトトラック輸送	なし	1 2 3 4 5	完全
コントラクト倉庫	なし	1 2 3 4 5	完全
統合的なコントラクトトラック輸送/倉庫	なし	1 2 3 4 5	非常に強い
チャネル管理アウトソーシング	なし	1 2 3 4 5	非常に強い
業績ベースの契約	なし	1 2 3 4 5	非常に強い
V　経営者のコミットメント			
機会を現実の実施へと喜んで転換する信頼できるスポンサー	なし	1 2 3 4 5	高いレベル:積極的なコミットメント:非常に信頼できる
革新と変化に対する企業文化	変更に抵抗	1 2 3 4 5	変更/革新を必然とみなす
報奨/動機づけ	極端に非弾力性:伝統性	1 2 3 4 5	多機能面の革新への応答
現行コストと推定コストおよび実績コストをベンチマークする力	なし	1 2 3 4 5	十分確立した能力

合計点	結果の評価	次のステップ
50以下	限定された必要性/機会	なし
50~90	適度の必要性/機会	実行可能性の調査
90以上	大幅な必要性/機会	予備調査:供給者の評価 :プロポーザルの要求 :積極的ならば,プロジェクト遂行

注:①1~5点を用いて25の基準を付け,コントラクトロジスティクスの機会を求めるかどうかの方向性を鍵とする。
　　②貴社のコントラクトロジスティクスの可能性を評価する鍵に用いる。
出典:(1)現代ロジスティクス概論, p.243, NTT出版, 2000
　　　(2)The Logistics Handbook,James Fn Robeson and William C. Copacino, The Free Press,1994, pp.515~516

第Ⅱ編　SCMマネジメント編

20.4　提案書チェックリスト

　提案書チェックリストは第4章の3PLビジネス基本項目をベースに作成したものである（表20.13）。したがって，詳細については本論を参照されたい。

表 20.13 提案書用チェックリスト

No.	大項目	中項目	小項目	準備ツール	コメント
1	ターゲット設定	(1)営業情報源は?	①A. 既存事業所(荷主・ベンダー)は? ②B. 取引先は? ③C. 金融機関は? ④D. ホームページは?	①ターゲットリストは?	
		(2)営業方法獲得は?	①お客様との定例会(情報共有)は? ②社内会議は?	①会社案内? ②業務実績(事例紹介)? ③業界動向? ④ヒアリング調査票? ⑤ヒアリングの仕方マニュアル? ①CS調査の依頼文書 ②CS調査シート	
			③CS調査?		
		(3)DM作成・発送?	①訪問準備	①DMサンプル	
2	初回訪問	(1)営業情報獲得?	企業概要調査・与信調査	・訪問準備チェック表…(*) ・帝国データバンク ・東京商工リサーチ ・会社四季報 ・物流要覧 ・報道発表ニュース ・インターネット(ホームページ) ・お客様のタイムリーな専門情報の収集	
		案件に取り組んでまいか社内承認	・案件概要を作成 ・与信調査結果まとめ ・社内承認(案件制約条件・既存取引制約)	・既存取引先リスト(本体・グループ) ・与信調査結果 ・案件概要書 ・案件進捗報告書 ・営業案件発承認書	
		アポイントメント	担当者とアポイントをとる	・営業アプローチマニュアル ・会社沿革小冊子 ・土産用小冊子(座学) ・新聞、雑誌記事冊子 ・お客様にタイムリーな専門情報の提供 ・会社案内(グループ含む) ・経営計画書 ・業務実績(事例紹介)	
		初回訪問	面会のお礼、挨拶 当社のアピール		

工程	活動	内容	ツール・帳票
	初回訪問お礼状送付	物流現状把握 問題点・ニーズの把握 次回訪問の取り付け 現場調査のお願い 担当者（キーマン）の紹介のお願い お礼状作成	・ヒアリング調査票 ・営業アプローチマニュアル
	案件に取り組んでよいか 社内承認	・案件概要を作成 ・社内承認	・サンキューレター雛形 ・サンキューメール雛形 ・当社センター見学のお誘い ・案件進捗報告書 ・営業開発承認書
3 機密保持	機密保持契約締結	機密保持契約書の締結	・機密保持契約書
4 営業提案	あるべき姿仮設立案	将来構想の立案	
	営業提案書作成	将来構想に向けたステップ、ソリューション案	・過去の提案データベース（クスリ箱）、提案書作成マニュアル
	営業提案書	将来構想の確認のため、あるべき姿を提案 次回訪問の取り付け データ提供のお願い	・営業提案書 ※初回面会者と異なる出席者がいる場合、(*)を持参する。
	案件に対し社内営業体制の決定	担当としての決定 又はプロジェクト発足の判断	・協力部署依頼書（現業、本社、グループ会社） ・案件進捗報告書
5 現場調査	お客様への調査依頼①	データで取得可能な情報の提供	・既存データ提供のお願い書
	調査計画立案	調査機関、人数、範囲、測定など計画	・物流現場調査計画書
	調査項目洗出し	調査票の作成 基本調査表の業種業態に沿った形にアレンジ	・物流調査表（基本型）
	お客様への調査依頼②	現場調査依頼	・現場調査依頼案内状 ・物流現場調査計画書 ・物流調査票（基本型）
	現場調査 （セキュリティ一体制の把握を含む）	ヒアリング 現場測定・計測 必要資料・帳票収集	・物流調査表（基本型） ・資料・データ提供依頼書 ・調査道具一式
	調査訪問お礼状送付	お礼状作成	・サンキューレター雛形 ・サンキューメール雛形
6 分析	分析	戦略的、政策的目標値の確認（品質、コスト、納期）	・データ分析事例 ・商品ABC分析

第20章　SCM展開のチェックリスト

			作業内容	成果物・資料
7	基本提案	基本設計(基本提案書作成)	構内現状分析 作業工程別人時生産性 情報フローの作成 物流フローの作成 マテハン(必要機器・数) 輸配送の現状分析 コスト把握 既存の保険把握 問題点の把握 目標と現状との乖離を把握し、原因を突き止める	・簡易物流ABC分析 ・動作分析
			前提条件	・過去の提案データベース ・過去のメーカー提案・見積データベース
			センター業務概要の作成 建物設計・物件調査(調整)	・提案書作成マニュアル ・マテハン仕様書作成マニュアル(必須項目)
			構内作業設計 配送業務計画	
			マテハン・情報システム設計 セキュリティー提案(文書、伝票、データなど) コスト試算(保険関連、セキュリティー関連含む)	・情報システム仕様書作成マニュアル(必須項目) ・情報システム仕様書作成フォーム(⇒業者) ・マテハン業者リスト
			情報システム費用負担(お客様との按分・料率考慮等)の決定と投資回収計画	・情報システム業者リスト ・マテハン仕様書作成フォーム(⇒業者)
			業務受託条件	
		基本提案書の社内承認 (人・料金・投資に関する)	提案書の社内承認を得る	・事業計画書(社内用提案) ・基本提案書(お客様用提案)
			実施部門の決定	案件進捗報告書
		社内用事業計画書策定・社内承認	庫内設計(マテハン・運用方法) システム設計(WMS等) 建物設計・物件 契約・覚書	・事業計画書作成マニュアル ・事業計画書作成テンプレート ・過去の契約書の覚書案例集
			事業計画書の社内承認を得る	・必要承認機関
		基本提案	合意の取り付け(お客様社内)	・プレゼン機材リスト ・基本提案
8	業務委託確約	業務委託契約書の締結	相互間の確認	・業務委託確約書

699

第Ⅱ編　SCMマネジメント編

No.	主体	人事発令	活動	内容	事例集
9	社内受託体制準備	受託内容詳細整理・交渉	辞令発令（センター長内示）	スケジュール（準備期間、立ち上げ後） 共同プロジェクト・分科会体制 料金 受託範囲 役割、責任と権限の分担（準備期間、立ち上げ後） 情報システムのインターフェイス 投資分担、費用分担の範囲 各種情報提供や、情報共有 当社日次決算処理への対応 物流品質評価方法 定例会議などの確認 前提条件確認・設定	・過去の契約書事例集 ・過去の覚書事例集
		詳細設計		メーカー仕様書策定（マテハン・情報システム） メーカーコンペ開催（マテハン・情報システム） メーカー選定（マテハン・情報システム） 庫内設計（マテハン・情報システム） 事務所設計（家具・計器・鍵・福利厚生など） システム設計（WMS等） 建物仕様確定 契約・覚書作成 稟議書（物品購入稟議）	・マテハン仕様書作成マニュアル ・情報システム仕様書作成マニュアル（⇒業者） ・マテハン仕様書フォーム（⇒業者） ・情報システム仕様書フォーム（⇒業者） ・マテハン事例集 ・情報システム事例集 ・仕様書事例集 ・稟議書
11	契約	物流業務委託基本契約書締結		確認・承認稟議 社内承認 締結 ※1ヶ月前まで	・過去の契約事例集 ・必要承認機関
		覚書締結		確認・承認稟議 社内承認 締結	・過去の覚書事例集 ・必要承認機関

第20章　SCM展開のチェックリスト

20.5　海外ロジスティクス特性リスト

海外ロジスティクスの特徴は著者が1990年から2000年初頭にかけて訪問した海外のセンターの特徴を要約したものである。その特徴は拠点数特性（表20.14），立地特性（表20.15），在庫サービス特性（表20.16），労務関係特性（表20.17），人間工学特性（表20.18）より成っている。

第Ⅱ編　SCMマネジメント編

表20.14　拠点数一覧表

No.	国名	業種	企業名	配送拠点数 センター	中継デポ国内	中継デポ海外	補充店舗	特徴	立地特性 企業名	特徴
1	スウェーデン	自動車	ボルボ	1	[集約前] 4ヶ所			半径30km内のエリア		
2	スウェーデン	自動車	サーブ	1	集約前					
3	日本	自動車	アムステルダムセンター	5	46					
4	ドイツ	通販	オットー	1		1				
5	イギリス	DIY	ブラック＆デッカー	6			(1,200) 海外55補充			
6	アメリカ	小売業	セーフェー	1	(全米)(国内47)					
7	アメリカ	食品メーカ	フェデラル・モーガル	13						
8	スウェーデン	生協	KF	13						
9	ドイツ	小売	オーレンス	15						
10	フランス	出版・印刷	アシェット	13	(マーカス&スペンサー)		(の3PL)			
11	イギリス	3PL	エクセル・ロジスティクス	3					エクセル・ロジスティクス	ロンドン約100km バーミンガム約50km
12	カナダ	百貨店	ベイ	6	集約前12			半径40km内のエリア	ハドソンズベイ	仕入先立地委売中心部から25km ボリュール流通センター
13	カナダ	GMS	パドンズベイ	3	集約前 3				ゼラーズ	モントリオールから約25km
14	カナダ	製造業	ゼラーズ	1	中央工場型					
15	カナダ	建設資材	マクミラン・ブロデル	22	兼展示所					
16	スイス	マテハン	ゲタロマン	1						
17	イタリア	マテハン	シトマ	1					シトマ	約150km
18	ドイツ	重機械	マン	4						
19	イギリス	自動車	B.M.W.	1						
20	スペイン	GMS	ジャンボ	10						
21	スペイン	郵政	郵便局	1						
22	ハンガリー	卸・小売	アスギール	1						
23	ハンガリー	卸・小売	ケラービル	1						
24	チェコ	卸・小売	プロント	3						
25	アメリカ	CVS	クラステンル	1	N.W中心				クラステンル	40-50マイル平均走行 25マイル 40km
26	アメリカ	物流業	ウィン・ディキシー	1	集約前14				ウィン・ディキシー	半径100kマイルのテリトリ
27	アメリカ	委託倉庫業	M&W	中央センター1	(ジョージア) 流通センター3			州中心		
28	アメリカ	製造業	ゼロックス	13	113		(65-82ヶ所)	(以前)		
29	イギリス	物流業	ウィンキャントン	659					ウィンキャントン	約100km ロンドン、約150km マンチェスター
30	イギリス	小売	W.H.スミス	1	(集約前16)					
31	イギリス	小売	エンタテインメント	1	都市から				エンタテインメントUK	約50km
32	イギリス	問屋	ウィンキャントン	1	(集約前26)				ロバート・ホーム	約100km
33	イギリス	3PL(SIFT)	サトハン国際貨易ターミナル	3	220km :44ヶ所				サトハン国際貨易ターミナル	
34	ドイツ	小売	ハーティ	1					ハーティ	都心から約220km 約3時間 30km圏内に配送センター設置
35	デンマーク	百貨店	ネット						ネット	25km 約30分
36	デンマーク	百貨店	マガジン						マガジン	30km圏内に配送センター設置 約20km
37	デンマーク	リネン	ISS(生産拠点)	629デポ			1,800店舗	生産拠点:7	ISS	約15km
38	スウェーデン	化粧品	ラ・ルドゥーツ						ラ・ルドゥーツ	約15km
39	フランス	小売	コマネ・シンテリヨン	1					コマネ・シンテリヨン	リール5ヶ所 フロワ11ヶ所 (北部ヨーロッパ最大顧客英国30%)
40	イギリス	小売	ウエイト・ローズ	1					ウエイト・ローズ	約10km
41	イギリス	小売	ロロッズ	1					ロロッズ	約51km
42	スウェーデン	小売	アーラ・カルヘル	1					アーラ・カルヘル	15km 約30分
43	フランス	飲料	ベルノー						ベルノー	15km 約20分 10km 約20分

表 20.15 立地特性

No.	国名	業種	企業名	特徴
1	英	3PL	サットン国際貨物ターミナル	都心から約 220 km 約 3 時間 30 km 圏内に配送センター設置
2	英	小売	ハロッズ	15 km 約 30 分
3	独	小売	ハーディ	25 km 約 30 分 30 km 圏内に配送センター設置
4	瑞	小売	アーラ・カルヘル	15 km 約 20 分
5	仏	飲料	ペルノー	10 km 約 20 分
6	仏	製造業	ラ・ルドゥーツ	リール 5 ヶ所 プロヴ 1 ヶ所 (北部ヨーロッパ最大顧客の英国 30 %)
7	加	GMS	ゼラーズ	モントリオールから約 25 km
8	デ	小売	ネットー	約 20 km
9	デ	小売	マガジン	約 15 km
10	デ	リネン	ISS	約 15 km
11	伊	製造業	シトマ	約 150 km
12	仏	小売	コマネ・シンデリヨン	約 10 km
13	英	3PL	エクセル・ロジスティクス	ロンドン 約 100 km バーミンガム 約 50 km
14	英	小売	エンターティメント UK	約 50 km
15	英	小売	ウェイト・ローズ	約 51 km
16	英	問屋	ロバート・ホーム	約 100 km
17	英	物流業	ウインキャントン	約 100 km ロンドン、約 150 km マンチェスター
18	加	小売	ハドソンスベイ	仕入先立地優先 中心部から 25 km ポラン・クール流通センター
19	米	小売	クラスデール	40-50 マイル 平均走行 25 マイル (40 km)
20	米	小売	ウインディキシー	半径 100k マイルのテリトリー

第Ⅱ編　SCMマネジメント編

表20.16　在庫サービス特性

No.	国名	業種	企業名	在庫関係					サービス関係		
				品目	回転/年	補充	ミス率	返品率	リードタイム	サービス率	検査方法
1	デンマーク	百貨店	ネットー	803品目　家計支出の20%　80%が品目の20%	全体60回転 ワイン20回転		0.2%～0.5%			99.50%	ランダムサンプリング
2	デンマーク	百貨店	マガジン	2,100品目（色柄サイズ別、SKUベース 45-80万品目）			ほとんどなし			定番100%	9%
3	スイス	建材資材	サクロマーン	5万点			2-3%主に数字違い			流行商品95～93%	
4	米	製造業	セロックス			プル型 対中央センター					
5	カナダ	小売	ゼラーズ								
6	英	小売	W.H.スミス							90%	減耗率：1.55
7	英	小売	エンターテイメント				•契約時に返品率を設定	30% 小売店にプッシュ補充・返はバーコードと顧客コード・新関等			
8	スペイン	GMS	ジャンボ							90%	
9	アメリカ	CVS	クラスデール			工場・センター間 プッシュ型					
10	アメリカ	物流業	ウィンデキシー			工場・センター間 プッシュ型					誤納率 0.3%
11	カナダ	百貨店	ハドソンズベイ			工場・センター間 プッシュ型					
12	英	物流業	ウィンキャットン			工場・センター間 プッシュ型					
13	ドイツ	自動車	BMW			工場・センター間 プッシュ型					
14	チェコ	卸・小売	ブロット			工場・センター間 プッシュ型					
15	ハンガリー	卸・小売	ケラベル			工場・センター間 プッシュ型				99%	棚卸差異3%
16	ドイツ	重機械	マッ社			工場・センター間 プル型					誤納率0.3%
17	ハンガリー	卸・小売	アズール			工場・センター間 プル型				97～95%	1%
18	スイス	郵便局	クライスポスト	問屋・小売15日 2回転/月		プル型			2時間以内		
19	スウェーデン	生協	KF						3時間以内		

704

表20.17 労務関係特性

No.	国名	業種	企業名	外国人労働者	シフト制	残業代と時給	労働時間・深夜労働・休息時間・休暇	定年制度	女性労働者
1	スウェーデン	自動車	ボルボ		1.5シフト 7:00-16:00 16:00-20:00				
2	スウェーデン	自動車	サーブ		1.5シフト 7:00-16:00 16:00-20:00				
3	スウェーデン	小売	アーラ・カルベ	フィンランド人 15%~20%	1シフト				
4	スウェーデン	小売業	ハーラー	なし	3シフト コアタイム 5:00-17:00				年々増加 20%
5	スウェーデン	製造業	アルクローベッカー		1シフト 9:00-18:00				
6	スウェーデン	生協	KFフローセンタ	主にフィンランド人 30%					
7	スウェーデン	小売	グレネールカルニエ		1シフト				
8	スウェーデン	小売	ネットー		3シフト 7:00-15:00、15:00-23:00、23:00-7:00				
9	デンマーク	百貨店	マガジン	トルコ、パキスタン 23-30% 40-50名	2シフト 6:00-15:00、15:00-23:00				
10	デンマーク	百貨店	マガジン	トルコ、トルコ、ユーゴ、チリ、英	1シフト				
11	デンマーク	リネン	ISS(生産拠点)	ハンガリー人 10% 25名	2シフト 不明				
12	ドイツ	通販	オットー		2シフト		採用の必要条件：デンマーク語の読み、書き、話す		1%
13	ドイツ	小売	ハーティ	トルコ、イタリア、ユーゴ人 20%約36名	2シフト				60%
14	ドイツ	薬品	シェーリング	フレックスタイム 6人/4時間/週 時間30分毎交代	1シフト 6:30又は7:00開始で39時間/週				
15	ドイツ	小売	オーレンス		1シフト 7:00-16:00 (夏期は8:00-15:00)				
16	ドイツ	重機械	マン		2シフト 6:00-21:30、7:15-16:00 (通常勤務)	残業3時間まで25%、以上50%、基準内作業完了15分間の賃金。最高120%定	40時間~45時間/週		
17	ドイツ	自動車	B.M.W.		2シフト 7:30-16:45、12:00-20:45	23時以降33%増し			
18	ドイツ	サービス業	インターコンチネンタルケルン		3シフト 8時間シフトの5日制		48~38時間 2時間の差 3ヶ月に1回休暇で解消		
19	ドイツ	小売	クリーングテナクス		3シフト 5:30-13:50、13:50-22:30、22:30-5:30	23時以降33%増し20時以降25%			100%
20	ドイツ	小売	コマネ・シンデリヨン		3シフト 6:00-14:00、14:00-22:00、22:00-6:00	時以降25%			60%

No.	国	業種	会社名		8時間労働／日		
21	オーストリア	国鉄	ウィーン国鉄				
22	オランダ	自動車	アムステルダムセンター				
23	スイス	生協	ミグロ	託児所・語学研修・ナース施設有）55%			25% 全体75%
24	スイス	郵便局	クライスポスト	職場単位にて	3シフト 6：00-14：00，14：00-22：00，22：00-6：00 1シフト 7：30-17：30 1シフト 4：30-21：30 時間決定 1シフト	ユーゴ、ザイール、フランス、ドイツ40%50名	
25	スイス	建設資材	ゲタロマン				
26	フランス	化粧品	ラ・ルドゥーツ				
27	フランス	飲料	ベルノー			実質労働時間7：45分	
28	フランス	出版・印刷	アシェット		2シフト 6：30-14：30，14：30-21：30	AM15分，PM15分，昼食45分，計75分．曜日午前 但し6土曜日で1回出勤	
29	イギリス	物流業	ウィンキャンヨン	22：00-6：00		40時間／週 年間労働 契約約2,200時間	
30	イギリス	小売	W.H.スミス エンデイスメント		2シフト 8：00-14：30，11：00-5：30 2シフト 6：00-14：00，14：00-22：00 クリスマス3シフト		1%
31	イギリス	小売				37時間／週	90-35%
32	イギリス	問屋	ロバート・ホーム		3シフト 6：00-14：00，14：00-22：00，22：00-6：00 2シフト 不明	AM 15分，PM10分，昼食45分	
33	イギリス	3PL（SIFT）	サッドン国際貿易ターミナル				
34	イギリス	DIY	ブラック＆デッカー				
35	イギリス	3PL	エクセル・ロジスティクス		3シフト 7：00-15：00，13：00-21：00，21：30-6：00		
36	イギリス	小売	ウェイト・ローズ		2シフト		
37	イギリス	小売	ハロッズ		1シフト		
38	イタリア		シトマ ジャンボ	主にインド人 50%	2シフト 8：30-15：10，15：00-22：00 1シフト		
39	スペイン	GMS	チャーチルディン		3シフト 8：30-14：00，14：00-22：00，22：00-8：00	40時間／週	40%前後
40	スペイン	小売	チャーチルディン				
41	スペイン	郵政 卸・小売	郵便局アズール	10：00-18：30 職場単位で決定 名配置	1シフト 8：00-18：00 6：00-16：30，8：00-16：30，7：00-15：30 1シフト 6：45-13：30 13：00-20：30，7：00-20：00，職場単位		物流部門 80%
42	ハンガリー	卸・小売					
43	ハンガリー	卸・小売	ケデベル プロント			物流部門 約55%	物流部門50%
44	チェコ	卸・小売					55-50%
45	アメリカ	CVS	クラスデール	22：30-7：00（最低25名配置）	2シフト 7：00-14：30（若年主体），14：30-22：30（年配者・業務量）	1.5倍	配送センターは一斉 全体で30%

第20章　SCM展開のチェックリスト

No.	国	業種	企業名	シフト・労働時間	備考	定年・その他
46	アメリカ	物流業	ウォイン・デキシー	2シフト　8:00-16:30, 22:00-6:30		
47	アメリカ	委託倉庫業	M&W	2シフト　7:30-16:30, 17:30-2:30		
48	アメリカ	製造業	ゼロックス	3シフト　6:00-14:00, 14:00-22:00, 22:00-6:00		
49	アメリカ	コンピュータ	NEC	2シフト　7:30-17:30, 16:00-23:30		
50	アメリカ	コンピュータ	富士通	3シフト　7:00-15:00, 15:00-23:00, 23:00-7:00		
51	アメリカ	小売業	セーフエー	2シフト　6:00-14:30, 16:00-00:30（社内補充）		
52	アメリカ	コンピュータ	IBM	3シフト　6:00-14:00, 14:00-22:00, 22:00-6:00		
53	アメリカ	保険	マクミラン・グローデル	2シフト　6:00-14:00, 16:00-00:30		
54	アメリカ	薬品	アボット	2シフト　7:00-15:00, 15:00-23:00	1.5倍	企業全体で15%　全体で20% 若干名
55	アメリカ	玩具	グランス&トイ	3シフト　6:00-13:00, 11:00-19:00, 19:00-22:00		
56	アメリカ	百貨店	Kマート	1シフト　7:00-16:00　ピーク時は20時まで		
57	アメリカ	部品メーカ	フェデラル・モーガル	2シフト　6:00-14:00, 14:00-22:00, 22:00-6:00		
58	カナダ	百貨店	ベイ	3シフト　7:00-15:00(60%), 15:00-23:00,	13$時·1シフト, 25Cプラス/2シフト	全体で60%
59	カナダ	百貨店	ハドソンズベイ	-23:00(30%), 23:00-7:00	50C/3シフト　夜間·1.5倍, 通常·1.25倍	
60	カナダ	製造業	マクミラン・ブローデル	3シフト　7:00-15:00, 15:00-23:00, 23:00-7:00		
61	カナダ	GMS	ゼラーズ	3シフト　7:00-15:00, 15:00-23:00, 23:00-7:00		
62	フランス			39時間/週 MAX	男子65　女子60	EU統合以前の定年：スイス：男女64歳を検討 ブロンド：男子65、女子60歳を予定 アズール：男子62、女子60歳を予定
63	ドイツ			38時間/週　8時間労働/日	男子65　女子60	男子65-65　女子60
64	スイス			法の施行女子の深夜労働可		
65	スウェーデン			6～8月の間　最低5週間+2日の休暇を取らねばならぬ。		
66	米国			94年平均		
67	英国					男子65　女子60
68	スイス					男子65　女子62
69	スペイン					男子55　女子55
70	カナダ					男子65　女子65
71	チェコ					男子60　女子57
72	ハンガリー					男子60　女子65

707

第Ⅱ編　SCM マネジメント編

表20.18　人間工学特性

No.	国名	業種	企業名	室内温度	カラーリング	人間工学的側面
1	スウェーデン	自動車	ボルボ		ブルー：構内乗物、柱	傾斜数３・手動型スライドアー
2	スウェーデン	自動車	サーブ			構内乗物の特設
3	スウェーデン	小売	ダガブ			作業者用休憩所の特設
4	スウェーデン	生協	KF ブローセンター	夏18℃　冬20℃	消火装備場所　赤と青の縞	作業者用休憩所の特設；消防署とのホットライン（引込み線用）
5	デンマーク	百貨店	ネット			壁面：従業員の絵
6	デンマーク	百貨店	マガジン		オレンジ色：柱、その他	壁面：花柄ペイント絵画　トム・クヌエイヤの絵
7	ドイツ	小売	アホルド			作業者用休憩所の特設
8	ドイツ	小売	オーレンス	夏23℃		
9	オランダ	自動車	アムステルダムセンター	夏29℃		360°半球ミラー天井付け
10	スイス	生協	ミグロ			天然材廃棄物：地中に埋め、自然に還元；フォーク：電気自動車利用
11	フランス	飲料	ペルノー		貯蔵タンク　製品別色区分：PASTIS51:ブルー、	
12	フランス	化粧品	OCP		PERNOD オレンジ、SUZU 波型黄色、ドア・手摺橙色	凸型天井明かり採りと作業用移動橋
13	フランス	出版・印刷	マシュット			コンベア上の階段表面のゴム
14	イギリス	小売	W.H. スミス	夏21℃、冬17℃ 政府17℃	ライトグリーン	
15	イギリス	自動車	ジャガー			
16	イギリス	小売	エンタテインメント	冬のみ暖房		
17	イギリス	問屋	ロバト・ホーム		天然木材の使用　センターの温か	作業者用休憩所の特設
18	イギリス	DIY	ブラック＆デッカー		センターの温み	360°半球ミラー天井付け 安全マークの使用
19	英	小売	ハロッズ	暖房のみ。最低室内温度10℃	ライトグリーン：トラック、センター外壁	
20	イタリア	マラソン	シトマ		ダストボックス、作業衣	
21	スペイン	GMS	ジャンボ	夏冬コントロール		
22	アメリカ	CVS	クラスデンル	暖房のみ		

第20章　SCM展開のチェックリスト

No.	国	業種	企業名	温度	色彩・蛍光塗料等	ミラー・天井	その他
23	アメリカ	物流業	ウイン・デキシー	暖房のみ			
24	アメリカ	委託倉庫業	M&W	暖房のみ			
25	アメリカ	製造業	ゼロックス			360° 半球ミラー天井付け	ゴムマットの使用
26	アメリカ	小売業	Kマート		蛍光塗料の利用　消火器装備場所　消火栓用表示ランプ	360° 半球ミラー天井付け	ゴムマットの使用
27	アメリカ	小売業	セーフエー		黒と黄色の縞　蛍光塗料の利用	360° 半球ミラー天井付け　消火栓用表示ランプ　消火器装備場所　黒と黄色の縞	ゴムマットの使用
28	アメリカ	コンピュータ	IBM				
29	アメリカ	玩具	グランス ＆トイ	夏 20℃　冬 18℃			
30	アメリカ	保険	マクミラン・グローデル	暖房のみ			
31	カナダ	百貨店	ハドソンズベイ	暖房のみ		360° 半球ミラー天井付け　安全マークの使用	
32	カナダ	GMS	ゼラーズ				
33	カナダ	製造業	マクミラン・プロデル				
34	日本	ダスト	ダスキン		古代紫色：センター外壁、車両等		
35	日本	通新教育	ベネッセ	夏 26℃　冬 22℃			
36	日本	製造業	キャビデック		荷物運搬用フォーク：レモンイエロー	天井走行クレーン：赤紫と青紫、柱：黄色	

第Ⅱ編　SCM マネジメント編

〈参考文献〉

1) 石井克己：組織的営業ツール，フェーズ 1～10,3PL 営業システム，2005

2) 物流リエンジニアリングの基本的考察，1997 年度日本物流学会第 14 回全国大会，日本物流学会

3) Research on Logistics Engineering, University of Exeter, 8～10, Dec. 1997

4) Research On A Logistics Re-engineering Design, Technical Proceedings Of SOLE, 97 The 32nd Annual Logistics Congress, pp. 265-269, Society of Logistics Engineers, Orland, U. S.A,Aug. 4-8, 1997, SOLE

5) 物流リエンジニアリングの基本的考察，日本物流学会誌，No. 6, pp. 21-22, 1997 年 12 月

6) 唐澤豊：現代ロジスティクス概論，NTT 出版，2000

7) James F. Robeson and William C. Copacino：The Logistics Handbook, pp. 515-516, J The Free Press, 1994

8) 日本 3PL 協会調査資料，2007～2009，第 6 章参考文献，海外ロジスティクス特性リスト

9) 大学における日米物流カリキュラム調査報告，日本物流学会，1990 年 7 月

10) 物流視察調査報告，（財）物流技術情報センター，1988 年 12 月

11) ビジネス・ロジスティクス調査報告，国際経営研究所，1989 年 12 月

12) ビジネス・ロジスティクス調査報告，国際経営研究所，1990 年 10 月

13) アメリカにおける経営管理と経営情報システム調査報告書，NTT ラーニングシステム，19913 年 3 月

14) 合成塗料物質近代化調査報告書，（財）物流システム開発センター，1992 年 4 月

15) 欧州物流視察報告，（株）三越，19924 年 10 月

16) 第 4 回ビジネス・ロジスティクス調査報告書，国際経営研究所，1993 年 1 月

17) 中小印刷業の物流合理化に関する調査研究，（財）産業研究所，1993 年 5 月

18) 第 5 回ビジネス・ロジスティクス調査報告書，国際経営研究所，1993 年 7 月

19) 第 6 回ビジネス・ロジスティクス調査報告国際経営研究所，1994 年 10 月

20) 第 1 回ダスキン若手生産グループ若手経営者調査団（ヨーロッパ），ダスキン生産本部，1994 年 10 月

21) 第 7 回ビジネス・ロジスティクス調査報告書，国際経営研究所，1995 年 9 月

第20章　SCM展開のチェックリスト

22）第8回ビジネス・ロジスティクス調査報告書，国際経営研究所，1996年12月

23）ロジスティクスの発展形態に関する理論の研究とその実証的検証の予備調査，
文部省科研費補助金（基盤研究（C）(2)），1997年2月

24）ロジスティクスの発展形態に関する理論の研究とその実証的検証及び調査，
研究実績報告概要，文部省科研費補助金（基盤研究（C）(2)）1999年2月

25）ロジスティクスに関するアンケートの分析概要，第3回5年度毎の定点調査，
リサイクル・リユースを含むリバースロジスティクスの研究，文部科学省科研
費助成金基盤（C）(2)，平成13年3月

26）ロジスティクスに関する調査報告分析概要，第3回5年度毎の定点調査，No.
Ⅱ，リサイクル・リユースを含むリバースロジスティクスの研究，文部科学省
科研費助成金基盤（C）(1)，平成14年2月

27）リサイクル・リユースを含むリバースロジスティクスの研究，文部科学省科研
費助成金基盤（C）(1)，平成15年2月

28）唐澤豊，熊切雄三，佐藤守男：3PLに関する基本的研究Ⅱ，日本ロジスティク
スシステム学会第9回全国大会予稿集，pp. 170-173, 2006年8月

29）唐澤豊，小沢一夫：3PLに関する基本的研究，日本ロジスティクスシステム学
会第8回全国大会予稿集，pp. 61-64, 2005年8月

30）唐澤豊，佐藤守男：3PL会計に関する基本的研究，日本ロジスティクスシステ
ム学会第8回全国大会予稿集，pp. 57-67, 2005年8月

31）Y. Karasawa, Y. Kumakiri, K. Wakabayashi, A. Watanabe：A Basic Research for
Logistics Accounting on Environments, Proceedings of The 12th International
Symposium on Logistics, pp. 335-341, 2007年8月

32）Y. Kumakiri, Y. Karasawa, Y. Nakama：A Basic Research for A Third Party
Logistics Accounting, Proceedings of The 4th International Congress on
Logistics and SCM Systems, pp. 28-37, Bangkok, 2008年11月

33）K. Wakabayashi, Y. Karasawa, Y. Nakama, Y. Fujita： A Basic research for The
Third Party Logistics in Japan, Proceedings of The 4th International Congress
on Logistics and SCM Systems, pp. 8-16, Bangkok, 2008年11月

34）A. Watanabe, Y. Karasawa, K. Wakabayashi, Y. Nakama：A Basic Research for
Logistic Accounting on Environment, Proceedings of The 4th International
Congress on Logistics and SCM Systems, pp. 290-300, Bangkok, 2008年11月

35）唐澤豊，若林敬造：3PLの経緯及び定義に関する文献研究，日本ロジスティク

スシステム学会誌，Vol. 8，No. 11，p. 20, 2009 年 6 月

36) 仲摩弘行，唐澤豊，若林敬造：3PL の定義及び発展に関する文献研究，日本ロジスティクスシステム学会第 12 回全国大会予稿集，pp. 121-128, 2009 年 6 月

37) ハマキョウ・レックス：提案書サンプル

38) 石井克己：提案書サンプル

39) 唐澤豊：提案書サンプル

40) 鵜飼哲也，小林誠，今井健司，市毛幹嗣，唐澤豊：X 社に於けるロジスティクスの改善ケース研究，日本ロジスティクスシステム学会第 9 回全国大会予稿集，pp. 101-108, 2006 年 8 月

41) 熊切雄三，市毛幹嗣，唐澤豊：X 社に於けるアウトソーシング化推進化の問題点と改善策，日本ロジスティクスシステム学会第 9 回全国大会予稿集，pp. 95-100, 2006 年 8 月

唐澤　豊

第Ⅲ編

基本科学編

1 IE の基本

1.1 科学的管理法の基本

　科学的管理法は，科学的管理法の父（the father of scientific management）と呼ばれているフレデリック・W・テイラーは，当時の能率増進運動を集大成し，理論的に体系化したのが始まりである。彼の科学的管理法の主な内容は，①課業管理，②作業研究，③指図票制度，④率を異にする出来高払い賃金制度，⑤職能別職長制組織から成り立っている。

　①の課業管理とは，1日の公正な仕事量である課業を明確に決めることである。②の作業研究は，課業を設定するために作業の内容と量を決定することである。作業研究は，ムリ・ムダ・ムラのない合理的な作業を観察，そのコツを科学的に分析して，未熟練者にその作業を教えてそれを実施させることが目的である。作業研究は，標準時間を決めるための「時間研究（Time Study）」と個々の作業がムリ・ムダ・ムラのない効率的な作業方法を決めるための「方法研究（Motion Study）」から成り立っている。この作業研究は，IE の中心的な部分を占めている。③の指図票制度は，課業を具体的に標準化してマニュアル化したものである。この標準化は，"道具の標準化" "時間の標準化" "作業の標準化" から成り立っている。④の率を異にした出来高払いとは，標準作業量を境にこれを達した場合には成功報酬として，率を多くした額が得られるというものである。⑤の職能別職長制組織とは，職長の機能を大きく計画機能と執行機能に分けるもので現在の職能組織の原点となるものである。

このように「テイラーは，科学という名のもとに，より客観的で，実証的な基準や方法作りの管理手法を導入し，これが後に科学的管理法」と呼ばれるようになったのである。テイラーの科学的管理法の思想は，ギルブレイス（Gilbreth, F. B.），ガント（Gantt, H. L.）に受け継がれ，これがインダストリアル・エンジニアリング（IE）という生産工学の流れを作っていったのである。

テイラーのいう科学的管理法は，これまでの成り行き管理を脱して，①事実を客観的につかむ，②分析，判定，総合化は，科学的な方法による，③最適な方法を標準として設定し，それに基づいて生産する，④この標準と実際の差異を把握して，差異の対策をとる，⑤計画（Plan），実施（Do），評価（Check），処置（Act）のサイクルによって管理する，⑥全員が科学的管理の方法を理解し，全員参加で取り組む，という基本原則を述べている。

1.1.1　IE（Industrial Engineering）

IE は，人，材料，機械・設備から成るワークシステムを設計・改善・設定することによって生産性向上を図るための総合化された技術である。設計と

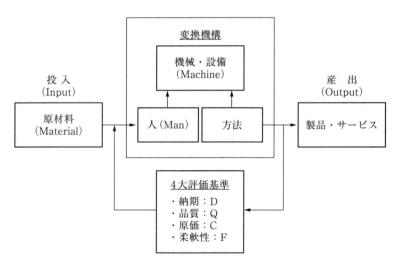

図 1.1　ワークシステムの構成
出典：文献 1）

は，新しいシステムを作ること，改善とは現在のシステムをより良いものにすること，設定とは設計あるいは改善したシステムを導入し，期待する機能を発揮できるように組織に定着させることをいう。

　ワークシステムの構成要素は，図1.1に示すように①製品・サービス，②原材料，③機械・設備と方法，④人から成り立っている。①の製品・サービスは，作業によって得られる産出物である。これを決めることによりシステムのフレームが決まる。②の原材料は，製品・サービスを生み出すための投入物になるものである。③の機械設備と方法と④の人は，産出物を得るために投入物を変換する機構である。このワークシステムの良し悪しを評価する基本的なも

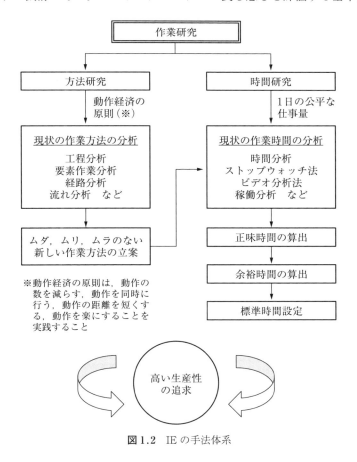

図1.2　IEの手法体系

のは，納期，品質，原価と柔軟性である．

1.1.2 IEの手法体系

IEの手法の体系を図1.2に示している．以下これら手法のうち重要なものを取り上げて解説する．

1.2 工程分析の基本

1.2.1 工程分析とは

工程分析とは，生産工程や作業方法の内容を「加工」「運搬」「検査」「停滞」の4つに分類し，その発生する順序に従って表示し，同時に各工程の条件を分析調査し，改善のポイントを導き出し，改善案を作る手法である．

(1) 工程分析の目的

工程分析は
- 物を作る過程（生産工程）や作業方法の改善・設計
- 製造現場の管理（ショップフロアーコントロール）やレイアウトの改善・設計

を目的としている（図1.3）．

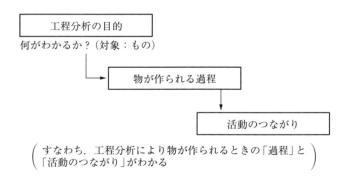

図1.3 工程分析の目的

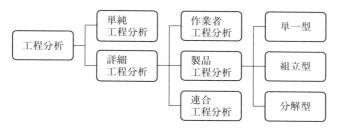
図1.4 工程分析の種類

(2) 工程分析での改善ポイント
- 工程の流れを整理し
- 工程の流れにムダや停滞がないか
- 工程の順序はこれでよいか
- 工程の流れがスムーズか，設備配置や運搬方法に問題はないか
- 工程中の仕事はすべて必要か，止められないか，他に良い方法はないか

が改善のポイントとなる。

(3) 工程分析の種類
工程分析の種類は，図1.4に示される。

a. 単純工程分析
加工と検査のみを対象とした分析で，現状を大掴みに把握する方法。詳細分析の事前調査等に用いる。

b. 詳細工程分析
工程を「加工」「運搬」「検査」「停滞」の4つに分類してとらえ，それぞれについて詳細を調べ，分析調査する方法。

c. 作業者工程分析
作業者を主体として，その作業動作を生起する順序に記録し，作業点のレイアウト，作業手順，作業動作を改善する方法。

d. 製品工程分析
原材料，部品または製品を主体として，工程がどのように流れて行くかを分析・調査する方法。

- 単一型：1材料から1製品を作る場合（部品工程分析）

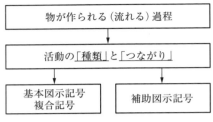

図1.5 工程分析に用いる記号

- **組立型**：加工された部品，購買品などを組み立て，製品を作る工程または化学工場で数種類の原料から製品を作る工程を分析する。
- **分解型**：加工の途中に起こる分解作業や化学工場で1種類の原料から数種類の製品を作る工程を分析する。

  e．連合工程分析

  人と機械，人と人の組作業の時間経過を分析し，図表化することで「遊休時間」を見出し，仕事の編成を改善する手法。

  f．工程分析に用いる記号

工程分析に用いる記号は，わが国では，日本工業規格 JIS Z 8206 で使われる基本図記号，複合記号と補助図記号がある。この他に，現場改善でよく使用される記号として，基本図示記号，複合記号と補助図示記号がある。ここでは後者を取り上げて解説する（図1.5）。

[基本図示記号]

基本図示記号は，図1.6に示している。

なお，図の基本図示記号において，貯蔵と滞留の違いは，貯蔵が成立するための条件を満たしていることが必要である。その条件とは，①置き場所が決められていること，②数量・時間（いつからいつまで）が明確に示されていること，これには荷姿が決められていること，管理責任者（誰の管轄か）が決まっていることなどが必要である。

また，滞留とは，どこに，何が，いくつあるかがわからない状況で，探すという行為が発生し生産が止まることによって，遅れが生じる状態のことをいう。

[複合記号]

第1章 IEの基本

番号	要素工程	記号の名称	記号	意味
1	加工	加工	○	
2	運搬	移動	⇨	原料，材料，部品または製品の位置に変化を与える過程を表す。
3		取扱い	⬠	原料，材料，部品または製品が他の活動のためにまとめたり，準備している状態を表す。
4	検査	数量検査	□	原料，材料，部品および製品の量または個数を計って，その結果を基準として比較して差異を知る過程を表す。
5		品質検査	◇	原料，材料，部品および製品の品質特性を試験し，その結果を基準と比較してロットの合格・不合格または個々の適合/不適過程を表す。
6	停滞	貯蔵	▽	原料，材料，部品または製品を計画により貯えている過程を表す。
7		滞留	⌓	原料，材料，部品または製品が計画に反して滞っている過程を表す。

図1.6 基本図示記号

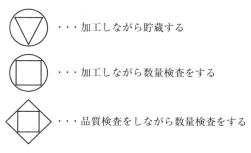

図1.7 複合記号の例

1つの工程で2つの活動が同時に行われる場合の表示記号である。図1.7にその例を示している。

[補助図示記号]

補助図示記号のルールと記号は，次のとおりである。

流れ線：要素工程の順序関係を表す。

　ルール：上から下へ

右から左へ（下が行き詰ったとき）
所管別記号：管理区分が異なることを表示する。

省略記号：この間の工程を省略する。

破棄記号：物を破棄することを表す。

(4) 工程分析表の作成要領

工程分析表の作成に当たっては，必ず現場で分析を行い，対象物が順次流れていく経路を歩きながら，工程ごとに5W1Hの質問を関係者に行う。

工程分析の手順：

工程分析の手順は，図1.8の手順に従って進める。

① 予備調査をする

予備調査に必要な項目は，次のとおりである。
- 製品の生産量（計画と実績）
- 製品の内容，品質基準
- 検査基準（中間検査，出荷検査のやり方，歩留り）
- 設備配置（全体レイアウト，フロアーレイアウト）
- 工程の流れ（分岐，合流の状況）

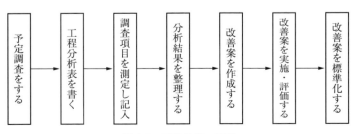

図1.8 工程分析の手順

第1章　IEの基本

　　―原材料（種類，原単位）

　　―管轄部署および管理責任者

②　工程分析表の作成

工程の範囲：

　工程の範囲は，一般に作業者または1組の作業者が連続して作業を行う範囲を1工程とする材料置き台から機械まで材料を選ぶのは「運搬」であるが，作業中に行われる距離が2歩以内の場合は加工中の一要素と見なす（初期の改善段階の目安→分析対象にするかの判断を要する）。

停滞工程：

- 工程待ち，工程間に手待ち：工程間に手持ちとして停滞している場合
- ロット加工待ち：ロットの1個が加工されているとき，残りがその工程の前後に一時待ちとして停滞している場合
- ロット運搬待ち：ロット運搬を行っているとき，運搬ロットが形成されるまで停滞している場合

③　各工程の調査項目を測定し記入する（表1.1）

表1.1　調査項目

工　　程	作業名 （何のために）	作業者 （誰が）	機械・設備 （何を使って）	場所 （どこで）	時間 （どれぐらいで）	方法 （どのようにして）
加　　工	作業内容を具体的に	職名， 技能人数	名称，機番，台数，主要治工具名称	作業場所を具体的に，加工箇所	加工時間，生産量など	加工方法，加工条件（切削条件，温度・時間条件）
移　　動	移動内容を具体的に	職名， 技能人数	運搬設備（クレーン，台車，トラック）玉掛け，吊具	どこからどこへ，移動	運搬時間	1回運動量 1ロットの移動回数，積み込み・積み降ろし方
取扱い	取扱い内容を具体的に	職名， 技能人数	ハンドリング設備	取扱い箇所	取扱い時間	取扱い回数 取扱い方法
検　　査	検査項目を具体的に	職名， 技能人数	検査設備 検査工具	検査箇所・場所	検査時間	検査方法，規格不良率，不良品処置方法
貯　　蔵	貯蔵状態を明確に	保管責任者	保管場所 保管設備	保管場所	貯蔵時間	置き方，数量，荷姿
滞　　留	滞留原因を明確に	保管責任者の有無，関係者への周知徹底の現状	保管場所設備の現状	保管場所の実態	滞留時間の実態	置き方，数量，荷姿の実態

723

第Ⅲ編　基本科学編

加工時間：

加工時間は，次のように表現する。上に1個当たり加工時間×1ロット数量を下に1ロットの総加工時間を記入する。

$$加工時間：\cfrac{1個当たり加工時間 \times 1ロット数量}{1ロットの総加工時間}$$

検査時間：

検査時間は，全数検査の場合は次のように表現する。上に1個当たり検査時間×1ロット数量を下に1ロットの総検査時間を記入する。

$$検査時間：\cfrac{1個当たり検査時間 \times 1ロット数量}{1ロットの総検査時間}$$

運搬の時間と距離の記入方法：

運搬時間：

運搬時間は，分析単位を数回に分けて，運搬する場合には次のように表現する。上に1回の運搬時間×運搬回数を下に1単位の総運搬時間を記入する。

$$運搬時間：\cfrac{1回の運搬時間 \times 運搬回数}{1単位の総運搬時間}$$

運搬距離：

運搬距離は必ず巻尺で測る。外注先との距離は地図上で測る。

ロット数の数え方：

- 製作ロット：加工指示伝票や発注書記載の数量，あるいは初工程への材料出庫伝票記載の数量

724

第1章　IEの基本

表 1.2　工程分析総括表

		加工 ◯	移動 ⇨	取扱 ⬠	数量検査 ☐	質検査 ◇	貯蔵 ▽	滞留 D	合　計
回数	回数								
	割合%								
時間	時間								
	割合%								
距離(m)									
LT									

記号	回数	割合%	時間	割合%	距離(m)	
◯	14	36.8	108分	5.4	－	⎫ 稼働
☐	2	5.2	0.2分	0.0	－	⎭
◇	2	5.2	0.4分	0.0	－	⎫ 準稼働
⇨	8	21.0	6分	0.3	84.5	⎭
▽	2	5.2	60分	3.0	－	⎫
⬠	2	5.2	2分	0.1	－	非稼働
D	8	21.0	1800分	91.0	－	⎭
		100%		100%		

図 1.9　総括表の例

- 作業ロット：それぞれの加工工程に都合のよい1回の加工数

④　**分析結果を整理する**（表 1.2, 図 1.9）

工程分析総括表に, 分析結果の数値を総括して記入する。欠陥の所在または管理の重点を大づかみに得る。

⑤　**改善案を作成する**

改善案の作成に当たっては, 以下の手順で進める。

725

第Ⅲ編　基本科学編

ⅰ）　問題発見と改善

工程分析の結果を総括表としてまとめる。まとめたものをベースに問題点を見出し，いろいろな改善を着想する。

ⅱ）　改善の方向づけ

総括表に基づき改善の方向性を見出す。

工程分析で得られた工程分析の記号は，以下に示すように，稼働，準稼働，非稼働の3つに分類される。

稼働：付加価値を生む作業（売れる作業）

準稼働：現状のシステムでは仕方がないが大幅なシステムの改善で除去できる作業（売れない作業）

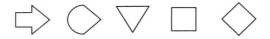

非稼働：付加価値を生じない作業（損する作業）

この総括表から，まず非稼働の除去，次に準稼働をなくするためのシステムの改善，さらに稼働についても何らかの工夫によって工程数を減らす努力を行うという順序で改善を進めていく。改善の方向付けのイメージを図1.10に示

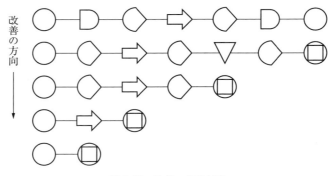

図1.10　改善の方向付け

第1章　IEの基本

している。

ⅲ）改善案の作成

改善案の作成に当たっては，以下のことに留意する。

- 図式モデル，流れ線図と総括表によって，問題の所在と管理の重点を把握できるようにする。
- 改善着想を引き出す：関係者の意見を十分取り入れる。
- 改善案の実施の可否検討と優先順位を決める。
- 実行可否検討は，改善策に対する制約条件をピックアップし，実施するのに，どの程度の準備期間と実施期間を要するかを見積り判断する。
- 改善活動計画書（契約書）に，管理特性（品質，数量，時間，金額）別に達成目標・評価基準・制約条件を記入する。
- 改善案別の実施計画を 5W1H を用いて作成する。

⑥　**改善案を実施・評価する**

改善案の実施について承認が得られたなら，実行計画に従って実施する。実施期間の長い内容については，定期的に中間報告を行う。また，改善案を実施したときに，不具合な点があれば積極的に手直しをしていく。

⑦　**改善案を標準化する**

改善案が初期の目的を果たすことが確認できたら標準化（作業マニュアル，作業指導書等の作成）し，元に戻らないように歯止めをする。

1.3　経路分析の基本

1.3.1　経路分析の意義

多種少量生産においては，1つの職場でさまざまな部品加工や製品組立が行われるため，特定の部品や製品だけの運搬距離が短い機械の配置では合理的とはいえない。経路分析によって，代表的工程系列を見出し，総合的に合理化を検討する必要がある。

第Ⅲ編　基本科学編

1.3.2　経路分析の目的

経路分析は，全部品，全製品の総運搬距離が最小になる配置を見出すことを目的としている。そのために次のことを行う。

- 工程順序の共通性や類似性によって部品を分類し，類似工程系列への編成の可能性を検討する。
- 工程経路と機械配置の空間配列の関連をつかみ，レイアウト改善を図る。
- 最も経済的な工程経路を探索する。

1.3.3　経路分析の方法

経路分析は，表1.3に示した手順で進める。

経路分析による分析例を表1.4に示している。

表1.3　経路分析の手順

手順1	全部品の経路図作成（経路分析表）
	① 横に工程名，設備名や作業名を，流れの大勢に沿った順序に入れ，縦には部品グループ区分や部品名を入れる ② 各部品（グループ）に対して工程順序に従って経路を線で結ぶ ③ はじめは部品の順序を考えず，全部品の経路図を作成する
手順2	経路図の分類・整理
	① 各部品ごとにハサミでばらばらにした経路図を，同一系列または類似工程系列に分類し，別紙に貼り付ける ② このとき分類ごとに，工程別必要工数または必要機械台数，必要人員を調べて，同一工程の合計台数，合計人員が整数近くにする必要がある
手順3	機械配置の選定
	① 製品別レイアウト…専用ライン，製品別レイアウト・切り替え式 ② 混成式レイアウト（GTラインレイアウト） ③ 機能別レイアウト

1.3.4　機械配置の特徴

代表的な機械の配置とそれらの長所と短所を次に示す。

(1)　機能別機械配置

機能別機械配置とは，加工・組立機能（たとえば穴をあけるという機能）が同一または類似した機能をもっていれば，その機能を果たす機械・設備を集めて配置する方法である

728

第1章　IEの基本

表1.4　経路分析表の例（※番号は工程順序）

工程名／部品名	材料	鍛造	焼ナマシ	荒施削	仕上施削	穴明	研削	メッキ	歯切	焼入	研磨	完成
縦軸	▽			①	⑥	②	③	④		⑤	⑦	▽
中間軸	▽	①	②	③		⑤	④			⑥		▽

長所：監督者は担当機械・作業を中心に指導できるため監督しやすい。

短所：部品のやり取りが煩雑となる。

- 運搬距離が長い，運搬経費（搬送設備）がかかる。
- 流れ作業化しにくい。

(2)　類似部品別機械配置

類似部品別機械配置は，類似した部品別に機械・設備を配置する方法である。

機械別機械配置の短所をある程度避けられる。

(3)　類似工程別機械配置

類似工程別機械配置は，類似する工程別に機械・設備を配置する方法である。

長所：

- 運搬距離が短くなる。
- 作業割当てが計画的になる。
- 前後の工程の連結が良くなる。
- 加工不良，部品紛失が少なくなる。
- 流れ化が進むと部品のやり取りが不要となる。
- 停滞時間が少なくなる。

短所：

- 監督者はより高い熟練度が必要。
- 設備余裕がなくなるため，故障などで遅れが出る。

第Ⅲ編　基本科学編

• 設備能力の不均衡から機械稼働率が悪くなる。

1.4　流れ分析の基本

1.4.1　流れ分析とは

流れ分析とは，物の流れを流れ線図によって視覚化し，最適な建物配置や機械設備の配置を検討することである。その目的は，工程分析表をもとにして，対象物が工場内を流れていく経路を，工場配置図または機械配置図の上に線図で，わかりやすく記入し建物の配置や機械の配置を検討することにある。

1.4.2　流れ線図の作成方法の要点

流れ線図の作成方法の要点は次のとおりである。
• なるべく1枚の図面にその職場で加工する全部品の流れ線図を記入する。部品数が多い場合は線の種類（実線，点線等）や色別にして記入する。
• 同一経路を通る線が多ければ本数を記入するか，線の太さで表す。
• 運搬量を表したい場合は，重量 × 回数の数字を記入するか，線の太さで表す。
• 運搬手段は，色別か，線の種類別にして記入する。
• 線が交差する場合は識別できるように工夫する。
• 配置図が複雑な場合には，色別にすることにより流れ線図を描くこともできる。
• 実際の運搬経路を忠実に記入する。

1.4.3　流れ線図による改善の着眼点

流れ線図による改善は，次のような着眼点により流れを見ていく。
• 横割配置（機能別，機械別配置）より，縦割配置（部品別，製品別，類似工程別配置）にもっていく。
　　→工程のグルーピング
• 直線的配置にする。

730

第1章　IEの基本

→機械の操作性を考慮する
• 運搬距離を少なくする。
　　→工程順に並べる
• 対象物の取扱い回数を少なくする。
　　→ライン化，流れ化など工程をつなぐ
• 通路および作業スペースを確保する。

1.4.4　レイアウト

人とモノの流れを最適にするレイアウトは，設備，材料，部品，仕掛品，作業者などの配置を検討する必要がある。最適なレイアウトは以下の条件を具備することが必要である。

①　工程系列との整合をとること

原料から製品までの工程系列に沿って人，設備，材料・部品の配置が整流化されていること。

②　動線に無駄がないこと

人やモノの動きに無駄がなく，移動距離が最短化されていること。

③　柔軟性が高いこと

多種少量生産，製品ライフサイクルの短縮化などにより人の動きやモノの流れを即座にまた柔軟に変えられるようにしておくこと。

④　スペースの有効活用を図ること

限られたスペースを有効に活用すること。

これらのことを勘案してレイアウトを設計することが必要である。以下に代表的なレイアウトをあげておく。

(1)　製品別レイアウト（フローショップ）

素材から完成するまでの加工工程の順序に従い生産設備を製品ごとに配置する。流れ生産に向いている。図1.11のようなレイアウトとなる。

(2)　混成式レイアウト（GTラインレイアウト）

類似の部品グループの加工工程が同じで，加工の流れが同一となる場合に用いられる（図1.12）。製品別レイアウトと似ている。

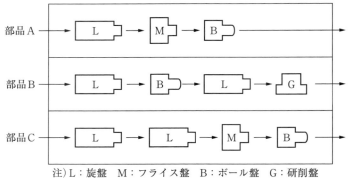

注）L：旋盤　M：フライス盤　B：ボール盤　G：研削盤

図1.11　製品別レイアウト

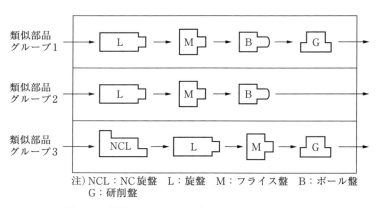

注）NCL：NC旋盤　L：旋盤　M：フライス盤　B：ボール盤
　　G：研削盤

図1.12　混成式レイアウト（GTラインレイアウト）

(3) 機能別レイアウト（ジョブショップ）

多種少量生産に多い型で，製品ごとに加工工程が異なり，流れ生産型の設備配置をとることができないために，図1.13に示すように各設備を機能別（Lグループ，Mグループ等）に配置するレイアウトとなる。

第1章 IEの基本

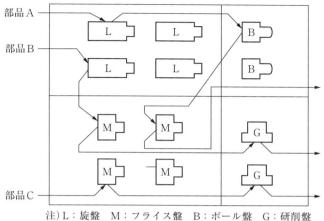

注）L：旋盤　M：フライス盤　B：ボール盤　G：研削盤
図1.13　機能別レイアウト

1.5　標準時間の基本

1.5.1　必要な時間と無駄な時間

仕事をするためにかかった作業総時間の中味を大きく仕分けをすると，基本的に必要な時間，余計な時間，無効な時間の3つの時間に大別できる（表1.5）。

1.5.2　時間分析手法

時間分析の方法は，直接法と間接法に大別され表1.6に代表的な方法を示している。

表1.5　作業総時間の構成

作業総時間	基本的に必要な時間：加工時間，実際の作業段取り時間，運搬時間
	余計な時間	設計・仕様のまずさによるもの 作業方法のまずさによるもの
	無効な時間	管理方法に原因があるもの 作業者に原因があるもの

表 1.6　時間分析の方法

直接法	ストップウォッチ法	ストップウォッチを用いて作業を直接測定する方法
	ビデオ分析法	作業をVTRに録画して分析する方法（スロー再生などが有効）
	稼働分析	作業者や機械設備の稼働状況を観測する方法で，連続観測は効率が悪いためワークサンプリング法（ランダムな時間で観測）を用いる
間接法	PTS法（既定時間標準法）	作業方法を基本動作要素に細分化し，各動作ごとにあらかじめ定められた動作標準時間表から時間値を求める方法
	機械時間算出法	機械や設備が動作している時間を作動条件から理論的に算出する
	標準時間資料法	過去に観測した時間資料を組み合わせて合成する方法
	実績資料法	作業実績時間を基にして算出する方法

1.5.3　標準時間の設定

(1)　標準時間の定義

標準時間とは

① 決められた環境下で，決められた設備を用い（標準作業条件）

② 決められた作業方法で（標準作業方法）

③ その仕事に適性をもち，期待される普通程度の熟練をもった作業者が（標準作業能力）

④ 精神的にも，肉体的にも無理のない良好な努力で作業を成し遂げる（標準作業速度）に要する時間

である。

(2)　標準時間の構成

標準時間の構成とその意味をまとめると図1.14ならびに表1.7に示される。

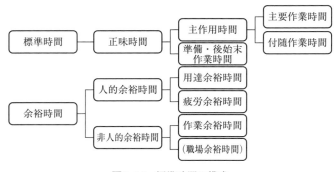

図1.14　標準時間の構成

第1章　IEの基本

表1.7　標準時間構成用語の説明

名称	説明	例
主体作業	作業目的そのものが進行中である作業	加工，組立て，変形，変質，切削
付随作業	主体作業と同じサイクルで起こり，主体作業に付随する作業	ワーク取付・取外等のハンドリング，機械操作，芯出し，計測，検査
準備・後始末作業	1ロットに対して1回発生する準備・後始末の作業	段取り替え，研磨，設備の洗浄，図面，作業指示の確認
用達余裕	作業中に現れる生理的要求に基づく行為の補償	用達（トイレ），水のみ，汗拭き
疲労余裕	作業によって生じる身体的精神的疲労を回復するために現れる休息・ペースダウン等による遅れの補償	回復のための休息，ペースダウン
作業余裕	その作業を行ううえで不規則かつ偶発的に発生する作業で，発生頻度が一定でないため，正規作業に含めることが難しい作業の補償	バイトに絡みついた切粉の除去，作業中の急な連絡，打合せ
職場余裕	管理目的によって決められた職場特有の間接的作業の補償	時間内の朝礼・夕礼，体操，朝夕の整理，整頓，清掃

(3)　標準時間による作業管理

　作業管理は，作業方法を最適化し，これを標準作業として決め，この標準作業で作業行うときの作業の特性値を「標準時間」とする。この標準時間は，次の2つの使い方がある。

a.　評価の基準として用いる場合

- 実績時間を標準時間と対比して作業能率を測定する。それをST（標準時間）達成率とする。
- 改善した作業方法を従来の標準方法を基準として改善効果を評価する。
- 能率給（出来高給）制度運用の場合の算定基準とする。
- 生産性の測定，原価管理の基準とする。

b.　計画の基礎数値として用いる場合

- 生産数量計画，日程計画，納期決定など生産計画の基礎とする。
- 作業者1人に何台持たせるか（台数持ち）の持ち台数計画，組立や流れ作業などグループによる作業における作業配分の編成・調整に活用する。
- 製造原価の加工費見積りにおける時間算定として使用する。
- 必要生産量に対する設備計画，要員計画の基礎とする。

第Ⅲ編　基本科学編

1.6　稼働分析の基本

1.6.1　稼働分析の目的

　稼働分析とは，1日の作業時間中に含まれる，生産および非生産的な諸要素を観測することによって，人または機械設備の稼働状態を把握し，改善すること，ならびに標準時間設定のための余裕（率）を求めることなどを目的とする手法である。時間の経過に従って変化する稼働状態を正しく把握するためには，短時間の観測では不十分であり，通常，長時間にわたる観測を行う必要がある。稼働分析は，次のような多くの目的のために用いられる。

- 作業者や機械の手持ちをなくし，作業量の安定化のため。
- 時間別，日別あるいは期間別生産量の変動調査による，より高い生産性の向上を図るため。
- 準備，段取り，後始末作業などの改善を図るため。
- 適正な人員，設備，方法の決定のため。
- 標準時間設定のための，付帯作業時間および余裕率の算出に利用するため。
- 生産ロット数による標準時間の修正率の設定のため。
- 標準時間の精度の向上を図るため。
- 工場生産における作業を評価することによって，仕事の割当の適性化を図るため。
- そのほか，機械や作業者の干渉状態の改善や適正な休憩時間の設定に活用するため。など

　人や機械の稼働状態を正しく測定するために，連続稼働分析では特定の作業者や機械にマンツーマンについて，作業時間を連続して克明に観測して，稼働と遊休（非稼働）の時間を測る。しかし，このようなやり方だと，正確に作業と稼働状態が把握できるが，大変手間と時間がかかり，また，どうしても作業者が観測者を意識して，普段の稼働状態と違ったものになりがちである。これらの手間を少なくして，しかも実用上満足のできる方法として，抜取検査の考

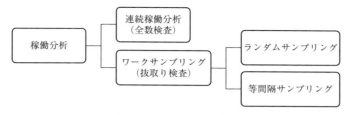

図 1.15　稼働分析の種類

え方を応用したワークサンプリングがある。ワークサンプリングとは，あらかじめ設定した回数，ある瞬間の現場の状況を観察・観測し，その結果を統計的に処理して必要な値の見積りを行うものである。作業を観察する者は一定間隔（等間隔サンプリング）あるいはランダムな間隔（ランダムサンプリング）で現場に赴き，その瞬間に作業者が何をしているかや機械の稼働状況などを記録する。この作業を推計に必要な回数だけ繰り返し，蓄積された記録を分類して各状態の構成比率などを計算して稼働状態を分析するものである（図 1.15）。

1.6.2　段取り改善

(1)　シングル段取りの考え方

段取りは，内段取りと外段取りに区分される。内段取りは，機械を止めて行う段取りを指し，外段取りは，見かけ上の機械加工時間外で行う段取りのことをいう。「シングル段取り」とは，この内段取りを 1 桁の分（ふん）数（10 分未満）で行うことをいい，「ワンタッチ段取り（ミニット段取り）」とは 1 分未満で行うことをいう。

(2)　シングル段取りのために

次のように行う。
- 内段取りと外段取りとを分離する。
- 内段取りの外段取り化を進める。

また，内段取りの時間を短くするためには
- 治工具取り付け，取り外し作業の簡素化と標準化。
- 調整作業の廃止。
- カセット方式（段取り替え作業をワンタッチ化する方法）の採用。

第Ⅲ編　基本科学編

- 並行作業の実施などを行い，徹底した作業改善を行う。
- 外段取り時間を短縮し，内段取り時間として段取り替え総時間を縮める。

(3)　段取りの時間短縮のステップ

段取りの時間短縮には以下のステップを踏むとよい。

- 段取り時間は在庫のムダ発生の源流であることを全員に認識させる。
- 現状分析し，段取り時間を半減，さらにまた半減と繰り返し，改善のPDCA の管理サークルを実施する。
- 段取り時間半減の改善の定石を現場のみならず設計，技術部門にも体得させ，かつ改善活動に参加させる。これらにおいては，次の定石を念頭において進めていくとよい。

　定石①：内段取りと外段取りを区分する。

　定石②：内段取りを外段取りに転化する。

　定石③：芯出，調整，試作は排除する。

　定石④：共通化を図る。

　定石⑤：締め付け方法の改善。ここでは，ねじは使わない，ボトル外さないよう考える。

　段取り作業は，内容を分析すると，部品の取付け・取外し作業，調整作業に大別できる。このうち，調整作業は全般取り作業の多くの時間を占めている。

　たとえば，段取り替えで取り替えたワークの形状，精度は異なり，取付け位置も毎回変わる。位置決めの誤差は調整するのが当たり前として時間を費やし，スクラップを作りながら段取り作業をしている場合もあるので，不良の出ない設備作りのためにも，調整は"ゼロ"にするべきである。

　さらに，不良"ゼロ"の実現のためには，調整不要で一発良品を実現できるように段取り作業を改善しなければならない。それには，次のことを念頭において，部品の標準化と設備，治具の改善を行う。

- グループテクノロジー（GT）手法を取り入れた部品の標準化。
- 共通治具，共通工具と部品群の対応。
- プリセット方式（事前組立て，セットで交換する方式），ワンタッチ方式の徹底。
- 設備の精度保持のためのプロダクトメンテナンスの充実。

- 製品が変わっても段取り作業不要の新設備設計。

1.7　IEによる改善

　IEの要諦は改善をするところにある。ここで，一般的に改善の進め方を示しておく。

　企業力の強化は，生産性の向上，徹底したムダ，ムラ，ムリの排除にあるとの認識が重要である。改善は，図1.16に示すような基本手順に従って進める。

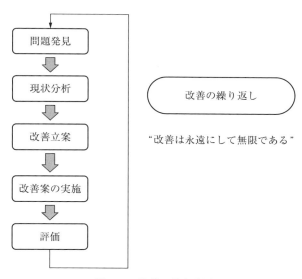

図1.16　改善の基本手順

1.7.1　問題発見

(1)　問題の本質を見極める

　問題を発見するために，問題の"本質は何か"を掘り下げる必要がある。そのためには，次のことを留意することが重要である。

①　固定観念で見ない

　立場を変えて見ることである。

第Ⅲ編　基本科学編

② 先入観で見ない

時の流れ，変化の可能性，そういうものを受け入れることである。

③ 正確さを期す

自分では正確に知っているつもりでいても，記憶の中に脱落や誇張が入り込んでくることが多くあるものである。感じ取って受け取るということから具体的な事実として受け取ることが，正確に理解するために必要である。

(2) 基準と照合する

注意深く現状を見つめても，それが問題なのかどうかということは，根拠になる基準があってはじめて認識できるものである。その基準がなかったり，あいまいであったりすると，問題の認識が，まったく個人の感覚に左右されるということになってしまう。形状，量，質など具体的に示すことのできるものは，それを，はっきりと示すことが大切である。心構えとか，態度とかは，具体的にどういうことなのかを示すことが必要である。

一般的な基準をあげると，次のようなものがある。

① **物的基準**

• 数量基準。

生産数量，重量，売上数量など，数または重さなどの単位で示されるもの。

• 外観・形状基準。

これは図で示されたり，仕上りの外観を実物で示したりされる。

• 質的基準。

引張り，ねじれ，硬度，たわみなどから，そのものの素性などを規格という形で示される。

② **時間的基準**

基準日程，納期，工数などから標準時間というものまで日，時，分，秒などで示される。

③ **金銭的基準**

標準原価だとか予算など金額によって示されるものがある。

④ **心的基準**

社是，社訓，就業規則などから，社風というものまで，思考・行動の基準に

740

第1章 IEの基本

なるものが示される。

1.7.2 現状分析

取り上げる問題点や問題の構造を整理・解明して，解決すべきことは何かを確定することである。そのためには，問題を引き起こしている原因を明らかにする必要がある。IE手法である，工程分析や時間分析などの各手法を駆使して現状を把握しなければならない。また，問題がなぜ起こるのかを，たとえば，なぜ，なぜを5回繰り返してその原因を探る"5ナゼ法"や特性要因図などをもとに問題構造を明確にしなければならない。

1.7.3 改善立案

改善対策を考えるときに，もっとより良いものを求めすぎてタイミングを失することがある。どの程度改良されたらよいとするのかをあらかじめ考えておかねばならない。one best way（唯一無二のもの）を追求してみたところで，簡単に結論が出るものではない。むしろ，several better ways（いくつかのより良い方法）を考えて，現在の環境条件のなかから最適のものを選ぶという態度も必要とされる。

与えられた条件の中で，最も重要なものは何かと判定しないと，机上の空論になる。机上の空論になることを防ぐためには5W1Hによって，ものを考えることが有効である。

　　What（なに）：主題，目的，対象物など。
　　Who（だれ）：だれに，だれが，だれとなど。
　　When（いつ）：いつ始めるか，いつ終るか，所要時間など。
　　Where（どこ）：場所，どこで，どこに，どこへなど。
　　How（どのように）：方法，どのように，どんな順序でなど。
　　Why（なぜ）：目的，理由，なぜ，どうしてなど。

さらに，Which（どれを）をという言葉を加えて，このように考えてみると，several better waysの考え方がはっきりしてくる。

また改善を進めるための考え方として，チェックリストを使ってみると効果的である。以下によく使われるオズボーンのチェックリストをあげておく。

741

第Ⅲ編　基本科学編

- ほかに使い道はないか
- ほかのもので代用できないか
- ほかの事象からアイデアを借りられないか
- 大きくしたら，
- 付け加えたら　・増やしたら
- 小さくしたら，
- 取り除いたら　・減らしたら
- 順序を入れ替えてみたら
- 逆にしたら
- 質を変えたら
- 組み合わせたら

また，改善の ECRS も活用するとよい。

E：Eliminate　排除

C：Combine　結合

R：Rearrange　交換

S：Simplify　簡素化

このほかに，異質の中に相似を見出す類似（analogy）の考え方も有効である。フラミンゴの首の動き，クチバシの働きから，パワーシャベルを考案するといった例は，その代表的なものである。類似を見出すとき，形態の類似，構造の類似，性質の類似，機能の類似などに目をつけると，そこから求めようとするもののヒントが得られることが多い。

1.7.4　改善案の実施

実施に当たって注意することは次の点である。

(1)　全員の理解と協力を求める

改善案としてよい案が出ても，すぐにそれを押し付けるのでなく，自分たちで考え出した，または，その案の作成に参画したという意識をもつように働きかけねばならない。そこから協力と積極性が生まれてくる。

(2)　起こりうる問題を予測する

新しい方法は，問題なくスムーズに実施されるとは限らない。その方法が，

第1章　IEの基本

しっかりと根を下ろすまでは，いろいろな問題が起こりうる。したがって，実施の前に，さまざまな問題を想定して，そのときの処置の仕方について考えておくだけの心くばりが必要である。

(3)　短期間に成果を急がない

改善案を実施すれば，新しい方法に慣れるまでの習熟の期間が必要である。かりに，1つの目的がうまく満たされ，その点だけからみると確かに効果があったといえるが，関連する周囲のいろいろな面に思いもよらない大きなシワ寄せがなされて，総合的にみると1つの効果よりも，それによって失われる周囲の結果の方がより大きな損失として残されることも起こり得る。したがって総合的に判断する姿勢をとることが重要である。実施に当たっての慎重な配慮が求められる。

(4)　実施計画を作成し，進捗管理をする

実施計画は，実施事項・スケジュールを検討・整理して，5W1Hの考え方に立って体制を作り上げる。誰が（who），何を（what），いつ（when），どこで（where），何故（why），どのように（How）についてまとめ上げるものである。さらに，実施計画を進めるには進捗管理を行う必要がある。事前に実行上の障害要因を十分検討していても，いざ計画を実行すると，思ったほど効果が上がらない，計画実行の時間が十分とれない，計画の実施方法がわからないといった，予期せぬ障害が次から次に発生する。進捗管理は，このような計画の実施状態，計画と実際とのズレを把握し，問題のある場合には，問題発生の背景，計画実施の実状や問題の原因を明らかにし，対応する計画修正をも含んだ活動となる。

1.7.5　評　　価

評価すべき主要な点は次の4項目である。

- 計画の達成度について
- 外部環境への対応について
- 社内各部門との連携について
- マネジメント・サイクルの回し方について

これらの評価をしたものをベースに，これまでの改善活動の良い点や反省点

第Ⅲ編　基本科学編

を「関係者みんなで話し合う」という場をもつことが必要である。この話し合いでの反省が，次の「実施計画の立案」に繋がって，P, D, C, A というマネジメント・サイクルが回るという状態になる。改善活動全体の振り返りが，どれだけ的確に，またタイムリーに行えるかどうかで，計画の目標達成力は大きく異なってくる。したがって，マネジメント・サイクルを回すうえでも評価・反省することは重要である。

〈参考文献〉

1) 池永謹一：現場の IE 手法，p.6，日科技連出版社，1971
2) 石原勝吉：現場の IE テキスト（上），日科技連出版社，1976
3) 石原勝吉：現場の IE テキスト（下），日科技連出版社，1976
4) 千住鎮雄他：作業研究，日本規格協会，1980
5) 川瀬武志：IE 問題の基礎，日刊工業新聞社，2007
6) 佐藤勝尚：オペレーション・マネジメントの方法，日科技連出版社，2008

佐藤　勝尚

2	VE/VA の基本

2.1 VE とは

VE（Value Engineering）とは，最小の「総コスト」で「必要な機能」を確実に達成するために，製品やサービスあるいは，設備・機械・治工具などの「機能分析（VA：value analysis）」に注ぐ「組織的な努力」のことをいう。すなわち，より具体的には次のことをいう。

- 総コスト：LIFE CYCLE COST

対象とするものの誕生から寿命が尽きるまでにかかるコスト。これには，開発・設計コスト，購買・製造コスト，販売・管理コスト，使用廃棄コストがある。

- 必要な機能：使用機能と魅力機能

$$仕様価値 + 魅力価値（V）= \frac{製品が果たした成果（F）}{総費用（COST）}$$

注：成果は期待効果に対して果たした，役立つ度合。

- 機能分析（VA）：目的・働き研究
- 組織的な努力：製品またはサービスに関わる全部門のチームワーク

また，公益社団法人日本 VE 協会では，VE を次のように説明している。「VE（Value Engineering）とは，製品やサービスの「価値」を，それが果たすべき「機能」とそのためにかける「コスト」との関係で把握し，システム化された手順によって「価値」の向上をはかる手法である」。すなわち，より

第Ⅲ編　基本科学編

具体的には次の意味を認識しておくことが必要である。このような VE は，1947 年米国 GE 社の L.D. マイルズによって開発され，1960 年頃わが国に導入された。当初は製造メーカーの資材部門に導入され，そのコスト低減の成果の大きさが注目された。その後，企画，開発，設計，製造，物流，事務，サービスなどへと適用範囲が広がるとともに，あらゆる業種で活用されるようになり，顧客満足の高い，価値ある新製品の開発，既存製品の改善，業務の改善，さらに小集団活動にも導入され，企業体質の強化と収益力の向上に役立っている。

2.1.1　VE の狙い

VE の狙いは価値の改善を果たすことにある。VE では，次の②を主として狙っており，①は VD（VALUE DESIGN）の分野としている。

$$① \quad ↑V=\frac{F↑}{C→} \quad \text{コスト一定，機能上昇}$$

$$② \quad ↑V=\frac{F→}{C↓} \quad \text{機能一定，コスト下げる}$$

2.1.2　VE で扱う価値概念

価値は相対的なものである。それを決める人の立場，場所，時間，動機などによって変化する。したがって顧客の求めている価値は何か，という立場に立って必要な機能とコストの関係を研究しなければならない。価値の種類をあげてみると次のような概念が存在する。

- 使用価値
- 働きや効能を果たすかどうかで決まる価値。
- 魅力価値：魅力をどの程度，評価するかによって決まる価値。
- 希少価値：手に入れることが困難なために生じる価値。
- コスト価値：コストとしてかかっている価値。
- 歴史的価値：歴史を経ることによって生じる価値。
- 交換価値：交換をすることにより生じる価値。

2.1.3　VE の範囲

VE の範囲は，購入資材費の低減，製品全体のコスト低減，製品開発段階の製品に限らず，組立作業や機械加工，梱包，運搬などの製造工程，設備・治工具など物（ハードウェア）を対象にするだけでなく，物以外（ソフトウェア）である仕様書，管理方法，事務手続き，など間接業務への適用も進められている。VE 活動はメーカーだけでなく，サービス業や建設業などでも導入され，企業の利益改善に効果を発揮している。コストの発生するものすべてが VE の対象となるのである。

2.1.4　VE を必要とする背景

VE を必要とする背景は，次のように示される。
- 顧客ニーズと改善

より良い品質，信頼性，保全性，安全性，操作性を適正な価格で提供するために常に改善が求められる。
- 技術革新と改善

技術は進歩するものであり，それに先立った改善が求められる。
- COST 競争の対応

コストは，常に見直さなければならない競争力の原点である。

2.2　VE の見方と考え方

2.2.1　VE による改善手法の特色

"物"の価値を上げるために不必要な機能を排除し，必要機能を損なうことなくより安い原価で実現することが改善成果となる。そのための VE のアプローチは，演繹的な方法をとる。

通常の改善手法は現状分析から発見した問題点を中心にして，その改善案を練り上げるという，いわば分析的なアプローチに対して，VE の場合は現状にかかわらず本来どうあるべきかを思考し，上位より下位へ展開し具体化を図ろ

うとするものである。

通常の改善対象を把える場合，その仕上げ・形状寸法・使用材質・精度・結合方法など製品属性，すなわち目に見えるまたは触れることのできる具体的なことを問題とするが，VEでは常にその機能上からの問題点に重きを置いて改善を行う。

顧客は製品を買っているようにみえるが，実際は形としての製品を買っているのではなく，その製品のもつ効用と満足を買っているのであると考える。

たとえば，機械式の目覚し時計を使っていた人がデジタル式の目覚し時計を新しく買ったとしよう。その人がデジタル式を選んだ理由は毎日毎日ねじを巻かなくてすむ，ボタンを押すだけで，時刻がセットできるならば，この人は機械式とかデジタル式とかの動力源を買っているのではなく，毎日の操作の煩わしさを少なくしたい，などの効用と満足を買っているのである。したがって顧客の要求する効用と満足を充たす機能がその製品に盛り込まれているかどうかを確認するためには，製品の機能を追求する必要がある。次に注目すべき点は，製品を設計する際に設計の重点が構造や機構に置かれ，即物的に特性・性能・条件を決める傾向にあるという点である。

たとえば，従来チェーンで行われていた動力伝達機構はいつまでもチェーンが中心でチェーン・スプロケット以外の組合せしか考えられない。これは製品を即物的にみることに原因がある。VEは，物事を即物的にみないで，物事が本来果たすべき目的である機能に着目して思考するところに特色がある。

2.2.2 機能とは何か

機能とは物・行為の前にあるもののことをいう。たとえば，次のように，目的と働きを明らかにしていくである。

第2章　VE/VA の基本

灰皿	目的：	灰と吸殻を周囲に散乱させない。
	働き：	灰と吸殻を貯える。
警報機	目的：	危険を知らせる。
	働き：	警報音を出す。

そのためには，正しい目的に基づいて，知識・経験を十分に活かした『手段』を見直すことが必要とされる。

2.2.3　機能的な物の見方

物には，次の 3 つの見方があるので，どのような視点から見るべきかを見極めることが必要である。

- 特性を問題とする見方
- 利用方法を問題とする見方
- 本来固有の役割を問題とする見方

2.2.4　機能の定義

機能を定義すれば，次のように示すことができる。

> 機能とはその対象（製品・部品など）のもつ役割および存在意義をいい，目的と働きの双方をいう。

目的：その対象とする製品や部品の存在理由，または使用目的をいう。
働き：活用目的を果す具体的な方法の抽象化をいう。

2.3　VE による改善

2.3.1　VE の 7 つの JOB PLAN

VE により効率的に改善を図るために，表2.1に示した 7 つの重要な基本要素（JOB PLAN という）に従って具体的な作業を進める（この要素群はお互いに深く関連している）。なお，公益社団法人日本 VE 協会では，（1）対象の選定（2）対象品に対する機能の定義（3）機能の評価（4）アイデアの発想

第Ⅲ編　基本科学編

表 2.1 JOB PLAN

JOB PLAN	JOB PLAN の概要
1. 対象の選定	投入努力と得られる効果のバランスを考えて，改善すべき対象を選定する。 目標，方針の確認および制約条件，前提条件を明確にする。
2. 情報の収集	VE 活動に役立つ『目的情報』をタイムリーに収集する。 問題点の調査，改善案に必要な情報，評価のため。
3. 機能設計	その製品に必要な機能を明確にし，その関連を系統的に把握する。さらに，現状がどう機能しているかを明確にする。 一機能系統図／機能構造図
4. 改善案の作成	機能を確実に果たす有効な改善案を作り出す。 　　アイデアの発想 　　アイデアの体系化 　　アイデアの具体化
5. 改善案のコスト評価	改善案の経済性・実現性を確認し，最も経済的な案を見出していく。
6. テストと証明	改善案が実際に製造販売することが可能かを試作・実験し，確認する。
7. 提案とフォローアップ	改善案を確実に実行に移すとともに，実施後のフォローアップを行う。

(5) アイデアの具体化 (6) 提案 (7) 実施，の 7 ステップを基本としてあげている。

2.3.2　VE の組織的な進め方

VE による改善活動はチーム活動で行うのがよい。チームとして VE 活動の推進の要領は次のとおりである。

(1)　チーム編成の要領

メンバー数：5〜8 名

リーダー：1 名（製品責任者）

メンバー：各職場から選出

(2)　リーダーとメンバーの選出基準

〈リーダー〉

• メンバーをまとめる指導力があること。

• 与えられた課題に対する熱意・実行力・責任感があること。

第 2 章　VE/VA の基本

- 仕事内容について精通し，全体的な判断ができること。
- 渉外力と説得力をもっていること。

〈メンバー〉

- 前向きで積極的に改善活動に取り組むことができること。
- 専門知識・技能をもっていること。
- 他のメンバーとの協調性をもっていること。
- 物事を公正に判断できること。
- 仕事に対しての熱意と実行力，責任感があること。

(3)　推進上の留意点

以下の点を認識し留意することが必要である。

- 基本ステップを確実に踏む。
- 機能中心の考え方をする。
- 必要情報を徹底的に収集し，活用する。
- 優れた独創力を発揮する。
- 達成目標を明確にする。
- 組織的活動であること。

VE はあくまで価値向上のための活動であるから，成果はチームメンバーを含め社内・社外の保有技術の結集によって，生み出されるものであることを念頭に置いて活動をすることが重要である。

2.3.3　VE の進め方

(1)　対象の選定

良い対象を選ぶことが活動を成功させる大事な鍵である。

a.　改善効果の大きい対象を選ぶ

① 原価率が高く利益が少ないもの。
② 十分な設計検討を行う余裕のなかったもの。
③ 過去にあまり改善のメスを入れたことのないもの。
④ 製造が開始されて，相当期間が経過しているもの。
⑤ 生産量の多いもの。
⑥ ライフサイクルの立ち上がり時期のもの。

第Ⅲ編　基本科学編

⑦　競合の多いもの。

⑧　他に比べて原価が高いと思われるもの。

b．**投入努力が少なくてすむもの**

①　期間が少なくてすみそうなもの。

②　情報収集・試作テストなどに関する費用が少なくてすむもの。

③　市場調査・マーケット調査の費用ができるだけ少ないもの。

④　判断するためのモノサシが入手しやすいもの。

c．**制約の少ない対象を選ぶ**

①　法律・条例・特許などの制約の少ないもの。

②　経営方針・営業方針・製造方針などの企業内の制約が少ないもの。

③　実現するための時間が期間内で収まる必要がある。

(2)　情報収集

a．**VE のための情報収集**

各ジョブプランにおいて，改善のために情報収集する場合に考慮しなければならない点は次のとおりである。

①　必要な情報が何であるかを明確にする。

その情報を集めることによって1）何をするのか，2）その結果何が決まるのかを十分に考慮して集めること。

このための情報を“目的情報”と呼んで，一般情報と区別する。

②　どの程度まで集めればよいかを知る。

情報活用目的に従って収集する。

③　情報源を見つける。

情報の 92％は途中で加工されており，脚色されていることが多いので，情報源がどこなのか，どう加工されているのかを見極めることが大切である。

④　事実と意見（推測）を分ける。

他人の意見や勝手な推測を事実と誤認したり，いかにも事実らしく扱おうとする場合が多い。事実と推測とは混同させないことが大切である。

b．**VE で集める情報**

・顧客の要求する機能と特性についての情報。

・設計企業側やメーカー側で折り込みたい機能と特性についての情報。

第2章　VE/VAの基本

表2.2　情報の収集

分野	何を知りたいか	いつまでに	どの程度集めればよいか	誰が担当するか	備考
機能設計のために	当社にない他社の機能	8/30まで			
設計情報	現状の機能と設計仕様の機能				

- 社会的に遵守しなければならない事項に関する情報。

たとえば，情報を収集しその情報を表2.2のように整理するとよい。

(3)　機能設計

a．機能を明確にする目的（図2.1）

① 機械を現状の姿形として捉えるのではなく，機能的に，目的的に捉えることにより，原点に遡って考えるため。
② 機能的な表現をすることによってアイデアを出しやすくするため。
③ 現状を対比することで無用機能・過剰機能・追加機能をつかむため。

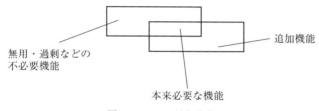

図2.1　VEの対象機能

b．機能の表現の仕方

① 抽象化表現を用いる機能の表現は，アイデアを出しやすくするために常に抽象化した表を用いる。したがって即物的な表現や方法論的な表現はしない。

たとえば「ボルトで取り付ける」と表現してしまうと，ボルトという具体的なイメージが固定してしまって，溶接したり接着したりというアイデアが浮かばなくなる。

このような場合は単に「固定する」と表現した方がよい。たとえば「社名を表示する」という機能表現にすると，社名を印刷しよう，シールを貼ったら，

第Ⅲ編　基本科学編

刻印では，という具合にいろいろアイデアが出てくる。例をあげれば，次のような機能表現にするとよい。

　（例）

　　スイッチを切る　　　　⟶　　電流を断つ

　　バルブを開閉する　　　⟶　　流量を調節する

　　メッキをする　　　　　⟶　　外観を美しくする

　　梱包する　　　　　　　⟶　　商品を保護，または外力より商品を守る

　　安全カバーをつける　⟶　　危険を防止する

②　名詞と動詞で表現する

機能の表現は，"〜を〜する"というように。名詞と動詞で表現をする。

　　〜を〜する：回転力を伝える

　　〜に〜する：振動に耐える

　　〜が〜する：回転力が変わる

名詞は固有名詞を避け，一般名詞を用いる。

　（例）　ボンネットを支える：カバーを支える。

c．機能の種類

機能は，次のような方式具体化機能，魅力機能，補足機能がある。

　　顧客要求から　　　　┬──　効用を果たすもの：方式具体化機能

　　　　　　　　　　　　└──　精神的満足を満たすもの：魅力機能

　　メーカー側の条件───　メーカーの生産上の都合：補足機能

　　社会的見地から　────　社会的・道徳的要求を：補足機能満たすもの。

［魅力機能の例］

　　•より操作しやすくしているもの

　　　ハンドルの太さ　────　握りやすい，滑らない。

　　　　　　　　　　　　┌──　メッキする

　　•見栄えがよい　───┼──　塗装する

　　　　　　　　　　　　└──　光沢を出す

d．機能系統図展開の進め方

　機能設計においては，改善対象のすべての機能間のつながりを明確にし，設計仕様から末端の機能に至るまでの機能のつながりを展開していく。このため

第2章 VE/VAの基本

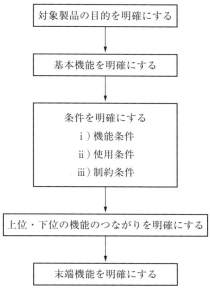

図 2.2　機能系統図の作成手順

に機能系統図を作成するとよい。

① 機能系統図の狙い

機能系統図の狙いは次のとおりである。
- 本来の目的，基本機能を明らかにする。
- 基本機能から下位機能に展開することで機能分野を明確にする。
- 末端機能を明確にする。

② 機能系統図の作成の手順

図 2.2 に示した手順で作成する。

具体的には，以下の手順を踏むことが必要である。

① その VE 対象製品の目的は何かを明らかにする。
② 基本機能を明確にする。
③ 条件を明確にする

その VE 対象の目的を果たすために次の3つの条件を明確にする。

755

第Ⅲ編　基本科学編

ⅰ）　機能条件

機能は抽象的で質的・量的には表現されていない。

質的・量的条件によって必要機能が変わる。

　　＊能力・性能など。

　　＊大きさ・容量・範囲・重量など寸法形状など。

　　＊時間的なもの…使用寿命・使用頻度など。

ⅱ）　使用条件

製品が使用されている外的環境状況を設定する。たとえば，

　　＊海岸に近いところで使う。

　　＊工場などの BGM に使う。

ⅲ）　制約条件

製品を設計するに当たって企業内部・外部から求められる各種制約条件。

　　＊企業の方針，製品化方針，投資額，原価など

　　＊法律，条例

　　＊社会的制約

　　＊顧客の指定・要求

これら条件をつかむために，次のことを考慮する。

　　＊企業の方針，規定，企画，関連法規などから条件を取り出す。

　　＊条件を定量化する。

　　＊条件を上述のⅰ），ⅱ），ⅲ）の 3 つの分野に区分する。

④　機能を展開する（上位・下位の機能の繋がりを明確にする）。

　基本機能より機能分野を明確にしつつ，上位から下位へ機能を展開する。たとえば，ガスライターの例で機能展開を示すと図 2.3 のようになる。この例で示すように製品を作るための部品の VE では，基本機能，補足機能を追求することが重要である。基本機能は，その製品に絶対に必要な機能である。もし，その機能をなくしてしまうと，製品としての存在がなくなるものをいう。また，補足機能は基本機能を満足させるための機能である。さらに，「外観を美しくする」とか「もっと格好のよいものにする」という働きを，魅力付加機能という。VE では，顧客満足を得るために，これらの機能を満足させながら，かつ最低コストで実現させることを検討しなければならない。

756

第2章　VE/VAの基本

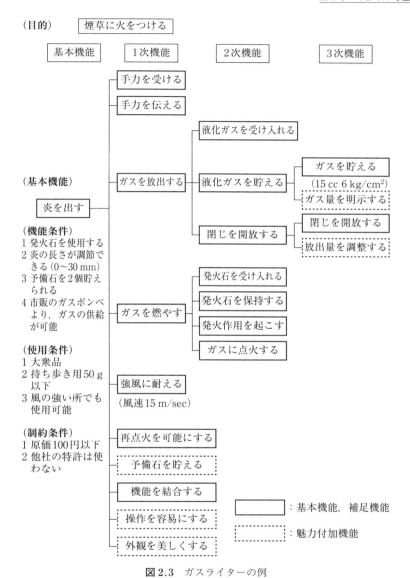

図2.3　ガスライターの例

⑤　展開上の留意点

次のことを留意しながら進めることが必要である。

第Ⅲ編　基本科学編

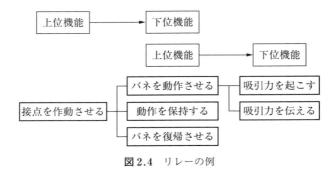

図 2.4　リレーの例

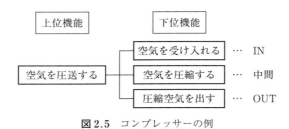

図 2.5　コンプレッサーの例

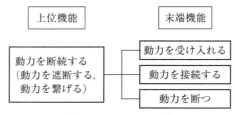

図 2.6　クラッチの例

i)　上位機能と下位機能との関係は 目的 と 働き の関係にある。
　　例として，リレーのマグネットを取り上げると，目的と働きの連鎖としてつながっている（図 2.4）。

ii)　機構製品の機能は IN，中間，OUT の機能をもち，これらは同位置の機能として扱う。たとえば，図 2.5 に示すとおりである。

iii)　上位の機能は 2 つの機能を表現してもよいが，末端機能は必ず 1 つの

機能は1つの表現とする。たとえば，図2.6に示すようにする。

iv) 製品に含まれる"〜を防ぐ"(水もれ，油もれ，サビなど) の機能は条件からくる機能である場合が多く，設計変更によってなくすことのできる機能である。

v) その機能を一度否定してみよ。それでも基本機能が果たせるのなら，それは必要機能ではない。

e．**機能評価**

機能の価値を決めることを機能評価という。この評価によりより具体的に改善機能の対象と目標を決めていくとこになる。機能価値は，価値（V）＝機能（F）/コスト（C）より価値があるのか，ないのか，価値があるなら高いか，低いかを基準にして，"あるべきコスト"を決めていくことになる。機能価値の評価方法の代表的なものは，①何人かの人が集まり，競り市のように妥当なコストを決める方法である"競り市法"②その機能を果たす最少のコストのものを，世の中から見つけ出す，"カタログ法"③"ブレーンストーミング"などの手法があり，それら手法を用いて本来あるべきコストを探っていくことになる。

(4) **改善案の作成**

機能を確実に果たす有効な改善案を作り出す。さまざまなアイデア創出手法を駆使し，アイデアのツリー構造の機能体系図を作成する（図2.7）。

さらに，その体系図を，具体的な品名として整理する。たとえば表2.3のガスライターの例でいえば，機能としての"火花を出す。ヤスリの摩擦を受ける"はそれの具体物である"発火石"となる。

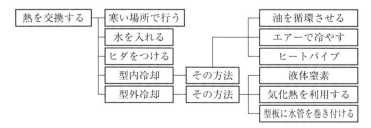

図 2.7 アイデア機能体系図の例
出典：文献1) http://www.hj.sanno.ac.jp/cp/page/13346

第Ⅲ編　基本科学編

表 2.3　コスト評価（ガスライターの例）

NO.	品名 （コスト）	機　能　分　類		機　能		コスト 達成水準	配分係数	コスト
		名詞	動詞	基本	2次			
2-1	支柱 （¥7.*)	発火石を	案内する	○			0.39	2.73
		発火石を	保持する		○		0.16	1.12
		ばね A を	保持する		○		0.10	0.70
		ヤスリ軸を	支持する	○			0.21	1.47
		ヤスリの方向を	決める		○		0.07	0.49
		開閉レバーを	位置決めする		○		0.07	0.49
2-2	ヤスリ （¥8.）	発火石に摩擦を	与える	○			0.70	5.60
		指の摩擦を	受ける		○		0.30	2.40
2-3	ヤスリ軸 （¥1.-）	ヤスリに回転を	与える	○			0.70	5.60
		ヤスリの中心を	支持する		○		0.40	0.40
2-4	発火石 （¥5.）	火花を	出す	○			0.90	4.50
		ヤスリの摩擦を	受ける		○		0.10	0.50
2-5	ばね A （¥2.）	ヤスリに発火石を	押しつける	○			0.60	1.20
		発火石に力を	加える		○		0.40	0.80
3	ノズルアセンブリ （¥3.*)	炎を	出す	○			0.40	1.20
		ガスを	噴出する		○		0.10	0.30
		炎を	止める	○			0.40	1.20
		ガスを	止める	○			0.10	0.30
3-1	ノズル （¥6.）	ガスを	噴出する	○			0.50	3.00
		ガスを	案内する		○		0.30	1.80
		開閉レバーの力を	受ける		○		0.10	0.60
		ガス調節レバーを	ガイドする		○		0.08	0.48
9-2	ハトメ （¥2.）	炎からカバーを	保護する	○			1.00	2.00
10	ラベル （¥1.）	使用上の注意を	促す	○			0.40	0.40
		使用上の注意を	明示する		○		0.20	0.20
		使用ガスを	明示する		○		0.20	0.20
		検査済を	表示する		○		0.20	0.20

＊：そのアセンブリを組み立てるのに必要なコスト（一般に加工費，組立費など材料費以外のコストを意味する）

(5)　改善案のコスト評価

　改善案のコスト評価は，改善案の経済性，実現性を確認し，最も経済的な案を見出していく。表2.3に示すように，各機能に対してコストの配分を評価・検討し最終的なコストを決めていく。

(6)　テストと証明

　改善案が実際に製造され販売されるときに問題がないか，試作品を作り検証しなければならない。使用条件や使用における環境条件を考慮して耐久性，信頼性，品質上などの問題を明確にしておくことが必要である。テスト結果は，報告書としてまとめ，整理しておかなければならない。

第2章　VE/VA の基本

(7)　提案とフォローアップ

最後に改善案を提案書としてまとめ上げる。VE の予想効果，提案に伴うさまざまなコストや今後の計画日程など必要事項をまとめる。さらに，提案実施後のフォローアップを行う。

〈参考文献〉

1)　産業能率大学総合研究所（67. アイデア体系図）　http：//www.hj.sanno.ac.jp/cp/page/13346

2)　田中雅康：VE，マネジメント社，1985

3)　二見良治：VE の技法，日刊工業新聞社，1981

4)　石原勝吉：現場の VE テキスト，日科技連出版社，1977

5)　八代弘他：よくわかる VA/VE の本，日刊工業新聞，2011

6)　土屋裕：はじめての VE，日本バリュー・エンジニアリング協会，2010

佐藤　勝尚

3	**TQC の基本**

3.1 TQC とは

3.1.1 品質管理（TQC：Total Quality Control）の生まれるまで（歴史）

統計的品質管理（Statistical Quality Control：SQC）は，米国のベル電話研究所のシューハート博士の創案した管理図の工業への応用という形で，1930年代より米国において行われた。これが各産業に本格的に適用され出したのは，第2次世界大戦が契機といわれている。米国における戦時生産は，統計的品質管理を導入したことによって，量的にも，質的にも，経済的にも満足な状態で続けられ，この結果，技術の進歩も著しく非常な効果をあげた。第2次世界大戦の勝利は，統計学の活用による品質管理によってなされたといわれるくらいであった。

3.1.2 わが国の品質管理

第2次世界大戦は日本をほとんど壊滅状態に落ち込んだ。こういうところに米軍が上陸してきたわけであるが，上陸してきた米軍にとって困ったことの1つに，電話通信に故障が多く，電話が通信の用をなさなかった。通信機器設備に品質不良，品質のバラツキの大きいことを痛感した米軍は，日本の電気通信工業界に対し新しい品質管理の採用を勧告するとともに，その指導を始めた。これが日本における統計的品質管理の始まりである。

第Ⅲ編　基本科学編

　国家規格制度が整備されたのは 1946 年 5 月のことである。1945 年に日本規格協会が，1946 年に日本科学技術連盟が設立され，品質管理の研究と啓蒙普及に乗り出した。1949 年には工業標準化法が施工され，1950 年に JIS 表示制度が発足した。1950 年日本の QC の生みの親といえるデミング博士が来日し，SQC の必要性を日本産業界に根づかせた。さらに 1954 年には育ての親ともいえるジュラン博士が来日，経営管理の面からみた QC を説き，企業にとって QC の重要性を認識させた。製造業を中心に米国で発展した QC 活動は，両博士の講演を契機として，日本科学技術連盟が推進母体となりわが国において順調に発展した。日本の QC 活動は，自動車，弱電，鉄鋼，機械などわが国の基幹産業の国際競争力を高めたひとつの大きな原動力となったと評価されている。

3.1.3　日本的 TQC

　TQC（Total Quality Control）という言葉を最初に使ったのは米国のファイゲンバウム博士（当時ゼネラル・エレクトリック社品質管理部長）である。米国品質管理協会誌の 1957 年 5 月号に論文を発表した。彼はその後，Total Quality Control（邦訳「総合的品質管理」）を出版している（1961 年）。ファイゲンバウムは「TQC とは，消費者を完全に満足させるということを考慮して，最も経済的な水準で生産し，サービスできるよう，組織内の各グループが，品質の開発，維持，改良の努力を総合するための効果的なシステムである」といっている。

　このように製造時点での SQC からさらに発展させ，製品の品質を確保するためには，単に生産部門だけでなく，企画，設計の段階から検査，サービスの段階までの多くの機能が積み重ねられて初めて可能となることを指摘した。そうして，QC を生産管理の一手法から経営の手法に拡大する役割を果たした。ファイゲンバウム博士の TQC は品質管理の専門家を全社に配置するという形で欧米の企業に定着した。日本の場合は，社長以下全部門全員がそれぞれの役割分担の下にこれに参画し，全社をあげた TQC である。

　このように日本の TQC を欧米の TQC と区別する意味で，特に日本的 TQC を全社的品質管理（Company-Wide-Quality-Control：CWQC）と呼んだ。ま

た，近年においてはTQCを推進する（財）日本科学技術連盟の呼称変更宣言により，TQCをTQM（Total Quality Management）と呼ぶようになった。このTQMは，製品の品質，サービス業務の質，経営の質など品質の向上を追求する「品質管理」の方法と定義されている。

3.1.4 品質保証

図3.1に示すようにQCの真髄は中心の輪である狭義の品質保証であり，新製品開発のQCをうまく行うことである。良い品質とは何か，良いサービスとは何かがよくわかってくると，広義の質，たとえば良い販売とは，良い事務とは，などを管理しようという考え方，やり方の2段目の輪，仕事の質管理になってくる。さらに広義になると，3段目の輪，すなわちすべての仕事の管理をうまく行うPDCAを全社的に，部門別，機能別に，あるいは各個人が，上手に回して，再発防止を行っていくことに

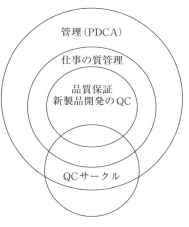

図3.1　QCの輪

なる。また，QCサークル活動は，これら3つの輪と関わって全社的品質管理活動の一環としての永続的な活動として，トップ・部課長・スタッフが一体となって推進することになる。

品質保証は，JIS Z 8101の品質保証（QA：Quality Assurance）によれば「消費者の要求する品質が十分に満たされていることを保証するために，生産者が行う体系的活動」としている。この市場の品質を保証する品質保証は，製造の品質を保証する狭義の品質管理と使用の信頼性を確保・向上するための信頼性管理が必要とされる。

信頼性（reliability）とは，JIS Z 8115によれば「アイテムが与えられた条件で規定の期間中，要求された機能を果たすことができる性質」。ここでアイテムとは「信頼性の対象となるシステム（系），サブシステム，機器，装置，構成品，部品，素子，要素などの総称またはいずれか」のことをいい，信頼性

第Ⅲ編　基本科学編

管理は，企画品質，設計品質，製造品質，市場品質の各段階の信頼性管理活動によってなされ，これによって信頼性を向上することが可能となる。また，TQC活動により，市場情報収集，企画，開発・設計，生産準備，生産，販売・販売後・使用後，外注・購買という生産活動の各段階において品質保証体制を作り上げることにより，各部門の責任・部門間のインタフェース・情報のフィードバックが行われ，品質面での「市場の品質を保証する」ことができる。

　このような品質管理と信頼性管理を確実に行うことが市場に対する企業の責任を果たすことにつながる。すなわち「設計，製造もしくは表示に欠陥がある製品を使用した者，または第3者がその欠陥のために受けた損害に対して，製造業者や販売業者が負うべき賠償責任」という製造物責任（PL：Product Liability）を果たすことになる。企業では，製造物責任を果たすためにとる予防・対策として次の3つを行わなくてはならない。① 製造物責任予防（PLP：Product Liability Prevention） ② 製造物責任防御（PLD：Product Liability Defense） ③ 製品安全（PS：Product Safety）である。このような品質保証を含んだ，顧客満足の向上を目指すための規格として ISO 9000 シリーズが存在し，これにより評価・監査される。

3.2　TQC の基本的な考え方

3.2.1　消費者指向：生産者指向でなく，相手の立場を考える

　消費者指向とは，お客様が欲する，喜んで買ってくれる製品を作っていこうという意味である。1949年に品質管理を始めて以来，明確に示されていることで，これを QC では実行してきた。消費者指向の考え方をさらに進めていくと，常に相手の立場に立ってものを考えよということになる。相手の意見をよく聞き，立場を考えて行動することが必要である。反対に「作れば売れる」的発想から，企業の内部だけに目を向ける考え方を生産指向という。お客様の立場に立って考え行動する消費者指向の考え方を全社員が正しく理解し，徹底しなければならない。

766

第3章　TQCの基本

3.2.2　次工程はお客様：セクショナリズムを打ち破る

　また消費者指向の考え方は，社外のお客様はもちろんのこと，企業内の個々の仕事にも適用される。企画，業務，生産，管理，技術すべての部門がおのおのの自部門のことだけを考え仕事をしていると，「自分本位」「自部門本位」すなわちセクショナリズムに落ち入り，他部門の要望等には耳を貸さなくなる。そして部門間の風通しが悪くなり，結果は良い質の仕事は望めない。われわれが仕事を進めるとき，次工程の仕事がやりやすいように，次工程の要望を満足させるようにすることが大切である。TQCではこのことを「次工程はお客様」という。つまり，次工程はお客様と考えて，全力を尽くして，パーフェクトなもの（自分の仕事の結果）を，お客様である次工程に渡すことが大切である。次工程はすべて「お客様」という考え方で仕事をすれば，工程がスムーズに進み，手直し，手待ちがなくなり，コストダウンが図れ品質も良くなる。なお，次工程の人たちは，ただ前工程から結果を受けるだけでなく，積極的に自分たちの要求内容をわかりやすい形で，前工程の人たちに要求することも大切である。

3.2.3　すべての仕事に品質がある：仕事の質の管理

　「品質」という言葉は生産品に関してのみ使われる言葉であり，「品質管理は現場のみが行えばよい」と思われがちであるがこれは間違いである。
TQCでは各自の仕事のあり方を「自分本位」「自部門本位」から「次工程の要求本位」に変え，それらの仕事の良い悪いの尺度を「次工程の要求に対する適合度」と考え，これを「品質」であると考える。
　このようにTQCの考え方や，やり方はすべての仕事に適用されるため，品質管理というよりは「仕事の質の管理」と考えるのである。

3.2.4　「狙いの品質」と「できばえの品質」

　品質は，仕様書が顧客の要望を反映したものでないならば現場でいくら指図書どおり作業しても，顧客の満足を得ることはできない。また指図書が顧客の要望を反映したものであっても現場でそのとおり製造しなかったら所期の目標

第Ⅲ編　基本科学編

を達成することは不可能である。このように品質を考える場合,「仕様」と「製造」の2つの段階があることがわかる。前者を「仕様の品質（狙いの品質）」といい,顧客の要望を反映した仕様書に盛り込んだもので,顧客の要望に対する合致性が問題となる。また後者を「製造の品質（できばえの品質）」といい,仕様書に対する適合度が問題となる。そして「すべての仕事に品質がある」ように「狙いの品質」と「できばえの品質」は,すべての仕事に関わっていることになる。

3.2.5　QC 的な仕事の進め方

(1)　品質は工程で造り込む

「不良対策をやれば QC をやっていることになる」とか,「標準化をやっていれば QC をやっていることになる」などを考えるのは間違いである。

　不良対策ならば,不良の真の原因を追求して根本的原因にまで遡ってその再発防止を行うという,いい換えれば「不良対策をいかに QC 的に行うか」が重要である。これは不良対策のやり方,進め方をいかに変えていくかということである。TQC で大切なのは標準化とその進め方である。

　工程というのは多くの場合「製造工程」を意味するが,QC では「材料,機械・設備,作業者,作業方法」などにより,製品を作り出すプロセス（仕事の進め方）のことを意味している。つまり,品質が良いのはその工程全体が良い状態にあるためであり,品質が悪いのはその工程のどこかが悪い状態にあると考える。悪い状態を発生させないように計画を立て,それに沿って実施し,結果を検討し,結果をみて悪ければ処置をとることが必要である。このような仕事の進め方を「品質は工程で造り込まれる」という。この考え方は単に製造部門だけでなく,営業部門,事務部門の仕事にも適用できるわけである。このようにして企業全般の仕事の質を高めていくことが大切である。

(2)　QC は「タテマエ」より「ホンネ」から

　QC は「ホンネ」から,つまり実態の悪さから入らなければならない。まず自分の職場の実態を観て,その悪さ加減から問題意識をもつことが必要である。問題意識をもってニーズを明らかにして,TQC を進めることが必要である。この動機づけのために,悪さ加減から切り込むことが重要である。

768

第3章　TQCの基本

(3)　データ・事実でものをいう

　QCでは因果関係を重要な手がかりとして不良をなくし，問題を解決していくことである。この場合，原因であれ，結果であれ，事実を正しく，またより細かくつかむことである。事実に基づいていなくてはせっかくの対策も期待する効果を上げることができない。事実を正しくつかむためには，その事実をデータで示せということである。しかし，ただやみくもにデータをとったのでは，正しい判断ができないばかりか大きな時間の浪費になってしまう。絞り込んだ問題点に対する原因を追求するためのデータをとり検討すれば，正しい判断につながる。データをもって判断し，問題の解決を図っていくことを，QCでは「データ・事実でものをいう」と呼んでいる。またいろいろある問題を「問題を絞り込む」とか「重点指向」といって重要な問題を優先的に解決していくことが必要である。このための手法が「パレートの法則」と呼ばれるもので，不良やロス等を原因別や現象別にデータをとってみると項目はたくさんあっても，通常その20%（2～3項目）の項目で，全体の問題の80%程度を占めてしまうことが多いといわれている。したがって改善等行う場合は大きなウェイトを占めているこの2～3項目を重点的につぶしていけば，大きな効果が得られることになる。

(4)　管理のサークルを回す（PDCAを回す）

　日常仕事を進めていくうえで，まず計画を立て，実施し，そして結果が悪い場合には反省して次の仕事に生かすことが必要である。このためには，発生する問題点の再発を防止し，仕事を効率よく進めるために，次の4つのステップを確実に踏んで管理していかなければならない。

① 　仕事する前にまずしっかりした計画を立てる　（PLAN）

② 　計画に基づいてそのとおり実行する　（DO）

③ 　その結果が計画どおりいったかどうか確かめる　（CHECK）

④ 　その結果が計画どおりでなければ再び同じことが起こらないように，その原因を確かめて計画を修正する　（ACT）

　これを図3.2のように表し「管理のサークル」と呼び，その手順を踏んでいくことを「管理のサークルを回す」または「PDCAを回す」と呼んでいる。

　PDCAをうまく回すために特に注意しなければならないのは次の点である。

769

① Pの段階で、仕事の目的、目標を明確にする。

そのためには、目標はなるべく数字で表されていること、さらにその達成のための具体的方法を明記すること。

② Dの段階では、仕事のやり方を全員に周知徹底させるための教育訓練（OJTなど）をすること。

③ Cの段階では、Dの結果とPで決めた目的、目標との比較をする。この段階で評価の基準を数字で表している場合、データをとって事実でものをいうように訓練すること。数字で表されていない場合でも項目別に5段階方式等により評価し、客観的に判別できるようにすること。

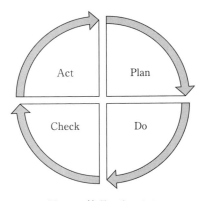

図3.2　管理のサークル

④ Aの段階ではPで決めた「目的・目標」と「方法」の見直しで、Cの段階の結果が悪ければ直ちにその真の原因を追求し、再発防止のために、処置をとる。発見された「原因」は対策可能なまでにつめる。

特にAの段階─処置を次の計画に反映させていくことが大切であり、1サークル回るごとに軌道が修正され、正しい方向に向かっていくようにする。

このPDCAを回すために、最初P（プラン）の段階から入るのでなく、C（チェック）の段階から入ることが大切である。まずC（チェック）、A（アクト）から入り、反省が終わった後でP（プラン）に入ってサークルを回すのがよい。つまり、最初はCAPDCAから入るのがよい回し方である。いきなりプランに入るのと、これまでの反省をしてからプランに入るのとでは、P（プラン）のレベルがまったく異なってくるのである。まずC（チェック）して悪さ加減を出してから、処置、改善し、計画にフィードバック（反映）させることが重要である。フィードバックの仕方は、チェック、アクトのデータを基にして、P（計画）を立案していくことである。

3.3 問題解決の基本

QCは，個々の職場で発生するあるいは抱えている品質問題（仕事の質の問題）を，個人があるいはその職場のグループ（QCサークルという）が適確に解決することにある。

3.3.1 問題とは何か

問題とは，目的・目標とのギャップのことをいう（図3.3）。つまり各職場での作業には目的・目標がある，これらが満足されないときこの目的・目標と現状（たとえば実績）との差を問題という。たとえば，作業上におけるミスや不良品の発生等はゼロであることが求められるので，これらは問題とされる。

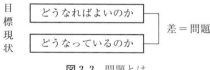

図3.3 問題とは

3.3.2 問題のタイプ

問題は，大きく発生型の問題と設定型の問題に大別できる。発生型の問題は，さらにトラブル問題と未達問題に分類される。

(1) 発生型の問題

a．トラブル問題（図3.4）

目標から現状が外れている問題。

- 望ましい解決 ＝ 短時間で復帰させる
- 望ましくない解決 ＝ 基準を下げること

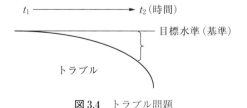

図3.4 トラブル問題

b. 未達問題（図3.5）

目標水準に現状が達していない問題。

- 望ましい解決 = 努力して達成する
- 望ましくない達成 = 基準を下げること

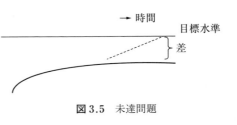

図3.5 未達問題

(2) 設定型の問題（図3.6）

新しく設定された目的・目標と現状（たとえば、これまでの目標水準）との差を問題とする。

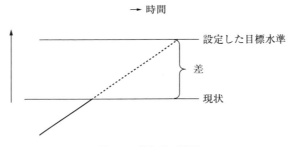

図3.6 設定型の問題

3.3.3 問題解決とは

問題解決とは、目標と現状との差（ギャップ）をなくすことである。問題解決のおける問題点とは、対策をとりうる原因のことをいい、問題には原因があり解決が可能であると考えることである。

〈問題解決のステップ（QC ストーリー）〉

問題解決を行う場合、その進め方は表3.1に示すように基本の7つのステップ（QC ストーリーと呼ばれる）があり、おのおののステップで使用する有効な QC7つ道具（後述）が用意されている。このステップに従って進めると効率よく改善を行うことができる。

第1ステップ：取り上げる問題点を決定する。

問題のとらえ方には2つの方法がある。すなわち、1つは「あるべき姿を追

第3章　TQCの基本

表3.1　問題解決の7つのステップ（QCストーリー）

ステップ		パレート図	特性要因図	ヒストグラム	チェックシート	グラフ管理図	散布図	層別
第1ステップ	取り上げる問題点を決定する	○						○
第2ステップ	現状を把握する	○		○	○	○	○	○
第3ステップ	問題点の解析をする		○	○				○
第4ステップ	対策を立て実行する		○					○
第5ステップ	効果を確認する	○		○		○		○
第6ステップ	歯止めをかけて(標準化)管理する	○			○	○		○
第7ステップ	残された問題点を整理する							○

求する」やり方である。この方法はある目的・目標を定め，現状との差をとら
え，その対策を講じていくやり方である。

　もう1つは「悪さ加減（問題点）たとえば不良，ミスなど」を徹底的に追求
し，その原因を解明して対策を講じていくやり方である。この場合はなぜその
ような結果になったかを事実（データ）を基づいて進めていくやり方である。
「QCストーリー」は後者の「悪さ加減追求型」を基本としている。

　誰しも，自分の仕事のやり方が最善で，正しいと思っていないだろうか。こ
のような考え方だと，悪いのは自分でなく相手が悪いと考えがちになる。自分
の仕事のやり方を肯定して「うまくいかないのは相手が悪い」とする考え方か
らは問題は出てこない。次工程から何を要求されているか，次工程が迷惑して
いる項目は何かなど，問題を見つけるには，相手に話しを聞くことから始める
とよい。また，問題には「顕在している問題」と「潜在している問題」があ
る。「顕在している問題」は悪さがそのまま現れており，見逃すことは少ない
が，「潜在している問題」はふだん当り前のことだと思っているようなところ
に存在しているので，なかなか発見されず見逃してしまうことが多い。

　この「潜在している問題」を明らかにしなければ，真に良い品質は望めな
い。こういった当り前だと思っていることや，仕方がないと諦めていることな
どに目を向けて，それらの悪さを発見することが必要である。

第2ステップ：現状を把握する。

　第1ステップで絞り込まれた問題点について，その現状はどうなっているか
を調査し，悪さの実態を把握する。現状を把握するためには，パレート図やチ
ェックシート等により，どこがどれだけ悪いかを明らかにする必要がある。特

773

第Ⅲ編　基本科学編

に数字によって表すように心がけることが効果を判定するうえで重要である。

第3ステップ：問題点を解析する。

専門家や経験者等に集まってもらい，そのような結果に影響を与えていると思われるすべての原因（要因）を洗い出し，特性要因図にまとめる。重要と思われる要因には，〇印を付して，どれが真の要因であるかをデータによって正しくつかむ。このステップを飛び越していきなり「対策」を行ってしまうと「要因と思ったものが実は要因でなかった」ということにもなるので，注意が必要である。

第4ステップ：対策を立てて実行する。

解析により突き止められた真の要因を「その要因をつぶす」か「あるレベルに押え込む」かの解決策を立案する。解決策についていくつかの代替案を考え，おのおのについて他に悪影響がないかを評価する。決定した対策を実行に移す。実行するには，まず上司の承認を得ること，ならびに関係する部門の了解を得ることも必要である。

第5ステップ：効果を確認する。

効果の確認は必ず行わねばならない。対策をとる前と後で，問題として取り上げた特性がどのように変わったか，先に掲げた目標をどの程度達成したかを比較することである。パレート図で悪さをとらえたときは，パレート図によって効果を確認することになる。

第6ステップ：歯止めをかけて管理する。

改善の結果がよければ，そのやり方を，その後ずっと維持されるようにしなければならない。効果のあった対策は，新しいやり方として標準化し，維持できるよう管理する。

第7ステップ：残された問題点を整理する。

改善結果は上司や関係部門に報告するが，問題点は一度の改善ですべて解決されるとは限らない。「どこまで改善されて，後どのような問題点が残されているか」を明記しておくことが大切である。

なお，次の点を全員で反省することが重要である。

① 取り上げた問題点（問題）は適切であったか。

② 活動は効果的に進められたか。

774

③ 全員の協力体制はよかったか。
④ 期待どおり（目標に定めたとおり）の効果が得られたか。
⑤ 活動を通じメンバー全員の固有技術のレベルアップが図られたか。

3.3.4 問題解決の効果的な進め方

問題解決の進め方をPDCAの手順に従って再度整理すると図3.7に示される。

(1) ブレーンストーミングの活用

問題解決の有効な方法は，ブレーンストーミングを多用することである。困ったときには，1人であれこれ考えるより，他の人と一緒に考え方が良いアイデアが出る。「3人寄れば文珠の知恵」ということである。（図3.7）

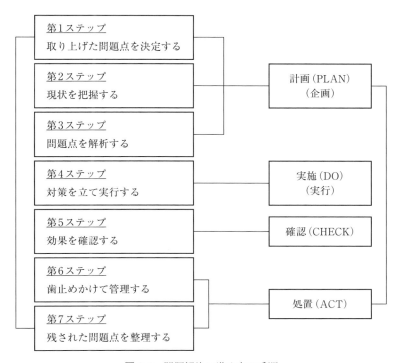

図3.7　問題解決の進め方の手順

第Ⅲ編　基本科学編

　ブレーンストーミングは，このような生活の知恵を活かして組織的に皆の考え方を出し合うことである。

　効果的なブレーンストーミングのためには，次の4点を守る必要がある。

①　発言を批判しない。

②　どんな発言でも取り上げる。

③　発言は多いほどよい。

④　他人の発言に便乗する。

(2) 問題解決を可能にする条件

　問題解決を可能にするには，次のことを明確にし関係者全員で目標，基準にもっていくことである。

①　目標，基準がわかる

②　現状がわかる

③　目標と現状との差の原因がわかる

④　行動（やるべきこと）がわかる

⑤　実行する

⑥　実行結果を検証し，ナレッジ化する

3.4　QC 7つ道具

3.4.1　QC 7つ道具とは

　QCを推進展開していくうえで実際に役立つ道具が開発，整理されている。その中でも，よく使われる道具が「QC 7つ道具」である。

　QC固有のものと，そうでないものもあるが，QCの考え方・手順で進めていくうえになくてはならない手法である。

　ここにあげたQC 7つ道具の他に「新QC 7つ道具」も付け加えられているが，企業において発生する問題の80％はこの簡単な「QC 7つ道具」で解決できるといわれている。QC手法である7つ道具とは，次のようである。

①　パレート図

②　特性要因図

第3章 TQCの基本

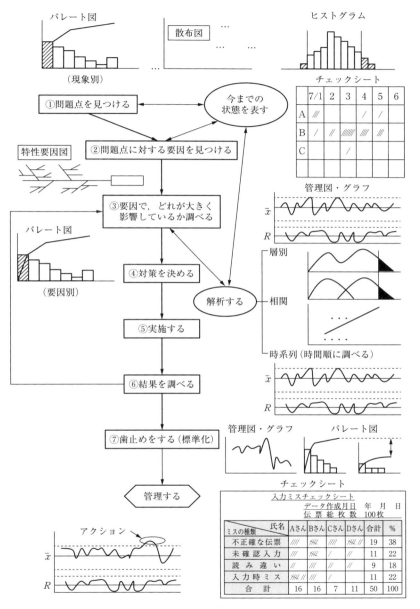

図3.8 SQC手法の使い方

第Ⅲ編　基本科学編

③　ヒストグラム
④　チェックシート
⑤　管理図
⑥　散布図
⑦　グラフ

3.4.2　QC手法の進め方

図3.8に示すようにQC手法を効果的に活用して，ストーリーを立てて進めるとよい。

(1)　問題点を見つける（解決テーマの選定）（表3.2）

仕事をもっと楽に，正しく，早く，安全に，安くできないか。どの問題点を先に取り上げたら最も効果的か。これらを検討して，解決テーマを決める。

(2)　目標を立てる（表3.3）

攻撃目標値を決める。個人やサークルの能力に応じた適切な目標を検討し目標を立てる。

(3)　現状を分析する（表3.4）

問題点に対する要因を見つける（要因は，なぜ，なぜを5回追求する）。要因でどれが大きく影響しているか調べる。

(4)　対策を立て実施する（表3.5）

数多くの対策案のアイデアを集め，それら各案の効果と実現の可能性をチェックする（独断先行しないこと）。その案の中から最良のものを選択する（データを取り判断する）。管理のサークル（PDCA）を回す。失敗も貴重な経験としてねばり強く進める。

(5)　効果の把握（表3.6）

問題解決の効果を確認する。

(6)　歯止めをする（表3.7）

問題が再び起きないように，解決した方法を標準化し，残された問題に対しても手立てを打つ。

778

第3章　TQCの基本

表3.2　問題点を見つける

主 な 手 法	使 い 方	要 点
パレート図	不良項目や原因のうちどれをつぶせば効果が大きいかを明らかにする	不良数で表すより不良損失金額で表す方が良い
特性要因図	特性（問題点）に影響を与える要因を整理する	多くの人の意見を集め具体的に表現する

表3.3　目標を立てる

主 な 手 法	使 い 方	要 点
パレート図 ヒストグラム 管 理 図 チェックシート	過去の実績（データ）に基づき目標値を決める平均値の10～50%の向上代を見込んだものを目標値とする	50%の確率で達成できそうな値がない

表3.4　現状を分析する

主 な 手 法	使 い 方	要 点
管 理 図	管理限界の発生や傾向周期がないかを調べる	データは30ヶ以上層別を工夫をする
ヒストグラム	層別したヒストグラムを作成し，分布の形や規格値との関係を見る	データは30～100ヶ
散 布 図	原因と結果の2組のデータを取り，散布図を作ってお互いに関係があるかどうかを検討する	データは20～50ヶ
チェックシート	問題となる原因や不良の現象をチェックし，一見して全体の姿がつかめるようにする	目的に合ったシートを工夫して作ること
グ ラ フ	データウィグラフで整理時間経過による働きは線グラフ，独立したものの比較は棒グラフ，比率は円グラフで	目盛の単位は忘れずに線はわかりやすく

表3.5　対策を立て実施する

主 な 手 法	使 い 方	要 点
ブレーン ストーミング	4つのルール（批判厳禁，自由奔放，量を求む，便乗発展）をうまく使ってメンバーの創造性を高める	ただ1つの解答や結論を求める問題には不向き
TWI（*1）	作業を手順ごとに分解し，新方法に展開していく	現場現物主義

（*1）TWI（Training Within Industry for supervisors）は，現場の生産性向上を目的として，JI（Job Instruction）仕事の教え方，JM（Job Methods）改善の仕方，JR（Job Relations）人の扱い方，JS（Job Safety）安全作業のやり方を習得するプログラム。

第Ⅲ編　基本科学編

表 3.6　効果の把握

主 な 手 法	使　い　方	要　点
管　理　図	上下の管理限界線内に入り工程が安定状態にあるか，不良率やバラツキが小さくなったか	
ヒストグラム	改善前後の層別したヒストグラムを作成し比較する	規格値に対して余裕を持っているか
パレート図	改善前後のパレート図を比較し不良の割合が減ったかを見る	パレート図は金額で表す

表 3.7　歯止めをする

主 な 手 法	使い方	要　点
管　理　図	上下の管理限界線を延長し，限界外に点が出るか点の並び方にクセがないかをチェックする。	異常があればすぐに処置をとる
チェックシート	作業標準が守られているかチェックする。現場に合った簡単なチェック表にする	チェック項目は適宜改訂する

3.4.3　QC7 つ道具

以下に，QC7 つ道具を説明する。

(1)　パレート図

問題になっているもの（不良，クレーム，事故，故障など）を，それぞれの原因別・現象別など目的に合わせて分類したデータを取り，損失金額や問題件数などを大きい順に並べて，棒グラフで表し，さらにこれらを大きいものからその累積比率を，折れ線グラフで記入した図をパレート図という（図3.9）。

パレート図は

1)　問題になっているものの中で，どの項目が最も問題なのかを見つけることができる。

2)　その項目が全体に及ぼす影響がどの程度かがわかる。

3)　したがって，改善の努力を集中すべき重点項目を決めることができる。
ことが特徴である。

多くの場合，最初の2〜3項目で，全体の70〜80％を占める。したがって最初2〜3項目に対する対策を施してつぶせば，問題は70〜80％解決することになる。これを「パレートの法則」と呼んでいる。

第3章　TQCの基本

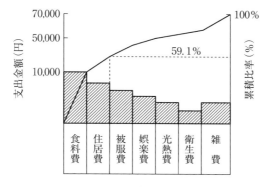

図3.9　用途別生活費

表3.8　パレート図の作成データ

順位	要因別	件数	累積件数	%
1	A	9	9	36
2	B	7	16	64
3	C	3	19	76
4	D	2	21	84
5	E	4	25	100
計			25	

a．パレート図作成の手順（表3.8）

手順1：データを集める。

手順2：データを内容別に分類する。

手順3：データを大きい順に整理する。

手順4：件数，累積件数を記入し，累積比率を計算する。

手順5：グラフ用紙に横軸，縦軸を記入する。

手順6：棒グラフを作成する。

手順7：折れ線グラフを作図する。

b．縦軸に取り上げられるもの

- 金額的なもの―人件費，諸経費，請負金額，材料単価，損失金額など。（コスト）

- 品質的なもの―不良件数，不良率，返品数，クレーム件数，手直し件数など。（品質）

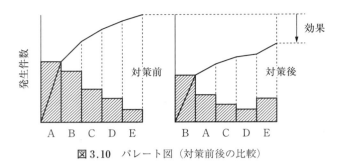

図3.10 パレート図（対策前後の比較）

- 時間的なもの―作業時間，移動時間など。（納期）
- 安全的なもの―事故件数，ヒヤリハット件数など。（安全）
- モラール的なもの―出勤率，会合出勤率，提案件数など。（モラール）

c．横軸に取り上げられるもの（分類の方法）
- 現象別―不良項目別，欠点内容別など。
- 作業者別―班別，年令別，測定者別，検査員別など。
- 機械装置別―計器別，治工具別，構造別，機械別など。
- 作業方法別―サイズ別，条件別，作業方法別など。
- 原材料別―メーカー別，材料別，ロット別など。

d．パレート図作成のポイント
- 図3.10のように対策前のパレート図と対策後のパレート図を並べて，その効果を評価する。
- パレート図の縦軸の項目を前述したが，一般に不良個数，不良件数よりも，不良による損失金額とした方がよい。件数は少なくともその不良による損失金額が大きいものは，早く対策し，つぶしておかなければ効果が上がらないからである。

(2) 特性要因図

仕事の結果（特性と呼ぶ）を悪くする原因（要因と呼ぶ）を調べてみると，作業者の調子が悪かったり，材料が悪かったり，機械の調子が悪かったり，作業の調子が悪かったり，多くの原因が影響し合っているものである。

したがって，常に良い結果を得るためには，特性がどのような要因の影響を受けているかを探し出し，悪い結果を引き起こすもとになる原因をしっかり抑

第3章 TQCの基本

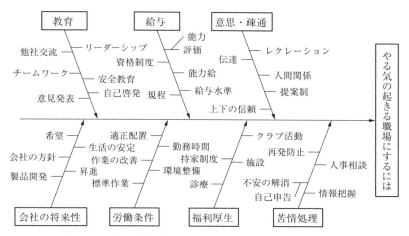

図3.11 「やる気の起きる職場にするには」の特性要因図

えることが大切である。

このように問題としている特性と，それに影響を及ぼすと思われる要因の関係をはっきりさせ，問題解決や現場の管理に役立つ手法として，特性要因図がある。

特性要因図の役割は

- 特性に影響を及ぼすと考えられる要因を順序立ってもれなく整理する。
- 改善しようとする重要要因を見つけやすくする。

などがあげられる。

特性要因図は，その形の特徴から別名「魚の骨」などと呼ばれ，やさしい簡単な手法であり，しかも他の手法（パレート図，チェックシート，ヒストグラムなど）と組み合わせて使うことにより，きわめて大きな効果を上げることができる（図3.11）。

特性要因図作成の手順：

手順1：問題とする特性を選ぶ。

現実に問題となっている特性を取り上げて右端に書き，左から右端までの中央に矢印を入れる。（背骨と呼ぶ）

手順2：特性に影響を及ぼす要因を列挙する。

要因の列挙は関係する人たちに，事実に基づき意見を出してもらう。

手順3：特性要因図に整理する。
　出されたいろいろな意見の内容を整理する。

(3) ヒストグラム

　データを平均値だけで見るのではなく，バラツキの様子を見るために使う棒グラフである。どんな仕事にもバラツキはつきものである。同じ条件のもとに同じ作業を行っても，同じ結果を生むとは限らない。したがって，その結果が許される範囲外にある場合は，早急にその原因を追求し（たとえば，特性要因図を用いる）対策を講じる必要がある。このように，工程やその他仕事のプロセスのおける異常をいち早く発見し，対策をするための重要な手法である。この手法をヒストグラムまたは柱状図という（図3.12）。

ヒストグラム（柱状図）の役割は
- データがどのような値を中心にどのようなバラツキをもっているかを知る。
- 分布の姿を図で見ることができ，統計的にどのような型をしているかを調べる。
- 作業者別，機械別，月日別などに層別したヒストグラムを作り，その違いから，どこに問題があるかを調べる。

などがあげられる。

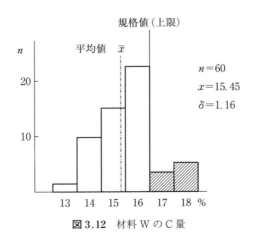

図3.12 材料WのC量

第3章　TQCの基本

a．ヒストグラムの作成手順

手順1：データを集める。

データの数は少なくとも50個以上，普通は100～200個位必要である。

手順2：データの最大値と最小値をさがす。

手順3：区間の数を求める。

$$区間の数＝\sqrt{データ数} \quad （整数値に丸める）$$

手順4：区間幅を決める。

$$区間の幅＝\frac{最大値－最小値}{（区間の数）}$$

区間の幅は測定値のきざみの整数倍になるように丸める。

手順5：区間の境界値を決める。

$$第1区間の下側境界値＝最小値－\frac{測定値のきざみ}{2}$$

$$第1区間の上側境界値＝第1区間の下側境界値＋区間の幅$$

以下，順に区間の幅を加えて，第2，第3，…とする。

手順6：区間の中心値を求める。

$$区間の中心値＝\frac{区間の下側境界値＋区間の上側境界値}{2}$$

手順7：データの度数を数える。

次のような表に，データを1つずつ見ながら，その属する区間に度数マークをつけていく。

度数のマークは，/，//，///，////，╫╫，╫╫/

No.	区　間	中心値	度数マーク	度　数

手順8：グラフを用紙に記入する。

- 横軸を決める。
- 特性値を左から右にいくに従い大きく目盛る。
- 目盛の付け方。

第Ⅲ編　基本科学編

  ① 　間の中心値を目盛る方法。

  ② 　きりのよい値（0とか5）を目盛る方法。

- 縦軸を決める。
- 縦軸に度数を目盛る。
- でき上がったヒストグラムがほぼ正方形になるように柱を立てる。
- 横軸に区間の境界値をとり，横軸に垂線を立てる。
- 区間の度数に応じた高さの柱を書く。
- 平均値や規格値を記入する。
- 必要事項を記入する。
- データをとった期間。
- 群の大きさ。
- 特性値の単位。
- 測定者。
- 場所。

b．ヒストグラム作成のポイント

- ヒストグラムの柱の数は10程度がよいとされている。異常に離れたデータがあるときは，そのデータを除いて級分けしてから，そのデータを入れるとよい。
- ヒストグラムの欠点は，時間的な変化がわからないことである。
  したがって時間的に層別して，おのおののヒストグラムを作成し，比較することである。
- 安定している工程からヒストグラムは，一般的にベルを伏せたような左右対称型になる。不安定な場合には，離れた小島や歯こぼれ型や絶壁型などになりやすい。その型を見ることにより工程が安定しているかどうかが，すぐに判断できる。

(4) チェックシート（表3.9）

 データをとるときに数字をいちいち記入するのは大変面倒なことである。また，データのままでは，ただ数字が並んでいるだけで，全体の状態もつかみにくい。チェックシートはこのような欠点を補うために，わかりやすく整理されたデータを簡単に得るのに役立つ手法である。

第3章　TQCの基本

表3.9　チェックシート

種類	チェック	小計
A	‖‖ ‖‖ ‖‖ ‖‖ ‖‖　//	32
B	‖‖ ‖‖ ‖‖ ‖‖　///	28
C	‖‖ ‖‖ ‖‖ ‖‖ ‖‖ ‖‖ ‖‖ ‖‖	40
D	‖‖ ‖‖	10
その他	‖‖　//	7
	総　計	117

　種類別にデータを取ったり，確認の抜けをなくすためにチェックするだけ
で，簡単に結果がわかるように作られた表や図のことをチェックシートとい
う。

a．チェックシート作成の手順

手順1：目的を明確にする。

チェックシートに記入することにより，結果として何を得ようとしている
かを明確にしておく。たとえば

・どの不良が一番多いかを知るため。

・不良の原因をさがし出すため。

・機械の調子やくせを知るため。

・改善を実施したとき，改善事項が実行されているかどうかを確認するた
　め。

手順2：目的に合ったチェック項目を決める。

チェック項目をリストアップし，どの程度細かくするかを決める。

手順3：チェックのための様式を決める。

・わかりやすく，記入しやすい様式にする。

・後から計算しやすいように合計，率，平均等の欄を忘れないこと。

手順4：チェックシートにチェックする。

・データは得られたそのつど，正確にもれなくチェックする。

手順5：得られたデータを集計し，分析する。

・チェックした数の集中度合をみる。

・チェックの形に何かくせがないかをみる。

・チェックにもれ，ぬけがないかをみる。

第Ⅲ編　基本科学編

手順6：その他必要事項を記入する。

b.　チェックシート作成のポイント

- 項目別のチェックシートでは，どの項目に入れたらよいか後で判断に苦しむようなことのないよう，項目の定義をはっきりさせておく。
- チェックは項目をよく整理してできるだけ簡単にチェックできるようにしておくこと。特に，○印などが好ましく，文字や数字を書かなくてすむようにする。

(5) 管理図（$\overline{X}$-R 管理図）

　ある工程からでき上がる品物の品質のバラツキは，その工程におけるいろいろ原因の結果を表している。もし，工程に何か異常があれば，その結果である品質も影響を受けて，これまでとは異なった動きを示している。この結果をみるために，グラフにプロットする方法もあるが，工程には，実際上避けられない原因のものと，その原因をつぶせば避けることのできる原因がある。単なるグラフでは，その判断が難しい。客観的に判断するために，管理図が使われる。ここでは最も情報量の多い$\overline{X}$-R 管理図を取り上げる。$\overline{X}$-R 管理図は，平均の変化をみる$\overline{X}$管理図と，バラツキの変化をみる R 管理図の2つで構成されている。

〈$\overline{X}$-R 管理図の作成手順〉

手順1：データを集める。

工程の重要な特性について，100 個以上できるだけ最近のデータを集める。

手順2：群に分ける。

- 集めたデータを 3〜6 個程度の群に分ける。1 つの群に含まれるデータの数を「群の大きさ」といい n で表す
- 群の大きさは，各群とも同じにする。
- 通常 n＝4 または 5 ぐらいが適当である。
- 群分けしてできた群の個数を「群の数」といい k で表す。

手順3：平均値$\overline{X}$を求める。

群ごとのデータを加えて平均値$\overline{X}$を求める。

$$\overline{X}=\frac{x_1+x_2+\cdots+x_n}{n}$$

788

第3章　TQCの基本

手順4：群平均$\overline{X}$を求める。

群ごとの平均値$\overline{X}$を総計して，群の数kで割り$\overline{\overline{X}}$を求める。

$$\overline{\overline{X}}=\frac{\overline{x_1}+\overline{x_2}+\cdots+\overline{x_k}}{k}$$

手順5：群ごとの範囲Rを決める。

各群について最大値から最小値を引いて範囲Rを求める。

$$R=（群の最大値）-（群の最小値）$$

手順6：Rの平均値$\overline{R}$を求める。

$$\overline{R}=\frac{R_1+R_2+\cdots+R}{k}$$

手順7：$\overline{X}$-R管理図の管理限界を求める。

中心線：　　　　　　　　　　$\mathrm{CL}=\overline{\overline{X}}$

上方管理限界：　　　　　　　$\mathrm{UCL}=\overline{\overline{X}}+A_2\overline{R}$

下方管理限界：　　　　　　　$\mathrm{LCL}=\overline{\overline{X}}-A_2\overline{R}$

表3.10　管理図用係数

n	A	A2	A3	c4	B3	B4	B5	B6	d2	1/d2	d3	D1	D2	D3	D4
2	2.121	1.880	2.659	0.7979	0.000	3.267	0.000	2.606	1.128	0.8862	0.853	0.000	3.686	0.000	3.267
3	1.732	1.023	1.954	0.8862	0.000	2.568	0.000	2.276	1.693	0.5908	0.888	0.000	4.358	0.000	2.575
4	1.500	0.729	1.628	0.9213	0.000	2.266	0.000	2.088	2.059	0.4857	0.880	0.000	4.698	0.000	2.282
5	1.342	0.577	1.427	0.9400	0.000	2.089	0.000	1.964	2.326	0.4299	0.864	0.000	4.918	0.000	2.114
6	1.225	0.483	1.287	0.9515	0.030	1.970	0.029	1.874	2.534	0.3946	0.848	0.000	5.079	0.000	2.004
7	1.134	0.419	1.182	0.9594	0.118	1.882	0.113	1.806	2.704	0.3698	0.833	0.205	5.204	0.076	1.924
8	1.061	0.373	1.099	0.9650	0.185	1.815	0.179	1.751	2.847	0.3512	0.820	0.388	5.307	0.136	1.864
9	1.000	0.337	1.032	0.9693	0.239	1.761	0.232	1.707	2.970	0.3367	0.808	0.547	5.394	0.184	1.816
10	0.949	0.308	0.975	0.9727	0.284	1.716	0.276	1.669	3.078	0.3249	0.797	0.686	5.469	0.223	1.777
11	0.905	0.285	0.927	0.9754	0.321	1.679	0.313	1.637	3.173	0.3152	0.787	0.811	5.535	0.256	1.744
12	0.866	0.266	0.886	0.9776	0.354	1.646	0.346	1.610	3.258	0.3069	0.778	0.923	5.594	0.283	1.717
13	0.832	0.249	0.850	0.9794	0.382	1.618	0.374	1.585	3.336	0.2998	0.770	1.025	5.647	0.307	1.693
14	0.802	0.235	0.817	0.9810	0.406	1.594	0.399	1.563	3.407	0.2935	0.763	1.118	5.696	0.328	1.672
15	0.775	0.223	0.789	0.9823	0.428	1.572	0.421	1.544	3.472	0.2880	0.756	1.203	5.740	0.347	1.653
16	0.750	0.212	0.763	0.9835	0.448	1.552	0.440	1.526	3.532	0.2831	0.750	1.282	5.782	0.363	1.637
17	0.728	0.203	0.739	0.9845	0.466	1.534	0.458	1.511	3.588	0.2787	0.744	1.356	5.820	0.378	1.622
18	0.707	0.194	0.718	0.9854	0.482	1.518	0.475	1.496	3.640	0.2747	0.739	1.424	5.856	0.391	1.609
19	0.688	0.187	0.698	0.9862	0.497	1.503	0.490	1.483	3.689	0.2711	0.733	1.489	5.889	0.404	1.596
20	0.671	0.180	0.680	0.9869	0.510	1.490	0.504	1.470	3.735	0.2677	0.729	1.549	5.921	0.415	1.585
21	0.655	0.173	0.663	0.9876	0.523	1.477	0.516	1.459	3.778	0.2647	0.724	1.606	5.951	0.425	1.575
22	0.640	0.167	0.647	0.9882	0.534	1.466	0.528	1.448	3.819	0.2618	0.720	1.660	5.979	0.435	1.565
23	0.626	0.162	0.633	0.9887	0.545	1.455	0.539	1.438	3.858	0.2592	0.716	1.711	6.006	0.443	1.557
24	0.612	0.157	0.619	0.9892	0.555	1.445	0.549	1.429	3.895	0.2567	0.712	1.759	6.032	0.452	1.548
25	0.600	0.153	0.606	0.9896	0.565	1.435	0.559	1.420	3.931	0.2544	0.708	1.805	6.056	0.459	1.541

出典　http://www.ct-yankee.com/spc/factors.xls

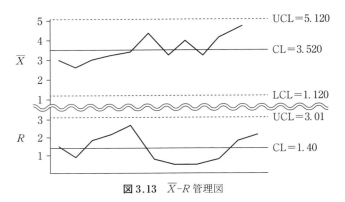

図 3.13 $\overline{X}$-R 管理図

ただし A_2 の係数は群の大きさ n によって決まる値である。（表 3.10 参照）

手順 8：R 管理図の管理限界を求める。

中心線： $\mathrm{CL}=\overline{R}$
上方管理限界： $\mathrm{UCL}=D_4\overline{R}$
下方管理限界： $\mathrm{LCL}=D_3\overline{R}$

ただし D_3，D_4 の係数は n によって決まる値である。（表 3.10 参照）

手順 9：管理図に表す。（図 3.13）

上記で計算した $\overline{X}$ および R を記入する。CL，UCL，LCL を図示する。その他の必要事項を記入する。

手順 10：管理状態の確認。

工程が管理状態にあるとは，次の状態にある場合である。

- プロットした点が管理限界内（上限-下限の間）にある。
- プロットした点の並びに異常なパターンの傾向がない。

管理状態にないと判断されたら，原因を追究して適切な処置をとる。

(6) 散布図

特性要因図を書くと，多くの要因があげられる。その中で，要因と要因の相互の関係を調べたいことが起こる。そのとき，縦軸（y 軸）と横軸（x 軸）にお互いの関係を調べたいと思う対応のある 2 種類のデータ（2 つの変数）をプロットした図を描くことができる。この図を散布図という。この散布図は，対応のある 2 種類の特性値と特性値や特性値と要因を調べるときにも使われる。

第3章 TQCの基本

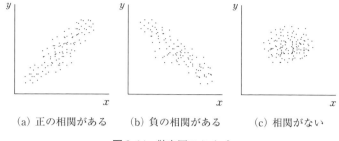

(a) 正の相関がある　　(b) 負の相関がある　　(c) 相関がない

図3.14　散布図のタイプ

このような2つの変数間の関係のことを相関という。xが大きくなればyが大きくなるという傾向を正の相関といい，逆に，xが小さくなればyが小さくなるという傾向を負の相関という。また，お互いに関係のない2種類のデータは相関関係がないという。（図3.14参照）

2つの変数の関係を客観的に示すには相関係数という統計量を使用する。相関係数は-1〜1の間の値で2つの変数間の関係を示し，相関係数が1のとき完全な正の相関，-1のとき完全な負の相関といって，すべての点が一直線上に並ぶ。

相関係数rを求める式は次に示される。

相関係数　　　　　　　　　　$r = \dfrac{s_{xy}}{s_x s_y}$

共分散　　　　　　　　$s_{xy} = \dfrac{1}{n}\sum_{i=1}^{n}(x_i - \bar{x})(y_i - \bar{y})$

標準偏差　　　　　　　$s_x = \sqrt{\dfrac{1}{n}\sum_{i=1}^{n}(x_i - \bar{x})^2}$

一般に相関係数の値と相関の強さの関係は次表のように示される。

相関係数	相関の強さ
$0.0 \sim \pm 0.2$	（ほとんど）相関がない
$\pm 0.2 \sim \pm 0.4$	弱い相関がある
$\pm 0.4 \sim \pm 0.7$	相関がある
$\pm 0.7 \sim \pm 0.9$	強い相関がある
$\pm 0.9 \sim \pm 1.0$	（ほぼ）完全な相関がある

この相関係数だけですべてを判断することができないが，散布図と合わせて相関係数を見れば有益な情報が得られる。

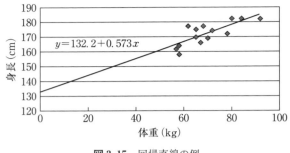

図 3.15　回帰直線の例

散布図の役割は
- 相関関係の調査
- 管理のための最適値を求める

等である。

a.　散布図作成の手順
手順1：データを集める
手順2：グラフの座標軸（縦軸，横軸）を決めデータをプロットする
手順3：その他必要事項を記入する

b.　散布図の使い方
- 散布図はできるだけ層別して書くか，プロットの色を層ごとに変えて書くことが必要である。
- データの数はヒストグラムと同様100〜200個程度が必要である。
- 散布図のタイプとしては大きく図3.14のようなタイプに分類される。

また，散布図において，1つの変数の値によって他の変数の値を予測する直線のことを回帰直線という（図3.15）。回帰直線は $y=a+bx$ の式で表される。

(7)　層　別
層別とは，全体をいくつかの層に分けることをいう。たとえば，年齢の分布を男と女を合わせたヒストグラムを作るより，男女別に分けた方がその様子をより一層明確にすることができる。また以下の例で示すようにある部品の寸法規格を検査しているとする（図3.16参照）。

第3章　TQCの基本

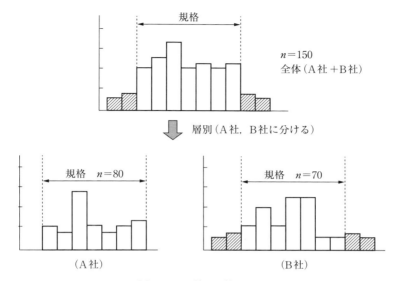

図3.16　A社・B社別層別

　全体で検査したところ規格外寸法（不良）の部品がいくつかあったとする。その原因を調査する方法として図3.16の下図のように部品業者A社，B社に分けてヒストグラムを作成してみると，A社は合格であるが，B社の部品が不良であることがわかる。

　このように対策を立てる前にまず層別しておのおのの傾向を調べることが必要である。TQCにおけるQC手法を駆使する上で重要な手法の1つが層別であり，層別を間違えると要因をつぶすために立てた対策が無駄になるし，対策が立てられないことにもなる。

〈層別を行うポイント〉
- 5Mについてどうか。
  人，材料，機械，方法，測定
- Q, C, D, S, M, についてどうか
  Q（品　　質）
  C（コスト）（原　　価）
  D（納　　期）（工　　期）

第Ⅲ編　基本科学編

S（安　全）

M（モラール）（志　気）

• ムダ，ムリ，ムラについてどうか。

• P，D，C，Aについてどうか。

P（計　画），D（実　施），C（確　認），A（処　置）

(8) グラフ

グラフは，数値データを視覚表現するためのものである。数値データは，データ表を見ただけで，すぐに理解をすることが難しいので，これをグラフに視覚表現することによって比較や変化を容易に把握できる。グラフには，棒グラフ，折れ線グラフ，円グラフ，帯グラフ，Ｚグラフや，レーダーチャートなどいろいろな種類があるので，使用目的に合ったグラフを選ぶことが重要である。

3.5　新QC7つ道具

TQC活動は製造・検査部門以外の営業・企画・管理・設計部門なども行うため，数値データだけでなく言語のデータも取り扱うようになった。このための分析ツールとして新QC7つ道具が開発された。QC7つ道具が主に数値データを扱うことに対して，新QC7つ道具は主に言語データを整理し，関係を図解化することを目的としたものである。

新QC7つ道具は，新和図法，連関図法，系統図法，マトリックス図法，アローダイアグラム法，PDPC法，マトリックスデータ解析法の7つである。

3.5.1　親和図法

親和図法は，言語データを，グループ分けして，整理，分類，体系化する手法である。事実，意見，発想を言語データでとらえ，それらの相互の親和性（類似性）によって統合した図を作成し，解決すべき問題の所在，形態を明らかにしていく方法である。別名KJ法（登録商標）と呼ばれている。

親和図法の役割は

① 混沌とした状態の中から，問題点を発見する。

794

第3章　TQCの基本

②　現状を打破して，新しい考え方を得る。

②　問題の本質が的確に捉えられ，関係者に明確に認識してもらう。

③　自分の意見や他人の意見が取り入れられ，全員参加による意識向上と活性化を図る。

親和図法のやり方は，テーマについて事実，意見，発想などの情報を集め，言語データにしてカードに書き出していき，そのカード間の親和性（類似性）を考慮してグループにまとめていき，統合した図を作り上げる。

でき上がった親和図を読み取り，問題点は何かを明らかにする。

〈親和図作成の手順〉（図3.17）

手順1：カードづくり（情報収集のステップ）

テーマに関する事象（現象），原因などの参加者の意見を1つずつ，カードに書き込んでいく。

注：カードづくりの際には，ブレーンストーミングなどを活用することが望ましい。

手順2：グループの構成（カード内容の確認）

①　カードひろげ

書き込みされたカードすべてを机などに広げ，1枚1枚のカードに書かれている内容を確認する。

②　カード集め

ⅰ）　内容の近い感じのカードを集める（2，3枚ずつ）。

ⅱ）　離れザル，一匹狼は無理にどこかへ入れない。

注：あわてず，ゆっくり

③　表札づくり

ⅰ）　カードのグループに「表札（タイトル）」を付ける。

ⅱ）　表札は新しいカードに赤字や青字などで書く。

ⅲ）　グループごとにクリップや輪ゴムで束ねていく。

ⅳ）　カードのグループは，まず小グループを作り，次に小グループ同士で中グループを，そして中グループ同士で大グループを作っていく。

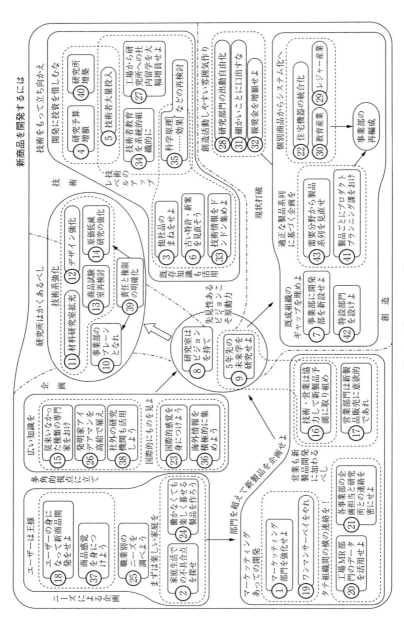

図 3.17　親和図 (KJ法)
出典：文献 1)

第3章　TQCの基本

3.5.2　連関図法

連関図法は，原因–結果が複雑に絡み合った問題について因果関係や要因相互の関係を図解により明らかにすることで，問題を解明する方法である。

連関図法の役割は

①　因果関係を明確にする。

②　連関図を作成していく過程で，メンバーのコンセンサスを得る。

③　自由に書けるので，発想の転換や展開に役立てる。

④　問題の核心を探り，解決に導く。

連関図法のやり方は，問題（結果）を生じさせている原因を抽出し，抽出した原因を問題（結果）として設定し，その問題（結果）が生じている原因をさらに抽出する。この作業を繰り返し行うことで，真の原因を探り当てる方法で，なぜなぜ分析の手法と同じである。

〈連関図法の作成手順〉（図3.18）

手順1：問題内容を用紙の中央に書き，色を付けた四角の枠で囲む。

手順2：問題を引き起こしている原因を探り，四角の枠で囲む。（1次原因）
このとき，できるだけ多くの1次原因を書き込む。

手順3：原因から結果（中央の問題内容）へ矢印線を引く。

手順4：1次原因を結果（問題）として，その結果（問題）を引き起こしている更なる原因を探り，四角の枠で囲んで書き込む。（2次原因）

手順5：そして原因から結果（1次原因の項目）へ矢印線を引く。

手順6：次に2次原因を結果（問題）として，さらに下位の原因を書き込んでいく。

手順7：書き込んだ内容ごとの原因と結果の因果関係を探っていき，相互に関連していれば矢印線を引く。

手順8：最後に，影響が大きい要因を決定する。末端にある要因や関係線の出入りが多い要因は重要要因候補となる。

手順9：重要要因は太枠で囲う。ここが真の原因で，問題解決のポイントになる。

記述Aと記述Bがあるとき，AとBとの原因結果関係を調べる方法の手順

797

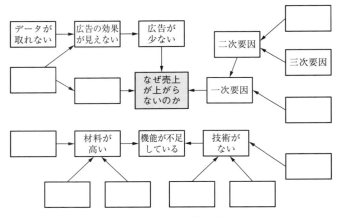

図 3.18　連関図法の例
出典：文献 2）http：//www.sk-quality.com/nqc7/nqc703_renkan.html

は次のとおりである。

手順1：「AなのはBだからか」という質問をする。

「はい」ならAが結果でBが原因となる。

「いいえ」なら，次の質問へ移る。

手順2：「BなのはAだからか」という質問をする。

「はい」ならBが結果でAが原因となる

「いいえ」なら，BとAは独立（因果関係なし）となる。

3.5.3　系 統 図 法

系統図法は目的を達成するために必要な手段を明らかにする方法である。連関図で把握された問題に対する重要な阻害要因を解決するための具体的な対策や方策を探すために用いる。

系統図法は用い方によって次の2種類に区分される。

① 構成要素展開型：要素を分解して掘り下げていく。

② 方策展開型：方策を生み出しながら展開していく。

系統図法の役割は

① 事象を系統的に論理展開しやすく，抜けや漏れを少なくする。

第3章　TQCの基本

②　メンバーの意思統一を図りやすくする。

③　手段が整理しやすくなり，関係者への説得をわかりやすくする。

　系統図法のやり方は，ゴール（目的，目標，結果）を設定し，そのゴールに到達するための具体的な手段を発見することにある。到達したい目的を設定し，その目的に到達するための手段を決める。その決めた手段を目的にして同じように到達するための手段を決める。手段が具体的なものになるまで，その手順を繰り返し行う。

〈系統図法の作成手順〉（図 3.19）

手順1：解決する問題を「○○を△△△するためには」という表現で記述する。

これを目的または達成したい目標として設定し，ラベルに記述する。

手順2：目的，目標を達成するための制約事項をラベルに記述しておく。

手順3：目的を達成するための手段（1次手段）を全員でディスカッションして，2〜3項目抽出して，ラベルに「■■を▽▽する」と記述しておく。

手順4：模造紙等に，目的のラベルを左端中央に置き，制約事項を記述したラベルを目的の下に置く。1次手段を記述したラベルを目的が書かれたラベルの右側に並べ仮線でつなぐ。

手順5：1次手段を目的として，この目的を達成するための2次手段をディスカッションして2〜3項目抽出する。（記述の仕方は「■■を▽▽する」）

手順6：2次手段のラベルを，目的とした1次手段のラベルの右側に置く。

手順7：以下同じようにして，2次手段を目的として3次手段を抽出し，3次手段を目的として4次手段を抽出していく。

手順8：4次手段まで展開できたら，目的から1次手段，2次，3次，4次の記述内容を全員で見直し，ラベルの修正や不要なラベルの整理を行う。

手順9：4次手段から逆に目的を確認して，新しい手段がないかディスカッションして抽出し，ラベルを追加する。

手順10：ラベルを模造紙等に貼り付けて，補足する内容を追加して仕上げる。

　また，記述 A と記述 B があるとき，A と B との目的手段関係を調べる方法は，次のとおりである。

799

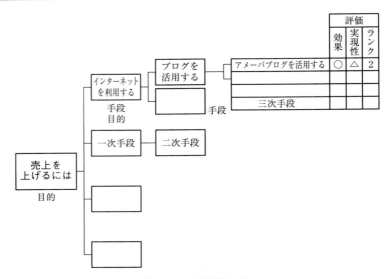

図 3.19 系統図法の例
出典：文献 3) http://www.sk-quality.com/nqc7/nqc704_keitou.html

A のためには B が必要か？という質問をする。
「はい」なら A が目的で B が手段となる。
「いいえ」なら逆に B のためには A が必要か？という質問をする。
「はい」なら B が目的で A が手段となる。
「いいえ」なら双方に関係性はない

3.5.4 マトリックス図法

　マトリックスは行と列による 2 軸の交差表である。マトリックス図法は交差表に関係する要素を行と列に分けて配置し，交差する点に着目して問題の所在や問題解決への着想を検討する方法である。交点には各要素の関連の有無や関連の度合いを表示し，これで問題の所在や形態を探ることができ，問題解決への着想に結び付いていく。マトリックス図には，そのパターンから L 型，T 型，Y 型，X 型，C 型などさまざまな種類がある。
　マトリックス図法の役割は
① 複数の要素同士の関係を明確にする。

② 全体の構成を把握する。
③ たくさんの表を別々に作らねばならないところでも1つの表にまとめられ，問題の所在が突き止めやすくする。

マトリックス図法の作成の事例として，系統図によって展開された方策の重み付けや役割分担を明確にするときに用いる場合を以下に示す。

系統図法で4次までの具体的な方策を展開すると，かなりの数の方策が抽出される。これらをすべて実施できないので，方策の重要度を評価し，すぐに実行しなければならないものを選定し，誰が担当するか，その役割分担を明確にすることが重要である。

〈マトリックス図の作成手順〉（図3.20）

手順1：系統図法で展開した実施可能な手段（系統図を参照）を縦軸に配置する。
手順2：横軸に，評価項目として効果，実現性，ランクを記す。
手順3：次に役割分担として，関連部署を書く。
手順4：その右に実施事項欄を設ける。
手順5：縦軸と横軸に線を記入して各項目の評価記号が記入できるような表を作る。
手順6：評価記号として，効果：○＝「大いにあり」，△＝「あり」，×＝

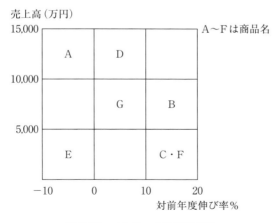

図3.20　マトリックス図法の例
出典：文献4)

第Ⅲ編　基本科学編

「なし」，実現性：○＝「大いにあり」，△＝「あり」，×＝「なし」として
交点のマス目に記入する。

手順7：ランク付けは各○△×の組合せで配点し記入する。

手順8：役割分担は◎＝主管部署，○＝関連・補佐部署として記入する。

手順9：実施項目欄には，実施事項のわかっていることを具体的に記入す
る。

手順10：選定された方策のランク点や役割分担などの必要事項を記入する。

3.5.5　アローダイアグラム法

アローダイアグラム法は，最適な日程計画を立てて，スケジュール管理を行
うために用いる手法である。問題解決の作業が複雑に絡み合っている場合，各
作業の関係と日程のつながりを明確にするために作成する。

アローダイアグラム法の役割は

①　仕事全体の作業と作業，それらのつながりを把握する。

②　仕事の着手前に，工程上の日程の問題点を把握する。

③　日程的に遅らせられない作業（クリティカルパス）を把握する。

④　作業の進捗管理を容易にする。

⑤　計画変更に対して，日程変更等の処置をスムーズに行う。

⑥　関係者の意思疎通やコミュニケーションを容易にする。

アローダイアグラム法を使用するときには次のことに注意する必要がある。

①　作業項目と現実的な所要日数を決めること（無理な日程は組まない）

②　作業項目の順序と関連性が正しいか確認すること（作業の前後関係）

〈アローダイアグラムの作成手順とルール〉（図3.21）

手順1：設定した課題に必要な作業を列挙する。

手順2：作業の順序関係をつけて，左から右に配置する（カードなどによ
り）。

手順3：結合点を書き，矢印を引き，結合点の番号を記入する。

手順4：各作業の所要日程（工期，工数）を見積る。

手順5：最早，最遅結合点日程を計算し，クリティカルパスを表示する。

基本ルールは次のとおりである。

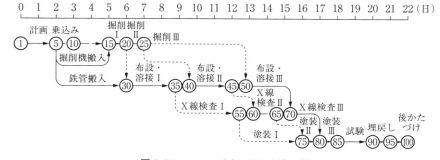

図 3.21 アローダイアグラム法の例
出典）佐用泰司：工事管理, p.156, 鹿島出版会, 1976

① それぞれの作業は，スタートとゴール以外は前後に結合点をもっている。
② すべての作業は「終了-開始」の関係にある。
③ 結合点は2度通ってはならない。
④ 結合点の番号は，作業の方向に大きくなるように付ける。
⑤ 並行作業がある場合は，ダミー作業を用いて表現する。
⑥ 作業はループにしてはいけない。

3.5.6 マトリックスデータ解析法

マトリックスデータ解析法は新QC7つ道具の中で唯一定量データの解析法である。マトリックスデータとは行列に配列されたデータ表のことをいい，マトリックスデータ解析法とは，複数の変数項目をもつマトリックスデータを解析して，シンプルな平面散布図に表してわかりやすくするものである。複数の要素が絡み合った場合，単純に比較できないことが多い。その場合，複数の要素があるから比較できないものとしないで，それらの要素を1つにまとめて比較できるものと考えて，それぞれの要素に対して重要度を表す数を掛けて，すべてを足すことで1つの数値としてまとめてしまう。それらを比べれば比較ができると考えた主成分分析技法である。具体的には，多くの変数に重み（ウェイト）を付けて少数の合成変数を作る。

重みの付け方は，合成変数ができるだけ多く元の変数の情報量を含むように

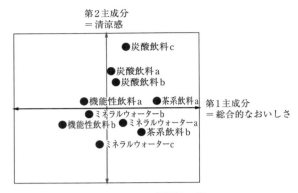

図 3.22　マトリックスデータ解析法の例
出典：文献 4）　http://bdm.change-jp.com/?p=2761

する。できるだけ多くの情報をもつ合成変数（主成分）を順次作っていく。作成された主成分から 2 つの主成分の相関を求めて，わかりやすく平面上に表したものとなる。（図 3.22）

分析を行うときは次のようなことを念頭において活用する。
① 分類しやすい項目を取り上げること。
② 分析法は計算が難しいので，解析ソフトを活用するとよい。
③ 分析結果から，データの傾向を判断し，文書化しておくこと。

3.5.7　PDPC 法

PDPC 法とは，過程決定計画図（Process Decision Program Chart）と呼ばれ，問題解決への情報が不足している場合や，事態が流動的で予測が困難な場合の解決に向けての実行計画の策定に使用される。事前に考えられるさまざまな事象（結果，状況，処置など）を予測し，プロセスの進行を進める手順を図化するものである。

PDPC 法には，次の 2 種類の作り方がある。
① 逐次展開型：状況の変化を予測して，その方策を作る。
② 強制連結型：強制的な事態を想定して，その対策を作る。

PDPC 法の役割は
① 先を読み，先手を打つ。

② 問題の所在，最重点事項の確認を容易に行う．
③ 決定者の達成するための経過を明確にし，関係者に意図を伝える．
④ 図により理解しやすくすることになり，協力と連携をしやすくする．

〈PDPC の作成手順〉（図 3.23）

手順 1：テーマの設定は，系統図法で抽出された手段の中から効果は大きく，実現が困難と思われるテーマを選定する．

手順 2：スタートの初期状態，現状レベルを明確にしてラベルに赤字で記入する．

手順 3：選定したテーマについての制約事項も明記しておく．

手順 4：スタート（模造紙の上端中央）とゴール（下端中央）を設定する．

手順 5：スタートからゴールまでを結び付けるために，必要な手段や予想される状態をラベルに記入し，時系列に配置し，ゴールまでを矢印でつなぐ．

手順 6：もう一度全員で検討し，一番望ましい状態に至る過程を完成させ

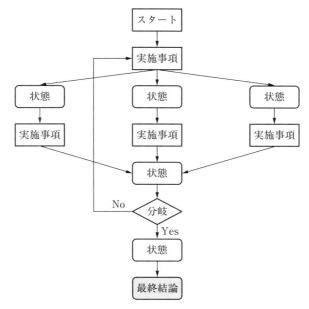

図 3.23 PDPC 法の例
出典：文献 5）　http://www.sk-quality.com/nqc7/nqc707_pdpc.html

第Ⅲ編　基本科学編

る。

手順7：達成不可能な場合，スタートから順に検討しながら，経路を追加する。

手順8：矛盾点，不測事態の対応を確認し，完成させる。

PDPC 作成上の一般的な規則は次のとおりである。

①　時間の経過は，上→下，左→右となる。

②　縦型，横型どちらでもよい。

③　矢印が交差し過ぎないようにする。

④　事象数は，30～50 程度とする。

PDPC で主に使用される図示記号は次のようである。

　　□：対策（そのときに取るべき処置を示す）

　　◇：分岐点（はい，いいえの場合に必ず作る）

3.6　QC サークル

3.6.1　QC サークルとは

QC サークルの基本的な指針となるのが QC サークル綱領である。これは，1996 年 5 月に第 2 次改訂版が発刊され，名称も『QC サークル綱領』から『QC サークルの基本』（QC サークル綱領）へ変更された。それによれば，

「QC サークルとは，第一線の職場で働く人々が，継続的に製品・サービス・仕事などの質の管理・改善を行う小グループである。この小グループは，運営を自主的に行い，QC の考え方・手法を活用し創造性を発揮し自己啓発・相互啓発をはかり活動を進める。この活動は，QC サークルメンバーの能力向上，自己実現，明るく活力に満ちた生きがいのある職場お客様満足の向上および杜会への貢献をめざす。

経営者・管理者は，この活動を企業の体質改善・発展に寄与させるために人材育成・職場活性化の重要な活動として位置づけ自ら TQM などの全社的活動を実践すると供に人間性を尊重し全員参加をめざした指導，支援を行う。」としている。

806

第3章　TQCの基本

3.6.2　方針管理と QC サークル活動

　組織には解決しなければならない問題がたくさん存在する。この問題を解決するには，企業や各部門が当面どういう方向に向かおうとするのかによって，解決すべき重点や解決内容が異なってくる。したがって，

　　企業の方針→事業部門の方針→各部門の方針→サークル方針

になるように方針を出し，企業の方針が各サークルの方針に至るまで脈絡をもって分解・徹底させる。このような方針に沿った活動を実現することを方針管理という。

　QC サークル活動は出された方針に沿って，その方針が実現できるように問題解決をする集団活動である。

　QC サークルは，具体的には次のような小グループをいう。

　　同じ職場内で

　　品質管理活動を

　　自主的に行う

　　小グループ　である。

3.6.3　QC サークル活動の推進体制

(1)　推進体制

　QC サークル活動は，自主的に継続的に問題を解決する活動である。しかし，いくらサークル活動が行われたとしても，それをうまく運営できなければ意味がない。そのためには，よい提案を実行に移す体制や活動上の諸問題をなくし，スムーズにまた活発な，生き生きとしたサークル活動を支援する組織づくりが必要になる。サークル活動を方向づけ，活動実践上発生する諸問題を企業としてどう対応し，また支援していくかといった「バックアップ」の推進体制が必要となる。

　さらに，サークル活動をうまく運営するには，決められた手順を全サークルにおいて踏んでいくことが必要である。そうしないと，スムーズな活動は生まれない。そのサークル活動を実りあるものにするには，サークル活動の内容を常に記録にとどめることである。それは記録にとどめることによって活動内容

第Ⅲ編　基本科学編

を吟味させ，反省することにより，よりよい活動が生まれてくるのである。

(2)　各組織の役割（図 3.24）

サークル活動を効果あるようにするには，さまざまな組織やその構成員が連携しながらそれぞれの役割を果たしていくことが重要である。それらの役割の例をあげれば次のようになる。

a．推進本部の役割

① 全社的活動方針の明示

② 推進委員会に対する方向づけ

③ 年度計画・予算・諸規定の承認

④ 全社的活動状況，成果の把握と表彰

b．推進委員の役割

① 年度計画・予算の立案，審議

② 推進本部指示事項の具体化，上申事項の審議

③ 諸規定の審議

④ 活動状況経過と成果の把握，活動推進の審議

c．部門実行委員会の役割

① 部門の TQC 活動推進対策に関する立案，審議

② 推進委員会指示事項の具体化と実施計画の作成

③ 推進委員会に対する上申事項のとりまとめ

d．部門長の役割

① 部門方針の明示，QC サークルへの期待内容の明示

② QC サークル編成に関するリーダーへのアドバイス

③ QC サークル活動に関する指導，助言と承認

④ QC サークル活動が自主的にできる雰囲気づくり

　• 会合時間の確保

　• 場所等の融通・確保

　• 期待感をそれとなく表明

⑤ 職制活動，委員会活動，サークル活動の関連・分担の調整

⑥ QC サークル活動が他部門に関連する場合の調整，推進

⑦ サークルリーダーの育成

808

第3章　TQCの基本

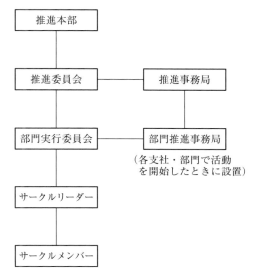

図 3.24 QC サークル活動の推進体制の例

⑧　サークルリーダー会議の主催
⑨　社内外のサークルとの交流会の計画，実施
⑩　QC サークル発表会での発表，入賞を目標とさせる
⑪　活動状況をよく把握し，推進対策に積極的になる
⑫　活動結果は仕事に反映させる
⑬　活動全体を評価し，今後の活動への方向づけを行う

e．推進事務局の役割

①　年間活動計画の立案・参画と推進
③　諸行事の企画，運営，予算管理
④　教育計画の立案と推進
⑤　QC 七つ道具，新 QC 七つ道具等の研究
⑥　活動の実態把握と推進方法の研究会の開催
⑦　成果の評価と表彰の扱い方の立案と実施
⑧　広報，PR 活動
　・社内報，掲示板等でサークル活動の紹介

⑨ 会合場所の割振
⑩ 提出された帳票の確認と管理

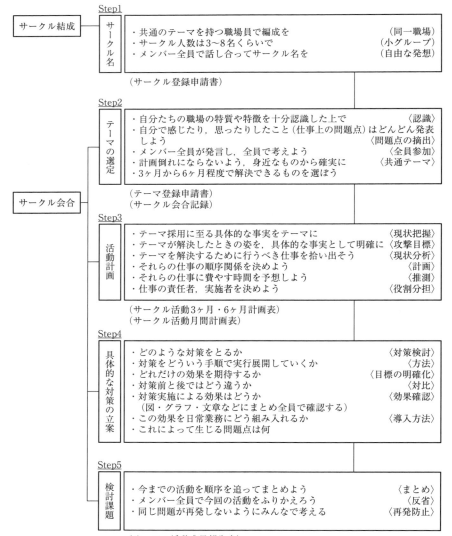

図 3.25 サークル活動の進め方の例

第 3 章　TQC の基本

3.6.4　サークル活動の進め方

図 3.25 の流れで進めていく。そのときの留意点は四角の枠内に示している。

〈会合の約束事項〉

会合においては以下の約束事項を守ることを心がける必要がある。

- 会合の場所，日時は事前にメンバーに知らせること。
- メンバーは事前に決められたテーマについて自分の意見を準備する。
- 「ブレーンストーミング」「親和図（KJ 法）」などで会合を進行する。
- 白板・模造紙などで会合メンバー全員が見えるようにする。

〈参考文献〉

1)　寺野寿郎：システム工学入門，共立出版，1985
2)　http：//www.sk-quality.com/nqc7/nqc703_renkan.html
3)　http：//www.sk-quality.com/nqc7/nqc704_keitou.html
4)　http：//bdm.change-jp.com/?p=2761
5)　http：//www.sk-quality.com/nqc7/nqc707_pdpc.html
6)　日科技連問題解決研究会：TQC における問題解決法，日科技連出版社，1985
7)　石原勝吉：やさしい QC 七つ道具，日本規格協会，1980
8)　水野滋：管理者・スタッフの新 QC 七つ道具，日科技連出版社，1979
9)　浅香鐵一他：品質管理，日本規格協会，1980
10)　細谷克也：QC 七つ道具（やさしい QC 手法演習）新 JIS 完全対応版，日科技連出版社，2006

佐藤　勝尚

4 TPM の基本

4.1 TPM とは[*1]

4.1.1 設備管理とは

設備管理とは，「設備の研究開発・設計・製作と仕様検討・購買によって，設備を設置し，運転，修理，廃棄・取替えにより運用，保全を経て廃却・再利用に至るまで設備を効率的に活用するための管理」のことをいう。すなわち，設備の一生涯の管理のことである。

設備管理の対象は，図 4.1 に示すように，設置，運転，修理，廃棄・取替え（狭義）である。

設備管理において重要なことは，設備の劣化損失と保全費（保全の費用）を最小化することである。

(1) 劣化損失

$$劣化損失 = 生産減損失 + 品質低下損失 + コスト損失$$
$$+ 納期遅れ損失 + 安全低下損失$$

- 生産減損失 = 減産量 ×（販売単価 − 変動費）
- 品質低下損失 = 格下品販売価格差損失
- コスト損失 = 材料費，動力費，労務費

[*1] TPM の商標，ロゴマークは，日本プラントメンテナンス協会の登録商標または商標である。

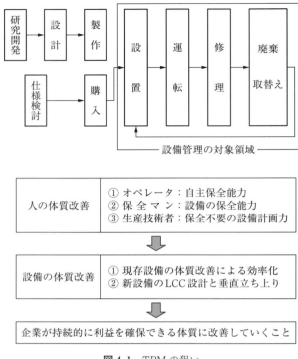

図 4.1 TPM の狙い

- 納期遅れ損失 = ペナルティ
- 安全低下損失 = 災害損失

(2) 保全費

保全費は次式で表される。

$$保全費 = 日常保全費 + 設備検査費 + 修理費$$

この費用の最小化のために，機械・設備の生産保全（Productive Maintenance）が必要である。生産保全は，事後保全（Breakdown Maintenance），予防保全（Preventive Maintenance），改良保全（Corrective Maintenance），保全予防（Maintenance Prevention）の4つの手段方法がある。事後保全は，設備が故障して停止したり，性能の低下をきたしてから修理する保全である。予防保全は，故障しないように，あらかじめ適切な処置を施し，設備が常に機

能を十分に発揮して働いてくれる状態を維持する保全である。改良保全は，設備が故障を起こさない，あるいは点検や修理がしやすい，危険のない設備に改良する保全である。保全予防は，新しい設備を計画するときに，生産保全の考え方を取り入れ，故障しない（保全性の良い）設備を設計したり選んだりする保全である。保全予防は改良保全から発展した保全の方法である。このような生産保全は，TPM（Total Productive Maintenance）という全員参加による小集団活動をベースにした自主保全として展開される。

さらに，設備管理において，IoT（Internet of Things：モノのインターネット化）や人工知能（AI）を使った技術革新や機械や部品などの物理的な（Physical）ものと，計算やシミュレーション主体の仮想（Cyber）を統合して製造に関するデータを収集・解析し，故障診断や予測，予兆検知を統計的に行う試みも進んでいる。

4.1.2　TPM の狙い

TPM（Total Productive Maintenance）は，"人と設備の体質改善によって，企業が持続的に利益を確保できる体質に改善していくこと"を狙いとした活動である。

"人の体質改善"とは，人間の考え方や行動を変えることである。考え方や行動をどう変えるのか，それはコンピュータ化，多品種少量生産や労働関連法規などによる生産構造の変化に対応した労働の質的変化をさせることである。いわば"設備に強い人づくり"をすることである。

オペレータは"自分の設備は自分で守る（自主保全）"能力を身につけること，そして保全マンは設備の保全能力をもつこと，また設備計画を担当する生産技術者は保全予防の設備計画能力をもつようにならなければならない。

また，"設備の体質改善"は，人間がやることであり，その人間の考え方や行動が変わらなければ，設備の徹底した体質改善はできない。そして，考え方や行動を変えることによって，設備の体質改善ができ，設備が変わったことを体験して，人間の考え方や行動の変化が一層促進される。つまり，人が変わることによって設備が変わり，設備が変わることによって人が変わるといった相互作用が同時進行するのである。まだ，現存設備は，段取り・調整に時間がか

第Ⅲ編　基本科学編

かりロスが大きい。これまで以上に多品種少量生産型に対応した，段取り・調整が瞬間的にできるように改善していかなければならない。また，設備の汚れ，給油不良，緩み・ガタなどの放置により故障やチョコ停，不良などのロスが発生することもあるが，これらのロスを徹底的に排除して生産効率を極限まで高め得るように設備の体質改善をすることが必要である。さらに，現存設備の体質改善で得られた MP 情報を新設備の計画段階にフィードバックして，LCC 設計と垂直立上がりを行う。LCC 設計とはイニシャルコストとランニングコストの合計すなわちライフサイクルコスト（LCC：Life Cycle Cost）を最小にする設計であり，垂直立上がりとは設備の据付けからフル生産までの初期流動期間を最短にすることをいう。

4.2　TPM の定義と基本理念

4.2.1　TPM の定義

TPM の定義は，1971 年に TPM を提唱したときに定めたものと，その後の TPM の発展に対応して 1989 年に定めたものと 2 つある。前者は「生産部門の TPM」の定義であり，後者は「全社的 TPM」の定義である。

TPM の普及発展とともに，生産効率の極限追求のためには，生産部門のみを対象としていたのでは不十分であり，生産・開発・営業・管理などのあらゆる部門にわたって，TPM の全社展開が必要とされるようになった。そこで，このような実態を踏まえて「全社的 TPM」の定義を 1989 年に定めたのである。

4.2.2　TPM の基本理念

TPM の本質理解に役立てるために，全社的 TPM の定義から "TPM の基本理念" として 5 つのキーワードが抜き出されている。すなわち，全社的 TPM の定義と TPM の基本理念との関係は，図 4.2 のように示される。

816

第4章　TPMの基本

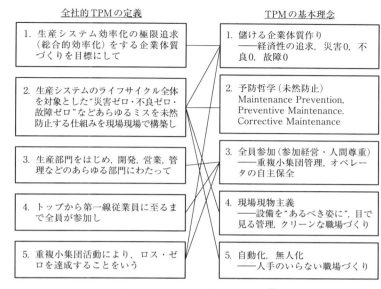

図 4.2　TPM の定義と基本理念[1]

4.3　TPM の展開

4.3.1　全社的体質改善活動と TPM の関係

日本の製品品質や生産性が優れているのは，日本式の"モノづくり"の仕組みにあるとして，世界中から注目されるようになった．なかでも TQC と JIT（ジャスト・イン・タイム）は顕著である．これらは，いずれも全社的体質改善活動であるといえる．日本では，すでに TQC や JIT を実施している企業が多い．全社的体質改善活動といわれる TQC と TPM，また JIT と TPM はどんな関係にあるのか，以下にその要点を述べる．

表 4.1 は TQC と TPM の特色を比較をしたものである[1]．TQC も TPM もその目的は同じで，企業の体質改善（業績向上・明るい職場づくり）を目指している．この目的を達成するための手段・方法に両者それぞれ特色がある．

表 4.1 に示されるように，TQC では管理の対象が"品質"であるのに対し

第Ⅲ編　基本科学編

表 4.1　TQC と TPM の特色，比較

分　野	TQC	TPM
目　　的	企業の体質改善 （業績向上・明るい職場づくり）	
管理の対象	品　　質 （アウトプット側，結果）	設　　備 （インプット側，原因）
目的達成の 手　　段	（システム化・標準化） ―ソフト志向―	現あるべき姿の実現 ―ハード志向―
人づくり	管理技術中心 （QC 手法）	固有技術中心 （設備技術，保全技能）
小集団活動	自主的なサークル活動	職制活動と 小集団活動の一体化
目　　標	PPM オーダーの品質	ロス・ムダの徹底排除 （ゼロ志向）

出典：文献 1)

て，TPM の対象は "設備" である。また，目的達成の手段として，TQC では "管理の体系化" が強調されるのに対して，TPM では "現場現物のあるべき姿の実現" すなわち設備そのものを強制劣化のないクリーンな効率のよい姿にするのである。人づくりでは，TQC が "管理技術中心（QC 手法）" の教育訓練であるのに対して，TPM では設備の固有技術中心すなわち "設備に強い人づくり" を行う。

　TQC の小集団活動，すなわち "QC サークル" が自主的なサークル活動であるのに対して，TPM では，"職制活動と小集団活動の一体化" つまり仕事として全員参加で小集団活動を自律的に行うのである。

　また，TQC では "PPM オーダーの品質" を目標としているが，TPM では，"ロス・ムダの徹底排除" すなわち "災害ゼロ・不良ゼロ・故障ゼロ" など，あらゆるロス・ムダをゼロにすることを目標にしている。この目標を達成するために，生産の効率化を阻害する 16 のロスを，大きく 3 つに分類してその低減に挑戦する活動を展開していく（図 4.3 参照）。すなわち，設備の効率化を阻害するロスとして　①故障ロス　②段取り・調整ロス　③刃具ロス　④立ち上がりロス　⑤チョコ亭・空転ロス　⑥速度低下ロス　⑦不良・手直しロス　⑧SD（シャットダウン）ロスを，人の効率化を阻害するロスとして　⑨管理ロス　⑩動作ロス　⑪編成ロス　⑫自動化置換ロス　⑬測定調整ロスを，さらに原単位の

818

第4章 TPMの基本

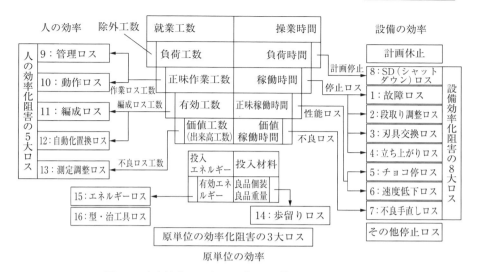

図4.3 生産活動における16大ロス（加工・組み立て型）
出典：文献2）

効率化を阻害するロスとして ⑭歩留りロス ⑮エネルギーロス ⑯型・治工具ロス，これらのロスを指標として設定して，そのロスの徹底排除により，コストを下げ，業績改善につなげるのである．さらに，TPMによるロス・ゼロの維持と改善は，ISOによるマネジメントシステムやTQMによる標準化・体系化と融合させることで，より効果のあるものになる．

一方，今日ではTQCはマネジメントの常識となっているが，TQCをやっているからといって競争相手に勝てる保証はない．TQCに加えてTPMを実施することが企業生き残りへの1つの道となる．

では，JITとTPMの関係はどうなのであろうか．JITの「トヨタ生産方式」は，図4.4に示すように「徹底したムダの排除」が強調される．トヨタ式の作り方は，「多工程持ち」「流れを作る」「不良を作らない」ことであり，「JIT（ジャスト・イン・タイム）」生産と「自動化」が2本の柱だとしている．

JITは多品種少量生産で，流れを作り，混流生産，在庫ゼロで，生産期間短縮と低コストの極限化を狙った生産方式である．

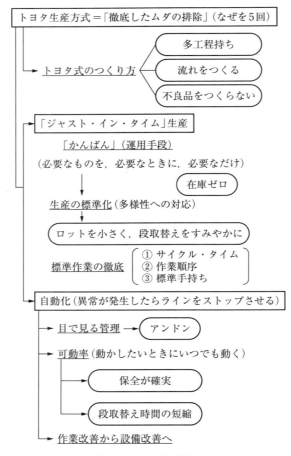

図 4.4 トヨタ生産方式
出典）大野耐一：トヨタ生産方式，ダイヤモンド社，1978

　JIT と TPM の関係は，TPM を最初に始めたのがトヨタ・グループであったことから，両者の基本理念は「徹底したムダの排除」をはじめ，共通点が多い。

　JIT の目指す「ジャスト・イン・タイム」「在庫ゼロ」「不良ゼロ」を完全に実施するためには，「自動化」ラインの故障やチョコ停などのトラブルをゼロにするためには TPM が不可欠である。

第4章　TPMの基本

表4.2

区分	JIT（TPS）	TPM
起源	スーパーマーケット方式（プル方式）	予防保全（PM：Preventive Maintenance）生産保全（PM：Productive Maintenance）
管理の対象	在庫　3ム（ムリ・ムダ・ムラ）	設備・人・原単位ロス
達成手段	ジャスト・イン・タイム現場現物・儲けるIE	あるべき姿の追求現場現物・原理原則
人づくり	多能工化	固有技術中心（設備技術，保全技術）
組織・運営	職制専門スタッフ	重複小集団，専門部会ステップ方式
目標	在庫ゼロ	ロス・ゼロ（災害ゼロ・不良ゼロ・故障ゼロ）

出典　http://www.jmac.co.jp/tpm/tpm/　:「TPM」（日本能率協会コンサルティング：すぐわかるTPM入門）
注：TPMの商標，ロゴマークは，日本およびその他の国における公益社団法人日本プラントメンテナンス協会の登録商標または商標である。

　逆の見方をすると，自動化・無人化が進み，JIT生産をしている工場でのTPMの効果が大きいということができる。

　このように，JITとTPMは密接不可分の関係にあり，相乗効果が期待されるものであるからJITに続いてTPMを導入し，一元的に展開するのがよいとされる。

　それらの関係は，表4.2のようにまとめられる。

4.3.2　設備生産効率の測定と故障ゼロ対策

(1)　生産効率の測定

　TPMでは生産効率の極限追求を目標としているが，そのための効率を測定する指標として"設備総合効率"を用いている。

　設備総合効率は図4.5に示すように，設備の7大ロスと関連づけて算出する。すなわち，設備総合効率 ＝ 時間稼働率 × 性能稼働率 × 良品率であり，時間稼働率は，①故障，②段階・調整による停止ロスの大きさを示すものであり，性能稼働率は，③空転・小停止（チョコ停），④速度低下による速度ロスの大きさを示す。また，良品率は，⑤工程不良，⑥立上り歩留り低下による不

821

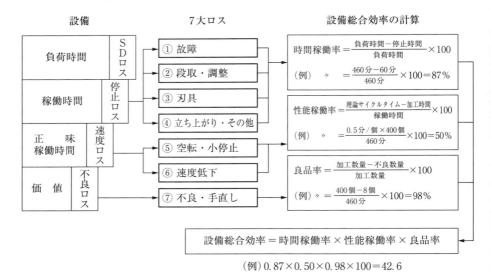

図 4.5 設備の7大ロスと設備総合効率の関係
出典：文献 3)

良ロスの大きさを示す。

ここでの例は，目標として，経験的に時間稼働率 90％以上，性能稼働率 95％以上，良品率 99％以上で，これらの相乗積である設備稼働率は 85％以上を目指している。TPM 導入以前の設備総合効率は 40〜60％がほとんどであり，したがってこれを 85％以上とすることによって現存設備で 1.5〜2 倍の生産を可能としている。

断続バッチ生産，繰返しロット生産の場合は，設備総合効率を設備または生産ラインごとに1日または1直当たりで算出する。1日 24 時間，年間連続生産の場合は，年間の設備総合効率を算出する。

(2) 故障ゼロ対策

故障は諸悪の根源である。一般に，故障といえば設備が止まる故障だけと考えられがちであるが，故障には次の2つがある。

- 機能停止型故障…設備が突発的に止まる故障
- 機能低下型故障…動いてはいるが，工程不良その他のロスを発生させる故障

第4章　TPMの基本

　この2つの故障をゼロにすることによって，設備のロスを削減することができる。そして，故障をゼロにするための対策として，
　① 基本条件を整える：保全の基本条件すなわち清掃・給油・増締めの励行
　② 使用条件を守る：圧力，温度，速度，流量などの使用条件を守る
　③ 劣化を復元する：摩耗，腐食，疲労，絶縁低下などの劣化の復元
　④ 設計上の弱点を改善する：材質選定のミスや機構的な欠陥などの改善（改良保全）
　⑤ 技能を高める：運転と保全のミスをしないための教育訓練
の5つがあげられる。
　TPMでは，これらの故障ゼロへの5つの対策として，図4.6に示すように5本柱（5つの活動）を展開する。
　すなわち，
　① 個別改善
　生産ライン（プロセス）や設備ごとにロスを調査し定量化して，ロスを減らし「真のもうけ」を得る活動。
　② 自由保全
　自主保全ロスを防ぐ活動であり，自分の設備は自分が守る自主自律体質を築く活動
　③ 計画保全
　保全部門による設備の劣化診断と復元，改良保全による寿命延長，故障ゼロ

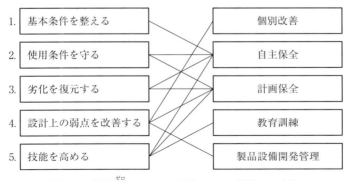

図4.6　故障0（ゼロ）への5つの対策—TPM展開の5本性

823

第Ⅲ編　基本科学編

と最適保全費を図る活動。

④　教育訓練

仕事を進めるうえで必要な知識や技能を整理し，ロスを減らす・防ぐための
スキルアップを図る活動。運転・保全のスキルアップ訓練など。

⑤　製品設備開発管理

製品や設備の開発・設計段階において，生産時発生が予想されるロスを防
ぎ，垂直立上げを図る活動。LCC 設計，垂直立上げなど。

一般的な TPM 活動では，この 5 つの柱に加えてさらに「3 つの柱」が追加
されることになる。なお，3 つの柱の活動は，次のとおりである。また，企業
の実態に応じて「柱（活動）」が追加される。

⑥　品質保全

不良の出ない条件設定とその維持管理，不良の発生の可能性を予知し事前に
対策するという不良ロスを防ぐ活動。

⑦　管理・間接部門の効率化

生産現場のロスを減らす・防ぐを支援するとともに，自部門における同様な
活動。

⑧　安全・衛生と環境の管理

災害ゼロ・公害ゼロ・ゴミゼロ，さらに省資源，省エネ（CO_2 削減），快適
職場の実現を狙う活動。

4.3.3　TPM 展開プログラムの概要

表 4.3 は，TPM の導入から成果の定着までの 12 ステップを "TPM 展開プ
ログラムの 12 ステップ[1)]" として示したものである。

この TPM 展開プログラムは，大別すると，次の 4 つの段階に分けられる。

- 導入準備段階：ステップ 1〜5
- 導入開始：ステップ 6−TPM のキックオフ
- 導入実施段階：ステップ 7〜11
- 定着段階：ステップ 12

導入準備段階は，事業場の規模によって異なるが 3〜6ヶ月かける。特に導
入教育と目標設定に時間がかかる。TPM とは何か，をトップから第一線まで

第4章　TPMの基本

表4.3　TPM展開プログラムの12ステップ

区分	ステップ		要点
導入準備段階	1. トップのTPM導入決意宣言		TPM社内講習会で宣言　社内報に掲載
	2. TPMの導入教育とキャンペーン		幹部：階層別合宿研修 一般：スライド映写会
	3. TPM推進機構づくり		委員会専門分科会 事務局
	4. TPMの基本方針と目標の設定		ベンチマークと目標効果予測
	5. TPM展開のマスター・プラン作成		導入から受審まで
導入開始	6. TPMのキックオフ		納入先 関係会社 ｝招待 協力会社
導入実施段階	7. 生産効率体制づくり		生産効率化の極限追求
		7.1 個別改善	プロジェクト・チーム活動と職場小集団活動
		7.2 自主保全	ステップ方式，診断と合格証
		7.3 計画保全	改良保全・定期保全・予知保全
		7.4 運転・保全のスキルアップ訓練	リーダーの集合教育とメンバーへの伝達教育
	8. 新製品・新設備の初期管理体制づくり		つくりやすい製品開発と使いやすい設備づくり
	9. 品質保全体制づくり		不良の出ない条件設定とその維持管理
	10. 管理間接部門の効率化体制づくり		生産支援・自部門の効率化・設備の効率化
	11. 安全・衛生と環境の管理体制づくり		災害ゼロ・公害ゼロ体制づくり
定着段階	12. TPM完全実施とレベルアップ		PM賞受審 より高い目標に挑戦

出典：文献2)

　全員に理解させるのが導入教育である。目標設定は，設備総合効率をはじめ P，Q，C，D，S，M について，まず現状のデータを把握してこれをベンチマークにし，PM賞受審年度までに到達すべき目標を決める。

　また，準備段階でモデル設備を選んで，管理者層が自主保全・個別改善に取り組み，効果を上げてみせるモデル先行方式をとる。

　導入準備段階では管理者層が中心で準備を進めるが，ステップ6のキックオフで，そこから全員参加でTPMの実施に入る。一般にキックオフ大会と称して，トップから第一線までできるだけ多数が参加し，改めてTPM導入を全員が決意するためのイベントが行われる。

　導入実施段階のステップ7と8は，ロス・ゼロ対策で述べたTPM展開の5本柱である。ただ，ここでは初期管理体制づくりを新製品開発にまで遡り，

825

第Ⅲ編　基本科学編

"作りやすい製品開発と使いやすい設備づくり"を目指している。

　また，さらに TPM 展開の 5 本柱にさらに次のような 3 本柱を加えて，8 本柱によって全社的 TPM が展開されている。すなわち

　ステップ 9：品質保全体制づくり

　ステップ 10：管理間接部門の効率化体制づくり

　ステップ 11：安全・衛生と環境の管理体制づくり

　8 本柱のすべてにステップ方式が用いられ，"ステップ方式"が TPM の大きな特色の 1 つになっている。

　ステップ 12：ステップ 12 が定着段階である。

　TPM の完全実施とレベルアップであるが，この段階で PM 賞の受審をする。事業場の規模によって異なるが，一般に TPM 導入開始から PM 賞受審まで 2.5〜3 年以上かかるといわれている。

　このように TPM に関わる諸活動を通して「生産システム」のパフォーマンスが最大限に引き出されることになる。まずは発生しているロスをなくし，そしてあらゆるロスを未然防止する仕組みを「現場・現物」で作り上げ，さらに，故障しない設備，不良が出ない設備，災害が出ない設備などを実現していくことの重要性を確認したい。

4.4　21 世紀の工場と TPM 展開

　表 4.4 は 21 世紀の工場と TPM 展開の関係を示したものである。表の左側にあるとおり，21 世紀の工場は，次のようなものであろう。

　①　新製品・ハイテクの開発力のある工場

　②　Q・C・D の競争力のある工場

　③　生産技術開発力のある工場

　④　無人運転のできる工場

　⑤　従業員が豊かな暮らしのできる工場

　⑥　無公害，無災害，クリーンルーム並の工場

　このような 21 世紀の工場を作るためには，表の右側に示したような TPM 展開が求められる。

第 4 章　TPM の基本

表 4.4　TPM による 21 世紀工場づくり

21 世紀の工場	TPM 展開
1.　新製品・ハイテクの開発力のある工場	・作りやすい製品開発 ・垂直立上げ ・開発技術者の増強
2.　Q・C・D の競争力のある工場	・TPM の全社展開，CIM（computer integrated man-ufacturing）の導入 ・品質保全 ・在庫削減，リードタイムの短縮
3.　生産技術開発力のある工場	・使いやすい製品開発 ・多品種少量生産型設備の開発 ・専用機・型治工具の内製化 ・生産技術者の増強
4.　無人運転のできる工場	・故障ゼロ，チョコ停ゼロ，不良ゼロ ・保全不要の設備設計 ・保全の自動化 ・CBM（Condition Based Maintenance）
5.　従業員が豊かな暮らしのできる工場	・生産部門，管理間接部門の効率化 ・労働時間短縮 ・高収益，高賃金で豊かな暮らし
6.　無公害，無災害，クリーンルーム並の工場	・3K（汚い，きつい，危険）追放 ・人間らしく働ける環境づくり

　また 21 世紀の工場は，人工知能（AI：artificial intelligence）の導入により，工場のエネルギー消費が少なく，作業時間もさらに短く，品質も向上する。さらにロボット同士が情報を共有し，ロボットや装置が自らカイゼンのアイデアを提案するなどが現実になる。

4.5　TPM 活動の成果測定・評価

4.5.1　TPM 成果達成活動の意味

　TPM 活動における成果達成の活動の意味は，TPM 活動に関わるメンバーの全員が一丸となって達成するところに意味がある。組織を預かる各階層のリーダーに限らず，メンバーの全員が行うものであるからである。
　サークルレベル，係長レベル，部・課長レベル，工場長レベルなどの各階層別に目標を設定し，それを達成するためにそれぞれの階層ごとに具体的な活動を行い，全員が一丸となって目標を達成しなければならない。
　また，これらの成果が企業経営にどう貢献したか，何が問題か，それを解決

表 4.5 経営レベル別の成果指標とアクション

	工場長レベル	部・課長レベル	係長レベル	サークルレベル
成果指標	1. 製造原価 2. 製造経費 3. 労働生産性 4. 付加価値生産性 5. 省人化率 6. 収益改善額 7. 仕掛り品削減率 8. 仕掛り品回転率 9. クレーム点数 10. 安全（将来災害件数）	1. 設備総合効率 2. 時間当りの出来高生産性 3. 労働生産性 4. 製造原価 5. 製品1個当りの刃具費 6. 材料費・仕損費 7. 無人運転時間率（台数・時間） 8. 無人運転成功率 9. 省人化（自動化・効率化） 10. 製造経費削減率 11. 保全費用 12. クレーム件数 13. 型・治工具ロス 14. エネルギー 15. 安全 16. 個別改善の累積効果（金額） 17. 材料歩留りロス 18. 提案件数	1. SDロスの推移 2. 故障件数 3. 段取り改善時間 4. 刃具交換時間 5. 立上がり時間 6. チョコ停改善件数 7. 速度低下ロス改善件数 8. 不良・手直し件数 9. 時間稼働率 10. 性能稼働率 11. 良品率 12. 個別改善の累積効果（金額） 13. 個別改善の解決テーマ数 14. 省人化 15. 工数低減 16. 提案件数	1. 清掃時間短縮 2. 点検・給油時間短縮 3. オイル補充の削減量 4. 小改善の累計数 5. 見つけて良かった事例数 6. 故障解析件数 7. チョコ停改善件数と推移 8. 段取り改善時間と推移（1日当たり） 9. 刃具交換時間の推移
アクション	1. 工場長方針の目標は達成されたか 2. 目標未達成の課に対し、どう支援するか ・課長に対する支援 ・プロジェクト活動で支援するか	1. 目標は達成したか 2. 目標未達成の場合 ・達成するための重点課題は ・係長クラスに解決させる課題 ・他部門に解決を依頼する課題は 3. 目標達成の場合 ・工場長の成果指標への寄与度は ・さらに良くするための課題は	1. 目標は達成したか 2. 係長としての反省事項は 3. ロス構造は変化したか 4. 今後取り組むべきロス項目は何か 5. 係長としての重点課題は 6. 係長として解決できる課題 ・自分で解決できる ・他部門の協力が必要なのは何か 7. 解決するのに技術的に弱い点は 8. サークル活動のテーマは、いまのままでよいか 9. サークル活動の弱点はないか	

出典：文献4)

第4章　TPMの基本

するにはどうするかが理解され，アクションとして実行されなければならない。それには経営目標とTPM目標が一体化されている必要がある。

　各階層別の成果指標と，それぞれの階層が行うべきアクション（行動）について表4.5に示しておく。

4.5.2　TPM活動の成果測定・評価

　TPM活動の成果とは，ある一定の期間でとらえた成果のことであり，それを高めるためには，一般的に以下の2つが重要なポイントとなる。

① 職場で働く人たちが，積極的，主体的に，業務と問題解決に取り組めるようにする。

② 業務と業務の組み合わせ，すなわち，階層間の連携と仕組みの生産性を高める。

　職場で働く人たちが，業務に積極的，主体的に取り組めない，あるいは，業務の仕組みが悪く生産性が上がらないというようなことがあるなら，そこには何らかの原因がある。職場で働く人たちは，分業と協業で結び付いているため，そこには，お互いの業務の内容や方法が深く関係している。そのため，成果を高めるためには，お互いが原因になり，結果になるような問題を解決しなければならない。この種の問題は，お互いがよく話し合う必要がある。すなわち，組織的に解決しなければならない問題である。ここで重要なことは，Plan-Do-Check-Actというマネジメント・サイクルを回して，TPS活動の成果について話し合うことである。マネジメント・サイクルを回すことで，階層間のあり方，仕組みのあり方の改善の必要性が浮かび上がり，組織活動のなかにTPS問題解決活動が位置づけられることになる。

　また，日常業務とTPS問題解決活動とは別であるということを認識しなければならない。TPS問題解決活動は，日常業務を改善する活動であるため，日常業務とは別に，問題解決活動のための時間を設けなければ，進めることはできない。

　この時間を設けることができない限り，TPS活動の成果を高めるための問題解決は行えない。以下に，成果の測定・評価において留意するべき点をあげておく。

第Ⅲ編　基本科学編

表 4.6　TPM の効果と測定評価項目（経営全般）

分類	No.	項目	算定式	内容
経営全般	1	売 上 高	実数値	
	2	経 営 利 益	営業利益－営業外収益－営業外費用	
	3	総 資 本当 期 利 益 率	$\dfrac{\text{当期利益(税引前)}}{\text{総資本}} \times 100$	
	4	付 加 価 値生 産 性	$\dfrac{\text{年付加価値}}{\text{従業員数}}$	
	5	固 定 資 産回 転 率	$\dfrac{\text{純売上高}}{\text{固定資産}}$	固定資産の利用度を示すもので，高いほど設備用資産が十分に活用されている
	6	新製品・新技術 開 発 件 数	実数値	
	7	自 己 資 本利 益 率	$\dfrac{\text{年間純利益}}{\text{年間売上高}} \times 100$	
	8	1 人 年 間純 利 益	$\dfrac{\text{年間純利益}}{\text{従業員数}} \times 100$	
	9	売上高利益率	$\dfrac{\text{純利益}}{\text{年間売上高}} \times 100$	
	10	製品革新比率	$\dfrac{\text{3年以内に開発した製品売上高}}{\text{全製品売上高}} \times 100$	

出典：文献 5)

① 階層別の活動結果が成果に結び付いているか

② その結果から，重点課題が発掘できるか

・目標未達成ならば，達成すべき重点課題

・目標達成ならば，さらに良くするための重点課題

③ 階層別の成果が工場全体の収益改善，原価低減にどう結び付いているのかの評価

・階層別（サークル，係長，部・課長，工場長）の成果指標が一貫して体系化されているか

・階層別の重点課題がわかるか

これらから，課題を整理し，TPS 問題を解決していくことが求められる。なお，その一助となる測定評価項目を表 4.6，表 4.7，表 4.8 に示している。

また，TPM 活動の主要な「16 大ロス」の低減成果は，重要活動指標（KMI：Key Activity Indicators），標準化の項目である SOP（Standard Operating Procedure）や主要業績評価指標（KPI：Key Performance

第4章 TPMの基本

表4.7 TPMの効果と測定評価項目（生産）

分類	No.	項目	算定式	内容
生 産	1	生産性	$\dfrac{\text{生産費(生産金額)}}{\text{労働人員数(延べ労働時間)}}$	単位労働量当たりの産出量
	2	設備総合効率	時間稼働率 × 性能稼働率 × 良品率	現状設備が時間的，速度的，品質的な面から総合して，製品を生み出す時間にどれだけ貢献しているか
	3	時間稼働率	$\dfrac{\text{負荷時間－停止時間}}{\text{負荷時間}}$	負荷時間に対し，設備の停止時間（故障，段取り，調整など）を外した稼働時間との比率
	4	性能稼働率	$\dfrac{\text{出来高×実際サイクルタイム}}{\text{負荷時間－停止時間}} \times \dfrac{\text{基準サイクルタイム}}{\text{実際サイクルタイム}}$	速度ロスを算出する指標，時間稼働率に現れない速度ロスの算出
	5	良品率	$\dfrac{\text{投入数－不良率}}{\text{投入数}}$	投入数量に対する良品数の割合
	6	故障件数	実数値	突発故障件数
	7	故障強度率	$\dfrac{\text{故障停止時間の合計}}{\text{動作時間の合計}}\times 100$	故障のために設備が停止した時間の割合
	8	故障度数率	$\dfrac{\text{停止回数の合計}}{\text{動作時間の合計}}\times 100$	負荷時間当たりの故障発生割合
	9	MTBF	$\dfrac{\text{動作時間の合計}}{\text{故障停止回数の合計}}\times 100$	故障から故障までの動作時間の平均
	10	MTTR	$\dfrac{\text{修復時間の合計}}{\text{修復回数の合計}}$	修復時間の平均
	11	段取り時間	実数値	
	12	チョコ停発生回数	実数値	
	13	機械器具装備率	$\dfrac{\text{機械装置－工具器具備品－車両運搬装置}}{\text{従業員数}}$	
	14	設備投資効率	$\dfrac{\text{加工高}}{\text{設備資産}}\times 100$	設備資産が加工高に占める割合，資本の生産性をみる
	15	計画保全達成率	$\dfrac{\text{実施件数}}{\text{計画件数}}<100$	
	16	予防保全率	$\dfrac{\text{PM費－CM費}}{\text{PM費＋CM費＋BM費}}\times 100$	
	17	自動化率	$\dfrac{\text{自動化要素作業数}}{\text{全要素作業数}}\times 100$	設備，ラインにおける要素作業のうち，自動化された率。要素作業とは，製品の取付け，加工，品質チェック，取外し，搬送の5項目

出典：文献6)

第Ⅲ編　基本科学編

表 4.8　TPM の効果と測定評価項目（PQCDSM）

分類	No.	項目	算定式	内容
生産 (P)	1	無人化	夜間・昼間時の残存率	
	2	手直し		不完全な部分を直すこと
	3	歩留り		材料の消費の有効度
品質 (Q)	1	工程内不良	実数値	
	2	クレーム件数	実数値	
	3	既納入返品率	$\dfrac{既納入返品個数}{納入個数}\times10^6(PPM)$	
	4	品質評価	品質損益分岐点 $-\dfrac{1製品単位の検査費用}{1個の不良品によって発生する損失}$	
	5	市場クレーム金額	実数値	
原価 (C)	1	合理化金額	実数値	
	2	保全費	実数値	
	3	資本回転率	$\dfrac{純売上高}{固定資産}$	固定資産の利用度を示す 高いほど設備資産が十分に活用されている
	4	固定資産廃却額	実数値	
	5	減価償却費	$\dfrac{減価償却費}{固定資産}\times100$	
納期 (D)	1	ズレ日数	実際納入日 － 約束納入日	
	2	製品滞留日数	$\dfrac{製品平均残高}{月平均売上高}$	
安全衛生 (S)	1	災害度数率	$\dfrac{休業災害件数}{労働時間}\times10^6$	災害の発生比率を示すもので，労働時間100万時間当たりの件数
	2	強度率	$\dfrac{労働損失日数}{延べ労働時間}\times1,000h$	災害の程度を示すもので，延労働時間1,000 時間に対する傷害のために失われた日数の比
教育・モラール (M)	1	サークル活動時間	実数値	
	2	サークル活動回数	実数値	
	3	改善提案件数	実数値	
	4	社外発表会数	実数値	
	5	公的資格	実数値	
	6	ミスオペ件数	実数値	
	7	教育受講者数	実数値	
	8	必要書類取り出し時間	実数値	
	9	自主保全率	$\dfrac{オペレータ処置件数}{総故障件数}\times100$	

出典：文献7)

832

第4章　TPMの基本

Indicators）との対比で評価し，そして最終的に経営の管理指標である主要経営指標（KMI：Key Management Indicators）に対してどれほど貢献したかを評価することになる。

〈参考文献〉

1) 中嶋清一，白勢国男監修：生産革新のための新・TPM展開プログラム，組立加工編，日本能率協会コンサルティング，1992
2) 文献1），p.14
   https://www.ipros.jp/technote/basic-tpm/「TPM（全員参加の生産保全）の基礎知識」
3) 文献1），p.40
4) 文献1），p.427
5) 文献1），p.428
6) 文献1），p.429
7) 文献1），p.430
8) JIPMソリューション（編集）：現場が主役のTPM—ムリ・ムダ・ムラをなくすための鉄則51，日本能率協会コンサルティング，2010
9) 中嶋清一：生産経営革新手法TPMの実践教科書 自己実現・参画型経営で飛躍的な成果を上げよ，日本能率協会マネジメントセンター，2014
10) 日本プラントメンテナンス協会：21世紀FirstAgeのTPM潮流— TPMパート1・2・3の推進コンセプト，2002
11) 鈴木徳太郎：リーンマネジメントとTPMイノベーション，日本能率協会マネジメントセンター，2012

佐藤　勝尚

5 管理図の基本

5.1 管理図とは

　管理図とは，製品を製造する工程が安定した状態か否かを判断するための図である。管理図では，中心線（CL）とその両側に統計的に求められた管理限界線（UCL と LCL）が引かれ，データの時系列なプロットから，そのデータのバラツキが，① 偶然原因によるバラツキか，② 異常原因によるバラツキか，を判断する。管理図を用いることで，品質不良や工程の異常問題を発見することができるので，それら問題の対策をとることができる。 管理図は，工程の状態や問題原因がつかめていない場合，ある期間のデータを取り，どこにバラツキの原因があるのかを見る「解析用管理図」と管理限界線を外れた異常を検出する「管理用管理図」とに，その使用目的は分かれる。解析用管理図と管理用管理図は，"標準値（ある特定の要求値または目標値）"の有無に応じて区分される。

　工程を管理していくためには，現在生じているバラツキがどの原因によるものかを判断し，偶然原因によるバラツキであればこれを維持し，異常原因によって生じたバラツキであればその異常原因を見つけて除去し，2度と同じ原因によるバラツキが発生しないように適格な処置をとることになる。工程の状態を表す特性値がプロットされたとき，すべての点が上下2本の管理限界線内にあり，点の並び方にクセがなければ，工程は"管理状態にある"と見なすことができる。一方，点が限界線外に出た場合や点の並び方にクセが表れた場合に

第Ⅲ編　基本科学編

は，工程は "管理状態にない" といい，工程に異常状態が生じていると判断して，その原因を調べて処置をとることが必要となる。

5.2　管理図の分類

5.2.1　管理図の分類

管理図は "統計量" と "使用目的" の2つに分類される。

(1) 統計量による分類

原材料や製品の品質を表す統計量のデータには，"計量値" と "計数値" がある。計量値とは，長さ m，質量 g，のように連続量として測定される品質特性のデータの値である。計数値とは，不良品の数，欠点数のように個数で数えられる品質特性のデータの値であり，正の整数値をとる。データの種類によって使用する管理図は，次のように分類される。

a.　計量値の管理図

①　$\overline{X}$-R 管理図

工程についての情報が多く得られる管理図である。重量，寸法，収量，強度など，計量値によって工程を管理する場合に用いる。$\overline{X}$は群の平均値，R は群の範囲である。$\overline{X}$管理図は群の平均値の変化を見るために$\overline{X}$-R 管理図は群内のバラツキの変化を管理するために使われる。$\overline{X}$管理図と R 管理図は一組にして使われる。

②　Me-R 管理図

$\overline{X}$-R 管理図と同様であるが，平均値$\overline{X}$の代わりにメディアン Me を用いる。Me は，データを大きさの順に並べた真中の値である。

③　X-R_s 管理図

個々のデータによって管理するためのもので，得られたデータをそのまま1点ずつプロットして管理図とする。1日間，1週間，1ヶ月間などのようにデータの得られる期間が非常に長い場合，また群に分けられない場合など，特殊な場合に用いられている。移動範囲R_s（お互いに隣合った2つのデータの差）を求めて "X-R_s 管理図" としたり，$\overline{X}$-R 管理図と併用し "X-$\overline{X}$-R 管理図"

836

とする。これは，X 管理図だけでは工程の平均値とバラツキのいずれの変化によるものか区別できないためである。

b. 計数値の管理図

① np 管理図と p 管理図

製品が1個ごとに良品と不良品に判別される場合や1級品と2級品に格付けされる場合などにおいてサンプル全体のなかの不適合品数（不良品数または2級品数）を求め，これによって工程を管理するときに使う。サンプル数 n が一定で不適合品数（不良品数）np を問題にするときには np 管理図を，サンプル数 n が一定でない場合，すなわち不適合品率（不良品率）p を問題にするときには p 管理図を使う。np 管理図および p 管理図は，二項分布に従う計数値に使われる。

② c 管理図と u 管理図

メッキした金属表面のキズやピンホール，織物の織りムラなど，製品のなかの欠点数によって工程を管理するときに用いる管理図である。製品の大きさが一定の場合には欠点数 c による c 管理図を，製品の大きさが異なる場合には単位当たりの欠点数 u による u 管理図を使う。c 管理図および u 管理図は，ポアソン分布に従う計数値に使われる。

(2) 使用目的による分類

a. 工程の現状把握や要因の解析のため（標準値が与えられてない管理図を使用） 工程の現状把握や要因の解析には，標準値が与えられていない管理図を使うことになる。データを原料別，装置別，組別，季節別などの層別，測定したデータで管理限界線の計算，ヒストグラムの作成により解析・検討を行うために管理図を使用する。データの分け方（群分け）を変えて管理図を描き，「どこに違いがあるか」，「どれが管理状態にないか」などを調べる。バラツキが大きかったり，平均値がネライ値と異なっている場合には，その原因を調べてアクションをとる。標準値が与えられてない管理図は，そのほかに「方針決定のため」，「工程能力調査のため」および「工程の状態を推定するため」などに使われる。

b. 工程の管理状態の維持のため（標準値が与えられている管理図を使用） 工程の改善を行っていろいろな標準ができ，品質標準などに対して満足な結果

第Ⅲ編　基本科学編

を与えることができるようになれば，これら標準値を基準に管理状態を維持していけばよい。この良い状態を維持する目的のため，つまり工程を管理する目的のため使われる管理図である。この管理図を"標準値が与えられている管理図"という。

c. 標準値が与えられてない管理図から標準値が与えられている管理図への移行：

標準値が与えられてない管理図の管理線を標準値が与えられている管理図の管理線として使ってよい条件は，次の2つの条件をいずれも満足している場合である。

① 点が限界外に出ていない。

② 点の並び方，散らばり方にクセがない。

この①，②をともに満足する場合が，「工程が管理状態にある」と判定される場合である。

なお，この条件のほかに次の③〜⑤のような状態にあっても工程は一応安定していると判定し，これから求めた管理線は，「将来に延長して用いてもよい」といわれている。

③ 連続して25点以上が管理限界内にある場合

④ 連続する35点中，管理限界外に出るものが1点以内の場合

⑤ 連続する100点中，管理限界外に出るものが2点以内の場合

d. 管理線の再計算

標準値が与えられている管理図を長期にわたって使用している場合にあっても，管理限界は随時見直さなければならない。一般に次のような場合には，管理線を計算し直すことが必要である。

① 管理図を描いている特性値について，材料ロットや制御条件の変更などのように，その原因系に明らかな変化があった場合

② 管理図に異常が表れ，工程の変化がはっきりした場合

③ 工程の管理状態が続いていても，その管理限界を使い始めてから3ヶ月程度の期間を経過した場合

なお，"管理限界の再計算"において，限界外に点があるときは，次の基準によって処理する。

838

第5章　管理図の基本

① 異常を示したデータの原因が判明して処置がとれる場合には，そのデータを除いて管理限界を計算する。

② 異常を示したデータの原因が不明または処置のとれない場合には，そのデータを含めて計算する。

③ 再計算後の管理限界幅がこれまでより広くならないように，管理を徹底する。

5.3　管理図の表し方と使い方

5.3.1　管理図の表し方

(1)　管理線の表し方

管理線の表し方は，次による。

- 中心線：　管理図において，プロットした統計量の平均値を示すために引いた直線。
- 上方管理限界：　中心線の上方にある管理限界。UCL という記号で表す。
- 下方管理限界：　中心線の下方にある管理限界。LCL という記号で表す。

一般的には，UCL は上方管理限界，LCL は下方管理限界と呼ばれることが多いので，ここでは，これを使うことにする。

(2) 管理図の書き方

管理図は，工程の管理状態を判定するため，1 枚の図で必要な事項がすべて網羅するようにする。

管理図には，たとえば，次のものを記入する。

a.　管理図に記入する項目と注意点

① 横軸に"群番号"を記入。群番号は日，時間，ロット番号など。

② 縦軸に管理図の $\overline{X}$，R，np，p，u，c などの統計量の"目盛"。

③ 縦軸の中心線の位置に"管理図の種類"，たとえば $\overline{X}$，R，np，p，u，c などの記号。

④ "管理線"の線

・中心線（CL）：実線（——）

839

第Ⅲ編　基本科学編

・上方管理限界線（UCL），下方管理限界線（LCL）：

標準値が与えられてない管理図の場合：破線（⋯⋯⋯），

標準値が与えられている管理図の場合：一点鎖線（-・-・-・-）

⑤　管理線の右端に "CL, UCL, LCL の値"。

⑥　"群の大きさ" は管理図の上方左端。

⑦　"点" は • 印で打つ。$\overline{X}$-R 管理図などのように，2 つ以上の管理図を対（つい）にして用いる場合：$\overline{X}$ の点は • 印，R の点は × 印。

⑧　"限界外に出た点"：○印を付けて●印，⊠印とし，判別できるようにする。限界外に点が出なくても，点の並び方に "クセのある場合" には点を□印で囲む。

⑨　管理はずれの点：原因，現象，対策など "アクションの状況" を，簡単に点の近くに，または余白あるいは記事欄に記入。

⑩　原因不明の場合：調査内容を付記。

⑪　工程の変化に関する "特記事項" の記事欄への記入。

⑫　点と点は実線で結ぶ，"点と線のスキ間" は作らない。

⑬　欄外に "関連事項" を記入。たとえば品名，特性値，規格，サンプリング法，測定法，測定器，期間，工程名，部課名，作成者名など，必要と思われる項目は記入欄を作って記入。

b.　横軸と縦軸の目盛のとり方

縦軸の UCL と LCL の間隔が，横軸の群と群の間隔のおおよそ 6 倍になるように目盛を決めるとよい。

(3)　群分け

工程を解析する，管理するには特性値のデータをとることになる。このときデータをいくつかにまとめて 1 つの群にすることを "群分け" と呼ぶ。群分けにより，データ全体のバラツキ（変動）を，群内変動と群間変動に分けることができ，その分け方によって群内にどの原因によるバラツキが入り，群間にどの原因によるバラツキが入るかが技術的に決まる。管理図の作成において "群分け" は，重要である。管理図を作成する場合には，どのような群に分け，どのようにデータをとればよいかを十分に考慮しなければならない。

管理図は，偶然原因によるバラツキを基準として，異常原因によるバラツキ

840

第5章 管理図の基本

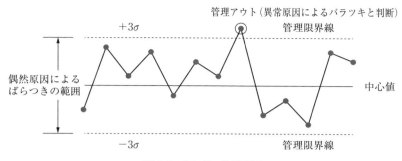

図5.1 3シグマ法管理図

を小さくすることを目的としている。管理限界線は，群内変動に基づいて決められているので，群分けにおいては群内変動を小さく，つまり偶然原因によるバラツキで構成するようにしなければならない。このために，次のことを考えておく必要がある。

① 作業はほぼ同じ条件（同じ人，同じ機械，同じ日など）で行う。
② 異常原因が含まれていないと考えられる比較的短い期間のデータを群とする。

(4) シグマ限界

管理図では，（平均値）±3×（標準偏差）の位置に管理限界線を設けている。これを"3シグマ限界"と呼んでいる（図5.1）。管理図で3シグマ限界を使うのは，第1種の誤り（工程に異常がないにもかかわらず，異常があると判断する誤り）を避けるためにαを小さく，0.3％にしようとするためである。αが大きいと，原因不明に終わるということが起こるためである。管理はずれが出た場合には，工程に何らかの異常原因が起こってバラツキが発生していると判断し，徹底的な原因追及を行うことが必要である。

5.3.2 管理図の使い方

(1) 管理図による工程管理

"管理図による工程管理"のポイントは
① データを管理図に表す。
② 管理図上の点によって工程の状態を把握する。

第Ⅲ編　基本科学編

③　工程が異常ならば異常原因を追究し原因を除去する処置をとる。

　管理図を用いて工程の管理を行うための原則的な手順は，次のとおりである。

手順1：管理図で管理する特性を決める。

手順2：使用する管理図を選定する。

手順3：解析用の管理図を作成する。

手順4：点の並び方を見て，工程が"管理状態"にあるかどうか判定する。

手順5：工程が異常であれば，その"異常原因を追究"して除去し，工程を管理状態にもっていく。

手順6：規格値と比較する。規格値が定められている場合には，個々のデータを用いてヒストグラムを作成し，規格と比較する。規格に対して不満足なときには，規格を満足するように工程能力を高める対策をとり，改めてデータをとり直して管理図を作る。

手順7：標準値が与えられている管理図を作成する。

手順8：その後の毎日のデータを"プロット"する。

手順9：記入した点がアウトであれば，直ちに"原因を追究"し，処置をとる。

手順10：原材料の規格が変わったとか装置が変わったなど，工程にはっきりした変化がみられる場合には，"管理図を再計算"する。

　以上のような手順を経て，製品の品質に注視してその品質を作り出す原因系を管理する。

(2)　管理状態の判断

　工程管理においては，管理図によって工程が統計的な管理状態にあるかを判断しなければならない。"統計的な管理状態"とは，工程が安定している状態をいう。管理図には，材料，機械や作業者などによる工程のバラツキや測定誤差をもったデータが次々と時系列にプロットされているので，この管理図から工程の状態を統計的に判断し，異常が発見された場合には適切な処置をとる必要がある。したがって，管理図をみる場合に，その点あるいはいくつかの連続した点の示す意味を，技術的に十分に検討して判定を下さなければならない。管理図から工程が異常状態にあるかどうかの判断基準は，JIS Z 9021（1998）

842

「シューハート管理図」および JIS Z 9020（1999）「管理図——一般指針」によれば次のように示される。

すなわち，異常の判定は下図のように領域を A，B，C として区分して判定する（領域 A，B，C は，UCL-CL，CL-LCL を 3 分割したものである）。領域 A，B，C は，下図を参照。

判定ルールは，次の 8 つである。

1) 管理限界外：領域 A を超えている。

2) 連（中心線一方）：連続する 9 点が中心線に対して同じ側にある。
   なお，連の判定に用いる判定線として，中心線 ＝CL を用いる。

3) 上昇・下降：連続する 6 点が増加，または減少している。

4) 交互増減：14 の点が交互に増減している。

5) 2σ 外（限界線接近）：連続する 3 点中，2 点が領域 A またはそれを超えた領域にある（$>2\sigma$）。

6) 1σ 外：連続する 5 点中，4 点が領域 B またはそれを超えた領域にある（$>1\sigma$）。

7) 中心化傾向：連続する 15 点が領域 C に存在する（$\leqq 1\sigma$）。

8) 連続 1σ 外：連続する 8 点が領域 C を超えた領域にある（$>1\sigma$）。

これらのルールは，X 管理図と $\overline{X}$ 管理図に適応できるが，あくまでも 1 つのガイドラインであり，自社で判断ルールを決めるときには，工程固有の変動を考慮して決めることが望ましい。

(3) 層別の活用と改善点の追及

a. 層別の活用

同じような仕事を何人かの作業者で実施している場合には，それぞれの作業者ごとにデータを区分すると，作業者間の差異がわかり，工程の解析や管理が

第Ⅲ編　基本科学編

しやすくなる。層別は，このように作業者別などのようにデータの履歴を調べ，共通の要因の影響を受けているものをひとまとめにし，共通の影響を受けていないものと区別してデータをとる方法である。層別としては，時間別，作業者別，場所別，機械・装置別，作業条件別，原材料別，測定別，検査別などがある。管理図においては，この層別の考え方は重要で，仕事や工程を解析したり，管理したりする場合には，特性値に大きな影響を及ぼす要因について，層別した管理図により新たな発見を得ることがある。

b.　改善点の追及

工程では，日々問題が起きているのが実態である。工程に，次のようなことが起こっていないか常に注意を向けることが大切である。

① 不良が発生する，手直しが出る。

② 工程の安定性が不十分である。

③ よくわからない不良や変動が発生する。

このような場合には，データを調べて時間別，作業者別，機械別などにいろいろ層別して異なる管理図としてみると，これらの管理図の層間の差が見出されて問題点の発見につながる。これにより改善の対策案が立てやすくなる。

(4)　改善効果の確認

改善は，対策前と対策後の効果の確認が重要である。対策としてとった手立てがどの程度の効果を出したかを対策別に層別した管理図によって確認する。

5.4　管理図の種類

5.4.1　管理図の決め方

管理図を使う場合には，最初に管理する項目（品質特性）は何かを決め，次にこの品質特性，データの種類や群の数（試料数）などによって，使う管理図を決める。

よく使われる管理図について，選定のルールをフローにしたものが図5.2である。"管理図の選定"に当たっては，この流れ図に従って決める。

第5章 管理図の基本

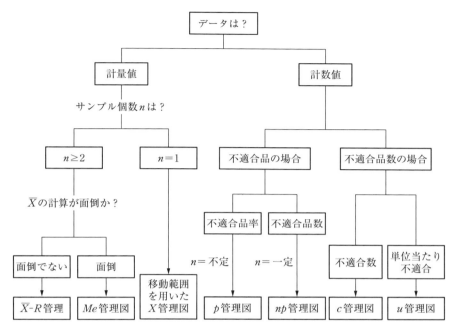

図5.2 管理図選定のフロー図
出典：文献1)

(1) データが計量値の場合

試料個数により，$\overline{X}$-R 管理図，Me 管理図が使われる。$\overline{X}$ の計算が面倒でない場合は，$\overline{X}$-R 管理図を，計算が面倒な場合には，Me 管理図を使う。

また，データが1日1個または1ヶ月に1個しか得られないというように，データをとる間隔が長かったり，サンプリングや測定の費用が高い場合には，X-R_s 管理図を使わざるをえない。また，生データの移動範囲（R_s）使って R_s 管理図として工程のバラツキの変化を管理するために使う。移動範囲とは，お互いに隣合った2つのデータの差のことをいう。

(2) データが計数値の場合

製品を1つごとに適合品，不適合品に判別できる場合，サンプル n 個中に r 個の不適合品数（不良品数）（np）または不適合品率（不良品率）（p）の値を使って工程を管理する場合に用いる。サンプル n が一定で不適合品数で工程

845

第Ⅲ編　基本科学編

を管理する場合は np 管理図を，n が一定でなく不適合品率で工程を管理する場合は，p 管理図を用いる。

　また，織物のキズの数，塗装むら，ピンホールの数や設備のトラブル回数など不適合数（欠点数）によって工程を管理する場合は c または u 管理図を用いる。群の大きさ，すなわち検査単位の大きさ（面積，長さ，体積など）が一定の場合には c 管理図を，一定でない場合には，単位当たりの不適合数に換算した値（1単位当たりの不適合数）で管理する u 管理図を使う。

5.4.2　$\overline{X}$-R 管理図

$\overline{X}$-R 管理図については，3章3.4.2「QC7つ道具」E.「管理図—$\overline{X}$-R 管理図」を参照のこと。

5.4.3　Me-R 管理図

(1)　Me-R 管理図とは

　メディアン Me は，群が奇数個の場合は中央の値1個，偶数個の場合は中央に最も近い2個の値の平均を使う。このため Me 管理図は，工程が管理状態にない場合は，点が管理限界外に飛び出すので，異常が正しく検出される割合において $\overline{X}$ 管理図より劣る。ただ，群の大きさ $n=2$ の場合には $\overline{X}$ と Me は同じであるから性能は同じになる。また，通常 Me 管理図では個々のデータ X をプロットするので，これらの点の動きや個々のデータと規格値とを比較することができるという便利さがある。

(2)　Me-R 管理図の作成手順

　手順1：データを集める。

　工程から，群の大きさ $n=2\sim10$ 程度のデータを集め，群の大きさの数を $k=20\sim25$ 程度集める。Me（メディアン）を求めやすくするために群の大きさを奇数にする。

　手順2：群ごとの Me を求める。

　手順3：群ごとの R（範囲）を求める。

$$R=(X\,\text{の最大値})-(X\,\text{の最小値})$$

　手順4：管理線を求める。

第5章　管理図の基本

Me 管理図：

$$中心線：\overline{Me} = \frac{\sum Me}{k}$$

R 管理図：

$$中心線：\overline{R} = \frac{\sum R}{k}$$

Me 管理図：

$$上方管理限界：UCL = \overline{Me} + A_4\overline{R}$$
$$下方管理限界：LCL = \overline{Me} - A_4\overline{R}$$

R 管理図

$$上方管理限界：UCL = D_4\overline{R}$$
$$下方管理限界：LCL = D_3\overline{R}$$

A_4，D_3，D_4 は，管理図用の係数から得られる値である。

手順5：管理図に表す。

Me 管理図を上に，R 管理図を下に記入する。縦軸に CL，UCL，LCL を図示する。横軸に群番号を記入する。その他の必要事項を記入する。

5.4.4　X-R_s 管理図

(1)　X-R_s 管理図とは

工程の状況により，データの数が多く得られない，あるいは群の内部が均一で多くのデータを得ても意味がない，このような場合には，1つの観測値 X と移動範囲 R_s（互いに隣合った2つのデータの差）による方法を用いる。この方法は，個々のデータを1点ずつプロットしていく X 管理図を用いて工程平均の変化を管理するとともに，データの移動範囲（R_s）を用いてR_s 管理図として工程のバラツキの変化を管理するのに用いる。

(2)　X-R_s 管理図の作成手順

手順1：データを集める。

群の数 $k=20$ 以上から群の大きさ $n=1$（1つのサンプル）のデータをとる。

手順2：移動範囲 R_s を求める。

$$R_{si} = |(第\,i\,番目のデータ) - (第\,i+1\,番目のデータ)|$$

| | は絶対値

手順3：管理線を求める。

847

第Ⅲ編　基本科学編

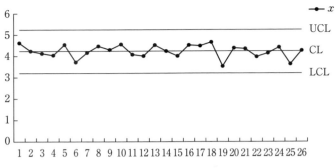

(a) x 管理図

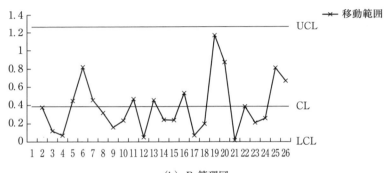

(b) R_S 管理図

図 5.3 X-R_s 管理図

R_S 管理図においてギリギリの点が1点あるが管理限界の範囲内にある。

x 管理図（図 5.3）

$$中心線：CL=\overline{X}$$
$$上方限界：UCL=\overline{X}+E_2\overline{R}_s$$
$$下方限界：UCL=\overline{X}-E_2\overline{R}_s$$

ここで，E_2 は管理図の係数によって与えられる値。

$N=2$ の移動範囲を用いれば，管理図の係数により，$n=2$ の E_2 は 2.659 となる。

R_s 管理図

$$上方限界：UCL=D_4\overline{R}_s$$

下方限界：$\mathrm{LCL}=D_3\overline{R}_s$

3章の表3.10から$n=2$の場合は，$D_4=3.267$，$D_3=-$（考えない）

手順4：管理図に表す。

縦軸にXとR_{si}を，横軸に測定値の番号を記入する。XとR_{si}は，上下に対応させてプロットする。第1番目のプロットはXだけで，R_{si}は第2番目からとなる。CL，UCL，LCLを図示する。その他の必要事項を記入する。

(3) $X\text{-}\overline{X}\text{-}R$ 管理図

X管理図は，1つのデータで工程の状態を早く判定でき，早期に処置をとることができる。データXの群分けが可能であれば，X管理図，$\overline{X}$管理図，およびR管理図の3つ$X\text{-}\overline{X}\text{-}R$管理図を作成することにより，個々のデータの変動は，X管理図で，群内の変動はR管理図で，群間の変動は$\overline{X}$管理図から判断できることになり，判断情報が多くなるという利点がある。

5.4.5 np 管理図

(1) np 管理図とは

np管理図は，製品を1つごとに適合品，不適合品に判別できる場合に，サンプル全体の中に不適合品数（不良品数）の値を用いて工程を管理するときに用いる。この場合，群の大きさnは一定である必要がある。印刷したロゴが滲んでいる数，パンクした自転車のタイヤの数や出発遅延のフライト数などもnp管理図によって管理できる。

(2) np 管理図の作成手順

手順1：データを集める。

群の大きさが一定で，群の数kが20以上のデータを集める。各群内の不適合品数（不良個数）npを調べる。

手順2：平均不良率$\overline{p}$を求める。

$$\overline{p}=\frac{\sum np}{kn}=\frac{\text{総不敵合品数}}{\text{総検査数}}$$

LCLがマイナスのときは，LCLを考えない。

手順3：管理線を求める。

$$\text{中心線：}\mathrm{CL}=n\overline{p}$$

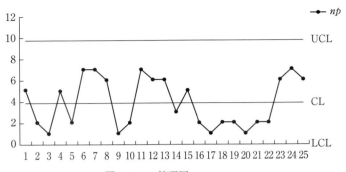

図 5.4 np 管理図
安定した状態にある。

有効桁数：小数点以下 1 桁まで求める。

上方管理限界：$UCL = n\overline{p} + 3 \times \sqrt{n\overline{p}(1-\overline{p})}$

下方管理限界：$LCL = n\overline{p} - 3 \times \sqrt{n\overline{p}(1-\overline{p})}$

有効桁数：小数点以下 2 桁まで求める。

手順4：管理図に表す。（図 5.4）

縦軸に不合格品数（不良個数）（np），横軸に群番号（k）を記入する。
CL, UCL, LCL を図示する。その他の必要事項を記入する。

5.4.6 p 管理図

(1) p 管理図とは

p 管理図は，管理する項目として不適合品の割合（不良個数の割合）p を扱う場合に用いる。この管理図の特徴は，群の大きさ（検査個数）が一定でなくても使用でき，不良率に限らず良品率，1級品率，出勤率，品切れ率，即納率などにも用いられる。パンクした自転車のタイヤの比率，出発遅延のフライトの比率なども p 管理図によって監視できる。

(2) p 管理図の作成手順

手順1：データを集める

工程から群の数 k が 20 以上のデータを集め，各群の中の不適合品数（不良個数）np を調べる。

手順2：不適合品率（不良率）を求める。

第5章　管理図の基本

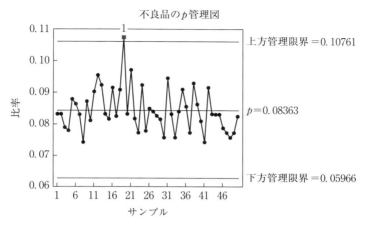

図5.5 p管理図
19日目の不良ユニットの比率は管理外を示している。通常より高い不良率に寄与したことが考えられる特別原因を特定する必要がある。
(出典：文献3)　構造計画研究所, support.minitab.com/ja-jp/minitab/)

群ごとに不適合品率（不良率）pを求める。
$$p = \frac{np}{n}$$
ここに，npはサンプルの中の不適合品数（不良個数），nは1群のサンプルの大きさ。

手順3：管理線を求める。
$$\text{中心線：} \bar{p} = \frac{\sum np}{\sum n}$$
ここで求める$\bar{p}$は各群の不適合品率（不良率）の算術平均ではない。

$$\text{上方管理限界：UCL} = \bar{p} + 3 \times \sqrt{\frac{\bar{p}(1-\bar{p})}{n}}$$

$$\text{下方管理限界：LCL} = \bar{p} - 3 \times \sqrt{\frac{\bar{p}(1-\bar{p})}{n}}$$

手順4：管理図に表す。（図5.5）

縦軸に不適合品率（不良率）（p）を，横軸に群番号を記入する。CL, UCL, LCLを図示する。その他の必要事項を記入する。

5.4.7 c 管理図

(1) c 管理図とは

c 管理図は，一定単位中に出るキズの数，製品中の塗装ムラの数などのように，あらかじめ一定単位中に表れる欠点数を管理する場合に用いる。

(2) c 管理図の作成手順

手順1：データを集める。

工程から，大きさ一定のサンプルを k 群（20〜30程度）とり，各サンプルの不適合数（欠点数）c を調べる。

手順2：平均不適合数（欠点数）を求める。

各群ごとの不適合数（欠点数）c を合計して，これを群の数 k で割る。

$$\bar{c} = \frac{\sum c}{k}$$

手順3：管理線を求める。

中心線：$CL = \bar{c}$

上方管理限界：$UCL = \bar{c} + 3\sqrt{\bar{c}}$

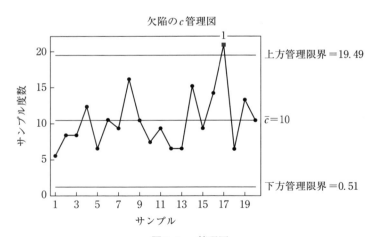

図5.6 c 管理図

c 管理図によって欠陥を管理する例。サンプル17は管理外である。寄与したことが考えられる特別原因を特定する必要がある。

（出典：文献4）構造計画研究所, support.minitab.com/ja-jp/minitab/）

$$下方管理限界：\mathrm{LCL}=\bar{c}-3\sqrt{\bar{c}}$$

LCL の値がマイナスになった場合は，考えないことにする。

手順 4：管理図に表す。（図 5.6）

縦軸に不適合数（欠点数）(c）を，横軸に群番号（k）を記入する。

CL，UCL，LCL を図示する。その他の必要事項を記入する。

5.4.8　u 管理図

(1)　u 管理図とは

u 管理図は，製品に表れる表面のムラ，キズ，ピンホールあるいは完成した機械類，組立品などの組立不良，外観不良などのような，織物，紙，線，板状などの欠点の数を管理する場合に使われる。また，事故の件数，故障件数，欠品件数，転記ミス件数，記入漏れ件数などを管理する場合にも使われる。u 管理図は群の大きさが一定でない場合に使用する。

(2)　u 管理図の群分け

u 管理図の群分けは，群ごとにその欠点数と単位の数，すなわち板状，線状，塊状などの状態に応じて面積，長さ，重さなどの単位の大きさ（これを群の大きさという）を測定する。たとえば，1 ロットからのサンプル，1 装置などを 1 つの群とするなどである。ここでの単位の数（単位の大きさ）というのは，$n=3.0$ とか $n=3.5$ で表す。単位を何にとるかは，管理したい目的と取扱いの便利さで決める。この群分けは，$\bar{X}$–R 管程図と同じ考え方である。

(3)　u 管理図の作成手順

手順 1：データを集める。

工程から，サンプルを k 群取り，各サンプルについて単位の数（群の大きさ）n と不適合数（欠点数）c を調べる。

手順 2：単位当たりの不適合数（欠点数）を計算する。

$$U=\frac{c}{n}$$

手順 3：単位当たりの不適合数（欠点数）の総平均 $\bar{u}$ を求める。

$$\bar{u}=\frac{\sum c}{\sum n}$$

手順 4：管理線を求める。

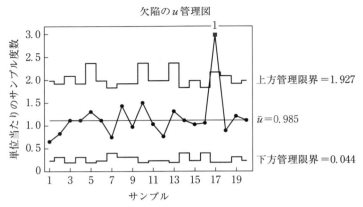

図 5.7 u 管理図
サブグループのサイズが同じではないため,管理限界はさまざまである。
サンプル 17 は管理外である。特別原因を特定する必要がある。
(出典:文献 5) support.minitab.com/ja-jp/minitab/)

$$中心線:CL=\bar{u}$$

$$上方管理限界:UCL=\bar{u}+3\sqrt{\frac{\bar{u}}{n}}$$

$$下方管理限界:LCL=\bar{u}-3\sqrt{\frac{\bar{u}}{n}}$$

LCL がマイナスになる場合は,下方管理限界線は考えない。n が一定でない場合の限界線は凹凸になる。

手順 5:管理図に表す。(図 5.7)

縦軸に単位当たりの不適合数(欠点数)(u)を,横軸に群番号(k)を記入する。CL,UCL,LCL を図示する。その他の必要事項を記入する。

5.5 損益分岐点分析

5.5.1 損益分岐点分析とは

損益分岐点(Break Even Point)とは,「売上高と費用の額が一致する点

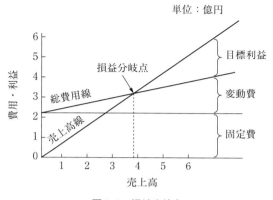

図 5.8　損益分岐点

(売上高)であり，利益がゼロ(利益も損失も発生しない)になるポイント」のことをいう(図5.8)。企業は，いかに損益分岐点を下げるかは経営上重要な関心事である。また，同業他社の分析も自社の利益管理をする上でも参考になる。損益分岐点分析は売上，費用，利益の関係を見るために活用される。

損益分岐点分析では，費用を次のような条件のもとに固定費と変動費に分解する。

① 一定の期間(1会計期間とかの限定された期間)
② ある操業度の幅(たとえば，生産量月1000個から1700個の間，月商10億円から14億円までの間)

損益分岐点分析の費用の分解の方法は次のようなものがある。

5.5.2　個別費用法

第1は，科目の1つ1つについて，過去の経験に照らして，この科目は固定費，この科目は変動費として区分をする(科目の一部を固定費，一部を変動費とすることを含む)。

(1)　固定費

a.　製造原価科目

基準内賃金，退職給与引当金繰入額，賞与，消耗品費，水道光熱費の固定料金，試験研究費，旅費交通費，通信費，交際費，保険料，修繕費，租税公課，

第Ⅲ編　基本科学編

減価償却費，雑費。

b.　販売費および一般管理費科目

宣伝広告費，役員報酬，給料手当のうち基準内賃金，退職給与引当金繰入額，福利厚生費，消耗品費，水道光熱費，旅費交通費，通信費，接待交際費，修繕費，租税公課，減価償却費，支払利息，雑費。

(2)　変動費

a.　製造原価科目

原材料費，労務費のうち残業手当，外注加工費，発送運賃，電力料・水道料・ガス代のうち（基本料金以外の分）。

b.　販売費および一般管理費科目

荷造運賃，販売手数料，給料手当のうち残業手当。

固定費とした科目でも，前期と今期では，同じ金額が固定費として計上されるわけではない。物価は上昇するし，基準内賃金もベースアップがあれば上昇する。著しい物価上昇のない限り予算期間内では固定費として考える。

5.5.3　総費用法

この方法は，今期と前期，1月と2月，というような2期間の売上高と費用の関係から，固定費と変動費を算出するものである。この方法は，有価証券報告書などで，企業の損益分岐点を求める場合や，企業全体の損益分岐点をチェックする場合など，簡便的に分析するとき使われる。また，総費用法は，売上高に対する総費用との関係で利用されるだけではなく，1つの科目を固定費と変動費に分解するときや，新しい科目別での固定費予算を組むときにも利用されることがある。

この方法が成立するのは

①　2つの期間の変動費率が変わらないこと

②　2つの期間の固定費が一定であること

③　2つの期間に異常費用が発生しないこと

などの条件がある場合だけである。これら3つの条件が成立することは多くはないが，それでも簡便であるので，理論的な欠点があることを承知の上で使えば実務的に利用価値がある。

856

第5章　管理図の基本

5.5.4　スキャターグラフによる方法

スキャターグラフによる方法は，過去の実績による売上高と費用合計をグラフにプロットして，売上高の増加割合に応じた費用の増加傾向をつかみ，これから変動比率と固定費を求める方法である。この方法は，数期間の売上高と費用をグラフに表し，各点の散布の中心を通るような直線を引き，この直線が縦軸と交る点の金額を固定費として，この固定費から変動費率を求めるので，傾向線の引き方によって，多少の誤差が出る。その分，固定費が変わるので注意する必要がある。また，スキャターグラフの方法は，次の条件の下で成立するので，この条件に合わないときは適用できない。

① 　固定費がほぼ一定であると考えられること
② 　全体の変動費率に変化のないこと

5.5.5　最小二乗法による方法

最小二乗法による方法は，費用 ＝ 固定費 ＋（変動費率 × 売上高）において，費用をy，売上高をxとしたときに，次の算式から，固定費aと変動費率bを数学的方法で求める方法である。

$$y=a+bx$$

aとbの求め方は，次のようにする。

$$y=a+bx \tag{①}$$
$$xy=ax+bx^2 \text{（①の両辺に}x\text{を掛ける）} \tag{②}$$

上の①，②から次の算式が得られる。

$$\sum y=na+b\sum x \tag{③}$$
$$\sum xy=a\sum x+b\sum x^2 \tag{④}$$

この算式からaとbを算出する。

この最小自乗法の場合も，スキャターグラフで述べたような条件の下で合理性を用いうるものである。また，異常値がある場合は，それを除く必要がある。

857

第Ⅲ編　基本科学編

〈参考文献〉

1) 鐵健司編，中村達男：管理図の作り方と活用，p.37，日本規格協会，1999

2) 構造計画研所，support.minitab.com/ja-jp/minitab/

3) 細谷克也：QC 七つ道具 やさしい QC 手法演習 新 JIS 完全対応版，日科技連出版社，2006

4) 鐵健司編，中村達男：管理図の作り方と活用，日本規格協会，1999

佐藤　勝尚

<table>
<tr><td>**6**</td><td>信頼性管理</td></tr>
</table>

6.1 信 頼 性

　大規模な物流（配送）センターなどのように設備が高度化し複雑化し無人化が進むと，設備の異常現象や故障の原因の発見が困難になる。そして，修理や保守や管理業務の時間が長くなってくる。機械や施設の異常や故障は保管業務・入出荷業務・在庫管理・輸配送業務にも支障をきたす。これに関連して設備や管理の運用コストや保守・保全のコストが増えてくる。機械やシステムの故障を防止するには信頼性管理を行うことである。ここで検討する信頼性の対象となるのはアイテムといわれるもので，「アイテムとは信頼性の対象となるシステム（系），サブシステム，機器，装置，構成品，部品，素子，要素などの総称またはいずれか」である。

　<u>問題1</u>：信頼性とは何か。

　解説：　信頼性とは「アイテムが与えられた条件で規定の期間中，要求された機能を果たすことができる性質」と定義される。ここでいう機能とは働きのことで，トラックは貨物を運搬する働きをもち，LEDは照明の働きをする。ある時間内にシステム，機器，部品が故障せずに安定して稼動することを意味する[1)2)]。

第Ⅲ編　基本科学編

6.2　信頼性の評価尺度

　信頼性を示す評価尺度にはいろいろなものが提案されている。

　問題1：信頼性の評価尺度にはどのようなものがあるか。

　解説：　1）アイテムとし「システム（系），機器，部品」の信頼性が数値として評価でき，2）製品などの寿命が定式化でき，3）使用時間と故障の関係が予測でき，4）製品の稼働状況が将来にわたって予測でき，5）稼働中のアイテムの将来における信頼度が評価できる。

　問題2：信頼性特性値とは何か。

　解説：　信頼性の評価尺度を数量的に表した信頼性の尺度のことである。これには，信頼度，故障率，故障強度，平均寿命，MTBF，MTTF などがある。JIS においては定量的な「信頼度」と定性的な「信頼性」という2つの用語を使い分けされている。

　問題3：信頼度（reliability）とは何か。

　解説：　JIS では「アイテムが与えられた条件の下で，与えられた時間間隔（t_1，t_2）に対して，要求機能を実行できる確率」（JIS Z 8115：2000）と定義している。アイテムは使用期間の始点では，要求機能を実行できる状態にあると仮定する。有名なアポロ計画でのロケットの信頼度は 99.9999999％ と 9（nine）が 9（nine）個あるのでナイン・ナインと呼ばれていた。

6.3　修理系と非修理系の問題

　問題1：修理系と非修理アイテムとは何か。

　解説：　修理系とは運用開始後，保全によって故障の修理が可能な系のことである。このため，保全によって継続的に使用することができる。一方の非修理アイテムとは故障が起こっても修理しないかまたは修理不可能なアイテムのことである。特に1回しか使用できないアイテムをワンショットアイテムという[1][3]。

860

6.3.1 修理系の問題

修理系は故障したシステムや機械設備や部品を修理して再び使用することである。

問題 2：修理系の信頼性の評価尺度にはどのようなものがあるか。

解説：　修理系はシステムの一部が故障して，機能が停止しても，故障した部品を取り替えたり修理すると，再び動き出す修理可能な場合である。評価尺度には信頼度，故障率，故障時間と修理時間を用いて評価をする MTBF（平均故障間動作時間）と MTTR（平均修復時間）がある。

問題 3：平均故障率または故障発生割合とは何か。

解説：　平均故障率はある時間内 T に発生した故障件数で次の式で求める。

　　平均故障率 λ＝（期間中の総故障数 k）/（期間中の総動作時間 T）　　(6.1)

故障率は一般に λ（ラムダ）で表記する[3)4)]。

問題 4：MTBF（平均故障間動作時間）（Mean Time Between Failure）とは何か。

解説：　MTBF は故障したシステムを修理して動き出すまでの時間の平均値で，「修理系の相隣る故障間の動作時間の平均値」である。次式で計算する。

　　　　MTBF（時間/件数）＝（総稼働時間 T）/（総故障件数 k）　　(6.2)

問題 5：ある配送センターの仕分け装置の使用経過時間と修理時間が図 6.1 になっている。このときの MTBF を求めよ。

解説：　故障が 3 件発生しているが，稼働時間は故障前の合計値になる。

　MTBF＝(1000 時間 ＋1200 時間 ＋1400 時間)/3 件 ＝1200（時間/件）

問題 6：MTTR（平均修復時間）とは何か。

解説：MTTR（Mean Time To Repair）は平均修復時間といわれ，修復時間

図 6.1　稼働時間と修理時間

第Ⅲ編　基本科学編

の期待値（平均値）である。

問題7：図6.1のような設備のMTTRを求めよ。

解説：　図6.1から故障件数は3回で修理時間はその合計になる。したがって，MTTR（平均修復時間）の期待値は次のようになる。

MTTR＝（2時間＋3時間＋4時間）/3件 ＝3（時間/件）

問題8：故障率λとMTBFの関係について述べよ。

解説：　MTBFは次式になる

MTBF（時間/件数）＝（総稼働時間T)/(総故障件数k)　　　(6.3)

となっている。式（6.1）と式（6.3）からMTBFは故障率λの逆数になる。

MTBF＝1/λ（故障率），　λ（故障率）＝1/MTBF　　　(6.4)

問題9：図6.1の平均故障率λを求めよ。

解説：　MTBFが求まっているため次のようになる

λ（故障率）＝1/MTBF＝1/1200＝8.3×10^{-4}

［アベイラビリティの計算］

アベイラビリティはJISでは「要求された外部資源が用意されたとき，アイテムが所定の条件の下で，所定の時点，または期間中，要求機能を実行できる状態にある能力」と定めている。アベイラビリティは信頼度と機械の保全性を同時に考慮した評価尺度である。

問題10：アベイラビリティについて式で説明し，図6.1について求めよ。

解説：　アベイラビリティは可用性，可動率，または稼働率といわれる。ここでは稼働率と呼ぶ。固有アベイラビリティとは次の式で示される評価尺度のことである。

$$固有アベイラビリティ A＝\frac{平均故障間動作時間（MTBF）}{平均故障間動作時間(MTBF)＋平均修復時間(MTTR)}　　(6.5)$$

したがってこの固有アベイラビリティの式に代入すると次のようになる。

固有アベイラビリティ　A＝1200/（1200＋3）＝0.975

このようにシステムの固有稼働率は0.975または97.5％となる[1)3)4)]。

問題11：故障率λは時間の経過に沿って一定とした。しかし，故障率は時間の経過に沿って変化する。故障率の変化を示すバスタブ曲線（bathtub curve）とは何か。

862

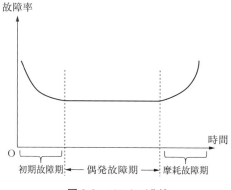

図 6.2　バスタブ曲線

　解説：　故障は図 6.2 のような風呂桶のような「バスタブ曲線」になる。システムが開始した直後の初期故障期には初期故障が発生する。この故障が減少すると故障率は一定になる。故障が安定すると偶発故障期になる。そして，時間が経つと経年劣化により摩耗故障期になる。

6.3.2　非修理系アイテムの問題

　問題 1：非修理系アイテムとは何か。
　解説：　主に電子素子（IC 関係や電気電子部品）や機械部品，コンポーネント（ベルト類など）のように故障すると修理できなく，そのまま廃棄するアイテムのことである[3]。
　問題 2：MTTF（故障までの平均時間）とは何か。
　解説：　MTTF（Mean Time To Failure）は非修理アイテムでは故障までの時間の期待値で平均故障寿命ともいう（図 6.3）。これは非修理系アイテムに使用する用語でもある。

(1)　故障と寿命の分布
　自動倉庫の中で 65 個のセンサーの寿命試験のデータがある。図 6.4 は寿命のヒストグラムである。
　問題 3：故障率と保障時間の関係について説明せよ。
　解説：　センサーの寿命試験データのヒストグラムが図 6.3 のようになっ

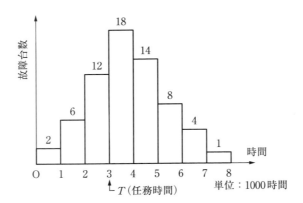

図 6.3　寿命の故障分布

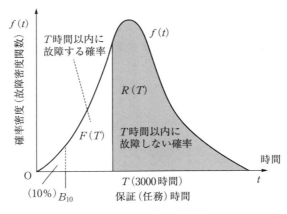

図 6.4　寿命の確率密度関数

た。使用時間 1000 時間で 2 台の故障，2000 時間で 6 台となり，図 6.5 のように合計で 65 台になった。このセンサーの保障（任務）時間を 3000 時間とすると，65 台の機械の中で 20 台（2+6+12）が保証時間前に故障している。このときの故障率は 20/65＝30.7％になる。

問題 4：寿命の密度関数（確率密度関数 $f(t)$）とは何か。

解説：　図 6.3 のような故障分布を確率密度関数 $f(t)$ で示したものが図 6.4 である。保障時間を T 時間とすると，T 時間以内に故障する確率は $F(T)$ である。すると $R(T)$ は保証時間内に無故障である確率で信頼度である。確率のた

第6章　信頼性管理

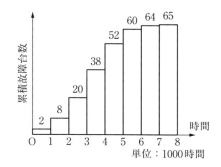

図 6.5 累積故障台数

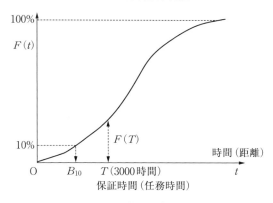

図 6.6 故障分布関数

め2つの合計は次式になる[1)3)]。

$$R(t)+F(t)=1 \tag{6.6}$$

問題5：故障分布関数（不信頼度関数）とは何か。

解説：　時刻 T までの累積故障台数の割合を示したのが故障分布関数（不信頼度関数）$F(T)$ である。図6.3の故障台数を累積したのが図6.5の累積故障台数のヒストグラムである。これを割合に変換したのが図6.6の故障分布関数（不信頼度関数）である。時間の経過とともに故障率が上昇している。比率で示すため最高値は100%になる。図6.4より，故障分布関数 $F(T)$ は密度関数 $f(t)$ を時刻 T まで積分すると次式になる[3)4)]。

$$F(T)=\int_0^T f(t)dt \tag{6.7}$$

問題6：B_{10}（ビーテンライフ）とは何か。

解説： B_{10}とは図6.4の寿命の確率密度関数$f(t)$と図6.6の故障密度関数$F(t)$において製品の10%が故障するまでの時間を示す。図6.4の密度関数の面積が10%になる時間であり，図6.6の故障分布関数では$F(t)=0.10$（10%）となる時間tがB_{10}ライフである。同じようにB_1ライフとは故障分布関数$F(t)=0.01$（1%）となる時間である。なお，このグラフは時間軸で示してあるが，自動車の走行距離，引張応力，温度，複写機のコピー枚数などの単位にも適用できる[3]。

(2) 信頼度の分布

問題7：信頼度とは何か。

解説： 信頼度とはアイテムが与えられた条件の下で，与えられた時間間隔（t_1，t_2）に対して，要求機能を実行できる確率のことである。図6.7の残存台数は図6.5の故障台数と逆の関係である。最初は65台の製品が時間の経過に伴い故障が発生して残存数が減少していく状態を示す。信頼度$R(t)$を式で示すと次式になる。

$$R(t)=\frac{n-r(t)}{n} \tag{6.8}$$

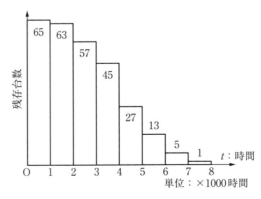

図6.7 残存台数の度数分布

ここで n はアイテムの数（部品数や製品の数），$r(t)$ は稼働時間 t までの故障数である。このため $n-r(t)$ は残存数になる。この例では $n=65$ となり，分子は「残存台数＝65－故障数」となる。信頼度 $R(t)$ はそれを全体数 n で割算したものである。図 6.7 は 65 台から図 6.6 の故障数を引算したものである[7]。

問題 8：信頼度関数（reliability function）とは何か。

解説：　信頼度関数 $R(t)$ とは 1 から故障分布関数 $F(T)$ を引いたものである。式 (6.6)（$R(t)+F(t)=1$ より）を用いると次式になる。
$$R(t)=1-F(t)$$
$R(t)$ のグラフは図 6.8 のようになる。理論上は図 6.5 の密度関数では保障期間 T から ∞ の区間を積分したものである。信頼度関数の $R(t)$ は図 6.8 のように減少関数になる。
$$R(t)=\int_T^\infty f(t)dt \tag{6.9}$$

問題 9：確率密度関数 $f(t)$ と信頼度関数 $R(t)$，それに故障分布関数 $F(t)$ との関係について示せ。

解説：　式 (6.6)，式 (6.7)，式 (6.8) から次の関係が導ける[9]。
$$\frac{d}{dt}F(t)=f(t) \quad \text{であり} \quad \frac{d}{dt}R(t)=\frac{d}{dt}(1-F(t))=-f(t) \tag{6.10}$$

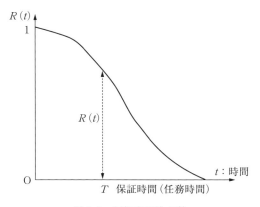

図 6.8　信頼度関数 $R(t)$

第Ⅲ編　基本科学編

(3)　非修理系の計算問題

問題 10：図 6.3 のヒストグラムから MTTF，保障時間が 3000 時間のとき信頼度と B_{10} を求めよ。

解説：

① MTTF の計算

図 6.3 のヒストグラムで時間軸はそれぞれの中央値をとるため半分の 0.5 となる。これにヒストグラムの度数を掛ければよい。

$$\text{MTTF}=\frac{2\times0.5+6\times1.5+12\times2.5+18\times3.5+14\times4.5+8\times5.5+4\times6.5+1\times7.5}{65}$$

$$=3.74\times10^3 \text{ (h)}$$

② $R(T)$ の計算

図 6.3 で保障時間が 3000 時間とすると，寿命が 3000 時間よりも大きなデータの数は図 6.3 の故障分布から 45 個になる。

$$R(T)=\frac{(18+14+8+4+1)}{65}=\frac{45}{65}=0.692$$

③ B_{10}

10% の概略値は図 6.3 のグラフから $B_{10}=2000$ 時間とすると，B_{10} 以下の確率は $(2+6)\div65=0.123$ となる。10% よりもやや多くなるが，近似値とした。この結果，B_{10} は 2000 時間となる。

6.3.3　修理系と非修理系の問題のまとめ

問題 1：修理系と非修理系の評価尺度について述べよ。

解説：　非修理アイテムと修理系の評価尺度は次のようになる[7]。

1) 非修理アイテム	寿命分布 信頼度	密度関数：$f(t)$，平均故障寿命：MTTF， $R(T)$，B_{10}
2) 修理系	故障率	λ，MTBF，MTTR

868

第6章　信頼性管理

6.4　故障率関数の理論式からの導入

いま n 個のアイテムの中で，時刻 t までに正常に稼働している数を $S(t)$ とし，故障した数を $r(t)$ とする。すると信頼度は $R(t) = \dfrac{(n-r(t))}{n} = \dfrac{S(t)}{n}$ となる。一方，時刻 t までに故障したアイテム数が $r(t)$ のため，不信頼度 $F(t) = \dfrac{r(t)}{n}$ となる。時刻 t までに残っているアイテム $S(t)$ の中で単位時間 $\varDelta t$ に故障する確率を瞬間故障率ともいう。

6.4.1　故障率の定義

部品や機器が当該時間間隔の最初の時点では動作可能状態にあるとする。このとき，部品や機器が故障するときの故障率は次のように定義する。

故障率の定義：

JIS では故障率を平均故障率と瞬間故障率で定義している。故障率とは「当該時点でアイテムが可動状態にあるという条件を満たすアイテムの当該時点での単位時間当たりの故障発生率」とある。

①　平均故障率は次の式で求める。

平均故障率 = 期間中の総故障数/期間中の総動作時間

②　瞬間故障率は「アイテムが当該時間間隔の最初の時点では動作可能状態にあるとき，アイテムが故障し瞬間の時点 T が，時間区間 $(t,\ t+\varDelta t)$ の間に入る条件付確率を，その区間幅 $\varDelta t$ で除した値が，$\varDelta t$ をゼロに近づけたときの値である」。これをハザード関数（hazard function）とも呼んでいる。これについての詳細な内容を次に検討する。

問題1：故障率関数 $\lambda(t)$ と信頼度関数 $R(t)$ には次の関係があることを証明せよ。

$$\lambda(t) = -\frac{1}{R(t)} \cdot \frac{dR(t)}{dt}, \quad \lambda(t) = \frac{f(t)}{R(t)} \tag{6.11}$$

解説：　先にあげたように，平均故障率は次のようになる[3)4)7)9)]。

869

第Ⅲ編 基本科学編

$$R(t) = \frac{S(t)\ (正常な部品数)}{n\ (総数)} = S(t)/n \tag{6.12}$$

ところで時刻 a と b の間での故障確率は次式になる。

$$P[a \leq T \leq b] = \int_a^b F(t)dt \tag{6.13}$$

図6.4の寿命の確率密度関数から

$$\int_0^\infty f(t)dt = 1$$

したがって瞬間故障率の定義から，故障率は，t と $t+\Delta t$ の間に故障確率となり，次式になる。

$$P[t \leq T \leq t+\Delta t] = \int_t^{t+\Delta t} f(\tau)d\tau = R(t) - R(t+\Delta t) \tag{6.14}$$

図6.4の確率密度関数は $T \geq t$ という条件付き確率になる。

$$P[t \leq T \leq t+\Delta t \mid T \geq t] = \frac{P[t \leq T \leq t+\Delta t]}{P[T \geq t]} = \frac{(R(t) - R(t+\Delta t))}{R(t)} \tag{6.15}$$

この条件付き確率が区間 $[t+\Delta t]$ を Δt で割算すると瞬間故障率が求まる。したがって，瞬間故障率は次式になる。

$$\frac{(R(t) - R(t+\Delta t))}{\Delta t R(t)}$$

ここで $\Delta t \to 0$ とすると故障率は次式になる。ただし，信頼度関数 $R(t)$ は図6.8より関数は減少するためマイナスになる。この結果，式（6.10）より故障率関数は次式になる。

$$\lambda(t) = \lim_{\Delta t \to 0} \frac{R(t) - R(t+\Delta t)}{R(t)\Delta t} = \frac{-R'(t)}{R(t)} = \frac{f(t)}{R(t)} \tag{6.16}$$

したがって

$$\lambda(t) = -\frac{1}{R(t)} \cdot \frac{dR(t)}{dt} = -\frac{d}{dt}\ln R(t) \tag{6.17}$$

この式を積分すると $R(0)=1$ より $R(t) = \exp\{-\int_0^t \lambda(u)du\}$ となる。

問題2：図6.4の確率密度関数より故障率関数 $\lambda(t)$ を導け

解説： 図6.4の確率密度関数を積分区間で示すと図6.9になる。いま，瞬間故障率 $\lambda(t)$ は図6.9のグラフから区間 $[t,\ t+\Delta t]$ における故障の数は次式になる。ここで分母は図6.9の積分区間から $R(t)$ になる[4]。

870

第6章 信頼性管理

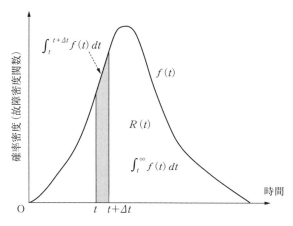

図6.9 密度関数の積分区間

$$\lambda(t) = \lim_{\Delta t \to 0} \frac{\int_t^{t+\Delta t} f(t)dt}{\int_t^{\infty} f(t)dt} = \frac{f(t)}{\int_t^{\infty} f(t)dt} = \frac{f(t)}{R(t)} \quad (6.18)$$

問題3：信頼度 $R(t)$ を故障率関数 $\lambda(t)$ から次式を導け。

$$R(t) = \exp\{-\int_0^t \lambda(t)dt\}$$

解説： 式（6.16）の $\lambda(t)$ の式を変形すると次のようになる。

$$\lambda(t) = \frac{f(t)}{R(t)} = \frac{f(t)}{1-F(t)} \quad (6.19)$$

式（6.19）の両辺を 0 から t まで積分すると

$$\int_0^t \lambda(t)dt = \int_0^t \frac{f(t)}{1-F(t)}dt \quad (6.20)$$

式（6.20）の右辺の分母を t で微分する。式（6.10）から次式になる。

$$\frac{d}{dt}(1-F(t)) = -f(t) \quad \text{この式から} dt \text{を求めると} \quad dt = -\frac{d(1-F(t))}{f(t)} \quad (6.21)$$

式（6.21）の dt の式を式（6.20）に代入すると

$$\int_0^t \lambda(t)dt = \int_0^t \frac{-d(1-F(t))}{1-F(t)} = -\int_0^t \frac{d(1-F(t))}{1-F(t)} \quad (6.22)$$

したがって式（6.22）の右辺を積分すると

第Ⅲ編　基本科学編

$$\int_0^t \lambda(t)dt = -\log(1-F(t)) = -\log R(t) \tag{6.23}$$

よって，この式から信頼度関数は次式になる。

$$R(t) = \exp\left(-\int_0^t \lambda(t)dt\right) \tag{6.24}$$

問題 4：信頼度関数　$R(t) = \exp\left\{-\int_0^t \lambda(t)dt\right\}$ より，次式の寿命の確率密度関数 $f(t)$ を導け。

$$f(t) = \lambda(t)\exp\left(-\int_0^t \lambda(t)dt\right) \tag{6.25}$$

解説：　式 (6.24) の両辺を t で微分すると

$$\frac{d}{dt}R(t) = \exp\left(-\int_0^t \lambda(t)dt\right) \cdot \frac{d}{dt}\left(-\int_0^t \lambda(t)dt\right)$$

$$= \exp\left(-\int_0^t \lambda(t)dt\right) \cdot (-\lambda(t)) = -\lambda(t) \cdot \exp\left(\int_0^t \lambda(t)dt\right) \tag{6.26}$$

$R(t) = 1 - F(t)$ となるため，式 (6.10) より $\dfrac{d}{dt}R(t) = -\dfrac{d}{dt}F(t) = -f(t)$ となる。

したがって $-f(t) = -\lambda(t) \cdot \exp\left(-\int_0^t \lambda(t)dt\right)$ から寿命の確率密度関数は次式になる。

$$f(t) = \lambda(t)\exp\left(-\int_0^t \lambda(t)dt\right) \tag{6.27}$$

問題 5：故障率関数 $\lambda(t)$ は次式のように時間 t を一定として使用している。

$$\lambda(t) = \lambda$$

このときの信頼度関数，修理系の MTBF（平均故障間隔）と非修理系の MTTF（平均故障寿命）はどのような式になるか。

解説：　信頼度関数は次式になる

$$R(t) = e^{-\lambda t} \tag{6.28}$$

修理系の MTBF（平均故障間隔）

$$\text{MTBF} = \int_0^\infty R(t)dt = \int_0^\infty e^{-\lambda t}dt = \frac{1}{\lambda} \tag{6.29}$$

非修理系の MTTF（平均故障寿命）も同じ定義であるため $\text{MTTF} = \dfrac{1}{\lambda}$ となる。

6.5 寿命分布関数

密度関数が時間の経過とともに図6.10のように変化しているとする。この部品の保障時間がγ（ガンマ）とする。この時間軸tからγを引いた$t'=t-\gamma$を図6.11のように新しい時間軸とする。このγは位置パラメータと呼んでいる[3]。

(1) 指数分布（exponential distribution）

指数分布は故障率λが一定である分布で代表的な関数は次のとおりである。

① 確率密度関数： $f(t)=\lambda e^{-\lambda t}$
② 信頼度関数： $R(t)=e^{-\lambda t}$

信頼度関数$R(t)$は次式の積分から求める。

$$R(t)=\int_t^\infty \lambda e^{-\lambda t}dt=\lambda\int_t^\infty e^{-\lambda t}dt=\lambda\left[-\frac{1}{\lambda}e^{-\lambda t}\right]_t^\infty=e^{-\lambda t} \tag{6.30}$$

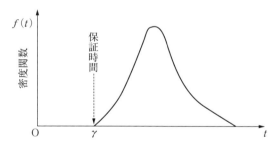

図6.10 保障時間がγのとき

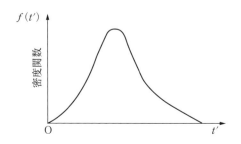

図6.11 保障時間をなくしたとき

第Ⅲ編　基本科学編

③　故障率：　$\lambda(t)=\lambda$

故障率 λ は次式から求める。

$$\lambda(t)=\frac{f(t)}{\int_t^\infty f(t)dt}=\frac{\lambda e^{-\lambda t}}{\int_t^\infty \lambda e^{-\lambda t}dt}=\frac{\lambda e^{-\lambda t}dt}{\lambda\left[\dfrac{e^{-\lambda t}}{\lambda}\right]_t^\infty}=\frac{\lambda e^{-\lambda t}}{e^{-\lambda t}}=\lambda \qquad (6.31)$$

④　故障分布関数（不信頼度）：$F(t)$，$(=1-R(t))$

不信頼度関数 $F(t)$ は故障分布関数として呼ばれている。これは時刻 t までの故障の累計台数の割合を示すもので次式から求める。

$$F(t)=\int_0^t f(t)dt=\int_0^t \lambda e^{-\lambda t}dt=1-\int_t^\infty \lambda e^{-\lambda t}dt=1-e^{-\lambda t}=1-R(t) \qquad (6.32)$$

同じようにして計算すると表6.1になる。

表6.1　指数分布の特性値

確率密度関数	信頼度	不信頼度	故障率	平均値	分散
$f(t)=\lambda e^{-\lambda t}$	$R(t)=e^{-\lambda t}$	$F(t)=1-e^{-\lambda t}$	$\lambda(t)=\lambda$	$\dfrac{1}{\lambda}$	$\dfrac{1}{\lambda^2}$

問題1：ある部品の寿命が指数分布の確率密度関数として次式で与えられている。

$$f(t)=\frac{1}{6000}\exp\left(\frac{-t}{6000}\right),\ t>0\quad（時間）\qquad (6.33)$$

この部品の 9000 時間以上稼働する確率（信頼度）と 5000 時間以内で故障する確率（不信頼度），それに B_{10} ライフを求めよ。

解説：　部品の寿命の確率密度関数は図6.12のようになる。故障率は時間の経過とともに減少している。

①　9000 時間以上稼働している確率は，信頼度関数 $R(T)$ から

$$R(9000)=\int_{9000}^\infty f(t)dt=\int_{9000}^\infty \frac{1}{6000}\exp\left(-\frac{t}{6000}\right)dt$$

$$=\left[-\exp\left(\frac{t}{6000}\right)\right]_{9000}^\infty=\exp\left(-\frac{9000}{6000}\right)=0.223$$

したがって，9000 時間以上稼働している確率は 0.223（22.3％）になる。

874

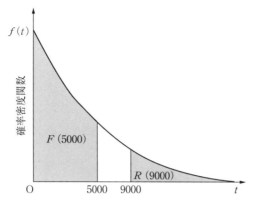

図 6.12 指数分布の密度関数

② 5000 時間以内に故障する確率は，不信頼度関数 $F(T)$ より次式になる。

$$F(5000)=\int_0^{5000} f(t)dt=1-\exp\left(-\frac{5000}{6000}\right)=0.565 \quad (6.34)$$

5000 時間以内に故障する確率は 0.565 になる

③ B_{10} は $F(t)=0.10$ となる確率を満たす t を求めることになる。

$$F(t)=\int_0^t f(t)dt=\int_0^t \frac{1}{6000}\exp\left(-\frac{t}{6000}\right)dt=1-\exp\left(-\frac{t}{6000}\right)$$

$$=1-\exp\left(-\frac{t}{6000}\right)=0.1 \quad (6.35)$$

この方程式で t を解くと $t=632.1$ 時間となり，$B_{10}=632.1$ 時間となる。

(2) ワイブル分布（Weibull distribution）

ワイブル分布は材料の強度は最も弱い部分で決まるという考え方がもとになっている。金属の破壊や疲労現象もすべて弱い部分から破損が起きる。ワイブル分布の式は 2 つのパラメータ β，θ から決まる。ワイブル分布の確率密度関数は次式になる[9)10)]。

$$f(t)=\frac{\beta}{\theta}\left[\frac{t}{\theta}\right]^{\beta-1} e^{-\left(\frac{t}{\theta}\right)^\beta}, \quad \beta>0, \quad \theta>0, \quad t\geq 0 \quad (6.36)$$

ここで，β は形状パラメータでグラフの傾斜を示し，θ は尺度パラメータである。このため β の値が変わると密度関数の形状が変化する。図 6.13 は $\theta=1$ に固定し，$\beta=1,3,5$ のワイブル分布のグラフである。このようにパラメータの

第Ⅲ編　基本科学編

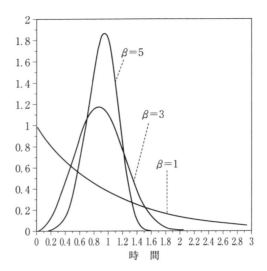

図6.13 ワイブル分布の形状パラメータ変化

変化により，指数分布や正規分布に近い形状になる。この特徴から6.3節の図6.4のバスタブ曲線に対応させると，$\beta<1$のとき故障率$\lambda(t)$は時間に関して単調減少し，初期故障を示す。$\beta>1$のとき故障率は単調増加の摩耗故障で，$\beta=1$のときは$\lambda(t)$は一定になり，偶発故障を示す。

ここではワイブル分布の不信頼度関数$F(t)$を導くためにワイブル関数の右側にある次式の関数を微分する。

$$\frac{d}{dt}\left(-e^{-\left(\frac{t}{\theta}\right)^{\beta}}\right)=\frac{\beta}{\theta}\left(\frac{t}{\theta}\right)^{\beta-1}e^{-\left(\frac{t}{\theta}\right)^{\beta}} \tag{6.37}$$

問題2：式（6.37）を利用してワイブル密度関数から不信頼度関数$F(t)$を導け。

解説：　確率密度関数（6.37）の微分を用いて式（6.36）のワイブル密度関数を積分すると，故障分布関数（不信頼度）は次式になる。

$$F(t)=\int_0^t\frac{\beta}{\theta}\left(\frac{t}{\theta}\right)^{\beta-1}e^{-\left(\frac{t}{\theta}\right)^{\beta}}dt=\left[-e^{-\left(\frac{t}{\theta}\right)^{\beta}}\right]_0^t=1-e^{-\left(\frac{t}{\theta}\right)^{\beta}},\quad t>0 \tag{6.38}$$

問題3：信頼度関数$R(t)$と故障率$\lambda(t)$を導け。

解説：　信頼度$R(t)=1-F(t)$より

第6章　信頼性管理

表6.2　ワイブル分布の特性値

確率密度関数	信頼度関数	故障分布関数	故障率関数	平均値
$f(t)=\dfrac{\beta}{\theta}\left[\dfrac{t}{\theta}\right]^{\beta-1}e^{-\left(\frac{t}{\theta}\right)^{\beta}}$	$R(t)=e^{-\left(\frac{t}{\theta}\right)^{\beta}}$	$F(t)=1-e^{-\left(\frac{t}{\theta}\right)^{\beta}}$	$\lambda(t)=\dfrac{\beta}{\theta}\left[\dfrac{t}{\theta}\right]^{\beta-1}$	$\theta\Gamma\left(1+\dfrac{1}{\beta}\right)$

$$R(t)=1-F(t)=1-\left(1-e^{-\left(\frac{t}{\theta}\right)^{\beta}}\right)=e^{-\left(\frac{t}{\theta}\right)^{\beta}} \tag{6.39}$$

故障率関数 $\lambda(t)$（ハザード関数）は次式になる。

$$\lambda(t)=\frac{f(t)}{1-F(t)}=\frac{f(t)}{R(t)}=\frac{\dfrac{\beta}{\theta}\left[\dfrac{t}{\theta}\right]^{\beta-1}e^{-\left(\frac{t}{\theta}\right)^{\beta}}}{e^{-\left(\frac{t}{\theta}\right)^{\beta}}}=\frac{\beta}{\theta}\left[\frac{t}{\theta}\right]^{\beta-1} \tag{6.40}$$

以上からワイブル分布の重要な関数は表6.2になる。

なお，平均値には次式のようなガンマ関数を用いて計算をする。

$$\Gamma(n)=\int_0^{\infty}e^{-x}x^{n-1}dx \tag{6.41}$$

問題4：形状パタメータ $\beta=1.7$，尺度パラメータ $\theta=1000$ 時間のワイブルにおいて，時間 $t=800$ と $t=1200$ での故障率関数 $\lambda(t)$（ハザード関数ともいう）を求めよ。

解説：　表にある故障率関数 $\lambda(t)$ の式に $\beta=1.7, \theta=1000$ を代入する次式の故障率になる。

$$\lambda(800)=\frac{1.7}{1000}\left(\frac{800}{1000}\right)^{0.7}=0.001454,\quad \lambda(1200)=\frac{1.7}{1000}\left(\frac{1200}{1000}\right)^{0.7}=0.001931$$

(3)　寿命分布のパラメータ推定

① 指数分布のパラメータ推定

ⅰ）　完全資料：指数分布に従う n 個のアイテムの全故障時間 $t_1, t_2, \cdots, t_n$ が観測されたとする。このとき，n 個のアイテムの寿命値が全部観測されているとき，これを完全資料という。故障率を示す λ は $\alpha=\dfrac{1}{\lambda}$ とすると α は MTBF（MTTF）になる。最尤推定法により α を求めると，$\alpha=\dfrac{\sum\limits_{i=1}^{n}t_i}{n}$ となる。したがって α（MTBF, MTTF）と故障率 λ は次式になる

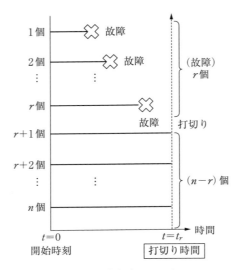

図 6.14 打切りのデータ

(a) α (MTBF, MTTF) = アイテムの総動作時間/故障数 = T/r
(b) $\lambda = 1/\alpha$

ⅱ) 中途打切り資料:図 6.14 のように n 個の資料の中で寿命試験をして一定時間 t_r（または距離）で打ち切った。この間に r 個が故障し，$(n-r)$ 個が正常であった。このとき，故障時点 t_r で定時（定数）打ち切りされたときの α は次式になる。

$$\alpha(\text{MTBF, MTTF}) = \frac{t_1 + t_2 + \cdots + t_r + (n-r)t_r}{r} \quad (6.42)$$

問題 5：寿命が指数分布する部品 10 個を取り上げて 9000 時間の信頼性試験をしたところ次のようになった。MTBF を求めよ。ただし，9000 時間の故障時点 t_r で定時打切りした。

16, 28, 44, 60, 72 （単位：100 時間）

解説： 式 (6.42) より MTBF は故障した 5 個のデータと定時打切りの 9000 時間の無故障のデータ 5 個から次のように求める。

$$\text{MTBF} = \frac{16 + 28 + 44 + 60 + 72 + (10-5) \times 90}{5} = \frac{670}{5} = 134 \quad \text{（単位：100 時間）}$$

第6章　信頼性管理

したがって 13,400 時間となる

② ワイブル分布のパラメータ推定

寿命に関するデータが得られたとき，この寿命分布がどのような分布になるかを知るには，形状パラメータ β と尺度パラメータ θ を求めればよい。パラメータの推定にワイブル確率紙を用いる。この原理は信頼度 $R(t)$ の対数を2回取り，これが直線であることを利用して作成したのがワイブル確率紙である[1),2),3),7)]。この確率紙を用いてパラメータが推定できる。もし，確率紙からワイブル分布をしていることが明らかになると，正確な母数の推定に最尤推定法を用いて行う。計算はニュートン法を用いる[3)]。

6.6　信頼度予測

6.6.1　システムの信頼度

物流機器などの構成要素をコンポーネントとすると，システムは3つに分類できる[1),7),9)]。

(1)　直列系

システムを構成するコンポーネントのうち，どれか1つが故障してもシステムが故障になるとき，このシステムは直列システムであるという。表6.3のようにコンポーネント E_i が直列に結合してできているシステムを直列システムという。いま，各コンポーネントの信頼度を R_i $(i=1,2,\cdots,n)$ とする。このときの信頼度関数と全体の故障率は表6.3のようになる。

問題1：あるシステムのコンポーネントが図6.15にように3個直列に結合され，その信頼度が $R_1=0.7$，$R_2=0.9$，$R_3=0.8$ である。システムの信頼度を求めよ。

解説：　信頼度は表6.3の式から次式になる。

表6.3　ブロック・ダイアグラムと信頼度関数

ブロック・ダイアグラム	信頼度関数	故障率
$\rightarrow \boxed{E_1} - \boxed{E_2} \cdots\cdots \boxed{E_n} \rightarrow$	$R_S = \prod_{i=1}^{n} R_i = R_1 \times R_2 \times \cdots \times R_n$	$\lambda_S(t) = \lambda_1(t) + \cdots + \lambda_n(t)$

879

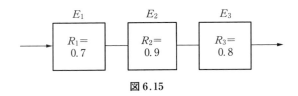

図6.15

$$R = R_1 \times R_2 \times R_3 = 0.7 \times 0.9 \times 0.8 = 0.504$$

問題2：3つのコンポーネント C_1, C_2, C_3 が直列に接続されている。この故障の密度関数が次のように与えられている。このとき100時間での故障率を求めよ。

C_1：ワイブル分布： $\theta = 1000$ (hours), $\beta = 3.2$
C_2：指数分布： $\lambda = 0.002/$ (hour)
C_3：ワイブル分布： $\theta = 300$ (hours), $\beta = 2.4$

解説： 信頼度は次のようになる。

C_1：ワイブル分布	C_2：指数分布	C_3：ワイブル分布
$R_1(100) = \exp\left(-\left(\frac{t}{\theta}\right)^\beta\right) =$ $\exp\left(-\left(\frac{100}{1000}\right)^{3.2}\right) = 0.9993$	$R_2(100) = \exp(-\lambda t) =$ $\exp(-0.002 \times 100) = 0.8187$	$R_3 = \exp\left(-\left(\frac{t}{\theta}\right)^\beta\right) =$ $\exp\left(-\left(\frac{100}{300}\right)^{2.4}\right) = 0.9309$

全体の信頼度は次式になる

$$R_S(100) = R_1(100) \times R_2(100) \times R_3(100) = 0.76167$$

(2) 並列系

システムを構成するコンポーネントのうち全部が故障しないとシステムが故障にならないシステムを並列系という。図6.16のようにコンポーネント E_i が並列に結合してできているシステムのことである。いま，図6.16において2つのコンポーネントの信頼度を R_i（$i = 1, 2$）とする。このときの $1 - R_1$, $1 - R_2$ はコンポーネント E_1, E_2 が故障する確率である。この2つの積はシステム全体が故障する確率である。したがって，2つのシステムの稼働率は（1− 故障率）となる。したがって，信頼度関数は次のようになる。

$$R = 1 - (1 - R_1)(1 - R_2) = R_1 + R_2 - R_1 R_2 \tag{6.43}$$

第6章 信頼性管理

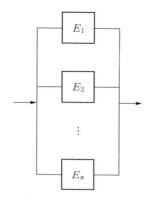

図6.16　n個の並列系

問題3：2つのコンポーネントの並列系の信頼度を$R_1=0.9$，$R_2=0.8$。このときの信頼度を求めよ。

解説：　信頼度は次式になる
$$R=1-(1-0.9)(1-0.8)=0.9+0.8-0.8\times 0.9=0.98$$

問題4：r out of n システムとは何か。

解説：　図6.16においてn個のコンポーネントから成るシステムにおいて，その中のr個のコンポーネントが故障するとき，その機能が発揮できなくなる。このようなものをr out of n システムという。このとき各コンポーネントの信頼度をRとすると，システムの信頼度は次式になる[5]。

$$R_1=\cdots=R_n=R\ ;\quad R_S=\sum_{i=0}^{r}\binom{n}{i}(1-R)^i R^{n-i} \tag{6.44}$$

問題5：旅客機には4基のエンジンを装着している。このなかで2基のエンジンが稼働しているかぎり離着陸が可能である。エンジンの信頼度を0.90としてエンジンの信頼度を求めよ[5]。

解説：　4基のエンジン・システムは2 out of 4 システムである。式(6.44)に$n=4, r=2$とし$R=0.90$とすると，信頼度は次のようになる。

$$R_S=\sum_{i=0}^{2}\binom{4}{i}(1-R)^i R^{4-i}=\binom{4}{0}R^4+\binom{4}{1}(1-R)R^3+\binom{4}{2}(1-R)^2 R^2=0.9963$$

(6.45)

問題 6: 3つのコンポーネントが並列に結合されている。それぞれのコンポーネントの信頼度は指数分布に従う。MTTF はそれぞれ 10 時間，50 時間，100 時間である。このシステムの 10 時間使用したときの信頼性と MTTF を求めよ[12]。

解説: 指数分布のパラメータは $\lambda_i = \dfrac{1}{\text{MTTF}_i}$ となる。これから $\lambda_1 = \dfrac{1}{10} = 0.10$，$\lambda_2 = \dfrac{1}{50} = 0.02$，$\lambda_3 = \dfrac{1}{100} = 0.01$ となる。ここで3つのコンポーネントの信頼度は次式になる。

$$R_s(t) = 1 - (1 - e^{-\lambda_1 t})(1 - e^{-\lambda_2 t})(1 - e^{-\lambda_3 t})$$
$$= e^{-\lambda_1 t} + e^{-\lambda_2 t} + e^{-\lambda_3 t} - e^{-(\lambda_1 + \lambda_2)t} - e^{-(\lambda_2 + \lambda_3)t} - e^{-(\lambda_1 + \lambda_3)t} + e^{-(\lambda_1 + \lambda_2 + \lambda_3)t}$$
(6.46)

したがって，$\lambda_1, \lambda_2, \lambda_3$ に故障率を代入すると

$$R_s(t) = e^{-0.1t} + e^{-0.02t} + e^{-0.01t} - e^{-0.12t} - e^{-0.03t} - e^{-0.11t} + e^{-0.13t}$$

$t = 10$ 時間を代入すると $R_s(10) = 0.989$ となる。

MTTF は期待値 $E(T)$ になり，次式になる。この λ に数値を代入する。

$$E(T) = \int_0^\infty R_s(t) = \dfrac{1}{\lambda_1} + \dfrac{1}{\lambda_2} + \dfrac{1}{\lambda_3} - \dfrac{1}{(\lambda_1 + \lambda_2)} - \dfrac{1}{(\lambda_2 + \lambda_3)} - \dfrac{1}{(\lambda_1 + \lambda_3)} + \dfrac{1}{(\lambda_1 + \lambda_2 + \lambda_3)}$$

したがって $E(T) = 116.9$（hrs）となる。

(3) 混合系（直列系 ＋ 並列系）

直列系と並列系が同時に存在するときは，直列系のモデル式と並列系のモデル式を連続に使用して信頼性を求める[9][10][11]。

問題 7: 図 6.17 のような混合系について信頼度と MTTF を求めよ。ただし故障率はそれぞれ $\lambda_i (i = 1, 2, \cdots, 7)$ とする[3]。

解説: 次の手順で計算をする。

図 6.17 混合系の問題

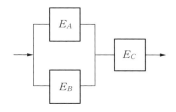
図 6.18 並列型への変換

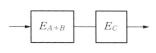
図 6.19 直列型への変換

<u>手順 1</u>：　E_1, E_2, E_3 を E_A とし，E_4, E_5 を E_B とし，E_6, E_7 を E_C とする。このときのブロック図は図 6.18 になる。信頼度は次式になる。

1)　$R_A(t) = R_1(t)R_2(t)R_3(t)$　　2)　$R_B(t) = R_4(t)R_5(t)$　　3)　$R_C(t) = R_6(t)R_7(t)$

<u>手順 2</u>：図 6.18 の E_A, E_B は並列型で 1-out-of-2 冗長システムになる。ここで，図 6.18 から E_A, E_B を E_{A+B} に置き換えると，信頼度は次式になる。

$$R_{A+B}(t) = R_A(t) + R_B(t) - R_A(t)R_B(t)$$

<u>手順 3</u>：手順 1 と手順 2 から図 6.18 は図 6.19 になり，信頼度は次式になる。

$$R_S = R_{A+B}R_C = (R_1R_2R_3 + R_4R_5 - R_1R_2R_3R_4R_5)R_6R_7$$

ただし，$R_s = R_s(t)$ and $R_i = R_i(t)$ とする。

<u>手順 4</u>：したがって，故障率の合計値を次のように定義する。

$A = \lambda_1 + \lambda_2 + \lambda_3$, $B = \lambda_4 + \lambda_5$, $C = \lambda_1 + \lambda_2 + \lambda_3 + \lambda_4 + \lambda_5$, $D = \lambda_6 + \lambda_7$

したがって，信頼度と MTTFs は次式になる。

$$R_S(t) = \exp(-(A+D)t) + \exp(-(B+D)t) - \exp(-(C+D)t) \quad (6.47)$$

$$\mathrm{MTTF}_S = \frac{1}{(A+D)} + \frac{1}{(B+D)} - \frac{1}{(C+D)} \quad (6.48)$$

6.7　保全，保守業務

<u>問題 1</u>：保全，保守業務とは何か。
　<u>解説</u>：　アイテムを使用および運用可能な状態に維持し，または故障，欠点などを回復するためのすべての処置および活動のことである。保全活動は試験，測定，取替え，調整および修理によって，系の仕様に基づいた機能状態を

第Ⅲ編　基本科学編

保つような行為も含んでいる[6)11)]。

問題2：予防保全（preventive maintenance）と事後保全（corrective maintenance）それに定期保全（periodic maintenance）は何か。

解説：「予防保全」とは装置や機械の使用中の故障の発生を未然に防止するために，規定の間隔または基準に従って遂行し，アイテムの機能劣化または故障の確率を低減するために行う保全。「事後保全」とは故障の発見後，設備や機械を要求機能遂行状態に修復させるために行われる保全。「定期保全」とは予定の時間間隔で行う予防保全[6)]。

問題3：保全・保守作業の内容にはどのようなものがあるか。

解説：　アイテムを使用および運用可能状態に維持し，または故障，欠点などを回復するためのすべての処置および活動である。保全・保守作業には分解，調整，修理，除去，取替え，再分解，整列，部品の取替え，チェック，確認から成る。これは MTTR に等しくなる。

問題4：保全・保守の作業時間を求める計算法について説明せよ。

解説：　故障の修理などの保全作業の時間の分布は図 6.20 のように歪んだ分布をして平均値，中央値，最頻値の3つの位置母数は一致しない。保守作業は図 6.20 のようにモード，メジアン（中央値），平均値の測定と作業時間最大の指定値が必要になる。保守作業の時間は対数正規分布をする。いま，保全時間を Mct_i とし，その平均値を $\overline{M}ct_i$ とし故障率 λ とすると平均保全時間は式（6.49）で求める。

$$\overline{M}ct_i = \frac{\sum (\lambda_i)(Mct_i)}{\sum \lambda_i} \qquad (6.49)$$

ただし，λ_i は i 番目のアイテムの故障率である。この故障に対する修理時間は測定されているものとする[11)]。

問題5：予防保全の作業時間はどのように求めるか。

解説：　予防保全は規定の間隔または基準に従って遂行し，アイテムの機能劣化または故障の確率を低減するために行う平均予防保全の平均値 $\overline{M}_{pt}$ は次式で求める。

$$\overline{M}_{pt} = \frac{\sum (f_{pt_i})(M_{pt_i})}{\sum f_{pt_i}} \qquad (6.50)$$

884

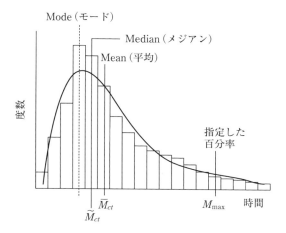

図 6.20 対数正規分布をする保全,保守の作業時間

f_{pt_i} はシステムの保全時間における i 番目の予防保全作業の頻度,M_{pt_i} は i 番目の予防保全作業時間である[6)11)]。

6.8 FMEA と FTA

6.8.1 FMEA (Failure Mode and Effects Analysis)

　故障の発生をあらかじめ予測して,それを防止することが重要になる。故障の発生防止には 2 つの方式がある。図 6.21 のように部品レベルからシステムまでをたどって信頼性の解析をするボトムアップの方式が FMEA である。逆に図 6.20 のようにシステムという全体から部品までを解析するトップダウンの方式が FTA である[7)10)]。

　問題 1:FMEA(故障モードと影響解析)とは何か。
　解説:　システムやプロセスの構成要素に起こりうる故障モードを予測し,考えられる原因や影響を事前に解析・評価する。これによって設計・計画上の問題点を摘出し,事前対策の実施を通じてトラブルの未然防止を図る手法である。

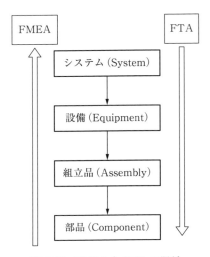

図 6.21 FMEA と FTA の関係

　FMEA は，設計の不具合および潜在的な欠点を見出すために実施される。ハードウェアおよびソフトウェアの機能構成に着目して行う FMEA を，特に機能 FMEA という。作業および管理のプロセス要素に着目して行う FMEA を，特に工程 FMEA という。FMEA は航空機の安全性や信頼性の解析法から発展したといわれ，アポロ計画の実施において成功したことが知られている。

　問題 2：FMEA の中で製品を対象にした機能 FMEA と作業および管理のプロセス要素に着目して行う工程 FMEA からできている。ここでは製品の FMEA の作成法について説明せよ。

　解説：　FMEA の例が表 6.4 のようになっている。FMEA には製品以外にも工程 FMEA も利用されている。製品 FMEA の作成は最初に「信頼性ブロック図」の作成から始める。このあとで FMEA 表を作成する。

(1) 信頼性ブロック図の作成

手順 1：FMEA を実施するシステムとサブシステムの要求される機能と任務を定義する。

手順 2：達成する機能の分析をし，システム，サブシステムなどの分解レベルを決める。

第6章　信頼性管理

表6.4　FMEA の例

番号	部品	故障モード	故障のメカニズム（原因）	故障の影響	故障モードの内容			危険優先度	是正対策
					きびしさ	頻度	検出難易度		
1	回転機構	破損	摩耗	エアの漏れ	5	1	3	30	取替
2	キャッチング機械	定置の位置ずれ	回転位置のズレ	調節弁の誤作動	5	1	2	30	取替と調整
3	シリンダ	停止	エアの過負荷	シリンダの変形	5	1	1	40	取替と調整
		空気漏れ	バルブの異常動作	バルブ弁の不調	3	2	1	30	調整

手順3：サブシステム（機能図ブロック）のシステム明細などを調べてそれぞれの信頼性ブロック図を作成する。

手順4：信頼性ブロック図からサブシステムの役割を明らかにする。

　ここでいう，信頼性ブロック図とは「システムを構成する構成品間の機能の接続状態を示す線図である」。これによりシステム全体の構成が明らかになる。たとえば組立作業で使用するワーク（部品など）の空気圧による吸引と組立作業から成るワークの吸引装置を考える。この装置は図6.22のような信頼性ブロック図が描ける。センサーがワークを検出すると，エアシリンダでワーク（部品）を吸引して，次の機構に移動する装置である。この信頼性ブロック図から，表6.4のようなFMEA表を次のような手順で作成する，

(2)　FMEA 表の作成

手順1：装置の中から部品を選び表6.4のFMEA表の中の「部品」に記入する。

手順2：部品の故障モードに故障の内容を書き出す。

手順3：故障モードについてその発生原因を書き出す（1つから複数まである）。

手順4：故障モードや不良モードのシステムに及ぼす故障の影響を評価する。

手順5：評価（危険優先数）の大きなものから対策を立てる。危険優先数として表6.5のような等級と数値が与えられている[7)12)]。表6.5には危険優先

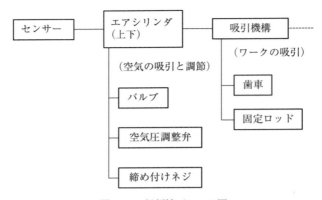

図 6.22　信頼性ブロック図

表 6.5　等級と危険優先数

等級	危険優先数	危険度
I	75～50	致命的
II	49～30	重大
III	29～1	軽微

数と危険度が提示されている。

手順6：故障への是正と対策を示す。

以上のようにして表6.4のFMEA表が完成する。危険優先数の高い数値から部品の故障を処理していく。

6.8.2　FTA

FTA（Fault Tree Analysis）は1961-62年にアメリカのベル電信電話研究所が空軍のミサイル制御のために開発した手法である。特に1979年にスリーマイル原子力発電所での事故において重要な役目を果たした。FTAは複雑なシステムの弱点の解決や安全性確保のための改善点を見つけるための手段になっている。また，技術者や管理者のために問題点を発見する手段でもあり，意思決定をサポートする手法である。

問題3：FTAとは何か。

解説：　FTAは発生しては困るいろいろな事故や故障の要因を解析する手

表6.6 故障の木（FTA）に用いる事象記号

記号	名称	説明
（出力） X A B （入力）	AND ゲート	下位のAとBの入力事象が同時に起これば出力事象Xが起こる。このように下位事象（入力）が同時に発生するとき，上位の事象（出力）が発生する。これを論理積という。
（出力） X A B （入力）	OR ゲート	いくつかの下位の入力事象のうち，1つが起きると出力事象が起こることを示す。AあるいはBの入力事象のうち，いづれか1つが起きれば出力事Xが起こる。このような場合を論理和という。
□	事象	故障や不具合などの現象を示す。論理記号の下部は入力（原因）で，上部は出力（結果）を表す。一番がトップ事象，途中が中間事象である。
○	基本事象	これ以上展開できない基本的なケースを示す。常に論理記号の入力となる。
◇	非展開事象	情報不足や技術が不明なため，これ以上展開できない事象。または原因究明を止めたケースを示す。

法である。解析しょうとする望ましくない事象をトップにおく。この事象に関連するサブシステム，コンポーネント，部品レベルまで順番に上位から下位に分析して故障の原因を見つけるための図式解析法である。FTA は「故障の木」ともいわれる[7)8)11)12)]。

問題4：FTA で使用する AND, OR 記号について説明せよ。

解説： 表6.6には FTA（故障の木）で用いる記号とその説明である。これ以外にもいろいろな記号があるがここでは代表的なもののみをあげておいた。

(1) AND 事象

図6.23のように冷蔵庫の「モータが運転しない」というトップ事象を四角の箱に記入する。この場合の中間事象（トップ事象の起こる原因）が起きるのは，基本事象の「スイッチの故障」と「センサーの故障」が同時に起きた場合にのみモータが運転しなくなる。このため図6.23の「AND ゲート」を使う。

(2) OR 事象

図6.24のようにトップ事象を「スクータのエンジン停止」とする。この場

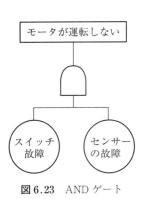
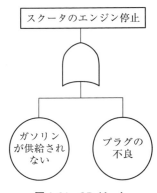

図 6.23　AND ゲート　　　図 6.24　OR ゲート

合の中間事象（トップ事象の起こる原因）として，「ガソリンが供給されない」「プラグの不良」があげられる。このとき，「ガソリンが供給されない」または「プラグの不良」のいずれかの中間事象が単独で起こっても「スクータのエンジン停止」になる。両方が起きても，片方のみが起きてもトップ事象が起きる。このときトップ事象と中間事象は論理記号の「OR ゲート」を使う。

問題 5：冗長（redundancy）と冗長系とは何か。

解説：　アイテム中に，要求機能を遂行するために同じ機能をもつ 2 つ以上の余分な手段を準備して信頼度をあげるものである。その例が並列系である。n 個のアイテムを並列に並べて信頼度を上げると，$(n-1)$ の冗長度ができる。さらに，アイテムが要求機能を実行するのに十分な手段，または十分な手段以外に，さらに，別の手段をもつ状態のことも表す。さらに，冗長であって，手段の一部が故障してもアイテムは故障とならない性質を特に冗長性という。冗長なシステムを冗長系という。

問題 6：待機冗長（stand-by redundancy）とは何か。

解説：　要求機能を遂行するために手段の一部が動作し，その間手段の残りの部分は必要となるまで動作しないように意図された冗長のことである。手段として構成要素の付加を考える場合，動作していない残りの要素を予備という。待機の状態について熱予備，温予備，冷予備の区別がある。温予備，温待機（warm stand-by）は待機構成要素が，あらかじめ動作に必要なエネルギー

の一部の供給を受けており，切替えのとき，全エネルギーの供給を受け，動作状態となるもの。

　問題7：信頼性におけるトレードオフとは何か。

　解説：　トレードオフ（trade off）の関係とは一方を立てれば，片方が成り立たなくなる。あちらを立てればこちらが立たない関係である。一方の利益を追求すると他方が犠牲になる二律背面の関係である。この2つの関係を調節して，最適条件に近い状態にもっていくことである。信頼性では競合する要因（たとえば，信頼性，保全性，性能，費用，納期など）間の折り合いをつけて，最適解決を決める行為のことである。

〈参考文献〉

1) 塩見弘：信頼性工学入門，p. 20-93，丸善，1982
2) 斎藤善三郎：おはなし信頼性，p. 24-71，日本規格協会，1994
3) 市田嵩，鈴木和幸：信頼性の分布と統計，p. 28-69，181-207，日科技連出版社，1984
4) 原田耕作，二宮保：信頼性工学，p. 2-45，養賢堂，1992
5) 茅野・真壁：品質管理便覧，p. 589，日本規格協会，1994
6) 小野寺勝重：保全性設計技術，p. 97-137，日科技連出版社，1989
7) 真壁・鈴木・益田：信頼性入門，p. 92-152，日科技連出版社，2006
8) 鈴木順二郎・牧野鉄治・石坂茂樹：FMEA・FTA実施法，p. 22-153，日科技連出版社，2008
9) A. Birolini：Reliability Engineering；Theory and Practice, p. 30-33, Springer, 1999
10) T. R. Moss：The Reliability Data Handbook,Professional Engi., p. 105-154, 2005
11) B. S. Blanchard：Logistics Engineering and Management,p. 36-99，Prentice Hall, 2010
12) M. U. Thomas：Reliability and Warranties, p. 42-51,Taylor and Francis, 2006

北岡　正敏

7 プロジェクト管理

7.1 プロジェクト管理の基本

7.1.1 プロジェクトとプロジェクトマネジメント

　プロジェクトとは，ある成果物あるいはサービスを創出する（目的）ために
チーム（プロジェクトチームという）を組んで行う期限のある活動のことであ
る。世界最大のプロジェクトマネジメント団体であるアメリカ PMI（Project
Management Institute）がプロジェクトマネジメントの知識を PMBOK
（Project Management Body Of Knowledge）として体系的に整理している[1]。
PMBOK では，プロジェクトを「独自のプロダクト，サービス，所産を創造
するために実施される有期性の業務である」と定義している。定常業務と異な
り，プロジェクトは①有期性：「開始」と「終了」があること，②限られた資
源：人的資源，物的資源，コスト等の制約があること，③独自のアウトプッ
ト：独自のサービスやプロダクツ（成果物）を生み出すこと，との3つの特徴
がある。

　プロジェクトマネジメントは，プロジェクトが所定目的を果たすために必要
な知識やスキルなどを利用して，上手に進める管理活動のことである。また，
PMBOK では，プロジェクトマネジメントを「プロジェクトの要求事項を満
足させるために，知識，スキル，ツールと技法をプロジェクト活動に適用する
こと」と定義している。経済のグローバル化に伴い，ますます増加している国

第Ⅲ編　基本科学編

際プロジェクトを，統一された基準に従い管理するために，2012年9月国際
標準化機構がプロジェクトマネジメントの国際標準 ISO 21500 を発行し，包
括的なガイドラインとしてプロジェクトマネジメントの概念やプロセスを提示
した。PMBOK はプロジェクトマネジメントの知識体系として，より深いマ
ネジメント手法を提供しているため，プロジェクトマネジメントのデファクト
スタンダード（事実標準）となっている。

7.1.2　フェーズとプロセス

　時間軸から見ると，プロジェクトには，5つのフェーズがある。プロジェク
トは，構想・立案・企画といった入り口に当たる「立上げ」フェーズに始ま
り，「計画」，「遂行」，「監視・コントロール」の3つのフェーズにより具体的
に実行されて，計画されたアウトプットを生み出し「終結」フェーズに至る。
　プロジェクトマネジメントはさまざまなプロセスから構成される。おのおの
のプロセスは特定なインプットがあり，特定なツールと技法の適用を通じて所
定のアウトプットを生み出す。プロジェクト管理に必要な具体的なプロセスと
して，PMBOK 第5版では47個，ISO 21500 では39個のプロセスを定義して
いる。これらのプロセスは，プロジェクトのフェーズに合わせて，表7.1 に示
すとおり「立上げ」，「計画」，「実行」，「監視・コントロール」，「終結」の5つ
のプロセス群に分類できる。

表7.1　5個のプロセス群[2)]

No	フェーズ	プロセス群
1	立上げ	プロジェクトまたはプロジェクトの新しいフェーズを明確に定め，それらを開始する許可を得るプロセス
2	計画	作業全体のスコープを確定し，目標の定義と洗練を行い，目標を達成するのに必要な一連の行動の流れを規定するプロセス
3	実行	プロジェクト目標を達成する上で，プロジェクトマネジメント計画書において規定された作業を実行するプロセス
4	監視・コントロール	プロジェクトの進捗やパフォーマンスの追跡，レビュー，統制，計画の変更が必要な分野の特定，およびそれらの変更を開始するプロセス
5	終結	プロジェクトやフェーズを公式に終了するための，全プロジェクトマネジメント，プロセス群内の全アクティビティを終了するプロセス

第7章　プロジェクト管理

7.1.3　プロジェクトマネジメントの知識エリア

　プロセスはマネジメントの対象範囲またはマネジメントの知識に基づき，以下の10個の知識エリアに分類できる（PMBOK 第5版）。

① 統合マネジメント：その主な目的は，知識エリアやプロセスの相互作用を取りまとめることであり，プロジェクト憲章作成，プロジェクトマネジメント計画書作成，プロジェクト作業の指揮・マネジメント，プロジェクト作業の監視・コントロール，統合変更管理とプロジェクトやフェーズの終結の6つのプロセスから構成される。

② スコープマネジメント：プロジェクトの成果物に求められる機能や特性を表す成果物スコープを明確にしたうえ，それに向かう個々のプロセス，すなわち何をどこまでやるのかという必要な作業またはプロジェクト・スコープ（範囲）を決める。また，終了時点でアウトプットを保証するために，プロジェクト期間を通じてスコープを必要に応じて見直す。

③ 時間マネジメント：プロジェクト開始前に必要な作業やミーティングなどを洗い出してスケジュールを作成し，予定と実績を管理する。また，プロジェクト期間中，スケジュールは常に最新のものに更新され，関係者間で，必要に応じて経営層で共有する。具体的な管理ツールとしてはガントチャートがよく使われている。

④ コストマネジメント：プロジェクトが完了するまでに，いくらのコストが要るかを算出し，予算計画を編成する。また，プロジェクト完了時までかかるコストと時間の予測を行い，必要に応じて適切な対応をとり，プロジェクトを予算内に終わらせることを目指して，コスト・コントロールを行う。

⑤ 品質マネジメント：プロジェクトのニーズを確実に満足させるためのプロセスであり，品質方針，目標および責任を定め，それらを達成するために適切な品質管理計画を立て，品質保証システムを構築して，各種の品質管理活動を実施する。また，プロジェクト全体を通して継続的に品質改善を行っていく。

895

第Ⅲ編　基本科学編

⑥　人的資源マネジメント：人的資源計画を立案したうえ，適切なタイミングで，適切な能力，スキル，経験を持つ人に，適切な役割と責任を与え，プロジェクトに参加させることによりプロジェクトチームを編成する。また，個人またはチームが最大のパフォーマンスを発揮するように，表彰や報奨制度，非公式なコミュニケーション，チーム育成などを企画して実施する。

⑦　コミュニケーションマネジメント：プロジェクトに関する情報を計画，管理および配布するためのプロセスである。ステークホルダーが必要とする情報とその伝達方法を見極め，コミュニケーション計画を立案する。また，コミュニケーション計画に従って，プロジェクトの進捗状況，成果物完成状況，パフォーマンス情報を収集・分析して報告書にまとめたうえ，ステークホルダーが必要とするプロジェクトの情報を，適切な時期に伝える。

⑧　リスクマネジメント：プロジェクトで発生するリスクに対してどのように取り組み，処理するかを計画する。リスク識別と発生原因の追及・分類を行い，定性的と定量的リスク分析を通じて，識別されたリスクに優先順位を付け，高い優先度のリスクに対し，プロジェクトへの影響度を詳細に見積。最後に，リスク対応計画を作成のうえ，継続的にリスクを監視する。

⑨　調達マネジメント：プロジェクト実施に必要な製品やサービスは，内部で作成するのか，外部に依頼するのかを決める。外部から調達する場合，購入・取得計画を作成のうえ，納入者を適切に選定し，契約の締結，執行と納入検査などを管理する。

⑩　ステークホルダーマネジメント：利害や相互依存関係などを分析しステークホルダーを特定する。また，プロジェクト全体を通してステークホルダーに効果的に関与してもらうためのマネジメント戦略と実行計画を策定する。実行計画に従ってステークホルダーとコミュニケーションを取りながら，ステークホルダーとの関係を全般的に監視し，ステークホルダーが適切にプロジェクトへ関与するための戦略と計画を調整する。

プロジェクト・マネージャーは，図7.1のとおりマネジメントの対象範囲お

第7章 プロジェクト管理

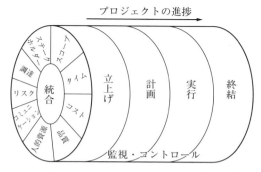

図7.1 プロジェクトマネジメントのプロセス群と知識エリア[1]

およびプロジェクトの進捗フェーズに応じて，所定のプロセスを実施していけば，失敗確率を最小限に抑えてプロジェクトを推進することができる。

7.2 PERT[3]

7.2.1 アローダイアグラム

PERT（Program Evaluation and Review Technique）は1958年にアメリカ海軍がポラリスミサイル開発のスケジュールを管理するために初めて適用されたことで有名であり，土木建設工事の日程管理，研究開発のプロジェクト管理など，膨大な数の作業を含む日程計画の作成，調整などを行う手法である。

PERTでは以下のとおりプロジェクト全体をアローダイアグラム（PERTネットワーク）で表す（図7.2）。

① 作業を矢線→で表す。工程，アクティビティまたはジョブともいう。図7.2に示すとおり，矢線の上側に作業の名称，下側に所要時間を書く。

② 矢線の両側に○印をつけて，これをイベント（結合点またはノード）と呼ぶ。イベントは作業の開始または終了を意味する。イベントには番号をつける。

③ 1つの作業Aが終わらないと，他の作業Bを始めることができないような場合，Aを先行作業，Bを後続作業と呼ぶ。

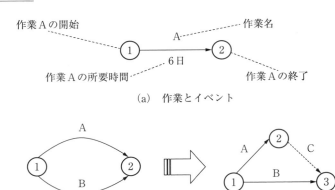

(a) 作業とイベント

(b) ダミー作業

図 7.2　アローダイアグラム

アローダイアグラムを作成する際, 次の基本的ルールに従う。
① 規則 1：イベントの番号は, 矢印のもとの番号が先の番号より小さくなければならない。
② 規則 2：イベントに入る作業がすべて完了するまで, このイベントから出る作業は開始できない。
③ 規則 3：イベントに入る作業は何本あってもよいが, 同一のイベントから入ってくる作業は 1 本に限る。
④ 規則 4：規則 3 のようなケースは, 図 7.2(b) に示すとおり, 図表上だけの作業であるダミー作業を使うことができる。ダミー作業は点線で表し, その作業時間が 0 である。
⑤ 規則 5：プロジェクトの開始イベント, 終了イベントは 1 つにまとめる。

7.2.2　最早時刻と最遅時刻の計算

(1)　最早結合点時刻

イベント数を n, イベント i とイベント j を結ぶ作業 (i,j) の所要時間を $t_{ij}(i, j=1,2,\cdots,n)$ とする場合, イベント i の最早結合点時刻 T_i^E とは, イベント i から始まる作業が最も早く開始できる時刻である。また, T_i^E はイベント i に到

第 7 章　プロジェクト管理

着するすべての作業が終了する時刻も意味する。

最早結合点時刻は，以下の手順で前進計算により求められる。

① プロジェクトの出発イベント 1 の最早結合点時刻を 0 とする：$T_1^E = 0$。

② イベント $i\,(i = 2, 3, \cdots, n)$ では，その前のイベントの最早結合点時刻に，当該イベントまでの作業の所要時間を加算して，イベント i の最早結合点時刻を求める。ただし，イベント i で終了する作業が複数ある場合，次式（7.1）のとおり，各作業の開始イベントの最早開始時刻におのおのの作業の所要時間を加算した値の中で，最も大きい値をイベント i の最早結合点時刻とする。

$$T_i^E = \max_k \{ T_k^E + t_{ki} \}; \quad i = 2, 3, \cdots, n \tag{7.1}$$

プロジェクト全体の所要時間 T^E は，プロジェクトの終了イベント n における最早結合点時刻 T_n^E であり，$T^E = T_n^E$ となる。

(2)　最遅結合点時刻

最遅結合点時刻とは，プロジェクトを所要時間 T^E の期間内に終わらせるためには，各イベントで終了する作業を遅くとも完了させておかなければならない時刻である。

最遅結合点時刻は，以下の手順で後退計算により求められる。

① プロジェクトの終了イベント n における最遅結合点時刻 T_n^L を，このイベントの最早結合点時刻とする：$T_n^L = T_n^E$。

② イベント $i\,(i = n-1, n-2, \cdots, 1)$ では，このイベントから開始される作業が 1 つのとき，この作業の終了イベントにおける最遅結合点時刻から，作業の所要時間を引いて，イベント i の最遅結合点時刻とする。イベント i から開始される作業が複数のとき，次式（7.2）のとおり各作業の終了イベントにおける最遅結合点時刻から，おのおのの作業の所要時間を引いた値の中で，最も小さい値を，イベント i の最遅結合点時刻とする。

$$T_i^L = \min_k \{ T_k^L - t_{ik} \}; \quad i = n-1, n-2, \cdots, 1 \tag{7.2}$$

(3)　作業の最早（最遅）開始（完了）時刻

作業 (i, j) の最早開始時刻 ES_{ij} は，この作業を開始できる最も早い時刻であり，次式（7.3）で求められる。

$$ES_{ij} = T_i^E; \quad i, j = 1, 2, \cdots, n \tag{7.3}$$

899

第III編　基本科学編

作業(i, j)の最早完了時刻EF_{ij}は，この作業を最も早く終了できる時刻であり，次式（7.4）で求められる。

$$EF_{ij} = ES_{ij} + t_{ij} = T_i^E + t_{ij} \; ; \quad i, j = 1, 2, \cdots, n \tag{7.4}$$

作業(i, j)の最遅完了時刻LF_{ij}は，プロジェクトを遅らせないために，この作業を遅くとも終了しなければならない限界の時刻であり，次式（7.5）で求められる。

$$LF_{ij} = T_j^L \; ; \quad i, j = 1, 2, \cdots, n \tag{7.5}$$

作業(i, j)の最遅開始時刻LS_{ij}は，プロジェクトを遅らせないために，この作業を遅くとも開始しなければならない限界の時刻であり，次式（7.6）で求められる。

$$LS_{ij} = LF_{ij} - t_{ij} = T_j^L - t_{ij} \; ; \quad i, j = 1, 2, \cdots, n \tag{7.6}$$

7.2.3　余裕時間とクリティカルパス

作業(i, j)の余裕時間 TF_{ij}は，プロジェクトの完成期日を遅らせない範囲で，この作業の開始を最大どれだけ遅らせることができるかという時間であり，次式（7.7）で求められる。

$$TF_{ij} = LF_{ij} - EF_{ij} = LS_{ij} - ES_{ij} = T_j^L - T_i^E - t_{ij} \; ; \quad i, j = 1, 2, \cdots, n \tag{7.7}$$

余裕時間はスラックとも呼ばれる。余裕のない作業が遅れると，プロジェクト全体の完成期日が遅れる。逆にこれらの作業が短縮できればプロジェクト全体の完成期日を早めることができる。アローダイアグラムにおいて，余裕のない作業を結んだ経路（通常，太線のアローで示す）を，クリティカルパスと呼ぶ。クリティカルパス上にある作業には，プロジェクト管理上重点管理を行う必要がある。

表7.2はPERTの計算例を示している。この例のアローダイアグラムを書くと，図7.3となる。作業の順序関係を表すために，ダミー作業（4,5）を導入した。また，図7.3に示したとおり，各イベントの最早結合点時刻（上段のボックスに示す）と最遅結合点時刻（下段のボックスに示す）も計算でき，プロジェクト全体の所要時間は22日である。各作業の余裕時間を計算した結果，作業A，作業Dと作業Gの余裕時間が0であるため，この3つの作業を結んだ経路はクリティカルパスとなる。

900

第7章 プロジェクト管理

表7.2 PERTの計算例

作業名	先行作業	所要時間
A	なし	5日
B	なし	10日
C	A	7日
D	A	15日
E	B	6日
F	C	3日
G	C,D,E	2日

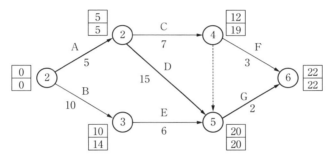

図7.3 PERTの計算例

7.2.4 PERT手法の応用と三点見積法

(1) クリティカルパスによる日程管理

クリティカルパスは，決定された総所要時間内でプロジェクト全体を完了するために，けっして遅れることが許されない一連の作業である。プロジェクト全体の日程を確保するために，クリティカルパス上にある作業の日程を重点的に管理すべきである。また，プロジェクト全体の所要時間を短縮しようとする場合，余裕時間のある非クリティカルパス上の作業の所要時間を短縮しても役立たないので，クリティカルパス上にある作業を対象として，所要時間の短縮を検討することが必要である。通常，所要時間を1単位（日，時間）短縮するのに必要な費用の増加額を費用こう配（勾配）といい，クリティカルパス上の作業の中で，費用こう配の最も安い作業を優先して選んで，その所要時間を短

第Ⅲ編　基本科学編

縮する。

(2)　人員計画の作成

プロジェクト全期間にわたって所要人員を最小にするように，各作業の日程を決めるためにも PERT を用いることができる。まず，アローダイアグラム，クリティカルパスおよび各作業の余裕時間に基づき，山積みを行う。つまり，すべての作業が最早開始時刻に開始するとして，クリティカルパス上の作業と余裕のある作業を分けて，各期で必要な人員の合計人数を計算し，棒グラフ状に積んでいく。次に，余裕のある作業の開始日程を余裕時間内で前後ずらすことにより，山積みで積んだ各期での所要人員の人数の山を，高いところを崩して，低いところに所要人員を移動させる。この処理を山崩しと呼ぶ。

(3)　三点見積法

プロジェクトの各作業の所要時間は，通常確定的な値ではなく，過去の経験などにより見積る必要がある。この場合，三点見積法がよく使われる。

作業の所要時間の楽観値（作業が非常にうまく行ったとして最も楽観的にみたときの値）を a，悲観値（作業の遂行を最も悲観的にみたときの値）を b，最頻値（作業の遂行に際して最も起こりそうな所要時間値）を m とすると，作業所要時間の平均値と標準偏差は次式（7.8）により計算される。

$$\mu = \frac{a+4m+b}{6} \; ; \;\; \sigma = \frac{b-a}{6} \tag{7.8}$$

7.3　プロジェクトの評価方法[4]

7.3.1　事前評価，中間評価と事後評価

プロジェクトの評価は，時期により事前評価，中間評価および事後評価に分ける。事前評価は目的，収益性，効率性および実行可能性などの面からプロジェクトを評価し実施可否の意思決定を行う。中間評価は，長い年月を要するプロジェクトについて，実施期間中社会環境，経済情勢，技術進歩および組織構成などの変化を踏まえて，プロジェクトの継続の可否を判断し，必要に応じて見直し策を作成する。事後評価は当初に想定したプロジェクトの目的の達成状

第7章　プロジェクト管理

況，その効果の発現状況などを確認し，必要に応じて，プロジェクトの効果促進または改善を図っていく。

(1)　事前評価

プロジェクト実施可否の意思決定を行うために以下の視点から評価を行う。

①　プロジェクトの目的，効果・影響の評価：プロジェクトの背景，必要性および目的（ミッション）を十分に踏まえたうえで，プロジェクトがどのような効果・影響をもたらすのかを定性的に評価する。また，定量化が可能な効果・影響は定量的指標として整理する。

②　費用便益分析：プロジェクトによる多種多様な効果・影響について，貨幣に換算可能なものを貨幣で表し，プロジェクトの実施に必要な費用と得られる便宜を比較する。

③　採算性分析：採算性が確保されるのかという視点からプロジェクトの実施による効果が持続可能なものであるかどうかを評価する。

④　実施環境の評価：法律改正，社会世論などの社会環境，経済状況などの視点からプロジェクトの実施環境が確保されているかを評価する。

(2)　中間評価

数年間の長い年月を要するプロジェクトについて，プロジェクトの実施期間中にプロジェクトを取り巻く社会・経済情勢，技術開発などは大きく変化する可能性がある。中間評価では，まず社会・経済情勢，組織内外の状況などにどのような変化があり，それがプロジェクトによる効果・影響，費用便益分析，採算性分析およびプロジェクトの実施環境に対して，どのような影響を及ぼしたのかを明確にする。次に中間評価時点までのプロジェクトの実施状況を振り返り，うまくいったことや問題点の把握を行ったうえで，より効果的，効率的なものとするための改善策を検討する。最後に，プロジェクトの目的（ミッション）の達成や費用対便益，採算性の確保に向けて，コスト縮減や代替案立案などの可能性について検討し，プロジェクトの継続の可否を検討する。

(3)　事後評価

当初に目指したプロジェクトの目的（ミッション）を達成できたか，見込んでいた効果を得られたかを確認する。また，社会・経済情勢などの変化の影響によって，プロジェクトによる効果・影響などの算定基礎となった要因（実施

903

第Ⅲ編　基本科学編

期間，実施費用，需要等）がどの程度変化したのか，変化の要因が何かを分析する。プロジェクト実施実績に合わせて，実際の効果・影響，費用対便益，採算性および持続可能性などについて評価する。これらの分析・評価から得られた情報を踏まえ，当該プロジェクトの改善措置の必要性および今後の事後評価の必要性を検討する。

7.3.2　プロジェクト評価方法

(1)　マトリックス技法

複数のプロジェクトを比較するために，各プロジェクトを評価するための基準または指標は，所要費用，効率性，採算性，信頼性，持続可能性など通常複数がある。プロジェクト数を n，評価基準数を m，また評価基準 j に関するプロジェクト i の評価値を $v_{ij}(i=1, 2, \cdots, n\,; j=1, 2, \cdots, m)$ とするとき，評価基準 j にウェイト w_j をつけて，おのおののプロジェクトに対して，次式（7.9）によりウェイトつき総合評価値を計算する。この総合評価値を比較することにより，プロジェクトの採否を決めることができる。

$$W_i = \sum_{j=1}^{m} w_j v_{ij}\,;\quad i=1, 2, \cdots, n \tag{7.9}$$

ウェイトの決定方法については，専門家の過去経験に基づいた主観的決定法の他に，AHP（階層分析法）がよく使われる。また，評価基準の間に相互干渉がある場合クロスサポート・マトリックス法，評価基準の間に相関がある場合クロスインパクト・マトリックス法が利用できる。

(2)　費用便益分析

便益とは，プロジェクトの実施による効果・影響の中で利益の増加，サービスの改善，社会への貢献などの正の効果を貨幣金額に換算したものである。費用はプロジェクトの実施に必要な投資またはコストだけでなく，運営・維持費用の増加，自然環境に対する悪影響などの負の効果・影響も貨幣金額に換算し，合計された費用である。また，便益と費用の発生時期により価値が異なるという資本の時間的価値を考慮し，便益と費用はすべて次式により現在価値に換算したものである。

904

第7章　プロジェクト管理

$$P = \frac{S}{(1+i)^n} \tag{7.10}$$

ただし，P は現在価値，S は n 年後の価値，i は利子率である。

費用便益分析は次の3つの指標を用いて，プロジェクトの可否を判断する。

① 費用便益比 CBR：総便益を B，総費用を C として，次式により費用と便益の比率 CBR を算出する。

$$\mathrm{CBR} = \frac{B}{C} \tag{7.11}$$

CBR＞1 ならプロジェクトによる効果が必要費用を上回るので，プロジェクトが正当化される。また，費用便益比が大きければ大きいほどプロジェクトの効率性が高くなる。分野または規模の異なるプロジェクトの相対的重要性を比較するのに費用便益比は非常に利用しやすい。

② 純現在価値 NPV：NPV はプロジェクトによって得られた価値の増加を表す指標であり，$\mathrm{NPV}=B-C$ により算出される。プロジェクトの規模に大差がなければ，NPV の値が大きいほどプロジェクトの効率性が高くなる。しかし，プロジェクトの規模が大きくなると純現在価値も大きくなる傾向があるため，規模が大きく異なるプロジェクトを比較する場合，純現在価値はなじまない。

③ 経済的内部収益率 EIRR：EIRR は純現在価値 NPV が0となる利率 i である。EIRR が高いほどプロジェクトが高く評価される。

〈参考文献〉

1) 鈴木安而：図解入門よくわかる最新 PMBOK 第5版の基本，秀和システム，2013

2) 株式会社クロスフィールド：PMBOK ガイド改定（第4版→第5版）から見るステークホルダー管理（前編），https：//www.crossfields.co.jp/image/reports/mailmagazine_vol.5_1.pdf，2014

3) 日本経営工学会：経営工学ハンドブック，pp. 970-985，丸善，1994

4) 国土交通省：鉄道プロジェクトの評価手法マニュアル（2012年改訂版），http：//www.mlit.go.jp/common/000224631.pdf，2012

董　彦文

8	SCM と多変量解析

8.1 回帰分析

8.1.1 回帰分析の概要

　回帰分析は変数間の因果関係または相関関係を回帰式で表し，結果となる変数（目的変数または従属変数と呼ぶ）が，原因となる変数（説明変数または独立変数と呼ぶ）によってどの程度説明できるかを定量的に分析する手法である。説明変数が1つだけの場合単回帰分析，2つ以上ある場合重回帰分析と呼ぶ。回帰分析は，予測・要因分析等に用いられる。

　たとえば，商品の売上が広告費と営業者人数に依存するため，過去の商品売上，広告費と営業者人数のデータから回帰式を求め，広告費と営業者人数に基づき将来の売上の予測に活用される。また，回帰式に基づき，目的変数に対する各説明変数の貢献度（影響度，重要度）を評価し，説明変数のランキングを決めることができる。たとえば，売上を高めるためには，広告費と営業者人数の中で，どっちが一番重要であるか，または営業者を2人増員する場合売上がどの程度増えるか，などを調べることができる。

　目的変数を y，m 個の説明変数をそれぞれ $x_1, x_2, \cdots, x_m$ とするとき，重回帰分析のモデルは，次の1次式で表される。

$$y = a_0 + a_1 x_1 + a_2 x_2 + \cdots + a_m + \varepsilon \tag{8.1}$$

ただし，a_0 は定数項または母切片，a_j（$j=1, 2 \cdots, m$）は偏回帰係数である。ε

は m 個の説明変数以外の要因からくる y への影響を集約して表現する確率攪乱項であり，その値は何らかの確率的な法則に従って発生するものと考えられる。

目的変数 y と説明変数 $x_1, x_2, \cdots, x_m$ に関して，n 組の標本データ $\{y_i; x_{i1}, x_{i2}, \cdots, x_{im}\}$ $(i=1, 2, \cdots, n)$ が得られたとき，標本 i の説明変数の値 $\{x_{i1}, x_{i2}, \cdots, x_{im}\}$ を回帰式 (8.1) に代入して算出された目的変数 y の予測値を $\hat{y}_i$ と表すと

$$\hat{y}_i = a_0 + a_1 x_{i1} + a_2 x_{i2} + \cdots + a_m x_{im} + \varepsilon_i ; \quad i = 1, 2, \cdots, n \qquad (8.2)$$

となる。偏回帰係数は，観測値 y_i と予測値 $\hat{y}_i$ の残差の和 $\sum_{i=1}^{n}(y_i - \hat{y}_i)^2$ を最小にする最小二乗法によって求められ，以下の式となる。

$$a_j = \sum_{i=1}^{m} s^{ji} s_{iy} ; \quad j = 1, 2, \cdots, m \qquad (8.3)$$

$$a_0 = \overline{y} - (a_1 \overline{x}_1 + a_2 \overline{x}_2 + \cdots + a_m \overline{x}_m) \qquad (8.4)$$

ただし，s^{ji} は分散共分散行列 $S = (s_{ij} ; i, j = 1, 2, \cdots, m)$ の逆行列 $S^{-1} = (s^{ij} ; i, j = , 2, \cdots, m)$ の要素，s_{ij} と s_{iy} は次式 (8.5) と (8.6) で定義される分散または共分散，$\overline{y}$ と $\overline{x}_j$ はそれぞれ目的変数 y と説明変数 x_j $(j = 1, 2, \cdots, m)$ の標本平均である。

$$s_{ij} = \frac{1}{n-1} \sum_{k=1}^{n} (x_{ik} - \overline{x}_i)(x_{jk} - \overline{x}_j) ; \quad i, j = 1, 2, \cdots, m \qquad (8.5)$$

$$s_{iy} = \frac{1}{n-1} \sum_{k=1}^{n} (x_{ik} - \overline{x}_i)(y_k - \overline{y}) ; \quad i = 1, 2, \cdots, m \qquad (8.6)$$

8.1.2 回帰分析の有効性と信頼性

式 (8.1) の回帰式は実際の標本データの当てはまり具合に関わらず，機械的に求めることができる。このため，回帰式を導出したあと，得られた回帰式がどの程度の精度で実際のデータに当てはまるか，また変数間の因果関係または相関関係を有効に説明できているかを考える必要がある。実際の標本データへの回帰式の当てはまりを評価する尺度として，決定係数（寄与率）がある。決定係数は，実績値 y_i のバラツキのうち回帰式の当てはめによって説明される割合である。

y_i の全体のバラツキ（全変動）を S_T とすると

$$S_T = \sum_{i=1}^{n}(y_i - \bar{y})^2 = \sum_{i=1}^{n}(\hat{y}_i - \bar{y})^2 + \sum_{i=1}^{n}(y_i - \hat{y}_i)^2 \tag{8.7}$$

となり，回帰によって説明される部分（回帰による変動）$S_R = \sum_{i=1}^{n}(\hat{y}_i - \bar{y})^2$ と，残差の部分（回帰からの変動）$S_E = \sum_{i=1}^{n}(y_i - \hat{y}_i)^2$ に分けられる。決定係数 R^2 は目的変数 y の総変動 S_T に対する回帰による変動 S_R の比であり，次式で定義される。

$$R^2 = \frac{S_R}{S_T} = 1 - \frac{S_E}{S_T} \tag{8.8}$$

また，決定係数 R^2 は目的変数 y の観測値 y_i と回帰式による予測値 $\hat{y}_i$（$i = 1, 2, \cdots, n$）との相関係数 R である重相関係数を二乗したものとも定義される。決定係数 R^2 は回帰分析の精度を表し，R^2 が大きければ回帰モデルが実際の観測データによく当てはまっており予測・分析の精度が高い。R^2 が小さければ回帰モデルが観測データにあまり当てはまっておらず予測・分析の精度が低い。一般的に，$R^2 \geq 0.8$ または $R \geq 0.9$ の場合分析の精度が非常によく，$R^2 < 0.5$ または $R < 0.7$ の場合分析の精度がよくないとされている。

一般的には，回帰分析は，説明変数の数が増えると，決定係数 R^2 が大きくなる癖がある。決定係数 R^2 の値は残差だけでなく，回帰式の作成に利用できる標本のサイズと説明変数の個数にも影響される。実績データの個数 n が説明変数（独立変数）の個数 $m+1$ に近いとき，決定係数が実態以上によくなり過ぎる。極端な場合，標本のサイズ n と説明変数の個数 m が $m = n-1$ を満たすなら R^2 は必ず1となる。このため，式（8.8）で定義された決定係数 R^2 の代わりに，次式（8.9）で定義される自由度調整済決定係数 $R^{2'}$（補正 R^2 とも呼ばれる）を用いた方がよいとされている。

$$R^{2'} = 1 - \frac{S_E/(n-m-1)}{S_T/(n-1)} \tag{8.9}$$

回帰モデルの信頼性を確認するために，決定係数 R^2 の F 検定がよく使われる。まず残差平方和 S_E と回帰による変動 S_R の不偏分散 V_E と V_R を次式（8.10）により求める。

$$V_E = \frac{S_E}{n-m-1}; \quad V_R = \frac{S_R}{m} \tag{8.10}$$

回帰することに意味がないという仮説のもとでは，次式（8.11）で定義され

第Ⅲ編　基本科学編

る分散比

$$F_R = \frac{V_R}{V_e} \qquad (8.11)$$

が自由度$(m, n-m-1)$のF分布に従う。これにより，有意水準αとして，自由度$(m, n-m-1)$のF分布における上側α点を$F(m, n-m-1, \alpha)$，F_Rに対応する上側確率をpと表すと，$F_R > F(m, n-m-1, \alpha)$または$p < \alpha$の場合回帰モデルが信頼できる。$F_R < F(m, n-m-1, \alpha)$または$p > \alpha$の場合回帰モデルが信頼できない。

　おのおのの説明変数の有意性については，t検定を行うことができる。これは，帰無仮説：$a_j = 0\ (j = 0, 1, 2, \cdots, m)$が真であるとき

$$t_j = \frac{a_j}{a_j\text{の標準誤差}} \qquad (8.12)$$

が自由度$n-m-1$のt分布に従うことを用いて行われる。有意水準αとして，自由度$n-m-1$のt分布における上側$\alpha/2$点を$t(n-m-1, \alpha/2)$，t_jに対応する上側確率を$p/2$と表すと，$t_j > t(n-m-1, \alpha/2)$または$p < \alpha$の場合偏回帰係数a_jが有意であり，説明変数x_jを回帰式に使うのが妥当である。これに対して，$t_j < t(n-m-1, \alpha/2)$または$p > \alpha$の場合「$a_j = 0$」という仮説が採択され，説明変数x_jを回帰式に使うのが妥当であるとはいえない。

8.1.3　回帰分析の活用方法

(1)　回帰分析の標準的な手順

回帰分析手法を正しく活用するために，通常以下の手順に従い分析を進める。

① 式（8.3）と（8.4）に基づき，偏回帰係数を計算することにより回帰式が求まる。

② 式（8.8）または（8.9）に基づき，決定係数R^2または自由度調整済決定係数$R^{2'}$を計算の上，回帰式の有効性を評価する。決定係数は1に近いほど望ましいが，分析の目的や分野などに応じてその有効な値の大小が異なる。同時に，式（8.11）で定義される分散比F_Rの値と対応する有意確率p値をチェックし，回帰することに意味があるかを確認する。

910

③ おのおのの説明変数について，式（8.12）に基づく t 値と対応する有意確率 p 値を用いて，偏回帰係数の有意性を評価する。有意でない説明変数（有意確率 p 値 > 有意水準 α）を回帰式から除去したり，他の変数に変えたりする。同時に，偏回帰係数の符号から目的変数と説明変数間の因果関係または物理的・社会的意味を確認し，不合理的なものがあれば，変数の入れ替えを検討する。

④ ①〜③の手順を通して，変数の追加，削除を行い，決定係数を高めて回帰式の有効性を確保する。また，決定係数を一定の水準に維持しながら，個々の偏回帰係数の有意性を確保し，なるべく少ない説明変数で回帰モデルを構築できるように，①〜③の手順を繰り返す。

(2) 寄与度比較と標準回帰係数

回帰分析の目的の1つは目的変数に対する各説明変数の貢献度を評価することである。この際，偏回帰係数の値を比較するだけでは，説明変数の貢献度を正しく評価できないことに留意しなければいけない。偏回帰係数の値はデータの測定単位に依存するので，変数の測定単位を変えると，偏回帰係数の値は変わる。たとえば，重量を表す測定単位を g から kg に変えると，変数の観測値自身は 1/1,000 になるので，偏回帰係数の値は 1,000 倍増える。このため，偏回帰係数相互の比較はまったく無意味であることがわかる。

回帰係数の大きさを測定単位によって左右されないようにするためには，次式（8.13）のとおり各変数を平均 0，分散 1 になるように基準化する必要がある。

$$y' = \frac{y - \bar{y}}{s_y} \ , \quad x'_j = \frac{x_j - \bar{x}_j}{s_j} \ ; \quad j = 1, 2, \cdots, m \qquad (8.13)$$

ただし，s_y と s_j は，次式（8.14）で定義される目的変数 y と説明変数 x_j の分散である。

$$s_y^2 = \frac{1}{n-1} \sum_{k=1}^{n} (y_k - \bar{y})^2 , \quad s_j^2 = \frac{1}{n-1} \sum_{k=1}^{n} (x_{kj} - \bar{x}_j)^2 \ ; \quad j = 1, 2, \cdots, m \quad (8.14)$$

y' を目的変数，x'_j を説明変数とする回帰モデルは

$$y' = b_1 x'_1 + b_2 x'_2 + \cdots + b_m x'_m + \varepsilon' \qquad (8.15)$$

と書き，これらの b_j は標準偏回帰係数と呼ぶ。また，標準偏回帰係数と普通の偏回帰係数の間には

第Ⅲ編　基本科学編

$$b_j = a_j \frac{s_j}{s_y} \; ; \quad j = 1, 2, \cdots, m \tag{8.16}$$

という関係が成立する。

標準偏回帰係数の値は各変数の測定単位に依存しないため，これに基づき説明変数の貢献度を比較し，順位をつけることができる。説明変数が相互に相関しない場合，標準偏回帰係数は目的変数と説明変数の単相関係数と等しい。しかし，説明変数の間に相関関係がある場合，標準偏回帰係数の値は単相関係数と異なる。このため，目的変数に対する説明変数の寄与度を比較する際，標準偏回帰係数だけでなく，説明変数間の相関関係も考慮に入れるべきである。

(3)　残差分析

標本データから回帰式が求まると，標本 i の説明変数の値 $\{x_{i1}, x_{i2}, \cdots, x_{im}\}$ から目的変数の予測値 $\hat{y}_i$ を計算できる。この予測値 $\hat{y}_i$ と観測値 y_i との残差 $e_i = y_i - \hat{y}_i$ にはさまざまな重要な情報が隠されている。時系列データの場合には横軸に時間軸をとり，非時系列データの場合何らかのルールで順序を決めて横軸に予測値を表示し，残差を縦軸にプロットすることにより，外れ値や異常値のチェック，隠される要因の検討，また点の並び方の癖や傾向から誤差の等分散性や系列相関，さらに非線形性のチェックを行うことができる。

回帰モデルは標本データにある外れ値や異常値に非常に敏感であり，1 つの外れ値の影響を受けるだけで有効な回帰式を得られないことさえある。残差の分布や変化趨勢をチェックすることにより有効性の高い回帰モデルを構築し，また有効な層別因子を見出すことにより問題解決を掘り下げる原動力を獲得できる。

(4)　マルチコ現象と変数選択

重回帰分析は，説明変数が互いに独立であるという前提のもとで行われる。2 つの説明変数 A と B の間に相関が非常に高い場合，目的変数は，A によって説明されるのか，B によって説明されるのか判然とせず，適切な偏回帰係数を求めることはできない。説明変数の間に非常に高い相関がある現象は多重共線性（マルチコリニアリティ，略してマルチコ）という。多重共線性が存在するかは次の 2 つの方法で判断できる。

① 説明変数間の相関行列を調べて，相関係数が非常に大きいものがあるかをチェックする。

② 目的変数と説明変数の相関係数の符号に対して，偏回帰係数の符号が逆転しているかをチェックする。

適合度の高いモデルを構築するために，通常以下の方法で説明力の高い少数の説明変数を選択し，重回帰分析を行う。

① 説明変数間の相関行列を調べて，高い相関をもつものがあれば，どちらかの変数を落とす。通常相関係数が0.9以上の説明変数を探して見つかった場合，この2つの説明変数と目的関数との相関係数を見て，相関係数の大きいものを残して，相関係数の小さいものを落とす。

② 説明変数の t 検定をチェックし，p 値の大きい変数を落とすか，他の変数と組み合わせて別の変数を作成する。たとえば，世帯数と世帯所得合計から1世帯当たりの所得を算出のうえ，世帯数と世帯所得合計の代わりに1世帯当たりの所得を利用する。

③ 将来設定できない説明変数を落とす。目的変数を予測する目的で回帰モデルを構築する際，将来の予測に必要な説明変数の値が入手できなければ，回帰モデルは使えない。この意味で将来の値を設定できない説明変数は使うべきではない。

④ 観測値がすべて同じ説明変数は重回帰分析に利用できない。偏回帰係数を計算するとき，標準偏差で割算をする必要がある。説明変数の値がすべて同じ場合，標準偏差が0となり，割算できない。

人間の判断に基づく上述した方法の他に，統計学分野では，説明変数を選択して，最良の回帰モデルを探索するための統計的方法が多く提案されている。よく利用されるのは，変数増加法，変数減少法とステップワイズ法（変数増減法）である。ただし，回帰モデルが最良であるかを判断する際，判断基準をあらかじめ決めなければいけない。この基準としては，決定係数 R^2 の他に，偏回帰係数の t 検定値（または F 検定値），マローズの C_p，赤池の情報量基準 AIC（Akaike's Information Criterion）などが提案されている。

a. 変数増加法

最初に最も予測に有効な説明変数（従属変数との相関係数が最も大きいもの）を重回帰式に取り入れる。次の段階では，残りの説明変数の中で最も予測に有効な説明変数を取り入れる。予測精度の改善が一定限度以上である間，こ

第Ⅲ編　基本科学編

の操作を繰り返す。

b．変数減少法

最初にすべての説明変数を含む重回帰式を作る。次に，その中から最も予測に有効でない説明変数を除去する。予測精度の低下が一定限度以内である間，この操作を繰り返す。

c．ステップワイズ法（変数増減法）

変数増加法では，いったん重回帰式に取り込まれた説明変数は除去されることはないが，後の段階になってそれまでに取り込まれた説明変数の重要性が低くなることがある。変数増減法は各段階で変数を追加した後で除去すべき説明変数がないかをチェックする。

説明変数の追加・除去の基準としては，各変数の偏 F 値（t 値の2乗）に基づく F_{in}，F_{out} と，この2つの偏 F 値に対応する有意確率 P_{in}，P_{out} がある。SPSS などの数理統計パッケージソフトウェアでは，たとえば $P_{in}=P_{out}=0.05$ を指定して自動的に説明変数の選択を行うことができる。残念ながら標本データの特徴や問題の特質などにより回帰モデルの良さを評価することが非常に難しくて，1つの基準だけでは判断できないことがよくある。パッケージソフトウェアの実行結果に関してもさらに吟味して改良を重ねていく必要がある。

(5) 非線形回帰モデル

標準的な重回帰分析では目的変数と説明変数の関係が1次式，すなわち線形モデルを用いて表される。説明変数の多項式で表せる多項式モデルと，特殊な非線形関数の回帰モデルなどのような非線形回帰モデルについては，適切な変数変換を行うことにより線形モデルに帰着できる。

多項式回帰または曲線回帰と呼ばれるモデルは，式（8.1）に対応して

$$y=b_0+b_1x+b_2x^2+\cdots+b_mx^m+\varepsilon \tag{8.17}$$

と書ける。$x_1=x,\ x_2=x^2,\cdots,x_m=x^m$ とすれば，上式は式（8.1）と同じであり，式（8.3）と（8.4）に基づき回帰係数を計算できる。

また，指数関数 $y=\alpha x^\beta$ に関しては，$\log y=\log \alpha+\beta \log x$ としたうえ，$y'=\log y,\ x'=\log x$ と変換すれば通常の回帰モデルになる。

914

8.2 主成分分析

8.2.1 主成分分析手法

主成分分析は，互いに相関のある多種類の特性値のもつ情報を要約し，かつ所与の目的に応じて，客観的な妥当性をもち，互いに無相関な少数個の総合特性値を抽出する手法である。たとえば，n 人の社員について目標設定能力，目標達成度，勤務態度，協調性，専門業務処理能力など，数多くの側面から人事評価を行ったあと，これらの人事評価に基づき総合的な勤務評価または総合能力の得点を求めたいとき，主成分分析は有効な統計学的手法となる。

図 8.1 に示す 2 変数の場合を考えると，x_1 と x_2 で表されるもとのデータは，x_1 または x_2 だけではうまく表現できない。しかし，データの散らばり具合，つまりその分散がデータに含まれる情報量であるという発想のもとで，データの分散が最も大きくなる方向に軸をとり，新しい合成変数 $Z_1 = \cos\theta \times x_1 + \sin\theta \times x_2$ を作成すれば，Z_1 だけで元のデータの分散（情報）の大部分を表すことができる。つまり，少ない情報の損失で，もとの 2 つの変数 x_1 と x_2 が 1 つの合成変数 Z_1 に縮約できた。

一般的な場合，表 8.1 に示すとおり，m 項目の特性値（変数）をもつ標本データを n 組取得したとする。個体 S_i は，m 次元のベクトル $(x_{i1}, x_{i2}, \cdots, x_{im})$ $(i=1,2,\cdots,n)$ で表す。この m 個の特性値 $x_1, x_2, \cdots, x_m$ を，p 個 $(0<p<m)$ の総合指標に縮約するために，次式 (8.18) のとおり特性値の線形結合で合成変数 Z を生成する。

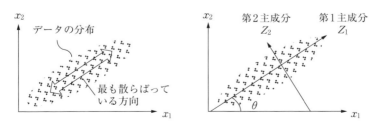

図 8.1　データの情報量と主成分

第Ⅲ編　基本科学編

表 8.1　標本数 n の観測データ行列 X

個体	特性値（変数）					
	x_1	x_2	$\cdots$	x_j	$\cdots$	x_m
S_1	x_{11}	x_{12}	$\cdots$	x_{1j}	$\cdots$	x_{1m}
S_2	x_{21}	x_{22}	$\cdots$	x_{2j}	$\cdots$	x_{2m}
$\cdots$	$\cdots$	$\cdots$	$\cdots$	$\cdots$	$\cdots$	$\cdots$
S_i	x_{i1}	x_{i2}	$\cdots$	x_{ij}	$\cdots$	x_{im}
$\cdots$	$\cdots$	$\cdots$	$\cdots$	$\cdots$	$\cdots$	$\cdots$
S_n	x_{n1}	x_{n2}	$\cdots$	x_{nj}	$\cdots$	x_{nm}

$$Z = a_1 x_1 + a_2 x_2 + \cdots + a_m x_m \tag{8.18}$$

個体 S_i の特性値を式（8.18）に代入すれば，これに対応する合成変数 Z の値 z_i は次式（8.19）で求まる。

$$z_i = a_1 x_{i1} + a_2 x_{i2} + \cdots + a_m x_{im}, \quad i = 1, 2, \cdots, n \tag{8.19}$$

このように求まった合成変数 Z の値 z_i は個体 S_i の情報をより多く含めなければならないので，標本データの情報量を表す合成変数 Z の分散を計算し，次式（8.20）となる。

$$
\begin{aligned}
V(Z) &= \frac{1}{n}\sum_{i=1}^{n}(z_i - \bar{z})^2 \\
&= \frac{1}{n}\sum_{i=1}^{n}[a_1(x_{i1} - \overline{x}_1) + a_2(x_{i2} - \overline{x}_2) + \cdots + a_m(x_{im} - \overline{x}_m)]^2 \\
&= a^{\mathrm{T}} S a
\end{aligned}
\tag{8.20}
$$

ただし，$a = (a_1, a_2, \cdots, a_m)^{\mathrm{T}}$ は m 次元の列ベクトルであり，$S = (s_{ij}; i, j = 1, 2, \cdots, m)$ は変数 x_i と x_j の共分散 s_{ij} を要素にもつ分散共分散行列である。式（8.18）の Z は，m 次元の空間の中で原点 O から OZ 方向に z 軸をとることを意味する。このとき，z 軸の座標スケールを x_1, x_2, $\cdots$, x_m 軸と同じにとることにすれば，$a_1, a_2, \cdots, a_m$ はそれぞれ直線 OZ の方向余弦になる。つまり，OZ と x_1, $x_2, \cdots, x_m$ 軸となす角を $\theta_1, \theta_2, \cdots, \theta_m$ とすると，$a_1, a_2, \cdots, a_m$ はそれぞれ $\cos\theta_1, \cos\theta_2, \cdots, \cos\theta_m$ となり，次式（8.21）を満たす。

$$a^{\mathrm{T}} a = a_1^2 + a_2^2 + \cdots + a_m^2 = 1 \tag{8.21}$$

情報の損失を最小にする主成分を求めるために，式（8.21）の制約条件のもとで式（8.20）の分散を最大にする係数 a を求めればよい。ラグランジュ乗数

λ を導入して，この制約条件付き最大化問題は

$$F(a, \lambda) = a^{\mathrm{T}}Sa - \lambda(a^{\mathrm{T}}a - 1) \tag{8.22}$$

となる。式（8.22）を a の各要素に対して偏微分してゼロとおくと

$$\frac{1}{2}\frac{\partial F(a, \lambda)}{\partial a} = (S - \lambda I)a = 0 \tag{8.23}$$

となる。

これは行列 S の固有値問題である。S は対称行列であり，また任意の a に対して $a^{\mathrm{T}}Sa = V(z) \geq 0$ のため，p 個の固有値 $\lambda_1 \geq \lambda_2 \geq \cdots \geq \lambda_p \geq 0$ をもつ。また，固有値 $\lambda_j (j = 1, 2, \cdots, p)$ に対応する固有ベクトルを A_j とすれば，式（8.23）より $\lambda_j = A_j^{\mathrm{T}}SA_j$ と導出できる。つまり，固有値 λ_j の値は，固有ベクトル A_j の各要素を係数とする合成変数 $Z_j = A_j^{\mathrm{T}}x$ の分散に等しい。

以上の結果から，最大固有値 λ_1 に対する固有ベクトル $A_1 = (a_{11}, a_{12}, \cdots, a_{1m})^{\mathrm{T}}$ の各要素を係数とする合成変数 Z_1

$$Z_1 = a_{11}x_1 + a_{12}x_2 + \cdots + a_{1m}x_m \tag{8.24}$$

は最大の分散をもち，もとの m 個の特性値（変数）$x_1, x_2, \cdots, x_m$ の情報を最も多く含めている。これを第 1 主成分と呼ぶ。

第 1 主成分だけで，もとの m 個の特性値のバラツキを十分に表していない場合，2 番目に大きい固有値 λ_2 に対応する固有ベクトル $A_2 = (a_{21}, a_{22}, \cdots, a_{2m})^{\mathrm{T}}$ の各要素を係数として，合成変数 Z_2

$$Z_2 = a_{21}x_1 + a_{22}x_2 + \cdots + a_{2m}x_m \tag{8.25}$$

を生成する。この合成変数 Z_2 は第 2 主成分と呼ぶ。

これと同様に，固有値 $\lambda_j (j = 3, 4, \cdots, p)$ に対応する固有ベクトル $A_j = (a_{j1}, a_{j2}, \cdots, a_{jm})^{\mathrm{T}}$ の各要素をそれぞれ係数として，第 3 主成分，$\cdots$，第 p 主成分まで求めることができる。

また，式（8.23）～（8.25）では分散共分散行列 S の固有値問題として主成分を求める手法を説明した。しかし，分散と共分散は，各変数の観測値の測定単位に依存する。たとえば，変数が長さを表すときセンチまたはメータ，重量を表すときグラムまたはキログラムを使うかによって，変数の分散と共分散が変わるので，分散共分散行列 S の固有ベクトルとして得られる主成分合成変数の係数も異なる。主成分の係数がデータの測定単位により変わることはあ

第Ⅲ編　基本科学編

まり望ましくないため，各特性値の測定単位が異なる場合，また測定単位が同じでも各特性値の取り得る数値の範囲が大幅に異なる場合，あらかじめ各変数 x_j の標本平均 $\bar{x}_j$ と標準偏差 s_j を計算し，変数の観測値 x_{ij} の標準化値 $u_{ij}=(x_{ij}-\bar{x}_j)/s_j$ を求めたうえ，x_{ij} の代わりに $u_{ij}(j=1, 2, \cdots, m; i=1, 2, \cdots, n)$ を用いて，主成分分析を行うべきである。

標準化値 u_{ij} を用いて主成分分析を行うとき，分散共分散行列 S は相関行列 C に等しくなり，主成分を求める問題は相関行列 R の固有値を求める問題に帰着する。このため，一部のパッケージソフトでは，オプション条件として分散共分散行列か相関行列から主成分を求めることを指定できる。

なお，以上で求まった p 個の主成分に対して，個体 $S_i=(x_{i1}, x_{i2}, \cdots, x_{im})$ $(i=1, 2, \cdots, n)$ の主成分の値を計算することができる。これらの主成分の値を主成分得点と呼ぶ。また，合成変数である主成分の原点をどこに取るかは本質的ではないので，主成分得点を平均 0，分散 1 とするのが多い。つまり，主成分 Z_j に対する個体 S_i の得点 z_{ij} は式（8.19）の代わりに次式（8.26）により計算される。

$$z_{ij}=a_{j1}\frac{x_{i1}-\bar{x}_1}{s_1}+a_{j2}\frac{x_{i2}-\bar{x}_2}{s_2}+\cdots+a_{jm}\frac{x_{im}-\bar{x}_m}{s_m} \qquad (8.26)$$

8.2.2　主成分分析結果の読み方

(1)　寄与率と主成分の数

前項で求められた主成分の分散と，もとの標本データの分散の間には次の関係が成立する。

$$\lambda_1+\lambda_2+\cdots+\lambda_p=s_{11}+s_{22}+\cdots+s_{mm} \qquad (8.27)$$

これにより，$\lambda_k/\sum_{j=1}^{p}\lambda_j (k=1, 2, \cdots, p)$ を第 k 主成分の寄与率，$\sum_{j=1}^{k}\lambda_j/\sum_{j=1}^{p}\lambda_j$ $(k=1, 2, \cdots, p)$ を第 1～k 主成分の累積寄与率と呼ぶ。この 2 つの寄与率は各主成分がもとの標本データのバラツキをどれくらい代表しているかを表す指標となる。

分散共分散行列または相関行列の固有値の降順で主成分を求めていくと，最大で特性値（変数）の数と同じ m 個の主成分が得られる。しかし，主成分分析の目的は多次元のデータを少数個の主成分に縮約することにより，現象を単純化して理解することなので，主成分の数が少ないほど望ましい。特に各個体

918

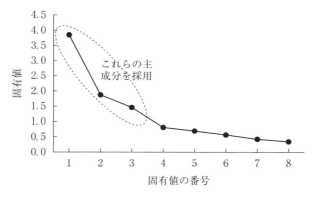

図 8.2 固有値のスクリープロット

を p 次元空間の中に位置づけて,個体間の関連などを考察する場合,p が 2〜3 であれば好都合である.この視点から,すべての主成分を得られたあと,次のルールを用いて上位の主成分だけを選ぶ.

① 累積寄与率が,ある定められた割合を超える主成分数を採用する.定められた割合として 70%〜90%の値がよく使われる.

② 寄与率が,元の変数 1 つ当たりの平均説明力を超える主成分を採用する.変数の数が m の場合,寄与率が $1/m$ を超える主成分を採用する.

③ 相関行列の固有値が 1 を超える主成分を採用する.しかし,この基準は厳しすぎて,主成分の解釈が難しい場合,0.7 程度が適切であるという報告もある.

④ 固有値 $\lambda_j (j=1, 2, \cdots, p)$ を縦軸に,番号 j を横軸にとる折れ線グラフであるスクリープロット(図 8.2)においては,固有値の折れ線が急な変化からゆるやかになる手前までの主成分を採用する.

(2) 主成分負荷量と主成分のネーミング

主成分はもとの複数の特性値(変数)に含められる情報をよく縮約する総合指標である.これらの主成分の物理的・社会的な意味を理解のうえ,主成分のネーミングを適切に行う必要がある.この際,主成分ともとの変数との相関係数(主成分負荷量と呼ぶ)を計算する.主成分 $j (j=1, 2, \cdots, p)$ の主成分負荷量は

第Ⅲ編　基本科学編

表 8.2　主成分負荷量とネーミング

変数(特性値)	第 1 主成分	第 2 主成分
社員数	**0.97**	−0.05
集配拠点数	**0.97**	−0.03
取扱店数	**0.95**	−0.05
売上	**0.94**	0.24
車両数	**0.94**	0.01
営業費用	**0.81**	0.16
経常利益	0.45	**0.84**
当期純利益	0.25	**0.87**
ROA	0.01	**0.88**
営業利益率	−0.34	**0.83**

- 相関行列に基づく場合：$(\sqrt{\lambda_{j1}}\,a_{j1}, \sqrt{\lambda_{j2}}\,a_{j2}, \cdots, \sqrt{\lambda_{jm}}\,a_{jm})$
- 分散共分散行列に基づく場合：$(\sqrt{\lambda_{j1}}\,a_{j1}/\sqrt{s_{11}}, \sqrt{\lambda_{j2}}\,a_{j2}/\sqrt{s_{22}}, \cdots, \sqrt{\lambda_{jm}}\,a_{jm}/\sqrt{s_{mm}})$

となる。

主成分負荷量よりおのおのの主成分ともとの変数との相関の強さがわかるので，相関の高い変数の意味から主成分の解釈とネーミングを決める。多くの場合，第 1 主成分はすべての特性値（変数）と強い相関があり，総合力，総合水準，総合性能などを表す。表 8.2 の例では，第 1 主成分では，社員数，集配拠点数，取扱店数，売上，車両数，営業費用の主成分負荷量が大きいから，第 1 主成分は企業の「経営規模」を意味すると考えられる。第 2 主成分をみると，経常利益，当期純利益，ROA，営業利益率といった指標において，主成分負荷量が大きいから，第 2 主成分は「営利能力」を表すと考えられる。

(3)　主成分分析の妥当性

主成分分析の妥当性は通常 Bartlett の球面性検定または KMO 指数（Kaiser-Meyer-Olkin index）を用いて判断する。Bartlett 検定の基本的な発想は観測値の相関行列と単位行列を比較することにより，特性値の間に縮約できる冗長情報があるかを調べる。m 個の特性値が相互に完全に相関する場合，相関行列はすべての要素が 1 となり，この m 個の特性値を縮約するのに 1 つの主成分だけで十分である。これに対して，m 個の特性値が相互に直交し無相関な場合，相関行列は対角線要素が 1，その他の要素がすべて 0 である単位行列となり，これらの特性値を縮約するのに m 個の主成分が必要なため，主成分による情報の縮約効果が得られず，主成分分析を行うことには意味がな

920

い。

m 個の変数間の相関行列を R, R の行列式を $|R|$ とする場合，変数が相互に無相関なら $|R|=1$，変数間に強い相関があれば $|R| \approx 0$。これに基づき，Bartlett の球面性検定は観測値の相関行列 R が有意に単位行列と異なるかを検定するために，「変数が互いに直交する（無相関）」という仮説のもとで，次式 (8.28) に定義する統計量

$$\chi^2 = -\left(n-1-\frac{2m+5}{6}\right) \times \log|R| \tag{8.28}$$

が自由度 $p \times (p-1)/2$ の χ^2 分布に従う。χ^2 の値に対応する有意確率が，与えられた有意水準を超える場合，観測データに対して主成分分析を行うことが適切ではないということになる。しかし，標本データの個体数 n が大きくなると，Bartlett の球面性検定は常に有意な検定を与える性質があるため，個体数 n と特性値（変数）の数 m との比が5を超えると，Bartlett 検定を使うべきではないとの見解もある。

KMO 指数は，Kaiser-Meyer-Olkin の標本妥当性とも呼ぶ。変数 x_i と x_j $(i, j = 1, 2, \cdots, m)$ の相関係数を r_{ij}，偏相関係数（変数 x_i と x_j 以外の $m-2$ 個の変数の影響を取り除いた相関係数）を p_{ij} とするとき，データ全体の KMO 指数は

$$\mathrm{KMO} = \frac{\sum\limits_{i=1}^{m}\sum\limits_{j=1, j \neq i}^{m} r_{ij}^2}{\sum\limits_{i=1}^{m}\sum\limits_{j=1, j \neq i}^{m} r_{ij}^2 + \sum\limits_{i=1}^{m}\sum\limits_{j=1, j \neq i}^{m} p_{ij}^2} \tag{8.29}$$

と定義される。KMO 指数により主成分分析の妥当性は次のとおり判断される。

- KMO≥0.9，素晴らしい
- 0.9＞KMO≥0.8，価値がある
- 0.8＞KMO≥0.7，まずまず
- 0.7＞KMO≥0.6，並み
- 0.6＞KMO≥0.5，惨め
- KMO＜0.5，ふさわしくない

また，個々の変数に関しても，それぞれ KMO 指数を次のとおり定義できる。

第Ⅲ編　基本科学編

$$\mathrm{KMO}_j = \frac{\sum\limits_{i=1, i \neq j}^{m} r_{ij}^2}{\sum\limits_{i=1, i \neq j}^{m} r_{ij}^2 + \sum\limits_{i=1, i \neq j}^{m} p_{ij}^2} \quad , \quad j=1, 2, \cdots, m \tag{8.30}$$

　主成分分析の有効性を確保するために，個々の変数に対するKMO_jが十分に大きいことが必要である。いい換えれば，KMO_jが小さいとき，変数x_jは主成分分析から除去する必要があると考えられる。

8.2.3　主成分分析の活用方法と留意点

通常次の手順に沿って主成分分析手法を活用する。

① 標本データから相関行列（または分散共分散行列）を求めてから，相関行列（または分散共分散行列）の固有値と固有ベクトルを求め，同時に個々の主成分の寄与率と累積寄与率を計算する。

② Bartlett の球面性検定または KMO 指数を計算し，標本データに主成分分析を適用する妥当性をチェックする。Bartlett 検定の有意確率（p値）が有意水準を超えたり KMO 指数が 0.5 未満であったりする場合，KMO 指数の低い変数を除去してから主成分分析をやり直す。個別変数の KMO 指数を計算できない場合，すべての主成分に対して主成分負荷量の低い（たとえば 0.3 以下）変数を優先して除去する。

③ 固有値または累積寄与率に基づき，なるべく少ない数の主成分を選ぶ。また，主成分負荷量に基づき各主成分と変数との相関をチェックし，主に相関の強い変数を表す指標に基づき個々の主成分の意味を解釈し適切な主成分名を決める。

④ 個々の標本について主成分得点を計算して，以下の視点から分析・考察を行う。

ⅰ）おのおのの主成分について，各標本の得点に基づき標本の特徴を考察し，標本のグルーピングまたは分類を行う。

ⅱ）それぞれ 2 つまたは 3 つの主成分を選んで主成分得点を座標軸として，標本の散布図を描くことにより，各標本の位置関係を明確にして，標本のポジショニングとグルーピングを行う。

ⅲ）主成分得点は新しい総合指標または物差しとして標本評価に活用する。

第8章　SCMと多変量解析

たとえば，売上高や総資本のような絶対量，収益率のような小さな比率と回転率のような大きな比率など，もとの特性値の測定単位が異なっても，相関行列から主成分分析を行うと，主成分得点は平均0，標準偏差1に標準化された評価値となる。また，各主成分得点は互いに無相関であるから，評価ポリシーによっては，これらの得点を合算し，1つの尺度にまとめることもできる。

iv）主成分得点に基づき決められたおのおのの標本グループについて，グループごとにその特徴を明確にしたうえ，さらにその特徴を形成する原因を追究することにより物事のメカニズムを発見する。また，同じ主成分に強く相関する変数の意味および相関の方向を考察することにより，変数間の相関関係を発見し，これらの変数間の相関メカニズムを調べることもできる。

v）主成分は直接に観測できない総合性能または潜在的要因と見なして，主成分を新しい説明変数，主成分得点を説明変数の値として，他の目的変数に対する回帰分析または相関分析を行うことができる。個別の変数と目的変数間の相関関係が有意でなくても，複数の変数から合成された主成分は目的変数と有意的な相関関係をもつことがよくある。

8.3　クラスター分析

8.3.1　クラスター分析と類似度

　購買行動パターンが類似する顧客のグルーピング，財務指標に基づき経営状況がほぼ同じ企業の群を決めるなどのように，クラスター分析は特定目的またはある方針のもとでデータを類似しているいくつかのかたまり（クラスター）にまとめる方法である。クラスター（cluster）とは，英語で「房」「集団」「群れ」のことで，似たものがたくさん集まっている様子を表す。クラスター分析（clustering）とは，異なる性質のものが混ざり合った集団から，互いに似た性質をもつものを集め，クラスターを作る方法，あるいはそのアルゴリズムの総称である。

第Ⅲ編　基本科学編

　クラスター分析は，どの個体がどのグループに属するかに関する事前情報が
ないデータについて，グループ分けする方法で，分類のための外的基準や評価
が与えられていない「教師無しの分類法」である。これに対して，あらかじめ
性別や年齢代という分類の基準を決めて，顧客を単純に男女別や年代別に分け
る手法またはアルゴリズムはクラスター分析とはならない。クラスター分析
は，データマイニングやビッグデータの分析などで最もよく使われる手法の1
つである。特にマーケティング分野において顧客や製品のグルーピング手法と
して，重要な地位を占めている。

　クラスター分析は，似たもの同士を集める手法なので，似ている程度を測る
モノサシを与えなければならない。このモノサシとして通常類似度と距離を使
う。類似度は，2つの個体の要素がどれだけ似ているかを数量化したものであ
り，値が大きいほど類似性が高い。距離は，要素同士の離れ具合を表す指標で
あり，値が小さいほど類似性が高く，非類似度とも呼ぶ。

　おのおのの個体が n 種の特性で測れた場合，個体 x と y をそれぞれ m 次元
ベクトル $x = (x_1, x_2, \cdots, x_m)$ と $y = (y_1, y_2, \cdots, y_m)$ と表す。このとき，x と y の距
離 $d(x, y)$ の定義として以下のものがよく使われる。

(1)　ユークリッド平方距離

　通常のユークリッド距離は m 次元ユークリッド空間上でのベクトル x と y
で表される2点の幾何学的な直線距離であり，最もなじみのある距離である。
次式（8.31）に示すとおり，クラスター分析では，通常のユークリッド距離の
2乗であるユークリッド平方距離をよく使う。

$$d(x, y) = \sum_{i=1}^{m} (x_i - y_i)^2 \tag{8.31}$$

　この距離は属性値の測定単位に大きく左右されるため，特性値の測定単位ま
たは値の範囲が著しく異なる場合，非類似度評価基準として妥当ではないこと
がある。

(2)　標準ユークリッド平方距離

　ユークリッド距離における測定単位および取り得る値の範囲の影響を取り除
くために，次式（8.32）の標準ユークリッド平方距離は，各次元の差をその次
元の取り得る値の標準偏差で割り，各属性値の分散を標準化した上で距離を計

924

算するものである。

$$d(x, y) = \sum_{i=1}^{m} \frac{(x_i - y_i)^2}{s_i^2} \qquad (8.32)$$

ただし，s_i^2 はすべての標本データの第 i 次元の分散である（$i = 1, 2, \cdots, m$）。

　もとのデータを標準化すれば，測定単位の影響を除くことができる。このとき，データのもつ性質の差も標準化され，属性ごとの影響力，重みをなくしてしまう。場合によっては標準化をしない方が望ましい。

(3)　マハラノビス距離

　ユークリッド距離は幾何学的な直線距離であり，個体同士の相関関係を考慮しない。次式（8.33）のマハラノビス距離は相関のある方向に平行な距離を相対的に短く，相関のない方向に垂直な距離を相対的に長くすることで，個体同士の相関関係と直線距離を同時に考慮できる。

$$d(x, y) = \sum_{i=1}^{m} \sum_{j=1}^{m} (x_i - y_i) s^{ij} (x_j - y_j) \qquad (8.33)$$

ただし，s^{ij} は分散共分散行列 $S = (s_{ij}; i, j = 1, 2, \cdots, m)$ の逆行列 $S^{-1} = (s^{ij}; i, j = 1, 2, \cdots, m)$ の要素である。

(4)　マンハッタン距離

　次式（8.34）のマンハッタン距離はニューヨークのマンハッタン島のようなマス目状の路上を縦横にタクシーで移動する場合の距離を概念化したものであり，2 点を直線で結ぶのではなく，各時点では 1 つの次元の移動だけを許した移動距離である。

$$d(x, y) = \sum_{i=1}^{m} |x_i - y_i| \qquad (8.34)$$

(5)　チェビシェフ距離

　チェビシェフ距離はマス目状の路上において，縦に 1 ブロック移動するのも，横に 1 ブロック移動するのも，斜め対角線上に 1 ブロック移動するのも，いずれも同じ 1 単位分の移動であると考えた場合の距離である。チェビシェフ距離の値は次式（8.35）により計算される。

$$d(x, y) = \max \{|x_i - y_i|; \quad i = 1, 2, \cdots, m\} \qquad (8.35)$$

(6)　ミンコフスキー距離

　ユークリッド距離などを一般化した距離が，次式（8.36）のミンコフスキー

第III編　基本科学編

距離である。

$$d(x, y) = \left\{ \sum_{j=1}^{m} |x_i - y_i|^r \right\}^{\frac{1}{r}} \tag{8.36}$$

ミンコフスキー距離は $r=1$ のときマンハッタン距離に，$r=2$ のとき通常のユークリッド距離に，$r=\infty$ のときチェビシェフ距離に一致する。

x と y の類似度 $\mathrm{sim}(x, y)$ の定義として，一般的に以下のものがよく使われる。

(1) コサイン類似度

式 (8.37) のコサイン類似度はベクトル x と y のなす角 θ の余弦 $\cos\theta$ を用いてベクトルの向きの近さを表し，これを類似性の指標としたものである。ベクトルの向きが一致しているとき，最大値の 1 をとり，直交ならば 0，向きが逆ならば最小値の -1 をとる。文章の類似度評価，購買履歴データから顧客の購買パターンの分類によく使われる。

$$\mathrm{sim}(x, y) = \frac{\sum_{i=1}^{m} x_i y_i}{\sqrt{\sum_{i=1}^{m} x_i^2} \sqrt{\sum_{i=1}^{m} y_i^2}} \tag{8.37}$$

(2) ピアソンの相関係数

式 (8.38) に定義されるピアソンの相関係数も，類似度の尺度として使うことができる。

$$\mathrm{sim}(x, y) = \frac{\sum_{i=1}^{m} (x_i - \bar{x})(y_i - \bar{y})}{\sqrt{\sum_{i=1}^{m} (x_i - \bar{x})^2} \sqrt{\sum_{i=1}^{m} (y_i - \bar{y})^2}} \tag{8.38}$$

ただし，$\bar{x}$ と $\bar{y}$ はそれぞれ $x = \{x_1, x_2, \cdots, x_m\}$ と $y = \{y_1, y_2, \cdots, y_m\}$ の平均値 $\bar{x} = \frac{1}{m} \sum_{i=1}^{m} x_i, \ \bar{y} = \frac{1}{m} \sum_{i=1}^{m} y_i$ である。

(3) 偏差パターン類似度

式 (8.39) の偏差パターン類似度は，ベクトル x と y の次元ごとの平均 $m_i = (x_i + y_i)/2 \ (i=1, 2, \cdots, m)$ により次のとおり x と y の類似度を計算する。

$$\mathrm{sim}(x, y) = \frac{\sum_{i=1}^{m} (x_i - m_i)(y_i - m_i)}{\sqrt{\sum_{i=1}^{m} (x_i - m_i)^2} \sqrt{\sum_{i=1}^{m} (y_i - m_i)^2}} \tag{8.39}$$

8.3.2 階層的クラスター手法

クラスター分析の手法は階層的クラスター分析と非階層的クラスター分析の2つに大きく分けることができる。階層的クラスター分析は，個体間の類似度あるいは非類似度（距離）に基づいて，最も似ている個体から順次に集めてクラスターを作っていく。クラスター分析の結果として，図8.3に示す樹形図またはデンドログラム（dendrogram）と呼ばれる樹形の分類構造を構成することができる。樹形図では，横軸が個体，縦軸の長さが個体間またはクラスター間の距離を表す。樹形図を適切な高さで横に切断したときに，そこまでで互いに接続している個体がそれぞれ1つのクラスターを構成する。たとえば，図8.3で高さ2より少し上で切れば，{1}，{2,3}と{4,5}との3つのクラスターが得られる。

凝集型の階層的クラスター分析は，次のステップに沿って行われる。

Step 1：1つずつの対象個体を1つのクラスターとする。個体間の距離または類似度を計算したうえ，これらの個体間の距離または類似度をクラスター間の距離または類似度とする。

Step 2：すべてのクラスター間の距離または類似度を調べ，類似度が最も大きいまたは距離が最も短い2つのクラスターを見つけて，この2つのクラスターを融合し1つのクラスターをつくる。この新しく作ったクラスターを w とする。

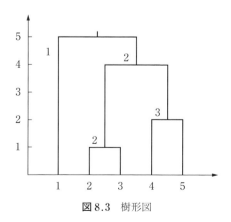

図8.3 樹形図

第III編　基本科学編

Step 3：クラスター w とその他のすべてのクラスター間の距離または類似度を再計算する。

Step 4：クラスター数が1つになるまで，Step 2 と Step 3 を繰り返す。

上記の Step 2 で2つのクラスターを融合したあと，Step 3 ではクラスター間の距離または類似度を再計算する必要がある。クラスター間の距離を求める手法として以下のものがよく使われる。

(1)　最短距離法

単連結法とも呼ばれる。2つのクラスターの中からそれぞれ1個ずつ個体を選んで個体間の距離を求め，それらの中で，最も近い個体間の距離をこの2つのクラスター間の距離とする。クラスター p とクラスター q を融合してクラスター s が作られた場合，クラスター s と別の任意のクラスター t との間の距離 $d(s, t)$ は

$$d(s, t) = \min\{d(p, t), d(q, t)\} \tag{8.40}$$

と定義する。

(2)　最長距離法

完全連結法とも呼ばれる。最短距離法とは逆に，最長距離法は，2つのクラスターの中からそれぞれ1個ずつ個体を選んで個体間の距離を求める。個体間の距離の中で，最も遠い個体間の距離をこの2つのクラスター間の距離とする。クラスター p とクラスター q を融合してクラスター s が作られた場合，クラスター s と別の任意のクラスター t との間の距離 $d(s, t)$ は

$$d(s, t) = \max\{d(p, t), d(q, t)\} \tag{8.41}$$

と定義する。

(3)　群　平　均　法

最短距離法と最長距離法を折衷した方法で，2つのクラスターの中からそれぞれ1個ずつ個体を選んで個体間の距離を求め，それらの距離の平均値を2つのクラスター間の距離とする。個体数 n_p のクラスター p と個体数 n_q のクラスター q を融合してクラスター s が作られた場合，クラスター s と別の任意のクラスター t との間の距離 $d(s, t)$ は

$$d(s, t) = (n_p\, d(p, t) + n_q\, d(q, t))/(n_p + n_q) \tag{8.42}$$

と定義する。

（4） 重 心 法

クラスターのそれぞれの重心（たとえば，平均ベクトル）を求め，その重心間の距離をクラスターの間の距離とする。重心を求める際には，クラスターに含まれる個体数が反映されるように，個体数を重みとして用いる。

クラスター p とクラスター q の重心をそれぞれ $(\bar{x}_1^{(p)}, \bar{x}_2^{(p)}, \cdots, \bar{x}_m^{(p)})$ と $(\bar{x}_1^{(q)}, \bar{x}_2^{(q)}, \cdots, \bar{x}_m^{(q)})$ とすれば，この2つのクラスターを融合して作られたクラスター s の重心 $(\bar{x}_1^{(s)}, \bar{x}_2^{(s)}, \cdots, \bar{x}_m^{(s)})$ は

$$\bar{x}_j^{(s)} = \frac{n_p \bar{x}_j^{(p)} + n_q \bar{x}_j^{(q)}}{n_p + n_q} ; \ j = 1, 2, \cdots, m \tag{8.43}$$

と求められる。

重心法では，通常ユークリッド平方距離を非類似度とする。この場合，2つのクラスター p とクラスター q を融合して作られたクラスター s と別の任意のクラスター t との間の距離 $d(s, t)$ は

$$d(s, t) = \frac{n_p}{n_p + n_q} d(p, t) + \frac{n_q}{n_p + n_q} d(q, t) - \frac{n_p n_q}{(n_p + n_q)^2} d(p, q) \tag{8.44}$$

と計算できる。

（5） メジアン法

重心法の距離更新式（8.44）において，クラスターの個体数で重み付けされていた。これに対して，メジアン法では重心法を単純化し重みを等しくして，2つのクラスター p とクラスター q を融合して作られたクラスター s と別の任意のクラスター t との間の距離 $d(s, t)$ は

$$d(s, t) = \frac{1}{2} d(p, t) + \frac{1}{2} d(q, t) - \frac{1}{4} d(p, q) \tag{8.45}$$

と計算される。

（6） ウォード法 （Ward's method）

2つのクラスターを融合した際に，クラスター内の分散とクラスター間の分散の比を最大化する基準でクラスターを形成していく方法である。ウォード法は最小分散法とも呼ばれている。

クラスター p に含まれる i 番目の個体 $(x_{i1}^{(p)}, x_{i2}^{(p)}, \cdots, x_{im}^{(p)})$ とすれば，クラスター p 内の変動（偏差平方和）は

929

第Ⅲ編　基本科学編

$$S_p = \sum_{i=1}^{n_p} \sum_{j=1}^{m} (x_{ij}^{(p)} - \overline{x}_j^{(p)})^2 \tag{8.46}$$

と表される。ただし，$\overline{x}_j^{(p)}$ はクラスター p に含まれる個体について j 番目の特性値の平均である。クラスター p とクラスター q を融合してクラスター s が作られたとき，クラスター内の変動は融合前より増加し，この変動増加分を ΔS_{pq} とおけば，ΔS_{pq} は

$$\Delta S_{pq} = \frac{n_p\, n_q}{n_p + n_q} \sum_{j=1}^{m} (\overline{x}_j^{(p)} - \overline{x}_j^{(q)})^2 \tag{8.47}$$

と導出できる。ウォード法はクラスター内の変動が最小限に増加するような2つのクラスターを見つけて融合するため，クラスター p とクラスター q の非類似度 $d(p, q)$ として，上記の式（8.47）に定義された ΔS_{pq} を用いる。

また，クラスター p とクラスター q を融合したクラスター s と別の任意のクラスター t との間の非類似度 $d(s, t)$ は次式（8.48）により計算できる。

$$d(s, t) = \frac{n_p + n_t}{n_s + n_t} d(p, t) + \frac{n_q + n_t}{n_s + n_t} d(q, t) - \frac{n_t}{n_s + n_t} d(p, q) \tag{8.48}$$

8.3.3　非階層的クラスター分析と k-means 法

非階層クラスター分析は，階層的な構造をもたず，クラスター構成の妥当性を比較するための何らかの基準を与えて，その基準を最もよく満たすような集団の分割を求める。クラスターの妥当性の基準として，クラスター内の変動を最小にし，クラスター間の変動を最大にするのが多い。データの背景に確率分布を仮定することで，集団の分割がデータに最も合ったかを判断する尤度を基準として用いるクラスタリング手法も提案されている。また，非階層クラスター分析では，まず分析者がクラスター数と初期分割を与える必要がある。その後，クラスターの妥当性の基準を改善するように既存の分割を繰り返して改良し反復計算を行う。最終のクラスタリング結果は初期状態により異なることがあるため，初期値依存性という問題点がある。

非階層クラスター分析の代表的手法として，k-means 法は最も広く使われている。この手法は，各個体から最も距離が近いクラスター中心との距離の総和が，最小となるようなクラスター中心を求めることで，クラスタリングを行

う。具体的な手順は以下のとおりである。

Step 1：初期値として，クラスター数を k とする。また，クラスター $C_p(p=1, 2, \cdots, k)$ の重心をランダムに選択し，$c_p=(c_1^{(p)}, c_2^{(p)}, \cdots, c_m^{(p)})$ と表す。

Step 2：おのおのの個体 $x_i=(x_{i1}, x_{i2}, \cdots, x_{im})\ (i=1, 2, \cdots, n)$ とクラスター $C_p(p=1, 2, \cdots, k)$ の重心 c_p との距離を計算し，重心から最も近いクラスターに個体 x_i を割り当てる。クラスター C_p に割り当てられる i 番目の個体 $x_i^{(p)}=(x_{i1}^{(p)}, x_{i2}^{(p)}, \cdots, x_{im}^{(p)})\ (i=1, 2, \cdots, n_p)$ と表す。

Step 3：おのおののクラスターについて，次式（8.49）に基づきクラスターの重心を求める。

$$c_j^{(p)}=\frac{1}{n_p}\sum_{i=1}^{n_p}x_{ij}^{(p)}\ ;\ j=1, 2, \cdots, m\ ;\ p=1, 2, \cdots, k \qquad (8.49)$$

Step 4：各クラスターに割り当てる個体が変わらなくなるまで，Step 2 と Step 3 を繰り返す。

k-means 法は，適切なクラスター中心を求めて分割するという簡単なアルゴリズムであり，計算コストが小さいためよく用いられる。しかし，初期クラスターの重心がランダムに決定され，クラスタリング結果は初期値に依存してしまう。

8.3.4　クラスター分析の活用方法

次のステップに沿ってクラスター分析手法を活用することが望ましい。

(1)　クラスター分析の目的と対象を明確にする

クラスター分析は，外的基準に依存せずデータに潜在する「集まり」を発見する手法であるため，クラスタリング結果は，属性の選択によってどのようにでも変わり，客観的なクラスターは存在しない。このため，何のためにクラスター分析を行うかという目的を明確にしたうえ，目的に沿ってクラスタリング対象の属性を決定する必要がある。

(2)　データを収集のうえ前処理を行う

クラスター分析の結果はクラスタリング対象の属性値の性質や数により大きく左右されるため，関連データを収集したあと，おのおのの属性値における異常値の有無，基本統計量の範囲などを十分に吟味しておく。また，各属性値の

第Ⅲ編　基本科学編

測定単位や取り得る値の範囲の不揃いが，対象間の距離または類似度評価に強く影響するため，必要に応じて式（8.13）に基づき標準化を行う。

(3) **個体間およびクラスター間の類似度または非類似度を決定する**

個体間の類似度または非類似度（距離）に関してさまざまな尺度があり，おのおのの尺度の特徴を吟味したうえクラスター分析の目的に合わせて決める必要がある。また，階層的クラスター手法を採用する場合，クラスター間の類似度または非類似度を適切に決めておく。

(4) **階層的方法または非階層的方法を選択し，クラスターを生成する**

クラスタリング方法として階層的方法は，あらかじめクラスター数を決める必要がなく，分類結果として出力される樹形図からクラスターの形成過程と構成が確認できるので，直観的でわかりやすい。しかし，分類の対象が非常に多い場合，計算量が多くなり実行が困難になり，樹形図が巨大で結果が不明瞭になってしまう。階層的方法は個体数が数十個以下の場合に適する。

ビッグデータ分析などの場合大量のデータを対象とするクラスター分析では，非階層的クラスター分析手法が適している。非階層的方法は，初期値の設定によりクラスタリング結果が異なるので，よいクラスターを得るためには，初期値を変えて何回か分析を実施したり，初期値の選択に工夫したりして，最も望ましい結果を採用する。

(5) **クラスタリング結果の妥当性を考察し，その活用を検討する**

クラスターの妥当性を評価するための基準として統計学的視点から考えられるのは，クラスター内でのバラツキ（変動）をできるだけ小さく，クラスター間のバラツキをできるだけ大きくすることである。クラスター間の変動に対するクラスター内での変動の比，またはクラスター内での変動の値を比較することによりクラスタリング結果の良さを評価することができる。もっと重要なのはグループ分けされた結果を解釈して，他者でも納得できるような意味を与えることである。クラスター分析の結果を考察して法則性や相関関係・因果関係などを発見することにより，企業経営や業務改善などのさまざまな意思決定に価値のある示唆を得ることは大切である。

クラスター分析を行った結果，データの見通しは良くなるが，有用な知識を得られないこともある。このため，クラスター分析だけで業務改善等のアクシ

第8章　SCMと多変量解析

ョンを検討するのではなく，分類されたクラスターごとに相関分析や回帰分析
を行うことで，より精度の高い予測を実現し，アクションにつなげるような使
い方が多い。クラスター分析と因子分析や主成分分析などの統計手法を交互に
適用することも必要である。

8.4　因　子　分　析

8.4.1　因子分析の考え方と手順

(1)　因子分析の基本的考え方

　因子分析は複数の変数の背後に隠れた潜在的要因を発見し，また複数の変数
間の関係性を解析することにより変数間の構造を解明するための手法である。
因子とは，実際に測定されるものではなく，測定された変数間の相関関係をも
とに導き出される「潜在的な変数」（観測されない，仮定された変数）である。
　因子分析を行う目的は，次の3つがある。

①　潜在的な共通因子の発見

　学生が多数の教科を受けてその成績を点数で評価される。通常国語の成績が
良い人は社会や英語も成績が良い。数学が得意な学生は理科も強い。表面的な
テストの点数の背後に，文科系能力や理科系能力のような隠れた要因（総合的
な能力）が存在する。また，企業の経営状況を把握するためにさまざまな経営
指標を収集している。これらの経営指標（変数）は背後にある同一の原因から
影響を受けており，あるいは複数の原因がある単一の経営指標に影響を与えて
いることがよくある。図8.4に示すとおり，原価低減能力は経常利益，原価率
とROAなどの指標に強い影響を与え，新商品発売数や新規顧客数は企業の市
場開拓能力に決定される。因子分析は収集可能な経営指標（観測データ）間の
関連を解析し，原価低減能力や市場開拓能力といった潜在的な因子を明らかに
する。

②　変数間の構造の解明

　因子分析は変数間の相関関係から潜在因子を求めるため，潜在因子は互いに
相関の強い観測変数の「自然のグルーピング」になっている。つまり，多くの

933

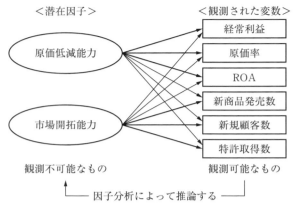

図 8.4　因子分析による潜在因子の発見

変数を少数個の潜在因子にまとめて説明することができる。これにより変数間の関連および背後に隠れた潜在因子が明らかになり，変数間の構造を解明することができる。たとえば，多数の質問をもつ消費者心理調査を行い，調査項目間の相関から先行き不安と現状不満との2つの共通因子を発見することにより消費者の不安心理の構造が理解できる。

③　情報の集約と新しい評価基準・尺度の提供

因子分析では，相互相関の強い複数の観測変数を1つの共通因子にまとめて説明するため，複数の観測変数の情報を1つの共通因子に集約する手法として利用することができる。また，共通因子はもとの複数の観測変数に代わって，新しい尺度を提供することになる。たとえば，図8.4の例では，6つの観測可能な経営指標の代わりに，原価低減能力と市場開拓能力との2つの共通因子をもって企業を評価することができる。

(2)　因子の抽出方法

因子分析では，観測データは互いに関連性をもっており，共通因子と独自因子に分解できることを前提としている。共通因子は観測変数間の関連成分をまとめたものであり，独自因子は他の変数と関係がなく，その変数のみもっている成分である。

表8.3に示すとおり，個体数 n の標本データを取得し，個体 i は m 個の属性変数 $x_1, x_2, \cdots, x_m$ の値で表し，m 次元のベクトル ($x_{i1}, x_{i2}, \cdots, x_{im}$)

第8章 SCMと多変量解析

表8.3 個体数 n の標本データ行列 X

個体No	変数					
	x_1	x_2	$\cdots$	x_j	$\cdots$	x_m
1	x_{11}	x_{12}	$\cdots$	x_{1j}	$\cdots$	x_{1m}
2	x_{21}	x_{22}	$\cdots$	x_{2j}	$\cdots$	x_{2m}
$\cdots$	$\cdots$	$\cdots$	$\cdots$	$\cdots$	$\cdots$	$\cdots$
i	x_{i1}	x_{i2}	$\cdots$	x_{ij}	$\cdots$	x_{im}
$\cdots$	$\cdots$	$\cdots$	$\cdots$	$\cdots$	$\cdots$	$\cdots$
n	x_{n1}	x_{n2}	$\cdots$	x_{nj}	$\cdots$	x_{nm}

$(i=1, 2, \cdots, n)$ とする。因子分析では変数間の相関を考慮し，おのおのの個体 i の観測値 x_{ij} は p $(0<p<m)$ 個の共通因子 f_k $(k=1, 2, \cdots, p)$ の得点 f_{ik} と独自因子 e_j $(j=1, 2, \cdots, m)$ の得点 e_{ij} をもって説明し，次の式が成立する。

$$x_{ij}=\mu_j+a_{j1}f_{i1}+a_{j2}f_{i2}+\cdots+a_{jp}f_{ip}+e_{ij} \quad (j=1, 2, \cdots, m\,;\,i=1, 2, \cdots, n) \quad (8.50)$$

これを行列の形式で表すと，次のとおりになる。

$$X_i=\mu+AF_i+E_i \quad (i=1, 2, \cdots, n) \tag{8.51}$$

ただし，$X_i=(x_{i1}, x_{i2}, \cdots, x_{im})^{\mathrm{T}}$ は個体 i の特性値，$\mu=(\mu_1, \mu_2, \cdots, \mu_m)^{\mathrm{T}}$ は各変数の平均値を表す m 次元の列ベクトルである。$A=(a_{jk}\,;\,j=1, 2, \cdots, m\,;\,k=1, 2, \cdots, p)$ は $m \times p$ 次元の因子負荷行列，その要素 a_{jk} は因子負荷量と呼ぶ。$F_i=(f_{i1}, f_{i2}, \cdots, f_{ip})^{\mathrm{T}}$ は個体 i の p 個共通因子の値であり，因子得点と呼ぶ。$E_i=(e_{i1}, e_{i2}, \cdots, e_{im})^{\mathrm{T}}$ は個体 i の独自因子の得点ベクトルである。

式 (8.50) と式 (8.51) で，共通因子 $f_1, f_2, \cdots, f_p$ はそれぞれ平均 0，分散 1，独自因子 $e_1, e_2, \cdots, e_m$ は平均 0，分散 $u_1^2, u_2^2, \cdots, u_m^2$，独自因子相互間および独自因子と共通因子間は互いに無相関と仮定する。共通因子 $f_1, f_2, \cdots, f_p$ が互いに無相関とする場合，直交因子と呼ぶ。このとき，共通因子を用いて変数 x の分散共分散行列 $S=(s_{ij}\,;\,i, j=1, 2, \cdots, m)$ は次式 (8.52) のとおり分解される。

$$S=AA^{\mathrm{T}}+U \tag{8.52}$$

ただし，$U=\mathrm{diag}\,(u_1^2, u_2^2, \cdots, u_m^2)$ である。この式の対角要素は

$$s_{ij}=h_j^2+u_j^2, \quad h_j^2=a_{j1}^2+a_{j2}^2+\cdots+a_{jp}^2 \tag{8.53}$$

と表される。h_j^2 は共通因子による変動を表し，共通性と呼ぶ。

これにより，式 (8.50) または式 (8.51) を満たす因子負荷行列と独自因子を求める問題は，表8.3の観測データに基づき式 (8.52) を満たす行列 A と

935

第Ⅲ編　基本科学編

対角行列 U を求めることになる。

　ところで，因子分析モデルには解の不定性と呼ばれる性質がある。A は式（8.51）を満たす配列，T は $T^{-1}T=I$（I は単位配列）を満たす任意の配列であるとき，$\tilde{A}=AT^{-1}$，$\tilde{F_i}=TF_i$ とすると

$$X_i=\mu+AF_i+E_i=\mu+A(T^{-1}T)F_i+E_i=\mu+\tilde{A}\tilde{F_i}+E_i \quad (i=1,2,\cdots,n) \quad (8.54)$$

となるため，配列 T を用いて因子負荷行列 A と因子得点ベクトル F_i を変換して，得られた配列 $\tilde{A}$ とベクトル $\tilde{F_i}$ も因子分析モデルを満たす。

　因子負荷行列と因子得点ベクトルは一意に定まらないため，因子分析では，何らかのルールで共通性 h_j^2 の初期値を決めてこの初期値から出発し，また別の基準によって制約をかけたうえ，反復計算を用いて因子負荷行列 A を求める。この「別の基準」をいかに選ぶかにより，因子抽出法が複数ある。なお，分散共分散行列から求められた因子負荷行列の各要素の値は各変数の測定単位の取り方に依存するため，各変数の値を平均 0，分散 1 に標準化し，分散共分散行列の代わりに相関行列を用いて因子分析を行うことが多い。

　共通性 h_j^2 の初期値の与え方としては，次の 3 つがよく使われる。

- すべて 1 とする。
- x_j と残りの変数との重相関係数の 2 乗 SMC $=1-1/r^{jj}$ とする。ただし，r^{jj} は相関行列 C の逆行列の対角要素である。
- x_j と残りの変数との相関係数の中での最大値 $r_{\max}(j)=\max\limits_{k\neq j}(r_{jk})$ とする。

また，因子抽出法としてよく使われるものは次の 3 つがあげられる。

①　主因子法

　主因子法とは，共通性の初期値を決め，共通性を分散共分散行列の対角に代入し得られた行列を固有値分解することで共通性を推定する方法である。式（8.52）により分散共分散行列 S の対角要素を共通性 h_j^2 で置き換えた行列

$$S^*=\begin{bmatrix} h_1^2 & s_{12} & \cdots & s_{1m} \\ s_{21} & h_2^2 & \cdots & s_{1m} \\ \cdots & \cdots & \cdots & \cdots \\ s_{m1} & s_{m2} & \cdots & h_m^2 \end{bmatrix}=S-U \quad (8.55)$$

は共通因子によって説明された部分の分散と共分散を表す。もし式（8.50）ま

936

たは式（8.51）のモデルが観測データによく当てはまっているなら，式（8.55）の S^* は階数 p の行列 A と A^{T} との積に分解される。このとき，行列 S^* の階数も p になり，その m 個の固有値は $\lambda_1 \geq \lambda_2 \geq \cdots \geq \lambda_p > \lambda_{p+1} = \cdots = \lambda_m = 0$ のように，p 個が正，残りの $(m-p)$ 個が 0 になる。

固有値問題 $(S^* - \lambda I)c = 0$ において，固有値 $\lambda_1, \lambda_2, \cdots, \lambda_p$ に対応する固有ベクトルをそれぞれ $c_1, c_2, \cdots, c_p$ と表すと，次の行列

$$A = [\sqrt{\lambda_1}\,c_1, \sqrt{\lambda_2}\,c_2, \cdots, \sqrt{\lambda_p}\,c_p] \tag{8.56}$$

は式（8.52）を満たす因子負荷行列となる。

共通性の初期値を決め，1回だけ固有値を計算しては共通性を正確に推定できないため，推定された共通性を再代入し，収束するまで繰り返して固有値を計算する反復主因子法がよく使われる。変数の測定単位に依存しない相関行列を利用する場合，反復主因子法の計算手順は次のとおりである。

<u>Step 1</u>：共通性 h_j^2 $(j = 1, 2, \cdots, p)$ の初期値を与えたうえ，これらの初期値を標本相関行列 C の対角要素 r_{jj} に代入し，C^* とする。

<u>Step 2</u>：C^* の固有値問題を解いて，固有値 $\lambda_1 \geq \lambda_2 \geq \cdots \geq \lambda_p$ と固有ベクトル $c_1, c_2, \cdots, c_p$ を求める。

<u>Step 3</u>：式（8.56）により，因子負荷行列 A が求まる。

<u>Step 4</u>：C^* と AA^{T} の対角要素を比較し，

$$\left| r_{jj}^* - \sum_{k=1}^{p} a_{jk}^2 \right| < \varepsilon \,;\; j = 1, 2, \cdots, m \tag{8.57}$$

ならば収束したものと見なして終了する。そうでなければ，$r_{jj}^* = \sum_{k=1}^{p} a_{jk}^2$ $(j = 1, 2, \cdots, m)$ として C^* の対角要素を置き換え，Step 2 へ戻る。

② 最小二乗法（最小残差法）

回帰分析で使われた最小二乗法と同じに，因子分析では，因子抽出に最小二乗法を利用することができる。このとき，残差は標本データから計算された標本分散共分散行列 S と，因子分析モデルに基づいて計算された分散共分散行列 $\hat{S} = (\hat{s}_{ij}) = \hat{A}\hat{A}^{\mathrm{T}} + \hat{U}$ との差の2乗和である。つまり，共通性の初期値を決めてから，次式

$$Q(\hat{A}, \hat{U}) = \sum_{j=1}^{m} \sum_{k=1}^{m} (s_{jk} - \hat{s}_{jk})^2 = \mathrm{trace}\,(S - \hat{S}) \tag{8.58}$$

第Ⅲ編　基本科学編

を最小にするように，因子負荷行列 A と独自因子の分散 U を求める。

　最小二乗法は，データの正規性などを仮定しないため，比較的に使いやすい方法である。しかし，最小二乗法はすべての変数の誤差を同じ重みで考慮するため，共通性の低い項目からの影響も強く受けてしまう。このため，重み付けのある一般化最小二乗法が提案されている。

③　最尤法

　尤度（likelihood）とはある仮説（モデル）のもとで観察されたデータが生じる確率を意味する。最尤法は尤度を最大にする推定法，または最も得られやすいモデルの推定法である。因子分析に最尤法を適用する際，手元にあるデータからみて，最もあり得そうな因子モデルを推定できる。

　母分散共分散行列 $S_n=(n-1)S/n$ とするとき，対数尤度関数が定数部分を除き

$$L=-\frac{n}{2}\{\log|AA^{\mathrm{T}}+U|+\mathrm{trace}\,[S_n(AA^{\mathrm{T}}+U)^{-1}]\} \qquad (8.59)$$

と表されるので，これを最大にする A と U を求めればよい。この最大化問題の解は2段階に分けて求める。まず，A に対する L の偏微分をゼロとおいた式から導かれる固有値問題を解いて，A の初期解を求める。そのあと，非線形最適化問題として式（8.59）を最大にする U を求める。他の手法と同じに，求めた A と U をさらに初期解として，同様な手順を反復し，A と U の値が十分小さな変動以下に収束したとき，最終の推定値とする。

　因子抽出法の選択については，さまざまな観点があり統一した見解はない。因子分析に関する最近の参考書によると，まずは最尤法を選んで，解が収束しなかったら次に最小二乗法を試す。最小二乗法でも収束しなかったら反復主因子法で再チャレンジする。

(3)　因子数の決定方法

　因子数の決定に際して，次の方法がよく使われる。

①　固有値1以上の基準（カイザー基準，ガットマン基準）

　相関行列の固有値が1以上の因子を採用する。多くの統計パッケージにおいて既定方法として採用されているが，この基準は大雑把であり，それほどあてにならない。

938

② スクリー基準

上述した図 8.2 と同じに，相関行列の固有値を固有値順位に対してプロット（スクリープロット）し，固有値の曲線が平坦になる直前の固有値番号を因子数とする。これは主観的な因子数決定法である。

③ 平行分析

観測変数の数と標本サイズがともに実データと同じ正規乱数行列を多数作成のうえ，これらの乱数行列から固有値を算出し，実データの固有値が各乱数行列の固有値の平均（または 95 パーセンタイル）より大きくなる最大の固有値番号を因子数とする。一部の文献ではこの方法が最も優れた因子数決定法とされている。

④ 最小平均偏相関（MAP）

観測変数間の相関行列を用いて主成分分析を行い，その主成分を統制変数とする観測変数間の偏相関係数を求める。偏相関行列の非対角要素の 2 乗和を非対角要素数で割ったものが MAP となり，MAP 値を最小にする主成分数が因子数となる。

⑤ 最尤解の χ^2 乗検定

最尤法を使う場合は χ^2 検定によって因子数を決めることができる。有意差のない最小因子数を求めてそれを因子数とする。

これらの決定方法はすべて完璧なものではなく，標本サイズや標本データの分布などにより 1 つの基準だけでは正しく評価できないことがある。このため，実際のデータを見ながら複数の因子数決定法を併用することが必要である。複数の基準値を考慮したうえ，解釈しやすい因子構造を採用すべきである。

8.4.2 因子の解釈と寄与率

(1) 因子の解釈

因子負荷量は共通因子が観測変数をどの程度説明しているかを表すため，共通因子を抽出したあと，主に因子負荷量に基づき因子の解釈を行う。

表 8.4 では，冬のギフト商品を購入した顧客を対象に，7 項目のアンケート調査を行い，それぞれの商品について 100 点満点で評価してもらい，評価点の

第Ⅲ編　基本科学編

表 8.4　ギフト商品に関する評価

商品	価格が安い	品質が良い	安心	実用性が高い	デザインが良い	高級感がある	環境に配慮している
A	56.5	18.2	20.2	48.2	12.4	2.4	28.2
B	74.8	30.2	31.2	41.7	11.5	0.7	19.3
C	83.4	15.3	34.1	62.1	7.1	3.0	7.8
D	66.5	19.5	26.4	44.7	0.0	2.0	14.2
E	31.9	90.9	90.9	45.7	15.9	1.5	90.9
F	87.5	53.9	47.0	90.9	47.7	4.4	36.0
G	79.5	15.6	22.9	41.2	18.5	1.2	9.5
H	90.9	21.4	28.9	38.3	25.6	0.7	15.9
I	69.9	22.4	26.4	34.3	8.8	1.7	13.2
J	62.4	17.2	27.5	39.2	22.9	0.0	8.8
K	45.6	12.3	28.1	28.8	16.8	3.2	19.7
L	26.1	33.4	21.4	25.3	22.9	8.6	8.8
M	7.8	63.3	40.6	16.9	90.9	90.9	15.6

表 8.5　観測変数ごとの因子負荷量

観測変数	因子負荷量			共通性
	第1因子	第2因子	第3因子	
品質が良い	**0.975**	0.003	0.055	0.955
安心	**0.902**	0.343	0.042	0.932
環境に配慮している	**0.827**	**0.502**	−0.089	0.944
高級感がある	0.426	**−0.866**	0.029	0.933
デザインが良い	0.489	**−0.759**	0.318	0.917
実用性が高い	0.053	**0.529**	**0.681**	0.747
価格が安い	**−0.541**	**0.501**	**0.580**	0.880
寄与率	45.2%	31.8%	13.1%	
累積寄与率	45.2%	77.0%	90.1%	

平均値を示している。この表の観測データに基づき，商品に対する顧客の評価
に影響する潜在要因を発見するために，因子分析を行う。因子抽出法を最尤法
として，スクリーテストを行ったところ，スクリープロットでは，1〜3番の
因子まで固有値曲線が急降下し，4番の因子からほとんど変わらなくなったた
め，因子数＝3とした方が適切である。そこで，因子数＝3とした場合の因子
分析結果を表 8.5 に示す。

　表 8.5 より，第1因子は「品質が良い」，「安心」と「環境に配慮している」

の3つの観測変数に対して大きな正の負荷量を示し，この3つの観測変数と相関が高いので，「品質とエコ指向」を表す要因であると解釈できる。第2因子は「高級感がある」と「デザインが良い」の2つの観測変数に対して大きな負の負荷量を示すので，「手頃感指向」を表す要因となる。同様に，第3因子は「実用性が高い」と「高価格が安い」の2つの観測変数と相関が高いので，「徳用指向」を表す要因となる。

(2)　因子の回転

因子を解釈しやすくするために，因子負荷行列が単純構造になっていることが望ましい。つまり，各変数が1つの因子だけに高い負荷量をもち，他の因子には0に近い負荷量をもつ。表8.5に示した結果では，「実用性が高い」と「価格が安い」の2つの観測変数に対して，第2と第3因子の負荷量がともに大きい値（>0.3）となっているため，第2と第3因子の意味ははっきりと区別できなく，因子の解釈が難しい。

因子負荷行列の解釈が困難な場合，前述した因子分析モデルの解の不定性を活用して，因子の回転を行うことにより単純構造を求める必要がある。因子回転には直交回転と斜交回転がある。直交回転とは直交行列 T を用いて，因子負荷行列 A を AT とする回転で，回転後の因子も互いに無相関である。斜交回転とは任意の正則行列 T を用いて因子負荷行列 A を AT とする回転で，回転後の因子は互いに相関がある。数多くの直交回転と斜交回転方法が提案されたが，最も利用されている直交回転法はバリマックス法（varimax method）である。斜交回転法として，プロマックス法（promax method）は計算が簡単でかつ比較的よい結果を与えるためよく使われる。

①　直交回転法

直交行列 T を用いて回転後の因子負荷行列 $B=AT$ の各要素 $b_{jk}(j=1,2,\cdots,m\,;k=1,2,\cdots,p)$ を，小さいものと大きいものの2つに分極させるために，バリマックス法では，因子負荷行列 B の各列について因子負荷量の2乗 b_{jk}^2 の分散を計算し，さらに次式（8.60）のようにすべての列の分散を合計するバリマックス基準

$$V=\sum_{k=1}^{p}\{\sum_{j=1}^{m}b_{jk}^4-\frac{1}{m}(\sum_{j=1}^{m}b_{jk}^2)^2\} \tag{8.60}$$

第Ⅲ編　基本科学編

を最大化する。

バリマックス基準を一般化して，次式（8.61）に示す重み付き基準

$$V = \sum_{k=1}^{p} \sum_{j=1}^{m} b_{jk}^4 - \frac{w}{m} \sum_{k=1}^{p} \left(\sum_{j=1}^{m} b_{jk}^2 \right)^2 \tag{8.61}$$

を最大化するクォーティマックス法（$w=0$, quatimax method），バイクォーティマックス法（$w=1/2$, biquatimax method）とエクォーマックス法（$w=p/2$, equamax method）もある。これらの基準を最大化するため，p 個の因子の中から2つずつの因子を選んで，一定のルールに沿って因子の回転を次々と行えばよい。

②　斜交回転法

斜交回転の場合，式（8.51）の因子分析モデルから導かれる共通因子分解式（8.52）が次式（8.62）に修正される。

$$S = A\Phi A^{\mathrm{T}} + U \tag{8.62}$$

ただし，Φ は因子間相関行列である。直交因子と区別して，式（8.62）の係数行列 A は因子パターン行列と呼び，その各要素は因子負荷量を表す。斜交因子の解釈には主に因子パターン行列に基づき行うが，次式（8.63）に定義される因子構造行列も考慮する必要がある。

$$\mathrm{Cov}\,(x, F) = A \cdot \mathrm{Cov}\,(F, F) = A\Phi \tag{8.63}$$

つまり，因子構造行列は変数 x と因子得点行列 F との共分散行列であり，変数 x があらかじめ分散1に標準化された場合，変数と因子間の相関係数となる。

斜交回転のプロマックス法では，まず直交回転の結果から，因子負荷量を k（$k>1$）乗することにより望ましい「目標」とする因子パターン行列を構成して，次に最小二乗法の意味でこの目標に近づくように因子の回転を施す。

表8.4の例について，プロマックス回転を行って得られた因子パターン行列を表8.6に示す。これは単純構造になっているため，第1因子は「安心・エコ指向」，第2因子は「高級感指向」，第3因子は低価格と実用性重視の「徳用指向」を表す要因と解釈できる。しかし，斜交回転後の各因子間に相関があり，観測変数と因子間の相関を表す因子構造行列も見ながら，各因子の解釈とネーミングを行った方が望ましい。

第8章 SCMと多変量解析

表8.6 プロマックス回転後の因子パターン行列

観測変数	第1因子	第2因子	第3因子
環境に配慮している	**1.005**	-0.267	-0.020
安心	**0.975**	-0.022	0.078
品質が良い	**0.852**	0.311	0.010
デザインが良い	-0.026	**1.039**	0.157
高級感がある	-0.099	**0.875**	-0.189
実用性が高い	0.234	0.105	**0.896**
価格が安い	-0.284	-0.128	**0.793**

(3) 寄与率

共通因子分解式 (8.52) の対角要素は各変数の分散であり，次式 (8.64) になる。

$$s_{jj} = a_{j1}^2 + a_{j2}^2 + \cdots + a_{jp}^2 + u_j^2 \tag{8.64}$$

すべての変数の分散の合計は

$$\sum_{j=1}^{m} s_{jj} = \sum_{j=1}^{m} (a_{j1}^2 + a_{j2}^2 + \cdots + a_{jp}^2 + u_j^2) = \sum_{j=1}^{m} \sum_{k=1}^{p} a_{jk}^2 + \sum_{j=1}^{m} u_j^2$$
$$= \sum_{k=1}^{p} \sum_{j=1}^{m} a_{jk}^2 + \sum_{j=1}^{m} u_j^2 \tag{8.65}$$

と書き換えることができる。$\sum_{j=1}^{m} a_{jk}^2$ は因子 $f_k\,(k=1,2,\cdots,p)$ の負荷量の合計なので，式 (8.65) より全変数の分散和は，各因子の負荷量の合計と独自因子の分散の合計に分解できる。そして，全変数の分散和の中で $\sum_{j=1}^{m} a_{jk}^2$ の占める割合を因子 $f_k\,(k=1,2,\cdots,p)$ の寄与率と呼ぶ。寄与率は，観測データ全体の情報量（分散）に各因子がどれだけ寄与しているかを表し，いい換えれば標本データ全体の情報量に対する各因子の寄与度の割合である。

表8.5の例では，3つの因子の寄与率がそれぞれ45.2%，31.8%と13.1%である。第1因子は観測データ全体の情報量の45.2%を説明することができるため，説明力が一番高い。

8.4.3 因子得点と因子分析結果の活用

(1) 因子得点の推定

因子負荷行列 A を求めて，共通因子を解釈し潜在的因子の構造を決めたあと，さらに因子負荷行列 A と独自因子の分散 U に基づき，各個体の因子得点

第Ⅲ編　基本科学編

$F_i=(f_{i1}, f_{i2}, \cdots, f_{ip})^{\mathrm{T}}$ $(i=1, 2, \cdots, n)$ を推定することができる。本質的には，因子分析モデルの解の不定性により，因子得点の推定値は唯一なものではなく，さまざまな取り方がある。実際には，次の2つの手法を用いて推定することが多い。

① バートレットの重み付き最小二乗推定

バートレット（Bartlett）は分散の逆数を重みとした誤差の2乗和

$$\sum_{i=1}^{n}\sum_{j=1}^{m}\frac{e_{ij}^2}{u_j^2}s_{jj}=\sum_{i=1}^{n}(X_i-\mu-AF_i)^{\mathrm{T}}U^{-1}(X_i-\mu-AF_i) \tag{8.66}$$

を最小化することにより，次式（8.67）に示す因子得点 F_i の推定値を求める。

$$F_i=(A^{\mathrm{T}}U^{-1}A)^{-1}A^{\mathrm{T}}U^{-1}(X_i-\mu); \quad i=1, 2, \cdots, n \tag{8.67}$$

実際に F_i の推定値を計算する際，式（8.67）中の A, U と μ はそれぞれの推定値をもって置き換える。

② 回帰推定

変数 x と因子得点 f の同時分布を考慮し，x が与えられたときの f の条件付き期待値を求めると

$$E(f|x)=\varPhi A^{\mathrm{T}}S^{-1}(x-\mu)$$

となる。これは f の x に対する重回帰の形になっている。これにより，表8.3の観測データに基づき A, S と μ の推定値を計算のうえ，次式（8.68）のとおり因子得点の推定値を求める。

$$F_i=\varPhi A^{\mathrm{T}}(A\varPhi A^{\mathrm{T}}+U)^{-1}(X_i-\mu); \quad i=1, 2, \cdots, n \tag{8.68}$$

また，因子数の設定が正しくなかったりしたときの影響を少なくする目的で，実際には次の推定式がよく利用される。

$$F_i=\varPhi A^{\mathrm{T}}S^{-1}(X_i-\mu); \quad i=1, 2, \cdots, n \tag{8.69}$$

バートレット推定は偏りがないが推定誤差が大きい。これに対して回帰推定は偏りがあるが，推定誤差が小さい。

(2) 因子得点の活用

因子得点はおのおのの共通因子に関する各個体の固有点数であり，因子得点が高いほどその因子からの影響度が高い。そして，因子得点は，おのおのの共通因子に関する各個体の評価値となるため，各個体のパフォーマンス，能力ま

第8章　SCMと多変量解析

表8.7　商品ごとの因子得点

商品	第1因子： 安心・エコ指向	第2因子： 高級感指向	第3因子： 徳用指向
A	−0.417	0.228	−0.506
B	−0.250	0.309	0.103
C	−0.633	0.337	0.636
D	−0.566	0.295	−0.393
E	2.615	1.610	−0.868
F	0.721	0.431	2.371
G	−0.690	0.046	0.304
H	−0.453	0.131	0.722
I	−0.519	0.137	−0.283
J	−0.543	−0.081	−0.062
K	−0.455	−0.030	−0.973
L	−0.211	−0.573	−1.204
M	1.402	−2.842	0.153

たは効用などを評価するための尺度として利用することができる。

　表8.4の例について3つの潜在因子に関する商品ごとの得点を表8.7に示す。「安心・エコ指向」という視点から，商品Gの評価点が一番低く，商品Eの評価点がダントツに高い。同様に，「高級感指向」という尺度で評価するとき，商品Mが一番低く評価され，商品Eの評価が一番高い。商品Eは「安心・エコ指向」と「高級感指向」の両面で顧客から高く評価された。また，因子得点を用いて，商品のポジショニングを行うことにより，自社製品の位置づけおよび他社商品との差異を明確にすることができる。

(3)　主成分分析と因子分析の違い

　因子分析における因子と因子負荷量は主成分分析における主成分と主成分負荷量に似ているため，因子と主成分を区別しない教科書が数多い。しかし，主成分分析と因子分析は本質的に異なり，大きな違いは2つある。

① 　因果関係：主成分分析は多数の観測変数から少数の主成分という合成変数を作り出す手法で，観測変数が原因で主成分は結果である。一方，因子分析は観測変数に影響を与えている共通因子を抽出する方法で，共通因子が原因で観測変数が結果となり，主成分分析とは因果関係が逆になっている。

② 　因子分析では，共通因子の他に個々の観測変数固有の独自因子を考慮す

945

る。これに対して，主成分分析では独自因子を考慮しない。

多数の経営指標を集約して，1つまたは少数の総合指標を用いて複数の企業を評価し，順位づけを行う場合は主成分分析法を使う。しかし，主成分分析は個体の独自性を考慮しないため，独自性の影響を無視できない場合，主成分得点による評価は合理性に欠けてしまうことがある。

これに対して，企業の経営指標を決定したり強い影響を与えたりする共通要因を探りたい場合は因子分析を使う。評価基準・尺度として主成分得点を使う場合は，経営指標に含まれる情報のロスを最小限にして，企業を総合的に評価できるが，因子得点を使う場合はあくまでもその因子で表す側面から企業を評価することで，情報の共通な部分だけに着目したため，必ずしも総合的な評価とはならない。

8.5 判別分析

8.5.1 判別分析手法の概要

判別分析とは，優良顧客と普通の顧客のように，所属群がすでにわかる標本データを得た場合，新しい標本データが与えられたとき，この標本がどの群に属するかを，なるべくその誤りが小さくなるように関数を作成し，判別（判定，予測）する手法である。その関数は判別関数という。

図 8.5 は 2 次元データに基づく 2 群判別の場合を示すものである。顧客は優

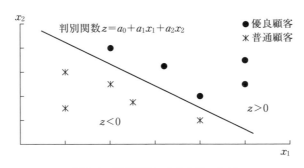

図 8.5 線形関数による 2 群の分割

第8章　SCMと多変量解析

良顧客（●）と普通顧客（＊）との2つの群に分けて，過去の標本データを用いて判別関数 $z = a_0 + a_1 x_1 + a_2 x_2$ を作成すれば，新しい顧客がどの群に属するかは，この判別関数 z の値により，$z > 0$ なら優良顧客，$z < 0$ なら普通顧客と判別できる。

　判別分析はさまざまな経営問題の解決に応用されている。典型的な応用例は次のとおりである。

- アンケートの結果からおのおのの消費者が，製品 A を選ぶか製品 B を選ぶかを予測する。
- 見込み客へのアンケート結果を元に，購買しそうな顧客と購買しそうにない顧客を分ける。
- さまざまな経営指標から，倒産予備軍の企業か，健全な経営を行っている企業かを判別する。
- 各種の品質特性の検査結果から，検査対象製品が適合品か不適合品であるかを判別する。

　判別分析は回帰分析に非常に近い手法であり，目的変数が連続した数値ではなく，どの群に属するかを表すカテゴリー（質的変数）である点で，回帰分析と異なる。線形判別関数を使う場合，判別分析は目的変数が質的変数で，説明変数は量的変数の回帰分析ともいえる。

　判別分析を利用するには，所属群のわかる標本データ（学習データ）から判別関数を決めておくことが一番重要である。よく使われる判別関数の決め方法は線形判別関数による方法とマハラノビス汎距離による方法である。線形判別関数による方法は標本データの各群について群間変動と群内変動を求めたうえ，相関比を最大にする線形判別関数の係数を決める。各群平均の間の標準化距離を最大化することに相当する。マハラノビス汎距離による方法は標本データの各群（母集団）の重心を求め，新しい標本の所属群は，この標本から各群の重心までのマハラノビス汎距離の最小値に基づき判別する。このほかに，一般的な2次関数などの非線形関数を用いる方法，多数決の判別方法，ベイズ判別方法および機械学習による方法など，さまざまな判別方法が提案されている。

第Ⅲ編　基本科学編

8.5.2　判別関数の導出方法

(1)　相関比 η^2 を最大化する線形判別関数

表8.8に示すとおり，すでに観測された標本データは，2つの群に分けて2群の個体数がそれぞれ n_1 と n_2 である。おのおのの個体は，m 次元のベクトルで表す。所属群未定の新しい標本 $x=(x_1, x_2, \cdots, x_m)^{\mathrm{T}}$ が与えられたとき，次式(8.70)に示す線形判別関数を用いて判別得点 z を計算したうえ，z の値によって新しい標本 x の所属群を判別することを考える。

$$z=a_1 x_1+a_2 x_2+\cdots+a_m x_m \tag{8.70}$$

式(8.70)における係数 $a_1, a_2, \cdots, a_m$ は，観測された2群の標本データを，「最もよく判別できる」ように決める。具体的には，表8.8に示したおのおのの標本データについて，式(8.70)の判別関数を適用し判別得点を計算すると，次式(8.71)となる。

$$z_i^{(k)}=a_1 x_{1i}^{(k)}+a_2 x_{2i}^{(k)}+\cdots+a_m x_{mi}^{(k)} \; ; i=1, 2, \cdots, n_k; k=1, 2 \tag{8.71}$$

第 k 群の平均を $\bar{z}^{(k)}$，標本全体の平均を $\bar{z}$ とする場合，次式(8.72)と式(8.73)に示すとおり判別得点 $\{z_i^{(k)}; i=1, 2, \cdots, n_k; k=1, 2\}$ のバラツキの大きさを表す偏差平方和(変動)S^2 は，群間変動 S_B^2 と群内変動 S_W^2 に分解できる。

$$S^2=\sum_{k=1}^{2}\sum_{i=1}^{n_k}(z_i^{(k)}-\bar{z})^2; \; S_B^2=\sum_{k=1}^{2}n_k(\bar{z}^{(k)}-\bar{z})^2; \; S_W^2=\sum_{k=1}^{2}\sum_{i=1}^{n_k}(z_i^{(k)}-\bar{z}^{(k)})^2 \tag{8.72}$$

$$S^2=S_B^2+S_W^2 \tag{8.73}$$

同じ群に属する個体が同質，異なる群に属する個体が異質なものであれば，群内変動 S_W^2 が小さく，群間変動 S_B^2 が大きい。そこで，相関比 $\eta^2=S_B^2/S^2$ を

表8.8 2群の m 変数標本データ

(a)　第1群

個体	変数(指標)					得点
	x_1	$\cdots$	x_j	$\cdots$	x_m	z
1	$x_{11}^{(1)}$	$\cdots$	$x_{j1}^{(1)}$	$\cdots$	$x_{m1}^{(1)}$	$z_1^{(1)}$
2	$x_{12}^{(1)}$	$\cdots$	$x_{j2}^{(1)}$	$\cdots$	$x_{m2}^{(1)}$	$z_2^{(1)}$
$\cdots$	$\cdots$	$\cdots$	$\cdots$	$\cdots$	$\cdots$	$\cdots$
i	$x_{1i}^{(1)}$	$\cdots$	$x_{ji}^{(1)}$	$\cdots$	$x_{mi}^{(1)}$	$z_i^{(1)}$
$\cdots$	$\cdots$	$\cdots$	$\cdots$	$\cdots$	$\cdots$	$\cdots$
n_1	$x_{1n_1}^{(1)}$	$\cdots$	$x_{jn_1}^{(1)}$	$\cdots$	$x_{mn_1}^{(1)}$	$z_{n_1}^{(1)}$

(b)　第2群

個体	変数(指標)					得点
	x_1	$\cdots$	x_j	$\cdots$	x_m	z
1	$x_{11}^{(2)}$	$\cdots$	$x_{j1}^{(2)}$	$\cdots$	$x_{m1}^{(2)}$	$z_1^{(2)}$
2	$x_{12}^{(2)}$	$\cdots$	$x_{j2}^{(2)}$	$\cdots$	$x_{m2}^{(2)}$	$z_2^{(2)}$
$\cdots$	$\cdots$	$\cdots$	$\cdots$	$\cdots$	$\cdots$	$\cdots$
i	$x_{1i}^{(2)}$	$\cdots$	$x_{ji}^{(2)}$	$\cdots$	$x_{mi}^{(2)}$	$z_i^{(2)}$
$\cdots$	$\cdots$	$\cdots$	$\cdots$	$\cdots$	$\cdots$	$\cdots$
n_2	$x_{1n_2}^{(2)}$	$\cdots$	$x_{jn_2}^{(2)}$	$\cdots$	$x_{mn_2}^{(2)}$	$z_{n_2}^{(2)}$

最大化すれば，群間変動が最も大きく，群内変動が最も小さい2群を得ることができる。相関比 η^2 は判別係数 $a_1, a_2, \cdots, a_m$ の関数なので，$a_1, a_2, \cdots, a_m$ に対する η^2 の偏微分をゼロとおくと，η^2 を最大にする係数 $a_1, a_2, \cdots, a_m$ は，次の連立方程式の解として与えられる。

$$s_{j1}a_1 + s_{j2}a_2 + \cdots + s_{jm}a_m = \overline{x}_j^{(1)} - \overline{x}_j^{(2)} \;;\; j=1, 2, \cdots, m \tag{8.74}$$

ただし，$\overline{x}_j^{(k)}$ は第 k 群での変数 x_j の平均，s_{uv} は変数 x_u と変数 x_v の群内分散・共分散であり，それぞれ次式（8.75）と式（8.76）により計算される。

$$\overline{x}_j^{(k)} = \frac{1}{n_k}\sum_{i=1}^{n_k} x_{ji}^{(k)} \;;\; j=1, 2, \cdots, m ; k=1, 2 \tag{8.75}$$

$$s_{uv} = \frac{1}{n_1+n_2-2}\sum_{k=1}^{2}\sum_{i=1}^{n_k}(x_{ui}^{(k)}-\overline{x}_u^{(k)})(x_{vi}^{(k)}-\overline{x}_v^{(k)}) \;;\; u, v=1, 2, \cdots, m \tag{8.76}$$

相関比 η^2 の最大化は，群間変動 S_B^2 と群内変動 S_W^2 の比（$=S_B^2/S_W^2$）を最大化することと同じで，2群の平均間の標準化距離（ただし，標準偏差は両群共通としてプールして求める）の最大化に相当する。また，相関比 η^2 を最大にする線形判別関数の導出方法は，2群の場合だけでなく，3群以上の場合にも拡張することができる。

(2) マハラノビス汎距離による方法

式（8.75）で求められた2群の標本データの各変数の平均がそれぞれ列ベクトルで表し，$\overline{x}^{(1)} = (\overline{x}_1^{(1)}, \overline{x}_2^{(1)}, \cdots, \overline{x}_m^{(1)})^{\mathrm{T}}$，$\overline{x}^{(2)} = (\overline{x}_1^{(2)}, \overline{x}_2^{(2)}, \cdots, \overline{x}_m^{(2)})^{\mathrm{T}}$ とする。また，2群の変数間の分散共分散行列はそれぞれ $S_{(1)} = (s_{ij}^{(1)}; i, j=1, 2, \cdots, m)$，$S_{(2)} = (s_{ij}^{(2)}; i, j=1, 2, \cdots, m)$ として，各要素は次式（8.77）を用いて計算される。

$$s_{ij}^{(k)} = \frac{1}{n_k-1}\sum_{t=1}^{n_k}(x_{it}^{(k)}-\overline{x}_i^{(k)})(x_{jt}^{(k)}-\overline{x}_j^{(k)}) \;;\; i, j=1, 2, \cdots, m ; k=1, 2 \tag{8.77}$$

新しい標本データ $x = (x_1, x_2, \cdots, x_m)^{\mathrm{T}}$ が与えられたとき，x から2群の重心 $\overline{x}^{(1)}$ と $\overline{x}^{(2)}$ までのマハラノビス汎距離（Mahalanobis Generalized Distance）

$$D_{(1)}^2 = (x-\overline{x}^{(1)})^{\mathrm{T}} S_{(1)}^{-1}(x-\overline{x}^{(1)}) \tag{8.78}$$

$$D_{(2)}^2 = (x-\overline{x}^{(2)})^{\mathrm{T}} S_{(2)}^{-1}(x-\overline{x}^{(2)}) \tag{8.79}$$

を計算したうえ，$z = D_{(2)}^2 - D_{(1)}^2$ として，次のルールにより x の所属群を判別する。

$$\left.\begin{array}{l} z \geq 0 ならば，第1群に判別 \\ z < 0 ならば，第2群に判別 \end{array}\right\} \tag{8.80}$$

第Ⅲ編　基本科学編

　両群の出現確率が等しい場合，式（8.80）のルールは，誤判別率を最小化する判別を与える。

　2群の分散が等しい場合，$S=S_{(1)}=S_{(2)}$ のため判別関数は

$$z=\left(x-\frac{1}{2}(\overline{x}^{(1)}+\overline{x}^{(2)})\right)^{\mathrm{T}}S^{-1}(\overline{x}^{(1)}-\overline{x}^{(2)}) \tag{8.81}$$

となり，変数 x について線形関数となる。2群の分散が異なる場合，非線形関数となる。

　マハラノビス汎距離に基づく判別は，3群以上の場合にも拡張できる。この場合，式（8.77）により分散共分散行列 $S_{(k)}=(s_{ij}^{(k)}; i,j=1,2,\cdots,m)$ $(k=1,2,\cdots,g; g\geq3)$ を求めて，また各群までのマハラノビス汎距離 $D_{(k)}^{2}=(x-\overline{x}^{(k)})^{\mathrm{T}}S_{(k)}^{-1}(x-\overline{x}^{(k)})$ を計算し，新しい標本の所属群は $D_{(k)}^{2}$ が最小な群 k に判別する。

8.5.3　判別モデルの評価

（1）　判別モデルの有効性と信頼性

　以上で求められた判別モデルがどの程度の精度で観測データに当てはまるかを考える際，正しく判別された個体数対全標本数の割合である的中率（判別正解率）を使うことが多い。しかし，99％の個体が第1群，残りの1％が第2群に属するように，各群の個体数に極端な偏りがある場合，全体の的中率が高いといっても個体数の少ない第2群の個体がまったく正しく判別できないことがある。全体の的中率だけでなく，群ごとの的中率を評価することも必要である。

　統計学では，m 変数を用いて g 個の群に属する標本がどの程度正しく判別できるかを表す指標の1つとして，Wilks の Λ 統計量（ウィルクスのラムダ）がある。これは，m 変数についての全体および群内の平方和・積和行列

$$T=\sum_{k=1}^{g}\sum_{i=1}^{n_k}(x_i^{(k)}-\overline{x})(x_i^{(k)}-\overline{x})^{\mathrm{T}} \ ; \quad \overline{x}=\frac{1}{n}\sum_{k=1}^{g}\sum_{i=1}^{n_k}x_i^{(k)} \tag{8.82}$$

$$W=\sum_{k=1}^{g}\sum_{i=1}^{n_k}(x_i^{(k)}-\overline{x}^{(k)})(x_i^{(k)}-\overline{x}^{(k)})^{\mathrm{T}} \tag{8.83}$$

の行列式の比

$$\Lambda=|W|/|T| \tag{8.84}$$

950

で定義される。ただし，$x_i^{(k)}$ は第 k 群の個体 i を表すベクトル $x_i^{(k)} = (x_{1i}^{(k)}, x_{2i}^{(k)}, \cdots, x_{mi}^{(k)})^{\mathrm{T}}$ である。

Λ は $0 \sim 1$ の値をとり，0 に近いほどよく判別されたことを表す。また，Λ の統計量を適切に作成すれば，Λ の統計量を検定することにより判別モデルの信頼性を評価できる。たとえば，2 群の判別モデルでは，統計量 $\{(n_1+n_2-m-1)/m\}(1-\Lambda)/\Lambda$ は，群間にまったく差がない（m 個の変数が群の判別に寄与しない）という帰無仮説のもとで，自由度 (m, n_1+n_2-m-1) の F 分布に従う。この統計量の p 値により，判別モデルの信頼性を統計的に検定できる。

(2) 変数の寄与度と検定

式（8.70）の判別関数における判別係数は，回帰分析における偏回帰係数と同じにその値がデータの測定単位に依存する。このため，各変数の値を平均 0，分散 1 に標準化し，標準判別係数を求めたうえ，標準判別係数に基づき各変数の寄与度を比較し，順位をつけることができる。

統計学では，m 個の変数 x が g 群の判別に用いられているとき，ある特定の変数 x_j が判別に寄与しているかは，x に含まれていない変数 x_j を追加したときの判別力の増加を，Wilks の Λ 統計量を用いて，次の式により測ることができる。

$$\Lambda(x_j|x) = \Lambda(x, x_j)/\Lambda(x) \tag{8.85}$$

ただし，$\Lambda(x, x_j)$ は変数 x と x_j をともに判別に使うときの Λ，$\Lambda(x)$ は変数 x のみを判別に使うときの Λ である。

また，次の統計量

$$F = \frac{n-g-m}{g-1} \cdot \frac{1-\Lambda(x_j|x)}{\Lambda(x_j|x)} \tag{8.86}$$

は，新しく追加した変数 x_j が群の判別に寄与しないという帰無仮説のもとで，自由度 $(g-1, n-m-g)$ の F 分布に従う。この統計量の p 値により，特定の変数の寄与を統計的に検定できる。

変数の寄与の検定に基づき，回帰分析と同じに，変数増加法，変数減少法とステップワイズ法（変数増減法）を用いて，判別に利用する変数を合理的に選択して，最良の判別モデルを構築することができる。

第Ⅲ編　基本科学編

8.6　数量化理論Ⅰ類，Ⅱ類，Ⅲ類，Ⅳ類

8.6.1　数量化理論とダミー変換

前述した重回帰分析，因子分析などは，量的データを扱う典型的な分析方法である。しかし，世の中の物事はいつも量的データの形で表すとは限らない。顧客の職業，性別，支持政党などのように質的データでしか標本を得られないことも多い。数量化理論は質的データをダミー変換して多変量解析ができるようにした方法である。統計数理研究所元所長林知己夫によって1940年代後半から50年代にかけて開発された日本独自の多次元データ分析法であるため，英語では Hayashi's quantification methods と呼ぶ。

数量化理論にはⅠ類〜Ⅵ類までの6つの方法があるが，よく知られているのはⅠ類〜Ⅳ類である。ダミー変数の導入による質的データの数値化により，回帰分析を行うのが数量化Ⅰ類，判別分析を行うのが数量化Ⅱ類と理解できる。数量化Ⅲ類は主成分分析あるいは因子分析に対応し，数量化Ⅳ類は多次元尺度構成法（MDS）に包含される。

数量化理論を用いたデータ分析は質的データのダミー変換から出発する。たとえば，ある会社で商品の販売方法には訪問販売と電話による通信販売がある。促販対策として商品の購入者への景品送付を検討している。販売方法と促販対策（景品送付）の効果を調べるために，表8.9に示すとおり5人の顧客の購入データを集めた。販売方法と促販対策は質的データであるため，数量化理論では，これらの質的データ項目をアイテムと呼ぶ。また，販売方法というアイテムの内容である「訪問」と「電話」，促販対策というアイテムの内容である「景品送付有」「景品送付無」は，カテゴリーと呼ぶ。

おのおのの個体がどのアイテム・カテゴリーに反応（該当）するかを表すために，次式（8.87）のダミー変数を定義する。

$$x(jk)=\begin{cases}1; & 個体がアイテム\,j\,のカテゴリー\,k\,に反応したとき \\ 0; & そうでないとき\end{cases} \tag{8.87}$$

たとえば，顧客の性別を表すアイテム j には2つのカテゴリー（男と女）が

952

第8章　SCMと多変量解析

表 8.9　販売方法・促販対策および商品の売上

顧客 No	販売方法	促販対策	売上(万円)
1	訪問	景品送付有	55
2	電話	景品送付無	5
3	電話	景品送付有	25
4	訪問	景品送付無	40
5	電話	景品送付無	10

表 8.10　ダミー変数で表示された販売方法・促販対策

顧客 No	アイテム 1：販売方法		アイテム 2：促販対策	
	カテゴリー 1： 訪問	カテゴリー 2： 電話	カテゴリー 1： 景品送付有	カテゴリー 2： 景品送付無
1	1	0	1	0
2	0	1	0	1
3	0	1	1	0
4	1	0	0	1
5	0	1	0	1

あり，顧客が男性であるとき $x(j1)=1, x(j2)=0$，女性顧客のとき $x(j1)=0$，$x(j2)=1$ となる。

表 8.9 の標本データをアイテム・カテゴリーデータにダミー変換した結果を表 8.10 に示す。

各個体は 1 つのアイテム内で，必ずどれか 1 つのカテゴリーに反応するため，アイテム $j(j=1, 2, \cdots, m)$ のカテゴリー数を c_j とすると，次式（8.88）が成立する。

$$\sum_{k=1}^{c_j} x(jk)=1 \; ; \; j=1, 2, \cdots, m \tag{8.88}$$

8.6.2　数量化理論 I 類

数量化理論 I 類は，アイテム・カテゴリーで表される質的データ（説明変数に対応する）から量的データである外的基準（目的変数に対応する）を予測する重回帰分析である。外的基準 y に影響を与えるアイテムが m 個あり，各アイテムについて式（8.87）のとおりダミー変数 $x(jk)(k=1, 2, \cdots, c_j; j=1, 2, \cdots, m)$ を定義したとき，数量化理論 I 類は次の 1 次式でアイテムの値 $x(jk)$ から外

953

第Ⅲ編　基本科学編

的基準 y を予測・説明する。

$$y = \sum_{j=1}^{m} \sum_{k=1}^{c_j} a_{jk} x(jk) \tag{8.89}$$

ただし，係数 a_{jk} は，アイテム j のカテゴリー k に付与する数量であり，重回帰分析における偏回帰係数に該当し，カテゴリースコア（カテゴリー数量）と呼ぶ。カテゴリースコアは，それぞれのカテゴリーがどれくらい外的基準（目的変数）に影響を与えているかを示す。

　n 個の標本データが得られたとき，標本 i の外的基準値を y_i，標本 i のアイテム・カテゴリーの値を $x_i(jk)$ $(k=1, 2, \cdots, c_j; j=1, 2, \cdots, m; i=1, 2, \cdots, n)$ とする。これらの標本データを式（8.89）に代入して算出された外的基準 y の理論値を $\hat{y}_i$ と表すと

$$\hat{y}_i = \sum_{j=1}^{m} \sum_{k=1}^{c_j} a_{jk} x_i(jk) \; ; i = 1, 2, \cdots, n \tag{8.90}$$

となる。また，この理論値 $\hat{y}_i$ と実績値 y_i との差を残差として，次式（8.91）により残差平方和を求める。

$$S_e = \sum_{i=1}^{n} (y_i - \hat{y}_i)^2 \tag{8.91}$$

　カテゴリースコア $a_{jk}(k=1, 2, \cdots, c_j; j=1, 2, \cdots, m)$ を求めるために，重回帰分析と同じに最小二乗法を用いて残差平方和 S_e を最小にすればよいが，式（8.88）に示したとおり，$\sum_{k=1}^{c_j} x_i(jk)=1 (j=1, 2, \cdots, m; i=1, 2, \cdots, n)$ が成立するため，カテゴリースコアに対する残差平方和 S_e の偏微分を 0 とすることにより，式（8.91）の解を一意的に求めることはできない。そこで，まずは各アイテム内のカテゴリーについて，どれか 1 つのカテゴリーを選んで，そのカテゴリースコアを 0 としておく。次に最小二乗法を用いて残りのカテゴリースコアを求めて $a_{jk}(k=1, 2, \cdots, c_j; j=1, 2, \cdots, m)$ とする。さらに，各アイテム内のカテゴリースコアの平均が 0 となるように，次式（8.92）により基準化されたカテゴリースコア $a_{jk}^*(k=1, 2, \cdots, c_j; j=1, 2, \cdots, m)$ を求める。

$$a_{jk}^* = a_{jk} - \frac{1}{n} \sum_{i=1}^{c_j} n_{ji} a_{ji} \; ; k = 1, 2, \cdots, c_j; j = 1, 2, \cdots, m \tag{8.92}$$

ただし，$n_{ji} = \sum_{i=1}^{n} x_i(ji)$ はアイテム j のカテゴリー i に属する（反応した）標本数である。

954

重回帰分析と同様に，数量化理論Ⅰ類では，カテゴリースコアが求まったら，各アイテムのカテゴリーの値から外的基準（説明変数）を予測することができる。また，カテゴリースコアの値から各アイテムおよびカテゴリーの貢献度・重要度を評価することができる。つまり，カテゴリースコアが大きいほど外的基準への貢献度が大きくなる。数量化理論Ⅰ類では，これをカテゴリー分析と呼ぶ。しかし，標本データのサイズが小さく個別のカテゴリーに属する標本データが数件だけで不十分な場合，カテゴリースコアはそのカテゴリーの貢献度を正しく表さないことがある。

カテゴリー分析の他に，おのおののアイテムについてカテゴリースコアのレンジ（範囲）

$$\text{アイテム } j \text{ のレンジ(range)}_j = \max_k a_{jk}^* - \min_k a_{jk}^*; j=1, 2, \cdots, m \quad (8.93)$$

を計算して，このレンジの値に基づき各アイテムの重要度・貢献度を比較・評価する。各アイテムは，そのレンジが大きいほど，外的基準（説明変数）に対する貢献度が大きくなる。これはアイテム分析と呼ぶ。カテゴリー分析と同じに，標本データのサイズが小さく個別のアイテムに属する標本データの件数が不十分なため，アイテムのレンジがそのアイテムの貢献度を正しく表さない場合がある。このとき，標本データの追加やアイテムの統合を検討すべきである。

8.6.3 数量化理論活用の注意点

前述した数量化理論Ⅰ類のとおり，数量化理論では，ダミー変数を導入することによりカテゴリーデータに関してさまざまな目的で統計的解析を行うことができる。実際には，一部の学者から指摘されたとおり，数量化理論は日本国内でよく知られているが，国外に行くとあまり認知されず，なじみのない解析手法となっている。数多くの外国研究者・実務者にとっては，数量化理論が単なるダミー変数を用いた多変量解析である。

しかし，ダミー変数を導入すると，おのおののアイテムにおいて各カテゴリーの標本値を合計すると必ず1となるため，回帰分析などを行う際，各アイテムからどれか1つのカテゴリーを削除しなければいけないため，削除されたカテゴリーの貢献や影響は出力結果には出てこない。実用問題の解決に際して，

第Ⅲ編　基本科学編

表 8.11　野球選手の統計データ

選手 No	打率	100m 走	視力	血液型	甲子園出場経験
1	0.279	11.9	1.64	3	2
2	0.337	11.0	1.35	2	1
3	0.26	12.6	1.04	1	1
4	0.291	11.6	1.27	4	2

表 8.12　ダミー変数を導入した野球選手の統計データ（質的変数のみ）

選手 No	血液 A 型	血液 O 型	血液 B 型	血液 AB 型	甲子園出場経験有	甲子園出場経験無
1	0	0	1	0	0	1
2	0	1	0	0	1	0
3	1	0	0	0	1	0
4	0	0	0	1	0	1

すべてのカテゴリーのスコアを得られる数量化理論の方がわかりやすい。

　また，質的データだけでなく，質的と量的データを同時に扱う必要がある場合，数量化理論におけるダミー変数の導入方法を用いて，質的データを数量化することは重要である。たとえば，表 8.11 に示すとおり，野球選手のデータを収集した。

　この中で，血液型は 1（A 型），2（O 型），3（B 型）と 4（AB 型），甲子園出場経験は 1（有）と 2（無）で表している。データの表示方法として 1〜4 の数値を用いて血液型と甲子園出場経験を表すことは特に問題がないが，これらのデータに対して多変量解析法を適用しようとする場合，問題がある。なぜなら各項目の数値で表す意味が異なる。打率，100 m 走と視力は量的データであり，数値の差には意味がある。これに対して，血液型と甲子園出場経験は質的データであるため，1〜4 の数値で表したとしても，単なる分類またはカテゴリーを表す記号であり，直接に数値として各種の解析手法を適用することは不適切である。このとき，表 8.12 に示すとおりダミー変数を導入した方が望ましい。

〈参考文献〉

1)　田中豊，垂水共之：Windows 版 統計解析ハンドブック 多変量解析，共立出版，1995

第8章　SCMと多変量解析

2) 董 彦文：経営と信用リスクのデータ科学（R で学ぶデータサイエンス 19），共立出版，2015

3) Wolfgang Karl Haerdle, Léopold Simar：Applied Multivariate Statistical Analysis（4th ed），Springer, 2015

董　彦文

9 予測方法

9.1 指数平滑

9.1.1 予測方法

　サプライチェーンの全体最適化を図り，またおのおのの企業の経営活動を効率的に行うために，さまざまな事業予測をしなければいけない。経済情勢の動向を把握しようとする経済予測，特定種類の商品に関する社会全体の需要量を予測しようとする需要予測，個別企業の特定商品の販売動向を予知する販売予測，業界全体または個別企業の生産能力，在庫水準などを把握しようとする生産予測，それに特定商品の価格動向を知りたい価格予測などのように，予測方法は企業のあらゆる分野で必要とされている。

　予測に利用できるデータに基づき，予測方法は以下のとおり大まかに分類できる。

(1) 時系列データによる予測

　時系列データは，毎日または毎月の商品販売量のように，時間（日，月，年など）の経過とともに変化していく量を観測し，得られた値を発生時間の順序に従って整理，配列したものである。過去の長期間にわたる時系列データが存在するとき，これを有効に活用して将来のデータを予測することができる。具体的な手法としては，次のものがある。

第Ⅲ編　基本科学編

a．単純移動平均法

4日の販売数量を予測するのに過去3日間（1, 2, 3日）の販売実績の算術平均を用いる。次に，4日の販売実績が知られたら，1日の販売実績を使わず2, 3, 4日の算術平均から5日の販売量を予測する。このように，単純移動平均法は，時間の経過により新しいデータが得られると，以前の一定期間のデータと併せて逐次それらの平均値を更新して，新しい予測値とする方法である。予測値は傾向的変動を反映できるが，異常値の影響を強く受ける。

b．指数平滑法

過去になるにつれて指数的に減少するウェイトを使って，過去のすべての実績データに重みを付けて，移動平均を算出する加重平均法の1つである。指数平滑法で導き出した予測値を別の指数平滑法に多次式として適用する2次平滑法（多次平滑法，重平滑法）の他に，季節性（周期性）などの傾向を考慮した加法型季節平滑法や積乗型季節平滑法などが多数提案されている。

c．時系列分析手法

得られた時系列データを確率変数の標本（実測値）と見なして，確率過程理論に基づき，時系列分析モデルを構築のうえ分析していく方法である。確率過程の分散の均一性を前提とする自己回帰（AR）モデル，移動平均（MA）モデル，自己回帰移動平均（ARMA）モデルおよび自己回帰和分移動平均（ARIMA）モデルのほかに，分散の不均一性も取り扱える分散不均一の自己回帰（ARCH）モデルと，ARCHモデルの拡張版であるGARCHモデルなど，数多くのモデルが提案されている。

(2)　相関データによる予測

複数の要因間の因果関係または相関関係に基づき，観測された要因の値から推定しようとする目的変数の値を予測する方法である。具体的手法として，第8章で説明した重回帰分析，判別分析，数量化理論のほかに，変数間の関連を木構造で表現した決定木分析や，観測された事実から推定したい事柄を確率的に推定するベイズ推定などの手法もよく使われる。

(3)　人工知能手法を用いた予測

ニューラルネットワーク，集団学習などの機械学習手法やルールベース推論などの人工知能手法を用いた予測システムが多数開発・実用されている。人工

第9章 予測方法

知能手法は時系列データだけでなく，数値データ，文字データおよび画像データなどの多種多様なデータを考慮に入れ，また人間の経験や勘も活用し，既存の数学モデルを使って処理できない予測問題の解決に適用することができる。最近，テキストマイニング，ディープラーニングとビッグデータ処理技術の進歩により，人工知能手法を用いた各種の予測システムの予測力は急速に高まってきて，これからのビジネス活動と社会を大きく変える重要な要因として注目されている。

9.1.2 指数平滑法の基本

第2次大戦中 Robert G. Brown が潜水艇の位置追跡モデルを考案する際，初めて単純指数平滑法を提案した。戦後 Brown は在庫水準の予測研究に取り組んで，一般化指数平滑法を開発した。Brown の研究と別に，1950 年代 Charles C. Holt が加法的な傾向変動と季節性変動を考慮に入れた指数平滑法を提案した。Holt が自分の研究成果を米海軍海事技術本部（ONR：Office of Naval Research）の内部文書だけに公表したが，そのアイデアが結構知られていた。1960 年，Winters が各種の経験データを用いて Holt の手法を検証した結果を公表したことをきっかけに，Holt-Winters の指数平滑法と呼ばれるようになった。

平滑化係数を α として，t 期の実測値 X_t が観測されたとき，単純指数平滑法は次式（9.1）により t 期での移動平均値 S_t を計算し，この S_t を $t+1$ 期の予測値として用いる。

$$S_t = S_{t-1} + \alpha(X_t - S_{t-1}) \tag{9.1}$$

t 期の予測値 S_{t-1} と実績値 X_t があれば，$t+1$ 期の予測値が簡単に算出できる。t 期の予測値 S_{t-1} は，$t-1$ 期の予測値 S_{t-2} から算出されるため

$$S_t = \alpha X_t + (1-\alpha)S_{t-1} = \alpha X_t + \alpha(1-\alpha)X_{t-1} + (1-\alpha)^2 S_{t-2}$$
$$= \alpha X_t + \alpha(1-\alpha)X_{t-1} + \alpha(1-\alpha)^2 X_{t-2} + \alpha(1-\alpha)^3 X_{t-3} + \cdots$$

のとおり，連続する過去データ（予測値）の影響もわずかに残る。そして，$0 < \alpha < 1$ のため現在に近いデータほど重要視し，過去に遡るほど重要度を落としていく加重平均を行う。

過去の予測値と実績値の誤差を最小にする平滑化係数 α を選択すれば，予

第Ⅲ編　基本科学編

測精度が非常に高いため，指数平滑法はさまざまな分野で応用されると同時に，指数平滑法に関する研究も盛んに行われ，さまざまな改良版が提案されてきた。おのおのの指数平滑式が最も適する傾向変動と季節性変動の種類に基づき，Gardner が指数平滑法を体系的に分類した[1]。

時系列データの傾向変動については，次の5つのタイプがある。

① 無傾向（N, None）：時系列データには顕著に増加または減少する傾向が見られない。

② 加法型傾向（A, Additive）：時間の経つにつれて，時系列データの値が一定量ずつ増えていく。

③ 減衰的加法型傾向（DA, Damped additive）：時間の経つにつれて，時系列データの値が一定量ずつ増えていくが，増える量が時間とともに減っていく。

④ 乗法型傾向（M, Multiplicative）：時間の経つにつれて，時系列データの値が一定割合ずつ増えていく。

⑤ 減衰的乗法型傾向（DM, Damped multiplicative）：時間の経つにつれて，時系列データの値が一定割合ずつ増えていくが，増える割合が時間とともに減っていく。

時系列データの季節性変動については，次の3つのタイプがある。

① 無季節性変動（N, None）：時系列データの値が季節的または周期的に増加または減少しない。

② 加法型季節性変動（A, Additive）：時系列データの値に季節または周期的に増減する部分があり，この季節的変動量は他の変動量に加算する形式で表現できる。

③ 積乗型季節性変動（M, Multiplicative）：時系列データの値における季節または周期的に変動する成分は他の変動に依存し，他の変動に乗算する季節指数として表現される。

5タイプの傾向変動と3種類の季節性変動の組み合わせにより指数平滑法の予測モデルは15通りがあり，表9.1に示す。ただし，各予測モデルの式は予測誤差を用いて表している。時系列データの平滑化値を用いた表現もあるが，紙面の関係で省略する。興味のある方は Gardner の論文を参照されたい[1]。

962

また，表9.1の各計算式に使われる変数の定義は次のとおりである。

- α：時系列データのランダム的変動に対する平滑化係数。
- γ：時系列データの傾向変動に対する平滑化係数。
- δ：時系列データの季節性変動に対する平滑化係数。
- ϕ：減衰係数。
- X_t：時系列データの t 期での実測値。
- S_t：t 期での実測値 X_t が観測されたあと，算出された時系列データのランダム的変動に関する平滑化値。
- T_t：t 期末で時系列データの加法型傾向変動に関する平滑化値。
- R_t：t 期末で時系列データの乗法型傾向変動に関する平滑化値。
- I_t：t 期末で時系列データの加法型季節性変動量または積乗型季節性変動指数に関する平滑化値。

表9.1 指数平滑法の予測モデル

傾向変動	季節性変動		
	無季節性変動（N）	加法型季節性変動（A）	積乗型季節性変動（M）
無（N）	$S_t = S_{t-1} + \alpha e_t$ $\widehat{X}_t(m) = S_t$	$S_t = S_{t-1} + \alpha e_t$ $I_t = I_{t-p} + \delta(1-\alpha)e_t$ $\widehat{X}_t(m) = S_t + I_{t-p+m}$	$S_t = S_{t-1} + \alpha e_t / I_{t-p}$ $I_t = I_{t-p} + \delta(1-\alpha)e_t/S_t$ $\widehat{X}_t(m) = S_t I_{t-p+m}$
加法型（A）	$S_t = S_{t-1} + T_{t-1} + \alpha e_t$ $T_t = T_{t-1} + \alpha\gamma e_t$ $\widehat{X}_t(m) = S_t + mT_t$	$S_t = S_{t-1} + T_{t-1} + \alpha e_t$ $T_t = T_{t-1} + \alpha\gamma e_t$ $I_t = I_{t-p} + \delta(1-\alpha)e_t$ $\widehat{X}_t(m) = S_t + mT_t + I_{t-p+m}$	$S_t = S_{t-1} + T_{t-1} + \alpha e_t / I_{t-p}$ $T_t = T_{t-1} + \alpha\gamma e_t / I_{t-p}$ $I_t = I_{t-p} + \delta(1-\alpha)e_t/S_t$ $\widehat{X}_t(m) = (S_t + mT_t)I_{t-p+m}$
減衰的加法型（DA）	$S_t = S_{t-1} + \phi T_{t-1} + \alpha e_t$ $T_t = \phi T_{t-1} + \alpha\gamma e_t$ $\widehat{X}_t(m) = S_t + \sum_{i=1}^{m}\phi^i T_t$	$S_t = S_{t-1} + \phi T_{t-1} + \alpha e_t$ $T_t = \phi T_{t-1} + \alpha\gamma e_t$ $I_t = I_{t-p} + \delta(1-\alpha)e_t$ $\widehat{X}_t(m) = S_t + \sum_{i=1}^{m}\phi^i T_t + I_{t-p+m}$	$S_t = S_{t-1} + \phi T_{t-1} + \alpha e_t / I_{t-p}$ $T_t = \phi T_{t-1} + \alpha\gamma e_t / I_{t-p}$ $I_t = I_{t-p} + \delta(1-\alpha)e_t/S_t$ $\widehat{X}_t(m) = (S_t + \sum_{i=1}^{m}\phi^i T_t)I_{t-p+m}$
乗法型（M）	$S_t = S_{t-1}R_{t-1} + \alpha e_t$ $R_t = R_{t-1} + \alpha\gamma e_t/S_{t-1}$ $\widehat{X}_t(m) = S_t R_t^m$	$S_t = S_{t-1}R_{t-1} + \alpha e_t$ $R_t = R_{t-1} + \alpha\gamma e_t/S_{t-1}$ $I_t = I_{t-p} + \delta(1-\alpha)e_t$ $\widehat{X}_t(m) = S_t R_t^m + I_{t-p+m}$	$S_t = S_{t-1}R_{t-1} + \alpha e_t / I_{t-p}$ $R_t = R_{t-1} + (\alpha\gamma e_t/S_{t-1})/I_{t-p}$ $I_t = I_{t-p} + \delta(1-\alpha)e_t/S_t$ $\widehat{X}_t(m) = S_t R_t^m I_{t-p+m}$
減衰的乗法型（DM）	$S_t = S_{t-1}R_{t-1}^\phi + \alpha e_t$ $R_t = R_{t-1}^\phi + \alpha\gamma e_t/S_{t-1}$ $\widehat{X}_t(m) = S_t R_t^{\sum_{i=1}^{m}\phi^i}$	$S_t = S_{t-1}R_{t-1}^\phi + \alpha e_t$ $R_t = R_{t-1}^\phi + \alpha\gamma e_t/S_{t-1}$ $I_t = I_{t-p} + \delta(1-\alpha)e_t$ $\widehat{X}_t(m) = S_t R_t^{\sum_{i=1}^{m}\phi^i} + I_{t-p+m}$	$S_t = S_{t-1}R_{t-1}^\phi + \alpha e_t / I_{t-p}$ $R_t = R_{t-1}^\phi + (\alpha\gamma e_t/S_{t-1})/I_{t-p}$ $I_t = I_{t-p} + \delta(1-\alpha)e_t/S_t$ $\widehat{X}_t(m) = S_t R_t^{\sum_{i=1}^{m}\phi^i} I_{t-p+m}$

第Ⅲ編　基本科学編

- $\hat{X}_t(m)$：始点 t から m 期先の（$t+m$）期の時系列データの予測値。
- m：始点 t からの予測期間を表す期数。
- p：季節または周期変動の周期を表す期数。
- e_t：$e_t = X_t - \hat{X}_{t-1}(1)$ と定義し，1 期先の予測誤差を表す。

　通常，傾向変動のタイプを表す英文字と季節性変動の種類を表す英文字の対を用いて，表 9.1 に示した 15 個の指数平滑法モデルを区別する。たとえば，N-N モデルは傾向変動と季節性変動をともに考慮しない単純指数平滑法，M-A モデルは乗法型傾向変動と加法型季節性変動を同時に扱う指数平滑法，DM-M モデルは減衰的乗法型傾向変動と乗法型季節性変動を同時に扱う指数平滑法を表す。

　なお，表 9.1 に示した季節性変動を扱う予測モデルは，予測期間 m が季節性変動の周期 p を超えない，つまり $m \leq p$ の場合のみ有効である。

9.1.3　指数平滑法の活用方法

(1)　指数平滑法の活用手順
指数平滑法の予測モデルを正しく活用するために，通常以下の手順に従う。

① 時系列データを散布図や棒グラフなどでビジュアル的に表示し，長期的傾向，季節性変動，欠損値・異常値の有無などを観察する。特に季節性変動の周期が均一であるかを確認し，季節性変動を扱う予測モデルの適用可能性を検討する。

② 欠損値・異常値が存在する場合，これらの欠損値・異常値を適切に調整する。次に，傾向変動のタイプと季節性変動の周期を確定する。この際，時系列データの対数や差分を取ったりして，乗法型季節性変動が加法的になるように，データの変換や基準化などにより複雑に変動する時系列をより単純なものに変えることを検討することが望ましい。

③ 傾向変動と季節性変動の種類に基づき，適切な予測モデルを選んだうえ，必要な初期値とパラメータの値を決めて，時系列の予測値を計算する。

④ 予測誤差または情報量を求めて，これらの指標により予測モデルの妥当性を評価する。必要があれば，他のモデルを再選択のうえ，前の手順③

第9章　予測方法

に戻って予測と妥当性確認を繰り返して行う。最後に，最も妥当な予測
モデルと関連パラメータおよび初期値を決定する。

(2)　予測精度の評価

予測モデルの選択，初期値とパラメータの決定方法は，予測精度または予測
の正確性に影響を与える。予測精度を評価するために，何らかの評価指標が必
要である。

時系列の実測値 X_t $(t=1, 2, \cdots, T)$，予測モデルから得られた1期先の予測値
$\hat{X}_{t-1}(1)$ に関する予測誤差 $e_t = X_t - \hat{X}_{t-1}(1)$ とするとき，次の4つの評価指標を
定義することができる[2]。

a．平均平方誤差（MSE, Mean Squared Error）

$$\mathrm{MSE} = \frac{1}{T}\sum_{t=1}^{T} e_t^2 \tag{9.2}$$

MSE の平方根 RMSE（Root Mean Squared Error）もよく使われる。

b．平均絶対誤差（MAE, Mean Absolute Error）

$$\mathrm{MAE} = \frac{1}{T}\sum_{t=1}^{T} |e_t| \tag{9.3}$$

c．基準化平均平方誤差（MSSE, Mean Squared Scaled Error）

平均平方誤差 MSE と平均絶対誤差 MAE の値は，時系列データの測定単位
に依存するため，異なる時系列データに対する予測精度の比較には適していな
い。この際，基準化平均平方誤差 MSSE と基準化平均絶対誤差 MASE がよく
使われる。

$$\mathrm{MSSE} = \begin{cases} \dfrac{T-1}{T}\sum_{t=1}^{T} e_t^2 / \sum_{t=2}^{T}(X_t - X_{t-1})^2, & \text{季節性変動がない場合} \\ \dfrac{T-p}{T}\sum_{t=1}^{T} e_t^2 / \sum_{t=p+1}^{T}(X_t - X_{t-p})^2, & \text{周期}p\text{の季節性変動がある場合} \end{cases} \tag{9.4}$$

d．基準化平均絶対誤差（MASE, Mean Absolute Scaled Error）

$$\mathrm{MASE} = \begin{cases} \dfrac{T-1}{T}\sum_{t=1}^{T} |e_t| / \sum_{t=2}^{T}|X_t - X_{t-1}|, & \text{季節性変動がない場合} \\ \dfrac{T-p}{T}\sum_{t=1}^{T} |e_t| / \sum_{t=p+1}^{T}|X_t - X_{t-p}|, & \text{周期}p\text{の季節性変動がある場合} \end{cases} \tag{9.5}$$

e．予測始点回転法（rolling forecasting origin）**を用いた誤差**

予測モデルの過学習を避けるために，すべての実測値に関する予測誤差では

第Ⅲ編　基本科学編

なく，統計的交差検証手法と同じ発想で，予測始点回転法（rolling forecasting origin）を用いて以下の手順に沿って，予測誤差を計算する。

　Step 1：時系列データの実測値の数が T，信頼できる予測モデルを構築するのに必要な時系列データの数が k である。また，予測期間 h の値（たとえば，$h=1$ または $h=2$）を決める。

　Step 2：それぞれ $i=1, 2, \cdots, T-k-h+1$ として，次の処理を行う。$k+h+i-1$ 期の実測値をテストデータとして，$j=1, 2, \cdots, k+i-1$ 期の実測値を用いて予測モデルを構築したうえ，h 期先（第 $k+h+i-1$ 期）の予測値，実測値と予測値の誤差を計算する。

　Step 3：式（9.2）～（9.5）によりテストデータに関する予測値の平方誤差または絶対誤差を計算し，これをもって予測モデルを評価する。

(3)　モデルの選択方法

　時系列の実測値が得られた場合，通常次のいずれかの手法を用いて，最も妥当な予測モデルを選択する。

a．時系列の特徴に基づく方法

　予測モデル選択の基本は時系列データの特徴に合わせることであるが，問題なのは時系列データの特徴の評価方法，また特徴に基づく選択基準を検討しなければならない。直観的な方法としては，時系列データの実測値をグラフで表示して，その分布を目で観察しながら，傾向変動と季節性変動を確認し，モデルを試行錯誤的に決める。

　また，何らかの統計量を求めたうえ，時系列の統計量に基づく選択方法も提案されている。後述の 9.2.2 項の(4)で説明するように，時系列の差分時系列を求めて，差分時系列の分散に基づいた予測モデルの選択方法はすでに以下のとおり提案し，各種のベンチマーク問題によりその有効性を確認した[3, 4]。

・差分時系列の分散が増えるだけなら N-N モデルを選択する。

・季節成分が含まれていない 1 階差分時系列の分散が最小であれば，DA-N モデルを選択する。

・季節成分が含まれていない 2 階差分時系列の分散が最小であれば，A-N モデルを選択する。

・季節性差分時系列の分散が減少すれば，季節性変動を扱うモデルを選択す

966

第9章　予測方法

る。

b． 情報量基準に基づく方法

時系列の実測値に対して，複数の予測モデルを適用したうえ，それぞれの予測結果に関する情報量を求めて，この情報量が最小なモデルを選択する。情報量基準に基づくモデル選択の最大利点は加法的季節性変動と乗法型季節性変動を扱うモデルを定量的に見分けることができる。その反面，情報量の計算が結構煩雑で計算負荷が重い。

Taylor の論文によると，指数平滑法を適用する際の赤池情報量 AIC とベイズ情報量 BIC は次の式（9.6）と式（9.7）により計算する[5]。

$$\mathrm{AIC} = \log \left(\frac{1}{T} \sum_{t=1}^{T} e_t^2 \right) + 2k/T \tag{9.6}$$

$$\mathrm{BIC} = \log \left(\frac{1}{T} \sum_{t=1}^{T} e_t^2 \right) + k \log (T)/T \tag{9.7}$$

ただし，k はモデルに含まれるパラメータの数である。

c． 損得関数または評価指標に基づく方法

式（9.2）〜式（9.5）により定義された予測精度は予測モデルを評価するための基準として利用できるほかに，予測モデルの応用分野に合わせて，対象問題ごとに特定の損得関数を定義し，これをもって予測モデルを評価することができる。たとえば，在庫水準予測問題を考える際，在庫管理総費用，品切れによる機会喪失コストまたはサービス水準などは予測モデルの選択基準とすることができる。サプライチェーンにおける需要予測問題を取り扱う際，サプライチェーン全体の総利益または総コスト，商品の補充時間などに基づき，予測モデルを選択することが妥当である。

数多くの指数平滑法による予測モデルの中から，最適なものを選択することは意外に難しく，汎用な手順やツールが存在しない。予測モデルの選択を目的として，それぞれ 99 と 64 個の選択ルールをもつ 2 つのルールベース型エキスパートシステムも提案された。基本的には，複数の選択基準を決めたうえ，試行錯誤的に予測モデルを選択することが望ましい。

(4)　初期値の決め方

指数平滑法を適用する際，t 期の平滑化値を計算するのに，$(t-1)$ 期の平滑

第Ⅲ編　基本科学編

表9.2　指数平滑法による予測モデルの初期値

平滑変数	予測モデル	初期値
S	傾向変動なしモデル（*-N）	$S_0 = X_1$
	傾向変動ありモデル （*-A, *-M）	$S_0 = (X_1 + X_2 + \cdots + X_p)/p$
T	A-N, DA-N	$T_0 = X_2 - X_1$
	A-A, DA-A, A-M, DA-M	$T_0 = ((X_{p+1} - X_1)/p + (X_{p+2} - X_2)/p + \cdots$ $+ (X_{p+p} - X_p)/p)/p$
R	M-N, DM-N	$R_0 = X_2/X_1$
	M-A, DM-A, M-M, DM-M	$R_0 = (X_{p+1}/X_1 + X_{p+2}/X_2 + \cdots + X_{p+p}/X_p)/p$
I	N-A, A-A, DA-A, M-A, DM-A	$I_0 = X_p - S_0,\ I_{-1} = X_{p-1} - S_0,\ \cdots,\ I_{-p+1} = X_1 - S_0$
	N-M, A-M, DA-M, M-M, DM-M	$I_0 = X_p/S_0,\ I_{-1} = X_{p-1}/S_0,\ \cdots,\ I_{-p+1} = X_1/S_0$

化値が必要である。このため，ランダム的変動，傾向変動および季節性変動について，それぞれ平滑化値の初期値を決めなければいけない。直観的な初期値の決め方としては，次の3つの方法がある。

①　第1期の実績値を予測値の初期値とする。

②　最初の数期分の平均を取る。

③　指数平滑法以外の予測手法を用いて求める。

表9.1に示した各予測モデルについて，主にHyndmanらの提案[2]を参考に，表9.2に示す初期値を与えることができる。

時系列データの実測値が十分に多い場合，初期値の影響を無視できるが，実測値が少ないとき，初期値の与え方で予測精度が変わるので，初期値を変えながらシミュレーションをして，よりよい初期値を決定することが望ましい。

(5)　パラメータの決め方[1]

平滑化係数 α, γ と δ および減衰係数 ϕ の値は指数平滑法の性能に強く影響するので，慎重に選ぶ必要がある。平滑化係数 α, γ と δ が0に近い値を取る場合，過去の実測値に大きなウェイト，1に近い値を取る場合，直近の実測値に重みをかけることになる。減衰係数 ϕ に関しては，$\phi = 0$ の場合，予測モデルが傾向変動を考慮しないものに簡略化される。$0 < \phi < 1$ の場合，減衰的加法型または乗法型傾向変動を扱うモデルとなる。$\phi = 1$ の場合，予測モデルが減衰

的傾向変動を考慮に入れない加法型または乗法型傾向変動を扱うものに簡略化される。$\phi>1$ の場合，時系列は減衰的なものではなく時間の経つにつれて指数的に増加するものとなる。

以上のことを考慮して，通常 $0<\alpha, \gamma, \delta<1$；$0<\phi<2$ の範囲内で必要なパラメータを選ぶ。具体的な値に関しては，$0\sim0.30$ または $0\sim0.50$ の範囲で平滑化係数 α を選ぶべきとの研究結果が報告されたが，同時に一部の時系列について，$\alpha>0.5$ とすることにより最適な予測結果が得られたことも明らかになった。また，γ と δ の値が α より大きければ，予測モデルが不安定になってしまうという報告があった。

現状では，すべての時系列に通用できる最適なパラメータの決定方法が存在しないため，今日のコンピュータの優れた性能を活用して，グリッドサーチ（grid-search）を用いて最適なパラメータを探索する方法がよく使われている。つまり，それぞれ $\alpha, \gamma, \delta=0.05, 0.10, 0.15, \cdots, 0.90, 0.95$，$\phi=0.10, 0.20, \cdots,$ $1.80, 1.90$ として，観測された時系列の実測値に予測モデルを適用のうえ，MSE や MAE などの指標を計算し，これらの指標により最適なパラメータの値を選ぶ。

平滑化係数 α に関しては，その値を固定せず，各期の予測誤差に基づき自動的に α の値を更新する適応型指数平滑法もいくつか提案された。Taylor らにより提案された次式（9.8）は知名度が高い[6]。

$$\alpha_t = \frac{1}{1+\exp{(a+bV_t)}} \qquad (9.8)$$

ただし，a と b は更新速度などを決めるパラメータである。V_t は形式的な遷移変数であり，具体的には $V_t=e_t$，$V_t=|e_t|$ または $V_t=e_t^2$ とする。

式（9.8）を用いた適応型指数平滑法は，数多くのベンチマーク問題に関して，α の値を一定とする通常の指数平滑法より予測精度が高いことが明らかになった。しかし，この式を適用するために，更なる2つのパラメータ a と b の値を決める必要がある。

第Ⅲ編　基本科学編

9.2　Box-Jenkins 法

9.2.1　時系列とその特性[7]

　時系列データは，一定の時間間隔で順番に測定・観測されたデータのことである。たとえば，毎日の株価日経平均値，為替レート，特定商品の売上などを時間の順番に並べれば時系列データとなる。時系列分析手法を適用するとき，時系列データは，背後にある母集団からの標本であると考え，この母集団は確率過程と呼ぶ。確率過程は $\{x_t\}$ のように表し，時間の添え字をもつ確率変数の全体から成る。時間 t が連続な場合 $\{x_t\}$ が連続時間確率過程，離散的な場合 $\{x_t\}$ が離散時間確率過程であるという。時点 $t=1,2,\cdots,T$ に観測された時系列データ $\{x_t\}_{t=1}^{T}=\{x_1, x_2, \cdots, x_T\}$ は，確率過程 $\{x_t\}$ の実測値または標本である。

　確率過程 $\{x_t\}$ を特徴付ける値として，x_t の平均 $\mathrm{E}(x_t)$ のほかに，次式 (9.9) と (9.10) で定義する分散と共分散がある。

$$\mathrm{Var}(x_t)=\mathrm{E}[(x_t-\mathrm{E}(x_t))^2] \qquad (9.9)$$

$$\mathrm{Cov}(x_t, x_{t-k})=\mathrm{E}[(x_t-\mathrm{E}(x_t))(x_{t-k}-\mathrm{E}(x_{t-k}))] \qquad (9.10)$$

　$\mathrm{Cov}(x_t, x_{t-k})$ は x_t と x_{t-k} の共分散であり，$\{x_t\}$ の時差 k（またはラグ k）の自己共分散と呼ばれる。また，$\{x_t\}$ の時差 k の自己相関関数は次式 (9.11) のとおり定義する。

$$\mathrm{Corr}(x_t, x_{t-k})=\mathrm{Cov}(x_t, x_{t-k})/\mathrm{Var}(x_t) \qquad (9.11)$$

　平均と分散の値が時点 t に依存せず，自己共分散の値が時差 k のみに依存するとき，つまり

　（ⅰ）　$\mathrm{E}(x_t)=\mu$　（平均が時間に依存せずに一定）

　（ⅱ）　$\mathrm{Cov}(x_t, x_{t-k})=\gamma(k)=\gamma_k$　（異時点間の自己共分散が時差のみに依存）

が成り立つとき，確率過程 $\{x_t\}$ は定常であるという。定常な確率過程から発生したデータを定常な時系列データという。定常な時系列データは，一定レベルの上下で同程度の変動をしている。定常ではない確率過程を非定常な確率過程

という。

時系列分析でよく使われるホワイトノイズは以下の性質を満たす定常確率過程 $\{\varepsilon_t\}$ である。

（ i ）　$\mathrm{E}(\varepsilon_t)=0$

（ ii ）　$\mathrm{Var}(\varepsilon_t)=\sigma^2<\infty$

（iii）　$\mathrm{Corr}(\varepsilon_t,\varepsilon_{t-k})=0\ (k\neq0)$

ホワイトノイズは，平均 0，分散が一定値 σ^2 の無相関過程であり，各時点での値が過去の値とは無相関である。多くの場合，無相関であるだけでなく，独立であることも仮定する。このとき，ホワイトノイズは各時点での値が過去の値とはまったく無関係な確率過程ということになる。

定常確率過程 $\{x_t\}$ の時差 k の自己相関関数は

$$\mathrm{Corr}(x_t,x_{t-k})=\gamma(k)/\gamma(0)=\rho(k)=\rho_k \tag{9.12}$$

と表す。$\gamma_k=\gamma_{-k},\rho_k=\rho_{-k},\rho_0=1$ である。

さらに，定常確率過程 $\{x_t\}$ の時差 k の偏自己相関関数 ϕ_{kk} は，時点 $t-k$ と時点 t の間に存在する $k-1$ 個の観測値 $x_{t-k+1},x_{t-k+2},\cdots,x_{t-1}$ の影響を除去したあとの x_t と x_{t-k} の相関係数である。次の方程式 (9.13) の解を求めることにより得られる。

$$\begin{bmatrix} 1 & \rho_1 & \cdots & \rho_{k-1} \\ \rho_1 & 1 & \cdots & \rho_{k-2} \\ \vdots & \vdots & \ddots & \vdots \\ \rho_{k-1} & \rho_{k-2} & \cdots & 1 \end{bmatrix}\begin{bmatrix} \phi_{k1} \\ \phi_{k2} \\ \vdots \\ \phi_{kk} \end{bmatrix}=\begin{bmatrix} \rho_1 \\ \rho_2 \\ \vdots \\ \rho_k \end{bmatrix} \tag{9.13}$$

自己相関行列を P_k，P_k の k 列目の各要素を $\rho_1,\rho_2,\cdots,\rho_k$ で置き換えた行列を P_k^* として，つまり

$$P_k=\begin{bmatrix} 1 & \rho_1 & \cdots & \rho_{k-1} \\ \rho_1 & 1 & \cdots & \rho_{k-2} \\ \vdots & \vdots & \ddots & \vdots \\ \rho_{k-1} & \rho_{k-2} & \cdots & 1 \end{bmatrix},\quad P_k^*=\begin{bmatrix} 1 & \rho_1 & \cdots & \rho_1 \\ \rho_1 & 1 & \cdots & \rho_2 \\ \vdots & \vdots & \ddots & \vdots \\ \rho_{k-1} & \rho_{k-2} & \cdots & \rho_k \end{bmatrix} \tag{9.14}$$

とするとき，時差 k の偏自己相関関数 ϕ_{kk} は次式 (9.15) により求められる。

$$\phi_{kk}=\frac{|P_k^*|}{|P_k|},\quad k=1,2,3,\cdots \tag{9.15}$$

第Ⅲ編　基本科学編

なお，確率過程 $\{x_t\}$ の実測値 $\{x_t\}_{t=1}^{T}$ が与えられたとき，自己共分散と自己相関関数の推定値は次のとおり計算する。

$$\hat{\gamma}_k = \frac{1}{T}\sum_{t=k+1}^{T}(x_t-\overline{x})(x_{t-k}-\overline{x}), \quad \overline{x}=\frac{1}{T}\sum_{t=1}^{T}x_t \tag{9.16}$$

$$\hat{\rho}_k = \hat{\gamma}_k/\hat{\gamma}_0, \quad k=1,2,3,\cdots \tag{9.17}$$

9.2.2　時系列の基本モデル

確率過程の構造または確率変数の変化規則を表す式は時系列モデルと呼ぶ。時系列データを分析する際，代表的な時系列モデルとして，AR モデル，MA モデル，ARMA モデルがよく使われる。時系列モデルでは，平均が 0 ではない時系列を扱うのが基本であるが，モデルの説明と推定を容易にするために，平均を 0 とするのが一般的である。$\{x_t\}$ の平均 $\mu\neq0$ の場合は，$y_t=x_t-\mu$ として，新しい時系列 $\{y_t\}$ を対象として，モデルを構築すればよい。

(1)　自己回帰モデル（AR）

時点 t における確率過程の値 x_t が過去 p 期の値 $x_{t-1}, x_{t-2}, \cdots, x_{t-p}$ の 1 次関数とホワイトノイズ ε_t の和

$$x_t = a_1 x_{t-1} + a_2 x_{t-2} + \cdots + a_p x_{t-p} + \varepsilon_t \tag{9.18}$$

で表されるモデルを p 次の自己回帰（AutoRegressive）モデル，あるいは AR(p) モデルと呼ぶ。ただし，$a_1, a_2, \cdots, a_p$ は係数であり，ε_t は平均 0，分散 σ^2 のホワイトノイズである。

定常性は自己回帰モデルの重要な特性の 1 つである。定常な自己回帰モデルはある時点 s において大きな攪乱を加えた場合でも，時間進行に従って攪乱由来の変動は減衰し，0 に収束する。いい換えれば，初期値の影響が時間とともに消滅するため，時系列が初期値に依存しない。式（9.18）の自己回帰モデルが定常である条件は，特性方程式

$$1 - a_1 z - a_2 z^2 - \cdots - a_p z^p = 0 \tag{9.19}$$

の根の絶対値がすべて 1 より大きいことである。

最も簡単な自己回帰モデル AR(1)

$$x_t = a_1 x_{t-1} + \varepsilon_t \tag{9.20}$$

に対して，時差 $k(k>0)$ の自己共分散関数 γ_k は

$$\gamma_k = a_1^k \gamma_0, \quad \gamma_0 = \frac{\sigma^2}{(1-a_1^2)} \tag{9.21}$$

と得られるため，ラグ $k(k>0)$ の自己相関関数 ρ_k は

$$\rho_k = a_1^k \tag{9.22}$$

となり，係数 a_1 の k 乗で表される。さらに，式 (9.15) により偏自己相関関数を求めると

$$\phi_{11} = |P_1^*|/|P_1| = \rho_1/1 = a_1 \tag{9.23}$$

$$\phi_{22} = |P_2^*|/|P_2| = (\rho_2 - \rho_1^2)/(1-\rho_1^2) = (a_1^2 - a_1^2)/(1-a_1^2) = 0 \tag{9.24}$$

2 次の自己回帰モデル AR(2)

$$x_t = a_1 x_{t-1} + a_2 x_{t-2} + \varepsilon_t \tag{9.25}$$

に対して，時差 k $(k>0)$ の自己共分散関数 γ_k は

$$\gamma_k = a_1 \gamma_{k-1} + a_2 \gamma_{k-2} \tag{9.26}$$

と表されるため，両辺をともに γ_0 で割ると，時差 k $(k>0)$ の自己相関関数 ρ_k は

$$\rho_k = a_1 \rho_{k-1} + a_2 \rho_{k-2} \tag{9.27}$$

となる。$\rho_0 = 1$ から式 (9.27) により ρ_1 と ρ_2 を求めると

$$\rho_1 = \frac{a_1}{1-a_2}, \quad \rho_2 = \frac{a_1^2}{1-a_2} + a_2 \tag{9.28}$$

が得られる。式 (9.23) と (9.24) と同じに，偏自己相関関数を求めて

$$\phi_{11} = \frac{a_1}{1-a_2}, \quad \phi_{22} = a_2, \quad \phi_{33} = 0 \tag{9.29}$$

という結果となる。

一般の p 次の自己回帰モデル AR(p) に対して，時差 k の自己相関関数 ρ_k $(k=1, 2, \cdots, p)$ は自己回帰係数と次の関係がある。

$$\begin{aligned} \rho_1 &= a_1 \rho_0 + a_2 \rho_1 + \cdots + a_p \rho_{p-1} \\ \rho_2 &= a_1 \rho_1 + a_2 \rho_0 + \cdots + a_p \rho_{p-2} \\ &\vdots \\ \rho_p &= a_1 \rho_{p-1} + a_2 \rho_{p-2} + \cdots + a_p \rho_0 \end{aligned} \tag{9.30}$$

式 (9.30) は Yule-Walker 方程式という。式 (9.30) に基づき，式 (9.15) を $k=1$ から順番に解いていくと，時差 k $(k>0)$ の偏自己相関関数 ϕ_{kk} は次式 (9.31) と (9.32) のとおり逐次的に求めることができる。

第Ⅲ編　基本科学編

$$\phi_{kk} = \begin{cases} \rho_1, & k=1 \\ \dfrac{\rho_k - \sum_{j=1}^{k-1}\phi_{k-1,j}\rho_{k-j}}{1-\sum_{j=1}^{k-1}\phi_{k-1,j}\rho_j}, & k=2, 3, \cdots \end{cases} \tag{9.31}$$

$$\phi_{k,j} = \phi_{k-1,j} - \phi_{kk}\phi_{k-1,k-j}, \quad j=1, 2, \cdots, k-1 \tag{9.32}$$

一般的に，p 次の自己回帰モデル AR(p) においては，時差 k $(k>0)$ の偏自己相関関数 ϕ_{kk} は次の式（9.33）を満たす。

$$\phi_{kk} = 0, \quad k>p \tag{9.33}$$

つまり，時差 k がモデルの次数 p を超えるところでは，偏自己相関関数 ϕ_{kk} が 0 となる。この性質が AR モデルの次数を判定する基準の 1 つである。

(2)　移動平均モデル（MA）

時点 t における確率過程の値 x_t が時点 t と過去 q 期のホワイトノイズ $\varepsilon_t, \varepsilon_{t-1}, \cdots, \varepsilon_{t-q}$（平均 0，分散 σ^2）の 1 次関数

$$x_t = \varepsilon_t - b_1\varepsilon_{t-1} - b_2\varepsilon_{t-2} - \cdots - b_q\varepsilon_{t-q} \tag{9.34}$$

で表されるモデルを q 次の移動平均（Moving Average）モデル，あるいは MA(q) モデルと呼ぶ。ただし，$b_1, b_2, \cdots, b_q$ は係数である。

自己回帰モデルの定常性に対応して，移動平均モデルの重要特性は反転可能性である。これは MA(q) モデルを AR(∞) で表現できることを表す。そのための条件は，特性方程式

$$1 - b_1 z - b_2 z^2 - \cdots - b_q z^q = 0 \tag{9.35}$$

の根の絶対値がすべて 1 より大きいことである。

移動平均モデルの自己共分散関数は

$$\gamma_0 = (1 + b_1^2 + b_2^2 + \cdots + b_q^2)\sigma^2 \tag{9.36}$$

$$\gamma_k = \begin{cases} (-b_k + b_1 b_{k+1} + \cdots + b_{q-k}b_q)\sigma^2, & k=1, 2, \cdots, q \\ 0, & k>q \end{cases} \tag{9.37}$$

となるので，自己相関関数は

$$\rho_k = \begin{cases} \dfrac{-b_k + b_1 b_{k+1} + \cdots + b_{q-k}b_q}{1 + b_1^2 + b_2^2 + \cdots + b_q^2}, & k=1, 2, \cdots, q \\ 0, & k>q \end{cases} \tag{9.38}$$

である。

自己回帰モデルの自己共分散関数は時差が大きくなるにつれて減衰していく

のに対して，移動平均モデルの自己共分散関数（自己相関関数）は時差がモデルの次数を超えるところでは 0 となる。

(3) 自己回帰移動平均モデル（ARMA）

時点 t における確率過程の値 x_t が過去 p 期の値 $x_{t-1}, x_{t-2}, \cdots, x_{t-p}$ および時点 t と過去 q 期のホワイトノイズ $\varepsilon_t, \varepsilon_{t-1}, \cdots, \varepsilon_{t-q}$ の 1 次関数

$$x_t = a_1 x_{t-1} + a_2 x_{t-2} + \cdots + a_p x_{t-p} + \varepsilon_t - b_1 \varepsilon_{t-1} - b_2 \varepsilon_{t-2} - \cdots - b_q \varepsilon_{t-q} \quad (9.39)$$

で表されるモデルを (p, q) 次の自己回帰移動平均モデル，あるいは ARMA(p, q) モデルと呼ぶ。

ARMA モデルの定常性は AR 部分によって決定され，その条件は式(9.19) の特性方程式の根の絶対値がすべて 1 より大きいことである。また，ARMA モデルの反転可能性は MA 部分によって決定され，その条件は式(9.35) の特性方程式の根の絶対値がすべて 1 より大きいことである。

ARMA モデルの自己共分散関数は AR モデルまたは MA モデルのように簡単な数式で表すことができない。しかし，ARMA モデルの自己相関関数と偏自己相関関数は，時差（ラグ）が大きくなるにつれて指数関数的に減衰する。

(4) 自己回帰和分移動平均モデル（ARIMA）

前述した AR モデル，MA モデルと ARMA モデルはすべて定常な時系列データを扱うものである。しかし，現実の時系列データには非定常なものが多い。この場合，ある種の変換を施すことによって非定常な時系列データを定常なものに変換してから，AR モデルや ARMA モデルを当てはめ，分析や予測を行うことができる。

時系列データ $\{x_t\}$ に傾向変動などがある場合，時系列データを定常にするのに有効な手段の 1 つは差分（階差）である。x_t に対する 1 階の差分を $x_t^{(1)}$，2 階の差分を $x_t^{(2)}$ とすると，$x_t^{(1)}$ と $x_t^{(2)}$ はそれぞれ元のデータ x_t を用いて以下のように表される。

$$x_t^{(1)} = x_t - x_{t-1} \quad (9.40)$$

$$x_t^{(2)} = x_t^{(1)} - x_{t-1}^{(1)} = x_t - 2x_{t-1} + x_{t-2} \quad (9.41)$$

ラグ演算子 L を用いる表現方法を導入し，$x_{t-1} = \mathrm{L}x_t$，$x_{t-k} = \mathrm{L}^k x_t$ と表すと，時系列 $\{x_t\}$ の 1 階の差分と 2 階の差分はそれぞれ

$$x_t^{(1)} = x_t - x_{t-1} = x_t - \mathrm{L}x_t = (1-\mathrm{L})x_t$$

第Ⅲ編　基本科学編

$$x_t^{(2)}=x_t^{(1)}-x_{t-1}^{(1)}=x_t-2x_{t-1}+x_{t-2}=x_t-2\mathrm{L}x_t+\mathrm{L}^2x_t=(1-\mathrm{L})^2x_t \quad (9.42)$$

と表される。

　一般的には，$x_t^{(k)}=(1-\mathrm{L})^kx_t$ と表されるので，d 階の差分をとることにより定常化された非定常的な時系列のモデルは

$$(1-a_1\mathrm{L}-a_2\mathrm{L}^2-\cdots-a_p\mathrm{L}^p)(1-L)^dx_t=(1-b_1\mathrm{L}-b_2\mathrm{L}^2-\cdots-b_q\mathrm{L}^q)\varepsilon_t \quad (9.43)$$

と表される。これを (p,d,q) 次の自己回帰和分移動平均モデル（Autoregressive Integrated Moving Average model）といい，$\mathrm{ARIMA}(p,d,q)$ と記す。和分と称するのは，差分で得られた定常な時系列から差分の逆計算を行うと，元の非定常な時系列が復元され，つまり非定常な時系列が定常な時系列の和分と見なすことができるからである。さらに

$$a(\mathrm{L})=1-a_1\mathrm{L}-a_2\mathrm{L}^2-\cdots-a_p\mathrm{L}^p, \quad b(\mathrm{L})=1-b_1\mathrm{L}-b_2\mathrm{L}^2-\cdots-b_q\mathrm{L}^q \quad (9.44)$$

と記すると，式（9.43）の $\mathrm{ARIMA}(p,d,q)$ モデルは

$$a(\mathrm{L})(1-L)^dx_t=b(\mathrm{L})\varepsilon_t \quad (9.45)$$

と表される。

　なお，$y_t=(1-L)^dx_t$ として，新しい時系列 $\{y_t\}$ を考えれば，式（9.43）は式（9.39）の $\mathrm{ARMA}(p,q)$ と一致するので，差分の階数 d が与えられれば，$\mathrm{ARIMA}(p,d,q)$ は，$\mathrm{ARMA}(p,q)$ モデルと同様に扱うことができる。

(5)　季節性自己回帰和分移動平均モデル（SARIMA）

　アイスクリームなどの商品の売上が通常周期 $=12$ ヶ月の季節性変動をもち，8月の売上を予測する際，6月と7月の売上より，前年度8月と前々年度8月の売上を使った方が合理的である。ARMA モデルは，指数平滑法と同じに，季節性変動をもつ時系列データを扱うことができる。

　一般的には，平均0の時系列データ $\{x_t\}$ の季節性変動の周期を s とする場合，x_t に関する (P,Q) 次の季節性自己回帰移動平均モデルは

$$x_t=A_1x_{t-s}+A_2x_{t-2s}+\cdots+A_Px_{t-Ps}+\varepsilon_t-B_1\varepsilon_{t-s}-B_2\varepsilon_{t-2s}-\cdots-B_Q\varepsilon_{t-Qs} \quad (9.46)$$

となる。

　たとえば，周期 $s=12$，$(2,0)$ 次の季節性 ARMA モデルは $x_t=A_1x_{t-12}+A_2x_{t-24}+\varepsilon_t$ である。

　前述したラグ演算子 L を用いて，ラグ多項式

$$A(\mathrm{L}^s)=1-A_1\mathrm{L}^s-A_2\mathrm{L}^{2s}-\cdots-A_P\mathrm{L}^{Ps}, B(\mathrm{L}^s)=1-B_1\mathrm{L}^s-B_2\mathrm{L}^{2s}-\cdots-B_Q\mathrm{L}^{Qs}$$

$$\tag{9.47}$$

を定義すると，式（9.46）の季節性自己回帰移動平均モデルは

$$A(\mathrm{L}^s)x_t = B(\mathrm{L}^s)\varepsilon_t \tag{9.48}$$

と表される。

確率的な季節性変動のほかに，季節ごとに上昇または降下するような季節性傾向変動を考慮し，季節性のある非定常要因を除去するために，季節性差分 $x_t - x_{t-s}$ をとることも可能である。ラグ演算子 L を用いて表すと，周期 s の1階の季節性差分は $(1-\mathrm{L}^s)x_t = x_t - x_{t-s}$，$D$ 階の季節性差分は $(1-\mathrm{L}^s)^D x_t$ となる。さらに，非季節性傾向変動を扱うために通常の d 階の差分 $(1-\mathrm{L})^d x_t$ をとることも可能である。

時系列データの季節性と非季節性確率的変動，季節性と非季節性傾向変動をすべて考慮に入れるモデルは，式（9.45）と式（9.48）を合わせて

$$A(\mathrm{L}^s)a(\mathrm{L})(1-\mathrm{L}^s)^D(1-\mathrm{L})^d x_t = B(\mathrm{L}^s)b(\mathrm{L})\varepsilon_t \tag{9.49}$$

と表す。これは $(p,d,q) \times (P,D,Q)_s$ 次の季節性自己回帰和分移動平均モデル（Seasonal ARIMA model）と呼び，SARIMA$(p,d,q) \times (P,D,Q)_s$ と記す。ただし，p，d と q はそれぞれ非季節性自己回帰の次数 p，非季節性差分の階数 d と非季節性移動平均の次数 q であり，P，D，Q と s はそれぞれ季節性自己回帰の次数 P，季節性差分の階数 D，季節性移動平均の次数 Q と季節性変動の周期 s である。

$y_t = (1-\mathrm{L})^d x_t$, $z_t = (1-\mathrm{L}^s)^D y_t$ として，新しい時系列 $\{z_t\}$ を作成すれば，式（9.49）の SRAIMA モデルは z_t に関する (pPs, qQs) 次の ARMA モデルに帰結するので，差分の階数 d と D が与えられれば，SARIMA モデルは ARMA モデルと同様に扱うことができる。いい換えれば，SARIMA モデルは定常時系列データを扱う最も一般的モデルであり，AR, MA, ARMA と ARIMA モデルはすべて SARIMA モデルの特殊形といえる。

9.2.3 Box-Jenkins の方法

9.2.2 項で説明した時系列モデルを用いて，データの分析と予測を行う際，モデルの次数 $(p,d,q) \times (P,D,Q)_s$ および関連係数を推定する必要がある。時系列データの実測値に最も当てはまるモデルを推定する方法は，主として

第Ⅲ編　基本科学編

G.E.P Box と G.M.Jenkins によって発展させられた。そこで，Box と Jenkins が提案したアプローチ全体を Box-Jenkins 法と呼ぶ。

Box-Jenkins 法では，モデルの同定（Model Identification），モデルの推定（Model Estimation）とモデルの検証（Model Validation）の 3 つの段階を通して，時系列モデルを構築する[8]。

(1)　モデルの同定

モデルを同定する段階には次の処理を行う。

a.　定常性と季節性の判定

時系列データが定常であるか，季節性変動があるかを確認する。

定常性は時系列データの散布図を観察することにより判断できる。また，横軸に時差 k，縦軸に自己相関関数 ρ_k を取る自己相関グラフでは，自己相関関数が急速に減衰すれば定常な時系列，緩慢な減衰傾向であれば非定常な時系列である。

季節性変動の有無も自己相関グラフに基づき判断できる。季節性変動のある時系列は自己相関グラフに周期的な波が観測できる。また，時系列の自己共分散 γ_k を係数とするフーリエ級数として定義されるスペクトラム（spectral）のグラフでは，スペクトラムのピークが発生する周波数により，時系列の季節性変動と周期を決めることができる。

b.　差分時系列の作成

非定常な時系列に対して，差分をとることにより定常な時系列を得られるが，過剰な差分を回避するために差分の階数 d を最小限に留めるべきである。また，時系列の変動傾向が指数関数や対数関数などの既知関数に近い場合，時系列とこれらの既知関数値との差分をとることも定常な時系列を得るのに有効な方法である。

時系列データに季節性変動がある場合，季節性自己回帰と移動平均の次数 P と Q を決める必要がある。ほとんどの時系列に関しては，1 周期前のデータだけを考慮し，つまり $P=Q=1$ とすれば十分である。たとえば，周期 $s=12$ヶ月で，t 月の商品売上 x_t を予測する場合，x_{t-12} と ε_{t-12} だけをモデルに含めればよい。

時系列モデルの一般形である式（9.49）には，季節性変動と季節性傾向変動

978

が含められているが，あらかじめ時系列の季節性差分をとることにより季節性変動をもたない時系列を得ることができるため，モデルの推定が容易になる。

c. 自己回帰と移動平均の次数 p と q の識別

自己回帰と移動平均の次数は主に自己相関関数と偏自己相関関数のグラフに基づき識別する。具体的には，時系列の実測値を用いて自己相関関数と偏自己相関関数の推定値を計算し，推定値と理論値の変化挙動の類似性から判断する。

前述したとおり，AR(p) モデルに従う時系列の偏自己相関関数 ϕ_{kk} は，$\phi_{kk}=0, k>p$ を満たすため，偏自己相関関数の値が 0 となった時点から自己回帰の次数 p がわかる。$\phi_{kk}=0$ という帰無仮説に対する 5% 有意水準の受容域は漸近的に $[-1.96/\sqrt{T}, 1.96/\sqrt{T}]$ （T は標本サイズ）となるため，偏自己相関関数の推定値が $\pm 1.96/\sqrt{T}$ の範囲内にあれば，0 と見なしてよい。ただし，時系列分析用のパッケージソフトウェアでは受容域を精確に計算し，偏自己相関関数と同じグラフに受容域を表示するので，この受容域に基づき偏自己相関関数の推定値が 0 と見なしてよいかを判断する。

移動平均の次数 q の識別は，MA(q) モデルに従う時系列の自己相関関数が $\rho_k=0, k>q$ を満たす性質を利用して行われる。同様に，自己相関関数 $\rho_k=0$ という帰無仮説に関して，5% 有意水準の受容域が求められれば，この受容域に基づき $\rho_k=0$ と見なしてよいかを判断する。

自己相関関数に基づき，モデルの次数を識別するための一般ルールは表 9.3

表9.3　自己相関関数に基づくモデルの識別

自己相関関数の挙動	示唆されるモデル
指数的に 0 へ減衰	自己回帰モデル。偏自己相関関数を使って次数を識別
正負が交替に 0 へ減衰	自己回帰モデル。偏自己相関関数を使って次数を識別
1 本または数本のスパイクだけで，残りがほぼ 0	移動平均モデル。自己相関関数値が 0 になった時点から次数を識別
最初のいくつかのラグで非ゼロの値を取ってから，次第に減衰	自己回帰移動平均モデル
すべてが 0 または 0 に近い	本質的に確率的なデータ
決まった間隔で大きな値が発生	季節性自己回帰をモデルに含める
0 へ減衰しない	非定常な時系列

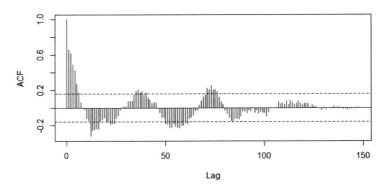

図 9.1　時系列の自己相関関数

にまとめる。

　ある時系列の自己相関関数の例を図 9.1 に示す．自己相関関数の値が正負交替しながら 0 へ減衰していくため，表 9.3 の第 2 項に基づき，時系列データに適合するモデルは自己回帰モデルである．さらに，偏自己相関関数を使って自己回帰モデルの次数を識別する．

　同じ時系列の偏自己相関関数は図 9.2 に示す．偏自己相関関数 =0 という仮説に対する 5% 有意水準の受容域は点線で示している．これを考慮して，時差 >2 のとき偏自己相関関数 =0 と考えてもよい．このため，次数 2 の自己回帰モデル AR(2) を時系列データのモデルとした方が合理的である．また，時差 =12 のとき，偏自己相関関数の値が有意に 0 ではないので，時系列データには周期 =12 の季節変動があることを示唆している．このため，自己回帰モデル AR(2) に周期 =12 の季節変動を追加し，季節性自己回帰モデルを構築するか，時系列データに対して周期 =12 の季節差分を行い，季節変動を除去してから自己回帰モデルを構築すべきである．

　実際には，時系列データは確率過程の実測値（標本）の 1 つであり，自己相関関数と偏自己相関関数も確率変数であり，1 つの標本を用いて計算された自己相関関数または偏自己相関関数の挙動は理論値と一致するとは限らない．このため，ARMA モデルの同定は非常に難しい．特に複数の変動を同時に含める ARIMA または SARIMA モデルの同定はもっと難しい．通常，人間の経験に頼って試行錯誤的にモデルの同定を行う．1 つのモデルではなく，複数のモ

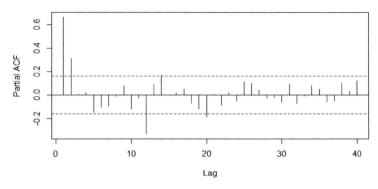

図 9.2 時系列の偏自己相関関数

デルを仮定して,後述するモデル検証の段階には,モデルごとの予測残差または AIC 情報量などを比較しながら,最良なモデルを選択することが望ましい。

(2) モデルの推定

モデルの推定では, $\boldsymbol{a}=(a_1, a_2, \cdots, a_p)$, $\boldsymbol{b}=(b_1, b_2, \cdots, b_q)$, $\boldsymbol{A}=(A_1, A_2, \cdots, A_P)$, $\boldsymbol{B}=(B_1, B_2, \cdots, B_Q)$ およびホワイトノイズの分散 σ^2 を推定する。前述したとおり,モデルの推定を容易にするために,時系列の平均を 0 とする。時系列の平均が 0 ではない場合は,標本平均を差し引いたあとに,モデルを推定する。また,時系列の差分をとることにより ARIRA と SARIMA モデルがすべて ARMA モデルに変換することができるため,以下では ARMA モデルの推定を前提として説明する。

ARMA モデルのパラメータを推定するための主要な方法は,最小二乗法と最尤法に大きく分けられる。

a. 最小二乗法

標本サイズ T の時系列観測値が与えられたとき,最小二乗法を用いてパラメータ $\boldsymbol{a}=(a_1, a_2, \cdots, a_p)$ と $\boldsymbol{b}=(b_1, b_2, \cdots, b_q)$ の推定量は,次式 (9.50) の誤差 2 乗関数を最小化することにより得られる。

$$f(\boldsymbol{a}, \boldsymbol{b}) = \sum_{t=1}^{T} \varepsilon_t^2 = \sum_{t=1}^{T} \left[\frac{a(\mathrm{L}) x_t}{b(\mathrm{L})} \right]^2 \tag{9.50}$$

関数 $f(\boldsymbol{a}, \boldsymbol{b})$ は,移動平均のラグ多項式 $b(\mathrm{L})$ が分母として入り込む形式的な表現であり,実際にはパラメータ $\boldsymbol{a}$ と $\boldsymbol{b}$ に関して非常に複雑な非線形関数で

第Ⅲ編　基本科学編

ある。したがって，式（9.50）を最小化するパラメータ $\boldsymbol{a}$ と $\boldsymbol{b}$ を求めるために非線形最小二乗推定問題を解く必要がある。幸いには非線形最小二乗法に関して，さまざまなアルゴリズムが提案され，各種のパッケージソフトウェアとして利用できる。何らかの既存解法を用いて，式（9.50）の最小化によりパラメータ $\boldsymbol{a}$ と $\boldsymbol{b}$ を得られた後，$\boldsymbol{a}$ と $\boldsymbol{b}$ の推定値を使って，実測値に対する予測値の残差を計算できる。この残差から σ^2 を事後的に推定することができる。詳細は関連文献とパッケージソフトウェアのマニュアルを参照されたい。

b．最尤法

定常，反転可能な ARMA(p, q) モデルからの観測値ベクトル $\boldsymbol{x}=(x_1, x_2, \cdots,$ $x_T)^{\mathrm{T}}$ が，多変量正規分布 N$(0, \sigma^2\Sigma)$ に従うものとする。ただし，Σ は T 次の正値定符号行列であり，各要素はパラメータ $\boldsymbol{a}$ と $\boldsymbol{b}$ が与えられたとき計算された $\boldsymbol{x}$ の分散・共分散行列の各要素を σ^2 で割ったものである。このとき，対数尤度は

$$lh(\boldsymbol{a}, \boldsymbol{b}, \sigma^2) = -\frac{T}{2}\log(2\pi\sigma^2) - \frac{1}{2}\log|\Sigma| - \frac{1}{2\sigma^2}\boldsymbol{x}^{\mathrm{T}}\Sigma^{-1}\boldsymbol{x} \qquad (9.51)$$

となる。パラメータ $\boldsymbol{a}$ と $\boldsymbol{b}$ が一定であれば，式（9.51）を最大にする σ^2 は $\boldsymbol{x}^{\mathrm{T}}\Sigma^{-1}\boldsymbol{x}/T$ となるので，これを式（9.51）に代入すれば，パラメータ $\boldsymbol{a}$ と $\boldsymbol{b}$ だけを変数とする集約尤度関数

$$lh(\boldsymbol{a}, \boldsymbol{b}) = -\frac{T}{2}\log(\boldsymbol{x}^{\mathrm{T}}\Sigma^{-1}\boldsymbol{x}) - \frac{1}{2}\log|\Sigma| \qquad (9.52)$$

が定義される。式（9.52）を最大化することにより，$\boldsymbol{a}$ と $\boldsymbol{b}$ の最尤推定値を得ることができる。同様に，$\boldsymbol{a}$ と $\boldsymbol{b}$ の推定値を使って，Σ の推定値 $\widehat{\Sigma}$ を計算のうえ，$\sigma^2 = \boldsymbol{x}^{\mathrm{T}}\widehat{\Sigma}^{-1}\boldsymbol{x}/T$ として，σ^2 を推定できる。

最尤推定法では，行列式 $|\Sigma|$ を計算し，逆行列 $\widehat{\Sigma}^{-1}$ を求める必要がある。標本サイズ T が大きくなると計算量は膨大になる。効率的にこの問題を解くために，さまざまなアルゴリズムが開発されている。

(3)　モデルの検証

モデルの検証またはモデルの診断（model diagnostics）では，上述した同定と推定を行い得られた時系列モデルの適合性を検証する。この検証・診断は 2 つの視点から進める。まずは特定のモデルに関して，同定したモデルの次数と

第9章 予測方法

推定したパラメータが標本データによく当てはまったかを検証し，モデルの適合性を評価する。次に，標本データに適合するモデルが複数存在する場合，何らかの基準によりこれらのモデルを比較し最良なものを選ぶ。

a．個別モデルの適合性診断

標本サイズ T の時系列観測値から時系列モデルを推定した場合，このモデルが適切に時系列データの構造を表していれば，モデルの誤差 ε_t が前提条件のとおりホワイトノイズになるはずである。このため，誤差の特性を分析することにより個別モデルの適合性を診断することができる。ただし，確率過程の誤差は確率変数なので，実際の誤差分析は誤差の推定値である残差に基づいて行う。残差とは時系列の観測値と，モデルから計算された推定値との差である。

ARMA(p, q) モデルを推定した場合，残差は

$$\hat{\varepsilon}_t = x_t - \sum_{j=1}^{p} \hat{a}_j x_{t-j} + \sum_{j=1}^{q} \hat{b}_j e_{t-j}, \quad t = 1, 2, \cdots, T \tag{9.53}$$

で計算される。残差 $\hat{\varepsilon}_t$ がホワイトノイズであるかを判断するためには，次の 3 つの方法がよく使われる。

① 残差プロットを観察する。残差の散布図を描画して，残差が 0 の近くに分布（平均 0）し，偏りがないかを観察する。

② 残差自己相関に基づき判断する。残差 $\hat{\varepsilon}_t$ に関して，時差 h の残差自己相関を次式（9.54）により求める。

$$\hat{\rho}_h = \frac{\sum_{t=1}^{T-h} \hat{\varepsilon}_t \hat{\varepsilon}_{t+h}}{\sum_{t=1}^{T} \hat{\varepsilon}_t^2}, \quad h = 1, 2, \cdots, T-1 \tag{9.54}$$

誤差 ε_t が互いに独立なホワイトノイズであれば，残差自己相関 $\hat{\rho}_h$ が平均 0，分散 $1/T$ の正規分布 $N(0, 1/T)$ に従う。このため，5% 有意水準で $\rho_h = 0 \, (h = 1, 2, \cdots, T-1)$，つまり誤差 ε_t が互いに無相関であることを受容できる $\hat{\rho}_h$ の受容域は

$$\left[-1.96/\sqrt{T}, 1.96/\sqrt{T} \right] \tag{9.55}$$

である。5% 有意水準とは，残差自己相関 $\hat{\rho}_h$ プロット上では，20 ラグ

983

第Ⅲ編　基本科学編

の期間で $\pm 1.96/\sqrt{T}$ の範囲外に出たものがない，または１つだけであることを意味する。

③　検定統計量に基づき，複数の時差の自己相関の有無をまとめて検定する。

　　m が $m>p+q$ を満たす大きな整数であるとき，次の２つの検定統計量：

$$Q=T\sum_{h=1}^{m}\bar{\rho}_h^2, \quad \widehat{Q}=T(T+2)\sum_{h=1}^{m}\frac{1}{T-h}\bar{\rho}_h^2 \qquad (9.56)$$

は，誤差 ε_t が互いに独立なホワイトノイズであるという帰無仮説のもとで，漸近的に自由度 $m-p-q$ の χ^2 分布に従う。Q は Box-Pierce 統計量，$\widehat{Q}$ は Ljung-Box 統計量と呼ぶ。自由度 $m-p-q$ の χ^2 分布の上側 5% 点を $\chi_{0.05}^2(m-p-q)$ と記すると，$Q>\chi_{0.05}^2(m-p-q)$ または $\widehat{Q}>\chi_{0.05}^2(m-p-q)$ のとき，仮説 $H_0 : \rho_h=0$ $(h=1,2,\cdots,m)$ を棄却する。

　Ljung-Box 統計量は Box-Pierce 統計量の改良版であり，標本サイズが少なかったりモデルの次数が小さい場合にも Ljung-Box 統計量は合理的な検定結果を与えるので，ほぼすべてのパッケージソフトは Ljung-Box 統計量を使っている。

b．モデルの比較

　上述したモデル同定と推定を行い，与えられた時系列の観測値に適合するモデルは，通常１つではなく複数あるので，複数の適合モデルから１つを選ばなければいけない。このとき，Box と Jenkins が提案された「ケチの原理（Principle of parsimony）を適用して，複雑さの低いモデルを選ぶ。一般的に，モデルに含まれるパラメータが多いほど，与えられたデータに当てはまる度合が高まる同時に，推定すべきパラメータの数が増えて，パラメータの推定値の信頼性が低下してしまう。データに対する当てはまりの度合とパラメータの信頼性はトレードオフの関係にあるため，ケチの原理はこのトレードオフの関係のもとで最もよいモデルを選び出す。

　モデル選択の典型的基準としては，赤池の情報量基準 AIC がよく使われる。AIC 基準とは，次式（9.57）で定義される AIC 情報量の値を最小にするモデルを選択することである。

$$\text{AIC} = -2 \times \log(\text{尤度関数の最大値}) + 2 \times (\text{パラメータの数}) \quad (9.57)$$

式（9.57）の中で，右辺の第1項はデータに対するモデルの当てはまりの良さ（尤度関数の最大値）が増えるにつれて小さくなる。一方，第2項はパラメータの数が増えるほど値が大きくなる。AIC情報量の最小値に基づき，データによく当てはまり，かつパラメータが少ないバランスのとれたモデルを選ぶことができる。

AIC情報量の計算に関しては，尤度関数最大値の求め方によりAICの計算式が異なる。比較的にわかりやすい計算式は

$$\text{AIC} = T\log(\hat{\sigma}^2) + 2(p+q) \quad (9.58)$$

である。ただし，$\hat{\sigma}^2$ は $\text{ARMA}(p, q)$ モデルに対するホワイトノイズ ε_t の分散 σ^2 の最尤推定値である。

標本サイズが小さいとき，AIC基準はパラメータ数の多いモデルを選ぶ傾向があるため，最近パラメータ数に対するペナルティに標本サイズの対数関数を掛けるBIC基準（Bayesian Information Criterion）も提案された。

$$\text{BIC} = T\log(\hat{\sigma}^2) + (p+q)\log T \quad (9.59)$$

同様に，$\hat{\sigma}^2$ は $\text{ARMA}(p, q)$ モデルに対するホワイトノイズ ε_t の分散 σ^2 の最尤推定値である。BIC基準はシュワルツ情報量規準（SIC, Schwarz Information Criterion），シュワルツのベイジアン情報量規準（SBIC）などとも呼ばれる。

9.3　その他時系列モデル

9.3.1　多変量時系列モデル

(1)　多変量時系列

数多くの予測問題では，相互関連のある2つ以上の目的変数を予測する必要がある。前述した1変数の時系列モデルを多変量の場合に拡張した多変量時系列モデルも提案されている。

多変量時系列 $\{x(t)\}$ は，n 個の要素をもつベクトル

$$x(t) = (x_1(t), x_2(t), \cdots, x_n(t))^\mathsf{T} \quad (9.60)$$

と表される。

第Ⅲ編　基本科学編

多変量時系列 $\{x(t)\}$ に関して，$x(t)$ の平均ベクトル $\mu(t)=\mathrm{E}(x(t))$，$\mu(t)$ の第 i 要素は $\mu_i(t)=\mathrm{E}(x_i(t))$ と定義する。また，$\{x(t)\}$ の時差 k の自己共分散行列は

$$\mathrm{Cov}\,(x(t), x(t-k))=\mathrm{E}[(x(t)-\mu(t))(x(t-k)-\mu(t-k))^{\mathrm{T}}] \qquad (9.61)$$

と定義し，その第 (i, j) 要素は

$$\mathrm{Cov}(x(t), x(t-k))_{ij}=\mathrm{E}[(x_i(t)-\mu_i(t))(x_j(t-k)-\mu_j(t-k))^{\mathrm{T}}] \qquad (9.62)$$

である。

$\{x(t)\}$ の平均ベクトルと自己共分散行列の値が時点 t に依存せず，自己分散行列の値が時差 k のみに依存するとき，つまり

（ⅰ）　$\mathrm{E}(x(t))=\mu$　（平均が時間に依存せずに一定）

（ⅱ）　$\mathrm{Cov}\,(x(t), x(t-k))=\Gamma(k)=[\gamma_{ij}(k)]$　（自己共分散が時差のみに依存）

が成り立つとき，多変量時系列 $\{x(t)\}$ は定常であるという。

定常多変量時系列 $\{x(t)\}$ の自己共分散行列 $\Gamma(k)$ は $\Gamma(k)=(\Gamma(-k))^{\mathrm{T}}$ を満たす。また，$\{x(t)\}$ のクロスセクションの分散行列は $\mathrm{Var}\,(x(t))=\Gamma(0)$ である。

同様に，$\{x(t)\}$ の時差 k の自己相関関数行列 $P(k)=[\rho_{ij}(k)]$ は $\Gamma(k)$ から導出できる。$P(k)$ の第 (i, j) 要素

$$\rho_{ij}(k)=\gamma_{ij}(k)/(\gamma_{ii}(0)\,\gamma_{jj}(0)) \qquad (9.63)$$

となる。

n 次元定常時系列 $\{x(t)\}$ の $t=1, 2, \cdots, T$ 時点での観測値 $\{x(1), x(2), \cdots, x(T)\}$ が得られたとき，自己共分散行列 $\Gamma(k)$ は

$$\widehat{\Gamma}(k)=\frac{1}{T}\sum_{t=k+1}^{T}(x(t)-\bar{x})(x(t-k)-\bar{x})^{\mathrm{T}}, \quad \bar{x}=\frac{1}{T}\sum_{t=1}^{T}x(t) \qquad (9.64)$$

で推定される。

同様に，n 次元のホワイトノイズ $\varepsilon(t)$ は各要素の平均が 0，分散が一定で，異なる時点での値が相互独立な多変量確率過程である。つまり，次式 (9.65) と (9.66) が成立する。

$$\varepsilon(t)=\begin{bmatrix}\varepsilon_1(t)\\\varepsilon_2(t)\\\vdots\\\varepsilon_n(t)\end{bmatrix}, \quad \mathrm{E}[\varepsilon(t)]=\begin{bmatrix}0\\0\\\vdots\\0\end{bmatrix}, \quad \mathrm{E}[\varepsilon(s)\varepsilon(t)^{\mathrm{T}}]=\begin{bmatrix}0&\cdots&0\\0&\cdots&0\\\vdots&\ddots&\vdots\\0&\cdots&0\end{bmatrix} \quad (s\neq t) \quad (9.65)$$

$$\mathrm{E}\left[\varepsilon(t)\varepsilon(t)^{\mathrm{T}}\right]=\begin{bmatrix} \sigma_{11} & \sigma_{12} & \cdots & \sigma_{1n} \\ \sigma_{21} & \sigma_{22} & \cdots & \sigma_{2n} \\ \vdots & \vdots & \ddots & \vdots \\ \sigma_{n1} & \sigma_{n2} & \cdots & \sigma_{nn} \end{bmatrix}=\Sigma \qquad (9.66)$$

(2) 多変量自己回帰モデル（VAR）

$\{x(t)\}$ が平均 $\mu=[0]$ の n 次元ベクトル時系列であるとする。平均 $\mu\neq[0]$ のとき，$y(t)=x(t)-\mu$ として，新しい n 次元ベクトル時系列 $\{y(t)\}$ を考えればよい。

n 次元自己回帰モデルまたは n 変量自己回帰モデルは，VAR（Vector Autoregressive）モデルとも呼ばれ，1 変数 AR モデルを拡張し，それぞれの変数が自分自身と他の変数の過去の値および撹乱項の線形結合によって記述されるモデルである。p 次の VAR モデル VAR(p) は，行列の表現を用いることにより

$$x(t)=A(1)x(t-1)+A(2)x(t-2)+\cdots+A(p)x(t-p)+\varepsilon(t) \qquad (9.67)$$

と表される。ただし，時系列の値 $x(t)$ と係数行列 $A(k)$ （$k=1,2,\cdots,\ p$）は

$$x(t)=\begin{bmatrix} x_1(t) \\ x_2(t) \\ \vdots \\ x_n(t) \end{bmatrix},\ A(k)=\begin{bmatrix} a_{11}(k) & a_{12}(k) & \cdots & a_{1n}(k) \\ a_{21}(k) & a_{22}(k) & \cdots & a_{2n}(k) \\ \vdots & \vdots & \ddots & \vdots \\ a_{n1}(k) & a_{n2}(k) & \cdots & a_{nn}(k) \end{bmatrix} \qquad (9.68)$$

のとおりそれぞれ n 次元ベクトルと $n\times n$ 次元行列であり，$\varepsilon(t)$ は式（9.65）に示した n 次元のホワイトノイズベクトルである。

VAR モデルの例として，2 変量の VAR(1) モデルは

$$\begin{cases} x_1(t)=a_{11}(1)x_1(t-1)+a_{12}(1)x_2(t-1)+\varepsilon_1(t) \\ x_2(t)=a_{21}(1)x_1(t-1)+a_{22}(1)x_2(t-1)+\varepsilon_2(t) \end{cases} \qquad (9.69)$$

となる。

VAR モデルの定常性は，AR モデルの特性方程式を行列に拡張したもので判定できる。すなわち，$n\times n$ の単位行列を I として，$|I-A(1)z-A(2)z^2-\cdots-A(p)z^p|=0$ のすべての解の絶対値が 1 より大きいことが定常条件である。

n 次元ベクトル時系列 $\{x(t)\}$ の平均 $\mu=[0]$ のとき，時差 k の自己共分散 $\Gamma(k)=\mathrm{E}[x(t)(x(t-k))^{\mathrm{T}}]$ となる。式（9.67）の VAR モデル式を用いて

987

第Ⅲ編　基本科学編

$$\Gamma(k) = \mathrm{E}[x(t)(x(t-k))^{\mathrm{T}}] = \mathrm{E}[(\sum_{j=1}^{p} A(j)x(t-j) + \varepsilon(t))(x(t-k))^{\mathrm{T}}]$$
$$= \sum_{j=1}^{p} A(j)\,\mathrm{E}[x(t-j)(x(t-k))^{\mathrm{T}}] + \mathrm{E}[\varepsilon(t))(x(t-k))^{\mathrm{T}}] \qquad (9.70)$$

となる。$\Gamma(k) = (\Gamma(-k))^{\mathrm{T}}$, $\mathrm{E}[x(t)(\varepsilon(t))^{\mathrm{T}}] = \Sigma$, $\mathrm{E}[x(s)(\varepsilon(t))^{\mathrm{T}}] = 0$ $(s \neq t)$ を考慮に入れて, 式 (9.70) は次のように変形できる。

$$\Gamma(0) = \sum_{j=1}^{p} A(j)\,\Gamma(-j) + \Sigma \qquad (9.71)$$

$$\Gamma(k) = \sum_{j=1}^{p} A(j)\,\Gamma(k-j), \quad k = 1, 2, \cdots \qquad (9.72)$$

これは多変量自己回帰モデルの Yule-Walker 方程式である。$\{x(t)\}$ の観測値 $\{x(1), x(2), \cdots, x(T)\}$ が得られたとき, 式 (9.64) により自己共分散行列 $\Gamma(k)$ の推定値を求めたうえ, 式 (9.71), (9.72) に代入すれば, 係数行列 $A(1), A(2), \cdots, A(p)$ と Σ に関する連立方程式が得られる。この連立方程式を解けば, 係数行列 $A(1), A(2), \cdots, A(p)$ と Σ が求められる。

n 変量の VAR(p) モデルは, 実質的には n 本の回帰式から成り, 各回帰式が $n \times p$ 個の回帰係数をもつ。また, ホワイトノイズ $\varepsilon(t)$ の分散共分散行列 Σ の中に $n(n+1)/2$ 個のパラメータがあるので, 合計で $n^2 \times p + n(n+1)/2$ という膨大な数のパラメータをもつことになる。これはパラメータの過剰化問題といい, これが原因で VAR(p) モデルを同定する際, 標本サイズが不足でパラメータを正確に推定できなかったり, 推定できたとしても有意でないパラメータが多いことがある。

パラメータの過剰化問題を避け, モデル推定の精度と信頼性を確保するために, VAR モデルの次数 p を制限する必要がある。モデルの次数を適切に決める基準として, 前述と同じに AIC 基準あるいは BIC 基準がよく使われる。VAR(p) モデルの場合

$$\mathrm{AIC} = \log |\widehat{\Sigma}| + 2pn^2/T \qquad (9.73)$$

$$\mathrm{BIC} = \log |\widehat{\Sigma}| + pn^2 \log T/T \qquad (9.74)$$

を最小にする次数 p を選択する。ただし, $\widehat{\Sigma}$ は VAR(p) モデルの式 (9.67) に最小二乗法を適用した残差ベクトルを $\widehat{\varepsilon}(t)$ として解き, 残差 $\widehat{\varepsilon}(t)$ の分散共分散行列

$$\widehat{\Sigma} = \frac{1}{T} \sum_{t=1}^{T} \widehat{\varepsilon}(t)\,(\widehat{\varepsilon}(t))^{\mathrm{T}} \qquad (9.75)$$

988

である。

VAR モデルの次数 p が 1 つ増えると，パラメータ数が n^2 ずつ増加し，p が大きいときは AIC または BIC 基準が十分な効果を示せないことがある。モデルの次数が小さくなりすぎることもある。

なお，n 変量の自己回帰モデル VAR(p) は，1 変数の ARMA モデルに変換することができる。変換結果として ARMA$(np, (n-1)p)$ モデルが得られる。前述した 1 変数の ARMR モデルの同定方法を用いて ARMA$(np, (n-1)p)$ モデルを求めることにより，n 変量の VAR(p) モデルを構築することができる。

(3) 多変量自己回帰移動平均モデル（VARMA）

$\{x(t)\}$ が各要素が平均 0 の n 次元ベクトル時系列であるとき，多変量自己回帰移動モデルは，上述した VAR(p) モデルに移動平均項を加えたものであり

$$x(t)=A(1)x(t-1)+A(2)x(t-2)+\cdots+A(p)x(t-p)$$
$$+\varepsilon(t)-B(1)\varepsilon(t-1)-B(2)\varepsilon(t-2)-\cdots-B(q)\varepsilon(t-q) \qquad (9.76)$$

と表す。(p, q) 次の VARMA モデルまたは VARMA(p, q) とも呼ばれる。ただし，係数行列 $A(k)=[\,a_{ij}(k)]_{n \times n} (k=1, 2, \cdots, p)$ と $B(l)=[b_{ij}(l)]_{n \times n} (l=1, 2, \cdots, q)$ は $n \times n$ 次元行列であり，$\varepsilon(t)$ は式（9.65）に示した n 次元のホワイトノイズベクトルである。

VARMA モデルの例として，$n=2$，$p=2$ と $q=1$ の VARMA$(2,1)$モデルは

$$\begin{bmatrix} x_1(t) \\ x_2(t) \end{bmatrix}=\begin{bmatrix} a_{11}(1) & a_{12}(1) \\ a_{21}(1) & a_{22}(1) \end{bmatrix}\begin{bmatrix} x_1(t-1) \\ x_2(t-1) \end{bmatrix}+\begin{bmatrix} a_{11}(2) & a_{12}(2) \\ a_{21}(2) & a_{22}(2) \end{bmatrix}\begin{bmatrix} x_1(t-2) \\ x_2(t-2) \end{bmatrix}$$
$$+\begin{bmatrix} \varepsilon_1(t) \\ \varepsilon_2(t) \end{bmatrix}-\begin{bmatrix} b_{11}(1) & b_{12}(1) \\ b_{21}(1) & b_{22}(1) \end{bmatrix}\begin{bmatrix} \varepsilon_1(t-1) \\ \varepsilon_2(t-1) \end{bmatrix} \qquad (9.77)$$

となる。

VARMA モデルの定常性は，このモデルの自己回帰部分の特性方程式により判定され，$|I-A(1)z-A(2)z^2-\cdots-A(p)z^p|=0$ のすべての解の絶対値が 1 より大きいことが定常条件である。1 変数の ARMA モデルと同様に，VARMA モデルの反転可能性は，このモデルの移動平均部分の特性方程式により判定され，$|I-B(1)z-B(2)z^2-\cdots-B(q)z^q|=0$ のすべての解の絶対値が 1 より大きいことが反転可能性条件である。1 変数の ARMA モデルに比べれ

989

第Ⅲ編　基本科学編

ば，移動平均の部分を含む多変量 VARMA モデルの推定は格段に複雑になるので，反転可能な移動平均モデルが自己回帰モデルで表現できる性質を活用して，VARMA(p, q)の代わりに VAR モデルを使うことが望ましい。

　1 変量の ARMA モデルの同定方法はほぼすべて多変量 VARMA モデルに拡張され，最小二乗法や最尤法を代表としていくつかの手法が提案されている。n 変量の VARMA(p, q)モデルのパラメータ数は，$n^2 \times (p+q) + n(n+1)/2$ であり，VAR(p) モデルよりさらに膨大な数になる。前述したパラメータの過剰化問題だけでなく，同じ標本データに対して，係数行列 $A(k)$ $(k=1, 2, \cdots, p)$ と $B(l)$ $(l=1, 2, \cdots, q)$ が一意的に決められないというモデル識別不能性の問題も発生する。このため，クロネッカー指数（Kronecker index）理論を用いて，制約条件を追加することにより係数行列の一意性を保証する手法や，スカラー要素モデルという手法も提案されている。しかし，VARMA モデルの構築方法はとても複雑で，実用問題を解決しようとするとき，パッケージソフトが不可欠であり，経験と試行錯誤も必要である。

9.3.2　分散不均一モデル

(1)　分散不均一性と ARCH モデル

ARMA モデルでは，時系列データの残差がホワイトノイズであるという前提で議論されていたが，株式の収益率，為替レートなどの経済時系列では，大きな変動があった直後には大きな変動が起こりやすく，小さな変動があった後には小さな変動が続きやすい。たとえば，為替レートはある期間大きく円高方向に変化した場合は，その後で逆に円安方向に大きく変化する期間が続く。この性質は分散の不均一性（heteroscedasticity）と呼ぶ。分散不均一性は金融時系列データをはじめ幅広く見られる現象である。ARMA モデルを用いて分散が不均一な時系列データを推定すると，残差がホワイトノイズであるという前提を満たさなくなり，正確にモデル化されているとはいえないことが多い。

　分散の不均一性を組み込んだ時系列モデルは 2003 年度ノーベル経済学賞を受賞した Robert F. Engle が 1982 年に発表した ARCH（AutoRegressive Conditional Heteroscedastic）モデルである[9]。ARCH モデルでは，対象となる時系列データだけでなく，その時系列の分散もモデル化することで不均一分

990

散をもつ時系列の構造を捉える。

時系列 $\{x_t\}$ について，時点 $t-1$ までの情報の集合を

$$\Psi_{t-1}=\{x_s : s \leq t-1\}=\{\cdots, x_{-1}, x_0, x_1, \cdots, x_{t-1}\} \qquad (9.78)$$

とする。Ψ_{t-1} が与えられたとき，Ψ_{t-1} に含まれる x_t の過去値を要素とする行ベクトルを X_t，パラメータベクトルを Λ として，x_t が条件付き正規分布 $N(X_t\Lambda, h_t)$ に従い，$x_t|\Psi_{t-1}\backsim N(X_t\Lambda, h_t)$ と表す。つまり

$$E(x_t|\Psi_{t-1})=X_t\Lambda, \quad V(x_t|\Psi_{t-1})=h_t \qquad (9.79)$$

x_t の条件付き平均は，$t-1$ 期までの情報集合 Ψ_{t-1} に含まれる内生変数 x_t のラグ（過去値）と外生変数としてのパラメータの線形結合 $X_t\Lambda$ によって表される。条件付き分散 h_t が時間 t に依存するため，$\{x_t\}$ は非定常時系列となる。金融時系列において，条件付き分散 h_t は株価や資産価格の変動の激しさを表すものであり，ボラティリティと呼ぶ。

時間依存で不均一な分散を表すために，Engle は次の q 次の ARCH モデルを提案した。

$$x_t|\Psi_{t-1}\backsim N(X_t\Lambda, h_t) \qquad (9.80)$$

$$x_t=X_t\Lambda+\varepsilon_t \qquad (9.81)$$

$$h_t=\alpha_0+\alpha_1\varepsilon_{t-1}^2+\cdots+\alpha_q\varepsilon_{t-q}^q \quad (\alpha_0>0, \alpha_k\geq 0, k=1, 2, \cdots, q) \qquad (9.82)$$

このモデルは通常 ARCH(q) と表記する。いろいろな実用問題に合わせて，条件付き平均 $X_t\Lambda$ はさまざまな数式で表現できるが，x_t の条件付き平均が r 次の自己回帰 AR(r) モデルと表す場合，式 (9.80)〜式 (9.82) の ARCH(q) モデルは

$$x_t=a_0+a_1x_{t-1}+a_2x_{t-2}+\cdots+a_rx_{t-r}+\varepsilon_t \qquad (9.83)$$

$$\varepsilon_t|\Psi_{t-1}\backsim N(0, h_t) \qquad (9.84)$$

$$h_t=\alpha_0+\alpha_1\varepsilon_{t-1}^2+\cdots+\alpha_q\varepsilon_{t-q}^q \quad (\alpha_0>0, \alpha_k\geq 0, k=1, 2, \cdots, q) \qquad (9.85)$$

となる。

時系列の実測値 $\{x_t\}_{t=1}^T$ が与えられたとき，最尤法を用いて ARCH(q) モデルのパラメータを推定することができる。つまり，次式 (9.86) の対数尤度関数

$$lh(\Lambda, \alpha)=-\frac{1}{2}\sum_{t=1}^{T}\log h_t-\frac{1}{2}\sum_{t=1}^{T}\frac{\varepsilon_t^2}{h_t} \qquad (9.86)$$

991

第Ⅲ編　基本科学編

を最大にするパラメータを選ぶ。

　ARCH(q)モデルの次数を検定する際，ARMAモデルと同様に，時系列の自己相関関数と自己共分散関数を利用する。ARCH(q)モデルに従う時系列$\{x_t\}$のk次の自己共分散関数をγ_k，自己相関関数をρ_kとして，$x_t|\Psi_{t-1}\backsim N(0, h_t)$なら，仮説$H_0:\rho_k=0$のもとで，$\rho_k$の推定値$\bar{\rho}_k$は，漸近的に正規分布$N\left(0, \dfrac{1}{T}\left(1+\dfrac{\gamma_k}{h_t^2}\right)\right)$に従う。ARMAモデルに比べて，$\bar{\rho}_k$の分散が大きいので，次数の大きいARCH$(q)$モデルを必要とすることが示されている。

(2)　GARCHモデルとその他のARCH拡張モデル

　時系列の分散（ボラティリティ）の変動とその影響を表現しようとする場合，ARCH(q)モデルの次数が大きくなるという問題が生じる。これを回避するために，式（9.82）に示した条件付き分散の移動平均式にさらに自己回帰項を追加して，一般化されたARCHモデルを次のとおり定義する[10]。

$$x_t|\Psi_{t-1}\backsim N(X_t\Lambda, h_t) \tag{9.87}$$

$$x_t=X_t\Lambda+\varepsilon_t \tag{9.88}$$

$$h_t=\alpha_0+\alpha_1\varepsilon_{t-1}^2+\cdots+\alpha_q\varepsilon_{t-q}^q+\beta_1 h_{t-1}+\cdots+\beta_p h_{t-p} \tag{9.89}$$

$$\alpha_0>0, \quad \alpha_i\geq0 \ (i=1, 2, \cdots, q), \quad \beta_j\geq0 \ (j=1, 2, \cdots, p)$$

　このモデルはGARCH(p, q)（Generalized ARCH model）と記する。条件付き分散の自己回帰を追加することで，小さい次数（通常GARCH$(1,1)$）のモデルを用いて，時系列分散のさまざまな変動をとらえて，Engleの提案されたオリジナルなARCHモデルより効率よく不均一な分散を表現することができる。また，時系列の実測値$\{x_t\}_{t=1}^T$が与えられたとき，基本的には最尤法を用いてGARCHモデルのパラメータを推定する。

　さらに，時系列の分散における変動にはいろいろなパターンがあり，これに合わせてARCHモデルの改良バージョンも多数提案されている。たとえば，経験的には前日の株価が下落した場合には，前日の株価が上昇した場合よりも，今日のボラティリティ（株価変動）は大きくなる傾向が強い。この現象はボラティリティ変動の非対称性と呼ぶ。この非対称性を捉えるために，Daniel B. Nelsonが次式（9.90）と式（9.91）に示すEGARCH（Exponential GARCH）モデルを提案した[11]。

$$\log h_t = \alpha_0 + \sum_{i=1}^{q} \alpha_i [\theta z_{t-i} + \gamma(|z_{t-i}| - E|z_{t-i}|)] + \sum_{j=1}^{p} \beta_j \log h_{t-j} \quad (9.90)$$

$$\varepsilon_t = \sqrt{h_t} z_t, \quad z_t \ \text{は} \ N(0,1) \ \text{に従うホワイトノイズ} \quad (9.91)$$

このモデルでは，$\theta < 0$ とすればボラティリティ変動の非対称性を表すことができる。また，条件付き分散 h_t を $\log h_t$ に置き換えることにより，パラメータに関する非負制約が不要となる。

EGARCH モデルのほかには，ARCH-in-mean, TARCH（threshold ARCH），SAARCH（simple asymmetric ARCH），PARCH（power ARCH），NARCH（nonlinear ARCH），APARCH（asymmetric power ARCH）などのように，さまざまな GARCH モデルが提案されている。

9.3.3 時系列の状態空間モデルとカルマンフィルタ[12]

(1) 時系列の状態空間モデル

制御工学では，ある工学的システムにおいて過去の情報がシステム状態という形で現在に集約されて，システムの出力は過去情報を集約したシステム状態とシステムへの入力により決められると考える。時系列の状態空間モデル（state-space model）は，時点 $t(t=1, 2, \cdots, T)$ に観察される時系列データ x_t をシステムの出力，x_t に対する時系列の過去値などの影響を直接的に観察されないシステムの状態変数 z_t として，システム（状態）モデルと観測モデルと呼ばれる2つのモデル式を用いて時系列を表現する統計モデルである。

線形状態空間モデルの一般的な表現は以下のようになる。

$$z_t = F z_{t-1} + G \varepsilon_t \quad \text{（システムモデル）} \quad (9.92)$$

$$x_t = H z_t + \xi_t \quad \text{（観測モデル）} \quad (9.93)$$

ただし，z_t はシステム状態を表す n 次元のベクトル，ε_t はシステムノイズまたは状態ノイズと呼ばれ，平均ベクトル 0，分散共分散行列 Q に従う k 次元のホワイトノイズである。ξ_t は観測ノイズと呼ばれ，平均ベクトル 0，分散共分散行列 R に従う m 次元のホワイトノイズである。F, G と H はそれぞれ $n \times n, n \times k$ と $m \times n$ の係数行列である。Q と R はそれぞれ $k \times k$ と $m \times m$ の分散共分散行列である。

$n = \max(p, q+1)$ として，式（9.39）の ARMA(p, q) モデルは以下のとお

第Ⅲ編　基本科学編

り書き直すことができる。

$$x_t = a_1 x_{t-1} + a_2 x_{t-2} + \cdots + a_n x_{t-n} + \varepsilon_t - b_1 \varepsilon_{t-1} - b_2 \varepsilon_{t-2} - \cdots - b_{n-1} \varepsilon_{t-n+1} \quad (9.94)$$

ただし，$j > p$ ならば $a_j = 0$，$j > q$ ならば $b_j = 0$ である。

ARMA(p, q) モデルの状態空間表現を導出するために，まずは時点 $t-1$ までの時系列の観測値 x_{t-1} と ε_t から 1 期先の予測値を次のとおり n 個定義する。

$$\begin{cases} x_t & = a_1 x_{t-1} & + x_{1|t-1} & + \varepsilon_t \\ x_{1|t} & = a_2 x_{t-1} & + x_{2|t-1} & - b_1 \varepsilon_t \\ & & \vdots & \\ x_{n-2|t} & = a_{n-1} x_{t-1} & + x_{n-1|t-1} & - b_{n-2} \varepsilon_t \\ x_{n-1|t} & = a_n x_{t-1} & & - b_{n-1} \varepsilon_t \end{cases} \quad (9.95)$$

式（9.95）の一番下の式から上へ順番に代入を繰り返すことにより，式（9.94）の ARMA モデルを作ることができる。式（9.95）から次の n 次元状態変数

$$z_t \triangleq (x_t, x_{1|t}, \cdots, x_{n-2|t}, x_{n-1|t})^{\mathrm{T}}$$

を定義し，また係数行列

$$F \triangleq \begin{bmatrix} a_1 & 1 & 0 & \cdots & 0 \\ a_2 & 0 & 1 & \cdots & 0 \\ \vdots & \vdots & \vdots & \ddots & 0 \\ a_{n-1} & 0 & 0 & \cdots & 1 \\ a_n & 0 & 0 & \cdots & 0 \end{bmatrix}, \quad G \triangleq \begin{bmatrix} 1 \\ -b_1 \\ \vdots \\ -b_{n-1} \end{bmatrix}, \quad H \triangleq [1 \ \ 0 \ \ \cdots \ \ 0]$$

とすれば，式 (9.94) の ARMA モデルは以下の状態空間モデルで表すことができる。

$$z_t = F z_{t-1} + G \varepsilon_t \quad (9.96)$$

$$x_t = H z_t \quad (9.97)$$

注意すべきことは，時系列の状態空間モデルによる表現は一意的ではない。状態変数は式（9.95）と異なる方法で設定することができる。また，W を任意の正則行列として

$$y_t = W z_t, \quad \widetilde{F} = W F W^{-1}, \quad \widetilde{G} = W G, \quad \widetilde{H} = H W^{-1} \quad (9.98)$$

とすることにより，式（9.96）と（9.97）と同値な状態空間モデル

$$y_t = \widetilde{F} y_{t-1} + \widetilde{G} \varepsilon_t \quad (9.99)$$

$$x_t = \widetilde{H} y_t \qquad (9.100)$$

が得られる。

(2) カルマンフィルタ

時系列 $\{x_t\}$ の構造を状態空間モデルで表現した場合，$\{x_t\}$ の観測値 $\{x_t\}_{t=1}^{T}$ に基づいて，状態変数 $\{z_t\}$ を推定することが必要である。時点 s までの観測値 $X_s = \{x_1, x_2, \cdots, x_s\}$ に基づき，時刻 t における状態 z_t を推定する問題は，s と t の関係により次の 3 つに分類される。

① $s < t$ の場合，観測期間より先の将来の状態を推定することになり，予測と呼ぶ。

② $s = t$ の場合，観測期間の最終時点，すなわち現在時刻 t の状態を推定する問題であり，フィルタと呼ぶ。

③ $s > t$ の場合，現在までの観測値に基づき，過去の状態を推定することになり，平滑化と呼ぶ。

状態 z_t を推定するために，観測値 X_s が与えられたもとで，状態 z_t の条件付き分布 $P(z_t | X_s)$ を求める問題を解けばよい。式 (9.92) と式 (9.93) の状態空間モデルは線形モデル，また初期値 z_0，ホワイトノイズ ε_t と ξ_t はすべて正規分布に従うので，$P(z_t | X_s)$ は条件付き正規分布となる。このため，状態 z_t の推定は，観測値 X_s が与えられたときの条件付き平均 $z_{t|s}$ と条件付き分散共分散行列 $V_{t|s}$

$$z_{t|s} \triangleq E(z_t | X_s), \quad V_{t|s} \triangleq E[(z_t - z_{t|s})(z_t - z_{t|s})^{\mathrm{T}}] \qquad (9.101)$$

を求める問題となる。

条件付き平均 $z_{t|s}$ と条件付き分散共分散行列 $V_{t|s}$ を効率よく求める手法はカルマンフィルタというアルゴリズムである。初期値 $z_{0|0}$ と $V_{0|0}$ として，$t = 1$ から始めて，次式 (9.102) と式 (9.103) による「1 期先予測」と，次式 (9.104) ～式 (9.105) によるフィルタ処理を交互に繰り返すことにより，状態 z_t の条件付き平均 $z_{t|s}$ と条件付き分散共分散行列 $V_{t|s}$ を順次求める $(t = 1, 2, \cdots, s+1)$。

［1 期先予測］

$$z_{t|t-1} = F z_{t-1|t-1} \qquad (9.102)$$

$$V_{t|t-1} = F V_{t-1|t-1} F^{\mathrm{T}} + G Q G^{\mathrm{T}} \qquad (9.103)$$

第Ⅲ編　基本科学編

［フィルタ］

$$K_t = V_{t|t-1}H^{\mathrm{T}}(HV_{t|t-1}H^{\mathrm{T}}+R)^{-1} \qquad (9.104)$$

$$z_{t|t} = z_{t|t-1}+K_t(x_t-Hz_{t|t-1}) \qquad (9.105)$$

$$V_{t|t} = (I-K_tH)V_{t|t-1} \qquad (9.106)$$

式（9.102）から状態 z_t の平均予測値 $z_{t|t-1}$ は z_{t-1} の平均のフィルタ $z_{t-1|t-1}$ に推移行列 F を掛けることにより得られる。式（9.103）から，z_t の分散共分散予測値 $V_{t|t-1}$ の第1項は F による変換の影響，第2項はシステムノイズ ε_t の影響を表す。また，式（9.104）の K_t はカルマンゲインと呼ぶ。式（9.105）の $x_t-Hz_{t|t-1}$ が x_t の予測誤差なので，z_t の平均のフィルタ $z_{t|t}$ は，予測値 $z_{t|t-1}$ と，予測誤差にカルマンゲインを掛けたものの和として求められる。さらに，式（9.105）は

$$z_{t|t} = K_tx_t+(I-K_tH)z_{t|t-1} \qquad (9.107)$$

と書き直せるので，$z_{t|t}$ は新しい観測値 x_t と予測値 $z_{t|t-1}$ の加重和でもある。

式（9.106）の $V_{t|t}$ は

$$V_{t|t} = V_{t|t-1}-K_tHV_{t|t-1} \qquad (9.108)$$

と書き直すことができるので，右辺第2項は観測値 x_t からの情報によって状態 z_t の推定精度が改善された部分を表している。

通常の時系列モデルと同様に，状態空間モデルに関しても，$\{x_t\}$ の観測値 $\{x_t\}_{t=1}^{T}$ に基づいてモデルのパラメータ（係数行列 F，G と H，ホワイトノイズ ε_t と ξ_t の分散共分散行列 Q と R）を推定する必要がある。パラメータの推定方法として，最尤法がよく使われる。

x_t の1期先予測値は，平均 $x_{t|t-1}$，分散共分散行列 $D_{t|t-1}$ とする条件付き正規分布に従うため，対数尤度は

$$lh(\theta) = -\frac{1}{2}\Big\{mT\log 2\pi+\sum_{t=1}^{T}\log|D_{t|t-1}|+\sum_{t=1}^{T}(x_t-x_{t|t-1})^{\mathrm{T}}D_{t|t-1}^{-1}(x_t-x_{t|t-1})\Big\} \qquad (9.109)$$

となる。これを最大にするパラメータを選ぶ。

(3) 状態と時系列の予測

カルマンフィルタのアルゴリズムでは，1期先の予測値だけを与えている。時系列の観測値 $X_t=\{x_1, x_2, \cdots, x_t\}$ に基づいて，$j(j>2)$ 期先の状態 z_{t+j} を推定する場合，新しい観測値 $x_{t+1}, x_{t+2}, \cdots, x_{t+j-1}$ が得られないため，形式的には

$x_t = x_{t+1} = x_{t+2} = \cdots = x_{t+j-1}$ として，$i = 1, 2, \cdots, j$ について次式（9.110）と（9.111）を順次計算していく．

$$z_{t+i|t} = Fz_{t+i-1|t} \tag{9.110}$$

$$V_{t+i|t} = FV_{t+i-1|t}F^{\mathrm{T}} + GQG^{\mathrm{T}} \tag{9.111}$$

観測値 $X_t = \{x_1, x_2, \cdots, x_t\}$ が与えられたとき，時系列の $j\,(j>2)$ 期先の予測値 x_{t+j} の平均を $x_{t+j|t}$，分散共分散行列を $D_{t+j|t}$ とすると

$$x_{t+j|t} = \mathrm{E}(Hz_{t+j|t} + w_{t+j} \mid X_t) = Hz_{t+j|t} \tag{9.112}$$

$$D_{t+j|t} = \mathrm{Cov}((Hz_{t+j|t} + w_{t+j}, Hz_{t+j|t} + w_{t+j}) \mid X_t) = HV_{t+j|t}H^{\mathrm{T}} + R \tag{9.113}$$

となる．

　状態空間モデルは，非常に簡潔な表現で，傾向変動，季節性・循環的変動，説明変数，予期されないショックなどを表す．Box-Jenkins 法で扱う AR，ARMA，ARIMA などの一般的な時系列モデルだけでなく，指数平滑化法も状態空間モデルとして表現できる．多次元時系列についても，1 次元の場合の自然な一般化で取り扱うことができるほかに，係数が時間とともに次第に変化することを許容しているため，柔軟的なモデルを構築することができる．

　状態空間モデルの有効性とメリットは多くの実例を通じて実証されているが，Box-Jenkins 法に関して数多くの教科書が存在するのに対して，状態空間モデルに関する教科書が少なく，大学でほとんど教えていない．また，状態空間モデルの推定に利用できるパッケージソフトウェアが少ないため，このモデルを利用する統計学者・実務者が比較的に少ない．

〈参考文献〉

1) Gardner, E. S. : Exponential smoothing : The state of the art-Part Ⅱ. International journal of forecasting, Vol. 22, No. 4, pp. 637-666, 2006

2) Rob J Hyndman and George Athanasopoulos : Forecasting : principles and practice, OTexts, 2013（オンライン版：https://www.otexts.org/fpp）

3) Gardner Jr, E. S. & McKenzie, E. : Model identification in exponential smoothing, Journal of the Operational Research Society, Vol. 39, No. 9, pp. 863-867, 1988

4) Billah, B., Hyndman, R. J. & Koehler, A. B. : Empirical information criteria for time series forecasting model selection. Journal of Statistical Computation and

第Ⅲ編　基本科学編

Simulation, Vol. 75, No. 10, pp.831-840, 2005

5) Taylor, J. W. : Exponentially weighted information criteria for selecting among forecasting models, International Journal of Forecasting, Vol. 24, No. 3, pp. 513-524, 2008

6) Taylor, J. W. : Smooth transition exponential smoothing. Journal of Forecasting, Vol. 23, No. 6, pp. 385-404, 2004

7) 廣松毅，浪花貞夫：経済時系列分析，朝倉書店，1990

8) NIST/SEMATECH : e-Handbook of Statistical Methods, http : //www.itl.nist. gov/div898/handbook/, 2012

9) Engle, Robert F. : Autoregressive conditional heteroscedasticity with estimates of the variance of United Kingdom inflation, Econometrica, Vol. 50, pp, 987-1008, 1982

10) Engle, Robert F. : Dynamic conditional correlation : A simple class of multivariate generalized autoregressive conditional heteroskedasticity models, Journal of Business and Economic Statistics, Vol. 20, No. 3, pp, 339-350, 2002

11) Nelson, Daniel B. : Conditional heteroskedasticity in asset returns : A new approach, Econometrica, Vol. 59, No. 2, pp. 347-370, 1991

12) 北川源四郎：時系列解析入門，岩波書店，2005

董　彦文

<table>
<tr><td>**10**</td><td>地図のデータ利用</td></tr>
</table>

10.1 は じ め に

　最適立地シミュレーションモデルによって立地選定するためには，対象とする各地点間の距離（km）を求めてからシミュレーション計算を実施する必要がある。距離推定方法については，地図上で2地点間の距離を座標上で数学的に直線近似する座標方式（coordinate method）および緯度経度から直線近似する方式と2地点間の距離を直接計測する実距離方式が考えられる。

　そこで，本章ではアプリケーションソフトによって簡単に利用でき，しかも結果として信頼できる数値が得られる緯度経度直線近似方式の地球を真球とする方式と楕円とする方式の誤差についてあらかじめ検証して，誤差の許容範囲を明らかにする。

10.2 地球楕円体における2点間直線距離の導出

　地球を半径 $r = 6378.137$ km（赤道半径）の真球と仮定した場合，地点 A（経度 x_1，緯度 y_1）と地点 B（経度 x_2，緯度 y_2）の距離は以下の式（10.1）にて導出される。

$$d = r \arccos \{\sin y_1 \sin y_2 + \cos y_1 \cos y_2 \cos (x_2 - x_1)\} \qquad (10.1)$$

　しかし，実際の地球は赤道半径＞極半径の楕円体に近く，世界規模の立地モデルを検討する場合には，真球として扱うと誤差が大きくなる。そのため，表

第Ⅲ編　基本科学編

表 10.1　代表的地球楕円体モデルとその長半径・短半径

測地系	発表年	長半径 R_x (m)	短半径 R_y (m)	備考
Bessel	1814 年	6,377,397.155	6,356,079	2002 年の測量法改正まで日本で用いられていたモデル。日本測地系。
GRS80	1980 年	6,378,137.000	6,356,752.314	最も一般的に用いられているモデル。世界測地系（現在は日本も GRS80 を使用）。
WGS84	1984 年	6,378,137.000	6,356,752.314	GPS および海上での測量に用いられているモデル。GRS80と比べ短半径が 105 μm 長い。

注：国土地理院"日本の測地系"と世界測地系と日本測地系の違いなどを参考に著者作成。

10.1 に示す各種地球楕円体モデルが一般に用いられている（他にも複数のモデルが存在するが，ここでは割愛する）。

　正確な地点間距離の検討を行うためには，緯度経度情報を取り扱う際，どのモデルにおける値であるか確認することが重要である。国または地域にもよるが，現在では一般に，GPS や海上での測量では WGS84，陸上での測量には GRS80 を用いることが多い[1]。なお，表中備考に記したとおり WGS84 と GRS80 の差はわずかであり，同じものと扱っても差し支えはない。地球楕円体における 2 地点間の直線距離導出の公式は複数あるが，今回はヒュベニの公式と呼ばれるガウスの平均緯度式の改良式を用いた。本公式の厳密式は以下の式（10.2）～式（10.13）にて表される[2]-[3]。また，長半径と短半径は表 10.1 に表されている値を用いた。

2 地点の距離
$$D=\sqrt{(s\sin\alpha)^2+(s\cos\alpha)^2} \tag{10.2}$$

扁平率（GRS80）
$$f=\frac{R_x-R_y}{R_x}=\frac{1}{298.257222101} \tag{10.3}$$

緯度差
$$\Delta\varphi=\varphi_2-\varphi_1 \tag{10.4}$$

経度差
$$\Delta l=\lambda_2-\lambda_1 \tag{10.5}$$

平均緯度
$$\varphi=\frac{\varphi_2+\varphi_1}{2} \tag{10.6}$$

第 1 離心率の二乗
$$e^2=f(2-f) \tag{10.7}$$

第 2 離心率の二乗
$$e'^2=\frac{e^2}{1-e^2} \tag{10.8}$$

第 10 章　地図のデータ利用

卯酉線曲率半径
$$N=\frac{R_x}{W} \tag{10.9}$$

子午線曲率半径
$$M=\frac{R_x(1-e^2)}{W^3} \tag{10.10}$$

$$W=\sqrt{1-e^2\sin^2\varphi} \tag{10.11}$$

$$\eta^2=e'^2\cos^2\varphi \tag{10.12}$$

$$t=\tan\varphi \tag{10.13}$$

ただし,

R_x　：長半径（赤道半径）

R_y　：短半径（極半径）

$\varphi_1,\ \lambda_1$：地点 A の緯度経度（ラジアン）

$\varphi_2,\ \lambda_2$：地点 B の緯度経度（ラジアン）

また, 式（10.2）にある $s\sin\alpha$ および $s\cos\alpha$ は以下の式（10.14）と式
（10.15）のようにそれぞれ求められる。

$$
\begin{aligned}
s\sin\alpha=\ &N\cos\varphi\cdot\varDelta l \\
&+\frac{N\cos\varphi}{24}(1-\eta^2+\eta^4-\eta^6-9\,t^2\eta^2+18\,t^2\eta^4-27\,t^2\eta^6)\varDelta\varphi^2\varDelta l \\
&+\frac{N\cos^3\varphi}{24}(-t^2)\varDelta l^3 \\
&+\frac{N\cos\varphi}{5760}(7+10\,\eta^2-27\,\eta^4-54\,t^2\eta^2-642\,t^2\eta^4+675\,t^2\eta^6)\varDelta\varphi^4\varDelta l \\
&+\frac{N\cos^3\varphi}{5760}(-16-70\,t^2-158\,t^2\eta^2+158\,t^2\eta^4+90\,t^4\eta^2-180\,t^4\eta^4)\varDelta\varphi^2\varDelta l^3 \\
&+\frac{N\cos^5\varphi}{5760}(-24\,t^2+3\,t^4-27\,t^2\eta^2)\varDelta l^5 \\
&+\frac{N\cos\varphi}{1935360}62\,\varDelta\varphi^6\varDelta l \\
&+\frac{N\cos^3\varphi}{1935360}(-416-2954\,t^2)\varDelta\varphi^4\varDelta l^3 \\
&+\frac{N\cos^5\varphi}{1935360}(-192-1680\,t^2+2652\,t^4)\varDelta\varphi^2\varDelta l^5 \\
&+\frac{N\cos^7\varphi}{1935360}(-816\,t^2+528\,t^4-6\,t^6)\varDelta l^7
\end{aligned}
$$

第Ⅲ編　基本科学編

(10.14)

$$s \cos \alpha = N(1-\eta^2+\eta^4-\eta^6+\eta^8-\eta^{10}\cdots\cdots)\Delta\varphi$$

$$+\frac{N}{24}(3\eta^2-6\eta^4+9\eta^6-3t^2\eta^2+21t^2\eta^4-54t^2\eta^6)\Delta\varphi^3$$

$$+\frac{N\cos^2\varphi}{24}(-2-3t^2+3t^2\eta^2-3t^2\eta^4+3t^2\eta^6)\Delta\varphi\Delta l^2$$

$$+\frac{N}{5760}(-36\eta^2+207\eta^4+36t^2\eta^2-1062t^2\eta^4+135t^2\eta^6)\Delta\varphi\Delta l^2$$

$$+\frac{N\cos^2\varphi}{5760}(-16-60t^2+4\eta^2-4\eta^4+102t^2\eta^2+48t^2\eta^4+90t^4\eta^2$$

$$-630t^4\eta^4)\Delta\varphi^3\Delta l^2$$

$$+\frac{N\cos^4\varphi}{5760}(-8-20t^2+15t^4-8\eta^2+96t^2\eta^2-15t^4\eta^2+15t^4\eta^4)\Delta\varphi\Delta l^4$$

$$+\frac{N\cos^2\varphi}{1935360}(-192-2016t^2)\Delta\varphi^5\Delta l^2$$

$$+\frac{N\cos^4\varphi}{1935360}(256+784t^2+4200t^4)\Delta\varphi^3\Delta l^4$$

$$+\frac{N\cos^6\varphi}{1935360}(-64-224t^2+1148t^4-42t^6)\Delta\varphi\Delta l^6$$

(10.15)

　しかし，計算量が膨大となるため，リアルタイムに処理を行う必要がある地図ソフトウェアなどでは上記公式を簡略化した下記の式を用いている場合がある（式（10.16）～式（10.19））。この式は先に述べたヒュベニの公式の厳密式の第1項目のみを使用した数式に相当する。

2地点間の距離　　　　$D=\sqrt{(D_y\times M)^2+(D_y\times N\times\cos P)^2}$　　　　(10.16)

子午線曲率半径　　　　$M=\dfrac{R_x(1-E)^2}{W^3}$　　　　(10.17)

$$W=\sqrt{1-(E^2\sin^2 P)}$$　　　　(10.18)

離心率　　　　$E=\sqrt{\dfrac{R_x{}^2-R_y{}^2}{R_x{}^2}}$　　　　(10.19)

ただし，

　D_y：2点の緯度（ラジアン）の差

D_x : 2 点の経度（ラジアン）の差
P : 2 点の緯度の平均
N : 卯酉線曲率半径（式 (10.9) で求められる）
R_x : 長半径（赤道半径）
R_y : 短半径（極半径）

10.3　2 地点間直線距離の導出方法による誤差

上述のように，緯度経度情報を取り扱う際には地球の形状をどのような測地系（モデル）として取り扱っているかを考慮する必要がある．これは地球上のある地点における緯度と経度が，地球の形状を仮定した後にはじめて定まるためである．地球楕円体のモデルと地球を真球として扱った場合のモデルについて，各緯度経度の地点においてそれぞれ 0.01°当たりの距離を求めると，図 10.1 および図 10.2 のようになる．

なお，各地球楕円体モデルにおける距離の計算には前述のヒュベニの公式を用いた．計算結果より，地球を真球として扱った場合と各種地球楕円体モデルとして扱った場合では，2 地点間の直線距離に差が生じる．また，Bessel 測地系と GRS80/WGS84 測地系においても特に緯度方向でわずかではあるが，差

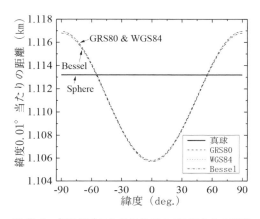

図 10.1　各測地系における緯度 0.01°当たりの距離

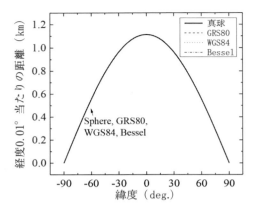

図 10.2 各測地系における経度 0.01°当たりの距離

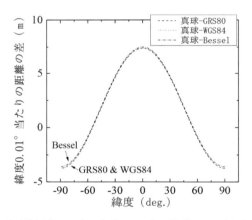

図 10.3 各地球楕円体における真球モデルとの緯度 0.01°当たりの距離の差

が生じることがわかる。

ここで，各地球楕円体モデルにおける真球モデルとの緯度経度それぞれ 0.01°当たりの距離の差を求めると，図 10.3 および図 10.4 のようになる。計算結果より，GRS80 測地系と真球モデルでは，緯度方向は 0.01°（約 10 km）当たり，赤道付近において約 7.5 m，極付近において 3.7 m の差が生じる。対して，経度方向では ±55°付近において 0.01°（約 0.6 km）当たり約 1.5 m の差が生じることがわかる。そのため，世界規模の立地モデルを扱う場合は 2

第 10 章 地図のデータ利用

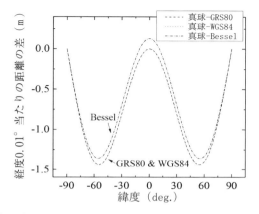

図 10.4 各地球楕円体における真球モデルとの経度 0.01° 当たりの距離の差

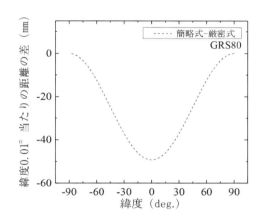

図 10.5 ヒュベニの公式の厳密式と簡略式における緯度 0.01° 当たりの距離の差

地点間の距離を真球モデルで導出すると誤差が非常に大きくなる。

なお，前述のヒュベニの公式における厳密式と簡略式における緯度経度それぞれ 0.01° 当たりの差を GRS80 測地系にて求めると，図 10.5 および図 10.6 のようになる。緯度方向は最大でも赤道付近で 0.01°（約 10 km）当たり 50 mm の誤差，経度方向は最大でも緯度 ±55° 付近で 0.01°（約 0.6 km）当たり 0.55 μm の誤差しか生じないことから，ヒュベニの公式の厳密式と簡略式にお

第Ⅲ編　基本科学編

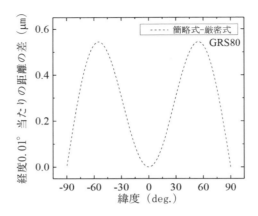

図 10.6 ヒュベニの公式の厳密式と簡略式における経度 0.01°当たりの距離の差

ける誤差は，十分無視できることがわかる[4]。

　以上の検討結果を踏まえ，最適立地シミュレーションを実施することによって最適立地を選定するためには，GRS80 測地系におけるヒュベニの公式を用いて 2 地点間の正確な距離を推定できるものと考える。

10.4　おわりに

　工場や配送センターの最適立地シミュレーションを実行する前提として対象となる地域を区分し，区分した区域間のネットワークを生成し，区域間の距離を推定しなければならない。たとえば，日本の本州の場合，仮に青森県から山口県までの都道府県の県庁所在地を区域の立地とし，都道府県全体のネットワークを作成し，すべての県庁所在地のネット間距離を算出しなければならない。この場合，地図上にてマニュアルで距離を実測することは難しいので，ヒュベニの公式に基づくソフトを利用することによって許容範囲の誤差内で全ネットワークの距離を算出することが可能となる。すなわち，最適立地シミュレーションに必要な距離マトリックスを作成する簡易ツールとして重要であるため本章で紹介した。

〈**参考文献**〉

1) 国土交通省国土地理院, http://www.gsi.go.jp/LAW/G2000-g2000faq-1.htm
2) K. Hubeny：Weiterentwicklung der Gauss'schen Mittelbreitenformeln, Vol. Z. Vermess, No. 84, pp. 159-163, 1959
3) アマノ技研（Amano Spatial Technologies Institute）, http://www.amano-tec.com/apps/paceruler.html
4) Sarinya Sala-ngam, 佐藤哲也, 唐澤豊, 豊谷純, 若林敬造：最適立地選定モデルに基づく最適グローバルハブネットワークシステム構築に関する基本研究, 日本ロジスティクスシステム学会誌, Vol. 15, No. 1, pp. 95-98, 2016 年 3 月

サーラーガーム サリンヤー

<table>
<tr><td>**11**</td><td>最適立地手法</td></tr>
</table>

11.1 最適立地問題とは

最適立地問題（optimal location problem）は，施設配置問題（facility location problem），または工場立地問題（plant location problem）とも呼ばれ，各種施設の最適な配置を決定する問題である[1),2)]。企業活動においては，工場，倉庫，配送センターの配置を決定する問題であり，企業の重要な意思決定問題の1つである。ロジスティクス全体の効率化を図るためにも，非常に重要な要因の1つである。オペレーションズ・リサーチ，経営科学等さまざまな分野で研究が行われ，さまざまな条件を考慮した数式モデルが提案され，またその最適解法，近似解法が開発されている。本章では，数式モデルの分類について説明し，代表的な数式モデルを示す。

11.2 最適立地問題の分類

ロジスティクスシステムにおける配送センターの最適立地問題を考えると，あらかじめ与えられた配送先（または顧客）に対して，配送センターの設置可能場所の中から，評価基準を最適にする設置場所を選択する問題と捉えることができる。古典的な研究では，施設の設置可能場所が任意の場所（たとえば，日本中どこにでも設置できる）で考えられた問題も数多くあったが，今日の最適立地を考える場合は，あらかじめ検討された設置可能場所から最適な設置場

第Ⅲ編　基本科学編

所を選択することが現実的であると思われる。この他にも，考慮すべきさまざまな要因により，数多くの最適立地問題（最適立地モデル）が提案されている。この節では，その要因に基づいて最適立地問題を分類する。

(1)　配置する施設の数

配置する施設の数が，単一の場合と複数の場合があり，また，複数の場合には，設置する施設の数が固定されている場合と，設置する施設の数が問題を解く過程で求められる場合がある。設置する施設の数が問題を解く過程で求められる場合は，施設を設置する場合の費用を考慮している。

(2)　評価関数

数式モデルで最適な施設の配置を判断するためにさまざまな評価関数が用いられている。学術的な論文では，顧客と設置可能場所の直線距離（ユーグリッド距離）や，格子状のネットワークを対象としたマンハッタン距離が用いられている。また，現実問題では，実際の移動距離や移動時間，または，輸送費用を評価関数として用いる。

(3)　評価尺度

(2) の評価関数の値を判断するための尺度としていくつかの基準が用いられている。

a.　min-sum 基準

顧客から最も近い施設への評価値（たとえば，距離）の合計を最小にする。

b.　min-max 基準

顧客から最も近い施設への評価値の最大値を最小にする

c.　max-sum 基準

顧客から最も近い施設への評価値の合計を最大にする。

d.　max-min 基準

顧客から最も近い施設への評価値の最小値を最大にする。

c, d の基準は，いわゆる迷惑施設の立地問題に現れる。

(4)　顧客需要

顧客の需要については，考慮すべき要因がいくつかある。まず，顧客の需要が確定した値なのか，変動するものなのかという問題がある。変動する場合には，その変動を考慮し最適立地を検討する必要がある。また，顧客の需要を複

1010

数の施設で満足することが可能かどうかという問題もある。

(5)　施設の容量

複数の施設を設置する場合，その施設の容量（たとえば，配送能力，保管能力など）を考慮する必要がある。単一の施設を設置する場合は，すべての顧客へのサービスが前提となる。

このような要因を考慮し，さまざまな最適立地モデルが提案されている。次節では，代表的な最適立地モデルについて紹介する。

11.3　代表的な最適立地モデル

11.3.1　p-median 問題

median 問題は，顧客から最も近い施設への距離（または，輸送費用）の合計が最小になるよう施設を選択する問題である[3]。設置する施設数 p があらかじめ決められていることが多く，p-median 問題と呼ばれる。

p-median 問題を数式モデルに定式化すると下記のとおりとなる。

$$Z = \sum_{i \in D} \sum_{j \in F} w_i \cdot d_{ij} \cdot y_{ij} \rightarrow \min \tag{11.1}$$

Subject to

$$\sum_{j \in F} x_j = p \tag{11.2}$$

$$\sum_{j \in F} y_{ij} = 1 \quad (i \in D) \tag{11.3}$$

$$x_j \geq y_{ij} \quad (i \in D, j \in F) \tag{11.4}$$

$$x_j \in \{0,1\} \quad (i \in D) \tag{11.5}$$

$$y_{ij} \in \{0,1\} \quad (i \in D, j \in F) \tag{11.6}$$

ここで，

D：顧客の集合

F：施設設置可能場所の集合

w_i：顧客 i と施設の距離をコストに変換する重み係数

d_{ij}：顧客 i と施設 j の距離

p：設置する施設の数

x_j：施設 j が開設されるかどうかを示す 0-1 変数。$x_j = 1$ ならば，施設 j が開

第Ⅲ編　基本科学編

　　設され，$x_j=0$ ならば，施設 j が開設されないことを示す。

　y_{ij}：顧客 i が施設 j によりサービスを受けるかどうかを示す 0-1 変数。$y_{ij}=1$
　　　ならば，顧客 i が施設 j によりサービスを受けることを示す。

である。

　式（11.1）は，評価関数であり，顧客と施設の距離の総和を最小にすること
を示す。式（11.2）は，pヶ所の施設が開設されることを示し，式（11.3）は，
すべての顧客が必ずどこかの施設のサービスを受けることを示している。

11.3.2　p-center 問題

center 問題は，顧客から最も近い施設への距離（または，輸送費用）の最
大値が最小になるよう施設を選択する問題である。設置する施設数 p があらか
じめ決められていることが多く，p-center 問題と呼ばれる。

　p-center 問題を数式モデルに定式化すると下記のとおりとなる。

$$Z=v \to \min \tag{11.7}$$

Subject to

$$v \geq \sum_{j \in F} d_{ij} \cdot y_{ij} \quad (i \in D) \tag{11.8}$$

$$\sum_{j \in F} x_j = p \tag{11.9}$$

$$\sum_{j \in F} y_{ij} = 1 \quad (i \in D) \tag{11.10}$$

$$x_j \geq y_{ij} \quad (i \in D, j \in F) \tag{11.11}$$

$$x_j \in \{0,1\} \quad (i \in D) \tag{11.12}$$

$$y_{ij} \in \{0,1\} \quad (i \in D, j \in F) \tag{11.13}$$

ここで，

　D：顧客の集合

　F：施設設置可能場所の集合

　d_{ij}：顧客 i と施設 j の距離

　p：設置する施設の数

　x_j：施設 j が開設されるかどうかを示す 0-1 変数。$x_j=1$ ならば，施設 j が開
　　　設され，$x_j=0$ ならば，施設 j が開設されないことを示す。

　y_{ij}：顧客 i が施設 j によりサービスを受けるかどうかを示す 0-1 変数。$y_{ij}=1$
　　　ならば，顧客 i が施設 j によりサービスを受けることを示す。

1012

である。

式（11.7）は，評価関数であり，式（11.7），式（11.8）で顧客と施設の距離の最大値を最小にすることを示す。式（11.9）～式（11.13），p-median 問題と同様のものである。

11.3.3 単純施設配置問題

単純施設配置問題は，容量制約なし施設配置問題とも呼ばれ，顧客が既知の需要をもち，顧客と施設の間に1単位の需要が移動するときの輸送費用と，施設を開設するときにかかる固定費用が与えられているとき，すべての顧客の需要を満たし，輸送費用と固定費用の和を最小にする1つもしくは複数の施設を選択する問題である[4]。

単純施設配置問題を数式モデルに定式化すると下記のとおりとなる。

$$Z = \sum_{j \in F} c_j \cdot x_j + \sum_{i \in D} \sum_{j \in F} w_i \cdot d_{ij} \cdot y_{ij} \rightarrow \min \tag{11.14}$$

Subject to

$$\sum_{j \in F} y_{ij} = 1 \quad (i \in D) \tag{11.15}$$

$$x_j \geq y_{ij} \quad (i \in D, \ j \in F) \tag{11.16}$$

$$x_j \in \{0,1\} \quad (i \in D) \tag{11.17}$$

$$y_{ij} \in \{0,1\} \quad (i \in D, \ j \in F) \tag{11.18}$$

ここで，

D：顧客の集合

F：施設設置可能場所の集合

w_i：顧客 i と施設の距離をコストに変換する重み係数

d_{ij}：顧客 i と施設 j の距離

x_j：施設 j が開設されるかどうかを示す 0-1 変数。$x_j=1$ ならば，施設 j が開設され，$x_j=0$ ならば，施設 j が開設されないことを示す。

y_{ij}：顧客 i が施設 j によりサービスを受けるかどうかを示す 0-1 変数。$y_{ij}=1$ ならば，顧客 i が施設 j によりサービスを受けることを示す。

である。

式（11.14）は，評価関数であり，施設を開設することによる固定費用と顧客と施設の間の輸送費用の総和を最小にすることを示す。式（11.15）は，す

第Ⅲ編　基本科学編

べての顧客が必ずどこかの施設のサービスを受けることを示し，式（11.18）
は，1つの施設が顧客の需要をすべて満足することを示している。また，顧客
の需要を複数の施設で満足することを許す場合は，各顧客の需要が1になるよ
うにスケーリングし，数式モデルの式（11.18）を式（11.18）′に変更すること
で対応できる。

$$y_{ij} \geq 0 \quad (i \in D, j \in F) \tag{11.18}'$$

ここで，y_{ij}：顧客 i が施設 j によりサービスを受ける割合である。

11.3.4　二次割当問題（quadratic assignment problem）

　二次割当問題は，Koopmans-Beckmann によって提案された問題であり，
施設配置問題の応用で，n 個の施設を n 箇所の地点に配置する際に，施設間の
移動量と地点間の移動距離を考慮し，物の総移動距離を最小にするように，各
地点に1つの施設を配置する[5]。

　二次割当問題を数式モデルに定式化すると下記のとおりとなる。

$$Z = \sum_{i \in D} \sum_{j \in D} \sum_{k \in D} \sum_{l \in D} C_{ij} \cdot d_{kl} \cdot y_{ik} \cdot y_{jl} \to \min \tag{11.19}$$

Subject to

$$\sum_{j \in D} y_{ij} = 1 \quad (i \in D) \tag{11.20}$$

$$\sum_{i \in D} y_{ij} = 1 \quad (j \in D) \tag{11.21}$$

$$y_{ij} \in \{0,1\} \quad (i \in D, j \in D) \tag{11.22}$$

ここで，

D：施設の集合および施設設置可能場所の集合

C_{ij}：施設 i と施設 j の物の移動量

d_{ij}：地点 i と地点 j の距離

y_{ij}：施設 i が地点 j に配置されるかどうかを示す 0-1 変数。$y_{ij}=1$ ならば，施
　　設 i が地点 j に配置されることを示す。

である。

11.3.5　容量制約付き施設配置問題

　容量制約付きなし施設配置問題は，顧客が既知の需要をもち，各施設に処理
可能な容量が設定され，顧客と施設の間に1単位の需要が移動するときの輸送

1014

第11章　最適立地手法

費用と，施設を開設するときにかかる固定費用が与えられているとき，すべての顧客の需要を満たし，輸送費用と固定費用の和を最小にする1つもしくは複数の施設を選択する問題である。

容量付き施設配置問題を数式モデルに定式化すると下記のとおりとなる。

$$Z = \sum_{j \in F} c_j \cdot x_j + \sum_{i \in D} \sum_{j \in F} w_i \cdot d_{ij} \cdot y_{ij} \to \min \qquad (11.23)$$

Subject to

$$\sum_{j \in F} y_{ij} = 1 \quad (i \in D) \qquad (11.24)$$

$$x_j \geq y_{ij} \quad (i \in D, j \in F) \qquad (11.25)$$

$$\sum_{i \in D} s_i \cdot y_{ij} \leq Q_j \cdot x_j \quad (j \in F) \qquad (11.26)$$

$$x_j \in \{0,1\} \quad (i \in D) \qquad (11.27)$$

$$y_{ij} \in \{0,1\} \quad (i \in D, j \in F) \qquad (11.28)$$

ここで，

D：顧客の集合

F：施設設置可能場所の集合

w_i：顧客 i と施設の距離をコストに変換する重み係数

d_{ij}：顧客 i と施設 j の距離

s_i：顧客 i の需要量

Q_j：施設 j の容量

x_j：施設 j が開設されるかどうかを示す 0-1 変数。$x_j = 1$ ならば，施設 j が開設され，$x_j = 0$ ならば，施設 j が開設されないことを示す。

y_{ij}：顧客 i が施設 j によりサービスを受けるかどうかを示す 0-1 変数。$y_{ij} = 1$ ならば，顧客 i が施設 j によりサービスを受けることを示す。

である。

式（11.23）は，評価関数であり，施設を開設することによる固定費用と顧客と施設の間の輸送費用の総和を最小にすることを示す。式（11.24）は，すべての顧客が必ずどこかの施設のサービスを受けることを示し，式（11.26）は，1つの施設で担当する顧客の需要が施設の容量以下であることを示している。また，顧客の需要を複数の施設で満足することを許す場合は，数式モデルの式（11.28）を式（11.28）′に変更することで対応できる。

$$y_{ij} \geq 0 \quad (i \in D, j \in F) \qquad (11.28)'$$

1015

第Ⅲ編　基本科学編

ここで，y_{ij}：顧客 i が施設 j によりサービスを受ける割合である。

11.3.6　ハブ施設配置問題（hub location problem）

ハブ施設配置問題は，比較的新しい施設配置問題の一種であり，配送元から配送先への物の流れを効率的に実施するためハブ施設を設置する[6),7)]。

単一ハブ施設配置問題を数式モデルに定式化すると下記のとおりである。

$$Z = \sum_i \sum_j \sum_k h_{ik} \cdot (C_{ij} + C_{jk}) \cdot y_{ij} \cdot y_{kj} \to \min \qquad (11.29)$$

Subject to

$$\sum_j y_{ij} = 1 \qquad (11.30)$$

$$y_{ij} - y_{jj} \leq 0 \quad (\forall i, j) \qquad (11.31)$$

$$y_{ij} \in \{0, 1\} \quad (\forall i, j) \qquad (11.32)$$

ここで，

h_{ij}：ノード i とノード j のフロー量

C_{ij}：ノード i とノード j の単位当たり輸送コスト

y_{ij}：ノード i がハブとしてノード j のサービスを受けるかどうかを示す 0-1
　　変数。

である。

式（11.29）は，ハブを用いた総輸送コストを最小にすることを示す。式（11.30）は，ハブが 1 カ所設置されることを示し，式（11.31）は，その他のノードがすべてハブノードとつながっていることを示している。

また，複数のハブを設置する施設配置問題は，下記のように定式化できる。

$$Z = \sum_i \sum_k C_{ik} \cdot y_{ik} \cdot (\sum_j h_{ij}) + \sum_k \sum_i C_{ki} \cdot y_{ik} \cdot (\sum_j h_{ji})$$
$$+ \alpha \sum_i \sum_j \sum_k \sum_m h_{ij} \cdot C_{km} \cdot y_{ik} \cdot y_{jm} \to \min \qquad (11.33)$$

Subject to

$$\sum_j y_{jj} = p \qquad (11.34)$$

$$\sum_j y_{ij} = 1, \quad \forall i \qquad (11.35)$$

$$y_{ij} - y_{jj} \leq 0 \quad (\forall i, j) \qquad (11.36)$$

$$y_{ij} \in \{0, 1\} \quad (\forall i, j) \qquad (11.37)$$

ここで，α：ディスカウント係数である。

第 11 章　最適立地手法

11.4　施設配置問題に対する最適解法

　施設配置問題に対しては，さまざまな解法が提案されているが，施設配置問題は NP 困難であるため，厳密解（最適解）を求めることは非常に困難である。単純施設配置問題には，Lagrange 緩和法や双対上昇法を用いた解法も提案されているが，現実の問題を解くために，そのアルゴリズムをプログラム化するのは非常に困難である。近年，商用の数理計画ソフトウェアの求解性能が向上し，また，問題を入力するユーザインタフェースも非常に使いやすくなってきている[8],[9]。そのため，現実問題の施設配置問題を解く場合は，数理計画ソフトウェアを用いることが有効である。

〈参考文献〉

1)　Z. Drezner and H. W. Hamacher：Facility Location-Applications and Theory, Springer-Verlag, 2001

2)　百合本茂：工業の最適立地について，オペレーションズ・リサーチ，1978 年 12 月号，pp.764-772, 1978

3)　B. C. Tansel, R. L. Francis, and T. J. Lowe：Location on Networks-A Survey. Part I-The p-Center and p-Median Problems, Management Science, Vol. 29, No. 4, pp. 482-497, 1983

4)　A. B. Arabani and R. Z. Farahani：Facility location dynamics：An overview of classifications and applications, Computer & Industrial Engineering, Vol. 62, pp. 408-420, 2012

5)　T. C. Koopmans and M. J. Beckmann：Assignment problems and the location of economic activities, Econometrica, Vol. 25, No. 1, pp. 53-76, 1957

6)　R. Z. Farahani, M. Hekmatfar, A. B. Arabani, and E. Nikbakhsh：Hub location problems-A review of models, classification, solution techniques and applications, Computer & Industrial Engineering, Vol. 64, pp. 2096-1109, 2013

7)　Sarinya Sala-ngam, 佐藤哲也，唐澤豊，豊谷純，若林啓造：最適立地選定モデルに基づく最適グローバルハブネットワークシステム構築に関する基礎的研究，日本ロジスティクスシステム学会誌，Vol. 15, No. 1, pp. 85-120, 2016

第Ⅲ編　基本科学編

8) FICO：Applications of optimization with Xpress, 2012（日本語版，MSI 株式会社，Xpress を使用した最適化アプリケーション問題集）

9) 新村秀一：EXCEL と LINGO で学ぶ数理計画法，丸善，2008

石原　良晃

12	在庫管理手法

12.1 在庫管理の基本

　一般的に「在庫」という言葉を聞けば，近所の量販店やスーパーマーケット の倉庫内に山積みされた商品などを想像するだろう。また，製造業の視点でい えば，工程間に溜まった部品も在庫であり，実はどちらかといえば，こちらの 方が大きな問題であるケースも多い。しかしながら，それ以上に重要なこと は，"在庫を見てどう感じるか"である。

　まず本章では，在庫に関する各種管理方式の説明に入る前に，在庫の本質的 な意味と考え方，そしてマネジメントの視点から見た在庫管理の在り方につい て述べる。

　ちなみに在庫管理は，単なる管理方式の利用テクニックをいうのではなく， 組織ひいてはサプライチェーンも含めた全体的な視点から考えていく必要があ る分野の1つである。いい換えれば，IoT技術の発展に伴い，これまで不可能 だったビジネスプロセスが可能となる部分を見出し，ビジネスフローを大きく 変貌させることを意味する。

12.1.1 在庫の機能と役割

(1) 在庫とは何か

a. 在庫管理とはどのような仕事か

在庫管理（inventory control）は，サプライチェーンマネジメントに直結す

第Ⅲ編　基本科学編

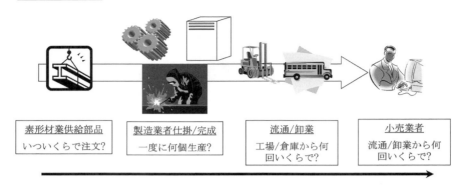

図 12.1 生産-物流システムにおける主要な在庫発生ポイント

る重要な管理手法の1つであり，実際に大量生産を行っている企業の生産管理は，在庫管理を中心に据えている。

ではここで，どうやって在庫ができるかについて図 12.1 を参考に考えてみる。在庫は基本的に受発注が行われる「取引」で発生する在庫と，製造業を中心にした生産工程間での「中間（仕掛）」で発生する在庫に大別される。前者を流通過程の在庫，後者を生産過程の在庫と見れば，これらを合わせた総称を一般的に在庫と呼んでいる。

次に，在庫の測定・管理（発注，棚卸，補充，廃棄）方法について考えてみる。「発注」というトリガーで納入された物品は，棚や倉庫に陳列・保管されるのが一般的である。本来であれば，発注量と販売量 + 在庫量の数は一致すべきであるが，検品・入力ミスや盗難・無断廃棄などにより，いつの間にか誤差が生じてしまうことがある。これを定期的な棚卸作業によりデータと現品を一致させている。これらの作業により，数量的把握が可能となり，管理者の意思決定に大いに役に立つのである。

最後に，困るのはどんなことが発生した場合かについて考えてみる。景気や季節，天候などの諸要因により，需要は一般的に変則的な動きを示す。そこで2つの極端なケースを想定してみる。

たとえば，もし大量に在庫があれば，品切れする心配もなく安心であるが，一方で在庫費用が大きくなり，あるいは死蔵品となり，設計変更などでまったく使用できなくなる恐れがある。

第12章　在庫管理手法

逆に在庫を極端に減らすと，品切れが発生しやすくなり，多大な機会損失を被ってしまう恐れがあるほか，製造業では生産中止を余儀なくされ，同業他社から軽視されてしまうだけでなく，納入先からは取引停止を言い渡される恐れがある。

在庫を管理する際には，どちらにも偏ることなく，バランスの取れた運用をしなければならない。

b.　在庫は本当に悪か

前述のとおり，在庫とは将来必要となる品が，ある場所に存在することを意味し，完成品のみならず，原材料や製造過程のもの（仕掛品等）も含まれる。つまり，ありとあらゆるところに在庫は存在しており，一般的に在庫は悪であるというイメージが強い。ではその諸悪の根源である在庫はゼロがベストかといえば，不確実性がゼロである理論上ではそのとおりである。しかし実際の現場は不確実性が必ず存在しており，定性的な人間や，定量的ながらも故障する機械といった要素が生産活動に入っている以上，不確実性がなくなることはあり得ない。つまり，在庫管理は，この不確実性を現場に合わせていかにうまく統計的手法を駆使して定量的表現によって管理統制し，単なる感覚ではなく，ロジックに判断していくかが重要なポイントとなる。

c.　在庫を見てどう感じるか

在庫管理は，生産面から見れば，最も重要な管理手法の１つであり，特に工場で生産活動を行う企業の生産管理システムは，在庫管理を重視して構築されているものが多い。一方，企業の血である財務面から見れば，在庫自体も元々はお金であることを考えれば，適正な在庫管理は運転資金の効率化にも大いに寄与する。

なぜなら，生産面から見れば，在庫の存在は，その空間が占領されるだけでなく，安全面が脅かされるケースも少なくなく，そのうえそのデッドスペースにも賃料や税金がかかっている。一方，財務面から見れば，在庫品は単なる物体ではなく，材料費や人件費がかかったお金の塊であり，さらにたとえわずかでも，その在庫品（お金の塊）をつくる（借りる）ための金利もかかっている。特に，最近の企業情報システムは，材料や完成品の入庫とともに財務諸表に反映させるリアルタイム統合処理が中心となっており，入庫の重要性を再認

第Ⅲ編　基本科学編

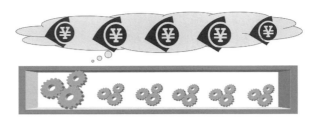

図 12.2　在庫の山はお金の山と思える感覚が必要

識せざるを得ない。

このような考え方や視点は，管理者レベルは当然のこと，作業者レベルまで浸透させておくべきであり，現場の理解なしには，どれだけ優れた管理手法や高価な情報システムを検討したとしても，根本的な解決には至らないことを肝に銘じておく必要がある（図 12.2）。

d. 何を実践すべきか

作業者レベルにこのような感覚を習得させるには，何らかの「仕掛け」や「OJT」が必要である。もし組織として導入可能なら，環境会計の導入を検討するとよい。環境会計とは，製造現場で発生する原価を実際に製品原材料となった"正の原価"と副産物やゴミになる"負の原価"の2つに分けて集計するもので，現場サイドは単純にこの"負の原価"の削減に取り組むだけでよく，作業者レベルにも非常にわかりやすい。ただし廃棄物の分類や重さなどのデータ測定に手間がかかるため，中小企業への導入には ABC 分析などで重要項目を洗い出したうえで，必要な現場にのみ部分導入するなどの工夫が必要である。

また簡単なところでは，活動基準原価計算（Activity-Based Costing）による時間単価の算出で，自らの人件費と材料への付加価値を意識させてみるのもよい。たとえば QC サークル活動を 1.5 時間実施したとき，課長：6,000 円/h，係長：3,000 円/h，職員：2,000 円/h の合計 3 名で概算すれば，16,500 円分のペイができる活動内容であったかを考えさせるのである。本手法はプッシュ型/プル型ともに導入可能で，その効果が論文[1]にも示されている。どちらにしても，作業者レベルでコストや工数を常に意識させる仕掛けが必要であることは間違いない。

1022

第 12 章　在庫管理手法

(2)　在庫の機能と必要性

在庫管理の機能にはさまざまな見方があるが，大別すると以下の 2 点を挙げることができる。

a.　コスト面からみた機能

コスト面からみた在庫の機能を考えるためには，「資材に関わるコストを少なくするための活動」を列挙する必要がある。これには，いかに管理の手間を省き，管理に関わるコストを少なくするかという視点も含まれている。具体的には，材料・部品調達の円滑化，在庫の低減，在庫費用の節減を目標に掲げ，材料・部品の出庫統制により，不必要な材料・部品を工場に渡さず，加工不良の発生を防止し，材料費を節減する機能が含まれる。

たとえば，資材購入ロットを大きくすれば，購入単価が安くなるとともに，発注費用や発注に関わる工数の低減が期待できる。ただし，購入ロットが大きければ，結果として在庫が発生する割合も高くなる。また，季節的に価格変動が大きい資材や相場性のある資材などは，安いときにまとめて購入することで，材料費の低減を図ることができる。

また，運転資金を節約するためには，在庫量をできるだけ少なくして，在庫として固定化する資金を少なくする必要があり，経営効率化，原価低減，総資産圧縮，資材回転率の向上などを狙いとしている。

b.　時間バッファ面からみた機能

時間バッファ面からみた在庫の機能を考えるためには，「資材の需要部門に対してタイムリーに資材の供給ができる活動」を列挙する必要がある。これには，材料供給のタイミングを合わせ，生産稼働率を向上し，製造間接費を低減する狙いが含まれている。また，設計変更にフレキシブルに対応し，材料部品の陳腐化発生を少なくする狙いもある。

たとえば，資材の調達期間が長く，顧客からの注文後での発注では間に合わない資材の場合には，あらかじめ在庫として保有することにより，時間バッファを補うことになる。つまり，資材を在庫することにより，資材調達にかかるリードタイムが不要になるため，全体の生産期間の短縮をすることができる。さらに資材によっては，時期により必要量の確保が難しいものもあり，量を確保できるときに備蓄のために在庫することもある。

第Ⅲ編　基本科学編

ただし，在庫保有により，在庫中に減耗や品質劣化などが発生したり，スペースが圧迫されたり，在庫管理費用が大きくなったり，現場の問題点が隠れて改善が進みにくくなったりするなどのデメリットもあるため，適切に在庫を管理する必要がある。

まとめれば，在庫管理の機能は，必要とされる品質の保証された材料・部品・製品を，必要な時期に必要な場所に必要な数量だけ供給することである。大量の在庫は，在庫費用が膨らむほか，時間経過による死蔵品化や設計変更などによる使用不能品につながる。逆に品切れになると生産中断を引き起こしたり，多大な機会損失を被ったりすることに加え，消費者の企業に対するイメージダウンのみならず，協力会社の信頼低下にもつながる。

12.1.2　在庫の把握と管理

現状把握の準備：

a.　管理者のリスクヘッジ

たとえば，急に勤務先の工場に現れた社長に現在の出庫状況を聞かれたとき，何の根拠をもって回答ができるかで，管理者の資質が問われる。管理者として常に需要動向をチェックしながら，進捗状況と出庫数を意識していれば，何の問題もなく回答できるはずである。少なくともリアルタイムに近い処理データや帳簿が手元にあれば，最低限の回答は可能である。しかし，何の目的意識ももたず，ただ日々のルーチンを処理するだけの管理者であったなら，次の日から別の管理者が配属されるはずであり，もしそうでなければ，その会社組織と文化に致命的な問題があると見るべきである。

b.　現状把握の準備と実態

このようなケースの場合は，急な話でもあるので，大まかな数値で十分であるが，決算をはじめとする報告書ベースとなれば，正確な数値が必要となる。当然，台帳を確認すればデータは出てくるが，残念ながら，台帳と現物が合わないのが普通である。記入や入力の漏れやミスまたはそのタイミングのズレ，入庫時の検品ミスなどが主な原因である。

そこでまず現状把握の準備として着手すべきなのが，すでに実行しているはずの5Sの見直しと現場への再徹底である。

5Sは①整理，②整頓，③清掃，④清潔，⑤躾（しつけ）であることは周知の事実であるが，工場内での看板や垂れ幕には高らかにうたってあるものの，その本当の意味と目的を現場の作業者が日々のルーチン作業に追われて忘れてしまっている，または後回しにしているケースも少なくない。

c. 現場の敵「計画のグレシャムの法則」

このようなケースを経済学では「計画のグレシャムの法則（"悪貨は良貨を駆逐する"意味から由来）」と呼んでいる。ノーベル経済学賞を受賞した経営学者であるサイモンとマーチが著書の中で命名した法則で，「日常反復的な仕事は革新（イノベーション）的な仕事を駆逐する」と説いている。この法則から抜け出るには，革新（イノベーション）的な仕事にも納期を決めたり，それを任務とする部署を組織的に設けたりするという解決策が提唱されているが，それでも落とし所を探すのが人間と組織である。本当の解決策は革新（イノベーション）しようとする意思を持ち続けることにあり，管理者はそのようなことができる人間を育成することが仕事である。

それを確認するため，管理者は実際に作業者にその意味と目的を聞いてみるとよい。

「なぜ①整理が必要で，なぜ②整頓すれば良く，なぜ③清掃すべきで，それらにどのように④清潔が関係し，そのために⑤躾を常に意識しているか」が説明できなければ，理解していないとみてよい。「当たり前の状況を当たり前と思わないクセ」を徹底するだけでも，現品管理能力が向上し，大幅な在庫削減につながる現場はたくさんある。

たとえばISOを取得すると，現場の全社員に社是や経営方針が配布され，ISO審査員からの質問にいつでも回答できる準備をすることになるが，目的と手段を取り違えると形式だけのまったく無意味なものとなる。

本章の冒頭で"在庫管理は単なる管理方式の利用テクニックだけではなく組織的要素こそが重要である"という趣旨を述べたが，その意味を再度理解してほしい。

第Ⅲ編　基本科学編

12.1.3　現品管理と ABC 分析

(1)　現品管理の方法

　現品管理を面倒な作業と感じるのは誰しも同じであるが，気負うことなく，5S の順番どおりに一歩一歩進めていくと，その効果が少しずつ現れてくる。

a.　整　理

　管理者が先頭に立ち，勇気をもって徹底的に不要物や不明物を排除するしかない。現場には実行日と趣旨を伝えておき，本来のスペースに納まる範囲内での整理を厳守させる。どうしても対応が不可能な部分は，逆に見直すべき項目なので，他の部分を切り捨ててでも，本来のスペース量にこだわるべきである。これは「計画のグレシャムの法則」に陥っていない管理者には説明するまでもない話である。

　ここで実際に実行に移す前に必要なことは，整理によるコスト面での数量的評価と安全面でのリスク・マトリックスを作成し，事前にその重要性を関係部署に理解してもらうことである。また，組織に ISO など何らかの制度を導入することで解決が図れるケースもある。社内折衝で折り合いがつかないビジネスシーンでは，行司役を担う第三者組織やそれに代わる制度の導入が必要である。

b.　整　頓

　いわゆる標準化をイメージすれば理解しやすい。つまり，誰が作業しても同じ結果が得られるような環境を作っておくことである。そのためには，置き場のレイアウト設計をはじめ，区画線の表示，保管方法や位置番号の表示，品目と量の表示などが必要となる。ただし現場では，やむを得ず仮置きをするケースは否定できないので，その場合は「仮置き場」の表示をすべきである。

c.　清　掃

　清掃には，単なる掃除の意味だけではなく，整理整頓を意識した動線確保を優先とした製品在庫の移動・撤去の視点も含まれる。動線が崩れると重大事故につながるケースが多いので，清掃時には特に注意が必要である。なお，交代制を導入している会社では，掃除の際に，「来たときよりも美しく」をモットーにしている現場もある。経験上，得てして清掃の行き届いた現場をもつ会社

は，業績も良いケースが多かったのは気のせいとは思えない。

d. 清潔

清潔とは，これら a.～c.を維持管理するいわばルール作りのことであり，組織におけるシステム化として位置付けられる。ただ文書化して安心するのではなく，それを現場にわかりやすく"見える化"して常に意識させておく一工夫が必要である。清掃点検の例をいえば，一覧表の掲示に加え，その意識が現場に根付くまでは，担当者以外の定期的なパトロールが必要であることはいうまでもない。

e. 躾（しつけ）

躾とは，d.の清潔で構築された社内ルールとそのシステムを遵守させることであり，これが現品管理の生命線となる。社風や社内文化に大きく影響を受けるので，組織論的視点から取り組む必要がある。すなわち，他部門における成功例の横展開や，自部門における成功例の社内広報（縦展開），さらには社外組織における勉強会への積極的参加など，特に管理者による大所高所からの現場教育への配慮が，長期的視点での現場力に大きな影響を与える。

なお，先にも述べた「計画のグレシャムの法則」により，ルーチン作業を優先してしまう人間の性質から，臨機応変に見直すべきルールやシステムが稼動可能な範囲内は放置され，無駄を感じながらもルールを遵守したり，なし崩し的にルールを無視したりしていることが多い。すなわち管理者は，⑤躾には単なるルール遵守だけではなく，自己変革できる風土や文化の場を提供する義務を負っていることを意識すべきである。

また最近では，消費者の多様性に迎合するあまり，現場に品番爆発が起きてしまい，現状の管理システムでは対応できなくなるケースも出てきている。このような場合は，もはや管理者ベースでの解決は困難を極めるため，「ハインリッヒの法則」である一大事故（たとえばリコール）が発生する前に，現場から問題点をすべて吸い上げるとともに，その要因を分析し，経営層に働きかけるべきである。

(2) ABC分析による管理方式の決定と見直し

在庫管理における ABC 分析とは，いわゆる「QC 七つ道具」の「パレート図」を用いて，重要度の高いグループはきめ細かい管理方式，重要度の低いグ

ループは大まかな管理方式を適用し,在庫量の減少と適正化を図ろうとする考え方である.具体的には,まず,パレート図を作成するため,過去の使用実績から金額の大きい順(降順)に並べ,使用金額の多い順に全体をAグループ,Bグループ,Cグループとグルーピングし,それぞれに適した在庫管理方式を決定する方法である[2].

a. パレート図の作成とグルーピング

資材の需要部門に対してタイムリーな資材供給を追求すれば,欠品防止のための在庫は多くなり運転資金も増加してしまう.なぜなら,欠品防止と在庫削減は二律背反の関係にあり,それらを同時に追求するためには厳密な管理が要求され,大幅なコストアップとなるからである.そこでまず,資材の品種と購買金額に関するパレート図を作成する(図12.3).この図は,横軸に購入している資材の品種を購買金額の大きい順に並べ,購買金額の累計額を折れ線グラフにするだけで完成する.一般的に,資材の品種と購買累計金額は,Aグループを品種全体の10%程度としても購買金額全体の70%程度を占め,Bグループを次の30%までとしても購買金額全体の90%程度を占めてしまう.残りのCグループの70%の品種は,購買金額で見ればほんの10%程度にすぎないケースが多い.

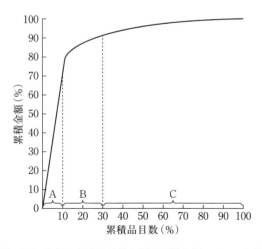

図12.3 資材の累積品目数と累計購買金額のパレート図

第 12 章　在庫管理手法

b.　各グループにおける管理方式の検討

まず A グループは，品種が少ないにも関わらず購買金額が大きいので，重点的に管理すべきグループとして定義する。いい換えれば，管理の手間をかけて管理コストを増大させても，運転資金の節約や欠品防止に重点をおいた方が全体としての効果が大きいグループである。逆に C グループは，品種が多いにも関わらず購買金額が小さいので，管理の手間をかけてもコストパフォーマンスが悪いグループと定義する。いい換えれば，管理の手間をかけずに最低限で済ます方が全体としての効果が大きいグループである。ただし，C グループの資材でも，欠品が生じれば A グループの資材と同様の不都合が生じるケースも想定されるが，購買金額が少ないので，ある程度の過剰在庫であっても資金的な負担は小さくて済む。ただし最近では，ICT 技術の進歩により，C グループにロングテール・ビジネス[1]を適用するケースが散見されるので注視しておきたい。最後に B グループは，A グループと C グループの両方の特性をもっており，A，C 各グループの中間の特徴をもつ管理方式を選択すべきである。

c.　在庫管理方式の決定

各グループにおける在庫管理方式の決定方法はさまざまであるが，一般的には A グループには定期発注方式，B グループには定量発注方式，C グループにはダブルビンなどの簡易発注方式を適用するケースが多い。何よりも自社の取扱品目を熟知したうえで自社に合う管理方式の組み合わせを見つけ出すことが重要である。

d.　管理方式のタイムリーな見直し

パレート図に基づく ABC 分析によって決定した管理方式は，適宜タイムリーな見直しを図る必要がある。なぜなら，現在の ABC 分析のベースとなったデータは，あくまで過去の購買金額であり，将来の需要トレンドが考慮されていないからである。製品や部品にはライフサイクルが存在しており，「導入期－成長期－成熟期－衰退期」の各ステージに応じて売上げが変化する。管理方式の決定者は，各品目がそれぞれどの状態にあるかを常にチェックしながら，

---

[1]　売れ筋商品（本例では A・B グループ）以外の商品（本例では C グループ）に注目し，管理に掛かる手間を ICT 技術で補うことによって利益を生み出すビジネスモデル。逆転の発想こそイノベーションに欠かせない要素である。

A，B，Cのグループ替えをタイムリーに再検討する必要がある。そのためには，購買金額による単純な機械的処理のみに頼ることなく，自社の経営戦略や成長ステージに応じて，たとえばB・CグループであってもAグループに変更したり，逆にAグループであっても簡易的な管理方式に変更したりする必要がある。具体的には，B・Cグループにおける品目の統合や廃止，アウトソーシングなどについて，取引先に提案できるようになる。

12.2 在庫の基本理論

12.2.1 サービス率の理論

変種変量生産の時代が到来し，自社内を含むSCM活動を合理的に実施するための情報提供，在庫管理や生産管理のための資材コントロールは，非常に複雑な問題となっている。たとえば，在庫管理には原材料，購入部品，仕掛品，製品などがすべて含まれ，資材コントロールには生産に必要な資材を必要な時期に必要な数量を必要な場所に提供する機能があるため，決定項目は多岐に渡っており，取扱製品の品番爆発などに伴い，各種優先順位を決めるプロセスはより一層困難な問題となっている。

たとえば，製品の組立工場で部品を使用しているケースを想定すると，図12.4に示すように，その部品使用速度は一定ではなく，製品の需要状況によって常に変化している。ここで，発注してから部品が納入されるまでをリードタ

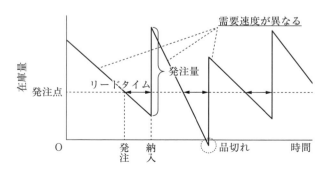

図12.4　在庫量と時間変化（安全在庫なし）

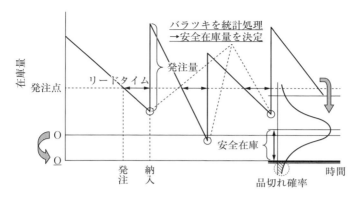

図 12.5 在庫量と時間変化（安全在庫あり）

表 12.1 品切率を考慮した安全係数の例

品切率(%)	1	2.5	5	10	30
安全係数	2.33	1.96	1.65	1.28	0.52

イム（lead time）といい，このケースでは，発注点と発注量，品切れを起こさないようにするためのバッファ機能である安全在庫をどのように決定するかが問題となる。安全在庫を嵩上げすれば品切率が小さくなる，すなわちサービス率が向上するケースを図 12.5 に示す。なお，サービス率＝1.0－品切率である。

サービス率向上のために必要な安全在庫量の求め方は，精密法と簡易法 2 通りがある。

(1) 精密法

精密法は，実際の需要量（実測値）の集まりを 1 つの母集団と見なし，それを統計的手法により確率的に計算することにより，将来のサービス率向上を目指した安全在庫量を決定する手法である。確率的表現により各指標が明示されるため，精度の高い意思決定をすることが可能である一方，標準偏差などの統計的知識が必要なため，それらの計算は情報システムに頼るところが多く，現場サイドがその本質を十分に理解しないまま運用してしまうリスクもある（表12.1）。

$$安全在庫量 = (品切率を考慮した安全係数) \times (需要量の標準偏差) \times \sqrt{調達にかかる期間}$$

第Ⅲ編　基本科学編

(2)　簡易法

簡易法は，ある母集団の中で最も品切れリスクの高い最大需要量と平均需要量の差分に注目し，その差分需要量のリードタイム期間分を安全在庫量として決定する手法である。直観的に理解可能なため，関係者内での情報共有も容易であることから，多くの現場で利用されている。

安全在庫量＝（最大需要量－平均需要量）×調達にかかる期間

12.2.2　その他の指標と理論

その他の在庫管理のための直観的な指標としては，絶対平均偏差（MAD：Mean Absolute Deviation）や四分位範囲（IQR：Interquartile Range）などがあげられる。

絶対平均偏差は，ある母集団の各実測値と平均値の差分の絶対値をすべて合計し，その値を母集団の数 n で割った値で，需要に対する直観的なバラツキを表す指標である。

絶対平均偏差＝（|実測値－平均値|の合計）/n

また，四分位範囲は，データを小さい順に並べて二等分し，その境界となるデータ（中央値：第2四分位数）に対し，その前半のデータの中央値（第1四分位数）と後半のデータの中央値（第3四分位数）の差分（第3四分位数 － 第1四分位数）の値であり，母集団の中央値付近に対するデータの直観的なバラツキを表す指標である。割合を見える化できるため，絶対平均偏差よりも一般的に広く利用されている。

四分位範囲＝第3四分位数－第1四分位数

12.3　発注システム

12.3.1　定期発注方式

(1)　特　徴

定期発注方式は，重要度の高い資材を管理する際に適用される管理方式である。毎月・半月・毎週などの一定期間ごとに発注量を計画するため，購入金額

の大きい資材の在庫管理を厳密に行ったり，需要変動の大きな資材の在庫管理を柔軟に行ったりすることができる。また，設計変更や製品の陳腐化などによる資材のデッドストック化を最小限に食い止められるほか，納入時期もほぼ一定のため，納入計画が立てやすく輸送効率を上げることができる。さらに取引先にとっても，受注する日時があらかじめわかっているので，計画的な生産が行いやすい，という特徴をもっている。

(2) 定期発注方式の理論

定期発注方式における発注量は次式で求められる。変動要因には，生産計画の変更，納入品の不良，工程不良，納期遅延などが想定されるが，定期発注方式は，毎期，それらの影響を反映させながら計画を立てることができる。

> 発注量＝（在庫調整期間の予定消費量）－（発注日の注文残）
> 　　　－（発注日の在庫量）＋（在庫調整期間の安全在庫量）　　(12.1)

これを数式で表すと以下のようになる。

$$Q = d \cdot T - V - U + A = d(L+R) - V - U + A$$

ただし
- Q：発注量
- d：平均需要量（1期間当たり）
- L：調達期間（リードタイム）

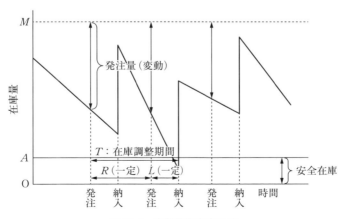

図 12.6　定期発注方式の例

1033

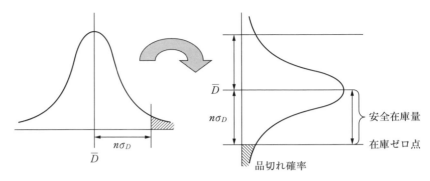

図 12.7 安全在庫の統計的算出イメージ

R：発注間隔（定期）
T：在庫調整期間（$T=L+R$）
V：注文残（注文済だが未納入の資材数量）
U：在庫量（発注時点の在庫量）
A：安全在庫量（消費変動に対応するための在庫量）

さらに，M を最大在庫量（規定在庫補充水準）とすれば

$$M=A+dT=A+d(L+R) \tag{12.2}$$

よって発注量 Q は，次式のように簡略化できる（図 12.6）。

$$Q=M-U-V \quad（ただし，L \leq R のとき V=0） \tag{12.3}$$

ここで，A は需要変動による品切れをできるだけ防ぐために設定される安全在庫量で，過去のデータから求められる需要量のバラツキを示す標準偏差を σ とすれば

$$A=n\sqrt{L+R}\sigma=n\sigma_D \tag{12.4}$$

ただし，n は需要変動に対する安全係数で，たとえば 95％ の需要を保証する場合，欠品率 5％ を意味するので，表 12.1 より $n=1.65$ となる。つまり，資材の重要度を考慮しながら，需要に対して何％の在庫を保証すべきかを決定すれば，n 値が一意に決まり，安全在庫量を算出することができる（図 12.7）。

(3) 計算事例

本事例は，ある会社において，原材料に対し，定期発注方式を用いて在庫管理を実施しているケースである。昨年の発注状況と将来の需要予測値は以下の

第12章　在庫管理手法

表12.2　過去の発注状況と将来の需要予測値

月	発注済		11	需要予測値		
	9	10	11	12	1	2
発注量	790	750		790	780	810

状況のとおりで，発注は，在庫水準を確認後に各月末に行われ，調達期間の2ヶ月後，その月の発注後に納品される仕組みになっている。また安全在庫は，これまでの前例から80 kgとしていた（表12.2）。

さてここで，11月末現在の在庫水準が120 kgであったとき，管理者として11月末日の発注量をケーススタディしてみる。

まず，リードタイム2ヶ月，発注間隔1ヶ月なので，トータルの在庫調整期間は3ヶ月となる。よってまず，現時点から3ヶ月間の推定需要を考えなくてはならず，790＋780＋810＝2,380（kg）となる。ただし，先程の在庫調整期間の3ヶ月を考慮すれば，9月と10月の発注分は未納状態なので，その注文残は790＋750＝1,540（kg）にもなってしまうことに注意が必要である。これに，安全在庫80（kg）と月末の在庫量120（kg）を考慮すれば，11月末の発注量は，80＋2,380－120－1540＝800（kg）と求めることができる。

では次に，12月の実需要量が780 kgとなってしまった場合の12月末の期末在庫および12月末の発注量を求めてみる。

11月末日においては，9月の発注量790 kgが納入されるが，一方で12月の実需要量780 kgが出庫されるため，12月末の期末在庫は，「11月の期末在庫＋9月発注量－12月の実需要量」を計算すればよく，120＋790－780＝130（kg）となる。また12月末の発注量は，同様の方法により，80＋（780＋810＋750）－130－（750＋800）＝740（kg）と求めることができる。

ここまでは，実務の実際を理解してもらうためのケーススタディであったが，本ケースにおける一番の問題点は，安全在庫80 kgが経験的に定められたものであったことにある。

実はこのようなケースは他社でも意外と多いのだが，これが本当に妥当であるかどうかを検討してみる。ただし，安全在庫量の設定に当たって必要なデータを以下のとおり用意した。

1035

第Ⅲ編　基本科学編

［過去データによる分析結果］

- 単位製品当たり年間保管費用 30 円/kg
- 品切れ損失 70 円/kg
- 各月の推定需要の誤差（推定需要－真の需要）は標準偏差 50 の正規分布に従う。
- なお，品切率 α は，保管費用（調達時間，1 個当たり），品切れ費用（調達期間，1 個当たり）であるとき，保管費用/（品切れ費用＋保管費用）で計算できる。

まず品切率 α を求める。保管費用と品切れ損失とのバランスを考慮したとき，100％を求めるのは非経済的なので，ある程度の品切れは認めるべきである。今回の例では，$\alpha＝30/(70＋30)＝0.3$ となり，当該製品が品切れを起こさないという，いわゆる保証割合は 70％と判明する。次にこのときの安全係数 n は，表 12.1 から品切率 30％のとき $n＝0.52$ であることから，安全在庫量は，$0.52×\sqrt{2＋1}×50≒45$（kg）と求められる。

よって，この会社は随分長い間，理論値の 2 倍近い過剰な安全在庫を抱えていたことがわかる。ただし実際に重要なのは，理論と実際との間にどのような要因があるのか，たとえばただ単に過去の管理者が見直し検討をしていなかったのか，それとも取引先を含む業界全体の需要変動としてやむを得なかったのかをハッキリさせ，見直しのトリガーを標準化の土台に乗せておく必要がある。

12.3.2　定量発注方式

(1)　特　徴

定量発注方式は，中程度の重要度をもつ資材を管理する際に適用される管理方式である。生産計画とは関係なく，在庫量が一定水準（発注点）まで低下したら，事前に定めておいた一定量（経済的発注量）を発注する方式であり，発注ごとに所要量を計算する手間が省け，自動発注化などの生産性向上が可能である。さらに，発注量を発注費用，在庫費用，購入単価の数量割引などを加味した経済的発注量に設定すれば，資材コストの低減も期待できる。需要量が安定しており，デッドストックになる危険性が少ない資材について，管理の手間

1036

第 12 章　在庫管理手法

をかけずに過剰在庫を抑えられるほか，設備保全のための補修部品など，需要予測が立てにくい資材にも適用できる。

(2)　定量発注方式の理論

定量発注方式における基本モデルの根幹は，発注費用と在庫管理費用の総費用を最小化する経済的（最適）発注量の決定にある。ここではまず，変動要因のない確定的環境下（不確実性ゼロ）における理論を説明し，その後，より実践的な不確実環境下での理論を説明する。

a.　確定的環境下の理論

①　発注費用

発注費用は，計画期間の発注回数（N）に，1回当たりの発注費用（手数料）（S）を掛けて算出される。発注回数（N）は，計画期間の資材必要数量（D）を1回の発注量（Q）で割ればよいので，以下のような数式で表すことができる。これにより，1回の発注量を減らして発注回数を増やせば，累積手数料である発注費用が増加する反比例曲線となることがわかる。

$$発注費用 = (D/Q) \cdot S \tag{13.5}$$

ただし

D：計画期間の資材必要数量

Q：1回の発注量

S：1回の発注費用

②　在庫管理費用

在庫管理費用は，在庫を維持・保管するためにかかる費用である。計画期間の平均在庫量（$Q/2$）に，計画期間の単位当たり保管費用（U）を掛けて算出される。ここで，計画期間平均在庫量（$Q/2$）は，不確実性ゼロのモデル環境下において，ノコギリ歯形状となる在庫量の平均値を意味している（図12.8）。つまり，在庫量が増加すればするほど，在庫管理費用も増加する正比例直線の関係にある。

$$在庫管理費用 = (Q/2) \cdot U \tag{12.6}$$

ただし

D：計画期間の資材必要数量

Q：1回の発注量

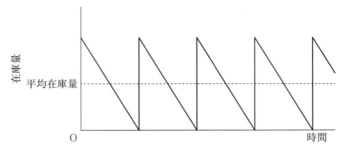

図 12.8 平均在庫量の考え方

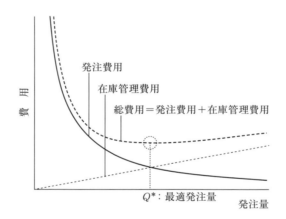

図 12.9 総費用を最小にする経済的発注量の算出図

U：計画期間の単位当たり保管費用

③ 総費用曲線と最小化のための経済的（最適）発注量

計画期間における発注費用と在庫管理費用を合計した総費用は，発注費曲線と在庫管理費直線の合成関数で表すことができる（図 12.9）。

$$総費用 = (D/Q) \cdot S + (Q/2) \cdot U \qquad (12.7)$$

この合成関数は総費用曲線と呼ばれており，下に凸の曲線であることから，これを最小にするために，Q について微分した式をゼロとおき，Q について整理すれば，計画期間における経済的（最適）発注量（Q^*）を算出することができる。

$$経済的発注量：Q^* = \sqrt{\frac{2DS}{U}} \qquad (12.8)$$

$$最適発注回数：N^* = \frac{D}{Q^*} = \sqrt{\frac{UD}{2S}} \qquad (12.9)$$

これより，計画期間における総費用は以下のようになる。

$$総費用：\sqrt{2UDS} \qquad (12.10)$$

ただし

U：計画期間の単位当たり保管費用

D：計画期間の資材必要数量

S：1回の発注費用

b. 不確実環境下の理論

① 発注点

前述の確定的環境下と異なり，不確実環境下での定量発注方式における発注点は，消費量の動きを考慮しつつ，同時に安全在庫量の決定や見直しを適宜実施する必要があり，その管理方法は複雑化している。

> 発注点＝(調達期間)×(平均消費量)＋(調達期間における安全在庫量)
>
> (12.11)

これを数式で表すと，以下のようになる。

$$P = L \cdot d + A$$

ただし

L：調達期間（いわゆるリードタイム）

d：平均消費量（単位が日であれば1日）

A：安全在庫量

② 経済的発注量（EOQ：Economic Order Quantity）

不確実環境下における経済的発注量は，次式の資材管理総費用が最小になるような発注量のことである。

> 資材管理総費用＝(資材購入額)＋(発注費用)＋(在庫管理費用)

これを数式で表すと，以下のようになる。

$$Z = D \cdot C + (D/Q) \cdot S + (Q/2 + A) \cdot C \cdot I \qquad (12.12)$$

ただし,
　Z：資材管理総費用
　D：計画期間の資材必要数量
　C：購入単価
　Q：1回の発注量
　S：1回の発注費用
　A：安全在庫量
　I：在庫維持費率(計画期間)

なお,購入単価（C）に在庫維持費率（保管比率：I）を掛けたものは,計画期間の単位当たり保管費用（U）を意味する。在庫維持費率は,金利,保険,税金,倉庫料,陳腐化および損耗などの費用であり,通常,在庫金額のおよそ20～25％程度である[3]。

これより,計画期間当たりの資材購入額,発注費用,在庫管理費用の合計 Z は

$$Z = DC + \frac{DS}{Q} + \frac{CIQ}{2} + ACI \qquad (12.13)$$

と展開できるので,これを前述と同様にして計算すると,以下の式が導き出される。

$$\text{経済的発注量}：Q^* = \sqrt{\frac{2DS}{CI}} \qquad (12.14)$$

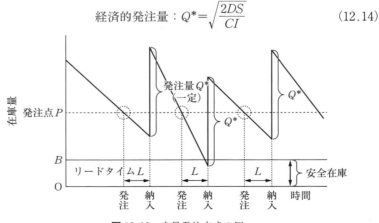

図 12.10 定量発注方式の例

$$\text{最適発注回数}: N^* = \frac{D}{Q^*} = \sqrt{\frac{CID}{2S}} \tag{12.15}$$

これは確定的環境下の数式と同じ式であるが，実際は計画期間や安全在庫の見直しを図る必要があり，管理運営は簡単ではない（図 12.10）。

(3) 事 例

本事例は，ある部品サプライヤーが，取引先のメーカーから今後 1 年間に 2,500 台分の需要内示を通知されたケースである。

この部品サプライヤーは，当該内示製品のある部品を製造しており，1 回の段取費は 360 円，在庫維持費率は 1 年間当たり 0.25 であることが過去のデータからわかっている。またこの部品の原材料の購入条件として，400 個までは材料単価が 20 円，400 個以上一括購入すると 18 円となるボリュームディスカウント契約を取引先と結んでいた。

このとき，管理者として 1 回当たり何個ずつの生産を指示すべきかをケーススタディしてみる。さらに，リプレイスによる最新設備の導入を検討するとして，1 回当たりの段取費が 150 円となる場合を想定すると，どのような提案が可能かを併せて考えてみる。

まず，段取費を 1 回の発注費用（S）で読み替え，材料単価を購入単価（C）で読み替えることにする。

ここでまず，段取費 360 円，材料単価 20 円で計算すると，経済的注文量の計算式から

$$Q^* = \sqrt{\frac{2 \times 2,500 \times 360}{20 \times 0.25}} = 600 \text{（個）} \tag{12.16}$$

この数量は，400 個以上の一括購入を考慮すべきなので，材料単価 18 円で再計算すると

$$Q^* = \sqrt{\frac{2 \times 2,500 \times 360}{18 \times 0.25}} = 632.4 \text{（個）} \tag{12.17}$$

よって，管理者として 1 回当たり 633 個ずつのロット生産を現場に指示すればよいことがわかる。

次に，最新設備を導入したときのケースを考えると，段取費が 150 円になるので

第Ⅲ編　基本科学編

$$Q^* = \sqrt{\frac{2 \times 2,500 \times 150}{20 \times 0.25}} = 387.3 \text{（個）} \tag{12.18}$$

これより，管理者として1回当たり388個ずつのロット生産を指示すればよい…と判断すべきだろうか。実は目的をおざなりにして機械式に判断すると誤りに陥ってしまう。

　この場合，発注量が一括購入によるボリュームディスカウント数の分岐近傍にあるので，資材管理総費用を計算すべきである。

　まず，388個ずつの計算をすると，資材管理総費用は，資材購入費と発注費と在庫管理費の合計なので

　　資材購入費 ＋ 発注費 ＋ 在庫管理費

$$= (2,500 \times 20) + \{(2,500/388) \times 150\} + \{(388/2) \times 20 \times 0.25\}$$
$$\fallingdotseq 51,936 \text{（円）} \tag{12.19}$$

　一方，400個を一括注文して，400個ずつのロット生産を想定して計算すると，同様に

$$= (2,500 \times 18) + \{(2,500/400) \times 150\} + \{(400/2) \times 18 \times 0.25\}$$
$$\fallingdotseq 46,838 \text{（円）} \tag{12.20}$$

これより，最新設備を導入した際には，400個ずつ一括注文する方が12個余分に入手できるうえ，価格面でも10%程度割安になることがわかる。ただし，購入原材料の大きさなどにより，この提案が必ずしも正解ではない可能性もあるので注意が必要である。

12.3.3　ダブルビン方式

　発注時期が一定な定期発注方式や発注点を在庫量で管理する定量発注方式は，定期的な棚卸作業を踏まえた正確な入出庫データを使用して在庫残数を把握する手続きをとるが，管理の手間を省くため，在庫量を現物で把握し，注文点に達したら一定量を発注する方式も存在する。

　代表例にはダブルビン方式があり，同じ容器や棚を2つ使い，一方の容器や棚が完全になくなったとき，その容器や棚に相当する数量を発注する方法である。管理方式が単純なため，あらゆる業界で利用されている（図12.11）。

1042

第 12 章 在庫管理手法

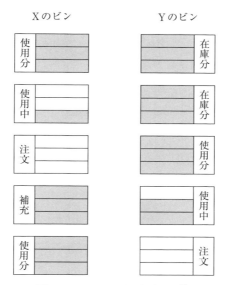

図 12.11 ダブルビン方式の例[4]

12.3.4 その他の方式と事例

ダブルビン方式以外には，包装法方式や補充点発注方式などがある。

まず包装法方式は，予備量が一定のダブルビン方式の欠点を補う方式で，状況に応じてフレキシブルに必要最小限の予備量に定めることができるほか，発注点のトリガーであるマーキング部品箱を開いたら，速やかに発注手続きを取るだけでよいなど，使い勝手の良いシンプルな方式である（図 12.12）。

また補充点発注方式は，発注数量や品番などが記載された発注カードを必要な場所に挟んでおき，順次資材を使用していくプロセスの中で発注カードが現れると，それを発注点とする方式である（図 12.13）。これ以外にもさまざまな方式が存在するが，何よりも大切なことは，現場の目的に合った方式であるかどうかを適宜検討することである。

第Ⅲ編　基本科学編

図 12.12　包装法の事例[4]

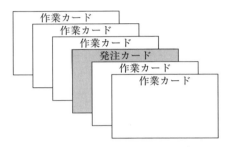

図 12.13　補充点発注方式の例[4]

12.4　多段階在庫管理

　在庫が一箇所に集中している場合の在庫管理と異なり，プロセスにおいて，複数な在庫点が存在すると，多段階在庫（multi-stage inventory）となる。物流，ロジスティクスあるいはサプライチェーンの理念においては，在庫が多段階となることが多く，多段階在庫管理の重要性が増している。

　一般に，代表的な多段階在庫モデルは次のようなものと考えられている。N箇所の在庫点があり，1列に並んでいる直列（直線）型の多段階在庫モデルとなっている。

　図12.14にN箇所の在庫点を持つ直列型多段階在庫モデルの概念図を示している。図12.14に示されるように，在庫点はN箇所があり，物は川上の最初の在庫点N（N番目の在庫点）から$N-1$番目の在庫点に，さらに徐々に川下へ，i番目の在庫点から$i-1$番目の在庫点に流れて行くように，最後に川下

1044

第12章 在庫管理手法

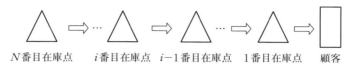

図12.14 直接型多段階在庫モデルの概念図

の1番目の在庫点から顧客へと物が出荷されるというものである。

たとえば，ある製品あるいは商品は，最終的に小売店から最終消費者である一般顧客へという販売過程を考える場合を例にあげると，次のような流れとなる。

まず，川上では，メーカーなどにより製品や商品が製造され，製品や商品の倉庫へ一時保管される。その次に，卸業者の注文に応じて，製品や商品の倉庫から，物流業者が製品を引き取り，一時的に物流業者の倉庫（たとえば，配送センターなど）に保管する。この物流業者倉庫から卸業者の倉庫へ輸送され，さらに小売業者の注文に従って小売業者の倉庫へ輸送され，最終的には小売業者の倉庫から顧客へ引き渡すとする。

この場合は，製品や商品を製造するメーカーの製品在庫点は，N番目の在庫点で，途中の物流業者の配送センターや卸業者などの在庫点は，i番目や$i-1$番目などの在庫点となり，最後の小売業者の在庫点は，1番目の在庫点となり，多段階在庫モデルとなる。

この多段階在庫モデルをメーカー製品在庫，卸業者在庫，小売業者在庫の3段階在庫モデルとして考えると，その概念を図12.15のようになる。

まず，物の流れとしては，川上のメーカー倉庫から，卸業者倉庫へ輸送され，さらに卸業者在庫から小売業者倉庫に輸送され，最終的には，小売業者倉庫から一般顧客に配送される。

次に，最終顧客の需要量情報の流れとしては，川下の最終出荷在庫点（小売業倉庫）から川上の在庫点（卸業者倉庫）に伝え，さらに，最後は川上最初の在庫点（メーカー倉庫）に伝えていくことになる。

従来では，このように，物の取引きが複数の業者間で行われるため，各業者間においては，独自に在庫点や輸送を運営管理している場合が多い。一般的に最終顧客の需要を予測するが，この予測が当たらないことが普通である。また

第Ⅲ編　基本科学編

図12.15　3段階在庫モデルの概念図

各在庫点間に在庫量や安全在庫輸，輸送量などについての情報共有が不十分のため，各在庫点では，予測が当たらないことにより引き起こす需要変動に対応するため，各在庫点で余分な在庫をもつことで対応する方策が一般的で，いわゆるデカップリング在庫（decoupling stock）が発生することで，多段階在庫モデル全体としての総在庫量が多くなる。しかも需要変動が川上の在庫点に遡るほど大きくなること，いわゆる，ブルウィップ効果（bullwhip effect）を生じることが知られている。

また，デカップリング在庫に影響を及ぼすほかの原因としては，リードタイムの変動，発注量などが考えられる。

このデカップリング在庫を削減するため，各在庫点間の在庫量，安全在庫量，輸送量などの情報を共有することで，多段階在庫モデル全体としてのデカップリング在庫の発生を抑える効果があるとして知られている。

デカップリング在庫を排除する方法として提案されたのは，いわゆるエシェロン在庫である。エシェロン（echelon）とは，段階または階層という意味で，多段階在庫モデルの場合は，マルチエシェロン在庫（multi-echelon inventory）と呼ばれていることもある。

エシェロン在庫の考え方では，ある段階（在庫点）の在庫量とは，この在庫点での手持ち在庫と，その段階を通過した輸送中の物を含め，川下のシステムのすべての在庫が含まれるとし，この在庫をエシェロン在庫（echelon inventory）と呼ばれる。

次に，エシェロン在庫を計算するための数値例を取り上げるため，図12.15で示したモデルにおいて，小売業倉庫のエシェロン在庫と卸業者倉庫のエシェロン在庫を計算する。ある時点においては，卸業者倉庫の手持ち在庫量，そして小売業者倉庫へ輸送中の輸送量，小売業倉庫の手持ち在庫量および最終顧客への配送中の配送量を把握できているとする。

第12章　在庫管理手法

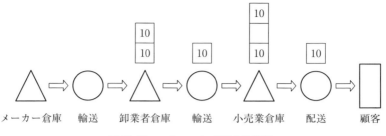

図 12.16　エシェロン在庫の計算例

　図 12.16 に示したように，この時点で卸業者倉庫の手持ち在庫量が 20 単位，川下の小売業者へ輸送中の量が 10 単位，小売業者倉庫の手持ち在庫量が 20 単位，小売業者倉庫から顧客に配送中の量が 10 単位あるとする．

　そのとき，小売業倉庫のエシェロン在庫とは，自分自身の手持ち在庫（20単位）と顧客に配送中の量（10 単位）の合計となるので，合計 30 単位となる．

　一方，卸業者倉庫のエシェロン在庫とは，自分自身の手持ち在庫と自分自身を通過した輸送中の物も含め，川下からこの在庫点までのすべてが在庫となる．したがって，卸業者倉庫の手持ち在庫（20 単位）と輸送中の量（10 単位）と小売業倉庫の手持ち在庫（20 単位）と配送中の量（10 単位）の合計となり，全部で 60 単位となる．

　このようなロジックで，多段階在庫モデルにおいても，各在庫点のエシェロン在庫の計算ができるようになる．

　数値例にも示したとおり，エシェロン在庫を計算する際には，自分より川下（輸送中の物を含む）からのすべての物を把握することが不可欠である．そのため，最終的な需要情報や各在庫点間の情報を共有しなければならないのである．したがってエシェロン在庫の考え方に基づいて多段階在庫管理を行うことで，各在庫点や輸送中の物について把握できるということで，各在庫点にも需要変動の情報を見えることになり，需要変動などを対応するために，各自の在庫点で余分にもつ在庫が必要がなくなり，デカップリング在庫を大幅に削減することができるのである．

　しかし，実際に多段階在庫システムの管理運営は，複数の組織をまたがって

第Ⅲ編　基本科学編

いることが多く，そのような運営管理をうまくできるようにするためには，組織間の垣根を取り払い，情報共有を徹底しなければならないが，容易なことではない。

12.5　在庫補充方式

在庫管理の目的は，過剰な在庫を持たないことと欠品が発生しないことであるとされている。

過剰な在庫を持つことで，大量な資金資源の占有によるキャッシュフローに影響を及ぼすだけでなく，時間経過による物の陳腐化，さらに廃棄につながる可能性があるなどの問題を生じる。一方，在庫不足による引き起こされる欠品は，サービス率の低下につながり，顧客不満をもたらし，会社の信用を下げ，結局，顧客を失うことになるかもしれない。

在庫管理の目的を実現するためには，一般的に経営戦略によって決定されたサービスレベルを維持しながら，在庫量の削減を行うことが必要となる。そのためには，必要な在庫水準（適正在庫量とも呼ばれる）を設定したうえ，この在庫水準を維持することが必要である。

必要な在庫水準の設定については，一般的には，需要の頻度，需要量の変動などを分析したうえ，さらに納期やその納期の変動などを考慮したうえで，いわゆる安全在庫と合わせて決定されることが多い。

一方，この在庫水準を維持するためには，どの時点に実際の在庫水準を把握し，どの時点で在庫を補充するのか，そして，どれぐらいの量を補充するかといった方策を決める必要もある。

エシェロン在庫においては，在庫補充方策として基点在庫方式（base stock system）という考え方に基づいている。基点在庫方式は，Clark, A. and H. Scarf[5]により理論的に提案された方法で，在庫管理方式として古くから知られている。この基点在庫方式とは，各在庫点においては，あらかじめ基準在庫量を決めておき，エシェロン在庫位置（echelon inventory position）がこの基準在庫量を下回れば，基準在庫量まで補充するというものである。

ここでエシェロン在庫位置とは，前節で説明したエシェロン在庫と発注残の

1048

第 12 章　在庫管理手法

合計としている。

　したがって，基点在庫方式とは，基点在庫量を補充点とする補充方式であり，たとえば，初期の手持ち在庫量を基点在庫量として設定しておけば，各在庫点が各期に前期の顧客需要量を補充する方式になる。

　このように，基点在庫方式に基づいて在庫補充を行うことによるもたらす効果が現在展開中のサプライチェーンマネジメントにおける多段階在庫管理に大きな可能性を示している。また基点在庫方式のロジックとして，各在庫点間の情報共有が不可欠となるので，多段階在庫モデルにおいては，在庫補充方式として基点在庫方策を採用することによって，徹底的な情報共有が必要という認識を深め，組織間の垣根を取り払う取り込みにも役立つことであろう。

〈参考文献〉

1)　M. Ozbayrak, M. Akgun, and A. K. Turker：Activity-Based Cost Estimation in a Push/Pull Advanced Manufacturing System, International Journal of Production economics, 87, pp. 49-65, 2004

2)　橋本文雄，帆足辰雄，黒澤敏朗，加藤清：新編生産管理システム，共立出版，2003

3)　Elwood S. Buffa and Rakesh K. Sarin：Modern Production/Operations Management, JOHN WILEY & SONS, Inc., 8th Edition, pp. 99-136, 1987

4)　大場允晶，藤川裕晃編著：生産マネジメント概論　技術編，文眞堂ブックス，2009

5)　Clark, A. and H. Scarf：Optimal Policies for a Multi-echelon Inventory Problem, Management Science, 6, pp. 475-490, 1960

片岡　隆之・宿　元明

13 配送センター設計手法

13.1 配送センターシステム

13.1.1 配送センター（distribution center）

　倉庫は農産物の倉庫のように秋の収穫から次の収穫までの貯蔵を目的とし，品物がほとんど動かない死蔵（dead storage）といわれるものである。経済の発展とともに問屋の倉庫のように多種類の品物を保管し，客先の注文に応じ品揃いして出荷する機能をもつようになり，これを流通倉庫，配送センター，流通センター，物流センターなどと呼んでいる。これらの倉庫の機能は流動貯蔵（live storage）である。また，デパート，スーパーの配送センターやトラックターミナルのように在庫をもたずに入荷した品物をすぐに仕向け先に仕分けして配送する配送センターは通過（transfer）型といわれる。スーパー向けの配送センターなどでベンダーから納入された品物をすぐ仕分けして出荷する通過型の配送センターを最近はクロスドッキング（cross docking）型といっている。

(1) 倉庫の機能

　倉庫機能は一般に，入荷→保管→オーダピッキング→包装→出荷で，特に人手を要し時間のかかる作業はオーダピッキング作業なので，配送センターはオーダピッキング・システムが中心になり，自動化，省力化もオーダピッキングに重点が置かれる。通過型（クロスドッキング）の配送センターは入荷した品

第Ⅲ編　基本科学編

物を客先別，または，方面別に仕分けして出荷するために，基本的には保管とオーダピッキングがなく，入荷即出荷となる。

入荷→仕分け→出荷

しかし，入荷データがある程度揃う場合にはピッキング方式を用いているところもある。

(2)　流通加工

出荷に際して品物に値札を付けたり，数種類の品物を組み合わせて贈答用のセットを作ったりする作業をすることもあり，これを流通加工といい，出荷作業の前に行うのが普通である。

(3)　倉庫機能の変化

倉庫機能は保管型から流通倉庫型へ，さらに，通過型へと機能の内容が変化してきており，多品種少量，多頻度配送，在庫圧縮，ジャスト・イン・タイムへの対応の倉庫機能の変化は保管重視の倉庫から受注から納入までのリードタイムの短縮の顧客サービスにポイントが置かれ，注文になった品物をどのように早く出荷するかの出荷機能へ重点が移行してきた。保管効率を重視してきた保管型に対して顧客サービス重視はリードタイムの短縮であり，出荷時間の短縮である。最近，米国でよく用いられている QR（quick response）という言葉がこれをよく表している。

(4)　補管（予備保管）と動管

同じ品物ならば倉庫一杯に貯蔵してもよいが，多品種時代で多くの種類の品物を倉庫一杯に保管したのでは，必要な品物をすぐに出荷できないので，すぐに出荷ができるような品物の配置と保管の方法が流動貯蔵である。さらに，保管してある品物の内，出荷しやすいように品物の一部の量を保管する場所と残りの保管の場所を分けて置く考え方が出てきた。保管機能の予備倉庫と出荷機能に重点を置いた動管倉庫に分けて保管をするという考え方である。予備倉庫機能は，"reserve storage" または "inactive storage" と呼ばれ，出荷機能に重点を置く倉庫は "active storage" と呼ばれる。従来の倉庫の保管を補管と動管に分ける方法といえばよいであろう（図13.1）。

図 13.1 補管・動管

13.1.2 配送センター特性

倉庫の機能はどの倉庫でも大差がないが,倉庫で扱う品物の形状・寸法・重量などの物性や扱う品物の種類や数量が違い,また,リードタイムや出荷指示内容も違う。この違いが倉庫の特性であり,同じ業種で類似の特性になるとは限らない。倉庫の特性は扱う品物の形状・寸法・重量と入荷,出荷の条件や注文を受けて,その注文の品物を何時までに届けるかのリードタイムが主条件である。倉庫システムは入出荷条件から決まるので,入出荷条件を明確にする必要があり,この条件で配送センターシステムは変わる。また,配送センターを取り巻く条件で配送センターのシステムおよび生産性が左右されるのでできるだけ,入出荷の外部条件を明確にすることである。

(1) 複雑単純システム

配送センターは物を処理するだけの単純システム (low technology) に見えるが,複雑単純システム (complex low technology) で,理論どおりにいかずなかなか難しいシステムである。

(2) 多数制約条件下のシステム

配送センターシステムは多数制約条件の上に,各条件の中には二律背反の条件も多い複雑系システムである。

(3) 計画条件の確定,未確定,顕在,潜在条件

配送センターシステム計画を始めるに当たっての必要条件は,確定,未確定,顕在,潜在条件であって,生産システムのように条件が確定をしていない。

(4) 処理量が未確定,かつ,変動の上に変動幅が大きい

配送センターの作業は客先からの注文で始まるので受注になるまでは,その

第Ⅲ編　基本科学編

日の作業量は不明の上に注文量は日々変動をしている。また，客先ごとの注文の内容は千差万別である。さらに，1ヶ月間のうちの最大注文量の日の注文量は月平均注文量の2〜3倍もの変動幅になることが通常である。また，年末などの注文量は月間平均値の10倍以上になることも珍しくない。

(5)　注文データの自己相似性（フラクタル）がある

注文データは日々変動をしているが，そのデータは，それぞれの配送センターでは自己相似性がある。また，業種別でも自己相似性を示すことが多い。毎日の注文データの分析結果は配送センターの自己相似性をよく表す。

13.1.3　配送センター特性のキーファクター

配送センター特性のキーファクターは
- リードタイム
- 品物の形状・寸法・重量
- 注文伝票の内容
- 入荷・出荷条件
- 在庫の種類
- 在庫量
- EIQ データ

注文データを注文件数（E）注文種類（I），注文量（Q）の EIQ をとり，EIQ データと名づけると，EIQ データの分析結果は注文特性の自己相似性をよく表す。

注）　E：Entry order, I：Item, Q：Quantity.

配送センター特性は注文伝票の内容が重要なので，これには EIQ 分析を行うとよい。EIQ 分析は注文伝票または出庫伝票の分析で配送センターの特性がわかるものである。この分析は1日，1月などの分析が必要であるが，1日の EIQ 分析でも，ほぼ，配送センターの特性がわかるものである。

13.1.4　生産システムと配送センターシステムの使命の違い

物流，ロジスティクスのなかで，生産システムと販売物流の使命は大きく違い，生産システムの使命は与えられた生産量を能率よく生産することであり，

第 13 章　配送センター設計手法

配送センターシステムは注文の品物を指定された日時に納入することなので，生産システムと配送センターシステムの使命や特性は大きな違いがある。ロジスティクスシステムというと生産システムも含むことになるが，生産システムの特性はロジスティクスと大きく違うので，生産システムそのものはブラックボックス的にロジスティクスと切り離して考えなければならない。

13.1.5　生産システムと配送センターシステムの特性の違い

(1)　生産システムの特性

生産システムは与えられた生産量を能率よく生産する使命の基に，システム，方式，手順は自ら自由に変更でき，また，その基本的な考え方は平準化である。

(2)　配送センターシステムの特性

配送センターシステムは注文量という変動し，また，変動幅の大きい処理量に対して自ら変更することはできないだけでなく，その変動量に対応して処理をしなければならない変動対応が特性である。

(3)　処理データの内容

生産システムの処理データの内容は，生産する機器の部品の種類 (I) と数量 (Q) であり，種類と数量の IQ の ABC 分析などが用いられるが，注文件数 (E) は関係がないので IQ 分析だけで十分である。しかし，配送センターシステムの注文量は客先ごとにみな違うので，注文 (E) ごとの種類 (I) と数量 (Q) の EIQ の内容の検討が必要である。生産システムのデータは IQ の 2 次元で，処理量の変動幅は平準化可能の範囲の特性であり，配送センターシステムは EIQ の 3 次元の上に，変動幅が大きいので，この変動幅に対応するシステムという特性の大きな違いがある。

(4)　生産システムと配送センターシステムの運用特性の違い

生産システムはでき上がったシステムに対して，平準化といわれるように，ほぼ，一定量の生産量を処理する静的システムであり，配送センターシステムは，変動幅が大きく，また，毎日変動する注文量を処理する動的システムである。さらに，生産システムの種類に対する数量の変動に対して，配送センターは注文軒数ごとに種類と数量が，それぞれ違いがあり，常に変動する量がシス

1055

第Ⅲ編　基本科学編

テムのなかを流れる。生産システムは平準化の流れであり，配送センターシステムは質および量が変動する変動流のシステムである。

(5)　生産システムと販売物流のスループットの質の違い

生産システムのスループットは種類ごとの生産量であるが，販売物のスループットは生産物流では考える必要のない客先ごとの注文件数（E）が必要条件で，客先ごとに注文量をまとめる（オーダアセンブリー）がスループットである。

(6)　生産物流と販売物流の計画条件の違い

生産物流の計画条件は生産量を始め，多くの条件は自ら決められ，その変更も自由であるが，販売物流は注文があって初めて，出荷量が決まり，その納入日時も自ら変更できないなど，不確定条件，変更不可能条件などがあり，計画条件が違う。

13.1.6　入出荷システム

品物を注文してから納入されるまでの時間が入荷のリードタイムであり，これが長ければ，配送センターの在庫量が増える。また入荷に当たっての検品や入荷した品物をどこに保管するかの場所の指示などを迅速，的確に行う必要があり，これには，コンピュータによる伝票の確認やバーコードによる品物の確認などの入出荷システムがある。また，トラックからの品物の積み卸しや積みの時間の短縮やそのための自動化も図られている。

13.1.7　オーダピッキング・システム

配送センターの作業は，在庫の中の注文品を間違いなくピッキングし，出荷し，遅滞なく納入先に届けるのが使命であって，これを短いリードタイムの中で，能率よく行う方法がオーダピッキング・システムである。配送センターの全作業時間の大部分が，このピッキング作業に費やされるためにピッキング・システムの良否が配送センターの生産性を左右する重要なシステムである。オーダピッキングの自動化システムや新しい自動ピッキング機器を求めて，関心が集まるのは当然であるが，多品種少量のオーダピッキングは基本的に労働集約型の作業であり，自動化の難しい分野である。

第13章　配送センター設計手法

13.1.8　配送センターの基本モジュール

配送センターの作業は基本的に PCB（パレット，ケース，バラ）の組み合わせで，7つのオーダピッキング・パターンになる（表 13.1）。

PCB（パレット，ケース，バラ）のピッキングはそれぞれ用いる機器が違うので，PCB に適応した機器を含めたシステムとなり，これらを各サブシステムとすると

1　パレット・ピッキン・グシステム　P → P

2　ケース・ピッキング・システム　P → C

　　　　　　　　　　　　　　　　　C → C

3　バラ・ピッキング・システム　　C → B

　　　　　　　　　　　　　　　　　B → B

の3つのサブシステムの基本パターンができる。バラの場合はケースの保管からバラをピッキングする C → B が基本である。このピッキングするバラの量が多くなればバラ単位のピッキングがケースになり，保管もケースからパレットになり，3 の P → C に格上げになる。さら

表13.1　オーダピッキング・パターン

パターン1	P → P
パターン2	P → P + C
パターン3	P → C
パターン4	C → C
パターン5	C → C + B
パターン6	C → B
パターン7	B → B

に，ケースのピッキングの量が多くなればパレット単位のピッキングであり，パレットの保管からパレットのピッキングの P → P になる。すなわち C → B の基本がピッキングの量に応じて，1〜3 の配送センターモジュールに格上げになるわけである。

配送センターシステムは配送センターによりいろいろなピッキング量があるので，これらのモジュールの一部や組み合わせのシステムとなる。一方，これらのシステムに用いる物流機器は PCB を扱う品物の大きさで機械の構造は違うようであるが，機構は同じである。たとえば，パレット主体の立体自動倉庫もケースを扱うケース立体自動倉庫も基本の機構は同じである。多くの物流機器があるが，このモジュールで分類をすると簡単に分類ができる。

1057

第Ⅲ編　基本科学編

13.1.9　通過型の配送センターシステム

通過型の配送センターは在庫をもたないので，一般のモジュールと別な通過型のモジュールとなるが，これは配送センターシステムの中の保管がなくなったものと考えてもよい。通過型の配送センターは入荷した品物を客先ごとに仕分けるので，自動仕分けコンベヤが用いられていることが多い。仕分けだから自動仕分けコンベヤを用いると能率がよいと考えて用いられていることが多いが，EIQ 分析をすると自動仕分けコンベヤを用いると反対に能率が悪い場合が多いことがわかるものである。通過型（cross docking system）はいろいろな入出荷条件があるので，これらの条件を明確にしてシステムを組む必要がある。

特に，入荷種類の時間帯である。午前中に全種類が入荷すれば午後から仕分け作業ができるが，全種類が入荷するのが 5 時とするとそれまで，仕分けが完了しないことになる。このようなときに，どのようにしたらよいかも EIQ データから検討することである。

13.2　EIQ 配送センターシステム設計法

13.2.1　配送センターシステム設計法

配送センターシステムは設計条件が多いので条件設定をして設計する一般の設計方法では設計できないはずなのに多くの配送センターシステムが設計されているのはどういうことかである。それらは「設計者が考えている条件のシステム」で設計者が違えば条件が違うので，違うシステムだけでなく，同じ目的のシステムでも条件が違うのでどちらが良いシステムかわからないはずであり，この基本的なポイントが理解されていないのが配送センターシステムである。

では，どうすればよいかである。条件が多すぎて決められないので設計できないから条件を配送センターの基本条件の注文データだけに絞れば設計できることになる。これが「EIQ 配送センターシステム設計法」である。海外では

第13章　配送センター設計手法

シミュレーションで設計をしているといわれるが，これは原案を2～3案作成し，それに実データを入れて良い方の案に決める方法であるが，問題は原案そのものが，基本システムからみて問題ないか，どうかの検討がされているかどうかである。問題のある原案をシミュレーションして選定しては問題である。

13.2.2　EIQ 配送センターシステム設計法

配送センターシステムは設計条件が多いので諸条件を設定して設計する一般の設計方法では設計できないので，注文データ（EIQ データ）だけの条件で「基本システム」を設計する方法が「EIQ 配送センターシステム設計法」である。目的の「最終システム」は基本システムに他の条件を入れて修正して設計する。最終システムは設計者が基本システムにその他の条件を入れて修正して作るので設計者によりいろいろなシステムができるが，基本システムの条件は満たしたシステムができる。たとえば，基本システムのパレットラックを設備費がかかっても自動化したいという条件から立体自動倉庫に修正するとかであるが，どちらがよいかは設計条件が違うので簡単にわからない。

13.2.3　EIQ 法よる配送センターシステム設計の考え方

配送センターシステムは波動のある受注量（X）に対応するシステムと同時に，多くの制約条件（Y）に適合するシステムでなければならない。そこで，最初から多くの制約条件を入れて考えると大変なばかりでなく間違った方向にいく場合も多いので，制約条件（Y）を考えないで，まず受注数量（X）という数値条件で「基本システム」を検討し，それに他の制約条件（Y）を入れて修正して目的の「最終システム」を作る方法が EIQ 法による配送センターシステム設計法である。EIQ データを基にできるシステムを「基本システム」と名づける。EIQ 配送センターシステム設計法は最小の手間と時間で能率的に配送センターシステム設計ができる手法である。（図 13.2）

EIQ 法：

EIQ 法はランチェスターの二乗則，すなわち多勢の敵を破るには敵の小人数のところを突き破れ，という法則と同じで，多数制約条件の物流を EIQ データだけで突き破るとともに，単純系，複雑系の二刀流を用いる宮本武蔵の五

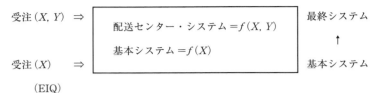

図 13.2 配送センターの基本システム

輸書方式ともいえる。

13.2.4 EIQ 分析

分析というと種類（I）と数量（Q）の IQ 分析が主流であるが，EIQ 分析は IQ に注文軒数（E）を含めた EIQ のデータ分析の多変量解析であり，EIQ の多変量の特性を読む特性解析法である。

13.2.5 EIQ 法の活用

EIQ 法は物流の基本なので物流問題すべてに活用できる。輸送問題などは EIQ データの他に距離（L），時間（T）などの他の必要条件が必要であるが，考え方や進め方は「配送センターシステム設計法」と同じであり，また参考になるはずである。

13.2.6 配送センターシステム設計の進め方

配送センターシステムは多数制約条件下のシステムなので条件の取り方，考え方で多くのシステムができるので，それらの条件の優先順位を考える必要があるとともにどのような考え方で，計画するかが重要なので，

1　どのような経営理念で
2　どのような使命のもとに
3　どのような業務を行わせるか

のシステムを設計することである。

経営理念，使命，業務内容はシステム設計の大きな条件であり，その他，設備金額，スペース，扱う品物の形状・寸法をはじめ大変多くの設計条件がある

第 13 章　配送センター設計手法

上に，条件の中には二律背反の条件が多いのも配送センターシステムの特徴である。

13.2.7　システム設計の理念・考え方

システム設計を進める理念や考え方で配送センターシステムは変わるので，企業の経営理念やどのような配送センターにしたいのかの考え方も明確にしておく必要がある。

たとえば，できるだけ自動化したいのか，できるだけ設備投資をしない配送センターを作りたいのか，なども明確にする。どちらがよいかは簡単には比較できないものであり，考え方でシステムが違ってくる。

13.2.8　システム設計の使命の確認

ロジスティクスシステムの真の使命はカストマーサービスであり，また，物流コストの削減であるが，コスト削減がカストマーサービスの先になってはならない。企業のトップがどのような配送センターを作りたいのかの理念および配送センターに与えられた役割が，その配送センターの使命である。この使命が配送センター設計の基本条件であり，配送センターの特性を形作る。

13.2.9　カストマーサービス・レベル

重要な条件の１つはカストマーサービス・レベルであり，これでシステムが変わる。

カストマーサービス・レベルを上げるには受注から納入までのリードタイムを短縮し，ピッキング時間を大幅に短縮したシステムにすることである。

13.2.10　配送センターを設計するために必要な条件は大変多い

- 確定しているものは列記する。
- 未確定のものは仮定をして設計を進め，あとで確認をする。
- 条件として考慮しなければならないものを列記しておく。

たとえば，労働基準法，消防法，助成金対象機器，メインテナンスなどでシステムが変わる。メインテナンス費用，電気代などの忘れやすい項目だけでも

1061

第Ⅲ編　基本科学編

列記しておく。また，受注から納入までの時間を短縮することも重要な条件である。

13.2.11　物流システムを認識する

- 物流システムは多数の正解あり。
- 生産物流と販売物流の特性の違いを認識する。
- 配送センター計画の手法を使い分ける。
- 物流の流行の話はよいがその本質を見極めること。
- 情報にだまされないこと。

13.2.12　配送センター企業の業務内容を把握する

　設計する配送センターの企業はどのような品物を扱い，どのような客先から注文を受け，何時までに納入するのか，また，配送センターに搬入される品物は自社工場からか，納入業者からかなどの概要を把握する。すなわち入と出の条件を知ることである。

(1)　システムの概要のデータ

①　どのような業務形態の倉庫か

たとえば，食品問屋で小売りやスーパーに食品を配送している。

②　どのような製品を扱っているか

たとえば，食品とか雑貨とか。

③　どのような形状・寸法・重量か

一般のダンボールケースとか長尺ものなど。

④　在庫の種類（ZI）および在庫量（ZQ）はどれくらいか

種類は色，柄，サイズは別種類とする SKU 単位で考える。

在庫量は何ケース位，または何日分位あるなど。

⑤　注文条件（出荷条件）

最小限必要なデータは 1 日の注文データ（出荷データ）で，できれば月のピークの注文データが必要である。正確な数字でなく概略の数字でもよい。

ある 1 日で，

- 何軒の客先（E）から

第 13 章　配送センター設計手法

- 何時，何を（I），何個（Q）注文を受け
- 何時までに，客先に届けなければならないか。

の受注内容と納入までのリードタイム（LT）

- 1月間の最大注文量（GEQ_{max}）は平均日の何倍ぐらいか。

など。

(2)　SEIQ データ

① どのような品物（形状・寸法・重量）S（Style, Size & Weight）

② 1日の出荷件数（同じ注文でも納入先が違うときは1件とする）E
（Number of order）

③ どの種類を（色，柄が違えば，別種類とする。SKU 単位）I（Item）

④ どれくらいの数量 Q（Quantity）

出荷したかの S，E，I，Q の4つのデータが必要であり，これはある日に何件（E）の客先から何の種類（I）を何個（Q）注文になったのかの1日の注文伝票の内容（EIQ データ）である。データの単位はパレット（P），ケース（C），バラ（B）を明記する。形状・寸法・重量（S）が大きく違うときは，それぞれ，別グループとして EIQ データを検討する。なお在庫種類（ZI）および在庫数量（ZQ）の1ヶ月まとめたデータがあればさらによい。

(3)　EIQ データ

一般の配送センターで扱う品物の形状 S は PCB でほぼ同じであるから S を除くと，EIQ が配送センターのキーファクターになる。

(4)　1ヶ月の出荷データ（MEIQ）

① 何軒の客先（E）から

② 何（I）を，何個（Q）出荷したかの1月の出荷データをまとめた，すなわち，1月間の注文をまとめた EIQ データ

(5)　入荷条件（VIQ）

① 何軒の納入業者（V）に

② いつ，何（I）を，何ヶ（Q）注文すれば，

③ 配送センターに，何時入荷するか。

の発注から納入までのリードタイム（VLT）。

1063

第Ⅲ編 基本科学編

13.2.13 配送センターシステムの構成

配送センターシステムは,
- 情報機器：受注情報などの処理のコンピュータや表示装置, ハンディターミナルなどの情報関連機器
- 物流機器：立体自動倉庫, ラックなどの保管機器およびフォークリフト, コンベヤなどの運搬機器
- 運用ソフト：どのような手順と方法で作業をさせるか

などで構成される。

13.2.14 ソフトとハード

ソフト, ハードという言葉が用いられているが, 物流機器がハードであることは理解できるが, 立体自動倉庫のクレーンを動かす情報システムもソフトといわれる。物流機器の場合は物流機器を作動させるソフトとどのように物流機器を用いるかの運用ソフトがあることになり, 運用ソフトを物流機器のソフトに入力して物流機器を作動させることになるので物流機器のソフトは物流機器に含まれるものである。運用ソフトは物流機器の使い方であるが, どのように物流機器を使うと生産性がよいかについてはあまり理解されていない。

たとえば, 受注情報をそのままピッキング情報に換えてピッキングさせる場合と, 受注情報をピッキング効率のよい手順に置き換えてピッキングさせる場合ではピッキング効率が違う。この受注情報を効率のよいピッキング情報に置き換えることが「データクッキング」である。ところがハンディターミナルはリアルタイムで受注情報をピッキングできるというリアルタイムに関心高く, 受注情報をデータクッキングして与えないとピッキング効率が悪いことに気がついていない現状である。

12.2.15 WMS（Warehousing Manage System）

配送センターシステムの管理方法として, WMS があるが, これは入出データや在庫管理をしているだけで, それらをどのように管理するかの Management は含まれていないといってよい。Management となれば出荷デ

ータに基づき，このような手順と方法で作業を行うという作業指示が出されなければならないが，これは一般に含まれていない。そこでこれを含めた WMS が必要である。これには EIQ データの分析が必要なので EIQ-WMS と名づけた。

13.2.16　運用ソフト（EIQ-WMS）

配送センターの注文データは毎日大きく変動をしているので，それに順応する作業指示が重要である。この指示方法が EIQ-WMS であり，毎日の EIQ データの分析をすると，その特性からどのような作業指示を出すとよいかがわかる。シングルピッキングとバッチピキングのどちらがよいかも EIQ データ分析をしないとわからないが，この点もほとんど認識されていない。また，ハード，ソフト，情報などの用語もその内容がよく理解されないで用いられており，特に運用ソフトについての関心の薄いことが問題である。どのようにシステムを使うかでシステムの生産性が違う。

たとえば，自動仕分けコンベヤをどのように用いると効率的かなどその使い方でシステムの生産性が違うが，これらの問題がシステムの納入業者に任され，それを使う立場からの検討がよくされていないことが多い。そんなことは当然考えているといわれるが，その中身が問題なことに気がついていないことが多い。また運用ソフトというと WMS と同じと考えられるが，ここでいう運用ソフトは市販の WMS と違うので EIQ-WMS として区別をすることにした。

13.2.17　受注データ（EIQ データ）

受注データは知っているが，そのデータの内容を十分理解しているかという点になると，問題である。たとえば，棚から 100 ケースをピッキングすることの中身について十分理解しているかということである。100 ケースといっても 2〜3 種類で 100 ケースの場合も数十種類で 100 ケースの場合もある。

さらに，この 100 ケースが数件からの注文とすると，ある客先は 2〜3 種類，他の客先は数十種類かも知れないように 100 ケースといっても，その内容は複雑である。この複雑な流れが配送センターシステムの中を流れることになるが，この複雑さについての認識が薄い。EIQ 分析はこの複雑さの分析をして

第Ⅲ編　基本科学編

内容をわかりやすくする。配送センターシステムはこの複雑，かつ変化する情報を処理するシステムであるから，この複雑な情報をどのように与えるかの運用ソフトで生産性が違ってくる。

　能率よく与える方法の1つがデータクッキングである。「データクッキング」とはデータをそのまま鵜呑みにして扱うのではなく，いろいろと料理して食べやすくする方法と定義する。出荷データの種類をそのままピッキング指示としないで，注文量の多い種類と少ない種類のグループに分けてピッキング指示を出すことである。物流機器というハードを用いて構成されたシステムはフレキシビリティーが小さく文字どおりハードである。一方このシステムを流れる毎日の注文データは大きく変動をしている。変化のできないハードの中を毎日変動するデータが流れるから，この変動からシステムの検討をしなければならないが，これに気づかず物流機器の組み合わせだけをみているシステムが多い。

13.3　基本物流機器

13.3.1　配送センターの基本物流機器

　配送センターの基本機能は入荷した品物の保管と保管した品物を出荷するために取り出すピッキング機能であり，これに対する物流機器の種類も大変多いので，この機能を能率よく行う物流機器の選定方法が重要である。しかし，この機能を満たす基本的な物流機器の種類は少ないので，これを「配送センターの基本物流機器」と名づける。

　基本的な保管機器は，山積（図13.3），パレットフローラック（図13.4），パレットラック（図13.5），ケースフローラック（図13.6），ケース棚（図13.7），小物棚（または，引出）（図13.8）の6種類である。

13.3.2　物流機器選定の基本

　どのような物流機器を選定するかの選定条件は物流機器の能力，特性，コスト，スペースなど大変多いのでこれらの条件を初めからすべて考慮すると，どの条件を優先するかがわからなくなり間違った方向に行くことが多い。これを

1066

第 13 章　配送センター設計手法

図 13.3　山　積

図 13.6　ケースフローラック

図 13.4　パレットフローラック

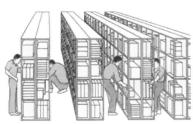

図 13.7　ケース棚

図 13.5　パレットラック

図 13.8　小物棚（または引出）

防ぐには最小限必要な基本条件で考えることで，これらは
① 扱う品物の形状・寸法・重量（S）
② ピッキング・ヒット・デンシティを高める。
③ ピッキング中に補給を行わない。
④ PCBピッキングパターンを活用する。

13.3.3 数量で脱皮する保管機器

図13.9は保管するバラの数量の増加に対してバラがケース，パレットと形

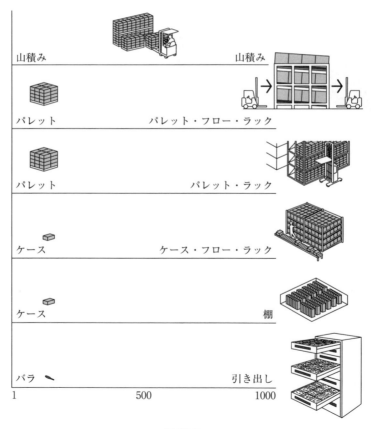

図13.9

第13章 配送センター設計手法

状が変わり保管機器もそれに対応して変化する機器を配置したもので，数量 Q が大きくなると物流機器は成長をしていく。バラピッキングの $C \Rightarrow B$ の場合に B のオーダーサイズが大きくなれば，その B は C と B になり，C はケースピッキングに格上げされる。同様にケースピッキングの C のオーダーサイズが大きくなると，その C は P と C になり，パレットのピッキングに格上げされる。（図 13.10）

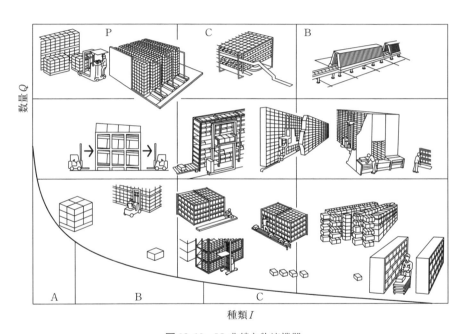

図 13.10 IQ 曲線と物流機器

1069

第Ⅲ編　基本科学編

13.3.4　物流機器選定基準

表 13.2 は物流機器選定の概略の選定基準である。

表 13.2

機器	ピッキング量
1　Pシステム	
山積	1P 以上
パレットラック	1P
2　Cシステム	
パレットフローラック	10C　以上
パレットラック	1C〜10C
3　Bシステム	
ケースフローラック	10B 以上
ケース棚	1〜10B

13.3.5　その他の保管機器

保管機器として立体自動倉庫，回転棚をはじめ多くの保管機器があるが，いずれも基本機器から発達したものであるから，まず基本機器で考えることである。

① 　パレット立体自動倉庫
② 　ケース立体自動倉庫
③ 　回転棚
④ 　A 型ピッキングマシン

13.3.6　荷役運搬機器

物を扱い運ぶ機器が荷役運搬機器で保管機器と区別をされていたが，最近は両者とも物流機器と呼ばれるようになっている。本章は荷役・運搬機器を扱う。荷役運搬機器の種類も大変多いが，その主なものはフォークリフトとコンベヤである。また，物を高いところに上げるリフトやエレベータのような上昇機器もある。

第 13 章　配送センター設計手法

① フォークリフト
② コンベヤ
③ コンベヤの使い方
④ 自動仕分けコンベヤ
⑤ 垂直搬送機器
⑥ 台車

13.3.7　配送センターの自動化

配送センターの無人化が最大の関心事であるが，配送センターの特性は生産システムと特性が大きく違うので機械的な無人化，ロボット化が難しいことを認識することである。有効なのはバーコードのような情報機器の活用である。

13.3.8　機械的自動化

機械的自動化というとロボットによるピッキングが考えられるが，配送センターで活用するのは難しい。同じ場所から同じ物をピッキングする場合はよいが，多種類の品物を少量ピッキングする配送センターでは活用が難しい。自動仕分けコンベヤも仕分け先が少ないときはよいが，多数の客先に仕分けるとなると問題である。配送センターシステムの特性がロボットに向かないということであるが，この認識が薄い。

13.3.9　情報的自動化

配送センターの省力化で有効なのはバーコードのような情報の自動化や表示装置のようなデジタルディスプレイである。バーコードの代わりに IC タッグもあるが，IC タッグの特性も配送センターに向かないことに注意することである。ポイントは機器の特性が配送センターの特性によいかどうかを検討することである。

- バーコード
- デジタルディスプレイ
- IC タッグ
- ボイスコーダ

13.3.10 ABC（Activity Based Costing）

ABC（Activity Based Costing）は文字どおり作業単位ごとのコストの表し方である。

配送センターの使命の1つは物流コストの削減なので，1ケースのピッキングコストは売上の何％で，他社と比較して高いか，安いかを検討することに関心があるが，物流は複雑なので，このように簡単に比較できないことに注意することである。たとえば，1ケースの販売金額は薬品と菓子では，大きく違い，またピッキング作業の内容もみな違うので，簡単に比較ができないはずである。したがつて，ABCを活用するときは，その作業内容をよく検討することである。

13.4 配送センターシステム事例

配送センターの例を図13.11，図13.13に，トラックターミナルの例を図13.12に示す。

鈴木　震

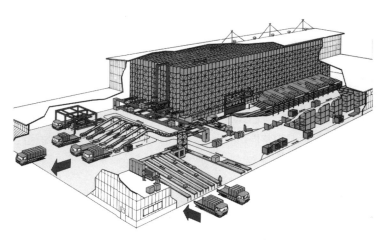

図13.11　配送センターシステム事例

第13章 配送センター設計手法

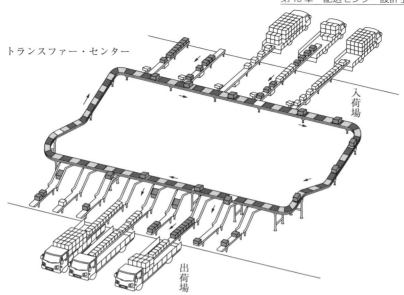

図13.12 トラックターミナルの例

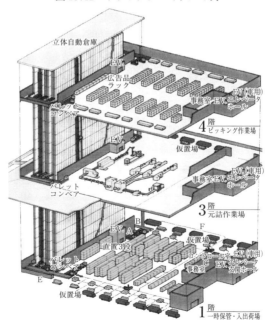

図13.13 配送センターシステム事例

1073

14 最適輸・配送手法

14.1 最適輸送

14.1.1 輸送・配送

　ロジスティクスとは，元々「兵站」であり，軍隊における武器・食糧などの補給を意味する。最近では，商品・製品に係わる調達・生産・輸送・販売・配送といった供給過程だけではなくて，商品・製品の使用段階から，さらには使用後の回収・再生・廃棄過程までを含んだ「商品・製品のライフサイクル」のすべてを意味する概念に発展している[1]。

　ロジスティクスの物流の活動には，「輸送・保管・荷役・包装」の4つの基本機能のオペレーションがあり，さらに物流加工と情報の共有がある。ロジスティクスにおける物流システムとは，企業活動における諸機能，すなわち「購入・生産・販売活動」に伴う物的流通の効率化を追求している。

　また，物流システムは，「情報システム」および「作業システム」から構成されている。情報システムは，企業活動における他の機能である購入・生産・販売システムと有機的に連携しながら，受注から出荷までの情報活動を円滑化して，物流の作業用システムを効率化させている。作業システムは，各オペレーションに種々の技術を導入して，省力化・効率化を図るとともに，各機能間を円滑に結び付けている。

　配送とは，顧客に必要な品物を，指定された日時までに確実に届ける輸送活

第Ⅲ編　基本科学編

動である。輸送と配送の異なる点は，メーカーが工場から配送センター（すなわちデポ）を経由して顧客に商品を届ける場合に，工場と配送センター間は「輸送」であり，配送センターから顧客までは「配送」である。

　輸送・配送機関としては，鉄道，自動車，船舶，航空などがある。しかしながら，本章で考察の対象とするのは，主に，多数の輸送ルートがある都市部における車両による輸送・配送である。実際業務における輸送・配送計画は，使用車種の制限や，輸送・配送時刻の指定，交通規制などのさまざまな制約が関係している。輸送・配送先があらかじめ決まっている場合には，毎日・毎週に同じ時刻に同じルートを回る「定時・定ルート」を採用し，積荷量の大小をならす「平準化」を行って効率を上げている。また，輸送・配送先があらかじめ決まっていない場合には，地域ごとに車両を割り当てておいて，不規則に発生する業務に対応している企業がほとんどである。

　都市部で各車両が輸送・配送を行う場合に，実際には下記のように，所有車種，積載制限，輸送・配送時間制限，道路状況といったさまざまな条件がある。

① 装備については，最大積載量が5トンに近い「4トン・ロング車」，「7トン・ロング車」などの所有台数，その運転手の人数
② 輸送・配送先の場所，指定された到着日時
③ 輸送・配送の運行の距離・時間，物量とそれに係わる荷役時間，運行の費用
④ 道路の混雑状況，（一方通行や右折などの）交通規制

　近年，サードパーティやメーカーの大手企業などにおいて，自動配車システムなどを導入する動向がある。輸送および配送を「組合せ最適化問題」として取り扱うために，専門的なアルゴリズムの研究を行い，それをソフトウェアとして製品化している。

　アルゴリズムのための最適化手法[2]には，最適化のためにいくつかのプログラム[3]が提供されている。方法論[2]として，線形計画，非線形計画，スケジューリングのための分枝限定法（分岐限定法）などの組合せ最適化，最短経路問題・最大フロー問題・最小コストフロー問題などのネットワーク最適化がある。

1076

第14章　最適輸・配送手法

　近年研究が盛んであるメタヒューリスティクス（メタ戦略，メタ解法）には，初学者向けの解説[4] がある。組合せ最適化のための効率的な近似解法として，遺伝アルゴリズムやアント法などの進化型計算法，アニーリング法，タブー探索法などがある。近似解法の基本戦略として，局所探索法（山登り法，近傍探索法），多スタート局所探索法，反復局所探索法などがあり，巡回セールスマン問題には最近近傍法がある。

　従来から，このような輸送・配送のためのアルゴリズムの研究がある。輸送問題には，線形計画法を基にしたネットワーク輸送の解法[5)6)7)] がある。配送には，複数の配送先を一度に回って走行距離を節約（セーブ）するセービング法や，配送は配送センター（デポ）を中心にして周辺を左（または右）回りに順番に巡回するスイープ法など，物流システムのための技法[8] がある。

　ロジスティクスのモデリング[9)10)] については，施設の配置とそれに伴う輸送費用を最小化する施設配置問題[11]，配送先をすべて一巡する巡回セールスマン問題[12] の定式化およびその解法が提案されている。

　近年，CALS（Continuous Acquisition and Life-cycle Support）（デジタル化された情報をシステム相互で共有した，企業活動全体の合理化および効率化）が重要となっている。これにより，合理的で無駄のない企業，いわゆる，組織統合化された企業（enterprise integration）が実現することになる[10]。

　本章では，ロジスティクスのための最適輸送・配送に関する考察を行う。14.1.2 項では，線形輸送問題として，ネットワーク輸送問題と，その特殊型であるヒッチコック輸送問題の例題を考察して，それを解くためのソフトウェアの入力例を示す。14.1.3 項では，そのソフトウェアで使用される線形計画法を説明する。14.1.4 項では，施設配置と，それに伴う輸送を，非線形輸送問題として考察する。14.1.5 項では，組合せ最適化問題を解くための分枝限定法のソフトウェアを説明する。14.1.6 項では，コンピュータによる数値計算についての補足説明をする。

　14.2 節では，最適な配送について論述する。14.2.1 項では，配送について考察する。14.2.2 項では，配送巡回路作成のための技法として，セービング法，スイープ法，最近近傍法を考察する。

　14.3 節では，配送のための巡回距離最小化である巡回セールスマン問題を

考察する。

付録には，ソフトウェア MPS の入力データ例を示している。

14.1.2 線形輸送問題

輸送の計画[5)6)7)]を策定する際に，[例題 1] として図 14.1 のような問題を考える。これにより，生産地から消費地までの輸送量を決定する。この図において，A, B は同一生産物の生産地であり，生産量はそれぞれ s_1, s_2 とする。P, Q, R は消費地であり，消費量はそれぞれ d_1, d_2, d_3 とする。A, B からの輸送の単価は，それぞれ，P へは c_1 と c_2，Q へは c_3 と c_4，R へは c_5 と c_6 とするときに，総輸送費を最小にするような輸送計画を立てる問題である。一般に生産量の総和は，消費量の総和以上とする。すなわち

$$\sum_{i=1}^{2} s_i \geq \sum_{j=1}^{3} d_j \tag{14.1}$$

これはヒッチコック輸送問題である。これを線形計画問題として解けば，輸送費を最小にすることができる。この例題では，A と B からの輸送量は，P へは x_1 と x_2，Q へは x_3 と x_4，R へは x_5 と x_6 と表して，次のように設定する。

$$(c_1 \quad c_2 \quad c_3 \quad c_4 \quad c_5 \quad c_6) = (6 \quad 8 \quad 7 \quad 5 \quad 10 \quad 6)$$
$$(s_1 \quad s_2) = (200 \quad 100)$$
$$(d_1 \quad d_2 \quad d_3) = (90 \quad 130 \quad 50)$$

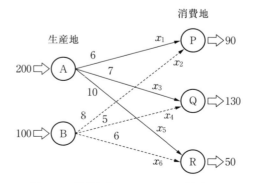

図 14.1 ［例題 1］：ヒッチコック輸送問題

この［例題1］は次のように定式化される。

目的関数　$\sum_{j=1}^{6} c_j x_j \to$ 最小化 　　　　　　　　　　　(14.2)

制約条件　$x_1 + x_3 + x_5 \le s_1$ 　　　　　　　　　　　(14.3)

$x_2 + x_4 + x_6 \le s_2$ 　　　　　　　　　　　(14.4)

$x_1 + x_2 = d_1$ 　　　　　　　　　　　(14.5)

$x_3 + x_4 = d_2$ 　　　　　　　　　　　(14.6)

$x_5 + x_6 = d_3$ 　　　　　　　　　　　(14.7)

$x_i \ge 0, \quad i = 1, 2, \cdots, 6$ 　　　　　　　　　　　(14.8)

この［例題1］の最適値（最適解の目的関数値）は1650であり，そのときの変数 x は次のとおりである。

$$(x_1 \quad x_2 \quad x_3 \quad x_4 \quad x_5 \quad x_6) = (90 \quad 0 \quad 80 \quad 50 \quad 0 \quad 50) \quad (14.9)$$

　次に，輸送路で構成されたネットワークの構造を考える。［例題2］の図14.2のネットワーク輸送問題においては，ノードは地点を，ブランチは輸送路を表している。生産地 A, B はノード1, 2として，消費地 P, Q, R はそれぞれノード6, 7, 8とする。ノード3, 4, 5は経由地点である。消費地の需要を満たすためには，どのような輸送ルートにすれば，輸送費の総額が最小になるかという問題である。この際に各経由地点の間は，両方向に輸送路[5]があるとして，どちらの方向でも輸送費は同じとしている。ノード i からノード j への輸送量 $x_{ij}(\ge 0)$ は地点 i から j への輸送であり，x_{ij} の輸送単価を c_{ij} とすると，この［例題2］の最小化問題は以下のように定式化される。

目的関数　　　　　　　　$\sum_{(i,j) \in \Omega} c_{ij} x_{ij} \to$ 最小化 　　　　　　　(14.10)

制約条件

ノード1：　$x_{13} \le s_1$ 　　　　　　　　　　　　　　　　(14.11)

ノード2：　$x_{23} + x_{24} \le s_2$ 　　　　　　　　　　　　　(14.12)

ノード3：　$x_{13} + x_{23} + x_{43} + x_{53} = x_{34} + x_{35} + x_{36} + x_{37}$ 　　(14.13)

ノード4：　$x_{24} + x_{34} + x_{54} = x_{43} + x_{45} + x_{48}$ 　　　　　(14.14)

ノード5：　$x_{35} + x_{45} = x_{53} + x_{54} + x_{56} + x_{57} + x_{58}$ 　　　(14.15)

ノード6：　$x_{36} + x_{56} = d_1$ 　　　　　　　　　　　　　(14.16)

ノード7：　$x_{37} + x_{57} = d_2$ 　　　　　　　　　　　　　(14.17)

1079

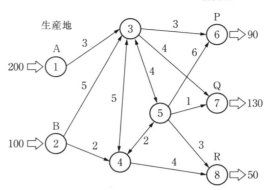

図 14.2 ［例題 2］：ネットワーク輸送問題

$$\text{ノード 8}: \quad x_{48} + x_{58} = d_3 \tag{14.18}$$

$$x_{ij} \geq 0, \quad (i\ j) \in \Omega \tag{14.19}$$

ここで集合 Ω と c_{ij} は，次式で定義される。

$$\Omega = \{(1\ 3), (2\ 3), (2\ 4), (3\ 4), (3\ 5), (3\ 6), (3\ 7),$$
$$(4\ 3), (4\ 5), (4\ 8), (5\ 3), (5\ 4), (5\ 6), (5\ 7), (5\ 8)\} \tag{14.20}$$

$$(c_{13}\ c_{23}\ c_{24}\ c_{34}\ c_{35}\ c_{36}\ c_{37}\ c_{43}\ c_{45}\ c_{48}\ c_{53}\ c_{54}\ c_{56}\ c_{57}\ c_{58})$$
$$= (3\ 5\ 2\ 5\ 4\ 3\ 4\ 5\ 2\ 4\ 4\ 2\ 6\ 1\ 3)$$

また変数 x は

$$x = (x_{13}\ x_{23}\ x_{24}\ x_{34}\ x_{35}\ x_{36}\ x_{37}\ x_{43}\ x_{45}\ x_{48}\ x_{53}\ x_{54}\ x_{56}\ x_{57}\ x_{58}) \tag{14.21}$$

である。この［例題 2］の最適値は 1650 となり，［例題 1］と同じ値となる。このときの零でない x_{ij} の値は次のとおりである。

$$(x_{13}\ x_{24}\ x_{36}\ x_{37}\ x_{45}\ x_{48}\ x_{57}) = (170\ 100\ 90\ 80\ 50\ 50\ 50)$$

この［例題 2］において経由地点のノード 3，4，5 には，ブランチの輸送量 x_{ij} に上限 u_{ij} を設けた［例題 3］では，次のような制約式を追加することになる。

$$x_{ij} \leq u_{ij}, \quad (i\ j) \in \Gamma = \{(3\ 4), (3\ 5), (4\ 3), (4\ 5), (5\ 3), (5\ 4)\} \tag{14.22}$$

この［例題 3］において

$$u_{ij}=40, \quad (i\ j)\in\Gamma \tag{14.23}$$

とすると，ノード4から5への輸送量は50から40へ変更となる。この最適値は1670であり，このときの零でないx_{ij}の値は，次のとおりである。

$$(x_{13}\quad x_{24}\quad x_{36}\quad x_{37}\quad x_{45}\quad x_{48}\quad x_{57})=(180\quad 90\quad 90\quad 90\quad 40\quad 50\quad 40)$$

さらに，［例題4］において，災害などによってノード4と5の間で輸送不可能になったケースを考える。この場合には，次の制約式

$$x_{ij}\le u_{ij}=0, \quad (i\ j)\in\{(4\ 5),(5\ 4)\} \tag{14.24}$$

を加える。この結果，生産地Aからノード1，3，7の経路で20，生産地Bからノード2，3，7の経路で20，合計40だけ輸送量が増える。この最適値は1790であり，このときの零でないx_{ij}の値は次のとおりである。

$$(x_{13}\quad x_{23}\quad x_{24}\quad x_{36}\quad x_{37}\quad x_{48})=(200\quad 20\quad 50\quad 90\quad 130\quad 50)$$

この例題を解くソフトウェアについては，数理計画システムMPS（Mathematical Programming System）があるが，近年本格的な数理計画ソルバー[13][14][15]が開発されている。このソフト[15]では，変数xの非負条件$x_{ij}>0$は，入力をしなくても，デフォルトで制約条件に入っている。また，変数の添字の値をゼロにはできないので，添字が0とならない定式化が必要である。［例題2］の入力例を，［付録14.1］に示す。この入力例では，最適解の変数x_{ij}において，零でない値だけを出力させている。次のように，行の先頭を！にすると，この行はコメント文となるので，計算途中の情報を出力しなくなる。

　！　setparam("XPRS_verbose",true)

なお，制約式には必ず等号を入れる。等号がない不等号（＞または＜）だけの制約式はアクティブにはならないので，最適解は存在しない。すなわち，実行可能解の中で目的関数値が最少（または最大）となることはない。

14.1.3　線形計画法

目的関数が線形関数（1次関数）で，制約条件が線形の等式または不等式，連続変数である問題を線形計画問題（linear programming：LP problem）という。次のような標準問題を考える。

目的関数：　　　　　　　　　$c^T x \to$ 最小化 　　　　　　　(14.25)

制約条件：　　　　　　　　　$Ax=b, \quad x\ge 0$ 　　　　　　　(14.26)

第Ⅲ編　基本科学編

ここで，変数 x は n 次元の定数ベクトル，A は $m \times n$ 定数行列，b と c はそれぞれ m 次元および n 次元定数ベクトルであり，T は転置記号を表す。

　線形計画問題は，標準問題に変換できる。たとえば，関数 $c^T x$ の最大化は $(-c)^T x$ の最小化と等価であるし，不等式制約条件

$$\sum_{j=1}^{n} a_{ij} x_j \leq b_i \tag{14.27}$$

$$\sum_{j=1}^{n} a_{ij} x_j \geq b_i \tag{14.28}$$

はそれぞれ変数 y_i を新たに導入して，等式制約条件と変数の非負条件

$$\sum_{j=1}^{n} a_{ij} x_j + y_i = b_i, \quad y_i \geq 0 \tag{14.29}$$

$$\sum_{j=1}^{n} a_{ij} x_j - y_i = b_i, \quad y_i \geq 0 \tag{14.30}$$

で置き換えることができる。式（14.29）の y_i はスラック変数，式（14.30）の y_i は剰余変数である。

　標準問題の等式制約条件

$$Ax = b \tag{14.31}$$

を考える。ここで，ベクトル x の n 個の成分 $x_j (j=1, 2, \cdots, n)$ を m 個と $n-m$ 個の2つのグループに分けて，それらを適当な順番で並べたベクトルをそれぞれ x_B, x_N とする。さらに，$m \times n$ 行列 A は $m \times m$ 行列と $m \times (n-m)$ 行列に分割し，前者の行列を B で，後者を N で表す。また以下では，このようなベクトルや行列の分割を $x = [x_B, x_N]$，$A = [B, N]$ と表現する。この分割に対して，式（14.31）は

$$B x_B + N x_N = b \tag{14.32}$$

となる。もし行列 B が正則ならば，$x_N = 0$ として，x_B の値は式（14.32）より一意的に $x_B = B^{-1} b$ となる。このようにして得られる。

$$x = \begin{bmatrix} x_B \\ x_N \end{bmatrix} = \begin{bmatrix} B^{-1} b \\ 0 \end{bmatrix} \tag{14.33}$$

は方程式（14.31）の1つの特殊な解であり，標準問題の基底解（basic solution）と呼ばれる。特に，式（14.33）において $x_B = B^{-1} b \geq 0$ が成り立つとき，その基底解は標準問題の制約条件を満たすので実行可能基底解（basic feasible solution）という。一般に実行可能解は無数にあるが，実行可能基底解は有限個である。式（14.33）の基底解に対して，B を基底行列（basic matrix）といい，N を非基底行列（nonbasic matrix），ベクトル x_N の各部分を非基底変数（nonbasic variable）という。

ところで，線形計画問題が最適解をもつならば，実行可能基底解のなかに最適解が必ず存在する。このことより，線形計画問題の最適解を求める際には，実行可能解全体を考える必要はなくて，式（14.33）の実行可能基底解の中で探せばよい。この考えに基づいて最適基底解を求める方法が，シンプレックス法（simplex method：単体法）である。

14.1.4　非線形輸送問題

企業が企業活動の拡大を計画している。各消費地に商品を輸送するために，輸送先として各都市に賃借の施設を設ける。その経費と輸送費を最適化する輸送計画・施設配置の問題を定式化する。すなわち，施設賃借の候補地でもある各消費地の需要を満足させて，輸送費と（賃借料や維持費等の）施設経費の和を最小にする問題を考える。ここで施設とは，倉庫，配送センター等である。決定すべき要素としては，次のことがあげられる。

① 賃借する施設の位置を決定
② 賃借する施設の個数を決定
③ 各施設から，どこの消費地へ，どれだけの量を輸送するかを決定

このとき，①においては，賃借する施設の位置により，消費地への輸送費が変動する。②においては，賃借する施設の数が多すぎると経費が増加するし，また，少なすぎると消費地への輸送費が増加する。③においては，①と②の他に，施設の処理能力，賃借する施設と消費地間の距離などが密接に関係している。

ここでは輸送経路として，一般道・高速（自動車）道を併用した問題を対象としている。一般道のみを用いる問題では，賃借する施設と消費地との距離を，軽油で走る（トラックなどの）車両が荷物を運搬するときの燃料費を輸送費としている。一般道・高速道併用の問題においては，一般道・高速道のどちらでも利用できる経路では，一般道でたとえば 100 km 以上を走行しなければ

第Ⅲ編　基本科学編

ならない経路は高速道を利用し，それ以外（100 km 未満）は一般道のみを利用する。賃借する施設から消費地までの（高速道と一般道の）距離を，軽油で走る車両が荷物を運搬するときにかかる燃料費と，使用した高速道区間の高速道料金を加えた金額を輸送費として問題を作成する。

施設配置問題を，非線形輸送問題として考察する[10]。施設iから消費地jに輸送する物量 x_{ij} は，1 単位がトラック 1 台分の積載量（単位重量）に相当する。たとえば 1 単位重量は，4 トンロング車は 5 トンとする。賃借の候補となる施設は m ヶ所あり，第 i 地点の施設 $W_i (i=1, 2, \cdots, m)$ の月間処理能力はa_{ik}（単位重量/月）（$k=1, 2, 3$）であるとして，最大で 3 段階の中から選べるとする。この段階で順番に，小規模，中規模，大規模の施設とする。ここで

$$a_{i1} \leq a_{i2} \leq a_{i3}, \quad i=1, 2, \cdots, m \qquad (14.34)$$

である。施設の（賃借料や維持費などの毎月の固定費の）経費は d_{ik}（千円/月）である。固定費 $d_{ik}(k=1, 2, 3)$ はこの順に金額が大きくなる。また，消費地$D_j(j=1, 2, \cdots, n)$ の需要量 b_j（単位重量/月），W_i から D_j への単位重量当たりの輸送費 c_{ij}（千円）が与えられるとして，すべての消費地の需要を満たして，毎月の（施設経費と輸送費の和である）総費用を最小にする施設配置と輸送計画を求めることを考える。

0-1 整数変数 y_{ik} を，$i=1, 2, \cdots, m : k=1, 2, 3$ に対して，以下のように導入する。

$$y_{ik} = \begin{cases} 1 & (i \text{ 地点において月間処理能力 } k \text{ 段階目の規模の施設を賃借するとき)} \\ 0 & (\text{そうでないとき}) \end{cases}$$

$$(14.35)$$

W_i から D_j への月間輸送量を x_{ij}（単位重量）とする。たとえば単位重量が 5 トンならば，$x_{ij}=2$ は 10 トンである。i 地点においての月間固定費は k 段階の中から選ぶとする。月間における施設からの輸送回数 h を，毎週輸送ならば 10 回，毎日輸送ならば 60 回とする。月間総費用は

$$h \sum_{i=1}^{m} \sum_{j=1}^{n} c_{ij} x_{ij} + \sum_{i=1}^{m} \sum_{k=1}^{3} d_{ik} y_{ik} \qquad (14.36)$$

と表すことができる。ここで，$y_{ik}(k=1, 2, 3)$ は高々ひとつが 1 になるので，次式が必要である。

$$\sum_{k=1}^{3} y_{ik} \leq 1, \quad i = 1, 2, \cdots, m \tag{14.37}$$

i 地点での k 番目の処理能力は a_{ik} であるから，x_{ij} は

$$\sum_{j=1}^{n} x_{ij} \leq \sum_{k=1}^{3} a_{ik} y_{ik}, \quad i = 1, 2, \cdots, m \tag{14.38}$$

となる。x_{ij} が D_j における需要量を満たすためには

$$\sum_{i=1}^{m} x_{ij} = b_j, \quad j = 1, 2, \cdots, n \tag{14.39}$$

が成り立つ必要がある。また

$$\sum_{i=1}^{m} \sum_{k=1}^{3} y_{ik} \leq e \tag{14.40}$$

とする。ここで e は賃借する施設の個数の上限である。さらに

$$x_{ij} = 0, \quad x_{ij} \in X \tag{14.41}$$

とする。ここで X は $x_{ij} = 0$ である (i, j) を要素とする集合である。すなわち，施設 i から消費地 j に輸送することを考慮する必要がない場合には，$x_{ij} = 0$ という制約式を追加する。

　以上のことからこの問題は，式 (14.37)〜(14.43) の下で，目的関数の式 (14.36) を最小化する混合整数計画問題となる。

$$x_{ij} \geq 0, \quad i = 1, 2, \cdots, m \ ; j = 1, 2, \cdots, n \tag{14.42}$$

$$y_{ik} = 0 \text{ あるいは } 1, \quad i = 1, 2, \cdots, m \ ; k = 1, 2, 3 \tag{14.43}$$

この問題は「施設配置問題」，または，「固定費付き輸送問題」と呼ばれている[11]。また a_{ik}, b_j, d_{ik} などはすべて正，c_{ij} は非負であるとして，問題には実行可能解があるように

$$\sum_{i=1}^{m} a_{i3} \geq \sum_{j=1}^{n} b_j \tag{14.44}$$

が成り立っていることを仮定する。

14.1.5　分枝限定法のソフトウェア

輸送・配送問題を解くソフトウェアについては，数理計画システム MPS がある。このソフト[15] では，アルゴリズムとして分枝限定法を用いている。線形式だけの制約に対してはこのアルゴリズムでは，0 または 1 の値をとる整数

第Ⅲ編　基本科学編

変数 x は $0 \leq x \leq 1$ の実数値に緩和した「線形緩和問題」を作成して，（シンプレックス法などの）線形計画法によってこの実数最適解を最初に求めて出力している（この実数値を四捨五入して整数値に「丸める」と，最適解（optimal solution）が得られることがある）。この後で，整数値の最適解を求めるために長時間の計算が必要となる場合には，計算を途中で停止して実行可能解を得ることができる。この実行可能な「最良解」（best solution）は，打ち切った時点までに得られた整数実行可能解のうちで，目的関数値が最も良い解である[15]。

　システムからのメッセージは，（is, are などの）be 動詞や，（a, the の）冠詞が省略されているので，注意が必要である。たとえば

　　Optimal solution found. は

　　The optimal solution is found.

である。

　分枝限定法（branch-and-bound method）[3] は，簡単に述べれば要領のよい列挙法であり，組合せ最適化のための一般的な方法である。これは，直接解くことが困難な問題を，いくつかの部分問題に分解して，そのすべてを解くことにより，元の原問題を解くことができる。この分解は，分解されて作られた部分問題にも同様に適用されて，原問題は多数の小規模な部分問題に分解される。しかしながら，すべての分解を行うと完全な列挙法となるので，それを避けるために，各部分問題にテストを行う。テストの結果，その部分問題の最適解が求まったり，あるいは原問題の最適解がないことがわかると，その部分問題はそれ以上分解をしない。部分問題への分解を分枝操作（branching），部分問題のテストを限定操作（bounding）という。原問題を P_0 として，これが解けない場合には，ある変数 x_{j1} に注目して，これを 1 と 0 に固定することで 2 つの部分問題に分解する。この分解に用いる変数を分枝変数（branching variable）という。両方の部分問題の最適解がわかれば，目的関数値の良い方が原問題の最適解である。この分解を分枝変数 $x_{j2}, x_{j3}, \cdots$ という順に続けると，図 14.3 のようになる。分解を示す分枝図では，各ノードは各部分問題を表している。

　このアルゴリズムによって，長時間の計算になる，または，分枝されて作成

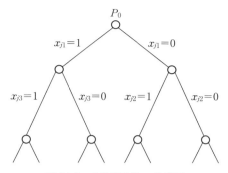

図 14.3 分枝限定法の分枝図

された部分問題が多数になるならば，アルゴリズムの途中でも計算を停止することができる。すなわち，計算時間の制限，または，作成された部分問題の個数の制限をあらかじめ入力しておくことができる。この入力例を［付録 14.1］に記している。この例では，制限時間は 100 秒，部分問題の個数の最大値は 2147483647（$=2^{31}-1$）個である。

14.1.6 コンピュータによる数値計算

コンピュータではビット数が有限個であるので，数値自体の丸め誤差と，計算の過程で発生する桁落ちなどの計算誤差がある。これが原因で，数値は整数型と実数型の2つに分けて取り扱っているけれども，さまざまな問題を引き起こしている[16]。

ソフトウェアへは，（特に説明がない限り）整数値でも実数型数値の入力として取り扱っている。すなわち，ソフトウェアでは，整数型変数ではなくて，実数型変数を使用している。たとえば，10 億円を実数型変数 a へ入力するには，次の 3 通りがある。

ⅰ）$a=1000000000$ （1 単位円は 1 円）
ⅱ）$a=1000$ 　　（1 単位円は百万円）
ⅲ）$a=10$ 　　　（1 単位円は 1 億円）

ⅰ），ⅱ），ⅲ）の入力の仕方で，ソフトウェアの出力結果が異なる場合がある。実際に数値計算する際には，変数および制約式のスケーリングを行う[3]。

第Ⅲ編　基本科学編

　数の表現として，数学の世界では，1にはもうひとつの表現があり，それは

　　1＝0.9999999999999…（無限に続く）

である。それに対して，コンピュータの世界では，たとえば

　　1＝0.99999996…　　　　有効数字7,8桁

である。また，0の表現は，たとえば

　　0＝0.00000001…

である。

　倍精度の実数型では，最初の約15桁を有効桁数として認識していて，たとえば，a,b,c,dを実数型8バイトの変数として

　　a＝0.123456789012345

　　b＝123456789012345.

　　c＝a＋b

　　d＝c－b

とすると，dは何が表示されるかは保証されていない。その理由は

　　c＝123456789012345.＋0.123456789012345
　　　　記憶される有効桁数　　　　記憶できない数字

となるからである。この2回の計算で，有効桁数は15桁から0桁になる。

　Excelのシートにあるセルには，たとえば以下の表示がある。

　　0.3E－5＝0.3×10^{-5}　（E：exponent　単精度の指数）

　　0.3D－5＝0.3×10^{-5}　（D：double　　倍精度の指数）

14.2　最適配送

14.2.1　配　　送

　本節では，配送センター（デポ）を起点として，複数車両の巡回路を作成するために配送計画を考察する。この問題は組合せ最適化問題であり，すべての巡回路を調べて最適なルートを求めることは困難である。

　配送活動の問題点は，物流システムの複雑化や輸送量の増大に伴い，トラックが主流となっていることである。交通量が増大して交通渋滞が発生してお

り，排気ガスによる大気汚染・騒音が増加して，さまざまな社会問題を引き起こしている．これらの問題を解決するためには，「交通網の整備」や「配送車両の改良」といった対策では不十分であり，効率の良い配送計画を立案する必要がある．

ところで特に，都市部における車両による配送は，積載量・配送時間の制限，所有車両，1ルートの配送最大時間などの条件があるので，多数の配送先すべてを1台の車両で巡回するには不可能であることが多い．複数台の車両で配送を行う場合には，企業は配送経費を削減するために，車両の所有台数をできるだけ減らして，車両の稼働率を上げて，配送距離を短縮して，1台当たりの運送効率をできるだけ向上させる必要がある．図14.4には，配送の概念図を表している．

積載量および稼働時間の制限をもつ車両を複数台使用して，デポからすべての配送先を通る巡回経路を作成する際には，配送に使用する「車両台数」，および，「配送先」と「配送経路」を考慮する．「車両台数」においては，使用する車両の積載制限があるので，その積載制限一杯になるように各車両を割り当てると，1台当たりの巡回経路が長くなって稼動時間制限を違反する．また，各車両への「配送先」の割当てによって「配送経路」が異なり，車両台数や総配送距離も変わってくる．これらは密接に関連しているので，使用する車両台数と，各車両がどの配送先へ回るかをあらかじめ決定しておかないと，配送経路が決定できないという問題がある．

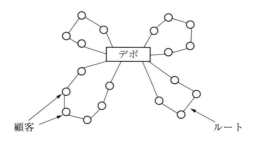

図 14.4　配送の概念図

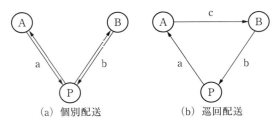

図 14.5

14.2.2 配送巡回路作成のための技法

配送のための効率的な順番を決定する技法として，以下のようなセービング法，スイープ法，最近近傍法などがある。

(1) セービング法

車両台数，配送先の割当て，配送経路を一括して決定する技法として，セービング法がある。デポから，ある2ヶ所の顧客へ配送を行う場合に，それぞれの配送先とデポを往復する距離と，デポを出発して2つの配送先を巡回配送してデポに戻る距離の差が短縮距離である。すなわち，デポPと配送先A，配送先Bとの距離がそれぞれa, bであり，配送先AB間の距離がcであるとすると，個別配送から巡回配送に変更すれば，$a+b-c(>0)$だけの配送距離が節約できる。この節約をセービングという。図14.5を参照。このセービングが大きい配送先に着目し，個別配送を積み合わせて巡回配送に変更して，配送先を結んで配送ルートを作成する。

(2) スイープ法

スイープ法[8)9)]では，デポを原点とした極座標で配送先を表示する。各配送先を角度と距離で表して，デポを中心とした直線を回転させて配送順番を決定する。図14.6を参照。トラックは右折よりも左折が容易であるので，デポと配送先を結ぶ直線を時計回りの反対方向に回ることを「順方向スイープ」という。これとは逆向きに回ることを，「逆方向スイープ」という。一巡で配送できる量はトラックの最大積載量までであるので，デポから一巡する配送先でグループを構成する。さらに，2巡，3巡をして，配送する順番を決定する（一巡の配送先の内で配送順番を決定するには，巡回セールスマン問題の解法が利

第 14 章　最適輸・配送手法

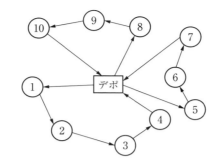

図 14.6　スイープ法による配送順番

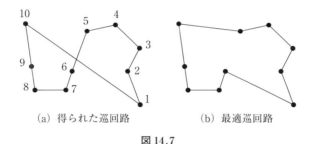

(a) 得られた巡回路　　(b) 最適巡回路

図 14.7

用できる)。このように作成された配送のグループでは，グループ間で配送先を交換する方が，配送ルートをさらに改善できることがある。車両の最大積載量の制限を考慮して，配送の総距離を短縮させる。

(3)　**最近近傍法**

巡回セールスマン問題の解法として，最近近傍法がある。これはデポから出発して，まだ配送していないところで，最も近いところを次に訪れる配送先とする。図 14.7(a)のように，近い順に次々と選んで配送する順番を決定する。この方法では，最後に距離が大きいところが残ってしまうことがあるので，それが問題となっている。この例では，図 14.7(b)のように，2 本のルートを入れ替えることによって最適巡回路を求めることができる。

第Ⅲ編　基本科学編

14.3　巡回セールスマン問題

最適化問題の代表的な例としてよく取り上げられる問題に，巡回セールスマン問題[12]がある。この問題は

　　n 個のノードとそれらの間の距離が与えられたときに，すべてのノー

　　ドを一度ずつ訪問して元に戻る巡回路のうちで最短のものを求めよ，

と表される。ノード i からノード j への距離 $d_{ij}(\geq 0)$ は，一般には任意に与えてよく，$d_{ij} \neq d_{ji}$ である。巡回セールスマン問題を，整数計画問題に定式化すると，数理計画システム MPS のソフトウェアにより最適解を求めることができる。

巡回距離最小化である巡回セールスマン問題では，ある都市（デポ）を出発して，他のすべての都市（配送先）を1度ずつ訪れて，最初の都市（デポ）に戻ってこなければいけない。セールスマン（配送トラック）は，自分が巡る総距離が最小になるように，訪れる都市の順番を決定しなければならない。いま，デポ・配送先の総数を n として，デポをノード1とする。任意の配送先 i, j 間の距離を $d_{ij}(\geq 0)(i \neq j)$ として，$x_{ij}(i, j = 1, 2, \cdots, n ; i \neq j)$ を次式で定義する。

$$x_{ij} = \begin{cases} 1 & (\text{トラックが配送先（またはデポ）} i \text{ から } j \text{ へ移動する}) \\ 0 & (\text{トラックが配送先（またはデポ）} i \text{ から } j \text{ へは移動しない}) \end{cases}$$

$$(14.45)$$

本問題を以下のように定式化することができる[10]。MPS を使用する際には，添字には0を入力できないことがあるので，この定式化では添字の値は1以上としている。

目的関数　　$\displaystyle\sum_{i=1}^{n} \sum_{\substack{j=1 \\ j \neq i}}^{n} d_{ij} x_{ij} \rightarrow$ 最小化 $\hspace{3cm}$ (14.46)

制約条件　　$\displaystyle\sum_{\substack{i=1 \\ i \neq j}}^{n} x_{ij} = 1, \quad j = 1, 2, \cdots, n \hspace{2cm}$ (14.47)

$\displaystyle\sum_{\substack{j=1 \\ j \neq i}}^{n} x_{ij} = 1, \quad i = 1, 2, \cdots, n \hspace{2cm}$ (14.48)

1092

$$u_i - u_j + (n-1)x_{ij} \leq n-2, \quad i, j = 2, 3, \cdots, n \ ; \ i \neq j \qquad (14.49)$$

$$x_{ij} = 0, 1 \quad i, j = 1, 2, \cdots, n \ ; \ i \neq j \qquad (14.50)$$

$$u_1 = 0, \quad 1 \leq u_i \leq n-1, \quad i = 2, 3, \cdots, n \qquad (14.51)$$

ここで，式（14.47）は，トラックが各配送先へ1度だけ，他の配送先の1つから行くことを保証している。式（14.48）は，トラックが各配送を1度だけ出発して，他の配送先の1つへ行くことを保証している。u_i の値は，デポからの配送順番である。

［付録 14.1］

```
model 'transport2'
uses 'mmetc';
uses 'mmxprs', 'mmsystem'
declarations
    n=8
end-declarations
declarations
    x: array(1..n, 1..n) of mpvar
end-declarations
obj_min:=3*x(1,3)+5*x(2,3)+2*x(2,4)+5*(x(3,4)+x(4,3))+
        4*(x(3,5)+x(5,3))+3*x(3,6)+4*x(3,7)+
        2*(x(4,5)+x(5,4))+4*x(4,8)+6*x(5,6)+1*x(5,7)+3*x(5,8)
node1:=         x(1,3)<=200
node2:=x(2,3)+x(2,4)<=100
node3:=x(1,3)+x(2,3)+x(4,3)+x(5,3)=x(3,4)+x(3,5)+x(3,6)+x(3,7)
node4:=x(2,4)+x(3,4)+x(5,4)=x(4,3)+x(4,5)+x(4,8)
node5:=x(3,5)+x(4,5)=x(5,3)+x(5,4)+x(5,6)+x(5,7)+x(5,8)
node6:=x(3,6)+x(5,6)=  90
node7:=x(3,7)+x(5,7)=130
node8:=x(4,8)+x(5,8)=  50
starttime:=gettime
setparam("XPRS_verbose",true)
setparam("XPRS_maxtime",100)
```

第Ⅲ編　基本科学編

```
setparam("XPRS_maxnode",2147483647)
minimize(obj_min)
writeln(' ')
writeln("obj_min is ",getobjval)
writeln(' ')
forall(i in 1..n, j in 1..n)
 if(getsol(x(i, j))>0.0000000001)then
   writeln("x(", i, ", ", j,") =",getsol(x(i,j)))
end-if
writeln(" ")
write("Time:",gettime-starttime)
exit(0)
end-model
```

〈参考文献〉

1) 錦織昭峰：研究ノート ロジスティクスのための最適輸送・配送手法に関する一考察，県立広島大学経営情報学部論集，No. 9，pp. 123-130，2016

2) 茨木俊秀，福島雅夫：情報数学講座14 最適化の手法，共立出版，1993

3) 茨木俊秀，福島雅夫：岩波コンピュータサイエンス FORTRAN77 最適化プログラミング，岩波書店，1991

4) 柳浦睦憲，茨木俊秀：学生向け解説 メタヒューリスティクスの枠組，電気学会論文誌C，Vol. 121-C，No. 6，pp. 986-991，2001

5) 高橋磐郎，五百井清右衛門：数学ライブラリー42 ネットワーク プログラミング，森北出版，1976

6) 伊理正夫，古林隆：OR ライブラリー12 ネットワーク理論，日科技連出版社，1976

7) 近藤次郎：OR ライブラリー3 数学モデル入門，日科技連出版社，1974

8) 石田啓一：物流システム構築のための技法，計測と制御，Vol. 37，No. 3，pp. 162-165，1998

9) 久保幹雄：経営科学のニューフロンティア8 ロジスティクス工学，朝倉書店，2001

10) 錦織昭峰：ロジスティクスに関する考察，広島県立大学紀要，Vol. 16，No. 1，pp. 27-35，2004

第 14 章　最適輸・配送手法

11)　今野浩，鈴木久敏 編：OR ライブラリー 7　整数計画法と組合せ最適化，日科技連出版社，1982

12)　真鍋龍太郎訳，H. グリーンバーグ：整数計画法，培風館，1976

13)　宮崎知明：数理計画法 システム進化の歴史と今後の方向―All-in-One ソルバに近づく LocalSolver，オペレーションズ・リサーチ，Vol. 61，No. 1，pp. 35-42，2016

14)　久保幹雄：数理計画ソルバーを用いたメタ解法，システム/制御/情報，Vol. 50，No. 9，pp. 357-362，2006

15)　Xpress を使用した最適化アプリケーション問題集，MSI 株式会社，2012

16)　錦織昭峰：情報科学及び経営科学の初学者用教材に関する一考察，第 57 回システム制御情報学会研究発表講演会，No. 215-6，pp. 1-6，2013

錦織　昭峰

15 実験計画法

15.1 実験計画法の基礎理論

この節では，まず，実験計画法の概略から始め，1因子実験（1元配置）と2因子実験（2元配置）について簡単な計算例を示しながら説明する。次に多因子の実験に対応するための分割実験と直交配列実験について述べる。

15.1.1 実験計画法とは

実験計画法（experimental design, design of experiments）は，効率的な実験方法を設計し，結果を解析することを目的とする統計学の応用分野である。R. A. フィッシャーが，1920年代に農学試験から着想を得て創始したものである。「本質的に実験計画法は，効率的かつ経済的に，妥当で適切な結論に到達できるような実験を計画する方策である。（JIS，実験計画法より）」と定義されている。簡単にいうと，実験計画法は，実験の設計方法（実験データの収集方法）と実験データの解析方法（分散分析等の変動と誤差を分解する方法）の2つの方法論によって成り立っているといえる[1],[2]。特に，大きな影響を与えている要因とその要因の影響の大きさ，特性と要因（条件）の因果関係を推定することができるため，分散分析は中心的な役割を果たしているといえる。今日，実験計画法は，農業，工業だけでなく，多くの分野でして発展・適用されている。

(1) 実験計画の原理

実験計画法のフィッシャーの3原則は次の3つである。

(a) 反復（replication）
(b) 局所管理化（local control）
(c) ランダム化，無作為化（randomization）

a. 反 復

同条件で繰り返し実験を行うことにより，実験結果が，調査目的である要因によるものか，あるいは偶然によるバラツキ（誤差）なのかを判別できる。反復によって，交互作用を誤差と交絡させずに，分離することができる。

b. 局所管理化

実験結果が，調査目的以外の要因の影響を受けないように，影響を調べる要因以外のすべての要因を可能な限り一定にする。あるいは，独立した要因として考慮に入れる。たとえば，繰り返しのある実験において実験日や実験者の違いによる影響も要因とし，調査目的となる要因による影響と判別できるようにして，実験結果の分散分析を行うなどする。

c. ランダム化，無作為化

以上は物理実験でも普通に採用されるが，それでも制御できない可能性のある要因の影響を除き，偏りを少なくするために，条件を無作為化する。たとえば，実験を行う順序や反復が実験結果に影響を与える（系統誤差）のを防ぐため，決まった順序でなく無作為な順序で実験を行うなどである。

たとえば，10個の対象に対して，A_1，A_2 を試してその影響を調査する場合，実験グループを以下の図15.1のように無作為に分けて行う必要がある。

以上の原則に基づく実験計画と結果の分散を偶然の誤差と各要因の影響の和としてモデル化し，分析する分散分析の方法の2つを合わせて実験計画法とする。

図 15.1　ランダム化，無作為化

第15章　実験計画法

(2)　無作為化の方法（完全無作為化と乱塊法）

n 通りの比較したい処理（条件と繰り返しなど）全体を無作為に割り付け，実施する方法を完全無作為化法という。実験をブロックに分けて，ブロックごとに比較したい処理を無作為に割り付け，実施する方法を乱塊法という。

(3)　実験計画の用語

実験計画で用いる用語を以下に示す。

因子：実験結果への影響を知るため実験時に変化させる要因を因子と呼ぶ。

水準：因子を変えるときの条件を水準と呼ぶ。たとえば温度を因子とするなら実験温度の値が水準となり，材料の種類を要因とするなら材料の種類が水準となる。

主効果：1つの因子の各水準の平均的な効果を主効果という。

交互作用：1つの因子の効果が，他の因子によって変化するとき，因子間には交互作用があるという。この変化を交互作用効果という。

要因効果：主効果と交互作用効果を総称して，要因効果という。

(4)　要因配置法

2つの因子 A と B があり，A の水準が2，B の水準が3とすると実験の組合せは表15.1に示すように6通りの実験条件となる。

表 15.1　実験条件の組合せ

	B_1	B_2	B_3
A_1	①	②	③
A_2	④	⑤	⑥

このときすべての組合せを実験する方法を要因配置法あるいは因子配置実験といい，効率的に一部の組合せのみ実験する方法を一部実施法という。一部実施法の実験計画には直交配列表が用いられることから，直交配列実験ともいわれる。

15.1.2　1因子実験（1元配置）

1因子実験（1元配置）とは，結果に影響を与える可能性がある1つの因子を検討する実験である[1),2)]。たとえば，ある製品を製造するに当たって，材料などの条件 A_1，A_2，A_3 が考えられ，それぞれ2回ずつ実験する場合，要因

1099

第Ⅲ編　基本科学編

A について水準の数 3 で繰り返し回数 2，合計の実験回数は 6 ということになる。合計 6 回の実験を完全無作為化法（ランダムな順序）で行い，以下の表 15.2 のような実験データが得られた場合について考える。

表 15.2　1 因子実験の実験データ

	A_1	A_2	A_3
1	3	6	8
2	1	4	8

要因 A について効果を考えるために，列の平均と全体の平均の差を列の効果として計算すると以下の表 15.3 のようになる。

表 15.3　列の効果

	A_1	A_2	A_3	
1	3	6	8	
2	1	4	8	
列の合計	4	10	16	全体平均
列の平均	2	5	8	5
列の効果	-3	0	3	

表 15.4 に示すように因子変動（列の効果）を元のデータから引くと誤差を分離することができる。

表 15.4　因子変動（列の効果）と誤差変動

因子変動（列効果）	A_1	A_2	A_3
1	-3	0	3
2	-3	0	3

誤差変動	A_1	A_2	A_3
1	1	1	0
2	-1	-1	0

因子 A の変動の平方和 S_A と誤差の平方和 S_E とそれぞれの不変分散 V_A，V_E を計算すると表 15.5 ようになる。なお，平方和 S と不変分散 V は，n 個のデータ x_i，平均 $\bar{x}$ としたとき，以下の式（15.1），（15.2）のようになる。

平方和　　　$S = \sum (x_i - \bar{x})^2$ （15.1）

不変分散　$V =$ 平方和 S/ϕ （ただし，自由度 $\phi = n-1$ とする）　（15.2）

1100

第15章　実験計画法

表 15.5　因子変動（列の効果）と誤差変動の平方和と不変分散

因子変動（列効果）	A_1	A_2	A_3	
1	9	0	9	因子平方和 S_A
2	9	0	9	36
			不偏分散 V_A	18
			自由度 ϕ_A	2

誤差変動	A_1	A_2	A_3	
1	1	1	0	誤差平方和 S_E
2	1	1	0	4
	0		不偏分散 V_E	1.333
			自由度 ϕ_E	3
			$F=V_A/V_E$	13.5

分散比 F を以下の式（15.3）に従って計算すると，$F=13.5$ を得る。因子変動の自由度 $\phi_1=3-1=2$，誤差変動の自由度 $\phi_2=6-3=3$ についての F 分布を参照すると 9.552 であり，$F=13.5>9.552$ であることから，因子 A の 3 水準について有意差があるということができる。

分散比　　　　　　　　　　$F=V_A/V_E=13.5$　　　　　　　　　　（15.3）

表 15.3 で求めた全体の平均 5 を用いて，元データ全体の総変動とその平方和 S_T を計算すると表 15.6 を得る。

表 15.6　　総変動と平方和

総変動	A_1	A_2	A_3
1	-2	1	3
2	-4	-1	3

総変動	A_1	A_2	A_3	
1	4	1	9	総平方和 S_T
2	16	1	9	40

平方和の値は，以下の式（15.4）のように因子変動の平方和と誤差の平方和に分離できることがわかる。

全変動の総平方和 $S_T=$ 因子 A の変動の平方和 S_A+ 誤差変動平方和 S_E

$$40=36+4$$　　　　　　　　　　（15.4）

1101

第Ⅲ編　基本科学編

15.1.3　2因子実験（2元配置）

2因子実験（2元配置）とは，結果に影響を与える可能性がある2つの異なる因子を同時に検討する実験である[1),2)]。まず，繰り返しのない2因子実験について説明し，次に繰り返しのある2因子実験について示す。

(1)　繰り返しのない2因子実験

たとえば，ある製品を製造するに当たって，材料などの条件 A_1, A_2, A_3 と条件 B_1, B_2 が考えられ，この2因子で実験する場合，要因 A について水準3，要因 B について水準2，合計の実験回数は6ということになる。合計6回の実験を完全無作為化法（ランダムな順序）で行い，以下の表 15.7 のような実験データが得られた場合について考える。

表 15.7　繰り返しのない2因子実験の実験データ

	A_1	A_2	A_3
B_1	9	11	16
B_2	1	7	10

要因 A, B の効果について考えるために，列（要因 A）と行（要因 B）の平均と全体の平均の差をそれぞれの要因の効果とすると以下の表 15.8 ようになる。

表 15.8　要因 A, B の効果（繰り返しのない2因子実験）

	A_1	A_2	A_3	合計	平均	B の効果
B_1	9	11	16	36	12	3
B_2	1	7	10	18	6	-3
合　計	10	18	26			
平　均	5	9	13		全体平均	9
A の効果	-4	0	4			

この A, B の因子変動を元のデータから引いて誤差を分離する。A の効果（列の効果）と B の効果（行の効果）は，それぞれ表 15.9 のように独立して簡単に求めることができる。

この2つの効果を合計した行と列の効果を元データから引いたものが，表 15.10 に示すように誤差変動となる。

1102

第 15 章　実験計画法

表 15.9　要因 A, B のそれぞれの因子変動（繰り返しのない 2 因子実験）

因子変動（列の効果）	A_1	A_2	A_3
B_1	-4	0	4
B_2	-4	0	4

因子変動（行の効果）	A_1	A_2	A_3
B_1	3	3	3
B_2	-3	-3	-3

表 15.10　要因 A, B の因子変動と誤差変動（繰り返しのない 2 因子実験）

因子変動（行と列の効果）	A_1	A_2	A_3
B_1	-1	3	7
B_2	-7	-3	1

誤差変動	A_1	A_2	A_3
B_1	1	-1	0
B_2	-1	1	0

表 15.11　因子変動と誤差変動の平方和と不変分散

	A_1	A_2	A_3	
B_1	16	0	16	因子平方和 S_A
B_2	16	0	16	64
			不偏分散 V_A	32
			自由度 ϕ_A	1
			$F_A = V_A/V_E$	16

	A_1	A_2	A_3	
B_1	9	9	9	因子平方和 S_B
B_2	9	9	9	54
			不偏分散 V_B	54
			自由度 ϕ_B	2
			$F_B = V_B/V_E$	27

	A_1	A_2	A_3	
B_1	1	1	0	誤差平方和 S_E
B_2	1	1	0	4
			不偏分散 V_E	2
			自由度 ϕ_E	2

1103

第Ⅲ編　基本科学編

　因子 A の変動の平方和 S_A と因子 B の変動の平方和 S_B. それぞれの不変分散 V_A, V_B を，また誤差の平方和 S_E と不変分散 V_E を計算すると表 15.11 のようになる。

　表 15.8 で求めておいた全体の平均 9 を用いて，元データ全体の総変動とその平方和 S_T を計算すると表 15.12 を得る。

表 15.12　総変動と総平方和

総変動	A_1	A_2	A_3
B_1	0	2	7
B_2	−8	−2	1

	A_1	A_2	A_3	
B_1	0	4	49	総平方和 S_T
B_2	64	4	1	122

　平方和の値は，以下の式（15.5）のように A, B それぞれの因子変動の平方和と誤差の平方和に分離できることがわかる。

　全変動の総平方和 S_T＝因子 A の変動 S_A＋因子 B の変動 S_B＋誤差変動 S_E

$$S_T = S_A + S_B + S_E$$

$$122 = 64 + 54 + 4 \tag{15.5}$$

　分散比 F も含めてまとめると表 15.13 のようになる。分散比から，因子 A については有意差があるとはいえず，要因 B については有意差があるということができる。

表 15.13　分散分析（繰り返しのない 2 因子実験）

変動要因	変動	自由度	分散	分散比 F	F 境界値
要因 A	64	2	32	$F_A = V_A/V_E = 16$	19
要因 B	54	1	54	$F_A = V_B/V_E = 27$	18.513
誤差 E	4	2	2		
合　計	122	5			

(2)　繰り返しのある 2 因子実験

　たとえば，ある製品を製造するに当たって，材料などの条件 A_1, A_2, A_3 と条件 B_1, B_2 が考えられ，この 2 因子で実験する場合，要因 A について水準

1104

第 15 章　実験計画法

3，要因 B について水準 2 で繰り返し回数 2，合計の実験回数は 12 ということになる。合計 12 回の実験を完全無作為化法（ランダムな順序）で行い，表 15.14 のような実験データが得られた場合について考える。

表 15.14　繰り返しのある 2 因子実験の実験データ

	A_1	A_2	A_3
B_1	10 8	10 7	12 14
B_2	4 2	7 4	10 8

　要因 A，B について効果を考えるために，列（要因 A）と行（要因 B）の平均と全体の平均の差を計算すると表 15.15 のようになる。

表 15.15　要因 A，B の効果（繰り返しのある 2 因子実験）

	A_1	A_2	A_3	合計	平均	B の効果
B_1	10 8	10 7	12 14	61	10.167	2.167
B_2	4 2	7 4	10 8	35	5.833	-2.167
合　計	24	28	44			
平　均	6	7	11		全体平均	8
A の効果	-2	-1	3			

表 15.16　要因 A，B のそれぞれの因子変動（繰り返しのある 2 因子実験）

因子変動（列の効果）	A_1	A_2	A_3
B_1	-2 -2	-1 -1	3 3
B_2	-2 -2	-1 -1	3 3

因子変動（行の効果）	A_1	A_2	A_3
B_1	2.167 2.167	2.167 2.167	2.167 2.167
B_2	-2.167 -2.167	-2.167 -2.167	-2.167 -2.167

1105

第Ⅲ編　基本科学編

表 15.17　要因 A, B の因子変動と誤差変動（繰り返しのある 2 因子実験）

因子変動（行と列の効果）	A_1	A_2	A_3
B_1	0.167 0.167	1.167 1.167	5.167 5.167
B_2	-4.167 -4.167	-3.167 -3.167	0.833 0.833

誤差変動	A_1	A_2	A_3
B_1	1.833 -0.167	0.833 -2.167	-1.167 0.833
B_2	0.167 -1.833	2.167 -0.833	1.167 -0.833

表 15.18　因子 A, B の因子変動の平方和と不変分散

	A_1	A_2	A_3	
B_1	4 4	1 1	9 9	
B_2	4 4	1 1	9 9	因子平方和 S_A 56
			不偏分散 V_A	28
			自由度 ϕ_A	2

	A_1	A_2	A_3	
B_1	4.694 4.694	4.694 4.694	4.694 4.694	
B_2	4.694 4.694	4.694 4.694	4.694 4.694	因子平方和 S_B 56.333
			不偏分散 V_B	56.333
			自由度 ϕ_B	1

　この A, B の因子変動を元のデータから引いて誤差を分離する。A の効果（列の効果），B の効果（行の効果）は，それぞれ表 15.16 のように独立して求めることができる。

　この 2 つの効果を合計した行と列の効果を元データから引いたものが，表 15.17 に示すように誤差変動となるが，繰り返し実験を行っていることにより，この誤差変動に含まれる要因 A と要因 B の交互作用を分離することがで

1106

第 15 章　実験計画法

きる。

　因子 A の変動の平方和 S_A と因子 B の変動の平方和 S_B，それぞれの不変分散 V_A，V_B を計算すると表 15.18 のようになる。

　表 15.15 で求めておいた全体の平均 8 を用いて，元データ全体の総変動とそ

表 15.19　総変動と総平方和

総変動	A_1	A_2	A_3
B_1	2 0	2 -1	4 6
B_2	-4 -6	-1 -4	2 0

	A_1	A_2	A_3	
B_1	4 0	4 1	16 36	
B_2	16 36	1 16	4 0	総平方和 S_T 134

表 15.20　平均データの因子変動の平方和と不変分散

繰返しの平均	A_1	A_2	A_3
B_1	9	8.5	13
B_2	3	5.5	9

平均の因子変動	A_1	A_2	A_3
B_1	1 1	0.5 0.5	5 5
B_2	-5 -5	-2.5 -2.5	1 1

	A_1	A_2	A_3		
B_1	1 1	0.25 0.25	25 25		
B_2	25 25	6.25 6.25	1 1	$S_A+S_B+S_{A\times B}$ 117	$S_{A\times B}$ 4.667
				不偏分散 $V_{A\times B}$	2.333
				自由度 $\phi_{A\times B}$	2

1107

第Ⅲ編　基本科学編

の平方和 S_T 計算すると表 15.19 を得る。

　ここで，各 2 回ずつ繰り返し行った実験データの平均をとり，元データからの差異を平均の要因変動と考えて平方和を計算すると表 15.20 を得る。

　表 15.20 において，因子 A の変動 $S_A=56$，因子 B の変動 $S_B=56.333$ であることがわかっているので

$$S_{A\times B}=117-S_A+S_B=4.667$$

が求まる。また，平方和は，以下の式（15.6）のように A，B それぞれの因子変動と交互作用の平方和および誤差の平方和で構成される。

　全変動の総平方和

$$S_T＝因子 A の変動 S_A＋因子 B の変動 S_B$$
$$＋ 因子 A と因子 B の交互作用 S_{A+B}＋誤差変動 S_E$$
$$S_T＝S_A＋S_B＋S_{A\times B}＋S_E \qquad (15.6)$$

平方和のモデルに従って誤差の平方和を求めると，以下のようになる。

$$134＝56＋56.333＋4.667＋S_E$$
$$S_E＝17$$

表 15.21 誤差変動の平方和と不変分散

	A_1	A_2	A_3		
B_1	3.361 0.028	0.694 4.694	1.361 0.694		
B_2	0.028	4.694	1.361	誤差平方和 S_E ＋因子平方和 $S_{A\times B}$	誤差平方和 S_E
	3.361	0.694	0.694	21.667	17.000
				不偏分散 V_E	2.833
				自由度 ϕ_E	6

表 15.22 分散分祈（繰り返しのある 2 因子実験）

変動要因	変動	自由度	分散	分散比 F	F 境界値
要因 A	56.000	2.000	28.000	$F_A=V_A/V_E=9.882$	5.143
要因 B	56.333	1.000	56.333	$F_A=V_B/V_E=19.882$	5.987
交互作用 $A\times B$	4.667	2.000	2.333	$F_{A\times B}=V_{A\times B}/V_E=0.824$	5.143
誤差 E	17.000	6.000	2.833		
合計	134	11			

この誤差の平方和 S_E を用いて，改めて誤差変動について不変分散を計算すると表 15.21 のようになる。

分散比 F も含めてまとめると表 15.22 のようになる。因子 A，Bについては有意差があり，交互作用 $A \times B$ については有意差があるとはいえない。

15.1.4 分 割 実 験

場合によっては，因子の水準のすべての組合せをランダムな順序で行わずに，実験法を工夫することにより，実験回数や費用を抑えることができる[3),4)]。たとえば，材料の製造方法として A の 3 水準，その材料を用いた加工方法で B の 2 水準があるとする。通常の n 回の繰り返しのある 2 元配置で実験を行う場合，組合せは 6 通りであるので，すべてを通常の製造工程を想定してロット単位で実験すると $6n$ ロットの実験をすることになる。そこで，A は材料の製造工程であるのでロット単位で製造し，A で製造された材料を 2 つに分割して B の実験を行うことにより，材料他の費用を半分にすることができる。

反復 1：A を 3 水準でランダムに実施
　　　　→ 各 A の材料を 2 つに分割し，B を 2 水準で実施
　　　　　…

反復 n：同様に n 回繰り返す

このような分割法を用いた実験を分割実験（split-plot design）という。A の各実験を 1 次単位，1 次単位を分割して得られる実験を 2 次単位と呼び，それぞれの因子を 1 次因子，2 次因子と呼ぶ。1 次因子の実験回数が少なくなるため，通常の 2 元配置と比べて，1 次因子の精度が悪く，2 次因子の精度が良くなるとされている。また，1 次単位のロットを分割して実験するため，たとえば反復 1 の中の A_1B_1，$A_1\underline{B_2}$ という 2 つの実験は同じ A_1 のロットを分割して使用するため，2 次単位のデータ間は独立とはいえない。A，B のそれぞれの水準数を a，b とし，繰り返し数 n とした場合，2 元配置法と分割法で比較すると表 15.23，表 15.24 のようにまとめることができる。

1109

第Ⅲ編　基本科学編

表 15.23　2元配置法の分散分析

変動要因	変動の平方和	自由度	分散	分散比 F
要因 A	S_A	$\phi_A = a-1$	V_A	$F_A = V_A/V_E$
要因 B	S_B	$\phi_B = b-1$	V_B	$F_A = V_B/V_E$
交互作用 $A \times B$	$S_{A \times B}$	$\phi_{A \times B} = (a-1)(b-1)$	$V_{A \times B}$	$F_{A \times B} = V_{A \times B}/V_E$
誤差 E	S_E	$\phi_E = ab(n-1)$	V_E	
合計	S_T	$\phi_T = abn-1$		

表 15.24　分割法の分散分析

変動要因	変動の平方和	自由度	分散	分散比 F
要因 A	S_A	$\phi_A = a-1$	V_A	$F_A = V_A/V_{E1}$
反復 n	S_n	$\phi_n = n-1$	V_n	$F_n = V_n/V_{E1}$
1次誤差 E_1	S_E	$\phi_{E1} = (a-1)(n-1)$	V_{E1}	
要因 B	S_B	$\phi_B = b-1$	V_B	$F_A = V_B/V_{E2}$
交互作用 $A \times B$	$S_{A \times B}$	$\dot{\phi}_{A \times B} = (a-1)(b-1)$	$V_{A \times B}$	$F_{A \times B} = V_{A \times B}/V_{E2}$
2次誤差 E_2	S_{E2}	$\dot{\phi}_{E2} = a(b-1)(n-1)$	V_{E2}	
合計	S_T	$\phi_T = abn-1$		

15.1.5　直交配列実験

　要因が多くなってくると，水準組合せが多くなり，また，多数回の実験の場を均一に保つのが難しくなるため，実験が困難になってきてしまう[2),3),4)]。そこで，一部の交互作用は存在しないあるいは不要という条件のもと一部実施法や交絡法を用いて実験配置を計画する方法として，直交表を用いた直交配列実験がある。2因子の直交表から始めて，3因子，さらに4因子以上の要因に対する直交配列実験の方法について説明する。

　2水準の2つの要因 A, B を考えたとき実験の組合せは4通りであるが，2水準の直交表の性質として，任意の2つの列を選んでも必ずこの4通りが同数回現れるというものである。たとえば2水準の 2^2 型または $L_4(2^3)$ の直交表を表 15.25 に示す。なお $L_4(2^3)$ は，一般には列が3を読まずに2水準の大きさ4の直交表という。1,2列目を2進数2桁の表として作成したのち，3列目は1,2列目の排他的論理和（exclusive or）の演算を行えばよい。

1110

第 15 章　実験計画法

表 15.25　2 水準の 2^2 型または $L_4(2^3)$ の直交表と実験配置

	列 1	列 2	列 3
ケース 1	0	0	0
ケース 2	0	1	1
ケース 3	1	0	1
ケース 4	1	1	0
要因記号	A	B	$A \times B$

	A_0	A_1
B_0	ケース 1	ケース 3
B_1	ケース 2	ケース 4

　直交表の 3 列目の交互作用の影響が小さいものとして，要因 C を割り付けると，表 15.26 のようなラテン方格法の実験配置を得ることができる。表 15.25 と表 15.26 の違いは，要因記号の $A \times B$ と C の違いだけである。

表 15.26　ラテン方格法による実験配置

	列 1	列 2	列 3
ケース 1	0	0	0
ケース 2	0	1	1
ケース 3	1	0	1
ケース 4	1	1	0
要因記号	A	B	C

表 15.27　2 進法 3 桁の表

	列 1	列 2	列 3
ケース 1	0	0	0
ケース 2	0	0	1
ケース 3	0	1	0
ケース 4	0	1	1
ケース 5	1	0	0
ケース 6	1	0	1
ケース 7	1	1	0
ケース 8	1	1	1
要因記号	A	B	C

　同様に 2 進法 3 桁の表 15.27 を基に各要因の組合せごとに排他的論理和（exclusive or）の演算を行うことによって，3 要因の直交表が得られる。2 水準の 2^3 型または $L_8(2^7)$ の直交表を表 15.28 に示す。任意の 2 つの列を選んで

1111

第Ⅲ編　基本科学編

も，4通り×2回ずつの実験が行われることがわかる。2因子の場合と同様に，要因間に交互作用がないならば，直交表の任意の列に要因を割り付けることによって，簡単に実験を配置できる。

表 15.28　2^3 型または $L_8(2^7)$ の直交表

	列 1	列 2	列 3	列 4	列 5	列 6	列 7
ケース 1	0	0	0	0	0	0	0
ケース 2	0	0	0	1	1	1	1
ケース 3	0	1	1	0	0	1	1
ケース 4	0	1	1	1	1	0	0
ケース 5	1	0	1	0	1	0	1
ケース 6	1	0	1	1	0	1	0
ケース 7	1	1	0	0	1	1	0
ケース 8	1	1	0	1	0	0	1
要因記号	A	B	$A \times B$	C	$A \times C$	$B \times C$	$A \times B \times C$

因子間に交互作用がある場合は該当する列を空けて要因を割り付ける必要がある。たとえば表 15.28 の直交表ように列 1,2,4 に要因 A，B，C を割り付けている場合，交互作用 $A \times B$ は第 3 列に出てくる。4 つ目の要因 D を含めて実験を行いたいとき，もし第 3 列に要因 D を割り付けると，交互作用 $A \times B$ と要因 D の効果が交絡してしまう。そこで，4 つめの要因 D を割り付けるときには，たとえば 7 列目に割り当てるなど，交互作用が存在しないと考えられる列に割り当てる。なお，一般に直交表による実験計画では 3 因子以上の交互作用は存在しないと仮定することが多い。

例として，因子 A，B，C，D として，因子間に交互作用がない場合の例を考える。列 1, 2, 3 はそのままに列 4 に要因 D を配置すると表 15.29 のような実験配置となる。水準の組合せの欄を見るとわかるように，要因 $A \sim D$ の実験条件を 2 水準のうちそれぞれ，ケース 1 の実験では $A_0 B_0 C_0 D_0$，ケース 2 の実験では $A_0 B_0 C_1 D_1$ のような組合せで行えばよい。

この実験配置で実験を行った場合，表 15.29 の右端のような効果が得られたとすると，総平方和を S_T と修正項 CT は表 15.30 のようになる。

同様に各要因の平方和を以下のような計算式で求めると表 15.31 ようになる。

1112

第 15 章　実験計画法

表 15.29　直交表による実験配置

	1	2	3	4	5	6	7		水準の組合せ			効果
1	0	0	0	0	0	0	0	A_0	B_0	C_0	D_0	2
2	0	0	0	1	1	1	1	A_0	B_0	C_1	D_1	4
3	0	1	1	0	0	1	1	A_0	B_1	C_0	D_0	2
4	0	1	1	1	1	0	0	A_0	B_1	C_1	D_1	3
5	1	0	1	0	1	0	1	A_1	B_0	C_0	D_1	4
6	1	0	1	1	0	1	0	A_1	B_0	C_1	D_0	5
7	1	1	0	0	1	1	0	A_1	B_1	C_0	D_1	4
8	1	1	0	1	0	0	1	A_1	B_1	C_1	D_0	4
	A	B		C	D							28

表 15.30　直交表による実験配置の総平方和と修正項

水準の組合せ				効果		
A_0	B_0	C_0	D_0	2		4
A_0	B_0	C_1	D_1	4		16
A_0	B_1	C_0	D_0	2		4
A_0	B_1	C_1	D_1	3		9
A_1	B_0	C_0	D_1	4		16
A_1	B_0	C_1	D_0	5		25
A_1	B_1	C_0	D_1	4		16
A_1	B_1	C_1	D_0	4		16
			合計	28		106
			修正項 CT	98.00	総平方和 S_T	8.00

表 15.31　直交表による実験配置の各要因の平方和

水準の組合せ				効果		A	B	C	D
A_0	B_0	C_0	D_0	2		2	2	2	2
A_0	B_0	C_1	D_1	4		4	4	4	4
A_0	B_1	C_0	D_0	2		2	2	2	2
A_0	B_1	C_1	D_1	3		3	3	3	3
A_1	B_0	C_0	D_1	4		4	4	4	4
A_1	B_0	C_1	D_0	5		5	5	5	5
A_1	B_1	C_0	D_1	4		4	4	4	4
A_1	B_1	C_1	D_0	4		4	4	4	4
				水準 0 の和	11	15	12	13
				水準 1 の和	17	13	16	15
					-6	2	-4	-2
				平方和 S	4.5	0.5	2	0.5

1113

第Ⅲ編　基本科学編

$CT = (全データの和)^2/8 = 28^2/8 = 98$

$S_T = (個々のデータの2乗の和) - CT = 106 - 98 = 8.0$

$S_A = (水準 A_0 の効果の和 - 水準 A_1 の効果の和)^2/8 = (11-15)^2/8 = 4.5$

$S_B = (水準 B_0 の効果の和 - 水準 B_1 の効果の和)^2/8 = (-)^2/8 = 0.5$

$S_C = (水準 C_0 の効果の和 - 水準 C_1 の効果の和)^2/8 = (-)^2/8 = 2$

$S_D = (水準 D_0 の効果の和 - 水準 D_1 の効果の和)^2/8 = (-)^2/8 = 0.5$

$S_E = S_T - S_A - S_B - S_C - S_D = 8 - 4.5 - 0.5 - 2 - 0.5 = 0.5$

以上をまとめると表 15.32 の分散分析表が得られる。分散比 F を見ると，要因 A，C は有意であるといえ，要因 B，D は有意であるといえないことがわかる。

表 15.32　直交表による実験配置の各要因の平方和

変動要因	変動和	自由度	不変分散	分散比 F	F境界値
要因 A	4.500	1	4.500	27.000	10.100
要因 B	0.500	1	0.500	3.000	10.100
要因 C	2.000	1	2.000	12.000	10.100
要因 D	0.500	1	0.500	3.000	10.100
誤差 E	0.500	3	0.167		
合計	8.00	7			

15.2　SCM への応用

分散分析は要因の水準の違いによって得られた結果が有意であるかどうかを示すので，SCM における戦略（strategy），構造（structure），プロセス（processes）等の要因について，パフォーマンスの差異（効果）が有意であるか等を分析することができる。実際にはプロセス統合やコスト，在庫等の要因間の関係の分析には共分散構造分析が必要となるが，各要因の個別のパフォーマンスへの効果については分散分析を用いて分析できる。

たとえば，サプライチェーン戦略についてはいくつかの分類があるが，ここでは表 15.33 に示すようなアジリティの程度（市場の不確実性に俊敏に対応する程度）とカスタマイゼーションの程度（カスタマイズされた製品を提供する程度）の2軸を使い4つのタイプ分類で考える[5]。

第 15 章　実験計画法

　これらの 4 つのタイプそれぞれにおいて，川上企業や川下企業あるいは企業内部門間とのプロセス統合や構造について分散分析を行うことにより，戦略タイプごとにどの要因に効果があるのかを分析できる。

表 15.33　サプライチェーン戦略タイプの分類

		カスタマイゼーションの程度	
		低い	低い
アジリティの程度	低い	タイプ 1：個別仕様製品―効率性重視	タイプ 2：量産標準製品―効率性重視
	高い	タイプ 3：個別仕様製品―応答性重視	タイプ 4：量産標準製品―応答性重視

　簡単のため，例としてタイプ 1 個別仕様製品-効率性重視，企業内部門間の項目のみに絞って示すと表 15.34 のようになる。それぞれの要因 $A \sim D$ についてそれぞれ 2 水準のデータが得られたとして，要因ごとを個別に分析した場合は 1 因子の分散分析となる。交互作用がないものとしてまとめて 4 因子として分析した場合は前節の直交表の分散分析と等価な問題となる。

表 15.34　サプライチェーン戦略タイプと構造およびプロセス

		タイプ 1 個別仕様製品―効率性重視
企業内プロセス統合	計画・実績情報の共有	要因 A の水準データ
	配送・供給制約要因の共有	要因 B の水準データ
	計画逸脱事態の共有と調整	要因 C の水準データ
企業内構造	需要予測権限の集権化	要因 D の水準データ

　ただし，本来は企業内部門間の他にも，川上，川下企業についても同様に要因を考えることが必要であり，水準も 2 水準では少なすぎると考えられる。SCM への応用のためには，10 数因子以上の多因子かつ複数の水準の実験計画問題として考えなければならないことがわかる。

　中野[5] によれば，1 因子の分散分析を行った場合，タイプ 2：量産標準製品-効率性重視のサプライチェーン戦略をとる企業とタイプ 1，タイプ 3 の個別使用製品のサプライチェーン戦略をとる企業とでは，特に川下・川上企業とプロセス統合や構造において違いがみられることが示されている。

1115

第Ⅲ編　基本科学編

　また，姜，田中[6]らによれば，SCM ビジネスゲームではあるが 2 元配置の分散分析が行われており，サプライヤーにとって情報共有化とペナルティー（品切れ）の水準と在庫等について有意な結果が得られることが報告されている。

15.3　期待効果

　実験計画法で用いられる実験配置や分散分析は，要因と効果の関係について交互作用を含めて分析できることから，複数の因子が関係する問題に対して有用である。これは SCM のような多くの因子が関係する問題においても有効である。前節の SCM への応用の例で示したように，プロセス統合とパフォーマンスの分析だけでなく，サプライチェーン戦略や構造を含めた多因子の分散分析も可能である。多因子かつ複数の水準について，データに基づいて分析を行うことが可能であることから，SCM においても分析ツールとして有用なものであると考えられる。

〈参考文献〉

1)　内田治：すぐに使える EXCEL による分散分析と回帰分析，pp.14-78，東京図書，2009
2)　大村平：実験計画と分散分析のはなし（改訂版），pp.48-125，日科技連出版社，2013
3)　鷲尾泰俊：実験計画法入門（改訂版），pp.124-203，日本規格協会，1974
4)　山田秀：実験計画法—方法編，pp.29-184，日科技連出版社，2004
5)　中野幹久：サプライチェーンにおける戦略，構造，プロセスの適合とパフォーマンスの関係：サーベイ分析のサマリー・レポート，京都産業大学総合学術研究所所報 8，pp.113-121，2013
6)　姜佳婧，田中宏和：SCM の現状と課題に関する考察，経営情報学会　全国研究発表大会要旨集 2010f（0），pp.82，2010

今井　正文

<table>
<tr><td>**16**</td><td># 関 連 手 法</td></tr>
</table>

16.1 は じ め に

　本章の狙いは，SCM の数値計算上比較的関係の深いツールである遺伝的アルゴリズム（Genetic Algorithm：GA），ファジィ理論（Fuzzy Theory），階層化意思決定法（Analytic Hierarchy Process：AHP），ISM（Interpretive Structural Modeling），焼きなまし法（Simulated Annealing：SA），タブサーチ（tabu search）などについて簡単に紹介し，定量的な視点から SCM 問題の解決に資する一歩として位置づけたものである。

　したがって，本章で対象として取り上げた諸手法についての細部にわたる研究はそれぞれの専門書を参照されたい。

16.2 遺伝的アルゴリズムの基本

　生物は，交叉（crossover），突然変異（mutation），自然淘汰（natural selection）のような遺伝におけるアナロジーによって親からの遺伝子を受け継ぎ，いわば生殖活動を行い，次の世代の子供をつくり出す。生殖に際しては，環境によく対応した生物が子供を多くつくり出し，生き残る。一方，環境にあまり対応しないものは生き残れず，ついに死滅するようになる[1]-[2]。

　遺伝的アルゴリズム（GA）は，このような遺伝学の考え方に基づいて遺伝におけるアナロジー（交叉，突然変異，および自然淘汰）が作用することによ

第Ⅲ編　基本科学編

り，問題（巡回セールスマン問題，スケジューリング問題，人間の主観的な評価に基づく最適化問題など）の最適解を探索するための方法である。GA はメタヒューリスティクスの1つの手法である。

16.2.1　GA の原理

先述のように，GA は生物の進化のメカニズムを真似てデータ構造を工夫し，コンピュータでシミュレーションすることにより最適解を導く手法である。GA の基本的な考え方は生き物の遺伝子型（genotype）を GTYPE とし，表現型（phenotype）を PTYPE として，交叉や突然変異や自然淘汰など GA のオペレータの操作をすることによって，最適値をもった解を求める[2]。また，GA では環境に応じた生物が生き残り，次の世代の子孫を多くつくるという考え方を応用することにより，PTYPE に応じて適合度（目的関数値：fitness function）が決まる。この適合度が大きい数値が解候補として選択される。当然なことながら，適合度が小さいものは死滅しやすいと考えて，解候補から外す。

16.2.2　GA の仕組み

GA の基本的な仕組みは，複数な解集団を保持しながら交叉，突然変異，淘汰を作用させることにより，決まった適合度（fitness）が大きいものを現在の解集団から新しい解集団を作成しながら問題の最適解を探索する。すでに述べたように，GA では新しい解候補の集団を生成するために，GTYPE に対して交叉，突然変異，淘汰という GA オペレータが適用される。これらの GA オペレータは以下のように説明される。

①　**交叉**：ランダムで決定する交叉点の間で世代 t の親の部分構造（親の GTYPE）を交換することによって，次の世代 $t+1$ の子孫 GTYPE を生成する。

②　**突然変異**：適当な確率で突然変異点をランダムでに選択し，GTYPE を置き換えることで，新規な GTYPE（新解候補個体）を生成する。

③　**自然淘汰**：解集団の中にそれぞれの解個体に対して適合度を算出し，適合度が良い（あるいは大きい）ものが選択し，次の世代の解候補集団として

1118

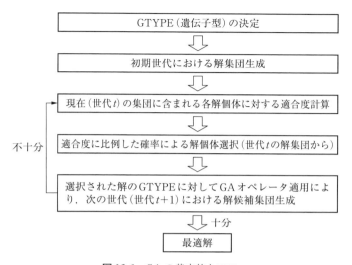

図 16.1 GA の基本的なフロー
出典) 伊庭斉志:Excel で学ぶ遺伝子アルゴリズム,p.59,オーム社,2005(一部修正)

生成する.

図 16.1 には,GA の基本的フローが示される.初期世代の解集団をランダムで生成する.そして,その世代 t の集団に含まれる解の PTYPE それぞれに対して適合度を算出して決定する.次いで,適合度に比例することで求める確率で集団から解個体を選択し,その解の GTYPE に GA オペレータを適用させることによって次の世代 $t+1$ の解候補集団を作成する.より良い最適解を得るまで同様にこの GA の流れを繰り返す.

16.2.3 GA の応用例

ここで,GA の応用を学習するために,次の巡回セールスマン問題(TSP)を例としてあげて,GA でこの問題の最適解を求める.表 16.1 には,対象 5 都市間の距離が示される.これにより,すべての都市を一度だけ経由して元に戻る巡回経路が最小となるもの(最適解)を GA で求める.

GA を用いて,次のようにこの問題を解く.

(1) 初期世代の集団の GTYPE(遺伝子型)をランダムに生成する

都市番号をそのまま GTYPE とし,集団サイズ(population)を 5 個体とす

第Ⅲ編　基本科学編

表 16.1　都市間の距離（km）

都市	1	2	3	4	5
1	0	5	7.5	4	2
2	5	0	6	2.5	4
3	7.5	6	0	7	10
4	4	2.5	7	0	7.5
5	2	4	10	7.5	0

表 16.2　初期世代の解個体および適合度

個体数（No.）	解個体（GTYPE）	適合度（総合距離：km）
1	2-3-1-4-5-2	29.0
2	4-5-3-2-1-4	32.5
3	4-3-2-1-5-4	27.5
4	3-4-5-1-2-3	27.5
5	1-2-3-4-5-1	27.5

ると，初期世代における 5 個体の親集団を表 16.2 に示すようにランダムで生成する。

(2)　解個体に対して適合度を算出する

　初期世代の各解個体に対して適合度（fitness）をそれぞれ算出する。この場合，適合度（または目的関数）は距離となり，すなわち巡回経路（解）による総合距離を算出する。結果は表 16.2 のように示す。

(3)　選択方式により，現在の世代から親を選択する

　GA では，環境に適合度が良いほどより多くの子孫をつくり出すように，2 個体の親（P1 と P2）を選ばなければならない。これを実現する主な方法は，ルーレット方式（roulette）とトーナメント方式（tournament）である[3]。最も単純な方法は，適合度に比例した割合で選択するルーレット方式である。したがって，ここではルーレット方式を適用することによって，P1 と P2 の親を選択する。この方式は適合度に比例した面積をもつルーレット（重み付け）をつくり，そのルーレットを回して，ルーレットの玉が当たった場所の個体を選択する。これにより，初期世代における個体 i に対して確率 p_i を式（16.1）でそれぞれ算出して，結果を表 16.3 に示す。

$$p_i = \frac{1/\text{fitness value}_i}{\sum_{i=1}^{n}(1/\text{fitness value}_i)} \tag{16.1}$$

第16章 関連手法

表 16.3 確率 p_i および累計確率の計算結果—その 1

i	GTYPE	fitness value	1/fitness value	確率 p_i	累計確率
1	2-3-1-4-5-2	29.0	0.034	0.198	0.198
2	4-5-3-2-1-4	32.5	0.031	0.176	0.374
3	4-3-2-1-5-4	27.5	0.036	0.209	0.583
4	3-4-5-1-2-3	27.5	0.036	0.209	0.791
5	1-2-3-4-5-1	27.5	0.036	0.209	1.000
	合計	144.0	0.174	1.000	

表 16.4 確率 p_i および累計確率の計算結果—その 2

i	GTYPE	fitness value	1/fitness value	確率 p_i	累計確率
1	2-3-1-4-5-2	29.0	0.034	0.250	0.250
2	4-5-3-2-1-4	32.5	0.031	0.223	0.473
3	3-4-5-1-2-3	27.5	0.036	0.264	0.736
4	1-2-3-4-5-1	27.5	0.036	0.264	1.000
	合計	116.5	0.138	1.000	

ここで

p_i：i 番目の個体に対して確率（このとき，$\sum_{i=1}^{n} p_i = 1$）

fitness value$_i$：個体 i に対して目的関数から計算される適合度

n：個体数（population）

次いで，ルーレットを回し，0 から 1 までの乱数を一様に発生させる。たとえば，乱数は 0.479 と出たとすると，その乱数が 3 番目の累計確率に入っているので，3 番目の個体が選択される。したがって，親 P1 の GTYPE は 4-3-2-1-5-4 となる。

生殖に際しては，2 個体の親が必要であるため，もう 1 つの親（P2）個体を選択する。ここで，3 番目の個体は親 P1 としてすでに選択されたため，この個体を抜いてから親 P1 を選択するときのやり方とまったく同じように繰り返す。つまり，個体それぞれに対して確率および累計確率を算出し，乱数を発生させることで，親 P2 を選択する。表 16.4 に計算結果を示す。次に，0〜1 までの乱数を発生し，0.503 と出たとすると，3 番目の個体（3-4-5-1-2-3）を親 P2 として選択する。

(4) GAオペレータの操作により，次の世代の子個体を生成する

(3)により，4-3-2-1-5-4 と 3-4-5-1-2-3 の親個体を選択した。次は，交叉と突然変異の GA オペレータを適用させ，次の世代における5個体の子供を生成する。

交　叉:

まずは交叉点を決定する。GA ではオペレータの適用部位や適用頻度などをランダムに決定する。これにより，交叉点をランダムに選び，たとえば3番目の GTYPE（遺伝子座）が選ばれたとする。その場合，図16.2のように親 P1 の GTYPE 1番目から3番目の部分と親 P2 の GTYPE 4番目から5番目の部分を交叉することによって，1個体の子供を生成する（交叉の操作により，2個体の子供を生成するときもあるが，今回は1個体の子供の生成にする）。

このような TSP の問題は同じ都市を巡回すると，解にはなり得ないため，効果的な交叉方法（突然変異方法も同じ）を使用する必要がある。なお，図16.2に表す C1 の GTYPE により，No.2 の都市が2回出たことがわかった（3番目と5番目の遺伝子座）。これは致死遺伝子と呼ぶ。この場合，子の GTYPE は致死遺伝子とならないように次のような方法を適用する。

―同じ都市となる遺伝子座をランダムに選ぶ。
―選ばれた点に，まだ回していない都市を交換する。

上記により，3番目と5番目の遺伝子座をランダムで5番目が選択されたとする。そして，5番目の遺伝子座に No.2 の都市を No.5 の都市に交換し，C1（世代1の子）の GTYPE は 4-3-2-1-5 となる。

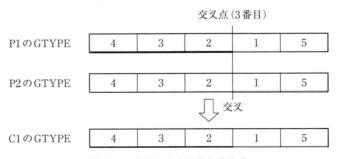

図16.2 交叉による子供個体生成

第16章　関連手法

表 16.5　世代1における5個体の子供

個体数（No.）	解個体（GTYPE）	適合度（総合距離：km）
1	3-4-2-1-5-3	26.5
2	2-4-5-3-1-2	32.5
3	1-2-3-4-5-1	27.5
4	1-4-5-2-3-1	29.0
5	3-5-1-2-4-3	26.5

突然変異：

　次は，2つの都市をまたランダムに選択し，選択された都市の順番を交換する。たとえば，ランダムで No.4 と No.3 の都市（1番目と2番目の遺伝子座）が選択された。この2つの都市の順番を変更すると，新しい C1 の GTYPE は3-4-2-1-5（あるいは 3-4-2-1-5-3）となり，また巡回する合計距離が 26.5 km となる。

　先述したように，各世代における5個体の子供を生成することにする。いまは1個体の子供しか生成できていなくて，すなわち残り4個体の子供を生成するまで（3）と（4）を繰り返して行う必要がある。表 16.5 には，（3）から（4）の GA アルゴリズムを繰り返すことによって，生成するとした世代1の5個体の子供を表す。

（5）　最適解を探索する

　GA の特徴は，世代 t における親の適合度（fitness value）より良い最適値をもった世代 $t+1$ の子孫の適合度（解）を集団として保持しながらオペレータの操作によって新たな解候補を指定した世代数（generation）まで生成し，最適解を探索するというものである。今回は例題をあげ，問題を容易に解くため，最大世代数を3世代までとし，TSP 問題の最適解を求める。したがって，世代3における5個体の子孫を生成するまで（3）から（4）という GA オペレータを繰り返したことで，世代3における5個体の子孫を表 16.6 のように生成した。

　表 16.6 の結果により，簡単な TSP 問題を GA で解いて，GA のアルゴリズムを3回繰り返すと，最小な巡回総合距離が 23 km である。したがって，4-1-5-2-3-4 は最適解（巡回路）となる[*1]。

1123

第Ⅲ編　基本科学編

表 16.6　最大世代 3 における 5 個体の子孫

個体数（No.）	解個体（GTYPE）	適合度（総合距離：km）
1	5-2-1-4-3-5	30.0
2	4-1-5-2-3-4	23.0
3	4-1-2-5-3-4	30.0
4	3-5-1-2-4-3	26.5
5	1-5-3-2-4-1	24.5

16.3　ファジィの基本

　一般的な論理はブール論理（Boolean logic），すなわち「真」か「偽」，また
あるいは「1」か「0」という 2 つの値をもつ論理である（2 値理論とも呼ばれ
ている）。しかし，人間の判断，たとえば「寒い」，「暑い」，「若い」などとい
う人間の感覚的表現ははっきりして数字では表せず，あいまいであるものが多
い。具体的というと，A さんは「B さんがとても可愛い」いっているが，他の
人も同じように「B さんがとても可愛い」といえるかどうか確かではない。こ
のような人間のあいまいな言語（自然言語）を明確に数字化するために，ファ
ジィ集合概念が用いられる。

16.3.1　ファジィの原理と基礎

　ファジィ理論（Fuzzy Theory）は，1965 年に Lotfi Aska Zadeh 教授が提案
したものである[4]。ファジィ理論はあいまいさの情報を数値や数式で表現する
ために，知識情報を処理する方法論である。この理論の基礎はファジィ集合と
ファジィ論理いう概念にある。

(1)　ファジィ集合（fuzzy set）

　ファジィ集合は数学の集合の考え方を拡張したものである。数学の集合はク
リスプ集合（crisp set）と呼ばれ，集合の境界線がはっきりしているが，ファ
ジィ集合は集合の要素があいまいで，境界線がはっきりしない状態である。つ
まり，ファジィ集合は集合の要素が 2 値論理（0 か 1，また真か偽）で定義で

　＊1　最大世代数を増やしながら，GA のアルゴリズムを何度も繰り返すと，今回より最
　　　適解を得るかもしれない。

1124

第16章　関連手法

表16.7　2値論理

P	Q	P∩Q　（P and Q）	P∪Q　（P or Q）	~P　（not P）
0	0	0	0	1
0	1	0	1	1
1	0	0	1	0
1	1	1	1	0

注：0＝偽（false），1＝真（true）

きる通常の集合を拡張し，0と1の間の実数値であるものである。また，ファジィ集合に属している要素はその要素をファジィ集合のメンバーシップ関数（membership function）という。

(2)　ファジィ論理（fuzzy logic）

表16.7には，積集合（intersection），和集合（union），補集合（complement）というような2値論理の基本的な演算を表す。ファジィ論理では0と1の間の実数値のときにも，この基本的な演算と同様に論理演算を以下のように定義している[5]。

P and Q＝Min（P, Q）：2つのファジィ集合の積集合を演算するときは，それぞれのメンバーシップ関数の最小値を与える。

P or Q＝Max（P, Q）：2つのファジィ集合の和集合を演算するときは，それぞれのメンバーシップ関数の最大値を与える。

not P＝1−P：ファジィ集合の補集合を演算するときは，1とメンバーシップ関数の差を与える。

16.3.2　ファジィ推論

ファジィ推論は，"IF-THEN"という典型的なファジィルールをファジィ論理に基づいて知識情報を処理するものである。ここで，x, y, zを数値変数とし，A, B, Cをファジィ集合とすると，ファジィルールの形式は

"IF x is A AND y is B THEN z is C"

の形である。これにより，IFからTHENまでの部分は前件部（THEN以降が後件部）と呼ばれ，前件部のみを説明すると，xとyはそれぞれのファジィ集合Aおよびファジィ集合Bに属しているという意味である。以下にはファジィルールの基本的なことについて理解するするために，簡単な例題をあげ

1125

第Ⅲ編　基本科学編

る[5)-6)]。

　ある会社は，自動運転の車をコンピュータで作るときにカーブのきつさと速度の大きさを配慮することで加速度を制御するために，次の運転ルールを作成した。

　<u>ルール1</u>：カーブがきつくて速度が小さいならば，速度をそのままにする。

　<u>ルール2</u>：カーブがきつくて速度が大きいならば，速度を下げる。

　<u>ルール3</u>：カーブがゆるくて速度が小さいならば，速度を上げる。

　<u>ルール4</u>：カーブがゆるくて速度が大きいならば，速度をそのままにする。

　ここで，カーブ半径を60mとし，速度を50km/hとするとき，車の加速度をどうするべきか考えよう。この問題を解くためには，まずあいまいな言語を次のようにメンバーシップ関数に変換して決める。

　x：カーブ半径，y：車の速度，z：（下げるか上げるかなど）車の速度

　A：カーブ半径の大きさのメンバーシップ関数，B：速度の大きさのメンバーシップ関数，C：対応する速度のメンバーシップ関数

　たとえばルール1を考えてみよう。もしカーブ半径＝60mまた速度＝50km/hという事実であれば，この60mのカーブ半径と50km/hの速度に対応するそれぞれの「カーブがきつい」および「速度が小さい」のメンバーシップ関数，すなわち集合AとBのメンバーシップ関数値を求める。この2つのメンバーシップ関数をそれぞれ折れ線でつくり示すと，$x=60$および$y=50$であるときは，集合Aと集合Bのメンバーシップ関数がおよそ0.9，0.2とそれぞれ決定できる[*1]。

　次に，ファジィルール（$IF\ x\ is\ A\ AND\ y\ is\ B$ THEN $z\ is$ C）により，前件部（斜字の部分）はANDで結ばれているため，ファジィ論理のところに述べたように，前件部の2つのファジィ論理値の最小値を求める。先ほど求めた前件部の2つのファジィ論理値は0.9と0.2であり，したがって最小値をまとめると，0.2が得られる。この値はルール1の前件部の適合度という。

　したがって，ルール1を用いる場合のファジィ推論結果としては，もし前件部の条件が一致するならば，"速度をそのままにする"ということを表す集合

[*1]　集合A，Bのメンバーシップ関数を折れ線で示すのはここで省略する。参考文献6）のニューロ・ファジィ・遺伝的アルゴリズムの4.4節を参照されたい。

第16章 関連手法

Cのメンバーシップ関数で，適合度 0.2 よりその下の台形状のものとなる[*1]。

同様なやり方で残りのルール（ルール 2〜ルール 4）についても行って，ルールの後件部の推論結果を求める。各ルールは"OR"で結合され，すなわち最大値の演算を行って，それぞれの推論結果を表す集合 C のメンバーシップ関数をグラフとして示す。グラフが重なっている場合は，重心法で重心値を求めることによって，総合的な推論結果を得る。本節ではファジィ推論，特にファジィルールの基本的なことを理解するという目的であるため，最終的な推論結果を得るまでの方法を省略する。なお，最終的な推論結果を得るための出力合成の処理については参考文献 6) を参照されたい。

16.3.3 ファジィ制御

Zadeh 教授が提案したファジィ理論やファジィ集合は長い間無視されたが，日本の研究者が家電や地下鉄の制御に応用してから研究者達の関心を集めることになった[5]。多くの家電製品にファジィ理論が用いられているが，ここでファジィ推論を用いているファジィ制御の応用例を簡単に説明する。

(1) 洗濯機

洗濯物の量と質をセンサーで検知し，それに応じて洗う時間や水量などをファジィ推論で推定し制御する。

(2) 掃除機

掃除機の場合は，ごみ・ほこりの量や床面の状態などをファジィ推論で推定し，吸収力を制御する。

16.4　階層化意思決定法の基本

階層化意思決定法（Analytic Hierarchy Process： AHP）は 1970 年にピッツバーグ大学の T.L Saaty（サーティ）教授により提唱された手法である[7]。この手法はあいまいな状況や多くの評価基準を有する意思決定の手法である。すなわち，AHP は注目した問題の意思決定を行うために，用いられた。AHP

＊1　後件部 C の推論結果は 1 つの値ではなく，その後件部のメンバーシップ関数のグラフの適合度 0.2 より値が大きい部分をカットして，残る下のグラフの値である。

1127

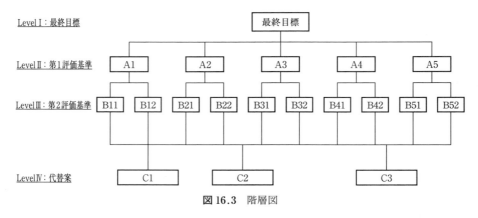

図 16.3 階層図

を用いた意思決定の段階は図 16.3 に示したように，問題の目標，評価基準，代替案という問題要素を関係で捉え，問題の目標からみて評価基準の重要さの程度を求める．次に各評価基準からそれぞれみて代替案間の一対比較を行い，その評価値を求める．最後には，目標からみた各代替案の総合評価値を計算し，最終的な代替案を選定するために意思決定を行う．

16.4.1 AHP の手順

AHP の手順は次のようにまとめる．

(1) 解決したい問題を，評価基準と代替案にレベルを分けて階層的構造に分析する．ただし，階層構造は図 16.3 のように，最上層に 1 つの要素から成る問題の最終目標を書く．それより下のレベルにはいくつかの評価基準を，最下層に代替案を置く．

(2) 各レベルの要素間の重要度を求める．つまり，各レベルの要素を 1 つ上のレベルにある関係要素からみて，一対比較してマトリックスを作る．階層図の上から順番で下までに行う．なお，一対比較に用いられる数値は表 16.8 を参考にする[8]．

(3) 各レベルの一対比較マトリックスで要素の重要度（ウェイト）や整合度（CI）を算出する[*1]．

(4) 各レベルの要素間のウェイトが求められた結果を用い，階層全体のウ

---

*1 CI があまり大き過ぎると，(2) の検討を繰り返す．

第16章 関連手法

表16.8 一対比較値とその意味

一対比較値	意味
1	両方の要素が同じくらい重要
3	前の要素が後の要素より少し重要
5	前の要素が後の要素よりかなり重要
7	前の要素が後の要素より非常に重要
9	前の要素が後の要素より絶対的に重要

注:2, 4, 6, 8は中間のときに用いる。また逆数を用いた場合は後の要素が前の要素より重要という意味を表す。

ェイトを算出することによって最終目標に対する各代替案の優先順位を決定する。

16.4.2 AHPにおける計算

本項では，AHPにおける計算について一対比較マトリックスの最大固有値とその固有ベクトル，すなわち各要素のウェイト（あるいは重みベクトル）および整合度（CI）の計算の簡易法を以下に説明する。

(1) ウェイトの計算法

まずは表16.8に表した一対比較値を用いて，各要素の一対比較値を評価し，一対比較値マトリックスを作成する。次に，一対比較マトリックスの各要素のウェイトを次のように算出する。

ステップ1：評価基準値の合計を正規化している。これにより，一対比較マトリックスの各列の要素を合計し，個々の要素をその列の合計で割る。

ステップ2：ステップ1の計算より，マトリックスの各行の平均値を計算する。このステップから得た結果は各要素のウェイト（重みベクトル）という。

(2) 整合度（Consistency Index：CI）の計算法

人間の判断が整合性であるかどうかを確認するために，CIの計算を次のステップのどおりに行う。

ステップ1：(1)のステップ2で計算できた各要素のウェイトを一対比較マトリックスの各列の要素と順に掛けて，その和を求める。

ステップ2：ステップ1から得た計算結果を各要素のウェイト（(1)のステ

ップ 2 の結果）でそれぞれ割る。

ステップ 3：ステップ 2 で求めた結果の平均値を計算する。これは一対比較マトリックスの最大値固有値（λ_{max}）という。

ステップ 4：以下の式で CI を計算する。CI≦0.1 となるとき，人間の判断の整合性があるので，問題がない[9]。

$$CI = \frac{\lambda_{max} - n}{n - 1} \qquad (16.2)$$

16.4.3　AHP の応用例

ここで，AHP 手法を用いて簡単な例題の意思決定を行う。ある人が新しいノートパソコンを購入したいと考えている。まず図 16.4 に示したように，パソコンメーカーを選択するために，レベル 2 にデザイン・値段・重さ・耐久性という 4 つの評価基準を，これらの評価基準に答える 3 つのパソコンメーカー（代替案）をレベル 3 に置くことにして階層図を作る。次いで，調べたパソコンメーカーに関する評価基準の一対比較値を行って，結果を表 16.9 にまとめた。

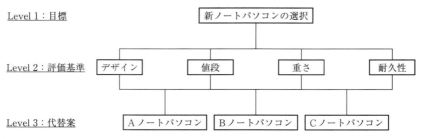

図 16.4　ノートパソコンメーカー選択における階層図

表 16.9　ノートパソコンメーカー選択に関する評価基準の一対比較値

	デザイン	値段	重さ	耐久性
デザイン	1	1/3	4	2
値段	3	1	3	3
重さ	1/4	1/3	1	1/3
耐久性	1/2	1/3	3	1
合計	4.75	2.00	11.00	6.33

こうして，新ノートパソコンを選択するために，AHP を用いて意思決定を以下のように行う。

(1) 各要素のウェイトを計算する。

- 各列の合計は 1 にするように，個々の要素をその列の合計で割る。たとえば，$a_{11}=1$ を第 1 列の合計値 4.75 で割ると，0.211 となる。すべての要素を同様に計算すると，結果は以下のとおりとなる。

$$\begin{pmatrix} 0.211 & 0.167 & 0.364 & 0.316 \\ 0.632 & 0.500 & 0.273 & 0.474 \\ 0.053 & 0.167 & 0.091 & 0.053 \\ 0.105 & 0.167 & 0.273 & 0.158 \end{pmatrix}$$

- 上のマトリックスの各行を平均して，次のような結果を得た。この結果により，1 番目の要素（デザイン）のウェイトは 0.264 となり，以下 2 番目の要素のウェイトが 0.469 と続く。つまり，この人にとって，新ノートを購入するには最も重要な要素が値段であることがわかった。

各行の平均値

$$\begin{pmatrix} 0.211 & 0.167 & 0.364 & 0.316 \\ 0.632 & 0.500 & 0.273 & 0.474 \\ 0.053 & 0.167 & 0.091 & 0.053 \\ 0.105 & 0.167 & 0.273 & 0.158 \end{pmatrix} \Rightarrow \begin{pmatrix} 0.264 \\ 0.469 \\ 0.091 \\ 0.176 \end{pmatrix}$$

(2) CI を計算する。

各要素のウェイトを求められたら，次に整合度 CI を算出する。

- 一対比較マトリックスの各列の要素（表 16.9 に示す値）に先ほど求めた各要素のウェイトを順に掛けて，足す。

$$\begin{pmatrix} 1 & 1/3 & 4 & 2 \\ 3 & 1 & 3 & 3 \\ 1/4 & 1/3 & 1 & 1/3 \\ 1/2 & 1/3 & 3 & 1 \end{pmatrix} \times \begin{pmatrix} 0.264 \\ 0.469 \\ 0.091 \\ 0.176 \end{pmatrix}$$

$$= \begin{pmatrix} (1\times0.264)+(1/3\times0.469)+(4\times0.091)+(2\times0.176)=1.135 \\ (3\times0.264)+(1\times0.469)+(3\times0.091)+(3\times0.176)=2.061 \\ 0.372 \\ 0.736 \end{pmatrix}$$

第Ⅲ編　基本科学編

- 上記に計算した結果を各列の要素に対応するウェイトで割って，結果の平均値，すなわち λ_{max} を求める。

$$\begin{pmatrix} 1.135/0.264 \\ 2.061/0.469 \\ 0.372/0.091 \\ 0.736/0.176 \end{pmatrix} = \begin{pmatrix} 4.296 \\ 4.390 \\ 4.099 \\ 4.192 \end{pmatrix}$$

$$\lambda_{max} = \frac{4.296 + 4.390 + 4.099 + 4.192}{4} \approx 4.244$$

- 次に，AHP の整合性を確認する。式（16.2）により

$$CI = \frac{\lambda_{max} - n}{n - 1} = \frac{4.244 - 4}{4 - 3} = 0.08 < 0.1$$

したがって，この判断は有効性がある。

(3)　各要素に対して代替案間の一対比較を行う。

次に，評価基準としたレベル 2 の要素に関してレベル 3 における代替案を一対比較する。表 16.10 は，値段に関する各代替案の一対比較結果を表したものである。なお，これらの一対比較の判断は有効であるかどうかを CI の値で確認する必要がある。

同様にして，他の評価基準（デザイン，重さおよび耐久性）にも一対比較をそれぞれ行う（結果の表示を省略する）。そして，(1) と同じで各要素に関して各代替案のウェイトをそれぞれ計算する。こうして，4 つの評価基準に関して各代替案のウェイトを作成する（表 16.11）。

表 16.10　値段に関する各代替案の一対比較

値段	A	B	C	備考
A	1	1/4	5	$\lambda_{max} = 3.126$
B	4	1	7	CI = 0.06
C	1/5	1/7	1	

表 16.11　4 つの評価基準に関する各代替案のウェイト

	デザイン	値段	重さ	耐久性
A	0.263	0.252	0.671	0.083
B	0.110	0.675	0.085	0.724
C	0.627	0.073	0.244	0.193

1132

(4) 階層全体のウェイトを算出し，代替案の優先順位を決定する。

表 16.11 の結果から階層全体のウェイトを算出することで最終目標に対する代替案の優先順位を決定する。つまり，新ノートパソコンを購入するための意思決定を行う。階層全体のウェイトを次のように算出する。

$$\begin{array}{c}\text{デザイン　値段　重さ　耐久性}\\ \begin{array}{c}A\\B\\C\end{array}\begin{pmatrix}0.263 & 0.252 & 0.671 & 0.083\\ 0.110 & 0.675 & 0.085 & 0.724\\ 0.627 & 0.073 & 0.244 & 0.193\end{pmatrix}\times\begin{pmatrix}0.264\\0.469\\0.091\\0.176\end{pmatrix}=\begin{array}{c}A\\B\\C\end{array}\begin{pmatrix}0.263\\0.481\\0.256\end{pmatrix}\end{array}$$

上記により，ノートパソコンメーカーの総合的な優先順位が決定できた。結果はB＞A＞Cという順である。

16.5　ISM の基本

ISM（Interpretive Structural Modeling）は，検討している複雑な問題をわかりやすく理解しやすくするため，構造モデルを作成する手法である[10]。また，ISM 法は最終的に多階層化された有向グラフとして表示する。

16.5.1　ISM 法の手順

この手法を適用するためには次のような手順で行う[11]。
（1）　検討したい問題の構成要素を抽出する。
（2）　その要素間に関係を付ける。
（3）　構造をモデル化する。
（4）　作成した構造モデルを検討する。

16.5.2　ISM 法の応用例

ISM 法は問題をわかりやすい構造をモデル化する手法であるため，本項では前項の（1）と（2）の手順を省略し，構造をモデル化する手順（3）のみを説明する。たとえば，検

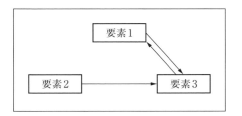

図 16.5　要素 1〜3 の有向グラフ

討した問題は要素1〜3から構成することにし，図16.5のような有向グラフでそれぞれの要素の関係が示される。

図16.5の有向グラフを2値行列 X として表すと，次式のようになる。これを隣接行列という。ここで，行列 X で表した1はその要素間に関係があり，一方0は要素間の関係がないという意味である。

$$X = \begin{pmatrix} & 要素1 & 要素2 & 要素3 \\ 要素1 & 0 & 0 & 1 \\ 要素2 & 0 & 0 & 1 \\ 要素3 & 1 & 0 & 0 \end{pmatrix}$$

次いで，隣接行列 X から可到達行列を計算する。その前に，隣接行列 X に単位行列 I を足す。計算結果は次のようになる。

$$X + I = \begin{pmatrix} 0 & 0 & 1 \\ 0 & 0 & 1 \\ 0 & 0 & 0 \end{pmatrix} + \begin{pmatrix} 1 & 0 & 0 \\ 0 & 1 & 0 \\ 0 & 0 & 1 \end{pmatrix} = \begin{pmatrix} 1 & 0 & 1 \\ 0 & 1 & 1 \\ 1 & 0 & 1 \end{pmatrix}$$

上記の行列 $X+I$ をブール代数演算に基づき，式 (16.3) が得られるまで r 回数で乗算するのを繰り返すことによって，可到達行列が求められる[11]。

$$(X+I)^{r-1} \neq (X+I)^r = (X+I)^{r+1} \tag{16.3}$$

結果は次のようになる[*1]。したがって，可到達行列は $(X+I)^2$ となる。得られた可到達行列は，検討問題の各構成要素間に直接・間接的に到達可能な関係があるかないかをその交点に1と0でそれぞれ表した。そして，可到達行列を有向グラフとして表すと，図16.6となる。

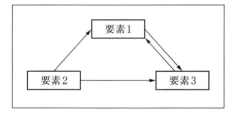

図16.6 最終的な有向グラフ

$$(X+I) = \begin{pmatrix} 1 & 0 & 1 \\ 0 & 1 & 1 \\ 1 & 0 & 1 \end{pmatrix}, \quad (X+I)^2 = \begin{pmatrix} 1 & 0 & 1 \\ 1 & 1 & 1 \\ 1 & 0 & 1 \end{pmatrix}, \quad (X+I)^3 = \begin{pmatrix} 1 & 0 & 1 \\ 1 & 1 & 1 \\ 1 & 0 & 1 \end{pmatrix}$$

---

*1 ブール代数演算は 0+0=0, 0+1=1, 1+0=1, 1+1=1, 0×0=0, 0×1=0, 1×0=0, 1×1=1。

16.6 焼きなまし法の基本

焼きなまし法（Simulated Annealing：SA）はメタヒューリスティクスの手法であり，1983年にS. Kirkpatrickらによって提案されたものである[12]。焼きなまし法とは金属工学において，金属の良い結晶を得るために最初に金属材料を適当な温度に加熱し，その後徐冷することで結晶構造を変更させる熱処理である[13]。このような金属加工の工程の焼きなましをコンピュータのシミュレーションで実施することによって，近傍の解を得るために局所探索法として最適化問題が適用される。また，この方法は山登り法を基に発想されたが，山登り法との違いはまず，解に対して局所探索における近傍内の探索をランダムに選ぶことである。さらに，それにより得られた解が改良解でなくても，その解を新しい解にする確率を残すことで局所解に補足されることを防ぐ考え方である。

16.6.1 SA のアルゴリズム

SA のアルゴリズムは図 16.7 に示されるように，生成処理，受理，そして温度低下処理から構成される。また，このアルゴリズムの特徴は最小化したい関数をエネルギーと呼ばれる温度をパラメータとして，現在と次状態のエネルギーの増加が出たら，次状態へ推移することを温度に応じた確率で受理することである。

(1) 初期温度（T）の設定およぴ解生成処理

最初に，温度パラメータ T を初期化する。その後で与えられた初期状態のエ

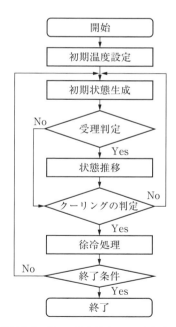

図 16.7　SA の基本的なアルゴリズム
出典）吉井健吾：SA プログラムの作成およびパラメータ検討，第 68 回月例発表会，p.47

第Ⅲ編　基本科学編

ネルギーを計算する。また，この初期状態からスタートして，次状態を生成する。

(2)　受理処理

上記に述べたように，次状態への推移を受理するか否かをエネルギーの増加と温度 T_k（焼きなましの第 k ステップの温度）によって判断する。したがって，現在のエネルギーと次状態のエネルギーの差分を計算し，受理する場合が次状態へ進み，否定される場合が近傍から状態の選び処理を繰り返す。この処理を十分な探索まで繰り返す。

(3)　徐冷処理（cooling）

十分な探索ができたら，次は徐々に温度を低くして冷やす処理を行って，次のステップに温度 T_{k+1} を決定する。その後はステップ数を 1 個増やし，この徐冷処理を再度行う。十分な温度を冷やしていって停止条件を満たせば，最適な状態および最適値が出る。

16.6.2　SA の長所および短所

(1)　長　所

- すでに述べたように，得られた解は改良解だけではなく改悪解でも，その解を新しい解にする確率を残すことで局所解に補足されることを防ぐというものである。これは多くの最適手法は局所最適解に補足されるという欠点をもつ。
- SA は多様な問題に適用できる。
- 制約条件式は複雑な式がほとんどない，すなわち目的関数に対して制約がほとんどない。
- SA のアルゴリズムは複雑ではなく，簡単なもので容易にできる。

(2)　短　所

- 最適解を得るためには，長い時間で多くの計算を必要とする。
- 汎用性という長所をもつため，検討対象問題の解を探索するためにはパラメータチューニングなどをする努力が必要である。

1136

16.7 タブサーチの基本

タブサーチ (Tabu Search) は，メタヒューリスティクスの1つ手法として1986年にコロラド大学の F. Glover が提唱したものである[14]。タブサーチは，局所探索法と同様に局所探索における近傍内の探索を完全に行うものである。しかし，局所探索法との違いのは，求められた解の中で最良の解が現在の解よりも悪いものであっても，それを改めて新たな解として探索を続けることである。また，特徴的なのは最近に探索した解をリストでタブとし，このリストに含まれている解の探索を禁止することである。つまり，局所探索における解の探索を停滞することを防止するという特徴がある。

16.7.1 タブサーチのアルゴリズム

タブサーチの基本的なアルゴリズムの流れは図 16.8 のとおりであり，すなわち，初期解生成，近傍解集団生成，その近傍解集団における最良解探索，タブリスト作成，次近傍への移動およびその近傍解集団生成，終了条件を満たすまでループを繰り返すというアルゴリズムである。タブサーチのアルゴリズムの流れを以下のように簡述する。

(1) 初期解生成

ここでは，GA と同じような方法を行うため，本章の 16.2 節を参考されたい。GA と同様な方法で初期解を生成して，その初期解をタブリスト (tabu list) に入れることでタブリストを初期化する。

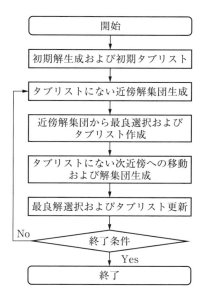

図 16.8　タブサーチの基本的なアルゴリズム

第Ⅲ編　基本科学編

(2)　近傍解集団生成

この場合，近傍というのは現在の解個体に近くて解個体の順番などをちょっとだけ変更したりすることである。ここでは近傍を確認して，タブリストになければその近傍を移動し，近傍内に解集団を生成する。また，近傍解集団生成に当たっては，対象問題によって生成するルールを適切に設定する必要がある。

(3)　近傍解集団における最良解選択

次いで，近傍解集団から最良となる解を選択する。この選択方法は基本的に，GA と同様な方法で行い，目的関数を計算することで最も良い適合度（fitness value）となる解を選択する。

(4)　タブリスト作成

すでに述べたように，タブサーチの特徴は最近に探索した解が戻ることを防ぐために禁止解のリストを作成し，このリストに入っていない近傍へ移動して，そこにある最良解を新たな解として探索することである。この禁止解のリストがタブリストと呼ばれる。タブリストの作成は最近に検索した解をリストに入れるだけである。また，タブリストではタブ一期間という言葉がある。これは，解を移動するたびに直近の禁止解をいつくするということである。あまり短くするとタブでなくなり，長くすると近傍内におけるすべての解が禁止解となるため，次世代の解が探索できなくなる。したがって，設計者はタブ一期間を適切に判断する必要がある。以降，最近に解を探索するたびにタブリストを更新し，探索終了条件を満たすまで（2）から（4）までのオペレーションを繰り返す。終了条件を満たしたときには，最終的な解を出力して終了する。

〈参考文献〉

1）　Darwin Charles：The Origin of Species by Means of Natural Selection, or the Preservation of Favoured Races in the Struggle for Life, 1872

2）　伊庭斉志：Excel で学ぶ遺伝的アルゴリズム，pp.1-10，オーム社，2005

3）　伊庭斉志：Excel で学ぶ遺伝的アルゴリズム，pp.67-69，オーム社，2005

4）　横田薫：ファジィ活用事例集．p.1，工業調査会，1991

5）　ファジィ理論：http://ocw.hokudai.ac.jp/wp-content/uploads/2016/01/Intell

第 16 章　関 連 手 法

igentInformationProcessing-2005-Note-09.pdf，pp.2 & pp.21．

6)　萩原将文：ニューロ・ファジィ・遺伝的アルゴリズム，pp.85-89，産業図書，1994

7)　刀根薫，眞鍋龍太郎：AHP 事例集，p.2，日科技連，1990

8)　加藤豊，小沢正典：OR の基本―AHP から最適化まで，p.5，実教出版，1998

9)　木下栄蔵：よくわかる AHP ―孫子の兵法の戦略モデル，p.16，オーム社，2006

10)　佐藤隆博：ISM 構造学習法，p.1，明治図書出版，1995

11)　ixam：http://www.ixam.net/miscs/ism-fa

12)　S. Kirkpatrick, C. D. Gelatt Jr., and M. P. Vecchi：Optimization by simulated annealing，Science 220：671-680, 1983（Reprinted in 1988, Anderson and Rosenfeld, pp. 554-567, 1988）

13)　東大阪市技術交流プラザ：https://www.techplaza.city.higashiosaka.osaka.jp/word/annealing.html

14)　F. Glover：Future Paths for Integer Programming and Links to Artificial Intelligence, Computers and Operations Research, Vol. 13, Issue 5, pp. 533-549, 1986

サーラーガーム　サリンヤー

17 アプリケーション・ソフトウェア一覧表

　本章では SCM において利用する WMS（Warehouse Management System）や TMS（Transport Management System），ERP（Enterprise Resource Planning）等，また各種分析のための統計解析等の各種アプリケーション・ソフトウェアについて述べる。基本的な構成しては，製品の在庫管理などは WMS で，その後の輸配送は TMS で管理を行い，必要な情報は基幹システムの ERP と連携させるのが一般的である。

17.1　WMS 製品一覧

　商品の入出荷や保管業務の正確性と生産性を向上するためには，WMS と呼ばれる倉庫管理システムが必要になる。たとえば販売管理システムでは，どの倉庫にどれだけ在庫数があるかを，売上や仕入による数値の増減で管理している。しかし業種によって取り扱いアイテムの数も異なり，使用する倉庫によって面積や，設置してあるラックの数も変わる。そのために，倉庫の管理人が，どの階のどの棚に何が置いてあるのかが把握できないと，その注文商品をピッキングすることさえできない。そして化学や食品の分野では，製品ごとだけではなく，生産ロット別での管理が必要となる。

　また倉庫内で繁忙時にはピッキングした商品番号を入力することなどは困難になるため，バーコードや RDIF を利用してピッキングや情報を管理することになる。そして倉庫の運用時では，場所を迷わずにピッキングする，ミスを防ぐためにバーコードを活用し，作業の品質や効率化を図りたいなどの要望があ

第Ⅲ編　基本科学編

表 17.1　国内の主な WMS 製品一覧

製品名	ポイント	提供形態	価格(税抜)	会社名
SAP Business One	中堅・中小企業向け 160 カ国以上の中堅・中小企業 52,000 社以上の導入実績 クラウド，オンプレミスのどちらでも利用可能	オンプレミス/クラウド	お問合せ	SAP ジャパン株式会社
Logifit WM	多種多様な業種・業務に対応可能な物流センター管理システム 倉庫業，卸，荷主　等多業種に対応できる汎用性 周辺システムやマテハン設備とのインタフェースを標準装備	オンプレミス/クラウド/パッケージソフト	3,000 万円～	富士通株式会社
Logifit WS Cloud Basic for WMS	ASEAN 向け　クラウド型倉庫管理システム 多様な業種・業務に適応 短期間・低コストで利用開始	クラウド	お問合せ	富士通株式会社
EXPLANNER/Lg	物流センター内の効率化とスピード化，適正な在庫のコントロール，企業競争力強化へ向けた改善への意思決定を支援	オンプレミス	1,500 万円～	日本電気株式会社
ci. Himalayas	全 167 機能！豊富な機能を標準搭載したパッケージ 数多くの導入実績から培った物流ノウハウ	クラウド/オンプレミス/パッケージソフト	2 万円～	株式会社シーネット
ONEsLOGI Cloud	日立物流グループのノウハウをクラウドサービスで提供 本格的な入出庫・在庫管理システムが月額 10 万円から	クラウド	10 万円～	日立物流ソフトウェア株式会社
Goo2 マネ（倉庫管理）	大量の物品をより簡単に管理できるパッケージ ロケーション管理や先入先出管理なども可能で，倉庫運用を効率化 ハンディターミナルで人的ミスを防ぎ，確認作業の手間も軽減	パッケージソフト	お問合せ	株式会社日立システムズエンジニアリングサービス
入出荷検品システム	製造業向け庫内物流ソリューション 商品の入荷・出荷検品，棚卸業務等の庫内作業に対応 製造業の庫内管理に対応可能	オンプレミス	400 万円～	株式会社三菱電機ビジネスシステム
SLIMS	西濃グループのノウハウを凝縮した WMS 導入実績は 300 社以上。稼働率は信頼の 99.99％。 リアルタイムな作業進捗管理とマネジメントを実現	オンプレミス/クラウド	オンプレミス：600 万円～ クラウド：49,800 円/月～	株式会社セイノー情報サービス

1142

第 17 章　アプリケーション・ソフトウェア一覧表

製品名	ポイント	提供形態	価格(税抜)	会社名
W-KEEPER	インターネット環境ですぐに利用可能　複数の拠点や多様な商品への対応ができる倉庫管理システム。汎用 I/F オプションで基幹システムとの連携も簡単構築	パッケージソフト	初期費用50 万円〜月額費用8 万円〜	三谷コンピュータ株式会社
Infor Supply Chain Execution (WMS)	豊富な機能で様々な倉庫管理業務に適用。迅速な業務の構築を支援　倉庫管理，労務管理，3PL 請求，輸配送を統合したスイート	オンプレミス/クラウド/パッケージソフト	450 万円〜	インフォアジャパン株式会社
ロジザードZERO	抜群のコストパフォーマンス，様々な荷主管理に対応　770 現場で稼働	オンプレミス/クラウド/パッケージソフト/SaaS/ASP/サービス	25,000 円〜	ロジザード株式会社
AtomWMS	充実した標準機能を搭載。ユーザー数・拠点数に関係のない企業ライセンスを採用	オンプレミス/クラウド/パッケージソフト	500 万円〜	株式会社アトムシステム
EC-Vision	通販物流対応クラウド型 WMS　商品特性や出荷量に応じて複数のピッキング方法を選択可能　通販業者へのサイト公開可能（公開機能選択可）	クラウド/パッケージソフト/ASP	お問合せ	株式会社東計電算

る。ここで，基幹システムを補完する形式で WMS が必要となる。国内の主な WMS 製品をあげると表 17.1 のようになる。

17.2　BOM 製品一覧

　製品は，さまざまな部品や原料から構成されており，構成部品が数千を超えるようになると，システムによる自動管理が必要になる。そして受注に伴って，必要部品や原料の発注や調達処理も必要になり，他の部署と基幹業務システムで連動させる必要がある。このときのさまざまな部品や原料の一覧が部品表（BOM：Bill of Materials）であり，用途によって部品やアセンブリの構成を定義する E-BOM（設計部品表），生産管理で部品の手配に利用する M-BOM（製造部品表）等がある。国内の主な BOM 製品一覧は表 17.2 のようになる。

1143

第Ⅲ編　基本科学編

表 17.2　主な BOM 製品一覧

製品名	ポイント	提供形態	価格(税抜)	会社名
Obbligato III	設計業務の効率化により製品の早期市場投入を実現 部品の標準化率 UP & 部品表作成時間の大幅短縮	オンプレミス／クラウド/Saas	2,000万円〜	日本電気株式会社
Hi-PerBT Advanced BOM	製造業の基盤となる部品表情報を厳密，または自由にデータベース化することで，部品表管理業務を正規化し，変化への柔軟な対応を実現	オンプレミス	350万円〜	株式会社日立ソリューションズ西日本

17.3　TMS の製品一覧

WMS の後工程として輸配送を統合管理するシステムで，配車管理，車両運行管理，運行動態管理，輸配送集計管理等がある。配送計画から配送する貨物の管理までを一元管理できるシステムで，現場でのスマートフォン利用への対応も進んでいる。

配車計画の最適化と運用面では，現状の配車状況がリアルタイムにスマートフォン等で確認できるようになり，配送の効率や品質が向上する。主な製品をあげると表 17.3 のようになる。

17.4　ERP

ERP は企業内の基幹業務を管理する統合基幹業務システムや統合業務パッケージのことをいう。通常の業務システムは，会計管理や在庫管理ソフトウェアなど，部署ごとに個別の業務システムを導入して IT 化が図られる。そこでたとえば会計業務では著名な汎用ソフトウェアを導入し，在庫管理も業務に合わせた独自システムを構築していることが多い。そうなるとデータの連携が独立して不可能な場合が多く，在庫の何％が仕掛り品なのか，そして請求処理や代金回収の状況把握が困難な状況を招く。そのために，不足している業務や既存の個々の業務システムをつなぎ合わせて，全体として 1 つのシステムに統合を行う SI 企業（System Integrator）が存在する。

1144

第17章　アプリケーション・ソフトウェア一覧表

表17.3　主なTMS製品一覧

製品名	ポイント	提供形態	価格（税抜）	会社名
Logifit TM-基幹	物流事業者向け販売管理システム 一貫物流におけるトータルコスト管理・収支の見える化 WMSとの連携による統合請求・統合支払の実現	オンプレミス／クラウド／パッケージソフト	2,000万円～	富士通株式会社
ULTRAFIX	受注データを取り込み，地理的条件や時刻指定，庭先条件などさまざまな物流制約を加味しながら，配車計画・配送計画立案を効果的に支援	オンプレミス／クラウド	お問合せ	日本電気株式会社
ONEsLOGI／運送業支援システム	売上集計・利益管理の効率化を実現 運行収益が把握でき，適切な経営判断ができる 営業所担当者の業務が軽減され，時間外作業が減る	オンプレミス／クラウド	お問合せ	日立物流ソフトウェア株式会社
PRIME TMS	配車業務から車両別収支管理までをトータルサポート 2種類の配車割付（自動割付・手動割付）が可能 スマートフォンの利用で，傭車を含めた全車両の動態監視が可能	クラウド	お問合せ	株式会社東計電算
TRASCOlite	配達・送迎計画クラウドサービス スマートフォンを活用しリアルタイムで配送指示と実績把握 緊急連絡も簡単操作で対応可能	クラウド	1万円～3万円	クオリテック株式会社

　したがって，基本的には特注で自社のためのシステムを1から設計して開発を行うのではなく，オンプレミス（自社管理），クラウドやASPを含めたパッケージ製品を導入して，機能的に不足する部分をSI企業にカスタマイズすることが多い。

　国内の代表的なERP製品の一覧は表17.4のようになる。ERPの代表的な製品は，ドイツのSAP社，そしてアメリカのOracle社の製品があげられる。そしてERPを導入すれば財務データと管理会計諸表の根拠となる元データが，販売業務や在庫管理など各業務データと連動しているために，各報告損益トータルや財務P/L損益が一致しない等の問題を解消することができる。企業の基幹システムは，領域が多岐にわたるため，通常は金融や製造，サービスなど

第Ⅲ編　基本科学編

表 17.4　国内の主な ERP 製品一覧

製品名	ポイント	提供形態	価格（税抜）	会社名
SAP Business One	中堅・中小企業向け SAP の高い実績と豊富な技術を凝縮 自主的な研究開発への投資による持続的な進化と改良	オンプレミス/クラウド	お問合せ	SAP ジャパン株式会社
SAP Business One	カスタマイズ不要 中堅・中小企業特化型クラウド ERP 生産・販売・会計にわたって，主要な業務管理機能を標準で装備 短納期・低コストなシステム導入が可能	オンプレミス/クラウド	お問合せ	FutureOne 株式会社
SAP Business One Cloud	中小企業向けソリューション グローバル進出で成長をめざす中堅・中小企業におすすめ 日本国内ベンダーとしては初めて，「SAP Business One」の機能を月額費用で利用	クラウド	お問合せ	株式会社日立システムズ
Oracle ERP Cloud	グローバルなビジネス展開を加速 グローバルを含めた複数事業／複数拠点を統合できる 短期間での導入・稼動による初期コストと投資リスクの軽減 豊富な標準機能で高コストなカスタマイズが不要	SaaS	初期費用　お問合せ 月額費用 45,000 円	日本オラクル株式会社
OBIC7	コストパフォーマンスの高い ERP 導入を検討されている企業 導入実績 No.1 の統合型 ERP ソリューション	オンプレミス/クラウド/ASP	お問合せ	式会社オービック
Microsoft Dynamics NAV	中堅中小企業向け ERP ソリューション 世界 150 カ国で 106,000 社以上（2014 年 10 月時点）の導入実績 126 言語，43 カ国以上の商習慣に対応	オンプレミス/クラウド/パッケージソフト/SaaS	オンプレミス 初期費用 1,000 万円 月額費用 5 万円 クラウド 初期費用 1,000 万円 月額費用 15 万円 パッケージソフト 初期費用 1,000 万円 月額費用 5 万円 SaaS 初期費用 1,000 万円 月額費用 12 万円	株式会社パシフィックビジネスコンサルティング

1146

第17章　アプリケーション・ソフトウェア一覧表

製品名	ポイント	提供形態	価格(税抜)	会社名
Microsoft Dynamics AX	大企業・中堅企業向けグローバル ERP ソリューション 世界 130 カ国で 19,500 社(2014年 10 月時点) 以上の導入実績 41 言語，36 か国以上の商習慣に対応	オンプレミス/クラウド/パッケージソフト	オンプレミス 初期費用 3,000 万円 月額費用 20 万円 クラウド 初期費用 3,000 万円 月額費用 16,723 円 パッケージソフト 初期費用 3,000 万円 月額費用 20 万円	株式会社パシフィックビジネスコンサルティング
GLOVIA iZ	経営に革新を，企業に変革を 全社の情報を一元化して，良質な経営情報を可視化 コミュニケーション機能との連携により，ワークスタイルを変革 オンプレミスとクラウドを最適化しハイブリッドな環境構築を実現	オンプレミス/クラウド	お問合せ	株式会社富士通マーケティング
Project-Space	お客様への短期導入と運用コスト低減を実現 業界向けテンプレート活用による短期導入と品質保証 Project-Space 導入による業務プロセスの最適化 Excel からのデータ取込機能による業務効率化	パッケージソフト	お問合せ	株式会社 NTT データエンジニアリングシステムズ
GRANDIT	日本の企業文化に適合した顧客視点 多彩な業務ノウハウを集大成させた究極のコンソーシアム方式	オンプレミス/クラウド/SaaS/ASP	お問合せ	GRANDIT株式会社
GRANDIT	製造業向け Web-ERP 顧客視点の Web-ERP パッケージ 「100% WEB」稼働，現場主義の操作性	オンプレミス/クラウド	オンプレミス 初期費用 3,000 万円 月額費用　お問合せ クラウド 初期費用　お問合せ 月額費用　お問合せ	AJS株式会社
GRANDIT	BI，ワークフローなど周辺機能も統合したオールインワン ERP クライアントはブラウザがあれば利用可能。完全 Web-ERP	パッケージソフト	お問合せ	パナソニックインフォメーションシステムズ株式会社
GRANDIT NHS ソリューション	業種・業態向けテンプレートを用意 市場変化に即応できる業務基盤の確立	オンプレミス/クラウド/パッケージソフト	オンプレミス 初期費用 3,000 万円 月額費用　お問合せ クラウド	日鉄日立システムエンジニアリング株式会社

1147

第Ⅲ編　基本科学編

製品名	ポイント	提供形態	価格（税抜）	会社名
	IFRS 対応，内部統制対応，損益状況の即時「見える化」		初期費用　お問合せ 月額費用 100 万円 パッケージソフト 初期費用 3,000 万円 月額費用　お問合せ	
ZAC Enterprise	広告・IT・コンサル・受託請負業特化 販売累計 80,000 ライセンス！ ベンチャー・上場企業まで豊富な実績 プロジェクト・案件ごとに収支情報・業務プロセスを「一元管理」	オンプレミス/クラウド/SaaS	オンプレミス 初期費用 1,000 万円 月額費用 15 万円 クラウド 初期費用 500 万円 月額費用 20 万円 SaaS 初期費用 500 万円 月額費用 20 万円	株式会社オロ
NetSuite	国内外問わず，複数拠点を統合可能 世界 100 ヶ国以上 30,000 を超える組織で利用	クラウド	お問合せ	Shearwater Japan 株式会社
Plaza-i	ERP 導入を考えている中堅・中小企業 海外と取引のある企業，外資系企業，海外進出企業	パッケージソフト	お問合せ	株式会社ビジネス・アソシエイツ
NX 販売支援クラウド	クラウドサーバーで活用するフル WebERP クラウドでスモールスタート，短期導入が可能販売管理業務のフル機能活用も部分機能の活用も可能	オンプレミス/クラウド	オンプレミス 初期費用 160 万円 お問合せ クラウド 初期費用 5 万円 月額費用 9 万円	JBCC 株式会社
Astea Alliance	グローバルスタンダードな保守業務管理システム 幅広いアフターサービス業務域をトータルサポート 精度の高いデータの分析により戦略的な経営へ	クラウド	お問合せ	アステアインターナショナルジャパン株式会社
CAM MACS	あらゆる業種に対応した Cloud SaaS 型基幹システム 多種多様な業種・業態に高い適合性を保持 クラウド SaaS 型なので月々利用した分だけお支払い	クラウド/SaaS	クラウド 初期費用 200 万円 月額費用 15 万円 SaaS 初期費用 200 万円 月額費用 15 万円	株式会社エルテックス
e2-movE 販売	建材卸売業界の商習慣にジャストフィット 物販と工事をひとつのシステムで	パッケージソフト	初期費用 120 万円 月額費用　お問合せ	三谷商事株式会社

第17章　アプリケーション・ソフトウェア一覧表

製品名	ポイント	提供形態	価格（税抜）	会社名
Infor SyteLine	製造業向けERPパッケージ グローバルでの生産管理システム導入を検討している企業	パッケージソフト	お問合せ	株式会社日立システムズ
SuperStream	「会計」「人事給与」を中心に経営状況を可視化 リアルタイムで経営状況を把握・分析	クラウド/パッケージソフト/SaaS	クラウド 初期費用200万円 月額費用5万円 パッケージソフト 初期費用500万円 月額費用お問合せ SaaS 初期費用　お問合せ 月額費用98,000円	株式会社日立システムズ
Reforma PSA	IT・Web・イベント・コンサル業向け 70社以上の導入実績 プロジェクト収支を見える化し，経営に必要な数値を管理 初期コスト"0円"月額6,000円で本格的なクラウドERPを導入	クラウド/SaaS	クラウド 初期費用0円 月額費用6,000円 SaaS 初期費用0円 月額費用6,000円	株式会社オロ
MJSLINK NX-Ⅰ	中堅・中小企業向けの基幹業務ERPパッケージ 企業のバックグラウンド業務の効率化 社員間でのナレッジが蓄積・共有 企業の内部統制や会計報告などを効率的に改善し，成長したい企業	パッケージソフト	初期費用77万円 月額費用　お問合せ	株式会社ミロク情報サービス
Galileopt NX-Ⅰ	統合型ERPシステム IT業務処理統制の実現と，経営資源の最適化をしたい企業 経営の効率化をはかりたい企業 PDCAサイクルをダイナミックに動かす「マネジメントシステム」	オンプレミス/パッケージソフト	オンプレミス 初期費用338万円 月額費用　お問合せ パッケージソフト 初期費用338万円 月額費用　お問合せ	株式会社ミロク情報サービス
豪商	食品業界必須・特有の機能を標準搭載したパッケージソフト 原価・在庫等の状況を，『はっきり』『正確』に掴む コストパフォーマンスに優れ，短期導入が可能 補助金申請業務も含めたIT化対策をトータルマネジメント	オンプレミス/クラウド/パッケージソフト	オンプレミス 初期費用200万円 月額費用31,700円 クラウド 初期費用200万円 月額費用95,000円 パッケージソフト 初期費用200万円 月額費用31,700円	シリウス情報開発株式会社

第Ⅲ編　基本科学編

の各業種別にソフトウェアが構成されていることが多い。

17.5　多変量解析

　商品の需要予測や，在庫管理における出荷トレンドや発注点分析，また物流コストにおける顧客別や商品別の分析等に統計解析は不可欠である。また分析や予測精度を向上させることによって，各種リードタイムの短縮や，余裕在庫削減と在庫の最適化を行い，物流コストの削減ができる。また今後は，日々の入出庫データなど，ビックデータを分析することによって，更なる最適化が可能になる。

　統計解析の代表的なソフトウェアは表 17.5 のようになるが，基本的にはスクリプトと呼ばれる簡単なプログラムを自分で組んで処理を行う方法と，Windows や MAC で使われるような GUI（Graphical User Interface）を利用して，表示画面上で操作する方式の 2 つがある。

　物流分野をはじめとした各種予測モデルについては，過去の記録データから予測をする方法と，スクリプト等で予測モデルを記述する方法がある。

表 17.5　主な統計解析製品一覧

製品名	ポイント	価格（1 ライセンス）税別	会社名
SAS	世界でトップシェアの製品で，基本的にはスクリプトを書いて操作	お問合せ	SAS Institute Japan 株式会社
JMP	SAS 社の製品で GUI による操作	お問合せ	株式会社ヒューリンクス
SPSS	国内の大学でトップシェアを誇る製品で，GUI で操作	基本パッケージ 127,600 円/年	日本アイ・ビー・エム株式会社
S-PLUS	スクリプトを書いて操作。スクリプトは R と互換性が高い。	54 万円〜	NTT データ数理システム
JUSE-StatWorks	基本的に GUI で操作	総合編 168,000 円	株式会社 日本科学技術研修所
R	スクリプトと GUI の双方に対応	無料	R Development Core Team

1150

第 17 章　アプリケーション・ソフトウェア一覧表

〈参考文献〉

1) IT トレンド：倉庫管理（WMS）の製品一覧，http://it-trend.jp/warehouse_management_system

2) IT トレンド：配送管理システムの製品一覧，http://it-trend.jp/logistics-system

3) IT トレンド：ERP の製品一覧，http://it-trend.jp/erp

豊谷　純

第IV編

ケース研究編

1 JIT 方式

1.1 システムの現状

　トヨタ自動車の JIT（ジャストインタイム方式：かんばん方式）では必要なものを必要なときに調達することが徹底して行われる。

　かんばん方式は生産部門のみならず，流通，物流部門などにも応用されている。トヨタは生産システムにおいて多くの部品を少しずつ運ぶ多品種少量化を推進した。部品会社などに使用する分だけの部品を指定時刻に補充させている。

　トヨタが注目したのは「つくりすぎのムダ」である。

　部品の在庫管理が大量生産をスムーズに行ううえで大きな課題となっていた。そこでトヨタは面倒な在庫管理の負担をなんとか避けることを考えた。そして「在庫をもたない」ということが原則とされた。少しずつ生産し，同じものを大量につくらないようにした。生産の各工程ででき上がったことを確認してから必要な部品などを補給することにした。

　しかし，そのトヨタでさえも販売物流における無在庫オペレーションの実現には成功していない。自動車の生産部門は無在庫オペレーションを実現しているが，自動車の販売・営業を請け負う販売部門は顧客満足の実現のためにある程度の在庫をもたざるをえない。

　したがって，この点を踏まえ，SCM の実践においても最小限の在庫をもつことは不可避とされている。ただし，可能な限り，無在庫に近くなるようにす

第IV編　ケース研究編

るのが理想といえる。

　上流から下流までの情報共有を徹底させつつ，適正在庫量を需要予測，販売予測，販売目標，キャッシュフロー，在庫期間，リードタイムなどのさまざまな要因を考慮して決定していくのである。

1.2　システムの特徴

　自動車の製造，生産は「産業の縮図」ともいわれている。多種多様な原材料，部品，製品が自動車生産には必要だからである。

　SCM がしっかりと構築されていなければ，生産計画も販売計画も破たんすることになるわけである。

　実際，自動車業界にはさまざまなサプライヤー（部品・資材供給業者）が集結している。鉄鋼，ガラス，ゴム，繊維などの資材，エンジン，モーター，ラジエーター，ライトなどのさまざまな部品をジャストインタイムで調達し，組み立てなければならない。

　SCM の理論面を完成させたのがゴールドラット博士ならば，それを実務面で実践して見せたのがトヨタ自動車といえる。

　しかし，トヨタ以外の自動車会社が SCM に取り組み始めたのは，最近のことである。特に欧米の自動車会社はフォード式の大量生産システムを長い間，引きずってきた。

　けれども 90 年代半ばになると，欧米の自動車企業も緻密な SCM を構築し始めた。

　たとえばボルボは 1990 年に入ると，標準部品中心に「必要なモノを必要なだけ使う」というジャストインタイム型の生産プロセスを重視し始めた。

　また，自動車工場の敷地内などに部品メーカーなどの工場が建設された。それによって部品の輸送時間などは大幅に短縮された。部品の納入はジャストインタイムで行われ，ムダな在庫は徹底的に避けられている。日本の自動車企業でも，トヨタ以外の各社も SCM の再構築に相次いで乗り出し，成果を上げた。

1156

第1章　JIT方式

1.3　システムの今後

　自動車業界の SCM は多企業間での情報共有を生命線としている。そのため，企業活動が国内だけではなく，海外に広く及ぶ場合，SCM の対象領域も拡大されることになる。そして，ここにきて，その傾向が加速されてきている。さまざまな製造業は生産コストの低減を目的に海外進出の動きを強めている。だが，それらの海外拠点も生活レベルが向上すると，それに合わせて労働コストも上昇することになる。その結果，製造業はより賃金の安い地域に生産拠点をシフトさせていくことになる。

　JIT についても，グローバルサプライチェーンのなかで実践する必要性が高まっている。しかし，欧米，アジア諸国などの生活習慣，文化習慣からは概念的に理解しがたいと思われることも少なくない。たとえば，5S の概念が理解されにくい国では「5S のうち最も重要な 2S のみについてインストラクションを行う」といった具合の対応が行われることもある。

　また，かんばん方式をデジタル化させた「電子かんばん方式」の導入も進み，SCM におけるリードタイム，在庫レベルの情報共有も綿密化した。わが国における JIT の場合，いわゆる「アイデア改善」と呼ばれる自働化や現場力が大きな原動力となっているが，欧米的な合理主義が JIT の中にも入り込み，電子かんばん方式や KPI（Key Performance Indicators）の活用などが次世代 JIT の中に本格的に組み込まれつつあるといえよう。

鈴木　邦成

2 VMI 方式

2.1 システムの現状

「ベンダー管理在庫」（VMI, ベンダー・マネージド・インベントリー）とは，売り手が買い手の仕入れ，在庫の面倒をていねいに見る在庫管理方式である。海外では SCM を加速させるツールとして，広範に普及していく方向にある。

従来は，ベンダー（売り手）企業は顧客企業の需要情報を事前に知ることはできなかったため不必要な商品の在庫を抱えることになった。また配送計画などの変更が度重なることも多く，それがコストアップにもつながった。情報不足から品切れも発生した。こうした旧来の在庫管理はより高度な SCM の構築の大きな障壁となってきた。

そこで，欧米では「ベンダーが小売業と情報を共有することで，顧客企業の在庫補充に対して責任をもつ」というシステムが広まり始めた。適正な在庫量の幅のなかに顧客企業の在庫を維持することがベンダー主導で行われるのである。その結果，過剰在庫も品切れも防ぐことができる。

簡単にいえば，VMI とはメーカーが小売の在庫を管理する一種の在庫自動補充方式である。消費された分がそのまま仕入れと見なされるシステムで，水道水が蛇口をひねった瞬間から料金にカウントされるのと同じ原理である。

商品は供給連鎖網を迅速に通過することが求められているが，ちょっとしたスケジュールの乱れで最終的な予定が大幅に狂うことがある。

第2章 VMI方式

　過剰在庫を回避するためには在庫管理を単純化，簡素化する必要がある。在庫を売り手と買い手の双方で一緒に情報を共有しながら管理することで，ムダな在庫や欠品を徹底的に防いでいく。

　ちなみに，VMIを効果的に機能させるためには緻密な販売戦略や広告戦略も必要になる。売れ残りを最小にして商品の回転率を上げることで相乗効果が得られるからである。

　なお，日本国内の導入事例としては自動車メーカーではなく，ドラッグストア最大手のマツモトキヨシに代表される小売起点のSCMが中心となる。事情は米国でも同じでウォルマートなどの小売業がやはり中心となっている。

　またアパレル業界でも消化仕入れという形で変則的に導入されている。アパレルメーカーなどから仕入れた商品のうち，百貨店などの店頭で売れた商品のみを仕入れたとする形態である。アパレルメーカーにとっては百貨店で販売活動を行うのと同じ環境が提供されることになる。なお商品が売れ残った場合，返品は受け付けられる。したがってアパレルメーカーは商品の売れ残りのリスクを負うものの，適切かつタイムリーな商品供給体制を構築することも可能である。ただし万引き，破損などについてのリスクはメーカー側が負う。アパレル業界における消化仕入れの普及は，百貨店などへのVMIの導入を促進し，アパレル企業の店頭在庫管理，売れ筋商品の需要予測などへの関心を増幅させているといえよう。

2.2　システムの特徴

　日本では「下請けいじめ」のシステムといわれることもあるVMIであるが，欧米ではSCMにおける継続的補充プログラムとしてVMIを重視する傾向が強い。

　というのは欧米では「継続性」がSCMのさらなる進化のキーワードとなっているからである。伝統的な補充システムに代わり，VMIやJMI（ジョイント・マネジド・インベントリー）がここに組み込まれ，取引先管理の重要な指標となっている。また，関連する概念にディストリビュータ・マネジド・インベントリー（DMI）がある。

第IV編　ケース研究編

2.3　システムの今後

トヨタ自動車などの JIT を導入している日本企業が海外におけるサプライチェーンの構築で VMI を導入するケースが少なくない。これは組立工場サイド，あるいは店舗サイドから補充注文を欠品の出ないだけのぎりぎりの在庫水準で行い，サプライヤーに補充作業を促す JIT とは異なり，VMI の場合，サプライヤー，あるいは納入業者サイドの判断で在庫レベルを見極め，水道の蛇口のごとく，在庫切れの発生を未然に防ぐレベルで補充を可能にする VMI が，指揮系統が逆にはなるが，ほぼ同一の結果をもたらすものの，VMI の導入手順が比較的，容易であることに起因する。

この点を踏まえて考えると，サプライチェーンの実働部分として JIT が国際標準となるよりも VMI が国際標準となる可能性が高いといえる。

ただし，一部の日本企業の視点から見ると，VMI は JIT に比べ，緻密さが劣るとも見なされ，国内工場を起点とするサプライチェーンの構築においては積極的には活用されないという相矛盾した特性をもつ。

したがって，以上の点を踏まえると，国内的には JIT，国際的には VMI というのが SCM 構築における流れと考えられる。

鈴木　邦成

<table>
<tr><td>**3**</td><td># 家 電 業 界</td></tr>
</table>

3.1 システムの現状

　これまで多くの家電メーカーは自らの販売ネットワークを所有していた。自社家電のみを扱う系列店舗を全国的に抱え，そのネットワークを通して価格をコントロールし，商品を供給していた。したがって物流も家電メーカー起点で構築されていた。

　しかし，家電量販店が躍進するようになると，それまでの各家電メーカーの販売ネットワークよりも家電量販店を起点とした物流システムにシフトしてきた。

　すなわち各家電メーカーの自社工場から自社物流センターを経て，家電量販店の運営する物流センターに商品は運ばれ，それぞれの家電メーカーの商品は家電量販店の物流センターで荷合わせされたうえで各店舗に納入されるという仕組みである。各家電メーカーの物流センターから量販店などのセンターに向けて，個別に配送が行われ，そのうえで量販店のセンターで発注を待ち，各店舗に運ぶのである。

　ただし近年は，家電量販店の物流センターへの納入についても，共同一括納入の可能性が模索されている。家電メーカーと家電量販店が共同で物流スキームを組み立て，コスト削減と環境負荷の低減を念頭に入れた仕組み作りを進める方向にある。

　なお，家電の物流を考える場合の注意点としては，たとえば，エアコンなど

第Ⅳ編　ケース研究編

は初夏から盛夏にかけての出荷頻度が高くなるなど，季節性を考慮する必要がある商品も少なくない。さらにいえば家電商品のライフサイクルは短くなる傾向にあり，そのため梱包などの荷姿が大きな影響を受けることもある。荷姿が変わると，トラックの積載率なども変わる。梱包，検品，商品管理，配車なども変わってくる。もちろん，精密機器も多くなるので梱包が不十分だと商品が破損するリスクも出てくる。十分に商品の特性を理解したうえでの荷扱いが必要になってくる。

3.2　システムの特徴

　家電製品の SCM は，メーカー起点で構築される傾向にあった。これはたとえば大手家電メーカーが伝統的に系列の小売店網を個別に構築し，そのネットワークの中で流通システムができ上がっていたからである。

　しかしながら，家電量販店がそのビジネスモデルを拡大する中で，小売起点のサプライチェーンが構築されるようになった。すなわち各メーカーは「流通の中抜き」により卸売，あるいは販社を飛び越えて，小売店と直取引をするようになった。メーカー側からすると中間マージンを省くことができるというメリットがあり，小売サイドにとっては大きく値引きした商品を消費者に提供できるというメリットがある。

　したがって，大手家電量販店が各メーカーからの家電製品などを自社の物流センターに集荷し，そこでの荷合わせを経て，系列の店舗に配送するというスキームである。家電メーカーにとっては系列の小売店網を通して商品を流通させるのに比べれば安価で消費者に提供することを余儀なくされたり，商品のライフサイクルが短くなり，新製品の開発を絶えず進めていかなければならないという課題を抱えることになるが，すでに飽和しているマーケットに大量に商品を供給できる家電量販店という窓口は捨てがたいものでもある。

　ただし，この流れの中でサプライチェーン構築の主導権がメーカーから量販店に移ってしまったためにメーカーは小売業の動向に自社の SCM 戦略を大きく左右されるという事態も発生している。

　たとえば，2007 年，家電量販店大手のヨドバシカメラは，UHF 帯無線タグ

第3章　家電業界

を納入商品の検品などに導入する方針を表明した。世にいう「ヨドバシショック」である。

ヨドバシショックと歩調を合わせるかのようにRFIDの本格導入への足音が大きくなってきた。ヨドバシカメラでは，検品作業などにおけるRFIDの利用を推進し，大規模な商用RFIDシステムの運用開始に向けて準備を進めた。

米国ではウォルマート，欧州ではメトロと，欧米の巨大小売業はEPCグローバルへの合流を表明し，サプライヤーにRFID武装を急がせたが，この流れがついに日本にも波及しようとしているとも考えられた。小売業主導のSCM改革が，大きなトレンドとして注目されたのである。

3.3　システムの今後

家電量販店が起点となるSCM改革が21世紀になってからの家電をめぐるSCMの大きな流れであったが，ここにきて，ネット通販における家電の売れ行き，マーケットの巨大化が注目されている。ヨドバシカメラについても次世代SCM戦略のベースにネット通販の充実を置いている。今後の大きな流れとしては，これまでのリアル店舗を介してのサプライチェーンからネット通販起点のサプライチェーンに効率的に組み替えていく道筋を明らかにするということになろう。

鈴木　邦成

4 ネット通販業

4.1 システムの現状

　ネット通販の売上は楽天市場などのネットモールなどが予想を上回る好調ということもあり，月間売上が1兆円を超えた。ネット通販が小売市場の主役についに躍り出た瞬間といっても過言ではない。

　ネット通販が小売業態の稼ぎ頭となりつつある。スマートフォン，タブレットなど，パソコンの前に座るまでもなく，片手間にネットにアクセスできるツールの普及が浸透することにより，今後もネット通販の売上がさらに伸びていくことは確実である。

　もちろん，こうしたネット通販市場の拡大は日本に限ったことではない。この分野では米国が一歩も二歩も先を行っている。すでに米国ネット通販市場は16兆円に達している。しかもさらに今後，4年間で28兆円までマーケットは拡大すると予測されている。

　ネット通販では顧客と接点をもつのは，物流のみということになる。したがって物流の重要性は他のビジネスモデルと比べて高い。

　ネット通販の物流量は，小規模なネット店舗でも相当な量に及ぶ。たとえば，年商1億円の場合，1000円程度の商品ならば，毎月1万回近い梱包，配送を行わなければならなくなる。個人商店などでは到底，請け負える量ではない。しかし楽天市場やアマゾンなどに出店し，その物流システムの恩恵を受けるならば，本業に専念できるわけである。無論，ネット通販運営サイドには出

店者の物流を握ることで関係を強化することができるというメリットがある。

4.2 システムの特徴

　ネット通販については，アマゾンドットコムの物流システムがよく知られている。「送料無料」を導入しているため消費者は送料を気にせず，気軽に商品を購入できる。もっとも実際に送料が無料になるわけではない。物流業界からは「消費者が誤解するので送料無料という表記は使わないでほしい」との要望も出ている。

　実際，こうしたネット通販企業の物流戦略はその足となる運送会社には大きな負担となっている。運送業界の常識を超える低コストでの配送を要求されることもあるために，ネット通販企業との契約を見直す運送会社も増えている。

　そこでアマゾンは自ら配送システムを構築する方針を打ち出している。アマゾンに限らず，多くのネット通販企業が物流企業へと変貌する可能性も否定できない。自社でトラック便をもち，商品の配送業務を行うわけである。

　ネット通販モールがいかに出店者を集めるかについては，物流システムの巧拙が大きく影響することがここにきて明らかとなった。いかに効率的な物流システムを構築し，ストレスなくタイムリーに消費者に商品を届けられるかということが，ネット通販モールが同業者との熾烈な競争に勝ち抜くための必要条件となってきていると考えて間違いないわけである。

4.3 システムの今後

　ネット通販市場のさらなる拡大により，今後はより一層のエンドユーザーまでの消費者物流の充実，ラストワンマイルに至る配送網の綿密化が求められることになる。同時にネット通販における在庫をロングテールの形にしてまで保有することを義務付けられている物流センターもさらなる巨大化，大型化を余儀なくされている。アマゾン，楽天市場などは大規模物流センターの相次ぐ増設を止める気配はなく，加えてヤマト運輸による大型物流センター「羽田クロノゲート」などもその機能をより一層，拡大する方向にある。

第Ⅳ編　ケース研究編

　しかしながらネット通販の急速な拡大に SCM ネットワークの構築がキャッチアップし続けることができるかどうかという課題もある。

　たとえば大きな問題として宅配便の不在の問題があげられる。ネット通販におけるエンドユーザー，受取人サイドは都会の共働き，単身者世帯の増加などの影響もあり，日中，自宅などの受取先に不在であることが多く，そのため宅配便営業所での再配達在庫が膨れ上がり，円滑な配送に支障を来す事態が発生している。

　加えて，少子高齢化や長時間労働を回避する若者気質などの影響もあり，トラック運送業界，宅配便業界は慢性的なトラックドライバー不足に陥っている。

　こうした事情を踏まえ，将来的なネット通販における SCM の構築としては，ドローンの活用や運転アシスト機能の導入の流れの中での外国人ドライバー導入に向けての規制緩和など，次世代型の配送システムの導入が不可欠という見方が強くなっている。

　加えて，ネット通販の司令塔ともいえる物流センターにおいても，インターネットとの連動をより緊密にする方向の中で，AI を活用しての物流センターの無人化を推進する動きが出てきている。実際，アマゾンが導入した庫内無人荷役システム（Kiva Systems）などが今後，さらなる進化を遂げる可能性が高くなってきている。

鈴木　邦成

5 部 品 業 界

5.1 システムの現状

　一口に部品といっても非常に幅広く一括して解説することは難しい。ここでは自動車部品について一般的にいえることをタイヤを例にとり，まとめることにする。

　新品の自動車タイヤの流通経路は図5.1のとおりである。すなわち，タイヤメーカーから自動車メーカーに新車の装着用タイヤとして出荷される他にタイヤディーラーを経由してガソリンスタンド，カーショップ，タイヤショップなどの店頭にも市販用として並ぶ。また国内のタイヤ工場で生産され，海外に輸出される。

　ガソリンスタンド，カーショップ，タイヤショップなどで市販用となる新品のタイヤは自家用ユーザーの他に，商用車などの営業用ユーザーおよび企業の大量購入などの大口ユーザーも購入する。

　タイヤのロジスティクスネットワークは従来は，タイヤメーカーで生産されたタイヤがタイヤメーカーの広域ロジスティクスセンターに運ばれ，そこから自動車メーカーの需要に応じて，その倉庫，あるいは部品センターに収められるか，ホイールメーカーの工場，あるいは倉庫でホイールと組み合わされ，それから自動車メーカーに納入されるのみではなく，タイヤメーカーは地域ごとに小規模のセンターをもち，そこから工場やディーラーの求めに応じて，小まめな在庫供給を行っていた。すなわち，タイヤメーカーの広域ロジスティクス

第Ⅳ編　ケース研究編

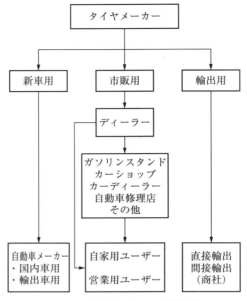

図 5.1　自動車タイヤの流通経路

センターから地域ロジスティクスセンターを経て，タイヤディーラーの倉庫，部品センターに運ばれ，そこから小売店の店頭などに納入され，展示される。ロケーションが定められ，バーコード管理されている。ただし，大量に車種別にさまざまなサイズ，種類のタイヤの在庫を保有する場合，広いスペースが必要である。そのため，従来は在庫拠点を分散させることで対応していた。自動車工場やディーラーの多頻度小口型の在庫補充体制に合わせてきたのである。

5.2　システムの特徴

通常の乗用車のタイヤは 1 本当たり，8～10 kg の重さがあり，保管スペースを大きくとる。そのため，自動車工場やディーラー倉庫に保管できるタイヤの量は限られる。

しかしそれにも関わらず，工場や小売店のタイヤ需要は大きく，したがって図 5.2 の示すとおりにタイヤメーカーは大量の在庫を保有する広域ロジスティ

第5章 部品業界

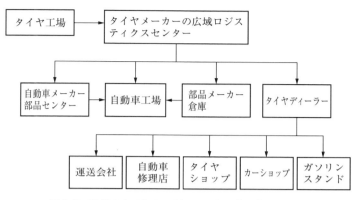

図5.2 近年のタイヤのロジスティクスネットワーク

クスセンターだけでなく，短いリードタイムで納入できる納入先に近い地域センターに多頻度小口の補充を行う必要があった。広域センターからの在庫補充を受け，地域センターは，自動車工場やディーラーの発注量に対応した細かい対応を行っている。

5.3 システムの今後

　近年は，在庫拠点の集約化が進み，タイヤメーカーの広域ロジスティクスセンターから直接自動車メーカーの倉庫，部品センター，工場あるいは部品メーカーの倉庫に輸送されるロジスティクスネットワークが構築されることで，在庫削減，物流トータルコスト削減の推進などの効率化策が進められてきた。

　すなわち，複数の地域センターを1ヶ所に集約し，単純に広域ロジスティクスセンターを残したということではなく，これまでの地域センターのみならず，従来の広域センターについてもその拠点立地などを見直し，まったく新たな立地に効率的な最新かつ大規模なロジスティクスセンターを建設し，これまで以上に広域的な在庫供給体制を構築する。従来の在庫拠点を見直し，そのうえで最適な立地に最新のファシリティを完備した，より広域的に機能するロジスティクスセンターを建設し，そのセンターを起点に地場の小売ネットワークに至るまでの在庫補充を進めている。

鈴木　邦成

6 食品加工業界

6.1 システムの現状

加工食品の物流およびSCMの変化：

加工食品（グロサリー）については，流通チャネルの変化に伴い，その物流も大きく変化し，かつての多段階流通から直送化へと移っている．図6.1に流

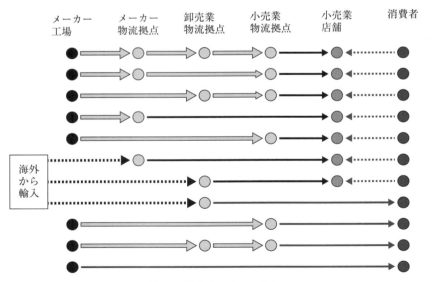

図6.1 流通チャネルの変化
（出典） 日通総研資料

通チャネルの変化を示すが，すべてがネット通販のような直送体制になるわけではなく，各流通形態が混在しているといえよう。そのなかで食品メーカー各社は，それぞれの SCM の構築と運用を図っている。

6.2 システムの課題

食品流通の課題：

「製配販連携協議会」があげているまでもなく，①少子高齢化による需要減少，②多品種化と PLS の短縮，③原料・製品の内外価格差，④製造日付と 3 分の 1 ルール，⑤フードディフェンスとトレーサビリティ（食の安全）（追跡可能性），⑥安定供給責任と BCP など（順不同）が山積している。

特に，原材料，業務用，医薬用，医療食品などは，安定供給責任を問われて SCRM（サプライチェーン・リスクマネジメント）や BCP 策定が薦められている。

システムの特徴（ハウス食品の SCM 事例）：

ここでは，総合食品メーカーであり，SCM に先進的に取り組んだハウス食品の事例を解説する。

同社では，SCM 部門の主導のもと，SCM を導入した結果，①物流コストの低減，②リードタイムの短縮（4 週間→2 週間），③欠品率の削減（0.1% 台），④在庫の削減（約 1.0 カ月→0.8 カ月），⑤廃棄量の削減，⑥人員の削減（約 20 名）を実現した。

6.3 システムの今後

ハウス食品は壱番屋を買収して，製造だけでなく飲食業まで乗り出した。SCM という観点からすれば，川下の消費最前線まで一貫した SCM の構築が求められる。

さらには，海外展開，ハラル認証，原料調達など，SCM の担当領域，担当エリアの拡大が期待されるところである。

長谷川　雅行

第Ⅳ編　ケース研究編

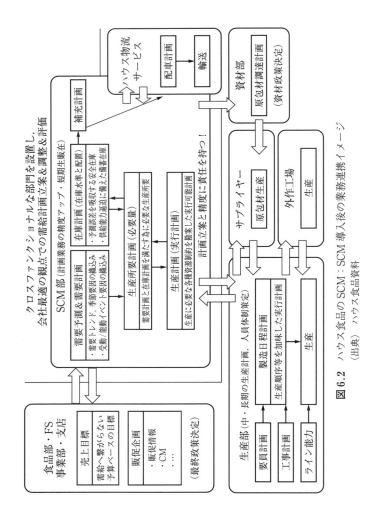

図 6.2　ハウス食品の SCM：SCM 導入後の業務連携イメージ
(出典) ハウス食品資料

7 医薬品業界

7.1 システムの現状

　バイオテクノロジーの発達などの流れを受けて，医薬品業界では新薬開発へのさらなる投資が必要となってきている。現在，新薬の基礎開発に当たっては，年間数千億円相当の研究開発費を投下し続ける必要があるといわれている。

　こうした新薬開発をめぐる厳しい環境になかですでに欧米では製薬業界の再編が終了している。そしてその結果，「メガファーマ」と呼ばれる海外の巨大製薬企業数社の日本市場への攻勢も加速度を高めてきた。欧米の巨大製薬企業とは世界に通用する医薬品を数多く開発，販売する総合的な新薬開発企業である。

　他方，高齢化社会の本格到来を迎えた日本は，医薬分離などの医薬品流通システムの大幅な変革にも迫られている。

　これまで医薬品業界には多くの複雑な商慣行が存在した。また流通システムの風通しも悪く，SCM の構築でも後手に回っていた。しかし，製薬メーカー各社は巨額の新薬開発費のコストダウンを念頭に置いた事業展開を迫られることになった。そしてその大前提条件として SCM の本格的な構築を迫られている。特に病院向けの医薬品には欠品は許されない。製薬メーカーの流通システムは大きな過渡期を迎えており，SCM の高度化はもはや業界の大きな流れとなっている。

第IV編　ケース研究編

7.2　システムの特徴

　医薬品の SCM は薬事法，GMP（製造管理および品質管理基準）や GSP（供給と品質管理に関する基準）などへの適合が大前提となる。したがって，物流センターへの管理薬剤師の常駐，劇物専用スペースの設置なども求められることになる。

　在庫管理に加えて品質管理が医薬品メーカーの大きな社会的義務となっているともいえよう。

　そしてそのうえで十分な在庫と短リードタイムでの供給システムの構築が求められることになる。製薬メーカーには医薬品の供給責任がある。けれども，調剤薬局経由の医薬品供給システムは十分に構築されているとはいえない。というのは欠品を避けることに重点が置かれると，在庫は過剰となりがちだからである。

　加えていえば，こうした医薬品における SCM 構築要件の特殊性から，SCM 構築の実働部隊ともいえる物流企業にも高度なノウハウが求められることになる。したがって，医薬品の SCM をサポートする物流企業は三菱倉庫，三井倉庫などの財閥系倉庫など，高度な対応インフラを有する一部企業に限られているともいえよう。

7.3　システムの今後

　高齢化社会の本格到来を迎えた日本は，医薬分離などの医薬品流通システムの大幅な変革を迫られている。これまで医薬品業界には多くの複雑な商慣行があり，流通システムの風通しも悪く，SCM の構築もその点が大きな課題であった。

　ただし後発医薬品（ジェネリック薬品）ならば，新薬開発とは比較にならない低コストで，需要予測もしやすく，在庫水準も徹底的に抑えることができる。表 7.1 はその比較表である。またジェネリック薬品の場合，海外での生産も多く，海外工場や卸売業から直接日本のエンドユーザーなどに届けられると

1174

第7章　医薬品業界

表7.1　純正医薬品とジェネリックのSCM構築要件の比較

	新薬開発	リードタイム	在庫レベル	サプライチェーン
純正医薬品	高コスト	短時間	やや多め	複雑
ジェネリック	低コスト	できれば短時間	JIT レベル	比較的単純

いうグローバルSCMのスキームも近年，構築が進んでいる。

　医薬品のサプライチェーンを見ると，上流にはメガファーマと呼ばれる世界的な医薬品大手企業がラインナップされているものの，調剤薬品については川下の病院，薬局などを統合するネットワークが必ずしも構築されているわけではないことがわかる。

　もっとも，近年は規制緩和が進み，ドラッグストアのネットワークが大きく整備されてきた。組織的なドラッグストアの販売情報が卸売業，メーカーなどとの共有が進み始めているわけである。

　こうした状況のなかで医薬品サプライチェーンのキープレイヤーとなってきたのが大手医薬品卸売業である。医薬品のSCMを考える場合，安全性，確実性を高めることから，生産管理，品質管理，温度管理，衛生管理，使用期限管理などの徹底が必要になっている。もちろん，これらの情報が川上から川下まで徹底的に共有されなければならない。医薬品大手卸売業は管理薬剤師をドラッグストアなどの小売業の物流センターに常駐させるなどのサポートを行っており，SCM構築における重要な役割を担っているわけである。

鈴木　邦成

<table>
<tr><td>**8**</td><td>小売業の SCM</td></tr>
</table>

小売業の SCM の展開について物流センターを起点に解説する。

8.1 システムの現状

物流センターの概要:

　小売の物流センターは温度帯ごとに店舗への配送距離に応じて設置されている。

　ドライ食品や菓子，生活雑貨といった常温品を取り扱うドライ物流センター，畜産，水産，農産や牛乳や豆腐など冷蔵庫に入る要冷蔵品を取り扱うチルド物流センター，市販用冷食やアイスなどの冷凍品を取り扱うフローズン物流センター（ただし，冷凍品は小売り専用の物流センターを設置せず，卸売企業の物流に任せている小売企業が多い）に分類される。

　これらの物流センターの運営費は，元来，卸売企業が行っていた物流を小売企業が代行するとの意味合いからか，物流センターへ納品される商品の取引金額に一定の料率を掛けた費用を取引するメーカーや卸売企業より小売企業が徴収（センターフィー）し，原資としている。

第8章　小売業のSCM

8.2　システムの特徴

物流センターの特徴：

(1)　ドライ物流センター

　小売企業の戦略や商品の特性により，在庫する商品（在庫型）と非在庫品（通過型）を取り決め，おのおのに対応した物流の仕組みを構築している。在庫品に関してはVMI方式（Vendor-Managed inventory）を採用している。一方，通過型である非在庫品（主に，菓子類，生活雑貨がその対象となる）は，卸売企業の倉庫から物流センターへ店別の状態にて納品される。

　小売企業が商品を発注するパターンとして，店舗に売れた分を発注する定番発注と，購買意欲誘うための企画販売のための特売発注がある。定番に関しては，発注の当日，もしくは翌日に店舗へ納品され，特売に関しては，大量販売となるため，前もってメーカーが当該品の数量を確保するための期間が必要なことから，3日以上のリードタイムが設定されている。

　物流センターでは，発注があった商品（在庫型や通過型）の品揃えを行い，店舗での品出しが簡易になるように，10〜20程の商品分類ごとに指定の台車（カゴ車や6輪カート）に積み分けて，決められた時間以内に店舗に納品する。1日の納品回数は，定番品，特売品ともに1回がメインであり，小売企業の品出し戦略により，これらを同時に納品する場合と，別々に納品するパターンに分かれる。

(2)　チルド物流センター

　冷蔵品は賞味期限が短いため，ほとんどは通過型となる。メーカーや卸売企業は，店舗別に仕分けた状態か，発注された商品の総量で納品する。物流センターでは，納品された商品を店別の台車（カゴ車や6輪カート）に，7〜10ほどの商品分類ごとに仕分けを行い，指定された時間に店舗へ納品する。

　チルド品にも定番と特売があるが，特売の物量が常温品程ではないため，物流は定番と同様の流れである。しかし，店舗への納品回数は2回〜3回と1日に複数回納品される。これは，店舗での商品保管用の冷蔵庫が十分な面積が取れないために分散しての納品が必要なこと，商品の鮮度維持（当日生産，当日

1177

第Ⅳ編　ケース研究編

納品）などの理由による。

8.3　システムの今後

　小売業は社会的背景により消費動向の変化に敏感に対応していく必要がある。店舗のフォーマットや品揃え，商品価格，自社開発商品（PB）戦略など，時代にマッチした買場（かいば）を消費者に提供しなければ生き残りは難しい。そのための兵站である物流も，変化へ対応する柔軟性は必須である。

　一方，昨今の人員不足を補うための省人化への対応も物流としては避けては通れない課題であるが，自動化しすぎた物流センターは柔軟性を欠く。この相反する課題を克服する物流の仕組みの構築が，今後の重要なキーワードとなるのは明確である。

　また，ドライバー不足に端を発した店舗配送費抑制への対策として，店舗への納品時間の問題も大きな課題である。現状は朝一での品揃えが必須との店舗の要望から，8時まで納品が全体の80％，昼以降が20％程度と，朝納品集中となっている傾向が強い。車両台数を抑制するためには納品物量の平準化が必要であり，店舗側の発注方法，品出し方法，納品時間の新たな改革も必要であるといえる。

　これらの問題を認識し，いち早くイノベーションを行った小売企業が物流面での優位性をもち，店舗のバリューアップにつながるのは見えている課題ではなかろうか。

武田　浩一

9

卸売業の SCM

9.1 システムの現状

卸売業の機能と役割：

　卸売業は商品の生産から消費に至る流通過程において重要な機能を担っており，SCM においてもその実現に大きな役割を果たしている。あらゆる製品，資材，原料，エネルギー等の流通に卸売業が係わるが，ここでは主に消費財に関する卸売業の SCM を紹介する。

　消費財卸売業の主な機能は，①マーチャンダイジング（品揃え），②リテールサポート（小売店支援），③ロジスティクス（配荷・物流）の３つである。①のマーチャンダイジングとは，小売店が望む商品，消費者が要求する商品を取り揃え，消費者ニーズを満たすための対応を行うものである。②のリテールサポートとは，メーカーと小売店の商品に関する情報の非対称性を解消し，商品の特徴や用途を消費者に伝える機能や，販売促進，売場づくり，また小売店従業員への教育を行うなど店舗の運営活動を支援するものである。③のロジスティクスとは，小売店の需要に応じた配送，またそのための保管や流通加工を行って効率的な商品の配荷を行う機能である。

　元来，卸売業が流通機構上果たす役割は，その存在自体が SCM につながるものといえる。いわゆる「取引数量最小化の原理」および「不確実性プールの原理」と呼ばれるもので，「取引数量最小化の原理」とは，卸売業がメーカーと小売店の中間に位置することによって総取引回数が削減できるというもので

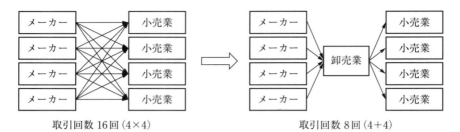

図 9.1　取引数量最小化の原理

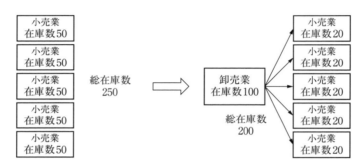

図 9.2　不確実性プールの原理

ある。(図 9.1)

また,「不確実性プールの原理」とは,卸売業が小売業に対して適宜商品を届けることで,小売店の保有在庫を少なくし,社会全体の総在庫量を削減できることである。(図 9.2)

9.2　システムの特徴

卸売業はメーカーとともに需要予測を行い,商品調達ならびに在庫コントロールを行っている。小売店からの受注から出荷までのリードタイムは当日もしくは翌日といったところが多く,受注後に即出荷できる物流体制の構築が必要となる。そのため,卸売業各社では WMS(倉庫管理システム)や TMS(配送管理システム)等の情報システムの活用によって物流業務の効率化を図っている。

第9章　卸売業のSCM

　なお，量販店との取引においては特売，セール等による需要変動があるため，メーカーの営業担当者とともに小売バイヤーとの商談を行い販売計画の立案ならびにそれに基づく仕入れ，在庫の計画を立案する。ただし，量販店からは販売計画数量が正確に提示されない，あるいは計画から大きく出荷数量がぶれるといったこともあり，卸売業では欠品を発生させず，かつ過剰在庫を防ぐ在庫管理体制の構築が重要となる。そのため多くの卸売業では小売業からの受注データやPOSデータの詳細な分析を行い，適正な在庫管理の維持に努めている。

　さらに，短納期に対応するため，広域に配送を行う卸売業では在庫拠点や配送拠点を分散させ，配送リードタイムを短縮させる取組みを行っている。

9.3　システムの課題

卸売業のSCMの方向性：

　従来，商品の需要予測はメーカー，卸売業，小売業がそれぞれの立場で行っていることが多い。メーカーは独自の予測によって生産計画を立案し，卸売業は独自の予測による仕入計画を，また小売業は同様に販売計画を立案している。それら独自の需要予測によってブルウィップ効果（川下の需要変動が川上に行くほど大きくなる現象）が生じたり，生産，仕入の過剰による残在庫が発生したりしている。

　今後は，製配販の各プレイヤーの需要予測を一元化し，その需要予測に基づくSCMを構築することが求められる。卸売業は，生産から消費までの流通の結節点に存在するため，商品に関する情報が最も集約される立場にある。消費者の需要に適確に対応する物流体制ならびに生産体制とするために，卸売業が主体となって情報の分析を行い，それを小売業やメーカーに提供し，最適なSCMを構築することで社会全体の付加価値向上，コスト低減に寄与することが望まれる。

　また，ロジスティクスの機能に限らず，情報集約によって商品開発や売れ筋商品の発掘につなげ，マーチャンダイジング機能の強化や商材ごとに適した販売方法を提案するリテールサポート機能の強化を図っていくことも必要であ

1181

第Ⅳ編　ケース研究編

る。

　メーカー–卸売業間，また卸売業–小売店間の受発注においては，未だにオンライン化されておらず，FAX 等による手作業の処理が残っている。それらについても卸売業が情報武装化を進め，各社間の EDI 化を主導し情報連携を図っていくことも望まれる。そのインフラ整備によって，より一層の SCM 実現に向けた環境が整うものと思われる。流通や商品に関する情報が集約される卸売業は SCM に当たってのキープレイヤーであるといえる。

田村　隆一郎

10 百貨店アパレル業界

10.1 システムの現状：百貨店アパレル商品納品経路

(1) 百貨店仕入形態と現状

百貨店の仕入形態は，大きく2つの形態に分類され，本仕入（買取仕入）と売上仕入（消化仕入）である。本仕入はさらに完全買取仕入と返品条件付買取仕入に分類される。これらの仕入形態をまとめると表10.1のとおりとなる。

本仕入は，取引先から百貨店が商品を仕入れるため，納品の際に検品を実施し，仕入伝票を計上し，買掛金に計上し所有権の移動を明確に行う。一方，売上仕入は店頭で商品が売上計上された時点で仕入が立つので，売上計上されるまで取引先の商品である。よって，納品時に仕入検品などは実施せず，取引先の都合で自由に商品を店頭に出し入れし，他店に移動することができる。

近年，アパレルの仕入形態が売上仕入にシフトしている。特にファッション

表10.1 百貨店仕入形態一覧

	仕入形態	商品所有権	管理責任	仕入計上	返品可否
①	本仕入 完全買取	百貨店	百貨店	納品時仕入 伝票計上	返品不可
②	本仕入 返品条件付	百貨店	百貨店	納品時仕入 伝票計上	取引先了承要 返品伝票で返品
③	売上仕入	取引先	取引先	売上計上時POS 自動仕入計上	取引先の指示 により返品

性の高い婦人服や子ども服は売上仕入の割合が急増し，売上の7割以上が売上仕入となりつつあり，また9割が売上仕入の百貨店もある。一方，紳士服など比較的商品寿命が長い商品については，5割くらいが売上仕入である。

売上仕入にシフトしている要因は，取引先の商品管理レベルが向上し，商品の販売動向が把握することができるようになり，売れていない店舗の商品在庫を売れている店舗に商品移動が簡単にできる売上仕入に取引形態を転換し，それにより取引先の商品消化率を高め，商品の不良在庫化を防ぐためである。一方，百貨店側は売上仕入化により自社販売員が必要なくなり人件費が削減できるともに商品の在庫リスクを回避できるなど両者の利害が一致した結果からである。

(2) **納品経路**

百貨店の納品経路は，図10.1示すとおりである。百貨店が発注伝票を起票し取引先へ送る。取引先は商品を用意し，仕入伝票を発行し，納品代行へ引き渡す。取引先から委託を受けた納品代行業者が各取引先から集荷した商品を各百貨店別に仕分けし，検品したうえで百貨店に集約して納品する。百貨店では納品代行業者が事前に注文伝票・仕入伝票を基に検品した商品を荷受けし，簡易検品をしたうえで売場別に仕分けし，売場に引き渡すのが一般的な納品の流れである。納品代行を利用することにより，百貨店は納品が集約され納品車両

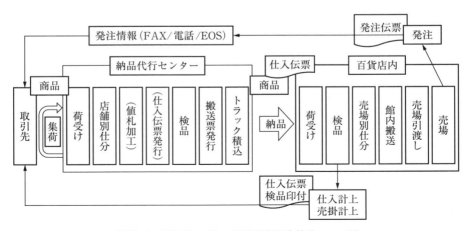

図10.1　百貨店アパレル納品代行経由納品フロー図

第 10 章　百貨店アパレル業界

が削減されるとともに，事前に検品を納品代行センターで実施しているため，荷受け検品で時間をかけることなく，効率的に売場へ搬入することが可能となる。それによって，納品業務の全体効率が図ることが可能となっている。また，近年導入されている SCM 検品にも対応している。一方，売上仕入の商品は検品の必要がないため，直接売場への引き渡しとなる。また，納品代行を通さず，佐川急便やヤマト宅急便などで取引先から商品を送達する納品経路や取引先が自社便で直接納品する経路もあるが，百貨店の運用では商品の荷受けや検品などの手間がかかり，かつ納品車両数の増大，納品時の長時間駐車など諸問題が発生するなどの問題がある運用であるため推奨はされていない。

　百貨店の納品は，伝票と商品とが一体化して物が流れており，今後 EDI などの進展によりペーパーレス化など業務改革が求められている。

10.2　システムの特徴：百貨店における IT 化の取組み

(1)　百貨店業界における IT 化の狙いと情報共有化

　百貨店業界における IT 化は，2000 年ごろから大きく進展し，変化してきている。特にアパレルを中心としたファッション業界では，QR, SCM 戦略の影響を受け，取引先との情報共有を基本に，取引先と百貨店とが協働していく考え方が進められてきている。

　情報共有とは，サプライチェーンを構成する企業間で，お互いに保有している情報を EDI で相互にやり取りすることによって，お互いのビジネスに活用することである。これにより，個々の企業の最適化への活動をサプライチェーン全体に広げ，取引先と百貨店相互にメリットを得ることである。すなわち，製造段階・販売段階の業務を接続することによりサプライチェーン全体の最適化を目指していくことにある。(図 10.2 参照)

　具体的な施策としては，①マーチャンダイズの最適化と②運用業務の効率化が検討できる。①マーチャンダイズの最適化は，「欠品による販売機会損失の削減」「百貨店顧客情報から得られる顧客ニーズによる実需の創造」「過剰在庫による値下げの抑制と不良在庫の低減」「返品による物流コストの削減」を図ることができる。一方，②運用業務の効率化は，「伝票処理の一元化」「伝票レ

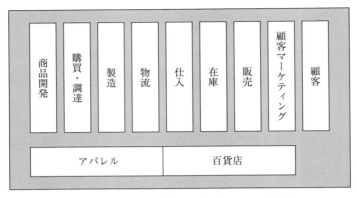

図10.2 アパレル百貨店サプライチェーン構造図

ス・検品レスによる物流業務の効率化」「値札レスによる値札発行・取付作業の削減」を図ることができる。

(2) 百貨店業界におけるEDIの取組み

百貨店業界では，2000年ごろから業界一丸となって業務改革やIT活用に取り組み，単品管理による情報活用，業界標準の策定や共通情報基盤の整備が実施された。インターネットを介したEDI情報共有サービス（WEB-EDI），すなわちASPサービスが提供され，利用が拡大した。

2001年に伊勢丹が「IQRS.Net」をスタートし，2002年9月には高島屋・三越が「百貨店eMPサービス」を開始した。それ以降，各百貨店は取引先の加入状況を鑑み，適切なEDIを導入・拡大していった。一方，2010年10月には経済産業省が主導した，流通ビジネスメッセージ標準（流通BMS）が百貨店業界の取引に必要な標準メッセージ「百貨店版Ver 2.1」を公開し，これら取引先と百貨店を結ぶEDIの基盤が整備された。

現在，百貨店業界では複数のEDIが存在しているが，主な機能は図10.3に示すとおりである。

百貨店協会が取りまとめた「2006年版百貨店IT白書（p.114）」によると，EDIメッセージの実施状況が高いものは順に，「発注情報」，「支払情報」，「商品マスター情報」，「販売情報（POS）」であり，いずれも50%を超過している。それ以降は「ASN/SCM」，「値札情報」，「在庫・返品情報」である。

第10章 百貨店アパレル業界

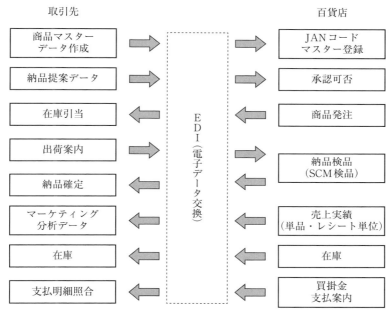

図10.3　百貨店・取引先EDI機能

10.3　システムの課題

　ASP（クラウド）サービスの普及進展により，百貨店と取引先との間ではEDIの導入によりさまざまな情報を電子的にやり取りすることにより，両者がメリットを得られる協働体制が確立しつつあるが，現状では大手百貨店と大手取引先との取引が中心であり，取引先を含む百貨店業界全体ではEDIの導入は未だ低い状態にある。

　一方，百貨店業界EDIの現状は旧来からの複数のEDI標準メッセージが存在する。具体的には「繊維産業EDI標準（1997年）」，「JAIC標準（2000年）」，「流通標準EDI（JEDICOS：1997年）」，「流通ビジネスメッセージ標準（流通BMS）（2010年）」などである。このようにメッセージ標準が複数あり，標準メッセージの中で利用しているメッセージが企業により異なり，結果として各社により対応が異なるため，取引先は百貨店各社に対応するため，非効率

第Ⅳ編　ケース研究編

な投資が必要となっている。特に取引額が小さい中小取引先は，データ交換をするうえでメッセージルールなどのさまざまなルールに対応するための投資やITスキルの問題があり，かつ自社システムとの接続が難しいなどEDIを導入することの大きな障壁となっている。また，インターネットを介したEDI情報共有サービス（WEB-EDI）も複数のサービスが存在し，複数の百貨店と取引する場合，百貨店が対応する複数のサービスと契約する必要があり，取引額が小さい取引先は費用面で導入が難しい。一方，中小の百貨店は，基幹システムと接続する改修投資が大きく，導入が遅れている。これらの課題を解決するためには，「インターネット技術を活用し，廉価に導入できるEDIの仕組みの構築」，「取引高に応じた費用負担で導入可能な料金体系のサービスの提供」，「百貨店業界に留まらず流通業界全体でEDIの統合を図り，標準化したシステムの構築」することであると考える。

〈参考文献〉

1) 百貨店eMP5年史編集委員会：百貨店eMP5年史，2007年11月
2) 日本百貨店協会：2006年版百貨店IT白書，2006年1月
3) 流通システム開発センター：概説 流通SCM，2007年3月

生島 義英

11 物流不動産業界

11.1 システムの現状

　これまで日本では倉庫業（営業倉庫業）は厳しい規制に守られていた。倉庫業者の免許を取得することは容易ではなかった。港湾や地域的な業務規則，港湾荷役や労働者の権利保全などの特殊権益とさまざまな規制が存在していた。そのため新規参入は難しく，業界は安定していたものの，その活性化には限度があった。

　しかしながら各種の制度改革により規制緩和が進むと状況は大きく変わってきた。たとえば，単に保管のスペースを提供するだけの「倉庫物件賃貸」は不動産業の一部門と位置づけられていた。管轄も運輸省ではなく，建設省であり，営業倉庫業とは一線を画していた。けれども，運輸省と建設省が一体化され，両者の管轄が国土交通省になったことなどから境界線があいまいになってきた。すなわち倉庫業法における営業行為なのか不動産法によるスペース貸しなのか，はっきりと区別できないケースが増えてきているのである。さらにいえば物流業界におけるサードパーティロジスティクス（3PL）の発達が物流センターのあり方を大きく変えた。

　特に物流不動産と相性が良かったのは，倉庫や物流センターをもたないノンアセット型の3PL物流サービスである。3PL企業は物流センターを一括して借りて，それを区割りして賃料をとり，同時に仕分け，箱詰め，ラベル貼りといった荷役業務も請け負うが，これは伝統的な倉庫会社のビジネスフィールド

第Ⅳ編　ケース研究編

を大きく侵食することになった。

　また，外資系不動産企業を中心に物流施設を事業用物件とする「不動産ファンド」も有力ビジネスとして市民権を獲得した。多額の資金を倉庫取得に投資，賃貸してその賃料収益を得るというものである。

11.2　システムの特徴

　物流不動産ビジネスとは「最適な物流環境の実現物件を提供し，提案する物流ソリューションビジネス」と定義される。SCM の普及や中国への工場シフトなどの影響で国内の倉庫需要は小さくなると考えられてきた。だがマクロで見れば確かにそうだろうが新しく使いやすい倉庫に関してはそうではないようだ。むしろより先進的な倉庫については多くの企業が必要としているといえよう。

　実際，在庫圧縮を視野に入れ，より大きな統合倉庫をユーザー企業は希望し始めている。さらにいえば，消費地に近く配送コストダウンの図れるような立場の倉庫に対する需要は大変高い。ユーザー企業は物流のトータルコスト低減を最終目標としているので輸送費が下げられる倉庫ならば倉庫料金だけにこだわる必要はないのである。

　従来，サプライチェーン上の倉庫・物流センターの役割は生産と販売のバッファーとしての保管機能がメインであった。しかし，近年は SCM のあらゆる機能が物流センターに一度，格納され，統括されるというシステムができ上がっている。物流センターが「サプライチェーン全体の司令塔」としての機能を強化しつつあるといえよう。

11.3　システムの課題

　物流施設を有効活用するためのコンサルティング事業を積極的に展開する企業が増えてきている。商業施設や物流施設の資産の運用や管理を行うプロパティマネジメント（不動産管理），物流施設の収益性の査定，テナント誘致，他施設への転用や流動化などのコンサルティング事業などを物流企業や荷主企業

に提供するというものである。

物流施設のデザイン，ロケーション，テナントクレジット，施設の収益性などを査定する「デューデリジェンス」やテナントを誘致する「テナントリーシング」，設計段階でランニングコストやメンテナンスコストを分析する「ファシリティマネジメント」（施設管理）などは，これまで物流業界，倉庫業界ではほとんど重視されることはなかった。

また競争力のない物流施設をオフィスビルやショッピング施設，アミューズメント施設に転用したり，売却したりすることも以前はほとんど行われていなかった。

だが3PL企業による拠点集約の推進などもあり，物流施設の大型化と賃貸化が進んでいる。メンテナンスコストが安く，しかも安定した賃料を確保できる物流施設は資産運用に好都合のツールとして注目が高まってきたわけである。

物流不動産のプロパティマネジメントに力を入れ始めている企業は，外資系物流不動産企業をはじめ，増加傾向にある。さらにいえば近年のビジネストレンドでは，そのロジスティクス自体が後方支援を必要とする状況となっている。いわば「ロジスティクスのロジスティクス」が求められているわけである。というのは現代物流は輸送，保管，荷役，流通加工，包装という従来の「物流5大機能」に加え，ここにきて物流情報管理やLPM（ロジスティクスプロパティマネジメント）もその機能に内包しなければならなくなるほど，複雑化と専門化進んでいる。こうした流れに対応するためには，物流企業もその諸活動について後方から支援を受けなければならないのである。それゆえ，情報管理の分野では物流情報企業などとの密接なリンク，LPMについてはLPM専門会社のサポートを必要としてきているのである。

大谷 巌一

12	**半導体業界**

12.1　システムの現状

　半導体業界は，先進的な SCM を導入している代表的な業界である。半導体は「産業のコメ」ともいわれるように，さまざまな製造業で不可欠となっている。世界の半導体市場は 1980 年代には日本企業が圧倒的な優位を確立していた。しかし，近年は台湾，韓国などのアジア諸国に押されている。

　ただし，こうした状況のなかで日本の半導体企業はアジアとの関係をより一層，強化している。台湾での OEM（受託生産）の強化や技術提携も積極的に展開している。

　また，半導体業界において，日本の材料メーカーの技術力は依然と高く，アジア諸国の半導体工場への供給を行っている。

12.2　システムの特徴

　たとえば，日本国内の半導体関連の産業立地として，九州地方に企業が集約する傾向が強まってきている。その理由としては，まず水と空気が比較的きれいな九州地方が半導体の生産に向いている土地柄であることがあげられる。

　さらには九州には空港が多く，台湾，中国，東南アジアへの窓口となる物流条件が揃っている。アジアに近い九州が日本企業のグローバル SCM の中核拠点と位置付けられている。

半導体の製造工程は，ウェハーを製造する前工程と，その組立てを行う後工程に分けられる。したがって，九州各県にある半導体の前工程の工場から多頻度小ロットで台湾，タイ，マレーシアなどの後工程を行うアジア諸国に輸出され，さらに完成品の販売市場となる香港，シンガポール，中国，韓国に供給されるというスキームが構築されることになる。一例をあげれば，九州各県の空港から「アジア版シリコンバレー」と呼ばれる台湾の新竹サイエンスパークをダイレクトで結ぶことが可能となっている。

12.3　システムの課題

半導体製品は世代交代が早く，製品のライフサイクルがきわめて短い。そのため，せっかく緻密に設計，構築されたサプライチェーンネットワークが短期間でリニューアルを余儀なくされることも少なくない。

どんなに優れた半導体の生産・供給インフラも激しい世代交代の流れのなかでは立ち止まってはいられない。

さらにいえば研究開発に時間がかかれば商品投入までに時間がかかり，それが商品寿命に大きな影響を与えることも考えられる。したがって，半導体業界は，生産，供給リードタイムを可能な限り短くすることが至上命令となるのである。

開発から生産，供給までのサプライチェーンにおけるさまざまなリードタイムが短ければ短いほど，初期段階から市場シェアで優位に立つことが可能になり，高価格帯で製品を売り抜けることが可能になる。

反対にいくら技術力が高くても，サプライチェーンにおけるさまざまなリードタイムが短かければ製品寿命は短くなり，高価格帯で市場に製品を投入することは難しくなる。

したがって半導体業界で主導権を握るにはリードタイムマネジメントをしっかり行い，短時間で先進性の高い製品を供給できるサプライチェーンネットワークの構築が不可欠といえよう。

さらにいえば，半導体の在庫管理については短いライフサイクルと高い需要，さらにはその需要の変動を入念に見極めて，適正在庫を設定することが必

第Ⅳ編　ケース研究編

要となる。加えて，受注頻度や注文量の増減を考慮して，短リードタイムのなかで製品をジャストインタイムで供給していくシステムの構築も求められることになる。

鈴木　邦成

13 農業流通関係穀物業界

13.1 システムの現状：流通経路

　わが国の小麦，大豆，トウモロコシなどの穀物流通について概観すると，国内産小麦については，平成19年産からは麦の政府買入は制度としてなくなり，全量民間流通となっている。すなわち政府を経由することなく生産者およびその団体と製粉企業などが直接，取引するのである。しかし，わが国で消費される小麦の85％は外国産で，このうちの60％は米国からの輸入である。平成22年10月からは，配船および備蓄について民間に任せるという「即時販売方式」が導入されている。

　わが国の小麦，大豆，トウモロコシといった主要穀物は穀物メジャーの主導による米国からの輸入を主としている。米国においては，生産者は収穫穀物を穀物メジャーなどのカントリーエレベータに集約する。カントリーエレベータとは穀物の精選設備，積込設備を備えた生産地にある貯蔵施設で，収穫した穀物はカントリーエレベータにまずは集められることになる。米国における穀物の物流経路はミシシッピ川を中心とする水路と鉄道を利用する陸路に大別される。たとえばトウモロコシについては水路が主となっている。カントリーエレベータからは陸路などで港湾に運ばれる。船積みまでの短期貯蔵はターミナルエレベータにより行われる。

第Ⅳ編　ケース研究編

13.2　システムの特徴：穀物メジャー

　わが国に輸入される穀物，および国際流通を考えるうえで，「穀物メジャー」と呼ばれる穀物の巨大卸売業の存在を無視することはできない。穀物メジャーのサイロやカントリーエレベータにおける穀物貯蔵と出荷管理，貨物輸送船などによる輸送管理といった物流機能は卸売業の発生の源とされる。穀物メジャーの物流ネットワーク構築において，特徴的なことは次の2点である。

(1)　巨大な物流施設・設備を保有しての自社物流

　穀物メジャーは「エレベータ」と呼ばれる穀物の貯蔵施設，およびはしけ船，貨物輸送船貨物船などの穀物の集荷から保管，出荷に至る物流施設・設備について，表13.1に示すような巨大量を有している。さらにいえば物流コストの低減化を念頭に，「ベーシス」の概念が重視されている。これはシカゴ先物市場の価格とローカル価格との地域需給要素の差に物流コストや金利を加えた概念を指す語である。たとえば生産地からエレベータまでの物流コストがかかれば，ベーシスには負荷がかかることになるし，エレベータから需要地までの物流コストは現物価格に加えられることになる。穀物メジャーにとって物流機能の充実は不可欠ともいえるわけである。

(2)　商品の品質の標準化の徹底

　わが国の穀物流通は第2次世界大戦前に中国東北地方（旧満州）における大

表13.1　米国の5大穀物メジャーの規模

企業名	売上高	カントリーエレベータ 保有能力
アーチャー・ダニエルズ・ミッドランド	812億ドル	588,000
ブンゲ	578億ドル	224,984
カーギル	1204億ドル	315,277
ルイ・ドレフュス	647億ドル	—
グレンコア	2210億ドル	—

注1)　売上高は2014年度，各社ホームページなどより集計
注2)　カントリーエレベータ保有能力の単位は，千Bu：ブッシェル（bushel，記号：bsh., bu.）。1米ブッシェル＝35.239 070 166 88リットル＝2150.42立方インチ＝8米穀物ガロン
注3)　国際的に穀物流通の世界シェアの約85％を握る穀物メジャーの存在を軽視できない状況である一方，2013年7月には丸紅が米国3位のガビロンを買収し傘下に収め，全世界での穀物取扱高ではグループ全体で約5880万トン，首位のカーギル（約6500万トン）に次ぐ2位となる穀物メジャーに並ぶ位置につけている。

1196

第 13 章　農業流通関係穀物業界

豆の取扱いにより著しい高度化を遂げた。満州鉄道（満鉄）の収益を一貫して支えていたのは大豆と石炭であった，これは米国の穀物メジャーと石油メジャーの関係に比して考えると容易に理解できる。当時，重視されたのは大豆の質の等級を定めての標準化で，これにより商品化，物流ルートの確立が容易になった。満鉄は大豆混合保管制度（混保）を充実させた。満鉄沿線駅における大豆の荷受では大豆証券を持参し，集積地の大豆を受け取れるという制度で，大豆品質の標準化が不可欠であった。

　現代の穀物メジャーにおいては，穀物相場の変化に対応するために生産者からの現物購入と合わせて先物取引で下支えを行うこともしばしば行われている。すなわち，穀物を買うときには同量の穀物を先物で売ることにより，リスクヘッジを行い，また売る場合には先物で当該穀物を買い戻すという方式がとられることが多いが，これも穀物の質の標準化が前提となる。穀物取引は利ザヤが薄く，わずか 1 セントの上昇，下落が企業にとっては致命傷となるといわれているが，そのリスクヘッジを行うために大規模で広範に及ぶ物流ネットワークの構築とそれを下支えする穀物品質の標準化が徹底されているのである。

13.3　システムの課題

　米国における物流領域の規制緩和の流れの中で，フェデックス，UPS といったグローバルインテグレータが 3PL 事業を買収することで直近の 10 年で LLP や 4PL のビジネスモデルを確立してきた。

　しかしながら，穀物メジャーは莫大な数のカントリーエレベータを基盤とした自社物流機能により競争優位を確立し，国際貿易のイニシアチブを握ってきた。少子高齢化によりわが国の国内市場は縮小するが，逆説的にいえばそのために発生する業界再編で企業は集約され，各業界にメガ企業が誕生する。卸売業界もまたその例外とはいえない。ダウンサイジングされた国内市場のマイナス要因を補うために隣国をはじめとする国際市場に打って出ていく必要性に迫られる。すでにわが国の多くの製造業はその路線を歩んでいるわけであるが，卸売業も同様の傾向を強めることになる。巨大化，寡占化，グローバル化が同時に進む状況の中で，穀物産業以外の卸売業も 3PL による物流ネットワーク

1197

第Ⅳ編　ケース研究編

の構築ではなく，自社物流機能を強化することでグローバルビジネスにおける
存在感を強めていくことが明らかになってくるように思われる。

鈴木　邦成

編 集 後 記

　日本ロジスティクスシステム学会創立 20 周年記念事業の一環として「SCM ハンドブック」を刊行することが運営委員会で了承され，編集委員長の大任を仰せつかりました。約 2 年の時を経て，この度ようやく完成いたしました。この間，編著者の唐澤 豊名誉会長，若林敬造会長をはじめ，編集委員会委員の皆様，原稿を分担執筆してくださった執筆者の皆様には大変お世話になりました。紙面をお借りして厚く御礼申し上げます。わずかばかりでもわが国のロジスティクスの発展に貢献できるものができたと思っております。また，日本ロジスティクスシステム学会の更なる発展のため，本書が少しでも役立てば，この上ない喜びであると考えております。

一般社団法人日本 ロジスティクスシステム学会

創立 20 周年記念「SCM ハンドブック」編集委員会

委員長　石原　良晃

索　引

〈ア　行〉

ア　アイデア改善……………………………1157
アイテム……………………………859,952
アイテム分析……………………………955
隘路事項……………………………165
アウトソーシング……………………103,407
赤池情報量……………………………967
赤池情報量基準……………………………913
悪臭防止法……………………………20
当たりまえ……………………………200
アベイラビリティ……………………………862
アローダイアグラム……………………………897
アローダイアグラム法……………………………802
安全・衛生と環境の管理……………………824
安全管理……………………………476
安全係数……………………………1034
安全在庫……………………………1031
安全保障貿易管理……………………………23
イ　意思決定理論……………………………150
異常事態……………………………450
異常処理ライン……………………………471
委託類型……………………………204
1因子実験……………………………1099
1元配置……………………………1099
一帯一路……………………………66
一般指標……………………………238
遺伝的アルゴリズム……………………………1117
移動平均……………………………974
イラン・イラク戦争……………………………24
因子構造行列……………………………942
因子得点……………………………935
因子パターン行列……………………………942
因子負荷行列……………………………935
因子負荷量……………………………935,939

因子分析……………………………933
インダクション……………………………451
インダストリアル・エンジニアリング……716
インターネット……………………552,1166
インビジブル抑止志向型経営……………199
ウ　ウィルクスのラムダ……………………950
ウィーン条約……………………………3,6
ウォード法……………………………929
内段取り……………………………737
売上仕入（消化仕入）……………………1183
運転アシスト機能……………………………1166
運転資金……………………………1023
運搬距離……………………………724
運搬時間……………………………724
運輸業主体型共同化……………………203
エ　営業倉庫業……………………………1189
営業秘密……………………………511
影響要因……………………………166
エシェロン……………………………1046
エシェロン在庫……………………………1046
エシェロン在庫位置……………………1048
演繹法……………………………225,537
オ　オズボーンのチェックリスト……………741
オーダピッキング・システム……………1056
オプトイン方式……………………………509
オムニチャネル……………………205,206
卸売業のSCM……………………………1179

〈カ　行〉

カ　海外生産比率……………………………51
海外ロジスティクス……………………701
回帰直線……………………………792
回帰分析……………………………907,947
回帰モデル……………………………565
会　計……………………………373

索　　引

カイザー基準	938
解析用管理図	835
改善推進の基本	238
階層化意思決定法	1127
階層的クラスター分析	927
階層別最適ハブ	270
買取仕入	1183
外部環境分析	161
改良保全	814
科学的管理法	532, 715
化学物質の総合的な登録，評価，認可，制限に関する指令	15
拡張現実	456
確率密度関数	864
加工時間	724
加工食品	1170
貨車扱い輸送	216
合衆国連邦緊急事態管理庁	33
活動基準原価計算	1022
カテゴリー	952
カテゴリースコア	954
カテゴリー分析	955
家電リサイクル法	21
稼働分析	736
下方管理限界	790, 839
可用性	501, 503
カルマンフィルタ	995
川上流通	178
川下流通	178
川中流通	178
簡易法	1032
環境会計	1022
環境分析	160
環境マネジメント	41
環境マネジメント・監視スキーム	499
監視スキーム	41
慣　習	200
完全資料	877
完全性	501, 502
完全無作為化法	1102
ガント	716
カントリーエレベータ	1195
かんばん方式	193, 1155

管理会計	374
管理・間接部門の効率化	824
管理指標方式	394
管理図	778, 835, 844, 850
管理の空洞化	414
管理用管理図	835
キ 機械安全教育のカリキュラム	477
機会損失	187
機会費用	187
危機管理	476
機器の統一	466
企業活動を支える資源	349
技術環境分析	161
技術的セキュリティ	512
技術の継承	471
季節性 ARMA モデル	976
季節性変動	966, 976
既存のルール	200
基底解	1082
基底行列	1083
基点在庫方式	1048
機能系統図	755
機能条件	756
機能設計	753
機能体系図	759
機能の種類	754
機能の定義	749
機能の二重性	461
機能の表現	753
機能評価	759
機能別機械配置	728
機能別レイアウト（ジョブショップ）	732
帰納法	225, 537
機能類型	204
基本管理指標	237
基本事象	889
基本図示記号	720
基本チャネルモデル	336
機密性	501
逆樹木構造型	182
キャッシュフロー	1156
キャッチオール規制	24
キャリアパス	444

1202

教育訓練···················824
供給チャネル···················336
供給と品質管理に関する基準···········1174
供給連鎖···················127,188
供給連鎖管理···········3,117,127
供給連鎖概要···················182
供給連鎖鳥瞰図···················184
業種類型···················205
業績指標···················382,395
業績尺度···················382
業績評価···················389
業績評価測定···················390
競争の優位性の確保···················201
協調指向型 SCM···················203
共通因子···················934,944
共通性···················935
共同化の定義···················419
共同化の類型···················422
京都議定書···················16
共分散···················791
距　離···················924
寄与率···················918,943
ギルブレイス···················716
緊急対応の対策···················458
金銭的基準···················740

ク　組合せ最適化問題···················1076
組立工業形態···················180
クラーク F．G．···················81
クラスター分析···················923
グラフ···················778,794
クリアスカイ法···················14
クリティカルパス···················900
グリーン購入法···················20
グリーンコンシューマー···················38,497
グリーンサプライチェーン···················496
グリーンサプライチェーンマネジメント
　···················496
グリーン調達···················38,496
グリーンドライバー···················38,497
グリーンロジスティクス···················523
グレシャムの法則···················1025
クロスドッキング···················1051
クロスドック···················329

グローバルサプライチェーン···················1157
グローバルハブ···················247
群平均法···················928
群分け···················840

ケ　経営科学指標方式···················401
経営給付···················43
経営計画···················159
経営合理化···················200
経営資源···················487,489
経営戦略···················144,157
経営戦略の対象···················158
経営戦略の定義···················144
計画情報···················480
計画保全···················823
傾向変動···················962,966
経済環境分析···················161
経済的発注量···················1036
計算誤差···················1087
形状パラメータ···················875
計数値···················836,845
系統図法···················798
計量値···················836,845
経路分析···················728
ケチの原理···················984
決定係数···················908
欠品率···················1171
原価管理···················45
原価能率···················45
原価標準···················45
検査時間···················724
建設リサイクル···················494
建設リサイクル法···················22

コ　広域ロジスティクスセンター···················1169
航空輸送···················217
交互作用···················1099,1106
工場立地問題···················1009
更新計画···················461
工程の範囲···················723
工程分析···················718
工程分析に用いる記号···················720,726
工程分析の種類···················719
工程分析表···················722
高頻度集品システム···················455

索　引

合理化の推移･･････････････････74
小売業指導型 SCM 方式･･････548
小売業の SCM････････････････1176
小売店直販方式･･････････････176
5S････････････････････････222,1026
5S の原則･･･････････････････222
小型家電リサイクル法･･････････22
顧客価値と顧客満足の向上･････201
顧客リピート・ロイヤルティ機会損失････200
国際管理レジーム･････････････24
国際経営戦略････････････････157
国内経営戦略････････････････157
穀物メジャー･･･････････････1196
コサイン類似度･･････････････926
故障分布関数････････････････865
故障率･･･････････････････････869
個人情報････････････････････509
個人情報保護制度････････････508
コスト・コントロール････････386
コスト低減･･････････････････201
コスト・マネジメント････････386
コスト・リダクション････････386
5W1H･･････････････････････741
5W1H の原則･･･････････････222
固定費･･･････････････････････855
固定費付き輸送問題･････････1085
庫内補充の原則･･････････････233
庫内補充の類型･･････････････232
庫内無人荷役システム･･･････1166
庫内ロケーションの基本･･････231
5 ナゼ法･･･････････････････741
個別改善････････････････････825
ゴミゼロ工場･････････････････38
固有アベイラビリティ････････862
混合系（直列系＋並列系）････882
混成式レイアウト(GT ラインレイアウト)
･･･････････････････････････731
コンチネンタルハブ･･････････257
コンテナ輸送････････････････216
コントラクトロジスティクス･･102
コンピュータ犯罪････････････505
コンピュータ犯罪防止法･･････505

〈サ 行〉

サ　災害 CLO･･････････････････34
災害 SCM････････････････････31
災害廃棄物処理････････････････34
災害ロジスティクス/SCM ･･････32
在庫過多････････････････････193
在庫管理･･･････････････213,1019
在庫管理手法････････････････613
在庫管理費用･･････････624,1037
在庫拠点･･･････････････････1168
在庫補充方式･････････････････1048
最終処分････････････････････493
最小二乗法･･････570,857,908,937,981,988
最小費用輸送計画････････････648
再生利用････････････････････493
最早開始時刻････････････････899
最早完了時刻････････････････899
最早結合点時刻･･････････････898
最短距離法･･････････････････928
最短ルート･･････････････････646
最遅開始時刻････････････････900
最遅完了時刻････････････････900
最遅結合点時刻･･････････････899
最長距離法･･････････････････928
最適化････････････････････189
最適配送基地････････････････600
最適立地･････････････245,278,561
最適立地シミュレーション･･････248,561,999
最適立地モデル･･････････248,1011
最適立地問題･･･････････････1009
サイバー犯罪････････････････506
財務会計････････････････････374
財務分析ツール･･････････････390
最尤法･･･････････････624,938,981
最良解････････････････････1086
材料費･･･････････････････････43
サイロ･････････････････････1196
作業員教育････････････････464
作業管理････････････････････735
作業研究････････････････････715
作業手順････････････････････468
サステイナビリティ･････････････9

1204

索　引

サードパーティ……………………1076	自己回帰和分移動平均………………975
サードパーティロジスティクス………1189	自己共分散……………………………970
サービス指標…………………………396	自己共分散関数…………………972,992
サービス率……………………623,1030	自己相関関数………970,973,979,992
サプライチェーン……………………188	事後評価………………………………902
サプライチェーンセキュリティ………23	事後保全…………………………814,884
サプライチェーンマネジメント……3,351	自主保全………………………………825
サプライマネジメント………………193	事　象…………………………………889
差　分…………………………………975	指数分布………………………………873
差分時系列……………………………978	指数分布のパラメータ推定……………877
3R……………………………………522	指数平滑法………………587,960,961
3N……………………………………408	システム設計…………………………225
3S1L の原則…………………………230	システム分析…………………………535
産業廃棄物処理………………………498	施設配置問題…………………………1009
産業別流通チャネル…………………178	事前評価………………………………902
産業類型………………………………205	持続可能性……………………………519
三極経済圏階層別最適ハブ……………291	躾（しつけ）…………………………1027
三極経済圏最適ハブ…………………285	実験計画法……………………………1097
残差分析………………………………912	実績情報………………………………480
3 シグマ限界…………………………841	質的データ……………………………952
三点見積法……………………………902	自動運転………………………………556
3PL………………………………99,1189	自動車 NOx・PM 法……………………18
3PL 業者……………………………195	自動車リサイクル法……………………23
3PL 主導型共同化……………………203	自動集品システム……………………456
3PL の定義……………………………99	品切率…………………………………1031
3PL の必要性…………………………694	四分位範囲……………………………1032
散布図……………………………778,790	社会・文化環境分析……………………162
三分説…………………………………146	尺度パラメータ………………………875
3 分の 1 ルール………………………1171	斜交因子………………………………942
三無機会損失…………………………200	斜交回転………………………………941
残留リスク……………………464,476	ジャストインタイム…………………193
ジェネリック薬品……………………1174	主因子法………………………………936
仕掛品…………………………………1021	重回帰分析……………………………953
シカゴ気候取引所（CCX）……………16	収集運搬………………………………493
時間研究………………………………715	重心法…………………………………929
時間的基準……………………………740	自由度調整済決定係数…………………909
時間分析の方法………………………733	集配輸送………………………………216
時系列データ…………………959,970	重要活動指標…………………………830
時系列分析……………………564,960	修理系…………………………………860
時系列モデル…………………………972	修理系の MTBF………………………872
資源有効利用促進法……………………19	需給調整………………………………352
自己回帰移動平均……………………975	主成分…………………………………917
自己回帰モデル………………………972	主成分得点……………………………918

シ

1205

索　　引

主成分負荷量	919
主成分分析	915,945
受託生産	1192
シューハート管理図	843
シューハート博士	763
寿命の密度関数	864
寿命分布のパラメータ推定	877
樹木構造型	182
主要業績評価指標	830
主要経営指標	830
需要予測	959
巡回セールスマン問題	1092
循環型社会形成推進基本法	19
瞬間故障率	869
純現在価値	905
準装置工業形態	180
ショウ A.W.	81
省エネルギー法	18
消化仕入	1183
使用条件	756
状態空間モデル	993
冗　長	890
消費者指向	766
情　報	487
情報管理	479
上方管理限界	790,839
情報共有	193,479,489
情報資源	487
情報資産	482,501
情報システム	352
情報セキュリティ	482,501
情報セキュリティガバナンス	514
情報セキュリティ管理基準	484,516
情報セキュリティ規格群	484
情報セキュリティマネジメント	516
情報仲介	481
情報の標準化	485
情報バッファ	479
情報量	915,943
食品リサイクル法	22
諸資源の検討	166
ショールーミング	206
人員・社員のチェック	236

	新 QC7 つ道具	224,776,794
	新規事業分野	166
	人工知能手法	960
	シンコフスキー距離	925
	人事管理	349
	人事管理の仕組み	350
	真正性	501,503
	心的基準	740
	人的セキュリティ	512,513
	振動規制法	20
	シンプレックス法	637,1083
	信頼性	501,505,765,859
	信頼性関数	867,876
	信頼性特性値	860
	信頼性の評価尺度	860
	信頼性ブロック図	887
	信頼度	860
	信頼度関数	867
	信頼度の分布	866
	親和図法	794
ス	推進類型	205
	垂直立上がり	816
	数理計画システム	1081
	数理計画ソフトウェア	1017
	数量化理論	952
	数量化理論 I 類	953
	スカンジナビアン方式	330
	スキャターグラフ	857
	スクリープロット	919,939
	スケーリング	1088
	ステップワイズ法	914,951
	スピード機会損失	200
	スラック変数	1082
セ	制御機器	457
	制御システム	457
	清　潔	1027
	生産管理	352
	生産形態別流通チャネル	178
	生産指標方式	394
	生産性指標	237,395
	生産同期サプライチェーン	546
	生産保全	814
	政治環境分析	161

1206

索　引

清　掃······································1026
製造管理および品質管理基準··············1174
製造業の種類と特徴····················179
製造物責任·····························766
製造物責任防御·························766
製造物責任予防·························766
整　頓·································1026
製配販連携協議会······················1171
製品安全·······························766
製品設備開発管理·······················824
製品別レイアウト（フローショップ）····731
精密法·································1031
制約条件·······························756
整　理·································1026
責任追跡性·························501,504
セキュリティポリシー···················483
セキュリティレベル·····················482
絶対平均偏差···························1032
折衷法·································227
設定型の問題···························771
設備管理·······························813
設備機器のチェック·····················237
設備総合効率···························825
設備の実際稼働率·······················459
設備の体質改善·························815
説明変数·······························907
セービング値···························654
線形緩和問題···························1086
線形計画法·····························635
線形輸送計画問題·······················523
線形輸送問題···························1078
潜在化·································200
潜在的要因·····························933
全社の品質管理·························764
戦術の定義·····························144
全体最適化·····························189
全体利益·······························189
船舶輸送·······························217
戦略計画の展開·························160
戦略策定·······························164
戦略策定のフレーム·····················316
戦略的貨物鉄道ネットワーク計画··········56
戦略的同盟·····························103

戦略の基礎理論·························322
戦略の定義·····························143
ソ　騒音規制法·····························20
相関係数·······························791
相関比·································948
倉　庫·································214
総合物流施策大綱·····················7,493
倉庫管理システム·······················1180
総コスト·······························745
倉庫の種類·····························214
双対上昇法·····························1017
装置工業形態···························180
総費用法·······························856
層　別·································792,843
組　織·································351
組織的セキュリティ·················512,514
ソータ·································453
外段取り·······························737
損益分岐点·····························854

〈タ　行〉

タ　大気汚染防止法·························19
待機冗長·······························890
対数正規分布···························884
大豆混合保管制度·······················1197
代替処理·······························462
宅配便不在問題·························1166
多重回帰分析···························738
多重共線性·····························912
多段階在庫·····························1044
多段階在庫管理·························1044
多段階センター·························191
達成（業績）指標·······················237
建屋のチェック·························234
棚　卸·································1020
多頻度小口·····························1169
タブサーチ·····························1137
タブリスト·····························1138
ダブルビン方式·························1042
多変量解析·························907,1150
多変量時系列···························985
ターミナルエレベータ···················1195
ダミー変換·····························952

1207

索　　引

ダミー変数…………………………955	定期保全…………………………884
単一ハブ施設配置問題…………1016	定時・定ルート…………………1076
単純移動平均法…………………960	定常性…………972,975,978,987,989
単純回帰分析……………………569	定常な時系列……………………970
単純施設配置問題………………1013	ディストリビュータ・マネジド・インベ
炭素繊維……………………………30	ントリー………………………1159
段取り……………………………737	定性目標…………………………164
段取り作業………………………738	停滞工程…………………………723
段取費……………………………1041	定量発注方式……………………1036
チ チェックシート………773,778,786	定量目標…………………………164
チェックリスト…………………667	デカップリング在庫……………1046
チェックリスト方式……………392	できばえの品質…………………767
チェビシェフ距離………………925	デザイン・フォー・グリーンサプライチ
地球温暖化対策推進法……………19	ェーン………………………39,497
地球楕円体モデル………………1000	データ……………………………487
知識エリア………………………895	デ　ポ………………1076,1088
地図情報…………………………594	デマンタブル……………………329
地図情報システム………………562	デミング博士……………………764
地図のデータ利用………………999	デューデリジェンス……………1191
チャイナランドブリッジ………331	電気電子機器の有害物質含有禁止令………15
チャネル支配モデル……………338	電子かんばん方式………………1157
チャネル調整水準戦略…………344	電子署名…………………………507
チャネル類型……………………204	電子署名認証法…………………507
中核企業…………………………490	店頭商品欠品商品ストックの拡大………191
中間処理…………………………493	伝統的販売方式…………………175
中間評価…………………………902	デンドログラム…………………927
中国版 RoHS………………………15	天然ガス車………………………521
中心線………………701,790,839	店舗配送費抑制…………………1178
中途打ち切り資料………………878	店舗バックヤード………………191
長期経営計画枠組み……………159	店舗販売方式……………………177
調達スピードの機会損失………193	**ト** 動　管……………………………1052
直列系……………………………879	同期循環型 SCM システム………324
著作権法…………………………510	統計的な管理状態………………842
直交回転…………………………941	統計的品質管理…………………763
直交配列実験……………………1110	統　合……………………………194
直交表……………………………1111	統合供給連鎖モデル……………128
チルド物流センター……………1177	動線のチェック…………………233
ツ 通信販売方式……………………177	同　盟……………………………103
坪貸理論の基本…………………326	独自因子………………934,945
テ 提案書……………………………696	特性要因図…………741,774,776,782
提案書の作成……………………239	トヨタ生産方式…………………819
提案の原則………………………239	ドライ物流センター……………1177
定期発注方式……………………1032	トラックドライバー不足…………53

1208

	トラック輸送	215
	トランザクション情報	485
	取引数量最小化の原理	1179
	トレーサビリティ	1171
	トレードオフ	891
	ドローン	557, 1166
	問屋機能	176

〈ナ 行〉

ナ	内部環境分析	161
	内部収益率	905
	流れ分析	730
	7R の原則	231
	7S	370
	ならず者国家	26
ニ	2 因子実験	1102
	荷 役	209
	荷役合理化	210
	荷役の基本 7 原則	225
	荷役の原則	226
	荷役の 13 補助原則	227
	2 元配置	1102
	2 地点間直線距離	1003
	二次割当問題	1014
	日本の消費財流通の体系	139
	日本の流通チャネル	174
	日本ロジスティクスシステム学会	79
	日本ロジスティクスシステム協会	79
	入荷計画	684
	入出荷システム	1056
	人間工学特性	708
ネ	ネット方式	178
	ネットワーク型需要充足システム	194
	ネットワーク連鎖システム	194
	狙いの品質	767
ノ	納品代行	1184

〈ハ 行〉

ハ	バイオディーゼル	521
	バイオテクノロジー	1173
	バイオマスエタノール	520
	排ガス規制	14
	廃棄物	493

	廃棄物処理法	21, 498
	廃却機器の処理	463
	配 送	1076
	配送管理システム	1180
	配送計画問題	524
	配送経路	1089
	配送シミュレーション	651
	配送センター	561, 675, 1051
	配送センター管理	689
	配送センターシステム設計法	1058
	配送センター立上げ	680
	配送ネットワーク	660
	配達ロボット	556
	廃電気電子機器指令	15
	ハインリッヒの法則	445
	ハウザッカー法	639
	ハザード関数	869
	はしけ船	1196
	バスタブ曲線	863
	バックアップ	487
	発生型の問題	771
	発注サイクル期間	622
	発注点法	615
	発注量	618
	発展の不規則現象	432
	パートナーシップ	102
	ハブシステム	60, 331
	ハブ施設配置問題	1016
	ハブネットワーク	253
	ハブの一般類型	60
	ハブの階層構造類型	63
	ハブの類型	62, 68
	ハブ輸送の基本型	65
	パラメータの推定	581
	ハラル認証	1171
	バリマックス法	941
	パレート図	773, 776, 780, 1027
	パレートの法則	769
	販社方式	176
	反転可能性	974, 975, 989
	ハンドシミュレーション	625
	販売予測	959
	判別関数	946

索　　引

	判別分析	946	
ヒ	ピアソンの相関係数	926	
	東アジア SCM ハブネットワーク	261	
	東アジアのハブ	264	
	ビジネスネットワーク	197	
	ビジネスモデル	1162	
	ビジブル志向型経営	199	
	非修理アイテム	860, 863	
	非修理アイテムと修理系の評価尺度	868	
	非修理系アイテム	863	
	ヒストグラム	778, 784	
	非線形回帰モデル	914	
	ピッキング	552	
	ピッキングシステム	453	
	ピッキングロボット	553	
	必要な機能	745	
	非定常時系列	991	
	非展開事象	889	
	ビーテンライフ	866	
	否認防止	501, 504	
	百貨店 eMP サービス	1186	
	ヒヤリハット事例	337, 439	
	ヒュベニの公式	594, 1003	
	評価基準	389	
	評価尺度	1010	
	標準化	715, 774	
	標準回帰係数	911	
	標準化値	918	
	標準化の推進	474	
	標準規約	195	
	標準原価	391	
	標準時間	734	
	標準時間の構成	734	
	標準の見直し	476	
	標準判別係数	951	
	標準偏差	791	
	標準や基準の改定	469	
	費用便益比	905	
	費用便益分析	904	
	品質管理	763	
	品質保証	765	
	品質保全	824	
	品質劣化	1024	

	品目配置のチェック	235	
フ	ファイブフォース分析	149	
	ファジィ制御	1127	
	ファジィ理論	1124	
	フィッシャーの 3 原則	1098	
	フィッシング	507	
	フェーズ	894	
	フォワードチェーン	494	
	フォワードロジスティクス	37	
	フォワードロジスティクスネットワーク	495	
	不確実性プールの原理	1179	
	複合記号	720	
	不実申請	30	
	不信頼度関数	865	
	不正アクセス	506	
	不正アクセス禁止法	506	
	不正競争防止法	511	
	物的基準	740	
	物的流通	78	
	物理的セキュリティ	512, 513	
	物流加工	468	
	物流システム	1075	
	物流指標体系	396	
	物流情報	219	
	物流センター商品保管庫の確保	192	
	物流の起源	78	
	物流の定義	85	
	不動産ファンド	1190	
	フードディフェンス	1171	
	部品加工工業形態	180	
	不変分散	1100	
	不法投棄	498	
	ブルウィップ効果	1046, 1181	
	ブレーンストーミング	759, 775	
	フローコントロール	480	
	プロジェクト	893	
	プロセス	894	
	プロマックス法	941	
	分割実験	1109	
	分業と調整	351	
	分散不均一性	990	
	分散分析	1097	

索　　引

	分散分析表‥‥‥‥‥‥‥‥‥‥‥582
	分枝変数‥‥‥‥‥‥‥‥‥‥‥1086
ヘ	平滑化係数‥‥‥‥‥‥‥‥961,968
	平均故障間隔‥‥‥‥‥‥‥‥‥872
	平均故障間動作時間‥‥‥‥‥‥861
	平均故障時間‥‥‥‥‥‥‥‥‥861
	平均故障寿命‥‥‥‥‥‥‥‥‥872
	平均故障率‥‥‥‥‥‥‥‥‥‥869
	平均修復時間‥‥‥‥‥‥‥‥‥861
	平均絶対誤差‥‥‥‥‥‥‥‥‥965
	平均平方誤差‥‥‥‥‥‥‥‥‥965
	平行分析‥‥‥‥‥‥‥‥‥‥‥939
	米国の物流の発展‥‥‥‥‥‥‥82
	米国物流管理協議会‥‥‥‥‥‥83
	平準化‥‥‥‥‥‥‥‥‥‥‥‥193
	ベイズ情報量‥‥‥‥‥‥‥‥‥967
	兵　站‥‥‥‥‥‥‥‥‥‥82,96
	並列系‥‥‥‥‥‥‥‥‥‥‥‥880
	ベーシス‥‥‥‥‥‥‥‥‥‥1196
	ベテゥベルート線‥‥‥‥‥‥‥58
	偏回帰係数‥‥‥‥‥‥‥908,911
	偏差パターン類似度‥‥‥‥‥‥926
	偏自己相関関数‥‥‥‥971,973,979
	ベンダー管理在庫‥‥‥‥‥‥1158
	変動費‥‥‥‥‥‥‥‥‥‥‥‥855
ホ	方針管理‥‥‥‥‥‥‥‥‥‥‥807
	包　装‥‥‥‥‥‥‥‥‥‥‥‥211
	包装の機能‥‥‥‥‥‥‥‥‥‥211
	包装の原則‥‥‥‥‥‥‥‥‥‥227
	包装法方式‥‥‥‥‥‥‥‥‥1043
	方法研究‥‥‥‥‥‥‥‥‥‥‥715
	保　管‥‥‥‥‥‥‥‥‥213,1052
	保管の基本原則‥‥‥‥‥‥‥‥228
	北米の最適立地‥‥‥‥‥‥‥‥247
	補充点発注方式‥‥‥‥‥‥‥1043
	補助図示記号‥‥‥‥‥‥‥‥‥720
	保全費‥‥‥‥‥‥‥‥‥‥‥‥814
	保全・保守業務‥‥‥‥‥‥‥‥883
	保全・保守作業‥‥‥‥‥‥‥‥884
	保全・保守の作業時間‥‥‥‥‥884
	保全予防‥‥‥‥‥‥‥‥‥‥‥814
	ボトルネックの見方‥‥‥‥‥‥181
	ボトルネック理論‥‥‥‥‥‥‥180

	ボラティリティ‥‥‥‥‥‥‥‥991
	ボリュームディスカウント契約‥‥‥1041
	ホワイトノイズ‥‥‥‥971,972,983,993
	本仕入（買取仕入）‥‥‥‥‥1183

〈マ　行〉

マ	マイルズ‥‥‥‥‥‥‥‥‥‥‥746
	マスキー法（大気清浄法）‥‥‥‥14
	マスター情報‥‥‥‥‥‥‥‥‥485
	マースフラクテ（Maasviakte）計画‥‥‥57
	マテリアルハンドリング‥‥‥‥209
	マトリックス技法‥‥‥‥‥‥‥904
	マトリックス図法‥‥‥‥‥‥‥800
	マトリックスデータ解析法‥‥‥‥803
	マネジメント・サイクル‥‥‥744,829
	マハラノビス距離‥‥‥‥‥‥‥925
	マハラノビス汎距離‥‥‥‥947,949
	マルチコ‥‥‥‥‥‥‥‥‥‥‥912
	丸め誤差‥‥‥‥‥‥‥‥‥‥1087
	マンハッタン距離‥‥‥‥‥‥‥925
ミ	ミクロ環境分析‥‥‥‥‥‥‥‥161
	ミンコフスキー距離‥‥‥‥‥‥925
ム	無作為化‥‥‥‥‥‥‥‥‥‥1098
	ムダ・ムラ・ムリ‥‥‥‥191,200
メ	迷惑メール‥‥‥‥‥‥‥‥‥‥509
	メガファーマ‥‥‥‥‥‥‥‥1173
	メジアン法‥‥‥‥‥‥‥‥‥‥929
	メタヒューリスティクス‥‥‥‥1077
	目に見えない課題‥‥‥‥‥‥‥200
	目に見える課題‥‥‥‥‥‥‥‥200
モ	目的変数‥‥‥‥‥‥‥‥‥‥‥907
	目標設定‥‥‥‥‥‥‥‥‥‥‥163
	モーダルシフト‥‥‥‥41,53,67,499
	モーダルシフト等推進事業費補助事業‥‥‥55
	モーダルリンケージ‥‥‥‥‥55,67
	モードベースハブ‥‥‥‥‥‥‥68
	問題解決‥‥‥‥‥‥‥‥‥‥‥772
	モントリオール議定書‥‥‥‥‥6

〈ヤ　行〉

ヤ	焼きなまし法‥‥‥‥‥‥‥‥1135
	山崩し‥‥‥‥‥‥‥‥‥‥‥‥902
	山積み‥‥‥‥‥‥‥‥‥‥‥‥902

1211

索　　引

ユ 有価物 493
ユークリッド距離 924
ユーザ直販方式 177
輸　送 215, 1076
輸送回転率・積載率 192
輸送管理指標 396
輸送システム基本適応類型 69
輸送配送 632
輸送モード別シェア 51
輸送量当たりの二酸化炭素の排出量 54
輸送量配分 633, 646
ユニットロードシステム 217
輸・配送システムの9原則 229

ヨ 要因配置法 1099
容器包装リサイクル法 21
容量制限付き施設配置問題 1014
容量制限なし施設配置問題 1013
予測始点回転法 965
予測モデル 563
予防保全 814, 884
余裕時間 900
四分説 146

〈ラ　行〉

ラ ライフサイクル 493
ライフサイクルコスト 816
ラグ演算子 975
ラテン方格法 1111
ランドブリッジ 331

リ リサイクル 522
リスト規制 24
立地選定 597
立地選定シミュレーション 601
立地選定手法 598
立地モデル 602
リデュース 522
リードタイム 445, 1031, 1156
リードタイム最小 192
リバースチェーンマネジメント 35, 493
リバースロジスティクス 35, 37, 493
リバースロジスティクスネットワーク 495
リペア 37
リマニュファクチャリング 37

流通BMS 195, 1186
流通加工 218
流通チャネル 139, 174, 1170
流通ビジネスメッセージ標準 195, 1186
流動貯蔵 1051
流動ロット 52
リユース 522
利用指標 238, 395
旅客機輸送（ベリー） 217

ル 類似工程別機械配置 729
類似度 924
類似部品別機械配置 729
累積故障台数 865
ルートセールス 177

レ レイアウト 731
劣化損失 813
連関図法 797

ロ 労務費 43
ロクレマチックス 83
ロジスティクス 73, 87, 1075
ロジスティクス管理 352
ロジスティクス・タスク 354
ロジスティクスプロパティマネジメント 1191
ロジスティクス目的の発展モデル 118
路線輸送 216
ロッテルダム港 57
ロングテール・ビジネス 1029

〈ワ　行〉

ワ ワイブル確率紙 879
ワイブル分布 875
ワイブル分布の不信頼度関数 876
ワークシステム 717
割れ窓理論 438

〈英　名〉

A ABC分析 613, 1027
ABC/ABM技法 391
AHP 1127
AI 534, 1166
AIC 913, 967, 984, 988
Amazon Picking Challenge 554

	American Land Bridge 方式	66	ECC	273
	AND ゲート	889	ECR	201
	AND 事象	889	ECRS	742
	Ansoff, H. I.	146	EDI	10, 201
	Anthony, R. N.	145	EGARCH	992
	APICS	103, 307	ELV 指令	15
	APICS 会議	112	EMAS	41, 499
	AR	456	ERP	1144
	AR モデル	972	EU	273
	ARCH モデル	990	EU 最適立地	281
	ARIMA	976	EU における階層構造ハブ	277
	ARMA	975, 993	EU ハブネットワーク	284
	ARMA モデル	972	Eup 指令	15
	ASEAN Single Window 構想	28	EURO 規制	14
B	B_1 ライフ	866	**F**	F 分布表	573
	B_{10}	866	FEMA	33
	Ballou, R. H.	94, 132	FMEA	885
	Bartlett 検定	922	FMEA 表	887
	BCP	31	FTA	888
	BIC	967, 985, 988	**G**	GA	1118
	BOM	1143	GARCH モデル	992
	Box-Jenkins 法	978	Gattorna, J. L.	132
	Box-Pierce 統計量	984	GMP	1174
	Bowersox, D. J.	94	goal	163
	BtoB	533	GSP	1174
	BtoC	533	**I**	ICT	534
C	c 管理図	837	IE	716
	CALS	1077	IoT	447, 534
	Chandler, A. D.	145	IQRS.Net	1186
	Christopher, M.	131	ISM 法	1133
	CO_2 排出量	494	ISO 21500	894
	COP パリ協定	7	ISO/IEC 27000	484
	COP3	17	ISO/IEC 27036	484
	Coyle, J. J.	95	**J**	J 手順	485
	CSCMP	103, 306	JAN コード	485
	CtoC	533	JEITA	470
	CWQC	764	JIS B 9700	466
D	deep learning	554	JIS Q 13335-1	504
	Department of Defence	96	JIS Q 27000	484, 501
	Depuit, J.	83	JIS Q 27001	516
	DMI	1159	JIS Q 27014	515
E	e-文書法	508	JIT	817, 1155
	EC	273	JMI	1159

索　　引

	JOB PLAN	749
K	*k*-means 法	930
	KMI	830
	KMO 指数	922
	KPI	389, 440, 830
L	Lagrange 緩和法	1017
	Land Bridge 方式	66
	LCC 設計	816
	Ljung-Box 統計量	984
	LPM	1191
M	MA モデル	972
	Magee, J. F.	94
	Me-R 管理図	836, 846
	MORT	180
	MTBF	861
	MTTF	863
	MTTR	861
N	*np* 管理図	837, 849
O	OEM	1192
	Off-JT	365
	OJT	363, 439
	OR ゲート	890
	OR 事象	889
P	*p* 管理図	837, 850
	p-center 問題	1012
	PDCA サイクル	483
	PDPC 法	804
	PERT	897
	PL	766
	PLD	766
	PLP	766
	PMBOK	893
	p-median 問題	1011
	Porter M. E.	148
	PRIEC 評価	240
	PS	766
	PTS	532
Q	QC	764, 768
	QC サークル	771, 806
	QC サークル活動	807
	QC サークル綱領	806
	QC ストーリー	772
	QC の 7 つ道具	224, 776

	QCD	533
	QR	201
R	*r* out of *n*	881
	REACH 指令	15
	RFID	1163
	RoHS 指令	15
S	SA	1135
	SARIMA	977
	SCC	307
	SCM	85, 104, 533
	SCM 環境分析	314
	SCM キャッシュフロー方程式	360
	SCM 教育	359
	SCM 教育体系	366
	SCM 共同化	203
	SCM 共同化戦略の基本展開	345
	SCM コスト	42
	SCM システムの基本型	324
	SCM 社是の例	123
	SCM 人事・組織管理	370
	SCM 戦略	668
	SCM 戦略展開類型	335
	SCM 戦略の位置	308
	SCM 戦略の基本	299, 311
	SCM 戦略の構造	313
	SCM 戦略の策定	314
	SCM 戦略の展開	306, 322
	SCM 戦略のフレームワーク	311
	SCM 戦略の文献調査	300
	SCM 戦略論の評価	300
	SCM 戦略論の評価基準	300
	SCM 組織	351, 357
	SCM タスク	351
	SCM チェックリスト	667
	SCM とロジスティクス	309
	SCM の核と戦略要素	316
	SCM の共通目的	351
	SCM の人事管理	350
	SCM の定義	103
	SCM の発展段階	131
	SCM のビジョン	122
	SCM の目的	117
	SCM の目的・理念・社是の発展形態	118

索　引

	SCM の用語 …………………… 126	
	SCM ハブネットワーク …………… 245	
	SCM プログラム組織 ……………… 358	
	SCM 目標設定 …………………… 314	
	SCM 4 ビジョン ………………… 125	
	SCM 理念の例 …………………… 123	
	SCRM …………………………… 1171	
	Siberian Land Bridge 方式 …………… 66	
	Society Of Logistics Engineers（SOLE）…95	
	SOP …………………………… 830	
	SQC …………………………… 763	
T	t 検定 ………………………… 910	
	target ………………………… 163	
	TMS …………………………… 1144	
	TPM …………………………… 815	
	TPM 活動 ……………………… 827	
	TPM 活動の成果 ………………… 829	
	TPM 展開プログラム …………… 824	
	TQC …………………… 764,767,817	

	TQM …………………… 765,806	
	TV チャネル方式 ………………… 177	
	TWI …………………………… 779	
U	u 管理図 …………………… 837,853	
V	VAR モデル …………………… 987	
	VARMA モデル ………………… 989	
	VD …………………………… 746	
	VE …………………………… 745	
	VE の進め方 …………………… 751	
	VMI ………………………… 1158	
	VMI 方式 …………………… 1177	
	VSP …………………………… 651	
W	WEEE 指令 …………………… 15	
	WMS …………… 458,1064,1141	
X	X 管理図 …………………… 849	
	$\overline{X}$ 管理図 ………………… 849	
	$\overline{X}$-R 管理図 ………………… 836	
	X-R_s 管理図 ……………… 836,847	
	X-$\overline{X}$-R 管理図 ……………… 849	

〈編著者紹介〉

唐澤　豊　（からさわ　ゆたか）

早稲田大学卒。京都大学工学博士。
現在　神奈川大学名誉教授。豊橋創造大学大学院情報研究科客員教授。
日本 SCM 協会会長。一般社団法人日本ロジスティクスシステム学会名
誉会長。国際ロジスティクス & SCM 連盟名誉会長など

著　書：
『現代 SCM 総論』日本ロジスティクスシステム学会，『現代ロジスティ
クス概論』NTT 出版，『物流概論』有斐閣，『物流システム入門』現代
工学社，『物流管理指標の総合体系』日本物的流通協会，『ロジスティク
スと環境』成山堂書店，『物流情報システムの設計』（共著）白桃書房，
『物流・倉庫部課長の職務』財務経理協会，『在庫活性化の戦略』ぎょう
せい，『実例・現代の倉庫配送センター』新技術開発センター，『物流管
理マニュアル』新技術開発センター，『最新物流管理マニュアル』新技
術開発センター，『経営情報システムの分析と設計』オーム社，『経営情
報管理の要点』評論社，『外資系企業の限界』有斐閣，『二代目経営者の
行動と選択』有斐閣，『中小会社の利益計画』ぎょうせい，『目標利益達
成マニュアル』新技術開発センター，など

訳　書：
『業種別自動倉庫の実際』（共訳）日刊工業新聞社，『技術と人間』（共訳）
産業能率大学出版局など

学術論文等：
内外論文誌等約 168 編，内外論文発表約 305 編，一般論文約 265 編，小
論文約 219 編，調査報告書約 25 編，随筆等約 70 編を含み，長年にわた
りコンサルテーション活動を実施し，理論と実務の橋渡しをしている。

SCM ハンドブック

2018 年 3 月 10 日　初版 1 刷発行

検印廃止

監　修	日本ロジスティクスシステム学会　Ⓒ 2018
編著者	唐澤　　豊
発行者	南條　光章
発行所	共立出版株式会社

〒 112-0006　東京都文京区小日向 4 丁目 6 番 19 号
電話　03-3947-2511
振替　00110-2-57035
URL　http://www.kyoritsu-pub.co.jp/

印刷：真興社/製本：ブロケード
NDC 670, 680 / Printed in Japan

ISBN 978-4-320-09645-5

|JCOPY| ＜出版者著作権管理機構委託出版物＞

本書の無断複製は著作権法上での例外を除き禁じられています。複製される場合は、そのつど事前に、出版者著作権管理機構（TEL：03-3513-6969，FAX：03-3513-6979，e-mail：info@jcopy.or.jp）の許諾を得てください．

■経済・経営工学関連書

http://www.kyoritsu-pub.co.jp/ **共立出版**

SCMハンドブック……日本ロジスティクスシステム学会監修

進化経済学ハンドブック………………進化経済学会編

生産と市場の進化経済学………………谷口和久著

理工系のための実践・特許法 第3版………古谷栄男著

ユビキタス時代の起業講座………………速水智子著

基礎 経営システム工学………………松井正之他著

インタフェースデバイスのつくりかた(共立SS 11) 福本雅朗著

サービスデザイン………………山岡俊樹編著

デザイン人間工学………………山岡俊樹著

マーケティング・モデル 第2版(Rで学ぶDS 13) 里村卓也著

マーケティング・データ分析の基礎(Useful R 3) 里村卓也著

複雑系マーケティング入門………………北中英明著

プロジェクトマネジメント (未来へつなぐS 6) 江崎和博他著

事業継続マネジメントシステムの構築と実務 黄野吉博編著

事業継続マネジメント入門…SEMI日本地区BCM研究会編

リスクマネジメントの本質 第2版………三浦良造訳者代表

リスクマネジメント………………三浦良造訳者代表

生産企業のマネジメント………………松井正之著

社会的責任マネジメント………………清水克彦著

限定合理性のモデリング………………兼田敏之他訳

経済物理学………………青山秀明他著

進化経済学の数理入門(経済社会の数理科学 9) 有賀裕二著

社会科学系学生のための基礎数学………塩出省吾著

Maximaで学ぶ経済・ファイナンス基礎数学 岩城秀樹著

経営・経済を学ぶ学生のための基礎数学…柴田淳子著

悩める学生のための経済・経営数学入門 白田由香利著

経済学とファイナンスのための基礎数学…伊藤幹夫他著

経済系のための微分積分………………西原健二編著

確率解析への誘い………………成田清正著

経済・経営統計入門 第4版………………稲葉三男他著

経営系学生のための基礎統計学………塩出省吾他著

Excelで学ぶやさしい統計処理のテクニック 第3版 三和義秀著

経営と信用リスクのデータ科学(Rで学ぶDS 19) 董 彦文著

入門 計量経済学………………宮尾龍蔵訳

文科系学生のためのデータ分析とICT活用 森 園子他著

読んで使える！Excelによる経営データ解析 東渕則之著

真の顧客を見極める/ヒット商品開発のための 実践！ビジネスデータ解析入門 上田太一郎監修

実用 実験計画法………………松本哲夫他著

文系学生のためのコンピュータ概論……鞆 大輔著

文科系のためのコンピュータ総論………田中 弘他著

経営・経済のための情報科学の基礎……石川修一他著

ネットワーク・大衆・マーケット………加藤英雄著

情報システムの開発法：基礎と実践(未来へつなぐ21) 村田嘉利編著

ソフトウェアシステム工学入門(未来へつなぐ22) 五月女健治他著

入門編 生産システム工学 第6版………人見勝人著

生産管理………………朝尾 正他著

品質・信頼性技術 (未来へつなぐS 4)………松本平八他著

品質工学セミナー 超入門から超直交表まで…田中善喜他著

ORへのステップ………………長畑秀和著

Rで学ぶ経営工学の手法………………長畑秀和他著

演習形式で学ぶオペレーションズリサーチ 宮地 功著

多変量ノンパラメトリック回帰と視覚化…竹澤邦夫他訳

金融データ解析の基礎 (Useful R 8)………高柳慎一他著

保険と金融の数理 (クロスセクショナル統計S 6)…室井芳史著

例題で学ぶ損害保険数理 第2版………小暮雅一他著

損保数理・リスク数理の基礎と発展………清水邦夫著

ファイナンスのためのRプログラミング…大﨑秀一他著

確率解析とファイナンス………………岩城秀樹著

コーポレートファイナンス入門………野間幹晴他著

ファイナンスのための計量分析………祝迫得夫他訳

クレジットリスク 評価・計測・管理………本多俊毅他訳

デリバティブの数学入門………………伊藤幹夫他訳

ISOの品格 業績向上のためのISO《86の知恵》……横山吉男著